$\mathscr{P}$resentado a

Sylvia E. Aranguren

$\mathscr{P}$or

_____

$\mathscr{F}$echa

2/22/98

Nuevo Testamento
DEVOCIONAL
para la
MUJER

Con Salmos y Proverbios

Nueva Versión Internacional

EDITORIAL
Vida

DEDICADOS A LA EXCELENCIA

Nuevo Testamento Devocional para la Mujer, con Salmos y Proverbios
© por Editorial Vida, 1996
Deerfield, Florida 33442-8134, E.U.A.

Segunda impresión, 1996

Redactora de las meditaciones devocionales
Kerstin Anderas de Lundquist

Texto bíblico tomado del
Nuevo Testamento con Salmos y Proverbios, Nueva Versión Internacional
© 1979, 1985, 1990, 1995 por la Sociedad Bíblica Internacional.

ISBN 0-8297-2390-0 — Rústica
ISBN 0-8297-2392-7 — Imitación de piel

Índice

Introducción

Nuevo Testamento Devocional para la Mujer, con Salmos y Proverbios

¿Le gustaría lanzarse en una aventura emocionante a través de la Palabra de Dios? ¿O se siente tan abrumada por los quehaceres de cada día que no le quedan fuerzas para algún nuevo descubrimiento? ¡Este Nuevo Testamento está diseñado para usted! Ya sea una mujer dispuesta a descubrir el mundo o abrumada por la vida, hallará en la Palabra de Dios ánimo y consuelo, fe y esperanza.

El *Nuevo Testamento Devocional para la Mujer, con Salmos y Proverbios* ha sido escrito para la mujer, por mujeres y sobre temas que interesan a la mujer de hoy. Este Nuevo Testamento con Salmos y Proverbios, de la Nueva Versión Internacional, tocará profundamente su corazón. Pero eso no es todo. La lectura de la Palabra de Dios y las meditaciones de muchas siervas del Señor la llevarán, paso a paso, en una jornada hacia la madurez cristiana.

Varias características hacen de este Nuevo Testamento devocional una guía excepcional:

La Biblia

Este *Nuevo Testamento Devocional para la Mujer, con Salmos y Proverbios* se presenta en la Nueva Versión Internacional, una versión de la Biblia de fácil lectura y muy fiel a los originales. En el idioma inglés es la versión más popular del día.

Las meditaciones devocionales

Casi todas las meditaciones han sido escritas por mujeres hispanoamericanas. Se trata de mujeres que han experimentado tanto las alegrías como las penas de la vida cristiana y que están dispuestas a compartir con usted sus luchas y sus triunfos. Las meditaciones devocionales están ubicadas junto al pasaje bíblico sobre el cual se basan.

Las introducciones

Las introducciones a los libros de la Biblia contienen de forma resumida el tema práctico de cada libro. Cada introducción presenta un hecho interesante e información de fondo para que usted pueda comprender mejor la lectura de ese libro en particular y las meditaciones devocionales que lo acompañan.

Facilidad de uso

Si es como la mayoría de las mujeres, su vida está repleta de actividades. Tal vez lleva una vida demasiado llena. Tiene muchísimas cosas que hacer y otras tantas que requieren de su tiempo. Por eso, hemos diseñado este Nuevo Testamento devocional de manera especial. Cada día puede hacer una lectura bíblica y una meditación, no muy larga, que la lleve por la senda de la madurez y el crecimiento cristiano. Las lecturas devocionales siguen un patrón para los días de la semana, de lunes a viernes. Reconociendo que la mujer necesita algo diferente los fines de semana, hemos diseñado un modelo diferente para los sábados y los domingos. En las secciones para el fin de semana hallará poemas, dichos notables y curiosidades, así como sugerencias para lecturas bíblicas.

No importa en qué día de la semana inicie la lectura, simplemente busque una meditación devocional para ese día. Luego siga el orden indicado. O busque en el índice de temas una meditación que sea apropiada para las circunstancias en las que se encuentra.

Datos biográficos de las autoras

Seguramente no reconocerá muchos de los nombres de las mujeres que han contribuido para que se haga realidad esta publicación. No son mujeres de fama mundial; pero todas tienen algo en común: en su pueblo o ciudad, y en su país, contribuyen con sus dones y talentos para el bien de la comunidad y la obra de Dios. Los datos biográficos, que se inician en la página 651, ofrecen un resumen de información sobre cada autora, así como los números de las páginas donde se hallan las meditaciones escritas por cada una.

Plan de lectura bíblica

En la página 656 hallará un plan para que pueda leer en un año el Nuevo Testamento, los Salmos y el libro de Proverbios. La Palabra de Dios está entrelazada maravillosamente y contiene grandes tesoros que usted irá descubriendo al leerla capítulo por capítulo, libro por libro.

Índice de temas

Ha pasado un día trabajoso en la casa; se ha iniciado en un nuevo trabajo; lucha con una enfermedad grave; la consume la culpabilidad. Sean cuales sean sus circunstancias, el índice de temas le ayudará a hallar justamente las palabras de ánimo que necesita. Vea la variedad de temas en el índice de la página 658 y busque en las páginas indicadas las meditaciones devocionales que le podrán servir de aliento y consuelo.

Así que, ¡aventúrese! Abra las páginas del *Nuevo Testamento Devocional para la Mujer, con Salmos y Proverbios* de la Nueva Versión Internacional e inicie la jornada por la senda de la madurez cristiana. A cada paso del camino hallará tesoros de la Palabra de Dios. Le aseguramos que las meditaciones escritas por muchas diferentes siervas de Dios le darán el ánimo que necesita para seguir adelante. Es nuestra oración que a medida que vaya avanzando en los caminos de Dios, usted pueda llegar a ser todo lo que Dios ha destinado que sea la mujer de hoy.

Prefacio

Nueva Versión Internacional

El Nuevo Testamento de la Santa Biblia, **Nueva Versión Internacional**, ha sido traducido por un grupo de expertos biblistas que representan a una docena de países de habla española, y que pertenecen a un buen número de denominaciones cristianas evangélicas. La traducción se hizo directamente del mejor texto griego disponible, teniéndose en cuenta la versión en español de la *New International Version*, previamente realizada por la Sociedad Bíblica Internacional. De este modo se aprovechó también, en buena medida, el trabajo de investigación y exégesis que antes efectuaron los traductores de esta ampliamente conocida versión de la Biblia en inglés (*NIV*).

Claridad, fidelidad, dignidad y belleza son las características de esta nueva versión del Nuevo Testamento, cualidades que están garantizadas por la cuidadosa labor de los traductores, reconocidos expertos en las diferentes áreas del saber bíblico. Muchos de ellos son pastores o ejercen la docencia en seminarios e institutos bíblicos a lo largo y ancho de nuestro continente. Más importante aún, son todos ellos fervientes creyentes en el valor infinito de la Palabra, como revelación infalible de la verdad divina y única regla de fe y de vida para todos.

La alta calidad de esta **Nueva Versión Internacional** está, además, garantizada por el minucioso proceso de traducción, en el que se invirtieron miles de horas de trabajo de los traductores a quienes se asignaron determinados libros; de los revisores, que cuidadosamente cotejaron los primeros borradores producidos por los traductores; de los diferentes comités que, a su vez, revisaron frase por frase y palabra por palabra, el trabajo de los traductores y revisores; y de los lectores que enviaron sus observaciones al comité de estilo. A este comité le correspondió, en última instancia, velar porque la versión final fuera no sólo exacta, clara y fiel a los originales, sino digna y hermosa, en conformidad con los cánones del mejor estilo de nuestra lengua.

Claridad y exactitud en la traducción y fidelidad al sentido y mensaje de los escritores originales fueron la preocupación fundamental de los traductores. Una traducción es clara, exacta y fiel cuando reproduce en la lengua de los lectores de hoy lo que el autor quiso transmitir a la gente de su tiempo, en su propia lengua. Claridad, exactitud y fidelidad no significan necesariamente traducir palabra por palabra o, como se dice ordinariamente, hacer una traducción literal del texto. Las estructuras fonológicas, sintácticas y semánticas varían de una lengua a otra. Por eso una traducción fiel y exacta tiene que tomar en cuenta no sólo la lengua original sino también la lengua receptora. Esto significa vaciar el contenido total del mensaje en las nuevas formas gramaticales de la lengua receptora, cuidando de que no se pierda «ni una letra ni una tilde» de ese mensaje (Mt 5:18). Para lograrlo los traductores de esta **Nueva Versión Internacional** han procurado emplear el lenguaje más fresco y contemporáneo posible, a fin de que el mensaje de la Palabra divina sea tan claro, sencillo y natural como lo fue cuando el Espíritu Santo inspiró el texto original. A la vez han cuidado de que el lenguaje de esta **Nueva Versión Internacional** conserve la dignidad y belleza que se merece la Palabra inspirada. Términos y expresiones que ya han hecho carrera entre el pueblo cristiano evangélico, y que son bien entendidos por los lectores familiarizados con la Biblia, se han dejado en lo posible intactos. Se han buscado al mismo tiempo nuevos giros y expresiones para comunicar aquello que en otras versiones no aparecía tan evidente.

En esta edición las notas al pie de página aparecen precedidas de la siguiente abreviatura:

Var. (**variante textual**): indica que la traducción se basa en el **texto crítico griego** actual, que da preferencia a los manuscritos más antiguos. Cuando se dan diferencias sustanciales entre este texto crítico y el texto tradicional conocido como *Textus Receptus*, la lectura tradicional se incluye en la nota.

Como todas las versiones de la Biblia, la **Nueva Versión Internacional**, Nuevo Testamento, que hoy colocamos en manos de nuestros lectores, es susceptible de perfeccionarse. Y seguiremos trabajando para que así ocurra en sucesivas ediciones de la misma. Con todo, estamos muy agradecidos al Señor por el gran trabajo que nos ha permitido realizar, en el cual todos los integrantes del comité de traducción bíblica de la Sociedad Bíblica Internacional hemos puesto el mayor empeño, amor y fe, a fin de entregar a los lectores del final de este siglo la mejor versión posible del texto bíblico. Que todo sea para la mayor gloria de Dios y el más amplio conocimiento de su Palabra. Dedicamos este trabajo a Aquel, cuyo nombre debe ser honrado por todos los que lean su Palabra. Y oramos para que, a través de este Nuevo Testamento de la **Nueva Versión Internacional**, muchos puedan entender, asimilar y aceptar el mensaje de salvación que, por medio de Jesucristo, tiene el Dios de la Biblia, para cada uno de ellos.

Comité de Traducción Bíblica
Sociedad Bíblica Internacional
P.O. Box 522241
Miami, Florida 33152-2241
EE.UU.

Enero de 1995

El Nuevo Testamento

Mateo escribe este evangelio a fin de resaltar la manera en que Jesucristo cumple las promesas de Dios en el Antiguo Testamento. El autor incluye muchos dichos de Jesús acerca de vivir como uno de sus discípulos y como miembro de la iglesia. Concluye con el mandato de Jesús de que hagamos discípulos de todas las naciones. Al leer este libro, pregúntese si está viviendo como discípula de Jesucristo. Así mismo, considere cómo puede contar a otros la historia de Jesucristo.

Mateo

Genealogía de Jesucristo

1 Tabla genealógica de *Jesucristo, hijo de David, hijo de Abraham:

2 Abraham fue el padre de[a] Isaac;
Isaac, padre de Jacob;
Jacob, padre de Judá y de sus
hermanos;
3 Judá, padre de Fares y de Zara,
cuya madre fue Tamar;
Fares, padre de Esrom;
Esrom, padre de Aram;
4 Aram, padre de Aminadab;
Aminadab, padre de Naasón;
Naasón, padre de Salmón;
5 Salmón, padre de Booz, cuya
madre fue Rahab;
Booz, padre de Obed, cuya madre
fue Rut;
Obed, padre de Isaí;
6 e Isaí, padre del rey David.

David fue el padre de Salomón, cuya
madre había sido la esposa de
Urías;
7 Salomón, padre de Roboam;
Roboam, padre de Abías;
Abías, padre de Asa;
8 Asa, padre de Josafat;
Josafat, padre de Joram;
Joram, padre de Uzías;
9 Uzías, padre de Jotam;
Jotam, padre de Acaz;
Acaz, padre de Ezequías;
10 Ezequías, padre de Manasés;
Manasés, padre de Amón;
Amón, padre de Josías;
11 y Josías, padre de Joaquín y de
sus hermanos en tiempos de la
deportación a Babilonia.

12 Después de la deportación a
Babilonia,
Joaquín fue el padre de Salatiel;
Salatiel, padre de Zorobabel;
13 Zorobabel, padre de Abiud;
Abiud, padre de Eliaquim;

Eliaquim, padre de Azor;
14 Azor, padre de Sadoc;
Sadoc, padre de Aquim;
Aquim, padre de Eliud;
15 Eliud, padre de Eleazar;
Eleazar, padre de Matán;
Matán, padre de Jacob;
16 y Jacob fue el padre de José, que
fue esposo de María, de la cual
nació Jesús, *llamado el Cristo.

17 Así que hubo en total catorce generaciones desde Abraham hasta David, catorce desde David hasta la deportación a Babilonia, y catorce desde la deportación hasta el Cristo.

Nacimiento de Jesucristo

18 El nacimiento de Jesús, el *Cristo, fue así: Su madre, María, estaba comprometida para casarse con José, pero antes de unirse a él, resultó que estaba encinta por obra del Espíritu Santo. 19 Como José, su esposo, era un hombre justo y no quería exponerla a vergüenza pública, resolvió divorciarse de ella en secreto. 20 Pero cuando él estaba considerando hacerlo, se le apareció en sueños un ángel del Señor y le dijo: «José, hijo de David, no temas recibir a María por esposa, porque ella ha concebido por obra del Espíritu Santo. 21 Dará a luz un hijo, y le pondrás por nombre Jesús,[b] porque él salvará a su pueblo de sus pecados.»
22 Todo esto sucedió para que se cumpliera lo que el Señor había dicho por medio del profeta: 23 «La virgen concebirá y dará a luz un hijo, y lo llamarán Emanuel»[c] (que significa «Dios con nosotros»).
24 Cuando José se despertó, hizo lo que el ángel del Señor le había mandado y recibió a María por esposa. 25 Pero no tuvo relaciones conyugales con ella hasta que dio a luz un hijo, a quien le puso por nombre Jesús.

---

a **1:2** *fue el padre de.* Lit. *engendró a* (y así sucesivamente en el resto de esta genealogía). *b* **1:21** *Jesús* es la forma griega del nombre hebreo *Josué,* que significa: *el* SEÑOR *salva.* *c* **1:23** Is 7:14

Visita de los sabios

2 Después que Jesús nació en Belén de Judea en tiempos del rey Herodes, llegaron a Jerusalén unos sabios[a] procedentes del Oriente. ² —¿Dónde está el que ha nacido rey de los judíos? —preguntaron—. Vimos levantarse[b] su estrella y hemos venido a adorarlo. ³ Cuando lo oyó el rey Herodes, se turbó, y toda Jerusalén con él. ⁴ Así que convocó de entre el pueblo a todos los jefes de los sacerdotes y *maestros de la ley, y les preguntó dónde había de nacer el *Cristo. ⁵ —En Belén de Judea —le respondieron—, porque esto es lo que ha escrito el profeta:

⁶ » 'Pero tú, Belén, en la tierra de Judá,
de ninguna manera eres la menor
entre los principales de Judá;
porque de ti saldrá un príncipe
que será el pastor de mi pueblo
Israel.'[c]

⁷ Luego Herodes llamó en secreto a los sabios y se enteró por ellos del tiempo exacto en que había aparecido la estrella. ⁸ Los envió a Belén y les dijo:
—Vayan e infórmense bien de ese niño y, tan pronto como lo encuentren, avísenme para que yo también vaya y lo adore.
⁹ Después de oír al rey, siguieron su camino, y sucedió que la estrella que habían visto levantarse iba delante de ellos hasta que se detuvo sobre el lugar donde estaba el niño. ¹⁰ Al ver la estrella, se llenaron de alegría. ¹¹ Cuando llegaron a la casa, vieron al niño con María, su madre; y postrándose lo adoraron. Abrieron sus cofres y le presentaron como regalos oro, incienso y mirra. ¹² Entonces, advertidos en sueños de que no volvieran a Herodes, regresaron a su tierra por otro camino.

La huida a Egipto

¹³ Cuando ya se habían ido, un ángel del Señor se le apareció en sueños a José y le dijo: «Levántate, toma al niño y a su madre, y huye a Egipto. Quédate allí hasta que yo te avise, porque Herodes va a buscar al niño para matarlo.»
¹⁴ Así que se levantó cuando todavía era de noche, tomó al niño y a su madre, y partió para Egipto, ¹⁵ donde permaneció hasta la muerte de Herodes. De este modo se cumplió lo que el Señor había dicho por medio del profeta: «De Egipto llamé a mi hijo.»[d]
¹⁶ Cuando Herodes se dio cuenta de que los sabios se habían burlado de él, se enfureció y mandó matar a todos los niños menores de dos años en Belén y en sus alrededores, de acuerdo con el tiempo que había averiguado de los sabios. ¹⁷ Entonces se cumplió lo dicho por el profeta Jeremías:

¹⁸ «Se oye un grito en Ramá,
llanto y gran lamentación;
es Raquel que llora por sus hijos
y rechaza el consuelo,
porque ya no viven.»[e]

El regreso a Nazaret

¹⁹ Después que murió Herodes, un ángel del Señor se le apareció en sueños a José en Egipto ²⁰ y le dijo: «Levántate, toma al niño y a su madre, y vete a la tierra de Israel, que ya murieron los que amenazaban con quitarle la *vida al niño.»
²¹ Así que se levantó José, tomó al niño y a su madre, y regresó a la tierra de Israel. ²² Pero al oír que Arquelao reinaba en Judea en lugar de su padre Herodes, tuvo miedo de ir allá. Advertido por Dios en sueños, se retiró al distrito de Galilea, ²³ y fue a vivir en un pueblo llamado Nazaret. Con esto se cumplió lo dicho por los profetas: «Lo llamarán nazareno.»

Juan el Bautista prepara el camino

3 En aquellos días se presentó Juan el Bautista predicando en el desierto de Judea. ² Decía: «*Arrepiéntanse, porque el reino de los cielos está cerca.» ³ Juan era aquel de quien había escrito el profeta Isaías:

---

a **2:1** *sabios.* Lit. *magos;* también en vv. 7, 16. *b* **2:2** *levantarse.* Alt. *en el oriente;* también en v. 9. *c* **2:6** Mi 5:2 *d* **2:15** Os 11:1 *e* **2:18** Jer 31:15

«Voz de uno que grita en el desierto:
'Preparen el camino para el Señor,
háganle sendas derechas.'»ª

4 La ropa de Juan estaba hecha de pelo de camello. Llevaba puesto un cinturón de cuero y se alimentaba de langostas y miel silvestre. **5** Acudía a él la gente de Jerusalén, de toda Judea y de toda la región del Jordán. **6** Cuando confesaban sus pecados, él los bautizaba en el río Jordán.

7 Pero al ver que muchos *fariseos y saduceos llegaban a donde él estaba bautizando, les advirtió: «¡Camada de víboras! ¿Quién les dijo que podrán escapar del castigo que se acerca? **8** Produzcan frutos que demuestren arrepentimiento. **9** No piensen que podrán alegar: 'Tenemos a Abraham por padre.' Porque les digo que Dios es capaz de sacarle hijos a Abraham incluso de estas piedras. **10** El hacha ya está puesta a la raíz de los árboles, y todo árbol que no produzca buen fruto será cortado y arrojado al fuego.

11 »Yo los bautizo a ustedes conᵇ agua para que se arrepientan. Pero el que viene después de mí es más poderoso que yo, y ni siquiera merezco llevarle las sandalias. Él los bautizará con el Espíritu Santo y con fuego. **12** Tiene el rastrillo en la mano y limpiará su era, recogiendo el trigo en su granero; la paja, en cambio, la quemará con fuego que nunca se apagará.»

Bautismo de Jesús

13 Un día Jesús fue de Galilea al Jordán para que Juan lo bautizara. **14** Pero Juan trató de disuadirlo.

—Yo soy el que necesita ser bautizado por ti, ¿y tú vienes a mí? —objetó.

15 —Dejémoslo así por ahora, pues nos conviene cumplir con lo que es justo —le contestó Jesús.

Entonces Juan consintió.

16 Tan pronto como Jesús fue bautizado, subió del agua. En ese momento se abrió el cielo, y él vio al Espíritu de Dios bajar como una paloma y posarse sobre él. **17** Y una voz del cielo decía: «Éste es mi Hijo amado; estoy muy complacido con él.»

Tentación de Jesús

4 Luego el Espíritu llevó a Jesús al desierto para que el diablo lo sometiera a *tentación. **2** Después de ayunar cuarenta días y cuarenta noches, tuvo hambre. **3** El tentador se le acercó y le propuso:

—Si eres el Hijo de Dios, ordena a estas piedras que se conviertan en pan.

4 Jesús le respondió:

—Escrito está: 'No sólo de pan vive el hombre, sino de toda palabra que sale de la boca de Dios.'ᶜ

5 Luego el diablo lo llevó a la ciudad santa e hizo que se pusiera de pie sobre la parte más alta del *templo, y le dijo:

6 —Si eres el Hijo de Dios, tírate abajo. Porque escrito está:

'Ordenará a sus ángeles
   que te sostengan en sus manos,
para que no tropieces con ninguna
   piedra.'ᵈ

7 —También está escrito: 'No pongas a prueba al Señor tu Dios'ᵉ —le contestó Jesús.

8 De nuevo lo tentó el diablo, llevándolo a una montaña muy alta, y le mostró todos los reinos del mundo y su esplendor.

9 —Todo esto te daré si te postras y me adoras.

10 —¡Vete, Satanás! —le dijo Jesús—. Porque escrito está: 'Adorarás al Señor tu Dios, y a él sólo servirás.'ᶠ

11 Entonces el diablo lo dejó, y unos ángeles acudieron a servirle.

Jesús comienza a predicar

12 Cuando Jesús oyó que habían encarcelado a Juan, regresó a Galilea. **13** Partió de Nazaret y se fue a vivir a Capernaúm, que está junto al lago en la región de Zabulón y de Neftalí, **14** para cumplir lo dicho por el profeta Isaías:

15 «Tierra de Zabulón y tierra de
   Neftalí,
camino del mar, al otro lado del
   Jordán,
Galilea de los *gentiles;
16 el pueblo que habitaba en la
   oscuridad

---

a **3:3** Is 40:3 *b* **3:11** con. Alt. en. *c* **4:4** Dt 8:3 *d* **4:6** Sal 91:11,12 *e* **4:7** Dt 6:16 *f* **4:10** Dt 6:13

ha visto una gran luz;
sobre los que vivían en densas
tinieblasa
ha resplandecido una luz.»b

17 Desde entonces comenzó Jesús a predicar: «*Arrepiéntanse, porque el reino de los cielos está cerca.»

Llamamiento de los primeros discípulos

18 Mientras caminaba junto al mar de Galilea, Jesús vio a dos hermanos: uno era Simón, llamado Pedro, y el otro Andrés. Estaban echando la red al lago, pues eran pescadores. **19** «Vengan, síganme —les dijo Jesús—, y los haré pescadores de hombres.» **20** Al instante dejaron las redes y lo siguieron.

21 Más adelante vio a otros dos hermanos: *Jacobo y Juan, hijos de Zebedeo, que estaban con su padre en una barca remendando las redes. Jesús los llamó, **22** y dejaron en seguida la barca y a su padre, y lo siguieron.

Jesús sana a los enfermos

23 Jesús recorría toda Galilea, enseñando en las sinagogas, anunciando las buenas *nuevas del reino, y sanando toda enfermedad y dolencia entre la gente. **24** Su fama se extendió por toda Siria, y le llevaban todos los que padecían de diversas enfermedades, los que sufrían de dolores graves, los endemoniados, los epilépticos y los paralíticos, y él los sanaba. **25** Lo seguían grandes multitudes de Galilea, *Decápolis, Jerusalén, Judea y de la región al otro lado del Jordán.

Las bienaventuranzas

5 Cuando vio a las multitudes, subió a la ladera de una montaña y se sentó. Sus discípulos se le acercaron, **2** y tomando él la palabra, comenzó a enseñarles diciendo:

3 «*Dichosos los pobres en espíritu,
porque el reino de los cielos les
pertenece.
4 Dichosos los que lloran,
porque serán consolados.
5 Dichosos los humildes,
porque recibirán la tierra como
herencia.
6 Dichosos los que tienen hambre y
sed de justicia,
porque serán saciados.
7 Dichosos los compasivos,
porque serán tratados con
compasión.
8 Dichosos los de corazón limpio,
porque ellos verán a Dios.
9 Dichosos los que trabajan por la
paz,
porque serán llamados hijos de
Dios.
10 Dichosos los perseguidos por causa
de la justicia,
porque el reino de los cielos les
pertenece.

11 »Dichosos serán ustedes cuando por mi causa la gente los insulte, los persiga y levante contra ustedes toda clase de calumnias. **12** Alégrense y llénense de júbilo, porque les espera una gran recompensa en el cielo. Así también persiguieron a los profetas que los precedieron a ustedes.

La sal y la luz

13 »Ustedes son la sal de la tierra. Pero si la sal se vuelve insípida, ¿cómo recobrará su sabor? Ya no sirve para nada, sino para que la gente la deseche y la pisotee.

14 »Ustedes son la luz del mundo. Una ciudad en lo alto de una colina no puede esconderse. **15** Ni se enciende una lámpara para cubrirla con un cajón. Por el contrario, se pone en la repisa para que alumbre a todos los que están en la casa. **16** Hagan brillar su luz delante de todos, para que ellos puedan ver las buenas obras de ustedes y alaben al Padre que está en el cielo.

El cumplimiento de la ley

17 »No piensen que he venido a anular la ley o los profetas; no he venido a anularlos sino a darles cumplimiento. **18** Les aseguro que mientras existan el cielo y la tierra, ni una letra ni una tilde de la ley desaparecerán hasta que todo se haya cumplido. **19** Todo el que infrinja uno solo de estos mandamientos, por pequeño que sea, y enseñe a otros a hacer lo mismo, será considerado el más pequeño en

---

a 4:16 vivían en densas tinieblas. Lit. *habitaban en tierra y sombra de muerte.* *b 4:16 Is 9:1,2*

Pasaje del día: Mateo 5:13-16
Versículo del día: Mateo 5:14

La luz siempre es luz

La escena parecía sacada de un libro. Terminábamos de comer, y aunque la lluvia y el viento nos alentaban a leer o jugar con los nietos, un fuerte trueno nos sobresaltó. La casa quedó a oscuras.

Alguien prendió un fósforo y con él una velita. Débil, temblorosa... pero bastó para alejar la inmensa oscuridad. Todos alrededor de esa lucesita nos sentimos unidos y contentos mirando hacia afuera. Los árboles, las flores, el cielo; todo era del mismo color oscuro profundo. Pero la velita, esa velita, alegró la noche.

"Ustedes son la luz del mundo," dijo Jesús. Algunas personas son grandes luces que brillan en la noche del pecado y dirigen la iglesia cristiana. Otras, somos luces más modestas; pero unas y otras llevan una claridad que hace bien. La luz, aunque pequeña, siempre es luz.

¡Qué inmensa noche es la que nos rodea! Una oscura noche de problemas, dudas e incertidumbre. Pero nuestra llama es la de Jesús, y nuestro resplandor es el que reflejamos cuando lo miramos a Él.

No seamos modestas, no la escondamos; creamos en su eficacia. Es la llama de Jesús, que también dijo: "Yo estoy en ustedes." ¡Que hoy brille nuestra luz, para que las personas a nuestro alrededor vean nuestras buenas obras y alaben a nuestro Padre que está en el cielo!

Oración: Dios querido, ¡que nuestra fe sea una luz capaz de iluminar y dar calor!

Noemí C. de Canclini
Argentina

Pasaje del día: Mateo 5:38-48
Versículo del día: Mateo 5:44

El amor a nuestros enemigos

Hace tiempo mi abuelo me contó sobre las maldades que por envidia le hizo un hombre perverso. Al principio se ocupaba de difamarlo, pero día a día su odio fue creciendo. Intentó quemar varias veces su casa y su granja, trató de dañar a su familia y, en cierta ocasión, contrató bandidos para que lo mataran empujándolo por una peña. Sólo Dios protegía a mi abuelo.

Una noche el hombre llegó desesperado a la casa de mis abuelos; huía de una muchedumbre desenfrenada que traía antorchas, palos, piedras y la intención de quemar vivo al perverso, pues, entre otras ruindades, intentó matar a su propio hijo. Mi abuelo, horrorizado y exasperado, vio venir la turba. Inmediatamente escondió al hombre en un sótano, lo cobijó y le dio de comer.

—Tú quieres entregarte para vengarte de todo lo que te hice, por eso me detienes —le dijo el hombre.

—Si entendieras que el Señor Jesucristo dio su vida por nosotros sin que lo mereciéramos, tal vez podrías comprender que hoy puedo ayudar y hacer bien al que me hizo tanto daño —le contestó mi abuelo.

Parece una locura amar a quienes nos hacen mal; pero Dios, nuestro Padre, dio lo mejor que tenía para salvarnos: su Hijo Unigénito, a quien el mundo le dio la espalda. Los que hemos experimentado este indescriptible acto de amor podremos amar, bendecir y hacer bien a los que nos dañan, ya que esta actitud muestra que somos hijos verdaderos de un Dios perfecto.

Ximena Soliz de Piérola
Bolivia

el reino de los cielos; pero el que los practique y enseñe será considerado grande en el reino de los cielos. ²⁰ Porque les digo a ustedes, que no van a entrar en el reino de los cielos a menos que su justicia supere a la de los *fariseos y de los *maestros de la ley.

El homicidio

²¹ »Ustedes han oído que se dijo a sus antepasados: 'No mates, y todo el que mate quedará sujeto al juicio del tribunal.'ᵃ ²² Pero yo les digo que todo el que se enojeᵇ con su hermano quedará sujeto al juicio del tribunal. Es más, cualquiera que insulteᶜ a su hermano quedará sujeto al juicio del *Consejo. Pero cualquiera que lo maldigaᵈ quedará sujeto al juicio del infierno.ᵉ

²³ »Por lo tanto, si estás presentando tu ofrenda en el altar y allí recuerdas que tu hermano tiene algo contra ti, ²⁴ deja tu ofrenda allí delante del altar. Ve primero y reconcíliate con tu hermano; luego vuelve y presenta tu ofrenda.

²⁵ »Si tu adversario te va a denunciar, llega a un acuerdo con él lo más pronto posible. Hazlo mientras vayan de camino al juzgado, no sea que te entregue al juez, y el juez al guardia, y te echen en la cárcel. ²⁶ Te aseguro que no saldrás de allí hasta que pagues el último centavo.ᶠ

El adulterio

²⁷ »Ustedes han oído que se dijo: 'No cometas adulterio.'ᵍ ²⁸ Pero yo les digo que cualquiera que mira a una mujer y la codicia ya ha cometido adulterio con ella en el corazón. ²⁹ Por tanto, si tu ojo derecho te hace *pecar, sácatelo y tíralo. Más te vale perder una sola parte de tu cuerpo, y no que todo él sea arrojado al infierno.ʰ ³⁰ Y si tu mano derecha te hace pecar, córtatela y arrójala. Más te vale perder una sola parte de tu cuerpo, y no que todo él vaya al infierno.

El divorcio

³¹ »Se ha dicho: 'El que repudia a su esposa debe darle un certificado de divorcio.'ᵃ ³² Pero yo les digo que, excepto en caso de infidelidad conyugal, todo el que se divorcia de su esposa, la induce a cometer adulterio, y el que se casa con la divorciada comete adulterio también.

Los juramentos

³³ »También han oído que se dijo a sus antepasados: 'No faltes a tu juramento, sino cumple con tus promesas al Señor.' ³⁴ Pero yo les digo: No juren de ningún modo: ni por el cielo, porque es el trono de Dios; ³⁵ ni por la tierra, porque es el estrado de sus pies; ni por Jerusalén, porque es la ciudad del gran Rey. ³⁶ Tampoco jures por tu cabeza, porque no puedes hacer que ni uno solo de tus cabellos se vuelva blanco o negro. ³⁷ Cuando ustedes digan 'sí', que sea realmente sí; y cuando digan 'no', que sea no. Cualquier cosa de más, proviene del maligno.

Ojo por ojo

³⁸ »Ustedes han oído que se dijo: 'Ojo por ojo y diente por diente.'ᵇ ³⁹ Pero yo les digo: No resistan al que les haga mal. Si alguien te da una bofetada en la mejilla derecha, vuélvele también la otra. ⁴⁰ Si alguien te pone pleito para quitarte la capa, déjale también la *camisa. ⁴¹ Si alguien te obliga a llevarle la carga un kilómetro, llévasela dos. ⁴² Al que te pida, dale; y al que quiera tomar de ti prestado, no le vuelvas la espalda.

El amor a los enemigos

⁴³ »Ustedes han oído que se dijo: 'Ama a tu prójimo y odia a tu enemigo.'ᶜ ⁴⁴ Pero yo les digo: Amen a sus enemigos y oren por quienes los persiguen,ᵈ ⁴⁵ para que sean hijos de su Padre que está en el cielo. Él hace que salga el sol sobre malos y buenos, y que llueva sobre justos e injustos. ⁴⁶ Si ustedes aman solamente a quienes los aman, ¿qué recompensa recibirán? ¿Acaso no hacen eso hasta los *recaudadores de impuestos? ⁴⁷ Y si saludan a sus hermanos solamente, ¿qué de

a 5:21 Éx 20:13 *b 5:22 se enoje.* Var. *se enoje sin causa. c 5:22 insulte.* Lit. *le diga: 'Raca'* (estúpido en arameo). *d 5:22 lo maldiga.* Lit. *le diga: 'Necio.' e 5:22 del infierno.* Lit. *de la Gehenna del fuego. f 5:26 centavo.* Lit. *cuadrante. g 5:27* Éx 20:14 *h 5:29 al infierno.* Lit. *a la Gehenna;* también en v. 30. *a 5:31* Dt 24:1 *b 5:38* Éx 21:24; Lv 24:20; Dt 19:21 *c 5:43* Lv 19:18 *d 5:44 Amen ... persiguen.* Var. *Amen a sus enemigos, bendigan a quienes los maldicen, hagan bien a quienes los odian, y oren por quienes los ultrajan y los persiguen* (véase Lc 6:27,28).

más hacen ustedes? ¿Acaso no hacen esto hasta los *gentiles? **48** Por tanto, sean *perfectos, así como su Padre celestial es perfecto.

El dar a los necesitados

6 »Cuídense de no hacer sus obras de justicia delante de la gente para llamar la atención. Si actúan así, su Padre que está en el cielo no les dará ninguna recompensa.

2 »Por eso, cuando des a los necesitados, no lo anuncies al son de trompeta, como lo hacen los *hipócritas en las sinagogas y en las calles para que la gente les rinda homenaje. Les aseguro que ellos ya han recibido toda su recompensa. **3** Más bien, cuando des a los necesitados, que no se entere tu mano izquierda de lo que hace la derecha, **4** para que tu limosna sea en secreto. Así tu Padre, que ve lo que se hace en secreto, te recompensará.

La oración

5 »Cuando oren, no sean como los *hipócritas, porque a ellos les encanta orar de pie en las sinagogas y en las esquinas de las plazas para que la gente los vea. Les aseguro que ya han obtenido toda su recompensa. **6** Pero tú, cuando te pongas a orar, entra en tu cuarto, cierra la puerta y ora a tu Padre, que está en lo secreto. Así tu Padre, que ve lo que se hace en secreto, te recompensará. **7** Y al orar, no hablen sólo por hablar como hacen los *gentiles, porque ellos se imaginan que serán escuchados por sus muchas palabras. **8** No sean como ellos, porque su Padre sabe lo que ustedes necesitan antes de que se lo pidan.

9 »Ustedes deben orar así:

»'Padre nuestro que estás en el cielo,
*santificado sea tu nombre,
10 venga tu reino,
hágase tu voluntad
en la tierra como en el cielo.
11 Danos hoy nuestro pan cotidiano.ᵃ
12 Perdónanos nuestras deudas,
como también nosotros hemos
perdonado a nuestros deudores.

13 Y no nos dejes caer en *tentación,
sino líbranos del maligno.'ᵇ

14 »Porque si perdonan a otros sus ofensas, también los perdonará a ustedes su Padre celestial. **15** Pero si no perdonan a otros sus ofensas, tampoco su Padre les perdonará a ustedes las suyas.

El ayuno

16 »Cuando ayunen, no pongan cara triste como hacen los *hipócritas, que demudan sus rostros para mostrar que están ayunando. Les aseguro que éstos ya han obtenido toda su recompensa. **17** Pero tú, cuando ayunes, perfúmate la cabeza y lávate la cara **18** para que no sea evidente ante los demás que estás ayunando, sino sólo ante tu Padre, que está en lo secreto; y tu Padre, que ve lo que se hace en secreto, te recompensará.

Tesoros en el cielo

19 »No acumulen para sí tesoros en la tierra, donde la polilla y el óxido destruyen, y donde los ladrones se meten a robar. **20** Más bien, acumulen para sí tesoros en el cielo, donde ni la polilla ni el óxido carcomen, ni los ladrones se meten a robar. **21** Porque donde esté tu tesoro, allí estará también tu corazón.

22 »El ojo es la lámpara del cuerpo. Por tanto, si tu visión es clara, todo tu ser disfrutará de la luz. **23** Pero si tu visión está nublada, todo tu ser estará en oscuridad. Si la luz que hay en ti es oscuridad, ¡qué densa será esa oscuridad!ᶜ

24 »Nadie puede servir a dos señores, pues menospreciará a uno y amará al otro, o querrá mucho a uno y despreciará al otro. No se puede servir a la vez a Dios y a las riquezas.

De nada sirve preocuparse

25 »Por eso les digo: No se preocupen por su *vida, qué comerán o beberán; ni por su cuerpo, cómo se vestirán. ¿No tiene la vida más valor que la comida, y el cuerpo más que la ropa? **26** Fíjense en las aves del cielo: no siembran ni cosechan ni almacenan en graneros; sin em-

---

ᵃ **6:11** *nuestro pan cotidiano.* Alt. *el pan que necesitamos.* ᵇ **6:13** *del maligno.* Alt. *del mal.* Var. *del maligno, porque tuyos son el reino y el poder y la gloria para siempre. Amén.* ᶜ **6:22-23** *Por tanto ... oscuridad.* Lit. *Por tanto, si tu ojo es bueno, todo tu cuerpo estará iluminado.* ²³ *Pero si tu ojo es malo, estará oscuro.*

Pasaje del día: Mateo 6:24-35
Versículo del día: Mateo 6:34

¿Qué pasará mañana?

Pestes, guerras, hambre, destrucción... todas son señales que, según Jesús, marcarán el final de los tiempos. Los cristianos no estamos exentos de esas cosas; somos tan humanos como cualquiera, y la preocupación por nuestros seres queridos nos asedia a diario. A veces nos preguntamos: "¿Qué será del futuro y de la educación de mis hijos?" O tal vez nos llene de ansiedad el pensar en el desempleo, o en la muerte de un ser querido.

A veces nos preocupamos tanto por las cosas materiales que perdemos de vista lo espiritual. Como esposa de pastor he aprendido que así como Dios viste a los lirios y da de comer a las aves, también suple mis necesidades. Hace muchos años, apenas teníamos lo necesario para alimentar a nuestras dos hijitas. Un día, que no había nada para comer, cuando regresamos de la iglesia estaba esperándonos una hermana de nuestra congregación con una torta inmensa, que sirvió de alimento para toda la semana.

¿Y qué decir de la vestimenta? Cuando los calzados ya les quedaban chicos a las niñas, o estaban muy gastados, el Señor se encargaba de que tuvieran otros nuevos. Recuerdo una vez que yo necesitaba un abrigo. Una hermana de la congregación me dijo que fuera a una tienda y eligiera el que quisiera, pues ella se haría cargo de pagarlo. ¿Casualidad? No, fue la provisión del Señor.

El Señor nos enseña a no afanarnos, a dejar el futuro en sus manos y caminar confiadas en el presente. Como hijas de Dios, nuestra vida depende de los propósitos divinos. Podemos estar confiadas sabiendo que las cosas materiales vendrán por añadidura, porque nuestro Padre sabe lo que necesitamos.

María Eugenia C. de Martínez
Argentina

bargo, el Padre celestial las alimenta. ¿No valen ustedes mucho más que ellas? **27** ¿Quién de ustedes, por mucho que se preocupe, puede añadir una sola hora al curso de su vida?ª **28** »¿Y por qué se preocupan por la ropa? Observen cómo crecen los lirios del campo. No trabajan ni hilan; **29** sin embargo, les digo que ni siquiera Salomón, con todo su esplendor, se vestía como uno de ellos. **30** Si así viste Dios a la hierba que hoy está en el campo y mañana es arrojada al horno, ¿no hará mucho más por ustedes, gente de poca fe? **31** Así que no se preocupen diciendo: '¿Qué comeremos?' o '¿Qué beberemos?' o '¿Con qué nos vestiremos?' **32** Porque los *paganos andan tras todas estas cosas, y el Padre celestial sabe que ustedes las necesitan. **33** Más bien, busquen primeramente el reino de Dios y su justicia, y todas estas cosas les serán añadidas. **34** Por lo tanto, no se angustien por el mañana, el cual tendrá sus propios afanes. Cada día tiene ya sus problemas.

El juzgar a los demás

7 »No juzguen a nadie, para que nadie los juzgue a ustedes. **2** Porque tal como juzguen se les juzgará, y con la medida que midan a otros, se les medirá a ustedes. **3** »¿Por qué te fijas en la astilla que tiene tu hermano en el ojo, y no le das importancia a la viga que está en el tuyo? **4** ¿Cómo puedes decirle a tu hermano: 'Déjame sacarte la astilla del ojo', cuando ahí tienes una viga en el tuyo? **5** ¡*Hipócrita!, saca primero la viga de tu propio ojo, y entonces verás con claridad para sacar la astilla del ojo de tu hermano. **6** »No den lo sagrado a los *perros, no sea que se vuelvan contra ustedes y los despedacen; ni echen sus perlas a los cerdos, no sea que las pisoteen.

Pidan, busquen, llamen

7 »Pidan, y se les dará; busquen, y encontrarán; llamen, y se les abrirá. **8** Porque todo el que pide, recibe; el que busca, encuentra; y al que llama, se le abre. **9** »¿Quién de ustedes, si su hijo le pide pan, le da una piedra? **10** ¿O si le pide un pescado, le da una serpiente? **11** Pues si ustedes, aun siendo malos, saben dar cosas buenas a sus hijos, ¡cuánto más su Padre que está en el cielo dará cosas buenas a los que le pidan! **12** Así que en todo traten ustedes a los demás tal y como quieren que ellos los traten a ustedes. De hecho, esto es la ley y los profetas.

La puerta estrecha y la puerta ancha

13 »Entren por la puerta estrecha. Porque es ancha la puerta, y espacioso el camino que conduce a la destrucción, y muchos entran por ella. **14** Pero estrecha es la puerta, y angosto el camino que conduce a la vida, y son pocos los que la encuentran.

El árbol y sus frutos

15 »Cuídense de los falsos profetas. Vienen a ustedes disfrazados de ovejas, pero por dentro son lobos feroces. **16** Por sus frutos los conocerán. ¿Acaso se recogen uvas de los espinos, o higos de los cardos? **17** Del mismo modo, todo árbol bueno da fruto bueno, pero el árbol malo da fruto malo. **18** Un árbol bueno no puede dar fruto malo, y un árbol malo no puede dar fruto bueno. **19** Todo árbol que no da buen fruto se corta y se arroja al fuego. **20** Así que por sus frutos los conocerán. **21** »No todo el que me dice: 'Señor, Señor', entrará en el reino de los cielos, sino sólo el que hace la voluntad de mi Padre que está en el cielo. **22** Muchos me dirán en aquel día: 'Señor, Señor, ¿no profetizamos en tu nombre, y en tu nombre expulsamos demonios e hicimos muchos milagros?' **23** Entonces les diré claramente: 'Jamás los conocí. ¡Aléjense de mí, hacedores de maldad!'

El prudente y el insensato

24 »Por tanto, todo el que me oye estas palabras y las pone en práctica es como un hombre prudente que construyó su casa sobre la roca. **25** Cayeron las lluvias, crecieron los ríos, y soplaron los vientos y azotaron aquella casa; con todo, la casa no se derrumbó porque estaba cimentada sobre la roca. **26** Pero todo el que me oye estas palabras y no las pone en práctica

---

ª **6:27** *puede añadir ... su vida.* Alt. *puede aumentar su estatura siquiera medio metro?* (lit. *un codo).*

es como un hombre insensato que construyó su casa sobre la arena. **²⁷** Cayeron las lluvias, crecieron los ríos, y soplaron los vientos y azotaron aquella casa, y ésta se derrumbó, y grande fue su ruina.»

²⁸ Cuando Jesús terminó de decir estas cosas, las multitudes se asombraban de su enseñanza, **²⁹** porque les enseñaba como quien tenía autoridad, y no como los *maestros de la ley.

Jesús sana a un leproso

8 Cuando Jesús bajó de la ladera de la montaña, lo siguieron grandes multitudes. **²** Un hombre que tenía *lepra se le acercó y se arrodilló delante de él.

—Señor, si quieres, puedes *limpiarme —le dijo.

³ Jesús extendió la mano y tocó al hombre.

—Sí quiero —le dijo—. ¡Queda limpio! Y al instante quedó sanoª de la lepra.

⁴ —Mira, no se lo digas a nadie —le dijo Jesús—; sólo ve, preséntate al sacerdote, y lleva la ofrenda que ordenó Moisés, para que sirva de testimonio.

La fe del centurión

⁵ Al entrar Jesús en Capernaúm, se le acercó un centurión pidiendo ayuda.

⁶ —Señor, mi siervo está postrado en casa con parálisis, y sufre terriblemente.

⁷ —Iré a sanarlo —respondió Jesús.

⁸ —Señor, no merezco que entres bajo mi techo. Pero basta con que digas una sola palabra, y mi siervo quedará sano. **⁹** Porque yo mismo soy un hombre sujeto a órdenes superiores, y además tengo soldados bajo mi autoridad. Le digo a uno: 'Ve', y va, y al otro: 'Ven', y viene. Le digo a mi siervo: 'Haz esto', y lo hace.

¹⁰ Al oír esto, Jesús se asombró y dijo a quienes lo seguían:

—Les aseguro que no he encontrado en Israel a nadie que tenga tanta fe. **¹¹** Les digo que muchos vendrán del oriente y del occidente, y participarán en el banquete con Abraham, Isaac y Jacob en el reino de los cielos. **¹²** Pero a los súbditos del reino se les echará afuera, a la oscuridad, donde habrá llanto y rechinar de dientes.

¹³ Luego Jesús le dijo al centurión:

—¡Ve! Todo se hará tal como creíste.

Y en esa misma hora aquel siervo quedó sano.

Jesús sana a muchos enfermos

¹⁴ Cuando Jesús entró en casa de Pedro, vio a la suegra de éste en cama, con fiebre. **¹⁵** Le tocó la mano y la fiebre se le quitó; luego ella se levantó y comenzó a servirle.

¹⁶ Al atardecer, le llevaron muchos endemoniados, y con una sola palabra expulsó a los espíritus, y sanó a todos los enfermos. **¹⁷** Esto sucedió para que se cumpliera lo dicho por el profeta Isaías:

«Él tomó sobre sí nuestras enfermedades
y cargó con nuestras dolencias.»ᵇ

Lo que cuesta seguir a Jesús

¹⁸ Cuando Jesús vio a la multitud que lo rodeaba, dio orden de pasar al otro lado del lago. **¹⁹** Se le acercó un *maestro de la ley y le dijo:

—Maestro, te seguiré a dondequiera que vayas.

²⁰ —Las zorras tienen madrigueras y las aves tienen nidos —le respondió Jesús—, pero el Hijo del hombre no tiene dónde recostar la cabeza.

²¹ Otro discípulo le pidió:

—Señor, primero déjame ir a enterrar a mi padre.

²² —Sígueme —le replicó Jesús—, y deja que los muertos entierren a sus muertos.

Jesús calma la tormenta

²³ Luego subió a la barca y sus discípulos lo siguieron. **²⁴** De repente, se levantó en el lago una tormenta tan fuerte que las olas inundaban la barca. Pero Jesús estaba dormido. **²⁵** Los discípulos fueron a despertarlo.

—¡Señor —gritaron—, sálvanos, que nos vamos a ahogar!

²⁶ —Hombres de poca fe —les contestó—, ¿por qué tienen tanto miedo?

Entonces se levantó y reprendió a los vientos y a las olas, y todo quedó completamente tranquilo.

---

a **8:3** *sano.* Lit. *limpio.* *b* **8:17** Is 53:4

JUEVES

Pasaje del día: Mateo 8:23-27
Versículo del día: Mateo 8:26

En mi barca

Señor Jesús:

¡Cuántas veces olvido que estás en la barca! Deseo recordar siempre que, aunque parezca que duermes, estás en control.

Te reclamo diciendo que no notas que las olas me cubren, que la tempestad está a punto de ahogarme y que estoy por sucumbir ante la prueba. Olvido que tu divina gracia me salvó, y que me guardas sin importar cuán terrible sea la tormenta o la falta de fe con que esté pecando contra ti.

Gracias, por la gran bonanza después de cada tempestad; por reprender al viento y acallar el mar de la tentación. Gracias, porque tu poder es tan grande que aun la naturaleza te obedece.

Gracias, porque puedo echar toda mi ansiedad sobre ti, sabiendo que tienes cuidado de mí. Gracias, por ese amor cuya medida no alcanzo a comprender; porque puedo gozarme en ti, confiando en que me pruebas porque me amas y quieres hacerme una piedra cada vez más preciosa.

Señor, te ruego que sigas pendiente de mi barca, porque sola soy incapaz de gobernarla. Sé tú dirigiéndola a puerto seguro.

No te pido un mar tranquilo todo el tiempo, sólo que no me permitas tomar el timón, sino que me obligues a permanecer bajo tu control, dejando que seas tú quien navega sabiamente, y que en la próxima tormenta me hagas recordar que eres el Omnipotente Señor de mi vida.

Martha Lucía Torres Rodríguez
Colombia

²⁷ Los discípulos no salían de su asombro, y decían: «¿Qué clase de hombre es éste, que hasta los vientos y las olas le obedecen?»

Liberación de dos endemoniados

²⁸ Cuando Jesús llegó al otro lado, a la región de los gadarenos,ª dos endemoniados le salieron al encuentro de entre los sepulcros. Eran tan violentos que nadie se atrevía a pasar por aquel camino. ²⁹ De pronto le gritaron:

—¿Por qué te entrometes, Hijo de Dios? ¿Has venido aquí a atormentarnos antes del tiempo señalado?

³⁰ A cierta distancia de ellos estaba paciendo una gran manada de cerdos. ³¹ Los demonios le rogaron a Jesús:

—Si nos expulsas, mándanos a la manada de cerdos.

³² —Vayan —les dijo.

Así que salieron de los hombres y entraron en los cerdos, y toda la manada se precipitó al lago por el despeñadero y murió en el agua. ³³ Los que cuidaban los cerdos salieron corriendo al pueblo y dieron aviso de todo, incluso de lo que les había sucedido a los endemoniados. ³⁴ Entonces todos los del pueblo fueron al encuentro de Jesús. Y cuando lo vieron, le suplicaron que se alejara de esa región.

Jesús sana a un paralítico

9 Subió Jesús a una barca, cruzó al otro lado y llegó a su propio pueblo. ² Unos hombres le llevaron un paralítico, acostado en una camilla. Al ver Jesús la fe de ellos, le dijo al paralítico:

—¡Ánimo, hijo; tus pecados quedan perdonados!

³ Algunos de los *maestros de la ley murmuraron entre ellos: «¡Este hombre *blasfema!»

⁴ Como Jesús conocía sus pensamientos, les dijo:

—¿Por qué dan lugar a tan malos pensamientos? ⁵ ¿Qué es más fácil, decir: 'Tus pecados quedan perdonados', o decir: 'Levántate y anda'? ⁶ Pues para que sepan que el Hijo del hombre tiene autoridad en la tierra para perdonar pecados —se dirigió entonces al paralítico—: Levánta-te, toma tu camilla y vete a tu casa.

⁷ Y el hombre se levantó y se fue a su casa. ⁸ Al ver esto, la multitud se llenó de temor, y glorificó a Dios por haber dado tal autoridad a los *mortales.

Llamamiento de Mateo

⁹ Al irse de allí, Jesús vio a un hombre llamado Mateo, sentado a la mesa de recaudación de impuestos. «Sígueme», le dijo. Mateo se levantó y lo siguió.

¹⁰ Mientras Jesús estaba comiendo en casa de Mateo, muchos *recaudadores de impuestos y *pecadores llegaron y comieron con él y sus discípulos. ¹¹ Cuando los *fariseos vieron esto, les preguntaron a sus discípulos:

—¿Por qué come su maestro con recaudadores de impuestos y con pecadores?

¹² Al oír esto, Jesús les contestó:

—No son los sanos los que necesitan médico sino los enfermos. ¹³ Pero vayan y aprendan lo que significa: 'Misericordia quiero y no sacrificio.'ᵇ Porque no he venido a llamar a justos sino a pecadores.

Le preguntan a Jesús sobre el ayuno

¹⁴ Un día se le acercaron los discípulos de Juan y le preguntaron:

—¿Cómo es que nosotros y los *fariseos ayunamos, pero no así tus discípulos?

Jesús les contestó:

¹⁵ —¿Acaso pueden estar de luto los invitados del novio mientras él está con ellos? Llegará el día en que se les quitará el novio; entonces sí ayunarán. ¹⁶ Nadie remienda un vestido viejo con un retazo de tela nueva, porque el remiendo fruncirá el vestido y la rotura se hará peor. ¹⁷ Ni tampoco se echa vino en odres viejos. De hacerlo así, se reventarán los odres, se derramará el vino y los odres se arruinarán. Más bien, el vino nuevo se echa en odres nuevos, y así ambos se conservan.

Una niña muerta y una mujer enferma

¹⁸ Mientras él les decía esto, un dirigente judío llegó, se arrodilló delante de él y le dijo:

—Mi hija acaba de morir. Pero ven y pon tu mano sobre ella, y vivirá.

ª 8:28 *gadarenos.* Var. *gergesenos*; otra var. *gerasenos.* ᵇ 9:13 Os 6:6

19 Jesús se levantó y fue con él, acompañado de sus discípulos. **20** En esto, una mujer que hacía doce años padecía de hemorragias se le acercó por detrás y le tocó el borde del manto. **21** Pensaba: «Si al menos logro tocar su manto, quedaré *sana.» **22** Jesús se dio vuelta, la vio y le dijo:

—¡Ánimo, hija! Tu fe te ha sanado.

Y la mujer quedó sana en aquel momento.

23 Cuando Jesús entró en la casa del dirigente y vio a los flautistas y el alboroto de la gente, **24** les dijo:

—Váyanse. La niña no está muerta sino dormida.

Entonces empezaron a burlarse de él. **25** Pero cuando se les hizo salir, entró él, tomó de la mano a la niña, y ésta se levantó. **26** La noticia se divulgó por toda aquella región.

Jesús sana a los ciegos y a los mudos

27 Al irse Jesús de allí, dos ciegos lo siguieron, gritándole:

—¡Ten compasión de nosotros, Hijo de David!

28 Cuando entró en la casa, se le acercaron los ciegos, y él les preguntó:

—¿Creen que puedo sanarlos?

—Sí, Señor —le respondieron.

29 Entonces les tocó los ojos y les dijo:

—Se hará con ustedes conforme a su fe.

30 Y recobraron la vista. Jesús les advirtió con firmeza:

—Asegúrense de que nadie se entere de esto.

31 Pero ellos salieron para divulgar por toda aquella región la noticia acerca de Jesús.

32 Mientras ellos salían, le llevaron un mudo endemoniado. **33** Así que Jesús expulsó al demonio, y el que había estado mudo habló. La multitud se maravillaba y decía: «Jamás se ha visto nada igual en Israel.»

34 Pero los *fariseos afirmaban: «Éste expulsa a los demonios por medio del príncipe de los demonios.»

Son pocos los obreros

35 Jesús recorría todas los pueblos y aldeas enseñando en las sinagogas, anunciando las buenas *nuevas del reino, y sanando toda enfermedad y toda dolencia. **36** Al ver a las multitudes, tuvo compasión de ellas, porque estaban agobiadas y desamparadas, como ovejas sin pastor. **37** «La cosecha es abundante, pero son pocos los obreros —les dijo a sus discípulos—. **38** Pídanle, por tanto, al Señor de la cosecha que envíe obreros a su campo.»

Jesús envía a los doce

10 Reunió a sus doce discípulos y les dio autoridad para expulsar a los *espíritus malignos y sanar toda enfermedad y toda dolencia.

2 Éstos son los nombres de los doce apóstoles: primero Simón, llamado Pedro, y su hermano Andrés; *Jacobo y su hermano Juan, hijos de Zebedeo; **3** Felipe y Bartolomé; Tomás y Mateo, el *recaudador de impuestos; Jacobo, hijo de Alfeo, y Tadeo; **4** Simón el zelote y Judas Iscariote, el que lo traicionó.

5 Jesús envió a estos doce con las siguientes instrucciones: «No vayan entre los *gentiles ni entren en ningún pueblo de los samaritanos. **6** Vayan más bien a las ovejas descarriadas del pueblo de Israel. **7** Dondequiera que vayan, prediquen este mensaje: 'El reino de los cielos está cerca.' **8** Sanen a los enfermos, resuciten a los muertos, *limpien de su enfermedad a los que tienen *lepra, expulsen a los demonios. Lo que ustedes recibieron gratis, denlo gratuitamente. **9** No lleven oro ni plata ni cobre en el cinturón, **10** ni bolsa para el camino, ni dos mudas de ropa, ni sandalias, ni bastón; porque el trabajador merece que se le dé su sustento.

11 »En cualquier pueblo o aldea donde entren, busquen a alguien que merezca recibirlos, y quédense en su casa hasta que se vayan de ese lugar. **12** Al entrar, digan: 'Paz a esta casa.'ª **13** Si el hogar se lo merece, que la paz de ustedes reine en él; y si no, que la paz se vaya con ustedes.

a **10:12** *Al entrar ... casa'.* Lit. *Al entrar en la casa, salúdenla.*

VIERNES

Pasaje del día: Mateo 9:35-38
Versículo del día: Mateo 9:36

La compasión de Cristo

*S*in duda fue maravilloso ver a Jesús recorrer las ciudades y las aldeas, escuchar sus enseñanzas y experimentar un toque sanador de su mano. Aún más precioso habrá sido ver en sus ojos la compasión que tenía por la gente.

Según el diccionario Larousse, la compasión es "el movimiento del alma que nos hace sensibles al mal que padece alguna persona". ¡Si sólo pudiéramos tener una décima parte de la compasión que sintió Jesús! Entonces veríamos a las multitudes de una manera muy diferente.

Dios quiere que veamos a nuestros familiares, amigos y compañeros, a nuestra comunidad, nuestro país y nuestro mundo, con ojos llenos de compasión. Necesitamos la compasión (benignidad, bondad, misericordia) que Jesús sintió en su corazón por las personas. Sólo así seremos movidas a llevar el evangelio a los perdidos y tocar su corazón con el amor de Dios. Sólo así sentiremos la necesidad de ganar almas para Cristo. Sólo así veremos que las multitudes están desamparadas y necesitan de un Pastor.

Pidamos que Dios nos dé la compasión de Cristo, y podamos llevar a muchos para que conozcan al Pastor eterno. En el cielo veremos el fruto de nuestra labor: las almas que hayamos ganado para Cristo.

Oración: *Señor Jesús, ¡danos compasión!*

Noemí P. de Caiazzo
Nicaragua

¹⁴ Si alguno no los recibe bien ni escucha sus palabras, al salir de esa casa o de ese pueblo, sacúdanse el polvo de los pies. ¹⁵ Les aseguro que en el día del juicio el castigo para Sodoma y Gomorra será más tolerable que para ese pueblo. ¹⁶ Los envío como ovejas en medio de lobos. Por tanto, sean astutos como serpientes y sencillos como palomas.

¹⁷ »Tengan cuidado con la gente; los entregarán a los tribunales y los azotarán en las sinagogas. ¹⁸ Por mi causa los llevarán ante gobernadores y reyes para dar testimonio a ellos y a los gentiles. ¹⁹ Pero cuando los arresten, no se preocupen por lo que van a decir o cómo van a decirlo. En ese momento se les dará lo que han de decir, ²⁰ porque no serán ustedes los que hablen, sino que el Espíritu de su Padre hablará por medio de ustedes.

²¹ »El hermano entregará a la muerte al hermano, y el padre al hijo. Los hijos se rebelarán contra sus padres y harán que los maten. ²² Por causa de mi nombre todo el mundo los odiará, pero el que se mantenga firme hasta el fin será salvo. ²³ Cuando los persigan en una ciudad, huyan a otra. Les aseguro que no terminarán de recorrer las ciudades de Israel antes que venga el Hijo del hombre.

²⁴ »El discípulo no es superior a su maestro, ni el *siervo superior a su amo. ²⁵ Basta con que el discípulo sea como su maestro, y el siervo como su amo. Si al jefe de la casa lo han llamado *Beelzebú, ¡cuánto más a los de su familia!

²⁶ »Así que no les tengan miedo; porque no hay nada encubierto que no llegue a revelarse, ni nada escondido que no llegue a conocerse. ²⁷ Lo que les digo en la oscuridad, díganlo ustedes a plena luz; lo que se les susurra al oído, proclámenlo desde las azoteas. ²⁸ No teman a los que matan el cuerpo pero no pueden matar el alma.ᵃ Teman más bien al que puede destruir alma y cuerpo en el infierno.ᵇ ²⁹ ¿No se venden dos gorriones por una monedita?ᶜ Sin embargo, ni uno de ellos caerá a tierra sin que lo permita el Padre; ³⁰ y él les tiene contados a ustedes aun los cabellos de la cabeza. ³¹ Así que no tengan miedo; ustedes valen más que muchos gorriones.

³² »A cualquiera que me reconozca delante de los demás, yo también lo reconoceré delante de mi Padre que está en el cielo. ³³ Pero a cualquiera que me desconozca delante de los demás, yo también lo desconoceré delante de mi Padre que está en el cielo.

³⁴ »No crean que he venido a traer paz a la tierra. No vine a traer paz sino espada. ³⁵ Porque he venido a poner en conflicto

'al hombre contra su padre,
    a la hija contra su madre,
    a la nuera contra su suegra;
³⁶ los enemigos de cada cual
    serán los de su propia familia'.ᵈ

³⁷ »El que quiere a su padre o a su madre más que a mí no es digno de mí; el que quiere a su hijo o a su hija más que a mí no es digno de mí; ³⁸ y el que no toma su cruz y me sigue no es digno de mí. ³⁹ El que encuentre su *vida, la perderá, y el que la pierda por mi causa, la encontrará.

⁴⁰ »Quien los recibe a ustedes, me recibe a mí; y quien me recibe a mí, recibe al que me envió. ⁴¹ Cualquiera que recibe a un profeta por tratarse de un profeta, recibirá recompensa de profeta; y el que recibe a un justo por tratarse de un justo, recibirá recompensa de justo. ⁴² Y quien dé siquiera un vaso de agua fresca a uno de estos pequeños por tratarse de uno de mis discípulos, les aseguro que no perderá su recompensa.»

Jesús y Juan el Bautista

11 Cuando Jesús terminó de dar instrucciones a sus doce discípulos, se fue de allí a enseñar y a predicar en otros pueblos.

² Juan estaba en la cárcel, y al enterarse de lo que *Cristo estaba haciendo, envió a sus discípulos a que le preguntaran:

³ —¿Eres tú el que ha de venir, o debemos esperar a otro?

---

a **10:28** *alma.* Este vocablo griego también puede significar *vida.* *b* **10:28** *infierno.* Lit. *Gehenna.* *c* **10:29** *una monedita.* Lit. *un asarion.* *d* **10:36** Mi 7:6

Pasaje del sábado:
Mateo 6:5-15

Pasaje del domingo:
Marcos 11:22-26

Construye puentes de perdón

La inquietud artera que te derrite,
Ese desasosiego que te roba la calma,
Que te quita el sueño y que te enferma el alma,
Es porque no perdonas,
porque nunca olvidas.

En tu corazón has levantado
Un castillo de piedras, con murallas de rocas,
Y tienes prisionero al que te ha hecho daño,
Al que te ha injuriado,
Al que te ha ofendido.

Aprende a perdonar; no ates a nadie.
¿Para qué arrastrarás esas cadenas
Que por vida te unirán al que esclavizas?
Déjalo en libertad y recupera
Tu augusta paz y tu tranquilo sueño.

¿Acaso Dios a ti no te perdona?
Y no sólo una vez... te ha perdonado siempre.
¿Y qué derecho tienes tú
Sobre el que juzgas?
Perdónale, que a ti Dios te perdona.

No levantes murallas de rencores.
Construye puentes de perdón y amistad.
Y perdónate tú, que al perdonarte,
Estarás perdonando
A todo el mundo.

Olympia Leyton de Solórzano
Guatemala

Pasaje del día: Mateo 11:25-30
Versículo del día: Mateo 11:28

Cristo ofrece descanso

El título de un libro de Alessandro Pronzato, "Cansados de no caminar," me hace reflexionar con respecto a nuestro caminar como mujeres. ¿Por qué? Porque una de las tareas primordiales propuestas por Cristo es la de caminar, de no dejarnos estar quietas, de ir por el mundo proclamando su mensaje.

Parece extraño pensar en un mensaje tal para las mujeres hoy. Un mensaje opuesto sería lo necesario para nuestra forma de vivir: cansadas de caminar, cansadas de trajinar, cansadas de no parar. Y es entonces, que a nosotras, las mujeres, Jesucristo nos presenta la otra cara de su mensaje: "Vengan a mí todas las que están cansadas y agobiadas, y yo les daré descanso."

El mensaje es para las mujeres que alimentan a sus bebitos durante la noche, que enseñan a caminar a sus hijos pequeños; para las mujeres que animan a sus hijos primarios a esforzarse en los estudios, a cruzar la calle solos; para las mujeres que enseñan a sus hijos e hijas adolescentes a amar y respetar a los del sexo opuesto; para las mujeres que deben caminar solas sin una buena compañía a su lado.

El mensaje de Cristo es completo. Por una parte nos dice: "Levántate y anda;" pero también sabe que necesitamos descansar de tanto caminar. Lo importante es que Él no sólo promete descanso sino que lo da.

Mariel Voth
Argentina

4 Les respondió Jesús:

—Vayan y cuéntenle a Juan lo que están viendo y oyendo: 5 Los ciegos ven, los cojos andan, los que tienen *lepra son sanados, los sordos oyen, los muertos resucitan y a los pobres se les anuncian las buenas *nuevas. 6 *Dichoso el que no *tropieza por causa mía.

7 Mientras se iban los discípulos de Juan, Jesús comenzó a hablarle a la multitud acerca de Juan: «¿Qué salieron a ver al desierto? ¿Una caña sacudida por el viento? 8 Si no, ¿qué salieron a ver? ¿A un hombre vestido con ropa fina? Claro que no, pues los que usan ropa de lujo están en los palacios de los reyes. 9 Entonces, ¿qué salieron a ver? ¿A un profeta? Sí, les digo, y más que profeta. 10 Éste es de quien está escrito:

»'Mira, voy a enviar a mi mensajero
        delante de ti,
    el cual preparará tu camino.'a

11 Les aseguro que entre los mortales no se ha levantado nadie más grande que Juan el Bautista; sin embargo, el más pequeño en el reino de los cielos es más grande que él. 12 Desde los días de Juan el Bautista hasta ahora, el reino de los cielos ha venido avanzando contra viento y marea, y los que se esfuerzan logran aferrarse a él.b 13 Porque todos los profetas y la ley profetizaron hasta Juan. 14 Y si quieren aceptar mi palabra, Juan es el Elías que había de venir. 15 El que tenga oídos, que oiga.

16 »¿Con qué puedo comparar a esta generación? Se parece a los niños sentados en la plaza que gritan a los demás:

17 »'Tocamos la flauta,
        y ustedes no bailaron;
    Cantamos por los muertos,
        y ustedes no lloraron.'

18 »Porque vino Juan, que no comía ni bebía, y ellos dicen: 'Tiene un demonio.' 19 Vino el Hijo del hombre, que come y bebe, y dicen: 'Éste es un glotón y un borracho, amigo de *recaudadores de impuestos y de *pecadores.' Pero la sabiduría queda demostrada por sus hechos.»

Ayes sobre ciudades no arrepentidas

20 Entonces comenzó Jesús a denunciar a las ciudades en que había hecho la mayor parte de sus milagros, porque no se habían *arrepentido. 21 «¡Ay de ti, Corazín! ¡Ay de ti, Betsaida! Si se hubieran hecho en Tiro y en Sidón los milagros que se hicieron en medio de ustedes, ya hace tiempo que se habrían arrepentido con muchos lamentos.c 22 Pero les digo que en el día del juicio será más tolerable el castigo para Tiro y Sidón que para ustedes. 23 Y tú, Capernaúm, ¿acaso serás levantada hasta el cielo? No, sino que descenderás hasta el *abismo. Si los milagros que se hicieron en ti se hubieran hecho en Sodoma, ésta habría permanecido hasta el día de hoy. 24 Pero ted digo que en el día del juicio será más tolerable el castigo para Sodoma que para ti.»

Descanso para los cansados

25 En aquel tiempo Jesús dijo: «Te alabo, Padre, Señor del cielo y de la tierra, porque habiendo escondido estas cosas de los sabios e instruidos, se las has revelado a los que son como niños. 26 Sí, Padre, porque esa fue tu buena voluntad. 27 »Mi Padre me ha entregado todas las cosas. Nadie conoce al Hijo sino el Padre, y nadie conoce al Padre sino el Hijo y aquel a quien el Hijo quiera revelarlo.

28 »Vengan a mí todos ustedes que están cansados y agobiados, y yo les daré descanso. 29 Carguen con mi yugo y aprendan de mí, pues yo soy apacible y humilde de corazón, y encontrarán descanso para su alma. 30 Porque mi yugo es suave y mi carga es liviana.»

Señor del sábado

12 Por aquel tiempo pasaba Jesús por los sembrados en *sábado. Sus discípulos tenían hambre, así que comenzaron a arrancar algunas espigas de trigo y comérselas. 2 Al ver esto, los *fariseos le dijeron:

—¡Mira! Tus discípulos están haciendo lo que está prohibido en sábado.

a 11:10 Mal 3:1 b 11:12 ha venido ... aferrarse a él. Alt. sufre violencia y los violentos quieren arrebatarlo. c 11:21 con muchos lamentos. Lit. en saco y ceniza. d 11:24 te. Lit. les.

³ Él les contestó:

—¿No han leído lo que hizo David en aquella ocasión en que él y sus compañeros tuvieron hambre? ⁴ Entró en la casa de Dios, y él y sus compañeros comieron los panes consagrados a Dios, lo que no se les permitía a ellos sino sólo a los sacerdotes. ⁵ ¿O no han leído en la ley que los sacerdotes en el *templo profanan el sábado sin incurrir en culpa? ⁶ Pues yo les digo que aquí está uno más grande que el templo. ⁷ Si ustedes supieran lo que significa: 'Misericordia quiero y no sacrificio',ª no condenarían a los que no son culpables. ⁸ Sepan que el Hijo del hombre es Señor del sábado.

⁹ Pasando de allí, entró en la sinagoga, ¹⁰ donde había un hombre que tenía una mano paralizada. Como buscaban un motivo para acusar a Jesús, le preguntaron:

—¿Está permitido sanar en sábado?

¹¹ Él les contestó:

—Si alguno de ustedes tiene una oveja y en sábado se le cae en un hoyo, ¿no la agarra y la saca? ¹² ¡Cuánto más vale un hombre que una oveja! Por lo tanto, está permitido hacer el bien en sábado.

¹³ Entonces le dijo al hombre:

—Extiende la mano.

Así que la extendió y le quedó restablecida, tan sana como la otra. ¹⁴ Pero los fariseos salieron y tramaban cómo matar a Jesús.

El siervo escogido por Dios

¹⁵ Consciente de esto, Jesús se retiró de aquel lugar. Muchos lo siguieron, y él sanó a todos los enfermos, ¹⁶ pero les ordenó que no dijeran quién era él. ¹⁷ Esto fue para que se cumpliera lo dicho por el profeta Isaías:

¹⁸ «Aquí está mi siervo, a quien he
    escogido,
  mi amado, en quien estoy muy
    complacido;
  pondré mi Espíritu sobre él,
  y proclamará justicia a las
    *naciones.
¹⁹ No disputará ni gritará;
  nadie oirá su voz en las calles.

²⁰ No quebrará la caña rajada
  ni apagará la mecha que está por
    extinguirse,
  hasta que haga triunfar la justicia.
²¹ Y en su nombre pondrán las
  naciones su esperanza.»ᵇ

Jesús y Beelzebú

²² Un día le llevaron un endemoniado que estaba ciego y mudo, y Jesús lo sanó, de modo que pudo ver y hablar. ²³ Toda la gente se quedó asombrada y decía: «¿No será éste el Hijo de David?»

²⁴ Pero al oírlo los *fariseos, dijeron: «Éste no expulsa a los demonios sino por medio de *Beelzebú, príncipe de los demonios.»

²⁵ Jesús conocía sus pensamientos, y les dijo: «Todo reino dividido contra sí mismo quedará asolado, y toda ciudad o familia dividida contra sí misma no se mantendrá en pie. ²⁶ Si Satanás expulsa a Satanás, está dividido contra sí mismo. ¿Cómo puede, entonces, mantenerse en pie su reino? ²⁷ Ahora bien, si yo expulso a los demonios por medio de Beelzebú, ¿los seguidores de ustedes por medio de quién los expulsan? Por eso ellos mismos los juzgarán a ustedes. ²⁸ En cambio, si expulso a los demonios por medio del Espíritu de Dios, eso significa que el reino de Dios ha llegado a ustedes.

²⁹ »¿O cómo puede entrar alguien en la casa de un hombre fuerte y arrebatarle sus bienes, a menos que primero lo ate? Sólo entonces podrá robar su casa.

³⁰ »El que no está de mi parte, está contra mí; y el que conmigo no recoge, esparce. ³¹ Por eso les digo que a todos se les podrá perdonar todo pecado y toda *blasfemia, pero la blasfemia contra el Espíritu no se le perdonará a nadie. ³² A cualquiera que pronuncie alguna palabra contra el Hijo del hombre se le perdonará, pero el que hable contra el Espíritu Santo no tendrá perdón ni en este mundo ni en el venidero.

³³ »Si tienen un buen árbol, su fruto es bueno; si tienen un mal árbol, su fruto es malo. Al árbol se le reconoce por su fruto. ³⁴ Camada de víboras, ¿cómo pueden us-

---

a 12:7 Os 6:6 b 12:21 Is 42:1-4

tedes que son malos decir algo bueno? De la abundancia del corazón habla la boca. 35 El que es bueno, de la bondad que atesora en el corazón saca el bien, pero el que es malo, de su maldad saca el mal. 36 Pero yo les digo que en el día del juicio todos tendrán que dar cuenta de toda palabra ociosa que hayan pronunciado. 37 Porque por tus palabras se te absolverá, y por tus palabras se te condenará.»

La señal de Jonás

38 Algunos de los *fariseos y de los *maestros de la ley le dijeron:

—Maestro, queremos ver alguna señal milagrosa de parte tuya.

39 Jesús les contestó:

—¡Esta generación malvada y adúltera pide una señal milagrosa! Pero no se le dará más señal que la del profeta Jonás. 40 Porque así como tres días y tres noches estuvo Jonás en el vientre de un gran pez, también tres días y tres noches estará el Hijo del hombre en las entrañas de la tierra. 41 Los habitantes de Nínive se levantarán en el juicio contra esta generación y la condenarán; porque ellos se *arrepintieron al escuchar la predicación de Jonás, y aquí tienen ustedes a uno más grande que Jonás. 42 La reina del Sur se levantará en el día del juicio y condenará a esta generación; porque ella vino desde los confines de la tierra para escuchar la sabiduría de Salomón, y aquí tienen ustedes a uno más grande que Salomón.

43 »Cuando un *espíritu maligno sale de una persona, va por lugares áridos, buscando descanso sin encontrarlo. 44 Entonces dice: 'Volveré a la casa de donde salí.' Cuando llega, la encuentra desocupada, barrida y arreglada. 45 Luego va y trae a otros siete espíritus más malvados que él, y entran a vivir allí. Así que el estado postrero de aquella persona resulta peor que el primero. Así le pasará también a esta generación malvada.

La madre y los hermanos de Jesús

46 Mientras Jesús le hablaba a la multitud, se presentaron su madre y sus hermanos. Se quedaron afuera, y deseaban hablar con él. 47 Alguien le dijo:

—Tu madre y tus hermanos están afuera y quieren hablar contigo.ᵃ

48 —¿Quién es mi madre, y quiénes son mis hermanos? —replicó Jesús.

49 Señalando a sus discípulos, añadió:

—Aquí tienen a mi madre y a mis hermanos. 50 Pues mi hermano, mi hermana y mi madre son los que hacen la voluntad de mi Padre que está en el cielo.»

Parábola del sembrador

13 Ese mismo día salió Jesús de la casa y se sentó junto al lago. 2 Era tal la multitud que se reunió para verlo que él tuvo que subir a una barca donde se sentó mientras toda la gente estaba de pie en la orilla. 3 Y les dijo en parábolas muchas cosas como éstas: «Un sembrador salió a sembrar. 4 Mientras iba esparciendo la semilla, una parte cayó junto al camino, y llegaron los pájaros y se la comieron. 5 Otra parte cayó en terreno pedregoso, sin mucha tierra. Esa semilla brotó pronto porque la tierra no era profunda; 6 pero cuando salió el sol, las plantas se marchitaron y, por no tener raíz, se secaron. 7 Otra parte de la semilla cayó entre espinos que, al crecer, la ahogaron. 8 Pero las otras semillas cayeron en buen terreno, en el que se dio una cosecha que rindió treinta, sesenta y hasta cien veces más de lo que se había sembrado. 9 El que tenga oídos, que oiga.»

10 Los discípulos se acercaron y le preguntaron:

—¿Por qué le hablas a la gente en parábolas?

11 —A ustedes se les ha concedido conocer los *secretos del reino de los cielos; pero a ellos no. 12 Al que tiene, se le dará más, y tendrá en abundancia. Al que no tiene, hasta lo poco que tiene se le quitará. 13 Por eso les hablo a ellos en parábolas:

»Aunque miran, no ven;
    aunque oyen, no escuchan ni
    entienden.

14 En ellos se cumple la profecía de Isaías:

»'Por mucho que oigan, no
    entenderán;

ᵃ 12:47 Var. no incluye v. 47.

Pasaje del día: Mateo 13:10-17, 31-32
Versículo del día: Mateo 13:32

La grandeza de lo pequeño

*E*sther y Miriam caminaban bajo el sol, cargando sus cántaros llenos de agua fresca. ¡Hacía mucho calor! Esther, la locuaz, le describía a Miriam su aventura de la tarde anterior:

—Ojalá comprendieras cuán extraordinario que es ese hombre, Jesús. No es aburrido como tú te imaginas. Para que entendamos lo que enseña, nos cuenta historias con ejemplos. Ayer nos enseñó acerca de la semilla de mostaza y dijo que el reino de los cielos se parece a una de esas semillas.

—¡Qué cosa más ridícula! —dijo Miriam—. ¿Cómo puedes creer eso?

—Pues, es muy sencillo. Fíjate que la semilla de mostaza es la más pequeña de todas las semillas. Sin embargo, cuando crece se vuelve un árbol grande y tiene propiedades curativas.

Jesús desea que comprendamos la grandeza de lo pequeño.

Algunas mujeres somos tan insignificantes que nadie nos pone atención. Es más, pareciera que no contamos para nada; pero al creer en Cristo y su reino, podemos crecer fuertes como grandes árboles. Tan fuertes, que otros pueden venir y ser refrescados y bendecidos por nuestra vida. Las aves buscan esos árboles para refugiarse y hacer sus nidos. ¡Cómo quisiera que mi vida fuera como un árbol de mostaza, fuerte y acogedor!

Pensamiento: El secreto no está en el tamaño de nuestra fe, sino en la grandeza del poder de Dios.

Beatriz E. de Zapata
Guatemala

por mucho que vean, no
   percibirán.
15 Porque el corazón de este pueblo
   se ha vuelto insensible;
se les han tapado los oídos,
y se les han cerrado los ojos.
De lo contrario, verían con los ojos,
   oirían con los oídos,
entenderían con el corazón
y se convertirían, y yo los sanaría.'a

16 Pero *dichosos los ojos de ustedes porque ven, y sus oídos porque oyen. 17 Porque les aseguro que muchos profetas y otros justos anhelaron ver lo que ustedes ven, pero no lo vieron; y oír lo que ustedes oyen, pero no lo oyeron.

18 »Escuchen lo que significa la parábola del sembrador: 19 Cuando alguien oye la palabra acerca del reino y no la entiende, viene el maligno y arrebata lo que se sembró en su corazón. Ésta es la semilla sembrada junto al camino. 20 El que recibió la semilla que cayó en terreno pedregoso es el que oye la palabra e inmediatamente la recibe con alegría; 21 pero como no tiene raíz, dura poco tiempo. Cuando surgen problemas o persecución a causa de la palabra, en seguida se aparta de ella. 22 El que recibió la semilla que cayó entre espinos es el que oye la palabra, pero las preocupaciones de esta vida y el engaño de las riquezas la ahogan, de modo que ésta no llega a dar fruto. 23 Pero el que recibió la semilla que cayó en buen terreno es el que oye la palabra y la entiende. Éste sí produce una cosecha al treinta, al sesenta y hasta al ciento por uno.

Parábola de la mala hierba

24 Jesús les contó otra parábola: «El reino de los cielos es como un hombre que sembró buena semilla en su campo. 25 Pero mientras todos dormían, llegó su enemigo y sembró mala hierba entre el trigo, y se fue. 26 Cuando brotó el trigo y se formó la espiga, apareció también la mala hierba. 27 Los siervos fueron al dueño y le dijeron: 'Señor, ¿no sembró usted semilla buena en su campo? Entonces, ¿de dónde salió la mala hierba?' 28 'Esto

es obra de un enemigo', les respondió. Le preguntaron los siervos: '¿Quiere usted que vayamos a arrancarla?' 29 ¡No! —les contestó—, no sea que, al arrancar la mala hierba, arranquen con ella el trigo. 30 Dejen que crezcan juntos hasta la cosecha. Entonces les diré a los segadores: Recojan primero la mala hierba, y átenla en manojos para quemarla; después recojan el trigo y guárdenlo en mi granero.'»

Parábolas del grano de mostaza y de la levadura

31 Les contó otra parábola: «El reino de los cielos es como un grano de mostaza que un hombre sembró en su campo. 32 Aunque es la más pequeña de todas las semillas, cuando crece es la más grande de las hortalizas y se convierte en árbol, de modo que vienen las aves y anidan en sus ramas.»

33 Les contó otra parábola más: «El reino de los cielos es como la levadura que una mujer tomó y mezcló en una gran cantidadb de harina, hasta que fermentó toda la masa.»

34 Jesús le dijo a la multitud todas estas cosas en parábolas. Sin emplear parábolas no les decía nada. 35 Así se cumplió lo dicho por el profeta:

«Hablaré por medio de parábolas;
   revelaré cosas que han estado
   ocultas desde la creación del
   mundo.»c

Explicación de la parábola de la mala hierba

36 Una vez que se despidió de la multitud, entró en la casa. Se le acercaron sus discípulos y le pidieron:

—Explícanos la parábola de la mala hierba del campo.

37 —El que sembró la buena semilla es el Hijo del hombre —les respondió Jesús—. 38 El campo es el mundo, y la buena semilla representa a los hijos del reino. La mala hierba son los hijos del maligno, 39 y el enemigo que la siembra es el diablo. La cosecha es el fin del mundo, y los segadores son los ángeles.

40 »Así como se recoge la mala hierba y

---

a 13:15 Is 6:9,10 *b* 13:33 *una gran cantidad.* Lit. *tres satas* (probablemente unos 22 litros). *c* 13:35 Sal 78:2

Pasaje del día: Mateo 14:13-21
Versículo del día: Mateo 14:16

Cómo multiplicarnos

La multiplicación se produce cuando damos a otros lo que Dios nos ha dado. Cuando los discípulos repartieron los pocos panes y peces que tenían, comprobaron el milagro de la multiplicación.

Esta verdad me impactó en una conferencia para esposas de pastores, en un momento muy particular de mi vida. Me encontraba en plena crianza de mis hijos, Daniela y Sebastián. Eran muy pequeños, y ambos usaban pañales y tomaban biberón. Me esforzaba para cumplir con todo: hacer las tareas del hogar, atender a mi marido, servir en la iglesia, cuidar de los niños... ¡y sin tener la experiencia que dan los años!

Dios me enseñó que una mujer de Dios puede servir al Señor en la situación en que se encuentre, sea cual sea. Tenemos el privilegio de bendecir a los que están a nuestro alrededor, al ofrecerles las riquezas que Dios ha puesto en nuestro corazón. Nos multiplicamos cuando damos lo que hemos recibido del Señor.

Decidí poner en práctica esta verdad, y comencé a pasar tiempo con mi vecina, Alejandra, que era nueva en la iglesia. Todas las tardes venía a mi casa con su pequeña hija a tomar el té. Fue mi primera discípula. Mientras los niños jugaban, compartía con ella todo lo que el Señor me había enseñado en mi caminar con él.

Alejandra cambió de tal modo que vino su esposo y me dijo: "Alejandra está diferente. ¿Qué le ha hecho?" Yo simplemente había aprovechado la oportunidad que Dios puso en mis manos.

Aproveche las oportunidades que Dios le da, entregando lo mejor de sí misma a las personas que el Señor pone en su camino y comprobará el milagro de la multiplicación. ¡Anímese a hacerlo! ¡Se sorprenderá al ver los frutos!

Betty de Freidzon
Argentina

se quema en el fuego, ocurrirá también al fin del mundo. ⁴¹ El Hijo del hombre enviará a sus ángeles, y arrancarán de su reino a todos los que *pecan y hacen pecar. ⁴² Los arrojarán al horno encendido, donde habrá llanto y rechinar de dientes. ⁴³ Entonces los justos brillarán en el reino de su Padre como el sol. El que tenga oídos, que oiga.

Parábolas del tesoro escondido y de la perla

⁴⁴ »El reino de los cielos es como un tesoro escondido en un campo. Cuando un hombre lo descubrió, lo volvió a esconder, y lleno de alegría fue y vendió todo lo que tenía y compró ese campo.

⁴⁵ »También se parece el reino de los cielos a un comerciante que andaba buscando perlas finas. ⁴⁶ Cuando encontró una de gran valor, fue y vendió todo lo que tenía y la compró.

Parábola de la red

⁴⁷ »También se parece el reino de los cielos a una red echada al lago, que recoge peces de toda clase. ⁴⁸ Cuando se llena, los pescadores la sacan a la orilla, se sientan y recogen en canastas los peces buenos, y desechan los malos. ⁴⁹ Así será al fin del mundo. Vendrán los ángeles y apartarán de los justos a los malvados, ⁵⁰ y los arrojarán al horno encendido, donde habrá llanto y rechinar de dientes.

⁵¹ —¿Han entendido todo esto? —les preguntó Jesús.

—Sí —respondieron ellos.

Entonces concluyó Jesús:

⁵² —Todo *maestro de la ley que ha sido instruido acerca del reino de los cielos es como el dueño de una casa, que de lo que tiene guardado saca tesoros nuevos y viejos.

Un profeta sin honra

⁵³ Cuando Jesús terminó de contar estas parábolas, se fue de allí. ⁵⁴ Al llegar a su tierra, comenzó a enseñar a la gente en la sinagoga.

—¿De dónde sacó éste tal sabiduría y tales poderes milagrosos? —decían maravillados—. ⁵⁵ ¿No es acaso el hijo del carpintero? ¿No se llama su madre María; y no son sus hermanos *Jacobo, José,

Simón y Judas? ⁵⁶ ¿No están con nosotros todas sus hermanas? ¿Así que de dónde sacó todas estas cosas?

⁵⁷ Y se *escandalizaban a causa de él.

Pero Jesús les dijo:

—En todas partes se honra a un profeta, menos en su tierra y en su propia casa.

⁵⁸ Y por la incredulidad de ellos, no hizo allí muchos milagros.

Decapitación de Juan el Bautista

14 En aquel tiempo Herodes el tetrarca se enteró de lo que decían de Jesús, ² y comentó a sus sirvientes: «¡Ése es Juan el Bautista; ha *resucitado! Por eso tiene poder para realizar milagros.»

³ En efecto, Herodes había arrestado a Juan. Lo había encadenado y metido en la cárcel por causa de Herodías, esposa de su hermano Felipe. ⁴ Es que Juan había estado diciéndole: «La ley te prohíbe tenerla por esposa.» ⁵ Herodes quería matarlo, pero le tenía miedo a la gente, porque consideraban a Juan como un profeta.

⁶ En el cumpleaños de Herodes, la hija de Herodías bailó delante de todos; y tanto le agradó a Herodes ⁷ que le prometió bajo juramento darle cualquier cosa que pidiera. ⁸ Instigada por su madre, le pidió: «Dame en una bandeja la cabeza de Juan el Bautista.»

⁹ El rey se entristeció, pero a causa de sus juramentos y en atención a los invitados, ordenó que se le concediera la petición, ¹⁰ y mandó decapitar a Juan en la cárcel. ¹¹ Llevaron la cabeza en una bandeja y se la dieron a la muchacha, quien se la entregó a su madre. ¹² Luego llegaron los discípulos de Juan, recogieron el cuerpo y le dieron sepultura. Después fueron y avisaron a Jesús.

Jesús alimenta a los cinco mil

¹³ Cuando Jesús recibió la noticia, se retiró él solo en una barca a un lugar solitario. Las multitudes se enteraron y lo siguieron a pie desde los poblados. ¹⁴ Cuando Jesús desembarcó y vio a tanta gente, tuvo compasión de ellos y sanó a los que estaban enfermos.

¹⁵ Al atardecer se le acercaron sus discípulos y le dijeron:

—Éste es un lugar apartado y ya se hace tarde. Despide a la gente, para que vayan a los pueblos y se compren algo de comer. **16** —No tienen que irse —contestó Jesús—. Denles ustedes mismos de comer. **17** Ellos objetaron:

—No tenemos aquí más que cinco panes y dos pescados.

18 —Tráiganmelos acá —les dijo Jesús. **19** Y mandó a la gente que se sentara sobre la hierba. Tomó los cinco panes y los dos pescados y, mirando al cielo, los bendijo. Luego partió los panes y se los dio a los discípulos, quienes los repartieron a la gente. **20** Todos comieron hasta quedar satisfechos, y los discípulos recogieron doce canastas llenas de pedazos que sobraron. **21** Los que comieron fueron unos cinco mil hombres, sin contar a las mujeres y a los niños.

Jesús camina sobre el agua

22 En seguida Jesús hizo que los discípulos subieran a la barca y se le adelantaran al otro lado mientras él despedía a la multitud. **23** Después de despedir a la gente, subió a la montaña para orar a solas. Al anochecer, estaba allí él solo, **24** y la barca ya estaba bastante lejos[a] de la tierra, zarandeada por las olas, porque el viento le era contrario.

25 En la madrugada,[b] Jesús se acercó a ellos caminando sobre el lago. **26** Cuando los discípulos lo vieron caminando sobre el agua, quedaron aterrados.

—¡Es un fantasma! —gritaron de miedo.

27 Pero Jesús les dijo en seguida:

—¡Cálmense! Soy yo. No tengan miedo.

28 —Señor, si eres tú —respondió Pedro—, mándame que vaya a ti sobre el agua.

29 —Ven —dijo Jesús.

Pedro bajó de la barca y caminó sobre el agua en dirección a Jesús. **30** Pero al sentir el viento fuerte, tuvo miedo y comenzó a hundirse. Entonces gritó:

—¡Señor, sálvame!

31 En seguida Jesús le tendió la mano y, sujetándolo, lo reprendió:

—¡Hombre de poca fe! ¿Por qué dudaste? **32** Cuando subieron a la barca, se calmó el viento. **33** Y los que estaban en la barca lo adoraron diciendo:

—Verdaderamente tú eres el Hijo de Dios.

34 Después de cruzar el lago, desembarcaron en Genesaret. **35** Los habitantes de aquel lugar reconocieron a Jesús y divulgaron la noticia por todos los alrededores. Le llevaban todos los enfermos, **36** suplicándole que les permitiera tocar siquiera el borde de su manto, y quienes lo tocaban quedaban sanos.

Lo limpio y lo impuro

15 Se acercaron a Jesús algunos *fariseos y *maestros de la ley que habían llegado de Jerusalén, y le preguntaron:

2 —¿Por qué quebrantan tus discípulos la tradición de los *ancianos? ¡Comen sin cumplir primero el rito de lavarse las manos!

3 Jesús les contestó:

—¿Y por qué ustedes quebrantan el mandamiento de Dios a causa de la tradición? **4** Dios dijo: 'Honra a tu padre y a tu madre',[c] y también: 'El que maldiga a su padre o a su madre, debe morir.'[d] **5** Ustedes, en cambio, enseñan que un hijo puede decir a su padre o a su madre: 'Cualquier ayuda que pudiera darte ya la he dedicado como ofrenda a Dios.' **6** En ese caso, el tal hijo no tiene que honrar a su padre.[e] Así por causa de la tradición anulan ustedes la palabra de Dios. **7** ¡*Hipócritas! Tenía razón Isaías cuando profetizó de ustedes:

8 »'Este pueblo me honra con los labios,
    pero su corazón está lejos de mí.
9 En vano me adoran;
    sus enseñanzas no son más que reglas *humanas.'[f]

10 Jesús llamó a la multitud y dijo:

—Escuchen y entiendan. **11** Lo que *contamina a una persona no es lo que

---

a **14:24** *bastante lejos.* Lit. *a muchos estadios.* *b* **14:25** *la madrugada.* Lit. *la cuarta vigilia de la noche.* *c* **15:4** Éx 20:12; Dt 5:16 *d* **15:4** Éx 21:17; Lv 20:9 *e* **15:6** *padre.* Var. *padre ni a su madre.* *f* **15:9** Is 29:13

entra en la boca sino lo que sale de ella. **12** Entonces se le acercaron los discípulos y le dijeron:

—¿Sabes que los fariseos se *escandalizaron al oír eso?

13 —Toda planta que mi Padre celestial no haya plantado será arrancada de raíz —les respondió—. **14** Déjenlos; son guías ciegos.ᵃ Y si un ciego guía a otro ciego, ambos caerán en un hoyo.

15 —Explícanos la comparación —le pidió Pedro.

16 —¿También ustedes son todavía tan torpes? —les dijo Jesús—. **17** ¿No se dan cuenta de que todo lo que entra en la boca va al estómago y después se echa en la letrina? **18** Pero lo que sale de la boca viene del corazón y contamina a la persona. **19** Porque del corazón salen los malos pensamientos, los homicidios, los adulterios, la inmoralidad sexual, los robos, los falsos testimonios y las calumnias. **20** Éstas son las cosas que contaminan a la persona, y no el comer sin lavarse las manos.

La fe de la mujer cananea

21 Partiendo de allí, Jesús se retiró a la región de Tiro y Sidón. **22** Una mujer cananea de las inmediaciones salió a su encuentro, gritando:

—¡Señor, Hijo de David, ten compasión de mí! Mi hija sufre terriblemente por estar endemoniada.

23 Jesús no le respondió palabra. Así que sus discípulos se acercaron a él y le rogaron:

—Despídela, porque viene detrás de nosotros gritando.

24 —No fui enviado sino a las ovejas perdidas del pueblo de Israel —contestó Jesús.

25 La mujer se acercó y, arrodillándose delante de él, le suplicó:

—¡Señor, ayúdame!

26 Él le respondió:

—No está bien quitarles el pan a los hijos y echárselo a los *perros.

27 —Sí, Señor; pero hasta los perros comen las migajas que caen de la mesa de sus amos.

28 —¡Mujer, qué grande es tu fe! —contestó Jesús—. Que se cumpla lo que quieres.

Y desde ese mismo momento quedó sana su hija.

Jesús alimenta a los cuatro mil

29 Salió Jesús de allí y llegó a orillas del mar de Galilea. Luego subió a la montaña y se sentó. **30** Se le acercaron grandes multitudes que llevaban cojos, ciegos, lisiados, mudos y muchos enfermos más, y los pusieron a sus pies; y él los sanó. **31** La gente se asombraba al ver a los mudos hablar, a los lisiados recobrar la salud, a los cojos andar y a los ciegos ver. Y alababan al Dios de Israel.

32 Jesús llamó a sus discípulos y les dijo:

—Siento compasión de esta gente porque ya llevan tres días conmigo y no tienen nada que comer. No quiero despedirlos sin comer, no sea que se desmayen por el camino.

33 Los discípulos objetaron:

—¿Dónde podríamos conseguir en este lugar despoblado suficiente pan para dar de comer a toda esta multitud?

34 —¿Cuántos panes tienen? —les preguntó Jesús.

—Siete, y unos pocos pescaditos.

35 Luego mandó que la gente se sentara en el suelo. **36** Tomando los siete panes y los pescados, dio gracias, los partió y se los fue dando a los discípulos. Éstos, a su vez, los distribuyeron a la gente. **37** Todos comieron hasta quedar satisfechos. Después los discípulos recogieron siete cestas llenas de pedazos que sobraron. **38** Los que comieron eran cuatro mil hombres, sin contar a las mujeres y a los niños. **39** Después de despedir a la gente, subió Jesús a la barca y se fue a la región de Magadán.ᵇ

Le piden a Jesús una señal

16 Los *fariseos y los saduceos se acercaron a Jesús y, para ponerlo a prueba, le pidieron que les mostrara una señal del cielo.

2 Él les contestó:ᶜ «Al atardecer, ustedes dicen que hará buen tiempo porque el

---

a **15:14** *guías ciegos.* Var. *ciegos guías de ciegos.* *b* **15:39** *Magadán.* Var. *Magdala.* *c* **16:2** Var. no incluye el resto del v. 2 y todo el v. 3.

JUEVES

Pasaje del día: Mateo 15:21-28
Versículo del día: Mateo 15:28

La fe que recibe

La mujer llevaba gran dolor en su corazón, el dolor que sólo una madre experimenta por un hijo o una hija que sufre. Su hija estaba cautiva por un espíritu inmundo. Cuando corrió tras Jesús, recibió una respuesta dura: "El pan es para los hijos, no para los perrillos."

Pero el gran dolor que sentía la hace persistir y pide las migajas de la misericordia de Cristo. Jesús se detiene y le dice: "Oh, mujer, grande es tu fe; hágase contigo como quieres." Y su hija fue sanada desde aquella hora.

¿Cuántas veces nuestro corazón sangra por un hijo cautivo en drogas, en alcohol o en sexo ilícito? Tengo un hermano que huyó del hogar. Pasaron doce años y no sabíamos si vivía o si había muerto, y mi padre murió sin saber de él.

Mi corazón sangraba por él. Un día me retiré para un período de oración; clamé y supliqué con el alma hasta entrar al trono de la gracia. Muchas veces había clamado por él; pero ésta fue una ocasión especial. Mi clamor alcanzó el corazón de Dios.

Unos meses después, mi hermano me llamó y me dijo: "Estaba bajo el efecto de una sobredosis; iba a morir... Entonces escuché la voz del Señor que me dijo: `No morirás; serás mi siervo.' Te llamo para decirte que he aceptado a Cristo en mi corazón."

Han pasado nueve años; nunca más usó drogas. Ha formado un lindo hogar y está preparado para servir al Señor.

Hermana, tal vez has clamado sin ser oída. ¡Hoy es el día! Extiende tu mano y recibe la misericordia del Señor. Recibe la liberación de tu hijo o de tu hija. No dudes. ¡Él lo hará!

Martha Ruth Solano
de Cabrera
El Salvador

cielo está rojizo, ³ y por la mañana, que habrá tempestad porque el cielo está nublado y amenazante.ᵃ Ustedes saben discernir el aspecto del cielo, pero no las señales de los tiempos. ⁴ Esta generación malvada y adúltera busca una señal milagrosa, pero no se le dará más señal que la de Jonás.» Entonces Jesús los dejó y se fue.

La levadura de los fariseos y de los saduceos

⁵ Cruzaron el lago, pero a los discípulos se les había olvidado llevar pan.

⁶ —Tengan cuidado —les advirtió Jesús—; eviten la levadura de los *fariseos y de los saduceos.

⁷ Ellos comentaban entre sí: «Lo dice porque no trajimos pan.» ⁸ Al darse cuenta de esto, Jesús les recriminó:

—Hombres de poca fe, ¿por qué están hablando de que no tienen pan? ⁹ ¿Todavía no entienden? ¿No recuerdan los cinco panes para los cinco mil, y el número de canastas que recogieron? ¹⁰ ¿Ni los siete panes para los cuatro mil, y el número de cestas que recogieron? ¹¹ ¿Cómo es que no entienden que no hablaba yo del pan sino de tener cuidado de la levadura de fariseos y saduceos?

¹² Entonces comprendieron que no les decía que se cuidaran de la levadura del pan sino de la enseñanza de los fariseos y de los saduceos.

La confesión de Pedro

¹³ Cuando llegó a la región de Cesarea de Filipo, Jesús preguntó a sus discípulos:

—¿Quién dice la gente que es el Hijo del hombre?

Le respondieron:

¹⁴ —Unos dicen que es Juan el Bautista, otros que Elías, y otros que Jeremías o uno de los profetas.

¹⁵ —Y ustedes, ¿quién dicen que soy yo?

¹⁶ —Tú eres el *Cristo, el Hijo del Dios viviente —afirmó Simón Pedro.

¹⁷ —*Dichoso tú, Simón, hijo de Jonás —le dijo Jesús—, porque eso no te lo reveló ningún mortal,ᵇ sino mi Padre que está en el cielo. ¹⁸ Yo te digo que tú eres Pedro,ᶜ y sobre esta piedra edificaré mi iglesia, y las puertas del reino de la muerteᵈ no prevalecerán contra ella. ¹⁹ Te daré las llaves del reino de los cielos; todo lo que ates en la tierra quedará atado en el cielo, y todo lo que desates en la tierra quedará desatado en el cielo.

²⁰ Luego les ordenó a sus discípulos que no dijeran a nadie que él era el Cristo.

Jesús predice su muerte

²¹ Desde entonces comenzó Jesús a advertir a sus discípulos que tenía que ir a Jerusalén y sufrir muchas cosas a manos de los *ancianos, de los jefes de los sacerdotes y de los *maestros de la ley, y que era necesario que lo mataran y que al tercer día resucitara. ²² Pedro lo llevó aparte y comenzó a reprenderlo:

—¡De ninguna manera, Señor! ¡Esto no te sucederá jamás!

²³ Jesús se volvió y le dijo a Pedro:

—¡Aléjate de mí, Satanás! Quieres hacerme *tropezar; no piensas en las cosas de Dios sino en las de los hombres.

²⁴ Luego dijo Jesús a sus discípulos:

—Si alguien quiere ser mi discípulo, tiene que negarse a sí mismo, tomar su cruz y seguirme. ²⁵ Porque el que quiera salvar su *vida, la perderá; pero el que pierda su vida por mi causa, la encontrará. ²⁶ ¿De qué sirve ganar el mundo entero si se pierde la vida? ¿O qué se puede dar a cambio de la vida? ²⁷ Porque el Hijo del hombre ha de venir en la gloria de su Padre con sus ángeles, y entonces recompensará a cada persona según lo que haya hecho. ²⁸ Les aseguro que algunos de los aquí presentes no sufrirán la muerte sin antes haber visto al Hijo del hombre llegar en su reino.

La transfiguración

17 Seis días después, Jesús tomó consigo a Pedro, a *Jacobo y a Juan, el hermano de Jacobo, y los llevó aparte, a una montaña alta. ² Allí se transfiguró en presencia de ellos; su rostro resplandeció

ᵃ **16:3** *amenazante.* Lit. *rojizo.* ᵇ **16:17** *ningún mortal.* Lit. *carne y sangre.* ᶜ **16:18** *Pedro* significa: *piedra.* ᵈ **16:18** *del reino de la muerte.* Lit. *del Hades.*

como el sol, y su ropa se volvió blanca como la luz. ³ En esto, se les aparecieron Moisés y Elías conversando con Jesús.
⁴ Pedro le dijo a Jesús:

—Señor, ¡qué bien que estemos aquí! Si quieres, levantaré tres albergues: uno para ti, otro para Moisés y otro para Elías.

⁵ Mientras estaba aún hablando, apareció una nube luminosa que los envolvió, de la cual salió una voz que dijo: «Éste es mi Hijo amado; estoy muy complacido con él. ¡Escúchenlo!»
⁶ Al oír esto, los discípulos se postraron sobre su rostro, aterrorizados. ⁷ Pero Jesús se acercó a ellos y los tocó.

—Levántense —les dijo—. No tengan miedo.

⁸ Cuando alzaron la vista, no vieron a nadie más que a Jesús.

⁹ Mientras bajaban de la montaña, Jesús les encargó:

—No le cuenten a nadie lo que han visto hasta que el Hijo del hombre *resucite.

¹⁰ Entonces los discípulos le preguntaron a Jesús:

—¿Por qué dicen los *maestros de la ley que Elías tiene que venir primero?

¹¹ —Sin duda Elías viene, y restaurará todas las cosas —respondió Jesús—. ¹² Pero les digo que Elías ya vino, y no lo reconocieron sino que hicieron con él todo lo que quisieron. De la misma manera va a sufrir el Hijo del hombre a manos de ellos.

¹³ Entonces entendieron los discípulos que les estaba hablando de Juan el Bautista.

Jesús sana a un muchacho endemoniado

¹⁴ Cuando llegaron a la multitud, un hombre se acercó a Jesús y se arrodilló delante de él.

¹⁵ —Señor, ten compasión de mi hijo. Le dan ataques y sufre terriblemente. Muchas veces cae en el fuego o en el agua.
¹⁶ Se lo traje a tus discípulos, pero no pudieron sanarlo.

¹⁷ —¡Ah, generación incrédula y perversa! —respondió Jesús—. ¿Hasta cuándo tendré que estar con ustedes? ¿Hasta

cuándo tendré que soportarlos? Tráiganme acá al muchacho.

¹⁸ Jesús reprendió al demonio, el cual salió del muchacho, y éste quedó sano desde aquel momento.

¹⁹ Después los discípulos se acercaron a Jesús y, en privado, le preguntaron:

—¿Por qué nosotros no pudimos expulsarlo?

²⁰ —Porque ustedes tienen tan poca fe —les respondió—. Les aseguro que si tienen fe tan pequeña como un grano de mostaza, podrán decirle a esta montaña: 'Trasládate de aquí para allá', y se trasladará. Para ustedes nada será imposible.ᵃ

²² Estando reunidos en Galilea, Jesús les dijo: «El Hijo del hombre va a ser entregado en manos de los hombres. ²³ Lo matarán, pero al tercer día resucitará.» Y los discípulos se entristecieron mucho.

El impuesto del templo

²⁴ Cuando Jesús y sus discípulos llegaron a Capernaúm, los que cobraban el impuesto del *temploᵇ se acercaron a Pedro y le preguntaron:

—¿Su maestro no paga el impuesto del templo?

²⁵ —Sí, lo paga —respondió Pedro.

Al entrar Pedro en la casa, se adelantó Jesús a preguntarle:

—¿Tú qué opinas, Simón? Los reyes de la tierra ¿a quiénes cobran tributos e impuestos: a los suyos o a los demás?

²⁶ —A los demás —contestó Pedro.

—Entonces los suyos están exentos —le dijo Jesús—. ²⁷ Pero, para no escandalizar a esta gente, vete al lago y echa el anzuelo. Saca el primer pez que pique; ábrele la boca y encontrarás una moneda.ᶜ Tómala y dásela a ellos por mi impuesto y por el tuyo.

El más importante en el reino de los cielos

18 En ese momento los discípulos se acercaron a Jesús y le preguntaron:

—¿Quién es el más importante en el reino de los cielos?

² Él llamó a un niño y lo puso en medio de ellos.

---

a **17:20** *imposible.* Var. *imposible.* ²¹ *Pero esta clase no sale sino con oración y ayuno.* *b* **17:24** *el impuesto del templo.* Lit. *las dos dracmas.* *c* **17:27** *una moneda.* Lit. *un estatero* (moneda que equivale a cuatro dracmas).

Pasaje del día: Mateo 18:1-14
Versículo del día: Mateo 18:14

Que no se pierda ni uno

Provenir de hogares destruidos y tener muchas heridas en el corazón eran las características principales de mis alumnos cuando comencé a enseñar en la Escuela Dominical. Todavía recuerdo a los primeros diez niños que tuve en mi clase.

Uno de ellos no podía soportar escuchar las canciones de alabanza y tapaba sus oídos con desesperación. Había tres hermanitos que nunca estaban tranquilos y que buscaban llamar la atención con su mal comportamiento. Una niña disfrutaba tirándose al suelo para chillar y pedir a gritos que la llevaran al parque. El más pequeño no quería hablar, ni jugar, ni reír, ni nada y pasaba toda la mañana en una esquina.

Los primeros meses con ellos fueron terribles, pero yo sabía que esos niños estaban allí porque Dios los amaba y estaba interesado en ministrar y restaurar sus vidas.

Han pasado once años. Hoy casi todos sirven al Señor en diversos aspectos como la alabanza, la intercesión, la enseñanza, los títeres y el teatro. Además, son buenos estudiantes. Sé que los que se apartaron muy pronto serán rescatados, pues todos tienen grabado en su corazón el sello del amor divino.

Si usted enseña a los niños el camino del Señor y le parece que es en vano, le digo que Dios no miente, que realmente cumplirá su Palabra y que hará su obra en ellos. Tal vez esos muchachos estén perdidos en los vicios de este mundo; pero de Jehová nadie se puede esconder. Él los rescatará aunque sea de los confines de la tierra. Haga su parte instruyéndoles y Dios hará la suya.

Pensamiento: *Enseñar es mostrar con mi ejemplo que las palabras que digo son prácticas y verdaderas.*

Ximena Soliz de Piérola
Bolivia

³ —Les aseguro que a menos que ustedes cambien y se vuelvan como niños, no entrarán en el reino de los cielos. ⁴ Por tanto, el que se humilla como este niño será el más grande en el reino de los cielos.
⁵ »Y el que recibe en mi nombre a un niño como éste, me recibe a mí. ⁶ Pero si alguien hace *pecar a uno de estos pequeños que creen en mí, más le valdría que le colgaran al cuello una gran piedra de molino y lo hundieran en lo profundo del mar.
⁷ »¡Ay del mundo por las cosas que hacen pecar a la gente! Inevitable es que sucedan, pero ¡ay del que hace pecar a los demás! ⁸ Si tu mano o tu pie te hace pecar, córtatelo y arrójalo. Más te vale entrar en la vida manco o cojo que ser arrojado al fuego eterno con tus dos manos y tus dos pies. ⁹ Y si tu ojo te hace pecar, sácatelo y arrójalo. Más te vale entrar tuerto en la vida que con dos ojos ser arrojado al fuego del infierno.ᵃ

Parábola de la oveja perdida

¹⁰ »Miren que no menosprecien a uno de estos pequeños. Porque les digo que en el cielo los ángeles de ellos contemplan siempre el rostro de mi Padre celestial.ᵇ
¹² »¿Qué les parece? Si un hombre tiene cien ovejas y se le extravía una de ellas, ¿no dejará las noventa y nueve en las colinas para ir en busca de la extraviada? ¹³ Y si llega a encontrarla, les aseguro que se pondrá más feliz por esa sola oveja que por las noventa y nueve que no se extraviaron. ¹⁴ Así también, el Padre de ustedes que está en el cielo no quiere que se pierda ninguno de estos pequeños.

El hermano que peca contra ti

¹⁵ »Si tu hermano peca contra ti,ᶜ ve a solas con él y hazle ver su falta. Si te hace caso, has ganado a tu hermano. ¹⁶ Pero si no, lleva contigo a uno o dos más, para que 'todo asunto se haga constar por el testimonio de dos o tres testigos'.ᵈ ¹⁷ Si se niega a hacerles caso a ellos, díselo a la iglesia; y si incluso a la iglesia no le hace caso, trátalo como si fuera un incrédulo o un renegado.ᵉ
¹⁸ »Les aseguro que todo lo que ustedes aten en la tierra quedará atado en el cielo, y todo lo que desaten en la tierra quedará desatado en el cielo.
¹⁹ »Además les digo que si dos de ustedes en la tierra se ponen de acuerdo sobre cualquier cosa que pidan, les será concedida por mi Padre que está en el cielo. ²⁰ Porque donde dos o tres se reúnen en mi nombre, allí estoy yo en medio de ellos.

Parábola del siervo despiadado

²¹ Pedro se acercó a Jesús y le preguntó:
—Señor, ¿cuántas veces tengo que perdonar a mi hermano que peca contra mí? ¿Hasta siete veces?
²² —No te digo que hasta siete veces, sino hasta setenta y siete vecesᶠ —le contestó Jesús—.
²³ »Por eso el reino de los cielos se parece a un rey que quiso ajustar cuentas con sus *siervos. ²⁴ Al comenzar a hacerlo, se le presentó uno que le debía miles y miles de monedas de oro.ᵍ ²⁵ Como él no tenía con qué pagar, el señor mandó que lo vendieran a él, a su esposa y a sus hijos, y todo lo que tenía, para así saldar la deuda. ²⁶ El siervo se postró delante de él. 'Tenga paciencia conmigo —le rogó—, y se lo pagaré todo.' ²⁷ El señor se compadeció de su siervo, le perdonó la deuda y lo dejó en libertad.
²⁸ »Al salir, aquel siervo se encontró con uno de sus compañeros que le debía cien monedas de plata.ʰ Lo agarró por el cuello y comenzó a estrangularlo. '¡Págame lo que me debes!', le exigió. ²⁹ Su compañero se postró delante de él. 'Ten paciencia conmigo —le rogó—, y te lo pagaré.' ³⁰ Pero él se negó. Más bien fue y lo hizo meter en la cárcel hasta que pagara la deuda. ³¹ Cuando los demás siervos vieron lo ocurrido, se entristecieron mucho y fueron a contarle a su señor todo lo que había sucedido. ³² Entonces el señor mandó llamar al siervo. '¡Siervo malvado!

ᵃ **18:9** *al fuego del infierno.* Lit. *a la Gehenna del fuego.* ᵇ **18:10** *celestial.* Var. *celestial.* ¹¹ *El Hijo del Hombre vino a salvar lo que se había perdido.* ᶜ **18:15** *peca contra ti.* Var. *peca.* ᵈ **18:16** Dt 19:15 ᵉ **18:17** *un incrédulo o un renegado.* Lit. *un gentil o un recaudador de impuestos.* ᶠ **18:22** *setenta y siete veces.* Alt. *setenta veces siete.* ᵍ **18:24** *miles y miles de monedas de oro.* Lit. *una miríada de talentos.* ʰ **18:28** *monedas de plata.* Lit. *denarios.*

Pasaje del sábado:
Mateo 18:15-22
Pasaje del domingo:
Lucas 6:27-38

Así debe hacerse

Estaban dos mujeres creyentes en desacuerdo, lo cual resultó en una situación muy molesta. La una oyó que la otra hablaba mal de ella. Entonces fue donde ella y le dijo:

—Quisiera que cara a cara me digas todas mis faltas, para que con tu ayuda pueda mejorar.

—Sí, lo haré —fue la respuesta.

—Pero antes que comiences, ¿por qué no oramos y le pedimos a Dios que abra mis ojos para que yo vea mis faltas a medida que me las digas?

Oraron las dos mujeres, y después de la oración, la primera dijo:

—Ahora puedes empezar a decirme todo lo que tienes en contra de mí.

Entonces la otra contestó:

—Después de haber orado juntas, me parecen cosas tan insignificantes que no vale ni la pena hablar de ellas. Me doy cuenta de que al hablar mal de ti estaba sirviendo a Satanás en vez de servir a Dios. Ahora quiero que ores por mí y que me perdones todo el mal que te he hecho.

Para todas las mujeres sería de gran provecho seguir este ejemplo.

—Adaptado

Pasaje del día: Mateo 18:21-35
Versículo del día: Mateo 18:35

El reto de perdonar

*U*na de las primeras cosas que tuve que enfrentar después de aceptar a Cristo como Salvador y Señor de mi vida fue reconocer que a través de los años había acumulado resentimientos en contra de las personas a mi alrededor. En cada caso, esos resentimientos parecían tener una razón de ser válida, y me justificaba diciendo que mis sentimientos no le hacían daño a nadie. Casi siempre, reaccionaba desvinculándome de esas personas. Era como si dejaran de existir; para mí habían muerto.

Al poco tiempo de convertirme, Dios me habló al corazón y me mostró mi falta de perdón. Me hizo ver que tenía que perdonar a los demás sus ofensas. Ya que Jesús había perdonado todos mis pecados, Él esperaba que yo perdonara a los que me habían ofendido.

En la parábola de Jesús sobre los dos deudores pude ver las consecuencias de la falta de perdón, y comprendí que todas las ofensas que podamos sufrir no se comparan a los pecados que cometemos contra Jesús. Él espera que no seamos como el siervo malvado de la parábola; su señor le perdonó toda su deuda, pero Él no fue capaz de perdonar a su consiervo.

Quizá usted esté sufriendo el dolor de haber sido herida por otras personas, tal vez por las que más ha amado y servido. Acuda al Señor en oración, derrame su corazón, pídale fuerzas para perdonar, y ¡perdóneles! Sentirá paz y gozo al hacerlo, y sabrá que ha agradado a Dios.

Xiomara M. de Gómez
Panamá

—le increpó—. Te perdoné toda aquella deuda porque me lo suplicaste. ³³ ¿No debías tú también haberte compadecido de tu compañero, así como yo me compadecí de ti?' ³⁴ Y enojado, su señor lo entregó a los carceleros para que lo torturaran hasta que pagara todo lo que debía.

³⁵ »Así también mi Padre celestial los tratará a ustedes, a menos que cada uno perdone de corazón a su hermano.

El divorcio

19 Cuando Jesús acabó de decir estas cosas, salió de Galilea y se fue a la región de Judea, al otro lado del Jordán. ² Lo siguieron grandes multitudes, y sanó allí a los enfermos.

³ Algunos *fariseos se le acercaron y, para ponerlo a *prueba, le preguntaron:

—¿Está permitido que un hombre se divorcie de su esposa por cualquier motivo?

⁴ —¿No han leído que en el principio el Creador 'los hizo hombre y mujer',ᵃ ⁵ y dijo: 'Por eso dejará el hombre a su padre y a su madre, y se unirá a su esposa, y los dos llegarán a ser un solo cuerpo'?ᵇ ⁶ Así que ya no son dos, sino uno solo. Por tanto, lo que Dios ha unido, que no lo separe el hombre.

⁷ Le replicaron:

—¿Por qué, entonces, mandó Moisés que un hombre le diera a su esposa un certificado de divorcio y la despidiera?

⁸ —Moisés les permitió divorciarse de su esposa por lo obstinados que sonᶜ —respondió Jesús—. Pero no fue así desde el principio. ⁹ Les digo que, excepto en caso de infidelidad conyugal, el que se divorcia de su esposa, y se casa con otra, comete adulterio.

¹⁰ —Si tal es la situación entre esposo y esposa —comentaron los discípulos—, es mejor no casarse.

¹¹ —No todos pueden comprender este asunto —respondió Jesús—, sino sólo aquellos a quienes se les ha concedido entenderlo. ¹² Pues algunos son *eunucos porque nacieron así; a otros los

hicieron así los hombres; y otros se han hecho así por causa del reino de los cielos. El que pueda aceptar esto, que lo acepte.

Jesús y los niños

¹³ Llevaron unos niños a Jesús para que les impusiera las manos y orara por ellos, pero los discípulos reprendían a quienes los llevaban.

¹⁴ Jesús dijo: «Dejen que los niños vengan a mí, y no se lo impidan, porque el reino de los cielos es de quienes son como ellos.» ¹⁵ Después de poner las manos sobre ellos, se fue de allí.

El joven rico

¹⁶ Sucedió que un hombre se acercó a Jesús y le preguntó:

—Maestro, ¿qué de bueno tengo que hacer para obtener la vida eterna?

¹⁷ —¿Por qué me preguntas sobre lo que es bueno? —respondió Jesús—. Solamente hay uno que es bueno. Si quieres entrar en la vida, obedece los mandamientos.

¹⁸ —¿Cuáles? —preguntó el hombre.

Contestó Jesús:

—'No mates, no cometas adulterio, no robes, no des falso testimonio, ¹⁹ honra a tu padre y a tu madre',ᵈ y 'ama a tu prójimo como a ti mismo'.ᵉ

²⁰ —Todos ésos los he cumplido —dijo el joven—. ¿Qué más me falta?

²¹ —Si quieres ser *perfecto, anda, vende lo que tienes y dáselo a los pobres, y tendrás tesoro en el cielo. Luego ven y sígueme.

²² Cuando el joven oyó esto, se fue triste porque tenía muchas riquezas.

²³ —Les aseguro —comentó Jesús a sus discípulos— que es difícil para un rico entrar en el reino de los cielos. ²⁴ De hecho, le resulta más fácil a un camello pasar por el ojo de una aguja, que a un rico entrar en el reino de Dios.

²⁵ Al oír esto, los discípulos quedaron desconcertados y decían:

—En ese caso, ¿quién podrá salvarse?

²⁶ —Para los hombres es imposible —aclaró Jesús, mirándolos fijamente—, mas para Dios todo es posible.

---

a 19:4 Gn 1:27 *b* 19:5 Gn 2:24 *c* 19:8 *por lo obstinados que son.* Lit. *por su dureza de corazón.* *d* 19:19 Éx 20:12-16; Dt 5:16-20 *e* 19:19 Lv 19:18

27 —¡Mira, nosotros lo hemos dejado todo por seguirte! —le reclamó Pedro—. ¿Y qué ganamos con eso?

28 —Les aseguro —respondió Jesús— que en la renovación de todas las cosas, cuando el Hijo del hombre se siente en su trono glorioso, ustedes que me han seguido se sentarán también en doce tronos para gobernar a las doce tribus de Israel. **29** Y todo el que por mi causa haya dejado casas, hermanos, hermanas, padre, madre,ᵃ hijos o terrenos, recibirá cien veces más y heredará la vida eterna. **30** Pero muchos de los primeros serán últimos, y muchos de los últimos serán primeros.

Parábola de los viñadores

20»Así mismo el reino de los cielos se parece a un propietario que salió de madrugada a contratar obreros para su viñedo. **2** Acordó darles la pagaᵇ de un día de trabajo y los envió a su viñedo. **3** Cerca de las nueve de la mañana,ᶜ salió y vio a otros que estaban desocupados en la plaza. **4** Les dijo: 'Vayan también ustedes a trabajar en mi viñedo, y les pagaré lo que sea justo.' **5** Así que fueron. Salió de nuevo a eso del mediodía y a la media tarde, e hizo lo mismo. **6** Alrededor de las cinco de la tarde, salió y encontró a otros más que estaban sin trabajo. Les preguntó: '¿Por qué han estado aquí desocupados todo el día?' **7** 'Porque nadie nos ha contratado', contestaron. Él les dijo: 'Vayan también ustedes a trabajar en mi viñedo.'

8 »Al atardecer, el dueño del viñedo le ordenó a su capataz: 'Llama a los obreros y págales su jornal, comenzando por los últimos contratados hasta llegar a los primeros.' **9** Se presentaron los obreros que habían sido contratados cerca de las cinco de la tarde, y cada uno recibió la paga de un día. **10** Por eso cuando llegaron los que fueron contratados primero, esperaban que recibirían más. Pero cada uno de ellos recibió también la paga de un día. **11** Al recibirla, comenzaron a murmurar contra el propietario. **12** 'Estos que fueron los últimos en ser contratados trabajaron una sola hora —dijeron—, y usted los ha tratado como a nosotros que hemos soportado el peso del trabajo y el calor del día.' **13** Pero él le contestó a uno de ellos: 'Amigo, no estoy cometiendo ninguna injusticia contigo. ¿Acaso no aceptaste trabajar por esa paga? **14** Tómala y vete. Quiero darle al último obrero contratado lo mismo que te di a ti. **15** ¿Es que no tengo derecho a hacer lo que quiera con mi dinero? ¿O te da envidia de que yo sea generoso?'ᵈ

16 »Así que los últimos serán primeros, y los primeros, últimos.

Jesús predice de nuevo su muerte

17 Mientras subía Jesús rumbo a Jerusalén, tomó aparte a los doce discípulos y les dijo: **18** «Ahora vamos rumbo a Jerusalén, y el Hijo del hombre será entregado a los jefes de los sacerdotes y a los *maestros de la ley. Ellos lo condenarán a muerte **19** y lo entregarán a los *gentiles para que se burlen de él, lo azoten y lo crucifiquen. Pero al tercer día resucitará.»

La petición de una madre

20 Entonces la madre de *Jacobo y de Juan,ᵉ junto con ellos, se acercó a Jesús y, arrodillándose, le pidió un favor.

21 —¿Qué quieres? —le preguntó Jesús.

—Ordena que en tu reino uno de estos dos hijos míos se siente a tu *derecha y el otro a tu izquierda.

22 —No saben lo que están pidiendo —les replicó Jesús—. ¿Pueden acaso beber el trago amargo de la copa que yo voy a beber?

—Sí, podemos.

23 —Ciertamente beberán de mi copa —les dijo Jesús—, pero el sentarse a mi derecha o a mi izquierda no me corresponde concederlo. Eso ya está decididoᶠ por mi Padre.

24 Cuando lo oyeron los otros diez, se indignaron contra los dos hermanos. **25** Jesús los llamó y les dijo:

ᵃ 19:29 *madre.* Var. *madre, esposa.* ᵇ 20:2 *la paga.* Lit. *un denario;* también en vv. 9,10,13. ᶜ 20:3 *las nueve de la mañana.* Lit. *la hora tercera;* en v. 5 *la hora sexta y novena;* en vv. 6 y 9 *la hora undécima.* ᵈ 20:15 *¿O ... generoso?* Lit. *¿O es tu ojo malo porque yo soy bueno?* ᵉ 20:20 *Jacobo y Juan.* Lit. *los hijos de Zebedeo.* ƒ 20:23 *concederlo. Eso ya está decidida.* Lit. *concederlo, sino para quienes está preparado.*

—Como ustedes saben, los gobernantes de las *naciones oprimen a los súbditos, y los altos oficiales abusan de su autoridad. **26** Pero entre ustedes no debe ser así. Al contrario, el que quiera hacerse grande entre ustedes deberá ser su servidor, **27** y el que quiera ser el primero deberá ser *esclavo de los demás; **28** así como el Hijo del hombre no vino para que le sirvan, sino para servir y para dar su *vida en rescate por muchos.

Dos ciegos reciben la vista

29 Una gran multitud seguía a Jesús cuando él salía de Jericó con sus discípulos. **30** Dos ciegos que estaban sentados junto al camino, al oír que pasaba Jesús, gritaron:

—¡Señor, Hijo de David, ten compasión de nosotros!

31 La multitud los reprendía para que se callaran, pero ellos gritaban con más fuerza:

—¡Señor, Hijo de David, ten compasión de nosotros!

32 Jesús se detuvo y los llamó.

—¿Qué quieren que haga por ustedes?

33 —Señor, queremos recibir la vista.

34 Jesús se compadeció de ellos y les tocó los ojos. Al instante recobraron la vista y lo siguieron.

La entrada triunfal

21 Cuando se acercaban a Jerusalén y llegaron a Betfagé, al monte de los Olivos, Jesús envió a dos discípulos **2** con este encargo: «Vayan a la aldea que tienen enfrente, y ahí mismo encontrarán una burra atada, y un burrito con ella. Desátenlos y tráiganmelos. **3** Si alguien les dice algo, díganle que el Señor los necesita, pero que ya los devolverá.» **4** Esto sucedió para que se cumpliera lo dicho por el profeta:

5 «Digan a la hija de Sión:
'Mira, tu rey viene a ti,
humilde y montado en un burro,
en un burrito, cría de una bestia
de carga.'»a

6 Los discípulos fueron e hicieron como les había mandado Jesús. **7** Llevaron la burra y el burrito, y pusieron encima sus mantos, sobre los cuales se sentó Jesús. **8** Había mucha gente que tendía sus mantos sobre el camino; otros cortaban ramas de los árboles y las esparcían en el camino. **9** Tanto la gente que iba delante de él como la que iba detrás, gritaba:

—¡Hosannab al Hijo de David!

—¡Bendito el que viene en el nombre del Señor!c

—¡Hosanna en las alturas!

10 Cuando Jesús entró en Jerusalén, toda la ciudad se conmovió.

—¿Quién es éste? —preguntaban.

11 —Éste es el profeta Jesús, de Nazaret de Galilea —contestaba la gente.

Jesús en el templo

12 Jesús entró en el *templod y echó de allí a todos los que compraban y vendían. Volcó las mesas de los que cambiaban dinero y los puestos de los que vendían palomas. **13** «Escrito está —les dijo—: 'Mi casa será llamada casa de oración';e pero ustedes la están convirtiendo en 'cueva de ladrones'.»f

14 Se le acercaron en el templo ciegos y cojos, y los sanó. **15** Pero cuando los jefes de los sacerdotes y los *maestros de la ley vieron que hacía cosas maravillosas, y que los niños gritaban en el templo: «¡Hosanna al Hijo de David!», se indignaron.

16 —¿Oyes lo que ésos están diciendo? —protestaron.

—Claro que sí —respondió Jesús—; ¿no han leído nunca:

»'En los labios de los pequeños
y de los niños de pecho
has puesto la perfecta alabanza'?g

17 Entonces los dejó y, saliendo de la ciudad, se fue a pasar la noche en Betania.

Se seca la higuera

18 Muy de mañana, cuando volvía a la ciudad, tuvo hambre. **19** Al ver una higuera junto al camino, se acercó a ella, pero no encontró nada más que hojas.

—¡Nunca más vuelvas a dar fruto! —le dijo.

Y al instante se secó la higuera.

20 Los discípulos se asombraron al ver esto.

—¿Cómo es que se secó la higuera tan pronto? —preguntaron ellos.

21 —Les aseguro que si tienen fe y no dudan —les respondió Jesús—, no sólo harán lo que he hecho con la higuera, sino que podrán decirle a este monte: '¡Quítate de ahí y tírate al mar!', y así se hará. **22** Si ustedes creen, recibirán todo lo que pidan en oración.

La autoridad de Jesús puesta en duda

23 Jesús entró en el *templo y, mientras enseñaba, se le acercaron los jefes de los sacerdotes y los *ancianos del pueblo.

—¿Con qué autoridad haces esto? —lo interrogaron—. ¿Quién te dio esa autoridad?

24 —Yo también voy a hacerles una pregunta. Si me la contestan, les diré con qué autoridad hago esto. **25** El bautismo de Juan, ¿de dónde procedía? ¿Del cielo o de la tierra?[a]

Ellos se pusieron a discutir entre sí: «Si respondemos: 'Del cielo', nos dirá: '¿Entonces, ¿por qué no le creyeron?' **26** Pero si decimos: 'De la tierra'... tememos al pueblo, porque todos consideran que Juan era un profeta.» Así que le respondieron a Jesús:

27 —No lo sabemos.

—Pues yo tampoco les voy a decir con qué autoridad hago esto.

Parábola de los dos hijos

28 »¿Qué les parece? —continuó Jesús—. Había un hombre que tenía dos hijos. Se dirigió al primero y le pidió: 'Hijo, ve a trabajar hoy en el viñedo.'

29 'No quiero', contestó, pero después se *arrepintió y fue. **30** Luego el padre se dirigió al otro hijo y le pidió lo mismo.

Éste contestó: 'Sí, señor'; pero no fue.

31 ¿Cuál de los dos hizo lo que su padre quería?

—El primero —contestaron ellos.

Jesús les dijo:

—Les aseguro que los *recaudadores de impuestos y las prostitutas van delante de ustedes hacia el reino de Dios. **32** Porque Juan fue enviado a ustedes a señalarles el camino de la justicia, y no le creyeron, pero los recaudadores de impuestos y las prostitutas sí le creyeron. E incluso después de ver esto, ustedes no se arrepintieron para creerle.

Parábola de los labradores malvados

33 »Escuchen otra parábola: Había un propietario que plantó un viñedo. Lo cercó, cavó un lagar y construyó una torre de vigilancia. Luego arrendó el viñedo a unos labradores y se fue de viaje. **34** Cuando se acercó el tiempo de la cosecha, mandó sus *siervos a los labradores para recibir de éstos lo que le correspondía. **35** Los labradores agarraron a esos siervos; golpearon a uno, mataron a otro y apedrearon a un tercero. **36** Después les mandó otros siervos, en mayor número que la primera vez, y también los maltrataron.

37 »Por último, les mandó a su propio hijo, pensando: '¡A mi hijo sí lo respetarán!' **38** Pero cuando los labradores vieron al hijo, se dijeron unos a otros: 'Éste es el heredero. Matémoslo, para quedarnos con su herencia.' **39** Así que le echaron mano, lo arrojaron fuera del viñedo y lo mataron.

40 »Ahora bien, cuando vuelva el dueño, ¿qué hará con esos labradores?

41 —Hará que esos malvados tengan un fin miserable —respondieron—, y arrendará el viñedo a otros labradores que le den lo que le corresponde cuando llegue el tiempo de la cosecha.

42 Les dijo Jesús:

—¿No han leído nunca en las Escrituras:

» 'La piedra que desecharon los
    constructores
ha llegado a ser piedra angular;

---

a **21:25** *la tierra.* Lit. *los hombres*; también en v. 26.

esto lo ha hecho el Señor,
y es maravilloso a nuestros ojos'?a

43 »Por eso les digo que el reino de Dios se les quitará a ustedes y se le entregará a un pueblo que produzca los frutos del reino. 44 El que caiga sobre esta piedra quedará despedazado, y si ella cae sobre alguien, lo hará polvo.b 45 Cuando los jefes de los sacerdotes y los *fariseos oyeron las parábolas de Jesús, se dieron cuenta de que hablaba de ellos. 46 Buscaban la manera de arrestarlo, pero temían a la gente porque ésta lo consideraba un profeta.

Parábola del banquete de bodas

22 Jesús volvió a hablarles en parábolas, y les dijo: 2 «El reino de los cielos es como un rey que preparó un banquete de bodas para su hijo. 3 Mandó a sus *siervos que llamaran a los invitados, pero éstos se negaron a asistir al banquete. 4 Luego mandó a otros siervos y les ordenó: 'Digan a los invitados que ya he preparado mi comida. Ya han matado mis bueyes y mis reses cebadas, y todo está listo. Vengan al banquete de bodas.' 5 Pero ellos no hicieron caso y se fueron: uno a su campo, otro a su negocio. 6 Los demás agarraron a los siervos, los maltrataron y los mataron. 7 El rey se enfureció. Mandó su ejército a destruir a los asesinos y a incendiar su ciudad. 8 Luego dijo a sus siervos: 'El banquete de bodas está preparado, pero los que invité no merecían venir. 9 Vayan al cruce de los caminos e inviten al banquete a todos los que encuentren.' 10 Así que los siervos salieron a los caminos y reunieron a todos los que pudieron encontrar, buenos y malos, y se llenó de invitados el salón de bodas. 11 »Cuando el rey entró a ver a los invitados, notó que allí había un hombre que no estaba vestido con el traje de boda. 12 'Amigo, ¿cómo entraste aquí sin el traje de boda?', le dijo. El hombre se quedó callado. 13 Entonces el rey dijo a los sirvientes: 'Átenlo de pies y manos, y échenlo afuera, a la oscuridad, donde habrá llanto y rechinar de dientes.' 14 Porque muchos son los invitados, pero pocos los escogidos.»

El pago de impuestos al césar

15 Entonces salieron los *fariseos y tramaron cómo tenderle a Jesús una trampa con sus mismas palabras. 16 Enviaron algunos de sus discípulos junto con los herodianos, los cuales le dijeron:

—Maestro, sabemos que eres un hombre íntegro y que enseñas el camino de Dios de acuerdo con la verdad. No te dejas influir por nadie porque no te fijas en las apariencias. 17 Danos tu opinión: ¿Está permitido pagar impuestos al *césar o no?

18 Conociendo sus malas intenciones, Jesús replicó:

—¡*Hipócritas! ¿Por qué me tienden *trampas? 19 Muéstrenme la moneda para el impuesto.

Y se la enseñaron.c

20 —¿De quién son esta imagen y esta inscripción? —les preguntó.

21 —Del césar —respondieron.

—Entonces denle al césar lo que es del césar y a Dios lo que es de Dios.

22 Al oír esto, se quedaron asombrados. Así que lo dejaron y se fueron.

El matrimonio en la resurrección

23 Ese mismo día los saduceos, que decían que no hay resurrección, se le acercaron y le plantearon un problema:

24 —Maestro, Moisés nos enseñó que si un hombre muere sin tener hijos, el hermano de ese hombre tiene que casarse con la viuda para que su hermano tenga descendencia. 25 Pues bien, había entre nosotros siete hermanos. El primero se casó y murió y, como no tuvo hijos, dejó la esposa a su hermano. 26 Lo mismo les pasó al segundo y al tercer hermano, y así hasta llegar al séptimo. 27 Por último, murió la mujer. 28 Ahora bien, en la resurrección, ¿de cuál de los siete será esposa esta mujer, ya que todos estuvieron casados con ella?

29 Jesús les contestó:

—Ustedes andan equivocados porque desconocen las Escrituras y el poder de Dios. 30 En la resurrección, las personas no se casarán ni serán dadas en casamien-

---

a 21:42 Sal 118:22,23 b 21:44 Var. no incluye v. 44. c 22:19 se la enseñaron. Lit. le trajeron un denario.

to, sino que serán como los ángeles que están en el cielo. **31** Pero en cuanto a la resurrección de los muertos, ¿no han leído lo que Dios les dijo a ustedes: **32** 'Yo soy el Dios de Abraham, el Dios de Isaac y el Dios de Jacob'?ª Él no es Dios de muertos, sino de vivos.

33 Al oír esto, la gente quedó admirada de su enseñanza.

El mandamiento más importante

34 Los *fariseos se reunieron al oír que Jesús había hecho callar a los saduceos. **35** Uno de ellos, *experto en la ley, le tendió una *trampa con esta pregunta:

36 —Maestro, ¿cuál es el mandamiento más importante de la ley?

37 —'Ama al Señor tu Dios con todo tu corazón, con toda tu alma y con toda tu mente'ᵇ —le respondió Jesús—. **38** Éste es el primero y el más importante de los mandamientos. **39** El segundo se parece a éste: 'Ama a tu prójimo como a ti mismo.'ᶜ **40** De estos dos mandamientos dependen toda la ley y los profetas.

¿De quién es hijo el Cristo?

41 Mientras estaban reunidos los *fariseos, Jesús les preguntó:

42 —¿Qué piensan ustedes acerca del *Cristo? ¿De quién es hijo?

—De David —le respondieron ellos.

43 —Entonces, ¿cómo es que David, hablando por el Espíritu, lo llama 'Señor'? Él afirma:

44 »"Dijo el Señor a mi Señor:
'Siéntate a mi *derecha,
hasta que ponga a tus enemigos
debajo de tus pies.' "ᵈ

45 Si David lo llama 'Señor', ¿cómo puede entonces ser su hijo?

46 Nadie pudo responderle ni una sola palabra, y desde ese día ninguno se atrevía a hacerle más preguntas.

Jesús denuncia a los fariseos y a los maestros de la ley

23 Después de esto, Jesús dijo a la gente y a sus discípulos: **2** «Los *maestros de la ley y los *fariseos tienen la responsabilidad de interpretar a Moisés.ᵉ **3** Así que ustedes deben obedecerlos y hacer todo lo que les digan. Pero no hagan lo que hacen ellos, porque no practican lo que predican. **4** Atan cargas pesadas y las ponen sobre la espalda de los demás, pero ellos mismos no están dispuestos a mover ni un dedo para levantarlas.

5 »Todo lo hacen para que la gente los vea: Usan filacterias grandes y adornan sus ropas con borlas vistosas;ᶠ **6** se mueren por el lugar de honor en los banquetes y los primeros asientos en las sinagogas, **7** y porque la gente los salude en las plazas y los llame 'Rabí'.

8 »Pero no permitan que a ustedes se les llame 'Rabí', porque tienen un solo Maestro y todos ustedes son hermanos. **9** Y no llamen 'padre' a nadie en la tierra, porque ustedes tienen un solo Padre, y él está en el cielo. **10** Ni permitan que los llamen 'maestro', porque tienen un solo Maestro, el *Cristo. **11** El más importante entre ustedes será siervo de los demás. **12** Porque el que a sí mismo se enaltece será humillado, y el que se humilla será enaltecido.

13 »¡Ay de ustedes, maestros de la ley y fariseos, *hipócritas! Les cierran a los demás el reino de los cielos, y ni entran ustedes ni dejan entrar a los que intentan hacerlo.ᵍ

15 »¡Ay de ustedes, maestros de la ley y fariseos, hipócritas! Recorren tierra y mar para ganar un solo adepto, y cuando lo han logrado lo hacen dos veces más merecedor del infiernoʰ que ustedes.

16 »¡Ay de ustedes, guías ciegos!, que dicen: 'Si alguien jura por el templo, no significa nada; pero si jura por el oro del templo, queda obligado por su juramen-

---

a 22:32 Éx 3:6 *b* 22:37 Dt 6:5 *c* 22:39 Lv 19:18 *d* 22:44 Sal 110:1 *e* 23:2 *tienen ... Moisés.* Lit. *se sientan en la cátedra de Moisés.* *f* 23:5 *Usan ... vistosas.* Lit. *Ensanchan sus filacterias y engrandecen las borlas.* Las filacterias eran pequeñas cajas en las que llevaban textos de las Escrituras en la frente y en los brazos; las borlas simbolizaban obediencia a los mandamientos (véanse Nm 15:38-39; Dt 6:8; 11:18). *g* 23:13 *hacerlo.* Var. *hacerlo.* ¹⁴ *¡Ay de ustedes, maestros de la ley y fariseos, hipócritas! Ustedes devoran las casas de las viudas y por las apariencias hacen largas plegarias. Por esto se les castigará con más severidad.* *h* 23:15 *merecedor del infierno.* Lit. *hijo de la Gehenna.*

to.' **17** ¡Ciegos insensatos! ¿Qué es más importante: el oro, o el templo que hace sagrado al oro? **18** También dicen ustedes: 'Si alguien jura por el altar, no significa nada; pero si jura por la ofrenda que está sobre él, queda obligado por su juramento.' **19** ¡Ciegos! ¿Qué es más importante: la ofrenda, o el altar que hace sagrada la ofrenda? **20** Por tanto, el que jura por el altar, jura no sólo por el altar sino por todo lo que está sobre él. **21** El que jura por el templo, jura no sólo por el templo sino por quien habita en él. **22** Y el que jura por el cielo, jura por el trono de Dios y por aquel que lo ocupa.

23 »¡Ay de ustedes, maestros de la ley y fariseos, hipócritas! Dan la décima parte de sus especias: la menta, el anís y el comino. Pero han descuidado los asuntos más importantes de la ley, tales como la justicia, la misericordia y la *fidelidad. Debían haber practicado esto sin descuidar aquello. **24** ¡Guías ciegos! Cuelan el mosquito pero se tragan el camello.

25 »¡Ay de ustedes, maestros de la ley y fariseos, hipócritas! *Limpian el exterior del vaso y del plato, pero por dentro están llenos de robo y de desenfreno. **26** ¡Fariseo ciego! Limpia primero por dentro el vaso y el plato, y así quedará limpio también por fuera.

27 »¡Ay de ustedes, maestros de la ley y fariseos, hipócritas!, que son como sepulcros blanqueados. Por fuera lucen hermosos pero por dentro están llenos de huesos de muertos y de podredumbre. **28** Así también ustedes, por fuera dan la impresión de ser justos pero por dentro están llenos de hipocresía y de maldad.

29 »¡Ay de ustedes, maestros de la ley y fariseos, hipócritas! Construyen sepulcros para los profetas y adornan los monumentos de los justos. **30** Y dicen: 'Si hubiéramos vivido nosotros en los días de nuestros antepasados, no habríamos sido cómplices de ellos para derramar la sangre de los profetas.' **31** Pero así quedan implicados ustedes al declararse descendientes de los que asesinaron a los profetas. **32** ¡Completen de una vez por todas lo que sus antepasados comenzaron!

33 »¡Serpientes! ¡Camada de víboras! ¿Cómo escaparán ustedes de la condenación del infierno?ᵃ **34** Por eso yo les voy a enviar profetas, sabios y maestros. A algunos de ellos ustedes los matarán y crucificarán; a otros los azotarán en sus sinagogas y los perseguirán de pueblo en pueblo. **35** Así recaerá sobre ustedes la culpa de toda la sangre justa que ha sido derramada sobre la tierra, desde la sangre del justo Abel hasta la de Zacarías, hijo de Berequías, a quien ustedes asesinaron entre el *santuario y el altar de los sacrificios. **36** Les aseguro que todo esto vendrá sobre esta generación.

37 »¡Jerusalén, Jerusalén, que matas a los profetas y apedreas a los que se te envían! ¡Cuántas veces quise reunir a tus hijos, como reúne la gallina a sus pollitos debajo de sus alas, pero no quisiste! **38** Pues bien, la casa de ustedes va a quedar abandonada. **39** Y les advierto que ya no volverán a verme hasta que digan: '¡Bendito el que viene en el nombre del Señor!'ᵇ

Señales del fin del mundo

24 Jesús salió del *templo y, mientras caminaba, se le acercaron sus discípulos y le mostraron los edificios del templo.

2 Pero él les dijo:

—¿Ven todo esto? Les aseguro que no quedará piedra sobre piedra, pues todo será derribado.

3 Más tarde estaba Jesús sentado en el monte de los Olivos, cuando llegaron los discípulos y le preguntaron en privado:

—¿Cuándo sucederá eso, y cuál será la señal de tu venida y del fin del mundo?

4 —Tengan cuidado de que nadie los engañe —les advirtió Jesús—. **5** Vendrán muchos que, usando mi nombre, dirán: 'Yo soy el *Cristo', y engañarán a muchos. **6** Ustedes oirán de guerras y de rumores de guerras, pero procuren no alarmarse. Es necesario que eso suceda, pero no será todavía el fin. **7** Se levantará nación contra nación, y reino contra reino. Habrá hambres y terremotos por todas partes.

a **23:33** *del infierno.* Lit. *de la Gehenna.* *b* **23:39** Sal 118:26

8 Todo esto será apenas el comienzo de los dolores.

9 »Entonces los entregarán a ustedes para que los persigan y los maten, y los odiarán todas las *naciones por causa de mi nombre. 10 En aquel tiempo muchos se apartarán de la fe; unos a otros se traicionarán y se odiarán; 11 y surgirá un gran número de falsos profetas que engañarán a muchos. 12 Habrá tanta maldad que el amor de muchos se enfriará, 13 pero el que se mantenga firme hasta el fin será salvo. 14 Y este *evangelio del reino se predicará en todo el mundo como testimonio a todas las naciones, y entonces vendrá el fin.

15 »Así que cuando vean en el lugar santo 'la terrible abominación',a de la que habló el profeta Daniel (el que lee, que lo entienda), 16 los que estén en Judea huyan a las montañas. 17 El que esté en la azotea no baje a llevarse nada de su casa. 18 Y el que esté en el campo no regrese para buscar su capa. 19 ¡Qué terrible será en aquellos días para las que estén embarazadas o amamantando! 20 Oren para que su huida no suceda en invierno ni en *sábado. 21 Porque habrá una gran tribulación, como no la ha habido desde el principio del mundo hasta ahora, ni la habrá jamás. 22 Si no se acortaran esos días, nadie sobreviviría, pero por causa de los elegidos se acortarán. 23 Entonces, si alguien les dice a ustedes: '¡Miren, aquí está el Cristo!' o '¡Allí está!', no lo crean. 24 Porque surgirán falsos Cristos y falsos profetas que harán grandes señales y milagros para engañar, de ser posible, aun a los elegidos. 25 Fíjense que se lo he dicho a ustedes de antemano.

26 »Por eso, si les dicen: '¡Miren que está en el desierto!', no salgan; o: '¡Miren que está en la casa!', no lo crean. 27 Porque así como el relámpago que sale del oriente se ve hasta en el occidente, así será la venida del Hijo del hombre. 28 Donde esté el cadáver, allí se reunirán los buitres.

29 »Inmediatamente después de la tribulación de aquellos días,

»'el sol se oscurecerá
y la luna no dará su luz;
las estrellas caerán del cielo
y los cuerpos celestes serán
  sacudidos'.b

30 »La señal del Hijo del hombre aparecerá en el cielo, y se angustiarán todas las razas de la tierra. Verán al Hijo del hombre venir sobre las nubes del cielo con poder y gran gloria. 31 Y al sonido de la gran trompeta mandará a sus ángeles, y reunirán de los cuatro vientos a los elegidos, de un extremo al otro del cielo.

32 »Aprendan de la higuera esta lección: Tan pronto como se ponen tiernas sus ramas y brotan sus hojas, ustedes saben que el verano está cerca. 33 Igualmente, cuando vean todas estas cosas, sepan que el tiempo está cerca, a las puertas. 34 Les aseguro que no pasará esta generación hasta que todas estas cosas sucedan. 35 El cielo y la tierra pasarán, pero mis palabras jamás pasarán.

Se desconocen el día y la hora

36 »Pero en cuanto al día y la hora, nadie lo sabe, ni siquiera los ángeles en el cielo, ni el Hijo,c sino sólo el Padre. 37 La venida del Hijo del hombre será como en tiempos de Noé. 38 Porque en los días antes del diluvio comían, bebían y se casaban y daban en casamiento, hasta el día en que Noé entró en el arca; 39 y no supieron nada de lo que sucedería hasta que llegó el diluvio y se los llevó a todos. Así será en la venida del Hijo del hombre. 40 Estarán dos hombres en el campo: uno será llevado y el otro será dejado. 41 Dos mujeres estarán moliendo: una será llevada y la otra será dejada.

42 »Por lo tanto, manténganse despiertos, porque no saben qué día vendrá su Señor. 43 Pero entiendan esto: Si un dueño de casa supiera a qué hora de la noche va a llegar el ladrón, se mantendría despierto para no dejarlo forzar la entrada. 44 Por eso también ustedes deben estar preparados, porque el Hijo del hombre vendrá cuando menos lo esperen.

---

a 24:15 *la terrible abominación.* Lit. *la abominación de la desolación;* Dn 9:27; 11:31; 12:11. b 24:29 Is 13:10; 34:4 c 24:36 Var. no incluye: *ni el Hijo.*

45 »¿Quién es el *siervo fiel y prudente a quien su señor ha dejado encargado de los sirvientes para darles la comida a su debido tiempo? **46** *Dichoso el siervo cuando su señor, al regresar, lo encuentra cumpliendo con su deber. **47** Les aseguro que lo pondrá a cargo de todos sus bienes. **48** Pero qué tal si ese siervo malo se pone a pensar: 'Mi señor se está demorando', **49** y luego comienza a golpear a sus compañeros, y a comer y beber con los borrachos. **50** El día en que el siervo menos lo espere y a la hora menos pensada el señor volverá. **51** Lo castigará severamente y le impondrá la condena que reciben los *hipócritas. Y habrá llanto y rechinar de dientes.

Parábola de las diez jóvenes

25 »El reino de los cielos será entonces como diez jóvenes solteras que tomaron sus lámparas y salieron a recibir al novio. **2** Cinco de ellas eran insensatas y cinco prudentes. **3** Las insensatas llevaron sus lámparas, pero no se abastecieron de aceite. **4** En cambio, las prudentes llevaron vasijas de aceite junto con sus lámparas. **5** Y como el novio tardaba en llegar, a todas les dio sueño y se durmieron. **6** A medianoche se oyó un grito: '¡Ahí viene el novio! ¡Salgan a recibirlo!' **7** Entonces todas las jóvenes se despertaron y se pusieron a preparar sus lámparas. **8** Las insensatas dijeron a las prudentes: 'Dennos un poco de su aceite porque nuestras lámparas se están apagando.' **9** 'No —respondieron éstas—, porque así no va a alcanzar ni para nosotras ni para ustedes. Es mejor que vayan a los que venden aceite, y compren para ustedes mismas.' **10** Pero mientras iban a comprar el aceite llegó el novio, y las jóvenes que estaban preparadas entraron con él al banquete de bodas. Y se cerró la puerta. **11** Después llegaron también las otras. '¡Señor! ¡Señor! —suplicaban—. ¡Ábrenos la puerta!' **12** '¡No, no las conozco!', respondió él.

13 »Por tanto —agregó Jesús—, manténganse despiertos porque no saben ni el día ni la hora.

Parábola de las monedas de oro

14 »El reino de los cielos será también como un hombre que, al emprender un viaje, llamó a sus *siervos y les encargó sus bienes. **15** A uno le dio cinco mil monedas de oro,ᵃ a otro dos mil y a otro sólo mil, a cada uno según su capacidad. Luego se fue de viaje. **16** El que había recibido las cinco mil fue en seguida y negoció con ellas y ganó otras cinco mil. **17** Así mismo, el que recibió dos mil ganó otras dos mil. **18** Pero el que había recibido mil fue, cavó un hoyo en la tierra y escondió el dinero de su señor.

19 »Después de mucho tiempo volvió el señor de aquellos siervos y arregló cuentas con ellos. **20** El que había recibido las cinco mil monedas llegó con las otras cinco mil. 'Señor —dijo—, usted me encargó cinco mil monedas. Mire, he ganado otras cinco mil.' **21** Su señor le respondió: '¡Hiciste bien, siervo bueno y fiel! En lo poco has sido fiel; te pondré a cargo de mucho más. ¡Ven a compartir la felicidad de tu señor!' **22** Llegó también el que recibió dos mil monedas. 'Señor —informó—, usted me encargó dos mil monedas. Mire, he ganado otras dos mil.' **23** Su señor le respondió: '¡Hiciste bien, siervo bueno y fiel! Has sido fiel en lo poco; te pondré a cargo de mucho más. ¡Ven a compartir la felicidad de tu señor!'

24 »Después llegó el que había recibido sólo mil monedas. 'Señor —explicó—, yo sabía que usted es un hombre duro, que cosecha donde no ha sembrado y recoge donde no ha esparcido. **25** Así que tuve miedo, y fui y escondí su dinero en la tierra. Mire, aquí tiene lo que es suyo.' **26** Pero su señor le contestó: '¡Siervo malo y perezoso! ¿Así que sabías que cosecho donde no he sembrado y recojo donde no he esparcido? **27** Pues debías haber depositado mi dinero en el banco, para que a mi regreso lo hubiera recibido con intereses.' **28** 'Quítenle las mil monedas y dénselas al que tiene las diez mil. **29** Porque a todo el que tiene, se le dará más, y tendrá en abundancia. Al que no tiene se le quitará hasta lo que tiene. **30** Y a ese

---

a 25:15 *cinco mil monedas de oro.* Lit. *cinco talentos* (y así sucesivamente en el resto de este pasaje).

Pasaje del día: Mateo 25:14-30
Versículo del día: Mateo 25:28

Trabaja tus dones

Cuando leo esta parábola tiemblo, porque siento que soy el siervo malo y negligente que escondió bajo la tierra el talento que su Señor le dio. Admiro a los otros dos; al que recibió cinco y al que recibió dos; negociaron con ellos y recibieron otro tanto igual.

Cuántas personas he conocido que se ajustan a estos siervos diligentes de la parábola. Tenaces, disciplinadas, quizá ambiciosas; pero logran lo que se proponen. Por supuesto, esta parábola no se refiere estrictamente al éxito económico. En lo personal, significa algo más importante, porque atañe a esos preciosos dones que Dios nos regaló.

Quizá a ti te suceda lo que a mí; cada fin de año reflexiono acerca de todos los proyectos que me propuse realizar durante el año, y que no los logré. Me doy cuenta de que el tiempo pasa velozmente y que he desaprovechado grandiosas oportunidades. Tan afanada he estado en las labores rutinarias que no trabajé en realizar lo que más anhelo: servir al Señor, componiendo música y poemas, predicando, evangelizando... Es el propósito por el cual Dios me tiene en este planeta. Él me capacitó y no he trabajado.

Pero, ¿por qué no? Posiblemente soy indisciplinada, no puedo concretar mis anhelos; y mientras no los realice serán sólo eso: anhelos. El sembrador recoge y ve el fruto después que ha sembrado y regado con paciencia. Un evangelista me dijo: "No escondas tus talentos, sácalos a la luz, muéstralos, que con ellos bendecirás a muchos."

Hoy es un buen momento para dejar la indolencia y lograr lo que me propongo. Me esforzaré, le arrebataré tiempo al tiempo, correré y le daré alcance al último vagón de mi destino.

Olympia Leyton de Solórzano
Guatemala

siervo inútil échenlo afuera, a la oscuridad, donde habrá llanto y rechinar de dientes.'

Las ovejas y las cabras

31 »Cuando el Hijo del hombre venga en su gloria, con todos sus ángeles, se sentará en su trono glorioso. **32** Todas las naciones se reunirán delante de él, y él separará a unos de otros, como separa el pastor las ovejas de las cabras. **33** Pondrá las ovejas a su *derecha, y las cabras a su izquierda.

34 »Entonces dirá el Rey a los que estén a su derecha: 'Vengan ustedes, a quienes mi Padre ha bendecido; reciban su herencia, el reino preparado para ustedes desde la creación del mundo. **35** Porque tuve hambre, y ustedes me dieron de comer; tuve sed, y me dieron de beber; fui forastero, y me dieron alojamiento; **36** necesité ropa, y me vistieron; estuve enfermo, y me atendieron; estuve en la cárcel, y me visitaron.' **37** Y le contestarán los justos: 'Señor, ¿cuándo te vimos hambriento y te alimentamos, o sediento y te dimos de beber? **38** ¿Cuándo te vimos como forastero y te dimos alojamiento, o necesitado de ropa y te vestimos? **39** ¿Cuándo te vimos enfermo o en la cárcel y te visitamos?' **40** El Rey les responderá: 'Les aseguro que todo lo que hicieron por uno de mis hermanos, aun por el más pequeño, lo hicieron por mí.'

41 »Luego dirá a los que estén a su izquierda: 'Apártense de mí, malditos, al fuego eterno preparado para el diablo y sus ángeles. **42** Porque tuve hambre, y ustedes no me dieron nada de comer; tuve sed, y no me dieron nada de beber; **43** fui forastero, y no me dieron alojamiento; necesité ropa, y no me vistieron; estuve enfermo y en la cárcel, y no me atendieron.' **44** Ellos también le contestarán: 'Señor, ¿cuándo te vimos hambriento o sediento, o como forastero, o necesitado de ropa, o enfermo, o en la cárcel, y no te ayudamos?' **45** Él les responderá: 'Les aseguro que todo lo que no hicieron por el más pequeño de mis hermanos, tampoco lo hicieron por mí.'

46 »Aquéllos irán al castigo eterno, y los justos a la vida eterna.

La conspiración contra Jesús

26 Después de exponer todas estas cosas, Jesús les dijo a sus discípulos: **2** «Como ya saben, faltan dos días para la Pascua, y el Hijo del hombre será entregado para que lo crucifiquen.»

3 Se reunieron entonces los jefes de los sacerdotes y los *ancianos del pueblo en el palacio de Caifás, el sumo sacerdote, **4** y con artimañas buscaban cómo arrestar a Jesús para matarlo. **5** «Pero no durante la fiesta —decían—, no sea que se amotine el pueblo.»

Una mujer unge a Jesús en Betania

6 Estando Jesús en Betania, en casa de Simón llamado el Leproso, **7** se acercó una mujer con un frasco de alabastro lleno de un perfume muy caro, y lo derramó sobre la cabeza de Jesús mientras él estaba *sentado a la mesa.

8 Al ver esto, los discípulos se indignaron.

—¿Para qué este desperdicio? —dijeron—. **9** Podía haberse vendido este perfume por mucho dinero para darlo a los pobres.

10 Consciente de ello, Jesús les dijo:

—¿Por qué molestan a esta mujer? Ella ha hecho una obra hermosa conmigo. **11** A los pobres siempre los tendrán con ustedes, pero a mí no me van a tener siempre. **12** Al derramar ella este perfume sobre mi cuerpo, lo hizo a fin de prepararme para la sepultura. **13** Les aseguro que en cualquier parte del mundo donde se predique este *evangelio, se contará también, en memoria de esta mujer, lo que ella hizo.

Judas acuerda traicionar a Jesús

14 Uno de los doce, el que se llamaba Judas Iscariote, fue a ver a los jefes de los sacerdotes.

15 —¿Cuánto me dan, y yo les entrego a Jesús? —les propuso.

Decidieron pagarle treinta monedas de plata. **16** Y desde entonces Judas buscaba una oportunidad para entregarlo.

La Cena del Señor

17 El primer día de la fiesta de los panes

sin levadura, se acercaron los discípulos a Jesús y le preguntaron:

—¿Dónde quieres que hagamos los preparativos para que comas la Pascua? **18** Él les respondió que fueran a la ciudad, a la casa de cierto hombre, y le dijeran: «El Maestro dice: 'Mi tiempo está cerca. Voy a celebrar la Pascua en tu casa con mis discípulos.'» **19** Los discípulos hicieron entonces como Jesús les había mandado, y prepararon la Pascua.

20 Al anochecer, Jesús estaba *sentado a la mesa con los doce. **21** Mientras comían, les dijo:

—Les aseguro que uno de ustedes me va a traicionar.

22 Ellos se entristecieron mucho, y uno por uno comenzaron a preguntarle:

—¿Acaso seré yo, Señor?

23 —El que mete la mano conmigo en el plato es el que me va a traicionar —respondió Jesús—. **24** A la verdad el Hijo del hombre se irá, tal como está escrito de él, pero ¡ay de aquel que lo traiciona! Más le valdría a ese hombre no haber nacido.

25 —¿Acaso seré yo, Rabí? —le dijo Judas, el que lo iba a traicionar.

—Tú lo has dicho —le contestó Jesús.

26 Mientras comían, Jesús tomó pan y lo bendijo. Luego lo partió y se lo dio a sus discípulos, diciéndoles:

—Tomen y coman; esto es mi cuerpo.

27 Después tomó la copa, dio gracias, y se la ofreció diciéndoles:

—Beban de ella todos ustedes. **28** Esto es mi sangre del pacto,ª que es derramada por muchos para el perdón de pecados. **29** Les digo que no beberé de este fruto de la vid desde ahora en adelante, hasta el día en que beba con ustedes el vino nuevo en el reino de mi Padre.

30 Después de cantar los salmos, salieron al monte de los Olivos.

Jesús predice la negación de Pedro

31 —Esta misma noche —les dijo Jesús— todos ustedes me abandonarán, porque está escrito:

»'Heriré al pastor,
    y se dispersarán las ovejas del
        rebaño.'ᵇ

32 Pero después de que yo resucite, iré delante de ustedes a Galilea.

33 —Aunque todos te abandonen —declaró Pedro—, yo jamás lo haré.

34 —Te aseguro —le contestó Jesús— que esta misma noche, antes que cante el gallo, me negarás tres veces.

35 —Aunque tenga que morir contigo —insistió Pedro—, jamás te negaré.

Y los demás discípulos dijeron lo mismo.

Jesús en Getsemaní

36 Luego fue Jesús con sus discípulos a un lugar llamado Getsemaní, y les dijo: «Siéntense aquí mientras voy más allá a orar.» **37** Se llevó a Pedro y a los dos hijos de Zebedeo, y comenzó a sentirse triste y angustiado. **38** «Es tal la angustia que me invade, que me siento morir —les dijo—. Quédense aquí y manténganse despiertos conmigo.»

39 Yendo un poco más allá, se postró sobre su rostro y oró: «Padre mío, si es posible, no me hagas beber este trago amargo.ᶜ Pero no sea lo que yo quiero, sino lo que quieres tú.»

40 Luego volvió a donde estaban sus discípulos y los encontró dormidos. «¿No pudieron mantenerse despiertos conmigo ni una hora? —le dijo a Pedro—. **41** Estén alerta y oren para que no caigan en *tentación. El espíritu está dispuesto, pero el cuerpoᵈ es débil.»

42 Por segunda vez se retiró y oró: «Padre mío, si no es posible evitar que yo beba este trago amargo,ᵉ hágase tu voluntad.»

43 Cuando volvió, otra vez los encontró dormidos, porque se les cerraban los ojos de sueño. **44** Así que los dejó y se retiró a orar por tercera vez, diciendo lo mismo.

45 Volvió de nuevo a los discípulos y les dijo: «¿Siguen durmiendo y descansando? Miren, se acerca la hora, y el Hijo del hombre va a ser entregado en manos de *pecadores. **46** ¡Levántense! ¡Vámonos! ¡Ahí viene el que me traiciona!»

---

a **26:28** *del pacto.* Var. *del nuevo pacto* (véase Lc 22:20). *b* **26:31** Zac 13:7 *c* **26:39** *no ... amargo.* Lit. *que pase de mí esta copa.* *d* **26:41** *el cuerpo.* Lit. *la carne.* *e* **26:42** *evitar ... amargo.* Lit. *que esto pase de mí.*

Arresto de Jesús

47 Todavía estaba hablando Jesús cuando llegó Judas, uno de los doce. Lo acompañaba una gran turba armada con espadas y palos, enviada por los jefes de los sacerdotes y los *ancianos del pueblo. **48** El traidor les había dado esta contraseña: «Al que le dé un beso, ése es; arréstenlo.» **49** En seguida Judas se acercó a Jesús y lo saludó.

—¡Rabí! —le dijo, y lo besó.

50 —Amigo —le replicó Jesús—, ¿a qué vienes?ᵃ

Entonces los hombres se acercaron y prendieron a Jesús. **51** En eso, uno de los que estaban con él extendió la mano, sacó la espada e hirió al siervo del sumo sacerdote, cortándole una oreja.

52 —Guarda tu espada —le dijo Jesús—, porque los que a hierro matan, a hierro mueren.ᵇ **53** ¿Crees que no puedo acudir a mi Padre, y al instante pondría a mi disposición más de doce batallonesᶜ de ángeles? **54** Pero entonces, ¿cómo se cumplirían las Escrituras que dicen que así tiene que suceder?

55 Y de inmediato dijo a la turba:

—¿Acaso soy un bandido,ᵈ para que vengan con espadas y palos a arrestarme? Todos los días me sentaba a enseñar en el *templo, y no me prendieron. **56** Pero todo esto ha sucedido para que se cumpla lo que escribieron los profetas.

Entonces todos los discípulos lo abandonaron y huyeron.

Jesús ante el Consejo

57 Los que habían arrestado a Jesús lo llevaron ante Caifás, el sumo sacerdote, donde se habían reunido los *maestros de la ley y los *ancianos. **58** Pero Pedro lo siguió de lejos hasta el patio del sumo sacerdote. Entró y se sentó con los guardias para ver en qué terminaba aquello. **59** Los jefes de los sacerdotes y el *Consejo en pleno buscaban alguna prueba falsa contra Jesús para poder condenarlo a muerte. **60** Pero no la encontraron, a pesar de que se presentaron muchos falsos testigos.

Por fin se presentaron dos, **61** que declararon:

—Este hombre dijo: 'Puedo destruir el *templo de Dios y reconstruirlo en tres días.'

62 Poniéndose en pie, el sumo sacerdote le dijo a Jesús:

—¿No vas a responder? ¿Qué significan estas denuncias en tu contra?

63 Pero Jesús se quedó callado. Así que el sumo sacerdote insistió:

—Te ordeno en el nombre del Dios viviente que nos digas si eres el Cristo, el Hijo de Dios.

64 —Tú lo has dicho —respondió Jesús—. Pero yo les digo a todos: De ahora en adelante verán ustedes al Hijo del hombre sentado a la *derecha del Todopoderoso, y bajando en las nubes del cielo.

65 —¡Ha *blasfemado! —exclamó el sumo sacerdote, rasgándose la ropa—. ¿Para qué necesitamos más testigos? ¡Miren, ustedes mismos han oído la blasfemia! **66** ¿Qué piensan de esto?

—Merece la muerte —le contestaron.

67 Entonces algunos le escupieron en el rostro y le dieron puñetazos. Otros lo abofeteaban **68** y decían:

—A ver, Cristo, ¡adivina quién te pegó!

Pedro niega a Jesús

69 Mientras tanto, Pedro estaba sentado afuera, en el patio, y una criada se le acercó.

—Tú también estabas con Jesús de Galilea —le dijo.

70 Pero él lo negó delante de todos, diciendo:

—No sé de qué estás hablando.

71 Luego salió a la puerta, donde otra criada lo vio y dijo a los que estaban allí:

—Éste estaba con Jesús de Nazaret.

72 Él lo volvió a negar, jurándoles:

—¡A ese hombre ni lo conozco!

73 Poco después se acercaron a Pedro los que estaban allí y le dijeron:

—Seguro que eres uno de ellos; se te nota por tu acento.

---

a **26:50** *¿a qué vienes?* Alt. *haz lo que viniste a hacer. b* **26:52** *porque ... mueren.* Lit. *Porque todos los que toman espada, por espada perecerán. c* **26:53** *batallones.* Lit. *legiones. d* **26:55** *bandido.* Alt. *insurgente.*

74 Y comenzó a echarse maldiciones, y les juró:

—¡A ese hombre ni lo conozco!

En ese instante cantó un gallo. **75** Entonces Pedro se acordó de lo que Jesús había dicho: «Antes que cante el gallo, me negarás tres veces.» Y saliendo de allí, lloró amargamente.

Judas se ahorca

27 Muy de mañana, todos los jefes de los sacerdotes y los *ancianos del pueblo tomaron la decisión de condenar a muerte a Jesús. **2** Lo ataron, se lo llevaron y se lo entregaron a Pilato, el gobernador.

3 Cuando Judas, el que lo había traicionado, vio que habían condenado a Jesús, sintió remordimiento y devolvió las treinta monedas de plata a los jefes de los sacerdotes y a los ancianos.

4 —He pecado —les dijo— porque he entregado sangre inocente.

—¿Y eso a nosotros qué nos importa? —respondieron—. ¡Allá tú!

5 Entonces Judas arrojó el dinero en el *santuario y salió de allí. Luego fue y se ahorcó.

6 Los jefes de los sacerdotes recogieron las monedas y dijeron: «La ley no permite echar esto al tesoro, porque es precio de sangre.» **7** Así que resolvieron comprar con ese dinero un terreno conocido como Campo del Alfarero, para sepultar allí a los extranjeros. **8** Por eso se le ha llamado Campo de Sangre hasta el día de hoy. **9** Así se cumplió lo dicho por el profeta Jeremías: «Tomaron las treinta monedas de plata, el precio que el pueblo de Israel le había fijado, **10** y con ellas compraron el campo del alfarero, como me ordenó el Señor.»ª

Jesús ante Pilato

11 Mientras tanto, Jesús compareció ante el gobernador, y éste le preguntó:

—¿Eres tú el rey de los judíos?

—Tú lo dices —respondió Jesús.

12 Al ser acusado por los jefes de los sacerdotes y por los *ancianos, Jesús no contestó nada.

13 —¿No oyes lo que declaran contra ti? —le dijo Pilato.

14 Pero Jesús no respondió ni a una sola acusación, por lo que el gobernador se llenó de asombro.

15 Ahora bien, durante la fiesta el gobernador acostumbraba soltar un preso que la gente escogiera. **16** Tenían un preso famoso llamado Barrabás. **17-18** Así que cuando se reunió la multitud, Pilato, que sabía que le habían entregado a Jesús por envidia, les preguntó:

—¿A quién quieren que les suelte: a Barrabás o a Jesús, al que llaman *Cristo?

19 Mientras Pilato estaba sentado en el tribunal, su esposa le envió el siguiente recado: «No te metas con ese justo, pues por causa de él, hoy he sufrido mucho en un sueño.»

20 Pero los jefes de los sacerdotes y los ancianos persuadieron a la multitud a que le pidiera a Pilato soltar a Barrabás y ejecutar a Jesús.

21 —¿A cuál de los dos quieren que les suelte? —preguntó el gobernador.

—A Barrabás.

22 —¿Y qué voy a hacer con Jesús, al que llaman Cristo?

—¡Crucifícalo! —respondieron todos.

23 —¿Por qué? ¿Qué crimen ha cometido?

Pero ellos gritaban aún más fuerte:

—¡Crucifícalo!

24 Cuando Pilato vio que no conseguía nada, sino que más bien se estaba formando un tumulto, pidió agua y se lavó las manos delante de la gente.

—Soy inocente de la sangre de este hombre —dijo—. ¡Allá ustedes!

25 —¡Que su sangre caiga sobre nosotros y sobre nuestros hijos! —contestó todo el pueblo.

26 Entonces les soltó a Barrabás; pero a Jesús lo mandó azotar, y lo entregó para que lo crucificaran.

Los soldados se burlan de Jesús

27 Los soldados del gobernador llevaron a palacioᵇ a Jesús y reunieron a toda la tropa alrededor de él. **28** Le quitaron la ropa y le pusieron un manto de color escarlata. **29** Luego trenzaron una corona

---

a **27:10** Véanse Zac 11:12,13; Jer 19:1-13; 32:6-9. *b* **27:27** *palacio.* Lit. *pretorio.*

de espinas y se la colocaron en la cabeza, y en la mano derecha le pusieron una caña. Arrodillándose delante él, se burlaban diciendo:

—¡Salve, rey de los judíos!

³⁰ Y le escupían, y con la caña le golpeaban la cabeza. ³¹ Después de burlarse de él, le quitaron el manto, le pusieron su propia ropa y se lo llevaron para crucificarlo.

La crucifixión

³² Al salir encontraron a un hombre de Cirene que se llamaba Simón, y lo obligaron a llevar la cruz. ³³ Llegaron a un lugar llamado Gólgota (que significa «Lugar de la Calavera»). ³⁴ Allí le dieron a Jesús vino mezclado con hiel; pero después de probarlo, se negó a beberlo. ³⁵ Lo crucificaron y repartieron su ropa echando suertes.ᵃ ³⁶ Y se sentaron a vigilarlo. ³⁷ Encima de su cabeza pusieron por escrito la causa de su condena: «Este es Jesús, el Rey de los judíos.» ³⁸ Con él crucificaron a dos bandidos,ᵇ uno a su derecha y otro a su izquierda. ³⁹ Los que pasaban meneaban la cabeza y *blasfemaban contra él:

⁴⁰ —Tú, que destruyes el *templo y en tres días lo reconstruyes, ¡sálvate a ti mismo! ¡Si eres el Hijo de Dios, baja de la cruz!

⁴¹ De la misma manera se burlaban de él los jefes de los sacerdotes, junto con los *maestros de la ley y los *ancianos.

⁴² —Salvó a otros —decían—, ¡pero no puede salvarse a sí mismo! ¡Y es el Rey de Israel! Que baje ahora de la cruz, y así creeremos en él. ⁴³ Confía en Dios; pues que lo libre Dios ahora, si de veras lo quiere. ¿Acaso no dijo: 'Yo soy el Hijo de Dios'?

⁴⁴ Así también lo insultaban los bandidos que estaban crucificados con él.

Muerte de Jesús

⁴⁵ Desde el mediodía y hasta la media tardeᶜ toda la tierra quedó en oscuridad. ⁴⁶ Como a las tres de la tarde,ᵈ Jesús gritó con fuerza:

—Elí, Elí,ᵉ ¿lama sabactani? (que significa: 'Dios mío, Dios mío, ¿por qué me has desamparado?')ᶠ

⁴⁷ Cuando lo oyeron, algunos de los que estaban allí dijeron:

—Está llamando a Elías.

⁴⁸ Al instante uno de ellos corrió en busca de una esponja. La empapó en vinagre, la puso en una caña y se la ofreció a Jesús para que bebiera. ⁴⁹ Los demás decían:

—Déjalo, a ver si viene Elías a salvarlo.

⁵⁰ Entonces Jesús volvió a gritar con fuerza, y entregó su espíritu.

⁵¹ En ese momento la cortina del *santuario del templo se rasgó en dos, de arriba abajo. La tierra tembló y se partieron las rocas. ⁵² Se abrieron los sepulcros, y muchos *santos que habían muerto resucitaron. ⁵³ Salieron de los sepulcros y, después de la resurrección de Jesús, entraron en la ciudad santa y se aparecieron a muchos.

⁵⁴ Cuando el centurión y los que con él estaban custodiando a Jesús vieron el terremoto y todo lo que había sucedido, quedaron aterrados y exclamaron:

—¡Verdaderamente éste era el Hijoᵍ de Dios!

⁵⁵ Estaban allí, mirando de lejos, muchas mujeres que habían seguido a Jesús desde Galilea para servirle. ⁵⁶ Entre ellas se encontraban María Magdalena, María la madre de *Jacobo y de José, y la madre de los hijos de Zebedeo.

Sepultura de Jesús

⁵⁷ Al atardecer, llegó un hombre rico de Arimatea, llamado José, que también se había convertido en discípulo de Jesús. ⁵⁸ Se presentó ante Pilato para pedirle el cuerpo de Jesús, y Pilato ordenó que se lo dieran. ⁵⁹ José tomó el cuerpo, lo envolvió en una sábana limpia ⁶⁰ y lo puso en un sepulcro nuevo de su propiedad que había cavado en la roca. Luego hizo rodar una piedra grande a la entrada del sepulcro, y se fue. ⁶¹ Allí estaban, sentadas frente al sepulcro, María Magdalena y la otra María.

ᵃ 27:35 suertes. Var. suertes, para que se cumpliera lo dicho por medio del profeta: «Se repartieron mis vestidos y sortearon mi ropa» (Sal 22:18; véase Jn 19:24). ᵇ 27:38 bandidos. Alt. insurgentes; también en v. 44. ᶜ 27:45 Desde ... tarde. Lit. Desde la hora sexta hasta la hora novena. ᵈ 27:46 Como ... tarde. Lit. Como a la hora novena. ᵉ 27:46 Elí, Elí. Var. Eloi, Eloi. ᶠ 27:46 Sal 22:1 ᵍ 27:54 era el Hijo. Alt. era hijo.

La guardia ante el sepulcro

⁶² Al día siguiente, después del día de la preparación, los jefes de los sacerdotes y los *fariseos se presentaron ante Pilato.

⁶³ —Señor —le dijeron—, nosotros recordamos que mientras ese engañador aún vivía, dijo: 'A los tres días resucitaré.' ⁶⁴ Por eso, ordene usted que se selle el sepulcro hasta el tercer día, no sea que vengan sus discípulos, se roben el cuerpo y le digan al pueblo que ha *resucitado. Ese último engaño sería peor que el primero.

⁶⁵ —Llévense una guardia de soldados —les ordenó Pilato—, y vayan a asegurar el sepulcro lo mejor que puedan.

⁶⁶ Así que ellos fueron, cerraron el sepulcro con una piedra, y la sellaron, y dejaron puesta la guardia.

La resurrección

28 Después del *sábado, al amanecer del primer día de la semana, María Magdalena y la otra María fueron a ver el sepulcro.

² Sucedió que hubo un terremoto violento, porque un ángel del Señor bajó del cielo y, acercándose al sepulcro, quitó la piedra y se sentó sobre ella. ³ Su aspecto era como el de un relámpago, y su ropa era blanca como la nieve. ⁴ Los guardias tuvieron tanto miedo de él que se pusieron a temblar y quedaron como muertos.

⁵ El ángel dijo a las mujeres:

—No tengan miedo; sé que ustedes buscan a Jesús, el que fue crucificado. ⁶ No está aquí, pues ha resucitado, tal como dijo. Vengan a ver el lugar donde lo pusieron. ⁷ Luego vayan pronto a decirles a sus discípulos: 'Él se ha *levantado de entre los muertos y va delante de ustedes a Galilea. Allí lo verán.' Ahora ya lo saben.

⁸ Así que las mujeres se alejaron a toda prisa del sepulcro, asustadas pero muy alegres, y corrieron a dar la noticia a los discípulos. ⁹ En eso Jesús les salió al encuentro y las saludó. Ellas se le acercaron, le abrazaron los pies y lo adoraron. ¹⁰ —No tengan miedo —les dijo Jesús—. Vayan a decirles a mis hermanos que se dirijan a Galilea, y allí me verán.

El informe de los guardias

¹¹ Mientras las mujeres iban de camino, algunos de los guardias entraron en la ciudad e informaron a los jefes de los sacerdotes de todo lo que había sucedido. ¹² Después de reunirse estos jefes con los *ancianos y de trazar un plan, les dieron a los soldados una fuerte suma de dinero ¹³ y les encargaron: «Digan que los discípulos de Jesús vinieron por la noche y que, mientras ustedes dormían, se robaron el cuerpo. ¹⁴ Y si el gobernador llega a enterarse de esto, nosotros responderemos por ustedes y les evitaremos cualquier problema.»

¹⁵ Así que los soldados tomaron el dinero e hicieron como se les había instruido. Esta es la versión de los sucesos que hasta el día de hoy ha circulado entre los judíos.

La gran comisión

¹⁶ Los once discípulos fueron a Galilea, a la montaña que Jesús les había indicado. ¹⁷ Cuando lo vieron, lo adoraron; pero algunos dudaban. ¹⁸ Jesús se acercó entonces a ellos y les dijo:

—Se me ha dado toda autoridad en el cielo y en la tierra. ¹⁹ Por tanto, vayan y hagan discípulos de todas las *naciones, bautizándolos en el nombre del Padre y del Hijo y del Espíritu Santo, ²⁰ enseñándoles a obedecer todo lo que les he mandado a ustedes. Y les aseguro que estaré con ustedes siempre, hasta el fin del mundo.ᵃ

---

a **28:20** *el fin del mundo.* Lit. *la consumación del siglo.*

MARCOS

MARCOS *escribe este evangelio a fin de contar la historia básica de Jesús. Menciona milagros, parábolas y otros dichos de Jesús. Casi la mitad de su libro trata de la última semana de la vida de Jesús, y termina con su muerte en la cruz y su resurrección de entre los muertos. Al leer este libro, tome nota de lo lleno de vida y de emoción que está Jesús y cuánto se interesa por los demás. Así mismo, tome nota de por qué vino al mundo: para dar su vida por usted (Marcos 10:45). Dios quiere que usted acepte a su Hijo Jesucristo como su Salvador personal y Señor.*

Marcos

Juan el Bautista prepara el camino

1 Comienzo del *evangelio de *Jesucristo, el Hijo de Dios.[a]

2 Sucedió como está escrito en el profeta Isaías:

«Mira, voy a enviar a mi mensajero
delante de ti,
el cual preparará tu camino.»[b]

3 «Voz de uno que grita en el desierto:
'Preparen el camino del Señor,
háganle sendas derechas.'»[c]

4 Así se presentó Juan, bautizando en el desierto y predicando el bautismo de *arrepentimiento para el perdón de pecados. **5** Toda la gente de la región de Judea y de la ciudad de Jerusalén acudía a él. Cuando confesaban sus pecados, él los bautizaba en el río Jordán. **6** La ropa de Juan estaba hecha de pelo de camello. Llevaba puesto un cinturón de cuero, y comía langostas y miel silvestre. **7** Predicaba de esta manera: «Después de mí viene uno más poderoso que yo; ni siquiera merezco agacharme para desatar la correa de sus sandalias. **8** Yo los he bautizado a ustedes con[d] agua, pero él los bautizará con el Espíritu Santo.»

Bautismo y tentación de Jesús

9 En esos días llegó Jesús desde Nazaret de Galilea y fue bautizado por Juan en el Jordán. **10** En seguida, al subir del agua, Jesús vio que el cielo se abría y que el Espíritu bajaba sobre él como una paloma. **11** También se oyó una voz del cielo que decía: «Tú eres mi Hijo amado; estoy muy complacido contigo.»
12 En seguida el Espíritu lo impulsó a ir al desierto, **13** y allí fue *tentado por Satanás durante cuarenta días. Estaba entre las fieras, y los ángeles le servían.

Llamamiento de los primeros discípulos

14 Después de que encarcelaron a Juan, Jesús se fue a Galilea a anunciar las buenas *nuevas de Dios. **15** «Se ha cumplido el tiempo —decía—. El reino de Dios está cerca. *¡Arrepiéntanse y crean las buenas *nuevas!»

16 Pasando por la orilla del mar de Galilea, Jesús vio a Simón y a su hermano Andrés que echaban la red al lago, pues eran pescadores. **17** «Vengan, síganme —les dijo Jesús—, y los haré pescadores de hombres.» **18** Al momento dejaron las redes y lo siguieron.
19 Un poco más adelante vio a *Jacobo y a su hermano Juan, hijos de Zebedeo, que estaban en su barca remendando las redes. **20** En seguida los llamó, y ellos, dejando a su padre Zebedeo en la barca con los jornaleros, se fueron con Jesús.

Jesús expulsa a un espíritu maligno

21 Entraron en Capernaúm, y tan pronto como llegó el *sábado, Jesús fue a la sinagoga y se puso a enseñar. **22** La gente se asombraba de su enseñanza, porque la impartía como quien tiene autoridad y no como los *maestros de la ley. **23** De repente, en la sinagoga, un hombre que estaba poseído por un *espíritu maligno gritó:

24 —¿Por qué te entrometes, Jesús de Nazaret? ¿Has venido a destruirnos? Yo sé quién eres tú: ¡el Santo de Dios!

25 —¡Cállate! —lo reprendió Jesús—. ¡Sal de ese hombre!

26 Entonces el espíritu maligno sacudió al hombre violentamente y salió de él dando un alarido. **27** Todos se quedaron tan asustados que se preguntaban unos a otros: «¿Qué es esto? ¡Una enseñanza nueva, pues lo hace con autoridad! Les da órdenes incluso a los espíritus malignos, y le obedecen.» **28** Como resultado, su fama se extendió rápidamente por toda la región de Galilea.

Jesús sana a muchos enfermos

29 Tan pronto como salieron de la sinagoga, Jesús fue con *Jacobo y Juan a casa de Simón y Andrés. **30** La suegra de Si-

---

a **1:1** Var. no incluye *el Hijo de Dios*. *b* **1:2** Mal 3:1 *c* **1:3** Is 40:3 *d* **1:8** *con.* Alt. *en.*

món estaba en cama con fiebre, y en seguida se lo dijeron a Jesús. ³¹ Él se le acercó, la tomó de la mano y la ayudó a levantarse. Entonces se le quitó la fiebre y se puso a servirles.

³² Al atardecer, cuando ya se ponía el sol, la gente le llevó a Jesús todos los enfermos y endemoniados, ³³ de manera que la población entera se estaba congregando a la puerta. ³⁴ Jesús sanó a muchos que padecían de diversas enfermedades. También expulsó a muchos demonios, pero no los dejaba hablar porque sabían quién era él.

Jesús ora en un lugar solitario

³⁵ Muy de madrugada, cuando todavía estaba oscuro, Jesús se levantó, salió de la casa y se fue a un lugar solitario, donde se puso a orar. ³⁶ Simón y sus compañeros salieron a buscarlo.

³⁷ Por fin lo encontraron y le dijeron:

—Todo el mundo te busca.

³⁸ —Vámonos de aquí —respondió Jesús— a otras aldeas cercanas donde también pueda predicar; para esto he venido.

³⁹ Así que recorrió toda Galilea, predicando en las sinagogas y expulsando demonios.

Jesús sana a un leproso

⁴⁰ Un hombre que tenía *lepra se le acercó, y de rodillas le suplicó:

—Si quieres, puedes *limpiarme.

⁴¹ Movido a compasión, Jesús extendió la mano y tocó al hombre, diciéndole:

—Sí quiero. ¡Queda limpio!

⁴² Al instante se le quitó la lepra y quedó sano.ᵃ ⁴³ Jesús lo despidió en seguida con una fuerte advertencia:

⁴⁴ —Mira, no se lo digas a nadie; sólo ve, preséntate al sacerdote y lleva por tu *purificación lo que ordenó Moisés, para que sirva de testimonio.

⁴⁵ Pero él salió y comenzó a hablar sin reserva, divulgando lo sucedido. Como resultado, Jesús ya no podía entrar en ningún pueblo abiertamente, sino que se quedaba afuera, en lugares solitarios. Aun así, gente de todas partes seguía acudiendo a él.

Jesús sana a un paralítico

2 Unos días después, cuando Jesús entró de nuevo en Capernaúm, corrió la voz de que estaba en casa. ² Se aglomeraron tantos que ya no quedaba sitio ni siquiera frente a la puerta mientras él les predicaba la palabra. ³ Entonces llegaron cuatro hombres que le llevaban un paralítico. ⁴ Como no podían acercarlo a Jesús por causa de la multitud, quitaron parte del techo encima de donde estaba Jesús y, luego de hacer una abertura, bajaron la camilla en la que estaba acostado el paralítico. ⁵ Al ver Jesús la fe de ellos, le dijo al paralítico:

—Hijo, tus pecados quedan perdonados.

⁶ Estaban sentados allí algunos *maestros de la ley, que pensaban: ⁷ «¿Por qué habla éste así? ¡Está *blasfemando! ¿Quién puede perdonar pecados sino sólo Dios?»

⁸ En ese mismo instante supo Jesús en su espíritu que esto era lo que estaban pensando.

—¿Por qué razonan así? —les dijo—. ⁹ ¿Qué es más fácil, decirle al paralítico: 'Tus pecados son perdonados', o decirle: 'Levántate, toma tu camilla y anda'? ¹⁰ Pues para que sepan que el Hijo del hombre tiene autoridad en la tierra para perdonar pecados —se dirigió entonces al paralítico—: ¹¹ A ti te digo, levántate, toma tu camilla y vete a tu casa.

¹² Él se levantó, tomó su camilla en seguida y salió caminando a la vista de todos. Ellos se quedaron asombrados y comenzaron a alabar a Dios.

—Jamás habíamos visto cosa igual —decían.

Llamamiento de Leví

¹³ De nuevo salió Jesús a la orilla del lago. Toda la gente acudía a él, y él les enseñaba. ¹⁴ Al pasar vio a Leví, hijo de Alfeo, sentado a la mesa donde cobraba impuestos.

—Sígueme —le dijo Jesús.

Y Leví se levantó y lo siguió.

¹⁵ Sucedió que, estando Jesús a la mesa en casa de Leví, muchos *recaudadores

---

a **1:42** *sano.* Lit. *limpio.*

Pasaje del día: Marcos 1:32-39
Versículo del día: Marcos 1:35

A solas con Dios

Tengo por costumbre aprovechar las oportunidades que se me presentan de quedarme sola en casa. Me acerco a Dios en oración y derramo mi corazón ante Él en alabanza; le cuento mis penas, mis anhelos y mis triunfos, e intercedo por mi familia y por la iglesia.

Es bueno alabar a Dios con los demás creyentes y, al hacerlo, debemos sacarle el mayor provecho. Pero es en la soledad donde podemos entrar en la intimidad con Él. Es entonces que podemos decirle esas cosas que hay en lo más profundo de nuestro ser, y sólo cuando se las contamos podemos sentirnos mejor.

En la soledad con Él podemos crecer, aprender y descubrir. Es a solas con Él que podemos retomar fuerzas, levantar nuestras manos y enderezar las rodillas endebles para seguir enfrentándonos a las luchas y adversidades de nuestro diario vivir. Al estar a solas con Dios podemos de verdad sentirnos bien acompañadas y atendidas; pues es Él quien mejor nos conoce y sabe de qué tenemos necesidad.

Aproveche esos momentos preciosos cuando por cualquier circunstancia se desvele o esté a solas. Cambie ese tiempo que aparentemente se ve negativo y conviértalo en una cita inolvidable con el Padre celestial. Así sus momentos de soledad serán gratas oportunidades de estar a solas con Dios.

Amanda de Sinisterra
Colombia

de impuestos y *pecadores se *sentaron con él y sus discípulos, pues ya eran muchos los que lo seguían. ¹⁶ Cuando los *maestros de la ley, que eran *fariseos, vieron con quién comía, les preguntaron a sus discípulos:

—¿Y éste come con recaudadores de impuestos y con pecadores?

¹⁷ Al oírlos, Jesús les contestó:

—No son los sanos los que necesitan médico sino los enfermos. Y yo no he venido a llamar a justos sino a pecadores.

Le preguntan a Jesús sobre el ayuno

¹⁸ Al ver que los discípulos de Juan y los *fariseos ayunaban, algunos se acercaron a Jesús y le preguntaron:

—¿Cómo es que los discípulos de Juan y de los fariseos ayunan, pero los tuyos no?

¹⁹ Jesús les contestó:

—¿Acaso pueden ayunar los invitados del novio mientras él está con ellos? No pueden hacerlo mientras lo tienen con ellos. ²⁰ Pero llegará el día en que se les quitará el novio, y ese día sí ayunarán. ²¹ Nadie remienda un vestido viejo con un retazo de tela nueva. De hacerlo así, el remiendo fruncirá el vestido y la rotura se hará peor. ²² Ni echa nadie vino nuevo en odres viejos. De hacerlo así, el vino hará reventar los odres y se arruinarán tanto el vino como los odres. Más bien, el vino nuevo se echa en odres nuevos.

Señor del sábado

²³ Un *sábado, al cruzar Jesús los sembrados, sus discípulos comenzaron a arrancar a su paso unas espigas de trigo.

²⁴ —Mira —le preguntaron los *fariseos—, ¿por qué hacen ellos lo que está prohibido hacer en sábado?

²⁵ Él les contestó:

—¿Nunca han leído lo que hizo David en aquella ocasión, cuando él y sus compañeros tuvieron hambre y pasaron necesidad? ²⁶ Entró en la casa de Dios cuando Abiatar era el sumo sacerdote, y comió los panes consagrados a Dios, que sólo a los sacerdotes les es permitido comer. Y dio también a sus compañeros.

²⁷ »El sábado se hizo para el hombre, y no el hombre para el sábado —añadió—. ²⁸ Así que el Hijo del hombre es Señor incluso del sábado.

3 En otra ocasión entró en la sinagoga, y había allí un hombre que tenía la mano paralizada. ² Algunos que buscaban un motivo para acusar a Jesús no le quitaban la vista de encima para ver si sanaba al enfermo en *sábado. ³ Entonces Jesús le dijo al hombre de la mano paralizada:

—Ponte de pie frente a todos.

⁴ Luego dijo a los otros:

—¿Qué está permitido en sábado: hacer el bien o hacer el mal, salvar una *vida o matar?

Pero ellos permanecieron callados. ⁵ Jesús se les quedó mirando, enojado y entristecido por la dureza de su corazón, y le dijo al hombre:

—Extiende la mano.

La extendió, y la mano le quedó restablecida. ⁶ Tan pronto como salieron los fariseos, comenzaron a tramar con los herodianos cómo matar a Jesús.

La multitud sigue a Jesús

⁷ Jesús se retiró al lago con sus discípulos, y mucha gente de Galilea lo siguió. ⁸ Cuando se enteraron de todo lo que hacía, acudieron también a él muchos de Judea y Jerusalén, de Idumea, del otro lado del Jordán y de las regiones de Tiro y Sidón. ⁹ Entonces, para evitar que la gente lo atropellara, encargó a sus discípulos que le tuvieran preparada una pequeña barca; ¹⁰ pues como había sanado a muchos, todos los que sufrían dolencias se abalanzaban sobre él para tocarlo. ¹¹ Además, los *espíritus malignos, al verlo, se postraban ante él, gritando: «¡Tú eres el Hijo de Dios!» 12 Pero él les ordenó terminantemente que no dijeran quién era él.

Nombramiento de los doce apóstoles

¹³ Subió Jesús a una montaña y llamó a los que quiso, los cuales se reunieron con él. ¹⁴ Designó a doce —a quienes nombró apóstoles—,ᵃ para que lo acompañaran y para enviarlos a predicar ¹⁵ y ejercer autoridad para expulsar demo-

nios. ¹⁶ Éstos son los doce que él nombró: Simón (a quien llamó Pedro); ¹⁷ *Jacobo y su hermano Juan, hijos de Zebedeo (a quienes llamó Boanerges, que significa: Hijos del trueno); ¹⁸ Andrés, Felipe, Bartolomé, Mateo, Tomás, Jacobo, hijo de Alfeo; Tadeo, Simón el Zelote ¹⁹ y Judas Iscariote, el que lo traicionó.

Jesús y Beelzebú

²⁰ Luego entró en una casa, y de nuevo se aglomeró tanta gente que ni siquiera podían comer él y sus discípulos. ²¹ Cuando se enteraron sus parientes, salieron a hacerse cargo de él, porque decían: «Está fuera de sí.»

²² Los *maestros de la ley que habían llegado de Jerusalén decían: «¡Está poseído por *Beelzebú! Expulsa a los demonios por medio del príncipe de los demonios.»

²³ Entonces Jesús los llamó y les habló en parábolas: «¿Cómo puede Satanás expulsar a Satanás? ²⁴ Si un reino está dividido contra sí mismo, ese reino no puede mantenerse en pie. ²⁵ Y si una familia está dividida contra sí misma, esa familia no puede mantenerse en pie. ²⁶ Igualmente, si Satanás se levanta contra sí mismo y se divide, no puede mantenerse en pie, sino que ha llegado su fin. ²⁷ Ahora bien, nadie puede entrar en la casa de alguien fuerte y arrebatarle sus bienes a menos que primero lo ate. Sólo entonces podrá robar su casa. ²⁸ Les aseguro que todos los pecados y *blasfemias se les perdonarán a todos por igual, ²⁹ excepto a quien blasfeme contra el Espíritu Santo. Éste no tendrá perdón jamás; es culpable de un pecado eterno.»

³⁰ Es que ellos habían dicho: «Tiene un *espíritu maligno.»

La madre y los hermanos de Jesús

³¹ En eso llegaron la madre y los hermanos de Jesús. Se quedaron afuera y enviaron a alguien a llamarlo, ³² pues había mucha gente sentada alrededor de él.

—Mira, tu madre y tus hermanosᵃ están afuera y te buscan —le dijeron.

³³ —¿Quiénes son mi madre y mis hermanos? —replicó Jesús.

³⁴ Luego echó una mirada a los que estaban sentados alrededor de él y añadió:

—Aquí tienen a mi madre y a mis hermanos. ³⁵ Cualquiera que hace la voluntad de Dios es mi hermano, mi hermana y mi madre.

Parábola del sembrador

4 De nuevo comenzó Jesús a enseñar a la orilla del lago. La multitud que se reunió para verlo era tan grande que él subió y se sentó en una barca que estaba en el lago, mientras toda la gente se quedaba en la playa. ² Entonces se puso a enseñarles muchas cosas por medio de parábolas y, como parte de su instrucción, les dijo: ³ «¡Pongan atención! Un sembrador salió a sembrar. ⁴ Sucedió que al esparcir él la semilla, una parte cayó junto al camino, y llegaron los pájaros y se la comieron. ⁵ Otra parte cayó en terreno pedregoso, sin mucha tierra. Esa semilla brotó pronto porque la tierra no era profunda; ⁶ pero cuando salió el sol, las plantas se marchitaron y, por no tener raíz, se secaron. ⁷ Otra parte de la semilla cayó entre espinos que, al crecer, la ahogaron, de modo que no dio fruto. ⁸ Pero las otras semillas cayeron en buen terreno. Brotaron, crecieron y produjeron una cosecha que rindió el treinta, el sesenta y hasta el ciento por uno.

⁹ »El que tenga oídos para oír, que oiga», añadió Jesús.

¹⁰ Cuando se quedó solo, los doce y los que estaban alrededor de él le hicieron preguntas sobre las parábolas. ¹¹ «A ustedes se les ha revelado el *secreto del reino de Dios —les contestó—; pero a los de afuera todo les llega por medio de parábolas, ¹² para que

»'por mucho que vean, no perciban;
  y por mucho que oigan, no
     entiendan;
no sea que se conviertan y sean
    perdonados.'ᵇ

¹³ »¿No entienden esta parábola? —continuó Jesús—. ¿Cómo podrán, en-

---

ᵃ 3:32 *tus hermanos*. Var. *tus hermanos y tus hermanas*.   ᵇ 4:12 Is 6:9,10

tonces, entender las demás? **14** El sembrador siembra la palabra. **15** Algunos son como lo sembrado junto al camino, donde se siembra la palabra. Tan pronto como la oyen, viene Satanás y les quita la palabra sembrada en ellos. **16** Otros son como lo sembrado en terreno pedregoso: cuando oyen la palabra, en seguida la reciben con alegría, **17** pero como no tienen raíz, duran poco tiempo. Cuando surgen problemas o persecución a causa de la palabra, en seguida se apartan de ella. **18** Otros son como lo sembrado entre espinos: oyen la palabra, **19** pero las preocupaciones de esta vida, el engaño de las riquezas y muchos otros malos deseos entran hasta ahogar la palabra, de modo que ésta no llega a dar fruto. **20** Pero otros son como lo sembrado en buen terreno: oyen la palabra, la aceptan y producen una cosecha que rinde el treinta, el sesenta y hasta el ciento por uno.»

Una lámpara en una repisa

21 También les dijo: «¿Acaso se trae una lámpara para ponerla debajo de un cajón o debajo de la cama? ¿No es, por el contrario, para ponerla en una repisa? **22** No hay nada escondido que no esté destinado a descubrirse; tampoco hay nada oculto que no esté destinado a ser revelado. **23** El que tenga oídos para oír, que oiga.

24 »Pongan mucha atención —añadió—. Con la medida que midan a otros, se les medirá a ustedes, y aún más se les añadirá. **25** Al que tiene, se le dará más; al que no tiene, hasta lo poco que tiene se le quitará.»

Parábola de la semilla que crece

26 Jesús continuó: «El reino de Dios se parece a quien esparce semilla en la tierra. **27** Sin que éste sepa cómo, y ya sea que duerma o esté despierto, día y noche brota y crece la semilla. **28** La tierra da fruto por sí sola; primero el tallo, luego la espiga, y después el grano lleno en la espiga. **29** Tan pronto como el grano está maduro, se le mete la hoz, pues ha llegado el tiempo de la cosecha.»

Parábola del grano de mostaza

30 También dijo: «¿Con qué vamos a comparar el reino de Dios? ¿Qué parábola podemos usar para describirlo? **31** Es como un grano de mostaza: cuando se siembra en la tierra, es la semilla más pequeña que hay, **32** pero una vez sembrada crece hasta convertirse en la más grande de las hortalizas, y echa ramas tan grandes que las aves pueden anidar bajo su sombra.»

33 Y con muchas parábolas semejantes les enseñaba Jesús la palabra hasta donde podían entender. **34** No les decía nada sin emplear parábolas. Pero cuando estaba a solas con sus discípulos, les explicaba todo.

Jesús calma la tormenta

35 Ese día al anochecer, les dijo a sus discípulos:

—Crucemos al otro lado.

36 Dejaron a la multitud y se fueron con él en la barca donde estaba. También lo acompañaban otras barcas. **37** Se desató entonces una fuerte tormenta, y las olas azotaban la barca, tanto que ya comenzaba a inundarse. **38** Jesús, mientras tanto, estaba en la popa, durmiendo sobre un cabezal, así que los discípulos lo despertaron.

—Maestro —gritaron—, ¿no te importa que nos ahoguemos?

39 Él se levantó, reprendió al viento y ordenó al mar:

—¡Silencio! ¡Cálmate!

El viento se calmó y todo quedó completamente tranquilo.

40 —¿Por qué tienen tanto miedo? —dijo a sus discípulos—. ¿Todavía[a] no tienen fe?

41 Ellos estaban espantados y se decían unos a otros:

—¿Quién es éste, que hasta el viento y el mar le obedecen?

Liberación de un endemoniado

5 Cruzaron el lago hasta llegar a la región de los gerasenos.[b] **2** Tan pronto como desembarcó Jesús, un hombre poseído por un *espíritu maligno le salió al

---

a **4:40** *Todavía.* Var. *Cómo es que.* *b* **5:1** *gerasenos.* Var. *gadarenos*; otra var. *gergesenos.*

encuentro de entre los sepulcros. ³ Este hombre vivía en los sepulcros, y ya nadie podía sujetarlo, ni siquiera con cadenas. ⁴ Muchas veces lo habían atado con cadenas y grilletes, pero él los destrozaba, y nadie tenía fuerza para dominarlo. ⁵ Noche y día andaba por los sepulcros y por las colinas, gritando y golpeándose con piedras.

⁶ Cuando vio a Jesús desde lejos, corrió y se postró delante de él.

⁷ —¿Por qué te entrometes, Jesús, Hijo del Dios Altísimo? —gritó con fuerza—. ¡Te ruego por Dios que no me atormentes!

⁸ Es que Jesús le había dicho: «¡Sal de este hombre, espíritu maligno!»

⁹ —¿Cómo te llamas? —le preguntó Jesús.

—Me llamo Legión —respondió—, porque somos muchos.

¹⁰ Y con insistencia le suplicaba a Jesús que no los expulsara de aquella región.

¹¹ Como en una colina estaba paciendo una manada de muchos cerdos, los demonios le rogaron a Jesús:

¹² —Mándanos a los cerdos; déjanos entrar en ellos.

¹³ Así que él les dio permiso. Cuando los espíritus malignos salieron del hombre, entraron en los cerdos, que eran unos dos mil, y la manada se precipitó al lago por el despeñadero y allí se ahogó.

¹⁴ Los que cuidaban los cerdos salieron huyendo y dieron la noticia en el pueblo y por los campos, y la gente fue a ver lo que había pasado. ¹⁵ Llegaron a donde estaba Jesús, y cuando vieron al que había estado poseído por la legión de demonios, sentado, vestido y en su sano juicio, tuvieron miedo. ¹⁶ Los que habían presenciado estos hechos le contaron a la gente lo que había sucedido con el endemoniado y con los cerdos. ¹⁷ Entonces la gente comenzó a suplicarle a Jesús que se fuera de la región.

¹⁸ Mientras subía Jesús a la barca, el que había estado endemoniado le rogaba que le permitiera acompañarlo. ¹⁹ Jesús no se lo permitió, sino que le dijo:

—Vete a tu casa, a los de tu familia, y diles todo lo que el Señor ha hecho por ti y cómo se ha tenido compasión.

²⁰ Así que el hombre se fue y se puso a proclamar en *Decápolis lo mucho que Jesús había hecho por él. Y toda la gente se quedó asombrada.

Una niña muerta y una mujer enferma

²¹ Después que Jesús regresó en la barca al otro lado del lago, se reunió alrededor de él una gran multitud, por lo que él se quedó en la orilla. ²² Llegó entonces uno de los jefes de la sinagoga, llamado Jairo. Al ver a Jesús, se arrojó a sus pies, ²³ suplicándole con insistencia:

—Mi hijita se está muriendo. Ven y pon tus manos sobre ella para que se *sane y viva.

²⁴ Jesús se fue con él, y lo seguía una gran multitud, la cual lo apretujaba. ²⁵ Había entre la gente una mujer que hacía doce años padecía de hemorragias. ²⁶ Había sufrido mucho a manos de varios médicos, y se había gastado todo lo que tenía sin que le hubiera servido de nada, pues iba en vez de mejorar, iba de mal en peor. ²⁷ Cuando oyó hablar de Jesús, se le acercó por detrás entre la gente y le tocó el manto. ²⁸ Pensaba: «Si logro tocar siquiera su ropa, quedaré sana.» ²⁹ Al instante cesó su hemorragia, y se dio cuenta de que su cuerpo había quedado libre de esa aflicción.

³⁰ Al momento también Jesús se dio cuenta de que de él había salido poder, así que se volvió hacia la gente y preguntó:

—¿Quién me ha tocado la ropa?

³¹ —Ves que te apretuja la gente —le contestaron sus discípulos—, y aun así preguntas: '¿Quién me ha tocado?'

³² Pero Jesús seguía mirando a su alrededor para ver quién lo había hecho. ³³ La mujer, sabiendo lo que le había sucedido, se acercó temblando de miedo y, arrojándose a sus pies, le confesó toda la verdad.

³⁴ —¡Hija, tu fe te ha sanado! —le dijo Jesús—. Vete en paz y queda sana de tu aflicción.

³⁵ Todavía estaba hablando Jesús, cuando llegaron unos hombres de la casa de Jairo, jefe de la sinagoga, para decirle:

—Tu hija ha muerto. ¿Para qué sigues molestando al Maestro?

36 Sin hacer caso de la noticia, Jesús le dijo al jefe de la sinagoga:

—No tengas miedo; cree nada más.

37 No dejó que nadie lo acompañara, excepto Pedro, *Jacobo y Juan, el hermano de Jacobo. **38** Cuando llegaron a la casa del jefe de la sinagoga, Jesús notó el alboroto, y que la gente lloraba y daba grandes alaridos. **39** Entró y les dijo:

—¿Por qué tanto alboroto y llanto? La niña no está muerta sino dormida.

40 Entonces empezaron a burlarse de él, pero él los sacó a todos, tomó consigo al padre y a la madre de la niña y a los discípulos que estaban con él, y entró a donde estaba la niña. **41** La tomó de la mano y le dijo:

—*Talita cum*ᵃ (que significa: Niña, a ti te digo, ¡levántate!).

42 La niña, que tenía doce años, se levantó en seguida y comenzó a andar. Ante este hecho todos se llenaron de asombro. **43** Él dio órdenes estrictas de que nadie se enterara de lo ocurrido, y les mandó que le dieran de comer a la niña.

Un profeta sin honra

6 Salió Jesús de allí y fue a su tierra, en compañía de sus discípulos. **2** Cuando llegó el *sábado, comenzó a enseñar en la sinagoga.

—¿De dónde sacó éste tales cosas? —decían maravillados muchos de los que le oían—. ¿Qué sabiduría es ésta que se le ha dado? ¿Cómo se explican estos milagros que vienen de sus manos? **3** ¿No es acaso el carpintero, el hijo de María y hermano de *Jacobo, de José, de Judas y de Simón? ¿No están sus hermanas aquí con nosotros?

Y se *escandalizaban a causa de él. Por tanto, Jesús les dijo:

4 —En todas partes se honra a un profeta, menos en su tierra, entre sus familiares y en su propia casa.

5 En efecto, no pudo hacer allí ningún milagro, excepto sanar a unos pocos enfermos al imponerles las manos. **6** Y él se quedó asombrado por la incredulidad de ellos.

Jesús envía a los doce

Jesús recorría los alrededores, enseñando de pueblo en pueblo. **7** Reunió a los doce, y comenzó a enviarlos de dos en dos, dándoles autoridad sobre los *espíritus malignos.

8 Les ordenó que no llevaran nada para el camino, ni pan, ni bolsa, ni dinero en el cinturón, sino sólo un bastón. **9** «Lleven sandalias —dijo—, pero no dos mudas de ropa.» **10** Y añadió: «Cuando entren en una casa, quédense allí hasta que salgan del pueblo. **11** Y si en algún lugar no los reciben bien o no los escuchan, al salir de allí sacúdanse el polvo de los pies, como un testimonio contra ellos.»

12 Los doce salieron y exhortaban a la gente a que se *arrepintiera. **13** También expulsaban a muchos demonios y sanaban a muchos enfermos, ungiéndolos con aceite.

Decapitación de Juan el Bautista

14 El rey Herodes se enteró de esto, pues el nombre de Jesús se había hecho famoso. Algunos decían:ᵇ «Juan el Bautista ha *resucitado, y por eso tiene poder para realizar milagros.» **15** Otros decían: «Es Elías.» Otros, en fin, afirmaban: «Es un profeta, como los de antes.» **16** Pero cuando Herodes oyó esto, exclamó: «¡Juan, al que yo mandé que le cortaran la cabeza, ha resucitado!»

17 En efecto, Herodes mismo había mandado que arrestaran a Juan y que lo encadenaran en la cárcel. Herodes se había casado con Herodías, esposa de Felipe su hermano, **18** y Juan le había estado diciendo a Herodes: «La ley te prohíbe tener a la esposa de tu hermano.» **19** Por eso Herodías le guardaba rencor a Juan y deseaba matarlo. Pero no había logrado hacerlo, **20** ya que Herodes temía a Juan y lo protegía, pues sabía que era un hombre justo y *santo. Cuando Herodes oía a Juan, se quedaba muy desconcertado, pero lo escuchaba con gusto.

21 Por fin se presentó la oportunidad. En su cumpleaños Herodes dio un banquete a sus altos oficiales, a los comandantes militares y a los notables de Gali-

---

a **5:41** *cum*. Var. *cumi*. *b* **6:14** *Algunos decían*. Var. *Él decía*.

lea. **22** La hija de Herodías entró en el banquete y bailó, y esto agradó a Herodes y a los invitados.

—Pídeme lo que quieras y te lo daré —le dijo el rey a la muchacha.

23 Y le prometió bajo juramento:

—Te daré cualquier cosa que me pidas, aun cuando sea la mitad de mi reino.

24 Ella salió a preguntarle a su madre:

—¿Qué debo pedir?

—La cabeza de Juan el Bautista —contestó.

25 En seguida se fue corriendo la muchacha a presentarle al rey su petición:

—Quiero que ahora mismo me des en una bandeja la cabeza de Juan el Bautista.

26 El rey se quedó angustiado, pero a causa de sus juramentos y en atención a los invitados, no quiso desairarla. **27** Así que en seguida envió a un verdugo con la orden de llevarle la cabeza de Juan. El hombre fue, decapitó a Juan en la cárcel **28** y volvió con la cabeza en una bandeja. Se la entregó a la muchacha, y ella se la dio a su madre. **29** Al enterarse de esto, los discípulos de Juan fueron a recoger el cuerpo y le dieron sepultura.

Jesús alimenta a los cinco mil

30 Los apóstoles se reunieron con Jesús y le contaron lo que habían hecho y enseñado.

31 Y como no tenían tiempo ni para comer, pues era tanta la gente que iba y venía, Jesús les dijo:

—Vengan conmigo ustedes solos a un lugar tranquilo y descansen un poco.

32 Así que se fueron solos en la barca a un lugar solitario. **33** Pero muchos que los vieron salir los reconocieron y, desde todos los poblados, corrieron por tierra hasta allá y llegaron antes que ellos. **34** Cuando Jesús desembarcó y vio tanta gente, tuvo compasión de ellos, porque eran como ovejas sin pastor. Así que comenzó a enseñarles muchas cosas.

35 Cuando ya se hizo tarde, se le acercaron sus discípulos y le dijeron:

—Éste es un lugar apartado y ya es muy tarde. **36** Despide a la gente, para que vayan a los campos y pueblos cercanos y se compren algo de comer.

37 —Denles ustedes mismos de comer —contestó Jesús.

—¡Eso costaría el salario de ocho meses!ª —objetaron—. ¿Quieres que vayamos y gastemos todo ese dinero en pan para darles de comer?

38 —¿Cuántos panes tienen ustedes? —preguntó—. Vayan a ver.

Después de averiguarlo, le dijeron:

—Cinco, y dos pescados.

39 Entonces les mandó que hicieran que la gente se sentara por grupos sobre la hierba verde. **40** Así que ellos se acomodaron en grupos de cien y de cincuenta. **41** Jesús tomó los cinco panes y los dos pescados y, mirando al cielo, los bendijo. Luego partió los panes y se los dio a los discípulos para que se los repartieran a la gente. También repartió los dos pescados entre todos. **42** Comieron todos hasta quedar satisfechos, **43** y los discípulos recogieron doce canastas llenas de pedazos de pan y de pescado. **44** Los que comieron fueron cinco mil.

Jesús camina sobre el agua

45 En seguida Jesús hizo que sus discípulos subieran a la barca y se le adelantaran al otro lado, a Betsaida, mientras él despedía a la multitud. **46** Cuando se despidió, fue a la montaña para orar.

47 Al anochecer, la barca se hallaba en medio del lago, y Jesús estaba en tierra solo. **48** En la madrugada,ᵇ vio que los discípulos hacían grandes esfuerzos para remar, pues tenían el viento en contra. Se acercó a ellos caminando sobre el lago, e iba a pasarlos de largo. **49** Los discípulos, al verlo caminar sobre el agua, creyeron que era un fantasma y se pusieron a gritar, **50** llenos de miedo por lo que veían. Pero él habló en seguida con ellos y les dijo: «¡Cálmense! Soy yo. No tengan miedo.»

51 Subió entonces a la barca con ellos, y el viento se calmó. Estaban sumamente asombrados, **52** porque tenían la mente embotada y no habían comprendido lo de los panes.

---

a **6:37** *el salario de ocho meses.* Lit. *doscientos denarios.* *b* **6:48** *En la madrugada.* Lit. *Alrededor de la cuarta vigilia de la noche.*

JUEVES

Pasaje del día: Marcos 6:30-32
Versículo del día: Marcos 6:31

Descansando para avanzar

Era un día agobiante, lleno de tareas y obligaciones que cumplir; la hora era avanzada y ya empezaba a tornarse aburrido. De pronto, los pensamientos de Paola se vieron interrumpidos por un ruido agradable: el timbre de la escuela que indicaba el fin de las labores de ese día. ¡Qué sensación de alivio y descanso fue para ella cambiar de actividad!

No hay duda que el cambio nos produce refrigerio. Quizá nuestros compromisos y tareas exigen mucho esfuerzo y dedicación; y, sobre eso, pesa sobre nuestros hombros el gran sentido de responsabilidad. Eso nos dignifica, y ejemplo tenemos en Cristo, que a pesar de las dificultades y la sentencia de muerte que había sobre Él al entrar a Jerusalén, estuvo decidido a cumplir hasta el fin su cometido.

Nuestra labor como mujeres es ardua, desgastante y, en ocasiones, hasta incomprendida. Ante el gran compromiso con nuestra familia y nosotras mismas, es prudente tomar tiempo y descansar. El despejar nuestra mente en actividades al aire libre, el relajar tensiones en actividades creativas y el alimentar nuestro espíritu en nuestro descanso perfecto que es Cristo, contribuirá a que seamos más completas en el papel que el Señor nos ha dado en la vida como mujer, esposa y madre.

Jesucristo mismo y sus discípulos tuvieron la necesidad de buscar un lugar donde descansar y tomar nuevas fuerzas. Nunca los excesos han sido buenos. Haga un alto en su trabajo y dedique tiempo para descansar y tiempo para pasar con su familia. ¡Trate de hallar un momento especial hoy!

Carmen Julia Villafranca
México

53 Después de cruzar el lago, llegaron a tierra en Genesaret y atracaron allí. **54** Al bajar ellos de la barca, la gente en seguida reconoció a Jesús. **55** Lo siguieron por toda aquella región y, adonde oían que él estaba, le llevaban en camillas a los que tenían enfermedades. **56** Y dondequiera que iba, en pueblos, ciudades o caseríos, colocaban a los enfermos en las plazas. Le suplicaban que les permitiera tocar siquiera el borde de su manto, y quienes lo tocaban quedaban *sanos.

Lo puro y lo impuro

7 Los *fariseos y algunos de los *maestros de la ley que habían llegado de Jerusalén se reunieron alrededor de Jesús, **2** y vieron a algunos de sus discípulos que comían con manos *impuras, es decir, sin habérselas lavado. **3** (En efecto, los fariseos y los demás judíos no comen nada sin primero cumplir con el rito de lavarse las manos, ya que están aferrados a la tradición de los *ancianos. **4** Al regresar del mercado, no comen nada antes de lavarse. Y siguen otras muchas tradiciones, tales como el rito de lavar copas, jarras y bandejas de cobre.)ª **5** Así que los fariseos y los maestros de la ley le preguntaron a Jesús:

—¿Por qué no siguen tus discípulos la tradición de los ancianos, en vez de comer con manos impuras?

6 Él les contestó:

—Tenía razón Isaías cuando profetizó acerca de ustedes, *hipócritas, según está escrito:

»'Este pueblo me honra con los labios,
    pero su corazón está lejos de mí.
7 En vano me adoran;
    sus enseñanzas no son más que
    reglas *humanas.'b

8 Ustedes han desechado los mandamientos divinos y se aferran a las tradiciones humanas.

9 Y añadió:

—¡Qué buena manera tienen ustedes de dejar a un lado los mandamientos de Dios para mantenerᶜ sus propias tradiciones! **10** Por ejemplo, Moisés dijo: 'Honra a tu padre y a tu madre',ᵈ y: 'El que maldiga a su padre o a su madre, debe morir'.ᵉ **11** Ustedes, en cambio, enseñan que un hijo puede decirle a su padre o a su madre: 'Cualquier ayuda que pudiera haberte dado es corbán' (es decir, ofrenda dedicada a Dios). **12** En ese caso, el tal hijo ya no está obligado a hacer nada por su padre ni por su madre. **13** Así, por la tradición que se transmiten entre ustedes, anulan la palabra de Dios. Y hacen muchas cosas parecidas.

14 De nuevo Jesús llamó a la multitud.

—Escúchenme todos —dijo— y entiendan esto: **15** Nada de lo que viene de afuera puede *contaminar a una persona. Más bien, lo que sale de la persona es lo que la contamina.ᶠ

17 Después de que dejó a la gente y entró en la casa, sus discípulos le preguntaron sobre la comparación que había hecho.

18 —¿Tampoco ustedes pueden entenderlo? —les dijo—. ¿No se dan cuenta de que nada de lo que entra en una persona puede contaminarla? **19** Porque no entra en su corazón sino en su estómago, y después va a dar a la letrina.

Con esto Jesús declaraba *limpios todos los alimentos. **20** Luego añadió:

—Lo que sale de la persona es lo que la contamina. **21** Porque de adentro, del corazón humano, salen los malos pensamientos, la inmoralidad sexual, los robos, los homicidios, los adulterios, **22** la avaricia, la maldad, el engaño, el libertinaje, la envidia, la calumnia, la arrogancia y la necedad. **23** Todos estos males vienen de adentro y contaminan a la persona.

La fe de una mujer sirofenicia

24 Jesús partió de allí y fue a la región de Tiro.g Entró en una casa y no quería que nadie lo supiera, pero no pudo pasar inadvertido. **25** De hecho, muy pronto se enteró de su llegada una mujer que tenía una niña poseída por un *espíritu maligno, así que fue y se arrojó a sus pies.

---

a **7:4** *bandejas de cobre.* Var. *bandejas de cobre y divanes.* *b* **7:6,7** Is 29:13 *c* **7:9** *mantener.* Var. *establecer.* *d* **7:10** Éx 20:12; Dt 5:16 *e* **7:10** Éx 21:17; Lv 20:9 *f* **7:15** *contamina.* Var. *contamina.* ¹⁶ *El que tenga oídos para oír, que oiga.* *g* **7:24** *de Tiro.* Var. *de Tiro y Sidón.*

Pasaje del día: Marcos 7:31-37
Versículo del día: Marcos 7:37

El milagro de la comunicación

*E*l sordomudo es símbolo de la persona que no se comunica, que no puede relacionarse con el prójimo. No puede recibir de los demás debido a su sordera; tampoco puede dar de sí debido a su mudez. De modo que está sumamente limitado en cuanto a su contacto con el mundo y se ve condenado a llevar una vida de profunda soledad. El fin de la incomunicación es un milagro, una demostración del poder de Dios, una obra de su gracia.

La comunicación entre los seres humanos siempre es un milagro. Estamos tan acostumbradas a que la tecnología ponga a nuestro alcance muchas maravillas que perdemos la capacidad de asombro. Tomemos como ejemplo el teléfono. Es un medio de comunicación extraordinario que a veces no valoramos. Sucede lo mismo con otros medios de comunicación, por ejemplo, la radio y el satélite.

Cada vez que logramos comunicarnos con nuestro prójimo, el hecho de ser comprendidos y comprender debería llenarnos de gozo y alabanza al Señor.

Hay una diferencia entre el silencio y el mutismo. El silencio salva; el mutismo mata. El silencio equivale a mirar nuestro propio corazón; el mutismo es principio de muerte. El silencio es necesario para que haya vida, y vida profunda.

La historia de la salvación es la historia de la restauración de la comunicación entre Dios y el hombre. Dios se revela, y aparta el velo que lo oculta de nosotros. Dios se encarna en Jesucristo para venir a decirnos cuánto nos ama.

¿Te das cuenta, hermana, de lo grande y poderoso que es nuestro Dios? ¡Comunícate más a menudo con Él!

Nélida Estala Sabanes
Argentina

26 Esta mujer era extranjera,ª sirofenicia de nacimiento, y le rogaba que expulsara de su hija al demonio.

27 —Deja que primero se sacien los hijos —replicó Jesús—, porque no está bien quitarles el pan a los hijos y echárselo a los *perros.

28 —Sí, Señor —respondió la mujer—, pero hasta los perros comen debajo de la mesa las migajas que dejan los hijos.

29 —Por haberme respondido así, puedes irte tranquila; el demonio ha salido de tu hija.

30 Cuando ella llegó a su casa, encontró a la niña acostada en la cama. El demonio ya había salido de ella.

Jesús sana a un sordomudo

31 Luego regresó Jesús de la región de Tiro y se dirigió por Sidón al mar de Galilea, internándose en la región de *Decápolis. **32** Allí le llevaron un sordo tartamudo, y le suplicaban que pusiera la mano sobre él.

33 Jesús lo apartó de la multitud para estar a solas con él, le puso los dedos en los oídos y le tocó la lengua con saliva.ᵇ **34** Luego, mirando al cielo, suspiró profundamente y le dijo: «¡Efatá!» (que significa: ¡Ábrete!). **35** Con esto, se le abrieron los oídos al hombre, se le destrabó la lengua y comenzó a hablar normalmente.

36 Jesús les mandó que no se lo dijeran a nadie, pero cuanto más se lo prohibía, tanto más lo seguían propagando. **37** La gente estaba sumamente asombrada, y decía: «Todo lo hace bien. Hasta hace oír a los sordos y hablar a los mudos.»

Jesús alimenta a los cuatro mil

8 En aquellos días se reunió de nuevo mucha gente. Como no tenían nada que comer, Jesús llamó a sus discípulos y les dijo:

2 —Siento compasión de esta gente porque ya llevan tres días conmigo y no tienen nada que comer. **3** Si los despido a sus casas sin haber comido, se van a desmayar por el camino, porque algunos de ellos han venido de lejos.

4 Los discípulos objetaron:

—¿Dónde se va a conseguir suficiente pan en este lugar despoblado para darles de comer?

5 —¿Cuántos panes tienen? —les preguntó Jesús.

—Siete.

6 Entonces mandó que la gente se sentara en el suelo. Tomando los siete panes, dio gracias, los partió y se los fue dando a sus discípulos para que los repartieran a la gente, y así lo hicieron. **7** Tenían además unos cuantos pescaditos. Dio gracias por ellos también y les dijo a los discípulos que los repartieran. **8** La gente comió hasta quedar satisfecha. Después los discípulos recogieron siete cestas llenas de pedazos que sobraron. **9** Los que comieron eran unos cuatro mil. Tan pronto como los despidió, **10** Jesús se embarcó con sus discípulos y se fue a la región de Dalmanuta.

11 Llegaron los *fariseos y comenzaron a discutir con Jesús. Para ponerlo a *prueba, le pidieron una señal del cielo. **12** Él lanzó un profundo suspiro y dijo:ᶜ «¿Por qué pide esta generación una señal milagrosa? Les aseguro que no se le dará ninguna señal.» **13** Entonces los dejó, volvió a embarcarse y cruzó al otro lado.

La levadura de los fariseos y la de Herodes

14 A los discípulos se les había olvidado llevar comida, y sólo tenían un pan en la barca. **15** Tengan cuidado —les advirtió Jesús—; ¡ojo con la levadura de los *fariseos y con la de Herodes!

16 Ellos comentaban entre sí: «Lo dice porque no tenemos pan.» **17** Al darse cuenta de esto, Jesús les dijo:

—¿Por qué están hablando de que no tienen pan? ¿Todavía no ven ni entienden? ¿Tienen la mente embotada? **18** ¿Es que tienen ojos, pero no ven, y oídos, pero no oyen? ¿Acaso no recuerdan? **19** Cuando partí los cinco panes para los cinco mil, ¿cuántas canastas llenas de pedazos recogieron?

—Doce —respondieron.

20 —Y cuando partí los siete panes para

---

a **7:26** *extranjera.* Lit. *helénica,* es decir, de cultura griega. *b* **7:33** *con saliva.* Lit. *escupiendo.* *c* **8:12** *lanzó ... dijo.* Lit. *suspirando en su espíritu dijo.*

Pasaje del sábado:
Marcos 7:24-30

Pasaje del domingo:
Marcos 5:21-43

Plegaria

Señor, tú oyes las plegarias
de cada madre
Y enjugas cada lágrima
que derrama la mujer.
Estás en el júbilo
Y estás en la tristeza.
Y eres la esperanza
Que alienta a cada una.

Te reflejas en la sonrisa de un niño
Y en todos los amores y cariños.
En el perfume de la flor
Y en el trino cálido del ave.
Por eso los humanos
Te expresan su loor.

Ahora yo, postrada a tus pies, Señor,
En tus altares, con la sencilla
ofrenda
De mi oración en flor,
Vengo a implorarte que alivies
Las penas y pesares
De todas las que sufren,
De todos los que lloran.
Y de los que no han encontrado
La dicha de tu amor.

Amy de Piedrasanta
Guatemala

Pasaje del día: Marcos 8:1-9
Versículo del día: Marcos 8:3

Los detalles cotidianos

*E*stábamos en un pueblito de montaña, del interior del país, esperando la hora de comenzar el culto del domingo. Como invitados, el pastor nos llevó al jardín para que viéramos un espectáculo inolvidable. Lentamente, y de todas las direcciones, las luces de linternas y faroles bajaban por las sierras acercándose al templo.

Esa gente hacia un largo camino para participar de un encuentro con Jesús, como la gente del relato del evangelio... ¡y valía la pena!

A esta experiencia, podemos darle un significado espiritual. Desde la posición en que se encuentra el que está "lejos" del Señor, puede haber un largo peregrinaje lleno de opciones y dificultades. No sólo abruma el cansancio, sino también el tener que dejar cosas queridas o costumbres que hacen penoso seguir adelante. Pero estar con Él será el premio. Su Palabra es tan clara que sumergiéndonos en ella sentimos palpablemente la presencia del Señor.

Si algo nos conmueve de este relato es el cuidado que Jesús puso para que pudieran hacer el camino de regreso sin decaer. Y no tenemos dudas que se ocupa de cuidar nuestras fuerzas. Si éstas nos abandonan, Él llamará a quien podrá darnos los panes y los peces que nuestra debilidad reclama.

Oración: *Gracias, Señor, porque para llegar a ti, ya está determinado el camino, y porque cuidas de proveerme de lo necesario.*

Noemí C. de Canclini
Argentina

los cuatro mil, ¿cuántas cestas llenas de pedazos recogieron?

—Siete.

21 Entonces concluyó:

—¿Y todavía no entienden?

Jesús sana a un ciego en Betsaida

22 Cuando llegaron a Betsaida, algunas personas le llevaron un ciego a Jesús y le rogaron que lo tocara. **23** Él tomó de la mano al ciego y lo sacó fuera del pueblo. Después de escupirle en los ojos y de poner las manos sobre él, le preguntó:

—¿Puedes ver ahora?

24 El hombre alzó los ojos y dijo:

—Veo gente; parecen árboles que caminan.

25 Entonces le puso de nuevo las manos sobre los ojos, y el ciego fue curado: recobró la vista y comenzó a ver todo con claridad. **26** Jesús lo mandó a su casa con esta advertencia:

—No vayas a entrar en el pueblo.ᵃ

La confesión de Pedro

27 Jesús y sus discípulos salieron hacia las aldeas de Cesarea de Filipo. En el camino les preguntó:

—¿Quién dice la gente que soy yo?

28 —Unos dicen que Juan el Bautista, otros que Elías, y otros que uno de los profetas —contestaron.

29 —Y ustedes, ¿quién dicen que soy yo?

—Tú eres el *Cristo —afirmó Pedro.

30 Jesús les ordenó que no hablaran a nadie acerca de él.

Jesús predice su muerte

31 Luego comenzó a enseñarles:

—El Hijo del hombre tiene que sufrir muchas cosas y ser rechazado por los *ancianos, por los jefes de los sacerdotes y por los *maestros de la ley. Es necesario que lo maten y que a los tres días resucite. **32** Habló de esto con toda claridad. Pedro lo llevó aparte y comenzó a reprenderlo. **33** Pero Jesús se dio la vuelta, miró a sus discípulos, y reprendió a Pedro.

—¡Aléjate de mí, Satanás! —le dijo—. Tú no piensas en las cosas de Dios sino en las de los hombres.

34 Entonces llamó a la multitud y a sus discípulos.

—Si alguien quiere ser mi discípulo —les dijo—, que se niegue a sí mismo, lleve su cruz y me siga. **35** Porque el que quiera salvar su *vida, la perderá; pero el que pierda su vida por mi causa y por el *evangelio, la salvará. **36** ¿De qué sirve ganar el mundo entero si se pierde la vida? **37** ¿O qué se puede dar a cambio de la vida? **38** Si alguien se avergüenza de mí y de mis palabras en medio de esta generación adúltera y pecadora, también el Hijo del hombre se avergonzará de él cuando venga en la gloria de su Padre con los santos ángeles.

9 Y añadió:

—Les aseguro que algunos de los aquí presentes no sufrirán la muerte sin antes haber visto el reino de Dios llegar con poder.

La transfiguración

2 Seis días después Jesús tomó consigo a Pedro, a *Jacobo y a Juan, y los llevó a una montaña alta, donde estaban solos. Allí se transfiguró en presencia de ellos. **3** Su ropa se volvió de un blanco resplandeciente como nadie en el mundo podría blanquearla. **4** Y se les aparecieron Elías y Moisés, los cuales conversaban con Jesús. Tomando la palabra, **5** Pedro le dijo a Jesús:

—Rabí, ¡qué bien que estemos aquí! Podemos levantar tres albergues: uno para ti, otro para Moisés y otro para Elías.

6 No sabía qué decir, porque todos estaban asustados. **7** Entonces apareció una nube que los envolvió, de la cual salió una voz que dijo: «Éste es mi Hijo amado. ¡Escúchenlo!»

8 De repente, cuando miraron a su alrededor, ya no vieron a nadie más que a Jesús.

9 Mientras bajaban de la montaña, Jesús les ordenó que no contaran a nadie lo que habían visto hasta que el Hijo del hombre se *levantara de entre los muertos. **10** Guardaron el secreto, pero discutían entre ellos qué significaría eso de «levantarse de entre los muertos».

ᵃ **8:26** *pueblo.* Var. *pueblo, ni a decírselo a nadie en el pueblo.*

11 —¿Por qué dicen los *maestros de la ley que Elías tiene que venir primero? —le preguntaron.

12 —Sin duda Elías ha de venir primero para restaurar todas las cosas —respondió Jesús—. Pero entonces, ¿cómo es que está escrito que el Hijo del hombre tiene que sufrir mucho y ser rechazado? **13** Pues bien, les digo que Elías ya ha venido, y le hicieron todo lo que quisieron, tal como está escrito de él.

Jesús sana a un muchacho endemoniado

14 Cuando llegaron a donde estaban los otros discípulos, vieron[a] que a su alrededor había mucha gente y que los *maestros de la ley discutían con ellos. **15** Tan pronto como la gente vio a Jesús, todos se sorprendieron y corrieron a saludarlo.

16 —¿Qué están discutiendo con ellos? —les preguntó.

17 —Maestro —respondió un hombre de entre la multitud—, te he traído a mi hijo, pues está poseído por un espíritu que le ha quitado el habla. **18** Cada vez que se apodera de él, lo derriba. Echa espumarajos, cruje los dientes y se queda rígido. Les pedí a tus discípulos que expulsaran al espíritu, pero no lo lograron.

19 —¡Ah, generación incrédula! —respondió Jesús—. ¿Hasta cuándo tendré que estar con ustedes? ¿Hasta cuándo tendré que soportarlos? Tráiganme al muchacho.

20 Así que se lo llevaron. Tan pronto como vio a Jesús, el espíritu sacudió de tal modo al muchacho que éste cayó al suelo y comenzó a revolcarse echando espumarajos.

21 —¿Cuánto tiempo hace que le pasa esto? —le preguntó Jesús al padre.

—Desde que era niño —contestó—. **22** Muchas veces lo ha echado al fuego y al agua para matarlo. Si puedes hacer algo, ten compasión de nosotros y ayúdanos.

23 —¿Cómo que si puedo? Para el que cree todo es posible.

24 —¡Sí creo! —exclamó de inmediato el padre del muchacho—. ¡Ayúdame en mi poca fe!

25 Al ver Jesús que se agolpaba mucha gente, reprendió al *espíritu maligno.

—Espíritu sordo y mudo —dijo—, te mando que salgas y que jamás vuelvas a entrar en él.

26 El espíritu, dando un alarido y sacudiendo violentamente al muchacho, salió de él. Éste quedó como muerto, tanto que muchos decían: «Ya se murió.» **27** Pero Jesús lo tomó de la mano y lo levantó, y el muchacho se puso de pie.

28 Cuando Jesús entró en casa, sus discípulos le preguntaron en privado:

—¿Por qué nosotros no pudimos expulsarlo?

29 —Esta clase de demonios sólo puede ser expulsada a fuerza de oración[b] —respondió Jesús.

30 Dejaron aquel lugar y pasaron por Galilea. Pero Jesús no quería que nadie lo supiera, **31** porque estaba instruyendo a sus discípulos. Les decía: «El Hijo del hombre va a ser entregado en manos de los hombres. Lo matarán, y a los tres días de muerto resucitará.»

32 Pero ellos no entendían lo que quería decir con esto, y no se atrevían a preguntárselo.

¿Quién es el más importante?

33 Llegaron a Capernaúm. Cuando ya estaba en casa, Jesús les preguntó:

—¿Qué venían discutiendo por el camino?

34 Pero ellos se quedaron callados, porque en el camino habían discutido entre sí quién era el más importante.

35 Entonces Jesús se sentó, llamó a los doce y les dijo:

—Si alguno quiere ser el primero, que sea el último de todos y el servidor de todos.

36 Luego tomó a un niño y lo puso en medio de ellos. Abrazándolo, les dijo:

37 —El que recibe en mi nombre a uno de estos niños, me recibe a mí; y el que me recibe a mí, no me recibe a mí sino al que me envió.

El que no está contra nosotros está a favor de nosotros

38 —Maestro —dijo Juan—, vimos a

---

a **9:14** *Cuando llegaron ... vieron.* Var. *Cuando llegó ... vio.*   *b* **9:29** *oración.* Var. *oración y ayuno.*

Pasaje del día: Marcos 9:38-50
Versículo del día: Marcos 9:41

Pensando en los demás

*J*orge Washington Carver nació en esclavitud en los Estados Unidos. Luchando en contra de grandes obstáculos, logró completar su educación. Se recibió con un título universitario y aceptó un trabajo en la Universidad de Iowa. Era un puesto importante para una persona de raza negra.

Al poco tiempo, Carver recibió una carta de un gran luchador por la raza negra, Booker T. Washington. En esa carta, le pedía que regresara al sur para ayudar a educar a otros de su raza que necesitaban educación. Dejando su posición cómoda y merecida, Carver aceptó la propuesta y regresó a las tierras de las cosechas de algodón, donde la esclavitud había sido fuertemente arraigada.

Carver dedicó el resto de su vida a levantar el nivel de su pueblo. Todos sus descubrimientos científicos fueron donados. Fue amigo de tres presidentes de los Estados Unidos. Aun el gran Tomás Edison, descubridor de la bombilla eléctrica, le ofreció un sueldo inmenso y un laboratorio nuevo a su disposición.

Cuando Carver rechazó el ofrecimiento, hubieron quienes dijeron: "Si hubieras aceptado ese dinero podrías haber ayudado más a tu pueblo. Carver contestó con sencillez: "De haber tenido todo ese dinero, olvidaría a mi pueblo."

Mi reflexión es solemne. ¿Qué estoy esperando de mi vida? ¿Tener más para recién poder ayudar a otros? ¿O acaso considero que lo que ya tengo se puede transformar en un regalo de valor y bendición para los demás?

Oración: Señor, es mi deseo que no me olvide de quienes necesitan de mí. Ayúdame a dar de lo que tengo para que otro pueda recibir bendición. Sea una palabra de consuelo, un pedazo de pan, un gesto de generosidad, quiero darlo con un corazón desprendido.

Evelina Saint de Jiménez
Argentina

uno que expulsaba demonios en tu nombre y se lo impedimos porque no es de los nuestros.[a]

39 —No se lo impidan —replicó Jesús—. Nadie que haga un milagro en mi nombre puede a la vez hablar mal de mí. **40** El que no está contra nosotros está a favor de nosotros. **41** Les aseguro que cualquiera que les dé un vaso de agua en mi nombre por[b] ser ustedes de *Cristo no perderá su recompensa.

El hacer pecar

42 »Pero si alguien hace *pecar a uno de estos pequeños que creen en mí, más le valdría que le ataran al cuello una piedra de molino y lo arrojaran al mar. **43** Si tu mano te hace pecar, córtatela. Más te vale entrar en la vida manco, que ir con las dos manos al infierno,[c] donde el fuego nunca se apaga.[d] **45** Y si tu pie te hace pecar, córtatelo. Más te vale entrar en la vida cojo, que ser arrojado con los dos pies al infierno.[e] **47** Y si tu ojo te hace pecar, sácatelo. Más te vale entrar tuerto en el reino de Dios, que ser arrojado con los dos ojos al infierno, **48** donde

»'su gusano no muere,
y el fuego no se apaga'.[f]

49 La sal con que todos serán sazonados es el fuego.

50 »La sal es buena, pero si deja de ser salada, ¿cómo le pueden volver a dar sabor? Que no falte la sal entre ustedes, para que puedan vivir en paz unos con otros.

El divorcio

10 Jesús partió de aquel lugar y se fue a la región de Judea y al otro lado del Jordán. Otra vez se le reunieron las multitudes, y como era su costumbre, les enseñaba.

2 En eso, unos *fariseos se le acercaron y, para ponerlo a *prueba, le preguntaron:

—¿Está permitido que un hombre se divorcie de su esposa?

3 —¿Qué les mandó Moisés? —replicó Jesús.

4 —Moisés permitió que un hombre le escribiera un certificado de divorcio y la despidiera —contestaron ellos.

5 —Esa ley la escribió Moisés para ustedes por lo obstinados que son[g] —aclaró Jesús—. **6** Pero al principio de la creación Dios 'los hizo hombre y mujer'.[h] **7** 'Por eso dejará el hombre a su padre y a su madre, y se unirá a su esposa,[a] **8** y los dos llegarán a ser un solo cuerpo.'[b] Así que ya no son dos, sino uno solo. **9** Por tanto, lo que Dios ha unido, que no lo separe el hombre.

10 Vueltos a casa, los discípulos le preguntaron a Jesús sobre este asunto.

11 —El que se divorcia de su esposa y se casa con otra, comete adulterio contra la primera —respondió—. **12** Y si la mujer se divorcia de su esposo y se casa con otro, comete adulterio.

Jesús y los niños

13 Empezaron a llevarle niños a Jesús para que los tocara, pero los discípulos reprendían a quienes los llevaban. **14** Cuando Jesús se dio cuenta, se indignó y les dijo: «Dejen que los niños vengan a mí, y no se lo impidan, porque el reino de Dios es de quienes son como ellos. **15** Les aseguro que el que no reciba el reino de Dios como un niño, de ninguna manera entrará en él.» **16** Y después de abrazarlos, los bendecía poniendo las manos sobre ellos.

El joven rico

17 Cuando Jesús estaba ya para irse, un hombre llegó corriendo y se postró delante de él.

—Maestro bueno —le preguntó—, ¿qué debo hacer para heredar la vida eterna?

18 —¿Por qué me llamas bueno? —respondió Jesús—. Nadie es bueno sino sólo Dios. **19** Ya sabes los mandamientos: 'No mates, no cometas adulterio, no robes, no des falso testimonio, no defraudes, honra a tu padre y a tu madre.'[c]

20 —Maestro —dijo el hombre—, todo eso lo he cumplido desde que era joven.

21 Jesús lo miró con amor y añadió:

---

a **9:38** *no es de los nuestros.* Lit. *no nos sigue.*   *b* **9:41** *en mi nombre por.* Var. *en nombre por* (es decir, *por razón de*).
c **9:43** *al infierno.* Lit. *a la Gehenna*; también en vv. 45 y 47. *d* **9:43** *apaga.* Var. *apaga,* [44] *donde 'su gusano no muere, y el fuego no se apaga'.* *e* **9:45** *infierno.* Var. *infierno,* [46] *donde 'su gusano no muere, y el fuego no se apaga'.* *f* **9:48** Is 66:24
g **10:5** *por lo obstinados que son.* Lit. *por su dureza de corazón.* *h* **10:6** Gn 1:27 *a* **10:7** Var. no incluye: *y se unirá a su esposa.* *b* **10:8** Gn 2:24 *c* **10:19** Éx 20:12-16; Dt 5:16-20

Pasaje del día: Marcos 10:13-16
Versículo del día: Marcos 10:14

La importancia de los niños

*U*n pastor viajaba junto a uno de sus líderes y su pequeño hijito. El pastor hablaba y hablaba con el líder hasta que el niño paró la conversación y dijo:

—Disculpe, pastor, quiero contarle un problema.

—No molestes al pastor, hijo —le ordenó su papá.

—Pero papá, él también es mi pastor y puede oír mis problemas —replicó el muchacho.

—¡Cállate hijito! —le dijo su papá—. Él está cansado por tantos asuntos serios que tiene que atender.

El pequeño, entristecido, bajó la cabeza y calló.

En todos los años que soy evangélica he visto a muchos niños frustrados dentro de las iglesias. Varios son sacados de las filas que se hacen para pedir oración; a otros no se les permite participar de la alabanza; y algunos se empeñan en hacerles creer que la Palabra de Dios es muy complicada. Los que se lo impiden, posiblemente lo hacen con la misma "buena intención" que tenían los discípulos al no dejar que los niños se acercaran a Jesús. Ellos creían que el Maestro estaba demasiado cansado para atender a los pequeños.

Pero nuestro Señor Jesús, indignado ante esa actitud, les mandó que los dejaran venir y que, además, no se lo impidieran, porque de ellos es el reino de Dios.

Pensamiento: *Demos a los niños la misma importancia que les dio Jesucristo. De ellos es el reino de los cielos.*

Ximena Solíz de Piérola
Bolivia

Pasaje del día: Marcos 10:24-31
Versículos del día: Marcos 10:29-30

Sacrificios y recompensas

*R*ecuerdo muy bien cuando el Señor me llamó. Mi esposo y yo, dejamos nuestra familia, nuestra patria, y todo lo conocido, para ir a una tierra lejana donde no conocíamos a nadie, con el fin de predicar las buenas nuevas del evangelio.

Al principio fue emocionante, con muchas experiencias hermosas; pero al pasar los años, se hizo rutina y empecé a sentir una tremenda soledad. Todavía recuerdo mis lágrimas y frustraciones por falta de compañerismo durante los doce años que vivimos en un pueblito remoto de la sierra. Pero Dios es fiel y nunca nos abandonó, ni me dejó permanentemente en aquellas circunstancias.

Un día, el rumbo del ministerio cambió, y comenzamos a recibir invitaciones para predicar en ciudades grandes, donde fuimos hospedados en casas de pastores y de otras personas que nos recibieron con tanto amor que hasta llegamos a sentirnos como parte de su familia.

Así que, después de muchos años de haber dejado mi familia y mi casa, ahora reconozco que "tengo una familia y una casa" en la ciudad de México, otra en Guadalajara, otra en Puebla, y en muchas otras ciudades de México, inclusive en las bellas playas de Cabo San Lucas y Acapulco. ¡Y ni siquiera tengo que pagar los impuestos!

No tienes que ser misionera para poder experimentar las recompensas de servir al Señor. Son para todos los hijos y las hijas de Dios que han sacrificado algo para seguir a Cristo. La persona rechazada por su familia y sus amistades anteriores contará con una nueva familia.

Si sientes soledad por una decisión que has tomado de servir al Señor, no desesperes. ¡Tendrás bendiciones sobreabundantes! Recibirás cien veces más en este tiempo y en el tiempo venidero, la vida eterna.

Gloria Ricardo
Mexico

—Una sola cosa te falta: anda, vende todo lo que tienes y dáselo a los pobres, y tendrás tesoro en el cielo. Luego ven y sígueme.

22 Al oír esto, el hombre se desanimó y se fue triste porque tenía muchas riquezas.

23 Jesús miró alrededor y les comentó a sus discípulos:

—¡Qué difícil es para los ricos entrar en el reino de Dios!

24 Los discípulos se asombraron de sus palabras.

—Hijos, ¡qué difícil es entrar[a] en el reino de Dios! —repitió Jesús—. **25** Le resulta más fácil a un camello pasar por el ojo de una aguja, que a un rico entrar en el reino de Dios.

26 Los discípulos se asombraron aún más, y decían entre sí: «Entonces, ¿quién podrá salvarse?»

27 —Para los hombres es imposible —aclaró Jesús, mirándolos fijamente—, pero no para Dios; de hecho, para Dios todo es posible.

28 —¿Qué de nosotros, que lo hemos dejado todo y te hemos seguido? —comenzó a reclamarle Pedro.

29 —Les aseguro —respondió Jesús— que todo el que por mi causa y la del *evangelio haya dejado casa, hermanos, hermanas, madre, padre, hijos o terrenos, **30** recibirá cien veces más ahora en este tiempo (casas, hermanos, hermanas, madres, hijos y terrenos, aunque con persecuciones); y en la edad venidera, la vida eterna. **31** Pero muchos de los primeros serán últimos, y los últimos, primeros.

Jesús predice de nuevo su muerte

32 Iban de camino subiendo a Jerusalén, y Jesús se les adelantó. Los discípulos estaban asombrados, y los otros que venían detrás tenían miedo. De nuevo tomó aparte a los doce y comenzó a decirles lo que le iba a suceder. **33** «Ahora vamos rumbo a Jerusalén, y el Hijo del hombre será entregado a los jefes de los sacerdotes y a los *maestros de la ley. Ellos lo condenarán a muerte y lo entregarán a los *gentiles. **34** Se burlarán de él, le escu-

pirán, lo azotarán y lo matarán. Pero a los tres días resucitará.»

La petición de Jacobo y Juan

35 Se le acercaron *Jacobo y Juan, hijos de Zebedeo.

—Maestro —le dijeron—, queremos que nos concedas lo que te vamos a pedir.

36 —¿Qué quieren que haga por ustedes?

37 —Concédenos que en tu glorioso reino uno de nosotros se siente a tu *derecha y el otro a tu izquierda.

38 —No saben lo que están pidiendo —les replicó Jesús—. ¿Pueden acaso beber el trago amargo de la copa que yo bebo, o pasar por la prueba del bautismo con el que voy a ser probado?[b]

39 —Sí, podemos.

—Ustedes beberán de la copa que yo bebo —les respondió Jesús— y pasarán por la prueba del bautismo con el que voy a ser probado, **40** pero el sentarse a mi derecha o a mi izquierda no me corresponde a mí concederlo. Eso ya está decidido.[c]

41 Los otros diez, al oír la conversación, se indignaron contra Jacobo y Juan. **42** Así que Jesús los llamó y les dijo:

—Como ustedes saben, los que se consideran jefes de las *naciones oprimen a los súbditos, y los altos oficiales abusan de su autoridad. **43** Pero entre ustedes no debe ser así. Al contrario, el que quiera hacerse grande entre ustedes deberá ser su servidor, **44** y el que quiera ser el primero deberá ser *esclavo de todos. **45** Porque ni aun el Hijo del hombre vino para que le sirvan, sino para servir y para dar su *vida en rescate por muchos.

El ciego Bartimeo recibe la vista

46 Después llegaron a Jericó. Más tarde, salió Jesús de la ciudad acompañado de sus discípulos y de una gran multitud. Un mendigo ciego llamado Bartimeo (el hijo de Timeo) estaba sentado junto al camino. **47** Al oír que el que venía era Jesús de Nazaret, se puso a gritar:

—¡Jesús, Hijo de David, ten compasión de mí!

---

a **10:24** *es entrar. Var. es para los que confían en las riquezas entrar.* *b* **10:38** *beber ... probado? Lit. beber la copa que yo bebo, o ser bautizados con el bautismo con que yo soy bautizado?* *c* **10:40** *concederlo. Eso ya está decidido. Lit. concederlo, sino para quienes está preparado.*

48 Muchos lo reprendían para que se callara, pero él se puso a gritar aún más:

—¡Hijo de David, ten compasión de mí!

49 Jesús se detuvo y dijo:

—Llámenlo.

Así que llamaron al ciego.

—¡Ánimo! —le dijeron—. ¡Levántate! Te llama.

50 Él, arrojando la capa, dio un salto y se acercó a Jesús.

51 —¿Qué quieres que haga por ti? —le preguntó.

—Rabí, quiero ver —respondió el ciego.

52 —Puedes irte —le dijo Jesús—; tu fe te ha *sanado.

Al momento recobró la vista y empezó a seguir a Jesús por el camino.

La entrada triunfal

11 Cuando se acercaban a Jerusalén y llegaron a Betfagé y a Betania, junto al monte de los Olivos, Jesús envió a dos de sus discípulos **2** con este encargo: «Vayan a la aldea que tienen enfrente. Tan pronto como entren en ella, encontrarán atado un burrito, en el que nunca se ha montado nadie. Desátenlo y tráiganlo acá. **3** Y si alguien les dice: '¿Por qué hacen eso?', díganle: 'El Señor lo necesita, y en seguida lo devolverá.'»

4 Fueron, encontraron un burrito afuera en la calle, atado a un portón, y lo desataron. **5** Entonces algunos de los que estaban allí les preguntaron: «¿Qué hacen desatando el burrito?» **6** Ellos contestaron como Jesús les había dicho, y les dejaron desatarlo. **7** Le llevaron, pues, el burrito a Jesús. Luego pusieron encima sus mantos, y él se montó. **8** Muchos tendieron sus mantos sobre el camino; otros usaron ramas que habían cortado en los campos. **9** Tanto los que iban delante como los que iban detrás, gritaban:

—¡Hosanna!a

—¡Bendito el que viene en el nombre del Señor!b

10 —¡Bendito el reino venidero de nuestro padre David!

—¡Hosanna en las alturas!

11 Jesús entró en Jerusalén y fue al *templo. Después de observarlo todo, como ya era tarde, salió para Betania con los doce.

Jesús purifica el templo

12 Al día siguiente, cuando salían de Betania, Jesús tuvo hambre. **13** Viendo a lo lejos una higuera que tenía hojas, fue a ver si hallaba algún fruto. Cuando llegó a ella sólo encontró hojas, porque no era tiempo de higos. **14** «¡Nadie vuelva jamás a comer fruto de ti!», le dijo a la higuera. Y lo oyeron sus discípulos.

15 Llegaron, pues, a Jerusalén. Jesús entró en el *temploc y comenzó a echar de allí a los que compraban y vendían. Volcó las mesas de los que cambiaban dinero y los puestos de los que vendían palomas, **16** y no permitía que nadie atravesara el templo llevando mercancías. **17** También les enseñaba con estas palabras: «¿No está escrito:

»'Mi casa será llamada
　　casa de oración para todas las
　　　*naciones'?d
Pero ustedes la han convertido en 'cueva de ladrones'.»e

18 Los jefes de los sacerdotes y los *maestros de la ley lo oyeron y comenzaron a buscar la manera de matarlo, pues le temían, ya que toda la gente se maravillaba de sus enseñanzas.

19 Cuando cayó la tarde, salieronf de la ciudad.

La higuera seca

20 Por la mañana, al pasar junto a la higuera, vieron que se había secado de raíz. **21** Pedro, acordándose, le dijo a Jesús:

—¡Rabí, mira, se ha secado la higuera que maldijiste!

22 —Tengan fe en Dios —respondió Jesús—. **23** Les asegurog que si alguno le dice a este monte: 'Quítate de ahí y tírate

a **11:9** Expresión hebrea que significa «¡Salva!», y que llegó a ser una exclamación de alabanza; también en v. 10. *b* **11:9** Sal 118:25,26 *c* **11:15** Es decir, en el área general del templo; también en v. 16. *d* **11:17** Is 56:7 *e* **11:17** Jer 7:11 *f* **11:19** *salieron*. Var. *salió*. *g* **11:22-23** *Tengan fe ... Les aseguro*. Var. *Si tienen fe ... les aseguro*.

al mar', creyendo, sin abrigar la menor duda de que lo que dice sucederá, lo obtendrá. **24** Por eso les digo: Crean que ya han recibido todo lo que estén pidiendo en oración, y lo obtendrán. **25** Y cuando estén orando, si tienen algo contra alguien, perdónenlo, para que también su Padre que está en el cielo les perdone a ustedes sus pecados.ª

La autoridad de Jesús puesta en duda

27 Llegaron de nuevo a Jerusalén, y mientras Jesús andaba por el *templo, se le acercaron los jefes de los sacerdotes, los *maestros de la ley y los *ancianos.
28 —¿Con qué autoridad haces esto? —lo interrogaron—. ¿Quién te dio autoridad para actuar así?
29 —Yo voy a hacerles una pregunta a ustedes —replicó él—. Contéstenmela, y les diré con qué autoridad hago esto: **30** El bautismo de Juan, ¿procedía del cielo o de la tierra?ᵇ Respóndanme.
31 Ellos se pusieron a discutir entre sí: «Si respondemos: 'Del cielo', nos dirá: 'Entonces, ¿por qué no le creyeron?' **32** Pero si decimos: 'De la tierra' ... » Es que temían al pueblo, porque todos consideraban que Juan era realmente un profeta. **33** Así que le respondieron a Jesús:
—No lo sabemos.
—Pues yo tampoco les voy a decir con qué autoridad hago esto.

Parábola de los labradores malvados

12 Entonces comenzó Jesús a hablarles en parábolas: «Un hombre plantó un viñedo. Lo cercó, cavó un lagar y construyó una torre de vigilancia. Luego arrendó el viñedo a unos labradores y se fue de viaje. **2** Llegada la cosecha, mandó un *siervo a los labradores para recibir de ellos una parte del fruto. **3** Pero ellos lo agarraron, lo golpearon y lo despidieron con las manos vacías. **4** Entonces les mandó otro siervo; a éste le rompieron la cabeza y lo humillaron. **5** Mandó a otro, y a éste lo mataron. Mandó a otros muchos; a unos los golpearon; a otros los mataron.

6 »Le quedaba todavía uno, su hijo amado. Por último, lo mandó a él, pensando: '¡A mi hijo sí lo respetarán!' **7** Pero aquellos labradores se dijeron unos a otros: 'Éste es el heredero. Matémoslo, y la herencia será nuestra.' **8** Así que le echaron mano y lo mataron, y lo arrojaron fuera del viñedo.

9 »¿Qué hará el dueño? Volverá, acabará con los labradores, y dará el viñedo a otros. **10** ¿No han leído ustedes esta Escritura:

»'La piedra que desecharon los constructores
ha llegado a ser piedra angular;
11 esto lo ha hecho el Señor,
y es maravilloso a nuestros ojos'?»ᶜ

12 Cayendo en cuenta que la parábola iba dirigida contra ellos, buscaban la manera de arrestarlo. Pero temían a la multitud; así que lo dejaron y se fueron.

El pago de impuestos al césar

13 Luego enviaron a Jesús algunos de los *fariseos y de los herodianos para tenderle una trampa con sus mismas palabras. **14** Al llegar le dijeron:
—Maestro, sabemos que eres un hombre íntegro. No te dejas influir por nadie porque no te fijas en las apariencias, sino que de verdad enseñas el camino de Dios. ¿Está permitido pagar impuestos al *césar o no? **15** ¿Debemos pagar o no?
Pero Jesús, sabiendo que fingían, les replicó:
—¿Por qué me tienden *trampas? Tráiganme una moneda romanaᵈ para verla.
16 Le llevaron la moneda, y él les preguntó:
—¿De quién son esta imagen y esta inscripción?
—Del césar —contestaron.
17 —Denle, pues, al césar lo que es del césar, y a Dios lo que es de Dios.
Y se quedaron admirados de él.

El matrimonio en la resurrección

18 Entonces los saduceos, que dicen que no hay resurrección, fueron a verlo y le plantearon un problema:

---

a **11:25** *pecados.* Var. *pecados.* **26** *Pero si ustedes no perdonan, tampoco su Padre que está en el cielo les perdonará a ustedes sus pecados.* *b* **11:29** *la tierra.* Lit. *los hombres*; también en v. 32. *c* **12:11** Sal 118:22,23 *d* **12:15** *una moneda romana.* Lit. *un denario.*

¹⁹ —Maestro, Moisés nos enseñó en sus escritos que si un hombre muere y deja a la viuda sin hijos, el hermano de ese hombre tiene que casarse con la viuda para que su hermano tenga descendencia. ²⁰ Ahora bien, había siete hermanos. El primero se casó y murió sin dejar descendencia. ²¹ El segundo se casó con la viuda, pero también murió sin dejar descendencia. Lo mismo le pasó al tercero. ²² En fin, ninguno de los siete dejó descendencia. Por último, murió también la mujer. ²³ Cuando resuciten, ¿de cuál será esposa esta mujer, ya que los siete estuvieron casados con ella?

²⁴ —¿Acaso no andan ustedes equivocados? —les replicó Jesús—. ¡Es que desconocen las Escrituras y el poder de Dios! ²⁵ Cuando resuciten los muertos, no se casarán ni serán dados en casamiento, sino que serán como los ángeles que están en el cielo. ²⁶ Pero en cuanto a que los muertos resucitan, ¿no han leído en el libro de Moisés, en el pasaje sobre la zarza, cómo Dios le dijo: 'Yo soy el Dios de Abraham, el Dios de Isaac y el Dios de Jacob'?ª ²⁷ Él no es Dios de muertos, sino de vivos. ¡Ustedes andan muy equivocados!

El mandamiento más importante

²⁸ Uno de los *maestros de la ley se acercó y los oyó discutiendo. Al ver lo bien que Jesús les había contestado, le preguntó:

—De todos los mandamientos, ¿cuál es el más importante?

²⁹ —El más importante es: 'Oye, Israel. El Señor nuestro Dios, el Señor es unoᵇ —contestó Jesús—. ³⁰ Ama al Señor tu Dios con todo tu corazón, con toda tu alma, con toda tu mente y con todas tus fuerzas.'ᶜ ³¹ El segundo es: 'Ama a tu prójimo como a ti mismo.'ᵈ No hay otro mandamiento más importante que éstos.

³² —Bien dicho, Maestro —respondió el hombre—. Tienes razón al decir que Dios es uno y que no hay otro además de él. ³³ Amarlo con todo el corazón, con todo el entendimiento y con todas las fuerzas, y amar al prójimo como a uno mismo, es más importante que todos los holocaustos y sacrificios.

³⁴ Al ver Jesús que había respondido con inteligencia, le dijo:

—No estás lejos del reino de Dios.

Y desde entonces nadie se atrevió a hacerle más preguntas.

¿De quién es hijo el Cristo?

³⁵ Mientras enseñaba en el *templo, Jesús les propuso:

—¿Cómo es que los *maestros de la ley dicen que el *Cristo es hijo de David? ³⁶ David mismo, hablando por el Espíritu Santo, declaró:

» "Dijo el Señor a mi Señor:
'Siéntate a mi *derecha,
hasta que ponga a tus enemigos
debajo de tus pies.' "ᵉ

³⁷ Si David mismo lo llama 'Señor', ¿cómo puede ser su hijo?

La muchedumbre lo escuchaba con agrado. ³⁸ Como parte de su enseñanza Jesús decía:

—Tengan cuidado de los *maestros de la ley. Les gusta pasearse con ropas ostentosas y que los saluden en las plazas, ³⁹ ocupar los primeros asientos en las sinagogas y los lugares de honor en los banquetes. ⁴⁰ Se apoderan de los bienes de las viudas y a la vez hacen largas plegarias para impresionar a los demás. Éstos recibirán peor castigo.

La ofrenda de la viuda

⁴¹ Jesús se sentó frente al lugar donde se depositaban las ofrendas, y estuvo observando cómo la gente echaba sus monedas en las alcancías del *templo. Muchos ricos echaban grandes cantidades. ⁴² Pero una viuda pobre llegó y echó dos moneditas de muy poco valor.ᶠ

⁴³ Jesús llamó a sus discípulos y les dijo: «Les aseguro que esta viuda pobre ha echado en el tesoro más que todos los demás. ⁴⁴ Éstos dieron de lo que les sobraba; pero ella, de su pobreza, echó todo lo que tenía, todo su sustento.»

a 12:26 Éx 3:6 *b* 12:29 *el Señor es uno.* Alt. *es el único Señor.* *c* 12:30 Dt 6:4,5 *d* 12:31 Lv 19:18 *e* 12:36 Sal 110:1 *f* 12:42 *dos moneditas de muy poco valor.* Lit. *dos lepta, que es un cuadrante.*

Pasaje del día: Marcos 13:1-13
Versículo del día: Marcos 13:13

La persistencia

Una mujer, de nombre Miriam Hargrave, podría recibir el premio a la persistencia. Nacida en 1908 en Inglaterra, esa mujer intentó por treinta y nueve veces aprobar su examen para conducir. Tomó doscientas doce lecciones para aprender a manejar. Finalmente, en su examen número cuarenta, a la edad de sesenta y dos años, logró su permiso para conducir.

Ante tal persistencia, uno no puede menos que examinar su propia vida. ¡Es muy fácil abandonar un emprendimiento! ¡Es fácil excusar nuestros fracasos!

Alguien dijo con certeza: "El que fracasa es quien no lo intenta." Pero ante los obstáculos y las dificultades, pronto nos vemos tentadas a abandonar lo que quizás en su comienzo fue un sueño, un anhelo profundo.

¿Has querido flaquear? ¿Has querido abandonar tu proyecto? Bien, eres parte de una enorme cantidad de personas que se ven tentadas a abandonar la carrera. ¿Has decidido persistir en tu fe, a pesar de las cosas? ¿Seguirás en tu esfuerzo? Bien, ¡te has unido a esa preciosa minoría de personas que tenazmente luchan por lograr lo que desean!

Hay una Persona que no renunció a su gran tarea. Hay una Persona que perseveró por amor a nosotros. Su nombre es Jesús. Cuando estaba clavado en la cruz, pudo decir, en los últimos instantes de vida: "Todo está consumado" (Juan 19:30).

¡Aleluya! ¡Qué triunfo! ¡Qué preciosa perseverancia! Eso indica a una persona con convicciones firmes, un amor inmenso y una dedicación absoluta.

Oración: *Señor Jesús, mi naturaleza me lleva a flaquear. Mi tendencia es excusarme por mis abandonos y fracasos. Pero hoy, Señor, quiero considerar tu ejemplo. Quiero aprender de tu tenacidad. ¡Ayúdame a seguir persistente en tus caminos!*

Pensamiento: *Las excusas son los ladrillos que construyen la casa del fracaso.*

Evelina Saint de Jiménez
Argentina

Señales del fin del mundo

13 Cuando salía Jesús del *templo, le dijo uno de sus discípulos:
—¡Mira, Maestro! ¡Qué piedras! ¡Qué edificios!

2 —¿Ves todos estos grandiosos edificios? —contestó Jesús—. No quedará piedra sobre piedra; todo será derribado.

3 Más tarde estaba Jesús sentado en el monte de los Olivos, frente al templo. Y Pedro, *Jacobo, Juan y Andrés le preguntaron en privado:

4 —Dinos, ¿cuándo sucederá eso? ¿Y cuál será la señal de que todo está a punto de cumplirse?

5 —Tengan cuidado de que nadie los engañe —comenzó Jesús a advertirles—. 6 Vendrán muchos que, usando mi nombre, dirán: 'Yo soy', y engañarán a muchos. 7 Cuando sepan de guerras y de rumores de guerras, no se alarmen. Es necesario que eso suceda, pero no será todavía el fin. 8 Se levantará nación contra nación, y reino contra reino. Habrá terremotos por todas partes; también habrá hambre. Esto será apenas el comienzo de los dolores.

9 »Pero ustedes cuídense. Los entregarán a los tribunales y los azotarán en las sinagogas. Por mi causa comparecerán ante gobernadores y reyes para dar testimonio ante ellos. 10 Pero primero tendrá que predicarse el *evangelio a todas las *naciones. 11 Y cuando los arresten y los sometan a juicio, no se preocupen de antemano por lo que van a decir. Sólo declaren lo que se les dé a decir en ese momento, porque no serán ustedes los que hablen, sino el Espíritu Santo.

12 »El hermano entregará a la muerte al hermano, y el padre al hijo. Los hijos se rebelarán contra sus padres y les darán muerte. 13 Todo el mundo los odiará a ustedes por causa de mi nombre, pero el que se mantenga firme hasta el fin será salvo.

14 »Ahora bien, cuando vean 'la terrible abominación'a donde no debe estar (el que lee, que lo entienda), entonces los que estén en Judea huyan a las montañas.

15 El que esté en la azotea no baje ni entre en casa para llevarse nada. 16 Y el que esté en el campo no regrese para buscar su capa. 17 ¡Ay de las que estén embarazadas o amamantando en aquellos días! 18 Oren para que esto no suceda en invierno, 19 porque serán días de tribulación como no la ha habido desde el principio, cuando Dios creó el mundo,b ni la habrá jamás. 20 Si el Señor no hubiera acortado esos días, nadie sobreviviría. Pero por causa de los que él ha elegido, los ha acortado. 21 Entonces, si alguien les dice a ustedes: '¡Miren, aquí está el *Cristo!' o '¡Miren, allí está!', no lo crean. 22 Porque surgirán falsos Cristos y falsos profetas que harán señales y milagros para engañar, de ser posible, aun a los elegidos. 23 Así que tengan cuidado; los he prevenido de todo.

24 »Pero en aquellos días, después de esa tribulación,

»'el sol se oscurecerá
y la luna no dará su resplandor;
25 las estrellas caerán del cielo
y los cuerpos celestes serán
        sacudidos'.c

26 »Verán entonces al Hijo del hombre venir en las nubes con gran poder y gloria. 27 Y él enviará a sus ángeles para reunir de los cuatro vientos a los elegidos, desde los confines de la tierra hasta los confines del cielo.

28 »Aprendan de la higuera esta lección: Tan pronto como se ponen tiernas sus ramas y brotan sus hojas, ustedes saben que el verano está cerca. 29 Igualmente, cuando vean que suceden estas cosas, sepan que el tiempo está cerca, a las puertas. 30 Les aseguro que no pasará esta generación hasta que todas estas cosas sucedan. 31 El cielo y la tierra pasarán, pero mis palabras jamás pasarán.

Se desconocen el día y la hora

32 »Pero en cuanto al día y la hora, nadie lo sabe, ni siquiera los ángeles en el cielo, ni el Hijo, sino sólo el Padre. 33 ¡Estén alerta! ¡Vigilen!d Porque ustedes no saben cuándo llegará ese momento.

---

a 13:14 la terrible abominación. Lit. la abominación de desolación; Dn 9:27; 11:31; 12:11. b 13:19 desde ... mundo. Lit. desde el principio de la creación que creó Dios hasta ahora. c 13:25 Is 13:10; 34:4 d 13:33 ¡Vigilen! Var. ¡Vigilen y oren!

Pasaje del sábado:
Marcos 15:21-39
Pasaje del domingo:
1 Corintios 2:1-9

Gracias, Señor

Cuando me siento derrotada,
Me levantas.
Al creerme sin fuerzas,
Me das fortaleza.
Cuando dudo de tu amor,
Más me amas.
Y cuanto más te interrogo,
Más me das respuestas.

No permitas, Señor,
Que lo intenso de las pruebas
Debiliten mi fe y la entrega de mi vida.
No dejes que caiga en la turbulenta marea
De este mundo que te ignora
Y se autosuicida.

Gracias, Señor, porque diste tu vida
Para que yo viviera.
Es tan grande tu amor
Que la razón no alcanza
    a entender el sacrificio
Del Dios que viniera a morir en una cruz,
Y que hoy es mi esperanza.

¡Gracias, Señor... Bendito seas!

Ruth Prem Asturias
Guatemala

LUNES

Pasaje del día: Marcos 14:3-9
Versículo del día: Marcos 14:9

¿Mensajera en acción?

La mujer tiene infinidad de dones que le permiten ser útil a la causa bíblica, empleando al máximo su creatividad, su espontaneidad y su interés por servir a los que la rodean.

En todas partes hay personas deseosas de oír la Palabra de Dios. Están donde vives, donde trabajas, donde estudias, donde formas parte de un grupo de mujeres activas en tu comunidad. Donde quiera que te encuentres hay maneras de trabajar para el Señor.

Por todo el país y en todo el mundo, mujeres de todas las denominaciones, mujeres de negocios, mujeres profesionales y amas de casa están ideando formas de distribuir las Escrituras. Lo están haciendo con asombroso éxito, mostrando su creatividad y su personalidad al hacer llegar el mensaje de Dios a las mujeres que las rodean.

Algunas utilizan la radio y la televisión, otras procuran servir en la alfabetización y la docencia. Algunas reciben a sus amigas y vecinas en su hogar para estudiar las Escrituras. También entregan las Escrituras en los bancos, las estaciones de tren y ómnibus, los restaurantes y aún en los consultorios médicos.

Cuando la mujer de Betania derramó su perfume sobre la cabeza de Jesús, sus discípulos se molestaron por la forma extravagante de desperdiciar algo muy costoso. Pero Jesús les dijo: "¿Por qué la molestan? Ella ha hecho una obra hermosa conmigo... Les aseguro que en cualquier parte del mundo donde se predique el evangelio, se contará también, en memoria de esta mujer, lo que ella hizo."

¿Fue el perfume un instrumento insólito para servir a Cristo? Jesús no lo pensó así.

Reflexión: "No estamos haciendo bien. Hoy es día de buena nueva, y nosotros callamos; y si esperamos hasta el amanecer, nos alcanzará nuestra maldad" (2 Reyes 7:9).

Lydia B. de Berberián
Argentina

³⁴ Es como cuando un hombre sale de viaje y deja su casa al cuidado de sus siervos, cada uno con su tarea, y le manda al portero que vigile.

³⁵ »Por lo tanto, manténganse despiertos, porque no saben cuándo volverá el dueño de la casa, si al atardecer, o a la medianoche, o al canto del gallo, o al amanecer; ³⁶ no sea que venga de repente y los encuentre dormidos. ³⁷ Lo que les digo a ustedes, se lo digo a todos: ¡Manténganse despiertos!

Una mujer unge a Jesús en Betania

14 Faltaban sólo dos días para la Pascua y para la fiesta de los panes sin levadura. Los jefes de los sacerdotes y los *maestros de la ley buscaban con artimañas cómo arrestar a Jesús para matarlo. ² Por eso decían: «No durante la fiesta, no sea que se amotine el pueblo.»

³ En Betania, mientras estaba él *sentado a la mesa en casa de Simón llamado el leproso, llegó una mujer con un frasco de alabastro lleno de un perfume muy costoso, hecho de nardo puro. Rompió el frasco y derramó el perfume sobre la cabeza de Jesús.

⁴ Algunos de los presentes comentaban indignados:

—¿Para qué este desperdicio de perfume? ⁵ Podía haberse vendido por muchísimo dineroª para darlo a los pobres.

Y la reprendían con severidad.

⁶ —Déjenla en paz —dijo Jesús—. ¿Por qué la molestan? Ella ha hecho una obra hermosa conmigo. ⁷ A los pobres siempre los tendrán con ustedes, y podrán ayudarlos cuando quieran; pero a mí no me van a tener siempre. ⁸ Ella hizo lo que pudo. Ungió mi cuerpo de antemano, preparándolo para la sepultura. ⁹ Les aseguro que en cualquier parte del mundo donde se predique el *evangelio, se contará también, en memoria de esta mujer, lo que ella hizo.

¹⁰ Judas Iscariote, uno de los doce, fue a los jefes de los sacerdotes para entregarles a Jesús. ¹¹ Ellos se alegraron al oírlo, y prometieron darle dinero. Así que él buscaba la ocasión propicia para entregarlo.

La Cena del Señor

¹² El primer día de la fiesta de los panes sin levadura, cuando se acostumbraba sacrificar el cordero de la Pascua, los discípulos le preguntaron a Jesús:

—¿Dónde quieres que vayamos a hacer los preparativos para que comas la Pascua?

¹³ Él envió a dos de sus discípulos con este encargo:

—Vayan a la ciudad y les saldrá al encuentro un hombre que lleva un cántaro de agua. Síganlo, ¹⁴ y allí donde entre díganle al dueño: 'El Maestro pregunta: ¿Dónde está la sala en la que pueda comer la Pascua con mis discípulos?' ¹⁵ Él les mostrará en la planta alta una sala amplia, amueblada y arreglada. Preparen allí nuestra cena.

¹⁶ Los discípulos salieron, entraron en la ciudad y encontraron todo tal y como les había dicho Jesús. Así que prepararon la Pascua.

¹⁷ Al anochecer llegó Jesús con los doce. ¹⁸ Mientras estaban *sentados a la mesa comiendo, dijo:

—Les aseguro que uno de ustedes, que está comiendo conmigo, me va a traicionar.

¹⁹ Ellos se pusieron tristes, y uno tras otro empezaron a preguntarle:

—¿Acaso seré yo?

²⁰ —Es uno de los doce, uno que moja el pan conmigo en el plato. ²¹ A la verdad, el Hijo del hombre se irá tal como está escrito de él, pero ¡ay de aquel que lo traiciona! Más le valdría a ese hombre no haber nacido.

²² Mientras comían, Jesús tomó pan y lo bendijo. Luego lo partió y se lo dio a ellos, diciéndoles:

—Tomen; esto es mi cuerpo.

²³ Después tomó una copa, dio gracias y se la dio a ellos, y todos bebieron de ella.

²⁴ —Esto es mi sangre del pacto,ᵇ que es derramada por muchos —les dijo—.

---

a **14:5** *muchísimo dinero.* Lit. *más de trescientos denarios.* *b* **14:24** *del pacto.* Var. *del nuevo pacto* (véase Lc 22:20).

²⁵ Les aseguro que no volveré a beber del fruto de la vid hasta aquel día en que beba el vino nuevo en el reino de Dios. ²⁶ Después de cantar los salmos, salieron al monte de los Olivos.

Jesús predice la negación de Pedro

²⁷ —Todos ustedes me abandonarán —les dijo Jesús—, porque está escrito:

» 'Heriré al pastor,
y se dispersarán las ovejas.'ᵃ

²⁸ Pero después de que yo resucite, iré delante de ustedes a Galilea.

²⁹ —Aunque todos te abandonen, yo no —declaró Pedro.

³⁰ —Te aseguro —le contestó Jesús— que hoy, esta misma noche, antes que el gallo cante por segunda vez,ᵇ me negarás tres veces.

³¹ —Aunque tenga que morir contigo —insistió Pedro con vehemencia—, jamás te negaré.

Y los demás dijeron lo mismo.

Getsemaní

³² Fueron a un lugar llamado Getsemaní, y Jesús les dijo a sus discípulos: «Siéntense aquí mientras yo oro.» ³³ Se llevó a Pedro, a *Jacobo y a Juan, y comenzó a sentir temor y tristeza. ³⁴ «Es tal la angustia que me invade que me siento morir —les dijo—. Quédense aquí y vigilen.»

³⁵ Yendo un poco más allá, se postró en tierra y empezó a orar que, de ser posible, no tuviera él que pasar por aquella hora. ³⁶ Decía: «*Abba, Padre, todo es posible para ti. No me hagas beber este trago amargo,ᶜ pero no sea lo que yo quiero, sino lo que quieres tú.»

³⁷ Luego volvió a sus discípulos y los encontró dormidos. «Simón —le dijo a Pedro—, ¿estás dormido? ¿No pudiste mantenerte despierto ni una hora? ³⁸ Vigilen y oren para que no caigan en *tentación. El espíritu está dispuesto, pero el cuerpoᵈ es débil.»

³⁹ Una vez más se retiró e hizo la misma oración. ⁴⁰ Cuando volvió, los encontró dormidos otra vez, porque se les cerraban los ojos de sueño. No sabían qué decirle.

⁴¹ Al volver por tercera vez, les dijo: «¿Siguen durmiendo y descansando? ¡Se acabó! Ha llegado la hora. Miren, el Hijo del hombre va a ser entregado en manos de *pecadores. ⁴² ¡Levántense! ¡Vámonos! ¡Ahí viene el que me traiciona!»

Arresto de Jesús

⁴³ Todavía estaba hablando Jesús cuando de repente llegó Judas, uno de los doce. Lo acompañaba una turba armada con espadas y palos, enviada por los jefes de los sacerdotes, los *maestros de la ley y los *ancianos. ⁴⁴ El traidor les había dado esta contraseña: «Al que le dé un beso, ése es; arréstenlo y llévenselo bien asegurado.» ⁴⁵ Tan pronto como llegó, Judas se acercó a Jesús.

—¡Rabí! —le dijo, y lo besó. ⁴⁶ Entonces los hombres prendieron a Jesús. ⁴⁷ Pero uno de los que estaban ahí desenfundó la espada e hirió al siervo del sumo sacerdote, cortándole una oreja.

⁴⁸ —¿Acaso soy un bandidoᵉ —dijo Jesús—, para que vengan con espadas y palos a arrestarme? ⁴⁹ Día tras día estaba con ustedes, enseñando en el *templo, y no me prendieron. Pero es preciso que se cumplan las Escrituras.

⁵⁰ Entonces todos lo abandonaron y huyeron. ⁵¹ Cierto joven que se cubría con sólo una sábana iba siguiendo a Jesús. Lo detuvieron, ⁵² pero él soltó la sábana y escapó desnudo.

Jesús ante el Consejo

⁵³ Llevaron a Jesús ante el sumo sacerdote y se reunieron allí todos los jefes de los sacerdotes, los *ancianos y los *maestros de la ley. ⁵⁴ Pedro lo siguió de lejos hasta dentro del patio del sumo sacerdote. Allí se sentó con los guardias, y se calentaba junto al fuego.

⁵⁵ Los jefes de los sacerdotes y el *Consejo en pleno buscaban alguna prueba contra Jesús para poder condenarlo a muerte, pero no la encontraban. ⁵⁶ Muchos testificaban falsamente contra él, pero sus declaraciones no coincidían.

---

a **14:27** Zac 13:7   *b* **14:30** Var. no incluye: *por segunda vez.*   *c* **14:36** *No ... amargo.* Lit. *Quita de mí esta copa.*   *d* **14:38** *el cuerpo.* Lit. *la carne.*   *e* **14:48** *bandido.* Alt. *insurgente.*

⁵⁷ Entonces unos decidieron dar este falso testimonio contra él:
⁵⁸ —Nosotros le oímos decir: 'Destruiré este *templo hecho por hombres y en tres días construiré otro, no hecho por hombres.'
⁵⁹ Pero ni aun así concordaban sus declaraciones.
⁶⁰ Poniéndose de pie en el medio, el sumo sacerdote interrogó a Jesús:
—¿No tienes nada que contestar? ¿Qué significan estas denuncias en tu contra?
⁶¹ Pero Jesús se quedó callado y no contestó nada.
—¿Eres el *Cristo, el Hijo del Bendito? —le preguntó de nuevo el sumo sacerdote.
⁶² —Sí, yo soy —dijo Jesús—. Y ustedes verán al Hijo del hombre sentado a la *derecha del Todopoderoso, y bajando con las nubes del cielo.
⁶³ —¿Para qué necesitamos más testigos? —dijo el sumo sacerdote, rasgándose la ropa—. ⁶⁴ ¡Ustedes han oído la *blasfemia! ¿Qué les parece?

Todos ellos lo condenaron como digno de muerte. ⁶⁵ Algunos comenzaron a escupirle; le vendaron los ojos y le daban puñetazos.
—¡Profetiza! —le gritaban.
Los guardias también le daban bofetadas.

Pedro niega a Jesús

⁶⁶ Mientras Pedro estaba abajo en el patio, pasó una de las criadas del sumo sacerdote. ⁶⁷ Cuando vio a Pedro calentándose, se fijó en él.
—Tú también estabas con ese nazareno, con Jesús —le dijo ella.
⁶⁸ Pero él lo negó:
—No lo conozco. Ni siquiera sé de qué estás hablando.
Y salió afuera, a la entrada.ᵃ
⁶⁹ Cuando la criada lo vio allí, les dijo de nuevo a los presentes:
—Éste es uno de ellos.
⁷⁰ Él lo volvió a negar.
Poco después, los que estaban allí le dijeron a Pedro:

—Seguro que tú eres uno de ellos, pues eres galileo.
⁷¹ Él comenzó a echarse maldiciones.
—¡No conozco a ese hombre del que hablan! —les juró.
⁷² Al instante un gallo cantó por segunda vez.ᵇ Pedro se acordó de lo que Jesús le había dicho: «Antes que el gallo cante por segunda vez,ᶜ me negarás tres veces.» Y se echó a llorar.

Jesús ante Pilato

15 Tan pronto como amaneció, los jefes de los sacerdotes, con los *ancianos, los *maestros de la ley y el *Consejo en pleno, llegaron a una decisión. Ataron a Jesús, se lo llevaron y se lo entregaron a Pilato.
² —¿Eres tú el rey de los judíos? —le preguntó Pilato.
—Tú mismo lo dices —respondió.
³ Los jefes de los sacerdotes se pusieron a acusarlo de muchas cosas.
⁴ —¿No vas a contestar? —le preguntó de nuevo Pilato—. Mira de cuántas cosas te están acusando.

⁵ Pero Jesús ni aun con eso contestó nada, de modo que Pilato se quedó asombrado.
⁶ Ahora bien, durante la fiesta él acostumbraba soltarles un preso, el que la gente pidiera. ⁷ Y resulta que un hombre llamado Barrabás estaba encarcelado con los rebeldes condenados por haber cometido homicidio en una insurrección. ⁸ Subió la multitud y le pidió a Pilato que le concediera lo que acostumbraba.

⁹ —¿Quieren que les suelte al rey de los judíos? —replicó Pilato, ¹⁰ porque se daba cuenta de que los jefes de los sacerdotes habían entregado a Jesús por envidia.
¹¹ Pero los jefes de los sacerdotes incitaron a la multitud para que Pilato les soltara más bien a Barrabás.
¹² —¿Y qué voy a hacer con el que ustedes llaman el rey de los judíos? —les preguntó Pilato.

a **14:68** *entrada.* Var. *entrada; y cantó el gallo.* *b* **14:72** Var. no incluye: *por segunda vez.* *c* **14:72** Var. no incluye: *por segunda vez.*

13 —¡Crucifícalo! —gritaron. **14** —¿Por qué? ¿Qué crimen ha cometido?

Pero ellos gritaron aún más fuerte: —¡Crucifícalo!

15 Como quería satisfacer a la multitud, Pilato les soltó a Barrabás; a Jesús lo mandó azotar, y lo entregó para que lo crucificaran.

Los soldados se burlan de Jesús

16 Los soldados llevaron a Jesús al interior del palacio (es decir, al pretorio) y reunieron a toda la tropa. **17** Le pusieron un manto de color púrpura; luego trenzaron una corona de espinas, y se la colocaron. **18** —¡Salve, rey de los judíos! —lo aclamaban.

19 Lo golpeaban en la cabeza con una caña y le escupían. Doblando la rodilla, le rendían homenaje. **20** Después de burlarse de él, le quitaron el manto y le pusieron su propia ropa. Por fin, lo sacaron para crucificarlo.

La crucifixión

21 A uno que pasaba por allí de vuelta del campo, un tal Simón de Cirene, padre de Alejandro y de Rufo, lo obligaron a llevar la cruz. **22** Condujeron a Jesús al lugar llamado Gólgota (que significa: Lugar de la Calavera). **23** Le ofrecieron vino mezclado con mirra, pero no lo tomó. **24** Y lo crucificaron. Repartieron su ropa, echando suertes para ver qué le tocaría a cada uno.

25 Eran las nueve de la mañana[a] cuando lo crucificaron. **26** Un letrero tenía escrita la causa de su condena: «EL REY DE LOS JUDÍOS.» **27** Con él crucificaron a dos bandidos,[b] uno a su derecha y otro a su izquierda.[c] **29** Los que pasaban meneaban la cabeza y *blasfemaban contra él.

—¡Eh! Tú que destruyes el *templo y en tres días lo reconstruyes —decían—, **30** ¡baja de la cruz y sálvate a ti mismo! **31** De la misma manera se burlaban de él los jefes de los sacerdotes junto con los maestros de la ley.

—Salvó a otros —decían—, ¡pero no puede salvarse a sí mismo! **32** Que baje ahora de la cruz ese *Cristo, el rey de Israel, para que veamos y creamos.

También lo insultaban los que estaban crucificados con él.

Muerte de Jesús

33 Desde el mediodía y hasta la media tarde quedó toda la tierra en oscuridad. **34** A las tres de la tarde[d] Jesús gritó a voz en cuello:

—*Eloi, Eloi, ¿lama sabactani?* (que significa: 'Dios mío, Dios mío, ¿por qué me has desamparado?')[e] **35** Cuando lo oyeron, algunos de los que estaban cerca dijeron:

—Escuchen, está llamando a Elías.

36 Un hombre corrió, empapó una esponja en vinagre, la puso en una caña y se la ofreció a Jesús para que bebiera.

—Déjenlo, a ver si viene Elías a bajarlo —dijo.

37 Entonces Jesús, lanzando un fuerte grito, expiró.

38 La cortina del *santuario del templo se rasgó en dos, de arriba abajo. **39** Y el centurión, que estaba frente a Jesús, al oír el grito y[f] ver cómo murió, dijo:

—¡Verdaderamente este hombre era el Hijo[g] de Dios!

40 Algunas mujeres miraban desde lejos. Entre ellas estaban María Magdalena, María la madre de *Jacobo el menor y de José, y Salomé. **41** Estas mujeres lo habían seguido y atendido cuando estaba en Galilea. Además había allí muchas otras que habían subido con él a Jerusalén.

Sepultura de Jesús

42 Era el día de preparación (es decir, la víspera del *sábado). Así que al atardecer, **43** José de Arimatea, miembro distinguido del *Consejo, y que también esperaba el reino de Dios, se atrevió a presentarse ante Pilato para pedirle el cuerpo de Jesús.

---

a **15:25** *Eran ... mañana.* Lit. *Era la hora tercera.* *b* **15:27** *bandidos.* Alt. *insurgentes.* *c* **15:27** *izquierda.* Var. *izquierda.*
[28] *Así se cumplió la Escritura que dice: «Fue contado con los malhechores.»* (Is 53:12). *d* **15:33-34** *Desde ... tarde.* Lit. *Y llegando la hora sexta vino oscuridad sobre toda la tierra hasta la hora novena.* [34] *Y en la hora novena.* *e* **15:34** Sal 22:1
f **15:39** Var. no incluye *oír el grito* y. *g* **15:39** *era el Hijo.* Alt. *era hijo.*

44 Pilato, sorprendido de que ya hubiera muerto, llamó al centurión y le preguntó si hacía mucho que[a] había muerto. **45** Una vez informado por el centurión, le entregó el cuerpo a José. **46** Entonces José bajó el cuerpo, lo envolvió en una sábana que había comprado, y lo puso en un sepulcro cavado en la roca. Luego hizo rodar una piedra a la entrada del sepulcro. **47** María Magdalena y María la madre de José vieron dónde lo pusieron.

La resurrección

16 Cuando pasó el *sábado, María Magdalena, María la madre de *Jacobo, y Salomé compraron especias aromáticas para ir a ungir el cuerpo de Jesús. **2** Muy de mañana el primer día de la semana, apenas salido el sol, se dirigieron al sepulcro. **3** Iban diciéndose unas a otras: «¿Quién nos quitará la piedra de la entrada del sepulcro?» **4** Pues la piedra era muy grande.

Pero al fijarse bien, se dieron cuenta de que estaba corrida. **5** Al entrar en el sepulcro vieron a un joven vestido con un manto blanco, sentado a la derecha, y se asustaron.

6 —No se asusten —les dijo—. Ustedes buscan a Jesús el nazareno, el que fue crucificado. ¡Ha resucitado! No está aquí. Miren el lugar donde lo pusieron. **7** Pero vayan a decirles a los discípulos y a Pedro: 'Él va delante de ustedes a Galilea. Allí lo verán, tal como les dijo.'

8 Temblorosas y desconcertadas, las mujeres salieron huyendo del sepulcro. No dijeron nada a nadie, porque tenían miedo.[b]

Apariciones y ascensión de Jesús

9 Cuando Jesús resucitó en la madrugada del primer día de la semana, se apareció primero a María Magdalena, de la que había expulsado siete demonios. **10** Ella fue y avisó a los que habían estado con él, que estaban lamentándose y llorando. **11** Pero ellos, al oír que Jesús estaba vivo y que ella lo había visto, no lo creyeron.

12 Después se apareció Jesús en otra forma a dos de ellos que iban de camino al campo. **13** Éstos volvieron y avisaron a los demás, pero no les creyeron a ellos tampoco.

14 Por último se apareció Jesús a los once mientras comían; los reprendió por su falta de fe y por su obstinación en no creerles a los que lo habían visto *resucitado.

15 Les dijo: «Vayan por todo el mundo y anuncien las buenas nuevas a toda criatura.[c] **16** El que crea y sea bautizado será salvo, pero el que no crea será condenado. **17** Estas señales acompañarán a los que crean: en mi nombre expulsarán demonios; hablarán en nuevas lenguas; **18** tomarán en sus manos serpientes; y cuando beban algo venenoso, no les hará daño alguno; pondrán las manos sobre los enfermos, y éstos recobrarán la salud.»

19 Después de hablar con ellos, el Señor Jesús fue llevado al cielo y se sentó a la *derecha de Dios. **20** Los discípulos salieron y predicaron por todas partes, y el Señor los ayudaba en la obra y confirmaba su palabra con las señales que la acompañaban.

---

a **15:44** *hacía mucho que.* Var. *ya.* *b* **16:8** Los mss. más antiguos y otros testimonios de la antigüedad no incluyen Mr 16:9-20. En lugar de este pasaje, algunos mss. incluyen una conclusión más breve. *c* **16:15** *criatura.* Lit. *creación.*

LUCAS *escribe este evangelio a fin de presentar a Jesús como un Salvador para toda la raza humana. Las historias ponen énfasis en lo amable y cariñoso que es Jesús con los que son despreciados por la sociedad (tales como los recaudadores de impuestos, los samaritanos, los pobres y las mujeres). Resalta la importancia de la oración en la vida de Jesús. Al leer este libro, asegúrese de que se ha arrepentido de sus pecados y ha aceptado a Jesucristo como su Salvador personal. Pregúntese si muestra la misma clase de compasión a otros que mostraba Jesús.*

Lucas

Prólogo

1 Muchos han intentado hacer un relato de las cosas que se han cumplido[a] entre nosotros, **2** tal y como nos las transmitieron los que desde el principio fueron testigos presenciales y servidores de la palabra. **3** Por lo tanto, yo también, excelentísimo Teófilo, habiendo investigado todo esto con esmero desde su origen, he decidido escribírtelo ordenadamente, **4** para que llegues a tener plena seguridad de lo que te enseñaron.

Anuncio del nacimiento de Juan el Bautista

5 En tiempos de Herodes, rey de Judea, hubo un sacerdote llamado Zacarías, miembro del grupo de Abías. Su esposa Elisabet también era descendiente de Aarón. **6** Ambos eran rectos e intachables delante de Dios; obedecían todos los mandamientos y preceptos del Señor. **7** Pero no tenían hijos, porque Elisabet era estéril; y los dos eran de edad avanzada.

8 Un día en que Zacarías, por haber llegado el turno de su grupo, oficiaba como sacerdote delante de Dios, **9** le tocó en suerte, según la costumbre del sacerdocio, entrar en el *santuario del Señor para quemar incienso. **10** Cuando llegó la hora de ofrecer el incienso, la multitud reunida afuera estaba orando. **11** En esto un ángel del Señor se le apareció a Zacarías a la derecha del altar del incienso. **12** Al verlo, Zacarías se asustó, y el temor se apoderó de él. **13** El ángel le dijo:

—No tengas miedo, Zacarías, pues ha sido escuchada tu oración. Tu esposa Elisabet te dará un hijo, y le pondrás por nombre Juan. **14** Tendrás gozo y alegría, y muchos se regocijarán por su nacimiento, **15** porque él será un gran hombre delante del Señor. Jamás tomará vino ni licor, y será lleno del Espíritu Santo aun desde su nacimiento.[b] **16** Hará que muchos israelitas se vuelvan al Señor su Dios.

17 Él irá primero, delante del Señor, con el espíritu y el poder de Elías, para reconciliar a[c] los padres con los hijos y guiar a los desobedientes a la sabiduría de los justos. De este modo preparará un pueblo bien dispuesto para recibir al Señor.

18 —¿Cómo podré estar seguro de esto? —preguntó Zacarías al ángel—. Ya soy anciano y mi esposa también es de edad avanzada.

19 —Yo soy Gabriel y estoy a las órdenes de Dios —le contestó el ángel—. He sido enviado para hablar contigo y darte estas buenas *noticias. **20** Pero como no creíste en mis palabras, las cuales se cumplirán a su debido tiempo, te vas a quedar mudo. No podrás hablar hasta el día en que todo esto suceda.

21 Mientras tanto, el pueblo estaba esperando a Zacarías y les extrañaba que se demorara tanto en el santuario. **22** Cuando por fin salió, no podía hablarles, así que se dieron cuenta de que allí había tenido una visión. Se podía comunicar sólo por señas, pues seguía mudo.

23 Cuando terminaron los días de su servicio, regresó a su casa. **24** Poco después, su esposa Elisabet quedó encinta y se mantuvo recluida por cinco meses. **25** «Esto —decía ella— es obra del Señor, que ahora ha mostrado su bondad al quitarme la vergüenza que yo tenía ante los demás.»

Anuncio del nacimiento de Jesús

26 A los seis meses, Dios envió al ángel Gabriel a Nazaret, pueblo de Galilea, **27** a visitar a una joven virgen comprometida para casarse con un hombre que se llamaba José, descendiente de David. La virgen se llamaba María. **28** El ángel se acercó a ella y le dijo:

—¡Te saludo,[d] tú que has recibido el favor de Dios! El Señor está contigo.

29 Ante estas palabras, María se perturbó, y se preguntaba qué podría significar este saludo.

---

a **1:1** *se han cumplido.* Alt. *se han recibido con convicción.* *b* **1:15** *desde su nacimiento.* Alt. *antes de nacer.* Lit. *desde el vientre de su madre.* *c* **1:17** *reconciliar a.* Lit. *hacer volver los corazones de*; véase Mal 4:6. *d* **1:28** *¡Te saludo.* Alt. *¡Alégrate.*

30 —No tengas miedo, María; Dios te ha concedido su favor —le dijo el ángel—. **31** Quedarás encinta y darás a luz un hijo, y le pondrás por nombre Jesús. **32** Él será un gran hombre, y lo llamarán Hijo del Altísimo. Dios el Señor le dará el trono de su padre David, **33** y reinará sobre el pueblo de Jacob para siempre. Su reinado no tendrá fin.

34 —¿Cómo podrá suceder esto —le preguntó María al ángel—, puesto que soy virgen?ᵃ

35 —El Espíritu Santo vendrá sobre ti, y el poder del Altísimo te cubrirá con su sombra. Así que al santo niño que va a nacer lo llamarán Hijo de Dios. **36** También tu parienta Elisabet va a tener un hijo en su vejez; de hecho, la que decían que era estéril ya está en el sexto mes de embarazo. **37** Porque para Dios no hay nada imposible.

38 —Aquí tienes a la sierva del Señor —contestó María—. Que él haga conmigo como me has dicho.

Con esto, el ángel la dejó.

María visita a Elisabet

39 A los pocos días María emprendió el viaje y se fue de prisa a un pueblo en la región montañosa de Judea. **40** Al llegar, entró en casa de Zacarías y saludó a Elisabet. **41** Tan pronto como Elisabet oyó el saludo de María, la criatura saltó en su vientre. Entonces Elisabet, llena del Espíritu Santo, **42** exclamó:

—¡Bendita tú entre las mujeres, y bendito el hijo que darás a luz!ᵇ **43** Pero, ¿cómo es esto, que la madre de mi Señor venga a verme? **44** Te digo que tan pronto como llegó a mis oídos la voz de tu saludo, saltó de alegría la criatura que llevo en el vientre. **45** ¡*Dichosa tú que has creído, porque lo que el Señor te ha dicho se cumplirá!

El cántico de María

46 Entonces dijo María:

—Mi alma glorifica al Señor,
47 y mi espíritu se regocija en Dios
mi Salvador,

48 porque se ha dignado fijarse en su
humilde sierva.
Desde ahora me llamarán *dichosa
todas las generaciones,
49 porque el Poderoso ha hecho
grandes cosas por mí.
¡Santo es su nombre!
50 De generación en generación
se extiende su misericordia a los
que le temen.
51 Hizo proezas con su brazo;
desbarató las intrigas de los
soberbios.ᶜ
52 De sus tronos derrocó a los
poderosos,
mientras que ha exaltado a los
humildes.
53 A los hambrientos los colmó de
bienes,
y a los ricos los despidió con las
manos vacías.
54-55 Acudió en ayuda de su siervo
Israel
y, cumpliendo su promesa a
nuestros padres,
mostróᵈ su misericordia a Abraham
y a su descendencia para siempre.

56 María se quedó con Elisabet unos tres meses y luego regresó a su casa.

Nacimiento de Juan el Bautista

57 Cuando se le cumplió el tiempo, Elisabet dio a luz un hijo. **58** Sus vecinos y parientes se enteraron de que el Señor le había mostrado gran misericordia, y compartieron su alegría.

59 A los ocho días llevaron a circuncidar al niño. Como querían ponerle el nombre de su padre, Zacarías, **60** su madre se opuso.

—¡No! —dijo ella—. Tiene que llamarse Juan.

61 —Pero si nadie en tu familia tiene ese nombre —le dijeron.

62 Entonces le hicieron señas a su padre, para saber qué nombre quería ponerle al niño. **63** Él pidió una tablilla, en la que escribió: «Su nombre es Juan.» Y todos quedaron asombrados. **64** Al instante se le desató la lengua, recuperó el habla

---

y comenzó a alabar a Dios. 65 Todos los vecinos se llenaron de temor, y por toda la región montañosa de Judea se comentaba lo sucedido. 66 Quienes lo oían se preguntaban: «¿Qué llegará a ser este niño?» Porque la mano del Señor lo protegía.

El cántico de Zacarías

67 Entonces su padre Zacarías, lleno del Espíritu Santo, profetizó:

68 «Bendito sea el Señor, Dios de
    Israel,
porque ha venido a redimira a su
    pueblo.
69 Nos envió un poderoso salvadorb
    en la casa de David su siervo
70 (como lo prometió en el pasado
    por medio de sus *santos
    profetas),
71 para librarnos de nuestros
    enemigos
    y del poder de todos los que nos
    aborrecen;
72 para mostrar misericordia a
    nuestros padres
    al acordarse de su santo pacto.
73 Así lo juró a Abraham nuestro
    padre:
74 nos concedió que fuéramos libres
    del temor,
    al rescatarnos del poder de
    nuestros enemigos,
para que le sirviéramos 75 con
    *santidad y justicia,
    viviendo en su presencia todos
    nuestros días.

76 Y tú, hijito mío, serás llamado
    profeta del Altísimo,
porque irás delante del Señor para
    prepararle el camino.
77 Darás a conocer a su pueblo la
    salvación
    mediante el perdón de sus pecados,
78 gracias a la entrañable
    misericordia de nuestro Dios.
    Así nos visitará desde el cielo el sol
    naciente,
79 para dar luz a los que viven en
    tinieblas,
    en la más terrible oscuridad,c
    para guiar nuestros pasos por la
    senda de la paz.»
80 El niño crecía y se fortalecía en espíritu; y vivió en el desierto hasta el día en que se presentó públicamente al pueblo de Israel.

Nacimiento de Jesús

2 Por aquellos días Augusto *César decretó que se levantara un censo en todo el imperio romano.d 2 (Este primer censo se efectuó cuando Cirenio gobernaba en Siria.) 3 Así que iban todos a inscribirse, cada cual a su propio pueblo.

4 También José, que era descendiente del rey David, subió de Nazaret, ciudad de Galilea, a Judea. Fue a Belén, la ciudad de David, 5 para inscribirse junto con María su esposa.e Ella se encontraba encinta 6 y, mientras estaban allí, se le cumplió el tiempo. 7 Así que dio a luz a su hijo primogénito. Lo envolvió en pañales y lo acostó en un pesebre, porque no había lugar para ellos en la posada.

Los pastores y los ángeles

8 En esa misma región había unos pastores que pasaban la noche en el campo, turnándose para cuidar sus rebaños. 9 Sucedió que un ángel del Señor se les apareció. La gloria del Señor los envolvió en su luz, y se llenaron de temor. 10 Pero el ángel les dijo: «No tengan miedo. Miren que les traigo buenas *noticias que serán motivo de mucha alegría para todo el pueblo. 11 Hoy les ha nacido en la ciudad de David un Salvador, que es *Cristo el Señor. 12 Esto les servirá de señal: Encontrarán a un niño envuelto en pañales y acostado en un pesebre.»

13 De repente apareció una multitud de ángeles del cielo, que alababan a Dios y decían:

14 «Gloria a Dios en las alturas,
    y en la tierra paz a los que gozan
    de su buena voluntad.»f

15 Cuando los ángeles se fueron al cielo, los pastores se dijeron unos a otros: «Vamos a Belén, a ver esto que ha pasado y que el Señor nos ha dado a conocer.»

16 Así que fueron de prisa y encontraron a María y a José, y al niño que estaba acostado en el pesebre. 17 Cuando vieron al niño, contaron lo que les habían dicho acerca de él, 18 y cuantos lo oyeron se asombraron de lo que los pastores decían. 19 María, por su parte, guardaba todas estas cosas en su corazón y meditaba acerca de ellas. 20 Los pastores regresaron glorificando y alabando a Dios por lo que habían visto y oído, pues todo sucedió tal como se les había dicho.

Presentación de Jesús en el templo

21 Cuando se cumplieron los ocho días y fueron a circuncidarlo, lo llamaron Jesús, nombre que el ángel le había puesto antes que fuera concebido.

22 Así mismo, cuando se cumplió el tiempo en que, según la ley de Moisés, ellos debían *purificarse, José y María llevaron al niño a Jerusalén para presentarlo al Señor. 23 Así cumplieron con lo que en la ley del Señor está escrito: «Todo varón primogénito será consagrado[a] al Señor»,[b] 24 También ofrecieron un sacrificio conforme a lo que la ley del Señor dice: «un par de tórtolas o dos pichones».[c]

25 Ahora bien, en Jerusalén había un hombre llamado Simeón, que era justo y devoto, y aguardaba con esperanza la redención[d] de Israel. El Espíritu Santo estaba con él 26 y le había revelado que no moriría sin antes ver al *Cristo del Señor. 27 Movido por el Espíritu, fue al *templo. Cuando al niño Jesús lo llevaron sus padres para cumplir con la costumbre establecida por la ley, 28 Simeón lo tomó en sus brazos y bendijo a Dios:

29 «Según tu palabra, Soberano Señor,
      ya puedes despedir a tu *siervo en
      paz.
30 Porque han visto mis ojos tu
      salvación,

31 que has preparado a la vista de
      todos los pueblos:
32 luz que ilumina a las *naciones
      y gloria de tu pueblo Israel.»

33 El padre y la madre del niño se quedaron maravillados por lo que se decía de él. 34 Simeón les dio su bendición y le dijo a María, la madre de Jesús: «Este niño está destinado a causar la caída y el levantamiento de muchos en Israel, y a crear mucha oposición,[e] 35 a fin de que se manifiesten las intenciones de muchos corazones. En cuanto a ti, una espada te atravesará el alma.»

36 Había también una profetisa, Ana, hija de Fanuel, de la tribu de Aser. Era muy anciana; casada de joven, había vivido con su esposo siete años, 37 y luego permaneció viuda hasta la edad de ochenta y cuatro.[f] Nunca salía del *templo, sino que día y noche adoraba a Dios con ayunos y oraciones. 38 Llegando en ese mismo momento, Ana dio gracias a Dios y comenzó a hablar del niño a todos los que esperaban la redención de Jerusalén.

39 Después de haber cumplido con todo lo que exigía la ley del Señor, José y María regresaron a Galilea, a su propio pueblo de Nazaret. 40 El niño crecía y se fortalecía; progresaba en sabiduría, y la gracia de Dios lo acompañaba.

El niño Jesús en el templo

41 Los padres de Jesús subían todos los años a Jerusalén para la fiesta de la Pascua. 42 Cuando cumplió doce años, fueron allá según era la costumbre. 43 Terminada la fiesta, emprendieron el viaje de regreso, pero el niño Jesús se había quedado en Jerusalén, sin que sus padres se dieran cuenta. 44 Ellos, pensando que él estaba entre el grupo de viajeros, hicieron un día de camino mientras lo buscaban entre los parientes y conocidos. 45 Al no encontrarlo, volvieron a Jerusalén en su busca. 46 Al cabo de tres días lo encontraron en el *templo, sentado entre los maestros, escuchándolos y haciéndoles preguntas. 47 Todos los que le oían se

---

a 2:23 Todo ... consagrado. Lit. Todo varón que abre la matriz será llamado santo.   b 2:23 Éx 13:2,12   c 2:24 Lv 12:8
d 2:25 redención. Lit. consolación.   e 2:34 a crear mucha oposición. Lit. a ser una señal contra la cual se hablará.
f 2:37 hasta la edad de ochenta y cuatro. Alt. durante ochenta y cuatro años.

Pasaje del día: Lucas 2:21-38
Versículo del día: Lucas 2:37

Nuestra actitud hacia Dios

Poco se nos dice acerca de Ana en el relato bíblico; pero es suficiente para conocerla. Era avanzada en edad, amaba a Dios y consideraba la oración como un ministerio. Todos los días iba al templo a orar. Sus oraciones no eran repeticiones vanas, cual las de muchos otros, sino súplicas para que viniera el Mesías. Seguramente oraba por su pueblo que estaba bajo el imperio romano, por los pobres y por los enfermos.

Había conocido el dolor; pero no se había amargado a raíz de ello. El dolor puede hacernos duras, resentidas, rebeldes contra Dios; o bien hacernos más bondadosas. Puede despojarnos de nuestra fe, o hacer que eche raíces más profundas e inamovibles. Todo depende de nuestra actitud hacia Dios.

Aunque Ana tenía más de cien años no había perdido la esperanza. La edad puede llevarse la lozanía, las fuerzas de nuestro cuerpo, y la esperanza, convirtiéndonos en personas amargadas y negativas. De acuerdo a nuestra actitud hacia Dios, será el efecto en nuestra vida.

Si pensamos en Dios como un ser distante, la desesperación hará presa de nosotras. Pero si lo vemos como alguien cercano, dispuesto a ayudarnos, nuestra esperanza nunca morirá.

Ana conocía las Escrituras y sabía que el Mesías habría de venir. Además, había escuchado que Simeón tenía la promesa que no moriría hasta que viera al Hijo de Dios. Sin duda, ella se aferró a esa esperanza y confió en que ella también lo vería. Esa actitud cambió el carácter de esa anciana.

Mientras que el corazón albergue esperanza e ilusión puesta en Aquel que nos ama, nos mantendremos bien, porque la vejez no viene por la ancianidad sino por un corazón con esperanzas ausentes o muertas.

Gloria Q. de Morris
España

asombraban de su inteligencia y de sus respuestas. **48** Cuando lo vieron sus padres, se quedaron admirados.

—Hijo, ¿por qué te has portado así con nosotros? —le dijo su madre—. ¡Mira que tu padre y yo te hemos estado buscando angustiados!

49 —¿Por qué me buscaban? ¿No sabían que tengo que estar en la casa de mi Padre?

50 Pero ellos no entendieron lo que les decía. **51** Así que Jesús bajó con sus padres a Nazaret y vivió sujeto a ellos. Pero su madre conservaba todas estas cosas en el corazón. **52** Jesús siguió creciendo en sabiduría y estatura, y cada vez más gozaba del favor de Dios y de toda la gente.

Juan el Bautista prepara el camino

3 En el año quince del reinado de Tiberio *César, Poncio Pilato gobernaba la provincia de Judea, Herodes[a] era tetrarca en Galilea, su hermano Felipe en Iturea y Traconite, y Lisanias en Abilinia; **2** el sumo sacerdocio lo ejercían Anás y Caifás. En aquel entonces, la palabra de Dios llegó a Juan, hijo de Zacarías, en el desierto. **3** Juan recorría toda la región del Jordán predicando el bautismo de *arrepentimiento para el perdón de pecados. **4** Así está escrito en el libro del profeta Isaías:

«Voz de uno que grita en el desierto:
'Preparen el camino del Señor,
    háganle sendas derechas.
5 Todo valle será rellenado,
    toda montaña y colina será
        allanada.
Los caminos torcidos se enderezarán,
    las sendas escabrosas quedarán
        llanas.
6 Y todo *mortal verá la salvación de
    Dios.'»[b]

7 Muchos acudían a Juan para que los bautizara.

—¡Camada de víboras! —les advirtió—. ¿Quién les dijo que van a escapar del castigo que se acerca? **8** Produzcan frutos que demuestren arrepentimiento.

Y no se pongan a pensar: 'Tenemos a Abraham por Padre.' Porque les digo que aun de estas piedras Dios es capaz de darle hijos a Abraham. **9** Es más, el hacha ya está puesta a la raíz de los árboles, y todo árbol que no produzca buen fruto será cortado y arrojado al fuego.

10 —¿Entonces qué debemos hacer? —le preguntaba la gente.

11 —El que tiene dos *camisas debe compartir con el que no tiene ninguna —les contestó Juan—, y el que tiene comida debe hacer lo mismo.

12 Llegaron también unos *recaudadores de impuestos para que los bautizara.

—Maestro, ¿qué debemos hacer nosotros? —le preguntaron.

13 —No cobren más de lo debido —les respondió.

14 —Y nosotros, ¿qué debemos hacer? —le preguntaron unos soldados.

—No extorsionen a nadie ni hagan denuncias falsas; más bien confórmense con lo que les pagan.

15 La gente estaba a la expectativa, y todos se preguntaban si acaso Juan sería el *Cristo.

16 —Yo los bautizo a ustedes con[c] agua —les respondió Juan a todos—. Pero está por llegar uno más poderoso que yo, a quien ni siquiera merezco desatarle la correa de sus sandalias. Él los bautizará con el Espíritu Santo y con fuego. **17** Tiene el rastrillo en la mano para limpiar su era y recoger el trigo en su granero; la paja, en cambio, la quemará con fuego que nunca se apagará.

18 Y con muchas otras palabras exhortaba Juan a la gente y le anunciaba las buenas *nuevas. **19** Pero cuando reprendió al tetrarca Herodes por el asunto de su cuñada Herodías,[d] y por todas las otras maldades que había cometido, **20** Herodes llegó hasta el colmo de encerrar a Juan en la cárcel.

Bautismo y genealogía de Jesús

21 Un día en que todos acudían a Juan para que los bautizara, Jesús fue bautizado también. Y mientras oraba, se abrió el cielo, **22** y el Espíritu Santo bajó sobre él

---

a **3:1** Es decir, Herodes Antipas, hijo del rey Herodes (1:5). *b* **3:6** Is 40:3-5 *c* **3:16** *con*. Alt. *en*. *d* **3:19** Esposa de Felipe, hermano de Herodes Antipas.

en forma de paloma. Entonces se oyó una voz del cielo que decía: «Tú eres mi Hijo amado; estoy muy complacido contigo.»

23 Jesús tenía unos treinta años cuando comenzó su ministerio. Era hijo, según se creía, de José,

hijo de Elí, **24** hijo de Matat,
hijo de Leví, hijo de Melqui,
hijo de Jana, hijo de José,
25 hijo de Matatías, hijo de Amós,
hijo de Nahúm, hijo de Esli,
hijo de Nagai, **26** hijo de Máat,
hijo de Matatías, hijo de Semei,
hijo de Josec, hijo de Judá,
27 hijo de Joanán, hijo de Resa,
hijo de Zorobabel, hijo de Salatiel,
hijo de Neri, **28** hijo de Melqui,
hijo de Adi, hijo de Cosam,
hijo de Elmodam, hijo de Er,
29 hijo de Josué, hijo de Eliezer,
hijo de Jorim, hijo de Matat,
hijo de Leví, **30** hijo de Simeón,
hijo de Judá, hijo de José,
hijo de Jonán, hijo de Eliaquim,
31 hijo de Melea, hijo de Mainán,
hijo de Matata, hijo de Natán,
hijo de David, **32** hijo de Isaí,
hijo de Obed, hijo de Booz,
hijo de Salmón,ª hijo de Naasón,
33 hijo de Aminadab, hijo de Aram,ᵇ
hijo de Esrom, hijo de Fares,
hijo de Judá, **34** hijo de Jacob,
hijo de Isaac, hijo de Abraham,
hijo de Taré, hijo de Nacor,
35 hijo de Serug, hijo de Ragau,
hijo de Peleg, hijo de Heber,
hijo de Sala, **36** hijo de Cainán,
hijo de Arfaxad, hijo de Sem,
hijo de Noé, hijo de Lamec,
37 hijo de Matusalén, hijo de Enoc,
hijo de Jared, hijo de Mahalaleel,
hijo de Cainán, **38** hijo de Enós,
hijo de Set, hijo de Adán,
hijo de Dios.

Tentación de Jesús

4 Jesús, lleno del Espíritu Santo, volvió del Jordán y fue llevado por el Espíritu al desierto. **2** Allí estuvo cuarenta días y fue *tentado por el diablo. No comió nada

durante esos días, pasados los cuales tuvo hambre.

3 —Si eres el Hijo de Dios —le propuso el diablo—, dile a esta piedra que se convierta en pan.

4 Jesús le respondió:

—Escrito está: 'No sólo de pan vive el hombre.'ᶜ

5 Entonces el diablo lo llevó a un lugar alto y le mostró en un instante todos los reinos del mundo.

6 —Sobre estos reinos y todo su esplendor —le dijo—, te daré la autoridad, porque a mí me ha sido entregada, y puedo dársela a quien yo quiera. **7** Así que, si me adoras, todo será tuyo.

Jesús le contestó:

8 —Escrito está: 'Adorarás al Señor tu Dios, y a él sólo servirás.'ᵈ

9 El diablo lo llevó luego a Jerusalén e hizo que se pusiera de pie en la parte más alta del *templo, y le dijo:

—Si eres el Hijo de Dios, ¡tírate de aquí! **10** Pues escrito está:

»'Ordenará a sus ángeles
    que te guarden con cuidado;
11 te sostendrán en sus manos,
    para que no tropiece tu pie con
        piedra alguna.'ᵉ

12 —También está escrito: 'No pongas a prueba al Señor tu Dios.'ᶠ —le replicó Jesús.

13 Así que el diablo, habiendo agotado todo recurso de tentación, lo dejó hasta otra oportunidad.

Rechazan a Jesús en Nazaret

14 Jesús regresó a Galilea en el poder del Espíritu, y se extendió su fama por toda aquella región. **15** Enseñaba en las sinagogas, y todos lo admiraban.

16 Fue a Nazaret, donde se había criado, y un *sábado entró en la sinagoga, como era su costumbre. Se levantó para hacer la lectura, **17** y le entregaron el libro del profeta Isaías. Al desenrollarlo, encontró el lugar donde está escrito:

18 «El Espíritu del Señor está sobre
    mí,

---

a **3:32** *Salmón.* Var. *Sala.* *b* **3:33** *Aminadab. hijo de Aram.* Var. *Aminadab, el hijo de Admin, el hijo de Arni;* los mss. varían mucho en este versículo. *c* **4:4** Dt 8:3 *d* **4:8** Dt 6:13 *e* **4:10-11** Sal 91:11,12 *f* **4:12** Dt 6:16

Pasaje del día: Lucas 4:1-13
Versículo del día: Lucas 4:4

La Palabra eterna

Vivimos en un mundo azotado por problemas económicos. Hoy son muchos los que apenas tienen (o quizás no tienen) lo suficiente para el pan diario. Aun cuando tengan ese mínimo necesario, para conseguirlo deben afanarse mucho y desgastarse en una lucha muy grande y cansadora.

Aunque Jesús no estaba predicando ni se encontraba en una casa, son aplicables para nuestro hogar y para nuestra vida personal las palabras que dirigió, nada menos que a Satanás, cuando éste fue a tentarle al desierto. El diablo empezó por el problema económico, diciendo que Jesús podría comer si transformaba las piedras en pan. Claro que Jesús podía hacerlo; pero eso hubiera sido obedecer al diablo.

Jesús no dijo que no precisamos el pan. Si lo necesitamos, y debemos trabajar para que no falte en nuestro hogar. Lo que dijo el Maestro fue que no vivimos sólo de pan. Sabemos que nuestros hijos también precisan cariño. Jesús fue más lejos porque señaló que nuestro sostén y el de los nuestros, debe incluir tanto lo material como lo espiritual, tanto el alimento que viene de la naturaleza para nuestro cuerpo físico, como el que viene de la Palabra de Dios para nuestro corazón.

Amiga, no deje de leer la Palabra eterna, que es la Biblia; pero sobre todo no deje de buscar lo que es más importante de ella: el camino a Dios que sólo está en Cristo Jesús.

Noemí Mottesi
Estados Unidos

porque me ha ungido para
anunciar
buenas *nuevas a los pobres.
Me ha enviado para proclamar
libertad a los presos
y dar vista a los ciegos,
para poner en libertad a los
oprimidos,
19 para proclamar el año del favor
del Señor.»ᵃ

20 Luego enrolló el libro, se lo devolvió al ayudante y se sentó. Todos los que estaban en la sinagoga lo miraban detenidamente, **21** y él comenzó a hablarles: «Hoy se cumple esta Escritura en presencia de ustedes.»

22 Todos dieron su aprobación, impresionados por las hermosas palabrasᵇ que salían de su boca. «¿No es éste el hijo de José?», se preguntaban.

23 Jesús continuó: «Seguramente ustedes me van a citar el proverbio: 'iMédico, cúrate a ti mismo! Haz aquí en tu tierra lo que hemos oído que hiciste en Capernaum.' **24** Pues bien, les aseguro que a ningún profeta lo aceptan en su propia tierra. **25** No cabe duda de que en tiempos de Elías, cuando el cielo se cerró por tres años y medio, de manera que hubo una gran hambre en toda la tierra, muchas viudas vivían en Israel. **26** Sin embargo, Elías no fue enviado a ninguna de ellas, sino a una viuda de Sarepta, en los alrededores de Sidón. **27** Así mismo, había en Israel muchos enfermos de *lepra en tiempos del profeta Eliseo, pero ninguno de ellos fue sanado, sino Naamán el sirio.»

28 Al oír esto, todos los que estaban en la sinagoga se enfurecieron. **29** Se levantaron, lo expulsaron del pueblo y lo llevaron hasta la cumbre de la colina sobre la que estaba construido el pueblo, para tirarlo por el precipicio. **30** Pero él pasó por en medio de ellos y se fue.

Jesús expulsa a un espíritu maligno

31 Jesús pasó a Capernaúm, un pueblo de Galilea, y el día *sábado enseñaba a la gente. **32** Estaban asombrados de su enseñanza, porque les hablaba con autoridad.

33 Había en la sinagoga un hombre que estaba poseído por un *espíritu maligno, quien gritó con todas sus fuerzas: **34** —¡Ah! ¿Por qué te entrometes, Jesús de Nazaret? ¿Has venido a destruirnos? Yo sé quién eres tú: ¡el Santo de Dios!

35 —¡Cállate! —lo reprendió Jesús—. ¡Sal de ese hombre!

Entonces el demonio derribó al hombre en medio de la gente y salió de él sin hacerle ningún daño.

36 Todos se asustaron y se decían unos a otros: «¿Qué clase de palabra es ésta? ¡Con autoridad y poder les da órdenes a los espíritus malignos, y salen!» **37** Y se extendió su fama por todo aquel lugar.

Jesús sana a muchos enfermos

38 Cuando Jesús salió de la sinagoga, se fue a casa de Simón, cuya suegra estaba enferma con una fiebre muy alta. Le pidieron a Jesús que la ayudara, **39** así que se inclinó sobre ella y reprendió a la fiebre, la cual se le quitó. Ella se levantó en seguida y se puso a servirles.

40 Al ponerse el sol, la gente le llevó a Jesús todos los que padecían de diversas enfermedades; él puso las manos sobre cada uno de ellos y los sanó. **41** Además, de muchas personas salían demonios que gritaban: «¡Tú eres el Hijo de Dios!» Pero él los reprendía y no los dejaba hablar porque sabían que él era el *Cristo.

42 Cuando amaneció, Jesús salió y se fue a un lugar solitario. La gente andaba buscándolo, y cuando llegaron a donde él estaba, procuraban detenerlo para que no se fuera. **43** Pero él les dijo: «Es preciso que anuncie también a los demás pueblos las buenas *nuevas del reino de Dios, porque para esto fui enviado.»

44 Y siguió predicando en las sinagogas de los judíos.ᶜ

Llamamiento de los primeros discípulos

5 Un día estaba Jesús a orillas del lago de Genesaret,ᵈ y la gente lo apretujaba para escuchar el mensaje de Dios. **2** Entonces vio dos barcas que los pescadores habían dejado en la playa mientras lavaban las redes. **3** Subió a una de las barcas,

---

a **4:19** Is 61:1,2 *b* **4:22** *Todos ... palabras.* Lit. *Todos daban testimonio de él y estaban asombrados de las palabras de gracia.* *c* **4:44** *los judíos.* Lit. *Judea.* Var. *Galilea.* *d* **5:1** Es decir, el mar de Galilea.

que pertenecía a Simón, y le pidió que la alejara un poco de la orilla. Luego se sentó, y enseñaba a la gente desde la barca.

4 Cuando acabó de hablar, le dijo a Simón:

—Lleva la barca hacia aguas más profundas, y echen allí las redes para pescar.

5 —Maestro, hemos estado trabajando duro toda la noche y no hemos pescado nada —le contestó Simón—. Pero, como tú me lo mandas, echaré las redes.

6 Así lo hicieron, y recogieron una cantidad tan grande de peces que las redes se les rompían. 7 Entonces llamaron por señas a sus compañeros de la otra barca para que los ayudaran. Ellos se acercaron y llenaron tanto las dos barcas que comenzaron a hundirse.

8 Al ver esto, Simón Pedro cayó de rodillas delante de Jesús y le dijo:

—¡Apártate de mí, Señor; soy un pecador!

9 Es que él y todos sus compañeros estaban asombrados ante la pesca que habían hecho, 10 como también lo estaban *Jacobo y Juan, hijos de Zebedeo, que eran socios de Simón.

—No temas; desde ahora serás pescador de hombres —le dijo Jesús a Simón.

11 Así que llevaron las barcas a tierra y, dejándolo todo, siguieron a Jesús.

Jesús sana a un leproso

12 En otra ocasión, cuando Jesús estaba en un pueblo, se presentó un hombre cubierto de *lepra. Al ver a Jesús, cayó rostro en tierra y le suplicó:

—Señor, si quieres, puedes *limpiarme.

13 Jesús extendió la mano y tocó al hombre.

—Sí quiero —le dijo—. ¡Queda limpio!

Y al instante se le quitó la lepra.

14 —No se lo digas a nadie —le ordenó Jesús—; sólo ve, preséntate al sacerdote y lleva por tu *purificación lo que ordenó Moisés, para que sirva de testimonio.

15 Sin embargo, la fama de Jesús se extendía cada vez más, de modo que acudían a él multitudes para oírlo y para que los sanara de sus enfermedades.

16 Él, por su parte, solía retirarse a lugares solitarios para orar.

Jesús sana a un paralítico

17 Un día, mientras enseñaba, estaban sentados allí algunos *fariseos y *maestros de la ley que habían venido de todas las aldeas de Galilea y Judea, y también de Jerusalén. Y el poder del Señor estaba con él para sanar a los enfermos. 18 Entonces llegaron unos hombres que llevaban en una camilla a un paralítico. Procuraron entrar para ponerlo delante de Jesús, 19 pero no pudieron a causa de la multitud. Así que subieron a la azotea y, separando las tejas, lo bajaron en la camilla hasta ponerlo en medio de la gente, frente a Jesús.

20 Al ver la fe de ellos, Jesús dijo:

—Amigo, tus pecados quedan perdonados.

21 Los fariseos y los maestros de la ley comenzaron a pensar: «¿Quién es éste que dice *blasfemias? ¿Quién puede perdonar pecados sino sólo Dios?»

22 Pero Jesús supo lo que estaban pensando y les dijo:

—¿Por qué razonan así? 23 ¿Qué es más fácil decir: 'Tus pecados quedan perdonados', o 'Levántate y anda'? 24 Pues para que sepan que el Hijo del hombre tiene autoridad en la tierra para perdonar pecados —se dirigió entonces al paralítico—: A ti te digo, levántate, toma tu camilla y vete a tu casa.

25 Al instante se levantó a la vista de todos, tomó la camilla en que había estado acostado, y se fue a su casa alabando a Dios. 26 Todos quedaron asombrados y ellos también alababan a Dios. Estaban llenos de temor y decían: «Hoy hemos visto maravillas.»

Llamamiento de Leví

27 Después de esto salió Jesús y se fijó en un *recaudador de impuestos llamado Leví, sentado a la mesa donde cobraba.

—Sígueme —le dijo Jesús.

28 Y Leví se levantó, lo dejó todo y lo siguió.

29 Luego Leví le ofreció a Jesús un gran banquete en su casa, y había allí un grupo numeroso de recaudadores de impuestos y otras personas que estaban comiendo con ellos. 30 Pero los *fariseos y los *maestros de la ley que eran de la misma secta

les reclamaban a los discípulos de Jesús:

—¿Por qué comen y beben ustedes con recaudadores de impuestos y *pecadores?

31 —No son los sanos los que necesitan médico sino los enfermos —les contestó Jesús—. **32** No he venido a llamar a justos sino a pecadores para que se *arrepientan.

Le preguntan a Jesús sobre el ayuno

33 Algunos dijeron a Jesús:

—Los discípulos de Juan ayunan y oran con frecuencia, lo mismo que los discípulos de los *fariseos, pero los tuyos se la pasan comiendo y bebiendo.

34 —¿Acaso pueden obligar a los invitados del novio a que ayunen mientras él está con ellos? —les replicó Jesús—. **35** Llegará el día en que se les quitará el novio; en aquellos días sí ayunarán.

36 Les contó esta parábola:

—Nadie quita un retazo de un vestido nuevo para remendar un vestido viejo. De hacerlo así, habrá rasgado el vestido nuevo, y el retazo nuevo no hará juego con el vestido viejo. **37** Ni echa nadie vino nuevo en odres viejos. De hacerlo así, el vino nuevo hará reventar los odres, se derramará el vino y los odres se arruinarán. **38** Más bien, el vino nuevo debe echarse en odres nuevos. **39** Y nadie que haya bebido vino añejo quiere el nuevo, porque dice: 'El añejo es mejor.'

Señor del sábado

6 Un *sábado, al pasar Jesús por los sembrados, sus discípulos se pusieron a arrancar unas espigas de trigo, y las desgranaban para comérselas. **2** Por eso algunos de los *fariseos les dijeron:

—¿Por qué hacen ustedes lo que está prohibido hacer en sábado?

3 Jesús les contestó:

—¿Nunca han leído lo que hizo David en aquella ocasión en que él y sus compañeros tuvieron hambre? **4** Entró en la casa de Dios y, tomando los panes consagrados a Dios, comió lo que sólo a los sacerdotes les es permitido comer. Y les dio también a sus compañeros.

5 »El Hijo del hombre es Señor del sábado —añadió.

6 Otro sábado entró en la sinagoga y comenzó a enseñar. Había allí un hombre que tenía la mano derecha paralizada; **7** así que los *maestros de la ley y los fariseos, buscando un motivo para acusar a Jesús, no le quitaban la vista de encima para ver si sanaría en sábado. **8** Pero Jesús, que sabía lo que estaban pensando, le dijo al hombre de la mano paralizada:

—Levántate y ponte frente a todos.

Así que el hombre se puso de pie. Entonces Jesús dijo a los otros:

9 —Voy a hacerles una pregunta: ¿Qué está permitido hacer en sábado: hacer el bien o el mal, salvar una *vida o destruirla?

10 Jesús se quedó mirando a todos los que lo rodeaban, y le dijo al hombre:

—Extiende la mano.

Así lo hizo, y la mano le quedó restablecida. **11** Pero ellos se enfurecieron y comenzaron a discutir qué podrían hacer contra Jesús.

Los doce apóstoles

12 Por aquel tiempo se fue Jesús a la montaña a orar, y pasó toda la noche en oración a Dios. **13** Al llegar la mañana, llamó a sus discípulos y escogió a doce de ellos, a los que nombró apóstoles: **14** Simón (a quien llamó Pedro), su hermano Andrés, *Jacobo, Juan, Felipe, Bartolomé, **15** Mateo, Tomás, Jacobo hijo de Alfeo, Simón, al que llamaban el Zelote, **16** Judas hijo de Jacobo, y Judas Iscariote, que llegó a ser el traidor.

Bendiciones y ayes

17 Luego bajó con ellos y se detuvo en un llano. Había allí una gran multitud de sus discípulos y mucha gente de toda Judea, de Jerusalén y de la costa de Tiro y Sidón, **18** que habían llegado para oírlo y para que los sanara de sus enfermedades. Los que eran atormentados por *espíritus malignos quedaban liberados; **19** así que toda la gente procuraba tocarlo, porque de él salía poder que sanaba a todos.

20 Él entonces dirigió la mirada a sus discípulos y dijo:

«*Dichosos ustedes los pobres,
porque el reino de Dios les
pertenece.

21 Dichosos ustedes que ahora pasan hambre,
porque serán saciados.
Dichosos ustedes que ahora lloran,
porque luego habrán de reír.
22 Dichosos ustedes cuando los odien,
cuando los discriminen, los
insulten y los desprestigien^a
por causa del Hijo del hombre.

23 »Alégrense en aquel día y salten de gozo, pues miren que les espera una gran recompensa en el cielo.
24 »Pero ¡ay de ustedes los ricos,
porque ya han recibido su
consuelo!
25 ¡Ay de ustedes los que ahora están saciados,
porque pasarán hambre!
¡Ay de ustedes los que ahora ríen,
porque luego se lamentarán y
llorarán!
26 ¡Ay de ustedes cuando todos los elogien!
Dense cuenta de que los
antepasados de esta gente
trataron así a los falsos profetas.

El amor a los enemigos

27 »Pero a ustedes que me escuchan les digo: Amen a sus enemigos, hagan bien a quienes los odian, **28** bendigan a quienes los maldicen, oren por quienes los maltratan. **29** Si alguien te pega en una mejilla, vuélvele también la otra. Si alguien te quita la *camisa, no le impidas que se lleve también la capa. **30** Dale a todo el que te pida, y si alguien se lleva lo que es tuyo, no se lo reclames. **31** Traten a los demás tal y como quieren que ellos los traten a ustedes.

32 »¿Qué mérito tienen ustedes al amar a quienes los aman? Aun los *pecadores lo hacen así. **33** ¿Y qué mérito tienen ustedes al hacer bien a quienes les hacen bien? Aun los pecadores actúan así. **34** ¿Y qué mérito tienen ustedes al dar prestado a quienes pueden corresponderles? Aun los pecadores se prestan entre sí, esperando recibir el mismo trato. **35** Ustedes, por el contrario, amen a sus enemigos, háganles bien y denles prestado sin esperar nada a cambio. Así tendrán una gran recompensa y serán hijos del Altísimo, porque él es bondadoso con los ingratos y malvados. **36** Sean compasivos, así como su Padre es compasivo.

El juzgar a los demás

37 »No juzguen, y no se les juzgará. No condenen, y no se les condenará. Perdonen, y se les perdonará. **38** Den, y se les dará: se les echará en el regazo una medida llena, apretada, sacudida y desbordante. Porque con la medida que midan a otros, se les medirá a ustedes.»
39 También les contó esta parábola: «¿Acaso puede un ciego guiar a otro ciego? ¿No caerán ambos en el hoyo? **40** El discípulo no está por encima de su maestro, pero todo el que haya completado su aprendizaje a lo sumo llega al nivel de su maestro.
41 »¿Por qué te fijas en la astilla que tiene tu hermano en el ojo y no le das importancia a la viga que tienes en el tuyo? **42** ¿Cómo puedes decirle a tu hermano: 'Hermano, déjame sacarte la astilla del ojo', cuando tú mismo no te das cuenta de la viga en el tuyo? ¡*Hipócrita! Saca primero la viga de tu propio ojo, y entonces verás con claridad para sacar la astilla del ojo de tu hermano.

El árbol y su fruto

43 »Ningún árbol bueno da fruto malo; tampoco da buen fruto el árbol malo. **44** A cada árbol se le reconoce por su propio fruto. No se recogen higos de los espinos ni se cosechan uvas de las zarzas. **45** El que es bueno, de la bondad que atesora en el corazón produce el bien; pero el que es malo, de su maldad produce el mal, porque de lo que abunda en el corazón habla la boca.

El prudente y el insensato

46 »¿Por qué me llaman ustedes 'Señor, Señor', y no hacen lo que les digo? **47** Voy a decirles a quién se parece todo el que viene a mí, y oye mis palabras y las pone en práctica: **48** Se parece a un hombre que, al construir una casa, cavó bien hondo y puso el cimiento sobre la roca. De manera que cuando vino una inunda-

---

a **6:22** *los desprestigien.* Lit. *echen su nombre como malo.*

JUEVES

Pasaje del día: Lucas 6:46-49
Versículo del día: Lucas 6:48

Un cimiento sólido

*U*na casa sin cimientos se parece a una casa con cimientos. ¿Cuándo nos damos cuenta de la diferencia? Cuando vienen los terremotos, los sacudones de la vida. En Guatemala, como en algunos otros países, a menudo hay temblores y las casas necesitan tener una estructura firme para resistirlos. Hoy muchos hogares están "cayendo", se están destruyendo, y las mujeres tenemos mucho que ver en eso.

¿Cómo puede la mujer "edificar" su hogar sobre cimientos sólidos? Los cimientos de la casa deben estar apoyados en la roca, aunque hay que cavar profundamente para encontrarla. Dice Cristo que el que viene a Él y oye sus palabras es semejante a un hombre que "cavó bien hondo y puso el cimiento sobre la roca. De manera que cuando vino una inundación, el torrente azotó aquella casa, pero no pudo ni siquiera hacerla tambalear porque estaba bien construida".

Cristo es la Roca. Muchas veces, para encontrar la roca hay que sacar basura y escombros. Tal vez usted ha crecido sin conocer a Cristo y ha probado sólo las cosas que destruyen la vida espiritual. Debe cavar hasta la Roca y exponer todo a la luz de la Palabra de Dios para recibir limpieza. Sólo así podrá construir su vida y su hogar sobre un cimiento sólido.

Yo entregué mi vida a Cristo a la edad de siete años. Fue un buen comienzo; pero Dios ha tenido que hacer una obra de limpieza profunda en mi vida para limpiar todos los complejos, todos los temores, todo lo que le desagrada. Poco a poco, voy cimentándome más y más en la Roca, que es Cristo. Para usted también hay la misma oportunidad.

Martha de Berberián
Guatemala

ción, el torrente azotó aquella casa, pero no pudo ni siquiera hacerla tambalear porque estaba bien construida. ⁴⁹ Pero el que oye mis palabras y no las pone en práctica se parece a un hombre que construyó una casa sobre tierra y sin cimientos. Tan pronto como la azotó el torrente, la casa se derrumbó, y el desastre fue terrible.»

La fe del centurión

7 Cuando terminó de hablar al pueblo, Jesús entró en Capernaúm. ² Había allí un centurión, cuyo *siervo, a quien él estimaba mucho, estaba enfermo, a punto de morir. ³ Como oyó hablar de Jesús, el centurión mandó a unos dirigentesᵃ de los judíos a pedirle que fuera a sanar a su siervo. ⁴ Cuando llegaron ante Jesús, le rogaron con insistencia:

—Este hombre merece que le concedas lo que te pide: ⁵ aprecia tanto a nuestra nación, que nos ha construido una sinagoga.

⁶ Así que Jesús fue con ellos. No estaba lejos de la casa cuando el centurión mandó unos amigos a decirle:

—Señor, no te tomes tanta molestia, pues no merezco que entres bajo mi techo. ⁷ Por eso ni siquiera me atreví a presentarme ante ti. Pero con una sola palabra que digas, quedará sano mi siervo. ⁸ Yo mismo obedezco órdenes superiores y, además, tengo soldados bajo mi autoridad. Le digo a uno: 'Ve', y va, y al otro: 'Ven', y viene. Le digo a mi siervo: 'Haz esto', y lo hace.

⁹ Al oír esto, Jesús se asombró de él y, volviéndose a la multitud que lo seguía, comentó:

—Les digo que ni siquiera en Israel he encontrado una fe tan grande.

¹⁰ Al regresar a casa, los enviados encontraron sano al siervo.

Jesús resucita al hijo de una viuda

¹¹ Poco después Jesús, en compañía de sus discípulos y de una gran multitud, se dirigió a un pueblo llamado Naín. ¹² Cuando ya se acercaba a las puertas del pueblo, vio que sacaban de allí a un muer-to, hijo único de madre viuda. La acompañaba un grupo grande de la población. ¹³ Al verla, el Señor se compadeció de ella y le dijo:

—No llores.

¹⁴ Entonces se acercó y tocó el féretro. Los que lo llevaban se detuvieron, y Jesús dijo:

—Joven, ¡te ordeno que te levantes!

¹⁵ El muerto se incorporó y comenzó a hablar, y Jesús se lo entregó a su madre. ¹⁶ Todos se llenaron de temor y alababan a Dios.

—Ha surgido entre nosotros un gran profeta —decían—. Dios ha venido en ayuda deᵇ su pueblo.

¹⁷ Así que esta noticia acerca de Jesús se divulgó por toda Judeaᶜ y por todas las regiones vecinas.

Jesús y Juan el Bautista

¹⁸ Los discípulos de Juan le contaron todo esto. Él llamó a dos de ellos ¹⁹ y los envió al Señor a preguntarle:

—¿Eres tú el que ha de venir, o debemos esperar a otro?

²⁰ Cuando se acercaron a Jesús, ellos le dijeron:

—Juan el Bautista nos ha enviado a preguntarte: '¿Eres tú el que ha de venir, o debemos esperar a otro?'

²¹ En ese mismo momento Jesús sanó a muchos que tenían enfermedades, dolencias y *espíritus malignos, y les dio la vista a muchos ciegos. ²² Entonces les respondió a los enviados:

—Vayan y cuéntenle a Juan lo que han visto y oído: Los ciegos ven, los cojos andan, los que tienen *lepra son sanados, los sordos oyen, los muertos resucitan y a los pobres se les anuncian las buenas *nuevas. ²³ *Dichoso el que no *tropieza por causa mía.

²⁴ Cuando se fueron los enviados, Jesús comenzó a hablarle a la multitud acerca de Juan: «¿Qué salieron a ver al desierto? ¿Una caña sacudida por el viento? ²⁵ Si no, ¿qué salieron a ver? ¿A un hombre vestido con ropa fina? Claro que no, pues los que se visten ostentosamente y llevan una vida de lujo están en los palacios

---

a 7:3 *dirigentes.* Lit. *ancianos.* *b* 7:16 *ha venido en ayuda de.* Lit. *ha visitado a.* *c* 7:17 *Judea.* Alt. *la tierra de los judíos.*

reales. **26** Entonces, ¿qué salieron a ver? ¿A un profeta? Sí, les digo, y más que profeta. **27** Éste es de quien está escrito:

»'Mira, voy a enviar a mi mensajero
delante de ti,
el cual preparará el camino.'ᵃ

28 Les digo que entre los mortales no ha habido nadie más grande que Juan; sin embargo, el más pequeño en el reino de Dios es más grande que él.»
29 Al oír esto, todo el pueblo, incluso los *recaudadores de impuestos, reconocieron que el camino de Dios era justo, y fueron bautizados por Juan. **30** Pero los *fariseos y los *expertos en la ley no se hicieron bautizar por Juan, rechazando así el propósito de Dios respecto a ellos.ᵇ
31 «Entonces, ¿con qué puedo comparar a la gente de esta generación? ¿A quién se parecen ellos? **32** Se parecen a niños sentados en la plaza que se gritan unos a otros:

»'Tocamos la flauta,
y ustedes no bailaron;
entonamos un canto fúnebre,
y ustedes no lloraron.'

33 Porque vino Juan el Bautista, que no comía pan ni bebía vino, y ustedes dicen: 'Tiene un demonio.' **34** Vino el Hijo del hombre, que come y bebe, y ustedes dicen: 'Éste es un glotón y un borracho, amigo de recaudadores de impuestos y de *pecadores.' **35** Pero la sabiduría queda demostrada por los que la siguen.»ᶜ

Una mujer pecadora unge a Jesús

36 Uno de los **fariseos invitó a Jesús a comer, así que fue a la casa del fariseo y se *sentó a la mesa.ᵈ **37** Ahora bien, vivía en aquel pueblo una mujer que tenía fama de *pecadora. Cuando ella se enteró de que Jesús estaba comiendo en casa del fariseo, se presentó con un frasco de alabastro lleno de perfume. **38** Llorando, se arrojó a los pies de Jesús,ᵉ de manera que se los bañaba en lágrimas. Luego se los secó con los cabellos; también se los besaba y se los ungía con el perfume.

39 Al ver esto, el fariseo que lo había invitado dijo para sí: «Si este hombre fuera profeta, sabría quién es la que lo está tocando, y qué clase de mujer es: una pecadora.»
40 Entonces Jesús le dijo a manera de respuesta:

—Simón, tengo algo que decirte.

—Dime, Maestro —respondió.

41 —Dos hombres le debían dinero a cierto prestamista. Uno le debía quinientas monedas de plata,ᶠ y el otro cincuenta. **42** Como no tenían con qué pagarle, les perdonó la deuda a los dos. Ahora bien, ¿cuál de los dos lo amará más?

43 —Supongo que aquel a quien más le perdonó —contestó Simón.

—Has juzgado bien —le dijo Jesús.

44 Luego se volvió hacia la mujer y le dijo a Simón:

—¿Ves a esta mujer? Cuando entré en tu casa, no me diste agua para los pies, pero ella me ha bañado los pies en lágrimas y me los ha secado con sus cabellos. **45** Tú no me besaste, pero ella, desde que entré, no ha dejado de besarme los pies. **46** Tú no me ungiste la cabeza con aceite, pero ella me ungió los pies con perfume. **47** Por esto te digo: si ella ha amado mucho, es que sus muchos pecados le han sido perdonados.ᵍ Pero a quien poco se le perdona, poco ama.

48 Entonces le dijo Jesús a ella:

—Tus pecados quedan perdonados.

49 Los otros invitados comenzaron a decir entre sí: «¿Quién es éste, que hasta perdona pecados?»

50 —Tu fe te ha salvado —le dijo Jesús a la mujer—; vete en paz.

Parábola del sembrador

8 Después de esto, Jesús estuvo recorriendo los pueblos y las aldeas, proclamando las buenas *nuevas del reino de Dios. Lo acompañaban los doce, **2** y también algunas mujeres que habían sido sanadas de *espíritus malignos y de enfermedades: María, a la que llamaban Magdalena, y de la que habían salido siete

---

a 7:27 Mal 3:1 *b* 7:29-30 *Algunos intérpretes piensan que estos versículos forman parte del discurso de Jesús.* *c* 7:35 *queda ... siguen. Lit. ha sido justificada por todos sus hijos.* *d* 7:36 *se sentó a la mesa. Lit. se recostó.* *e* 7:38 *se arrojó a los pies de Jesús. Lit. se puso detrás junto a sus pies;* es decir, detrás del recostadero. *f* 7:41 *quinientas monedas de plata. Lit. quinientos denarios.* *g* 7:47 *te digo ... perdonados. Lit. te digo que sus muchos pecados han sido perdonados porque amó mucho.*

demonios; **3** Juana, esposa de Cuza, el administrador de Herodes; Susana y muchas más que los ayudaban con sus propios recursos.

4 De cada pueblo salía gente para ver a Jesús, y cuando se reunió una gran multitud, él les contó esta parábola: **5** «Un sembrador salió a sembrar. Al esparcir la semilla, una parte cayó junto al camino; fue pisoteada, y los pájaros se la comieron. **6** Otra parte cayó sobre las piedras y, cuando brotó, las plantas se secaron por falta de humedad. **7** Otra parte cayó entre espinos que, al crecer junto con la semilla, la ahogaron. **8** Pero otra parte cayó en buen terreno; así que brotó y produjo una cosecha del ciento por uno.»

Dicho esto, exclamó: «El que tenga oídos para oír, que oiga.»

9 Sus discípulos le preguntaron cuál era el significado de esta parábola. **10** «A ustedes se les ha concedido que conozcan los *secretos del reino de Dios —les contestó—; pero a los demás se les habla por medio de parábolas para que

»'aunque miren, no vean;
aunque oigan, no entiendan'.ª

11 »Éste es el significado de la parábola: La semilla es la palabra de Dios. **12** Los que están junto al camino son los que oyen, pero luego viene el diablo y les quita la palabra del corazón, no sea que crean y se salven. **13** Los que están sobre las piedras son los que reciben la palabra con alegría cuando la oyen, pero no tienen raíz. Éstos creen por algún tiempo, pero se apartan cuando llega la *prueba. **14** La parte que cayó entre espinos son los que oyen, pero, con el correr del tiempo, los ahogan las preocupaciones, las riquezas y los placeres de esta vida, y no maduran. **15** Pero la parte que cayó en buen terreno son los que oyen la palabra con corazón noble y bueno, y la retienen; y como perseveran, producen una buena cosecha.

Una lámpara en una repisa

16 »Nadie enciende una lámpara para después cubrirla con una vasija o ponerla debajo de la cama, sino para ponerla en una repisa, a fin de que los que entren tengan luz. **17** No hay nada escondido que no llegue a descubrirse, ni nada oculto que no llegue a conocerse públicamente. **18** Por lo tanto, pongan mucha atención. Al que tiene, se le dará más; al que no tiene, hasta lo que cree tener se le quitará.»

La madre y los hermanos de Jesús

19 La madre y los hermanos de Jesús fueron a verlo, pero como había mucha gente, no lograban acercársele.

20 —Tu madre y tus hermanos están afuera y quieren verte —le avisaron.

21 Pero él les contestó:

—Mi madre y mis hermanos son los que oyen la palabra de Dios y la ponen en práctica.

Jesús calma la tormenta

22 Un día subió Jesús con sus discípulos a una barca.

—Crucemos al otro lado del lago —les dijo.

Así que partieron, **23** y mientras navegaban, él se durmió. Entonces se desató una tormenta sobre el lago, de modo que la barca comenzó a inundarse y corrían gran peligro.

24 Los discípulos fueron a despertarlo.

—¡Maestro, Maestro, nos vamos a ahogar! —gritaron.

Él se levantó y reprendió al viento y a las olas; la tormenta se apaciguó y todo quedó tranquilo.

25 —¿Dónde está la fe de ustedes? —les dijo a sus discípulos.

Con temor y asombro ellos se decían unos a otros: «¿Quién es éste, que manda aun a los vientos y al agua, y le obedecen?»

Liberación de un endemoniado

26 Navegaron hasta la región de los gerasenos,ᵇ que está al otro lado del lago, frente a Galilea. **27** Al desembarcar Jesús, un endemoniado que venía del pueblo le salió al encuentro. Hacía mucho tiempo que este hombre no se vestía; tampoco vivía en una casa sino en los sepulcros.

---

a **8:10** Is 6:9 *b* **8:26** *gerasenos.* Var. *gadarenos*; otra var. *gergesenos*; también en v. 37.

Pasaje del día: Lucas 8:43-48
Versículo del día: Lucas 8:48

"Ve en paz"

En el curso de nuestra vida cotidiana experimentamos muchos diferentes estados de ánimo. Cada circunstancia es diferente y, a veces, surgen conflictos y luchas que nos quitan la paz. Los salmos, en su mayoría, expresan muy bien los sentimientos del alma. Me imagino a la mujer con el flujo de sangre diciendo una y otra vez: "Me siento sumamente angustiad[a]" (Salmo 42:6). El Señor mismo dijo que la dolencia de la mujer era un "azote."

Me identifico con esa mujer, que para ir en paz, tuvo que abrirse paso por la fe. ¿Qué obstáculos tuvo que vencer? ¿Cómo reaccionó ante la indiferencia egoísta de algunos? ¿De qué manera enfrentó sus propios temores y prejuicios? ¿Cuánto tuvo que insistir? ¿Cuánto tardó desde el inicio de su intento hasta el milagro mismo?

En medio de la rutina diaria suelen aparecer "azotes" que abaten el alma y nos roban la paz. Pero la paz no es algo ligero; viene como resultado de haber "tocado" la presencia misma del Señor. Para esto debemos perseverar hasta tener la victoria, caminando en fe sin perder de vista al Maestro.

Jesús no subestima ningún problema humano. El Señor sabe muy bien cómo nos afectan las adversidades de esta vida. Las compara con latigazos que surcan nuestras espaldas y las dejan adoloridas. Él quiere enviarnos en paz a enfrentar cada jornada.

Silvia B. de Muñoz
Argentina

28 Cuando vio a Jesús, dio un grito y se arrojó a sus pies. Entonces exclamó con fuerza:

—¿Por qué te entrometes, Jesús, Hijo del Dios Altísimo? ¡Te ruego que no me atormentes!

29 Es que Jesús le había ordenado al *espíritu maligno que saliera del hombre. Se había apoderado de él muchas veces y, aunque le sujetaban los pies y las manos con cadenas y lo mantenían bajo custodia, rompía las cadenas y el demonio lo arrastraba a lugares solitarios.

30 —¿Cómo te llamas? —le preguntó Jesús.

—Legión —respondió, ya que habían entrado en él muchos demonios.

31 Y éstos le suplicaban a Jesús que no los mandara al *abismo. **32** Como había una manada grande de cerdos paciendo en la colina, le rogaron a Jesús que los dejara entrar en ellos. Así que él les dio permiso. **33** Y cuando los demonios salieron del hombre, entraron en los cerdos, y la manada se precipitó al lago por el despeñadero y se ahogó.

34 Al ver lo sucedido, los que cuidaban los cerdos huyeron y dieron la noticia en el pueblo y por los campos, **35** y la gente salió a ver lo que había pasado. Llegaron a donde estaba Jesús y encontraron, sentado a sus pies, al hombre de quien habían salido los demonios. Cuando lo vieron vestido y en su sano juicio, tuvieron miedo. **36** Los que habían presenciado estas cosas le contaron a la gente cómo el endemoniado había sido *sanado. **37** Entonces toda la gente de la región de los gerasenos le pidió a Jesús que se fuera de allí, porque les había entrado mucho miedo. Así que él subió a la barca para irse.

38 Ahora bien, el hombre de quien habían salido los demonios le rogaba que le permitiera acompañarlo, pero Jesús lo despidió y le dijo:

39 —Vuelve a tu casa y cuenta todo lo que Dios ha hecho por ti.

Así que el hombre se fue y proclamó por todo el pueblo lo mucho que Jesús había hecho por él.

Una niña muerta y una mujer enferma

40 Cuando Jesús regresó, la multitud se alegró de verlo, pues todos estaban esperándolo. **41** En esto llegó un hombre llamado Jairo, que era un jefe de la sinagoga. Arrojándose a los pies de Jesús, le suplicaba que fuera a su casa, **42** porque su única hija, de unos doce años, se estaba muriendo.

Jesús se puso en camino y las multitudes lo apretujaban. **43** Había entre la gente una mujer que hacía doce años padecía de hemorragias,ᵃ sin que nadie pudiera sanarla. **44** Ella se le acercó por detrás y le tocó el borde del manto, y al instante cesó su hemorragia.

45 —¿Quién me ha tocado? —preguntó Jesús.

Como todos negaban haberlo tocado, Pedro le dijo:

—Maestro, son multitudes las que te aprietan y te oprimen.

46 —No, alguien me ha tocado —replicó Jesús—; yo sé que de mí ha salido poder.

47 La mujer, al ver que no podía pasar inadvertida, se acercó temblando y se arrojó a sus pies. En presencia de toda la gente, contó por qué lo había tocado y cómo había sido sanada al instante.

48 —Hija, tu fe te ha *sanado —le dijo Jesús—. Vete en paz.

49 Todavía estaba hablando Jesús, cuando alguien llegó de la casa de Jairo, jefe de la sinagoga, para decirle:

—Tu hija ha muerto. No molestes más al Maestro.

50 Al oír esto, Jesús le dijo a Jairo:

—No tengas miedo; cree nada más, y ella será sanada.

51 Cuando llegó a la casa de Jairo, no dejó que nadie entrara con él, excepto Pedro, Juan y *Jacobo, y el padre y la madre de la niña. **52** Todos estaban llorando y se lamentaban por ella.

—Dejen de llorar —les dijo Jesús—. No está muerta sino dormida.

53 Entonces ellos empezaron a burlarse de él porque sabían que estaba muerta. **54** Pero él la tomó de la mano y le dijo:

—¡Niña, levántate!

---

a **8:43** *hemorragias.* Var. *hemorragias y que había gastado en médicos todo lo que tenía.*

Pasaje del sábado: Lucas 1:26-38
Pasaje del domingo: Mateo 26:6-13

Ser mujer

El espejo te miró y vio en ti
Una mujer que soñaba feliz y reía.
En el mundo alrededor
Tienes muchas cosas por hacer.
Disfruta y vive al máximo la vida.

Tienes dulces ojos, tierna voz,
Y una fuerza que te hace seguir adelante.
No dejes que el mundo alrededor te confunda
Ni trates de cambiarlo.
Dios te ha dado de la vida lo mejor;
Te ha hecho fuerte pero tierna en su amor.

Ser mujer es un regalo.
El Creador, nuestro gran Dios,
Eligió a una mujer...
Y nació de su dolor
Como un niño indefenso; pero Rey del universo.
Nuestro Dios vio en ti, mujer,
Un lugar donde nacer.

Nuria Pradas de Ferradura
España

55 Recobró la vida[a] y al instante se levantó. Jesús mandó darle de comer. **56** Los padres se quedaron atónitos, pero él les advirtió que no contaran a nadie lo que había sucedido.

Jesús envía a los doce

9 Habiendo reunido a los doce, Jesús les dio poder y autoridad para expulsar a todos los demonios y para sanar enfermedades. **2** Entonces los envió a predicar el reino de Dios y a sanar a los enfermos. **3** «No lleven nada para el camino: ni bastón, ni bolsa, ni pan, ni dinero, ni dos mudas de ropa —les dijo—. **4** En cualquier casa que entren, quédense allí hasta que salgan del pueblo. **5** Si no los reciben bien, al salir de ese pueblo, sacúdanse el polvo de los pies como un testimonio contra sus habitantes.» **6** Así que partieron y fueron por todas partes de pueblo en pueblo, predicando el evangelio y sanando a la gente.

7 Herodes el tetrarca se enteró de todo lo que estaba sucediendo. Estaba perplejo porque algunos decían que Juan había *resucitado; **8** otros, que se había aparecido Elías; y otros, en fin, que había resucitado alguno de los antiguos profetas. **9** Pero Herodes dijo: «A Juan mandé que le cortaran la cabeza; ¿quién es, entonces, éste de quien oigo tales cosas?» Y procuraba verlo.

Jesús alimenta a los cinco mil

10 Cuando regresaron los apóstoles, le relataron a Jesús lo que habían hecho. Él se los llevó consigo y se retiraron solos a un pueblo llamado Betsaida, **11** pero la gente se enteró y lo siguió. Él los recibió y les habló del reino de Dios. También sanó a los que lo necesitaban.

12 Al atardecer se le acercaron los doce y le dijeron:

—Despide a la gente, para que vaya a buscar alojamiento y comida en los campos y pueblos cercanos, pues donde estamos no hay nada.[b]

13 —Denles ustedes mismos de comer —les dijo Jesús.

—No tenemos más que cinco panes y dos pescados, a menos que vayamos a comprar comida para toda esta gente —objetaron ellos, **14** porque había allí unos cinco mil hombres.

Pero Jesús dijo a sus discípulos:

—Hagan que se sienten en grupos como de cincuenta cada uno.

15 Así lo hicieron los discípulos, y se sentaron todos. **16** Entonces Jesús tomó los cinco panes y los dos pescados, y mirando al cielo, los bendijo. Luego los partió y se los dio a los discípulos para que se los repartieran a la gente. **17** Todos comieron hasta quedar satisfechos, y de los pedazos que sobraron se recogieron doce canastas.

La confesión de Pedro

18 Un día cuando Jesús estaba orando para sí, estando allí sus discípulos, les preguntó:

—¿Quién dice la gente que soy yo?

19 —Unos dicen que Juan el Bautista, otros que Elías, y otros que uno de los antiguos profetas ha resucitado —respondieron.

20 —Y ustedes, ¿quién dicen que soy yo?

—El *Cristo de Dios —afirmó Pedro.

21 Jesús les ordenó terminantemente que no dijeran esto a nadie. Y les dijo:

22 —El Hijo del hombre tiene que sufrir muchas cosas y ser rechazado por los *ancianos, los jefes de los sacerdotes y los *maestros de la ley. Es necesario que lo maten y que resucite al tercer día.

23 Dirigiéndose a todos, declaró:

—Si alguien quiere ser mi discípulo, que se niegue a sí mismo, lleve su cruz cada día y me siga. **24** Porque el que quiera salvar su *vida, la perderá; pero el que pierda su vida por mi causa, la salvará. **25** ¿De qué le sirve a uno ganar el mundo entero si se pierde o se destruye a sí mismo? **26** Si alguien se avergüenza de mí y de mis palabras, el Hijo del hombre se avergonzará de él cuando venga en su gloria y en la gloria del Padre y de los santos ángeles. **27** Además, les aseguro que algunos de los aquí presentes no sufrirán la muerte sin antes haber visto el reino de Dios.

---

a 8:55 Recobró la vida. Lit. *Y volvió el espíritu de ella. b 9:12* donde estamos no hay nada. Lit. *aquí estamos en un lugar desierto.*

Pasaje del día: Lucas 9:23-25
Versículo del día: Lucas 9:23

La cruz de la soledad

Cuando estaba estudiando la escuela secundaria, en un colegio católico de monjas, sentí un vivo deseo de ser monja misionera. Pero Dios cambió todo cuando llegó a mi hogar y luego a mi vida. Él se dignó llamarme al ministerio cristiano.

Jamás imaginé lo que eso implicaría. Debía dejar lo que más amaba: madre, hermanas, hogar, la tierra que me vio nacer. Mi mamá aceptó la realidad y con voz suave me llamó y me dijo: "Oremos hija." Luego me leyó la Biblia en Lucas 9:23, y agregó: "Toma tu cruz cada día; yo tendré que hacer lo mismo. Tú y yo debemos obedecer." Y así ha sido durante casi treinta años.

Cada vez Dios me ha ido llevando más y más lejos; me ha pedido que deje muchas cosas y me ha dado largas horas de soledad. Primero me envió a mil doscientos kilómetros de distancia, a la Capital Federal de Argentina, a comenzar mis estudios. Luego nos envió a mi esposo y a mí como pastores al sur de nuestro país, a la Patagonia. Más tarde, a los Estados Unidos, a prepararnos mejor para servirle a Él. Al fin, a la bella Guatemala, en Centroamérica.

Creo que Dios me ha querido enseñar algo muy valioso mediante la separación y la soledad. Primero, por la muerte de mi padre; luego, por la despedida de mi madre y mis hermanas; ahora, mediante los estudios de mis hijos y el ministerio de mi esposo.

He aprendido a obedecer; he aprendido a depender más de Él. Muchas noches mojo con lágrimas mi almohada; pero siempre siento que Él está a mi lado. ¡Su presencia es maravillosa! ¡Su gloria es inexplicable! ¡Su gracia es abundante! Con Él puedo llevar gozosa la cruz de la soledad.

Ana María de Zani
Guatemala

La transfiguración

28 Unos ocho días después de decir esto, Jesús, acompañado de Pedro, Juan y *Jacobo, subió a una montaña a orar. **29** Mientras oraba, su rostro se transformó, y su ropa se tornó blanca y radiante. **30** Y aparecieron dos personajes —Moisés y Elías— que conversaban con Jesús. **31** Tenían un aspecto glorioso, y hablaban de la partidaᵃ de Jesús, que él estaba por llevar a cabo en Jerusalén. **32** Pedro y sus compañeros estaban rendidos de sueño, pero cuando se despabilaron, vieron su gloria y a los dos personajes que estaban con él. **33** Mientras éstos se apartaban de Jesús, Pedro, sin saber lo que estaba diciendo, propuso:

—Maestro, ¡qué bien que estemos aquí! Podemos levantar tres albergues: uno para ti, otro para Moisés y otro para Elías.

34 Estaba hablando todavía cuando apareció una nube que los envolvió, de modo que se asustaron. **35** Entonces salió de la nube una voz que dijo: «Éste es mi Hijo, mi escogido; escúchenlo.» **36** Después de oírse la voz, Jesús quedó solo. Los discípulos guardaron esto en secreto, y por algún tiempo a nadie contaron nada de lo que habían visto.

Jesús sana a un muchacho endemoniado

37 Al día siguiente, cuando bajaron de la montaña, le salió al encuentro mucha gente. **38** Y un hombre de entre la multitud exclamó:

—Maestro, te ruego que atiendas a mi hijo, pues es el único que tengo. **39** Resulta que un espíritu se posesiona de él, y de repente el muchacho se pone a gritar; también lo sacude con violencia y hace que eche espumarajos. Cuando lo atormenta, a duras penas lo suelta. **40** Ya les rogué a tus discípulos que lo expulsaran, pero no pudieron.

41 —¡Ah, generación incrédula y perversa! —respondió Jesús—. ¿Hasta cuándo tendré que estar con ustedes y soportarlos? Trae acá a tu hijo.

42 Estaba acercándose el muchacho cuando el demonio lo derribó con una convulsión. Pero Jesús reprendió al *espíritu maligno, sanó al muchacho y se lo devolvió al padre. **43** Y todos se quedaron asombrados de la grandeza de Dios.

En medio de tanta admiración por todo lo que hacía, Jesús dijo a sus discípulos:

44 —Presten mucha atención a lo que les voy a decir: El Hijo del hombre va a ser entregado en manos de los hombres. **45** Pero ellos no entendían lo que quería decir con esto. Les estaba encubierto para que no lo comprendieran, y no se atrevían a preguntárselo.

¿Quién va a ser el más importante?

46 Surgió entre los discípulos una discusión sobre quién de ellos sería el más importante. **47** Como Jesús sabía bien lo que pensaban, tomó a un niño y lo puso a su lado.

48 —El que recibe en mi nombre a este niño —les dijo—, me recibe a mí; y el que me recibe a mí, recibe al que me envió. El que es más insignificante entre todos ustedes, ése es el más importante.

49 —Maestro —intervino Juan—, vimos a un hombre que expulsaba demonios en tu nombre; pero como no anda con nosotros, tratamos de impedírselo.

50 —No se lo impidan —les replicó Jesús—, porque el que no está contra ustedes está a favor de ustedes.

La oposición de los samaritanos

51 Como se acercaba el tiempo de que fuera llevado al cielo, Jesús se hizo el firme propósito de ir a Jerusalén. **52** Envió por delante mensajeros, que entraron en un pueblo samaritano para prepararle alojamiento; **53** pero allí la gente no quiso recibirlo porque se dirigía a Jerusalén. **54** Cuando los discípulos *Jacobo y Juan vieron esto, le preguntaron:

—Señor, ¿quieres que hagamos bajar fuego del cielo paraᵇ que los destruya?

55 Pero Jesús se volvió a ellos y los reprendió. **56** Luegoᶜ siguieron la jornada a otra aldea.

ᵃ **9:31** de la partida. Lit. del éxodo. ᵇ **9:54** cielo para. Var. cielo, como hizo Elías, para ᶜ **9:55,56** reprendió. ⁵⁶ Luego. Var. reprendió. / —Ustedes no saben de qué espíritu son —les dijo—, ⁵⁶ porque el Hijo del Hombre no vino para destruir la vida de las personas sino para salvarla. / Luego.

Lo que cuesta seguir a Jesús

57 Iban por el camino cuando alguien le dijo:

—Te seguiré a dondequiera que vayas.

58 —Las zorras tienen madrigueras y las aves tienen nidos —le respondió Jesús—, pero el Hijo del hombre no tiene dónde recostar la cabeza.

59 A otro le dijo:

—Sígueme.

—Señor —le contestó—, primero déjame ir a enterrar a mi padre.

60 —Deja que los muertos entierren a sus propios muertos, pero tú ve y proclama el reino de Dios —le replicó Jesús.

61 Otro afirmó:

—Te seguiré, Señor; pero primero déjame despedirme de mi familia.

62 Jesús le respondió:

—Nadie que mire atrás después de poner la mano en el arado es apto para el reino de Dios.

Jesús envía a los setenta y dos

10 Después de esto, el Señor escogió a otros setenta y dos[a] para enviarlos de dos en dos delante de él a todo pueblo y lugar adonde él pensaba ir. **2** «Es abundante la cosecha —les dijo—, pero son pocos los obreros. Pídanle, por tanto, al Señor de la cosecha que mande obreros a su campo. **3** ¡Vayan ustedes! Miren que los envío como corderos en medio de lobos. **4** No lleven monedero ni bolsa ni sandalias; ni se detengan a saludar a nadie por el camino.

5 »Cuando entren en una casa, digan primero: 'Paz a esta casa.' **6** Si hay allí alguien digno de paz, gozará de ella; y si no, la bendición no se cumplirá.[b] **7** Quédense en esa casa, y coman y beban de lo que ellos tengan, porque el trabajador tiene derecho a su sueldo. No anden de casa en casa.

8 »Cuando entren en un pueblo y los reciban, coman lo que les sirvan. **9** Sanen a los enfermos que encuentren allí y díganles: 'El reino de Dios ya está cerca de ustedes.' **10** Pero cuando entren en un pueblo donde no los reciban, salgan a las plazas y digan: **11** 'Aun el polvo de este pueblo, que se nos ha pegado a los pies, nos lo sacudimos en protesta contra ustedes. Pero tengan por seguro que ya está cerca el reino de Dios.' **12** Les digo que en aquel día será más tolerable el castigo para Sodoma que para ese pueblo.

13 »¡Ay de ti, Corazín! ¡Ay de ti, Betsaida! Si se hubieran hecho en Tiro y en Sidón los milagros que se hicieron en medio de ustedes, ya hace tiempo que se habrían *arrepentido con grandes lamentos.[c] **14** Pero en el juicio será más tolerable el castigo para Tiro y Sidón que para ustedes. **15** Y tú, Capernaúm, ¿acaso serás levantada hasta el cielo? No, sino que descenderás hasta el *abismo.

16 »El que los escucha a ustedes, me escucha a mí; el que los rechaza a ustedes, me rechaza a mí; y el que me rechaza a mí, rechaza al que me envió.»

17 Cuando los setenta y dos regresaron, dijeron contentos:

—Señor, hasta los demonios se nos someten en tu nombre.

18 —Yo veía a Satanás caer del cielo como un rayo —respondió él—. **19** Sí, les he dado autoridad a ustedes para pisotear serpientes y escorpiones y vencer todo el poder del enemigo; nada les podrá hacer daño. **20** Sin embargo, no se alegren de que puedan someter a los espíritus, sino alégrense de que sus nombres están escritos en el cielo.

21 En aquel momento Jesús, lleno de alegría por el Espíritu Santo, dijo: «Te alabo, Padre, Señor del cielo y de la tierra, porque habiendo escondido estas cosas de los sabios e instruidos, se las has revelado a los que son como niños. Sí, Padre, porque esa fue tu buena voluntad.

22 »Mi Padre me ha entregado todas las cosas. Nadie sabe quién es el Hijo, sino el Padre, y nadie sabe quién es el Padre, sino el Hijo y aquel a quien el Hijo quiera revelárselo.»

23 Volviéndose a sus discípulos, les dijo aparte: «*Dichosos los ojos que ven lo que ustedes ven. **24** Les digo que muchos profetas y reyes quisieron ver lo que ustedes

---

a **10:1** *setenta y dos.* Var. *setenta*; también en v. 17. *b* **10:6** *Si hay ... se cumplirá.* Lit. *Si hay allí un hijo de paz, la paz de ustedes reposará sobre él; y si no, volverá a ustedes.* *c* **10:13** *con grandes lamentos.* Lit. *sentados en saco y ceniza.*

Pasaje del día: Lucas 10:38-42
Versículo del día: Lucas 10:42

Nuestras prioridades

*M*uchas veces oímos la frase "No tengo tiempo" de labios de personas muy ocupadas. Sin embargo, todos tenemos las mismas veinticuatro horas para trabajar y cumplir nuestras responsabilidades. Hay muchas cosas que llenan nuestra vida: la familia, el trabajo, la iglesia, los estudios, las amistades. Sentimos que no alcanzan las horas del día para todo lo que hay que hacer; pero recordemos que siempre hay tiempo para lo que Dios quiere que hagamos.

Si me encuentro sin tiempo para algo valioso, debo examinar mi agenda para ver qué puedo eliminar. No es fácil determinar las prioridades ya que todo nos parece muy "importante" y muy "bueno"; pero no podemos hacer todo. ¡Nadie puede hacer todo!

El pasaje del día habla de dos hermanas. María había escogido la buena parte, tomando tiempo para sentarse a los pies de Jesús y oírle, mientras que Marta estaba inquieta y preocupada con muchas cosas. Marta se había propuesto realizar tantas cosas que sola no podía terminar. Trató de servir a Jesús; pero sin apartar tiempo para estar con Él.

¿Cuántas mujeres somos como Marta? Para resolver ese problema, es necesario definir las prioridades de nuestra vida. Debemos hacer lo que otros no pueden hacer; debemos hacer las cosas que para nosotras son importantes y saber decir "no" a las cosas que no tienen prioridad.

Tome unos minutos para anotar las cosas prioritarias. Reorganice su agenda para que haya tiempo para esas actividades. Y, como María, dedique tiempo cada día para estar a los pies de Cristo.

Martha de Berberián
Guatemala

ven, pero no lo vieron; y oír lo que ustedes oyen, pero no lo oyeron.»

Parábola del buen samaritano

25 En esto se presentó un *experto en la ley y, para poner a prueba a Jesús, le hizo esta pregunta:

—Maestro, ¿qué tengo que hacer para heredar la vida eterna?

26 Jesús replicó:

—¿Qué está escrito en la ley? ¿Cómo la interpretas tú?

27 Como respuesta el hombre citó:

—'Ama al Señor tu Dios con todo tu corazón, con toda tu alma, con todas tus fuerzas y con toda tu mente',ª y: 'Ama a tu prójimo como a ti mismo.'ᵇ

28 —Bien contestado —le dijo Jesús—. Haz eso y vivirás.

29 Pero él quería justificarse, así que le preguntó a Jesús:

—¿Y quién es mi prójimo?

30 Jesús respondió:

—Bajaba un hombre de Jerusalén a Jericó, y cayó en manos de unos ladrones. Le quitaron la ropa, lo golpearon y se fueron, dejándolo medio muerto. **31** Resulta que viajaba por el mismo camino un sacerdote quien, al verlo, se desvió y siguió de largo. **32** Así también llegó a aquel lugar un levita, y al verlo, se desvió y siguió de largo. **33** Pero un samaritano que iba de viaje llegó a donde estaba el hombre y, viéndolo, se compadeció de él. **34** Se acercó, le curó las heridas con vino y aceite, y se las vendó. Luego lo montó sobre su propia cabalgadura, lo llevó a un alojamiento y lo cuidó. **35** Al día siguiente, sacó dos monedas de plataᶜ y se las dio al dueño del alojamiento. 'Cuídemelo —le dijo—, y lo que gaste usted de más, se lo pagaré cuando yo vuelva.' **36** ¿Cuál de estos tres piensas que demostró ser el prójimo del que cayó en manos de los ladrones?

37 —El que se compadeció de él —contestó el experto en la ley.

—Anda entonces y haz tú lo mismo —concluyó Jesús.

En casa de Marta y María

38 Mientras iba de camino con sus discípulos, Jesús entró en una aldea, y una mujer llamada Marta lo recibió en su casa. **39** Tenía ella una hermana llamada María que, sentada a los pies del Señor, escuchaba lo que él decía. **40** Marta, por su parte, se sentía abrumada porque tenía mucho que hacer. Así que se acercó a él y le dijo:

—Señor, ¿no te importa que mi hermana me haya dejado sirviendo sola? ¡Dile que me ayude!

41 —Marta, Marta —le contestó Jesús—, estás inquieta y preocupada por muchas cosas, **42** pero sólo una es necesaria.ᵈ María ha escogido la mejor, y nadie se la quitará.

Jesús enseña sobre la oración

11 Un día estaba Jesús orando en cierto lugar. Cuando terminó, le dijo uno de sus discípulos:

—Señor, enséñanos a orar, así como Juan enseñó a sus discípulos.

2 Él les dijo:

—Cuando oren, digan:

»'Padre,ᵉ
*santificado sea tu nombre.
Venga tu reino.ᶠ
3 Danos cada día nuestro pan
cotidiano.ᵍ
4 Perdónanos nuestros pecados,
porque también nosotros
perdonamos a todos los que
nos ofenden.ʰ
Y no nos metas en *tentación.'ª

5 »Supongamos —continuó— que uno de ustedes tiene un amigo, y a medianoche va y le dice: 'Amigo, préstame tres panes, **6** pues se me ha presentado un amigo recién llegado de viaje, y no tengo nada que ofrecerle.' **7** Y el que está adentro le contesta: 'No me molestes. Ya está cerrada la puerta, y mis hijos y yo estamos acostados. No puedo levantarme a darte nada.' **8** Les digo que, aunque no se le-

a 10:27 Dt 6:5 **b 10:27** Lv 19:18 **c 10:35** *monedas de plata.* Lit. *denarios.* **d 10:42** *sólo una es necesaria.* Var. *se necesitan pocas cosas, o una sola.* **e 11:2** *Padre.* Var. *Padre nuestro que estás en el cielo* (véase Mt 6:9). **f 11:2** *reino.* Var. *reino. Hágase tu voluntad en la tierra como en el cielo* (véase Mt 6:10). **g 11:3** *nuestro pan cotidiano.* Alt. *el pan que necesitamos.* **h 11:4** *nos ofenden.* Lit. *nos deben.* **a 11:4** *tentación.* Var. *tentación, sino líbranos del maligno* (véase Mt 6:13).

Pasaje del día: Lucas 11:1-13
Versículo del día: Lucas 11:1

Enséñame a orar

*L*a oración es un arma poderosa y, como tal, debemos saber utilizarla. Los discípulos, al escuchar cómo oraba Jesús, pidieron: "Señor, enséñanos a orar." No sólo estaban fascinados por la forma de orar del Maestro y por las palabras que usaba, sino asombrados por las respuestas que recibía.

En cierta oportunidad escuché decir: "Al orar, no concentres tu atención en el problema; ora pensando en la solución. Cuanto más te concentras en el problema, tantos más problemas tendrás. Pero, si al orar, te concentras en la respuesta y la solución, recibirás precisamente eso: respuesta y solución." Realmente me hizo reflexionar. ¡Qué verdad profunda e importante!

¿Cuántas veces oró usted concentrándose en el problema que tiene? Lo repitió una y otra vez, logrando que se acentúe. Su mente se cargó, su espíritu se deprimió y su fe se debilitó, ¿no es verdad?

Busque ahora mismo una base, una promesa en las Escrituras, que sea la solución a su problema, y comience a orientar su oración hacia la victoria total. Haga suyas las promesas del Señor, fortalezca su fe al afirmarlas en su corazón, y verá que se producirá un cambio en su espíritu, en el ambiente de su vida y en todas las esferas.

Oración: Amado Señor, creo que toda buena dádiva y todo don perfecto vienen de ti, y que tú no cambias jamás. Por eso, en este momento, confío en que comienzo a recibir las respuestas y las soluciones; la iluminación y la guía; la salud, la paz y la prosperidad que he estado buscando. Gracias por todo lo que me das, en el nombre de Jesús.

Marfa Cabrera
Argentina

vante a darle pan por ser amigo suyo, sí se levantará por su impertinencia y le dará cuanto necesite.

9 »Así que yo les digo: Pidan, y se les dará; busquen, y encontrarán; llamen, y se les abrirá la puerta. **10** Porque todo el que pide, recibe; el que busca, encuentra; y al que llama, se le abre.

11 »¿Quién de ustedes que sea padre, si su hijo le pide[a] un pescado, le dará en cambio una serpiente? **12** ¿O si le pide un huevo, le dará un escorpión? **13** Pues si ustedes, aun siendo malos, saben dar cosas buenas a sus hijos, ¡cuánto más el Padre celestial dará el Espíritu Santo a quienes se lo pidan!

Jesús y Beelzebú

14 En otra ocasión Jesús expulsaba de un hombre a un demonio que lo había dejado mudo. Cuando salió el demonio, el mudo habló, y la gente se quedó asombrada. **15** Pero algunos dijeron: «Éste expulsa a los demonios por medio de *Beelzebú, príncipe de los demonios.» **16** Otros, para ponerlo a *prueba, le pedían una señal del cielo.

17 Como él conocía sus pensamientos, les dijo: «Todo reino dividido contra sí mismo quedará asolado, y una casa dividida contra sí misma se derrumbará.[b] **18** Por tanto, si Satanás está dividido contra sí mismo, ¿cómo puede mantenerse en pie su reino? Lo pregunto porque ustedes dicen que yo expulso a los demonios por medio de Beelzebú. **19** Ahora bien, si yo expulso a los demonios por medio de Beelzebú, ¿los seguidores de ustedes por medio de quién los expulsan? Por eso ellos mismos los juzgarán a ustedes. **20** Pero si expulso a los demonios con el poder[c] de Dios, eso significa que ha llegado a ustedes el reino de Dios.

21 »Cuando un hombre fuerte y bien armado cuida su hacienda, sus bienes están seguros. **22** Pero si lo ataca otro más fuerte que él y lo vence, le quita las armas en que confiaba y reparte el botín. **23** »El que no está de mi parte, está contra mí; y el que conmigo no recoge, esparce.

24 »Cuando un *espíritu maligno sale de una persona, va por lugares áridos buscando un descanso. Y al no encontrarlo, dice: 'Volveré a mi casa, de donde salí.' **25** Cuando llega, la encuentra barrida y arreglada. **26** Luego va y trae otros siete espíritus más malvados que él, y entran a vivir allí. Así que el estado final de aquella persona resulta peor que el inicial.»

27 Mientras Jesús decía estas cosas, una mujer de entre la multitud exclamó:

—¡*Dichosa la mujer que te dio a luz y te amamantó![d]

28 —Dichosos más bien —contestó Jesús— los que oyen la palabra de Dios y la obedecen.

La señal de Jonás

29 Como crecía la multitud, Jesús se puso a decirles: «Ésta es una generación malvada. Pide una señal milagrosa, pero no se le dará más señal que la de Jonás. **30** Así como Jonás fue una señal para los habitantes de Nínive, también lo será el Hijo del hombre para esta generación. **31** La reina del Sur se levantará en el día del juicio y condenará a esta gente; porque ella vino desde los confines de la tierra para escuchar la sabiduría de Salomón, y aquí tienen ustedes a uno más grande que Salomón. **32** Los ninivitas se levantarán en el día del juicio y condenarán a esta generación; porque ellos se *arrepintieron al escuchar la predicación de Jonás, y aquí tienen ustedes a uno más grande que Jonás.

La lámpara del cuerpo

33 »Nadie enciende una lámpara para luego ponerla en un lugar escondido o cubrirla con un cajón, sino para ponerla en una repisa, a fin de que los que entren tengan luz. **34** Tus ojos son la lámpara de tu cuerpo. Si tu visión es clara, todo tu ser disfrutará de la luz; pero si está nublada, todo tu ser estará en la oscuridad.[e] **35** Ase-

a **11:11** *le pide.* Var. *le pide pan, le dará una piedra; o si le pide.* *b* **11:17** *y una casa ... derrumbará.* Alt. *y sus casas se derrumbarán unas sobre otras.* *c* **11:20** *poder.* Lit. *dedo.* *d* **11:27** *¡Dichosa ... amamantó!* Lit. *¡Dichoso el vientre que te llevó y los pechos que te criaron!* *e* **11:34** *Si tu visión ... oscuridad.* Lit. *Cuando tu ojo es bueno, todo tu cuerpo está iluminado; pero cuando es malo, también tu cuerpo está oscuro.*

gúrate de que la luz que crees tener no sea oscuridad. **36** Por tanto, si todo tu ser disfruta de la luz, sin que ninguna parte quede en la oscuridad, estarás completamente iluminado, como cuando una lámpara te alumbra con su luz.»

Jesús denuncia a los fariseos y a los expertos en la ley

37 Cuando Jesús terminó de hablar, un *fariseo lo invitó a comer con él; así que entró en la casa y se *sentó a la mesa. **38** Pero el fariseo se sorprendió al ver que Jesús no había cumplido con el rito de lavarse antes de comer.

39 —Resulta que ustedes los fariseos —les dijo el Señor—, *limpian el vaso y el plato por fuera, pero por dentro están ustedes llenos de codicia y de maldad. **40** ¡Necios! ¿Acaso el que hizo lo de afuera no hizo también lo de adentro? **41** Den más bien a los pobres de lo que está dentro,ᵃ y así todo quedará limpio para ustedes.

42 »¡Ay de ustedes, fariseos!, que dan la décima parte de la menta, de la ruda y de toda clase de legumbres, pero descuidan la justicia y el amor de Dios. Debían haber practicado esto, sin dejar de hacer aquello.

43 »¡Ay de ustedes, fariseos!, que se mueren por los primeros puestos en las sinagogas y los saludos en las plazas.

44 »¡Ay de ustedes!, que son como tumbas sin lápida, sobre las que anda la gente sin darse cuenta.

45 Uno de los *expertos en la ley le respondió:

—Maestro, al hablar así nos insultas también a nosotros.

46 Contestó Jesús:

—¡Ay de ustedes también, expertos en la ley! Abruman a los demás con cargas que apenas se pueden soportar, pero ustedes mismos no levantan ni un dedo para ayudarlos.

47 »¡Ay de ustedes!, que construyen monumentos para los profetas, a quienes los antepasados de ustedes mataron. **48** En realidadᵇ aprueban lo que hicieron sus antepasados; ellos mataron a los profetas, y ustedes les construyen los sepulcros. **49** Por eso dijo Dios en su sabiduría: 'Les enviaré profetas y apóstoles, de los cuales matarán a unos y perseguirán a otros.' **50** Por lo tanto, a esta generación se le pedirán cuentas de la sangre de todos los profetas derramada desde el principio del mundo, **51** desde la sangre de Abel hasta la sangre de Zacarías, el que murió entre el altar y el *santuario. Sí, les aseguro que de todo esto se le pedirán cuentas a esta generación.

52 »¡Ay de ustedes, expertos en la ley!, porque se han adueñado de la llave del conocimiento. Ustedes mismos no han entrado, y a los que querían entrar les han cerrado el paso.

53 Cuando Jesús salió de allí, los *maestros de la ley y los fariseos, resentidos, pusieron a acosarlo a preguntas. **54** Estaban tendiéndole trampas para ver si fallaba en algo.

Advertencias y estímulos

12 Mientras tanto, se habían reunido millares de personas, tantas que se atropellaban unas a otras. Jesús comenzó a hablar, dirigiéndose primero a sus discípulos: «Cuídense de la levadura de los *fariseos, o sea, de la *hipocresía. **2** No hay nada encubierto que no llegue a revelarse, ni nada escondido que no llegue a conocerse. **3** Así que todo lo que ustedes han dicho en la oscuridad se dará a conocer a plena luz, y lo que han susurrado a puerta cerrada se proclamará desde las azoteas.

4 »A ustedes, mis amigos, les digo que no teman a los que matan el cuerpo pero después no pueden hacer más. **5** Les voy a enseñar más bien a quién deben temer: teman al que, después de dar muerte, tiene poder para echarlos al infierno.ᶜ Sí, les aseguro que a él deben temerle. **6** ¿No se venden cinco gorriones por dos moneditas?ᵈ Sin embargo, Dios no se olvida de ninguno de ellos. **7** Así mismo sucede con ustedes: aun los cabellos de su cabeza están contados. No tengan miedo; ustedes valen más que muchos gorriones.

---

a **11:41** *lo que está dentro.* Alt. *lo que tienen.*   *b* **11:48** *En realidad.* Lit. *Así que ustedes son testigos y.*   *c* **12:5** *al infierno.* Lit. *a la Gehenna.*   *d* **12:6** *moneditas.* Lit. *asaria.*

8 »Les aseguro que a cualquiera que me reconozca delante de la gente, también el Hijo del hombre lo reconocerá delante de los ángeles de Dios. **9** Pero al que me desconozca delante de la gente se le desconocerá delante de los ángeles de Dios. **10** Y todo el que pronuncie alguna palabra contra el Hijo del hombre será perdonado, pero el que *blasfeme contra el Espíritu Santo no tendrá perdón.

11 »Cuando los hagan comparecer ante las sinagogas, los gobernantes y las autoridades, no se preocupen de cómo van a defenderse o de qué van a decir, **12** porque en ese momento el Espíritu Santo les enseñará lo que deben responder.»

Parábola del rico insensato

13 Uno de entre la multitud le pidió:

—Maestro, dile a mi hermano que comparta la herencia conmigo.

14 —Hombre —replicó Jesús—, ¿quién me nombró a mí juez o árbitro entre ustedes?

15 »¡Tengan cuidado! —advirtió a la gente—. Absténganse de toda avaricia; la vida de una persona no depende de la abundancia de sus bienes.

16 Entonces les contó esta parábola:

—El terreno de un hombre rico le produjo una buena cosecha. **17** Así que se puso a pensar: '¿Qué voy a hacer? No tengo dónde almacenar mi cosecha.' **18** Por fin dijo: 'Ya sé lo que voy a hacer: derribaré mis graneros y construiré otros más grandes, donde pueda almacenar todo mi grano y mis bienes. **19** Y diré: Alma mía, ya tienes bastantes cosas buenas guardadas para muchos años. Descansa, come, bebe y goza de la vida.' **20** Pero Dios le dijo: '¡Necio! Esta misma noche te van a reclamar la *vida. ¿Y quién se quedará con lo que has acumulado?'

21 »Así le sucede al que acumula riquezas para sí mismo, en vez de ser rico delante de Dios.

No se preocupen

22 Luego dijo Jesús a sus discípulos:

—Por eso les digo: No se preocupen por su *vida, qué comerán; ni por su cuerpo, con qué se vestirán. **23** La vida tiene más valor que la comida, y el cuerpo más que la ropa. **24** Fíjense en los cuervos: no siembran ni cosechan, ni tienen almacén ni granero; sin embargo, Dios los alimenta. ¡Cuánto más valen ustedes que las aves! **25** ¿Quién de ustedes, por mucho que se preocupe, puede añadir una sola hora al curso de su vida?a **26** Ya que no pueden hacer algo tan insignificante, ¿por qué se preocupan por lo demás?

27 »Fíjense cómo crecen los lirios. No trabajan ni hilan; sin embargo, les digo que ni siquiera Salomón, con todo su esplendor, se vestía como uno de ellos. **28** Si así viste Dios a la hierba que hoy está en el campo y mañana es arrojada al horno, ¡cuánto más hará por ustedes, gente de poca fe! **29** Así que no se afanen por lo que han de comer o beber; dejen de atormentarse. **30** El mundo *pagano anda tras todas estas cosas, pero el Padre sabe que ustedes las necesitan. **31** Ustedes, por el contrario, busquen el reino de Dios, y estas cosas les serán añadidas.

32 »No tengan miedo, mi rebaño pequeño, porque es la buena voluntad del Padre darles el reino. **33** Vendan sus bienes y den a los pobres. Proveánse de bolsas que no se desgasten; acumulen un tesoro inagotable en el cielo, donde no hay ladrón que aceche ni polilla que destruya. **34** Pues donde tengan ustedes su tesoro, allí estará también su corazón.

La vigilancia

35 »Manténganse listos, con la ropa bien ajustadab y la luz encendida. **36** Pórtense como siervos que esperan a que regrese su señor de un banquete de bodas, para abrirle la puerta tan pronto como él llegue y toque. **37** *Dichosos los *siervos a quienes su señor encuentre pendientes de su llegada. Créanme que se ajustará la ropa, hará que los siervos se sienten a la mesa, y él mismo se pondrá a servirles. **38** Sí, dichosos aquellos siervos a quienes su señor encuentre preparados, aunque llegue a la medianoche o de madrugada. **39** Pero entiendan esto: Si un

---

a 12:25 *puede añadir ... su vida*. Alt. *puede aumentar su estatura siquiera medio metro?* (lit. *un codo*). *b* 12:35 *Manténganse ... ajustada*. Lit. *Tengan sus lomos ceñidos*.

Pasaje del día: Lucas 12:32-34
Versículo del día: Lucas 12:32

Una dádiva inmerecida

El mundo en que vivimos nos ha enseñado que sólo recibiremos regalos y dádivas si lo merecemos; de manera que estamos en una continua competencia por ganar puntos delante de los demás, para hacernos merecedores de su amistad, aceptación o favor.

En esta lucha campal nos perdemos de algo que es realmente valioso y precioso: el amor incondicional de Dios, delante del cual no tenemos que tomar ninguna postura, ni fingir nada. No hay temor a que nos descubran tal y cual somos. Él se alegra en regalarnos su amor.

Fui un día a una tienda de regalos y vi una prenda hermosa. Al verla, lo primero que vino a mi mente fue una amiga de mi hija. Hice un esfuerzo y la compré.

La próxima vez que la vi le dije:

—Nuestra familia te quiere mucho y tu amistad es valiosa para nosotros. Por eso queremos regalarte esto.

Enseguida vi sus ojos llenos de alegría, sorpresa y gratitud, y preguntó:

—Pero, ¿por qué? ¿Qué día es hoy? ¿Qué les he hecho? Yo sólo causo molestia en esta casa.

—No hay motivo especial. Nos sentimos felices de darte esto y sólo eso. No hay motivo ni día especial, sólo que te amamos —le contesté.

Ella nunca había recibido un regalo sin motivo. Quería una justificación; no entendía que el regalo sólo era una muestra de nuestro amor.

Con frecuencia no comprendemos el amor de Dios. No creemos que merecemos, ni somos nada para recibir el regalo de su reino; pero somos joyas en sus manos. No debemos temer. Dios nos ama y su gracia nos debe bastar. Su amor es incondicional; no importa lo pequeños que seamos. Su amor es tierno y para siempre.

Luisa de González
República Dominicana

dueño de casa supiera a qué hora va a llegar el ladrón, estaría pendiente para no dejarlo forzar la entrada. **40** Así mismo deben ustedes estar preparados, porque el Hijo del hombre vendrá cuando menos lo esperen.

41 —Señor —le preguntó Pedro—, ¿cuentas esta parábola para nosotros, o para todos?

42 Respondió el Señor:

—¿Dónde se halla un mayordomo fiel y prudente a quien su señor deja encargado de los siervos para repartirles la comida a su debido tiempo? **43** Dichoso el siervo cuyo señor, al regresar, lo encuentra cumpliendo con su deber. **44** Les aseguro que lo pondrá a cargo de todos sus bienes. **45** Pero ¡qué tal si ese siervo se pone a pensar: 'Mi señor tarda en volver', y luego comienza a golpear a los criados y a las criadas, y a comer y beber y emborracharse! **46** El señor de ese siervo volverá el día en que el siervo menos lo espere y a la hora menos pensada. Entonces lo castigará severamente y le impondrá la condena que reciben los incrédulos.ᵃ

47 »El siervo que conoce la voluntad de su señor, y no se prepara para cumplirla, recibirá muchos golpes. **48** En cambio, el que no la conoce y hace algo que merezca castigo, recibirá pocos golpes. A todo el que se le ha dado mucho, se le exigirá mucho; y al que se le ha confiado mucho, se le pedirá aun más.

División en vez de paz

49 »He venido a traer fuego a la tierra, y ¡cómo quisiera que ya estuviera ardiendo! **50** Pero tengo que pasar por la prueba de un bautismo, y ¡cuánta angustia siento hasta que se cumpla! **51** ¿Creen ustedes que vine a traer paz a la tierra? ¡Les digo que no, sino división! **52** De ahora en adelante estarán divididos cinco en una familia, tres contra dos, y dos contra tres. **53** Se dividirán el padre contra su hijo y el hijo contra su padre, la madre contra su hija y la hija contra su madre, la suegra contra su nuera y la nuera contra su suegra.

Señales de los tiempos

54 Luego añadió Jesús, dirigiéndose a la multitud:

—Cuando ustedes ven que se levanta una nube en el occidente, en seguida dicen: 'Va a llover', y así sucede. **55** Y cuando sopla el viento del sur, dicen: 'Va a hacer calor', y así sucede. **56** ¡*Hipócritas! Ustedes saben interpretar la apariencia de la tierra y del cielo. ¿Cómo es que no saben interpretar el tiempo actual?

57 »¿Por qué no juzgan por ustedes mismos lo que es justo? **58** Si tienes que ir con un adversario al magistrado, procura reconciliarte con él en el camino, no sea que te lleve por la fuerza ante el juez, y el juez te entregue al alguacil, y el alguacil te meta en la cárcel. **59** Te digo que no saldrás de allí hasta que pagues el último centavo.ᵇ

El que no se arrepiente perecerá

13 En aquella ocasión algunos que habían llegado le contaron a Jesús cómo Pilato había dado muerte a unos galileos cuando ellos ofrecían sus sacrificios.ᶜ **2** Jesús les respondió: «¿Piensan ustedes que esos galileos, por haber sufrido así, eran más pecadores que todos los demás? **3** ¡Les digo que no! Y a menos que se *arrepientan, todos ustedes también perecerán. **4** ¿O piensan que aquellos dieciocho que fueron aplastados por la torre de Siloé eran más culpables que todos los demás habitantes de Jerusalén? **5** ¡Les digo que no! Y a menos que se arrepientan, todos ustedes también perecerán.»

6 Entonces les contó esta parábola: «Un hombre tenía una higuera plantada en su viñedo, pero cuando fue a buscar fruto en ella, no encontró nada. **7** Así que le dijo al viñador: 'Mira, ya hace tres años que vengo a buscar fruto en esta higuera, y no he encontrado nada. ¡Córtala! ¿Para qué ha de ocupar terreno?' **8** 'Señor —le contestó el viñador—, déjela todavía por un año más, para que yo pueda cavar a su alrededor y echarle abono. **9** Así tal vez en adelante dé fruto; si no, córtela.'»

a **12:46** *lo castigará ... incrédulos.* Lit. *lo cortará en dos y fijará su porción con los incrédulos.* *b* **12:59** *centavo.* Lit. *lepton.* *c* **13:1** *le contaron ... sacrificios.* Lit. *le contaron acerca de los galileos cuya sangre Pilato mezcló con sus sacrificios.*

*Jesús sana en sábado a
una mujer encorvada*

¹⁰ Un *sábado Jesús estaba enseñando en una de las sinagogas, ¹¹ y estaba allí una mujer que por causa de un demonio llevaba dieciocho años enferma. Andaba encorvada y de ningún modo podía enderezarse. ¹² Cuando Jesús la vio, la llamó y le dijo:

—Mujer, quedas libre de tu enfermedad.

¹³ Al mismo tiempo, puso las manos sobre ella, y al instante la mujer se enderezó y empezó a alabar a Dios. ¹⁴ Indignado porque Jesús había sanado en sábado, el jefe de la sinagoga intervino, dirigiéndose a la gente:

—Hay seis días en que se puede trabajar, así que vengan esos días para ser sanados, y no el sábado.

¹⁵ —¡*Hipócritas! —le contestó el Señor—. ¿Acaso no desata cada uno de ustedes su buey o su burro en sábado, y lo saca del establo para llevarlo a tomar agua? ¹⁶ Sin embargo, a esta mujer, que es hija de Abraham, y a quien Satanás tenía atada durante dieciocho largos años, ¿no se le debía quitar esta cadena en sábado?

¹⁷ Cuando razonó así, quedaron humillados todos sus adversarios, pero la gente estaba encantada de tantas maravillas que él hacía.

*Parábolas del grano de mostaza
y de la levadura*

¹⁸ —¿A qué se parece el reino de Dios? —continuó Jesús—. ¿Con qué voy a compararlo? ¹⁹ Se parece a un grano de mostaza que un hombre sembró en su huerto. Creció hasta convertirse en un árbol, y las aves anidaron en sus ramas.

²⁰ Volvió a decir:

—¿Con qué voy a comparar el reino de Dios? ²¹ Es como la levadura que una mujer tomó y mezcló con una gran cantidadᵃ de harina, hasta que fermentó toda la masa.

La puerta estrecha

²² Continuando su viaje a Jerusalén, Jesús enseñaba en los pueblos y aldeas por donde pasaba.

²³ —Señor, ¿son pocos los que van a salvarse? —le preguntó uno.

²⁴ —Esfuércense por entrar por la puerta estrecha —contestó—, porque les digo que muchos tratarán de entrar y no podrán. ²⁵ Tan pronto como el dueño de la casa se haya levantado a cerrar la puerta, ustedes desde afuera se pondrán a golpear la puerta, diciendo: 'Señor, ábrenos.' Pero él les contestará: 'No sé quiénes son ustedes.' ²⁶ Entonces dirán: 'Comimos y bebimos contigo, y tú enseñaste en nuestras plazas.' ²⁷ Pero él les contestará: 'Les repito que no sé quiénes son ustedes. ¡Apártense de mí, todos ustedes hacedores de injusticia!'

²⁸ »Allí habrá llanto y rechinar de dientes cuando vean en el reino de Dios a Abraham, Isaac, Jacob y a todos los profetas, mientras a ustedes los echan fuera. ²⁹ Habrá quienes lleguen del oriente y del occidente, del norte y del sur, para *sentarse al banquete en el reino de Dios. ³⁰ En efecto, hay últimos que serán primeros, y primeros que serán últimos.

Lamento de Jesús sobre Jerusalén

³¹ En ese momento se acercaron a Jesús unos *fariseos y le dijeron:

—Sal de aquí y vete a otro lugar, porque Herodes quiere matarte.

³² Él les contestó:

—Vayan y díganle a ese zorro: 'Mira, hoy y mañana seguiré expulsando demonios y sanando a la gente, y al tercer día terminaré lo que debo hacer.' ³³ Tengo que seguir adelante hoy, mañana y pasado mañana, porque no puede ser que muera un profeta fuera de Jerusalén.

³⁴ »¡Jerusalén, Jerusalén, que matas a los profetas y apedreas a los que se te envían! ¡Cuántas veces quise reunir a tus hijos, como reúne la gallina a sus pollitos debajo de sus alas, pero no quisiste! ³⁵ Pues bien, la casa de ustedes va a quedar abandonada. Y les advierto que ya no volverán a verme hasta el día que digan: '¡Bendito el que viene en el nombre del Señor!'ᵇ

---

a **13:21** *una gran cantidad.* Lit. *tres satas* (probablemente unos 22 litros).   *b* **13:35** Sal 118:26

Pasaje del día: Lucas 13:10-17
Versículo del día: Lucas 13:12

Mujer... ¡eres libre!

*E*l relato muestra a una mujer, como muchas, cuya vida se había ido consumiendo por el cautiverio de un espíritu de enfermedad y se encontraba frustrada, cansada, agobiada, rechazada y espiritualmente empobrecida.

Es probable que su condición física haya ido formando o creando en ella una imagen negativa de sí misma, desarrollando en su ser interior sentimientos destructivos, tales como el temor a la soledad, al rechazo, a las circunstancias, al ¿qué dirán? Al mismo tiempo, tal vez sentía inseguridad, impotencia, desconfianza, amargura y tantas cosas como esas que el enemigo va introduciendo sutilmente en la vida de las personas para ir deformando la imagen de Dios, la cual debemos estar reflejando cada una de nosotras.

Al ver a esa mujer, Jesús la llama; no para abusarla, burlarse de ella o avergonzarla en público. La llama para sanarla y restaurarla; para hacer de ella una persona libre.

Me ha tocado escuchar a mujeres que me han dicho que están "cansadas de la vida", que "no saben para qué nacieron", que sienten que su vida "no tiene sentido". Es probable que la mujer de nuestro relato tuviera los mismos pensamientos; pero cuando se acercó a Cristo, Él produjo en ella seguridad, aceptación y amor. Desde ese momento, nunca más sería la misma.

Tal vez has vivido largo tiempo con una imagen deformada de ti misma y vienes arrastrando cadenas de condenación y culpabilidad. Cristo te llama para hacerte libre.

La amistad con Dios obra positivamente. La mujer de la historia se enderezó y glorificaba a Dios. Descubrió que su imagen divina y su alegría sustituyeron al espíritu angustiado. Mujer... ¡tú también puedes ser libre!

Adelma de García
México

Pasaje del sábado:
Lucas 15:11-32
Pasaje del domingo:
1 Juan 4:7-21

El amor paternal de Dios

Padre, me anido en tu regazo,
Y con todo tu amor me dices: "Te amo."

Mi cabeza reclino en tu pecho,
Y el palpitar de tu corazón me dice: "Te amo."

Mis penas y dichas te digo al oído,
Y con voz apacible me dices: "Te amo."

Ansiosa contemplo tus ojos,
y tu dulce mirada me dice: "Te amo."

Mi débil mano pongo en la tuya,
Y con suave apretón me dices: "Te amo."

No siento frío ni calor,
Pues en cada respiro me dices: "Te amo."

Y así, Padre, mecida en tu regazo,
En dulce arrullo quiero vivir siempre.
Para escuchar, ver, sentir y palpar,
Que con todo me dices: "Te amo."

Emma Horta de Nieto
Colombia

Jesús en casa de un fariseo

14 Un día Jesús fue a comer a casa de un notable de los *fariseos. Era *sábado, así que éstos estaban acechando a Jesús. ² Allí, delante de él, estaba un hombre enfermo de hidropesía. ³ Jesús les preguntó a los *expertos en la ley y a los fariseos:

—¿Está permitido o no sanar en sábado?

⁴ Pero ellos se quedaron callados. Entonces tomó al hombre, lo sanó y lo despidió.

⁵ También les dijo:

—Si uno de ustedes tiene un hijoª o un buey que se le cae en un pozo, ¿no lo saca en seguida aunque sea sábado?

⁶ Y no pudieron contestarle nada.

⁷ Al notar cómo los invitados escogían los lugares de honor en la mesa, les contó esta parábola:

⁸ —Cuando alguien te invite a una fiesta de bodas, no te sientes en el lugar de honor, no sea que haya algún invitado más distinguido que tú. ⁹ Si es así, el que los invitó a los dos vendrá y te dirá: 'Cédele tu asiento a este hombre.' Entonces, avergonzado, tendrás que ocupar el último asiento. ¹⁰ Más bien, cuando te inviten, siéntate en el último lugar, para que cuando venga el que te invitó, te diga: 'Amigo, pasa más adelante a un lugar mejor.' Así recibirás honor en presencia de todos los demás invitados. ¹¹ Todo el que a sí mismo se enaltece será humillado, y el que se humilla será enaltecido.

¹² También dijo Jesús al que lo había invitado:

—Cuando des una comida o una cena, no invites a tus amigos, ni a tus hermanos, ni a tus parientes, ni a tus vecinos ricos; no sea que ellos, a su vez, te inviten y así seas recompensado. ¹³ Más bien, cuando des un banquete, invita a los pobres, a los inválidos, a los cojos y a los ciegos. ¹⁴ Entonces serás *dichoso, pues aunque ellos no tienen con qué recompensarte, serás recompensado en la resurrección de los justos.

Parábola del gran banquete

¹⁵ Al oír esto, uno de los que estaban *sentados a la mesa con Jesús le dijo:

—¡*Dichoso el que coma en el banquete del reino de Dios!

¹⁶ Jesús le contestó:

—Cierto hombre preparó un gran banquete e invitó a muchas personas. ¹⁷ A la hora del banquete mandó a su siervo a decirles a los invitados: 'Vengan, porque ya todo está listo.' ¹⁸ Pero todos, sin excepción, comenzaron a disculparse. El primero le dijo: 'Acabo de comprar un terreno y tengo que ir a verlo. Te ruego que me disculpes.' ¹⁹ Otro adujo: 'Acabo de comprar cinco yuntas de bueyes, y voy a probarlas. Te ruego que me disculpes.' ²⁰ Otro alegó: 'Acabo de casarme y por eso no puedo ir.' ²¹ El siervo regresó y le informó de esto a su señor. Entonces el dueño de la casa se enojó y le mandó a su siervo: 'Sal de prisa por las plazas y los callejones del pueblo, y trae acá a los pobres, a los inválidos, a los cojos y a los ciegos.' ²² 'Señor —le dijo luego el siervo—, ya hice lo que usted me mandó, pero todavía hay lugar.' ²³ Entonces el señor le respondió: 'Ve por los caminos y las veredas, y oblígalos a entrar para que se llene mi casa. ²⁴ Les digo que ninguno de aquellos invitados disfrutará de mi banquete.'

El precio del discipulado

²⁵ Grandes multitudes seguían a Jesús, y él se volvió y les dijo: ²⁶ «Si alguno viene a mí y no sacrifica el amorᵇ a su padre y a su madre, a su esposa y a sus hijos, a sus hermanos y a sus hermanas, y aun a su propia *vida, no puede ser mi discípulo. ²⁷ Y el que no carga su cruz y me sigue, no puede ser mi discípulo.

²⁸ »Supongamos que alguno de ustedes quiere construir una torre. ¿Acaso no se sienta primero a calcular el costo, para ver si tiene suficiente dinero para terminarla? ²⁹ Si echa los cimientos y no puede terminarla, todos los que la vean comenzarán a burlarse de él, ³⁰ y dirán: 'Este hombre ya no pudo terminar lo que comenzó a construir.'

---

a **14:5** *hijo.* Var. *burro.* *b* **14:26** *no sacrifica el amor.* Lit. *no odia.*

Pasaje del día: Lucas 14:28-32
Versículo del día: Lucas 14:28

Planificación sabia

Una joven decidió casarse con un muchacho guapo porque se enamoró de su apariencia física y su modo alegre, sin pensar que ese joven no sabía lo que era el trabajo y la responsabilidad. Ella estaba pensando en el presente inmediato, sin tomar en cuenta los muchos años de sufrimiento que le esperaban.

Es importante preguntarnos como mujeres: ¿Qué quisiera lograr en cinco, diez o veinticinco años? Vivimos demasiado para hoy y olvidamos el mañana. Pero el hoy puede impedir y perjudicar nuestro mañana. O puede ser de gran beneficio para el futuro.

Muchos jóvenes "gozan" del sexo y las drogas, y dejan sus estudios que son "aburridos"; pero al llegar a reflexionar luego de unos años, dicen con tristeza: "Si hubiera estudiado... si no hubiera perdido tiempo con novios y la vida alegre."

No podemos cambiar nuestro pasado; pero tomando en cuenta la admonición de Jesucristo, planifiquemos sabiamente nuestro futuro, calculando los gastos y cuánto de "ejército" tenemos para enfrentar la vida.

¿Por qué no tomar unos minutos ahora mismo para anotar en una hoja sus metas personales para los próximos cinco años? Muchas veces decidimos en base a información parcial. Es importante reunir toda la información que se relaciona con la situación, anotando también las opciones. Debemos analizar cada factor y no dejar que nuestros sentimientos nos lleven a una mala decisión.

Algunas decisiones son vitales, otras no tan importantes; pero en toda decisión debemos buscar agradar a Dios.

Martha de Berberián
Guatemala

31 »O supongamos que un rey está a punto de ir a la guerra contra otro rey. ¿Acaso no se sienta primero a calcular si con diez mil hombres puede enfrentarse al que viene contra él con veinte mil? **32** Si no puede, enviará una delegación mientras el otro está todavía lejos, para pedir condiciones de paz. **33** De la misma manera, cualquiera de ustedes que no renuncie a todos sus bienes, no puede ser mi discípulo.

34 »La sal es buena, pero si se vuelve insípida, ¿cómo recuperará el sabor? **35** No sirve ni para la tierra ni para el abono; hay que tirarla fuera.

»El que tenga oídos para oír, que oiga.»

Parábola de la oveja perdida

15 Muchos *recaudadores de impuestos y *pecadores se acercaban a Jesús para oírlo, **2** de modo que los *fariseos y los *maestros de la ley se pusieron a murmurar: «Este hombre recibe a los pecadores y come con ellos.»

3 Él entonces les contó esta parábola: **4** «Supongamos que uno de ustedes tiene cien ovejas y pierde una de ellas. ¿No deja las noventa y nueve en el campo, y va en busca de la oveja perdida hasta encontrarla? **5** Y cuando la encuentra, lleno de alegría la carga en los hombros **6** y vuelve a la casa. Al llegar, reúne a sus amigos y vecinos, y les dice: 'Alégrense conmigo; ya encontré la oveja que se me había perdido.' **7** Les digo que así es también en el cielo: habrá más alegría por un solo pecador que se *arrepienta, que por noventa y nueve justos que no necesitan arrepentirse.

Parábola de la moneda perdida

8 »O supongamos que una mujer tiene diez monedas de plata[a] y pierde una. ¿No enciende una lámpara, barre la casa y busca con cuidado hasta encontrarla? **9** Y cuando la encuentra, reúne a sus amigas y vecinas, y les dice: 'Alégrense conmigo; ya encontré la moneda que se me había perdido.' **10** Les digo que así mismo se alegra Dios con sus ángeles[b] por un pecador que se arrepiente.

Parábola del hijo perdido

11 »Un hombre tenía dos hijos —continuó Jesús—. **12** El menor de ellos le dijo a su padre: 'Papá, dame lo que me toca de la herencia.' Así que el padre repartió sus bienes entre los dos. **13** Poco después el hijo menor juntó todo lo que tenía y se fue a un país lejano; allí vivió desenfrenadamente y derrochó su herencia.

14 »Cuando ya lo había gastado todo, sobrevino una gran escasez en la región, y él comenzó a pasar necesidad. **15** Así que fue y consiguió empleo con un ciudadano de aquel país, quien lo mandó a sus campos a cuidar cerdos. **16** Tanta hambre tenía que hubiera querido llenarse el estómago con la comida que daban a los cerdos, pero aun así nadie le daba nada. **17** Por fin recapacitó y se dijo: '¡Cuántos jornaleros de mi padre tienen comida de sobra, y yo aquí me muero de hambre! **18** Tengo que volver a mi padre y decirle: Papá, he pecado contra el cielo y contra ti. **19** Ya no merezco que se me llame tu hijo; trátame como si fuera uno de tus jornaleros.' **20** Así que emprendió el viaje y se fue a su padre.

»Todavía estaba lejos cuando su padre lo vio y se compadeció de él; salió corriendo a su encuentro, lo abrazó y lo besó. **21** El joven le dijo: 'Papá, he pecado contra el cielo y contra ti. Ya no merezco que se me llame tu hijo.'[c] **22** Pero el padre ordenó a sus *siervos: '¡Pronto! Traigan la mejor ropa para vestirlo. Pónganle también un anillo en el dedo y sandalias en los pies. **23** Traigan el ternero más gordo y mátenlo para celebrar un banquete. **24** Porque este hijo mío estaba muerto, pero ahora ha vuelto a la vida; se había perdido, pero ya lo hemos encontrado.' Así que empezaron a hacer fiesta.

25 »Mientras tanto, el hijo mayor estaba en el campo. Al volver, cuando se acercó a la casa, oyó la música del baile. **26** Entonces llamó a uno de los siervos y le preguntó qué pasaba. **27** 'Ha llegado tu hermano —le respondió—, y tu papá ha matado el ternero más gordo porque ha recobrado a su hijo sano y salvo.' **28** Indig-

---

a **15:8** *monedas de plata*. Lit. *dracmas*. *b* **15:10** *se alegra ... ángeles*. Lit. *hay alegría en la presencia de los ángeles de Dios*. *c* **15:21** *hijo*. Var. *hijo; trátame como si fuera uno de tus jornaleros.*

nado, el hermano mayor se negó a entrar. Así que su padre salió a suplicarle que lo hiciera. **29** Pero él le contestó: '¡Fíjate cuántos años te he servido sin desobedecer jamás tus órdenes, y ni un cabrito me has dado para celebrar una fiesta con mis amigos! **30** ¡Pero ahora llega ese hijo tuyo, que ha despilfarrado tu fortuna con prostitutas, y tú mandas matar en su honor el ternero más gordo!'

31 »'Hijo mío —le dijo su padre—, tú siempre estás conmigo, y todo lo que tengo es tuyo. **32** Pero teníamos que hacer fiesta y alegrarnos, porque este hermano tuyo estaba muerto, pero ahora ha vuelto a la vida; se había perdido, pero ya lo hemos encontrado.'»

Parábola del administrador astuto

16 Jesús contó otra parábola a sus discípulos: «Un hombre rico tenía un administrador a quien acusaron de derrochar sus bienes. **2** Así que lo mandó a llamar y le dijo: '¿Qué es esto que me dicen de ti? Rinde cuentas de tu administración, porque ya no puedes seguir en tu puesto.' **3** El administrador reflexionó: '¿Qué voy a hacer ahora que mi patrón está por quitarme el puesto? No tengo fuerzas para cavar, y me da vergüenza pedir limosna. **4** Tengo que asegurarme de que, cuando me echen de la administración, haya gente que me reciba en su casa. ¡Ya sé lo que voy a hacer!'

5 »Llamó entonces a cada uno de los que le debían algo a su patrón. Al primero le preguntó: '¿Cuánto le debes a mi patrón?' **6** 'Cien barriles[a] de aceite', le contestó él. El administrador le dijo: 'Toma tu factura, siéntate en seguida y escribe cincuenta.' **7** Luego preguntó al segundo: 'Y tú, ¿cuánto debes?' 'Cien bultos[b] de trigo', contestó. El administrador le dijo: 'Toma tu factura y escribe ochenta.'

8 »Pues bien, el patrón elogió al administrador de riquezas mundanas[c] por haber actuado con astucia. Es que los de este mundo, en su trato con los que son como ellos, son más astutos que los que han recibido la luz. **9** Por eso les digo que se valgan de las riquezas mundanas para ganar amigos,[d] a fin de que cuando éstas se acaben haya quienes los reciban a ustedes en las viviendas eternas.

10 »El que es honrado[e] en lo poco, también lo será en lo mucho; y el que no es íntegro[f] en lo poco, tampoco lo será en lo mucho. **11** Por eso, si ustedes no han sido honrados en el uso de las riquezas mundanas,[g] ¿quién les confiará las verdaderas? **12** Y si con lo ajeno no han sido honrados, ¿quién les dará a ustedes lo que les pertenece?

13 »Ningún sirviente puede servir a dos patrones. Menospreciará a uno y amará al otro, o querrá mucho a uno y despreciará al otro. Ustedes no pueden servir a la vez a Dios y a las riquezas.»

14 Oían todo esto los *fariseos, a quienes les encantaba el dinero, y se burlaban de Jesús. **15** Él les dijo: «Ustedes se hacen los buenos ante la gente, pero Dios conoce sus corazones. Dense cuenta de que aquello que la gente tiene en gran estima es detestable delante de Dios.

Otras enseñanzas

16 »La ley y los profetas se proclamaron hasta Juan. Desde entonces se anuncian las buenas *nuevas del reino de Dios, y todos se esfuerzan por entrar en él.[h] **17** Es más fácil que desaparezcan el cielo y la tierra, que caiga una sola tilde de la ley.

18 »Todo el que se divorcia de su esposa y se casa con otra, comete adulterio; y el que se casa con la divorciada, comete adulterio.

El rico y Lázaro

19 »Había un hombre rico que se vestía lujosamente[a] y daba espléndidos banque-

---

a **16:6** *cien barriles.* Lit. *cien batos* (unos 3.700 litros). *b* **16:7** *cien bultos.* Lit. *cien coros* (unos 37.000 litros). *c* **16:8** *administrador de riquezas mundanas.* Alt. *administrador deshonesto.* Lit. *administrador de injusticia.* *d* **16:9** *se valgan ... amigos.* Lit. *se hagan amigos por medio del dinero de injusticia.* *e* **16:10** *honrado.* Alt. *digno de confianza.* Lit. *fiel*; también en vv. 11,12. *f* **16:10** *el que no es íntegro.* Lit. *el que es injusto.* *g* **16:11** *las riquezas mundanas.* Lit. *el dinero injusto.* *h* **16:16** *se esfuerzan por entrar en él.* Alt. *hacen violencia por entrar en él, o hacen violencia contra él.* *a* **16:19** *lujosamente.* Lit. *con púrpura y tela fina.*

tes todos los días. ²⁰ A la puerta de su casa se tendía un mendigo llamado Lázaro, que estaba cubierto de llagas ²¹ y que hubiera querido llenarse el estómago con lo que caía de la mesa del rico. Hasta los perros se acercaban y le lamían las llagas. ²² »Resulta que murió el mendigo, y los ángeles se lo llevaron para que estuviera al lado de Abraham. También murió el rico, y lo sepultaron. ²³ En el infierno,ᵃ en medio de sus tormentos, el rico levantó los ojos y vio de lejos a Abraham, y a Lázaro junto a él. ²⁴ Así que alzó la voz y lo llamó: 'Padre Abraham, ten compasión de mí y manda a Lázaro que moje la punta del dedo en agua y me refresque la lengua, porque estoy sufriendo mucho en este fuego.' ²⁵ Pero Abraham le contestó: 'Hijo, recuerda que durante tu vida te fue muy bien, mientras que a Lázaro le fue muy mal; pero ahora a él le toca recibir consuelo aquí, y a ti, sufrir terriblemente. ²⁶ Además de eso, hay un gran abismo entre nosotros y ustedes, de modo que los que quieren pasar de aquí para allá no pueden, ni tampoco pueden los de allá para acá.'

²⁷ »Él respondió: 'Entonces te ruego, padre, que mandes a Lázaro a la casa de mi padre, ²⁸ para que advierta a mis cinco hermanos y no vengan ellos también a este lugar de tormento.' ²⁹ Pero Abraham le contestó: 'Ya tienen a Moisés y a los profetas; ¡que les hagan caso a ellos!' ³⁰ 'No les harán caso, padre Abraham —replicó el rico—; en cambio, si se les presentara uno de entre los muertos, entonces sí se *arrepentirían.' ³¹ Abraham le dijo: 'Si no les hacen caso a Moisés y a los profetas, tampoco se convencerán aunque alguien se *levante de entre los muertos.'»

El pecado, la fe y el deber

17 Luego dijo Jesús a sus discípulos:
—Los *tropiezos son inevitables, pero ¡ay de aquel que los ocasiona! ² Más le valdría ser arrojado al mar con una piedra de molino atada al cuello, que servir de tropiezo a uno solo de estos pequeños. ³ Así que, ¡cuídense!

»Si tu hermano peca, repréndelo; y si se *arrepiente, perdónalo. ⁴ Aun si peca contra ti siete veces en un día, y siete veces regresa a decirte 'Me arrepiento', perdónalo.

⁵ Entonces los apóstoles le dijeron al Señor:
—¡Aumenta nuestra fe!

⁶ —Si ustedes tuvieran una fe tan pequeña como un grano de mostaza —les respondió el Señor—, podrían decirle a este árbol: 'Desarráigate y plántate en el mar', y les obedecería.

⁷ »Supongamos que uno de ustedes tiene un *siervo que ha estado arando el campo o cuidando las ovejas. Cuando el siervo regresa del campo, ¿acaso se le dice: 'Ven en seguida a sentarte a la mesa'? ⁸ ¿No se le diría más bien: 'Prepárame la comida y cámbiate de ropa para atenderme mientras yo ceno; después tú podrás cenar'? ⁹ ¿Acaso se le darían las gracias al siervo por haber hecho lo que se le mandó? ¹⁰ Así también ustedes, cuando hayan hecho todo lo que se les ha mandado, deben decir: 'Somos siervos inútiles; no hemos hecho más que cumplir con nuestro deber.'

Jesús sana a diez leprosos

¹¹ Un día, siguiendo su viaje a Jerusalén, Jesús pasaba por Samaria y Galilea. ¹² Cuando estaba por entrar en un pueblo, salieron a su encuentro diez hombres enfermos de *lepra. Como se habían quedado a cierta distancia, ¹³ gritaron:
—¡Jesús, Maestro, ten compasión de nosotros!

¹⁴ Al verlos, les dijo:
—Vayan a presentarse a los sacerdotes.

Resultó que, mientras iban de camino, quedaron *limpios.

¹⁵ Uno de ellos, al verse ya sano, regresó alabando a Dios a grandes voces. ¹⁶ Cayó rostro en tierra a los pies de Jesús y le dio las gracias, no obstante que era samaritano.

¹⁷ —¿Acaso no quedaron limpios los diez? —preguntó Jesús—. ¿Dónde están los otros nueve? ¹⁸ ¿No hubo ninguno que regresara a dar gloria a Dios, excepto

---

a **16:23** *infierno*. Lit. *Hades*.

este extranjero? ¹⁹ Levántate y vete —le dijo al hombre—; tu fe te ha *sanado.

La venida del reino de Dios

²⁰ Los *fariseos le preguntaron a Jesús cuándo iba a venir el reino de Dios, y él les respondió:

—La venida del reino de Dios no se puede someter a cálculos.ª ²¹ No van a decir: '¡Mírenlo acá! ¡Mírenlo allá!' Dense cuenta que el reino de Dios está entreᵇ ustedes.

²² A sus discípulos les dijo:

—Llegará el tiempo en que ustedes anhelarán vivir siquiera uno de los días del Hijo del hombre, pero no podrán. ²³ Les dirán: '¡Mírenlo allá! ¡Mírenlo acá!' No vayan; no los sigan. ²⁴ Porque en su díaᶜ el Hijo del hombre será como el relámpago que fulgura e ilumina el cielo de uno a otro extremo. ²⁵ Pero antes él tiene que sufrir muchas cosas y ser rechazado por esta generación.

²⁶ »Tal como sucedió en tiempos de Noé, así también será cuando venga el Hijo del hombre. ²⁷ Comían, bebían, y se casaban y daban en casamiento, hasta el día en que Noé entró en el arca; entonces llegó el diluvio y los destruyó a todos.

²⁸ »Lo mismo sucedió en tiempos de Lot: comían y bebían, compraban y vendían, sembraban y edificaban. ²⁹ Pero el día en que Lot salió de Sodoma, llovió del cielo fuego y azufre y acabó con todos.

³⁰ »Así será el día en que se manifieste el Hijo del hombre. ³¹ En aquel día, el que esté en la azotea y tenga sus cosas dentro de la casa, que no baje a buscarlas. Así mismo el que esté en el campo, que no regrese por lo que haya dejado atrás. ³² ¡Acuérdense de la esposa de Lot! ³³ El que procure conservar su *vida, la perderá; y el que la pierda, la conservará. ³⁴ Les digo que en aquella noche estarán dos personas en una misma cama: una será llevada y la otra será dejada. ³⁵ Dos mujeres estarán moliendo juntas: una será llevada y la otra será dejada.ᵈ

³⁷ —¿Dónde, Señor? —preguntaron.

—Donde esté el cadáver, allí se reunirán los buitres —respondió él.

Parábola de la viuda insistente

18 Jesús les contó a sus discípulos una parábola para mostrarles que debían orar siempre, sin desanimarse. ² Les dijo: «Había en cierto pueblo un juez que no tenía temor de Dios ni consideración de nadie. ³ En el mismo pueblo había una viuda que insistía en pedirle: 'Hágame usted justicia contra mi adversario.' ⁴ Durante algún tiempo él se negó, pero por fin concluyó: 'Aunque no temo a Dios ni tengo consideración de nadie, ⁵ como esta viuda no deja de molestarme, voy a tener que hacerle justicia, no sea que con sus visitas me haga la vida imposible.'»

⁶ Continuó el Señor: «Tengan en cuenta lo dicho por el juez injusto. ⁷ ¿Acaso Dios no hará justicia a sus escogidos, que claman a él día y noche? ¿Se tardará mucho en responderles? ⁸ Les digo que sí les hará justicia, y sin demora. No obstante, cuando venga el Hijo del hombre, ¿encontrará fe en la tierra?»

Parábola del fariseo y del recaudador de impuestos

⁹ A algunos que estaban seguros de ser justos por sí mismos y que despreciaban a los demás, Jesús les contó esta parábola: ¹⁰ «Dos hombres subieron al *templo a orar; uno era *fariseo y el otro, *recaudador de impuestos. ¹¹ El fariseo se puso a orar consigo mismo: 'Oh Dios, te doy gracias porque no soy como otros hombres —ladrones, malhechores, adúlteros— ni mucho menos como ese recaudador de impuestos. ¹² Ayuno dos veces a la semana y doy la décima parte de todo lo que recibo.' ¹³ En cambio, el recaudador de impuestos, que se había quedado a cierta distancia, ni siquiera se atrevía a alzar la vista al cielo, sino que se golpeaba el pecho y decía: '¡Oh Dios, ten compasión de mí, que soy pecador!'

ª **17:20** *La venida ... cálculos.* Lit. *El reino de Dios no viene con observación.* **b 17:21** *entre.* Alt. *dentro de.* **c 17:24** Var. no incluye: *en su día.* **d 17:35** *dejada.* Var. *dejada.* ³⁶ *Estarán dos hombres en el campo: uno será llevado y el otro será dejado* (véase Mt 24:40).

Pasaje del día: Lucas 18:1-8
Versículo del día: Lucas 18:7

Lección de una gran mujer

La mayoría de las mujeres buscan en otras personas la solución para los problemas de su vida. Se apoyan en un hombre para suplir la necesidad de compañía, amor y seguridad. En cualquier necesidad que tengas debes saber que Jesucristo está dispuesto a ayudarte. Él está a tu lado como un poderoso gigante para darte la salida o la solución que esperas.

La mujer del pasaje bíblico, a quién llamaremos "Perseverancia", nos da una gran lección de fe, tenacidad e insistencia. Es interesante saber que la Biblia dice que era viuda, es decir, que no tenía a quién acudir, ni en quién confiar; sólo Dios era su esperanza.

A veces nos sentimos como la viuda, solas y desamparadas. Entonces, ¿qué debemos hacer? No debemos perder la esperanza. En medio de los problemas y las angustias hay un juez justo que desea ayudarnos y hacernos justicia.

Evita el desánimo. Dios controla todas nuestras circunstancias; por eso, no debes perder el equilibrio. Quizá has orado ya en varias ocasiones y no has obtenido respuesta; pero es entonces que debes aplicar el ejemplo de esta gran mujer, llamada Perseverancia.

Jesús nos llama a seguir el ejemplo de ella; de orar hasta que movamos la mano de Dios a nuestro favor.

Dina de Galán
El Salvador

14 »Les digo que éste, y no aquél, volvió a su casa *justificado ante Dios. Pues todo el que a sí mismo se enaltece será humillado, y el que se humilla será enaltecido.»

Jesús y los niños

15 También le llevaban niños pequeños a Jesús para que los tocara. Al ver esto, los discípulos reprendían a quienes los llevaban. **16** Pero Jesús llamó a los niños y dijo: «Dejen que los niños vengan a mí, y no se lo impidan, porque el reino de Dios es de quienes son como ellos. **17** Les aseguro que el que no reciba el reino de Dios como un niño, de ninguna manera entrará en él.»

El dirigente rico

18 Cierto dirigente le preguntó:

—Maestro bueno, ¿qué tengo que hacer para heredar la vida eterna?

19 —¿Por qué me llamas bueno? —respondió Jesús—. Nadie es bueno sino solo Dios. **20** Ya sabes los mandamientos: 'No cometas adulterio, no mates, no robes, no des falso testimonio, honra a tu padre y a tu madre.'a

21 —Todo eso lo he cumplido desde que era joven —dijo el hombre.

22 Al oír esto, Jesús añadió:

—Todavía te falta una cosa: vende todo lo que tienes y repártelo entre los pobres, y tendrás tesoro en el cielo. Luego ven y sígueme.

23 Cuando el hombre oyó esto, se entristeció mucho, pues era muy rico. **24** Al verlo tan afligido, Jesús comentó:

—¡Qué difícil es para los ricos entrar en el reino de Dios! **25** En realidad, le resulta más fácil a un camello pasar por el ojo de una aguja, que a un rico entrar en el reino de Dios.

26 Los que lo oyeron preguntaron:

—Entonces, ¿quién podrá salvarse?

27 —Lo que es imposible para los hombres es posible para Dios —aclaró Jesús.

28 —Mira —le dijo Pedro—, nosotros hemos dejado todo lo que teníamos para seguirte.

29 —Les aseguro —les respondió Jesús— que todo el que por causa del reino de Dios haya dejado casa, esposa, herma-

nos, padres o hijos, **30** recibirá mucho más en este tiempo; y en la edad venidera, la vida eterna.

Jesús predice de nuevo su muerte

31 Entonces Jesús tomó aparte a los doce y les dijo: «Ahora vamos rumbo a Jerusalén, donde se cumplirá todo lo que escribieron los profetas acerca del Hijo del hombre. **32** En efecto, será entregado a los *gentiles. Se burlarán de él, lo insultarán, le escupirán; **33** y después de azotarlo, lo matarán. Pero al tercer día resucitará.»

34 Los discípulos no entendieron nada de esto. Les era incomprensible, pues no captaban el sentido de lo que les hablaba.

Un mendigo ciego recibe la vista

35 Sucedió que al acercarse Jesús a Jericó, estaba un ciego sentado junto al camino pidiendo limosna. **36** Cuando oyó a la multitud que pasaba, preguntó qué acontecía.

37 —Jesús de Nazaret está pasando por aquí —le respondieron.

38 —¡Jesús, Hijo de David, ten compasión de mí! —gritó el ciego.

39 Los que iban delante lo reprendían para que se callara, pero él se puso a gritar aún más fuerte:

—¡Hijo de David, ten compasión de mí!

40 Jesús se detuvo y mandó que se lo trajeran. Cuando el ciego se acercó, le preguntó Jesús:

41 —¿Qué quieres que haga por ti?

—Señor, quiero ver.

42 —¡Recibe la vista! —le dijo Jesús—. Tu fe te ha *sanado.

43 Al instante recobró la vista. Entonces, glorificando a Dios, comenzó a seguir a Jesús, y todos los que lo vieron daban alabanza a Dios.

Zaqueo, el recaudador de impuestos

19 Jesús llegó a Jericó y comenzó a cruzar la ciudad. **2** Resulta que había allí un hombre llamado Zaqueo, jefe de los *recaudadores de impuestos, que era muy rico. **3** Estaba tratando de ver

a **18:20** Éx 20:12-16; Dt 5:16-20

quién era Jesús, pero la multitud se lo impedía, pues era de baja estatura. 4 Por eso se adelantó corriendo y se subió a un árbol para poder verlo, ya que Jesús iba a pasar por allí.

5 Llegando al lugar, Jesús miró hacia arriba y le dijo:

—Zaqueo, baja en seguida. Tengo que quedarme hoy en tu casa.

6 Así que se apresuró a bajar y, muy contento, recibió a Jesús en su casa.

7 Al ver esto, todos empezaron a murmurar: «Ha ido a hospedarse con un *pecador.»

8 Pero Zaqueo dijo resueltamente:

—Mira, Señor: Ahora mismo voy a dar a los pobres la mitad de mis bienes, y si en algo he defraudado a alguien, le devolveré cuatro veces la cantidad que sea.

9 —Hoy ha llegado la salvación a esta casa —le dijo Jesús—, ya que éste también es hijo de Abraham. 10 Porque el Hijo del hombre vino a buscar y a salvar lo que se había perdido.

Parábola del dinero

11 Como la gente lo escuchaba, pasó a contarles una parábola, porque estaba cerca de Jerusalén y la gente pensaba que el reino de Dios iba a manifestarse en cualquier momento. 12 Así que les dijo: «Un hombre de la nobleza se fue a un país lejano para ser coronado rey y luego regresar. 13 Llamó a diez de sus *siervos y entregó a cada cual una buena cantidad de dinero.a Les instruyó: 'Hagan negocio con este dinero hasta que yo vuelva.' 14 Pero sus súbditos lo odiaban y mandaron tras él una delegación a decir: 'No queremos a éste por rey.'

15 »A pesar de todo, fue nombrado rey. Cuando regresó a su país, mandó llamar a los siervos a quienes había entregado el dinero, para enterarse de lo que habían ganado. 16 Se presentó el primero y dijo: 'Señor, su dinerob ha producido diez veces más.' 17 '¡Hiciste bien, siervo bueno! —le respondió el rey—. Puesto que has sido fiel en tan poca cosa, te doy el go-bierno de diez ciudades.' 18 Se presentó el segundo y dijo: 'Señor, su dinero ha producido cinco veces más.' 19 El rey le respondió: 'A ti te pongo sobre cinco ciudades.'

20 »Llegó otro siervo y dijo: 'Señor, aquí tiene su dinero; lo he tenido guardado, envuelto en un pañuelo. 21 Es que le tenía miedo, porque usted es un hombre muy exigente: toma lo que no depositó y cosecha lo que no sembró.' 22 El rey le contestó: 'Siervo malo, con tus propias palabras te voy a juzgar. ¿Así que sabías que soy muy exigente, que tomo lo que no deposité y cosecho lo que no sembré? 23 Entonces, ¿por qué no pusiste mi dinero en el banco, para que al regresar pudiera reclamar los intereses?' 24 Luego dijo a los presentes: 'Quítenle el dinero y dénselo al que recibió diez veces más.' 25 'Señor —protestaron—, ¡él ya tiene diez veces más!' 26 El rey contestó: 'Les aseguro que a todo el que tiene, se le dará más, pero al que no tiene, se le quitará hasta lo que tiene. 27 Pero en cuanto a esos enemigos míos que no me querían por rey, tráiganlos acá y mátenlos delante de mí.'»

La entrada triunfal

28 Dicho esto, Jesús siguió adelante, subiendo hacia Jerusalén. 29 Cuando se acercó a Betfagé y a Betania, junto al monte llamado de los Olivos, envió a dos de sus discípulos con este encargo: 30 «Vayan a la aldea que está enfrente y, al entrar en ella, encontrarán atado a un burrito en el que nadie se ha montado. Desátenlo y tráiganlo acá. 31 Y si alguien les pregunta: '¿Por qué lo desatan?', díganle: 'El Señor lo necesita.'»

32 Fueron y lo encontraron tal como él les había dicho. 33 Cuando estaban desatando el burrito, los dueños les preguntaron:

—¿Por qué desatan el burrito?

34 —El Señor lo necesita —contestaron.

35 Se lo llevaron, pues, a Jesús. Luego pusieron sus mantos encima del burrito y ayudaron a Jesús a montarse. 36 A me-

---

a **19:13** *y entregó ... de dinero.* Lit. *y les entregó diez minas* (una mina equivalía al salario de unos tres meses).
b **19:16** *dinero.* Lit. *mina*; también en vv. 18,20,24.

dida que avanzaba, la gente tendía sus mantos sobre el camino.

37 Al acercarse él a la bajada del monte de los Olivos, todos los discípulos se entusiasmaron y comenzaron a alabar a Dios por tantos milagros que habían visto. Gritaban:

38 —¡Bendito el Rey que viene en el nombre del Señor!ᵃ

—¡Paz en el cielo y gloria en las alturas!

39 Algunos de los *fariseos que estaban entre la gente le reclamaron a Jesús:

—¡Maestro, reprende a tus discípulos!

40 Pero él respondió:

—Les aseguro que si ellos se callan, gritarán las piedras.

Jesús en el templo

41 Cuando se acercaba a Jerusalén, Jesús vio la ciudad y lloró por ella. **42** Dijo:

—¡Cómo quisiera que hoy supieras lo que te puede traer paz! Pero eso ahora está oculto a tus ojos. **43** Te sobrevendrán días en que tus enemigos levantarán un muro y te rodearán, y te encerrarán por todos lados. **44** Te derribarán a ti y a tus hijos dentro de tus murallas. No dejarán ni una piedra sobre otra, porque no reconociste el tiempo en que Dios vino a salvarte.ᵇ

45 Luego entró en el *temploᶜ y comenzó a echar de allí a los que estaban vendiendo. **46** «Escrito está —les dijo—: 'Mi casa será casa de oración';ᵈ pero ustedes la han convertido en 'cueva de ladrones'.»ᵉ

47 Todos los días enseñaba en el templo, y los jefes de los sacerdotes, los *maestros de la ley y los dirigentes del pueblo procuraban matarlo. **48** Sin embargo, no encontraban la manera de hacerlo, porque todo el pueblo lo escuchaba con gran interés.

La autoridad de Jesús puesta en duda

20 Un día, mientras Jesús enseñaba al pueblo en el *templo y les predicaba el *evangelio, se le acercaron los jefes de los sacerdotes y los *maestros de la ley, junto con los *ancianos.

2 —Dinos con qué autoridad haces esto —le interrogaron—. ¿Quién te dio esa autoridad?

3 —Yo también voy a hacerles una pregunta a ustedes —replicó él—. Díganme:

4 El bautismo de Juan, ¿procedía del cielo o de la tierra?ᶠ

5 Ellos, pues, lo discutieron entre sí: «Si respondemos: 'Del cielo', nos dirá: '¿Por qué no le creyeron?' **6** Pero si decimos: 'De la tierra', todo el pueblo nos apedreará, porque están convencidos de que Juan era un profeta.»

Así que le respondieron:

7 —No sabemos de dónde era.

8 —Pues yo tampoco les voy a decir con qué autoridad hago esto.

Parábola de los labradores malvados

9 Pasó luego a contarle a la gente esta parábola:

—Un hombre plantó un viñedo, se lo arrendó a unos labradores y se fue de viaje por largo tiempo. **10** Llegada la *cosecha, mandó un siervo a los labradores para que le dieran parte de la cosecha. Pero los labradores lo golpearon y lo despidieron con las manos vacías. **11** Les envió otro siervo, pero también a éste lo golpearon, lo humillaron y lo despidieron con las manos vacías. **12** Entonces envió un tercero, pero aun a éste lo hirieron y lo expulsaron.

13 »Entonces pensó el dueño del viñedo: '¿Qué voy a hacer? Enviaré a mi hijo amado; seguro que a él sí lo respetarán.' **14** Pero cuando lo vieron los labradores, trataron el asunto. 'Éste es el heredero —dijeron—. Matémoslo, y la herencia será nuestra.' **15** Así que lo arrojaron fuera del viñedo y lo mataron.

»¿Qué les hará el dueño? **16** Volverá, acabará con esos labradores y dará el viñedo a otros.

Al oír esto, la gente exclamó:

—¡Dios no lo quiera!

17 Mirándolos fijamente, Jesús les dijo:

—Entonces, ¿qué significa esto que está escrito:

---

a **19:38** Sal 118:26   *b* **19:44** *el tiempo ... salvarte.* Lit. *el tiempo de tu visitación.*   *c* **19:45** Es decir, en el área general del templo.   *d* **19:46** Is 56:7   *e* **19:46** Jer 7:11   *f* **20:4** *la tierra.* Lit. *los hombres*; también en v. 6.

»'La piedra que desecharon los
constructores
ha llegado a ser piedra angular'?ª

18 Todo el que caiga sobre esa piedra quedará despedazado, y si ella cae sobre alguien, lo hará polvo.

19 Los maestros de la ley y los jefes de los sacerdotes, cayendo en cuenta que la parábola iba dirigida contra ellos, buscaron la manera de echarle mano en aquel mismo momento. Pero temían al pueblo.

El pago de impuestos al césar

20 Entonces, para acecharlo, enviaron espías que fingían ser gente honorable. Pensaban atrapar a Jesús en algo que él dijera, y así poder entregarlo a la jurisdicción del gobernador. **21** —Maestro —dijeron los espías—, sabemos que lo que dices y enseñas es correcto. No juzgas por las apariencias, sino que de verdad enseñas el camino de Dios. **22** ¿Nos está permitido pagar impuestos al *césar o no?

23 Pero Jesús, dándose cuenta de sus malas intenciones, replicó:

24 —Muéstrenme una moneda romana.ᵇ ¿De quién son esta imagen y esta inscripción?

—Del césar —contestaron.

25 —Entonces denle al césar lo que es del césar, y a Dios lo que es de Dios.

26 No pudieron atraparlo en lo que decía en público. Así que, admirados de su respuesta, se callaron.

La resurrección y el matrimonio

27 Luego, algunos de los saduceos, que decían que no hay resurrección, se acercaron a Jesús y le plantearon un problema:

28 —Maestro, Moisés nos enseñó en sus escritos que si un hombre muere y deja a la viuda sin hijos, el hermano de ese hombre tiene que casarse con la viuda para que su hermano tenga descendencia. **29** Pues bien, había siete hermanos. El primero se casó y murió sin dejar hijos. **30** Entonces el segundo **31** y el tercero se casaron con ella, y así sucesivamente murieron los siete sin dejar hijos. **32** Por último, murió también la mujer. **33** Ahora bien, en la resurrección, ¿de cuál será esposa esta mujer, ya que los siete estuvieron casados con ella?

34 —La gente de este mundo se casa y da en casamiento —les contestó Jesús—. **35** Pero en cuanto a los que sean dignos de tomar parte en el mundo venidero por la resurrección: ésos no se casarán ni serán dados en casamiento, **36** ni tampoco podrán morir, pues serán como los ángeles. Son hijos de Dios porque toman parte en la resurrección. **37** Pero que los muertos resucitan lo dio a entender Moisés mismo en el pasaje sobre la zarza, pues llama al Señor 'el Dios de Abraham, el Dios de Isaac y el Dios de Jacob'.ᶜ **38** Él no es Dios de muertos, sino de vivos; en efecto, para él todos ellos viven.

39 Algunos de los *maestros de la ley le respondieron:

—¡Bien dicho, Maestro!

40 Y ya no se atrevieron a hacerle más preguntas.

¿De quién es Hijo el Cristo?

41 Pero Jesús les preguntó:

—¿Cómo es que dicen que el *Cristo es el Hijo de David? **42** David mismo declara en el libro de los Salmos:

»'Dijo el Señor a mi Señor:
«Siéntate a mi *derecha,
43 hasta que ponga a tus enemigos
por estrado de tus pies.»'ᵈ

44 David lo llama 'Señor'. ¿Cómo puede entonces ser su hijo?

45 Mientras todo el pueblo lo escuchaba, Jesús les dijo a sus discípulos:

46 —Cuídense de los *maestros de la ley. Les gusta pasearse con ropas ostentosas y les encanta que los saluden en las plazas, y ocupar el primer puesto en las sinagogas y los lugares de honor en los banquetes. **47** Devoran los bienes de las viudas y a la vez hacen largas plegarias para impresionar a los demás. Éstos recibirán peor castigo.

---

a **20:17** Sal 118:22 *b* **20:24** *una moneda romana.* Lit. *un denario.* *c* **20:37** Éx 3:6 *d* **20:43** Sal 110:1

La ofrenda de la viuda

21 Jesús se detuvo a observar y vio a los ricos que echaban sus ofrendas en las alcancías del *templo. ² También vio a una viuda pobre que echaba dos moneditas de cobre.ᵃ

³ —Les aseguro —dijo— que esta viuda pobre ha echado más que todos los demás. ⁴ Todos ellos dieron sus ofrendas de lo que les sobraba; pero ella, de su pobreza, echó todo lo que tenía para su sustento.

Señales del fin del mundo

⁵ Algunos de sus discípulos comentaban acerca del *templo, de cómo estaba adornado con hermosas piedras y con ofrendas dedicadas a Dios. Pero Jesús dijo:

⁶ —En cuanto a todo esto que ven ustedes, llegará el día en que no quedará piedra sobre piedra; todo será derribado.

⁷ —Maestro —le preguntaron—, ¿cuándo sucederá eso, y cuál será la señal de que está a punto de suceder?

⁸ —Tengan cuidado; no se dejen engañar —les advirtió Jesús—. Vendrán muchos que usando mi nombre dirán: 'Yo soy', y: 'El tiempo está cerca.' No los sigan ustedes. ⁹ Cuando sepan de guerras y de revoluciones, no se asusten. Es necesario que eso suceda primero, pero el fin no vendrá en seguida.

¹⁰ »Se levantará nación contra nación, y reino contra reino —continuó—. ¹¹ Habrá grandes terremotos, hambre y epidemias por todas partes, cosas espantosas y grandes señales del cielo.

¹² »Pero antes de todo esto, echarán mano de ustedes y los perseguirán. Los entregarán a las sinagogas y a las cárceles, y por causa de mi nombre los llevarán ante reyes y gobernadores. ¹³ Así tendrán ustedes la oportunidad de dar testimonio ante ellos. ¹⁴ Pero tengan en cuenta que no hay por qué preparar una defensa de antemano, ¹⁵ pues yo mismo les daré tal elocuencia y sabiduría para responder, que ningún adversario podrá resistirles ni contradecirles. ¹⁶ Ustedes serán traicionados aun por sus padres, hermanos, parientes y amigos, y a algunos de ustedes se les dará muerte. ¹⁷ Todo el mundo los odiará por causa de mi nombre. ¹⁸ Pero no se perderá ni un solo cabello de su cabeza. ¹⁹ Si se mantienen firmes, se salvarán.ᵇ

²⁰ »Ahora bien, cuando vean a Jerusalén rodeada de ejércitos, sepan que su desolación ya está cerca. ²¹ Entonces los que estén en Judea huyan a las montañas, los que estén en la ciudad salgan de ella, y los que estén en el campo no entren en la ciudad. ²² Ése será el tiempo del juicio cuando se cumplirá todo lo que está escrito. ²³ ¡Ay de las que estén embarazadas o amamantando en aquellos días! Porque habrá gran aflicción en la tierra, y castigo contra este pueblo. ²⁴ Caerán a filo de espada y se les llevará cautivos a todas las naciones. Los *gentiles pisotearán a Jerusalén, hasta que se cumplan los tiempos señalados para ellos.

²⁵ »Habrá señales en el sol, la luna y las estrellas. En la tierra, las naciones estarán angustiadas y perplejas por el bramido y la agitación del mar. ²⁶ Se desmayarán de terror los hombres, temerosos por lo que va a sucederle al mundo, porque los cuerpos celestes serán sacudidos. ²⁷ Entonces verán al Hijo del hombre venir en una nube con poder y gran gloria. ²⁸ Cuando comiencen a suceder estas cosas, cobren ánimo y levanten la cabeza, porque se acerca su redención.

²⁹ Jesús también les propuso esta comparación:

—Fíjense en la higuera y en los demás árboles. ³⁰ Cuando brotan las hojas, ustedes pueden ver por sí mismos y saber que el verano está cerca. ³¹ Igualmente, cuando vean que suceden estas cosas, sepan que el reino de Dios está cerca.

³² »Les aseguro que no pasará esta generación hasta que todas estas cosas sucedan. ³³ El cielo y la tierra pasarán, pero mis palabras jamás pasarán. ³⁴ »Tengan cuidado, no sea que se les endurezca el corazón por el vicio, la embriaguez y las preocupaciones de esta

---

a 21:2 dos moneditas de cobre. Lit. *dos lepta.* *b 21:19 Si ... salvarán.* Lit. *Por su perseverancia obtendrán sus almas.*

vida. De otra manera, aquel día caerá de improviso sobre ustedes, 35 pues vendrá como una trampa sobre todos los habitantes de la tierra. 36 Estén siempre vigilantes, y oren para que puedan escapar de todo lo que está por suceder, y presentarse delante del Hijo del hombre.

37 De día Jesús enseñaba en el templo, pero salía a pasar la noche en el monte llamado de los Olivos, 38 y toda la gente madrugaba para ir al templo a oírlo.

Judas acuerda traicionar a Jesús

22 Se aproximaba la fiesta de los panes sin levadura, llamada la Pascua. 2 Los jefes de los sacerdotes y los *maestros de la ley buscaban algún modo de acabar con Jesús, porque temían al pueblo. 3 Entonces entró Satanás en Judas, uno de los doce, al que llamaban Iscariote. 4 Éste fue a los jefes de los sacerdotes y a los capitanes del *templo para tratar con ellos cómo les entregaría a Jesús. 5 Ellos se alegraron y acordaron darle dinero. 6 Él aceptó, y comenzó a buscar una oportunidad para entregarles a Jesús cuando no hubiera gente.

La última cena

7 Cuando llegó el día de la fiesta de los panes sin levadura, en que debía sacrificarse el cordero de la Pascua, 8 Jesús envió a Pedro y a Juan, diciéndoles:

—Vayan a hacer los preparativos para que comamos la Pascua.

9 —¿Dónde quieres que la preparemos? —le preguntaron.

10 —Miren —contestó él—: al entrar ustedes en la ciudad les saldrá al encuentro un hombre que lleva un cántaro de agua. Síganlo hasta la casa en que entre, 11 y díganle al dueño de la casa: 'El Maestro pregunta: ¿Dónde está la sala en la que voy a comer la Pascua con mis discípulos?' 12 Él les mostrará en la planta alta una sala amplia y amueblada. Preparen allí la cena.

13 Ellos se fueron y encontraron todo tal como les había dicho Jesús. Así que prepararon la Pascua.

14 Cuando llegó la hora, Jesús y sus apóstoles se *sentaron a la mesa. 15 Entonces les dijo:

—He tenido muchísimos deseos de comer esta Pascua con ustedes antes de padecer, 16 pues les digo que no volveré a comerla hasta que tenga su pleno cumplimiento en el reino de Dios.

17 Luego tomó la copa, dio gracias y dijo:

—Tomen esto y repártanlo entre ustedes. 18 Les digo que no volveré a beber del fruto de la vid hasta que venga el reino de Dios.

19 También tomó pan y, después de dar gracias, lo partió, se lo dio a ellos y dijo:

—Este pan es mi cuerpo, entregado por ustedes; hagan esto en memoria de mí.

20 De la misma manera tomó la copa después de la cena, y dijo:

—Esta copa es el nuevo pacto en mi sangre, que es derramada por ustedes. 21 Pero sepan que la mano del que va a traicionarme está con la mía, sobre la mesa. 22 A la verdad el Hijo del hombre se irá según está decretado, pero ¡ay de aquel que lo traiciona!

23 Entonces comenzaron a preguntarse unos a otros quién de ellos haría esto.

24 Tuvieron además un altercado sobre cuál de ellos sería el más importante. 25 Jesús les dijo:

—Los reyes de las *naciones oprimen a sus súbditos, y los que ejercen autoridad sobre ellos se llaman a sí mismos benefactores. 26 No sea así entre ustedes. Al contrario, el mayor debe comportarse como el menor, y el que manda como el que sirve. 27 Porque, ¿quién es más importante, el que está a la mesa o el que sirve? ¿No lo es el que está sentado a la mesa? Sin embargo, yo estoy entre ustedes como uno que sirve. 28 Ahora bien, ustedes son los que han estado siempre a mi lado en mis *pruebas. 29 Por eso, yo mismo les concedo un reino, así como mi Padre me lo concedió a mí, 30 para que coman y beban a mi mesa en mi reino, y se sienten en tronos para juzgar a las doce tribus de Israel.

31 »Simón, Simón, mira que Satanás ha pedido zarandearlos a ustedes como si fueran trigo. 32 Pero yo he orado por ti, para que no falle tu fe. Y tú, cuando te

hayas vuelto a mí, fortalece a tus hermanos.
33 —Señor —respondió Pedro—, estoy dispuesto a ir contigo tanto a la cárcel como a la muerte.
34 —Pedro, te digo que hoy mismo, antes que cante el gallo, tres veces negarás que me conoces.
35 Luego Jesús dijo a todos:

—Cuando los envié a ustedes sin monedero ni bolsa ni sandalias, ¿acaso les faltó algo?

—Nada —respondieron.
36 —Ahora, en cambio, el que tenga un monedero, que lo lleve; así mismo, el que tenga una bolsa. Y el que nada tenga, que venda su manto y compre una espada. **37** Porque les digo que tiene que cumplirse en mí aquello que está escrito: 'Y fue contado con los transgresores.'[a] En efecto, lo que se ha escrito de mí se está cumpliendo.[b]
38 —Mira, Señor —le señalaron los discípulos—, aquí hay dos espadas.

—¡Basta! —les contestó.

Jesús ora en el monte de los Olivos

39 Jesús salió de la ciudad y, como de costumbre, se dirigió al monte de los Olivos, y sus discípulos lo siguieron. **40** Cuando llegaron al lugar, les dijo: «Oren para que no caigan en *tentación.» **41** Entonces se separó de ellos a una buena distancia,[c] se arrodilló y empezó a orar: **42** «Padre, si quieres, no me hagas beber este trago amargo;[d] pero no se cumpla mi voluntad, sino la tuya.» **43** Entonces se le apareció un ángel del cielo para fortalecerlo. **44** Pero, como estaba angustiado, se puso a orar con más fervor, y su sudor era como gotas de sangre que caían a tierra.[e]
45 Cuando terminó de orar y volvió a los discípulos, los encontró dormidos, agotados por la tristeza. **46** «¿Por qué están durmiendo? —les exhortó—. Levántense y oren para que no caigan en tentación.»

Arresto de Jesús

47 Todavía estaba hablando Jesús cuando se apareció una turba, y al frente iba uno de los doce, el que se llamaba Judas. Éste se acercó a Jesús para besarlo, **48** pero Jesús le preguntó:

—Judas, ¿con un beso traicionas al Hijo del hombre?
49 Los discípulos que lo rodeaban, al darse cuenta de lo que pasaba, dijeron:

—Señor, ¿atacamos con la espada?
50 Y uno de ellos hirió al siervo del sumo sacerdote, cortándole la oreja derecha.
51 —¡Déjenlos! —ordenó Jesús.

Entonces le tocó la oreja al hombre, y lo sanó. **52** Luego dijo a los jefes de los sacerdotes, a los capitanes del *templo y a los *ancianos, que habían venido a prenderlo:

—¿Acaso soy un bandido,[f] para que vengan contra mí con espadas y palos? **53** Todos los días estaba con ustedes en el templo, y no se atrevieron a ponerme las manos encima. Pero ya ha llegado la hora de ustedes, cuando reinan las tinieblas.

Pedro niega a Jesús

54 Prendieron entonces a Jesús y lo llevaron a la casa del sumo sacerdote. Pedro los seguía de lejos. **55** Pero luego, cuando encendieron una fogata en medio del patio y se sentaron alrededor, Pedro se les unió. **56** Una criada lo vio allí sentado a la lumbre, lo miró detenidamente y dijo:

—Éste estaba con él.
57 Pero él lo negó.

—Muchacha, yo no lo conozco.
58 Poco después lo vio otro y afirmó:

—Tú también eres uno de ellos.

—¡No, hombre, no lo soy! —contestó Pedro.
59 Como una hora más tarde, otro lo acusó:

—Seguro que éste estaba con él; miren que es galileo.
60 —¡Hombre, no sé de qué estás hablando! —replicó Pedro.

En el mismo momento en que dijo eso, cantó el gallo. **61** El Señor se volvió y miró directamente a Pedro. Entonces Pedro se

---

a **22:37** Is 53:12 *b* **22:37** *En efecto ... cumpliendo.* Lit. *Porque lo que es acerca de mí tiene fin.* *c* **22:41** *a una buena distancia.* Lit. *como a un tiro de piedra.* *d* **22:42** *no ... amargo.* Lit. *quita de mí esta copa.* *e* **22:44** Var. no incluye vv. 43 y 44. *f* **22:52** *bandido.* Alt. *insurgente.*

acordó de lo que el Señor le había dicho: «Hoy mismo, antes que el gallo cante, me negarás tres veces.» **62** Y saliendo de allí, lloró amargamente.

Los soldados se burlan de Jesús

63 Los hombres que vigilaban a Jesús comenzaron a burlarse de él y a golpearlo. **64** Le vendaron los ojos, y le increpaban:

—¡Adivina quién te pegó!

65 Y le lanzaban muchos otros insultos.

Jesús ante Pilato y Herodes

66 Al amanecer, se reunieron los *ancianos del pueblo, tanto los jefes de los sacerdotes como los *maestros de la ley, e hicieron comparecer a Jesús ante el *Consejo.

67 —Si eres el *Cristo, dínoslo —le exigieron.

Jesús les contestó:

—Si se lo dijera a ustedes, no me lo creerían, **68** y si les hiciera preguntas, no me contestarían. **69** Pero de ahora en adelante el Hijo del hombre estará sentado a la *derecha del Dios Todopoderoso.

70 —¿Eres tú, entonces, el Hijo de Dios? —le preguntaron a una voz.

—Ustedes mismos lo dicen.

71 —¿Para qué necesitamos más testimonios? —resolvieron—. Acabamos de oírlo de sus propios labios.

23 Así que la asamblea en pleno se levantó, y lo llevaron a Pilato. **2** Y comenzaron la acusación con estas palabras:

—Hemos descubierto a este hombre agitando a nuestra nación. Se opone al pago de impuestos al *emperador y afirma que él es el *Cristo, un rey.

3 Así que Pilato le preguntó a Jesús:

—¿Eres tú el rey de los judíos?

—Tú mismo lo dices —respondió.

4 Entonces Pilato declaró a los jefes de los sacerdotes y a la multitud:

—No encuentro que este hombre sea culpable de nada.

5 Pero ellos insistían:

—Con sus enseñanzas agita al pueblo por toda Judea.[a] Comenzó en Galilea y ha llegado hasta aquí.

6 Al oír esto, Pilato preguntó si el hombre era galileo. **7** Cuando se enteró de que pertenecía a la jurisdicción de Herodes, se lo mandó a él, ya que en aquellos días también Herodes estaba en Jerusalén.

8 Al ver a Jesús, Herodes se puso muy contento; hacía tiempo que quería verlo por lo que oía acerca de él, y esperaba presenciar algún milagro que hiciera Jesús. **9** Lo acosó con muchas preguntas, pero Jesús no le contestaba nada. **10** Allí estaban también los jefes de los sacerdotes y los *maestros de la ley, acusándolo con vehemencia. **11** Entonces Herodes y sus soldados, con desprecio y burlas, le pusieron un manto lujoso y lo mandaron de vuelta a Pilato. **12** Anteriormente, Herodes y Pilato no se llevaban bien, pero ese mismo día se hicieron amigos.

13 Pilato entonces reunió a los jefes de los sacerdotes, a los gobernantes y al pueblo, **14** y les dijo:

—Ustedes me trajeron a este hombre acusado de fomentar la rebelión entre el pueblo, pero resulta que lo he interrogado delante de ustedes sin encontrar que sea culpable de lo que ustedes lo acusan. **15** Y es claro que tampoco Herodes lo ha juzgado culpable, puesto que nos lo devolvió. Como pueden ver, no ha cometido ningún delito que merezca la muerte, **16** así que le daré una paliza y después lo soltaré.[b]

18 Pero todos gritaron a una voz:

—¡Llévate a ése! ¡Suéltanos a Barrabás!

19 A Barrabás lo habían metido en la cárcel por una insurrección en la ciudad, y por homicidio. **20** Pilato, como quería soltar a Jesús, apeló al pueblo otra vez, **21** pero ellos se pusieron a gritar:

—¡Crucifícalo! ¡Crucifícalo!

22 Por tercera vez les habló:

—Pero, ¿qué crimen ha cometido este hombre? No encuentro que él sea culpable de nada que merezca la pena de muerte, así que le daré una paliza y después lo soltaré.

23 Pero a voz en cuello ellos siguieron insistiendo en que lo crucificara, y con sus

---

a **23:5** *toda Judea.* Alt. *toda la tierra de los judíos.* *b* **23:16** *soltaré.* Var. *soltaré.* [17] *Ahora bien, durante la fiesta tenía la obligación de soltarles un preso* (véanse Mt 27:15 y Mr 15:6).

gritos se impusieron. ²⁴ Por fin Pilato decidió concederles su demanda: ²⁵ soltó al hombre que le pedían, el que por insurrección y homicidio había sido echado en la cárcel, y dejó que hicieran con Jesús lo que quisieran.

La crucifixión

²⁶ Cuando se lo llevaban, echaron mano de un tal Simón de Cirene, que volvía del campo, y le cargaron la cruz para que la llevara detrás de Jesús. ²⁷ Lo seguía mucha gente del pueblo, incluso mujeres que se golpeaban el pecho, lamentándose por él. ²⁸ Jesús se volvió hacia ellas y les dijo:

—Hijas de Jerusalén, no lloren por mí; lloren más bien por ustedes y por sus hijos. ²⁹ Miren, va a llegar el tiempo en que se dirá: 'i*Dichosas las estériles, que nunca dieron a luz ni amamantaron!' ³⁰ Entonces

»'dirán a las montañas: «¡Caigan sobre nosotros!», y a las colinas: «¡Cúbrannos!»'ª

³¹ Porque si esto se hace cuando el árbol está verde, ¿qué no sucederá cuando esté seco?

³² También llevaban con él a otros dos, ambos criminales, para ser ejecutados. ³³ Cuando llegaron al lugar llamado la Calavera, lo crucificaron allí, junto con los criminales, uno a su derecha y otro a su izquierda. ³⁴ —Padre —dijo Jesús—, perdónalos, porque no saben lo que hacen.ᵇ

Mientras tanto, echaban suertes para repartirse entre sí la ropa de Jesús. ³⁵ La gente, por su parte, se quedó allí observando, y aun los gobernantes estaban burlándose de él.

—Salvó a otros —decían—; que se salve a sí mismo, si es el *Cristo de Dios, el Escogido.

³⁶ También los soldados se acercaron para burlarse de él. Le ofrecieron vinagre ³⁷ y le dijeron:

—Si eres el rey de los judíos, sálvate a ti mismo.

³⁸ Resulta que había sobre él un letrero, que decía: «ÉSTE ES EL REY DE LOS JUDÍOS.»

³⁹ Uno de los criminales allí colgados empezó a insultarlo:

—¿No eres tú el Cristo? ¡Sálvate a ti mismo y a nosotros!

⁴⁰ Pero el otro criminal lo reprendió:

—¿Ni siquiera temor de Dios tienes, aunque sufres la misma condena? ⁴¹ En nuestro caso, el castigo es justo, pues sufrimos lo que merecen nuestros delitos; éste, en cambio, no ha hecho nada malo. ⁴² Luego dijo:

—Jesús, acuérdate de mí cuando vengas en tu reino.

⁴³ —Te aseguro que hoy estarás conmigo en el paraíso —le contestó Jesús.

Muerte de Jesús

⁴⁴ Desde el mediodía y hasta la media tardeᶜ toda la tierra quedó sumida en la oscuridad, ⁴⁵ pues el sol se ocultó. Y la cortina del *santuario del templo se rasgó en dos. ⁴⁶ Entonces Jesús exclamó con fuerza:

—¡Padre, en tus manos encomiendo mi espíritu!

Y al decir esto, expiró.

⁴⁷ El centurión, al ver lo que había sucedido, alabó a Dios y dijo:

—Verdaderamente este hombre era justo.

⁴⁸ Entonces los que se habían reunido para presenciar aquel espectáculo, al ver lo ocurrido, se fueron de allí golpeándose el pecho. ⁴⁹ Pero todos los conocidos de Jesús, incluso las mujeres que lo habían seguido desde Galilea, se quedaron mirando desde lejos.

Sepultura de Jesús

⁵⁰ Había un hombre bueno y justo llamado José, miembro del *Consejo, ⁵¹ que no había estado de acuerdo con la decisión ni con la conducta de ellos. Era natural de un pueblo de Judea llamado Arimatea, y esperaba el reino de Dios. ⁵² Éste se presentó ante Pilato y le pidió el cuerpo de Jesús. ⁵³ Después de bajarlo, lo envolvió en una sábana de lino y lo

---

a 23:30 Os 10:8 *b* 23:34 Var. no incluye esta oración. *c* 23:44 *el mediodía ... la media tarde.* Lit. *la hora sexta ... la hora novena.*

Pasaje del día: Lucas 23:26-46
Versículo del día: Lucas 23:34

"Te perdono, mamá"

Anita tenía hondas y sangrantes heridas en su alma. Cuando nació, su madre la dejó en las vías del ferrocarril. Fue salvada por su abuela, quien la entregó a un orfelinato, donde estuvo hasta la edad de ocho años. Después, vivió con su madrina, una señora severa y dura que nunca supo darle amor.

"¡Jamás nadie me quiso!", dice Anita. Muchas veces tuvo la intención de arrojarse al paso de un tren; pues a esa horrible muerte se sentía condenada. Las telarañas del rencor la envolvían y su corazón estaba cautivo en la soledad y el desamparo. Su andar cotidiano la llevaba por profundos surcos de amargura.

Una noche de otoño, cuando las hojas deambulan por doquier, los pasos vacilantes de esta joven la llevan a una reunión cristiana. Allí conoce el gran amor de Alguien, que con manos y pies traspasados, supo exclamar en medio de su dolor: "Padre, perdónalos..."

En el culto oye las confortantes palabras: "Porque tú, Señor, eres bueno y perdonador." Anita derrama abundantes lágrimas; lágrimas que van lavando sus hondos resentimientos. Mientras afuera las hojas amarillas siguen revoloteando al viento, el soplo del amor de Dios se va llevando muy lejos el dolor y la amargura de Anita. Ella entiende que Cristo pone fin a los conflictos y desatinos que desesperan a los seres humanos y, en su infinito amor, les da la dirección exacta hacia dónde orientar su vida.

De sus labios brotan palabras que suenan bellas a sus propios oídos. Como pétalos etéreos que perfuman el ambiente, con dulce acento y quizás apretando un sollozo en su garganta, se la oye pronunciar: "Te perdono, mamá."

Estimada amiga, usted también puede experimentar el perdón confortante de Dios, para luego poder perdonar a quienes la han ofendido.

Teresita Ruíz Díaz de Mendieta
Argentina

Pasaje del día: Lucas 24:1-12
Versículo del día: Lucas 24:5

Cristo, el que vive

Unas mujeres con rostros cubiertos, temblando un poco por el frío de la madrugada, llevadas por una sola pasión por sendas polvorientas, llegan al lugar indicado: una tumba, una peña con un hueco. Suponían que allí yacía el cuerpo del Rey de reyes y Señor de señores.

"¿Por qué buscan ustedes entre los muertos al que vive?", le oyen preguntar al ángel. ¡Qué pregunta! ¿No es que estaba muerto? Ya no, y ¡son las primeras en recibir la noticia de que había resucitado!

Tú y yo, con problemas y sobresaltos, a veces buscamos en lugares que pensamos son correctos; pero tienen olor a muerte. Afligidas y desesperadas tratamos de hallar respuestas en los horóscopos, la adivinación o cosas similares.

La voz que hace dos mil años escucharon las mujeres, hoy vuelve a ser oída. "¿Por qué buscan ustedes entre los muertos al que vive?" ¡Ha resucitado! No está en la tumba.

Hija de Dios, renueva tu fe en la resurrección de Cristo; renueva tu fidelidad a Él; renueva tu amor al Salvador. Fue necesario que el Hijo del Hombre fuera entregado en manos de pecadores, y que sea crucificado; pero resucitó. Cristo está vivo y quiere vivir a plenitud en ti.

> *Cree la resurrección.*
> *Vive la resurrección.*
> *Proclama la resurrección.*

No desmayes, Cristo no está muerto. La tumba no lo pudo contener; fue vomitado por la muerte. Nunca más busques entre los muertos al que vive.

Adriana E. M. de Pereda
Argentina

puso en un sepulcro cavado en la roca, en el que todavía no se había sepultado a nadie. 54 Era el día de preparación para el *sábado, que estaba a punto de comenzar.

55 Las mujeres que habían acompañado a Jesús desde Galilea siguieron a José para ver el sepulcro y cómo colocaban el cuerpo. 56 Luego volvieron a casa y prepararon especias aromáticas y perfumes. Entonces descansaron el sábado, conforme al mandamiento.

La resurrección

24 El primer día de la semana, muy de mañana, las mujeres fueron al sepulcro, llevando las especias aromáticas que habían preparado. 2 Encontraron que había sido quitada la piedra que cubría el sepulcro 3 y, al entrar, no hallaron el cuerpo del Señor Jesús. 4 Mientras se preguntaban qué habría pasado, se les presentaron dos hombres con ropas resplandecientes. 5 Asustadas, se postraron sobre su rostro, pero ellos les dijeron:

—¿Por qué buscan ustedes entre los muertos al que vive? 6 No está aquí; ¡ha resucitado! Recuerden lo que les dijo cuando todavía estaba con ustedes en Galilea: 7 'El Hijo del hombre tiene que ser entregado en manos de hombres *pecadores, y ser crucificado, pero al tercer día resucitará.'

8 Entonces ellas se acordaron de las palabras de Jesús. 9 Al regresar del sepulcro, les contaron todas estas cosas a los once y a todos los demás. 10 Las mujeres eran María Magdalena, Juana, María la madre de *Jacobo, y las demás que las acompañaban. 11 Pero a los discípulos el relato les pareció una tontería, así que no les creyeron. 12 Pedro, sin embargo, salió corriendo al sepulcro. Se asomó y vio sólo las vendas de lino. Luego volvió a su casa, extrañado de lo que había sucedido.

De camino a Emaús

13 Aquel mismo día dos de ellos se dirigían a un pueblo llamado Emaús, a unos once kilómetrosa de Jerusalén.

14 Iban conversando sobre todo lo que había acontecido. 15 Sucedió que, mientras hablaban y discutían, Jesús mismo se acercó y comenzó a caminar con ellos; 16 pero no lo reconocieron, pues sus ojos estaban velados.

17 —¿Qué vienen discutiendo por el camino? —les preguntó.

Se detuvieron, cabizbajos; 18 y uno de ellos, llamado Cleofas, le dijo:

—¿Eres tú el único peregrino en Jerusalén que no se ha enterado de todo lo que ha pasado recientemente?

19 —¿Qué es lo que ha pasado? —les preguntó.

—Lo de Jesús de Nazaret. Era un profeta, poderoso en obras y en palabras delante de Dios y de todo el pueblo. 20 Los jefes de los sacerdotes y nuestros gobernantes lo entregaron para ser condenado a muerte, y lo crucificaron; 21 pero nosotros abrigábamos la esperanza de que era él quien redimiría a Israel. Es más, ya hace tres días que sucedió todo esto. 22 También algunas mujeres de nuestro grupo nos dejaron asombrados. Esta mañana, muy temprano, fueron al sepulcro 23 pero no hallaron su cuerpo. Cuando volvieron, nos contaron que se les habían aparecido unos ángeles quienes les dijeron que él está vivo. 24 Algunos de nuestros compañeros fueron después al sepulcro y lo encontraron tal como habían dicho las mujeres, pero a él no lo vieron.

25 —¡Qué torpes son ustedes —les dijo—, y qué tardos de corazón para creer todo lo que han dicho los profetas! 26 ¿Acaso no tenía que sufrir el *Cristo estas cosas antes de entrar en su gloria?

27 Entonces, comenzando por Moisés y por todos los profetas, les explicó lo que se refería a él en todas las Escrituras.

28 Al acercarse al pueblo adonde se dirigían, Jesús hizo como que iba más lejos. 29 Pero ellos insistieron:

—Quédate con nosotros, que está atardeciendo; ya es casi de noche.

Así que entró para quedarse con ellos.

---

a **24:13** *once kilómetros.* Lit. *sesenta estadios.*

30 Luego, estando con ellos a la mesa, tomó el pan, lo bendijo, lo partió y se lo dio. 31 Entonces se les abrieron los ojos y lo reconocieron, pero él desapareció. 32 Se decían el uno al otro:

—¿No ardía nuestro corazón mientras conversaba con nosotros en el camino y nos explicaba las Escrituras?

33 Al instante se pusieron en camino y regresaron a Jerusalén. Allí encontraron a los once y a los que estaban reunidos con ellos. 34 «¡Es cierto! —decían—. El Señor ha resucitado y se le ha aparecido a Simón.»

35 Los dos, por su parte, contaron lo que les había sucedido en el camino, y cómo habían reconocido a Jesús cuando partió el pan.

Jesús se aparece a los discípulos

36 Todavía estaban ellos hablando acerca de esto, cuando Jesús mismo se puso en medio de ellos y les dijo:

—Paz a ustedes.

37 Aterrorizados, creyeron que veían a un espíritu. 38 —¿Por qué se asustan tanto? —les preguntó—. ¿Por qué les vienen dudas? 39 Miren mis manos y mis pies. ¡Soy yo mismo! Tóquenme y vean; un espíritu no tiene carne ni huesos, como ven que los tengo yo.

40 Dicho esto, les mostró las manos y los pies. 41 Como ellos no acababan de creerlo a causa de la alegría y del asombro, les preguntó:

—¿Tienen aquí algo de comer?

42 Le dieron un pedazo de pescado asado, 43 así que lo tomó y se lo comió delante de ellos. Luego les dijo:

44 —Cuando todavía estaba yo con ustedes, les decía que tenía que cumplirse todo lo que está escrito acerca de mí en la ley de Moisés, en los profetas y en los salmos.

45 Entonces les abrió el entendimiento para que comprendieran las Escrituras. 46 —Esto es lo que está escrito —les explicó—: que el *Cristo padecerá y *resucitará al tercer día, 47 y en su nombre se predicarán el *arrepentimiento y el perdón de pecados a todas las *naciones, comenzando por Jerusalén. 48 Ustedes son testigos de estas cosas. 49 Ahora voy a enviarles lo que ha prometido mi Padre; pero ustedes quédense en la ciudad hasta que sean revestidos del poder de lo alto.

La ascensión

50 Después los llevó Jesús hasta Betania; allí alzó las manos y los bendijo. 51 Sucedió que, mientras los bendecía, se alejó de ellos y fue llevado al cielo. 52 Ellos, entonces, lo adoraron y luego regresaron a Jerusalén con gran alegría. 53 Y estaban continuamente en el *templo, alabando a Dios.

JUAN escribe este evangelio a fin de presentar a Jesús, el poderoso Hijo de Dios, quien viene en carne humana, da su vida en la cruz y entonces vuelve al Padre. Todo eso lo hizo para lograr que creamos en él y recibamos vida eterna. Su venida nos muestra cuánto nos aman el Padre y el Hijo, y su mandamiento al partir de la tierra es que debemos mostrarnos el mismo amor abnegado los unos a los otros. Al leer este libro, asegúrese de que cree que Jesús es el Cristo, el Hijo de Dios, y prométale que usted amará a otros de la misma manera que él la ama a usted.

Juan

El Verbo se hizo hombre

1 En el principio ya existía el *Verbo,
y el Verbo estaba con Dios,
y el Verbo era Dios.
2 Él estaba con Dios en el principio.
3 Por medio de él todas las cosas
  fueron creadas;
sin él, nada de lo creado llegó a
  existir.
4 En él estaba la vida,
y la vida era la luz de la
  *humanidad.
5 Esta luz resplandece en las tinieblas,
y las tinieblas no han podido
  extinguirla.ᵃ

6 Vino un hombre llamado Juan. Dios
lo envió **7** como testigo para dar testimonio de la luz, a fin de que por medio de él todos creyeran. **8** Juan no era la luz, sino que vino para dar testimonio de la luz. **9** Esa luz verdadera, la que alumbra a todo ser humano, venía a este mundo.ᵇ
10 El que era la luz ya estaba en el mundo, y el mundo fue creado por medio de él, pero el mundo no lo reconoció. **11** Vino a lo que era suyo, pero los suyos no lo recibieron. **12** Mas a cuantos lo recibieron, a los que creen en su nombre, les dio el derecho de ser hijos de Dios. **13** Éstos no nacen de la sangre, ni por deseos *naturales, ni por voluntad humana, sino que nacen de Dios.
14 Y el Verbo se hizo hombre y habitóᶜ entre nosotros. Y hemos contemplado su gloria, la gloria que corresponde al Hijo *unigénito del Padre, lleno de gracia y de verdad.
15 Juan dio testimonio de él, y a voz en cuello proclamó: «Éste es aquel de quien yo decía: 'El que viene después de mí es superior a mí, porque existía antes que yo.'» **16** De su plenitud todos hemos recibido gracia sobre gracia, **17** pues la ley fue dada por medio de Moisés, mientras que la gracia y la verdad nos han llegado por medio de *Jesucristo. **18** A Dios nadie lo ha visto nunca; el Hijo unigénito, que es Diosᵈ y que vive en unión íntima con el Padre, nos lo ha dado a conocer.

Juan el Bautista niega ser el Cristo

19 Éste es el testimonio de Juan cuando los judíos de Jerusalén enviaron sacerdotes y levitas a preguntarle quién era. **20** No se negó a declararlo, sino que confesó con franqueza:

—Yo no soy el *Cristo.

21 —¿Quién eres entonces? —le preguntaron—. ¿Acaso eres Elías?

—No lo soy.

—¿Eres el profeta?

—No lo soy.

22 —¿Entonces quién eres? ¡Tenemos que llevar una respuesta a los que nos enviaron! ¿Cómo te ves a ti mismo?

23 —Yo soy la voz del que grita en el desierto: 'Enderecen el camino del Señor'ᵉ —respondió Juan, con las palabras del profeta Isaías.

24 Algunos que habían sido enviados por los *fariseos **25** lo interrogaron:

—Pues si no eres el Cristo, ni Elías ni el profeta, ¿por qué bautizas?

26 —Yo bautizo conᶠ agua, pero entre ustedes hay alguien a quien no conocen, **27** y que viene después de mí, al cual yo no soy digno ni siquiera de desatarle la correa de las sandalias.

28 Todo esto sucedió en Betania, al otro lado del río Jordán, donde Juan estaba bautizando.

Jesús, el Cordero de Dios

29 Al día siguiente Juan vio a Jesús que se acercaba a él, y dijo: «¡Aquí tienen al Cordero de Dios, que quita el pecado del mundo! **30** De éste hablaba yo cuando dije: 'Después de mí viene un hombre que es superior a mí, porque existía antes que yo.' **31** Yo ni siquiera lo conocía, pero,

---

a **1:5** *extinguirla.* Alt. *comprenderla.* *b* **1:9** *Esa ... mundo.* Alt. *Esa era la luz verdadera que alumbra a todo ser humano que viene al mundo.* *c* **1:14** *habitó.* Lit. *puso su carpa.* *d* **1:18** *el Hijo unigénito, que es Dios.* Lit. *Dios unigénito.* Var. *el Hijo unigénito.* *e* **1:23** Is 40:3 *f* **1:26** *con.* Alt. *en*; también en vv. 31 y 33.

Pasaje del día: Juan 1:43-51
Versículo del día: Juan 1:50

Debajo de la higuera

Al aproximarse Natanael a Jesús, le sorprendieron las palabras del maestro: "Aquí tienen a un verdadero israelita, en quien no hay falsedad." Natanael, como verdadero israelita, tenía que ser veraz.

La conducta de Natanael era distinta a la de los judíos que se jactaban. A éstos, Jesús les dijo: "Ustedes son de su padre, el diablo." Fue la integridad de Natanael lo que hizo que fuera digno de recibir el título que Jesús le otorgaba.

Este fue el primer encuentro que Natanael tuvo con Jesús, y se sorprendió, diciendo: "¿De dónde me conoces?" Jesús le respondió con un proverbio. Estar bajo la higuera significaba estar en casa. La sombra de la higuera era un lugar favorito de meditación y descanso, y expresaba el ideal israelita de la edad mesiánica. "Y se sentará cada uno... debajo de su higuera" (Miqueas 4:4; véase también Zacarías 3:10). Incluso el símbolo de la tranquilidad de la nación era la imagen de un hombre debajo de una higuera.

La higuera era un buen lugar para estudiar la Tora, y San Agustín confiesa que su conversión tuvo lugar bajo una higuera. Posiblemente Natanael meditaba sobre el Mesías, y por eso se maravilló, no tanto por el milagro físico de que lo vieran de lejos, sino porque lo habían visto en la intimidad de sus pensamientos.

¿Estás consciente de que Dios conoce tu carácter y está presente en lo más secreto de tu vida? ¿Has experimentado la presencia de Cristo en la profundidad de tus pensamientos? ¡Toma tiempo para meditar "debajo de la higuera"!

Alicia E. Cea
El Salvador

para que él se revelara al pueblo de Israel, vine bautizando con agua.»

³² Juan declaró: «Vi al Espíritu descender del cielo como una paloma y permanecer sobre él. ³³ Yo mismo no lo conocía, pero el que me envió a bautizar con agua me dijo: 'Aquel sobre quien veas que el Espíritu desciende y permanece, es el que bautiza con el Espíritu Santo.' ³⁴ Yo lo he visto y por eso testifico que éste es el Hijo de Dios.»

Los primeros discípulos de Jesús

³⁵ Al día siguiente Juan estaba de nuevo allí, con dos de sus discípulos. ³⁶ Al ver a Jesús que pasaba por ahí, dijo:

—¡Aquí tienen al Cordero de Dios!

³⁷ Cuando los dos discípulos le oyeron decir esto, siguieron a Jesús. ³⁸ Jesús se volvió y, al ver que lo seguían, les preguntó:

—¿Qué buscan?

—Rabí, ¿dónde te hospedas? (Rabí significa: Maestro.)

³⁹ —Vengan a ver —les contestó Jesús. Ellos fueron, pues, y vieron dónde se hospedaba, y aquel mismo día se quedaron con él. Eran como las cuatro de la tarde.ª

⁴⁰ Andrés, hermano de Simón Pedro, era uno de los dos que, al oír a Juan, habían seguido a Jesús. ⁴¹ Andrés encontró primero a su hermano Simón, y le dijo:

—Hemos encontrado al Mesías (es decir, el *Cristo).

⁴² Luego lo llevó a Jesús, quien mirándolo fijamente, le dijo:

—Tú eres Simón, hijo de Juan. Serás llamado *Cefas (es decir, Pedro).

Jesús llama a Felipe y a Natanael

⁴³ Al día siguiente, Jesús decidió salir hacia Galilea. Se encontró con Felipe, y lo llamó:

—Sígueme.

⁴⁴ Felipe era del pueblo de Betsaida, lo mismo que Andrés y Pedro. ⁴⁵ Felipe buscó a Natanael y le dijo:

—Hemos encontrado a Jesús de Naza-

ret, el hijo de José, aquel de quien escribió Moisés en la ley, y de quien escribieron los profetas.

⁴⁶ —¡De Nazaret! ¿Acaso de allí puede salir algo bueno? —replicó Natanael.

—Ven a ver —le contestó Felipe.

⁴⁷ Cuando Jesús vio que Natanael se le acercaba, comentó:

—Aquí tienen a un verdadero israelita, en quien no hay falsedad.

⁴⁸ —¿De dónde me conoces? —le preguntó Natanael.

—Antes que Felipe te llamara, cuando aún estabas bajo la higuera, ya te había visto.

⁴⁹ —Rabí, ¡tú eres el Hijo de Dios! ¡Tú eres el Rey de Israel! —declaró Natanael.

⁵⁰ —¿Lo crees porque te dije que te vi cuando estabas debajo de la higuera? ¡Vas a ver aun cosas más grandes que éstas!

Y añadió:

⁵¹ —Ciertamente les aseguro que ustedes verán abrirse el cielo, y a los ángeles de Dios subir y bajar sobre el Hijo del hombre.

Jesús cambia el agua en vino

2 Al tercer día se celebró una boda en Caná de Galilea, y la madre de Jesús se encontraba allí. ² También habían sido invitados a la boda Jesús y sus discípulos. ³ Cuando el vino se acabó, la madre de Jesús le dijo:

—Ya no tienen vino.

⁴ —Mujer, ¿eso qué tiene que ver conmigo? —respondió Jesús—. Todavía no ha llegado mi hora.

⁵ Su madre dijo a los sirvientes:

—Hagan lo que él les ordene.

⁶ Había allí seis tinajas de piedra, de las que usan los judíos en sus ceremonias de *purificación. En cada una cabían unos cien litros.ᵇ

⁷ Jesús dijo a los sirvientes:

—Llenen de agua las tinajas.

Y los sirvientes las llenaron hasta el borde.

⁸ —Ahora saquen un poco y llévenlo al encargado del banquete —les dijo Jesús.

Así lo hicieron. ⁹ El encargado del ban-

ª **1:39** *Eran ... tarde* (si se cuentan las horas a partir de las seis de la mañana, según la hora judía). Lit. *Era como la hora décima*; véase nota en 19:14. **b 2:6** *unos cien litros*. Lit. *entre dos y tres metretas*.

Pasaje del sábado:
Juan 1:1-18
Pasaje del domingo:
Salmo 23:1-6

Dulce enviado

Te veo cada día en el azul que me cobija,
Dios del cielo,
En los cálidos arreboles crepusculares,
Donde tú también estás.
En el ave fugaz que corta el viento,
En las corolas de los girasoles,
En cada gota de rocío, en cada flor.
Te veo en el niño que ríe y en el joven que alaba,
En los ojos que lloran conmovidos,
Al sentir que enlazas el corazón de los que se aman.
Te veo en todo lo que existe.
Tú eras la Palabra, y con tu palabra,
Llenaste mi universo.
Si no caminé a tu lado, cuando anduviste en la tierra,
Cuando tus sandalias dejaban sus huellas en la arena,
Ni pude ver tu rostro,
Ni palpar los bordes de tu manto como la cananea,
Por tus palabras que son de siempre,
Estoy aquí en plena era moderna,
Con la cabeza apoyada en tu regazo,
Y nada temo.
Tú al hombre fuerte,
Para siempre has derrotado.

Consuelo Carrillo Meza
Guatemala

Pasaje del día: Juan 2:1-12
Versículo del día: Juan 2:2

Tradiciones familiares

*E*n el mundo de incertidumbre en el cual vivimos, mantener las tradiciones familiares, más que un deber romántico es una barrera defensiva para la mujer y la familia. Nos da la idea de pertenencia, de protección y de seguridad. Por eso, la pareja debe recordar una y otra vez cómo se conocieron y se enamoraron, cuáles fueron las circunstancias de la boda, los momentos alegres de los primeros meses, así como las cosas embarazosas que los llenaron de rubor. También hay que volver a esa vieja canción que los unió de novios, al álbum de fotografías y las comidas con toda la familia.

La presencia real, viva y activa de Dios en el hogar, pone sentido de significado y frescura a nuestras tradiciones familiares. Amiga, Dios puede y quiere estar presente en su familia, lo cual no es precisamente una tradición más. Lamentablemente, la cultura religiosa de nuestro pueblo tiende a hacerse rutinaria. Pero no tiene la fuerza de cambiar vidas, de solucionar problemas y de mantener unidos a los matrimonios.

Como en las bodas de Caná, Cristo debe ser invitado a nuestro hogar; debe ser llamado para formar parte de la familia. Él viene mediante una invitación de fe de su parte, si se arrepiente sinceramente de sus pecados.

Pídale que se posesione de su matrimonio, de su familia y de su futuro. Viva para Él, por Él, con Él y en Él. Entonces Él vendrá y le dará perdón, paz, poder, pureza, propósito y perseverancia. Déle sentido a la vida y a las tradiciones haciendo de Cristo no sólo el principal huésped sino el Señor del hogar.

Noemí Mottesi
Estados Unidos

quete probó el agua convertida en vino sin saber de dónde había salido, aunque sí lo sabían los sirvientes que habían sacado el agua. Entonces llamó aparte al novio 10 y le dijo:

—Todos sirven primero el mejor vino, y cuando los invitados ya han bebido mucho, entonces sirven el más barato; pero tú has guardado el mejor vino hasta ahora.

11 Ésta, la primera de sus señales, la hizo Jesús en Caná de Galilea. Así reveló su gloria, y sus discípulos creyeron en él. 12 Después de esto Jesús bajó a Capernaúm con su madre, sus hermanos y sus discípulos, y se quedaron allí unos días.

Jesús purifica el templo

13 Cuando se aproximaba la Pascua de los judíos, subió Jesús a Jerusalén. 14 Y en el *templo*ª halló a los que vendían bueyes, ovejas y palomas, e instalados en sus mesas a los que cambiaban dinero. 15 Entonces, haciendo un látigo de cuerdas, echó a todos del templo, juntamente con sus ovejas y sus bueyes; regó por el suelo las monedas de los que cambiaban dinero y derribó sus mesas. 16 A los que vendían las palomas les dijo:

—¡Saquen esto de aquí! ¿Cómo se atreven a convertir la casa de mi Padre en un mercado?

17 Sus discípulos se acordaron de que está escrito: «El celo por tu casa me consumirá.»ᵇ 18 Entonces los judíos reaccionaron, preguntándole:

—¿Qué señal puedes mostrarnos para actuar de esta manera?

19 —Destruyan este templo —respondió Jesús—, y lo levantaré de nuevo en tres días.

20 —Tardaron cuarenta y seis años en construir este templo, ¿y tú vas a levantarlo en tres días?

21 Pero el templo al que se refería era su propio cuerpo. 22 Así, pues, cuando se *levantó* de entre los muertos, sus discípulos se acordaron de lo que había dicho, y creyeron en la Escritura y en las palabras de Jesús.

23 Mientras estaba en Jerusalén, durante la fiesta de la Pascua, muchos creyeron en su nombre al ver las señales que hacía. 24 En cambio Jesús no les creía porque los conocía a todos; 25 no necesitaba que nadie le informara nadaᶜ acerca de los demás, pues él conocía el interior del ser *humano.

Jesús enseña a Nicodemo

3 Había entre los *fariseos un dirigente de los judíos llamado Nicodemo. 2 Éste fue de noche a visitar a Jesús.

—Rabí —le dijo—, sabemos que eres un maestro que ha venido de parte de Dios, porque nadie podría hacer las señales que tú haces si Dios no estuviera con él.

3 —De veras te aseguro que quien no nazca de nuevoᵈ no puede ver el reino de Dios —dijo Jesús.

4 —¿Cómo puede uno nacer de nuevo siendo ya viejo? —preguntó Nicodemo—. ¿Acaso puede entrar por segunda vez en el vientre de su madre y volver a nacer?

5 —Yo te aseguro que quien no nazca de agua y del Espíritu, no puede entrar en el reino de Dios —respondió Jesús—. 6 Lo que nace del cuerpo es cuerpo; lo que nace del Espíritu es espíritu. 7 No te sorprendas de que te haya dicho: 'Tienen que nacer de nuevo.' 8 El viento sopla por donde quiere, y lo oyes silbar, aunque ignoras de dónde viene y a dónde va. Lo mismo pasa con todo el que nace del Espíritu.

9 Nicodemo replicó:

—¿Cómo es posible que esto suceda?

10 —Tú eres maestro de Israel, ¿y no entiendes estas cosas? —respondió Jesús de nuevo—. 11 Te digo con seguridad y verdad que hablamos de lo que sabemos y damos testimonio de lo que hemos visto personalmente, pero ustedes no aceptan nuestro testimonio. 12 Si les he hablado de las cosas terrenales, y no creen, ¿entonces cómo van a creer si les hablo de las celestiales? 13 Nadie ha subido jamás al cielo sino el que descendió del cielo, el Hijo del hombre.ᵉ

---

a **2:14** Es decir, en el área general del templo; en vv. 19-21 el término griego significa: *santuario*. *b* **2:17** Sal 69:9 *c* **2:25** *le informara nada.* Lit. *le diera testimonio.* *d* **3:3** *de nuevo.* Alt. *de arriba*; también en v. 7. *e* **3:13** *hombre.* Var. *hombre que está en el cielo.*

Jesús y el amor del Padre

14 »Como levantó Moisés la serpiente en el desierto, así también tiene que ser levantado el Hijo del hombre, **15** para que todo el que crea en él tenga vida eterna.ᵃ

16 »Porque tanto amó Dios al mundo, que dio a su Hijo *unigénito, para que todo el que cree en él no se pierda, sino que tenga vida eterna. **17** Dios no envió a su Hijo al mundo para condenar al mundo, sino para salvarlo por medio de él. **18** El que cree en él no es condenado, pero el que no cree ya está condenado por no haber creído en el nombre del Hijo unigénito de Dios. **19** Ésta es la causa de la condenación: que la luz vino al mundo, pero la *humanidad prefirió las tinieblas a la luz, porque sus hechos eran perversos. **20** Pues todo el que hace lo malo aborrece la luz, y no se acerca a ella por temor a que sus obras queden al descubierto. **21** En cambio, el que practica la verdad se acerca a la luz, para que se vea claramente que ha hecho sus obras en obediencia a Dios.ᵇ

Testimonio de Juan el Bautista acerca de Jesús

22 Después de esto Jesús fue con sus discípulos a la región de Judea. Allí pasó algún tiempo con ellos, y bautizaba. **23** También Juan estaba bautizando en Enón, cerca de Salim, porque allí había mucha agua. Así que la gente iba para ser bautizada. **24** (Esto sucedió antes de que encarcelaran a Juan.) **25** Se entabló entonces una discusión entre los discípulos de Juan y un judíoᶜ en torno a los ritos de *purificación. **26** Aquéllos fueron a ver a Juan y le dijeron:

—Rabí, fíjate, el que estaba contigo al otro lado del Jordán, y de quien tú diste testimonio, ahora está bautizando, y todos acuden a él.

27 —Nadie puede recibir nada a menos que Dios se lo conceda —les respondió Juan—. **28** Ustedes me son testigos de que dije: 'Yo no soy el *Cristo, sino que he sido

enviado delante de él.' **29** El que tiene a la novia es el novio. Pero el amigo del novio, que está a su lado y lo escucha, se llena de alegría cuando oye la voz del novio. Ésa es la alegría que me inunda. **30** A él le toca crecer, y a mí menguar.

El que viene del cielo

31 »El que viene de arriba está por encima de todos; el que es de la tierra, es terrenal y de lo terrenal habla. El que viene del cielo está por encima de todos **32** y da testimonio de lo que ha visto y oído, pero nadie recibe su testimonio. **33** El que lo recibe certifica que Dios es veraz. **34** El enviado de Dios comunica el mensaje divino, pues Dios mismo le da su Espíritu sin restricción. **35** El Padre ama al Hijo, y ha puesto todo en sus manos. **36** El que cree en el Hijo tiene vida eterna; pero el que rechaza al Hijo no sabrá lo que es esa vida, sino que permanecerá bajo el castigo de Dios.ᵈ

Jesús y la samaritana

4 Jesúsᵉ se enteró de que los *fariseos sabían que él estaba haciendo y bautizando más discípulos que Juan **2** (aunque en realidad no era Jesús quien bautizaba sino sus discípulos). **3** Por eso se fue de Judea y volvió otra vez a Galilea. **4** Como tenía que pasar por Samaria, **5** llegó a un pueblo samaritano llamado Sicar, cerca del terreno que Jacob le había dado a su hijo José. **6** Allí estaba el pozo de Jacob. Jesús, fatigado del camino, se sentó junto al pozo. Era cerca del mediodía.ᶠ **7-8** Sus discípulos habían ido al pueblo a comprar comida.

En eso llegó a sacar agua una mujer de Samaria, y Jesús le dijo:

—Dame un poco de agua.

9 Pero como los judíos no usan nada en comúnᵍ con los samaritanos, la mujer le respondió:

—¿Cómo se te ocurre pedirme agua, si tú eres judío y yo soy samaritana?

10 —Si supieras lo que Dios puede dar, y conocieras al que te está pidiendo agua

---

a **3:15** *todo ... eterna.* Alt. *todo el que cree tenga vida eterna en él.* *b* **3:21** Algunos intérpretes consideran que el discurso de Jesús termina en el v. 15. *c* **3:25** *un judío.* Var. *unos judíos.* *d* **3:36** Algunos intérpretes consideran que los vv. 31-36 son comentario del autor del evangelio. *e* **4:1** *Jesús.* Var. *El Señor.* *f* **4:6** *del mediodía.* Lit. *de la hora sexta*; véase nota en 1:39. *g* **4:9** *no usan nada en común.* Alt. *no se llevan bien.*

Pasaje del día: Juan 3:27-36
Versículo del día: Juan 3:30

Una hija misionera

En cierta ocasión, mi esposo sintió un deseo profundo de salir del país para servir en las misiones. Escribió a una organización misionera para ver si nos aceptaban como familia.

La contestación demoró mucho en llegar, y fue la siguiente: "Después de orar hemos llegado a la conclusión de que usted puede ser muy útil aquí y debe permanecer sirviendo al Señor donde está." En efecto, así sucedió. Siempre trabajó sirviendo al Señor en distintos aspectos y con mucho gozo.

Años más tarde, nuestra segunda hija se embarcó en la nave "Logos", para emprender la obra misionera. Recuerdo las palabras de su padre: "A ella le toca crecer y a mí menguar."

Me sentí muy feliz al oír esas palabras, en las cuales no había egoísmo ni envidia, sino un profundo deseo de éxito para ella.

Fue nuestra época de dar y lo hicimos con mucho gozo, y Dios fue fiel proveyendo para cada necesidad de nuestra hija. A medida que pasan los años, seguimos amando la obra de las misiones y seguimos trabajando, dando y orando.

Unos oran; otros dan; algunos van. ¿Estamos dispuestas a dar paso a la juventud y respaldarla para que se incorpore en la obra de Dios? ¿En qué situación te encuentras? ¿Estás dispuesta a ir? ¿a dar? ¿a orar? ¡Acepta el desafío!

Axa de Palacios
Ecuador

Pasaje del día: Juan 4:1-30
Versículo del día: Juan 4:10

"Si supieras..."

Era mediodia en la tierra de Palestina; el sol brillaba con todas sus fuerzas. El calor se hacía insoportable; los pies del viajero ya no querían dar un paso más; su frente estaba perlada de sudor y la lengua empezaba a pegarse al paladar. El deseo de un sorbo de agua fresca se hacía más fuerte a cada paso.

Ah, bendición... ¡el pozo de Jacob! Allí se sentó Jesús para refrescarse y descansar. Pero fue interrumpido por alguien que también necesitaba agua para refrescarse del calor; alguien que sabía que era difícil sacar agua del pozo, porque era muy hondo.

¡Cuántas veces nuestra alma tiene sed! Y como aquella mujer encontró que el pozo era hondo, muchas lo encontramos así. Nos parece demasiado hondo por la ansiedad producida debido a alguna enfermedad en la familia o por un hijo que nos dice: "Mamá, me voy de casa." Nos desesperamos por el esposo que abandona el hogar o porque el dinero no alcanza y los alimentos escasean... ¿Cómo obtener la victoria sobre esa profundidad y alcanzar el agua que calma la sed?

Bendita respuesta del Señor: "Si supieras lo que Dios puede dar y conocieras al que te está pidiendo agua..." Amiga, hoy también Jesús te dice: "Si supieras..."; porque no hay pozo demasiado profundo para Él. Bajó hasta lo más hondo para poder socorrer a quienes estábamos sumergidas en nuestros dolores, angustias y desventuras. Hoy, Él te dice: "Si supieras..."

Cristo es el que sacia toda sed. Si como la mujer dices: "Señor, dame de esa agua", serás saciada y la frescura de su presencia inundará todo tu ser. Con Él obtendrás la victoria sobre cualquier situación, por más difícil o profunda que sea.

Cristina G. de Corvino
Uruguay

—contestó Jesús—, tú le habrías pedido a él, y él te habría dado agua que da vida.

11 —Señor, ni siquiera tienes con qué sacar agua, y el pozo es muy hondo; ¿de dónde, pues, vas a sacar esa agua que da vida? **12** ¿Acaso eres tú superior a nuestro padre Jacob, que nos dejó este pozo, del cual bebieron él, sus hijos y su ganado?

13 —Todo el que beba de esta agua volverá a tener sed —respondió Jesús—, **14** pero el que beba del agua que yo le daré, no volverá a tener sed jamás, sino que dentro de él esa agua se convertirá en un manantial del que brotará vida eterna.

15 —Señor, dame de esa agua para que no vuelva a tener sed ni siga viniendo aquí a sacarla.

16 —Ve a llamar a tu esposo, y vuelve acá —le dijo Jesús.

17 —No tengo esposo —respondió la mujer.

—Bien has dicho que no tienes esposo. **18** Es cierto que has tenido cinco, y el que ahora tienes no es tu esposo. En esto has dicho la verdad.

19 —Señor, me doy cuenta de que tú eres profeta. **20** Nuestros antepasados adoraron en este monte, pero ustedes los judíos dicen que el lugar donde debemos adorar está en Jerusalén.

21 —Créeme, mujer, que se acerca la hora en que ni en este monte ni en Jerusalén adorarán ustedes al Padre. **22** Ahora ustedes adoran lo que no conocen; nosotros adoramos lo que conocemos, porque la salvación proviene de los judíos. **23** Pero se acerca la hora, y ha llegado ya, en que los verdaderos adoradores rendirán culto al Padre en espíritu y en verdad,ᵃ porque así quiere el Padre que sean los que le adoren. **24** Dios es espíritu, y quienes lo adoran deben hacerlo en espíritu y en verdad.

25 —Sé que viene el Mesías, al que llaman el *Cristo —respondió la mujer—. Cuando él venga nos explicará todas las cosas.

26 —Ése soy yo, el que habla contigo —le dijo Jesús.

Los discípulos vuelven a reunirse con Jesús

27 En esto llegaron sus discípulos y se sorprendieron de verlo hablando con una mujer, aunque ninguno le preguntó: «¿Qué pretendes?» o «¿De qué hablas con ella?»

28 La mujer dejó su cántaro, volvió al pueblo y le decía a la gente:

29 —Vengan a ver a un hombre que me ha dicho todo lo que he hecho. ¿No será éste el *Cristo?

30 Salieron del pueblo y fueron a ver a Jesús. **31** Mientras tanto, sus discípulos le insistían:

—Rabí, come algo.

32 —Yo tengo un alimento que ustedes no conocen —replicó él.

33 «¿Le habrán traído algo de comer?», comentaban entre sí los discípulos.

34 —Mi alimento es hacer la voluntad del que me envió y terminar su obra —les dijo Jesús—. **35** ¿No dicen ustedes: 'Todavía faltan cuatro meses para la cosecha'? Yo les digo: ¡Abran los ojos y miren los campos sembrados! Ya la cosecha está madura, **36** ya el segador recibe su salario y recoge el fruto para vida eterna. Ahora tanto el sembrador como el segador se alegran juntos. **37** Porque como dice el refrán: 'Uno es el que siembra y otro el que cosecha.' **38** Yo los he enviado a ustedes a cosechar lo que no les costó ningún trabajo. Otros se han fatigado trabajando, y ustedes han cosechado el fruto de ese trabajo.

Muchos samaritanos creen en Jesús

39 Muchos de los samaritanos que vivían en aquel pueblo creyeron en él por el testimonio que daba la mujer: «Me dijo todo lo que he hecho.» **40** Así que cuando los samaritanos vinieron a su encuentro le insistieron en que se quedara con ellos. Jesús permaneció allí dos días, **41** y muchos más llegaron a creer por lo que él mismo decía.

42 —Ya no creemos sólo por lo que tú dijiste —le decían a la mujer—; ahora lo hemos oído nosotros mismos, y sabemos

---

a 4:23 *en espíritu y en verdad.* Alt. *por el Espíritu y la verdad*; también en v. 24.

que verdaderamente éste es el Salvador del mundo.

Jesús sana al hijo de un funcionario

43 Después de esos dos días salió de allí rumbo a Galilea **44** (pues, como él mismo había dicho, a ningún profeta se le honra en su propia tierra). **45** Cuando llegó a Galilea, fue bien recibido por los galileos, pues éstos habían visto personalmente todo lo que había hecho en Jerusalén durante la fiesta de la Pascua, ya que ellos habían estado también allí.

46 Y volvió otra vez Jesús a Caná de Galilea, donde había convertido el agua en vino. Había allí un funcionario real, cuyo hijo estaba enfermo en Capernaúm. **47** Cuando este hombre se enteró de que Jesús había llegado de Judea a Galilea, fue a su encuentro y le suplicó que bajara a sanar a su hijo, pues estaba a punto de morir.

48 —Ustedes nunca van a creer si no ven señales y prodigios —le dijo Jesús.

49 —Señor —rogó el funcionario—, baja antes de que se muera mi hijo.

50 —Vuelve a casa, que tu hijo vive —le dijo Jesús—.

El hombre creyó lo que Jesús le dijo, y se fue. **51** Cuando se dirigía a su casa, sus siervos salieron a su encuentro y le dieron la noticia de que su hijo estaba vivo. **52** Cuando les preguntó a qué hora había comenzado su hijo a sentirse mejor, le contestaron:

—Ayer a la una de la tarde[a] se le quitó la fiebre.

53 Entonces el padre se dio cuenta de que precisamente a esa hora Jesús le había dicho: «Tu hijo vive.» Así que creyó él con toda su familia. **54** Ésta fue la segunda señal que hizo Jesús después que volvió de Judea a Galilea.

Jesús sana a un inválido

5 Algún tiempo después, se celebraba una fiesta de los judíos, y subió Jesús a Jerusalén. **2** Había allí, junto a la Puerta de las Ovejas, un estanque rodeado de cinco pórticos, cuyo nombre en arameo es Betzata.[b] **3** En esos pórticos se hallaban tendidos muchos enfermos, ciegos, cojos y paralíticos.[c] **5** Entre ellos se encontraba un hombre inválido que llevaba enfermo treinta y ocho años. **6** Cuando Jesús lo vio allí, tirado en el suelo, y se enteró de que ya tenía mucho tiempo de estar así, le preguntó:

—¿Quieres quedar sano?

7 —Señor —respondió—, no tengo a nadie que me meta en el estanque mientras se agita el agua, y cuando trato de hacerlo, otro se mete antes.

8 —Levántate, recoge tu camilla y anda —le contestó Jesús.

9 Al instante aquel hombre quedó sano, así que tomó su camilla y echó a andar. Pero ese día era *sábado. **10** Por eso los judíos le dijeron al que había sido sanado:

—Hoy es sábado; no te está permitido cargar tu camilla.

11 —El que me sanó me dijo: 'Recoge tu camilla y anda' —les respondió.

12 —¿Quién es ese hombre que te dijo: 'Recógela y anda'? —le interpelaron.

13 El que había sido sanado no tenía idea de quién era, porque Jesús se había escabullido entre la mucha gente que había en el lugar.

14 Después de esto Jesús lo encontró en el *templo y le dijo:

—Mira, ya has quedado sano. No vuelvas a pecar, no sea que te ocurra algo peor.

15 El hombre se fue e informó a los judíos que Jesús era quien lo había sanado.

Vida mediante el Hijo

16 Precisamente por esto los judíos perseguían a Jesús, pues hacía tales cosas en *sábado. **17** Pero Jesús les respondía:

—Mi Padre aun hoy está trabajando, y yo también trabajo.

18 Así que los judíos redoblaban sus esfuerzos para matarlo, pues no sólo quebrantaba el sábado sino que incluso llamaba a Dios su propio Padre, con lo que él mismo se hacía igual a Dios.

---

a **4:52** *la una de la tarde.* Lit. *la hora séptima;* véase nota en 1:39. *b* **5:2** *Betzata.* Var. *Betesda;* otra var. *Betsaida.* *c* **5:3** *paralíticos.* Var. *paralíticos, que esperaban el movimiento del agua.* [4] *De cuando en cuando un ángel del Señor bajaba al estanque y agitaba el agua. El primero que entraba en el estanque después de cada agitación del agua quedaba sano de cualquier enfermedad que tuviera.*

¹⁹ Entonces Jesús afirmó:

—Ciertamente les aseguro que el hijo no puede hacer nada por su propia cuenta, sino solamente lo que ve que su padre hace, porque cualquier cosa que hace el padre, la hace también el hijo. ²⁰ Pues el padre ama al hijo y le muestra todo lo que hace. Sí, y aun cosas más grandes que éstas le mostrará, que los dejará a ustedes asombrados. ²¹ Porque así como el Padre resucita a los muertos y les da vida, así también el Hijo da vida a quienes a él le place. ²² Además, el Padre no juzga a nadie, sino que todo juicio lo ha delegado en el Hijo, ²³ para que todos honren al Hijo como lo honran a él. El que se niega a honrar al Hijo no honra al Padre que lo envió.

²⁴ »Ciertamente les aseguro que el que oye mi palabra y cree al que me envió, tiene vida eterna y no será juzgado, sino que ha pasado de la muerte a la vida. ²⁵ Ciertamente les aseguro que ya viene la hora, y ha llegado ya, en que los muertos oirán la voz del Hijo de Dios, y los que la oigan vivirán. ²⁶ Porque así como el Padre tiene vida en sí mismo, así también ha concedido al Hijo el tener vida en sí mismo, ²⁷ y le ha dado autoridad para juzgar, puesto que es el Hijo del hombre.

²⁸ »No se asombren de esto, porque viene la hora en que todos los que están en los sepulcros oirán su voz, ²⁹ y saldrán de allí. Los que han hecho el bien resucitarán para tener vida, pero los que han practicado el mal resucitarán para ser juzgados. ³⁰ Yo no puedo hacer nada por mi propia cuenta; juzgo sólo según lo que oigo, y mi juicio es justo, pues no busco hacer mi propia voluntad sino cumplir la voluntad del que me envió.

Los testimonios a favor del Hijo

³¹ »Si yo testifico en mi favor, ese testimonio no es válido. ³² Otro es el que testifica en mi favor, y me consta que es válido el testimonio que él da de mí. ³³ »Ustedes enviaron a preguntarle a Juan, y él dio un testimonio válido. ³⁴ Y no es que acepte yo el testimonio de un hombre; más bien lo menciono para que ustedes sean salvos. ³⁵ Juan era una lámpara encendida y brillante, y ustedes decidieron disfrutar de su luz por algún tiempo.

³⁶ »El testimonio con que yo cuento tiene más peso que el de Juan. Porque esa misma tarea que el Padre me ha encomendado que lleve a cabo, y que estoy haciendo, es la que testifica que el Padre me ha enviado. ³⁷ Y el Padre mismo que me envió ha testificado en mi favor. Ustedes nunca han oído su voz, ni visto su figura, ³⁸ ni vive su palabra en ustedes, porque no creen en aquel a quien él envió. ³⁹ Ustedes estudianᵃ con diligencia las Escrituras porque piensan que en ellas hallan la vida eterna. ¡Y son ellas las que dan testimonio en mi favor! ⁴⁰ Sin embargo, ustedes no quieren venir a mí para tener esa vida.

⁴¹ »La gloria *humana no la acepto, ⁴² pero a ustedes los conozco, y sé que no aman realmente a Dios.ᵇ ⁴³ Yo he venido en nombre de mi Padre, y ustedes no me aceptan; pero si otro viniera por su propia cuenta, a ése sí lo aceptarían. ⁴⁴ ¿Cómo va a ser posible que ustedes crean, si unos a otros se rinden gloria pero no buscan la gloria que viene del Dios único?ᶜ

⁴⁵ »Pero no piensen que yo voy a acusarlos delante del Padre. Su acusador es Moisés, en quien tienen puesta su esperanza. ⁴⁶ Si le creyeran a Moisés, me creerían a mí, porque de mí escribió él. ⁴⁷ Pero si no creen lo que él escribió, ¿cómo van a creer mis palabras?

Jesús alimenta a los cinco mil

6 Algún tiempo después, Jesús se fue a la otra orilla del mar de Galilea (o de Tiberíades). ² Y mucha gente lo seguía, porque veían las señales milagrosas que hacía en los enfermos. ³ Entonces subió Jesús a una colina y se sentó con sus discípulos. ⁴ Faltaba muy poco tiempo para la fiesta judía de la Pascua. ⁵ Cuando Jesús alzó la vista y vio una gran multitud que venía hacia él, le dijo a Felipe:

---

a 5:39 Ustedes estudian. Alt. *Estudien.* *b 5:42 no aman ... Dios.* Lit. *no tienen el amor de Dios en sí mismos.* *c 5:44 del Dios único.* Var. *del Único.*

—¿Dónde vamos a comprar pan para que coma esta gente?

6 Esto lo dijo sólo para ponerlo a *prueba, porque él ya sabía lo que iba a hacer.

7 —Ni con el salario de ocho meses[a] podríamos comprar suficiente pan para darle un pedazo a cada uno —respondió Felipe.

8 Otro de sus discípulos, Andrés, que era hermano de Simón Pedro, le dijo:

9 —Aquí hay un muchacho que tiene cinco panes de cebada y dos pescados, pero ¿qué es esto para tanta gente?

10 —Hagan que se sienten todos —ordenó Jesús.

En ese lugar había mucha hierba. Así que se sentaron, y los varones adultos eran como cinco mil. **11** Jesús tomó entonces los panes, dio gracias y distribuyó a los que estaban sentados todo lo que quisieron. Lo mismo hizo con los pescados.

12 Una vez que quedaron satisfechos, dijo a sus discípulos:

—Recojan los pedazos que sobraron, para que no se desperdicie nada.

13 Así lo hicieron, y con los pedazos de los cinco panes de cebada que les sobraron a los que habían comido, llenaron doce canastas.

14 Al ver la señal que Jesús había realizado, la gente comenzó a decir: «En verdad éste es el profeta, el que ha de venir al mundo.» **15** Pero Jesús, dándose cuenta de que querían llevárselo a la fuerza y declararlo rey, se retiró de nuevo a la montaña él solo.

Jesús camina sobre el agua

16 Cuando ya anochecía, sus discípulos bajaron al lago **17** y subieron a una barca, y comenzaron a cruzar el lago en dirección a Capernaúm. Para entonces ya había oscurecido, y Jesús todavía no se les había unido. **18** Por causa del fuerte viento que soplaba, el lago estaba picado. **19** Habrían remado unos cinco o seis kilómetros[b] cuando vieron que Jesús se acercaba a la barca, caminando sobre el agua, y se asustaron. **20** Pero él les dijo: «No

tengan miedo, que soy yo.» **21** Así que se dispusieron a recibirlo a bordo, y en seguida la barca llegó a la orilla a donde se dirigían.

22 Al día siguiente, la multitud que se había quedado en el otro lado del lago se dio cuenta de que los discípulos se habían embarcado solos. Allí había estado una sola barca, y Jesús no había entrado en ella con sus discípulos. **23** Sin embargo, algunas barcas de Tiberíades se aproximaron al lugar donde la gente había comido el pan después de haber dado gracias el Señor. **24** En cuanto la multitud se dio cuenta de que ni Jesús ni sus discípulos estaban allí, subieron a las barcas y se fueron a Capernaúm a buscar a Jesús.

Jesús, el pan de vida

25 Cuando lo encontraron al otro lado del lago, le preguntaron:

—Rabí, ¿cuándo llegaste acá?

26 —Ciertamente les aseguro que ustedes me buscan, no porque han visto señales sino porque comieron pan hasta llenarse. **27** Trabajen, pero no por la comida que es perecedera, sino por la que permanece para vida eterna, la cual les dará el Hijo del hombre. Sobre éste ha puesto Dios el Padre su sello de aprobación.

28 —¿Qué tenemos que hacer para realizar las obras que Dios exige? —le preguntaron.

29 —Ésta es la obra de Dios: que crean en aquel a quien él envió —les respondió Jesús.

30 —¿Y qué señal harás para que la veamos y te creamos? ¿Qué puedes hacer? —insistieron ellos—. **31** Nuestros antepasados comieron el maná en el desierto, como está escrito: 'Les dio a comer pan del cielo.'[c]

32 —Ciertamente les aseguro que no fue Moisés el que les dio a ustedes el pan del cielo —afirmó Jesús—. El que da el verdadero pan del cielo es mi Padre. **33** El pan de Dios es el que baja del cielo y da vida al mundo.

34 —Señor —le pidieron—, danos siempre ese pan.

---

a **6:7** *el salario de ocho meses*. Lit. *doscientos denarios*. *b* **6:19** *cinco o seis kilómetros*. Lit. *veinticinco o treinta estadios*. *c* **6:31** Éx 16:4; Neh 9:15; Sal 78:24,25

JUEVES

Pasaje del día: Juan 6:1-14
Versículo del día: Juan 6:6

Una prueba de fe

Una inmensa multitud se había reunido alrededor de Jesús mientras éste platicaba con sus discípulos en el monte. Ya que se acercaba la Pascua, muchas personas habían llegado a Jerusalén para celebrarla de la manera tradicional. De ahí, podemos comprender que mucha gente había seguido al Maestro hasta aquel lugar.

Cuando el sol se ponía y se acercaban las horas de la noche, Jesús empezó a preocuparse por la alimentación de la multitud, y le comunicó esta preocupación a sus discípulos.

Mirando la multitud, Felipe da un estimado de cuánto pan se necesitaría para todos ellos y llega a la conclusión de que lo que tienen no alcanzaría para comprar pan para todos. Andrés informa de la existencia de cinco panes y dos pececillos, aunque descarta cualquier posibilidad de que eso sea suficiente.

Aún seguía latente la pregunta de Jesús. Él esperaba que sus discípulos actuaran. El versículo seis nos da la clave de todo. Le hizo la pregunta a Felipe sólo para probarlo, porque ya tenía pensado lo que iba a hacer.

Hay un principio claro en todo esto: Jesús espera que mediante la fe, tengamos una participación activa en sus planes para con nosotros. Él nos prueba al darnos la oportunidad de tomar decisiones de acuerdo a su voluntad. Eso no quiere decir que debemos actuar sin la participación divina. No, más bien nos indica que es tiempo de entender que apartados de Él, nada podemos hacer. Por lo tanto, debemos permitir que Él obre para que se cumplan los planes que tiene para nosotros.

Oración: *Señor, quiero estar siempre dispuesta a salir airosa de tu prueba; quiero que lleves a cabo tu perfecta voluntad en mí.*

Dámaris Fuertes Díaz
República Dominicana

35 —Yo soy el pan de vida —declaró Jesús—. El que a mí viene nunca pasará hambre, y el que en mí cree nunca más volverá a tener sed. **36** Pero como ya les dije, a pesar de que ustedes me han visto, no creen. **37** Todos los que el Padre me da vendrán a mí; y al que a mí viene, no lo rechazo. **38** Porque he bajado del cielo no para hacer mi voluntad sino la del que me envió. **39** Y ésta es la voluntad del que me envió: que yo no pierda nada de lo que él me ha dado, sino que lo resucite en el día final. **40** Porque la voluntad de mi Padre es que todo el que reconozca al Hijo y crea en él, tenga vida eterna, y yo lo resucitaré en el día final.

41 Entonces los judíos comenzaron a murmurar contra él, porque dijo: «Yo soy el pan que bajó del cielo.» **42** Y se decían: «¿Acaso no es éste Jesús, el hijo de José? ¿No conocemos a su padre y a su madre? ¿Cómo es que sale diciendo: 'Yo bajé del cielo'?»

43 —Dejen de murmurar —replicó Jesús—. **44** Nadie puede venir a mí si no lo atrae el Padre que me envió, y yo lo resucitaré en el día final. **45** En los profetas está escrito: 'Todos serán enseñados por Dios.'ᵃ En efecto, todo el que escucha al Padre y aprende de él, viene a mí. **46** Al Padre nadie lo ha visto, excepto el que viene de Dios; sólo él ha visto al Padre. **47** Ciertamente les aseguro que el que cree tiene vida eterna. **48** Yo soy el pan de vida. **49** Los antepasados de ustedes comieron el maná en el desierto, y sin embargo murieron. **50** Pero éste es el pan que baja del cielo; el que come de él, no muere. **51** Yo soy el pan vivo que bajó del cielo. Si alguno come de este pan, vivirá para siempre. Este pan es mi carne, que daré para que el mundo viva.

52 Los judíos comenzaron a disputar acaloradamente entre sí: «¿Cómo puede éste darnos a comer su carne?»

53 —Ciertamente les aseguro —afirmó Jesús— que si no comen la carne del Hijo del hombre ni beben su sangre, no tienen realmente vida. **54** El que comeᵇ mi carne y bebe mi sangre tiene vida eterna, y yo lo resucitaré en el día final. **55** Porque mi carne es verdadera comida y mi sangre es verdadera bebida. **56** El que come mi carne y bebe mi sangre, permanece en mí y yo en él. **57** Así como me envió el Padre viviente, y yo vivo por el Padre, también el que come de mí, vivirá por mí. **58** Éste es el pan que bajó del cielo. Los antepasados de ustedes comieron maná y murieron, pero el que come de este pan vivirá para siempre.

59 Todo esto lo dijo Jesús mientras enseñaba en la sinagoga de Capernaúm.

Muchos discípulos abandonan a Jesús

60 Al escucharlo, muchos de sus discípulos exclamaron: «Esta enseñanza es muy difícil; ¿quién puede aceptarla?»

61 Jesús, muy consciente de que sus discípulos murmuraban por lo que había dicho, les reprochó:

—¿Esto les causa *tropiezo? **62** ¿Qué tal si vieran al Hijo del hombre subir a donde antes estaba? **63** El Espíritu da vida; la *carne no vale para nada. Las palabras que les he hablado son espíritu y son vida. **64** Sin embargo, hay algunos de ustedes que no creen.

Es que Jesús conocía desde el principio quiénes eran los que no creían y quién era el que iba a traicionarlo. Así que añadió:

65 —Por esto les dije que nadie puede venir a mí, a menos que se lo haya concedido el Padre.

66 Desde entonces muchos de sus discípulos le volvieron la espalda y ya no andaban con él. Así que Jesús les preguntó a los doce:

67 —¿También ustedes quieren marcharse?

68 —Señor —contestó Simón Pedro—, ¿a quién iremos? Tú tienes palabras de vida eterna. **69** Y nosotros hemos creído, y sabemos que tú eres el Santo de Dios.ᶜ

70 —¿No los he escogido yo a ustedes doce? —repuso Jesús—. No obstante, uno de ustedes es un diablo.

71 Se refería a Judas, hijo de Simón Iscariote, uno de los doce, que iba a traicionarlo.

---

a **6:45** Is 54:13 *b* **6:54** *come.* Lit. *masca,* o *casca.* *c* **6:69** *el Santo de Dios.* Var. *el Cristo, el hijo del Dios viviente.*

Jesús va a la fiesta de los Tabernáculos

7 Algún tiempo después, Jesús andaba por Galilea. No tenía ningún interés en ir a Judea, porque allí los judíos buscaban la oportunidad para matarlo. ² Faltaba poco tiempo para la fiesta judía de los Tabernáculos, ³ así que los hermanos de Jesús le dijeron:

—Deberías salir de aquí e ir a Judea, para que tus discípulos vean las obras que realizas, ⁴ porque nadie que quiera darse a conocer actúa en secreto. Ya que haces estas cosas, deja que el mundo te conozca. ⁵ Lo cierto es que ni siquiera sus hermanos creían en él. ⁶ Por eso Jesús les dijo:

—Para ustedes cualquier tiempo es bueno, pero el tiempo mío aún no ha llegado. ⁷ El mundo no tiene motivos para aborrecerlos; a mí, sin embargo, me aborrece porque yo testifico que sus obras son malas. ⁸ Suban ustedes a la fiesta. Yo no voy todavíaᵃ a esta fiesta porque mi tiempo aún no ha llegado.

⁹ Dicho esto, se quedó en Galilea. ¹⁰ Sin embargo, después que sus hermanos se fueron a la fiesta, fue también él, no públicamente sino en secreto. ¹¹ Por eso las autoridades judías lo buscaban durante la fiesta, y decían: «¿Dónde se habrá metido?»

¹² Entre la multitud corrían muchos rumores acerca de él. Unos decían: «Es una buena persona.» Otros alegaban: «No, lo que pasa es que engaña a la gente.» ¹³ Sin embargo, por temor a los judíos nadie hablaba de él abiertamente.

Jesús enseña en la fiesta

¹⁴ Jesús esperó hasta la mitad de la fiesta para subir al *templo y comenzar a enseñar. ¹⁵ Los judíos se admiraban y decían: «¿De dónde sacó éste tantos conocimientos sin haber estudiado?»

¹⁶ —Mi enseñanza no es mía —replicó Jesús— sino del que me envió. ¹⁷ El que esté dispuesto a hacer la voluntad de Dios reconocerá si mi enseñanza proviene de Dios o si yo hablo por mi propia cuenta. ¹⁸ El que habla por cuenta propia busca su vanagloria; en cambio, el que busca glorificar al que lo envió es una persona íntegra y sin doblez. ¹⁹ ¿No les ha dado Moisés la ley a ustedes? Sin embargo, ninguno de ustedes la cumple. ¿Por qué tratan entonces de matarme?

²⁰ —Estás endemoniado —contestó la multitud—. ¿Quién quiere matarte?

²¹ —Hice un milagro y todos ustedes han quedado asombrados. ²² Por eso Moisés les dio la circuncisión, que en realidad no proviene de Moisés sino de los patriarcas, y aun en *sábado la practican. ²³ Ahora bien, si para cumplir la ley de Moisés circuncidan a un varón incluso en sábado, ¿por qué se enfurecen conmigo si en sábado lo sano por completo? ²⁴ No juzguen por las apariencias; juzguen con justicia.

¿Es éste el Cristo?

²⁵ Algunos de los que vivían en Jerusalén comentaban: «¿No es éste al que quieren matar? ²⁶ Ahí está, hablando abiertamente, y nadie le dice nada. ¿Será que las autoridades se han convencido de que es el *Cristo? ²⁷ Nosotros sabemos de dónde viene este hombre, pero cuando venga el Cristo nadie sabrá su procedencia.»

²⁸ Por eso Jesús, que seguía enseñando en el *templo, exclamó:

—¡Con que ustedes me conocen y saben de dónde vengo! No he venido por mi propia cuenta, sino que me envió uno que es digno de confianza. Ustedes no lo conocen, ²⁹ pero yo sí lo conozco porque vengo de parte suya, y él mismo me ha enviado.

³⁰ Entonces quisieron arrestarlo, pero nadie le echó mano porque aún no había llegado su hora. ³¹ Con todo, muchos de entre la multitud creyeron en él y decían: «Cuando venga el Cristo, ¿acaso va a hacer más señales que este hombre?»

³² Los *fariseos oyeron a la multitud que murmuraba estas cosas acerca de él, y junto con los jefes de los sacerdotes mandaron unos guardias del templo para arrestarlo.

³³ —Voy a estar con ustedes un poco más de tiempo —afirmó Jesús—, y luego volveré al que me envió. ³⁴ Me buscarán,

pero no me encontrarán, porque a donde yo esté no podrán ustedes llegar.

35 «¿Y éste a dónde piensa irse que no podamos encontrarlo? —comentaban entre sí los judíos—. ¿Será que piensa ir a nuestra gente dispersa entre las naciones,[a] para enseñar a los *griegos? **36** ¿Qué quiso decir con eso de que 'me buscarán, pero no me encontrarán', y 'a donde yo esté no podrán ustedes llegar'?»

Jesús en el último día de la fiesta

37 En el último día, el más solemne de la fiesta, Jesús se puso de pie y exclamó: —¡Si alguno tiene sed, que venga a mí y beba! **38** De aquel que cree en mí, como dice[b] la Escritura, brotarán ríos de agua viva.

39 Con esto se refería al Espíritu que habrían de recibir más tarde los que creyeran en él. Hasta ese momento el Espíritu no había sido dado, porque Jesús no había sido glorificado todavía.

40 Al oír sus palabras, algunos de entre la multitud decían: «Verdaderamente éste es el profeta.» **41** Otros afirmaban: «¡Es el *Cristo!» Pero otros objetaban: «¿Cómo puede el Cristo venir de Galilea? **42** ¿Acaso no dice la Escritura que el Cristo vendrá de la descendencia de David, y de Belén, el pueblo de donde era David?» **43** Por causa de Jesús la gente estaba dividida. **44** Algunos querían arrestarlo, pero nadie le puso las manos encima.

Incredulidad de los dirigentes judíos

45 Los guardias del *templo volvieron a los jefes de los sacerdotes y a los *fariseos, quienes los interrogaron: —¿Se puede saber por qué no lo han traído?

46 —¡Nunca nadie ha hablado como ese hombre! —declararon los guardias.

47 —¿Así que también ustedes se han dejado engañar? —replicaron los fariseos—. **48** ¿Acaso ha creído en él alguno de los gobernantes o de los fariseos?

49 ¡No! Pero esta gente, que no sabe nada de la ley, está bajo maldición.

50 Nicodemo, que era uno de ellos y que antes había ido a ver a Jesús, les interpeló:

51 —¿Acaso nuestra ley condena a un hombre sin antes escucharlo y averiguar lo que hace?

52 —¿No eres tú también de Galilea? —protestaron—. Investiga y verás que de Galilea no ha salido ningún profeta.[c]

—————

53 Entonces todos se fueron a casa.

La mujer sorprendida en adulterio

8 Pero Jesús se fue al monte de los Olivos. **2** Al amanecer se presentó de nuevo en el *templo. Toda la gente se le acercó, y él se sentó a enseñarles. **3** Los *maestros de la ley y los *fariseos llevaron entonces a una mujer sorprendida en adulterio, y poniéndola en medio del grupo **4** le dijeron a Jesús:

—Maestro, a esta mujer se le ha sorprendido en el acto mismo de adulterio. **5** En la ley Moisés nos ordenó apedrear a tales mujeres. ¿Tú qué dices?

6 Con esta pregunta le estaban tendiendo una *trampa, para tener de qué acusarlo. Pero Jesús se inclinó y con el dedo comenzó a escribir en el suelo. **7** Y como ellos lo acosaban a preguntas, Jesús se incorporó y les dijo:

—Aquel de ustedes que esté libre de pecado, que tire la primera piedra.

8 E inclinándose de nuevo, siguió escribiendo en el suelo. **9** Al oír esto, se fueron retirando uno tras otro, comenzando por los más viejos, hasta dejar a Jesús solo con la mujer, que aún seguía allí. **10** Entonces él se incorporó y le preguntó:

—Mujer, ¿dónde están?[d] ¿Ya nadie te condena?

11 —Nadie, Señor.

—Tampoco yo te condeno. Ahora vete, y no vuelvas a pecar.

—————

a 7:35 nuestra ... naciones. Lit. *la diáspora de los griegos.* *b 7:37-38 que venga ... como dice.* Alt. *que venga a mí! ¡Y que beba* [38] *el que cree en mí! De él, como dice.* *c 7:52 Los mss. más antiguos y otros testimonios de la antigüedad no incluyen Jn 7:53—8:11. En algunos códices y versiones que contienen el relato de la adúltera, esta sección aparece en diferentes lugares; por ejemplo, después de 7:44, o al final de este evangelio, e incluso después de Lc 21:38. d 8:10 ¿dónde están?* Var. *¿dónde están los que te acusaban?*

Pasaje del día: Juan 8:31-38   Versículo del día: Juan 8:32

La verdadera libertad

Una mujer oraba con insistencia: "¡Señor, hazme libre! ¡Hazme libre!" La causa: esclavitud mental. Por amor, renunció a todas sus aspiraciones como profesional; dedicó todo su esfuerzo y sus capacidades para levantar un hogar bello y estable. Apoyaba a su esposo en todos los proyectos que él emprendía, animándolo. Tomaba tiempo para instruir a sus hijos y orientarles dentro de un marco moral. Velaba por cada detalle en su hogar.

Sin saber cómo, fue atrapada por la rutina, el afán y la ansiedad. De repente, pensamientos de soledad, depresión y amargura asaltaron su mente. Por otras circunstancias de la vida, el temor, la desilusión y la autoconmiseración hicieron tambalear su alma. Todo eso trajo a escena algo más: la fatiga. Su estado anímico era desalentador.

¿Cómo saldría ella de esa desesperante condición? La respuesta a su problemática la encontró cuando conoció al único Hombre que poseía la verdad. Él la adoptó como hija, la consideró hermana y la llamó amiga. El amor entre ellos llegó a ser tan fuerte que no vaciló en hacer lo que Él le mandaba. ¡Cristo la transformó!

"Ustedes son mis amigos si hacen lo que yo les mando" (Juan 15:14). Así comienza el proceso de la libertad y la renovación mental. Adquirimos una nueva forma de pensamiento ejercitándonos cada día en la meditación de la Palabra de Dios. No hay otro libro en el cual podemos meditar para renovar el pensamiento según la voluntad del Señor.

Somos libres, completamente libres, cuando la Palabra de Dios llega a tomar control de nuestra mente y comenzamos a pensar como Cristo. Así permanece en nosotros la palabra o ley de Jehová y cumple su propósito en nuestra vida. ¿Ha experimentado usted esa maravillosa libertad en Cristo?

Dora Ruth de Bojórquez
El Salvador

Validez del testimonio de Jesús

12 Una vez más Jesús se dirigió a la gente, y les dijo:

—Yo soy la luz del mundo. El que me sigue no andará en tinieblas, sino que tendrá la luz de la vida.

13 —Tú te presentas como tu propio testigo —alegaron los *fariseos—, así que tu testimonio no es válido.

14 —Aunque yo sea mi propio testigo —repuso Jesús—, mi testimonio es válido, porque sé de dónde he venido y a dónde voy. Pero ustedes no saben de dónde vengo ni a dónde voy. **15** Ustedes juzgan según criterios *humanos; yo, en cambio, no juzgo a nadie. **16** Y si lo hago, mis juicios son válidos porque no los emito por mi cuenta sino en unión con el Padre que me envió. **17** En la ley de ustedes está escrito que el testimonio de dos personas es válido. **18** Uno de mis testigos soy yo mismo, y el Padre que me envió también da testimonio de mí.

19 —¿Dónde está tu padre?

—Si supieran quién soy yo, sabrían también quién es mi Padre.

20 Estas palabras las dijo Jesús en el lugar donde se depositaban las ofrendas, mientras enseñaba en el *templo. Pero nadie le echó mano porque aún no había llegado su tiempo.

Yo no soy de este mundo

21 De nuevo Jesús les dijo:

—Yo me voy, y ustedes me buscarán, pero en su pecado morirán. A donde yo voy, ustedes no pueden ir.

22 Comentaban, por tanto, los judíos: «¿Acaso piensa suicidarse? ¿Será por eso que dice: 'A donde yo voy, ustedes no pueden ir'?»

23 —Ustedes son de aquí abajo —continuó Jesús—; yo soy de allá arriba. Ustedes son de este mundo; yo no soy de este mundo. **24** Por eso les he dicho que morirán en sus pecados, pues si no creen que yo soy el que afirmo ser,ᵃ en sus pecados morirán.

25 —¿Quién eres tú? —le preguntaron.

—En primer lugar, ¿qué tengo que explicarles?ᵇ —contestó Jesús—. **26** Son muchas las cosas que tengo que decir y juzgar de ustedes. Pero el que me envió es veraz, y lo que le he oído decir es lo mismo que le repito al mundo.

27 Ellos no entendieron que les hablaba de su Padre. **28** Por eso Jesús añadió:

—Cuando hayan levantado al Hijo del hombre, sabrán ustedes que yo soy, y que no hago nada por mi propia cuenta, sino que hablo conforme a lo que el Padre me ha enseñado. **29** El que me envió está conmigo; no me ha dejado solo, porque siempre hago lo que le agrada.

30 Mientras aún hablaba, muchos creyeron en él.

Los hijos de Abraham

31 Jesús se dirigió entonces a los judíos que habían creído en él, y les dijo:

—Si se mantienen fieles a mis enseñanzas, serán realmente mis discípulos; **32** y conocerán la verdad, y la verdad los hará libres.

33 —Nosotros somos descendientes de Abraham —le contestaron—, y nunca hemos sido esclavos de nadie. ¿Cómo puedes decir que seremos liberados?

34 —Ciertamente les aseguro que todo el que peca es esclavo del pecado —respondió Jesús—. **35** Ahora bien, el esclavo no se queda para siempre en la familia; pero el hijo sí se queda en ella para siempre. **36** Así que si el Hijo los libera, serán ustedes verdaderamente libres. **37** Yo sé que ustedes son descendientes de Abraham. Sin embargo, procuran matarme porque no está en sus planes aceptar mi palabra. **38** Yo hablo de lo que he visto en presencia del Padre; así también ustedes, hagan lo que del Padre han escuchado.

39 —Nuestro padre es Abraham —replicaron.

—Si fueran hijos de Abraham, harían lo mismo que él hizo. **40** Ustedes, en cambio, quieren matarme, ¡a mí, que les he expuesto la verdad que he recibido de parte de Dios! Abraham jamás haría tal

---

a **8:24** *el que afirmo ser.* Alt. *aquél*; también en v. 28. *b* **8:25** *En primer ... explicarles?* Alt. *Lo que desde el principio he venido diciéndoles.*

Pasaje del sábado:
Juan 3:1-21
Pasaje del domingo:
Juan 14:1-14

Pensamientos de Nicodemo

Quién me diera la fórmula de vida
Que esconde el propio ser de cada cosa;
No sólo su forma o su nombre
Sino la esencia que no muere.

Cómo quisiera atraparte, Dios, en una frase
Que diga dónde estás y cómo eres;
Pero ni te detienes ni devienes,
Sino que sólo... eres.

No puedo encerrarte en un concepto,
Un conjuro que ahuyente la mentira;
Me ciega un delirio malo y feo.

Es tu rastro lo que sigo paso a paso,
Tu verdad en un espejo sin neblina.
En síntesis: verdad, camino y vida.

Cristina K. de Sokoluk
Argentina

Pasaje del día: Juan 9:1-12
Versículo del día: Juan 9:4

Poco tiempo para trabajar

Cuenta el fabulista Esopo que durante los rigores del invierno, cuando los granos suelen humedecerse, sacaba una hormiga sus mieses reservadas al sol. Una cigarra hambrienta le pidió limosna y la hormiga, negándosela, le dijo:

—¿Por qué en el verano no haces reservas como yo?

—No creas que estaba ociosa —repuso la cigarra—. Pero como era verano, tenía que cantar.

—Pues, hija, la que en verano canta que baile en el invierno.

El tiempo transcurre velozmente, y cada segundo nos trae una nueva oportunidad de servir a Dios y a los demás. Lamentablemente, son muchas las personas que están dejando escapar los últimos suspiros de su vida sin haber realizado algo de valor en beneficio de otros.

Muchos son los que se consideran incapaces de realizar alguna tarea útil; pero ninguna tarea es tan insignificante que no pueda servir de bendición, cuando la realizamos con amor y disponibilidad. Otros se la pasan planeando, deseando hacer algo; pero se paralizan frente al obstáculo más insignificante.

Dios tuvo un propósito al crearnos, y nos ha dotado de habilidades y talentos; y, aún más, nos ha dado dones y ministerios para usarnos en la edificación de su Iglesia.

Te insto a decir no a la inactividad y dejar que Dios te use como instrumento, en el tiempo preciso de Él. Te sorprenderás cuando descubras que el servicio a Dios y al prójimo proporciona satisfacción y felicidad. Y el tiempo invertido será el más valioso de tu vida.

Pensamiento: *Entrega a Dios lo poco que tienes y puedes hacer. Lo poco resulta ser mucho en sus manos.*

Milagros S. de Bello
República Dominicana

cosa. **41** Las obras de ustedes son como las de su padre.

—Nosotros no somos hijos nacidos de prostitución —le reclamaron—. Un solo Padre tenemos, y es Dios mismo.

Los hijos del diablo

42 —Si Dios fuera su Padre —les contestó Jesús—, ustedes me amarían, porque yo he venido de Dios y aquí me tienen. No he venido por mi propia cuenta, sino que él me envió. **43** ¿Por qué no entienden mi modo de hablar? Porque no pueden aceptar mi palabra. **44** Ustedes son de su padre, el diablo, cuyos deseos quieren cumplir. Desde el principio éste ha sido un asesino, y no se mantiene en la verdad, porque no hay verdad en él. Cuando miente, expresa su propia naturaleza, porque es un mentiroso. ¡Es el padre de la mentira! **45** Y sin embargo a mí, que les digo la verdad, no me creen. **46** ¿Quién de ustedes me puede probar que soy culpable de pecado? Si digo la verdad, ¿por qué no me creen? **47** El que es de Dios escucha lo que Dios dice. Pero ustedes no escuchan, porque no son de Dios.

Declaración de Jesús acerca de sí mismo

48 —¿No tenemos razón al decir que eres un samaritano, y que estás endemoniado? —replicaron los judíos.

49 —No estoy poseído por ningún demonio —contestó Jesús—. Tan sólo honro a mi Padre; pero ustedes me deshonran a mí. **50** Yo no busco mi propia gloria; pero hay uno que la busca, y él es el juez. **51** Ciertamente les aseguro que el que cumple mi palabra, nunca morirá.

52 —¡Ahora estamos convencidos de que estás endemoniado! —exclamaron los judíos—. Abraham murió, y también los profetas, pero tú sales diciendo que si alguno guarda tu palabra, nunca morirá. **53** ¿Acaso eres tú mayor que nuestro padre Abraham? Él murió, y también murieron los profetas. ¿Quién te crees tú?

54 —Si yo me glorifico a mí mismo —les respondió Jesús—, mi gloria no significa nada. Pero quien me glorifica es mi Padre, el que ustedes dicen que es su Dios, **55** aunque no lo conocen. Yo, en cambio, sí lo conozco. Si dijera que no lo conozco, sería tan mentiroso como ustedes; pero lo conozco y cumplo su palabra. **56** Abraham, el padre de ustedes, se regocijó al pensar que vería mi día; y lo vio y se alegró.

57 —Ni a los cincuenta años llegas —le dijeron los judíos—, ¿y has visto a Abraham?

58 —Ciertamente les aseguro que, antes que Abraham naciera, ¡yo soy!

59 Entonces los judíos tomaron piedras para arrojárselas, pero Jesús se escondió y salió inadvertido del templo.[a]

Jesús sana a un ciego de nacimiento

9 A su paso, Jesús vio a un hombre que era ciego de nacimiento. **2** Y sus discípulos le preguntaron:

—Rabí, para que este hombre haya nacido ciego, ¿quién pecó, él o sus padres?

3 —Ni él pecó, ni sus padres —respondió Jesús—, sino que esto sucedió para que la obra de Dios se hiciera evidente en su vida. **4** Mientras sea de día, tenemos que llevar a cabo la obra del que me envió. Viene la noche cuando nadie puede trabajar. **5** Mientras esté yo en el mundo, luz soy del mundo.

6 Dicho esto, escupió en el suelo, hizo barro con la saliva y se lo untó en los ojos al ciego, diciéndole:

7 —Ve y lávate en el estanque de Siloé (que significa: Enviado).

El ciego fue y se lavó, y al volver ya veía. **8** Sus vecinos y los que lo habían visto pedir limosna decían: «¿No es éste el que se sienta a mendigar?» **9** Unos aseguraban: «Sí, es él.» Otros decían: «No es él, sino que se le parece.» Pero él insistía: «Soy yo.»

10 —¿Cómo entonces se te han abierto los ojos? —le preguntaron.

11 —Ese hombre que se llama Jesús hizo un poco de barro, me lo untó en los ojos y me dijo: 'Ve y lávate en Siloé.' Así que fui, me lavé, y entonces pude ver.

12 —¿Y dónde está ese hombre? —le preguntaron.

—No lo sé —respondió.

---

a **8:59** *templo*. Var. *templo atravesando por en medio de ellos, y así se fue.*

Las autoridades investigan la sanidad del ciego

13 Llevaron ante los *fariseos al que había sido ciego. **14** Era *sábado cuando Jesús hizo el barro y le abrió los ojos al ciego. **15** Por eso los fariseos, a su vez, le preguntaron cómo había recibido la vista.

—Me untó barro en los ojos, me lavé, y ahora veo —respondió.

16 Algunos de los fariseos comentaban: «Ese hombre no viene de parte de Dios, porque no respeta el sábado.» Otros objetaban: «¿Cómo puede un pecador hacer tales señales?» Y había desacuerdo entre ellos.

17 Por eso interrogaron de nuevo al ciego:

—¿Y qué opinas tú de él? Fue a ti a quien te abrió los ojos.

—Yo digo que es profeta —contestó.

18 Pero los judíos no creían que el hombre hubiera sido ciego y que ahora viera, y hasta llamaron a sus padres **19** y les preguntaron:

—¿Es éste su hijo, el que dicen ustedes que nació ciego? ¿Cómo es que ahora puede ver?

20 —Sabemos que éste es nuestro hijo —contestaron los padres—, y sabemos también que nació ciego. **21** Lo que no sabemos es cómo ahora puede ver, ni quién le abrió los ojos. Pregúntenselo a él, que ya es mayor de edad y puede responder por sí mismo.

22 Sus padres contestaron así por miedo a los judíos, pues ya éstos habían convenido que se expulsara de la sinagoga a todo el que reconociera que Jesús era el *Cristo. **23** Por eso dijeron sus padres: «Pregúntenselo a él, que ya es mayor de edad.»

24 Por segunda vez llamaron los judíos al que había sido ciego, y le dijeron:

—Júralo por Dios.ᵃ A nosotros nos consta que ese hombre es *pecador.

25 —Si es pecador, no lo sé —respondió el hombre—. Lo único que sé es que yo era ciego y ahora veo.

26 Pero ellos le insistieron:

—¿Qué te hizo? ¿Cómo te abrió los ojos?

27 —Ya les dije y no me hicieron caso. ¿Por qué quieren oírlo de nuevo? ¿Es que también ustedes quieren hacerse sus discípulos?

28 Entonces lo insultaron y le dijeron:

—¡Discípulo de ése lo serás tú! ¡Nosotros somos discípulos de Moisés! **29** Y sabemos que a Moisés le habló Dios; pero de éste no sabemos ni de dónde salió.

30 —¡Allí está lo sorprendente! —respondió el hombre—: que ustedes no sepan de dónde salió, y que a mí me haya abierto los ojos. **31** Sabemos que Dios no escucha a los pecadores, pero sí a los piadosos y a quienes hacen su voluntad. **32** Jamás se ha sabido que alguien le haya abierto los ojos a uno que nació ciego. **33** Si este hombre no viniera de parte de Dios, no podría hacer nada.

34 Ellos replicaron:

—Tú, que naciste sumido en pecado, ¿vas a darnos lecciones?

Y lo expulsaron.

La ceguera espiritual

35 Jesús se enteró de que habían expulsado a aquel hombre, y al encontrarlo le preguntó:

—¿Crees en el Hijo del hombre?

36 —¿Quién es, Señor? Dímelo, para que crea en él.

37 —Pues ya lo has visto —le contestó Jesús—; es el que está hablando contigo.

38 —Creo, Señor —declaró el hombre.

Y, postrándose, lo adoró.

39 Entonces Jesús dijo:

—Yo he venido a este mundo para juzgarlo, para que los ciegos vean, y los que ven se queden ciegos.

40 Algunos fariseos que estaban con él, al oírlo hablar así, le preguntaron:

—¿Qué? ¿Acaso también nosotros somos ciegos?

41 Jesús les contestó:

—Si fueran ciegos, no serían culpables de pecado, pero como afirman que ven, su pecado permanece.

Jesús, el buen pastor

10 »Ciertamente les aseguro que el que no entra por la puerta al redil de las ovejas, sino que trepa por otro lado,

---

a **9:24** *Júralo por Dios.* Lit. *Da gloria a Dios;* véase Jos 7:19.

Pasaje del día: Juan 10:1-30
Versículo del día: Juan 10:11

Una oveja perdida

Después de cinco años en la calle, Gabriel estuvo en una correccional para menores, donde lo visité por quince meses. Yo era su educadora de calle. Oraba con él y por él.

Finalmente, obtuvo su libertad y vino a la iglesia un par de veces. Fue maravilloso verlo alabando a Dios, comer con mi familia y jugar con mis sobrinos. Vivía en un albergue para niños de la calle y se esforzaba en buscar empleo. Luego, desapareció.

Por siete días no supe de él. Lo busqué día y noche hasta encontrarlo: sucio, drogado y avergonzado. Al verme, se cubrió el rostro.

—¡Nunca creí que caería en esto otra vez! –dijo, llorando y golpeando las paredes–. ¡Ya no soy feliz haciendo esto! ¡Quisiera morirme!

Lo abracé, lloré y oré con él; eso lo consoló y lo tranquilizó. Le leí las parábolas de la oveja perdida y del hijo pródigo, y le hablé de Cristo y de su amor. No quería dejarlo solo después de una crisis así; pues otros chicos en esas condiciones se han suicidado. Por lo tanto, lo invité a quedarse en casa con mi familia; pero no aceptó. Le insistí, llorando, y me dijo:

—Déjame ir, como el padre a su hijo, necesito estar solo.

—¡No sé si debo ser como un padre y dejarte ir –le respondí, angustiada–, o como el pastor que deja todo por su oveja que se le perdió.

Entonces, comprendiendo mi amor y mi angustia, me abrazó y dijo:

—¿No dijiste que Cristo es el buen pastor? ¡Él no me va a dejar nunca!

Así, es. Nuestro Pastor nunca nos abandona.

Luisa Mallén Wilhelmi
México

es un ladrón y un bandido. ² El que entra por la puerta es el pastor de las ovejas. ³ El portero le abre la puerta, y las ovejas oyen su voz. Llama por nombre a las ovejas y las saca del redil. ⁴ Cuando ya ha sacado a todas las que son suyas, va delante de ellas, y las ovejas lo siguen porque reconocen su voz. ⁵ Pero a un desconocido jamás lo siguen; más bien, huyen de él porque no reconocen voces extrañas. ⁶ Jesús les puso este ejemplo, pero ellos no captaron el sentido de sus palabras.

⁷ Por eso volvió a decirles: «Ciertamente les aseguro que yo soy la puerta de las ovejas. ⁸ Todos los que vinieron antes de mí eran unos ladrones y unos bandidos, pero las ovejas no les hicieron caso. ⁹ Yo soy la puerta; el que entre por esta puerta, que soy yo, será salvo.ᵃ Se moverá con entera libertad,ᵇ y hallará pastos. ¹⁰ El ladrón no viene más que a robar, matar y destruir; yo he venido para que tengan vida, y la tengan en abundancia.

¹¹ »Yo soy el buen pastor. El buen pastor da su *vida por las ovejas. ¹² El asalariado no es el pastor, y a él no le pertenecen las ovejas. Cuando ve que el lobo se acerca, abandona las ovejas y huye; entonces el lobo ataca al rebaño y lo dispersa. ¹³ Y ese hombre huye porque, siendo asalariado, no le importan las ovejas.

¹⁴ »Yo soy el buen pastor; conozco a mis ovejas, y ellas me conocen a mí, ¹⁵ así como el Padre me conoce a mí y yo lo conozco a él, y doy mi vida por las ovejas. ¹⁶ Tengo otras ovejas que no son de este redil, y también a ellas debo traerlas. Así ellas escucharán mi voz, y habrá un solo rebaño y un solo pastor. ¹⁷ Por eso me ama el Padre: porque entrego mi vida para volver a recibirla. ¹⁸ Nadie me la arrebata, sino que yo la entrego por mi propia voluntad. Tengo autoridad para entregarla, y tengo también autoridad para volver a recibirla. Éste es el mandamiento que recibí de mi Padre.»

¹⁹ De nuevo las palabras de Jesús fueron motivo de disensión entre los judíos. ²⁰ Muchos de ellos decían: «Está endemoniado y loco de remate. ¿Para qué hacerle caso?» ²¹ Pero otros opinaban: «Estas pa-labras no son de un endemoniado. ¿Puede acaso un demonio abrirles los ojos a los ciegos?»

Jesús y la fiesta de la Dedicación

²² Por esos días se celebraba en Jerusalén la fiesta de la Dedicación.ᶜ Era invierno, ²³ y Jesús andaba en el *templo, por el pórtico de Salomón. ²⁴ Entonces lo rodearon los judíos y le preguntaron:

—¿Hasta cuándo vas a tenernos en suspenso? Si tú eres el *Cristo, dínoslo con franqueza.

²⁵ —Ya se lo he dicho a ustedes, y no lo creen. Las obras que hago en nombre de mi Padre son las que me acreditan, ²⁶ pero ustedes no creen porque no son de mi rebaño. ²⁷ Mis ovejas oyen mi voz; yo las conozco y ellas me siguen. ²⁸ Yo les doy vida eterna, y nunca perecerán, ni nadie podrá arrebatármelas de la mano. ²⁹ Mi Padre, que me las ha dado, es más grande que todos;ᵈ y de la mano del Padre nadie las puede arrebatar. ³⁰ El Padre y yo somos uno.

³¹ Una vez más los judíos tomaron piedras para arrojárselas, ³² pero Jesús les dijo:

—Yo les he mostrado muchas obras irreprochables que proceden del Padre. ¿Por cuál de ellas me quieren apedrear?

³³ —No te apedreamos por ninguna de ellas sino por *blasfemia; porque tú, siendo hombre, te haces pasar por Dios.

³⁴ —¿Y acaso —respondió Jesús— no está escrito en su ley: 'Yo he dicho que ustedes son dioses'?ᵉ ³⁵ Si Dios llamó 'dioses' a aquellos para quienes vino la palabra (y la Escritura no puede ser quebrantada), ³⁶ ¿por qué acusan de blasfemia a quien el Padre apartó para sí y envió al mundo? ¿Tan sólo porque dijo: 'Yo soy el Hijo de Dios'? ³⁷ Si no hago las obras de mi Padre, no me crean. ³⁸ Pero si las hago, aunque no me crean a mí, crean a mis obras, para que sepan y entiendan que el Padre está en mí, y que yo estoy en el Padre.

³⁹ Nuevamente intentaron arrestarlo, pero él se les escapó de las manos.

ᵃ **10:9** *será salvo.* Alt. *se mantendrá seguro.* ᵇ **10:9** *Se moverá ... libertad.* Lit. *Entrará y saldrá.* ᶜ **10:22** Es decir, Hanukkah. ᵈ **10:29** *Mi Padre ... todos.* Var. *Lo que mi Padre me ha dado es más grande que todo.* ᵉ **10:34** Sal 82:6

40 Volvió Jesús al otro lado del Jordán, al lugar donde Juan había estado bautizando antes; y allí se quedó. **41** Mucha gente acudía a él, y decía: «Aunque Juan nunca hizo ninguna señal, todo lo que dijo acerca de este hombre era verdad.» **42** Y muchos en aquel lugar creyeron en Jesús.

Muerte de Lázaro

11 Había un hombre enfermo llamado Lázaro, que era de Betania, el pueblo de María y Marta, sus hermanas. **2** María era la misma que ungió con perfume al Señor, y le secó los pies con sus cabellos. **3** Las dos hermanas mandaron a decirle a Jesús: «Señor, tu amigo querido está enfermo.» **4** Cuando Jesús oyó esto, dijo: «Esta enfermedad no terminará en muerte, sino que es para la gloria de Dios, para que por ella el Hijo de Dios sea glorificado.» **5** Jesús amaba a Marta, a su hermana y a Lázaro. **6** A pesar de eso, cuando oyó que Lázaro estaba enfermo, se quedó dos días más donde se encontraba. **7** Después dijo a sus discípulos:

—Volvamos a Judea.

8 —Rabí —objetaron ellos—, hace muy poco los judíos intentaron apedrearte, ¿y todavía quieres volver allá?

9 —¿Acaso el día no tiene doce horas? —respondió Jesús—. El que anda de día no tropieza, porque tiene la luz de este mundo. **10** Pero el que anda de noche sí tropieza, porque no tiene luz.

11 Dicho esto, añadió:

—Nuestro amigo Lázaro duerme, pero voy a despertarlo.

12 —Señor —respondieron sus discípulos—, si duerme, es que va a recuperarse.

13 Jesús les hablaba de la muerte de Lázaro, pero sus discípulos pensaron que se refería al sueño natural. **14** Por eso les dijo claramente:

—Lázaro ha muerto, **15** y por causa de ustedes me alegro de no haber estado allí, para que crean. Pero vamos a verlo.

16 Entonces Tomás, apodado el Gemelo,ᵃ dijo a los otros discípulos:

—Vayamos también nosotros, para morir con él.

Jesús consuela a las hermanas de Lázaro

17 A su llegada, Jesús se encontró con que Lázaro llevaba ya cuatro días en el sepulcro. **18** Betania estaba cerca de Jerusalén, como a tres kilómetrosᵇ de distancia, **19** y muchos judíos habían ido a casa de Marta y de María, a darles el pésame por la muerte de su hermano. **20** Cuando Marta supo que Jesús llegaba, fue a su encuentro; pero María se quedó en la casa.

21 —Señor —le dijo Marta a Jesús—, si hubieras estado aquí, mi hermano no habría muerto. **22** Pero yo sé que aun ahora Dios te dará todo lo que le pidas.

23 —Tu hermano resucitará —le dijo Jesús.

24 —Yo sé que resucitará en la resurrección, en el día final —respondió Marta.

25 —Yo soy la resurrección y la vida. El que cree en mí vivirá, aunque muera; **26** y todo el que vive y cree en mí no morirá jamás. ¿Crees esto?

27 —Sí, Señor; yo creo que tú eres el *Cristo, el Hijo de Dios, el que había de venir al mundo.

28 Dicho esto, Marta regresó a la casa y, llamando a su hermana María, le dijo en privado:

—El Maestro está aquí y te llama.

29 Cuando María oyó esto, se levantó rápidamente y fue a su encuentro. **30** Jesús aún no había entrado en el pueblo, sino que todavía estaba en el lugar donde Marta se había encontrado con él. **31** Los judíos que habían estado con María en la casa, dándole el pésame, al ver que se había levantado y había salido de prisa, la siguieron, pensando que iba al sepulcro a llorar.

32 Cuando María llegó a donde estaba Jesús y lo vio, se arrojó a sus pies y le dijo:

—Señor, si hubieras estado aquí, mi hermano no habría muerto.

33 Al ver llorar a María y a los judíos que la habían acompañado, Jesús se turbó y se conmovió profundamente.

---

a **11:16** *apodado el Gemelo.* Lit. *llamado Dídimos.* *b* **11:18** *tres kilómetros.* Lit. *quince estadios.*

34 —¿Dónde lo han puesto? —preguntó.

—Ven a verlo, Señor —le respondieron.

35 Jesús lloró.

36 —¡Miren cuánto lo quería! —dijeron los judíos.

37 Pero algunos de ellos comentaban:

—Éste, que le abrió los ojos al ciego, ¿no podría haber impedido que Lázaro muriera?

Jesús resucita a Lázaro

38 Conmovido una vez más, Jesús se acercó al sepulcro. Era una cueva cuya entrada estaba tapada con una piedra.

39 —Quiten la piedra —ordenó Jesús.

—Señor —objetó Marta, la hermana del muerto—, que ya debe oler mal, pues lleva cuatro días allí.

40 —¿No te dije que si crees verás la gloria de Dios? —le contestó Jesús.

41 Entonces quitaron la piedra. Jesús, alzando la vista, dijo:

—Padre, te doy gracias porque me has escuchado. **42** Ya sabía yo que siempre me escuchas, pero lo dije por la gente que está aquí presente, para que crean que tú me enviaste.

43 Dicho esto, gritó con todas sus fuerzas:

—¡Lázaro, sal fuera!

44 El muerto salió, con vendas en las manos y en los pies, y el rostro cubierto con un sudario.

—Quítenle las vendas y dejen que se vaya —les dijo Jesús.

La conspiración para matar a Jesús

45 Muchos de los judíos que visitaban a María y que habían presenciado lo hecho por Jesús, creyeron en él. **46** Pero algunos de ellos fueron a ver a los *fariseos y les contaron lo que Jesús había hecho. **47** Entonces los jefes de los sacerdotes y los fariseos convocaron a una reunión del *Consejo.

—¿Qué vamos a hacer? —dijeron—. Este hombre está haciendo muchas señales milagrosas. **48** Si lo dejamos seguir así, todos van a creer en él, y vendrán los romanos y acabarán con nuestro lugar sagrado, e incluso con nuestra nación.

49 Uno de ellos, llamado Caifás, que ese año era el sumo sacerdote, les dijo:

—¡Ustedes no saben nada en absoluto! **50** No entienden que les conviene más que muera un solo hombre por el pueblo, y no que perezca toda la nación.

51 Pero esto no lo dijo por su propia cuenta sino que, como era sumo sacerdote ese año, profetizó que Jesús moriría por la nación judía, **52** y no sólo por esa nación sino también por los hijos de Dios que estaban dispersos, para congregarlos y unificarlos. **53** Así que desde ese día convinieron en quitarle la vida.

54 Por eso Jesús ya no andaba en público entre los judíos. Se retiró más bien a una región cercana al desierto, a un pueblo llamado Efraín, donde se quedó con sus discípulos.

55 Faltaba poco para la Pascua judía, así que muchos subieron del campo a Jerusalén para su *purificación ceremonial antes de la Pascua. **56** Andaban buscando a Jesús, y mientras estaban en el *templo comentaban entre sí: «¿Qué les parece? ¿Acaso no vendrá a la fiesta?» **57** Por su parte, los jefes de los sacerdotes y los fariseos habían dado la orden de que si alguien llegaba a saber dónde estaba Jesús, debía denunciarlo para que lo arrestaran.

María unge a Jesús en Betania

12 Seis días antes de la Pascua llegó Jesús a Betania, donde vivía Lázaro, a quien Jesús había *resucitado. **2** Allí se dio una cena en honor de Jesús. Marta servía, y Lázaro era uno de los que estaban a la mesa con él. **3** María tomó entonces como medio litro de nardo puro, que era un perfume muy caro, y lo derramó sobre los pies de Jesús, secándoselos luego con sus cabellos. Y la casa se llenó de la fragancia del perfume.

4 Judas Iscariote, que era uno de sus discípulos y que más tarde lo traicionaría, objetó:

5 —¿Por qué no se vendió este perfume, que vale muchísimo dinero,ª para dárselo a los pobres?

6 Dijo esto, no porque se interesara por

---

a **12:5** *perfume ... dinero.* Lit. *perfume por trescientos denarios.*

Pasaje del día: Juan 12:20-26
Versículo del día: Juan 12:23

El reloj del Padre

"*Ha* llegado la hora para que el Hijo del Hombre sea glorificado", fue la respuesta que Jesús les dio a sus discípulos y a los prosélitos griegos que lo abordaron en este momento crucial de su vida. Era la hora para la cual lo había enviado el Padre, aquella hora que Jesús había tenido presente toda su vida.

Antes de iniciar su ministerio, hizo referencia a ello en las bodas de Caná, al responderle a su madre: "Todavía no ha llegado mi tiempo."

Llegó, pues, la hora fijada por el Padre para que el Hijo desempeñara su papel más importante, y cumpliera así su ministerio a cabalidad. Se llevó a cabo el acontecimiento que constituiría la meta de su vida. Los griegos podrían haberlo interpretado en términos de la entrada triunfal; pero Jesús pensaba en algo diferente. Se disponía a hacer su entrega final en el Calvario. En la cruz, su misión llegaría a su punto culminante, y Él sería glorificado.

Jesús había venido a la tierra con una misión, y su meta era realizarla, a la hora señalada por el Padre. Por lo tanto, durante toda su vida, nunca perdió de vista la hora señalada para su cumplimiento. ¡Qué importante ejemplo nos da el Maestro!

Conviene vivir siempre con la perspectiva de aquello para lo cual hemos sido llamadas, y encaminar cada paso hacia su cumplimiento en la hora oportuna.

¿Vives con el reloj del Padre en tu mano?

Alicia E. Cea
El Salvador

los pobres sino porque era un ladrón y, como tenía a su cargo la bolsa del dinero, acostumbraba robarse lo que echaban en ella. 7 —Déjala en paz —respondió Jesús—. Ella ha estado guardando este perfume para el día de mi sepultura.a 8 A los pobres siempre los tendrán con ustedes, pero a mí no siempre me tendrán.

9 Mientras tanto, muchos de los judíos se enteraron de que Jesús estaba allí, y fueron a ver no sólo a Jesús sino también a Lázaro, a quien Jesús había resucitado. 10 Entonces los jefes de los sacerdotes resolvieron matar también a Lázaro, 11 pues por su causa muchos se apartaban de los judíos y creían en Jesús.

La entrada triunfal

12 Al día siguiente muchos de los que habían ido a la fiesta se enteraron de que Jesús se dirigía a Jerusalén; 13 tomaron ramas de palma y salieron a recibirlo, gritando a voz en cuello:

—¡Hosanna!

—¡Bendito el que viene en el nombre del Señor!b

—¡Bendito el Rey de Israel!

14 Jesús encontró un burrito y se montó en él, como dice la Escritura:

15 «No temas, oh hija de Sión;

mira, que aquí viene tu rey, montado sobre un burrito.»c

16 Al principio, sus discípulos no entendieron lo que sucedía. Sólo después de que Jesús fue glorificado se dieron cuenta de que se había cumplido en él lo que de él ya estaba escrito. 17 La gente que había estado con Jesús cuando él llamó a Lázaro del sepulcro y lo resucitó de entre los muertos, seguía difundiendo la noticia. 18 Muchos que se habían enterado de la señal realizada por Jesús salían a su encuentro. 19 Por eso los *fariseos comentaban entre sí: «Como pueden ver, así no vamos a lograr nada. ¡Miren cómo lo sigue todo el mundo!»

Jesús predice su muerte

20 Entre los que habían subido a adorar en la fiesta había algunos *griegos. 21 Éstos se acercaron a Felipe, que era de Betsaida de Galilea, y le pidieron:

—Señor, queremos ver a Jesús.

22 Felipe fue a decírselo a Andrés, y ambos fueron a decírselo a Jesús.

23 —Ha llegado la hora de que el Hijo del hombre sea glorificado —les contestó Jesús—. 24 Ciertamente les aseguro que si el grano de trigo no cae en tierra y muere, se queda solo. Pero si muere, produce mucho fruto. 25 El que se apega a su *vida la pierde; en cambio, el que aborrece su vida en este mundo, la conserva para la vida eterna. 26 Quien quiera servirme, debe seguirme; y donde yo esté, allí también estará mi siervo. A quien me sirva, mi Padre lo honrará.

27 »Ahora todo mi ser está angustiado, ¿y acaso voy a decir: 'Padre, sálvame de este trance'? ¡Si precisamente para este trance he venido! 28 ¡Padre, glorifica tu nombre!

Se oyó entonces, desde el cielo, una voz que decía: «Ya lo he glorificado, y volveré a glorificarlo.» 29 La multitud que estaba allí, y que oyó la voz, decía que había sido un trueno; otros decían que un ángel le había hablado.

30 —Esa voz no vino por mí sino por ustedes —dijo Jesús—. 31 El juicio de este mundo ha llegado ya, y el príncipe de este mundo va a ser expulsado. 32 Pero yo, cuando sea levantado de la tierra, atraeré a todos a mí mismo.

33 Con esto daba Jesús a entender de qué manera iba a morir.

34 —De la ley hemos sabido —le respondió la gente— que el *Cristo permanecerá para siempre; ¿cómo, pues, dices que el Hijo del hombre tiene que ser levantado? ¿Quién es ese Hijo del hombre?

35 —Ustedes van a tener la luz sólo un poco más de tiempo —les dijo Jesús—. Caminen mientras tienen la luz, antes de que los envuelvan las tinieblas. El que camina en las tinieblas no sabe a dónde

---

a 12:7 Jesús—. Ella ... sepultura. Var. Jesús— para que guarde [es decir, se acuerde de] esto el día de mi sepultura.
b 12:13 Sal 118:25,26 c 12:15 Zac 9:9

va. ³⁶ Mientras tienen la luz, crean en ella, para que sean hijos de la luz.

Cuando terminó de hablar, Jesús se fue y se escondió de ellos.

Los judíos siguen en su incredulidad

³⁷ A pesar de haber hecho Jesús todas estas señales en presencia de ellos, todavía no creían en él. ³⁸ Así se cumplió lo dicho por el profeta Isaías:

«Señor, ¿quién ha creído a nuestro
  mensaje,
y a quién se le ha revelado el
  poder del Señor?»ª

³⁹ Por eso no podían creer, pues también había dicho Isaías:

⁴⁰ «Les ha cegado los ojos
y endurecido el corazón,
para que no vean con los ojos,
ni entiendan con el corazón
ni se conviertan; y yo los sane.»ᵇ

⁴¹ Esto lo dijo Isaías porque vio la gloria de Jesús y habló de él.

⁴² Sin embargo, muchos de ellos, incluso de entre los jefes, creyeron en él, pero no lo confesaban porque temían que los *fariseos los expulsaran de la sinagoga. ⁴³ Preferían recibir honores de los hombres más que de parte de Dios.

⁴⁴ «El que cree en mí —clamó Jesús con voz fuerte—, cree no sólo en mí sino en el que me envió. ⁴⁵ Y el que me ve a mí, ve al que me envió. ⁴⁶ Yo soy la luz que ha venido al mundo, para que todo el que crea en mí no viva en tinieblas.

⁴⁷ »Si alguno escucha mis palabras, pero no las obedece, no seré yo quien lo juzgue; pues no vine a juzgar al mundo sino a salvarlo. ⁴⁸ El que me rechaza y no acepta mis palabras tiene quien lo juzgue. La palabra que yo he proclamado lo condenará en el día final. ⁴⁹ Yo no he hablado por mi propia cuenta; el Padre que me envió me ordenó qué decir y cómo decirlo. ⁵⁰ Y sé muy bien que su mandato es vida eterna. Así que todo lo que digo es lo que el Padre me ha ordenado decir.»

Jesús les lava los pies a sus discípulos

13 Se acercaba la fiesta de la Pascua. Jesús sabía que le había llegado la hora de abandonar este mundo para volver al Padre. Y habiendo amado a los suyos que estaban en el mundo, los amó hasta el fin.ᶜ ² Llegó la hora de la cena. El diablo ya había incitado a Judas Iscariote, hijo de Simón, para que traicionara a Jesús. ³ Sabía Jesús que el Padre había puesto todas las cosas bajo su dominio, y que había salido de Dios y a él volvía; ⁴ así que se levantó de la mesa, se quitó el manto y se ató una toalla a la cintura. ⁵ Luego echó agua en un recipiente y comenzó a lavarles los pies a sus discípulos y a secárselos con la toalla que llevaba a la cintura.

⁶ Cuando llegó a Simón Pedro, éste le dijo:

—¿Y tú, Señor, me vas a lavar los pies a mí?

⁷ —Ahora no entiendes lo que estoy haciendo —le respondió Jesús—, pero lo entenderás más tarde.

⁸ —¡No! —protestó Pedro—. ¡Jamás me lavarás los pies!

—Si no te los lavo,ᵈ no tendrás parte conmigo.

⁹ —Entonces, Señor, ¡no sólo los pies sino también las manos y la cabeza!

¹⁰ —El que ya se ha bañado no necesita lavarse más que los pies —le contestó Jesús—; pues ya todo su cuerpo está limpio. Y ustedes ya están limpios, aunque no todos.

¹¹ Jesús sabía quién lo iba a traicionar, y por eso dijo que no todos estaban limpios.

¹² Cuando terminó de lavarles los pies, se puso el manto y volvió a su lugar. Entonces les dijo:

—¿Entienden lo que he hecho con ustedes? ¹³ Ustedes me llaman Maestro y Señor, y dicen bien, porque lo soy. ¹⁴ Pues si yo, el Señor y el Maestro, les he lavado los pies, también ustedes deben lavarse los pies los unos a los otros. ¹⁵ Les he puesto el ejemplo, para que hagan lo mismo que yo he hecho con ustedes. ¹⁶ Ciertamente les aseguro que ningún

---

a 12:38 Is 53:1 *b* 12:40 Is 6:10 *c* 13:1 *hasta el fin.* Alt. *hasta lo sumo.* *d* 13:8 *te los lavo.* Lit. *te lavo.*

JUEVES

Pasaje del día: Juan 13:1-17
Versículo del día: Juan 13:15

Sirve con amor

Según los expertos, la competencia es muy importante en el comercio, porque hace bajar los precios. En los deportes, hay constante competencia, y gana el mejor.

Entre los discípulos del Señor también había competencia. Querían estar "uno a la derecha y el otro a la izquierda" del Maestro, y se preguntaban quién sería el mayor.

Hoy continúa la competencia. El ser humano se desvive por alcanzar fama, gloria y admiración; pero eso no le interesa al Señor. Él les mostró a su discípulos el camino del éxito, la fama y la gloria. ¡Ese camino es llamado servicio!

Jesús nos enseñó a dejar el orgullo y el amor propio. Cuando celebró la cena de despedida con sus doce discípulos y amigos, ante el asombro de ellos, se quitó el manto, para tomar la posición de sirviente. Tomó una toalla y se la ciñó en su delgado cuerpo. Luego buscó una vasija, le echó agua limpia y comenzó a lavar los pies callosos, olorosos y sucios de cada uno.

Nuestro Maestro quería que ese pequeño grupo aprendiera que es más importante servir que ser servido. ¡Él les dio un ejemplo que debían imitar! "Les he puesto el ejemplo, para que hagan lo mismo que yo he hecho con ustedes."

Esos hombres aprendieron la magna lección. Hoy, para tu vida, continúa resonando esa enseñanza. ¿Deseas servir a tu Señor, o deseas solamente la fama, la gloria y el estrellato? ¡Sírvelo con amor, de todo corazón!

Mirtha Bonis de Soto
Argentina

*siervo es más que su amo, y ningún mensajero es más que el que lo envió. 17 ¿Entienden esto? *Dichosos serán si lo ponen en práctica.

Jesús predice la traición de Judas

18 »No me refiero a todos ustedes; yo sé a quiénes he escogido. Pero esto es para que se cumpla la Escritura: 'El que comparte el pan conmigo me ha puesto la zancadilla.'ᵃ 19 »Les digo esto ahora, antes de que suceda, para que cuando suceda crean que yo soy. 20 Ciertamente les aseguro que el que recibe al que yo envío me recibe a mí, y el que me recibe a mí recibe al que me envió.

21 Dicho esto, Jesús se angustió profundamente y declaró:

—Ciertamente les aseguro que uno de ustedes me va a traicionar.

22 Los discípulos se miraban unos a otros sin saber a cuál de ellos se refería. 23 Uno de ellos, el discípulo a quien Jesús amaba, estaba a su lado. 24 Simón Pedro le hizo señas a ese discípulo y le dijo:

—Pregúntale a quién se refiere.

25 —Señor, ¿quién es? —preguntó él, reclinándose sobre Jesús.

26 —Aquel a quien dé este pedazo de pan que voy a mojar en el plato —le contestó Jesús.

Acto seguido, mojó el pedazo de pan y se lo dio a Judas Iscariote, hijo de Simón. 27 Tan pronto como Judas tomó el pan, Satanás entró en él.

—Lo que vas a hacer, hazlo pronto —le dijo Jesús.

28 Ninguno de los que estaban a la mesa entendió por qué le dijo eso Jesús. 29 Como Judas era el encargado del dinero, algunos pensaron que Jesús le estaba diciendo que comprara lo necesario para la fiesta, o que diera algo a los pobres. 30 En cuanto Judas tomó el pan, salió de allí. Ya era de noche.

Jesús predice la negación de Pedro

31 Cuando Judas hubo salido, Jesús dijo:

—Ahora es glorificado el Hijo del hombre, y Dios es glorificado en él. 32 Si Dios es glorificado en él,ᵇ Dios glorificará al Hijo en sí mismo, y lo hará muy pronto.

33 »Mis queridos hijos, poco tiempo me queda para estar con ustedes. Me buscarán, y lo que antes les dije a los judíos, ahora se lo digo a ustedes: A donde yo voy, ustedes no pueden ir.

34 »Este mandamiento nuevo les doy: que se amen los unos a los otros. Así como yo los he amado, también ustedes deben amarse los unos a los otros. 35 De este modo todos sabrán que son mis discípulos, si se aman los unos a los otros.

36 —¿Y a dónde vas, Señor? —preguntó Simón Pedro.

—A donde yo voy, no puedes seguirme ahora, pero me seguirás más tarde.

37 —Señor —insistió Pedro—, ¿por qué no puedo seguirte ahora? Por ti daré hasta la *vida.

38 —¿Tú darás la vida por mí? ¡De veras te aseguro que antes que cante el gallo, me negarás tres veces!

Jesús consuela a sus discípulos

14 »No se angustien. Confíen en Dios, y confíen también en mí.ᶜ 2 En el hogar de mi Padre hay muchas viviendas; si no fuera así, ya se lo habría dicho a ustedes. Voy a prepararles un lugar. 3 Y si me voy y se lo preparo, vendré para llevármelos conmigo. Así ustedes estarán donde yo esté. 4 Ustedes ya conocen el camino para ir a donde yo voy.

Jesús, el camino al Padre

5 Dijo entonces Tomás:

—Señor, no sabemos a dónde vas, así que ¿cómo podemos conocer el camino?

6 —Yo soy el camino, la verdad y la vida —le contestó Jesús—. Nadie llega al Padre sino por mí. 7 Si ustedes realmente me conocieran, conoceríanᵈ también a mi Padre. Y ya desde este momento lo conocen y lo han visto.

8 —Señor —dijo Felipe—, muéstranos al Padre y con eso nos basta.

9 —¡Pero, Felipe! ¿Tanto tiempo llevo ya entre ustedes, y todavía no me cono-

---

ᵃ 13:18 Sal 41:9 ᵇ 13:32 Var. no incluye: Si Dios es glorificado en él. ᶜ 14:1 Confíen ... en mí. Alt. Ustedes confían en Dios; confíen tambien en mí. ᵈ 14:7 me conocieran, conocerían. Var. me han conocido, conocerán.

ces? El que me ha visto a mí, ha visto al Padre. ¿Cómo puedes decirme: 'Muéstranos al Padre'? **10** ¿Acaso no crees que yo estoy en el Padre, y que el Padre está en mí? Las palabras que yo les comunico, no las hablo como cosa mía, sino que es el Padre, que está en mí, el que realiza sus obras. **11** Créanme cuando les digo que yo estoy en el Padre y que el Padre está en mí; o al menos créanme por las obras mismas. **12** Ciertamente les aseguro que el que cree en mí las obras que yo hago también él las hará, y aun las hará mayores, porque yo vuelvo al Padre. **13** Cualquier cosa que ustedes pidan en mi nombre, yo la haré; así será glorificado el Padre en el Hijo. **14** Lo que pidan en mi nombre, yo lo haré.

Jesús promete el Espíritu Santo

15 »Si ustedes me aman, obedecerán mis mandamientos. **16** Y yo le pediré al Padre, y él les dará otro *Consolador para que los acompañe siempre: **17** el Espíritu de verdad, a quien el mundo no puede aceptar porque no lo ve ni lo conoce. Pero ustedes sí lo conocen, porque vive con ustedes y estaráª en ustedes. **18** No los voy a dejar huérfanos; volveré a ustedes. **19** Dentro de poco el mundo ya no me verá más, pero ustedes sí me verán. Y porque yo vivo, también ustedes vivirán. **20** En aquel día ustedes se darán cuenta de que yo estoy en mi Padre, y que ustedes están en mí, y yo en ustedes. **21** ¿Quién es el que me ama? El que hace suyos mis mandamientos y los obedece. Y al que me ama, mi Padre lo amará, y yo también lo amaré y me manifestaré a él.

22 Judas (no el Iscariote) le dijo:

—¿Por qué, Señor, estás dispuesto a manifestarte a nosotros, y no al mundo?

23 Le contestó Jesús:

—El que me ama, obedecerá mi palabra, y mi Padre lo amará, y haremos nuestra vivienda en él. **24** El que no me ama, no obedece mis palabras. Pero estas palabras que ustedes oyen no son mías sino del Padre, que me envió.

25 »Todo esto lo digo ahora que estoy con ustedes. **26** Pero el Consolador, el Es-píritu Santo, a quien el Padre enviará en mi nombre, les enseñará todas las cosas y les hará recordar todo lo que les he dicho. **27** La paz les dejo; mi paz les doy. Yo no se la doy a ustedes como la da el mundo. No se angustien ni se acobarden.

28 »Ya me han oído decirles: 'Me voy, pero vuelvo a ustedes.' Si me amaran, se alegrarían de que voy al Padre, porque el Padre es más grande que yo. **29** Y les he dicho esto ahora, antes que suceda, para que cuando suceda, crean. **30** Ya no hablaré más con ustedes, porque viene el príncipe de este mundo. Él no tiene ningún dominio sobre mí, **31** pero el mundo tiene que saber que amo al Padre, y que hago exactamente lo que él me ha ordenado que haga.

»¡Levántense, vámonos de aquí!

Jesús, la vid verdadera

15 »Yo soy la vid verdadera, y mi Padre es el labrador. **2** Toda rama que en mí no da fruto, la corta; pero toda rama que da fruto la podaᵇ para que dé más fruto todavía. **3** Ustedes ya están limpios por la palabra que les he comunicado. **4** Permanezcan en mí, y yo permaneceré en ustedes. Así como ninguna rama puede dar fruto por sí misma, sino que tiene que permanecer en la vid, así tampoco ustedes pueden dar fruto si no permanecen en mí.

5 »Yo soy la vid y ustedes son las ramas. El que permanece en mí, como yo en él, dará mucho fruto; separados de mí no pueden ustedes hacer nada. **6** El que no permanece en mí es desechado y se seca, como las ramas que se recogen, se arrojan al fuego y se queman. **7** Si permanecen en mí y mis palabras permanecen en ustedes, lo que quieran pedir se les concederá. **8** Mi Padre es glorificado cuando ustedes dan mucho fruto y muestran así que son mis discípulos.

9 »Así como el Padre me ha amado a mí, también yo los he amado a ustedes. Permanezcan en mi amor. **10** Si obedecen mis mandamientos, permanecerán en mi amor, así como yo he obedecido los mandamientos de mi Padre y permanezco en su amor. **11** Les he dicho esto para que tengan mi alegría y así su alegría sea

---

a **14:17** *estará.* Var. *está.* *b* **15:2** *poda.* Alt. *limpia.*

Pasaje del día: Juan 15:1-16
Versículo del día: Juan 15:2

¿Ramas fructíferas?

Los seis años que pasé junto a mi padre, ayudándole en el campo, realmente fueron significativos. Aprendí la importancia de la poda y lo que esto significa para las plantas, específicamente lo que significa para los viñedos.

Veía con qué cuidado mi papá podaba ciertas ramas; no eran todas, tampoco era cualquier rama. Debían ser podadas las ramas correctas. Tampoco debía quedar ni una ramita, por pequeña que ésta fuera. La poda se realizaba en el mes de julio, uno de los meses más fríos del invierno en Mendoza, Argentina, al pie de la bella y majestuosa Cordillera de los Andes.

Al preguntarle a mi papá por qué debía ser así, me dijo: "Si la vid no es podada con cuidado, dará muchas ramas estériles. Serán ramas largas y fuertes, con muchas hojas, y le quitarán la fuerza a la vid. Las uvas serán pequeñitas y ácidas; y la cosecha será mala."

Cada año pude comprobar esta gran verdad. Las uvas de casa eran las más sabrosas que jamás he comido.

Al pasar los años, vienen a mi mente las palabras de mi padre: "Ramas estériles, plantas sin fuerza, frutos pequeñitos, ácidos y sin dulzura, mala cosecha." ¿Acaso no es eso lo que Jesús nos está enseñando?

Dios es el labrador. Dejemos que Él quite esas partes de nuestra vida que no nos dejan dar frutos dulces y deliciosos. Dejemos que quite todo lo que no glorifica su nombre. Permitamos que Él nos limpie de tal manera que podamos llevar mucho fruto; porque separados de Él, nada podemos hacer.

Ana María de Zani
Guatemala

Pasaje del sábado:
Juan 14:1-26
Pasaje del domingo:
Efesios 4:1-7

Concédeme, Señor

Concédeme, Señor, el don de la VALENTÍA, para que pueda andar libre y tranquila por la senda de la vida, haciendo mi trabajo de cada día con ánimo.

Concédeme el don de la SONRISA, para que pueda sonreír y ver el aspecto alegre y favorable de la vida, y pueda ayudar a mis semejantes a verlo también.

Concédeme el don de la ARMONÍA, para que pueda vivir en amistad y buena correspondencia con los demás, y para que pueda tratarlos como quisiera que me trataran a mí.

Concédeme el don de la LEALTAD, para que pueda vivir conforme a la fe más grande que mi corazón conoce, y así pueda honrarte y glorificarte con mis actos.

Concédeme el don de la PACIENCIA, para que pueda tolerar las faltas de los demás, y para que ellos toleren las mías.

Concédeme el don de un CORAZÓN COMPRENSIVO, para que pueda ser bondadosa y cooperativa, y para que pueda comprender los motivos y deseos de los demás.

Concédeme el convencimiento de que el AMOR es el cumplimiento de la ley, para que pueda así practicar el mandamiento del Maestro: "Amarás a tu prójimo como a ti mismo."

Concédeme el don de la FE en ti, para saber que todas las cosas que te he pedido me serán concedidas en los días por venir y por siempre.

Concédeme, Señor, el don de la UNIDAD. Quiero ser una con mis hermanas, como tú y el Padre son uno.

–Adaptado de
"La Luz"

completa. [12] Y éste es mi mandamiento: que se amen los unos a los otros, como yo los he amado. [13] Nadie tiene amor más grande que el dar la *vida por sus amigos. [14] Ustedes son mis amigos si hacen lo que yo les mando. [15] Ya no los llamo *siervos, porque el siervo no está al tanto de lo que hace su amo; los he llamado amigos, porque todo lo que a mi Padre le oí decir se lo he dado a conocer a ustedes. [16] No me escogieron ustedes a mí, sino que yo los escogí a ustedes y los comisioné para que vayan y den fruto, un fruto que perdure. Así el Padre les dará todo lo que le pidan en mi nombre. [17] Éste es mi mandamiento: que se amen los unos a los otros.

Jesús y sus discípulos aborrecidos por el mundo

[18] »Si el mundo los aborrece, tengan presente que antes que a ustedes, me aborreció a mí. [19] Si fueran del mundo, el mundo los querría como a los suyos. Pero ustedes no son del mundo, sino que yo los he escogido de entre el mundo. Por eso el mundo los aborrece. [20] Recuerden lo que les dije: 'Ningún *siervo es más que su amo.'[a] Si a mí me han perseguido, también a ustedes los perseguirán. Si han obedecido mis enseñanzas, también obedecerán las de ustedes. [21] Los tratarán así por causa de mi nombre, porque no conocen al que me envió. [22] Si yo no hubiera venido ni les hubiera hablado, no serían culpables de pecado. Pero ahora no tienen excusa por su pecado. [23] El que me aborrece a mí, también aborrece a mi Padre. [24] Si yo no hubiera hecho entre ellos las obras que ningún otro antes ha realizado, no serían culpables de pecado. Pero ahora las han visto, y sin embargo a mí y a mi Padre nos han aborrecido. [25] Pero esto sucede para que se cumpla lo que está escrito en la ley de ellos: 'Me aborrecieron sin motivo.'[b]

[26] »Cuando venga el *Consolador, que yo les enviaré de parte del Padre, el Espíritu de verdad que procede del Padre, él testificará acerca de mí. [27] Y también ustedes darán testimonio porque han estado conmigo desde el principio.

16 »Todo esto les he dicho para que no flaquee su fe. [2] Los expulsarán de las sinagogas; y hasta viene el día en que cualquiera que los mate pensará que le está prestando un servicio a Dios. [3] Actuarán de este modo porque no nos han conocido ni al Padre ni a mí. [4] Y les digo esto para que cuando llegue ese día se acuerden de que ya se lo había advertido. Sin embargo, no les dije esto al principio porque yo estaba con ustedes.

La obra del Espíritu Santo

[5] »Ahora vuelvo al que me envió, pero ninguno de ustedes me pregunta: '¿A dónde vas?' [6] Al contrario, como les he dicho estas cosas, se han entristecido mucho. [7] Pero les digo la verdad: Les conviene que me vaya porque, si no lo hago, el *Consolador no vendrá a ustedes; en cambio, si me voy, se lo enviaré a ustedes. [8] Y cuando él venga, convencerá al mundo de su error[c] en cuanto al pecado, a la justicia y al juicio; [9] en cuanto al pecado, porque no creen en mí; [10] en cuanto a la justicia, porque voy al Padre y ustedes ya no podrán verme; [11] y en cuanto al juicio, porque el príncipe de este mundo ya ha sido juzgado.

[12] »Muchas cosas me quedan aún por decirles, que por ahora no podrían soportar. [13] Pero cuando venga el Espíritu de la verdad, él los guiará a toda la verdad, porque no hablará por su propia cuenta sino que dirá sólo lo que oiga y les anunciará las cosas por venir. [14] Él me glorificará porque tomará de lo mío y se lo dará a conocer a ustedes. [15] Todo cuanto tiene el Padre es mío. Por eso les dije que el Espíritu tomará de lo mío y se lo dará a conocer a ustedes.

[16] »Dentro de poco ya no me verán; pero un poco después volverán a verme.

La despedida de Jesús

[17] Algunos de sus discípulos comentaban entre sí:

«¿Qué quiere decir con eso de que 'dentro de poco ya no me verán', y 'un poco después volverán a verme', y 'porque voy al Padre'?» [18] E insistían: «¿Qué

---

a 15:20 Jn 13:16 *b* 15:25 Sal 35:19; 69:4 *c* 16:8 *convencerá ... error*. Alt. *pondrá en evidencia la culpa del mundo*.

quiere decir con eso de 'dentro de poco'? No sabemos de qué habla.»

19 Jesús se dio cuenta de que querían hacerle preguntas acerca de esto, así que les dijo:

—¿Se están preguntando qué quise decir cuando dije: 'Dentro de poco ya no me verán', y 'un poco después volverán a verme'? **20** Ciertamente les aseguro que ustedes llorarán y se lamentarán, mientras que el mundo se alegrará. Se pondrán tristes, pero su tristeza se convertirá en alegría. **21** La mujer que está por dar a luz siente dolores porque ha llegado su momento, pero en cuanto nace la criatura se olvida de su angustia por la alegría de haber traído al mundo un nuevo ser. **22** Lo mismo les pasa a ustedes: Ahora están tristes, pero cuando vuelva a verlos se alegrarán, y nadie les va a quitar esa alegría. **23** En aquel día ya no me preguntarán nada. Ciertamente les aseguro que mi Padre les dará todo lo que le pidan en mi nombre. **24** Hasta ahora no han pedido nada en mi nombre. Pidan y recibirán, para que su alegría sea completa.

25 »Les he dicho todo esto por medio de comparaciones, pero viene la hora en que ya no les hablaré así, sino que les hablaré claramente acerca de mi Padre. **26** En aquel día pedirán en mi nombre. Y no digo que voy a rogar por ustedes al Padre, **27** ya que el Padre mismo los ama porque me han amado y han creído que yo he venido de parte de Dios. **28** Salí del Padre y vine al mundo; ahora dejo de nuevo el mundo y vuelvo al Padre.

29 —Ahora sí estás hablando directamente, sin vueltas ni rodeos —le dijeron sus discípulos—. **30** Ya podemos ver que sabes todas las cosas, y que ni siquiera necesitas que nadie te haga preguntas. Por esto creemos que saliste de Dios.

31 —¿Hasta ahora me creen?ᵃ —contestó Jesús—. **32** Miren que la hora viene, y ya está aquí, en que ustedes serán dispersados, y cada uno se irá a su propia casa y a mí me dejarán solo. Sin embargo, solo no estoy, porque el Padre está conmigo. **33** Yo les he dicho estas cosas para

que en mí hallen paz. En este mundo afrontarán aflicciones, pero ¡anímense! Yo he vencido al mundo.

Jesús ora por sí mismo

17 Después que Jesús dijo esto, dirigió la mirada al cielo y oró así:

«Padre, ha llegado la hora. Glorifica a tu Hijo, para que tu Hijo te glorifique a ti, **2** ya que le has conferido autoridad sobre todo *mortal para que él les conceda vida eterna a todos los que le has dado. **3** Y ésta es la vida eterna: que te conozcan a ti, el único Dios verdadero, y a *Jesucristo, a quien tú has enviado. **4** Yo te he glorificado en la tierra, y he llevado a cabo la obra que me encomendaste. **5** Y ahora, Padre, glorifícame en tu presencia con la gloria que tuve contigo antes de que el mundo existiera.

Jesús ora por sus discípulos

6 »A los que me diste del mundo les he revelado quién eres.ᵇ Eran tuyos; tú me los diste y ellos han obedecido tu palabra. **7** Ahora saben que todo lo que me has dado viene de ti, **8** porque les he entregado las palabras que me diste, y ellos las aceptaron; saben con certeza que salí de ti, y han creído que tú me enviaste. **9** Ruego por ellos. No ruego por el mundo, sino por los que me has dado, porque son tuyos. **10** Todo lo que yo tengo es tuyo, y todo lo que tú tienes es mío; y por medio de ellos he sido glorificado. **11** Ya no voy a estar por más tiempo en el mundo, pero ellos están todavía en el mundo, y yo vuelvo a ti.

Padre santo, protégelos con el poder de tu nombre, el nombre que me diste, para que sean uno, lo mismo que nosotros. **12** Mientras estaba con ellos, los protegía y los preservaba mediante el nombre que me diste, y ninguno se perdió sino aquel que nació para perderse, a fin de que se cumpliera la Escritura.

---

a **16:31** *¿Hasta ... creen?* Alt. *¿Ahora creen? b* **17:6** *quién eres.* Lit. *tu nombre*; también en v. 26.

Pasaje del día: Juan 16:25-33
Versículo del día: Juan 16:33

La paz de Cristo

*S*e cuenta de un joven rey que necesitaba de un consejero, ya que no tenía experiencia para gobernar. Su padre, de quien heredó el trono, se auxilió de un anciano muy sabio. El joven rey buscó a ese señor y todo marchó bien. Cuando el consejero enfermó y sabía que iba a morir, le ofreció un regalo al rey; pero con una condición: No podía abrirlo hasta que se le presentara un problema tan grande que no hallara solución.

Muy pronto se encontró con esa situación, y mandó buscar el regalo. Para su sorpresa, su contenido era un papel con tres palabras: "Esto también pasará."

Es cierto que toda situación pasa, por agradable o desagradable que sea. Si tienes problemas con tu cónyuge, los hijos, la empresa, la iglesia o la salud, no desesperes. Cristo te ofrece su paz, una paz que se manifiesta cuando las luchas y las dificultades se intensifican.

La paz no es la ausencia de dificultades; más bien, es la certeza de la dulce presencia de Cristo. En cualquier circunstancia, identifícate con Dios, manteniendo plena confianza en Él. En medio del problema más grande puedes tener tranquilidad espiritual, recordando que el Señor Jesús prometió estar a tu lado todos los días. No sólo los días de felicidad, sino también cuando las cosas no marchan bien. Cuenta con la realidad de su presencia, y toda montaña de preocupaciones y dudas será derribada.

Francia Cedeño de Hernández
República Dominicana

¹³ »Ahora vuelvo a ti, pero digo estas cosas mientras todavía estoy en el mundo, para que tengan mi alegría en plenitud. ¹⁴ Yo les he entregado tu palabra, y el mundo los ha odiado porque no son del mundo, como tampoco yo soy del mundo. ¹⁵ No te pido que los quites del mundo, sino que los protejas del maligno. ¹⁶ Ellos no son del mundo, como tampoco lo soy yo. ¹⁷ *Santifícalos en la verdad; tu palabra es la verdad. ¹⁸ Como tú me enviaste al mundo, yo los envío también al mundo. ¹⁹ Y por ellos me santifico a mí mismo, para que también ellos sean santificados en la verdad.

Jesús ora por todos los creyentes

²⁰ »No ruego sólo por éstos. Ruego también por los que han de creer en mí por el mensaje de ellos, ²¹ para que todos sean uno. Padre, así como tú estás en mí y yo en ti, permite que ellos también estén en nosotros, para que el mundo crea que tú me has enviado. ²² Yo les he dado la gloria que me diste, para que sean uno, así como nosotros somos uno: ²³ yo en ellos y tú en mí. Permite que alcancen la *perfección en la unidad, y así el mundo reconozca que tú me enviaste y que los has amado a ellos tal como me has amado a mí.

²⁴ »Padre, quiero que los que me has dado estén conmigo donde yo estoy. Que vean mi gloria, la gloria que me has dado porque me amaste desde antes de la creación del mundo. ²⁵ »Padre justo, aunque el mundo no te conoce, yo sí te conozco, y éstos reconocen que tú me enviaste. ²⁶ Yo les he dado a conocer quién eres, y seguiré haciéndolo, para que el amor con que me has amado esté en ellos, y yo mismo esté en ellos.»

Arresto de Jesús

18 Cuando Jesús terminó de orar, salió con sus discípulos y cruzó el arroyo de Cedrón. Al otro lado había un huerto en el que entró con sus discípulos. ² También Judas, el que lo traicionaba, conocía aquel lugar, porque muchas veces Jesús se había reunido allí con sus discípulos. ³ Así que Judas llegó al huerto, a la cabeza de un destacamentoᵃ de soldados y guardias de los jefes de los sacerdotes y de los *fariseos. Llevaban antorchas, lámparas y armas.

⁴ Jesús, que sabía todo lo que le iba a suceder, les salió al encuentro.

—¿A quién buscan? —les preguntó.

⁵ —A Jesús de Nazaret —contestaron.

—Yo soy.

Judas, el traidor, estaba con ellos. ⁶ Cuando Jesús les dijo: «Yo soy», dieron un paso atrás y se desplomaron.

⁷ —¿A quién buscan? —volvió a preguntarles Jesús.

—A Jesús de Nazaret —repitieron.

⁸ —Ya les dije que yo soy. Si es a mí a quien buscan, dejen que éstos se vayan.

⁹ Esto sucedió para que se cumpliera lo que había dicho: «De los que me diste ninguno se perdió.»ᵇ

¹⁰ Simón Pedro, que tenía una espada, la desenfundó e hirió al siervo del sumo sacerdote, cortándole la oreja derecha. (El siervo se llamaba Malco.)

¹¹ —¡Vuelve esa espada a su funda! —le ordenó Jesús a Pedro—. ¿Acaso no he de beber el trago amargo que el Padre me da a beber?

Jesús ante Anás

¹² Entonces los soldados, con su comandante, y los guardias de los judíos, arrestaron a Jesús. Lo ataron ¹³ y lo llevaron primeramente a Anás, que era suegro de Caifás, el sumo sacerdote de aquel año. ¹⁴ Caifás era el que había aconsejado a los judíos que era preferible que muriera un solo hombre por el pueblo.

Pedro niega a Jesús

¹⁵ Simón Pedro y otro discípulo seguían a Jesús. Y como el otro discípulo era conocido del sumo sacerdote, entró en el patio del sumo sacerdote con Jesús; ¹⁶ Pedro, en cambio, tuvo que quedarse afuera, junto a la puerta. El discípulo conocido del sumo sacerdote volvió en-

---

a **18:3** *un destacamento.* Alt. *una cohorte* (que tenía 600 soldados). *b* **18:9** Jn 6:39

tonces a salir, habló con la portera de turno y consiguió que Pedro entrara.

¹⁷ —¿No eres tú también uno de los discípulos de ese hombre? —le preguntó la portera.

—No lo soy —respondió Pedro.

¹⁸ Los criados y los guardias estaban de pie alrededor de una fogata que habían hecho para calentarse, pues hacía frío. Pedro también estaba de pie con ellos, calentándose.

Jesús ante el sumo sacerdote

¹⁹ Mientras tanto, el sumo sacerdote interrogaba a Jesús acerca de sus discípulos y de sus enseñanzas.

²⁰ —Yo he hablado abiertamente al mundo —respondió Jesús—. Siempre he enseñado en las sinagogas o en el *templo, donde se congregan todos los judíos. En secreto no he dicho nada. ²¹ ¿Por qué me interrogas a mí? ¡Interroga a los que me han oído hablar! Ellos deben saber lo que dije.

²² Apenas dijo esto, uno de los guardias que estaba allí cerca le dio una bofetada y le dijo:

—¿Así contestas al sumo sacerdote?

²³ —Si he dicho algo malo —replicó Jesús—, demuéstramelo. Pero si lo que dije es correcto, ¿por qué me pegas?

²⁴ Entonces Anás lo envió,ᵃ todavía atado, a Caifás, el sumo sacerdote.

Pedro niega de nuevo a Jesús

²⁵ Mientras tanto, Simón Pedro seguía de pie, calentándose.

—¿No eres tú también uno de sus discípulos? —le preguntaron.

—No lo soy —dijo Pedro, negándolo.

²⁶ —¿Acaso no te vi en el huerto con él? —insistió uno de los siervos del sumo sacerdote, pariente de aquel a quien Pedro le había cortado la oreja.

²⁷ Pedro volvió a negarlo, y en ese instante cantó el gallo.

Jesús ante Pilato

²⁸ Luego los judíos llevaron a Jesús de la casa de Caifás al palacio del gobernador romano.ᵇ Como ya amanecía, los ju

díos no entraron en el palacio, pues de hacerlo se *contaminarían ritualmente y no podrían comer la Pascua. ²⁹ Así que Pilato salió a interrogarlos:

—¿De qué delito acusan a este hombre?

³⁰ —Si no fuera un malhechor —respondieron—, no te lo habríamos entregado.

³¹ —Pues llévenselo ustedes y júzguenlo según su propia ley —les dijo Pilato.

—Nosotros no tenemos ninguna autoridad para ejecutar a nadie —objetaron los judíos.

³² Esto sucedió para que se cumpliera lo que Jesús había dicho, al indicar la clase de muerte que iba a sufrir.

³³ Pilato volvió a entrar en el palacio y llamó a Jesús.

—¿Eres tú el rey de los judíos? —le preguntó.

³⁴ —¿Eso lo dices tú —le respondió Jesús—, o es que otros te han hablado de mí?

³⁵ —¿Acaso soy judío? —replicó Pilato—. Han sido tu propio pueblo y los jefes de los sacerdotes los que te entregaron a mí. ¿Qué has hecho?

³⁶ —Mi reino no es de este mundo —contestó Jesús—. Si lo fuera, mis propios guardias pelearían para impedir que los judíos me arrestaran. Pero mi reino no es de este mundo.

³⁷ —¡Así que eres rey! —le dijo Pilato.

—Eres tú quien dice que soy rey. Yo para esto nací, y para esto vine al mundo: para dar testimonio de la verdad. Todo el que está de parte de la verdad escucha mi voz.

³⁸ —¿Y qué es la verdad? —preguntó Pilato.

Dicho esto, salió otra vez a ver a los judíos.

—Yo no encuentro que éste sea culpable de nada —declaró—. ³⁹ Pero como ustedes tienen la costumbre de que les suelte a un preso durante la Pascua, ¿quieren que les suelte al 'rey de los judíos'?

⁴⁰ —¡No, no sueltes a ése; suelta a Barrabás! —volvieron a gritar desaforadamente.

Y Barrabás era un bandido.ᶜ

---

a **18:24** *Entonces ... envió.* Alt. *Ahora bien, Anás lo había enviado.* *b* **18:28** *al ... romano.* Lit. *al pretorio.*

La sentencia

19 Pilato tomó entonces a Jesús y mandó que lo azotaran. ² Los soldados, que habían tejido una corona de espinas, se la pusieron a Jesús en la cabeza y lo vistieron con un manto de color púrpura. ³ —¡Viva el rey de los judíos! —le gritaban, mientras se le acercaban para abofetearlo.

⁴ Pilato volvió a salir.

—Aquí lo tienen —dijo a los judíos—. Lo he sacado para que sepan que no lo encuentro culpable de nada.

⁵ Cuando salió Jesús, llevaba puestos la corona de espinas y el manto de color púrpura.

—¡Aquí tienen al hombre! —les dijo Pilato.

⁶ Tan pronto como lo vieron, los jefes de los sacerdotes y los guardias gritaron a voz en cuello:

—¡Crucifícalo! ¡Crucifícalo!

—Pues llévenselo y crucifíquenlo ustedes —replicó Pilato—. Por mi parte, no lo encuentro culpable de nada.

⁷ —Nosotros tenemos una ley, y según esa ley debe morir, porque se ha hecho pasar por Hijo de Dios —insistieron los judíos.

⁸ Al oír esto, Pilato se atemorizó aún más, ⁹ así que entró de nuevo en el palacio y le preguntó a Jesús:

—¿De dónde eres tú?

Pero Jesús no le contestó nada.

¹⁰ —¿Te niegas a hablarme? —le dijo Pilato—. ¿No te das cuenta de que tengo poder para ponerte en libertad o para mandar que te crucifiquen?

¹¹ —No tendrías ningún poder sobre mí si no se te hubiera dado de arriba —le contestó Jesús—. Por eso el que me puso en tus manos es culpable de un pecado más grande.

¹² Desde entonces Pilato procuraba poner en libertad a Jesús, pero los judíos gritaban desaforadamente:

—Si dejas en libertad a este hombre, no eres amigo del *emperador. Cualquiera que pretende ser rey se hace su enemigo.

¹³ Al oír esto, Pilato llevó a Jesús hacia fuera y se sentó en el tribunal, en un lugar al que llamaban el Empedrado (que en arameo se dice Gabatá). ¹⁴ Era el día de la preparación para la Pascua, cerca del mediodía.ᵃ

—Aquí tienen a su rey —dijo Pilato a los judíos.

¹⁵ —¡Fuera! ¡Fuera! ¡Crucifícalo! —vociferaron.

—¿Acaso voy a crucificar a su rey? —replicó Pilato.

—No tenemos más rey que el emperador romano —contestaron los jefes de los sacerdotes.

¹⁶ Entonces Pilato se lo entregó para que lo crucificaran, y los soldados se lo llevaron.

La crucifixión

¹⁷ Jesús salió cargando su propia cruz hacia el lugar de la Calavera (que en arameo se llama Gólgota). ¹⁸ Allí lo crucificaron, y con él a otros dos, uno a cada lado y Jesús en medio.

¹⁹ Pilato mandó que se pusiera sobre la cruz un letrero en el que estuviera escrito: «Jesús de Nazaret, Rey de los judíos.» ²⁰ Muchos de los judíos lo leyeron, porque el sitio en que crucificaron a Jesús estaba cerca de la ciudad. El letrero estaba escrito en arameo, latín y griego.

²¹ —No escribas 'Rey de los judíos' —protestaron ante Pilato los jefes de los sacerdotes judíos—. Era él quien decía ser rey de los judíos.

²² —Lo que he escrito, escrito queda —les contestó Pilato.

²³ Cuando los soldados crucificaron a Jesús, tomaron su manto y lo partieron en cuatro partes, una para cada uno de ellos. Tomaron también la túnica, la cual no tenía costura, sino que era de una sola pieza, tejida de arriba abajo.

²⁴ —No la dividamos —se dijeron unos a otros—. Echemos suertes para ver a quién le toca.

Y así lo hicieron los soldados. Esto sucedió para que se cumpliera la Escritura que dice:

---

h **18:40** *bandido.* Alt. *insurgente.*   *a* **19:14** *del mediodía.* Alt. *de las seis de la mañana* (si se cuentan las horas a partir de la medianoche, según la hora romana). Lit. *de la hora sexta;* véase nota en 1:39.

Pasaje del día: Juan 19:17-30
Versículo del día: Juan 19:27

La cruz de una madre

Hubo días cuando nada opacaba la alegría de madre de María. Pero allí, junto a la cruz, su felicidad fue trastocada por la barbarie humana, sedienta de injusticia. Su hijo está clavado en una cruz; ella está al pie, envuelta en un manto de dolor e impotencia. Es una cruz muy dura la que debe llevar.

¿Cuál es tu cruz de madre? Tal vez es ese hijo que está lejos de tu amor, lejos de la fe, envuelto en vicios y placeres que este mundo ofrece. ¿Es tu cruz el esposo que te abandonó sin razón, dejándote en la miseria y en la orfandad a tus hijos, sin valorar tu amor ni tu vida?

¿Llevas la cruz de la enfermedad? Lenta o implacable acecha a la cabecera de tus hijos. Tal vez tú misma tengas que cerrar sus ojos inertes por la muerte. ¿O es tu cruz la aflicción que causa la impotencia de no poder saciar el hambre de tus pequeños, debido a la pobreza?

La cruz son todas las espinas que sólo tú y Dios conocen; las incomprensiones, las ingratitudes, los desprecios inmerecidos.

La expresión inmortal de Jesucristo no fue: "Madre, ahí tienes tu hijo", sino: "Mujer, ahí tienes tu hijo." Decirle "madre" habría ahondado la herida y clavado más hondamente la espada en el corazón y el alma quebrantada de María.

Jesús el crucificado no olvidó a su madre, como no te olvidará a ti. Como hijo se identifica con tu amor maternal. Jesús el crucificado ve y comprende tu tristeza y tu alegría. El Padre celestial, en su Palabra escrita para ti, madre cristiana, te dice: "Mujer, aquí tienes a mi Hijo."

Hilda Rojas De la Cruz
Perú

«Se repartieron mi manto,
y sobre mi túnica echaron suertes.»[a]

25 Junto a la cruz de Jesús estaban su madre, la hermana de su madre, María la esposa de Cleofas, y María Magdalena. **26** Cuando Jesús vio a su madre, y a su lado al discípulo a quien él amaba, dijo a su madre:

—Mujer, ahí tienes a tu hijo.

27 Luego dijo al discípulo:

—Ahí tienes a tu madre.

Y desde aquel momento ese discípulo la recibió en su casa.

Muerte de Jesús

28 Después de esto, como Jesús sabía que ya todo había terminado, y para que se cumpliera la Escritura, dijo:

—Tengo sed.

29 Había allí una vasija llena de vinagre; así que empaparon una esponja en el vinagre, la pusieron en una caña[b] y se la acercaron a la boca. **30** Al probar Jesús el vinagre, dijo:

—Todo se ha cumplido.

Luego inclinó la cabeza y entregó el espíritu.

31 Era el día de la preparación para la Pascua. Los judíos no querían que los cuerpos permanecieran en la cruz en *sábado, por ser éste un día muy solemne. Así que le pidieron a Pilato ordenar que les quebraran las piernas a los crucificados y bajaran sus cuerpos. **32** Fueron entonces los soldados y le quebraron las piernas al primer hombre que había sido crucificado con Jesús, y luego al otro. **33** Pero cuando se acercaron a Jesús y vieron que ya estaba muerto, no le quebraron las piernas, **34** sino que uno de los soldados le abrió el costado con una lanza, y al instante le brotó sangre y agua. **35** El que lo vio ha dado testimonio de ello, y su testimonio es verídico. Él sabe que dice la verdad, para que también ustedes crean. **36** Estas cosas sucedieron para que se cumpliera la Escritura: «No le quebrarán ningún hueso»[c] **37** y, como dice otra Escritura: «Mirarán al que han traspasado.»[d]

Sepultura de Jesús

38 Después de esto, José de Arimatea le pidió a Pilato el cuerpo de Jesús. José era discípulo de Jesús, aunque en secreto por miedo a los judíos. Con el permiso de Pilato, fue y retiró el cuerpo. **39** También Nicodemo, el que antes había visitado a Jesús de noche, llegó con unos treinta y cuatro kilos[e] de una mezcla de mirra y áloe. **40** Ambos tomaron el cuerpo de Jesús y, conforme a la costumbre judía de dar sepultura, lo envolvieron en vendas con las especias aromáticas. **41** En el lugar donde crucificaron a Jesús había un huerto, y en el huerto un sepulcro nuevo en el que todavía no se había sepultado a nadie. **42** Como era el día judío de la preparación, y el sepulcro estaba cerca, pusieron allí a Jesús.

El sepulcro vacío

20 El primer día de la semana, muy de mañana, cuando todavía estaba oscuro, María Magdalena fue al sepulcro y vio que habían quitado la piedra que cubría la entrada. **2** Así que fue corriendo a ver a Simón Pedro y al otro discípulo, a quien Jesús amaba, y les dijo:

—¡Se han llevado del sepulcro al Señor, y no sabemos dónde lo han puesto!

3 Pedro y el otro discípulo se dirigieron entonces al sepulcro. **4** Ambos fueron corriendo, pero como el otro discípulo corría más aprisa que Pedro, llegó primero al sepulcro. **5** Inclinándose, se asomó y vio allí las vendas, pero no entró. **6** Tras él llegó Simón Pedro, y entró en el sepulcro. Vio allí las vendas **7** y el sudario que había cubierto la cabeza de Jesús, aunque el sudario no estaba con las vendas sino enrollado en un lugar aparte. **8** En ese momento entró también el otro discípulo, el que había llegado primero al sepulcro; y vio y creyó. **9** Hasta entonces no habían entendido la Escritura, que dice que Jesús tenía que resucitar.

Jesús se aparece a María Magdalena

10 Los discípulos regresaron a su casa, **11** pero María se quedó afuera, llorando

---

a **19:24** Sal 22:18   *b* **19:29** *una caña.* Lit. *una rama de hisopo.*   *c* **19:36** Éx 12:46; Nm 9:12; Sal 34:20   *d* **19:37** Zac 12:10
e **19:39** *unos ... kilos.* Lit. *como cien litrai.*

junto al sepulcro. Mientras lloraba, se inclinó para mirar dentro del sepulcro, [12] y vio a dos ángeles vestidos de blanco, sentados donde había estado el cuerpo de Jesús, uno a la cabecera y otro a los pies. [13] —¿Por qué lloras, mujer? —le preguntaron los ángeles.

—Es que se han llevado a mi Señor, y no sé dónde lo han puesto —les respondió.

[14] Apenas dijo esto, volvió la mirada y allí vio a Jesús de pie, aunque no sabía que era él. [15] Jesús le dijo:

—¿Por qué lloras, mujer? ¿A quién buscas?

Ella, pensando que se trataba del que cuidaba el huerto, le dijo:

—Señor, si usted se lo ha llevado, dígame dónde lo ha puesto, y yo iré por él.

[16] —María —le dijo Jesús.

Ella se volvió y exclamó:

—¡Raboni! (que en arameo significa: Maestro).

[17] —Suéltame,[a] porque todavía no he vuelto al Padre. Ve más bien a mis hermanos y diles: 'Vuelvo a mi Padre, que es Padre de ustedes; a mi Dios, que es Dios de ustedes.'

[18] María Magdalena fue a darles la noticia a los discípulos. «¡He visto al Señor!», exclamaba, y les contaba lo que él le había dicho.

Jesús se aparece a sus discípulos

[19] Al atardecer de aquel primer día de la semana, estando reunidos los discípulos a puerta cerrada por temor a los judíos, entró Jesús y, poniéndose en medio de ellos, los saludó.

—¡La paz sea con ustedes!

[20] Dicho esto, les mostró las manos y el costado. Al ver al Señor, los discípulos se alegraron.

[21] —¡La paz sea con ustedes! —repitió Jesús—. Como el Padre me envió a mí, así yo los envío a ustedes.

[22] Acto seguido, sopló sobre ellos y les dijo:

—Reciban el Espíritu Santo. [23] A quienes les perdonen sus pecados, les serán perdonados; a quienes no se los perdonen, no les serán perdonados.

Jesús se aparece a Tomás

[24] Tomás, al que apodaban el Gemelo,[b] y que era uno de los doce, no estaba con los discípulos cuando llegó Jesús. [25] Así que los otros discípulos le dijeron:

—¡Hemos visto al Señor!

—Mientras no vea yo la marca de los clavos en sus manos, y meta mi dedo en las marcas y mi mano en su costado, no lo creeré —repuso Tomás.

[26] Una semana más tarde estaban los discípulos de nuevo en la casa, y Tomás estaba con ellos. Aunque las puertas estaban cerradas, Jesús entró y, poniéndose en medio de ellos, los saludó.

—¡La paz sea con ustedes!

[27] Luego le dijo a Tomás:

—Pon tu dedo aquí y mira mis manos. Acerca tu mano y métela en mi costado. Y no seas incrédulo, sino hombre de fe.

[28] —¡Señor mío y Dios mío! —exclamó Tomás.

[29] —Porque me has visto, has creído —le dijo Jesús—; *dichosos los que no han visto y sin embargo creen.

[30] Jesús hizo muchas otras señales milagrosas en presencia de sus discípulos, las cuales no están registradas en este libro. [31] Pero éstas se han escrito para que ustedes crean que Jesús es el *Cristo, el Hijo de Dios, y para que al creer en su nombre tengan vida.

Jesús y la pesca milagrosa

21 Después de esto Jesús se apareció de nuevo a sus discípulos, junto al lago de Tiberíades.[c] Sucedió de esta manera: [2] Estaban juntos Simón Pedro, Tomás (al que apodaban el Gemelo),[d] Natanael, el de Caná de Galilea, los hijos de Zebedeo, y otros dos discípulos.

[3] —Me voy a pescar —dijo Simón Pedro.

—Nos vamos contigo —contestaron ellos.

Salieron, pues, de allí y se embarcaron, pero esa noche no pescaron nada.

[4] Al despuntar el alba Jesús se hizo

---

a 20:17 *Suéltame.* Lit. *No me toques.*   *b* 20:24 *apodaban el Gemelo.* Lit. *llamaban Dídimos.*   *c* 21:1 Es decir, el mar de Galilea.   *d* 21:2 *apodaban el Gemelo.* Lit. *llamaban Dídimos.*

presente en la orilla, pero los discípulos no se dieron cuenta de que era él.

5 —Muchachos, ¿no tienen algo de comer? —les preguntó Jesús.

—No —respondieron ellos.

6 —Tiren la red a la derecha de la barca, y pescarán algo.

Así lo hicieron, y era tal la cantidad de pescados que ya no podían sacar la red.

7 —¡Es el Señor! —dijo a Pedro el discípulo a quien Jesús amaba.

Tan pronto como Simón Pedro le oyó decir: «Es el Señor», se puso la ropa, pues estaba semidesnudo, y se tiró al agua. 8 Los otros discípulos lo siguieron en la barca, arrastrando la red llena de pescados, pues estaban a escasos cien metros[a] de la orilla. 9 Al desembarcar, vieron unas brasas con un pescado encima, y un pan.

10 —Traigan algunos de los pescados que acaban de sacar —les dijo Jesús.

11 Simón Pedro subió a bordo y arrastró hasta la orilla la red, la cual estaba llena de pescados de buen tamaño. Eran ciento cincuenta y tres, pero a pesar de ser tantos la red no se rompió.

12 —Vengan a desayunar —les dijo Jesús.

Ninguno de los discípulos se atrevía a preguntarle: «¿Quién eres tú?», aunque sabían que era el Señor. 13 Jesús se acercó, tomó el pan y se lo dio a ellos, e hizo lo mismo con el pescado. 14 Ésta fue la tercera vez que Jesús se apareció a sus discípulos después de haber *resucitado.

Jesús restituye a Pedro

15 Cuando terminaron de desayunar, Jesús le preguntó a Simón Pedro:

—Simón, hijo de Juan, ¿me amas más que éstos?

—Sí, Señor, tú sabes que te quiero —contestó Pedro.

—Apacienta mis corderos—le dijo Jesús.

16 Y volvió a preguntarle:

—Simón, hijo de Juan, ¿me amas?

—Sí, Señor, tú sabes que te quiero.

—Cuida de mis ovejas.

17 Por tercera vez Jesús le preguntó:

—Simón, hijo de Juan, ¿me quieres?

A Pedro le dolió que por tercera vez Jesús le hubiera preguntado: «¿Me quieres?» Así que le dijo:

—Señor, tú lo sabes todo; tú sabes que te quiero.

—Apacienta mis ovejas —le dijo Jesús—. 18 De veras te aseguro que cuando eras más joven te vestías tú mismo e ibas a donde querías; pero cuando seas viejo, extenderás las manos y otro te vestirá y te llevará a donde no quieras ir. 19 Esto dijo Jesús para dar a entender la clase de muerte con que Pedro glorificaría a Dios. Después de eso añadió:

—¡Sígueme!

20 Al volverse, Pedro vio que los seguía el discípulo a quien Jesús amaba, el mismo que en la cena se había reclinado sobre Jesús y le había dicho: «Señor, ¿quién es el que va a traicionarte?» 21 Al verlo, Pedro preguntó:

—Señor, ¿y éste, qué?

22 —Si quiero que él permanezca vivo hasta que yo vuelva, ¿a ti qué? Tú sígueme no más.

23 Por este motivo corrió entre los hermanos el rumor de que aquel discípulo no moriría. Pero Jesús no dijo que no moriría, sino solamente: «Si quiero que él permanezca vivo hasta que yo vuelva, ¿a ti qué?»

24 Éste es el discípulo que da testimonio de estas cosas, y las escribió. Y estamos convencidos de que su testimonio es verídico.

25 Jesús hizo también muchas otras cosas, tantas que, si se escribiera cada una de ellas, pienso que ni en el mundo entero cabrían los libros que se escribieran.

---

a **21:8** *a escasos cien metros.* Lit. *a unos doscientos codos.*

HECHOS

— *Lucas comienza el segundo volumen de su historia del cristianismo (Hechos 1:1-3) relatando cómo Jesús derrama el Espíritu Santo sobre los apóstoles. El Espíritu, a su vez, los inspira a difundir el mensaje de salvación desde Jerusalén hasta Roma. En su narrativa, Lucas pone énfasis en que la unidad y el amor prevalecen en la iglesia y que Dios protege a los misioneros de sus enemigos. Al leer este libro, piense en lo poderoso que el Espíritu Santo es todavía en la iglesia y en la vida de usted, y en cómo Dios la protege de las fuerzas del mal.*

Hechos

Jesús llevado al cielo

1 Estimado Teófilo, en mi primer libro me referí a todo lo que Jesús comenzó a hacer y enseñar **2** hasta el día en que fue llevado al cielo, luego de darles instrucciones por medio del Espíritu Santo a los apóstoles que había escogido. **3** Después de padecer la muerte, se les presentó dándoles muchas pruebas convincentes de que estaba vivo. Durante cuarenta días se les apareció y les habló acerca del reino de Dios. **4** Una vez, mientras comía con ellos, les ordenó:

—No se alejen de Jerusalén, sino esperen la promesa del Padre, de la cual les he hablado: **5** Juan bautizó con[a] agua, pero dentro de pocos días ustedes serán bautizados con el Espíritu Santo.

6 Entonces los que estaban reunidos con él le preguntaron:

—Señor, ¿es ahora cuando vas a restablecer el reino a Israel?

7 —No les toca a ustedes conocer la hora ni el momento determinados por la autoridad misma del Padre —les contestó Jesús—. **8** Pero cuando venga el Espíritu Santo sobre ustedes, recibirán poder y serán mis testigos tanto en Jerusalén como en toda Judea y Samaria, y hasta los confines de la tierra.

9 Habiendo dicho esto, mientras ellos lo miraban, fue llevado a las alturas hasta que una nube lo ocultó de su vista. **10** Ellos se quedaron mirando fijamente al cielo mientras él se alejaba. De repente, se les acercaron dos hombres vestidos de blanco, que les dijeron:

11 —Galileos, ¿qué hacen aquí mirando al cielo? Este mismo Jesús, que ha sido llevado de entre ustedes al cielo, vendrá otra vez de la misma manera que lo han visto irse.

Elección de Matías para reemplazar a Judas

12 Entonces regresaron a Jerusalén desde el monte llamado de los Olivos, situado aproximadamente a un kilómetro de la ciudad.[b] **13** Cuando llegaron, subieron al lugar donde se alojaban. Estaban allí Pedro, Juan, *Jacobo, Andrés, Felipe, Tomás, Bartolomé, Mateo, Jacobo hijo de Alfeo, Simón el Zelote y Judas hijo de Jacobo. **14** Todos, en un mismo espíritu, se dedicaban a la oración, junto con las mujeres y con los hermanos de Jesús y su madre María.

15 Por aquellos días Pedro se puso de pie en medio de los creyentes,[c] que eran un grupo como de ciento veinte personas, **16** y les dijo: «Hermanos y hermanas, tenía que cumplirse la Escritura que, por boca de David, había predicho el Espíritu Santo en cuanto a Judas, el que sirvió de guía a los que arrestaron a Jesús. **17** Judas se contaba entre los nuestros y participaba en nuestro ministerio.

18 (Con el dinero que obtuvo por su crimen, Judas compró un terreno; allí cayó de cabeza, se reventó, y se le salieron las vísceras. **19** Todos en Jerusalén se enteraron de ello, así que aquel terreno fue llamado Acéldama, que en su propio idioma quiere decir 'Campo de Sangre'.)

20 »Porque en el libro de los Salmos —continuó Pedro— está escrito:

»'Que su lugar quede desierto,
    y que nadie lo habite'.[d]

También está escrito:

»'Que otro ocupe su cargo.'[e]

21-22 Por tanto, es preciso que se una a nosotros un testigo de la resurrección, uno de los que nos acompañaban todo el tiempo que el Señor Jesús vivió entre nosotros, desde que Juan bautizaba hasta el día en que Jesús fue llevado de entre nosotros.»

23 Así que propusieron a dos: a José, llamado Barsabás, apodado el Justo, y a Matías. **24** Y oraron así: «Señor, tú que

---

a **1:5** *con.* Alt. *en.* *b* **1:12** *situado ... ciudad.* Lit. *que está cerca de Jerusalén, camino de un sábado* (es decir, lo que la ley permitía caminar en el día de reposo). *c* **1:15** *creyentes.* Lit. *hermanos.* *d* **1:20** Sal 69:25 *e* **1:20** Sal 109:8

conoces el corazón de todos, muéstranos a cuál de estos dos has elegido [25] para que se haga cargo del servicio apostólico que Judas dejó para irse al lugar que le correspondía.» [26] Luego echaron suertes y la elección recayó en Matías; así que él fue reconocido junto con los once apóstoles.

El Espíritu Santo desciende en Pentecostés

2 Cuando llegó el día de Pentecostés, estaban todos juntos en el mismo lugar. [2] De repente, vino del cielo un ruido como el de una violenta ráfaga de viento y llenó toda la casa donde estaban reunidos. [3] Se les aparecieron entonces unas lenguas como de fuego que se repartieron y se posaron sobre cada uno de ellos. [4] Todos fueron llenos del Espíritu Santo y comenzaron a hablar en diferentes *lenguas, según el Espíritu les concedía expresarse.

[5] Estaban de visita en Jerusalén judíos piadosos, procedentes de todas las naciones de la tierra. [6] Al oír aquel bullicio, se agolparon y quedaron todos pasmados porque cada uno los escuchaba hablar en su propio idioma. [7] Desconcertados y maravillados, decían: «¿No son galileos todos estos que están hablando? [8] ¿Cómo es que cada uno de nosotros los oye hablar en su lengua materna? [9] Partos, medos y elamitas; habitantes de Mesopotamia, de Judea y de Capadocia, del Ponto y de *Asia, [10] de Frigia y de Panfilia, de Egipto y de las regiones de Libia cercanas a Cirene; visitantes llegados de Roma; [11] judíos y *prosélitos; cretenses y árabes: ¡todos por igual los oímos proclamar en nuestra propia lengua las maravillas de Dios!»

[12] Desconcertados y perplejos, se preguntaban: «¿Qué quiere decir esto?» [13] Otros se burlaban y decían: «Lo que pasa es que están borrachos.»

Pedro se dirige a la multitud

[14] Entonces Pedro, con los once, se puso de pie y dijo a voz en cuello: «Compatriotas judíos y todos ustedes que están en Jerusalén, déjenme explicarles lo que sucede; presten atención a lo que les voy a decir. [15] Éstos no están borrachos, como

suponen ustedes. ¡Apenas son las nueve de la mañana! [16] En realidad lo que pasa es lo que anunció el profeta Joel:

[17] »'Sucederá que en los últimos días,
dice Dios,
derramaré mi Espíritu sobre todo
el género *humano.
Profetizarán sus hijos y sus hijas,
los jóvenes tendrán visiones
y los ancianos tendrán sueños.
[18] En esos días derramaré mi espíritu
sobre mis *siervos y mis siervas,
y profetizarán.
[19] Haré prodigios arriba en el cielo
y señales abajo en la tierra:
sangre, fuego y nubes de humo.
[20] El sol se convertirá en oscuridad
y la luna en sangre
antes que llegue el grande y
esplendoroso día del Señor.
[21] Y todo el que invoque el nombre
del Señor
será salvo.'ᵃ

[22] »Pueblo de Israel, escuchen esto: Jesús de Nazaret fue un hombre acreditado por Dios ante ustedes con milagros, señales y prodigios, los cuales realizó Dios entre ustedes por medio de él, como bien lo saben. [23] Éste fue entregado según el determinado propósito y el previo conocimiento de Dios; y por medio de gente malvada,ᵇ ustedes lo mataron, clavándolo en la cruz. [24] Sin embargo, Dios lo resucitó, librándolo de las angustias de la muerte, porque era imposible que la muerte lo mantuviera bajo su dominio. [25] En efecto, David dijo de él:

»'Veía yo al Señor siempre delante de
mí,
porque él está a mi *derecha
para que no caiga.
[26] Por eso se alegra mi corazón y
canta con gozo mi lengua;
mi cuerpo también vivirá en
esperanza,
[27] porque no dejarás que mi *vida
termine en el sepulcro,ᶜ
ni permitirás que el fin de tu santo
sea la corrupción.

ᵃ **2:21** Jl 2:28-32 ᵇ **2:23** *gente malvada.* Lit. *quienes carecían de la ley.* ᶜ **2:27** *sepulcro.* Lit. *Hades;* también v. 31.

28 Me has dado a conocer los
caminos de la vida;
me llenarás de alegría en tu
presencia.'ᵃ

29 »Hermanos y hermanas, permítanme hablarles con franqueza acerca del patriarca David, que murió y fue sepultado, y cuyo sepulcro está entre nosotros hasta el día de hoy. **30** Era profeta y sabía que Dios le había prometido bajo juramento poner en el trono a uno de sus descendientes. **31** Fue así como previó lo que iba a suceder. Refiriéndose a la resurrección del *Mesías, afirmó que Dios no dejaría que su vida terminara en el sepulcro, ni que su fin fuera la corrupción. **32** A este Jesús, Dios lo resucitó, y de ello todos nosotros somos testigos. **33** Exaltado por el poderᵇ de Dios, y habiendo recibido del Padre el Espíritu Santo prometido, ha derramado esto que ustedes ahora ven y oyen. **34** David no subió al cielo, y sin embargo declaró:

»'El Señor dijo a mi Señor:
Siéntate a mi derecha,
35 hasta que ponga a tus enemigos
por estrado de tus pies.'ᶜ

36 »Por tanto, sépalo bien todo Israel que a este Jesús, a quien ustedes crucificaron, Dios lo ha hecho Señor y Mesías.»
37 Cuando oyeron esto, todos se sintieron profundamente conmovidos y les dijeron a Pedro y a los otros apóstoles:
—Hermanos, ¿qué debemos hacer?

38 —*Arrepiéntanse y bautícese cada uno de ustedes en el nombre de *Jesucristo para perdón de sus pecados —les contestó Pedro—, y recibirán el don del Espíritu Santo. **39** En efecto, la promesa es para ustedes, para sus hijos y para todos los extranjeros,ᵈ es decir, para todos aquellos a quienes el Señor nuestro Dios quiera llamar.

40 Y con muchas otras razones les exhortaba insistentemente:
—¡Sálvense de esta generación perversa!

La comunidad de los creyentes

41 Así, pues, los que recibieron su mensaje fueron bautizados, y aquel día se unieron a la iglesia unas tres mil personas. **42** Se mantenían firmes en la enseñanza de los apóstoles, en la comunión, en el partimiento del pan y en la oración. **43** Todos estaban asombrados por los muchos prodigios y señales que realizaban los apóstoles. **44** Todos los creyentes estaban juntos y tenían todo en común: **45** vendían sus propiedades y posesiones, y compartían sus bienes entre sí según la necesidad de cada uno. **46** No dejaban de reunirse en el *templo ni un solo día. De casa en casa partían el pan y compartían la comida con alegría y generosidad, **47** alabando a Dios y disfrutando de la estimación general del pueblo. Y cada día el Señor añadía al grupo los que iban siendo salvos.

Pedro sana a un mendigo lisiado

3 Un día subían Pedro y Juan al *templo a las tres de la tarde,ᵉ que es la hora de la oración. **2** Junto a la puerta llamada Hermosa había un hombre lisiado de nacimiento, al que todos los días dejaban allí para que pidiera limosna a los que entraban en el templo. **3** Cuando éste vio que Pedro y Juan estaban por entrar, les pidió limosna. **4** Pedro, con Juan, mirándolo fijamente, le dijo:
—¡Míranos!
5 El hombre fijó en ellos la mirada, esperando recibir algo.
6 —No tengo plata ni oro —declaró Pedro—, pero lo que tengo te doy. En el nombre de *Jesucristo de Nazaret, ¡levántate y anda!
7 Y tomándolo por la mano derecha, lo levantó. Al instante los pies y los tobillos del hombre cobraron fuerza. **8** De un salto se puso en pie y comenzó a caminar. Luego entró con ellos en el templo con sus propios pies, saltando y alabando a Dios. **9** Cuando todo el pueblo lo vio caminar y alabar a Dios, **10** lo reconocieron como el mismo hombre que acostumbraba pedir limosna sentado junto a la puer-

---

a **2:28** Sal 16:8-11 *b* **2:33** *por el poder.* Alt. *a la derecha.* *c* **2:35** Sal 110:1 *d* **2:39** *los extranjeros.* Lit. *los que están lejos.*
e **3:1** *las tres de la tarde.* Lit. *la hora novena.*

Pasaje del día: Hechos 3:1-10
Versículo del día: Hechos 3:6

¿Qué espera Dios de mí?

¿Qué pide el mundo de mí? ¿Qué pide mi país, la sociedad y mi familia? Cada uno exige un comportamiento, una actitud, una acción, una expresión concreta y definida de mi. Son papeles diferentes en espacio y tiempo, simultáneos muchas veces.

Tengo exigencias. Se me hacen demandas. Desempeñar cada papel requiere entrega continua, decisiones determinantes, derroche de energías, horas de meditación y de actividad. Necesito mucha voluntad propia, gran dosis de decisión, y enriquecimiento espiritual, emocional e intelectual.

Parece una lista interminable de exigencias y de luchas interiores, y pienso muchas veces que no podré llenar mi cometido a cabalidad. Luego, entonces, surge una singular pregunta que cambia todas las expectativas: ¿Qué espera Dios de mí?

Dios no exige lo imposible; sólo pide que comparta con el mundo lo que tengo. "No tengo plata ni oro —declaró Pedro—, pero lo que tengo te doy. En el nombre de Jesucristo de Nazaret, ¡levántate y anda!" Tengo a mi disposición el mayor poder del universo; un poder que el mundo necesita desesperadamente.

Jamás podré dar lo que no tengo. Sólo podré ofrecer de lo que he permitido que Dios ponga en mí. Luego veré el resultado milagroso de la acción divina en mí y a través de mí.

¿Qué espera Dios de mí? Que en los más mínimos detalles confíe en Él y cumpla su propósito en mi vida. Tal vez se cruce hoy por mi camino un mendigo suplicante. ¿Qué le diré? ¿Estaré lista para darle lo que tengo?

Oración: *Dios omnipotente, quiero mantener una estrecha comunión contigo. Sólo así podré lograr las metas a las que me lleves y ofrecer al mundo un poco de todo lo que me has dado.*

Dámaris Fuertes Díaz
República Dominicana

ta llamada Hermosa, y se llenaron de admiración y asombro por lo que le había ocurrido.

Pedro se dirige a los espectadores

11 Mientras el hombre seguía aferrado a Pedro y a Juan, toda la gente, que no salía de su asombro, corrió hacia ellos al lugar conocido como Pórtico de Salomón. **12** Al ver esto, Pedro les dijo: «Pueblo de Israel, ¿por qué les sorprende lo que ha pasado? ¿Por qué nos miran como si, por nuestro propio poder o virtud, hubiéramos hecho caminar a este hombre? **13** El Dios de Abraham, de Isaac y de Jacob, el Dios de nuestros antepasados, ha glorificado a su siervo Jesús. Ustedes lo entregaron y lo rechazaron ante Pilato, aunque éste había decidido soltarlo. **14** Rechazaron al Santo y Justo, y pidieron que se indultara a un asesino. **15** Mataron al autor de la vida, pero Dios lo *levantó de entre los muertos, y de eso nosotros somos testigos. **16** Por la fe en el nombre de Jesús, él ha restablecido a este hombre a quien ustedes ven y conocen. Esta fe que viene por medio de Jesús lo ha sanado por completo, como les consta a ustedes.

17 »Ahora bien, hermanos, yo sé que ustedes y sus dirigentes actuaron así por ignorancia. **18** Pero de este modo Dios cumplió lo que de antemano había anunciado por medio de todos los profetas: que su *Mesías tenía que padecer. **19** Por tanto, para que sean borrados sus pecados, *arrepiéntanse y vuélvanse a Dios, **20** a fin de que vengan tiempos de descanso de parte del Señor, enviándoles el Mesías que ya había sido preparado para ustedes, el cual es Jesús. **21** Es necesario que él permanezca en el cielo hasta que llegue el tiempo de la restauración de todas las cosas, como Dios lo ha anunciado desde hace siglos por medio de sus *santos profetas. **22** Moisés dijo: 'El Señor su Dios hará surgir para ustedes, de entre sus propios hermanos, a un profeta como yo; presten atención a todo lo que les diga. **23** Porque quien no le haga caso será expulsado del pueblo.'ª

24 »En efecto, a partir de Samuel todos los profetas han anunciado estos días. **25** Ustedes, pues, son herederos de los profetas y del pacto que Dios estableció con nuestros antepasados al decirle a Abraham: 'Por medio de tu descendencia serán bendecidos todos los pueblos del mundo.'ᵇ **26** Cuando Dios resucitó a su siervo, lo envió primero a ustedes para darles la bendición de que cada uno se convierta de sus maldades.»

Pedro y Juan ante el Consejo

4 Mientras Pedro y Juan le hablaban a la gente, se les presentaron los sacerdotes, el capitán de la guardia del *templo y los saduceos. **2** Estaban muy disgustados porque los apóstoles enseñaban a la gente y proclamaban la resurrección, que se había hecho evidente en el caso de Jesús. **3** Prendieron a Pedro y a Juan y, como ya anochecía, los metieron en la cárcel hasta el día siguiente. **4** Pero muchos de los que oyeron el mensaje creyeron, y el número de éstos llegaba a unos cinco mil.

5 Al día siguiente se reunieron en Jerusalén los gobernantes, los *ancianos y los *maestros de la ley. **6** Allí estaban el sumo sacerdote Anás, Caifás, Juan, Alejandro y los otros miembros de la familia del sumo sacerdote. **7** Hicieron que Pedro y Juan comparecieran ante ellos y comenzaron a interrogarlos:

—¿Con qué poder, o en nombre de quién, hicieron ustedes esto?

8 Pedro, lleno del Espíritu Santo, les respondió:

—Gobernantes del pueblo y ancianos: **9** Hoy se nos procesa por haber favorecido a un inválido, ¡y se nos pregunta cómo fue sanado! **10** Sepan, pues, todos ustedes y todo el pueblo de Israel que este hombre está aquí delante de ustedes, sano gracias al nombre de *Jesucristo de Nazaret, crucificado por ustedes pero *resucitado por Dios. **11** Jesucristo es 'la piedra que desecharon ustedes los constructores, y que ha llegado a ser piedra angular'.ᶜ **12** De hecho, en ningún otro hay salvación, porque no hay bajo el cielo otro nombre dado a los hombres mediante el cual podamos ser salvos.

---

a 3:23 Dt 18:15,18,19 *b* 3:25 Gn 22:18; 26:4 *c* 4:11 Sal 118:22

¹³ Los gobernantes, al ver la osadía con que hablaban Pedro y Juan, y al darse cuenta de que eran gente sin estudios ni preparación, quedaron asombrados y reconocieron que habían estado con Jesús. ¹⁴ Además, como vieron que los acompañaba el hombre que había sido sanado, no tenían nada que alegar. ¹⁵ Así que les mandaron que se retiraran del *Consejo, y se pusieron a deliberar entre sí: ¹⁶ «¿Qué vamos a hacer con estos sujetos? Es un hecho que por medio de ellos ha ocurrido un milagro evidente; todos los que viven en Jerusalén lo saben, y no podemos negarlo. ¹⁷ Pero para evitar que este asunto siga divulgándose entre la gente, vamos a amenazarlos para que no vuelvan a hablar de ese nombre a nadie.»

¹⁸ Los llamaron y les ordenaron terminantemente que dejaran de hablar y enseñar acerca del nombre de Jesús. ¹⁹ Pero Pedro y Juan replicaron:

—¿Es justo delante de Dios obedecerlos a ustedes en vez de obedecerlo a él? ¡Júzguenlo ustedes mismos! ²⁰ Nosotros no podemos dejar de hablar de lo que hemos visto y oído.

²¹ Después de nuevas amenazas, los dejaron irse. Por causa de la gente, no hallaban manera de castigarlos: todos alababan a Dios por lo que había sucedido, ²² pues el hombre que había sido milagrosamente sanado tenía más de cuarenta años.

La oración de los creyentes

²³ Al quedar libres, Pedro y Juan volvieron a los suyos y les relataron todo lo que les habían dicho los jefes de los sacerdotes y los *ancianos. ²⁴ Cuando lo oyeron, alzaron unánimes la voz en oración a Dios: «Soberano Señor, creador del cielo y de la tierra, del mar y de todo lo que hay en ellos, ²⁵ tú, por medio del Espíritu Santo, dijiste en labios de nuestro padre David, tu siervo:

» ¿Por qué se sublevan las *naciones
y en vano conspiran los pueblos?
²⁶ Los reyes de la tierra se rebelan
y los gobernantes se confabulan

contra el Señor
y contra su Ungido.'ᵃ

²⁷ En efecto, en esta ciudad se reunieron Herodes y Poncio Pilato, con los *gentiles y con el puebloᵇ de Israel, contra tu santo siervo Jesús, a quien ungiste ²⁸ para hacer lo que de antemano tu poder y tu voluntad habían determinado que sucediera. ²⁹ Ahora, Señor, toma en cuenta sus amenazas y concede a tus *siervos el proclamar tu palabra sin temor alguno. ³⁰ Por eso, extiende tu mano para sanar y hacer señales y prodigios mediante el nombre de tu santo siervo Jesús.»

³¹ Después de haber orado, tembló el lugar en que estaban reunidos; todos fueron llenos del Espíritu Santo, y proclamaban la palabra de Dios sin temor alguno.

Los creyentes comparten sus bienes

³² Todos los creyentes eran de un solo sentir y pensar. Nadie consideraba suya ninguna de sus posesiones, sino que las compartían. ³³ Los apóstoles, a su vez, con gran poder seguían dando testimonio de la resurrección del Señor Jesús. La gracia de Dios se derramaba abundantemente sobre todos ellos, ³⁴ pues no había ningún necesitado en la comunidad. Quienes poseían casas o terrenos los vendían, llevaban el dinero de las ventas ³⁵ y lo entregaban a los apóstoles para que se distribuyera a cada uno según su necesidad.

³⁶ José, un levita natural de Chipre, a quien los apóstoles llamaban Bernabé (que significa: Consolador),ᶜ ³⁷ vendió un terreno que poseía, llevó el dinero y lo puso a disposición de los apóstoles.

Ananías y Safira

5 ¹⁻² Un hombre llamado Ananías también vendió una propiedad y, en complicidad con su esposa Safira, se quedó con parte del dinero y puso el resto a disposición de los apóstoles.

³ —Ananías —le reclamó Pedro—, ¿cómo es posible que Satanás haya llenado tu corazón para que le mintieras al Espíritu Santo y te quedaras con parte del dinero que recibiste por el terreno?

ᵃ **4:26** Ungido. Lit. Cristo; Sal 2:1-2. ᵇ **4:27** el pueblo. Lit. los pueblos. ᶜ **4:36** Consolador. Lit. Hijo de consolación.

JUEVES

Pasaje del día: Hechos 5:1-11
Versículo del día: Hechos 5:9

El Amor y los amores

Todos envidiaban a ese hombre por la esposa que tenía. Ella nunca lo contradecía. Algunos llegaban a decir que no tenía más opinión que la de su marido. ¡Cuánto lo admiraba ella! Era inteligente y emprendedor, y no se conformaba con ser uno del montón. Era un líder nato; sabía exactamente lo que quería y luchaba hasta conseguirlo. Por eso, muchos lo tomaban como guía, igual que ella misma.

Ahora había trazado un plan para conseguir la confianza del pastor y el prestigio como hombre que amaba a Dios y a su iglesia. Para dar esa impresión había renunciado a parte de su fortuna; pero le parecía que los resultados valdrían la pena. Confiaba en el apoyo incondicional de su esposa, y en su amor que no preguntaba. Ya había hablado con el pastor en la sesión de la iglesia.

Ahora Safira debía confirmar sus palabras. Con una sonrisa satisfecha, se paró ante Pedro...

Pienso que muchas mujeres somos como Safira: tenemos nuestras lealtades mal ubicadas. Dejamos que nuestra relación con Dios pase a través de nuestro esposo, nuestro padre o nuestro pastor, y nos olvidamos de que Jesús trata con nosotras personalmente. No vayamos a caer en la misma trampa que Safira.

Oración: Dios, dame sabiduría para que no pretenda esconderme detrás de la opinión de otro, y escaparme así de mi responsabilidad frente a ti, que no discriminas, que me amas y pides mi absoluta lealtad, sea yo mujer u hombre.

Beatriz G. de Delupi
Argentina

4 ¿Acaso no era tuyo antes de venderlo? Y una vez vendido, ¿no estaba el dinero en tu poder? ¿Cómo se te ocurrió hacer esto? ¡No has mentido a los hombres sino a Dios!

5 Al oír estas palabras, Ananías cayó muerto. Y un gran temor se apoderó de todos los que se enteraron de lo sucedido. 6 Entonces se acercaron los más jóvenes, envolvieron el cuerpo, se lo llevaron y le dieron sepultura.

7 Unas tres horas más tarde entró la esposa, sin saber lo que había ocurrido. 8 —Dime —le preguntó Pedro—, ¿vendieron ustedes el terreno por tal precio?

—Sí —dijo ella—, por tal precio.

9 —¿Por qué se pusieron de acuerdo para poner a *prueba al Espíritu del Señor? —le recriminó Pedro—. ¡Mira! Los que sepultaron a tu esposo acaban de regresar y ahora te llevarán a ti.

10 En ese mismo instante ella cayó muerta a los pies de Pedro. Entonces entraron los jóvenes y, al verla muerta, se la llevaron y le dieron sepultura al lado de su esposo. 11 Y un gran temor se apoderó de toda la iglesia y de todos los que se enteraron de estos sucesos.

Los apóstoles sanan a muchas personas

12 Por medio de los apóstoles ocurrían muchas señales y prodigios entre el pueblo; y todos los creyentes se reunían de común acuerdo en el Pórtico de Salomón. 13 Nadie entre el pueblo se atrevía a juntarse con ellos, aunque los elogiaban. 14 Y seguía aumentando el número de los que creían y aceptaban al Señor. 15 Era tal la multitud de hombres y mujeres, que hasta sacaban a los enfermos a las plazas y los ponían en colchonetas y camillas para que, al pasar Pedro, por lo menos su sombra cayera sobre alguno de ellos. 16 También de los pueblos vecinos a Jerusalén acudían multitudes que llevaban personas enfermas y atormentadas por *espíritus malignos, y todas eran sanadas.

Persiguen a los apóstoles

17 El sumo sacerdote y todos sus partidarios, que pertenecían a la secta de los saduceos, se llenaron de envidia. 18 Entonces arrestaron a los apóstoles y los metieron en la cárcel común. 19 Pero en la noche un ángel del Señor abrió las puertas de la cárcel y los sacó. 20 «Vayan —les dijo—, preséntense en el *templo y comuniquen al pueblo todo este mensaje de vida.»

21 Conforme a lo que habían oído, al amanecer entraron en el templo y se pusieron a enseñar. Cuando llegaron el sumo sacerdote y sus partidarios, convocaron al *Consejo, es decir, a la asamblea general de los *ancianos de Israel, y mandaron traer de la cárcel a los apóstoles. 22 Pero al llegar los guardias a la cárcel, no los encontraron. Así que volvieron con el siguiente informe: 23 «Encontramos la cárcel cerrada, con todas las medidas de seguridad, y a los guardias firmes a las puertas; pero cuando abrimos, no encontramos a nadie adentro.»

24 Al oírlo, el capitán de la guardia del templo y los jefes de los sacerdotes se quedaron perplejos, preguntándose en qué terminaría todo aquello. 25 En esto, se presentó alguien que les informó: «¡Miren! Los hombres que ustedes metieron en la cárcel están en el templo y siguen enseñando al pueblo.» 26 Fue entonces el capitán con sus guardias y trajo a los apóstoles sin recurrir a la fuerza, porque temían ser apedreados por la gente. 27 Los condujeron ante el Consejo, y el sumo sacerdote les reclamó:

28 —Les hemos prohibido terminantemente enseñar en ese nombre. Sin embargo, ustedes han llenado a Jerusalén con sus enseñanzas, y se han propuesto echarnos la culpa a nosotros de la muerte*a* de ese hombre.

29 —¡Es necesario obedecer a Dios antes que a los hombres! —respondieron Pedro y los demás apóstoles—. 30 El Dios de nuestros antepasados resucitó a Jesús, a quien ustedes mataron colgándolo de un madero. 31 Por su poder,*b* Dios lo exaltó como Príncipe y Salvador, para que diera a Israel *arrepentimiento y perdón de pecados. 32 Nosotros somos testigos de estos acontecimientos, y también lo es el

---

a 5:28 *muerte.* Lit. *sangre.* *b* 5:31 *Por su poder.* Alt. *A su derecha.*

Espíritu Santo que Dios ha dado a quienes le obedecen.

33 A los que oyeron esto se les subió la sangre a la cabeza y querían matarlos. **34** Pero un *fariseo llamado Gamaliel, *maestro de la ley muy respetado por todo el pueblo, se puso de pie en el Consejo y mandó que hicieran salir por un momento a los apóstoles. **35** Luego dijo: «Hombres de Israel, piensen dos veces en lo que están a punto de hacer con estos hombres. **36** Hace algún tiempo surgió Teudas, jactándose de ser alguien, y se le unieron unos cuatrocientos hombres. Pero lo mataron y todos sus seguidores se dispersaron y allí se acabó todo. **37** Después de él surgió Judas el galileo, en los días del censo, y logró que la gente lo siguiera. A él también lo mataron, y todos sus secuaces se dispersaron. **38** En este caso les aconsejo que dejen a estos hombres en paz. ¡Suéltenlos! Si lo que se proponen y hacen es de origen humano, fracasará; **39** pero si es de Dios, no podrán destruirlos, y ustedes se encontrarán luchando contra Dios.»

Se dejaron persuadir por Gamaliel. **40** Entonces llamaron a los apóstoles y, luego de azotarlos, les ordenaron que no hablaran más en el nombre de Jesús. Después de eso los soltaron.

41 Así, pues, los apóstoles salieron del Consejo, llenos de gozo por haber sido considerados dignos de sufrir afrentas por causa del Nombre. **42** Y día tras día, en el templo y de casa en casa, no dejaban de enseñar y anunciar las buenas *nuevas de que Jesús es el *Mesías.

Elección de los siete

6 En aquellos días, al aumentar el número de los discípulos, se quejaron los judíos de habla griega contra los de habla aramea[a] de que sus viudas eran desatendidas en la distribución diaria de los alimentos. **2** Así que los doce reunieron a toda la comunidad de discípulos y les dijeron: «No está bien que nosotros los apóstoles descuidemos el ministerio de la palabra de Dios para servir las mesas. **3** Hermanos y hermanas, escojan de entre ustedes a siete hombres de buena reputa-

ción, llenos del Espíritu y de sabiduría, para encargarles esta responsabilidad. **4** Así nosotros nos dedicaremos de lleno a la oración y al ministerio de la palabra.» **5** Esta propuesta agradó a toda la asamblea. Escogieron a Esteban, hombre lleno de fe y del Espíritu Santo, y a Felipe, a Prócoro, a Nicanor, a Timón, a Parmenas y a Nicolás, un prosélito de Antioquía. **6** Los presentaron a los apóstoles, quienes oraron y les impusieron las manos.

7 Y la palabra de Dios se difundía: el número de los discípulos aumentaba considerablemente en Jerusalén, e incluso muchos de los sacerdotes obedecían a la fe.

Arresto de Esteban

8 Esteban, hombre lleno de la gracia y del poder de Dios, hacía grandes prodigios y señales milagrosas entre el pueblo. **9** Con él se pusieron a discutir ciertos individuos de la sinagoga llamada de los Libertos, donde había judíos de Cirene y de Alejandría, de Cilicia y de la provincia de *Asia. **10** Como no podían hacer frente a la sabiduría ni al Espíritu con que hablaba Esteban, **11** instigaron a unos hombres a decir: «Hemos oído a Esteban *blasfemar contra Moisés y contra Dios.» **12** Agitaron al pueblo, a los *ancianos y a los *maestros de la ley. Se apoderaron de Esteban y lo llevaron ante el *Consejo. **13** Presentaron testigos falsos, que declararon: «Este hombre no deja de hablar contra este lugar santo y contra la ley. **14** Le hemos oído decir que ese Jesús de Nazaret destruirá este lugar y cambiará las tradiciones que nos dejó Moisés.» **15** Todos los que estaban sentados en el Consejo fijaron la mirada en Esteban y vieron que su rostro se parecía al de un ángel.

Discurso de Esteban ante el Consejo

7 —¿Son ciertas estas acusaciones? —le preguntó el sumo sacerdote.

2 Él contestó:

—Hermanos y padres, ¡escúchenme! El Dios de la gloria se apareció a nuestro padre Abraham cuando éste aún vivía en Mesopotamia, antes de radicarse en Harán. **3** 'Deja tu tierra y a tus parientes —le

---

a **6:1** *los judíos ... aramea.* Lit. *los helenistas contra los hebreos.*

dijo Dios—, y vete a la tierra que te mostraré.'ᵃ

⁴ »Entonces salió de la tierra de los caldeos y se estableció en Harán. Desde allí, después de la muerte de su padre, Dios lo trasladó a esta tierra donde ustedes viven ahora. ⁵ No le dio herencia alguna en ella, ni siquiera dónde plantar el pie, pero le prometió dársela en posesión a él y a su descendencia, aunque Abraham no tenía ni un solo hijo todavía. ⁶ Dios le dijo así: 'Tus descendientes serán forasteros en tierra ajena, y allí los esclavizarán y maltratarán durante cuatrocientos años. ⁷ Pero sea cual sea la nación que los esclavice, yo la juzgaré, y después de esto saldrán de esa tierra y me adorarán en este lugar.'ᵇ ⁸ Hizo con Abraham el pacto que tenía por señal la circuncisión. Así, cuando Abraham tuvo a su hijo Isaac, lo circuncidó a los ocho días de nacido, e Isaac a Jacob, y Jacob a los doce patriarcas.

⁹ »Por envidia los patriarcas vendieron a José como esclavo, quien fue llevado a Egipto; pero Dios estaba con él ¹⁰ y lo libró de todas sus desgracias. Le dio sabiduría para ganarse el favor del faraón, rey de Egipto, que lo nombró gobernador del país y del palacio real.

¹¹ »Hubo entonces un hambre que azotó a todo Egipto y a Canaán, causando mucho sufrimiento, y nuestros antepasados no encontraban alimentos. ¹² Al enterarse Jacob de que había comida en Egipto, mandó allá a nuestros antepasados en una primera visita. ¹³ En la segunda, José se dio a conocer a sus hermanos, y el faraón supo del origen de José. ¹⁴ Después de esto, José mandó llamar a su padre Jacob y a toda su familia, setenta y cinco personas en total. ¹⁵ Bajó entonces Jacob a Egipto, y allí murieron él y nuestros antepasados. ¹⁶ Sus restos fueron llevados a Siquem y puestos en el sepulcro que a buen precio Abraham había comprado a los hijos de Hamor en Siquem.

¹⁷ »Cuando ya se acercaba el tiempo de que se cumpliera la promesa que Dios le había hecho a Abraham, el pueblo crecía y se multiplicaba en Egipto. ¹⁸ Por aquel entonces llegó al poder en Egipto otro rey que no sabía nada de José. ¹⁹ Este rey usó de artimañas con nuestro pueblo y oprimió a nuestros antepasados, obligándolos a dejar abandonados a sus hijos recién nacidos para que murieran.

²⁰ »En aquel tiempo nació Moisés, y fue agradable a los ojos de Dios.ᶜ Por tres meses se crió en la casa de su padre ²¹ y, al quedar abandonado, la hija del faraón lo adoptó y lo crió como a su propio hijo. ²² Así Moisés fue instruido en toda la sabiduría de los egipcios, y era poderoso en palabra y en obra.

²³ »Cuando cumplió cuarenta años, Moisés tuvo el deseo de allegarse a sus hermanos israelitas. ²⁴ Al ver que un egipcio maltrataba a uno de ellos, acudió en su defensa y lo vengó matando al egipcio. ²⁵ Moisés suponía que sus hermanos reconocerían que Dios iba a liberarlos por medio de él, pero ellos no lo comprendieron así. ²⁶ Al día siguiente, Moisés sorprendió a dos israelitas que estaban peleando. Trató de reconciliarlos, diciéndoles: 'Señores, ustedes son hermanos; ¿por qué quieren hacerse daño?'

²⁷ »Pero el que estaba maltratando al otro empujó a Moisés y le dijo: '¿Quién te nombró a ti gobernante y juez sobre nosotros? ²⁸ ¿Quieres acaso matarme a mí, como mataste ayer al egipcio?'ᵈ ²⁹ Al oír esto, Moisés huyó a Madián; allí vivió como extranjero y tuvo dos hijos.

³⁰ »Pasados cuarenta años, se le apareció un ángel en el desierto cercano al monte Sinaí, en las llamas de una zarza que ardía. ³¹ Moisés se asombró de lo que veía. Al acercarse para observar, oyó la voz del Señor: ³² 'Yo soy el Dios de tus antepasados, el Dios de Abraham, de Isaac y de Jacob'.ᵉ Moisés se puso a temblar de miedo, y no se atrevía a mirar.

³³ »Le dijo el Señor: 'Quítate las sandalias, porque el lugar donde estás es tierra santa. ³⁴ Ciertamente he visto la opresión de mi pueblo en Egipto. He oído sus quejidos y he bajado para librarlos. Ahora ven y te enviaré de vuelta a Egipto.'ᶠ

a 7:3 Gn 12:1 *b* 7:7 Gn 15:13,14 *c* 7:20 *fue ... Dios*. Alt. *era sumamente hermoso*. *d* 7:28 Éx 2:14 *e* 7:32 Éx 3:6 *f* 7:34 Éx 3:5,7,8,10

35 »A este mismo Moisés, a quien habían rechazado diciéndole: '¿Quién te nombró gobernante y juez?', Dios lo envió para ser gobernante y libertador, mediante el poder del ángel que se le apareció en la zarza. **36** Él los sacó de Egipto haciendo prodigios y señales milagrosas tanto en la tierra de Egipto como en el Mar Rojo, y en el desierto durante cuarenta años.

37 »Este Moisés les dijo a los israelitas: 'Dios hará surgir para ustedes, de entre sus propios hermanos, un profeta como yo.'ᵃ **38** Este mismo Moisés estuvo en la asamblea en el desierto, con el ángel que le habló en el monte Sinaí, y con nuestros antepasados. Fue también él quien recibió palabras de vida para comunicárnoslas a nosotros.

39 »Nuestros antepasados no quisieron obedecerlo a él, sino que lo rechazaron. Lo que realmente deseaban era volver a Egipto, **40** por lo cual le dijeron a Aarón: 'Haznos dioses que vayan delante de nosotros, porque a este Moisés que nos sacó de Egipto, ¡no sabemos qué le habrá sucedido!'ᵇ **41** »Entonces se hicieron un ídolo en forma de becerro. Le ofrecieron sacrificios y tuvieron fiesta en honor de la obra de sus manos. **42** Pero Dios les volvió la espalda y los entregó a que rindieran culto a los astros. Así está escrito en el libro de los profetas:

»'Casa de Israel, ¿acaso me
  ofrecieron ustedes sacrificios y
  ofrendas
  durante los cuarenta años en el
  desierto?
43 Por el contrario, ustedes se
  hicieron cargo del tabernáculo
  de Moloc,
  de la estrella del dios Refán,
  y de las imágenes que hicieron
  para adorarlas.
Por lo tanto, los mandaré al exilio'ᶜ
  más allá de Babilonia.

44 »Nuestros antepasados tenían en el desierto el tabernáculo del testimonio,

hecho como Dios le había ordenado a Moisés, según el modelo que éste había visto. **45** Después de haber recibido el tabernáculo, lo trajeron consigo bajo el mando de Josué, cuando conquistaron la tierra de las naciones que Dios expulsó de la presencia de ellos. Allí permaneció hasta el tiempo de David, **46** quien disfrutó del favor de Dios y pidió que le permitiera proveer una morada para el Diosᵈ de Jacob. **47** Pero fue Salomón quien construyó la casa.

48 »Sin embargo, el Altísimo no habita en casas construidas por manos humanas. Como dice el profeta:

49 »'El cielo es mi trono,
  y la tierra es el estrado de mis pies.
¿Qué clase de casa me construirán?
    —dice el Señor—.
¿O qué lugar de descanso?
50 ¿No es mi mano la que ha hecho
  todas estas cosas?'ᵉ

51 »¡Tercos, duros de corazón y torpes de oídos!ᶠ Ustedes son iguales que sus antepasados: ¡Siempre resisten al Espíritu Santo! **52** ¿A cuál de los profetas no persiguieron sus antepasados? Ellos mataron a los que de antemano anunciaron la venida del Justo, y ahora a éste lo han traicionado y asesinado **53** ustedes, que recibieron la ley promulgada por medio de ángeles y no la han obedecido.

Muerte de Esteban

54 Al oír esto, rechinando los dientes montaron en cólera contra él. **55** Pero Esteban, lleno del Espíritu Santo, fijó la mirada en el cielo y vio la gloria de Dios, y a Jesús de pie a la *derecha de Dios.

56 —¡Veo el cielo abierto —exclamó—, y al Hijo del hombre de pie a la derecha de Dios!

57 Entonces ellos, gritando a voz en cuello, se taparon los oídos y todos a una se abalanzaron sobre él, **58** lo sacaron a empellones fuera de la ciudad y comenzaron a apedrearlo. Los acusadores le encargaron sus mantos a un joven llamado Saulo.

a **7:37** Dt 18:15 *b* **7:40** Éx 32:1 *c* **7:43** Am 5:25-27 *d* **7:46** *para el Dios.* Var. *para la casa* (es decir, la familia). *e* **7:50** Is 66:1,2 *f* **7:51** ¡*Tercos ... oídos!* Lit. ¡*Duros de cuello e incircuncisos en los corazones y los oídos!*

Pasaje del día: Hechos 8:4-25
Versículo del día: Hechos 8:8

El poder que trae gozo

¿Cuántas veces hemos escuchado de artes mágicas que cambian vidas? Lo proclaman vendedores de ilusiones por televisión, en teatros y en las revistas. Personas que visitan nuestra ciudad o pueblo, trayéndonos el "gran poder" que soluciona todos nuestros problemas, engañan a nuestra gente.

¿Has pensado en cómo son esas personas? Su carácter, su estilo de vida, su manera de comunicar... Nota el contraste entre el aporte de Felipe y el de Simón a la ciudad de Samaria.

Felipe, un hombre confiable, entendido, lleno del Espíritu Santo, va a Samaria en medio de la persecución, anunciando la buena noticia. A su paso, trae refresco, alegría y sanidad a la gente. El pueblo lo escucha, ve las señales que hace y cree en Cristo. Como resultado, hay gran gozo en la ciudad.

Simón, en cambio, se hace pasar por una persona importante, mintiéndole a la gente, engañando a su auditorio. Pero al oír las noticias del reino de Dios, queda tan impresionado que cree y se bautiza.

El anuncio del evangelio cambia vidas y modifica relaciones. Como hemos visto, tuvo consecuencias muy positivas para la ciudad de Samaria. Gracias a la decidida y oportuna exhortación de Pedro y la enseñanza de Felipe, el pueblo conoció y recibió el regalo de Dios. Iba a ser difícil que a ese pueblo se lo volviese a engañar con artes mágicas.

Dios puede usarte para que veas cambios en la ciudad o el pueblo donde vives. En lugar de confiar en las artes mágicas, tus amigas y vecinas pueden concer el gran poder de Dios, Jesucristo nuestro Señor. En tu ciudad también puede haber gran gozo.

Silvia Chaves
Argentina

59 Mientras lo apedreaban, Esteban oraba.

—Señor Jesús —decía—, recibe mi espíritu.

60 Luego cayó de rodillas y gritó:

—¡Señor, no les tomes en cuenta este pecado!

Cuando hubo dicho esto, murió.

8 Y Saulo estaba allí, aprobando la muerte de Esteban.

La iglesia perseguida y dispersa

Aquel día se desató una gran persecución contra la iglesia en Jerusalén, y todos, excepto los apóstoles, se dispersaron por las regiones de Judea y Samaria. 2 Unos hombres piadosos sepultaron a Esteban e hicieron gran duelo por él. 3 Saulo, por su parte, causaba estragos en la iglesia: entrando de casa en casa, arrastraba a hombres y mujeres y los metía en la cárcel.

Felipe en Samaria

4 Los que se habían dispersado predicaban la palabra por dondequiera que iban. 5 Felipe bajó a una ciudad de Samaria y les anunciaba al *Mesías. 6 Al oír a Felipe y ver las señales milagrosas que realizaba, mucha gente se reunía y todos prestaban atención a su mensaje. 7 De muchos endemoniados los *espíritus malignos salían dando alaridos, y un gran número de paralíticos y cojos quedaban sanos. 8 Y aquella ciudad se llenó de alegría.

Simón el hechicero

9 Ya desde antes había en esa ciudad un hombre llamado Simón que, jactándose de ser un gran personaje, practicaba la hechicería y asombraba a la gente de Samaria. 10 Todos, desde el más pequeño hasta el más grande, le prestaban atención y exclamaban: «¡Este hombre es al que llaman el Gran Poder de Dios!» 11 Lo seguían porque por mucho tiempo los había tenido deslumbrados con sus artes mágicas. 12 Pero cuando creyeron a Felipe, que les anunciaba las buenas *nuevas del reino de Dios y el nombre de *Jesucristo, tanto hombres como mujeres se bautizaron. 13 Simón mismo creyó y,

después de bautizarse, seguía a Felipe por todas partes, asombrado de los grandes milagros y señales que veía.

14 Cuando los apóstoles que estaban en Jerusalén se enteraron de que los samaritanos habían aceptado la palabra de Dios, les enviaron a Pedro y a Juan. 15 Éstos, al llegar, oraron por ellos para que recibieran el Espíritu Santo, 16 porque el Espíritu aún no había descendido sobre ninguno de ellos; solamente habían sido bautizados en el nombre del Señor Jesús. 17 Entonces Pedro y Juan les impusieron las manos, y ellos recibieron el Espíritu Santo.

18 Al ver Simón que mediante la imposición de las manos de los apóstoles se daba el Espíritu Santo, les ofreció dinero 19 y les pidió:

—Denme también a mí ese poder, para que todos a quienes yo les imponga las manos reciban el Espíritu Santo.

20 —¡Que tu dinero perezca contigo —le contestó Pedro—, porque intentaste comprar el don de Dios con dinero! 21 No tienes arte ni parte en este asunto, porque no eres íntegro delante de Dios. 22 Por eso, *arrepiéntete de tu maldad y ruega al Señor. Tal vez te perdone el haber tenido esa mala intención. 23 Veo que vas camino a la amargura y a la esclavitud del pecado.

24 —Rueguen al Señor por mí —respondió Simón—, para que no me suceda nada de lo que han dicho.

25 Después de testificar y proclamar la palabra del Señor, Pedro y Juan se pusieron en camino de vuelta a Jerusalén, y de paso predicaron el *evangelio en muchas poblaciones de los samaritanos.

Felipe y el etíope

26 Un ángel del Señor le dijo a Felipe: «Ponte en marcha hacia el sur, por el camino del desierto que baja de Jerusalén a Gaza.» 27 Felipe emprendió el viaje, y resulta que se encontró con un etíope *eunuco, alto funcionario encargado de todo el tesoro de la candace, reina de los etíopes. Éste había ido a Jerusalén para adorar 28 y, en el viaje de regreso a su país, iba sentado en su carro, leyendo el libro del profeta Isaías. 29 El Espíritu le dijo a Felipe: «Acércate y júntate a ese carro.»

Pasaje del sábado:
Hechos 4:23-31

Pasaje del domingo:
Efesios 1:15-23

El cuarto de problemas

Cierto hombre y su esposa decidieron tener un "cuarto de problemas" en su casa. Una vez al día hablarían allí acerca de cualquier cosa que les agobiase.

Esa idea resultó ser muy satisfactoria. El cuarto de problemas pronto se convirtió en el "cuarto de oración", donde presentaron sus problemas a Dios.

En nuestros hogares debe haber un lugar donde el padre, la madre y los hijos no solamente hablen de sus problemas sino que también los presenten a Dios.

¿Cuántos altercados no se evitarían y cuántas veces se pondría fin a las críticas destructivas si entráramos en el cuarto de oración para buscar a Dios y presentarle los asuntos a Él?

¡Haz la prueba y verás los buenos resultados que tendrás!

–Adaptado

30 Felipe se acercó de prisa al carro y, al oír que el hombre leía al profeta Isaías, le preguntó:

—¿Acaso entiende usted lo que está leyendo?

31 —¿Y cómo voy a entenderlo —contestó— si nadie me lo explica?

Así que invitó a Felipe a subir y sentarse con él. **32** El pasaje de la Escritura que estaba leyendo era el siguiente:

«Como oveja fue llevado al matadero;
y como cordero que permanece
mudo ante su trasquilador,
no abrió la boca.
33 Lo humillaron y no le hicieron
justicia.
¿Quién describirá su descendencia?
Porque su vida fue arrancada de la
tierra.»ª

34 —Dígame usted, por favor, ¿de quién habla aquí el profeta, de sí mismo o de algún otro? —le preguntó el eunuco a Felipe.

35 Entonces Felipe, comenzando con ese mismo pasaje de la Escritura, le anunció las buenas *nuevas acerca de Jesús. **36** Mientras iban por el camino, llegaron a un lugar donde había agua, y dijo el eunuco:

—Mire usted, aquí hay agua. ¿Qué impide que yo sea bautizado?ᵇ

38 Entonces mandó parar el carro, y ambos bajaron al agua, y Felipe lo bautizó. **39** Cuando subieron del agua, el Espíritu del Señor se llevó de repente a Felipe. El eunuco no volvió a verlo, pero siguió alegre su camino. **40** En cuanto a Felipe, apareció en Azoto, y se fue predicando el *evangelio en todos los pueblos hasta que llegó a Cesarea.

Conversión de Saulo

9 Mientras tanto, Saulo, respirando aún amenazas de muerte contra los discípulos del Señor, se presentó al sumo sacerdote **2** y le pidió cartas de extradición para las sinagogas de Damasco. Tenía la intención de encontrar y llevarse presos a Jerusalén a todos los que pertenecieran al Camino, fueran hombres o mujeres. **3** En el viaje sucedió que, al acercarse a Damasco, una luz del cielo relampagueó de repente a su alrededor. **4** Él cayó al suelo y oyó una voz que le decía:

—Saulo, Saulo, ¿por qué me persigues?

5 —¿Quién eres, Señor? —preguntó.

—Yo soy Jesús, a quien tú persigues —le contestó la voz—. **6** Levántate y entra en la ciudad, que allí se te dirá lo que tienes que hacer.

7 Los hombres que viajaban con Saulo se detuvieron atónitos, porque oían la voz pero no veían a nadie. **8** Saulo se levantó del suelo, pero cuando abrió los ojos no podía ver, así que lo tomaron de la mano y lo llevaron a Damasco. **9** Estuvo ciego tres días, sin comer ni beber nada.

10 Había en Damasco un discípulo llamado Ananías, a quien el Señor llamó en una visión.

—¡Ananías!

—Aquí estoy, Señor.

11 —Anda, ve a la casa de Judas, en la calle llamada Derecha, y pregunta por un tal Saulo de Tarso. Está orando, **12** y ha visto en una visión a un hombre llamado Ananías, que entra y pone las manos sobre él para que recobre la vista.

13 Entonces Ananías respondió:

—Señor, he oído hablar mucho de ese hombre y de todo el mal que ha causado a tus *santos en Jerusalén. **14** Y ahora lo tenemos aquí, autorizado por los jefes de los sacerdotes, para llevarse presos a todos los que invocan tu nombre.

15 —¡Ve! —insistió el Señor—, porque ese hombre es mi instrumento escogido para dar a conocer mi nombre tanto a las *naciones y a sus reyes como al pueblo de Israel. **16** Yo le mostraré cuánto tendrá que padecer por mi nombre.

17 Ananías se fue y, cuando llegó a la casa, le impuso las manos a Saulo y le dijo: «Hermano Saulo, el Señor Jesús, que se te apareció en el camino, me ha enviado para que recobres la vista y seas lleno del Espíritu Santo.» **18** Al instante cayó de los ojos de Saulo algo como escamas, y recobró la vista. Se levantó y fue bautizado; **19** y habiendo comido, recobró las fuerzas.

---

a **8:33** Is 53:7,8 *b* **8:36** bautizado? Var. bautizado? /³⁷ —Si cree usted de todo corazón, bien puede —le dijo Felipe. / —Creo que Jesucristo es el Hijo de Dios —contestó el hombre.

Saulo en Damasco y en Jerusalén

Saulo pasó varios días con los discípulos que estaban en Damasco, 20 y en seguida se dedicó a predicar en las sinagogas, afirmando que Jesús es el Hijo de Dios. 21 Todos los que le oían se quedaban asombrados, y preguntaban: «¿No es éste el que en Jerusalén perseguía a muerte a los que invocan ese nombre? ¿Y no ha venido aquí para llevárselos presos y entregarlos a los jefes de los sacerdotes?» 22 Pero Saulo cobraba cada vez más fuerza y confundía a los judíos que vivían en Damasco, demostrándoles que Jesús es el *Mesías.

23 Después de muchos días, los judíos se pusieron de acuerdo para hacerlo desaparecer, 24 pero Saulo se enteró de sus maquinaciones. Día y noche vigilaban de cerca las puertas de la ciudad con el fin de eliminarlo. 25 Pero sus discípulos se lo llevaron de noche y lo bajaron en un canasto por una abertura en la muralla.

26 Cuando llegó a Jerusalén, trataba de juntarse con los discípulos, pero todos tenían miedo de él, porque no creían que de veras fuera discípulo. 27 Entonces Bernabé lo tomó a su cargo y lo llevó a los apóstoles. Saulo les describió en detalle cómo en el camino había visto al Señor, el cual le había hablado, y cómo en Damasco había predicado con libertad en el nombre de Jesús. 28 Así que se quedó con ellos, y andaba por todas partes en Jerusalén, hablando abiertamente en el nombre del Señor. 29 Conversaba y discutía con los judíos de habla griega,a pero ellos se proponían eliminarlo. 30 Cuando se enteraron de ello los hermanos, se lo llevaron a Cesarea y de allí lo mandaron a Tarso.

31 Mientras tanto, la iglesia disfrutaba de paz a la vez que se consolidaba en toda Judea, Galilea y Samaria, pues vivía en el temor del Señor. E iba creciendo en número, fortalecida por el Espíritu Santo.

Eneas y Dorcas

32 Pedro, que estaba recorriendo toda la región, fue también a visitar a los *santos que vivían en Lida. 33 Allí encontró a un paralítico llamado Eneas, que llevaba ocho años en cama. 34 «Eneas —le dijo Pedro—, *Jesucristo te sana. Levántate y tiende tu cama.» Y al instante se levantó. 35 Todos los que vivían en Lida y en Sarón lo vieron, y se convirtieron al Señor.

36 Había en Jope una discípula llamada Tabita (que traducido es Dorcasb). Ésta se esmeraba en hacer buenas obras y en ayudar a los pobres. 37 Sucedió que en esos días cayó enferma y murió. Pusieron el cadáver, después de lavarlo, en un cuarto de la planta alta. 38 Y como Lida estaba cerca de Jope, los discípulos, al enterarse de que Pedro se encontraba en Lida, enviaron a dos hombres a rogarle: «¡Por favor, venga usted a Jope en seguida!»

39 Sin demora, Pedro se fue con ellos, y cuando llegó lo llevaron al cuarto de arriba. Todas las viudas se presentaron, llorando y mostrándole las túnicas y otros vestidos que Dorcas había hecho cuando aún estaba con ellas.

40 Pedro hizo que todos salieran del cuarto; luego se puso de rodillas y oró. Volviéndose hacia la muerta, dijo: «Tabita, levántate.» Ella abrió los ojos y, al ver a Pedro, se incorporó. 41 Él, tomándola de la mano, la levantó. Luego llamó a los *creyentes y a las viudas, a quienes la presentó viva. 42 La noticia se difundió por todo Jope, y muchos creyeron en el Señor. 43 Pedro se quedó en Jope un buen tiempo, en casa de un tal Simón, que era curtidor.

Cornelio manda llamar a Pedro

10 Vivía en Cesarea un centurión llamado Cornelio, del regimiento conocido como el Italiano. 2 Él y toda su familia eran devotos y temerosos de Dios. Realizaba muchas obras de beneficencia para el pueblo de Israel y oraba a Dios constantemente. 3 Un día, como a las tres de la tarde,c tuvo una visión. Vio claramente a un ángel de Dios que se le acercaba y le decía:

—¡Cornelio!

4 —¿Qué quieres, Señor? —le pregun-

---

a 9:29 *los judíos de habla griega.* Lit. *los helenistas.* b 9:36 Tanto *Tabita* (arameo) como *Dorcas* (griego) significan: *gacela.* c 10:3 *las tres de la tarde.* Lit. *la hora novena;* también en v. 30.

Pasaje del día: Hechos 9:36-43
Versículo del día: Hechos 9:36

El ejemplo de Tabita

Tabita es un magnífico ejemplo para nosotras las mujeres. Me hubiera encantado conocerla personalmente. Era costurera, y me imagino que habrá sido una mujer humilde. Tabita les cosía túnicas a las demás viudas; era una discípula que amaba a Dios y a su prójimo.

Hoy día necesitamos mujeres como Tabita, discípulas que amen a Dios y a su prójimo. ¿Cuántas de nosotras tenemos amigas que están solas y necesitan de nuestra ayuda? Quizás estén divorciadas y tengan hijos. Conocemos a muchas, ¿verdad?

No tenemos que esperar a ser profesionales o a tener muchas riquezas para ayudar al prójimo. Podemos tomar el ejemplo de Tabita, una mujer humilde que trabajó con las manos, que ayudó a los demás con un corazón bondadoso.

Todas necesitamos de una amiga, de una compañera, de una hermana, de una vecina, que tenga el corazón listo para ayudar, que tenga oídos para escuchar, palabras para animar y no criticar, manos para dar y no quitar, y pies para caminar y alcanzar al que necesita ayuda.

¿Estamos dispuestas a servir al Señor hoy mismo y ser llamadas sus discípulas? ¡Decídete hoy mismo ser una mujer así!

Noemí P. de Caiazzo
Nicaragua

tó Cornelio, mirándolo fijamente y con mucho miedo.

—Dios ha recibido tus oraciones y tus obras de beneficencia como una ofrenda —le contestó el ángel—. ⁵ Envía de inmediato a algunos hombres a Jope para que hagan venir a un tal Simón, apodado Pedro. ⁶ Él se hospeda con Simón el curtidor, que tiene su casa junto al mar.

⁷ Después de que se fue el ángel que le había hablado, Cornelio llamó a dos de sus siervos y a un soldado devoto de los que le servían regularmente. ⁸ Les explicó todo lo que había sucedido y los envió a Jope.

La visión de Pedro

⁹ Al día siguiente, mientras ellos iban de camino y se acercaban a la ciudad, Pedro subió a la azotea a orar. Era casi el mediodía.ᵃ ¹⁰ Tuvo hambre y quiso algo de comer. Mientras se lo preparaban, le sobrevino un éxtasis. ¹¹ Vio el cielo abierto y algo parecido a una gran sábana que, suspendida por las cuatro puntas, descendía hacia la tierra. ¹² En ella había toda clase de cuadrúpedos, como también reptiles y aves.

¹³ —Levántate, Pedro; mata y come —le dijo una voz.

¹⁴ —¡De ninguna manera, Señor! —replicó Pedro—. Jamás he comido nada *impuro o inmundo.

¹⁵ Por segunda vez le insistió la voz:

—Lo que Dios ha purificado, tú no lo llames impuro.

¹⁶ Esto sucedió tres veces, y en seguida la sábana fue recogida al cielo.

¹⁷ Pedro no atinaba a explicarse cuál podría ser el significado de la visión. Mientras tanto, los hombres enviados por Cornelio, que estaban preguntado por la casa de Simón, se presentaron a la puerta. ¹⁸ Llamando, averiguaron si allí se hospedaba Simón, apodado Pedro.

¹⁹ Mientras Pedro seguía reflexionando sobre el significado de la visión, el Espíritu le dijo: «Mira, Simón, tresᵇ hombres te buscan. ²⁰ Date prisa, baja y no dudes en ir con ellos, porque yo los he enviado.»

²¹ Pedro bajó y les dijo a los hombres:

—Aquí estoy; yo soy el que ustedes buscan. ¿Qué asunto los ha traído por acá?

²² Ellos le contestaron:

—Venimos de parte del centurión Cornelio, un hombre justo y temeroso de Dios, respetado por todo el pueblo judío. Un ángel de Dios le dio instrucciones de invitarlo a usted a su casa para escuchar lo que usted tiene que decirle.

²³ Entonces Pedro los invitó a pasar y los hospedó.

Pedro en casa de Cornelio

Al día siguiente, Pedro se fue con ellos acompañado de algunos creyentes de Jope. ²⁴ Un día después llegó a Cesarea. Cornelio estaba esperándolo con los parientes y amigos íntimos que había reunido. ²⁵ Al llegar Pedro a la casa, Cornelio salió a recibirlo y, postrándose delante de él, le rindió homenaje. ²⁶ Pero Pedro hizo que se levantara, y le dijo:

—Ponte de pie, que sólo soy un hombre como tú.

²⁷ Pedro entró en la casa conversando con él, y encontró a muchos reunidos. ²⁸ Entonces les habló así:

—Ustedes saben muy bien que nuestra ley prohíbe que un judío se junte con un extranjero o lo visite. Pero Dios me ha hecho ver que a nadie debo llamar *impuro o inmundo. ²⁹ Por eso, cuando mandaron por mí, vine sin poner ninguna objeción. Ahora permítanme preguntarles: ¿para qué me hicieron venir?

³⁰ Cornelio contestó:

—Hace cuatro días a esta misma hora, las tres de la tarde, estaba yo en casa orando.ᶜ De repente apareció delante de mí un hombre vestido con ropa brillante, ³¹ y me dijo: 'Cornelio, Dios ha oído tu oración y se ha acordado de tus obras de beneficencia. ³² Por lo tanto, envía a alguien a Jope para hacer venir a Simón, apodado Pedro, que se hospeda en casa de Simón el curtidor, junto al mar.' ³³ Así que inmediatamente mandé a llamarte, y tú has tenido la bondad de venir. Ahora estamos todos aquí, en la presencia de Dios, para escuchar todo lo que el Señor te ha encomendado que nos digas.

---

a **10:9** *casi el mediodía.* Lit. *alrededor de la hora sexta.* *b* **10:19** Var. no incluye *tres* (un ms. antiguo dice: *dos*). *c* **10:30** *en casa orando.* Var. *en casa ayunando y orando.*

34 Pedro tomó la palabra, y dijo:

—Ahora comprendo que en realidad para Dios no hay favoritismos, **35** sino que en toda nación él ve con agrado a los que le temen y actúan con justicia. **36** Dios envió su mensaje al pueblo de Israel, anunciando las buenas *nuevas de la paz por medio de *Jesucristo, que es el Señor de todos. **37** Ustedes conocen este mensaje que se difundió por toda Judea, comenzando desde Galilea, después del bautismo que predicó Juan. **38** Me refiero a Jesús de Nazaret: cómo lo ungió Dios con el Espíritu Santo y con poder, y cómo anduvo haciendo el bien y sanando a todos los que estaban oprimidos por el diablo, porque Dios estaba con él. **39** Nosotros somos testigos de todo lo que hizo en la tierra de los judíos y en Jerusalén. Lo mataron, colgándolo de un madero, **40** pero Dios lo resucitó al tercer día y dispuso que se apareciera, **41** no a todo el pueblo, sino a nosotros, testigos previamente escogidos por Dios, que comimos y bebimos con él después de su *resurrección. **42** Él nos mandó a predicar al pueblo y a dar solemne testimonio de que ha sido nombrado por Dios como juez de vivos y muertos. **43** De él dan testimonio todos los profetas, que todo el que cree en él recibe, por medio de su nombre, el perdón de los pecados.

44 Mientras Pedro estaba todavía hablando, el Espíritu Santo descendió sobre todos los que escuchaban el mensaje. **45** Los defensores de la circuncisión que habían llegado con Pedro se quedaron asombrados de que el don del Espíritu Santo se hubiera derramado también sobre los *gentiles, **46** pues los oían hablar en *lenguas y alabar a Dios. Entonces Pedro respondió:

47 —¿Acaso puede alguien negar el agua para que sean bautizados estos que han recibido el Espíritu Santo lo mismo que nosotros?

48 Y mandó que fueran bautizados en el nombre de Jesucristo. Entonces le pidieron que se quedara con ellos algunos días.

Pedro explica su comportamiento

11 Los apóstoles y los hermanos de toda Judea se enteraron de que también los *gentiles habían recibido la palabra de Dios. **2** Así que cuando Pedro subió a Jerusalén, los defensores de la circuncisión lo criticaron **3** diciendo:

—Entraste en casa de hombres incircuncisos y comiste con ellos.

4 Entonces Pedro comenzó a explicarles paso a paso lo que había sucedido:

5 —Yo estaba orando en la ciudad de Jope y tuve en éxtasis una visión. Vi que del cielo descendía algo parecido a una gran sábana que, suspendida por las cuatro puntas, bajaba hasta donde yo estaba. **6** Me fijé en lo que había en ella, y vi cuadrúpedos, fieras, reptiles y aves. **7** Luego oí una voz que me decía: 'Levántate, Pedro; mata y come.' **8** Repliqué: '¡De ninguna manera, Señor! Jamás ha entrado en mi boca nada *impuro o inmundo.' **9** Por segunda vez insistió la voz del cielo: 'Lo que Dios ha purificado, tú no lo llames impuro.' **10** Esto sucedió tres veces, y luego todo volvió a ser llevado al cielo.

11 »En aquel momento se presentaron en la casa donde yo estaba tres hombres que desde Cesarea habían sido enviados a verme. **12** El Espíritu me dijo que fuera con ellos sin dudar. También fueron conmigo estos seis hermanos, y entramos en la casa de aquel hombre. **13** Él nos contó cómo en su casa se le había aparecido un ángel que le dijo: 'Manda a alguien a Jope para hacer venir a Simón, apodado Pedro. **14** Él te traerá un mensaje mediante el cual serán salvos tú y toda tu familia.'

15 »Cuando comencé a hablarles, el Espíritu Santo descendió sobre ellos tal como al principio descendió sobre nosotros. **16** Entonces recordé lo que había dicho el Señor: 'Juan bautizó con^a agua, pero ustedes serán bautizados con el Espíritu Santo.' **17** Por tanto, si Dios les ha dado a ellos el mismo don que a nosotros al creer en el Señor *Jesucristo, ¿quién soy yo para pretender estorbar a Dios?

18 Al oír esto, se apaciguaron y alabaron a Dios diciendo:

---

a **11:16** *con.* Alt. *en.*

—¡Así que también a los gentiles les ha concedido Dios el *arrepentimiento para vida!

La iglesia en Antioquía

19 Los que se habían dispersado a causa de la persecución que se desató por el caso de Esteban llegaron hasta Fenicia, Chipre y Antioquía, sin anunciar a nadie el mensaje excepto a los judíos. **20** Sin embargo, había entre ellos algunas personas de Chipre y de Cirene que, al llegar a Antioquía, comenzaron a hablarles también a los de habla griega, anunciándoles las buenas *nuevas acerca del Señor Jesús. **21** El poder del Señor estaba con ellos, y un gran número creyó y se convirtió al Señor. **22** La noticia de estos sucesos llegó a oídos de la iglesia de Jerusalén, y mandaron a Bernabé a Antioquía. **23** Cuando él llegó y vio las evidencias de la gracia de Dios, se alegró y animó a todos a hacerse el firme propósito de permanecer fieles al Señor, **24** pues era un hombre bueno, lleno del Espíritu Santo y de fe. Un gran número de personas aceptó al Señor.

25 Después partió Bernabé para Tarso en busca de Saulo, **26** y cuando lo encontró, lo llevó a Antioquía. Durante todo un año se reunieron los dos con la iglesia y enseñaron a mucha gente. Fue en Antioquía donde a los discípulos se les llamó «cristianos» por primera vez.

27 Por aquel tiempo unos profetas bajaron de Jerusalén a Antioquía. **28** Uno de ellos, llamado Ágabo, se puso de pie y predijo por medio del Espíritu que iba a haber una gran hambre en todo el mundo, lo cual sucedió durante el reinado de Claudio. **29** Entonces decidieron que cada uno de los discípulos, según los recursos de cada cual, enviaría ayuda a los hermanos que vivían en Judea. **30** Así lo hicieron, mandando su ofrenda a los *ancianos por medio de Bernabé y de Saulo.

Pedro escapa milagrosamente de la cárcel

12 En ese tiempo el rey Herodes hizo arrestar a algunos de la iglesia con el fin de maltratarlos. **2** A *Jacobo, hermano de Juan, lo mandó matar a espada. **3** Al ver que esto agradaba a los judíos, procedió a prender también a Pedro. Esto sucedió durante la fiesta de los panes sin levadura. **4** Después de arrestarlo, lo metió en la cárcel y lo puso bajo la vigilancia de cuatro grupos de cuatro soldados cada uno. Tenía la intención de hacerlo comparecer en juicio público después de la Pascua. **5** Pero mientras mantenían a Pedro en la cárcel, la iglesia oraba constante y fervientemente a Dios por él.

6 La misma noche en que Herodes estaba a punto de sacar a Pedro para someterlo a juicio, éste dormía entre dos soldados, sujeto con dos cadenas. Unos guardias vigilaban la entrada de la cárcel. **7** De repente apareció un ángel del Señor y una luz resplandeció en la celda. Despertó a Pedro con unas palmadas en el costado y le dijo: «¡Date prisa, levántate!» Las cadenas cayeron de las manos de Pedro. **8** Le dijo además el ángel: «Vístete y cálzate las sandalias.» Así lo hizo, y el ángel añadió: «Échate la capa encima y sígueme.»

9 Pedro salió tras él, pero no sabía si realmente estaba sucediendo lo que el ángel hacía. Le parecía que se trataba de una visión. **10** Pasaron la primera y la segunda guardia, y llegaron al portón de hierro que daba a la ciudad. El portón se les abrió por sí solo, y salieron. Caminaron unas cuadras, y de repente el ángel lo dejó solo.

11 Entonces Pedro volvió en sí y se dijo: «Ahora estoy completamente seguro de que el Señor ha enviado a su ángel para librarme del poder de Herodes y de todo lo que el pueblo judío esperaba.»

12 Cuando cayó en cuenta de esto, fue a casa de María, la madre de Juan, apodado Marcos, donde muchas personas estaban reunidas orando. **13** Llamó a la puerta de la calle, y salió a responder una sierva llamada Rode. **14** Al reconocer la voz de Pedro, se puso tan contenta que volvió corriendo sin abrir.

—¡Pedro está a la puerta! —exclamó.

15 —¡Estás loca! —le dijeron.

Ella insistía en que así era, pero los otros decían:

—Debe de ser su ángel.

16 Entre tanto, Pedro seguía llamando. Cuando abrieron la puerta y lo vieron, quedaron pasmados. ¹⁷ Con la mano Pedro les hizo señas de que se callaran, y les contó cómo el Señor lo había sacado de la cárcel.

—Cuéntenles esto a Jacobo y a los hermanos —les dijo.

Luego salió y se fue a otro lugar.

¹⁸ Al amanecer se produjo un gran alboroto entre los soldados respecto al paradero de Pedro. ¹⁹ Herodes hizo averiguaciones, pero al no encontrarlo, les tomó declaración a los guardias y mandó matarlos. Después viajó de Judea a Cesarea y se quedó allí.

Muerte de Herodes

²⁰ Herodes estaba furioso con los de Tiro y de Sidón, pero ellos se pusieron de acuerdo y se presentaron ante él. Habiéndose ganado el favor de Blasto, camarero del rey, pidieron paz, porque su región dependía del país del rey para obtener sus provisiones.

²¹ El día señalado, Herodes, ataviado con su ropaje real y sentado en su trono, le dirigió un discurso al pueblo. ²² La gente gritaba: «¡Voz de un dios, no de hombre!» ²³ Al instante un ángel del Señor lo hirió, porque no le había dado la gloria a Dios, y Herodes murió comido de gusanos.

²⁴ Pero la palabra de Dios seguía extendiéndose y difundiéndose.

²⁵ Cuando Bernabé y Saulo cumplieron su servicio, regresaron de[a] Jerusalén llevando con ellos a Juan, llamado también Marcos.

Despedida de Bernabé y Saulo

13 En la iglesia de Antioquía eran profetas y maestros Bernabé; Simeón, apodado el Negro; Lucio de Cirene; Manaén, que se había criado con Herodes el tetrarca; y Saulo. ² Mientras ayunaban y participaban en el culto al Señor, el Espíritu Santo dijo: «Apártenme ahora a Bernabé y a Saulo para el trabajo al que los he llamado.»

³ Así que después de ayunar, orar e imponerles las manos, los despidieron.

En Chipre

⁴ Bernabé y Saulo, enviados por el Espíritu Santo, bajaron a Seleucia, y de allí navegaron a Chipre. ⁵ Al llegar a Salamina, predicaron la palabra de Dios en las sinagogas de los judíos. Tenían también a Juan como ayudante.

⁶ Recorrieron toda la isla hasta Pafos. Allí se encontraron con un hechicero, un falso profeta judío llamado Barjesús, ⁷ que estaba con el gobernador[b] Sergio Paulo. El gobernador, hombre inteligente, mandó llamar a Bernabé y a Saulo, en un esfuerzo por escuchar la palabra de Dios. ⁸ Pero Elimas el hechicero (que es lo que significa su nombre) se les oponía y procuraba apartar de la fe al gobernador. ⁹ Entonces Saulo, o sea Pablo, lleno del Espíritu Santo, clavó los ojos en Elimas y le dijo: ¹⁰ «¡Hijo del diablo y enemigo de toda justicia, lleno de todo tipo de engaño y de fraude! ¿Nunca dejarás de torcer los caminos rectos del Señor? ¹¹ Ahora la mano del Señor está contra ti; vas a quedarte ciego y por algún tiempo no podrás ver la luz del sol.»

Al instante cayeron sobre él sombra y oscuridad, y comenzó a buscar a tientas quien lo llevara de la mano. ¹² Al ver lo sucedido, el gobernador creyó, maravillado de la enseñanza acerca del Señor.

En Antioquía de Pisidia

¹³ Pablo y sus compañeros se hicieron a la mar desde Pafos, y llegaron a Perge de Panfilia. Juan se separó de ellos y regresó a Jerusalén; ¹⁴ ellos, por su parte, siguieron su viaje desde Perge hasta Antioquía de Pisidia. El *sábado entraron en la sinagoga y se sentaron. ¹⁵ Al terminar la lectura de la ley y los profetas, los jefes de la sinagoga mandaron a decirles: «Hermanos, si tienen algún mensaje de aliento para el pueblo, hablen.»

¹⁶ Pablo se puso en pie, hizo una señal con la mano y dijo: «Escúchenme, israelitas, y ustedes, los *gentiles temerosos de Dios: ¹⁷ El Dios de este pueblo de Israel escogió a nuestros antepasados y engrandeció al pueblo mientras vivían como extranjeros en Egipto. Con gran poder

---

a 12:25 regresaron de. Var. *regresaron a.* *b 13:7 gobernador.* Lit. *procónsul*; también en vv. 8 y 12.

los sacó de aquella tierra [18] y soportó su mal proceder[a] en el desierto unos cuarenta años. [19] Luego de destruir siete naciones en Canaán, dio a su pueblo la tierra de ellas en herencia. [20] Todo esto duró unos cuatrocientos cincuenta años.

»Después de esto, Dios les asignó jueces hasta los días del profeta Samuel. [21] Entonces pidieron un rey, y Dios les dio a Saúl, hijo de Cis, de la tribu de Benjamín, que gobernó por cuarenta años. [22] Tras destituir a Saúl, les puso por rey a David, de quien dio este testimonio: 'He encontrado en David, hijo de Isaí, un hombre conforme a mi corazón; él realizará todo lo que yo quiero.'

[23] »De los descendientes de éste, conforme a la promesa, Dios ha provisto a Israel un salvador, que es Jesús. [24] Antes de la venida de Jesús, Juan predicó un bautismo de *arrepentimiento a todo el pueblo de Israel. [25] Cuando estaba completando su carrera, Juan decía: '¿Quién suponen ustedes que soy? No soy aquél. Miren, después de mí viene uno a quien no soy digno ni siquiera de desatarle las sandalias.'

[26] »Hermanos y hermanas, descendientes de Abraham, y ustedes, los gentiles temerosos de Dios: a nosotros se nos ha enviado este mensaje de salvación. [27] Los habitantes de Jerusalén y sus gobernantes no reconocieron a Jesús. Por tanto, al condenarlo, cumplieron las palabras de los profetas que se leen todos los sábados. [28] Aunque no encontraron ninguna causa digna de muerte, le pidieron a Pilato que lo hiciera ejecutar. [29] Después de llevar a cabo todas las cosas que estaban escritas acerca de él, lo bajaron del madero y lo sepultaron. [30] Pero Dios lo *levantó de entre los muertos. [31] Durante muchos días lo vieron los que habían subido con él de Galilea a Jerusalén, y ellos son ahora sus testigos ante el pueblo.

[32] »Nosotros les anunciamos a ustedes las buenas *nuevas respecto a la promesa hecha a nuestros antepasados. [33] Dios nos la ha cumplido plenamente a nosotros, los descendientes de ellos, al resucitar a Jesús. Como está escrito en el segundo salmo:

» 'Tú eres mi hijo;
    hoy mismo te he engendrado.'[b]

[34] Dios lo *resucitó para que no volviera jamás a la corrupción. Así se cumplieron estas palabras:

» 'Yo les daré las bendiciones santas y
    seguras prometidas a David.'[c]

[35] Por eso dice en otro pasaje:

» 'No permitirás que el fin de tu santo
    sea la corrupción.'[d]

[36] »Ciertamente David, después de servir a su propia generación conforme al propósito de Dios, murió, fue sepultado con sus antepasados, y su cuerpo sufrió la corrupción. [37] Pero aquel a quien Dios resucitó no sufrió la corrupción de su cuerpo.

[38] »Por tanto, hermanos, sepan que por medio de Jesús se les anuncia a ustedes el perdón de los pecados. [39] Ustedes no pudieron ser *justificados de esos pecados por la ley de Moisés, pero todo el que cree es justificado por medio de Jesús. [40] Tengan cuidado, no sea que les suceda lo que han dicho los profetas:

[41] » 'Miren, burlones,
    asómbrense y desaparezcan,
porque yo estoy realizando en sus
    días una obra
que ustedes nunca creerán,
    aunque alguien se la explique.'[e]»

[42] Al salir ellos de la sinagoga, los invitaron a que el siguiente sábado les hablaran más de estas cosas. [43] Cuando se disolvió la asamblea, muchos judíos y prosélitos fieles acompañaron a Pablo y a Bernabé, los cuales en su conversación con ellos les instaron a perseverar en la gracia de Dios.

[44] El siguiente sábado casi toda la ciudad se congregó para oír la palabra del Señor. [45] Pero cuando los judíos vieron a las multitudes, se llenaron de celos y contradecían con maldiciones lo que Pablo decía.

---

a **13:18** *soportó su mal proceder.* Var. *los cuidó.* *b* **13:33** Sal 2:7 *c* **13:34** Is 55:3 *d* **13:35** Sal 16:10 *e* **13:41** Hab 1:5

46 Pablo y Bernabé les contestaron valientemente: «Era necesario que les anunciáramos la palabra de Dios primero a ustedes. Como la rechazan y no se consideran dignos de la vida eterna, ahora vamos a dirigirnos a los gentiles. 47 Así nos lo ha mandado el Señor:

»'Te he puesto por luz para las
    *naciones,
a fin de que seas medio de
    salvación hasta los confines de
    la tierra.»'ª

48 Al oír esto, los gentiles se alegraron y celebraron la palabra del Señor; y creyeron todos los que estaban destinados a la vida eterna. 49 La palabra del Señor se difundía por toda la región. 50 Pero los judíos incitaron a mujeres muy distinguidas y favorables al judaísmo, y a los hombres más prominentes de la ciudad, y provocaron una persecución contra Pablo y Bernabé. Por tanto, los expulsaron de la región. 51 Ellos, por su parte, se sacudieron el polvo de los pies en señal de protesta contra la ciudad, y se fueron a Iconio. 52 Y los discípulos quedaron llenos de alegría y del Espíritu Santo.

En Iconio

14 En Iconio, Pablo y Bernabé entraron, como de costumbre, en la sinagoga judía y hablaron de tal manera que creyó una multitud de judíos y de *griegos. 2 Pero los judíos incrédulos incitaron a los *gentiles y les amargaron el ánimo contra los hermanos. 3 En todo caso, Pablo y Bernabé pasaron allí bastante tiempo, hablando valientemente en el nombre del Señor, quien confirmaba el mensaje de su gracia, haciendo señales y prodigios por medio de ellos. 4 La gente de la ciudad estaba dividida: unos estaban de parte de los judíos, y otros de parte de los apóstoles. 5 Hubo un complot tanto de los gentiles como de los judíos, apoyados por sus dirigentes, para maltratarlos y apedrearlos. 6 Al darse cuenta de esto, los apóstoles huyeron a Listra y Derbe, ciudades de Licaonia, y a sus alrededores,

7 donde siguieron anunciando las buenas *nuevas.

En Listra y Derbe

8 En Listra vivía un hombre lisiado de nacimiento, que no podía mover las piernas y nunca había caminado. Estaba sentado, 9 escuchando a Pablo, quien al reparar en él y ver que tenía fe para ser sanado, 10 le ordenó con voz fuerte:

—¡Ponte en pie y enderézate!

El hombre dio un salto y empezó a caminar. 11 Al ver lo que Pablo había hecho, la gente comenzó a gritar en el idioma de Licaonia:

—¡Los dioses han tomado forma humana y han venido a visitarnos!

12 A Bernabé lo llamaban Zeus, y a Pablo, Hermes, porque era el que dirigía la palabra. 13 El sacerdote de Zeus, el dios cuyo templo estaba a las afueras de la ciudad, llevó toros y guirnaldas a las puertas y, con toda la multitud, quería ofrecerles sacrificios.

14 Al enterarse de esto los apóstoles Bernabé y Pablo, se rasgaron la ropa y se lanzaron por entre la multitud, gritando:

15 —Señores, ¿por qué hacen esto? Nosotros también somos hombres mortales como ustedes. Las buenas *nuevas que les anunciamos es que dejen estas cosas sin valor y se vuelvan al Dios viviente, que hizo el cielo, la tierra, el mar y todo lo que hay en ellos. 16 En épocas pasadas él permitió que todas las *naciones siguieran su propio camino. 17 Sin embargo, no ha dejado de dar testimonio de sí mismo haciendo el bien, dándoles lluvias del cielo y estaciones fructíferas, proporcionándoles comida y alegría de corazón.

18 A pesar de todo lo que dijeron, a duras penas evitaron que la multitud les ofreciera sacrificios.

19 En eso llegaron de Antioquía y de Iconio unos judíos que hicieron cambiar de parecer a la multitud. Apedrearon a Pablo y lo arrastraron fuera de la ciudad, creyendo que estaba muerto. 20 Pero cuando lo rodearon los discípulos, él se levantó y volvió a entrar en la ciudad. Al día siguiente, partió para Derbe en compañía de Bernabé.

ª 13:47 Is 49:6

El regreso a Antioquía de Siria

21 Después de anunciar las buenas *nuevas en aquella ciudad y de hacer muchos discípulos, Pablo y Bernabé regresaron a Listra, a Iconio y a Antioquía, **22** fortaleciendo a los discípulos y animándolos a perseverar en la fe. «Es necesario pasar por muchas dificultades para entrar en el reino de Dios», les decían. **23** En cada iglesia nombraron *ancianos y, con oración y ayuno, los encomendaron al Señor en quien habían creído. **24** Atravesando Pisidia, llegaron a Panfilia, **25** y cuando terminaron de predicar la palabra en Perge, bajaron a Atalia.

26 De Atalia navegaron a Antioquía, donde se los había encomendado a la gracia de Dios para la obra que ya habían realizado. **27** Cuando llegaron, reunieron a la iglesia e informaron de todo lo que Dios había hecho por medio de ellos, y de cómo había abierto la puerta de la fe a los *gentiles. **28** Y se quedaron allí mucho tiempo con los discípulos.

El concilio de Jerusalén

15 Algunos que habían llegado de Judea a Antioquía se pusieron a enseñar a los hermanos: «A menos que ustedes se circunciden, conforme a la tradición de Moisés, no pueden ser salvos.» **2** Esto provocó un altercado y un serio debate de Pablo y Bernabé con ellos. Entonces se decidió que Pablo y Bernabé, y algunos otros creyentes, subieran a Jerusalén para tratar este asunto con los apóstoles y los *ancianos. **3** Enviados por la iglesia, al pasar por Fenicia y Samaria contaron cómo se habían convertido los *gentiles. Estas noticias llenaron de alegría a todos los creyentes. **4** Al llegar a Jerusalén, fueron muy bien recibidos tanto por la iglesia como por los apóstoles y los ancianos, a quienes informaron de todo lo que Dios había hecho por medio de ellos.

5 Entonces intervinieron algunos creyentes que pertenecían a la secta de los *fariseos y afirmaron:

—Es necesario circuncidar a los gentiles y exigirles que obedezcan la ley de Moisés.

6 Los apóstoles y los ancianos se reunieron para examinar este asunto. **7** Después de una larga discusión, Pedro tomó la palabra:

—Hermanos, ustedes saben que desde un principio Dios me escogió de entre ustedes para que por mi boca los gentiles oyeran el mensaje del *evangelio y creyeran. **8** Dios, que conoce el corazón humano, mostró que los aceptaba dándoles el Espíritu Santo, lo mismo que a nosotros. **9** Sin hacer distinción alguna entre nosotros y ellos, purificó sus corazones por la fe. **10** Entonces, ¿por qué tratan ahora de provocar a Dios poniendo sobre el cuello de esos discípulos un yugo que ni nosotros ni nuestros antepasados hemos podido soportar? **11** ¡No puede ser! Más bien, como ellos, creemos que somos salvos[a] por la gracia de nuestro Señor Jesús.

12 Toda la asamblea guardó silencio para escuchar a Bernabé y a Pablo, que les contaron las señales y prodigios que Dios había hecho por medio de ellos entre los gentiles. **13** Cuando terminaron, *Jacobo tomó la palabra y dijo:

—Hermanos, escúchenme. **14** *Simón[b] nos ha expuesto cómo Dios desde el principio tuvo a bien escoger de entre los gentiles un pueblo para honra de su nombre. **15** Con esto concuerdan las palabras de los profetas, tal como está escrito:

16 »'Después de esto volveré
  y reedificaré la casa derrumbada
    de David.
Sus ruinas reedificaré,
  y la restauraré,
17 para que busque al Señor el resto
    de la *humanidad,
  todas las *naciones que llevan mi
    nombre.
18 Así dice el Señor, que hace estas
    cosas'[c]
  conocidas desde tiempos antiguos.[d]

19 »Por lo tanto, yo considero que debemos dejar de ponerles trabas a los genti-

a 15:11*que somos salvos.* Alt. *a fin de ser salvos.* *b* 15:14 *Simón.* Lit. *Simeón.* *c* 15:18 Am 9:11,12 *d* 15:18 '*... que hace ...* *antiguos.* Var. '*... que hace todas estas cosas'; conocidas del Señor son todas sus obras desde tiempos antiguos.*

les que se convierten a Dios. 20 Más bien debemos escribirles que se abstengan de lo *contaminado por los ídolos, de la inmoralidad sexual, de la carne de animales estrangulados y de sangre. 21 En efecto, desde tiempos antiguos Moisés siempre ha tenido en cada ciudad quien lo predique y lo lea en las sinagogas todos los *sábados.

Carta del concilio a los creyentes gentiles

22 Entonces los apóstoles y los *ancianos, de común acuerdo con toda la iglesia, decidieron escoger a algunos de ellos y enviarlos a Antioquía con Pablo y Bernabé. Escogieron a Judas, llamado Barsabás, y a Silas, que tenían buena reputación entre los hermanos. 23 Con ellos mandaron la siguiente carta:

Los apóstoles y los ancianos,

a nuestros hermanos *gentiles en Antioquía, Siria y Cilicia:

Saludos.

24 Nos hemos enterado de que algunos de los nuestros, sin nuestra autorización, los han inquietado a ustedes, alarmándoles con lo que les han dicho. 25 Así que de común acuerdo hemos decidido escoger a algunos hombres y enviarlos a ustedes con nuestros queridos hermanos Pablo y Bernabé, 26 quienes han arriesgado su *vida por el nombre de nuestro Señor *Jesucristo. 27 Por tanto, les enviamos a Judas y a Silas para que les confirmen personalmente lo que les escribimos. 28 Nos pareció bien al Espíritu Santo y a nosotros no imponerles a ustedes ninguna carga aparte de los siguientes requisitos: 29 abstenerse de lo sacrificado a los ídolos, de sangre, de la carne de animales estrangulados y de la inmoralidad sexual. Bien harán ustedes si evitan estas cosas.

Con nuestros mejores deseos.

30 Una vez despedidos, ellos bajaron a Antioquía, donde reunieron a la congregación y entregaron la carta. 31 Los creyentes la leyeron y se alegraron por su mensaje alentador. 32 Judas y Silas, que también eran profetas, hablaron extensamente para animarlos y fortalecerlos. 33 Después de pasar algún tiempo allí, los hermanos los despidieron en paz, para que regresaran a quienes los habían enviado.ᵃ 35 Pablo y Bernabé permanecieron en Antioquía, enseñando y anunciando la palabra del Señor en compañía de muchos otros.

Desacuerdo entre Pablo y Bernabé

36 Algún tiempo después, Pablo le dijo a Bernabé: «Volvamos a visitar a los creyentes en todas las ciudades en donde hemos anunciado la palabra del Señor, y veamos cómo están.» 37 Resulta que Bernabé quería llevar con ellos a Juan Marcos, 38 pero a Pablo no le pareció prudente llevarlo, porque los había abandonado en Panfilia y no había seguido con ellos en el trabajo. 39 Se produjo entre ellos un conflicto tan serio que acabaron por separarse. Bernabé se llevó a Marcos y se embarcó rumbo a Chipre, 40 mientras que Pablo escogió a Silas. Después de que los hermanos lo encomendaron a la gracia del Señor, Pablo partió 41 y viajó por Siria y Cilicia, consolidando a las iglesias.

Timoteo se une a Pablo y a Silas

16 Llegó Pablo a Derbe y después a Listra, donde se encontró con un discípulo llamado Timoteo, hijo de una mujer judía creyente, pero de padre *griego. 2 Los hermanos en Listra y en Iconio hablaban bien de Timoteo, 3 así que Pablo decidió llevárselo. Por causa de los judíos que vivían en aquella región, lo circuncidó, pues todos sabían que su padre era griego. 4 Al pasar por las ciudades, entregaban los acuerdos tomados por los apóstoles y los *ancianos de Jerusalén, para que los pusieran en práctica. 5 Y así las iglesias se fortalecían en la fe y crecían en número día tras día.

---

a 15:33 enviado. Var. *enviado,* ³⁴ *pero Silas decidió quedarse.*

La visión de Pablo del hombre macedonio

⁶ Atravesaron la región de Frigia y Galacia, ya que el Espíritu Santo les había impedido que predicaran la palabra en la provincia de *Asia. ⁷ Cuando llegaron cerca de Misia, intentaron pasar a Bitinia, pero el Espíritu de Jesús no se lo permitió. ⁸ Entonces, pasando de largo por Misia, bajaron a Troas. ⁹ Durante la noche Pablo tuvo una visión en la que un hombre de Macedonia, puesto de pie, le rogaba: «Pasa a Macedonia y ayúdanos.» ¹⁰ Después de que Pablo tuvo la visión, en seguida nos preparamos para partir hacia Macedonia, convencidos de que Dios nos había llamado a anunciar el *evangelio a los macedonios.

Conversión de Lidia en Filipos

¹¹ Zarpando de Troas, navegamos directamente a Samotracia, y al día siguiente a Neápolis. ¹² De allí fuimos a Filipos, que es una colonia romana y la ciudad principal de ese distrito de Macedonia. En esa ciudad nos quedamos varios días.

¹³ El *sábado salimos a las afueras de la ciudad, y fuimos por la orilla del río, donde esperábamos encontrar un lugar de oración. Nos sentamos y nos pusimos a conversar con las mujeres que se habían reunido. ¹⁴ Una de ellas, que se llamaba Lidia, adoraba a Dios. Era de la ciudad de Tiatira y vendía telas de púrpura. Mientras escuchaba, el Señor le abrió el corazón para que respondiera al mensaje de Pablo. ¹⁵ Cuando fue bautizada con su familia, nos hizo la siguiente invitación: «Si ustedes me consideran creyente en el Señor, vengan a hospedarse en mi casa.» Y nos persuadió.

Pablo y Silas en la cárcel

¹⁶ Una vez, cuando íbamos al lugar de oración, nos salió al encuentro una joven esclava que tenía un espíritu de adivinación. Con sus poderes ganaba mucho dinero para sus amos. ¹⁷ Nos seguía a Pablo y a nosotros, gritando:

—Estos hombres son *siervos del Dios Altísimo, y les anuncian a ustedes el camino de salvación.

¹⁸ Así continuó durante muchos días. Por fin Pablo se molestó tanto que se volvió y reprendió al espíritu:

—¡En el nombre de *Jesucristo, te ordeno que salgas de ella!

Y en aquel mismo momento el espíritu la dejó.

¹⁹ Cuando los amos de la joven se dieron cuenta de que se les había esfumado la esperanza de ganar dinero, echaron mano a Pablo y a Silas y los arrastraron a la plaza, ante las autoridades. ²⁰ Los presentaron ante los magistrados y dijeron:

—Estos hombres son judíos, y están alborotando a nuestra ciudad, ²¹ enseñando costumbres que a los romanos se nos prohíbe admitir o practicar.

²² Entonces la multitud se amotinó contra Pablo y Silas, y los magistrados mandaron que les arrancaran la ropa y los azotaran. ²³ Después de darles muchos golpes, los echaron en la cárcel, y ordenaron al carcelero que los custodiara con la mayor seguridad. ²⁴ Al recibir tal orden, éste los metió en el calabozo interior y les sujetó los pies en el cepo.

²⁵ A eso de la medianoche, Pablo y Silas se pusieron a orar y a cantar himnos a Dios, y los otros presos los escuchaban. ²⁶ De repente se produjo un terremoto tan fuerte que la cárcel se estremeció hasta sus cimientos. Al instante se abrieron todas las puertas y a los presos se les soltaron las cadenas. ²⁷ El carcelero despertó y, al ver las puertas de la cárcel de par en par, sacó la espada y estuvo a punto de matarse, porque pensaba que los presos se habían escapado. Pero Pablo le gritó:

²⁸ —¡No te hagas ningún daño! ¡Todos estamos aquí!

²⁹ El carcelero pidió luz, entró precipitadamente y se echó temblando a los pies de Pablo y de Silas. ³⁰ Luego los sacó y les preguntó:

—Señores, ¿qué tengo que hacer para ser salvo?

³¹ —Cree en el Señor Jesús; así tú y tu familia serán salvos —le contestaron.

³² Luego les expusieron la palabra de Dios a él y a todos los demás que estaban en su casa. ³³ A esas horas de la noche, el carcelero se los llevó y les lavó las heridas; en seguida fueron bautizados él y toda su

Pasaje del día: Hechos 16:11-40
Versículo del día: Hechos 16:25

Cómo enfrentar la tensión

La tensión o "stress" parece contagiarse cada día a más personas con el resultado de alteraciones en el sistema gástrico y también en el carácter. ¿Por qué algunas personas toleran más tensión y problemas que otras?

En primer lugar, es importante aclarar que no toda tensión es mala. En la vida siempre tenemos algo de tensión. Es como la cuerda de una guitarra: cuando está muy floja, no suena bien, y si está muy apretada, se rompe. Hace falta la tensión correcta de cada cuerda para que suene bonito. No podemos eliminar toda tensión de nuestra vida; pero podemos evitar que nos haga enfermar.

¿Qué cosas provocan el famoso "stress"? Los psicólogos nos explican que hay una serie de cosas que pueden traer tensión, como por ejemplo, el tener deudas, el mucho cansancio, o acontecimientos no anticipados. Cualquier cambio brusco en la vida produce tensión, como el mudar de casa, tener un primer bebé, o perder un ser querido. La falta de perdón hacia alguien también produce tensión.

¿Qué nos dice Hechos 16? Pablo y Silas estaban en la peor circunstancia de la vida: acusados ante las autoridades, azotados con varas, echados en la cárcel en el calabozo de más adentro, los pies en el cepo.

¿Qué hicieron Pablo y Silas? ¿Lloraron, se quejaron, maldijeron a sus perseguidores? Ellos oraban y cantaban himnos a Dios.

No podemos evitar las circunstancias de la vida; pero podemos cambiar nuestra actitud hacia ellas: podemos aprender a cantar y alabar a Dios a pesar de todo. ¿Y qué pasará? A Pablo y a Silas Dios les abrió la prisión con un terremoto, y se convirtió el carcelero. Cantemos en vez de quejarnos para ver lo que hará Dios.

Martha de Berberián
Guatemala

familia. ³⁴ El carcelero los llevó a su casa, les sirvió comida y se alegró mucho junto con toda su familia por haber creído en Dios.

³⁵ Al amanecer, los magistrados mandaron a unos guardias al carcelero con esta orden: «Suelta a esos hombres.» ³⁶ El carcelero, entonces, le informó a Pablo:

—Los magistrados han ordenado que los suelte. Así que pueden irse. Vayan en paz.

³⁷ Pero Pablo respondió a los guardias:

—¿Cómo? A nosotros, que somos ciudadanos romanos, que nos han azotado públicamente y sin proceso alguno, y nos han echado en la cárcel, ¿ahora quieren expulsarnos a escondidas? ¡Nada de eso! Que vengan ellos personalmente a escoltarnos hasta la salida.

³⁸ Los guardias comunicaron la respuesta a los magistrados. Éstos se asustaron cuando oyeron que Pablo y Silas eran ciudadanos romanos, ³⁹ así que fueron a presentarles sus disculpas. Los escoltaron desde la cárcel, pidiéndoles que se fueran de la ciudad. ⁴⁰ Al salir de la cárcel, Pablo y Silas se dirigieron a la casa de Lidia, donde se vieron con los hermanos y los animaron. Después se fueron.

En Tesalónica

17 Atravesando Anfípolis y Apolonia, Pablo y Silas llegaron a Tesalónica, donde había una sinagoga de los judíos. ² Como era su costumbre, Pablo entró en la sinagoga y tres *sábados seguidos discutió con ellos. Basándose en las Escrituras, ³ les explicaba y demostraba que era necesario que el *Mesías padeciera y *resucitara. Les decía: «Este Jesús que les anuncio es el Mesías.» ⁴ Algunos de los judíos se convencieron y se unieron a Pablo y a Silas, como también lo hicieron un buen número de mujeres prominentes y muchos *griegos que adoraban a Dios.

⁵ Pero los judíos, llenos de envidia, reclutaron a unos maleantes callejeros, con los que armaron una turba y empezaron a alborotar la ciudad. Asaltaron la casa de Jasón en busca de Pablo y Silas, con el fin de procesarlos públicamente. ⁶ Pero como no los encontraron, arrastraron a Jasón y a algunos otros hermanos ante las

autoridades de la ciudad, gritando: «¡Estos que han trastornado el mundo entero han venido también acá, ⁷ y Jasón los ha recibido en su casa! Todos ellos actúan en contra de los decretos del *emperador, afirmando que hay otro rey, uno que se llama Jesús.» ⁸ Al oír esto, la multitud y las autoridades de la ciudad se alborotaron; ⁹ entonces éstas exigieron fianza a Jasón y a los demás para dejarlos en libertad.

En Berea

¹⁰ Tan pronto como se hizo de noche, los hermanos enviaron a Pablo y a Silas a Berea, quienes al llegar se dirigieron a la sinagoga de los judíos. ¹¹ Éstos eran de sentimientos más nobles que los de Tesalónica, de modo que recibieron el mensaje con toda avidez y todos los días examinaban las Escrituras para ver si era verdad lo que se les anunciaba. ¹² Muchos de los judíos creyeron, y también un buen número de *griegos, incluso mujeres distinguidas y no pocos hombres.

¹³ Cuando los judíos de Tesalónica se enteraron de que también en Berea estaba Pablo predicando la palabra de Dios, fueron allá para agitar y alborotar a las multitudes. ¹⁴ En seguida los hermanos enviaron a Pablo hasta la costa, pero Silas y Timoteo se quedaron en Berea. ¹⁵ Los que acompañaban a Pablo lo llevaron hasta Atenas. Luego regresaron con instrucciones de que Silas y Timoteo se reunieran con él tan pronto como les fuera posible.

En Atenas

¹⁶ Mientras Pablo los esperaba en Atenas, le dolió en el alma ver que la ciudad estaba llena de ídolos. ¹⁷ Así que discutía en la sinagoga con los judíos y con los *griegos que adoraban a Dios, y a diario hablaba en la plaza con los que se encontraban por allí. ¹⁸ Algunos filósofos epicúreos y estoicos entablaron conversación con él. Unos decían: «¿Qué querrá decir este charlatán?» Otros comentaban: «Parece que es predicador de dioses extranjeros.» Decían esto porque Pablo les anunciaba las buenas *nuevas de Jesús y de la resurrección. ¹⁹ Entonces se lo llevaron a una reunión del Areópago.

—¿Se puede saber qué nueva enseñanza es esta que usted presenta? —le preguntaron—. **20** Porque nos viene usted con ideas que nos suenan extrañas, y queremos saber qué significan.

21 Es que todos los atenienses y los extranjeros que vivían allí se pasaban el tiempo sin hacer otra cosa más que escuchar y comentar las últimas novedades.

22 Pablo se puso en medio del Areópago y tomó la palabra:

—¡Ciudadanos atenienses! Observo que ustedes son sumamente religiosos en todo lo que hacen. **23** Al pasar y fijarme en sus lugares sagrados, encontré incluso un altar con esta inscripción: A un dios desconocido. Pues bien, eso que ustedes adoran como algo desconocido es lo que yo les anuncio.

24 »El Dios que hizo el mundo y todo lo que hay en él es Señor del cielo y de la tierra. No vive en templos construidos por hombres, **25** ni se deja servir por manos *humanas, como si necesitara de algo. Por el contrario, él es quien da a todos la vida, el aliento y todas las cosas. **26** De un solo hombre hizo todas las naciones[a] para que habitaran toda la tierra; y determinó los períodos de su historia y las fronteras de sus territorios. **27** Esto lo hizo Dios para que todos lo busquen y, aunque sea a tientas, lo encuentren. En verdad, él no está lejos de ninguno de nosotros, **28** 'puesto que en él vivimos, nos movemos y existimos.' Como algunos de sus propios poetas griegos han dicho: 'De él somos descendientes.'

29 »Por tanto, siendo descendientes de Dios, no debemos pensar que la divinidad sea como el oro, la plata o la piedra: escultura hecha como resultado del ingenio y de la destreza del ser humano. **30** Pues bien, Dios pasó por alto aquellos tiempos de tal ignorancia, pero ahora manda a todos, en todas partes, que se *arrepientan. **31** Él ha fijado un día en que juzgará al mundo con justicia, por medio del hombre que ha designado. De ello ha dado pruebas a todos al *levantarlo de entre los muertos.

32 Cuando oyeron de la resurrección, unos se burlaron; pero otros le dijeron:

—Queremos que usted nos hable en otra ocasión sobre este tema.

33 En ese momento Pablo salió de la reunión. **34** Algunas personas se unieron a Pablo y creyeron. Entre ellos estaba Dionisio, miembro del Areópago, también una mujer llamada Dámaris, y otros más.

En Corinto

18 Después de esto, Pablo se marchó de Atenas y se fue a Corinto. **2** Allí se encontró con un judío llamado Aquila, natural del Ponto, y con su esposa Priscila. Hacía poco habían llegado de Italia, porque Claudio había mandado que todos los judíos fueran expulsados de Roma. Pablo fue a verlos **3** y, como hacía tiendas de campaña al igual que ellos, se quedó para que trabajaran juntos. **4** Todos los *sábados discutía en la sinagoga, tratando de persuadir a judíos y a *griegos.

5 Cuando Silas y Timoteo llegaron de Macedonia, Pablo se dedicó exclusivamente a la predicación, testificándoles a los judíos que Jesús era el *Mesías. **6** Pero cuando los judíos se opusieron a Pablo y lo insultaron, éste se sacudió la ropa en señal de protesta y les dijo: «¡Caiga la sangre de ustedes sobre su propia cabeza! Estoy libre de responsabilidad. De ahora en adelante me dirigiré a los *gentiles.»

7 Entonces Pablo salió de la sinagoga y se fue a la casa de un tal Ticio Justo, que adoraba a Dios y que vivía al lado de la sinagoga. **8** Crispo, el jefe de la sinagoga, creyó en el Señor con toda su familia. También creyeron y fueron bautizados muchos de los corintios que oyeron a Pablo.

9 Una noche el Señor le dijo a Pablo en una visión: «No tengas miedo; sigue hablando y no te calles, **10** pues estoy contigo. Aunque te ataquen, no voy a dejar que nadie te haga daño, porque tengo mucha gente en esta ciudad.» **11** Así que Pablo se quedó allí un año y medio, enseñando entre el pueblo la palabra de Dios.

12 Mientras Galión era gobernador[b] de Acaya, los judíos a una atacaron a Pablo y lo condujeron al tribunal.

a **17:26** *todas las naciones.* Alt. *todo el género humano.* *b* **18:12** *gobernador.* Lit. *procónsul.*

13 —Este hombre —denunciaron ellos— anda persuadiendo a la gente a adorar a Dios de una manera que va en contra de nuestra ley. **14** Pablo ya iba a hablar cuando Galión les dijo:

—Si ustedes los judíos estuvieran entablando una demanda sobre algún delito o algún crimen grave, sería razonable que los escuchara. **15** Pero como se trata de cuestiones de palabras, de nombres y de su propia ley, arréglense entre ustedes. No quiero ser juez de tales cosas.

16 Así que mandó que los expulsaran del tribunal. **17** Entonces se abalanzaron todos sobre Sóstenes, el jefe de la sinagoga, y lo golpearon delante del tribunal. Pero Galión no le dio ninguna importancia al asunto.

Priscila, Aquila y Apolos

18 Pablo permaneció todavía en Corinto algún tiempo. Después se despidió de los hermanos y emprendió el viaje rumbo a Siria, acompañado de Priscila y Aquila. En Cencrea, antes de embarcarse, se hizo rapar la cabeza a causa de un voto que había hecho. **19** Al llegar a Éfeso, Pablo se separó de sus acompañantes y entró en la sinagoga, donde se puso a discutir con los judíos. **20** Éstos le pidieron que se quedara más tiempo con ellos. Él no accedió, **21** pero al despedirse les prometió: «Ya volveré, si Dios quiere.» Y zarpó de Éfeso. **22** Cuando desembarcó en Cesarea, subió a Jerusalén a saludar a la iglesia y luego bajó a Antioquía.

23 Después de pasar algún tiempo allí, Pablo se fue a visitar una por una las congregaciones[a] de Galacia y Frigia, animando a todos los discípulos.

24 Por aquel entonces llegó a Éfeso un judío llamado Apolos, natural de Alejandría. Era un hombre ilustrado y convincente en el uso de las Escrituras. **25** Había sido instruido en el camino del Señor, y con gran fervor[b] hablaba y enseñaba con la mayor exactitud acerca de Jesús, aunque conocía sólo el bautismo de Juan. **26** Comenzó a hablar valientemente en la sinagoga. Al oírlo Priscila y Aquila, lo tomaron a su cargo y le explicaron con mayor precisión el camino de Dios. **27** Como Apolos quería pasar a Acaya, los hermanos lo animaron y les escribieron a los discípulos de allá para que lo recibieran. Cuando llegó, ayudó mucho a quienes por la gracia habían creído. **28** Porque refutaba vigorosamente en público a los judíos, demostrando por las Escrituras que Jesús es el *Mesías.

Pablo en Éfeso

19 Mientras Apolos estaba en Corinto, Pablo recorrió las regiones del interior y llegó a Éfeso. Allí encontró a algunos discípulos.

2 —¿Recibieron ustedes el Espíritu Santo cuando creyeron? —les preguntó.

—No, ni siquiera hemos oído hablar del Espíritu Santo —respondieron.

3 —Entonces, ¿qué bautismo recibieron?

—El bautismo de Juan.

4 Pablo les explicó:

—El bautismo de Juan no era más que un bautismo de *arrepentimiento. Él le decía al pueblo que creyera en el que venía después de él, es decir, en Jesús.

5 Al oír esto, fueron bautizados en el nombre del Señor Jesús. **6** Cuando Pablo les impuso las manos, el Espíritu Santo vino sobre ellos, y empezaron a hablar en *lenguas y a profetizar. **7** Eran en total unos doce hombres.

8 Pablo entró en la sinagoga y habló allí con toda valentía durante tres meses. Discutía acerca del reino de Dios, tratando de convencerlos, **9** pero algunos se negaron obstinadamente a creer, y ante la congregación hablaban mal del Camino. Así que Pablo se alejó de ellos y formó un grupo aparte con los discípulos; y a diario debatía en la escuela de Tirano. **10** Esto continuó por espacio de dos años, de modo que todos los judíos y los *griegos que vivían en la provincia de *Asia llegaron a escuchar la palabra del Señor.

11 Dios hacía milagros extraordinarios por medio de Pablo, **12** a tal grado que a los enfermos les llevaban pañuelos y delantales que habían tocado el cuerpo de

a **18:23** *una por una las congregaciones.* Lit. *por orden la región.* *b* **18:25** *con gran fervor.* Lit. *con fervor en el Espíritu.*

Pablo, y quedaban sanos de sus enfermedades y los espíritus malignos salían de ellos.

¹³ Algunos judíos que andaban expulsando espíritus malignos intentaron invocar sobre los endemoniados el nombre del Señor Jesús. Decían: «¡En el nombre de Jesús, a quien Pablo predica, les ordeno que salgan!» ¹⁴ Esto lo hacían siete hijos de un tal Esceva, que era uno de los jefes de los sacerdotes judíos.

¹⁵ Un día el espíritu maligno les replicó: «Conozco a Jesús, y sé quién es Pablo, pero ustedes ¿quiénes son?» ¹⁶ Y abalanzándose sobre ellos, el hombre que tenía el espíritu maligno los dominó a todos. Los maltrató con tanta violencia que huyeron de la casa desnudos y heridos.

¹⁷ Cuando se enteraron los judíos y los griegos que vivían en Éfeso, el temor se apoderó de todos ellos, y el nombre del Señor Jesús era glorificado. ¹⁸ Muchos de los que habían creído llegaban ahora y confesaban públicamente sus prácticas malvadas. ¹⁹ Un buen número de los que practicaban la hechicería juntaron sus libros en un montón y los quemaron delante de todos. Cuando calcularon el precio de aquellos libros, resultó un total de cincuenta mil monedas de plata.ᵃ ²⁰ Así la palabra del Señor crecía y se difundía con poder arrollador.

²¹ Después de todos estos sucesos, Pablo tomó la determinación de ir a Jerusalén, pasando por Macedonia y Acaya. Decía: «Después de estar allí, tengo que visitar Roma.» ²² Entonces envió a Macedonia a dos de sus ayudantes, Timoteo y Erasto, mientras él se quedaba por algún tiempo en la provincia de Asia.

El disturbio en Éfeso

²³ Por aquellos días se produjo un gran disturbio a propósito del Camino. ²⁴ Un platero llamado Demetrio, que hacía figuras en plata del templo de Artemisa,ᵇ proporcionaba a los artesanos no poca ganancia. ²⁵ Los reunió con otros obreros del ramo, y les dijo:

—Compañeros, ustedes saben que obtenemos buenos ingresos de este oficio. ²⁶ Les consta además que el tal Pablo ha logrado persuadir a mucha gente, no sólo en Éfeso sino en casi toda la provincia de *Asia. Él sostiene que no son dioses los que se hacen con las manos. ²⁷ Ahora bien, no sólo hay el peligro de que se desprestigie nuestro oficio, sino también de que el templo de la gran diosa Artemisa sea menospreciado, y que la diosa misma, a quien adoran toda la provincia de Asia y el mundo entero, sea despojada de su divina majestad.

²⁸ Al oír esto, se enfurecieron y comenzaron a gritar:

—¡Grande es Artemisa de los efesios!

²⁹ En seguida toda la ciudad se alborotó. La turba en masa se precipitó en el teatro, arrastrando a Gayo y a Aristarco, compañeros de viaje de Pablo, que eran de Macedonia. ³⁰ Pablo quiso presentarse ante la multitud, pero los discípulos no se lo permitieron. ³¹ Incluso algunas autoridades de la provincia, que eran amigos de Pablo, le enviaron un recado, rogándole que no se arriesgara a entrar en el teatro.

³² Había confusión en la asamblea. Cada uno gritaba una cosa distinta, y la mayoría ni siquiera sabía para qué se habían reunido. ³³ Los judíos empujaron a un tal Alejandro hacia adelante, y algunos de entre la multitud lo sacaron para que tomara la palabra. Él agitó la mano para pedir silencio y presentar su defensa ante el pueblo. ³⁴ Pero cuando se dieron cuenta de que era judío, todos se pusieron a gritar al unísono como por dos horas:

—¡Grande es Artemisa de los efesios!

³⁵ El secretario del concejo municipal logró calmar a la multitud y dijo:

—Ciudadanos de Éfeso, ¿acaso no sabe todo el mundo que la ciudad de Éfeso es guardiana del templo de la gran Artemisa y de su estatua bajada del cielo? ³⁶ Ya que estos hechos son innegables, es preciso que ustedes se calmen y no hagan nada precipitadamente. ³⁷ Ustedes han traído a estos hombres, aunque ellos no han cometido ningún sacrilegio ni han *blasfemado contra nuestra diosa. ³⁸ Así que si

---

a **19:19** *monedas de plata.* Lit. *dracmas.* *b* **19:24** Nombre griego de la Diana de los romanos; también en vv. 27,28,34 y 35.

Demetrio y sus compañeros de oficio tienen alguna queja contra alguien, para eso hay tribunales y gobernadores.[a] Vayan y presenten allí sus acusaciones unos contra otros. ³⁹ Si tienen alguna otra demanda, que se resuelva en legítima asamblea. ⁴⁰ Tal y como están las cosas, con los sucesos de hoy corremos el riesgo de que nos acusen de causar disturbios. ¿Qué razón podríamos dar de este alboroto, si no hay ninguna? ⁴¹ Dicho esto, despidió la asamblea.

Recorrido por Macedonia y Grecia

20 Cuando cesó el alboroto, Pablo mandó llamar a los discípulos y, después de animarlos, se despidió y salió rumbo a Macedonia. ² Recorrió aquellas regiones, alentando a los creyentes en muchas ocasiones, y por fin llegó a Grecia, ³ donde se quedó tres meses. Como los judíos tramaban un atentado contra él cuando estaba a punto de embarcarse para Siria, decidió regresar por Macedonia. ⁴ Lo acompañaron Sópater hijo de Pirro, de Berea; Aristarco y Segundo, de Tesalónica; Gayo, de Derbe; Timoteo; y por último, Tíquico y Trófimo, de la provincia de *Asia. ⁵ Éstos se adelantaron y nos esperaron en Troas. ⁶ Pero nosotros zarpamos de Filipos después de la fiesta de los panes sin levadura, y a los cinco días nos reunimos con los otros en Troas, donde pasamos siete días.

Visita de Pablo a Troas

⁷ El primer día de la semana nos reunimos para partir el pan. Como iba a salir al día siguiente, Pablo estuvo hablando a los creyentes, y prolongó su discurso hasta la medianoche. ⁸ En el cuarto del piso superior donde estábamos reunidos había muchas lámparas. ⁹ Un joven llamado Eutico, que estaba sentado en una ventana, comenzó a dormirse mientras Pablo alargaba su discurso. Cuando se quedó profundamente dormido, se cayó desde el tercer piso y lo recogieron muerto. ¹⁰ Pablo bajó, se echó sobre el joven y lo abrazó. «¡No se alarmen! —les dijo—. ¡Está vivo!» ¹¹ Luego volvió a subir, partió el pan y comió. Siguió hablando hasta el amanecer, y entonces se fue. ¹² Al joven se lo llevaron vivo a su casa, para gran consuelo de todos.

Pablo se despide de los ancianos de Éfeso

¹³ Nosotros, por nuestra parte, nos embarcamos anticipadamente y zarpamos para Asón, donde íbamos a recoger a Pablo. Así se había planeado, ya que él iba a hacer esa parte del viaje por tierra. ¹⁴ Cuando se encontró con nosotros en Asón, lo tomamos a bordo y fuimos a Mitilene. ¹⁵ Desde allí zarpamos al día siguiente y llegamos frente a Quío. Al otro día cruzamos en dirección a Samos, y un día después llegamos a Mileto. ¹⁶ Pablo había decidido pasar de largo a Éfeso para no demorarse en la provincia de *Asia, porque tenía prisa por llegar a Jerusalén para el día de Pentecostés, si fuera posible.

¹⁷ Desde Mileto, Pablo mandó llamar a los *ancianos de la iglesia de Éfeso. ¹⁸ Cuando llegaron, les dijo: «Ustedes saben cómo me porté todo el tiempo que estuve con ustedes, desde el primer día que vine a la provincia de Asia. ¹⁹ He servido al Señor con toda humildad y con lágrimas, a pesar de haber sido sometido a duras *pruebas por las maquinaciones de los judíos. ²⁰ Ustedes saben que no he vacilado en predicarles nada que les fuera de provecho, sino que les he enseñado públicamente y en las casas. ²¹ A judíos y a *griegos les he instado a convertirse a Dios y a creer en nuestro Señor Jesús.

²²»Y ahora tengan en cuenta que voy a Jerusalén obligado[b] por el Espíritu, sin saber lo que allí me espera. ²³ Lo único que sé es que en todas las ciudades el Espíritu Santo me asegura que me esperan prisiones y sufrimientos. ²⁴ Sin embargo, considero que mi *vida carece de valor para mí mismo, con tal de que termine mi carrera y lleve a cabo el servicio que me ha encomendado el Señor Jesús, que es el de dar testimonio del *evangelio de la gracia de Dios.

²⁵»Escuchen, yo sé que ninguno de ustedes, entre quienes he andado predicando el reino de Dios, volverá a verme.

---

a 19:38 gobernadores. Lit. procónsules. *b 20:22* obligado. Lit. atado.

Pasaje del día: Hechos 20:17-24
Versículo del día: Hechos 20:19

La fuerza que motiva

En la China corre una frase muy famosa que alude a la mujer: "La mitad de la China." Se acuñó cuando algunas mujeres, luego de muchos atropellos, dolores y sufrimientos, decidieron unirse y dejarse escuchar en la sociedad. Luego de años de luchas y sufrimientos se les dio la oportunidad de hablar en público, y demostraron que tenían capacidad de comunicación.

La mujeres cristianas en la China son dignas de admirar, pues su campo de trabajo les exige una vida como la que describe el apóstol Pablo: un servicio al Señor con toda humildad y con lágrimas, a pesar de duras pruebas.

Conocí a una hermana que, por haber participado en la protesta de estudiantes en favor de reformas y cambios, no recibió aprobación para cursar estudios avanzados en teología en el extranjero. Pero sigue valientemente su servicio al Señor, motivada por el amor.

El amor es la mayor fuerza que motiva a ese importante sector de la sociedad china. La gente necesita amar y ser amada para poder disfrutar la vida a plenitud. El amor de Dios en esa comunidad está produciendo vidas transformadas y dispuestas en enfrentar todos los escollos que puedan surgir en el camino.

La mujer china enfrenta el desafío de la fe con valentía y un alto nivel de responsabilidad. En una época en la cual se escuchan muchas voces que confunden, desorientan y desaniman, es muy importante anidar y celebrar, como un elemento esperanzador e inspirador, las voces que alimenten el espíritu y curan las heridas.

Como Pablo y nuestras hermanas de la China, nosotras también podemos servir al Señor con toda humildad, a pesar de duras pruebas.

Nohemí C. Pagán
Puerto Rico

²⁶ Por tanto, hoy les declaro que soy inocente de la sangre de todos, ²⁷ porque sin vacilar les he proclamado todo el propósito de Dios. ²⁸ Tengan cuidado de sí mismos y de todo el rebaño sobre el cual el Espíritu Santo los ha puesto como *obispos para pastorear la iglesia de Dios,ᵃ que él adquirió con su propia sangre.ᵇ ²⁹ Sé que después de mi partida entrarán en medio de ustedes lobos feroces que procurarán acabar con el rebaño. ³⁰ Aun de entre ustedes mismos se levantarán algunos que enseñarán falsedades para arrastrar a los discípulos que los sigan. ³¹ Así que estén alerta. Recuerden que día y noche, durante tres años, no he dejado de amonestar con lágrimas a cada uno en particular.

³² »Ahora los encomiendo a Dios y al mensaje de su gracia, mensaje que tiene poder para edificarlos y darles herencia entre todos los *santificados. ³³ No he codiciado ni la plata ni el oro ni la ropa de nadie. ³⁴ Ustedes mismos saben bien que estas manos se han ocupado de mis propias necesidades y de las de mis compañeros. ³⁵ Con mi ejemplo les he mostrado que es preciso trabajar duro para ayudar a los necesitados, recordando las palabras del Señor Jesús: 'Hay más *dicha en dar que en recibir.'»

³⁶ Después de decir esto, Pablo se puso de rodillas con todos ellos y oró. ³⁷ Todos lloraban inconsolablemente mientras lo abrazaban y lo besaban. ³⁸ Lo que más los entristecía era su declaración de que ellos no volverían a verlo. Luego lo acompañaron hasta el barco.

Rumbo a Jerusalén

21 Después de separarnos de ellos, zarpamos y navegamos directamente a Cos. Al día siguiente fuimos a Rodas, y de allí a Pátara. ² Como encontramos un barco que iba para Fenicia, subimos a bordo y zarpamos. ³ Después de avistar Chipre y de pasar al sur de la isla, navegamos hacia Siria y llegamos a Tiro, donde el barco tenía que descargar. ⁴ Allí encontramos a los discípulos y nos quedamos con ellos siete días. Ellos, por medio del Espíritu, exhortaron a Pablo a que no subiera a Jerusalén. ⁵ Pero al cabo de algunos días, partimos y continuamos nuestro viaje. Todos los discípulos, incluso las mujeres y los niños, nos acompañaron hasta las afueras de la ciudad, y allí en la playa nos arrodillamos y oramos. ⁶ Luego de despedirnos, subimos a bordo y ellos regresaron a sus hogares.

⁷ Nosotros continuamos nuestro viaje en barco desde Tiro y arribamos a Tolemaida, donde saludamos a los hermanos y nos quedamos con ellos un día. ⁸ Al día siguiente salimos y llegamos a Cesarea, y nos hospedamos en casa de Felipe el evangelista, que era uno de los siete ⁹ y tenía cuatro hijas solteras que profetizaban.

¹⁰ Llevábamos allí varios días, cuando bajó de Judea un profeta llamado Ágabo. ¹¹ Éste vino a vernos y, tomando el cinturón de Pablo, se ató con él de pies y manos, y dijo:

—Así dice el Espíritu Santo: 'De esta manera atarán los judíos de Jerusalén al dueño de este cinturón, y lo entregarán en manos de los *gentiles.'

¹² Al oír esto, nosotros y los de aquel lugar le rogamos a Pablo que no subiera a Jerusalén.

¹³ —¿Por qué lloran? ¡Me parten el alma! —respondió Pablo—. Por el nombre del Señor Jesús estoy dispuesto no sólo a ser atado sino también a morir en Jerusalén.

¹⁴ Como no se dejaba convencer, desistimos exclamando:

—¡Que se haga la voluntad del Señor!

¹⁵ Después de esto, acabamos los preparativos y subimos a Jerusalén. ¹⁶ Algunos de los discípulos de Cesarea nos acompañaron y nos llevaron a la casa de Mnasón, donde íbamos a alojarnos. Éste era de Chipre, y uno de los primeros discípulos.

Llegada de Pablo a Jerusalén

¹⁷ Cuando llegamos a Jerusalén, los creyentes nos recibieron calurosamente. ¹⁸ Al día siguiente Pablo fue con nosotros a ver a *Jacobo, y todos los *ancianos estaban presentes. ¹⁹ Después de saludar-

---

a **20:28** *de Dios. Var. del Señor.* *b* **20:28** *su propia sangre. Var. la sangre de su propio hijo.*

Pasaje del día: Hechos 20:32-38
Versículo del día: Hechos 20:35

La bendición de una "Marcela"

*H*ay alguien especial en mi vida. Cuando ya llego a creer que nadie me va a comprender, que nadie me va a tener en cuenta, que la humanidad ya no tiene esperanza... ¡viene Marcela a mi vida!

Marcela es mujer, así como yo. Es mamá, así como yo. Sufre con los altibajos de su vida, así como yo. No le alcanza muy bien el sueldo de su marido; su auto casi, casi está atado con alambre; su casa no es precisamente una mansión. Pero tiene un corazón inmenso. ¡Sabe dar de su amor a otros!

Me tiene en cuenta. Se acuerda de mí; me llama por teléfono; ofrece cuidar a mis hijos. Me da pequeños regalitos: de poco valor económico pero de gran valor espiritual. Un par de aritos; una pulsera; una notita; una tarjeta. Una llamada por teléfono; un abrazo.

Mi casa está llena de sus regalitos. Cada cosita que me ha regalado es una afirmación a la vida. Cada notita renueva esperanza en mi lucha diaria. Cada llamada me inspira. ¡Alguien me tiene en cuenta!

A usted que está leyendo: ¿Le gustaría tener una "Marcela" así en su vida? ¿Alguien que la tenga en cuenta? ¿Alguien que le haga regalitos?

La receta es fácil. "Hay más dicha en dar que en recibir." Comience hoy a ser la "Marcela" que su amiga, su vecina o un familiar necesita.

Evelina Saint de Jiménez
Argentina

los, Pablo les relató detalladamente lo que Dios había hecho entre los *gentiles por medio de su ministerio. **20** Al oírlo, alabaron a Dios. Luego le dijeron a Pablo: «Ya ves, hermano, cuántos miles de judíos han creído, y todos ellos siguen aferrados a la ley. **21** Ahora bien, han oído decir que tú enseñas que se aparten de Moisés todos los judíos que viven entre los gentiles. Les recomiendas que no circunciden a sus hijos ni vivan según nuestras costumbres. **22** ¿Qué vamos a hacer? Sin duda se van a enterar de que has llegado. **23** Por eso, será mejor que sigas nuestro consejo. Hay aquí entre nosotros cuatro hombres que tienen que cumplir un voto. **24** Llévatelos, toma parte en sus ritos de *purificación y paga los gastos que corresponden al voto de rasurarse la cabeza. Así todos sabrán que no son ciertos esos informes acerca de ti, sino que tú también vives en obediencia a la ley. **25** En cuanto a los creyentes gentiles, ya les hemos comunicado por escrito nuestra decisión de que se abstengan de lo sacrificado a los ídolos, de sangre, de la carne de animales estrangulados y de la inmoralidad sexual.»

26 Al día siguiente Pablo se llevó a los hombres y se purificó con ellos. Luego entró en el *templo para dar aviso de la fecha en que vencería el plazo de la purificación y se haría la ofrenda por cada uno de ellos.

Arresto de Pablo

27 Cuando estaban a punto de cumplirse los siete días, unos judíos de la provincia de *Asia vieron a Pablo en el *templo. Alborotaron a toda la multitud y le echaron mano, **28** gritando: «¡Israelitas! ¡Ayúdennos! Éste es el individuo que anda por todas partes enseñando a toda la gente contra nuestro pueblo, nuestra ley y este lugar. Además, hasta ha metido a unos *griegos en el templo, y ha profanado este lugar santo.»

29 Ya antes habían visto en la ciudad a Trófimo el efesio en compañía de Pablo, y suponían que Pablo lo había metido en el templo.

30 Toda la ciudad se alborotó. La gente se precipitó en masa, agarró a Pablo y lo sacó del templo a rastras, e inmediatamente se cerraron las puertas. **31** Estaban por matarlo, cuando se le informó al comandante del batallón romano que toda la ciudad de Jerusalén estaba amotinada. **32** En seguida tomó algunos centuriones con sus tropas, y bajó corriendo hacia la multitud. Al ver al comandante y a sus soldados, los amotinados dejaron de golpear a Pablo.

33 El comandante se abrió paso, lo arrestó y ordenó que lo sujetaran con dos cadenas. Luego preguntó quién era y qué había hecho. **34** Entre la multitud cada uno gritaba una cosa distinta. Como el comandante no pudo averiguar la verdad a causa del alboroto, mandó que condujeran a Pablo al cuartel. **35** Cuando Pablo llegó a las gradas, los soldados tuvieron que llevárselo en vilo debido a la violencia de la turba. **36** El pueblo en masa iba detrás gritando: «¡Que lo maten!»

Pablo se dirige a la multitud

37 Cuando los soldados estaban a punto de meterlo en el cuartel, Pablo le preguntó al comandante:

—¿Me permite decirle algo?

—¿Hablas griego? —replicó el comandante—. **38** ¿No eres el egipcio que hace algún tiempo provocó una rebelión y llevó al desierto a cuatro mil guerrilleros?

39 —No, yo soy judío, natural de Tarso, una ciudad muy importante de Cilicia —le respondió Pablo—. Por favor, permítame hablarle al pueblo.

40 Con el permiso del comandante, Pablo se puso de pie en las gradas e hizo una señal con la mano a la multitud. Cuando todos guardaron silencio, les dijo en arameo:[a]

22 «Padres y hermanos, escuchen ahora mi defensa.»

2 Al oír que les hablaba en arameo, guardaron más silencio.

Pablo continuó: **3** «Yo soy judío, nacido en Tarso de Cilicia, pero criado en esta ciudad. Bajo la tutela de Gamaliel recibí

---

a **21:40** *arameo.* Lit. *el dialecto hebreo*; también en 22:2.

instrucción cabal en la ley de nuestros antepasados, y fui tan celoso de Dios como cualquiera de ustedes lo es hoy día. 4 Perseguí a muerte a los seguidores de este Camino, arrestando y echando en la cárcel a hombres y mujeres por igual, 5 y así lo pueden atestiguar el sumo sacerdote y todo el *Consejo de *ancianos. Incluso obtuve de parte de ellos cartas de extradición para nuestros hermanos judíos en Damasco, y fui allá con el fin de traer presos a Jerusalén a los que encontrara, para que fueran castigados.

6 »Sucedió que a eso del mediodía, cuando me acercaba a Damasco, una intensa luz del cielo relampagueó de repente a mi alrededor. 7 Caí al suelo y oí una voz que me decía: 'Saulo, Saulo, ¿por qué me persigues?' 8 '¿Quién eres, Señor?', pregunté. 'Yo soy Jesús de Nazaret, a quien tú persigues', me contestó él. 9 Los que me acompañaban vieron la luz, pero no percibieron la voz del que me hablaba. 10 '¿Qué debo hacer, Señor?', le pregunté. 'Levántate —dijo el Señor—, y entra en Damasco. Allí se te dirá todo lo que se ha dispuesto que hagas.' Mis compañeros me llevaron de la mano hasta Damasco porque el resplandor de aquella luz me había dejado ciego.

12 »Vino a verme un tal Ananías, hombre devoto que observaba la ley y a quien respetaban mucho los judíos que allí vivían. 13 Se puso a mi lado y me dijo: 'Hermano Saulo, ¡recibe la vista!' Y en aquel mismo instante recobré la vista y pude verlo. 14 Luego dijo: 'El Dios de nuestros antepasados te ha escogido para que conozcas su voluntad, y para que veas al Justo y oigas las palabras de su boca. 15 Tú le serás testigo ante toda persona de lo que has visto y oído. 16 Y ahora, ¿qué esperas? Levántate, bautízate y lávate de tus pecados, invocando su nombre.'

17 »Cuando volví a Jerusalén, mientras oraba en el *templo tuve una visión 18 y vi al Señor que me hablaba: '¡Date prisa! Sal inmediatamente de Jerusalén, porque no aceptarán tu testimonio acerca de mí.' 19 'Señor —le respondí—, ellos saben que yo andaba de sinagoga en sinagoga encarcelando y azotando a los que creen en ti; 20 y cuando se derramaba la sangre de tu testigoa Esteban, ahí estaba yo, dando mi aprobación y cuidando la ropa de quienes lo mataban.' 21 Pero el Señor me replicó: 'Vete; yo te enviaré lejos, a los *gentiles.'»

Pablo el ciudadano romano

22 La multitud estuvo escuchando a Pablo hasta que pronunció esas palabras. Entonces levantaron la voz y gritaron: «¡Bórralo de la tierra! ¡Ese tipo no merece vivir!»

23 Como seguían gritando, tirando sus mantos y arrojando polvo al aire, 24 el comandante ordenó que metieran a Pablo en el cuartel. Mandó que lo interrogaran a latigazos con el fin de averiguar por qué gritaban así contra él. 25 Cuando lo estaban sujetando con cadenas para azotarlo, Pablo le dijo al centurión que estaba allí:

—¿Permite la ley que ustedes azoten a un ciudadano romano antes de ser juzgado?

26 Al oír esto, el centurión fue y avisó al comandante.

—¿Qué va a hacer usted? Resulta que ese hombre es ciudadano romano.

27 El comandante se acercó a Pablo y le dijo:

—Dime, ¿eres ciudadano romano?

—Sí, lo soy.

28 —A mí me costó una fortuna adquirir mi ciudadanía —le dijo el comandante.

—Pues yo la tengo de nacimiento —replicó Pablo.

29 Los que iban a interrogarlo se retiraron en seguida. Al darse cuenta de que Pablo era ciudadano romano, el comandante mismo se asustó de haberlo encadenado.

Pablo ante el Consejo

30 Al día siguiente, como el comandante quería saber con certeza de qué acusaban los judíos a Pablo, lo desató y mandó que se reunieran los jefes de los sacerdotes y el *Consejo en pleno. Luego llevó a Pablo para que compareciera ante ellos.

a 22:20 testigo. Alt. mártir.

23 Pablo se quedó mirando fijamente al Consejo y dijo:

—Hermanos, hasta hoy yo he actuado delante de Dios con toda buena conciencia. ² Ante esto, el sumo sacerdote Ananías ordenó a los que estaban cerca de Pablo que lo golpearan en la boca. ³ —¡Hipócrita,ᵃ a usted también no le va a golpear Dios! —reaccionó Pablo—. ¡Ahí está sentado para juzgarme según la ley!, ¿y usted mismo viola la ley al mandar que me golpeen?

⁴ Los que estaban junto a Pablo le interpelaron:

—¿Cómo te atreves a insultar al sumo sacerdote de Dios?

⁵ —Hermanos, no me había dado cuenta de que es el sumo sacerdote —respondió Pablo—; de hecho está escrito: 'No hables mal del gobernante de tu pueblo.'ᵇ

⁶ Pablo, sabiendo que unos de ellos eran saduceos y los demás *fariseos, exclamó en el Consejo:

—Hermanos, yo soy fariseo de pura cepa. Me están juzgando porque he puesto mi esperanza en la resurrección de los muertos.

⁷ Apenas dijo esto, surgió un altercado entre los fariseos y los saduceos, y la asamblea quedó dividida. ⁸ (Los saduceos sostienen que no hay resurrección, ni ángeles ni espíritus; los fariseos, en cambio, reconocen todo esto.)

⁹ Se produjo un gran alboroto, y algunos de los *maestros de la ley que eran fariseos se pusieron de pie y protestaron. «No encontramos ningún delito en este hombre —dijeron—. ¿Acaso no podría haberle hablado un espíritu o un ángel?» ¹⁰ Se tornó tan violento el altercado que el comandante tuvo miedo de que hicieran pedazos a Pablo. Así que ordenó a los soldados que bajaran para sacarlo de allí por la fuerza y llevárselo al cuartel. ¹¹ A la noche siguiente el Señor se apareció a Pablo, y le dijo: «¡Ánimo! Así como has dado testimonio de mí en Jerusalén, es necesario que lo des también en Roma.»

Conspiración para matar a Pablo

¹² Muy de mañana los judíos tramaron una conspiración y juraron bajo maldición no comer ni beber hasta que lograran matar a Pablo. ¹³ Más de cuarenta hombres estaban implicados en esta conspiración. ¹⁴ Se presentaron ante los jefes de los sacerdotes y los *ancianos, y les dijeron:

—Nosotros hemos jurado bajo maldición no comer nada hasta que logremos matar a Pablo. ¹⁵ Ahora, con el respaldo del *Consejo, pídanle al comandante que haga comparecer al reo ante ustedes, con el pretexto de obtener información más precisa sobre su caso. Nosotros estaremos listos para matarlo en el camino.

¹⁶ Pero cuando el hijo de la hermana de Pablo se enteró de esta emboscada, entró en el cuartel y avisó a Pablo. ¹⁷ Éste llamó entonces a uno de los centuriones y le pidió:

—Lleve a este joven al comandante, porque tiene algo que decirle.

¹⁸ Así que el centurión lo llevó al comandante, y le dijo:

—El preso Pablo me llamó y me pidió que le trajera este joven, porque tiene algo que decirle.

¹⁹ El comandante tomó de la mano al joven, lo llevó aparte y le preguntó:

—¿Qué quieres decirme?

²⁰ —Los judíos se han puesto de acuerdo para pedirle a usted que mañana lleve a Pablo ante el Consejo con el pretexto de obtener información más precisa acerca de él. ²¹ No se deje convencer, porque más de cuarenta de ellos lo esperan emboscados. Han jurado bajo maldición no comer ni beber hasta que hayan logrado matarlo. Ya están listos; sólo aguardan a que usted les conceda su petición.

²² El comandante despidió al joven con esta advertencia:

—No le digas a nadie que me has informado de esto.

Trasladan a Pablo a Cesarea

²³ Entonces el comandante llamó a dos de sus centuriones y les ordenó:

---

a 23:3 *Hipócrita.* Lit. *Pared blanqueada.* *b* 23:5 Éx 22:28

—Alisten un destacamento de doscientos soldados de infantería, setenta de caballería y doscientos lanceros para que vayan a Cesarea esta noche a las nueve.ᵃ **24** Y preparen cabalgaduras para llevar a Pablo sano y salvo al gobernador Félix.

25 Además, escribió una carta en estos términos:

26 Claudio Lisias,

a su excelencia el gobernador Félix:

Saludos.

27 Los judíos prendieron a este hombre y estaban a punto de matarlo, pero yo llegué con mis soldados y lo rescaté, porque me había enterado de que es ciudadano romano. **28** Yo quería saber de qué lo acusaban, así que lo llevé al *Consejo judío. **29** Descubrí que lo acusaban de algunas cuestiones de su ley, pero no había contra él cargo alguno que mereciera la muerte o la cárcel. **30** Cuando me informaron que se tramaba una conspiración contra este hombre, decidí enviarlo a usted en seguida. También les ordené a sus acusadores que expongan delante de usted los cargos que tengan contra él.

31 Así que los soldados, según se les había ordenado, tomaron a Pablo y lo llevaron de noche hasta Antípatris. **32** Al día siguiente dejaron que la caballería siguiera con él mientras ellos volvían al cuartel. **33** Cuando la caballería llegó a Cesarea, le entregaron la carta al gobernador y le presentaron también a Pablo. **34** Félix leyó la carta y le preguntó de qué provincia era. Al enterarse de que Pablo era de Cilicia, **35** le dijo: «Te daré audiencia cuando lleguen tus acusadores.» Y ordenó que lo dejaran bajo custodia en el palacio de Herodes.

El proceso ante Félix

24 Cinco días después, el sumo sacerdote Ananías bajó a Cesarea con algunos de los *ancianos y un abogado llamado Tértulo, para presentar ante el gobernador las acusaciones contra Pablo. **2** Cuando se hizo comparecer al acusado, Tértulo expuso su caso ante Félix:

—Excelentísimo Félix, bajo su mandato hemos disfrutado de un largo período de paz, y gracias a la previsión suya se han llevado a cabo reformas en pro de esta nación. **3** En todas partes y en toda ocasión reconocemos esto con profunda gratitud. **4** Pero a fin de no importunarlo más, le ruego que, con la bondad que lo caracteriza, nos escuche brevemente. **5** Hemos descubierto que este hombre es una plaga que por todas partes anda provocando disturbios entre los judíos. Es cabecilla de la secta de los nazarenos. **6** Incluso trató de profanar el *templo; por eso lo prendimos. **8** Ustedᵇ mismo, al interrogarlo, podrá cerciorarse de la verdad de todas las acusaciones que presentamos contra él.

9 Los judíos corroboraron la acusación, afirmando que todo esto era cierto. **10** Cuando el gobernador, con un gesto, le concedió la palabra, Pablo respondió:

—Sé que desde hace muchos años usted ha sido juez de esta nación; así que de buena gana presento mi defensa. **11** Usted puede comprobar fácilmente que no hace más de doce días que subí a Jerusalén para adorar. **12** Mis acusadores no me encontraron discutiendo con nadie en el templo, ni promoviendo motines entre la gente en las sinagogas ni en ninguna otra parte de la ciudad. **13** Tampoco pueden probarle a usted las cosas de que ahora me acusan. **14** Sin embargo, esto sí confieso: que adoro al Dios de nuestros antepasados siguiendo este Camino que mis acusadores llaman secta, pues estoy de acuerdo con todo lo que enseña la ley y creo lo que está escrito en los profetas. **15** Tengo en Dios la misma esperanza que estos hombres profesan, de que habrá

---

a **23:23** *esta ... nueve.* Lit. *a la tercera hora de la noche.* *b* **24:6-8** *prendimos.* ⁸ *Usted.* Var. *prendimos y quisimos juzgarlo según nuestra ley.* ⁷ *Pero el comandante Lisias intervino, y con mucha fuerza lo arrebató de nuestras manos* ⁸ *y mandó que sus acusadores se presentaran ante usted. Usted*

una resurrección de los justos y de los injustos. 16 En todo esto procuro conservar siempre limpia mi conciencia delante de Dios y de los hombres.

17 »Después de una ausencia de varios años, volví a Jerusalén para traerle donativos a mi pueblo y presentar ofrendas. 18 En esto estaba, habiéndome ya *purificado, cuando me encontraron en el templo. No me acompañaba ninguna multitud, ni estaba implicado en ningún disturbio. 19 Los que me vieron eran algunos judíos de la provincia de *Asia, y son ellos los que deberían estar delante de usted para formular sus acusaciones, si es que tienen algo contra mí. 20 De otro modo, estos que están aquí deberían declarar qué delito hallaron en mí cuando comparecí ante el *Consejo, 21 a no ser lo que exclamé en presencia de ellos: 'Es por la resurrección de los muertos por lo que hoy me encuentro procesado delante de ustedes.'

22 Entonces Félix, que estaba bien informado del Camino, suspendió la sesión.

—Cuando venga el comandante Lisias, decidiré su caso —les dijo.

23 Luego le ordenó al centurión que mantuviera custodiado a Pablo, pero que le diera cierta libertad y permitiera que sus amigos lo atendieran.

24 Algunos días después llegó Félix con su esposa Drusila, que era judía. Mandó llamar a Pablo y lo escuchó hablar acerca de la fe en *Cristo Jesús. 25 Al disertar Pablo sobre la justicia, el dominio propio y el juicio venidero, Félix tuvo miedo y le dijo: «¡Basta por ahora! Puedes retirarte. Cuando sea oportuno te mandaré llamar otra vez.» 26 Félix también esperaba que Pablo le ofreciera dinero; por eso mandaba llamarlo con frecuencia y conversaba con él.

27 Transcurridos dos años, Félix tuvo como sucesor a Porcio Festo, pero como Félix quería congraciarse con los judíos, dejó preso a Pablo.

El proceso ante Festo

25 Tres días después de llegar a la provincia, Festo subió de Cesarea a Jerusalén. 2 Entonces los jefes de los sacerdotes y los dirigentes de los judíos presentaron sus acusaciones contra Pablo. 3 Insistentemente le pidieron a Festo que les hiciera el favor de trasladar a Pablo a Jerusalén. Lo cierto es que ellos estaban preparando una emboscada para matarlo en el camino. 4 Festo respondió: «Pablo está preso en Cesarea, y yo mismo partiré en breve para allá. 5 Que vayan conmigo algunos de los dirigentes de ustedes y formulen allí sus acusaciones contra él, si es que ha hecho algo malo.»

6 Después de pasar entre los judíos unos ocho o diez días, Festo bajó a Cesarea, y al día siguiente convocó al tribunal y mandó que le trajeran a Pablo. 7 Cuando éste se presentó, los judíos que habían bajado de Jerusalén lo rodearon, formulando contra él muchas acusaciones graves que no podían probar.

8 Pablo se defendía:

—No he cometido ninguna falta, ni contra la ley de los judíos ni contra el templo ni contra el *emperador.

9 Pero Festo, queriendo congraciarse con los judíos, le preguntó:

—¿Estás dispuesto a subir a Jerusalén para ser juzgado allí ante mí?

10 Pablo contestó:

—Ya estoy ante el tribunal del emperador, que es donde se me debe juzgar. No les he hecho ningún agravio a los judíos, como usted sabe muy bien. 11 Si soy culpable de haber hecho algo que merezca la muerte, no me niego a morir. Pero si no son ciertas las acusaciones que estos judíos formulan contra mí, nadie tiene el derecho de entregarme a ellos para complacerlos. ¡Apelo al emperador!

12 Después de consultar con sus asesores, Festo declaró:

—Has apelado al emperador. ¡Al emperador irás!

Festo consulta al rey Agripa

13 Pasados algunos días, el rey Agripa y Berenice llegaron a Cesarea para saludar a Festo. 14 Como se entretuvieron allí varios días, Festo le presentó al rey el caso de Pablo.

—Hay aquí un hombre —le dijo— que Félix dejó preso. 15 Cuando fui a Jerusalén, los jefes de los sacerdotes y los *ancianos de los judíos presentaron acusaciones contra él y exigieron que se le condenara. 16 Les respondí que no es costumbre de los romanos entregar a ninguna persona sin antes concederle al acusado un careo con sus acusadores, y darle la oportunidad de defenderse de los cargos. [17] Cuando acudieron a mí, no dilaté el caso, sino que convoqué al tribunal el día siguiente y mandé traer a este hombre. [18] Al levantarse para hablar, sus acusadores no alegaron en su contra ninguno de los delitos que yo había supuesto. [19] Más bien, tenían contra él algunas cuestiones tocantes a su propia religión y sobre un tal Jesús, ya muerto, que Pablo sostiene que está vivo. [20] Yo no sabía cómo investigar tales cuestiones, así que le pregunté si estaba dispuesto a ir a Jerusalén para ser juzgado allí con respecto a esos cargos. [21] Pero como Pablo apeló para que se le reservara el fallo al emperador,[a] ordené que quedara detenido hasta ser remitido a Roma.[b]

[22] —A mí también me gustaría oír a ese hombre —le dijo Agripa a Festo.

—Pues mañana mismo lo oirás —le contestó Festo.

Pablo ante Agripa

[23] Al día siguiente Agripa y Berenice se presentaron con gran pompa, y entraron en la sala de la audiencia acompañados por oficiales de alto rango y por las personalidades más distinguidas de la ciudad. Festo mandó que le trajeran a Pablo, [24] y dijo:

—Rey Agripa y todos los presentes: Aquí tienen a este hombre. Todo el pueblo judío me ha presentado una demanda contra él, tanto en Jerusalén como aquí en Cesarea, pidiendo a gritos su muerte. [25] He llegado a la conclusión de que él no ha hecho nada que merezca la muerte, pero como apeló al emperador, he decidido enviarlo a Roma. [26] El problema es que no tengo definido nada que escribir al soberano acerca de él. Por eso lo he hecho comparecer ante ustedes, y especialmente delante de ti, rey Agripa, para que como resultado de esta investigación tenga yo algunos datos para mi carta; [27] me parece absurdo enviar un preso sin especificar los cargos contra él.

26 Entonces Agripa le dijo a Pablo:
—Tienes permiso para defenderte.

Pablo hizo un ademán con la mano y comenzó así su defensa:

[2] —Rey Agripa, para mí es un privilegio presentarme hoy ante usted para defenderme de las acusaciones de los judíos, [3] sobre todo porque usted está bien informado de todas las tradiciones y controversias de los judíos. Por eso le ruego que me escuche con paciencia.

[4] »Todos los judíos saben cómo he vivido desde que era niño, desde mi edad temprana entre mi gente y también en Jerusalén. [5] Ellos me conocen desde hace mucho tiempo y pueden atestiguar, si quieren, que viví como *fariseo, de acuerdo con la secta más estricta de nuestra religión. [6] Y ahora me juzgan por la esperanza que tengo en la promesa que Dios hizo a nuestros antepasados. [7] Ésta es la promesa que nuestras doce tribus esperan alcanzar rindiendo culto a Dios con diligencia día y noche. Es por esta esperanza, oh rey, por lo que me acusan los judíos. [8] ¿Por qué les parece a ustedes increíble que Dios resucite a los muertos?

[9] »Pues bien, yo mismo estaba convencido de que debía hacer todo lo posible por combatir el nombre de Jesús de Nazaret. [10] Eso es precisamente lo que hice en Jerusalén. Con la autoridad de los jefes de los sacerdotes metí en la cárcel a muchos de los *santos, y cuando los mataban, yo manifestaba mi aprobación. [11] Muchas veces anduve de sinagoga en sinagoga castigándolos para obligarlos a *blasfemar. Mi obsesión contra ellos me llevaba al extremo de perseguirlos incluso en ciudades del extranjero.

[12] »En uno de esos viajes iba yo hacia Damasco con la autoridad y la comisión de los jefes de los sacerdotes. [13] A eso del mediodía, oh rey, mientras iba por el camino, vi una luz del cielo, más refulgente que el sol, que con su resplandor nos envolvió a mí y a mis acompañantes. [14] Todos caímos al suelo, y yo oí una voz

---

a **25:21** *al emperador.* Lit. *al augusto;* también en v. 25. *b* **25:21** *a Roma.* Lit. *al césar.*

que me decía en arameo:[a] 'Saulo, Saulo, ¿por qué me persigues? ¿Qué sacas con darte cabezazos contra la pared?'[b] [15] Entonces pregunté: '¿Quién eres, Señor?' 'Yo soy Jesús, a quien tú persigues —me contestó el Señor—. [16] Ahora, ponte en pie y escúchame. Me he aparecido a ti con el fin de designarte siervo y testigo de lo que has visto de mí y de lo que te voy a revelar. [17] Te libraré de tu propio pueblo y de los *gentiles. Te envío a éstos [18] para que les abras los ojos y se conviertan de las tinieblas a la luz, y del poder de Satanás a Dios, a fin de que, por la fe en mí, reciban el perdón de los pecados y la herencia entre los *santificados.'

[19] »Así que, rey Agripa, no fui desobediente a esa visión celestial. [20] Al contrario, comenzando con los que estaban en Damasco, siguiendo con los que estaban en Jerusalén y en toda Judea, y luego con los gentiles, a todos les prediqué que se *arrepintieran y se convirtieran a Dios, y que demostraran su arrepentimiento con sus buenas obras. [21] Sólo por eso los judíos me prendieron en el *templo y trataron de matarme. [22] Pero Dios me ha ayudado hasta hoy, y así me mantengo firme, testificando a grandes y pequeños. No he dicho sino lo que los profetas y Moisés ya dijeron que sucedería: [23] que el *Cristo padecería y que, siendo el primero en resucitar, proclamaría la luz a su propio pueblo y a los gentiles.

[24] Al llegar Pablo a este punto de su defensa, Festo interrumpió.

—¡Estás loco, Pablo! —le gritó—. El mucho estudio te ha hecho perder la cabeza.

[25] —No estoy loco, excelentísimo Festo —contestó Pablo—. Lo que digo es cierto y sensato. [26] El rey está familiarizado con estas cosas, y por eso hablo ante él con tanto atrevimiento. Estoy convencido de que nada de esto ignora, porque no sucedió en un rincón. [27] Rey Agripa, ¿cree usted en los profetas? ¡A mí me consta que sí!

[28] —Un poco más y me convences a hacerme cristiano[c] —le dijo Agripa.

[29] —Sea por poco o por mucho —le replicó Pablo—, le pido a Dios que no sólo usted, sino también todos los que me están escuchando hoy, lleguen a ser como yo, aunque sin estas cadenas.

[30] Se levantó el rey, y también el gobernador, Berenice y los que estaban sentados con ellos. [31] Al retirarse, decían entre sí:

—Este hombre no ha hecho nada que merezca la muerte ni la cárcel.

[32] Y Agripa le dijo a Festo:

—Se podría poner en libertad a este hombre si no hubiera apelado al *emperador.

Pablo viaja a Roma

27 Cuando se decidió que navegáramos rumbo a Italia, entregaron a Pablo y a algunos otros presos a un centurión llamado Julio, que pertenecía al batallón imperial. [2] Subimos a bordo de un barco, con matrícula de Adramitio, que estaba a punto de zarpar hacia los puertos de la provincia de *Asia, y nos hicimos a la mar. Nos acompañaba Aristarco, un macedonio de Tesalónica.

[3] Al día siguiente hicimos escala en Sidón; y Julio, con mucha amabilidad, le permitió a Pablo visitar a sus amigos para que lo atendieran. [4] Desde Sidón zarpamos y navegamos al abrigo de Chipre, porque los vientos nos eran contrarios. [5] Después de atravesar el mar frente a las costas de Cilicia y Panfilia, arribamos a Mira de Licia. [6] Allí el centurión encontró un barco de Alejandría que iba para Italia, y nos hizo subir a bordo. [7] Durante muchos días la navegación fue lenta, y a duras penas llegamos frente a Gnido. Como el viento nos era desfavorable para seguir el rumbo trazado, navegamos al amparo de Creta, frente a Salmón. [8] Seguimos con dificultad a lo largo de la costa y llegamos a un lugar llamado Buenos Puertos, cerca de la ciudad de Lasea.

[9] Se había perdido mucho tiempo, y era peligrosa la navegación por haber pasado ya la fiesta del ayuno.[d] Así que

---

a 26:14 *arameo*. Lit. *el dialecto hebreo.* *b* 26:14 *¿Qué sacas ... pared?* Lit. *Te es difícil dar coces contra el aguijón.* *c* 26:28 *Un poco ... cristiano.* Alt. *¿Con tan poco pretendes hacerme cristiano?* *d* 27:9 Es decir, el día de la Expiación (Yom Kippur) en septiembre, de manera que se acercaba el invierno.

Pablo les advirtió: [10] «Señores, veo que nuestro viaje va a ser desastroso y que va a causar mucho perjuicio tanto para el barco y su carga como para nuestra propia *vida.» [11] Pero el centurión, en vez de hacerle caso, siguió el consejo del timonel y del dueño del barco. [12] Como el puerto no era adecuado para invernar, la mayoría decidió que debíamos seguir adelante, con la esperanza de llegar a Fenice, puerto de Creta que da al suroeste y al noroeste, y pasar allí el invierno.

La tempestad

[13] Cuando comenzó a soplar un viento suave del sur, creyeron que podían conseguir lo que querían, así que levaron anclas y navegaron junto a la costa de Creta. [14] Poco después se nos vino encima un viento huracanado, llamado Nordeste, que venía desde la isla. [15] El barco quedó atrapado por la tempestad y no podía hacerle frente al viento, así que nos dejamos llevar a la deriva. [16] Mientras pasábamos al abrigo de un islote llamado Cauda, a duras penas pudimos sujetar el bote salvavidas. [17] Después de subirlo a bordo, amarraron con sogas todo el casco del barco para reforzarlo. Temiendo que fueran a encallar en los bancos de arena de la Sirte, echaron el ancla flotante y dejaron el barco a la deriva. [18] Al día siguiente, dado que la tempestad seguía arremetiendo con mucha fuerza contra nosotros, comenzaron a arrojar la carga por la borda. [19] Al tercer día, con sus propias manos arrojaron al mar los aparejos del barco. [20] Como pasaron muchos días sin que aparecieran ni el sol ni las estrellas, y la tempestad seguía arreciando, perdimos al fin toda esperanza de salvarnos.

[21] Llevábamos ya mucho tiempo sin comer, así que Pablo se puso en medio de todos y dijo: «Señores, debían haber seguido mi consejo y no haber zarpado de Creta; así se habrían ahorrado este perjuicio y esta pérdida. [22] Pero ahora los exhorto a cobrar ánimo, porque ninguno de ustedes perderá la *vida; sólo se perderá el barco. [23] Anoche se me apareció un ángel del Dios a quien pertenezco y a quien sirvo, [24] y me dijo: 'No tengas miedo, Pablo. Tienes que comparecer ante el *emperador; y Dios te ha concedido la vida de todos los que navegan contigo.' [25] Así que ¡ánimo, señores! Confío en Dios que sucederá tal y como se me dijo. [26] Sin embargo, tenemos que encallar en alguna isla.»

El naufragio

[27] Ya habíamos pasado catorce noches a la deriva por el mar Adriático,[a] cuando a eso de la medianoche los marineros presintieron que se aproximaban a tierra. [28] Echaron la sonda y encontraron que el agua tenía unos treinta y siete metros de profundidad. Más adelante volvieron a echar la sonda y encontraron que tenía cerca de veintisiete metros[b] de profundidad. [29] Temiendo que fuéramos a estrellarnos contra las rocas, echaron cuatro anclas por la popa y se pusieron a rogar que amaneciera. [30] En un intento por escapar del barco, los marineros comenzaron a bajar el bote salvavidas al mar, con el pretexto de que iban a echar algunas anclas desde la proa. [31] Pero Pablo les advirtió al centurión y a los soldados: «Si ésos no se quedan en el barco, no podrán salvarse ustedes.» [32] Así que los soldados cortaron las amarras del bote salvavidas y lo dejaron caer al agua.

[33] Estaba a punto de amanecer cuando Pablo animó a todos a tomar alimento: «Hoy hace ya catorce días que ustedes están con la vida en un hilo, y siguen sin probar bocado. [34] Les ruego que coman algo, pues lo necesitan para sobrevivir. Ninguno de ustedes perderá ni un solo cabello de la cabeza.» [35] Dicho esto, tomó pan y dio gracias a Dios delante de todos. Luego lo partió y comenzó a comer. [36] Todos se animaron y también comieron. [37] Éramos en total doscientas setenta y seis personas en el barco. [38] Una vez satisfechos, aligeraron el barco echando el trigo al mar.

[39] Cuando amaneció, no reconocieron la tierra, pero vieron una bahía que tenía

---

a 27:27 En la antigüedad el nombre *Adriático* se refería a una zona que se extendía muy al sur de Italia. *b* 27:28 *treinta y siete metros ... veintisiete metros.* Lit. *veinte brazas ... quince brazas.*

playa, donde decidieron encallar el barco a como diera lugar. **40** Cortaron las anclas y las dejaron caer en el mar, desatando a la vez las amarras de los timones. Luego izaron a favor del viento la vela de proa y se dirigieron a la playa. **41** Pero el barco fue a dar en un banco de arena y encalló. La proa se encajó en el fondo y quedó varada, mientras la popa se hacía pedazos al embate de las olas. **42** Los soldados pensaron matar a los presos para que ninguno escapara a nado. **43** Pero el centurión quería salvarle la vida a Pablo, y les impidió llevar a cabo el plan. Dio orden de que los que pudieran nadar saltaran primero por la borda para llegar a tierra, **44** y de que los demás salieran valiéndose de tablas o de restos del barco. De esta manera todos llegamos sanos y salvos a tierra.

En la isla de Malta

28 Una vez a salvo, nos enteramos de que la isla se llamaba Malta. **2** Los isleños nos trataron con toda clase de atenciones. Encendieron una fogata y nos invitaron a acercarnos, porque estaba lloviendo y hacía frío. **3** Sucedió que Pablo recogió un montón de leña y la estaba echando al fuego, cuando una víbora que huía del calor se le prendió en la mano. **4** Al ver la serpiente colgada de la mano de Pablo, los isleños se pusieron a comentar entre sí: «Sin duda este hombre es un asesino, pues aunque se salvó del mar, la justicia divina no va a consentir que siga con vida.» **5** Pero Pablo sacudió la mano y la serpiente cayó en el fuego, y él no sufrió ningún daño. **6** La gente esperaba que se hinchara o cayera muerto de repente, pero después de esperar un buen rato y de ver que nada extraño le sucedía, cambiaron de parecer y decían que era un dios.

7 Cerca de allí había una finca que pertenecía a Publio, el funcionario principal de la isla. Éste nos recibió en su casa con amabilidad y nos hospedó durante tres días. **8** El padre de Publio estaba en cama, enfermo con fiebre y disentería. Pablo entró a verlo y, después de orar, le impuso las manos y lo sanó. **9** Como consecuencia

de esto, los demás enfermos de la isla también acudían y eran sanados. **10** Nos colmaron de muchas atenciones y nos proveyeron de todo lo necesario para el viaje.

Llegada a Roma

11 Al cabo de tres meses en la isla, zarpamos en un barco que había invernado allí. Era una nave de Alejandría que tenía por insignia a los dioses Dióscuros.ª **12** Hicimos escala en Siracusa, donde nos quedamos tres días. **13** Desde allí navegamos bordeando la costa y llegamos a Regio. Al día siguiente se levantó el viento del sur, y al segundo día llegamos a Puteoli. **14** Allí encontramos a algunos creyentes que nos invitaron a pasar una semana con ellos. Y por fin llegamos a Roma. **15** Los hermanos de Roma, habiéndose enterado de nuestra situación, salieron hasta el Foro de Apio y Tres Tabernas a recibirnos. Al verlos, Pablo dio gracias a Dios y cobró ánimo. **16** Cuando llegamos a Roma, a Pablo se le permitió tener su domicilio particular, con un soldado que lo custodiara.

Pablo predica bajo custodia en Roma

17 Tres días más tarde, Pablo convocó a los dirigentes de los judíos. Cuando estuvieron reunidos, les dijo:

—A mí, hermanos, a pesar de no haber hecho nada contra mi pueblo ni contra las costumbres de nuestros antepasados, me arrestaron en Jerusalén y me entregaron a los romanos. **18** Éstos me interrogaron y quisieron soltarme por no ser yo culpable de ningún delito que mereciera la muerte. **19** Cuando los judíos se opusieron, me vi obligado a apelar al *emperador, pero no porque tuviera alguna acusación que presentar contra mi nación. **20** Por este motivo he pedido verlos y hablar con ustedes. Precisamente por la esperanza de Israel estoy encadenado.

21 —Nosotros no hemos recibido ninguna carta de Judea que tenga que ver contigo —le contestaron ellos—, ni ha llegado ninguno de los hermanos de allá con malos informes o que haya hablado mal de ti. **22** Pero queremos oír tu punto

---

a **28:11** Dioses gemelos de la mitología griega, probablemente Cástor y Pólux

de vista, porque lo único que sabemos es que en todas partes se habla en contra de esa secta.

23 Señalaron un día para reunirse con Pablo, y acudieron en mayor número a la casa donde estaba alojado. Desde la mañana hasta la tarde estuvo explicándoles y testificándoles acerca del reino de Dios y tratando de convencerlos respecto a Jesús, partiendo de la ley de Moisés y de los profetas. **24** Unos se convencieron por lo que él decía, pero otros se negaron a creer. **25** No pudieron ponerse de acuerdo entre sí, y comenzaron a irse cuando Pablo añadió esta última declaración: «Con razón el Espíritu Santo les habló a sus antepasados por medio del profeta Isaías diciendo:

26 »'Ve a este pueblo y dile:
«Por mucho que oigan, no
        entenderán;

por mucho que vean, no
        percibirán.»
27 Porque el corazón de este pueblo
se ha vuelto insensible;
se le han tapado los oídos,
y han cerrado los ojos.
De lo contrario, podrían ver con los
        ojos,
oír con los oídos,
entender con el corazón
y convertirse, y yo los sanaría.'ᵃ

28 »Por tanto, quiero que sepan que esta salvación de Dios se ha enviado a los *gentiles, y ellos sí escucharán.»ᵇ

30 Durante dos años completos permaneció Pablo en la casa que tenía alquilada, y recibía a todos los que iban a verlo. **31** Y predicaba el reino de Dios y enseñaba acerca del Señor *Jesucristo sin impedimento y sin temor alguno.

---

a **28:27** Is 6:9,10 *b* **28:28** escucharán.» Var. escucharán.» ²⁹ *Después que él dijo esto, los judíos se fueron, discutiendo acaloradamente entre ellos.*

ROMANOS

- Pablo, pensando en un viaje misionero a España (Romanos 15:23-29), escribe esta carta a fin de presentarse a la iglesia de Roma. En ella resume lo que ha estado predicando acerca del pecado, de Cristo y del camino de salvación. Todo lo que usted necesita saber acerca del gran plan de Dios para redención se encuentra en estos dieciséis capítulos. Al leer el libro, piense en el gran amor que mostró Dios al enviar a su Hijo Jesucristo, y en cómo usted puede agradecerle mediante la vida que lleva.

Romanos

1 Pablo, *siervo de *Cristo Jesús, llamado a ser apóstol, apartado para anunciar el *evangelio de Dios, 2 que por medio de sus profetas ya había prometido en las sagradas Escrituras. 3 Este evangelio habla de su Hijo, que según la *naturaleza humana descendía de David, 4 pero que según el Espíritu de *santidad fue designado con poder Hijo de Dios^a por la resurrección. Él es Jesucristo nuestro Señor. 5 Por medio de él, y en honor a su nombre, recibimos el don apostólico para persuadir a todas las *naciones que obedezcan a la fe.^b 6 Entre ellas están incluidos también ustedes, a quienes Jesucristo ha llamado.

7 Les escribo a todos ustedes, los amados de Dios que están en Roma, que han sido llamados a ser *santos.

Que Dios nuestro Padre y el Señor Jesucristo les concedan gracia y paz.

Pablo anhela visitar Roma

8 Ante todo, por medio de Jesucristo doy gracias a mi Dios por todos ustedes, pues en todo el mundo se habla bien de su fe. 9 Dios, a quien sirvo de todo corazón predicando el *evangelio de su Hijo, me es testigo de que los recuerdo a ustedes sin cesar. 10 Siempre pido en mis oraciones que, si es la voluntad de Dios, por fin se me abra ahora el camino para ir a visitarlos.

11 Tengo muchos deseos de verlos para impartirles algún don espiritual que los fortalezca; 12 mejor dicho, para que unos a otros nos animemos con la fe que compartimos. 13 Quiero que sepan, hermanos, que aunque hasta ahora no he podido visitarlos, muchas veces me he propuesto hacerlo, para recoger algún fruto entre ustedes, tal como lo he recogido entre las otras naciones. 14 Estoy en deuda con todos, sean cultos o incultos,^c instruidos o ignorantes.

15 De allí mi gran anhelo de predicarles el evangelio también a ustedes que están en Roma.

16 A la verdad, no me avergüenzo del evangelio, pues es poder de Dios para la salvación de todos los que creen: de los judíos primeramente, pero también de los *gentiles. 17 De hecho, en el evangelio se revela la justicia que proviene de Dios, la cual es por fe de principio a fin,^d tal como está escrito: «El justo vivirá por la fe.»^e

La ira de Dios contra la humanidad

18 Ciertamente, la ira de Dios viene revelándose desde el cielo contra toda impiedad e injusticia de los seres *humanos, que con su maldad obstruyen la verdad. 19 Me explico: lo que se puede conocer acerca de Dios es evidente para ellos, pues él mismo se lo ha revelado. 20 Porque desde la creación del mundo las cualidades invisibles de Dios, es decir, su eterno poder y su naturaleza divina, se perciben claramente a través de lo que él creó, de modo que nadie tiene excusa. 21 A pesar de haber conocido a Dios, no lo glorificaron como a Dios ni le dieron gracias, sino que se extraviaron en sus inútiles razonamientos, y se les oscureció su insensato corazón. 22 Aunque afirmaban ser sabios, se volvieron necios 23 y cambiaron la gloria del Dios inmortal por imágenes que eran réplicas del hombre mortal, de las aves, de los cuadrúpedos y de los reptiles.

24 Por eso Dios los entregó a los malos deseos de sus corazones, que conducen a la impureza sexual, de modo que degradaron sus cuerpos los unos con los otros. 25 Cambiaron la verdad de Dios por la mentira, adorando y sirviendo a los seres creados antes que al Creador, quien es bendito por siempre. Amén. 26 Por tanto, Dios los entregó a pasiones vergonzosas. En efecto, las mujeres

---

a **1:4** *pero ... Dios.* Alt. *pero que fue declarado con poder Hijo de Dios según su espíritu.* *b* **1:5** *para ... la fe.* Lit. *para la obediencia de la fe entre todas las naciones.* *c* **1:14** *sean cultos o incultos.* Lit. *griegos y bárbaros.* *d* **1:17** *por fe ... fin.* Lit. *de fe a fe.* *e* **1.17** Hab 2:4

cambiaron las relaciones naturales por las que van contra la naturaleza. [27] Así mismo los hombres dejaron las relaciones naturales con la mujer y se encendieron en pasiones lujuriosas los unos con los otros. Hombres con hombres cometieron actos indecentes, y en sí mismos recibieron el castigo que merecía su perversión.

[28] Además, como estimaron que no valía la pena tomar en cuenta el conocimiento de Dios, él a su vez los entregó a la depravación mental, para que hicieran lo que no debían hacer. [29] Se han llenado de toda clase de maldad, perversidad, avaricia y depravación. Están repletos de envidia, homicidios, disensiones, engaño y malicia. Son chismosos, [30] calumniadores, enemigos de Dios, insolentes, soberbios y arrogantes; se ingenian maldades; se rebelan contra sus padres; [31] son insensatos, desleales, insensibles, despiadados. [32] Saben bien que, según el justo decreto de Dios, quienes practican tales cosas merecen la muerte; sin embargo, no sólo siguen practicándolas sino que incluso aprueban a quienes las practican.

El justo juicio de Dios

2 Por tanto, no tienes excusa tú, quienquiera que seas, cuando juzgas a los demás, pues al juzgar a otros te condenas a ti mismo, ya que practicas las mismas cosas. [2] Ahora bien, sabemos que el juicio de Dios contra los que practican tales cosas se basa en la verdad. [3] ¿Piensas entonces que vas a escapar del juicio de Dios, tú que juzgas a otros y sin embargo haces lo mismo que ellos? [4] ¿No ves que desprecias las riquezas de la bondad de Dios, de su tolerancia y su paciencia, al no reconocer que su bondad quiere llevarte al *arrepentimiento?

[5] Pero por tu obstinación y por tu corazón empedernido sigues acumulando castigo contra ti mismo para el día de la ira, cuando Dios revelará su justo juicio. [6] Porque Dios «pagará a cada uno según lo que haya hecho».[a] [7] Él dará vida eterna a los que, perseverando en las buenas obras, buscan gloria, honor e inmortalidad. [8] Pero los que por egoísmo rechazan

la verdad para aferrarse a la maldad, recibirán el gran castigo de Dios. [9] Habrá sufrimiento y angustia para todos los que hacen el mal, los judíos primeramente, y también los *gentiles; [10] pero gloria, honor y paz para todos los que hacen el bien, los judíos primeramente, y también los gentiles. [11] Porque con Dios no hay favoritismos.

[12] Todos los que han pecado sin conocer la ley, también perecerán sin la ley; y todos los que han pecado conociendo la ley, por la ley serán juzgados. [13] Porque Dios no considera justos a los que oyen la ley sino a los que la cumplen. [14] De hecho, cuando los gentiles, que no tienen la ley, cumplen por naturaleza lo que la ley exige,[b] ellos son ley para sí mismos, aunque no tengan la ley. [15] Éstos muestran que llevan escrito en el corazón lo que la ley exige, como lo atestigua su conciencia, pues sus propios pensamientos algunas veces los acusan y otras veces los excusan. [16] Así sucederá el día en que, por medio de Jesucristo, Dios juzgará los secretos de toda persona, como lo declara mi *evangelio.

Los judíos y la ley

[17] Ahora bien, tú que llevas el nombre de judío; que dependes de la ley y te *jactas de tu relación con Dios; [18] que conoces su voluntad y sabes discernir lo que es mejor porque eres instruido por la ley; [19] que estás convencido de ser guía de los ciegos y luz de los que están en la oscuridad, [20] instructor de los ignorantes, maestro de los sencillos, pues tienes en la ley la esencia misma del conocimiento y de la verdad; [21] en fin, tú que enseñas a otros, ¿no te enseñas a ti mismo? Tú que predicas contra el robo, ¿robas? [22] Tú que dices que no se debe cometer adulterio, ¿adulteras? Tú que aborreces a los ídolos, ¿robas de sus templos? [23] Tú que te jactas de la ley, ¿deshonras a Dios quebrantando la ley? [24] Así está escrito: «Por causa de ustedes se *blasfema el nombre de Dios entre los *gentiles.»[c]

[25] La circuncisión tiene valor si obser-

---

a **2:6** Sal 62:12; Pr 24:12 *b* **2:14** *que no tienen ... exige.* Alt. *que por naturaleza no tienen la ley, cumplen lo que la ley exige.*
c **2:24** Is 52:5; Ez 36:22

vas la ley; pero si la quebrantas, vienes a ser como un *incircunciso. **26** Por lo tanto, si los gentiles cumplen[a] los requisitos de la ley, ¿no se les considerará como si estuvieran circuncidados? **27** El que no está físicamente circuncidado, pero obedece a la ley, te condenará a ti que, a pesar de tener el mandamiento escrito[b] y la circuncisión, quebrantas la ley. **28** Lo exterior no hace a nadie judío, ni consiste la circuncisión en una señal en el cuerpo. **29** El verdadero judío lo es interiormente; y la circuncisión es la del corazón, la que realiza el Espíritu, no el mandamiento escrito. Al que es judío así, lo alaba Dios y no la gente.

Fidelidad de Dios

3 Entonces, ¿qué se gana con ser judío, o qué valor tiene la circuncisión? **2** Mucho, desde cualquier punto de vista. En primer lugar, a los judíos se les confiaron las palabras mismas de Dios. **3** Pero entonces, si a algunos les faltó la fe, ¿acaso su falta de fe anula la *fidelidad de Dios? **4** ¡De ninguna manera! Dios es siempre veraz, aunque el hombre sea mentiroso. Así está escrito:

«Que seas tenido por justo en tus palabras,
y que triunfes cuando te juzguen.»[c]

5 Pero si nuestra injusticia pone de relieve la justicia de Dios, ¿qué diremos? ¿Que Dios es injusto al descargar sobre nosotros su ira? (Hablo en términos humanos.) **6** ¡De ninguna manera! Si así fuera, ¿cómo podría Dios juzgar al mundo? **7** Alguien podría objetar: «Si mi mentira destaca la verdad de Dios y así aumenta su gloria, ¿por qué todavía se me juzga como pecador? **8** ¿Por qué no decir: Hagamos lo malo para que venga lo bueno?» Así nos calumnian algunos, asegurando que eso es lo que enseñamos. ¡Pero bien merecida se tienen la condenación!

No hay un solo justo

9 ¿A qué conclusión llegamos? ¿Acaso los judíos somos mejores? ¡De ninguna manera! Ya hemos demostrado que tanto los judíos como los *gentiles están bajo el pecado. **10** Así está escrito:

«No hay un solo justo, ni siquiera uno;
11 no hay nadie que entienda, nadie que busque a Dios.
12 Todos se han extraviado; por igual se han corrompido.
No hay nadie que haga lo bueno, no hay ni siquiera uno.»[d]
13 «Su garganta es un sepulcro abierto;
su lengua practica el engaño.»[e]
«Hay veneno de víbora en sus labios.»[f]
14 «Su boca está llena de maldición y de amargura.»[g]
15 «Veloces son sus pies para ir a derramar sangre;
16 dejan ruina y miseria en su camino,
17 y no conocen el camino de paz.»[h]
18 «No hay temor de Dios delante de sus ojos.»[a]

19 Ahora bien, sabemos que todo lo que dice la ley, lo dice a quienes están sujetos a ella, para que todo el mundo se calle la boca y quede convicto delante de Dios. **20** Por tanto, nadie será *justificado en presencia de Dios por hacer las obras que exige la ley; más bien, mediante la ley cobramos conciencia del pecado.

La justicia mediante la fe

21 Pero ahora, sin la mediación de la ley, se ha manifestado la justicia de Dios, de la que dan testimonio la ley y los profetas. **22** Esta justicia de Dios llega, mediante la *fe en Jesucristo, a todos los que creen. De hecho, no hay distinción, **23** pues todos han pecado y están privados de la gloria de Dios, **24** pero por su gracia son *justificados gratuitamente mediante la redención que Cristo Jesús efectuó.[b] **25** Dios lo ofreció como un sacrificio de *expiación[c] que se recibe por la fe en su sangre, para así demostrar su justicia. Anteriormente, en su paciencia,

---

a **2:26** *si ... cumplen.* Lit. *si la incircuncisión guarda.* *b* **2:27** *el mandamiento escrito.* Lit. *la letra;* también en v. 29. *c* **3:4** Sal 51:4 *d* **3:12** Sal 14:1-3; 53:1-3; Ec 7:20 *e* **3:13** Sal 5:9 *f* **3:13** Sal 140:3 *g* **3:14** Sal 10:7 *h* **3:17** Is 59:7,8 *a* **3:18** Sal 36:1 *b* **3:24** *redención ... efectuó.* Lit. *redención en Cristo Jesús.* *c* **3:25** *un sacrificio de expiación.* Lit. *propiciación.*

Dios había pasado por alto los pecados; **26** pero en el tiempo presente ha ofrecido a Jesucristo para manifestar su justicia. De este modo Dios es justo y, a la vez, el que justifica a los que tienen fe en Jesús. **27** ¿Dónde, pues, está la *jactancia? Queda excluida. ¿Por cuál principio? ¿Por el de la observancia de la ley? No, sino por el de la fe. **28** Porque sostenemos que todos somos justificados por la fe, y no por las obras que la ley exige. **29** ¿Es acaso Dios sólo Dios de los judíos? ¿No lo es también de los *gentiles? Sí, también es Dios de los gentiles, **30** pues no hay más que un solo Dios. Él justificará por la fe a los que están circuncidados y, mediante esa misma fe, a los que no lo están. **31** ¿Quiere decir que anulamos la ley con la fe? ¡De ninguna manera! Más bien, confirmamos la ley.

Abraham, justificado por la fe

4 Entonces, ¿qué diremos en el caso de nuestro antepasado Abraham?ᵃ **2** En realidad, si Abraham hubiera sido *justificado por las obras, habría tenido de qué *jactarse, pero no delante de Dios. **3** Pues ¿qué dice la Escritura? «Creyó Abraham a Dios, y esto se le tomó en cuenta como justicia.»ᵇ **4** Ahora bien, cuando alguien trabaja, no se le toma en cuenta el salario como un favor sino como una deuda. **5** Sin embargo, al que no trabaja, sino que cree en el que justifica al malvado, se le toma en cuenta la fe como justicia. **6** David dice lo mismo cuando habla de la dicha de aquel a quien Dios le atribuye justicia sin la mediación de las obras:

7 «¡*Dichosos aquellos
  a quienes se les perdonan las
    transgresiones
  y se les cubren los pecados!
8 ¡Dichoso aquel
  cuyo pecado el Señor no tomará
    en cuenta!»ᶜ

9 ¿Acaso se ha reservado esta dicha sólo para los que están circuncidados? ¿Acaso no es también para los *gentiles?ᵈ Hemos

dicho que a Abraham se le tomó en cuenta la fe como justicia. **10** ¿Bajo qué circunstancias sucedió esto? ¿Fue antes o después de ser circuncidado? ¡Antes, y no después! **11** Es más, cuando todavía no estaba circuncidado, recibió la señal de la circuncisión como sello de la justicia que se le había tomado en cuenta por la fe. Por tanto, Abraham es padre de todos los que creen, aunque no hayan sido circuncidados, y a éstos se les toma en cuenta su fe como justicia. **12** Y también es padre de aquellos que, además de haber sido circuncidados, siguen las huellas de nuestro padre Abraham, quien creyó cuando todavía era incircunciso.

13 En efecto, no fue mediante la ley como Abraham y su descendencia recibieron la promesa de que él sería heredero del mundo, sino mediante la fe, la cual se le tomó en cuenta como justicia. **14** Porque si los que viven por la ley fueran los herederos, entonces la fe no tendría ya ningún valor y la promesa no serviría de nada. **15** La ley, en efecto, acarrea castigo. Pero donde no hay ley, tampoco hay transgresión.

16 Por eso la promesa viene por la fe, a fin de que por la gracia quede garantizada para toda la descendencia de Abraham; esta promesa no es sólo para los que son de la ley sino para los que son también de la fe de Abraham, quien es el padre que tenemos en común **17** delante de Dios, tal como está escrito: «Te he hecho padre de muchas naciones.»ᵉ Así que Abraham creyó en el Dios que da vida a los muertos y que llama las cosas que no son como si ya existieran.

18 Contra toda esperanza, Abraham creyó y esperó, y de este modo llegó a ser padre de muchas naciones, tal como se le había dicho: «Así de numerosa será tu descendencia.»ᶠ **19** Su fe no flaqueó, aunque reconocía que su cuerpo estaba como muerto, pues ya tenía unos cien años, y que también estaba muerta la matriz de Sara. **20** Ante la promesa de Dios no vaciló como un incrédulo, sino que se reafirmó en su fe y dio gloria a Dios, **21** plenamente convencido de que Dios tenía poder para

---

a 4:1 *¿qué ... Abraham?* Lit. *¿qué diremos que descubrió Abraham, nuestro antepasado según la carne? b* 4:3 Gn 15:6; también en v. 22 *c* 4:8 Sal 32:1,2 *d* 4:9 *los gentiles.* Lit. *la incircuncisión. e* 4:17 Gn 17:5 *f* 4:18 Gn 15:5

Pasaje del día: Romanos 4:13-25
Versículo del día: Romanos 4:20

El padre de la fe

Algunas veces me invade una envidia santa, especialmente al tratarse de Abraham. Cuando considero que es conocido como "el padre de la fe," me pregunto: ¿Qué cualidades singulares tuvo para ser llamado así?

Su vida y sus actividades las encontramos relatadas en el libro de Génesis. El pasaje que estudiamos hoy, presenta un Abraham con una fe realmente extraordinaria. Veamos lo que podemos aprender:

1. La fe de Abraham estaba centrada en una persona: Dios. Él sabía dos cosas de Dios: que da vida a los muertos y que llama a las cosas que no son como si fuesen. Eso era suficiente para confiar plenamente en Él.

2. Abraham estaba muy consciente de los problemas. Consideró su cuerpo y el de su esposa, Sara, los cuales funcionarían como instrumentos biológicos para traer un hijo al mundo. Analizó la situación y llegó a la conclusión que si Dios había prometido un bebé, era su problema ver cómo esos cuerpos iban a funcionar para tal propósito.

3. Abraham tenía una fe progresista. No era estática. Crecía en confianza y madurez conforme transcurría su vida, porque cada día conocía mejor a su Dios.

4. Por la fe Abraham estaba convencido que Dios cumpliría sus promesas. Dios había cumplido muchas promesas y Abraham sabía que Él nunca se equivoca. No promete algo sólo por salir de paso. Lo que promete, lo cumple.

Después de estudiar este pasaje, mi envidia santa se convierte en un anhelo y una pasión por emular el ejemplo del patriarca. Sigamos las pisadas de la fe que tuvo nuestro padre Abraham.

Beatriz E. de Zapata
Guatemala

cumplir lo que había prometido. ²² Por eso se le tomó en cuenta su fe como justicia. ²³ Y esto de que «se le tomó en cuenta» no se escribió sólo para Abraham, ²⁴ sino también para nosotros. Dios tomará en cuenta nuestra fe como justicia, pues creemos en aquel que *levantó de entre los muertos a Jesús nuestro Señor. ²⁵ Él fue entregado a la muerte por nuestros pecados, y resucitó para nuestra justificación.

Paz y alegría

5 En consecuencia, ya que hemos sido *justificados mediante la fe, tenemosᵃ paz con Dios por medio de nuestro Señor Jesucristo. ² También por medio de él, y mediante la fe, tenemos acceso a esta gracia en la cual nos mantenemos firmes. Así que nos *regocijamos en la esperanza de alcanzar la gloria de Dios. ³ Y no sólo en esto, sino también en nuestros sufrimientos, porque sabemos que el sufrimiento produce perseverancia; ⁴ la perseverancia, entereza de carácter; la entereza de carácter, esperanza. ⁵ Y esta esperanza no nos defrauda, porque Dios ha derramado su amor en nuestro corazón por el Espíritu Santo que nos ha dado.

⁶ A la verdad, como éramos incapaces de salvarnos,ᵇ en el tiempo señalado Cristo murió por los malvados. ⁷ Difícilmente habrá quien muera por un justo, aunque tal vez haya quien se atreva a morir por una persona buena. ⁸ Pero Dios demuestra su amor por nosotros en esto: en que cuando todavía éramos pecadores, Cristo murió por nosotros.

⁹ Y ahora que hemos sido justificados por su sangre, ¡con cuánta más razón, por medio de él, seremos salvados del castigo de Dios! ¹⁰ Porque si, cuando éramos enemigos de Dios, fuimos reconciliados con él mediante la muerte de su Hijo, ¡con cuánta más razón, habiendo sido reconciliados, seremos salvados por su vida! ¹¹ Y no sólo esto, sino que también nos regocijamos en Dios por nuestro Señor Jesucristo, pues gracias a él ya hemos recibido la reconciliación.

De Adán, la muerte; de Cristo, la vida

¹² Por medio de un solo hombre el pecado entró en el mundo, y por medio del pecado entró la muerte; fue así como la muerte pasó a toda la *humanidad, porque todos pecaron.ᶜ ¹³ Antes de promulgarse la ley, ya existía el pecado en el mundo. Es cierto que el pecado no se toma en cuenta cuando no hay ley; ¹⁴ sin embargo, desde Adán hasta Moisés la muerte reinó, incluso sobre los que no pecaron quebrantando un mandato, como lo hizo Adán, quien es figura de aquel que había de venir.

¹⁵ Pero la transgresión de Adán no puede compararse con la gracia de Dios. Pues si por la transgresión de un solo hombre murieron todos, ¡cuánto más el don que vino por la gracia de un solo hombre, Jesucristo, abundó para todos! ¹⁶ Tampoco se puede comparar la dádiva de Dios con las consecuencias del pecado de Adán. El juicio que lleva a la condenación fue resultado de un solo pecado, pero la dádiva que lleva a la *justificación tiene que ver conᵈ una multitud de transgresiones. ¹⁷ Pues si por la transgresión de un solo hombre reinó la muerte, con mayor razón los que reciben en abundancia la gracia y el don de la justicia reinarán en vida por medio de un solo hombre, Jesucristo.

¹⁸ Por tanto, así como una sola transgresión causó la condenación de todos, también un solo acto de justicia produjo la justificación que da vida a todos. ¹⁹ Porque así como por la desobediencia de uno solo muchos fueron constituidos pecadores, también por la obediencia de uno solo muchos serán constituidos justos.

²⁰ En lo que atañe a la ley, ésta intervino para que aumentara la transgresión. Pero allí donde abundó el pecado, sobreabundó la gracia, ²¹ a fin de que, así como reinó el pecado en la muerte, reine también la gracia que nos trae justificación y vida eterna por medio de Jesucristo nuestro Señor.

---

a 5:1 *tenemos.* Var. *tengamos.* *b* 5:6 *como ... salvarnos.* Lit. *cuando todavía éramos débiles.* *c* 5:12 En el griego este versículo es la primera parte de una oración comparativa que se reinicia y concluye en el v. 18. *d* 5:16 *resultado ... con.* Alt. *resultado del pecado de uno solo, pero la dádiva que lleva a la justificación fue resultado de.*

Pasaje del sábado:
Romanos 14:7-9
Pasaje del domingo:
Gálatas 2:19-21

Entrega

Al Dios que trasciende
        La vanidad de la palabra,
Al Dios indefinible
        Y apenas sospechado,
Que se retrata entre velos
        Y se describe en parábolas.
Al que no sobrecoge
        Futuro ni pasado,
Al que traza lo finito
        Y lo infinito abarca:
Yo no le vendo adjetivos
        Ni la virtud mal lograda.
No le ofrendo cánticos
        Ni le tributo lágrimas.
Traigo sobre mis palmas vacías
        Sola, en silencio, mi alma.

Cristina K. de Sokoluk
Argentina

Muertos al pecado, vivos en Cristo

6 ¿Qué concluiremos? ¿Que vamos a persistir en el pecado, para que la gracia abunde? **2** ¡De ninguna manera! Nosotros, que hemos muerto al pecado, ¿cómo podemos seguir viviendo en él? **3** ¿Acaso no saben ustedes que todos los que fuimos bautizados para unirnos con Cristo Jesús, en realidad fuimos bautizados para participar en su muerte? **4** Por tanto, mediante el bautismo fuimos sepultados con él en su muerte, a fin de que, así como Cristo *resucitó por el poder[a] del Padre, también nosotros llevemos una vida nueva.

5 En efecto, si hemos estado unidos con él en su muerte, sin duda también estaremos unidos con él en su resurrección. **6** Sabemos que lo que antes éramos[b] fue crucificado con él para que nuestro cuerpo pecaminoso perdiera su poder, de modo que ya no siguiéramos siendo esclavos del pecado; **7** porque el que muere queda liberado del pecado.

8 Ahora bien, si hemos muerto con Cristo, confiamos que también viviremos con él. **9** Pues sabemos que Cristo, por haber sido *levantado de entre los muertos, ya no puede volver a morir; la muerte ya no tiene dominio sobre él. **10** En cuanto a su muerte, murió al pecado una vez y para siempre; en cuanto a su vida, vive para Dios.

11 De la misma manera, también ustedes considérense muertos al pecado, pero vivos para Dios en Cristo Jesús. **12** Por lo tanto, no permitan ustedes que el pecado reine en su cuerpo mortal, ni obedezcan a sus malos deseos. **13** No ofrezcan los miembros de su cuerpo al pecado como instrumentos de injusticia; al contrario, ofrézcanse más bien a Dios como quienes han vuelto de la muerte a la vida, presentando los miembros de su cuerpo como instrumentos de justicia. **14** Así el pecado no tendrá dominio sobre ustedes, porque ya no están bajo la ley sino bajo la gracia.

Esclavos de la justicia

15 Entonces, ¿qué? ¿Vamos a pecar porque no estamos ya bajo la ley sino bajo la gracia? ¡De ninguna manera! **16** ¿Acaso no saben ustedes que, cuando se entregan a alguien para obedecerlo, son *esclavos de aquel a quien obedecen? Claro que lo son, ya sea del pecado que lleva a la muerte, o de la obediencia que lleva a la justicia. **17** Pero gracias a Dios que, aunque antes eran esclavos del pecado, ya se han sometido de corazón a la enseñanza[c] que les fue transmitida. **18** En efecto, habiendo sido liberados del pecado, ahora son ustedes esclavos de la justicia.

19 Hablo en términos humanos, por las limitaciones de su *naturaleza humana. Antes ofrecían ustedes los miembros de su cuerpo para servir a la impureza, que lleva más y más a la maldad; ofrézcanlos ahora para servir a la justicia que lleva a la *santidad. **20** Cuando ustedes eran esclavos del pecado, estaban libres del dominio de la justicia. **21** ¿Qué fruto cosechaban entonces? ¡Cosas que ahora los avergüenzan y que conducen a la muerte! **22** Pero ahora que han sido liberados del pecado y se han puesto al servicio de Dios, cosechan la santidad que conduce a la vida eterna. **23** Porque la paga del pecado es muerte, mientras que la dádiva de Dios es vida eterna en Cristo Jesús, nuestro Señor.

Analogía tomada del matrimonio

7 Hermanos, les hablo como a quienes conocen la ley. ¿Acaso no saben que uno está sujeto a la ley solamente en vida? **2** Por ejemplo, la casada está ligada por ley a su esposo sólo mientras éste vive; pero si su esposo muere, ella queda libre de la ley que la unía a su esposo. **3** Por eso, si se casa con otro hombre mientras su esposo vive, se le considera adúltera. Pero si muere su esposo, ella queda libre de esa ley, y no es adúltera aunque se case con otro hombre.

4 Así mismo, hermanos míos, ustedes murieron a la ley mediante el cuerpo crucificado de Cristo, a fin de pertenecer

---

a **6:4** *el poder.* Lit. *la gloria.* *b* **6:6** *lo que antes éramos.* Lit. *nuestro viejo hombre.* *c* **6:17** *a la enseñanza.* Lit. *al modelo de enseñanza.*

al que fue *levantado de entre los muertos. De este modo daremos fruto para Dios. 5 Porque cuando nuestra *naturaleza pecaminosa aún nos dominaba,[a] las malas pasiones que la ley nos despertaba actuaban en los miembros de nuestro cuerpo, y dábamos fruto para muerte. 6 Pero ahora, al morir a lo que nos tenía subyugados, hemos quedado libres de la ley, a fin de servir a Dios con el nuevo poder que nos da el Espíritu, y no por medio del antiguo mandamiento escrito.

Conflicto con el pecado

7 ¿Qué concluiremos? ¿Que la ley es pecado? ¡De ninguna manera! Sin embargo, si no fuera por la ley, no me habría dado cuenta de lo que es el pecado. Por ejemplo, nunca habría sabido yo lo que es codiciar si la ley no hubiera dicho: «No codicies.»[b] 8 Pero el pecado, aprovechando la oportunidad que le proporcionó el mandamiento, despertó en mí toda clase de codicia. Porque aparte de la ley el pecado está muerto. 9 En otro tiempo yo tenía vida aparte de la ley; pero cuando vino el mandamiento, cobró vida el pecado y yo morí. 10 Se me hizo evidente que el mismo mandamiento que debía haberme dado vida me llevó a la muerte; 11 porque el pecado se aprovechó del mandamiento, me engañó, y por medio de él me mató.

12 Concluimos, pues, que la ley es santa, y que el mandamiento es santo, justo y bueno. 13 Pero entonces, ¿lo que es bueno se convirtió en muerte para mí? ¡De ninguna manera! Más bien fue el pecado lo que, valiéndose de lo bueno, me produjo la muerte; ocurrió así para que el pecado se manifestara claramente, o sea, para que mediante el mandamiento se demostrara lo extremadamente malo que es el pecado.

14 Sabemos, en efecto, que la ley es espiritual. Pero yo soy meramente *humano, y estoy vendido como esclavo al pecado. 15 No entiendo lo que me pasa, pues no hago lo que quiero, sino lo que aborrezco. 16 Ahora bien, si hago lo que no quiero, estoy de acuerdo en que la ley

es buena; 17 pero, en ese caso, ya no soy yo quien lo lleva a cabo sino el pecado que habita en mí. 18 Yo sé que en mí, es decir, en mi *naturaleza pecaminosa, nada bueno habita. Aunque deseo hacer lo bueno, no soy capaz de hacerlo. 19 De hecho, no hago el bien que quiero, sino el mal que no quiero. 20 Y si hago lo que no quiero, ya no soy yo quien lo hace sino el pecado que habita en mí.

21 Así que descubro esta ley: que cuando quiero hacer el bien, me acompaña el mal. 22 Porque en lo íntimo de mi ser me deleito en la ley de Dios; 23 pero me doy cuenta de que en los miembros de mi cuerpo hay otra ley, que es la ley del pecado. Esta ley lucha contra la ley de mi mente, y me tiene cautivo. 24 ¡Soy un pobre miserable! ¿Quién me librará de este cuerpo mortal? 25 ¡Gracias a Dios por medio de Jesucristo nuestro Señor!

En conclusión, con la mente yo mismo me someto a la ley de Dios, pero mi *naturaleza pecaminosa está sujeta a la ley del pecado.

Vida mediante el Espíritu

8 Por lo tanto, ya no hay ninguna condenación para los que están unidos a Cristo Jesús,[c] 2 pues por medio de él la ley del Espíritu de vida me[d] ha liberado de la ley del pecado y de la muerte. 3 En efecto, la ley no pudo liberarnos porque la *naturaleza pecaminosa anuló su poder; por eso Dios envió a su propio Hijo en condición semejante a nuestra condición de pecadores,[e] para que se ofreciera en sacrificio por el pecado. Así condenó Dios al pecado en la naturaleza humana, 4 a fin de que las justas demandas de la ley se cumplieran en nosotros, que no vivimos según la naturaleza pecaminosa sino según el Espíritu.

5 Los que viven conforme a la naturaleza pecaminosa fijan la mente en los deseos de tal naturaleza; en cambio, los que viven conforme al Espíritu fijan la mente en los deseos del Espíritu. 6 La mentalidad pecaminosa es muerte, mientras que la mentalidad que proviene del Espíritu es vida y paz. 7 La mentalidad

---

a 7:5 cuando ... dominaba. Lit. *cuando estábamos en la carne. b 7:7* Éx 20:17; Dt 5:21 *c 8:1 Jesús.* Var. *Jesús, los que no viven según la naturaleza pecaminosa sino según el Espíritu* (véase v. 4). *d 8:2 me.* Var. *te. e 8:3 en condición semejante ... pecadores.* Lit. *en semejanza de carne de pecado.*

pecaminosa es enemiga de Dios, pues no se somete a la ley de Dios, ni es capaz de hacerlo. **8** Los que viven según la naturaleza pecaminosa no pueden agradar a Dios.

9 Sin embargo, ustedes no viven según la naturaleza pecaminosa sino según el Espíritu, si es que el Espíritu de Dios vive en ustedes. Y si alguno no tiene el Espíritu de Cristo, no es de Cristo. **10** Pero si Cristo está en ustedes, el cuerpo está muerto a causa del pecado, pero el Espíritu que está en ustedes es vida^a a causa de la justicia. **11** Y si el Espíritu de aquel que *levantó a Jesús de entre los muertos vive en ustedes, el mismo que levantó a Cristo de entre los muertos también dará vida a sus cuerpos mortales por medio de su Espíritu, que vive en ustedes.

12 Por tanto, hermanos, tenemos una obligación, pero no es la de vivir conforme a la naturaleza pecaminosa. **13** Porque si ustedes viven conforme a ella, morirán; pero si por medio del Espíritu dan muerte a los malos hábitos del cuerpo, vivirán. **14** Porque todos los que son guiados por el Espíritu de Dios son hijos de Dios. **15** Y ustedes no recibieron un espíritu que de nuevo los esclavice al miedo, sino el Espíritu que los adopta como hijos y les permite clamar: «¡*Abba! ¡Padre!» **16** El Espíritu mismo le asegura a nuestro espíritu que somos hijos de Dios. **17** Y si somos hijos, somos herederos; herederos de Dios y coherederos con Cristo, pues si ahora sufrimos con él, también tendremos parte con él en su gloria.

La gloria futura

18 De hecho, considero que en nada se comparan los sufrimientos actuales con la gloria que habrá de revelarse en nosotros. **19** La creación aguarda con ansiedad la revelación de los hijos de Dios, **20** porque fue sometida a la frustración. Esto no sucedió por su propia voluntad, sino por la del que así lo dispuso. Pero queda la firme esperanza **21** de que la creación misma ha de ser liberada de la corrupción que la esclaviza, para así alcanzar la gloriosa libertad de los hijos de Dios.

22 Sabemos que toda la creación todavía gime a una, como si tuviera dolores de parto. **23** Y no sólo ella, sino también nosotros mismos, que tenemos las *primicias del Espíritu, gemimos interiormente, mientras aguardamos nuestra adopción como hijos, es decir, la redención de nuestro cuerpo. **24** Porque en esa esperanza fuimos salvados. Pero la esperanza que se ve, ya no es esperanza. ¿Quién espera lo que ya tiene? **25** Pero si esperamos lo que todavía no tenemos, en la espera mostramos nuestra constancia.

26 Así mismo, en nuestra debilidad el Espíritu acude a ayudarnos. No sabemos qué pedir, pero el Espíritu mismo intercede por nosotros con gemidos que no pueden expresarse con palabras. **27** Y Dios, que examina los corazones, sabe cuál es la intención del Espíritu, porque el Espíritu intercede por los *creyentes conforme a la voluntad de Dios.

Más que vencedores

28 Ahora bien, sabemos que Dios dispone todas las cosas para el bien de quienes lo aman,^b los que han sido llamados de acuerdo con su propósito. **29** Porque a los que Dios conoció de antemano, también los predestinó a ser transformados según la imagen de su Hijo, para que él sea el primogénito entre muchos hermanos. **30** A los que predestinó, también los llamó; a los que llamó, también los *justificó; y a los que justificó, también los glorificó.

31 ¿Qué diremos frente a esto? Si Dios está de nuestra parte, ¿quién puede estar en contra nuestra? **32** El que no escatimó ni a su propio Hijo, sino que lo entregó por todos nosotros, ¿cómo no habrá de darnos generosamente, junto con él, todas las cosas? **33** ¿Quién acusará a los que Dios ha escogido? Dios es el que justifica. **34** ¿Quién condenará? Cristo Jesús es el que murió, e incluso *resucitó, y está a la *derecha de Dios e intercede por nosotros. **35** ¿Quién nos apartará del amor de Cristo? ¿La tribulación, o la angustia, la persecución, el hambre, la indigencia, el peligro, o la violencia? **36** Así está escrito:

---

a 8:10 *el Espíritu ... vida.* Alt. *el espíritu de ustedes vive.* *b* 8:28 *Dios ... aman.* Var. *todo actúa para el bien de quienes aman a Dios.*

Pasaje del día: Romanos 8:28-39
Versículo del día: Romanos 8:35

Nada podrá apartarnos

Cuando leemos en la Palabra de Dios que nada podrá apartarnos del amor de Cristo, pensamos en nuestra fidelidad al Señor y que aun estaríamos dispuestas a dar la vida por Él. Sin embargo, cuando pasamos por una situación crítica nos percatamos que sólo son palabras huecas de nuestra parte.

Hace algunos años, al borde de dar a luz, un examen médico reveló que mi bebé había muerto en mis entrañas dos días antes. En esos días, ya me encontraba trabajando en el servicio al Señor. Ahora me enfrentaba a una situación límite y desesperada.

A los pocos minutos, ya con mi hija muerta en mis brazos, me amargué contra Dios, al no comprender sus propósitos. Sin embargo, con la fuerza de su Santo Espíritu, inspirada en su Palabra, afirmé: "Jehová da, Jehová quita; bendito sea su nombre."

No todo culminó así. Minutos después, una profusa hemorragia me dejó sin vida por quince minutos, periodo en el cual, ante la presencia de Jesús, comprobé el inmenso amor que Él tiene por sus hijos. Su misericordia me permitió volver a cumplir el propósito para el cual había sido creada.

Creo firmemente que ninguna circunstancia me podrá apartar del amor de Cristo ni quebrar mi compromiso con su causa. Amiga lectora, usted también puede tener la misma certeza, hasta en la prueba más difícil. "Ni la muerte ni la vida, ni los ángeles ni los demonios, ni lo presente ni lo por venir, ni los poderes, ni lo alto ni lo profundo, ni cosa alguna en toda la creación, podrá apartarnos del amor que Dios nos ha manifestado en Cristo Jesús nuestro Señor" (Romanos 8:38-39).

Silvia Camacho de Salcedo
Bolivia

«Por tu causa nos vemos amenazados
de muerte todo el día;
nos tratan como a ovejas
destinadas al matadero.»[a]

37 Sin embargo, en todo esto somos más que vencedores por medio de aquel que nos amó. **38** Pues estoy convencido de que ni la muerte ni la vida, ni los ángeles ni los demonios,[b] ni lo presente ni lo por venir, ni los poderes, **39** ni lo alto ni lo profundo, ni cosa alguna en toda la creación, podrá apartarnos del amor que Dios nos ha manifestado en Cristo Jesús nuestro Señor.

La elección soberana de Dios

9 Digo la verdad en Cristo; no miento. Mi conciencia me lo confirma en el Espíritu Santo. **2** Me invade una gran tristeza y me embarga un continuo dolor. **3** Desearía yo mismo ser maldecido y separado de Cristo por el bien de mis hermanos, los de mi propia raza, **4** el pueblo de Israel. De ellos son la adopción como hijos, la gloria divina, los pactos, la ley, y el privilegio de adorar a Dios y contar con sus promesas. **5** De ellos son los patriarcas, y de ellos, según la *naturaleza humana, nació Cristo, quien es Dios sobre todas las cosas. ¡Alabado sea por siempre!c Amén.

6 Ahora bien, no digamos que la Palabra de Dios ha fracasado. Lo que sucede es que no todos los que descienden de Israel son Israel. **7** Tampoco por ser descendientes de Abraham son todos hijos suyos. Al contrario: «Tu descendencia se establecerá por medio de Isaac.»[d] **8** En otras palabras, los hijos de Dios no son los descendientes *naturales; más bien, se considera descendencia de Abraham a los hijos de la promesa. **9** Y la promesa es ésta: «El próximo año volveré, y Sara tendrá un hijo.»[e]

10 No sólo eso. También sucedió que los hijos de Rebeca tuvieron un mismo padre, que fue nuestro antepasado Isaac. **11** Sin embargo, antes de que los mellizos nacieran, o hicieran algo bueno o malo, y para confirmar el propósito de la elección divina, **12** no en base a las obras sino al llamado de Dios, se le dijo a ella: «El mayor servirá al menor.»[f] **13** Y así está escrito: «Amé a Jacob, pero aborrecí a Esaú.»[g]

14 ¿Qué concluiremos? ¿Acaso es Dios injusto? ¡De ninguna manera! **15** Es un hecho que a Moisés le dice:

«Tendré misericordia de quien yo
tenga misericordia;
y me compadeceré de quien yo me
compadezca.»[h]

16 Por lo tanto, la elección no depende del deseo ni del esfuerzo humano sino de la misericordia de Dios. **17** Porque la Escritura le dice al faraón: «Te levanté precisamente para mostrar en ti mi poder, y para que mi nombre sea proclamado por toda la tierra.»[a] **18** Así que Dios tiene misericordia de quien él quiere tenerla, y endurece a quien él quiere endurecer.

19 Pero tú me dirás: «Entonces, ¿por qué todavía nos echa la culpa Dios? ¿Quién puede oponerse a su voluntad?» **20** Respondo: ¿Quién eres tú para pedirle cuentas a Dios? «¿Acaso le dirá la olla de barro al que la modeló: '¿Por qué me hiciste así?'»[b] **21** ¿No tiene derecho el alfarero de hacer del mismo barro unas vasijas para usos especiales y otras para fines ordinarios?

22 ¿Y qué si Dios, queriendo mostrar su ira y dar a conocer su poder, soportó con mucha paciencia a los que eran objeto de su castigoc y estaban destinados a la destrucción? **23** ¿Qué si lo hizo para dar a conocer sus gloriosas riquezas a los que eran objeto de su misericordia, y a quienes de antemano preparó para esa gloria? **24** Ésos somos nosotros, a quienes Dios llamó no sólo de entre los judíos sino también de entre los *gentiles. **25** Así lo dice Dios en el libro de Oseas:

«Llamaré 'mi pueblo' a los que no
son mi pueblo;
y llamaré 'mi amada' a la que no es
mi amada»,[d]

26 «Y sucederá que en el mismo lugar

---

a 8:36 Sal 44:22 *b* 8:38 *demonios.* Alt. *gobernantes celestiales.* *c* 9:5 *Cristo ... siempre!* Alt. *Cristo. ¡Dios, que está sobre todas las cosas, sea alabado por siempre!* *d* 9:7 Gn 21:12 *e* 9:9 Gn 18:10,14 *f* 9:12 Gn 25:23 *g* 9:13 Mal 1:2,3 *h* 9:15 Éx 33:19 *a* 9:17 Éx 9:16 *b* 9:20 Is 29:16; 45:9 *c* 9:22 *objeto de su castigo.* Lit. *vasijas de ira.* *d* 9:25 Os 2:23

donde se les dijo:
'Ustedes no son mi pueblo',
serán llamados 'hijos del Dios
viviente'.»ᵃ

27 Isaías, por su parte, proclama respecto de Israel:

«Aunque los israelitas sean tan
   numerosos
como la arena del mar,
sólo el remanente será salvo;
28 porque plenamente y sin demora
el Señor cumplirá su sentencia en
   la tierra.»ᵇ

29 Así había dicho Isaías:

«Si no fuera porque el Señor
   Todopoderoso
nos dejó descendientes,
habríamos llegado a ser como
   Sodoma,
habríamos sido como Gomorra.»ᶜ

Incredulidad de Israel

30 ¿Qué concluiremos? Pues que los *gentiles, que no buscaban la justicia, la han alcanzado. Me refiero a la justicia que es por la fe. **31** En cambio Israel, que iba en busca de una ley que le diera justicia, no ha alcanzado esa justicia. **32** ¿Por qué no? Porque no la buscaron mediante la fe sino mediante las obras, como si fuera posible alcanzarla así. Por eso tropezaron con la «piedra de tropiezo», **33** como está escrito:

«Miren que pongo en Sión una
   piedra de tropiezo
y una roca que hace *caer;
pero el que confíe en él no será
   defraudado.»ᵈ

10 Hermanos, el deseo de mi corazón, y mi oración a Dios por los israelitas, es que lleguen a ser salvos. **2** Puedo declarar en favor de ellos que muestran celo por Dios, pero su celo no se basa en el conocimiento. **3** No conociendo la jus-

ticia que proviene de Dios, y procurando establecer la suya propia, no se sometieron a la justicia de Dios. **4** De hecho, Cristo es el fin de la ley, para que todo el que cree reciba la justicia.

5 Así describe Moisés la justicia que se basa en la ley: «Quien haga estas cosas vivirá por ellas.»ᵉ **6** Pero la justicia que se basa en la fe afirma: «No digas en tu corazón: '¿Quién subirá al cielo?'ᶠ (es decir, para hacer bajar a Cristo), **7** o '¿Quién bajará al *abismo?'»ᵍ (es decir, para hacer subir a Cristo de entre los muertos). **8** ¿Qué afirma entonces? «Cerca de ti está la palabra, en tu boca y en tu corazón.»ʰ Esta es la palabra de fe que predicamos: **9** que si confiesas con tu boca que Jesús es el Señor, y crees en tu corazón que Dios lo *levantó de entre los muertos, serás salvo. **10** Porque con el corazón se cree para ser *justificado, pero con la boca se confiesa para ser salvo. **11** Así dice la Escritura: «Todo el que confíe en él no será jamás defraudado.»ᵃ **12** No hay diferencia entre judíos y *gentiles, pues el mismo Señor es Señor de todos y bendice abundantemente a cuantos lo invocan, **13** porque «todo el que invoque el nombre del Señor será salvo».ᵇ

14 Ahora bien, ¿cómo invocarán a aquel en quien no han creído? ¿Y cómo creerán en aquel de quien no han oído? ¿Y cómo oirán si no hay quien les predique? **15** ¿Y quién predicará sin ser enviado? Así está escrito: «¡Qué hermoso es recibir al mensajero que trae buenas *nuevas!»ᶜ **16** Sin embargo, no todos los israelitas aceptaron las buenas nuevas. Isaías dice: «Señor, ¿quién ha creído a nuestro mensaje?»ᵈ **17** Así que la fe viene como resultado de oír el mensaje, y el mensaje que se oye es la palabra de Cristo.ᵉ **18** Pero pregunto: ¿Acaso no oyeron? ¡Claro que sí!

«Por toda la tierra se difundió la voz
   de ellos,
y sus palabras hasta los confines
   del mundo.»ᶠ

19 Pero insisto: ¿Acaso no entendió Israel? En primer lugar, Moisés dice:

a **9:26** Os 1:10   *b* **9:28** Is 10:22,23   *c* **9:29** Is 1:9   *d* **9:33** Is 8:14; 28:16   *e* **10:5** Lv 18:5   *f* **10:6** Dt 30:12   *g* **10:7** Dt 30:13   *h* **10:8** Dt 30:14   *a* **10:11** Is 28:16   *b* **10:13** Jl 2:32   *c* **10:15** *¡Qué hermoso ... trae.* Lit. *¡Qué hermosos son los pies de los que anuncian;* Is 52:7.   *d* **10:16** Is 53:1   *e* **10:17** *Cristo.* Var. *Dios.*   *f* **10:18** Sal 19:4

«A ustedes yo mismo los pondré
celosos con una nación que no
es nación;
los provocaré a enojo con una
nación insensata.»a

20 Luego Isaías se atreve a decir:

«Dejé que me hallaran los que no me
buscaban;
me di a conocer a los que no
preguntaban por mí.»b

21 En cambio, respecto de Israel, dice:

«Todo el día extendí mis manos
hacia un pueblo desobediente y
rebelde.»c

El remanente de Israel

11 Por lo tanto, pregunto: ¿Acaso rechazó Dios a su pueblo? ¡De ninguna manera! Yo mismo soy israelita, descendiente de Abraham, de la tribu de
Benjamín. 2 Dios no rechazó a su pueblo,
al que de antemano conoció. ¿No saben
lo que relata la Escritura en cuanto a Elías?
Acusó a Israel delante de Dios: 3 «Señor,
han matado a tus profetas y han derribado
tus altares; sólo yo he quedado con vida,
y están tratando de matarme.»d 4 ¿Y qué
le contestó la voz divina? «He apartado
para mí siete mil hombres que no han
doblado la rodilla ante Baal.»e 5 Así también hay en la actualidad un remanente
escogido por gracia. 6 Y si es por gracia,
ya no es por obras; porque en tal caso la
gracia ya no sería gracia.f

7 ¿Qué concluiremos? Pues que Israel
no consiguió lo que tanto deseaba, pero
sí lo consiguieron los elegidos. Los demás
fueron endurecidos, 8 como está escrito:

«Dios les dio un espíritu insensible,
ojos con los que no pueden ver
y oídos con los que no pueden oír,
hasta el día de hoy.»g

9 Y David dice:

«Que sus banquetes se les conviertan
en red y en trampa,
en *tropezadero y en castigo.

10 Que se oscurezcan sus ojos para
que no puedan ver,
y se encorven sus espaldas para
siempre.»h

Ramas injertadas

11 Ahora pregunto: ¿Acaso tropezaron
para no volver a levantarse? ¡De ninguna
manera! Más bien, gracias a su transgresión ha venido la salvación a los *gentiles,
para que Israel sienta celos. 12 Pero si su
transgresión ha enriquecido al mundo, es
decir, si su fracaso ha enriquecido a los
gentiles, ¡cuánto mayor será la riqueza
que su plena restauración producirá!
13 Me dirijo ahora a ustedes, los gentiles. Como apóstol que soy de ustedes, le
hago honor a mi ministerio, 14 pues quisiera ver si de algún modo despierto los
celos de mi propio pueblo, para así salvar
a algunos de ellos. 15 Pues si el haberlos
rechazado dio como resultado la reconciliación entre Dios y el mundo, ¿no será su
restitución una vuelta a la vida? 16 Si se
consagra la parte de la masa que se ofrece
como *primicias, también se consagra
toda la masa; si la raíz es santa, también
lo son las ramas.

17 Ahora bien, es verdad que algunas
de las ramas han sido desgajadas, y que
tú, siendo de olivo silvestre, has sido injertado entre las otras ramas. Ahora par-
ticipas de la savia nutritiva de la raíz del
olivo. 18 Sin embargo, no te vayas a creer
mejor que las ramas originales. Y si te
jactas de ello, ten en cuenta que no eres
tú quien nutre a la raíz, sino que es la raíz
la que te nutre a ti. 19 Tal vez dirás: «Des-
gajaron unas ramas para que yo fuera
injertado.» 20 De acuerdo. Pero ellas fueron desgajadas por su falta de fe, y tú por
la fe te mantienes firme. Así que no seas
arrogante sino temeroso; 21 porque si
Dios no tuvo miramientos con las ramas
originales, tampoco los tendrá contigo.
22 Por tanto, considera la bondad y la
severidad de Dios: severidad hacia los
que cayeron y bondad hacia ti. Pero si no
te mantienes en su bondad, tú también
serás desgajado. 23 Y si ellos dejan de ser
incrédulos, serán injertados, porque Dios

---

a 10:19 Dt 32:21 b 10:20 Is 65:1 c 10:21 Is 65:2 d 11:3 1R 19:10,14 e 11:4 1R 19:18 f 11:6 *no sería gracia.* Var. *no sería gracia. Pero si es por obras, ya no es por gracia; porque en tal caso la obra ya no sería obra.* g 11:8 Dt 29:4; Is 29:10 h 11:10 Sal 69:22,23

tiene poder para injertarlos de nuevo. ²⁴ Después de todo, si tú fuiste cortado de un olivo silvestre, al que por naturaleza pertenecías, y contra tu condición natural fuiste injertado en un olivo cultivado, ¡con cuánta mayor facilidad las ramas naturales de ese olivo serán injertadas de nuevo en él!

Todo Israel será salvo

²⁵ Hermanos, quiero que entiendan este *misterio para que no se vuelvan presuntuosos. Parte de Israel se ha endurecido, y así permanecerá hasta que haya entrado la totalidad de los *gentiles. ²⁶ De esta manera todo Israel será salvo, como está escrito:

«Vendrá de Sión el libertador,
  que apartará de Jacob la impiedad.
²⁷ Y éste será mi pacto con ellos
  cuando perdone sus pecados.»ᵃ

²⁸ Con respecto al *evangelio, los israelitas son enemigos de Dios para bien de ustedes; pero si tomamos en cuenta la elección, son amados de Dios por causa de los patriarcas, ²⁹ porque las dádivas de Dios son irrevocables, como lo es también su llamamiento. ³⁰ De hecho, en otro tiempo ustedes fueron desobedientes a Dios; pero ahora, por la desobediencia de los israelitas, han sido objeto de su misericordia. ³¹ Así mismo, estos que han desobedecido recibirán misericordia ahora, como resultado de la misericordia de Dios hacia ustedes. ³² En fin, Dios ha sujetado a todos a la desobediencia, con el fin de tener misericordia de todos.

Doxología

³³ ¡Qué profundas son las riquezas de la sabiduría y del conocimiento de Dios!

¡Qué indescifrables sus juicios
  e impenetrables sus caminos!
³⁴ «¿Quién ha conocido la mente del Señor?
  ¿O quién ha sido su consejero?»ᵇ
³⁵ «¿Quién le ha dado primero a Dios,
  para que luego Dios le pague?»ᶜ

³⁶ Porque todas las cosas proceden de él,
  y existen por él y para él.
¡A él sea la gloria por siempre! Amén.

Sacrificios vivos

12 Por lo tanto, hermanos, tomando en cuenta la misericordia de Dios, les ruego que cada uno de ustedes, en adoración espiritual,ᵈ ofrezca su cuerpo como sacrificio vivo, *santo y agradable a Dios. ² No se amolden al mundo actual, sino sean transformados mediante la renovación de su mente. Así podrán comprobar cuál es la voluntad de Dios, buena, agradable y perfecta.

³ Por la gracia que se me ha dado, les digo a todos ustedes: Nadie tenga un concepto de sí más alto que el que debe tener, sino más bien piense de sí mismo con moderación, según la medida de fe que Dios le haya dado. ⁴ Pues así como cada uno de nosotros tiene un solo cuerpo con muchos miembros, y no todos estos miembros desempeñan la misma función, ⁵ también nosotros, siendo muchos, formamos un solo cuerpo en Cristo, y cada miembro está unido a todos los demás. ⁶ Tenemos dones diferentes, según la gracia que se nos ha dado. Si el don de alguien es el de profecía, que lo use en proporción con su fe;ᵉ ⁷ si es el de prestar un servicio, que lo preste; si es el de enseñar, que enseñe; ⁸ si es el de animar a otros, que los anime; si es el de socorrer a los necesitados, que dé con generosidad; si es el de dirigir, que dirija con esmero; si es el de mostrar compasión, que lo haga con alegría.

El amor

⁹ El amor debe ser sincero. Aborrezcan el mal; aférrense al bien. ¹⁰ Ámense los unos a los otros con amor fraternal, respetándose y honrándose mutuamente. ¹¹ Nunca dejen de ser diligentes; antes bien, sirvan al Señor con el fervor que da el Espíritu. ¹² Alégrense en la esperanza, muestren paciencia en el sufrimiento, perseveren en la oración. ¹³ Ayuden a los hermanos necesitados. Practiquen la hos-

---

a 11:27 Is 59:20,21; 27:9; Jr 31:33,34 *b* 11:34 Is 40:13 *c* 11:35 Job 41:11 *d* 12:1 *espiritual.* Alt. *racional.* *e* 12:6 *en proporción con su fe.* Alt. *de acuerdo con la fe.*

Pasaje del día: Romanos 12:1-13
Versículo del día: Romanos 12:11

Siervas diligentes y confiadas

*H*ace algunos años me invitaron a colaborar en el ministerio de educación infantil en la iglesia a la que asisto. Entre otras cosas, debía redactar lecciones bíblicas para niños, labor para la cual me sentía incapaz. Pasé muchos días luchando por hacer lo mejor posible la tarea, para recibir el visto bueno de mis líderes; pero, cada vez, terminaba sintiendo que no valía la pena el esfuerzo, o llorando ante un pasaje que me señalaba mis errores o debilidades, mis carencias y mi gran necesidad de depender totalmente de Dios.

Sentía que no estaba preparada para esa tarea; pero una y otra vez venían a mi mente versículos que me instaban a trabajar, a permitir que la gracia de Dios hiciera aquello que yo no era capaz de hacer por esfuerzo propio. Al fin, comprendí que era sierva de Dios, no de mis líderes, y que debía hacer todo lo que estuviera a mi alcance, redactando con diligencia cada lección, permitiendo que Dios hablara a mi corazón e hiciera en él su obra. Luego debía dejar que la gracia de Dios hiciera lo demás. Y Él lo hizo. Me lo comprobó una hermana al decirme que una de las lecciones había tocado su corazón.

Es posible que ante una nueva labor nos sintamos incapaces y, por ello, pospongamos la tarea. Sin embargo, la Escritura nos anima a hacer lo que nos han asignado con diligencia, prontitud y esmero, y promete que el Señor de la obra hará lo demás. ¡Qué hermoso es trabajar descansando en esa verdad!

Elizabeth Sol de Esquinca
México

Pasaje del día: Romanos 12:9-21
Versículo del día: Romanos 12:18

Cómo ser pacificadoras

Cuesta pedir perdón cuando hemos ofendido a alguien. Cuesta otorgar el perdón cuando alguien nos ha ofendido. Pero debemos luchar para vencer en este campo.

Dominar la ira personal y dominar el espíritu agresivo, son grandes bendiciones y conquistas. Leyendo en la carta del apóstol Pablo a los Romanos, encuentro que en cuanto dependa de mí, debo estar en paz con todos los hombres. No debo vengarme yo misma, sino dejar el castigo en las manos de Dios, porque está escrito: "Mía es la venganza; yo pagaré."

Debemos aceptar esta Escritura sobre la base de que todo lo que Dios pide que hagamos, es factible hacer. Dios nunca va a exigir algo que no podamos soportar, ni será nunca tan pesada la carga que supere nuestras fuerzas. Lo que Él pide es posible, y lo que es posible, se realiza con un poquito de decisión y de fe.

Es posible ser una pacificadora. Es posible mantener la armonía y la amistad con todos los demás. Para lograrlo, debemos cultivar la buena voluntad hacia el resto del mundo. Debemos ver en los demás, seres humanos con más necesidades que las nuestras, a quienes debemos comprender y tolerar. Si nos armamos de este pensamiento continuamente, y lo hacemos regla de vida, será más fácil vivir en paz con todos.

Si aun con eso hay alguien que nos perjudica, que nos hiere, que nos ataca sin ninguna razón, entonces hagamos esfuerzo supremo y perdonémosle pidiéndole a Cristo toda la fuerza necesaria.

Noemí Mottesi
Estados Unidos

pitalidad. **14** Bendigan a quienes los persigan; bendigan y no maldigan. **15** Alégrense con los que están alegres; lloren con los que lloran. **16** Vivan en armonía los unos con los otros. No sean arrogantes, sino háganse solidarios con los humildes.ª No se crean los únicos que saben. **17** No paguen a nadie mal por mal. Procuren hacer lo bueno delante de todos. **18** Si es posible, y en cuanto dependa de ustedes, vivan en paz con todos. **19** No tomen venganza, hermanos míos, sino dejen el castigo en las manos de Dios, porque está escrito: «Mía es la venganza; yo pagaré»,ᵇ dice el Señor. **20** Antes bien,

«Si tu enemigo tiene hambre, dale de
   comer;
si tiene sed, dale de beber.
Actuando así, harás que se
   avergüence de su conducta.»ᶜ

21 No te dejes vencer por el mal; al contrario, vence el mal con el bien.

El respeto a las autoridades

13 Todos deben someterse a las autoridades públicas, pues no hay autoridad que Dios no haya dispuesto, así que las que existen fueron establecidas por él. **2** Por lo tanto, todo el que se opone a la autoridad se rebela contra lo que Dios ha instituido. Los que así proceden recibirán castigo. **3** Porque los gobernantes no están para infundir terror a los que hacen lo bueno sino a los que hacen lo malo. ¿Quieres librarte del miedo a la autoridad? Haz lo bueno, y tendrás su aprobación, **4** pues está al servicio de Dios para tu bien. Pero si haces lo malo, entonces debes tener miedo. No en vano lleva la espada, pues está al servicio de Dios para impartir justicia y castigar al malhechor. **5** Así que es necesario someterse a las autoridades, no sólo para evitar el castigo sino también por razones de conciencia.

6 Por eso mismo pagan ustedes impuestos, pues las autoridades están al servicio de Dios, dedicadas precisamente a gobernar. **7** Paguen a cada uno lo que le corresponda: si deben impuestos, paguen los impuestos; si deben contribuciones, paguen las contribuciones; al que deban respeto, muéstrenle respeto; al que deban honor, ríndanle honor.

La responsabilidad hacia los demás

8 No tengan deudas pendientes con nadie, a no ser la de amarse unos a otros. De hecho, quien ama al prójimo ha cumplido la ley. **9** Porque los mandamientos que dicen: «No cometas adulterio», «No mates», «No robes», «No codicies»,ᵈ y todos los demás mandamientos, se resumen en este precepto: «Ama a tu prójimo como a ti mismo.»ᵉ **10** El amor no perjudica al prójimo. Así que el amor es el cumplimiento de la ley.

11 Hagan todo esto estando conscientes del tiempo en que vivimos. Ya es hora de que despierten del sueño, pues nuestra salvación está ahora más cerca que cuando inicialmente creímos. **12** La noche está muy avanzada y ya se acerca el día. Por eso, dejemos a un lado las obras de la oscuridad y pongámonos la armadura de la luz. **13** Vivamos decentemente, como a la luz del día, no en orgías y borracheras, ni en inmoralidad sexual y libertinaje, ni en disensiones y envidias. **14** Más bien, revístanse ustedes del Señor Jesucristo, y no se preocupen por satisfacer los deseos de la *naturaleza pecaminosa.

Los débiles y los fuertes

14 Reciban al que es débil en la fe, pero no para entrar en discusiones. **2** A algunos su fe les permite comer de todo, pero hay quienes son débiles en la fe, y sólo comen verduras. **3** El que come de todo no debe menospreciar al que no come ciertas cosas, y el que no come de todo no debe condenar al que lo hace, pues Dios lo ha aceptado. **4** ¿Quién eres tú para juzgar al siervo de otro? Que se mantenga en pie, o que caiga, es asunto de su propio señor. Y se mantendrá en pie, porque el Señor tiene poder para sostenerlo.

5 Hay quien considera que un día tiene más importancia que otro, pero hay

---

ª **12:16** *háganse ... humildes.* Alt. *estén dispuestos a ocuparse en oficios humildes.* ᵇ **12:19** Dt 32:35 ᶜ **12:20** *Actuando ... conducta.* Lit. *Así, ascuas de fuego amontonarás sobre su cabeza;* Pr 25:21,22. ᵈ **13:9** Éx 20:13-15,17; Dt 5:17-19,21 ᵉ **13:9** Lv 19:18

quien considera iguales todos los días. Cada uno debe estar firme en sus propias opiniones. ⁶ El que le da importancia especial a cierto día, lo hace para el Señor. El que come de todo, come para el Señor, y lo demuestra dándole gracias a Dios; y el que no come, para el Señor se abstiene, y también da gracias a Dios. ⁷ Porque ninguno de nosotros vive para sí mismo, ni tampoco muere para sí. ⁸ Si vivimos, para el Señor vivimos; y si morimos, para el Señor morimos. Así pues, sea que vivamos o que muramos, del Señor somos. ⁹ Para esto mismo murió Cristo, y volvió a vivir, para ser Señor tanto de los que han muerto como de los que aún viven. ¹⁰ Tú, entonces, ¿por qué juzgas a tu hermano? O tú, ¿por qué lo menosprecias? ¡Todos tendremos que comparecer ante el tribunal de Dios! ¹¹ Está escrito:

«Tan cierto como que yo vivo —dice
    el Señor—,
ante mí se doblará toda rodilla
y toda lengua confesará a Dios.»ᵃ

¹² Así que cada uno de nosotros tendrá que dar cuentas de sí a Dios.

¹³ Por tanto, dejemos de juzgarnos unos a otros. Más bien, propónganse no poner *tropiezos ni obstáculos al hermano. ¹⁴ Yo, de mi parte, estoy plenamente convencido en el Señor Jesús de que no hay nada *impuro en sí mismo. Si algo es impuro, lo es solamente para quien así lo considera. ¹⁵ Ahora bien, si tu hermano se angustia por causa de lo que comes, ya no te comportas con amor. No destruyas, por causa de la comida, al hermano por quien Cristo murió. ¹⁶ En una palabra, no den lugar a que se hable mal del bien que ustedes practican, ¹⁷ porque el reino de Dios no es cuestión de comidas o bebidas sino de justicia, paz y alegría en el Espíritu Santo. ¹⁸ El que de esta manera sirve a Cristo, agrada a Dios y es aprobado por sus semejantes.

¹⁹ Por lo tanto, esforcémonos por promover todo lo que conduzca a la paz y a la mutua edificación. ²⁰ No destruyas la obra de Dios por causa de la comida. Todo alimento es puro; lo malo es hacer tropezar a otros por lo que uno come. ²¹ Más vale no comer carne ni beber vino, ni hacer nada que haga *caer a tu hermano.

²² Así que la convicciónᵇ que tengas tú al respecto, manténla como algo entre Dios y tú. *Dichoso aquel a quien su conciencia no lo acusa por lo que hace. ²³ Pero el que tiene dudas en cuanto a lo que come, se condena; porque no lo hace por convicción. Y todo lo que no se hace por convicción es pecado.

15 Los fuertes en la fe debemos apoyar a los débiles, en vez de hacer lo que nos agrada. ² Cada uno debe agradar al prójimo para su bien, con el fin de edificarlo. ³ Porque ni siquiera Cristo se agradó a sí mismo sino que, como está escrito: «Las ofensas de los que te insultan han caído sobre mí.»ᶜ ⁴ De hecho, todo lo que se escribió en el pasado se escribió para enseñarnos, a fin de que, alentados por las Escrituras, perseveremos en mantener nuestra esperanza.

⁵ Que el Dios que infunde aliento y perseverancia les conceda vivir juntos en armonía, conforme al ejemplo de Cristo Jesús, ⁶ para que con un solo corazón y a una sola voz glorifiquen al Dios y Padre de nuestro Señor Jesucristo.

⁷ Por tanto, acéptense mutuamente, así como Cristo los aceptó a ustedes para gloria de Dios. ⁸ Les digo que Cristo se hizo servidor de los judíosᵈ para demostrar la fidelidad de Dios, a fin de confirmar las promesas hechas a los patriarcas, ⁹ y para que los *gentiles glorifiquen a Dios por su compasión, como está escrito:

«Por eso te alabaré entre las
    *naciones;
cantaré himnos a tu nombre.»ᵉ

¹⁰ En otro pasaje dice:

«Alégrense, naciones, con el pueblo
    de Dios.»ᶠ

¹¹ Y en otra parte:

ᵃ 14:11 Is 45:23 ᵇ 14:22 *convicción*. Lit. *fe;* también en v. 23. ᶜ 15:3 Sal 69:9 ᵈ 15:8 *de los judíos*. Lit. *de la circuncisión.*
ᵉ 15:9 2S 22:50; Sal 18:49 ᶠ 15:10 Dt 32:43

«Alaben al Señor, naciones todas;
pueblos todos, cántenle
alabanzas.»a

12 A su vez, Isaías afirma:

«Brotará la raíz de Isaí,
el que se levantará para gobernar
a las naciones;
en él los pueblos pondrán su
esperanza.»b

13 Que el Dios de la esperanza los llene de toda alegría y paz a ustedes que creen en él, para que rebosen de esperanza por el poder del Espíritu Santo.

Pablo, ministro de los gentiles

14 Por mi parte, hermanos míos, estoy seguro de que ustedes mismos rebosan de bondad, abundan en conocimiento y están capacitados para instruirse unos a otros. **15** Sin embargo, les he escrito con mucha franqueza sobre algunos asuntos, como para refrescarles la memoria. Me he atrevido a hacerlo por causa de la gracia que Dios me dio **16** para ser ministro de Cristo Jesús a los *gentiles. Yo tengo el deber sacerdotal de proclamar el *evangelio de Dios, a fin de que los gentiles lleguen a ser una ofrenda aceptable a Dios, *santificada por el Espíritu Santo.

17 Por tanto, mi servicio a Dios es para mí motivo de *orgullo en Cristo Jesús. **18** No me atreveré a hablar de nada sino de lo que Cristo ha hecho por medio de mí para que los gentiles lleguen a obedecer a Dios. Lo ha hecho con palabras y obras, **19** mediante poderosas señales y milagros, por el poder del Espíritu de Dios. Así que, habiendo comenzado en Jerusalén, he completado la proclamación del evangelio de Cristo por todas partes, hasta la región de Iliria. **20** En efecto, mi propósito ha sido predicar el evangelio donde Cristo no sea conocido, para no edificar sobre fundamento ajeno. **21** Más bien, como está escrito:

«Los que nunca habían recibido
noticia de él, lo verán;

y entenderán los que no habían
oído hablar de él.»c

22 Este trabajo es lo que muchas veces me ha impedido ir a visitarlos.

Pablo piensa visitar Roma

23 Pero ahora que ya no me queda un lugar dónde trabajar en estas regiones, y como desde hace muchos años anhelo verlos, **24** tengo planes de visitarlos cuando vaya rumbo a España. Espero que, después de que haya disfrutado de la compañía de ustedes por algún tiempo, me ayuden a continuar el viaje. **25** Por ahora, voy a Jerusalén para llevar ayuda a los *hermanos, **26** ya que Macedonia y Acaya tuvieron a bien hacer una colecta para los hermanos pobres de Jerusalén. **27** Lo hicieron de buena voluntad, aunque en realidad era su obligación hacerlo. Porque si los *gentiles han participado de las bendiciones espirituales de los judíos, están en deuda con ellos para servirles con las bendiciones materiales. **28** Así que, una vez que yo haya cumplido esta tarea y entregado en sus manos este fruto, saldré para España y de paso los visitaré a ustedes. **29** Sé que, cuando los visite, iré con la abundante bendición de Cristo.

30 Les ruego, hermanos, por nuestro Señor Jesucristo y por el amor del Espíritu, que se unan conmigo en esta lucha y que oren a Dios por mí. **31** Pídanle que me libre de caer en manos de los incrédulos que están en Judea, y que los hermanos de Jerusalén reciban bien la ayuda que les llevo. **32** De este modo, por la voluntad de Dios, llegaré a ustedes con alegría y podré descansar entre ustedes por algún tiempo. **33** El Dios de paz sea con todos ustedes. Amén.

Saludos personales

16 Les recomiendo a nuestra hermana Febe, diaconisa de la iglesia de Cencrea. **2** Les pido que la reciban dignamente en el Señor, como conviene hacerlo entre hermanos en la fe; préstenle toda la ayuda que necesite, porque ella ha ayudado a muchas personas, entre las que me cuento yo.

---

a **15:11** Sal 117:1 *b* **15:12** Is 11:10 *c* **15:21** Is 52:15

3 Saluden a *Priscila y a Aquila, mis compañeros de trabajo en Cristo Jesús. 4 Por salvarme la *vida, ellos arriesgaron la suya. Tanto yo como todas las iglesias de los *gentiles les estamos agradecidos.

5 Saluden igualmente a la iglesia que se reúne en la casa de ellos.

Saluden a mi querido hermano Epeneto, el primer convertido a Cristo en la provincia de *Asia.ᵃ

6 Saluden a María, que tanto ha trabajado por ustedes.

7 Saluden a Andrónico y a Junías,ᵇ mis parientes y compañeros de cárcel, destacados entre los apóstoles y convertidos a Cristo antes que yo.

8 Saluden a Amplias, mi querido hermano en el Señor.

9 Saluden a Urbano, nuestro compañero de trabajo en Cristo, y a mi querido hermano Estaquis.

10 Saluden a Apeles, que ha dado tantas pruebas de su fe en Cristo.

Saluden a los de la familia de Aristóbulo.

11 Saluden a Herodión, mi pariente.

Saluden a los de la familia de Narciso, fieles en el Señor.

12 Saluden a Trifena y a Trifosa, las cuales se esfuerzan trabajando por el Señor.

Saluden a mi querida hermana Pérsida, que ha trabajado muchísimo en el Señor.

13 Saluden a Rufo, distinguido creyente,ᶜ y a su madre, que ha sido también como una madre para mí.

14 Saluden a Asíncrito, a Flegonte, a Hermes, a Patrobas, a Hermas y a los hermanos que están con ellos.

15 Saluden a Filólogo, a Julia, a Nereo y a su hermana, a Olimpas y a todos los hermanos que están con ellos.

16 Salúdense unos a otros con un beso santo.

Todas las iglesias de Cristo les mandan saludos.

17 Les ruego, hermanos, que se cuiden de los que causan divisiones y dificultades, y van en contra de lo que a ustedes se les ha enseñado. Apártense de ellos. 18 Tales individuos no sirven a Cristo nuestro Señor, sino a sus propios deseos.ᵈ Con palabras suaves y lisonjeras engañan a los ingenuos. 19 Es cierto que ustedes viven en obediencia, lo que es bien conocido de todos y me alegra mucho; pero quiero que sean sagaces para el bien e inocentes para el mal.

20 Muy pronto el Dios de paz aplastará a Satanás bajo los pies de ustedes.

Que la gracia de nuestro Señor Jesús sea con ustedes.

21 Saludos de parte de Timoteo, mi compañero de trabajo, como también de Lucio, Jasón y Sosípater, mis parientes.

22 Yo, Tercio, que escribo esta carta, los saludo en el Señor.

23 Saludos de parte de Gayo, de cuya hospitalidad disfrutamos yo y toda la iglesia de este lugar.

También les mandan saludos Erasto, que es el tesorero de la ciudad, y nuestro hermano Cuarto.ᵉ

25-26 El Dios eterno ocultó su *misterio durante largos siglos, pero ahora lo ha revelado por medio de los escritos proféticos, según su propio mandato, para que todas las *naciones obedezcan a la fe. ¡Al que puede fortalecerlos a ustedes conforme a mi *evangelio y a la predicación acerca de Jesucristo, 27 al único sabio Dios, sea la gloria para siempre por medio de Jesucristo! Amén.

---

a 16:5 *el primer ... Asia.* Lit. *las primicias de Asia.* *b* 16:7 *Junías.* Alt. *Junia.* *c* 16:13 *distinguido creyente.* Lit. *escogido en el Señor.* *d* 16:18 *sus propios deseos.* Lit. *su propio estómago.* *e* 16:23 *Cuarto.* Var. *Cuarto.* ²⁴ *La gracia de nuestro Señor Jesucristo sea con todos ustedes. Amén.*

1 CORINTIOS - *Mientras está en Éfeso (Hechos 19), Pablo escribe esta carta a la iglesia que fundó en Corinto (Hechos 18:1-17). Trata sobre varios problemas de los cuales ha oído hablar y responde preguntas que ellos le han hecho en una carta (véase 1 Corintios 7:1). Da mucha importancia a ser obediente a Cristo y a procurar la unidad, la humildad y el amor en la iglesia. Al leer este libro, tome la decisión de buscar la voluntad del Señor en todo lo que usted hace, y de esforzarse por ser humilde, por amar a los demás y por tener unidad de espíritu con otros creyentes.*

1 Corintios

1 Pablo, llamado por la voluntad de Dios a ser apóstol de *Cristo Jesús, y nuestro hermano Sóstenes,

2 a la iglesia de Dios que está en Corinto, a los que han sido *santificados en Cristo Jesús y llamados a ser su santo pueblo, junto con todos los que en todas partes invocan el nombre de nuestro Señor Jesucristo, Señor de ellos y de nosotros:

3 Que Dios nuestro Padre y el Señor Jesucristo les concedan gracia y paz.

Acción de gracias

4 Siempre doy gracias a Dios por ustedes, pues él, en Cristo Jesús, les ha dado su gracia. **5** Unidos a Cristo ustedes se han llenado de toda riqueza, tanto en palabra como en conocimiento. **6** Así se ha confirmado en ustedes nuestro testimonio acerca de Cristo, **7** de modo que no les falta ningún don espiritual mientras esperan con ansias que se manifieste nuestro Señor Jesucristo. **8** Él los mantendrá firmes hasta el fin, para que sean irreprochables en el día de nuestro Señor Jesucristo. **9** Fiel es Dios, quien los ha llamado a tener comunión con su Hijo Jesucristo, nuestro Señor.

Divisiones en la iglesia

10 Les suplico, hermanos, en el nombre de nuestro Señor Jesucristo, que todos vivan en armonía y que no haya divisiones entre ustedes, sino que se mantengan unidos en un mismo pensar y en un mismo propósito. **11** Digo esto, hermanos míos, porque algunos de la familia de Cloé me han informado que hay rivalidades entre ustedes. **12** Me refiero a que unos dicen: «Yo sigo a Pablo»; otros afirman: «Yo, a Apolos»; otros: «Yo, a *Cefas»; y otros: «Yo, a Cristo.»

13 ¡Cómo! ¿Está dividido Cristo? ¿Acaso Pablo fue crucificado por ustedes? ¿O es que fueron bautizados en el nombre de Pablo? **14** Gracias a Dios que no bauticé a ninguno de ustedes, excepto a Crispo y a Gayo, **15** de modo que nadie puede decir que fue bautizado en mi nombre. **16** Bueno, también bauticé a la familia de Estéfanas; fuera de éstos, no recuerdo haber bautizado a ningún otro. **17** Pues Cristo no me envió a bautizar sino a predicar el *evangelio, y eso sin discursos de sabiduría humana, para que la cruz de Cristo no perdiera su eficacia.

Cristo, sabiduría y poder de Dios

18 Me explico: El mensaje de la cruz es una locura para los que se pierden; en cambio, para los que se salvan, es decir, para nosotros, este mensaje es el poder de Dios. **19** Pues está escrito:

«Destruiré la sabiduría de los sabios;
frustraré la inteligencia de los
    inteligentes.»[a]

20 ¿Dónde está el sabio? ¿Dónde el erudito? ¿Dónde el filósofo de esta época? ¿No ha convertido Dios en locura la sabiduría de este mundo? **21** Ya que Dios, en su sabio designio, dispuso que el mundo no lo conociera mediante la sabiduría humana, tuvo a bien salvar, mediante la locura de la predicación, a los que creen. **22** Los judíos piden señales milagrosas y los *gentiles buscan sabiduría, **23** mientras que nosotros predicamos a Cristo crucificado. Este mensaje es motivo de *tropiezo para los judíos, y es locura para los gentiles, **24** pero para los que Dios ha llamado, lo mismo judíos que gentiles, Cristo es el poder de Dios y la sabiduría de Dios. **25** Pues la locura de Dios es más sabia que la sabiduría humana, y la debilidad de Dios es más fuerte que la fuerza humana.

26 Hermanos, consideren su propio llamamiento: No muchos de ustedes son sabios, según criterios meramente *humanos; ni son muchos los poderosos ni

JUEVES

Pasaje del día: 1 Corintios 1:1-9
Versículo del día: 1 Corintios 1:5

Señor, lléname de ti

El ser humano siempre está en la búsqueda de cosas que le enriquezcan. En lo físico, cuidando su cuerpo; en lo intelectual, adquiriendo conocimiento; y en lo espiritual, buscando a Dios.

El apóstol Pablo les escribe a los corintios que ellos habían sido enriquecidos en el Señor. Los corintios, lejos de ser perfectos, eran personas que tenían muchas cosas que debían corregir; pero en esta ocasión, Pablo les alienta a reflexionar en las cosas buenas que habían recibido de Dios. Esa riqueza implicaba la salvación, el llamamiento a la santificación (ser diferentes en medio de un mundo perverso), y una capacitación a través de los dones del Espíritu Santo.

Una madre que educa a su hijo siempre le transmite algo de su carácter, sus alegrías, su confianza y su valor. Lo enriquece porque forja su vida. Si a un niño le falta alimento, abrigo, caricias y el amor de sus padres, siempre quedarán las huellas de esa carencia.

Estar cerca del Señor deja una huella que los demás pueden ver. Su compañía nos enriquece y nos moldea; su toque nos hace sabias, humildes, amorosas, pacientes y llenas de gracia. El Espíritu Santo nos consuela, nos mima y nos hace gozar de la vida. ¿No le parece maravilloso?

Oración: Oh, Señor, necesito enriquecerme con tu presencia. Deseo cada día nutrirme de ti, que eres la fuente de vida eterna. Quiero ser como tú; quiero estar en comunión contigo para que Cristo sea formado en mí.

Sofía Zukowski
de Surenian
Argentina

muchos los de noble cuna. **27** Pero Dios escogió lo insensato del mundo para avergonzar a los sabios, y escogió lo débil del mundo para avergonzar a los poderosos. **28** También escogió Dios lo más bajo y despreciado, y lo que no es nada, para anular lo que es, **29** a fin de que en su presencia nadie pueda *jactarse. **30** Pero gracias a él ustedes están unidos a Cristo Jesús, a quien Dios ha hecho nuestra sabiduría —es decir, nuestra *justificación, *santificación y redención— **31** para que, como está escrito: «El que se quiera *enorgullecer, que se enorgullezca en el Señor.»ª

2 Yo mismo, hermanos, cuando fui a anunciarles el testimoniob de Dios, no lo hice con gran elocuencia y sabiduría. **2** Me propuse más bien, estando entre ustedes, no saber de cosa alguna, excepto de Jesucristo, y de éste crucificado. **3** Es más, me presenté ante ustedes con tanta debilidad que temblaba de miedo. **4** No les hablé ni les prediqué con palabras sabias y elocuentes sino con demostración del poder del Espíritu, **5** para que la fe de ustedes no dependiera de la sabiduría humana sino del poder de Dios.

Sabiduría procedente del Espíritu

6 En cambio, hablamos con sabiduría entre los que han alcanzado madurez,c pero no con la sabiduría de este mundo ni con la de sus gobernantes, los cuales terminarán en nada. **7** Más bien, exponemos el *misterio de la sabiduría de Dios, una sabiduría que ha estado escondida y que Dios había destinado para nuestra gloria desde la eternidad. **8** Ninguno de los gobernantes de este mundo la entendió, porque de haberla entendido no habrían crucificado al Señor de la gloria. **9** Sin embargo, como está escrito:

«Ningún ojo ha visto,
　　ningún oído ha escuchado,
ninguna mente humana ha concebido
　　lo que Dios ha preparado para
　　quienes lo aman.»

10 Ahora bien, Dios nos ha revelado esto por medio de su Espíritu, pues el Espíritu lo examina todo, hasta las profundidades de Dios. **11** En efecto, ¿quién conoce los pensamientos del ser *humano sino su propio espíritu que está en él? Así mismo, nadie conoce los pensamientos de Dios sino el Espíritu de Dios. **12** Nosotros no hemos recibido el espíritu del mundo sino el Espíritu que procede de Dios, para que entendamos lo que por su gracia él nos ha concedido. **13** Esto es precisamente de lo que hablamos, no con las palabras que enseña la sabiduría humana sino con las que enseña el Espíritu, de modo que expresamos verdades espirituales en términos espirituales.d **14** El que no tiene el Espíritue no acepta lo que procede del Espíritu de Dios, pues para él es locura. No puede entenderlo, porque hay que discernirlo espiritualmente. **15** En cambio, el que es espiritual lo juzga todo, aunque él mismo no está sujeto al juicio de nadie, porque

16 «¿quién ha conocido la mente del
　　Señor
　　para que pueda instruirlo?»f

Nosotros, por nuestra parte, tenemos la mente de Cristo.

Sobre las divisiones en la iglesia

3 Yo, hermanos, no pude dirigirme a ustedes como a espirituales sino como a inmaduros,g apenas niños en Cristo. **2** Les di leche porque no podían asimilar alimento sólido, ni pueden todavía, **3** pues aún son inmaduros. Mientras haya entre ustedes celos y contiendas, ¿no serán inmaduros? ¿Acaso no se estarán comportando según criterios meramente *humanos? **4** Cuando uno afirma: «Yo sigo a Pablo», y otro: «Yo sigo a Apolos», ¿no es porque están actuando con criterios humanos?h **5** Después de todo, ¿qué es Apolos? ¿Y qué es Pablo? Nada más que servidores por medio de los cuales ustedes llegaron a creer, según lo que el Señor le asignó a cada uno. **6** Yo sembré, Apolos regó, pero

---

a **1:31** Jer 9:24   *b* **2:1** *testimonio.* Var. *misterio.*   *c* **2:6** *los que ... madurez.* Lit. *los perfectos.*   *d* **2:13** *expresamos ... espirituales.* Alt. *interpretamos verdades espirituales a personas espirituales.*   *e* **2:14** *El que no tiene el Espíritu.* Lit. *El hombre síquico* (o *natural*).   *f* **2:16** Is 40:13   *g* **3:1** *inmaduros.* Lit. *carnales*; también en v. 3.   *h* **3:4** *¿no es ... humanos?* Lit. *¿no son ustedes hombres?*

Pasaje del día: 1 Corintios 3:11-23
Versículo del día: 1 Corintios 3:11

Edificando a la familia en la fe

Aunque edificar a la familia en la fe es tarea de la pareja, quiero resaltar la influencia maravillosa que podemos tener nosotras las mujeres. Conozco un matrimonio mixto, en el cual la esposa cristiana se vio impedida para influenciar con su fe evangélica en su hijo mayor, lo cual ocasionó una turbulenta conversación entre padre e hijo. El padre reconoció que era culpable por no haber permitido que la madre lo guiara espiritualmente; y desde esos momentos, confió en que ella interviniera con su fe en la vida del muchacho.

Eso fue impactante para aquella mujer. Fue un reconocimiento de los ideales cristianos que ella tenía, y con mucha satisfacción entró de lleno a su labor.

Quiero invitarte, madre cristiana, a que edifiques a tu familia en la fe. Tienes el fundamento, que es Cristo, y sobre ese fundamento eres llamada a edificar.

Hay dos aspectos que, como piedras preciosas, debemos poner en la vida de nuestros hijos:

1. Un amor total a Dios (Marcos 12:29-30). Puedo testificar que de mis padres aprendí a amar a Dios. La vida de ellos ha sido el modelo para mí.

2. Enseñanza de la Biblia, como norma de conducta. Dios promete que lo que enseñamos a nuestros hijos los guiará en su caminar, los guardará cuando duerman, les hablará diariamente, y alumbrará su vida (Proverbios 6:20-23). Sólo esto es suficiente para que nos esforcemos en poner esos materiales en su vida.

¿Estás dispuesta a edificar a tu familia en la fe? ¿Estás dispuesta a dar de tu tiempo y tus energías para edificar a las familias que no conocen a Cristo? El Señor te recompensará.

Rina Yanes de Soriano
El Salvador

Pasaje del sábado:
1 Corintios 1:18-31
Pasaje del domingo:
Romanos 8:1-18

De la nada, todo

No sé cómo presentarme,
No sé qué decirte.
Me siento como nada.
Y la nada, nada sabe.
Y la nada, nada es.

Tierno Jesús,
No quiero hablar de mis angustias.
No quiero decir mis pensamientos.
No quiero poner mis argumentos.

Sé, Señor, que puedes
transformarme,
Moldearme nuevamente.
Y eso es lo que quiero.
Me pongo en tus manos...
Desmenúzame.

Quiero ser lo que tú has imaginado.
Quiero ser lo que tú quieres que sea.
Quiero ser como tú eres.

Quiero que la nada
Se vuelva todo.
Todo lo que tú quieres, Señor.

Silvia Camacho de Salcedo
Bolivia

Dios ha dado el crecimiento. [7] Así que no cuenta ni el que siembra ni el que riega, sino sólo Dios, quien es el que hace crecer. [8] El que siembra y el que riega están al mismo nivel, aunque cada uno será recompensado según su propio trabajo. [9] En efecto, nosotros somos colaboradores al servicio de Dios; y ustedes son el campo de cultivo de Dios, son el edificio de Dios.

[10] Según la gracia que Dios me ha dado, yo, como maestro constructor, eché los cimientos, y otro construye sobre ellos. Pero cada uno tenga cuidado de cómo construye, [11] porque nadie puede poner un fundamento diferente del que ya está puesto, que es Jesucristo. [12] Si alguien construye sobre este fundamento, ya sea con oro, plata y piedras preciosas, o con madera, heno y paja, [13] su obra se mostrará tal cual es, pues el día del juicio la dejará al descubierto. El fuego la dará a conocer, y pondrá a prueba la calidad del trabajo de cada uno. [14] Si lo que alguien ha construido permanece, recibirá su recompensa, [15] pero si su obra es consumida por las llamas, él sufrirá pérdida. Será salvo, pero como quien pasa por el fuego.

[16] ¿No saben que ustedes son templo de Dios y que el Espíritu de Dios habita en ustedes? [17] Si alguno destruye el templo de Dios, él mismo será destruido por Dios; porque el templo de Dios es sagrado, y ustedes son ese templo.

[18] Que nadie se engañe. Si alguno de ustedes se cree sabio según las normas de esta época, hágase ignorante para así llegar a ser sabio. [19] Porque a los ojos de Dios la sabiduría de este mundo es locura. Como está escrito: «Él atrapa a los sabios en su propia astucia»;[a] [20] y también dice: «El Señor sabe que los pensamientos de los sabios son vanos.»[b] [21] Por lo tanto, ¡que nadie base su *orgullo en el hombre! Al fin y al cabo, todo es de ustedes, [22] ya sea Pablo, o Apolos, o *Cefas, o el universo, o la vida, o la muerte, o lo presente o lo por venir; todo es de ustedes, [23] y ustedes son de Cristo, y Cristo es de Dios.

Apóstoles de Cristo

4 Que todos nos consideren servidores de Cristo, encargados de administrar los *misterios de Dios. [2] Ahora bien, a los que reciben un encargo se les exige que demuestren ser dignos de confianza. [3] Por mi parte, muy poco me preocupa que me juzguen ustedes o cualquier tribunal humano; es más, ni siquiera me juzgo a mí mismo. [4] Porque aunque la conciencia no me remuerde, no por eso quedo absuelto; el que me juzga es el Señor. [5] Por lo tanto, no juzguen nada antes de tiempo; esperen hasta que venga el Señor. Él sacará a la luz lo que está oculto en la oscuridad y pondrá al descubierto las intenciones de cada corazón. Entonces cada uno recibirá de Dios la alabanza que le corresponda.

[6] Hermanos, todo esto lo he aplicado a Apolos y a mí mismo para beneficio de ustedes, con el fin de que aprendan de nosotros aquello de «no ir más allá de lo que está escrito». Así ninguno de ustedes podrá engreírse de haber favorecido al uno en perjuicio del otro. [7] ¿Quién te distingue de los demás? ¿Qué tienes que no hayas recibido? Y si lo recibiste, ¿por qué presumes como si no te lo hubieran dado?

[8] ¡Ya tienen todo lo que desean! ¡Ya han enriquecido! ¡Han llegado a ser reyes, y eso sin nosotros! ¡Ojalá fueran de veras reyes para que también nosotros reináramos con ustedes! [9] Por lo que veo, a nosotros los apóstoles Dios nos ha hecho desfilar en el último lugar, como a los sentenciados a muerte. Hemos llegado a ser un espectáculo para todo el universo, tanto para los ángeles como para los hombres. [10] ¡Por causa de Cristo, nosotros somos los ignorantes; ustedes, en Cristo, son los inteligentes! ¡Los débiles somos nosotros; los fuertes son ustedes! ¡A ustedes se les estima; a nosotros se nos desprecia! [11] Hasta el momento pasamos hambre, tenemos sed, nos falta ropa, se nos maltrata, no tenemos dónde vivir. [12] Con estas manos nos matamos trabajando. Si nos maldicen, bendecimos; si nos persiguen, lo soportamos; [13] si nos calumnian, los tratamos con gentileza. Se

a **3:19** Job 5:13　*b* **3:20** Sal 94:1

Pasaje del día: 1 Corintios 4:1-7
Versículo del día: 1 Corintios 4:7

Sacrificio en vez de orgullo

*M*i Señor y mi Dios:

Muchas veces me enorgullezco y me siento mejor que otras personas, capaz de escribir para glorificarte, o capaz de hacer muchas otras cosas que exaltan mi ego.

Quiero rogarte, Padre, que no permitas que me llene de orgullo. Haz que siempre reconozca que tú obras en mí y que cada habilidad que me das es por tu gracia. Haz que no olvide que puedes quitarme todo cuando desees, que tu poder está en mí por tu misericordia, y que no soy nadie si no es por ti.

Señor, sé que quieres usarme allí donde estoy. A veces siento que no tengo ni una sola habilidad, que no tengo talento para nada; eso también es orgullo. Tú quieres mi disposición para servirte, no en mis propias fuerzas, para que no me glorie, sino descansando en que tu maravilloso poder me controla y me da la fortaleza que necesito para servirte con gozo.

Amado Señor, ayúdame a servir, porque es tu voluntad. No dejes que piense en la ingratitud de otros, sino que recuerde que no soy mejor. Humíllame, Padre, cada vez que sea necesario. Arranca de mí el orgullo y siembra espíritu de sacrificio; sigue rompiendo y rehaciendo este tu vaso.

Quiero parecerme cada día más a ti. Gracias por tu amor y tu misericordia, tan inmerecibles, así como los talentos que me has dado. Moldéame según sea tu voluntad, para que esté lista a sacrificar hasta lo máximo por ti.

Martha Lucía Torres Rodríguez
Colombia

nos considera la escoria de la tierra, la basura del mundo, y así hasta el día de hoy. **14** No les escribo esto para avergonzarlos sino para amonestarlos, como a hijos míos amados. **15** De hecho, aunque tuvieran ustedes miles de tutores en Cristo, padres sí que no tienen muchos, porque mediante el *evangelio yo fui el padre que los engendró en Cristo Jesús. **16** Por tanto, les ruego que sigan mi ejemplo. **17** Con este propósito les envié a Timoteo, mi amado y fiel hijo en el Señor. Él les recordará mi manera de comportarme en Cristo Jesús, como enseño por todas partes y en todas las iglesias.

18 Ahora bien, algunos de ustedes se han vuelto presuntuosos, pensando que no iré a verlos. **19** Lo cierto es que, si Dios quiere, iré a visitarlos muy pronto, y ya veremos no sólo cómo hablan sino cuánto poder tienen esos presumidos. **20** Porque el reino de Dios no es cuestión de palabras sino de poder. **21** ¿Qué prefieren? ¿Que vaya a verlos con un látigo, o con amor y espíritu apacible?

¡Expulsen al hermano inmoral!

5 Es ya del dominio público que hay entre ustedes un caso de inmoralidad sexual que ni siquiera entre los *paganos se tolera, a saber, que uno de ustedes tiene por mujer a la esposa de su padre. **2** ¡Y de esto se sienten orgullosos! ¿No debieran, más bien, haber lamentado lo sucedido y expulsado de entre ustedes al que hizo tal cosa? **3** Yo, por mi parte, aunque no estoy físicamente entre ustedes, sí estoy presente en espíritu, y ya he juzgado, como si estuviera presente, al que cometió este pecado. **4** Cuando se reúnan en el nombre de nuestro Señor Jesús, y con su poder yo los acompañe en espíritu, **5** entreguen a este hombre a Satanás para destrucción de su *naturaleza pecaminosaª a fin de que su espíritu sea salvo en el día del Señor. **6** Hacen mal en *jactarse. ¿No se dan cuenta de que un poco de levadura hace fermentar toda la masa? **7** Desháganse de la vieja levadura para que sean masa nueva, panes sin levadura, como lo son en realidad. Porque Cristo, nuestro Cordero pascual, ya ha sido sacrificado. **8** Así que celebremos nuestra Pascua no con la vieja levadura, que es la malicia y la perversidad, sino con pan sin levadura, que es la sinceridad y la verdad.

9 Por carta ya les he dicho que no se relacionen con personas inmorales. **10** Por supuesto, no me refería a la gente inmoral de este mundo, ni a los avaros, estafadores o idólatras. En tal caso, tendrían ustedes que salirse de este mundo. **11** Pero en esta carta quiero aclararles que no deben relacionarse con nadie que, llamándose hermano, sea inmoral o avaro, idólatra, calumniador, borracho o estafador. Con tal persona ni siquiera deben juntarse para comer.

12 ¿Acaso me toca a mí juzgar a los de afuera? ¿No son ustedes los que deben juzgar a los de adentro? **13** Dios juzgará a los de afuera. «Expulsen al malvado de entre ustedes.»b

Pleitos entre creyentes

6 Si alguno de ustedes tiene un pleito con otro, ¿cómo se atreve a presentar demanda ante los inconversos, en vez de acudir a los *creyentes? **2** ¿Acaso no saben que los creyentes juzgarán al mundo? Y si ustedes han de juzgar al mundo, ¿cómo no van a ser capaces de juzgar casos insignificantes? **3** ¿No saben que aun a los ángeles los juzgaremos? ¡Cuánto más los asuntos de esta vida! **4** Por tanto, si tienen pleitos sobre tales asuntos, ¿cómo es que nombran como jueces a los que no cuentan para nada ante la iglesia?c **5** Digo esto para que les dé vergüenza. ¿Acaso no hay entre ustedes nadie lo bastante sabio como para juzgar un pleito entre creyentes? **6** En vez de esto, un hermano demanda a otro, ¡y esto ante los incrédulos!

7 En realidad, ya es una grave falla el solo hecho de que haya pleitos entre ustedes. ¿No sería mejor soportar la injusticia? ¿No sería mejor dejar que los defrauden? **8** Lejos de eso, son ustedes los que defraudan y cometen injusticias, ¡y conste que se trata de sus hermanos!

---

a **5:5** *su naturaleza pecaminosa*. Alt. *su cuerpo*. Lit. *la carne.* *b* **5:13** Dt 17:7; 19:19; 21:21; 22:21,24; 24:7 *c* **6:4** *¿cómo ... iglesia?* Alt. *¡nombren como jueces aun a los que no cuentan para nada ante la iglesia!*

⁹ ¿No saben que los malvados no heredarán el reino de Dios? ¡No se dejen engañar! Ni los fornicarios, ni los idólatras, ni los adúlteros, ni los sodomitas, ni los pervertidos sexuales, ¹⁰ ni los ladrones, ni los avaros, ni los borrachos, ni los calumniadores, ni los estafadores heredarán el reino de Dios. ¹¹ Y eso eran algunos de ustedes. Pero ya han sido lavados, ya han sido *santificados, ya han sido *justificados en el nombre del Señor Jesucristo y por el Espíritu de nuestro Dios.

La inmoralidad sexual

¹² «Todo me está permitido», pero no todo es para mi bien. «Todo me está permitido», pero no dejaré que nada me domine. ¹³ «Los alimentos son para el estómago y el estómago para los alimentos»; así es, y Dios los destruirá a ambos. Pero el cuerpo no es para la inmoralidad sexual sino para el Señor, y el Señor para el cuerpo. ¹⁴ Con su poder Dios resucitó al Señor, y nos resucitará también a nosotros. ¹⁵ ¿No saben que sus cuerpos son miembros de Cristo mismo? ¿Tomaré acaso los miembros de Cristo para unirlos con una prostituta? ¡Jamás! ¹⁶ ¿No saben que el que se une a una prostituta se hace un solo cuerpo con ella? Pues la Escritura dice: «Los dos llegarán a ser un solo cuerpo.»ᵃ ¹⁷ Pero el que se une al Señor se hace uno con él en espíritu.

¹⁸ Huyan de la inmoralidad sexual. Todos los demás pecados que una persona comete quedan fuera de su cuerpo; pero el que comete inmoralidades sexuales peca contra su propio cuerpo. ¹⁹ ¿Acaso no saben que su cuerpo es templo del Espíritu Santo, quien está en ustedes y al que han recibido de parte de Dios? Ustedes no son sus propios dueños; ²⁰ fueron comprados por un precio. Por tanto, honren con su cuerpo a Dios.

Consejos matrimoniales

7 Paso ahora a los asuntos que me plantearon por escrito: «Es mejor no tener relaciones sexuales.»ᵇ ² Pero en vista de tanta inmoralidad, cada hombre debe tener su propia esposa, y cada mujer su propio esposo. ³ El hombre debe cumplir su deber conyugal con su esposa, e igualmente la mujer con su esposo. ⁴ La mujer ya no tiene derecho sobre su propio cuerpo, sino su esposo. Tampoco el hombre tiene derecho sobre su propio cuerpo, sino su esposa. ⁵ No se nieguen el uno al otro, a no ser de común acuerdo, y sólo por un tiempo, para dedicarse a la oración. No tarden en volver a unirse nuevamente; de lo contrario, pueden caer en *tentación de Satanás, por falta de dominio propio. ⁶ Ahora bien, esto lo digo como una concesión y no como una orden. ⁷ En realidad, preferiría que todos fueran como yo. No obstante, cada uno tiene de Dios su propio don: éste posee uno; aquél, otro.

⁸ A los solteros y a las viudas les digo que sería mejor que se quedaran como yo. ⁹ Pero si no pueden dominarse, que se casen, porque es preferible casarse que quemarse de pasión.

¹⁰ A los casados les doy la siguiente orden (no yo sino el Señor): que la mujer no se separe de su esposo. ¹¹ Sin embargo, si se separa, que no se vuelva a casar; de lo contrario, que se reconcilie con su esposo. Así mismo, que el hombre no se divorcie de su esposa.

¹² A los demás les digo yo (no es mandamiento del Señor): Si algún hermano tiene una esposa que no es creyente, y ella consiente en vivir con él, que no se divorcie de ella. ¹³ Y si una mujer tiene un esposo que no es creyente, y él consiente en vivir con ella, que no se divorcie de él. ¹⁴ Porque el esposo no creyente ha sido *santificado por la unión con su esposa, y la esposa no creyente ha sido santificada por la unión con su esposo creyente. Si así no fuera, sus hijos serían impuros, mientras que, de hecho, son santos.

¹⁵ Sin embargo, si el cónyuge no creyente decide separarse, no se lo impidan. En tales circunstancias, el cónyuge creyente queda sin obligación; Dios nos ha llamado a vivir en paz. ¹⁶ ¿Cómo sabes tú, mujer, si acaso salvarás a tu esposo? ¿O cómo sabes tú, hombre, si acaso salvarás a tu esposa?

ᵃ 6:16 *un solo cuerpo.* Lit. *una sola carne*; Gn 2:24. ᵇ 7:1 «*Es ... sexuales.*» Alt. «*Es mejor no casarse.*» Lit. *Es bueno para el hombre no tocar mujer.*

17 En cualquier caso, cada uno debe vivir conforme a la condición que el Señor le asignó y a la cual Dios lo ha llamado. Ésta es la norma que establezco en todas las iglesias. **18** ¿Fue llamado alguno estando ya *circuncidado? Que no disimule su condición. ¿Fue llamado alguno sin estar circuncidado? Que no se circuncide. **19** Para nada cuenta estar o no estar circuncidado; lo que importa es cumplir los mandatos de Dios. **20** Que cada uno permanezca en la condición en que estaba cuando Dios lo llamó. **21** ¿Eras *esclavo cuando fuiste llamado? No te preocupes, aunque si tienes la oportunidad de conseguir tu libertad, aprovéchala. **22** Porque el que era esclavo cuando el Señor lo llamó es un liberto del Señor; del mismo modo, el que era libre cuando fue llamado es un esclavo de Cristo. **23** Ustedes fueron comprados por un precio; no se vuelvan esclavos de nadie. **24** Hermanos, cada uno permanezca ante Dios en la condición en que estaba cuando Dios lo llamó.

25 En cuanto a las personas solteras,ᵃ no tengo ningún mandato del Señor, pero doy mi opinión como quien por la misericordia del Señor es digno de confianza. **26** Pienso que, a causa de la crisis actual, es bueno que cada persona se quede como está. **27** ¿Estás casado? No procures divorciarte. ¿Estás soltero? No busques esposa. **28** Pero si te casas, no pecas; y si una jovenᵇ se casa, tampoco comete pecado. Sin embargo, los que se casan tendrán que pasar por muchos aprietos,ᶜ y yo quiero evitárselos. **29** Lo que quiero decir, hermanos, es que nos queda poco tiempo. De aquí en adelante los que tienen esposa deben vivir como si no la tuvieran; **30** los que lloran, como si no lloraran; los que se alegran, como si no se alegraran; los que compran algo, como si no lo poseyeran; **31** los que disfrutan de las cosas de este mundo, como si no disfrutaran de ellas;

porque este mundo, en su forma actual, está por desaparecer.

32 Yo preferiría que estuvieran libres de preocupaciones. El soltero se preocupa de las cosas del Señor y de cómo agradarlo. **33** Pero el casado se preocupa de las cosas de este mundo y de cómo agradar a su esposa; **34** sus intereses están divididos. La mujer no casada, lo mismo que la joven soltera,ᵈ se preocupaᵉ de las cosas del Señor; se afana por consagrarse al Señor tanto en cuerpo como en espíritu. Pero la casada se preocupa de las cosas de este mundo y de cómo agradar a su esposo. **35** Les digo esto por su propio bien, no para ponerles restricciones sino para que vivan con decoro y plenamente dedicados al Señor.

36 Si alguno piensa que no está tratando a su prometidaᶠ como es debido, y ella ha llegado ya a su madurez, por lo cual él se siente obligado a casarse, que lo haga. Con eso no peca; que se casen. **37** Pero el que se mantiene firme en su propósito, y no está dominado por sus impulsos sino que domina su propia voluntad, y ha resuelto no casarse con su prometida, también hace bien. **38** De modo que el que se casa con su prometida hace bien, pero el que no se casa hace mejor.ᵍ

39 La mujer está ligada a su esposo mientras él vive; pero si el esposo muere, ella queda libre para casarse con quien quiera, con tal de que sea en el Señor. **40** En mi opinión, ella será más feliz si no se casa, y creo que yo también tengo el Espíritu de Dios.

Lo sacrificado a los ídolos

8 En cuanto a lo sacrificado a los ídolos, es cierto que todos tenemos conocimiento. El conocimiento envanece, mientras que el amor edifica. **2** El que cree que sabe algo, todavía no sabe como debiera saber. **3** Pero el que ama a Dios es conocido por él.

4 De modo que, en cuanto a comer lo

---

a 7:25 solteras. Lit. *vírgenes.* *b 7:28 joven.* Lit. *virgen.* *c 7:28 tendrán ... aprietos.* Lit. *tendrán aflicción en la carne.*
d 7:34 La mujer ... soltera. Lit. *La mujer no casada y la virgen.* *e 7:33-34 su esposa; ... se preocupa.* Var. *su esposa.* ³⁴
También hay diferencia entre la esposa y la joven soltera. La que no es casada se preocupa. *f 7:36 prometida.* Lit. *virgen;*
también en vv. 37 y 38. *g 7:36-38* Alt. ³⁶ *Si alguno piensa que no está tratando a su hija como es debido, y ella ha llegado a
su madurez, por lo cual él se siente obligado a darla en matrimonio, que lo haga. Con eso no peca; que la dé en matrimonio.* ³⁷
*Pero el que se mantiene firme en su propósito, y no está dominado por sus impulsos sino que domina su propia voluntad, y ha
resuelto mantener soltera a su hija, también hace bien.* ³⁸ *De modo que el que da a su hija en matrimonio hace bien, pero el que
no la da en matrimonio hace mejor.*

Pasaje del día: 1 Corintios 7:25-40
Versículo del día: 1 Corintios 7:34

Soltera y realizada

"*Soy soltera y me siento realizada*", es una frase que no escuchamos con frecuencia. No es fácil decirlo con sinceridad. Nuestras iglesias están llenas de jóvenes adultas que aún son solteras y la presión de grupo es tal que, para algunas, esto es una desgracia.

La sociedad nos presiona a casarnos para que seamos verdaderas mujeres y para sentirnos realizadas. Si bien es cierto que el matrimonio es instituido por Dios, también es cierto que quien nos da valor es Dios mismo y no un esposo. Sólo estamos completas en Él.

El apóstol Pablo expresa la mayor ventaja que tiene el ser soltera: ocuparse en las cosas del Señor. Antes, este pasaje me parecía cruel, como si fuera una excusa o una resignación. Pero, ¡qué equivocada estaba! Ser soltera tiene muchas ventajas, muchas más de las que tenemos presente. Y la mejor ventaja es ocuparnos con toda libertad, y en una entrega total, a las cosas de Dios.

Luego de dieciséis años de ministerio activo, una de las frases que digo con mucha satisfacción es: "Soy soltera y estoy disfrutando al máximo mi juventud en el Señor." No siempre fue así; pero darme cuenta de que estoy completa en Dios y que ocuparme en su obra es uno de los mayores privilegios que Él me ha dado, me permite disfrutar de mis años de soltera.

Puede ser que en este caminar Dios me permita encontrar un compañero; pero, entre tanto, hay mucho que hacer, mucho que disfrutar y mucho que dar.

Disfruta tu vida, es una sola; y este tiempo no se repetirá jamás. Disfrútala dando lo mejor de ti al Señor e invirtiendo en su obra de redención. Como soltera, puedes sentirte realizada en Él.

Cecilia de Caballeros
Guatemala

sacrificado a los ídolos, sabemos que un ídolo no es absolutamente nada, y que hay un solo Dios. **5** Pues aunque haya los así llamados dioses, ya sea en el cielo o en la tierra (y por cierto que hay muchos «dioses» y muchos «señores»), **6** para nosotros no hay más que un solo Dios, el Padre, de quien todo procede y para el cual vivimos; y no hay más que un solo Señor, es decir, Jesucristo, por quien todo existe y por medio del cual vivimos. **7** Pero no todos tienen conocimiento de esto. Algunos siguen tan acostumbrados a los ídolos, que todavía comen carne estando conscientes de que ha sido sacrificada a un ídolo, y su conciencia se contamina por ser débil. **8** Pero lo que comemos no nos acerca a Dios, ni somos mejores o peores por comer o no comer.

9 Sin embargo, tengan cuidado de que su libertad no se convierta en motivo de tropiezo para los débiles. **10** Porque si alguien de conciencia débil te ve a ti, que tienes este conocimiento, comer en el templo de un ídolo, ¿no se sentirá animado a comer lo que ha sido sacrificado a los ídolos? **11** Entonces ese hermano débil, por quien Cristo murió, se perderá a causa de tu conocimiento. **12** Al pecar así contra los hermanos, hiriendo su débil conciencia, pecan ustedes contra Cristo. **13** Por lo tanto, si mi comida ocasiona la caída de mi hermano, no comeré carne jamás, para no hacerlo *caer en pecado.

Los derechos de un apóstol

9 ¿No soy libre? ¿No soy apóstol? ¿No he visto a Jesús nuestro Señor? ¿No son ustedes el fruto de mi trabajo en el Señor? **2** Aunque otros no me reconozcan como apóstol, ¡para ustedes sí lo soy! Porque ustedes mismos son el sello de mi apostolado en el Señor.

3 Ésta es mi defensa contra los que me critican: **4** ¿Acaso no tenemos derecho a comer y a beber? **5** ¿No tenemos derecho a viajar acompañados por una esposa creyente, como hacen los demás apóstoles y *Cefas y los hermanos del Señor? **6** ¿O es que sólo Bernabé y yo estamos obligados a ganarnos la vida con otros trabajos?

7 ¿Qué soldado presta servicio militar pagándose sus propios gastos? ¿Qué agricultor planta un viñedo y no come de sus uvas? ¿Qué pastor cuida un rebaño y no toma de la leche que ordeña? **8** No piensen que digo esto solamente desde un punto de vista humano. ¿No lo dice también la ley? **9** Porque en la ley de Moisés está escrito: «No le pongas bozal al buey cuando trilla.»ᵃ ¿Acaso se preocupa Dios por los bueyes, **10** o lo dice más bien por nosotros? Por supuesto que lo dice por nosotros, porque cuando el labrador ara y el segador trilla, deben hacerlo con la esperanza de participar de la cosecha. **11** Si hemos sembrado semilla espiritual entre ustedes, ¿será mucho pedir que cosechemos de ustedes lo material?ᵇ **12** Si otros tienen derecho a este sustento de parte de ustedes, ¿no lo tendremos aún más nosotros?

Sin embargo, no ejercimos este derecho, sino que lo soportamos todo con tal de no crear obstáculo al *evangelio de Cristo. **13** ¿No saben que los que sirven en el templo reciben su alimento del templo, y que los que atienden el altar participan de lo que se ofrece en el altar? **14** Así también el Señor ha ordenado que quienes predican el evangelio vivan de este ministerio.

15 Pero no me he aprovechado de ninguno de estos derechos, ni escribo de esta manera porque quiera reclamarlos. Prefiero morir a que alguien me prive de este motivo de *orgullo. **16** Sin embargo, cuando predico el evangelio, no tengo de qué enorgullecerme, ya que estoy bajo la obligación de hacerlo. ¡Ay de mí si no predico el evangelio! **17** En efecto, si lo hiciera por mi propia voluntad, tendría recompensa; pero si lo hago por obligación, no hago más que cumplir la tarea que se me ha encomendado. **18** ¿Cuál es, entonces, mi recompensa? Pues que al predicar el evangelio pueda presentarlo gratuitamente, sin hacer valer mi derecho.

19 Aunque soy libre respecto a todos, de todos me he hecho *esclavo para ganar a tantos como sea posible. **20** Entre los judíos me volví judío, a fin de ganarlos a

---

a 9:9 Dt 25:4   *b* 9:11 *lo material.* Lit. *las cosas carnales.*

ellos. Entre los que viven bajo la ley me volví como los que están sometidos a ella (aunque yo mismo no vivo bajo la ley), a fin de ganar a éstos. **21** Entre los que no tienen la ley me volví como los que están sin ley (aunque no estoy libre de la ley de Dios sino comprometido con la ley de Cristo), a fin de ganar a los que están sin ley. **22** Entre los débiles me hice débil, a fin de ganar a los débiles. Me hice todo para todos, a fin de salvar a algunos por todos los medios posibles. **23** Todo esto lo hago por causa del evangelio, para participar de sus frutos.

24 ¿No saben que en una carrera todos los corredores compiten, pero sólo uno obtiene el premio? Corran, pues, de tal modo que lo obtengan. **25** Todos los deportistas se entrenan con mucha disciplina. Ellos lo hacen para obtener un premio que se echa a perder; nosotros, en cambio, por uno que dura para siempre. **26** Así que yo no corro como quien no tiene meta; no lucho como quien da golpes al aire. **27** Más bien, golpeo mi cuerpo y lo domino, no sea que, después de haber predicado a otros, yo mismo quede descalificado.

Advertencias basadas en la historia de Israel

10 No quiero que desconozcan, hermanos, que nuestros antepasados estuvieron todos bajo la nube y que todos atravesaron el mar. **2** Todos ellos fueron bautizados en la nube y en el mar para unirse a Moisés. **3** Todos también comieron el mismo alimento espiritual **4** y tomaron la misma bebida espiritual, pues bebían de la roca espiritual que los acompañaba, y la roca era Cristo. **5** Sin embargo, la mayoría de ellos no agradaron a Dios, y sus cuerpos quedaron tendidos en el desierto.

6 Todo eso sucedió para servirnos de ejemplo,a a fin de que no nos apasionemos por lo malo, como lo hicieron ellos. **7** No sean idólatras, como lo fueron algunos de ellos, según está escrito: «Se sentó el pueblo a comer y a beber, y se entregó al desenfreno.»b **8** No cometamos inmo-

ralidad sexual, como algunos lo hicieron, por lo que en un sólo día perecieron veintitrés mil. **9** Tampoco pongamos a *prueba al Señor, como lo hicieron algunos y murieron víctimas de las serpientes. **10** Ni murmuren contra Dios, como lo hicieron algunos y sucumbieron a manos del ángel destructor.

11 Todo eso les sucedió para servir de ejemplo, y quedó escrito para advertencia nuestra, pues a nosotros nos ha llegado el fin de los tiempos. **12** Por lo tanto, si alguien piensa que está firme, tenga cuidado de no caer. **13** Ustedes no han sufrido ninguna *tentación que no sea común al género *humano. Pero Dios es fiel, y no permitirá que ustedes sean tentados más allá de lo que puedan aguantar. Más bien, cuando llegue la tentación, él les dará también una salida a fin de que puedan resistir.

Las fiestas idólatras y la Cena del Señor

14 Por tanto, mis queridos hermanos, huyan de la idolatría. **15** Me dirijo a personas sensatas; juzguen ustedes mismos lo que digo. **16** Esa copa de bendición por la cual damos gracias,c ¿no significa que entramos en comunión con la sangre de Cristo? Ese pan que partimos, ¿no significa que entramos en comunión con el cuerpo de Cristo? **17** Hay un solo pan del cual todos participamos; por eso, aunque somos muchos, formamos un solo cuerpo.

18 Consideren al pueblo de Israel como tal:d ¿No entran en comunión con el altar los que comen de lo sacrificado? **19** ¿Qué quiero decir con esta comparación? ¿Que el sacrificio que los *gentiles ofrecen a los ídolos sea algo, o que el ídolo mismo sea algo? **20** No, sino que cuando ellos ofrecen sacrificios, lo hacen para los demonios, no para Dios, y no quiero que ustedes entren en comunión con los demonios. **21** No pueden beber de la copa del Señor y también de la copa de los demonios; no pueden participar de la mesa del Señor y también de la mesa de los demonios. **22** ¿O vamos a provocar a celos al Señor? ¿Somos acaso más fuertes que él?

---

a **10:6** *ejemplo*. Lit. *tipo*; también en v. 11.　　*b* **10:7** Éx 32:6　　*c* **10:16** *por la cual damos gracias*. Lit. *que bendecimos*.
d **10:18** *como tal*. Lit. *según la carne*.

La libertad del creyente

23 «Todo está permitido», pero no todo es provechoso. «Todo está permitido», pero no todo es constructivo. **24** Que nadie busque sus propios intereses sino los del prójimo.

25 Coman de todo lo que se vende en la carnicería, sin preguntar nada por motivos de conciencia, **26** porque «del Señor es la tierra y todo lo que hay en ella».ᵃ

27 Si algún incrédulo los invita a comer, y ustedes aceptan la invitación, coman de todo lo que les sirvan sin preguntar nada por motivos de conciencia. **28** Ahora bien, si alguien les dice: «Esto ha sido ofrecido en sacrificio a los ídolos», entonces no lo coman, por consideración al que se lo mencionó, y por motivos de conciencia.ᵇ **29** (Me refiero a la conciencia del otro, no a la de ustedes.) ¿Por qué se ha de juzgar mi libertad de acuerdo a la conciencia ajena? **30** Si con gratitud participo de la comida, ¿me van a condenar por comer algo por lo cual doy gracias a Dios?

31 En conclusión, ya sea que coman o beban o hagan cualquier otra cosa, háganlo todo para la gloria de Dios. **32** No hagan *tropezar a nadie, ni a judíos, ni a *gentiles ni a la iglesia de Dios. **33** Hagan como yo, que procuro agradar a todos en todo. No busco mis propios intereses sino los de los demás, para que sean salvos.

11 Imítenme a mí, como yo imito a Cristo.

Decoro en el culto

2 Los elogio porque se acuerdan de mí en todo y retienen las enseñanzas,ᶜ tal como se las transmití.

3 Ahora bien, quiero que entiendan que Cristo es cabeza de todo hombre, mientras que el hombre es cabeza de la mujer y Dios es cabeza de Cristo. **4** Todo hombre que ora o profetiza con la cabeza cubiertaᵈ deshonra al que es su cabeza. **5** En cambio, toda mujer que ora o profetiza con la cabeza descubierta deshonra al que es su cabeza; es como si estuviera

rasurada. **6** Si la mujer no se cubre la cabeza, que se corte también el cabello; pero si es vergonzoso para la mujer tener el pelo corto o la cabeza rasurada, que se la cubra. **7** El hombre no debe cubrirse la cabeza, ya que él es imagen y gloria de Dios, mientras que la mujer es gloria del hombre. **8** De hecho, el hombre no procede de la mujer sino la mujer del hombre; **9** ni tampoco fue creado el hombre a causa de la mujer, sino la mujer a causa del hombre. **10** Por esta razón, y a causa de los ángeles, la mujer debe llevar sobre la cabeza señal de autoridad.ᵉ

11 Sin embargo, en el Señor, ni la mujer existe aparte del hombre ni el hombre aparte de la mujer. **12** Porque así como la mujer procede del hombre, también el hombre nace de la mujer; pero todo proviene de Dios. **13** Juzguen ustedes mismos: ¿Es apropiado que la mujer ore a Dios sin cubrirse la cabeza? **14** ¿No les enseña el mismo orden natural de las cosas que es una vergüenza para el hombre dejarse crecer el cabello, **15** mientras que es una gloria para la mujer llevar cabello largo? Es que a ella se le ha dado su cabellera como velo. **16** Si alguien insiste en discutir este asunto, tenga en cuenta que nosotros no tenemos otra costumbre, ni tampoco las iglesias de Dios.

La Cena del Señor

17 Al darles las siguientes instrucciones, no puedo elogiarlos, ya que sus reuniones traen más perjuicio que beneficio. **18** En primer lugar, oigo decir que cuando se reúnen como iglesia hay divisiones entre ustedes, y hasta cierto punto lo creo. **19** Sin duda, tiene que haber grupos sectarios entre ustedes, para que se demuestre quiénes cuentan con la aprobación de Dios. **20** De hecho, cuando se reúnen, ya no es para comer la Cena del Señor, **21** porque cada uno se adelanta a comer su propia cena, de manera que unos se quedan con hambre mientras otros se emborrachan. **22** ¿Acaso no tienen casas donde comer y beber? ¿O es que menosprecian a la iglesia de Dios y quieren avergonzar a los que no tienen

a **10:26** Sal 24:1   *b* **10:28** *conciencia.* Var. *conciencia, porque «del Señor es la tierra y todo lo que hay en ella».*
c **11:2** *enseñanzas.* Alt. *tradiciones.*   *d* **11:4** *la cabeza cubierta.* Alt. *el cabello largo;* también en el resto del pasaje.
e **11:10** *debe ... autoridad.* Lit. *tiene autoridad sobre la cabeza.*

nada? ¿Qué les diré? ¿Voy a elogiarlos por esto? ¡Claro que no!

²³ Yo recibí del Señor lo mismo que les transmití a ustedes: Que el Señor Jesús, la noche en que fue traicionado, tomó pan, ²⁴ y después de dar gracias, lo partió y dijo: «Este pan es mi cuerpo, que por ustedes entrego; hagan esto en memoria de mí.» ²⁵ De la misma manera, después de cenar, tomó la copa y dijo: «Esta copa es el nuevo pacto en mi sangre; hagan esto, cada vez que beban de ella, en memoria de mí.» ²⁶ Porque cada vez que comen este pan y beben de esta copa, proclaman la muerte del Señor hasta que él venga.

²⁷ Por lo tanto, cualquiera que coma el pan o beba de la copa del Señor de manera indigna, será culpable de pecar contra el cuerpo y la sangre del Señor. ²⁸ Así que cada uno debe examinarse a sí mismo antes de comer el pan y beber de la copa. ²⁹ Porque el que come y bebe sin discernir el cuerpo,ᵃ come y bebe su propia condena. ³⁰ Por eso hay entre ustedes muchos débiles y enfermos, e incluso varios han muerto. ³¹ Si nos examináramos a nosotros mismos, no se nos juzgaría; ³² pero si nos juzga el Señor, nos disciplina para que no seamos condenados con el mundo.

³³ Así que, hermanos míos, cuando se reúnan para comer, espérense unos a otros. ³⁴ Si alguno tiene hambre, que coma en su casa, para que las reuniones de ustedes no resulten dignas de condenación.

Los demás asuntos los arreglaré cuando los visite.

Los dones espirituales

12 En cuanto a los dones espirituales, hermanos, quiero que entiendan bien este asunto. ² Ustedes saben que cuando eran *paganos se dejaban arrastrar hacia los ídolos mudos. ³ Por eso les advierto que nadie que esté hablando por el Espíritu de Dios puede maldecir a Jesús; ni nadie puede decir: «Jesús es el Señor» sino por el Espíritu Santo.

⁴ Ahora bien, hay diversos dones, pero un mismo Espíritu. ⁵ Hay diversas mane-

ras de servir, pero un mismo Señor. ⁶ Hay diversas funciones, pero es un mismo Dios el que hace todas las cosas en todos.

⁷ A cada uno se le da una manifestación especial del Espíritu para el bien de los demás. ⁸ A unos Dios les da por el Espíritu palabra de sabiduría; a otros, por el mismo Espíritu, palabra de conocimiento; ⁹ a otros, fe por medio del mismo Espíritu; a otros, y por ese mismo Espíritu, dones para sanar enfermos; ¹⁰ a otros, poderes milagrosos; a otros, profecía; a otros, el discernir espíritus; a otros, el hablar en diversas *lenguas; y a otros, el interpretar lenguas. ¹¹ Todo esto lo hace un mismo y único Espíritu, quien reparte a cada uno según él lo determina.

Un cuerpo con muchos miembros

¹² De hecho, aunque el cuerpo es uno solo, tiene muchos miembros, y todos los miembros, no obstante ser muchos, forman un solo cuerpo. Así sucede con Cristo. ¹³ Todos fuimos bautizados porᵇ un solo Espíritu para constituir un solo cuerpo —ya seamos judíos o *gentiles, esclavos o libres—, y a todos se nos dio a beber de un mismo Espíritu.

¹⁴ Ahora bien, el cuerpo no consta de un solo miembro sino de muchos. ¹⁵ Si el pie dijera: «Como no soy mano, no soy del cuerpo», no por eso dejaría de ser parte del cuerpo. ¹⁶ Y si la oreja dijera: «Como no soy ojo, no soy del cuerpo», no por eso dejaría de ser parte del cuerpo. ¹⁷ Si todo el cuerpo fuera ojo, ¿qué sería del oído? Si todo el cuerpo fuera oído, ¿qué sería del olfato? ¹⁸ En realidad, Dios colocó cada miembro del cuerpo como mejor le pareció. ¹⁹ Si todos ellos fueran un solo miembro, ¿qué sería del cuerpo? ²⁰ Lo cierto es que hay muchos miembros, pero el cuerpo es uno solo.

²¹ El ojo no puede decirle a la mano: «No te necesito.» Ni puede la cabeza decirles a los pies: «No los necesito.» ²² Al contrario, los miembros del cuerpo que parecen más débiles son indispensables, ²³ y a los que nos parecen menos honrosos los tratamos con honra especial. Y se les trata con especial modestia a los miembros que nos parecen menos pre-

---

ᵃ **11:29** *cuerpo.* Var. *cuerpo del Señor.*   ᵇ **12:13** *por.* Alt. *con,* o *en.*

sentables, 24 mientras que los más presentables no requieren trato especial. Así Dios ha dispuesto los miembros de nuestro cuerpo, dando mayor honra a los que menos tenían, 25 a fin de que no haya división en el cuerpo, sino que sus miembros se preocupen por igual unos por otros. 26 Si uno de los miembros sufre, los demás comparten su sufrimiento; y si uno de ellos recibe honor, los demás se alegran con él.

27 Ahora bien, ustedes son el cuerpo de Cristo, y cada uno es miembro de ese cuerpo. 28 En la iglesia Dios ha puesto, en primer lugar, apóstoles; en segundo lugar, profetas; en tercer lugar, maestros; luego los que hacen milagros; después los que tienen dones para sanar enfermos, los que ayudan a otros, los que administran y los que hablan en diversas *lenguas. 29 ¿Son todos apóstoles? ¿Son todos profetas? ¿Son todos maestros? ¿Hacen todos milagros? 30 ¿Tienen todos dones para sanar enfermos? ¿Hablan todos en lenguas? ¿Acaso interpretan todos? 31 Ustedes, por su parte, ambicionena los mejores dones.

El amor

Ahora les voy a mostrar un camino más excelente.

13 Si hablo en *lenguas *humanas y angelicales, pero no tengo amor, no soy más que un metal que resuena o un platillo que hace ruido. 2 Si tengo el don de profecía y entiendo todos los *misterios y poseo todo conocimiento, y si tengo una fe que logra trasladar montañas, pero me falta el amor, no soy nada. 3 Si reparto entre los pobres todo lo que poseo, y si entrego mi cuerpo para que lo consuman las llamas,b pero no tengo amor, nada gano con eso.

4 El amor es paciente, es bondadoso. El amor no es envidioso ni jactancioso ni orgulloso. 5 No se comporta con rudeza, no es egoísta, no se enoja fácilmente, no guarda rencor. 6 El amor no se deleita en la maldad sino que se regocija con la verdad. 7 Todo lo disculpa, todo lo cree,

todo lo espera, todo lo soporta.

8 El amor jamás se extingue, mientras que el don de profecía cesará, el de lenguas será silenciado y el de conocimiento desaparecerá. 9 Porque conocemos y profetizamos de manera imperfecta; 10 pero cuando llegue lo perfecto, lo imperfecto desaparecerá. 11 Cuando yo era niño, hablaba como niño, pensaba como niño, razonaba como niño; cuando llegué a ser adulto, dejé atrás las cosas de niño. 12 Ahora vemos de manera indirecta y velada, como en un espejo; pero entonces veremos cara a cara. Ahora conozco de manera imperfecta, pero entonces conoceré tal y como soy conocido.

13 Ahora, pues, permanecen estas tres virtudes: la fe, la esperanza y el amor. Pero la más excelente de ellas es el amor.

El don de lenguas y el de profecía

14 Empéñense en seguir el amor y ambicionen los dones espirituales, sobre todo el de profecía. 2 Porque el que habla en *lenguas no habla a los demás sino a Dios. En realidad, nadie le entiende lo que dice, pues habla *misterios por el Espíritu.c 3 En cambio, el que profetiza habla a los demás para edificarlos, animarlos y consolarlos. 4 El que habla en lenguas se edifica a sí mismo; en cambio, el que profetiza edifica a la iglesia. 5 Yo quisiera que todos ustedes hablaran en lenguas, pero mucho más que profetizaran. El que profetiza aventaja al que habla en lenguas, a menos que éste también interprete, para que la iglesia reciba edificación.

6 Hermanos, si ahora fuera a visitarlos y les hablara en lenguas, ¿de qué les serviría, a menos que les presentara alguna revelación, conocimiento, profecía o enseñanza? 7 Aun en el caso de los instrumentos musicales, tales como la flauta o el arpa, ¿cómo se reconocerá lo que tocan si no dan distintamente sus sonidos? 8 Y si la trompeta no da un toque claro, ¿quién se va a preparar para la batalla? 9 Así sucede con ustedes. A menos que su lengua pronuncie palabras comprensibles, ¿cómo se sabrá lo que dicen? Será

---

a 12:31 ambicionen. Alt. ambicionan. b 13:3 para ... llamas. Var. para tener de qué jactarme. c 14:2 por el Espíritu. Alt. en su espíritu.

Pasaje del día: 1 Corintios 13:1-13
Versículos del día: 1 Corintios 13:4-6

La importancia del cariño

*N*uestra sociedad es miedosa para expresar cariño. Pero el cariño físico es vital para mantener el hogar y el matrimonio. Son los tabúes sexuales, viejos y dañinos, que se nos han transmitido de generación en generación, los que nos impiden el abrazo, el beso, la caricia.

Un abrazo disipa la depresión, infunde nueva vida al cuerpo fatigado y nos hace sentir mas jóvenes y llenas de vitalidad. Un apretón de manos, una palmada en la espalda, un beso delicado en la frente, en fin, el contacto físico es gratis, no cuesta nada y hace mucho bien.

¿Sabe una cosa, amiga? Muchas mujeres no han sido enseñadas a dar cariño, porque ellas mismas no recibieron cariño. Claro que un esfuerzo consciente puede ayudar mucho. Pero lo que cambia radicalmente las cosas es aprender a recibir el cariño de parte de Dios. Él es un Padre de amor. En Cristo Jesús Él hizo posible el perdón, la paz, la salvación, el poder, la transformación total de la vida, la seguridad, la pureza, el amor, la sanidad de recuerdos amargos del pasado, y la victoria actual y eterna.

Todo eso será suyo, con un hogar lleno del cariño al estilo de Dios, si por la fe y el arrepentimiento se rinde de manera incondicional a Jesús y le reconoce como su Señor y Salvador.

Muestre cariño en el hogar siendo paciente y bondadosa. Si el amor de Dios reina en su corazón, no se comportará con rudeza, no se enojará con facilidad, ni guardará rencor.

Recuerde que la más excelente de las virtudes es el amor. ¡Demuéstrelo con mucho cariño!

Noemí Motessi
Estados Unidos

como si hablaran al aire. ¹⁰ ¡Quién sabe cuántos idiomas hay en el mundo, y ninguno carece de sentido! ¹¹ Pero si no capto el sentido de lo que alguien dice, seré como un extranjero para el que me habla, y él lo será para mí. ¹² Por eso ustedes, ya que tanto ambicionan dones espirituales, procuren que éstos abunden para la edificación de la iglesia.

¹³ Por esta razón, el que habla en lenguas pida en oración el don de interpretar lo que diga. ¹⁴ Porque si yo oro en lenguas, mi espíritu ora, pero mi entendimiento no se beneficia en nada. ¹⁵ ¿Qué debo hacer entonces? Pues orar con el espíritu, pero también con el entendimiento; cantar con el espíritu, pero también con el entendimiento. ¹⁶ De otra manera, si alabas a Dios con el espíritu, ¿cómo puede quien no es instruidoᵃ decir «amén» a tu acción de gracias, puesto que no entiende lo que dices? ¹⁷ En ese caso tu acción de gracias es admirable, pero no edifica al otro.

¹⁸ Doy gracias a Dios porque hablo en lenguas más que todos ustedes. ¹⁹ Sin embargo, en la iglesia prefiero emplear cinco palabras comprensibles y que me sirvan para instruir a los demás, que diez mil palabras en lenguas.

²⁰ Hermanos, no sean niños en su modo de pensar. Sean niños en cuanto a la malicia, pero adultos en su modo de pensar. ²¹ En la ley está escrito:

«Por medio de gente de lengua
    extraña
    y por boca de extranjeros
hablaré a este pueblo,
    pero ni aun así me escucharán»,ᵇ
    dice el Señor.

²² De modo que el hablar en lenguas es una señal, no para los creyentes sino para los incrédulos; en cambio, la profecía no es señal para los incrédulos sino para los creyentes. ²³ Así que, si toda la iglesia se reúne y todos hablan en lenguas, y entran algunos que no entienden o no creen, ¿no dirán que ustedes están locos? ²⁴ Pero si

uno que no cree o uno que no entiende entra cuando todos están profetizando, se sentirá reprendido y juzgado por todos, ²⁵ y los secretos de su corazón quedarán al descubierto. Así que se postrará ante Dios y lo adorará, exclamando: «¡Realmente Dios está entre ustedes!»

Orden en los cultos

²⁶ ¿Qué concluimos, hermanos? Que cuando se reúnan, cada uno puede tener un himno, una enseñanza, una revelación, un mensaje en *lenguas, o una interpretación. Todo esto debe hacerse para la edificación de la iglesia. ²⁷ Si se habla en lenguas, que hablen dos —o cuando mucho tres—, cada uno por turno; y que alguien interprete. ²⁸ Si no hay intérprete, que guarden silencio en la iglesia y cada uno hable para sí mismo y para Dios.

²⁹ En cuanto a los profetas, que hablen dos o tres, y que los demás examinen con cuidado lo dicho. ³⁰ Si alguien que está sentado recibe una revelación, el que esté hablando ceda la palabra. ³¹ Así todos pueden profetizar por turno, para que todos reciban instrucción y aliento. ³² El don de profecía estáᶜ bajo el control de los profetas, ³³ porque Dios no es un Dios de desorden sino de paz.

Como es costumbre en las congregaciones de los *creyentes, ³⁴ guarden las mujeres silencio en la iglesia, pues no les está permitido hablar. Que estén sumisas, como lo establece la ley. ³⁵ Si quieren saber algo, que se lo pregunten en casa a sus esposos; porque no está bien visto que una mujer hable en la iglesia.

³⁶ ¿Acaso la palabra de Dios procedió de ustedes? ¿O son ustedes los únicos que la han recibido? ³⁷ Si alguno se cree profeta o espiritual, reconozca que esto que les escribo es mandato del Señor. ³⁸ Si no lo reconoce, tampoco él será reconocido.ᵈ ³⁹ Así que, hermanos míos, ambicionen el don de profetizar, y no prohíban que se hable en lenguas. ⁴⁰ Pero todo debe hacerse de una manera apropiada y con orden.

---

a **14:16** *quien no es instruido.* Lit. *el que ocupa el lugar del indocto.*   *b* **14:21** Is 28:11,12   *c* **14:32** *El don ... está.* Lit. *Los espíritus de los profetas están.*   *d* **14:38** *tampoco ... reconocido.* Var. *que no lo reconozca.*

La resurrección de Cristo

15 Ahora, hermanos, quiero recordarles el *evangelio que les prediqué, el mismo que recibieron y en el cual se mantienen firmes. ² Mediante este evangelio son salvos, si se aferran a la palabra que les prediqué. De otro modo, habrán creído en vano.

³ Porque ante todoᵃ les transmití a ustedes lo que yo mismo recibí: que Cristo murió por nuestros pecados según las Escrituras, ⁴ que fue sepultado, que resucitó al tercer día según las Escrituras, ⁵ y que se apareció a *Cefas, y luego a los doce. ⁶ Después se apareció a más de quinientos hermanos a la vez, la mayoría de los cuales vive todavía, aunque algunos han muerto. ⁷ Luego se apareció a *Jacobo, más tarde a todos los apóstoles, ⁸ y por último, como a uno nacido fuera de tiempo, se me apareció también a mí.

⁹ Admito que yo soy el más insignificante de los apóstoles y que ni siquiera merezco ser llamado apóstol, porque perseguí a la iglesia de Dios. ¹⁰ Pero por la gracia de Dios soy lo que soy, y la gracia que él me concedió no fue infructuosa. Al contrario, he trabajado con más tesón que todos ellos, aunque no yo sino la gracia de Dios que está conmigo. ¹¹ En fin, ya sea que se trate de mí o de ellos, esto es lo que predicamos, y esto es lo que ustedes han creído.

La resurrección de los muertos

¹² Ahora bien, si se predica que Cristo ha sido levantado de entre los muertos, ¿cómo dicen algunos de ustedes que no hay resurrección? ¹³ Si no hay resurrección, entonces ni siquiera Cristo ha resucitado. ¹⁴ Y si Cristo no ha resucitado, nuestra predicación no sirve para nada, como tampoco la fe de ustedes. ¹⁵ Aún más, resultaríamos falsos testigos de Dios por haber testificado que Dios resucitó a Cristo, lo cual no habría sucedido, si en verdad los muertos no resucitan. ¹⁶ Porque si los muertos no resucitan, tampoco Cristo ha resucitado. ¹⁷ Y si Cristo no ha resucitado, la fe de ustedes es ilusoria y todavía están en sus pecados. ¹⁸ En este caso, también están perdidos los que murieron en Cristo. ¹⁹ Si la esperanza que tenemos en Cristo fuera sólo para esta vida, seríamos los más desdichados de todos los *mortales.

²⁰ Lo cierto es que Cristo ha sido *levantado de entre los muertos, como *primicias de los que murieron. ²¹ De hecho, ya que la muerte vino por medio de un hombre, también por medio de un hombre viene la resurrección de los muertos. ²² Pues así como en Adán todos mueren, también en Cristo todos volverán a vivir. ²³ Pero cada uno en su debido orden: Cristo, las primicias; después, cuando él venga, los que le pertenecen. ²⁴ Entonces vendrá el fin, cuando él entregue el reino a Dios el Padre, luego de destruir todo dominio, autoridad y poder. ²⁵ Porque es necesario que Cristo reine hasta poner a todos sus enemigos debajo de sus pies. ²⁶ El último enemigo que será destruido es la muerte, ²⁷ pues Dios «ha sometido todo a su dominio».ᵇ Al decir que «todo» ha quedado sometido a su dominio, es claro que no se incluye a Dios mismo, quien todo lo sometió a Cristo. ²⁸ Y cuando todo le sea sometido, entonces el Hijo mismo se someterá a aquel que le sometió todo, para que Dios sea todo en todos.

²⁹ Si no hay resurrección, ¿qué sacan los que se bautizan por los muertos? Si en definitiva los muertos no resucitan, ¿por qué se bautizan por ellos? ³⁰ Y nosotros, ¿por qué nos exponemos al peligro a todas horas? ³¹ Que cada día muero, hermanos, es tan cierto como el *orgullo que siento por ustedes en Cristo Jesús nuestro Señor. ³² ¿Qué he ganado si, sólo por motivos humanos, en Éfeso luché contra las fieras? Si los muertos no resucitan,

> «comamos y bebamos,
>   que mañana moriremos».ᶜ

³³ No se dejen engañar: «Las malas compañías corrompen las buenas costumbres.» ³⁴ Vuelvan a su sano juicio, como conviene, y dejen de pecar. En efecto, hay

---

a **15:3** *ante todo.* Alt. *al principio.* *b* **15:27** Sal 8:6 *c* **15:32** Is 22:13

algunos de ustedes que no tienen conocimiento de Dios; para vergüenza de ustedes lo digo.

El cuerpo resucitado

35 Tal vez alguien pregunte: «¿Cómo resucitarán los muertos? ¿Con qué clase de cuerpo vendrán?» **36** ¡Qué tontería! Lo que tú siembras no cobra vida a menos que muera. **37** No plantas el cuerpo que luego ha de nacer sino que siembras una simple semilla de trigo o de otro grano. **38** Pero Dios le da el cuerpo que quiso darle, y a cada clase de semilla le da un cuerpo propio. **39** No todos los cuerpos son iguales: hay cuerpos *humanos; también los hay de animales terrestres, de aves y de peces. **40** Así mismo hay cuerpos celestes y cuerpos terrestres; pero el esplendor de los cuerpos celestes es uno, y el de los cuerpos terrestres es otro. **41** Uno es el esplendor del sol, otro el de la luna y otro el de las estrellas. Cada estrella tiene su propio brillo.

42 Así sucederá también con la resurrección de los muertos. Lo que se siembra en corrupción, resucita en incorrupción; **43** lo que se siembra en oprobio, resucita en gloria; lo que se siembra en debilidad, resucita en poder; **44** se siembra un cuerpo natural,[a] resucita un cuerpo espiritual.

Si hay un cuerpo natural, también hay un cuerpo espiritual. **45** Así está escrito: «El primer hombre, Adán, fue hecho un ser viviente»;[b] el último Adán, un Espíritu que da vida. **46** No vino primero lo espiritual sino lo natural, y después lo espiritual. **47** El primer hombre era del polvo de la tierra; el segundo hombre, del cielo. **48** Como es aquel hombre terrenal, así son también los de la tierra; y como es el celestial, así son también los del cielo. **49** Y así como hemos llevado la imagen de aquel hombre terrenal, llevaremos[c] también la imagen del celestial.

50 Les declaro, hermanos, que el cuerpo mortal[d] no puede heredar el reino de Dios, ni lo corruptible puede heredar lo incorruptible. **51** Fíjense bien en el *misterio que les voy a revelar: No todos moriremos, pero todos seremos transformados, **52** en un instante, en un abrir y cerrar de ojos, al toque final de la trompeta. Pues sonará la trompeta y los muertos resucitarán con un cuerpo incorruptible, y nosotros seremos transformados. **53** Porque lo corruptible tiene que vestirse de lo incorruptible, y lo mortal, de inmortalidad. **54** Cuando lo corruptible se vista de lo incorruptible, y lo mortal, de inmortalidad, entonces se cumplirá lo que está escrito: «La muerte ha sido devorada por la victoria.»[e]

55 «¿Dónde está, oh muerte, tu
    victoria?
   ¿Dónde está, oh muerte, tu
    aguijón?»[f]

56 El aguijón de la muerte es el pecado, y el poder del pecado es la ley. **57** ¡Pero gracias a Dios, que nos da la victoria por medio de nuestro Señor Jesucristo!

58 Por lo tanto, mis queridos hermanos, manténganse firmes e inconmovibles, progresando siempre en la obra del Señor, conscientes de que su trabajo en el Señor no es en vano.

La colecta para el pueblo de Dios

16 En cuanto a la colecta para los *creyentes, sigan las instrucciones que di a las iglesias de Galacia. **2** El primer día de la semana, cada uno de ustedes aparte y guarde algún dinero conforme a sus ingresos, para que no se tengan que hacer colectas cuando yo vaya. **3** Luego, cuando llegue, daré cartas de presentación a los que ustedes hayan aprobado y los enviaré a Jerusalén con los donativos que hayan recogido. **4** Si conviene que yo también vaya, iremos juntos.

Encargos personales

5 Después de pasar por Macedonia, pues tengo que atravesar esa región, iré a verlos. **6** Es posible que me quede con ustedes algún tiempo, y tal vez pase allí el invierno, para que me ayuden a seguir

---

a **15:44** *natural.* Lit. *síquico;* también en v. 46. *b* **15:45** Gn 2:7 *c* **15:49** *llevaremos.* Var. *llevemos.* *d* **15:50** *el cuerpo mortal.* Lit. *carne y sangre.* *e* **15:54** Is 25:8 *f* **15:55** Os 13:14

el viaje a dondequiera que vaya. ⁷ Esta vez no quiero verlos sólo de paso; más bien, espero permanecer algún tiempo con ustedes, si el Señor así lo permite. ⁸ Pero me quedaré en Éfeso hasta Pentecostés, ⁹ porque se me ha presentado una gran oportunidad para un trabajo eficaz, a pesar de que hay muchos en mi contra.

¹⁰ Si llega Timoteo, procuren que se sienta cómodo entre ustedes, porque él trabaja como yo en la obra del Señor. ¹¹ Por tanto, que nadie lo menosprecie. Ayúdenlo a seguir su viaje en paz para que pueda volver a reunirse conmigo, pues estoy esperándolo junto con los hermanos. ¹² En cuanto a nuestro hermano Apolos, le rogué encarecidamente que en compañía de otros hermanos les hiciera una visita. No quiso de ninguna manera ir ahora, pero lo hará cuando se le presente la oportunidad.

¹³ Manténganse alerta; permanezcan firmes en la fe; sean valientes y fuertes. ¹⁴ Hagan todo con amor. ¹⁵ Bien saben que los de la familia de Estéfanas fueron los primeros conver-tidos de Acaya,ᵃ y que se han dedicado a servir a los *creyentes. Les recomiendo, hermanos, ¹⁶ que se pongan a disposición de aquéllos y de todo el que colabore en este arduo trabajo. ¹⁷ Me alegré cuando llegaron Estéfanas, Fortunato y Acaico, porque ellos han suplido lo que ustedes no podían darme, ¹⁸ ya que han tranquilizado mi espíritu y también el de ustedes. Tales personas merecen que se les exprese reconocimiento.

Saludos finales

¹⁹ Las iglesias de la provincia de *Asia les mandan saludos. Aquila y *Priscila los saludan cordialmente en el Señor, como también la iglesia que se reúne en la casa de ellos. ²⁰ Todos los hermanos les mandan saludos. Salúdense unos a otros con un beso santo.

²¹ Yo, Pablo, escribo este saludo de mi puño y letra. ²² Si alguno no ama al Señor, quede bajo maldición. ¡Marana ta!ᵇ ²³ Que la gracia del Señor Jesús sea con ustedes. ²⁴ Los amo a todos ustedes en Cristo Jesús. Amén.ᶜ

---

a 16:15 *los primeros convertidos de Acaya.* Lit. *las primicias de Acaya.*   *b* 16:22 *¡Marana ta!* Expresión aramea que significa: «Ven, Señor»; otra posible lectura es *Maran ata,* que significa: «El Señor viene.»   *c* 16:24 Var. no incluye: *Amén.*

2 CORINTIOS

— Pablo escribe esta segunda carta a la iglesia de Corinto desde Macedonia (Hechos 20:1; 2 Corintios 7:5), mientras va rumbo a Corinto (2 Corintios 13:1). En ésta, su carta más personal, expresa tanto lo emocionante como lo dolorosa que ha sido su vida como misionero. También le resulta necesario defenderse de los que lo están criticando. Mientras lea esta carta, piense en lo emocionante que puede ser servir al Señor, pero dése cuenta también de que el ser cristiano a veces puede conducir a dolor y a sufrimiento.

2 Corintios

1 Pablo, apóstol de *Cristo Jesús por la voluntad de Dios, y Timoteo nuestro hermano,

a la iglesia de Dios que está en Corinto y a todos los *santos en toda la región de Acaya:

2 Que Dios nuestro padre y el Señor Jesucristo les concedan gracia y paz.

El Dios de toda consolación

3 Alabado sea el Dios y Padre de nuestro Señor Jesucristo, Padre misericordioso y Dios de toda consolación, 4 quien nos consuela en todas nuestras tribulaciones para que con el mismo consuelo que de Dios hemos recibido, también nosotros podamos consolar a todos los que sufren. 5 Pues así como participamos abundantemente en los sufrimientos de Cristo, así también por medio de él tenemos abundante consuelo. 6 Si sufrimos, es para que ustedes tengan consuelo y salvación; y si somos consolados, es para que ustedes tengan el consuelo que los ayude a soportar con paciencia los mismos sufrimientos que nosotros padecemos. 7 Firme es la esperanza que tenemos en cuanto a ustedes, porque sabemos que así como participan de nuestros sufrimientos, así también participan de nuestro consuelo.

8 Hermanos, no queremos que desconozcan las aflicciones que sufrimos en la provincia de *Asia. Estábamos tan agobiados bajo tanta presión, que hasta perdimos la esperanza de salir con vida: 9 nos sentíamos como sentenciados a muerte. Pero eso sucedió para que no confiáramos en nosotros mismos sino en Dios, que resucita a los muertos. 10 Él nos libró y nos librará de tal peligro de muerte. En él tenemos puesta nuestra esperanza, y él seguirá librándonos. 11 Mientras tanto, ustedes nos ayudan orando por nosotros. Así muchos darán gracias a Dios por nosotros[a] a causa del don que se nos ha concedido en respuesta a tantas oraciones.

Pablo cambia de planes

12 Para nosotros, el motivo de *satisfacción es el testimonio de nuestra conciencia: Nos hemos comportado en el mundo, y especialmente entre ustedes, con la *santidad y sinceridad que vienen de Dios. Nuestra conducta no se ha ajustado a la sabiduría *humana sino a la gracia de Dios. 13 No estamos escribiéndoles nada que no puedan leer ni entender. Espero que comprenderán del todo, 14 así como ya nos han comprendido en parte, que pueden sentirse *orgullosos de nosotros como también nosotros nos sentiremos orgullosos de ustedes en el día del Señor Jesús.

15 Confiando en esto, quise visitarlos primero a ustedes para que recibieran una doble bendición; 16 es decir, visitarlos de paso a Macedonia, y verlos otra vez a mi regreso de allá. Así podrían ayudarme a seguir el viaje a Judea. 17 Al proponerme esto, ¿acaso lo hice a la ligera? ¿O es que hago mis planes según criterios meramente *humanos, de manera que diga «sí, sí» y «no, no» al mismo tiempo?

18 Pero tan cierto como que Dios es fiel, el mensaje que les hemos dirigido no es «sí» y «no». 19 Porque el Hijo de Dios, Jesucristo, a quien *Silvano, Timoteo y yo predicamos entre ustedes, no fue «sí» y «no»; en él siempre ha sido «sí». 20 Todas las promesas que ha hecho Dios son «sí» en Cristo. Así que por medio de Cristo respondemos «amén» para la gloria de Dios. 21 Dios es el que nos mantiene firmes en Cristo, tanto a nosotros como a ustedes. Él nos ungió, 22 nos selló como propiedad suya y puso su Espíritu en nuestro corazón, como garantía de sus promesas.

a **1:11** *nosotros.* Var. *ustedes.*

²³ ¡Por mi *vida! Pongo a Dios por testigo de que es sólo por consideración a ustedes por lo que todavía no he ido a Corinto. ²⁴ No es que intentemos imponerles la fe, sino que deseamos contribuir a la alegría de ustedes, pues por la fe se mantienen firmes.

2 En efecto, decidí no hacerles otra visita que les causara tristeza. ² Porque si yo los entristezco, ¿quién me brindará alegría sino aquel a quien yo haya entristecido? ³ Les escribí como lo hice para que, al llegar yo, los que debían alegrarme no me causaran tristeza. Estaba confiado de que todos ustedes harían suya mi alegría. ⁴ Les escribí con gran tristeza y angustia de corazón, y con muchas lágrimas, no para entristecerlos sino para darles a conocer la profundidad del amor que les tengo.

Perdón para el pecador

⁵ Si alguno ha causado tristeza, no me la ha causado sólo a mí; hasta cierto punto —y lo digo para no exagerar— se la ha causado a todos ustedes. ⁶ Para él es suficiente el castigo que le impuso la mayoría. ⁷ Más bien debieran perdonarlo y consolarlo para que no sea consumido por la excesiva tristeza. ⁸ Por eso les ruego que reafirmen su amor hacia él. ⁹ Con este propósito les escribí: para ver si pasan la prueba de la completa obediencia. ¹⁰ A quien ustedes perdonen, yo también lo perdono. De hecho, si había algo que perdonar, lo he perdonado por consideración a ustedes en presencia de Cristo, ¹¹ para que Satanás no se aproveche de nosotros, pues no ignoramos sus artimañas.

Ministros del nuevo pacto

¹² Ahora bien, cuando llegué a Troas para predicar el *evangelio de Cristo, descubrí que el Señor me había abierto las puertas. ¹³ Aun así, me sentí intranquilo por no haber encontrado allí a mi hermano Tito, por lo cual me despedí de ellos y me fui a Macedonia. ¹⁴ Sin embargo, gracias a Dios que en Cristo siempre nos lleva triunfantesᵃ y, por

medio de nosotros, esparce por todas partes la fragancia de su conocimiento. ¹⁵ Porque para Dios nosotros somos el aroma de Cristo entre los que se salvan y entre los que se pierden. ¹⁶ Para éstos somos olor de muerte que los lleva a la muerte; para aquéllos, olor de vida que los lleva a la vida. ¿Y quién es competente para semejante tarea? ¹⁷ A diferencia de muchos, nosotros no somos de los que trafican con la palabra de Dios. Más bien, hablamos con sinceridad delante de él en Cristo, como enviados de Dios que somos.

3 ¿Acaso comenzamos otra vez a recomendarnos a nosotros mismos? ¿O acaso tenemos que presentarles o pedirles a ustedes cartas de recomendación, como hacen algunos? ² Ustedes mismos son nuestra carta, escrita en nuestro corazón, conocida y leída por todos. ³ Es evidente que ustedes son una carta de Cristo, expedidaᵇ por nosotros, escrita no con tinta sino con el Espíritu del Dios viviente; no en tablas de piedra sino en tablas de carne, en los corazones.

⁴ Ésta es la confianza que delante de Dios tenemos por medio de Cristo. ⁵ No es que nos consideremos competentes en nosotros mismos. Nuestra capacidad viene de Dios. ⁶ Él nos ha capacitado para ser servidores de un nuevo pacto, no el de la letra sino el del Espíritu; porque la letra mata, pero el Espíritu da vida.

La gloria del nuevo pacto

⁷ El ministerio que causaba muerte, el que estaba grabado con letras en piedra, fue tan glorioso que los israelitas no podían mirar la cara de Moisés debido a la gloria que se reflejaba en su rostro, la cual ya se estaba extinguiendo. ⁸ Pues bien, si aquel ministerio fue así, ¿no será todavía más glorioso el ministerio del Espíritu? ⁹ Si es glorioso el ministerio que trae condenación, ¡cuánto más glorioso será el ministerio que trae la justicia! ¹⁰ En efecto, lo que fue glorioso ya no lo es, si se le compara con esta excelsa gloria. ¹¹ Y si vino con gloria lo que ya se estaba extinguiendo, ¡cuánto mayor será la gloria de lo que permanece!

ᵃ 2:14 *nos lleva triunfantes.* Alt. *nos conduce en desfile victorioso.* ᵇ 3:3 *expedida.* Lit. *ministrada.*

¹² Así que, como tenemos tal esperanza, actuamos con plena confianza. ¹³ No hacemos como Moisés, quien se ponía un velo sobre el rostro para que los israelitas no vieran el fin del resplandor que se iba extinguiendo. ¹⁴ Sin embargo, la mente de ellos se embotó, de modo que hasta el día de hoy tienen puesto el mismo velo al leer el antiguo pacto. El velo no les ha sido quitado, porque sólo se quita en Cristo. ¹⁵ Hasta el día de hoy, siempre que leen a Moisés, un velo les cubre el corazón. ¹⁶ Pero cada vez que alguien se vuelve al Señor, el velo es quitado. ¹⁷ Ahora bien, el Señor es el Espíritu; y donde está el Espíritu del Señor, allí hay libertad. ¹⁸ Así, todos nosotros, que con el rostro descubierto reflejamosᵃ como en un espejo la gloria del Señor, somos transformados a su semejanza con más y más gloria por la acción del Señor, que es el Espíritu.

Tesoros en vasijas de barro

4 Por esto, ya que por la misericordia de Dios tenemos este ministerio, no nos desanimamos. ² Más bien, hemos renunciado a todo lo vergonzoso que se hace a escondidas; no actuamos con engaño ni torcemos la palabra de Dios. Al contrario, mediante la clara exposición de la verdad, nos recomendamos a toda conciencia *humana en la presencia de Dios. ³ Pero si nuestro *evangelio está encubierto, lo está para los que se pierden. ⁴ El dios de este mundo ha cegado la mente de estos incrédulos, para que no vean la luz del glorioso evangelio de Cristo, el cual es la imagen de Dios. ⁵ No nos predicamos a nosotros mismos sino a Jesucristo como Señor; nosotros no somos más que servidores de ustedes por causa de Jesús. ⁶ Porque Dios, que ordenó de la luz resplandeciera en las tinieblas,ᵇ hizo brillar su luz en nuestro corazón para que conociéramos la gloria de Dios que resplandece en el rostro de Cristo.

⁷ Pero tenemos este tesoro en vasijas de barro para que se vea que tan sublime poder viene de Dios y no de nosotros. ⁸ Nos vemos atribulados en todo, pero no abatidos; perplejos, pero no desesperados; ⁹ perseguidos, pero no abandonados; derribados, pero no destruidos. ¹⁰ Dondequiera que vamos, siempre llevamos en nuestro cuerpo la muerte de Jesús, para que también su vida se manifieste en nuestro cuerpo. ¹¹ Pues a nosotros, los que vivimos, siempre se nos entrega a la muerte por causa de Jesús, para que también su vida se manifieste en nuestro cuerpoᶜ mortal. ¹² Así que la muerte actúa en nosotros, y en ustedes la vida.

¹³ Escrito está: «Creí, y por eso hablé.»ᵈ Con ese mismo espíritu de fe también nosotros creemos, y por eso hablamos. ¹⁴ Pues sabemos que aquel que resucitó al Señor Jesús nos resucitará también a nosotros con él y nos llevará junto con ustedes a su presencia. ¹⁵ Todo esto es por el bien de ustedes, para que la gracia que está alcanzando a más y más personas haga abundar la acción de gracias para la gloria de Dios.

¹⁶ Por tanto, no nos desanimamos. Al contrario, aunque por fuera nos vamos desgastando, por dentro nos vamos renovando día tras día. ¹⁷ Pues los sufrimientos ligeros y efímeros que ahora padecemos producen una gloria eterna que vale muchísimo más que todo sufrimiento. ¹⁸ Así que no nos fijamos en lo visible sino en lo invisible, ya que lo que se ve es pasajero, mientras que lo que no se ve es eterno.

Nuestra morada celestial

5 De hecho, sabemos que si esta tienda de campaña en que vivimos se deshace, tenemos de Dios un edificio, una casa eterna en el cielo, no construida por manos humanas. ² Mientras tanto suspiramos, anhelando ser revestidos de nuestra morada celestial, ³ porque cuando seamos revestidos, no se nos hallará desnudos. ⁴ Realmente, vivimos en esta tienda de campaña, suspirando y agobiados, pues no deseamos ser desvestidos sino revestidos, para que lo mortal sea absorbido por la vida. ⁵ Es Dios quien nos ha hecho para este fin y nos ha dado su Espíritu como garantía de sus promesas.

---

a **3:18** *reflejamos.* Alt. *contemplamos.*   *b* **4:6** Gn 1:3   *c* **4:11** *nuestro cuerpo.* Lit. *nuestra carne.*   *d* **4:13** Sal 116:10

JUEVES

Pasaje del día: 2 Corintios 4:6-18
Versículo del día: 2 Corintios 4:16

Viejo es quien no canta

Hay un cuento de una abuela y su nieta. La nieta le preguntó a su abuela: "¿Abuela, tienes cien años? Dice mi mamá que tú, que eres mi abuelita, no eres vieja... que viejo es aquel que ya no camina, ni quiere cantar."

¡Cuánta verdad tiene esa pequeña frase! Cuando la persona ya no se puede mover, o no tiene voluntad para hacerlo, ya es tiempo de deterioro, de caducidad. Lo raro de esto es que no siempre es causado por los años, sino por la falta de interés por la vida, es decir, la indiferencia. Hay jóvenes y adultos que caminan por las calles sin ánimo de vivir. ¡Qué triste que no hayan encontrado el porqué de la vida!

Dios nos brinda oportunidades a cada instante... pero hay quien ya está viejo, que no quiere caminar, ni quiere cantar. No tiene valor; poco a poco se deja vencer. Ante una enfermedad se rinde en vez de luchar. Pero hay que aprender a cantar, esforzándose, porque nadie nos puede obligar; la vitalidad se encuentra en la fuerza interior del espíritu.

"Por tanto, no nos desanimamos. Al contrario, aunque por fuera nos vamos desgastando, por dentro nos vamos renovando día tras día."

Betty Grace Howard
de Santiesteban

México

⁶ Por eso mantenemos siempre la confianza, aunque sabemos que mientras vivamos en este cuerpo estaremos alejados del Señor. ⁷ Vivimos por fe, no por vista. ⁸ Así que nos mantenemos confiados, y preferiríamos ausentarnos de este cuerpo y vivir junto al Señor. ⁹ Por eso nos empeñamos en agradarle, ya sea que vivamos en nuestro cuerpo o que lo hayamos dejado. ¹⁰ Porque es necesario que todos comparezcamos ante el tribunal de Cristo, para que cada uno reciba lo que le corresponda, según lo bueno o malo que haya hecho mientras vivió en el cuerpo.

El ministerio de la reconciliación

¹¹ Por tanto, como sabemos lo que es temer al Señor, tratamos de persuadir a todos, aunque para Dios es evidente lo que somos, y espero que también lo sea para la conciencia de ustedes. ¹² No buscamos el recomendarnos otra vez a ustedes, sino que les damos una oportunidad de sentirse *orgullosos de nosotros, para que tengan con qué responder a los que se dejan llevar por las apariencias y no por lo que hay dentro del corazón. ¹³ Si estamos locos, es por Dios; y si estamos cuerdos, es por ustedes. ¹⁴ El amor de Cristo nos obliga, porque estamos convencidos de que uno murió por todos, y por consiguiente todos murieron. ¹⁵ Y él murió por todos, para que los que viven ya no vivan para sí, sino para el que murió por ellos y fue resucitado.

¹⁶ Así que de ahora en adelante no consideramos a nadie según criterios meramente *humanos.ᵃ Aunque antes conocimos a Cristo de esta manera, ya no lo conocemos así. ¹⁷ Por lo tanto, si alguno está en Cristo, es una nueva creación. ¡Lo viejo ha pasado, ha llegado ya lo nuevo! ¹⁸ Todo esto proviene de Dios, quien por medio de Cristo nos reconcilió consigo mismo y nos dio el ministerio de la reconciliación: ¹⁹ esto es, que en Cristo, Dios estaba reconciliando al mundo consigo mismo, no tomándole en cuenta sus pecados y encargándonos a nosotros el mensaje de la reconciliación. ²⁰ Así

que somos embajadores de Cristo, como si Dios los exhortara a ustedes por medio de nosotros: «En nombre de Cristo les rogamos que se reconcilien con Dios.» ²¹ Al que no cometió pecado alguno, por nosotros Dios lo trató como pecador,ᵇ para que en él recibiéramosᶜ la justicia de Dios.

6 Nosotros, colaboradores de Dios, les rogamos que no reciban su gracia en vano. ² Porque él dice:

«En el momento propicio te escuché,
    y en el día de salvación te ayudé.»ᵈ

Les digo que éste es el momento propicio de Dios; hoy es el día de salvación.

Privaciones de Pablo

³ Por nuestra parte, a nadie damos motivo alguno de tropiezo, para que no se desacredite nuestro servicio. ⁴ Más bien, en todo y con mucha paciencia nos acreditamos como servidores de Dios: en sufrimientos, privaciones y angustias; ⁵ en azotes, cárceles y tumultos; en trabajos pesados, desvelos y hambre. ⁶ Servimos con pureza, conocimiento, constancia y bondad; en el Espíritu Santo y en amor sincero; ⁷ con palabras de verdad y con el poder de Dios; con armas de justicia, tanto ofensivas como defensivas;ᵉ ⁸ por honra y por deshonra, por mala y por buena fama; veraces, pero tenidos por engañadores; ⁹ conocidos, pero tenidos por desconocidos; como moribundos, pero aún con vida; golpeados, pero no muertos; ¹⁰ aparentemente tristes, pero siempre alegres; pobres en apariencia, pero enriqueciendo a muchos; como si no tuviéramos nada, pero poseyéndolo todo.

¹¹ Hermanos corintios, les hemos hablado con toda franqueza; les hemos abierto de par en par nuestro corazón. ¹² Nunca les hemos negado nuestro afecto, pero ustedes sí nos niegan el suyo. ¹³ Para corresponder del mismo modo —les hablo como si fueran mis hijos—, ¡abran también su corazón de par en par!

ᵃ **5:16** *criterios ... humanos.* Lit. *la carne.* ᵇ **5:21** *lo trató como pecador.* Alt. *lo hizo sacrificio por el pecado.* Lit. *lo hizo pecado.* ᶜ **5:21** *recibiéramos.* Lit. *llegáramos a ser.* ᵈ **6:2** Is 49:8 ᵉ **6:7** *ofensivas como defensivas.* Lit. *en la mano derecha como en la izquierda.*

Pasaje del día: 2 Corintios 5:11-21
Versículo del día: 2 Corintios 5:20

Un regalo de reconciliación

*M*uy de mañana me levanté para tener un momento a solas con Dios. Le había pedido a mi esposo que me acompañara a ver a mi madre. Había muchas diferencias entre ambos, y él había dicho que nunca más volvería a ir a su casa.

Era el Día de las Madres, y le pedí al Señor poder deleitarme en Él. Fui a felicitar a mi esposo, no porque fuera su día, sino simplemente por todas las alegrías que había traído a mi vida.

—Alabo y bendigo al Señor porque eres mi esposo —le dije—. Le doy gracias porque me permitió realizarme como tu esposa, y como madre de cinco hijos.

Mi esposo quedó mudo. Se levantó, me abrazó y me besó, y me dijo:

—¡Jaque, mate! No me queda otra cosa que acompañarte a ver a tu madre.

¡Qué regalo más hermoso recibí! Mi madre estaba acostada sobre un sillón, y mi hermana la despertó suavemente. Entonces mi esposo se acercó para ayudarla a levantarse; luego la abrazó y la besó en su blanca cabellera.

Ni los mejores pintores del mundo hubieran podido pintar un cuadro semejante. La escena capturó mi corazón, y las lágrimas se asomaron en los ojos de mi hermana y en los míos.

Si fue tan bello el regalo de reconciliación que ofreció mi esposo aquel Día de las Madres, ¡cuánto más hermosa es la reconciliación entre Dios y el hombre!

Dios nos ha dado el ministerio de la reconciliación. En Cristo ha reconciliado consigo al mundo; y, por medio de nosotras, ruega: "Reconciliaos con Dios."

¿Estás dispuesta a hacer hoy tu parte para que las personas que te rodean sean reconciliadas con Dios?

Carmen B. Morales
México

Pasaje del sábado:
2 Corintios 5:20–6:2
Pasaje del domingo: Hechos 17:22-32

Todavía hay tiempo

Cierta noche, una amiga nuestra soñó ver el infierno. Satanás estaba sentado en su trono, buscando a quien enviar a la tierra. Llamó a un demonio y le preguntó:

–¿Quieres ir a la tierra para desviar a las almas?

–Sí, iré –respondió.

–Y, ¿qué le dirás a la gente?

–Señor, les diré que no hay Dios, y que todo lo que se dice de la religión es falso.

–Eso no vale. No vayas, pues no te irá bien.

Satanás le preguntó a otro, que dijo:

–Yo iré. Les diré que sí hay un Dios bueno y misericordioso, pero que es una tontería servirle.

–No vayas. Tampoco vas a tener éxito.

Un tercer demonio se ofreció para ir. Satanás le preguntó lo que les diría a las almas, y el demonio contestó:

–Les diré que hay un buen Dios, lleno de amor. Les diré que el evangelio de Jesucristo y su muerte en la cruz es verdad. Les diré que deben convertirse y creer en el evangelio; pero les diré que TODAVÍA HAY TIEMPO.

–Vé –le dijo Satanás–. Tú tendrás éxito.

El demonio vino a la tierra y ha tenido mucho éxito. Hasta en tu oído ha susurrado: "Todavía hay tiempo."

Te dice que todavía hay tiempo para ser salvo; que todavía hay tiempo para servir a Dios; que todavía hay tiempo para consagrarse a Cristo.

Todavía hay tiempo... ¡No! La Biblia nos dice que hoy es el tiempo aceptable, el día de salvación. No te dejes engañar creyendo que todavía hay tiempo. ¡Sirve HOY al Señor de todo corazón!

–Adaptado

No formen yunta con los incrédulos

14 No formen yunta con los incrédulos. ¿Qué tienen en común la justicia y la maldad? ¿O qué comunión puede tener la luz con la oscuridad? **15** ¿Qué armonía tiene Cristo con el diablo?ᵃ ¿Qué tiene en común un creyente con un incrédulo? **16** ¿En qué concuerdan el templo de Dios y los ídolos? Porque nosotros somos templo del Dios viviente. Como él ha dicho: «Viviré con ellos y andaré entre ellos; yo seré su Dios, y ellos serán mi pueblo.»ᵇ Por tanto, el Señor añade:

17 «Salgan de en medio de ellos
    y apártense.
No toquen nada *impuro,
    y yo los recibiré.»ᶜ
18 «Seré para ustedes un Padre,
    y ustedes serán mis hijos y mis
        hijas,
        dice el Señor Todopoderoso.»ᵈ

7 Como tenemos estas promesas, queridos hermanos, purifiquémonos de todo lo que contamina el cuerpo y el espíritu, para completar en el temor de Dios la obra de nuestra *santificación.

La alegría de Pablo

2 Hagan lugar para nosotros en su corazón. A nadie hemos agraviado, a nadie hemos corrompido, a nadie hemos explotado. **3** No digo esto para condenarlos; ya les he dicho que tienen un lugar tan amplio en nuestro corazón que con ustedes viviríamos o moriríamos. **4** Les tengo mucha confianza y me siento muy *orgulloso de ustedes. Estoy muy animado; en medio de todas nuestras aflicciones se desborda mi alegría.

5 Cuando llegamos a Macedonia, nuestro cuerpo no tuvo ningún descanso, sino que nos vimos acosados por todas partes; conflictos por fuera, temores por dentro. **6** Pero Dios, que consuela a los abatidos, nos consoló con la llegada de Tito, **7** y no sólo con su llegada sino también con el consuelo que él había recibido de ustedes. Él nos habló del anhelo, de la profunda tristeza y de la honda preocupación que ustedes tienen por mí, lo cual me llenó de alegría.

8 Si bien los entristecí con mi carta, no me pesa. Es verdad que antes me pesó, porque me di cuenta de que por un tiempo mi carta los había entristecido. **9** Sin embargo, ahora me alegro, no porque se hayan entristecido sino porque su tristeza los llevó al *arrepentimiento. Ustedes se entristecieron tal como Dios lo quiere, de modo que nosotros de ninguna manera los hemos perjudicado. **10** La tristeza que proviene de Dios produce el arrepentimiento que lleva a la salvación, de la cual no hay que arrepentirse, mientras que la tristeza del mundo produce la muerte. **11** Fíjense lo que ha producido en ustedes esta tristeza que proviene de Dios: ¡qué empeño, qué afán por disculparse, qué indignación, qué temor, qué anhelo, qué preocupación, qué disposición para ver que se haga justicia! En todo han demostrado su inocencia en este asunto. **12** Así que, a pesar de que les escribí, no fue por causa del ofensor ni del ofendido, sino más bien para que delante de Dios se dieran cuenta por ustedes mismos de cuánto interés tienen en nosotros. **13** Todo esto nos reanima.

Además del consuelo que hemos recibido, nos alegró muchísimo el ver lo feliz que estaba Tito debido a que todos ustedes fortalecieron su espíritu. **14** Ya le había dicho que me sentía orgulloso de ustedes, y no me han hecho quedar mal. Al contrario, así como todo lo que les dijimos es verdad, también resultaron ciertos los elogios que hice de ustedes delante de Tito. **15** Y él les tiene aún más cariño al recordar que todos ustedes fueron obedientes y lo recibieron con temor y temblor. **16** Me alegro de que puedo confiar plenamente en ustedes.

Estímulo a la generosidad

8 Ahora, hermanos, queremos que se enteren de la gracia que Dios ha dado a las iglesias de Macedonia. **2** En medio de las pruebas más difíciles, su desbordante alegría y su extrema pobreza abundaron

---

a **6:15** *el diablo.* Lit. *Beliar,* otra forma de *Belial.*   *b* **6:16** Lv 26:12; Jer 32:38; Ez 37:27   *c* **6:17** Is 52:11; Ez 20:34,41
d **6:18** 2S 7:8,14

Pasaje del día: 2 Corintios 7:1-7
Versículos del día: 2 Corintios 7:5-6

Decisión probada

Mi hija había ingresado en un instituto bíblico a las afueras de la ciudad y debía trasladarse cada día en su auto hacia el trabajo. Una mañana, tuvo un accidente con su auto. Gracias a Dios, no le sucedió nada grave. Sólo tuvo una contusión, que le impidió trabajar por un mes.

Antes de decidir que era el tiempo de prepararse para el servicio al Señor había tenido que enfrentarse con decisiones muy fuertes, hasta el extremo de retrasar un año su ingreso al instituto. Pero una vez allí, vino la prueba.

"Esta es la primera de muchas cosas terribles que le van a pasar a tu hija por haber decidido entrar en ese lugar", fue lo que dijo un familiar al tener noticias de lo ocurrido.

Ese día mi lectura devocional había sido de 2 Corintios 7:5-6. El accidente fue un conflicto por fuera; la declaración que alguien muy especial para nosotros hizo al conocer el hecho fue un temor por dentro. "Pero Dios, que consuela a los abatidos, nos consoló..."

Mi hija pudo terminar sus estudios en el instituto bíblico, como creía que debía hacer. No le quedó ninguna secuela física y comprobó la fidelidad de Dios al librarla de todo mal, día tras día, yendo y viniendo de su trabajo durante dos años. Además, como un regalo de parte del Señor, recibió un dinero de indemnización, ya que la culpa del accidente la tuvo el vehículo contrario.

Ahora, sigue tratando de vivir en carne propia la inmensa gracia del Padre. Él siempre es fiel, y nunca permitirá que seamos probadas más allá de lo que podemos soportar.

Nuria Pradas de Ferradura
España

en rica generosidad. ³ Soy testigo de que dieron espontáneamente tanto como podían, y aún más de lo que podían, ⁴ rogándonos con insistencia que les concediéramos el privilegio de tomar parte en esta ayuda para los *santos. ⁵ Incluso hicieron más de lo que esperábamos, ya que se entregaron a sí mismos, primeramente al Señor y después a nosotros, conforme a la voluntad de Dios. ⁶ De modo que rogamos a Tito que llevara a feliz término esta obra de gracia entre ustedes, puesto que ya la había comenzado. ⁷ Pero ustedes, así como sobresalen en todo —en fe, en palabras, en conocimiento, en dedicación y en su amor hacia nosotrosª—, procuren también sobresalir en esta gracia de dar.

⁸ No es que esté dándoles órdenes, sino que quiero probar la sinceridad de su amor en comparación con la dedicación de los demás. ⁹ Ya conocen la gracia de nuestro Señor Jesucristo, que aunque era rico, por causa de ustedes se hizo pobre, para que mediante su pobreza ustedes llegaran a ser ricos. ¹⁰ Aquí va mi consejo sobre lo que les conviene en este asunto: El año pasado ustedes fueron los primeros no sólo en dar sino también en querer hacerlo. ¹¹ Lleven ahora a feliz término la obra, para que, según sus posibilidades, cumplan con lo que de buena gana propusieron. ¹² Porque si uno lo hace de buena voluntad, lo que da es bien recibido según lo que tiene, y no según lo que no tiene.

¹³ No se trata de que otros encuentren alivio mientras que ustedes sufren escasez; es más bien cuestión de igualdad. ¹⁴ En las circunstancias actuales la abundancia de ustedes suplirá lo que ellos necesitan, para que a su vez la abundancia de ellos supla lo que ustedes necesitan. Así habrá igualdad, ¹⁵ como está escrito: «Ni tuvo demasiado el que recogió mucho ni le faltó al que recogió poco.»ᵇ

Tito enviado a Corinto

¹⁶ Gracias a Dios que puso en el corazón de Tito la misma preocupación que yo tengo por ustedes. ¹⁷ De hecho, cuan-

do accedió a nuestra petición de ir a verlos, lo hizo con mucho entusiasmo y por su propia voluntad. ¹⁸ Junto con él les enviamos al hermano que se ha ganado el reconocimiento de todas las iglesias por los servicios prestados al *evangelio. ¹⁹ Además, las iglesias lo escogieron para que nos acompañe cuando llevemos la ofrenda, la cual administramos para honrar al Señor y demostrar nuestro ardiente deseo de servir. ²⁰ Queremos evitar cualquier crítica sobre la forma en que administramos este generoso donativo; ²¹ porque procuramos hacer lo correcto, no sólo delante del Señor sino también delante de los demás.

²² Con ellos les enviamos a nuestro hermano que nos ha demostrado con frecuencia y de muchas maneras que es diligente, y ahora lo es aún más por la gran confianza que tiene en ustedes. ²³ En cuanto a Tito, es mi compañero y colaborador entre ustedes; y en cuanto a los otros hermanos, son enviados de las iglesias, son una honra para Cristo. ²⁴ Por tanto, den a estos hombres una prueba de su amor y muéstrenles por qué nos sentimos *orgullosos de ustedes, para testimonio ante las iglesias.

9 No hace falta que les escriba acerca de esta ayuda para los *santos, ² porque conozco la buena disposición que ustedes tienen. Esto lo he comentado con orgullo entre los macedonios, diciéndoles que desde el año pasado ustedes los de Acaya estaban preparados para dar. El entusiasmo de ustedes ha servido de estímulo a la mayoría de ellos. ³ Con todo, les envío a estos hermanos para que en este asunto no resulte vano nuestro *orgullo por ustedes, sino que estén preparados, como ya he dicho que estarían, ⁴ no sea que algunos macedonios vayan conmigo y los encuentren desprevenidos. En ese caso nosotros —por no decir nada de ustedes— nos avergonzaríamos por haber estado tan seguros. ⁵ Así que me pareció necesario rogar a estos hermanos que se adelantaran a visitarlos y completaran los preparativos para esa generosa colecta que ustedes habían prometido. Entonces

---

a 8:7 su amor hacia nosotros. Var. *nuestro amor hacia ustedes.*   *b 8:15* Éx 16:18

Pasaje del día: 2 Corintios 9:1-15
Versículo del día: 2 Corintios 9:6

Una cosecha generosa

—¿Dónde te compraste esa blusa bonita? —me preguntó una amiga en cierta ocasión.

—Me la regalaron —le contesté.

—¿Y tu cartera? —volvió a preguntar.

—También me la regalaron —repliqué.

—No me dirás que te regalan toda tu ropa —comentó, algo irónica.

—Casi toda —respondí sinceramente.

—¿Tan famosa eres? —me dijo.

—No, para nada. Es que soy una mujer tremendamente bendecida por los demás. Compro muy poco, ya que siempre estoy recibiendo regalos.

—¿Y a qué se debe tanta bendición? —cuestionó ella con incredulidad.

—A que soy hija de la mujer más dadora y generosa que conozco —le respondí—. Mi madre siempre está sembrando dádivas no sólo materiales, sino que también da su tiempo, su sabiduría, sus consejos. De haberlo querido, hubiésemos podido vivir con muchas comodidades; pero me enseñó que la verdadera felicidad está en dar más que en tener. Así que cada cuatro u ocho semanas tengo que revisar mi ropero para obsequiar la ropa que está demás.

—Yo quisiera ser así, para que mis hijas cosechen lo que yo siembre —dijo mi amiga.

Los generosos tienen el gozo de que cuando dan, el Señor no sólo les devuelve abundantemente a ellos sino también a sus seres queridos. La Palabra nos enseña que nuestro Padre nos da lo suficiente para que empleemos el resto en bendecir a los demás. Pero no debemos hacerlo por necesidad o con tristeza, sino con gozo, porque Dios ama al dador alegre y Él se encargará de proveer y multiplicar para nosotros.

Pensamiento: Dios nos prospera para que demos y no para que acumulemos.

Ximena Soliz de Piérola
Bolivia

estará lista como una ofrenda generosa,[a] y no como una tacañería.

Sembrar con generosidad

6 Recuerden esto: El que siembra escasamente, escasamente cosechará,[b] y el que siembra en abundancia, en abundancia cosechará. **7** Cada uno debe dar según lo que haya decidido en su corazón, no de mala gana ni por obligación, porque Dios ama al que da con alegría. **8** Y Dios puede hacer que toda gracia abunde para ustedes, de manera que siempre, en toda circunstancia, tengan todo lo necesario, y toda buena obra abunde en ustedes. **9** Como está escrito:

«Esparció y dio a los pobres;
su justicia permanece para
siempre.»[c]

10 El que le suple semilla al que siembra también le suplirá pan para que coma, aumentará los cultivos y hará que ustedes produzcan una abundante cosecha de justicia. **11** Ustedes serán enriquecidos en todo sentido para que en toda ocasión puedan ser generosos, y para que por medio de nosotros la generosidad de ustedes resulte en acciones de gracias a Dios. **12** Esta ayuda que es un servicio sagrado no sólo suple las necesidades de los *santos sino que también redunda en abundantes acciones de gracias a Dios. **13** En efecto, al recibir esta demostración de servicio, ellos alabarán a Dios por la obediencia con que ustedes acompañan la confesión del *evangelio de Cristo, y por su generosa solidaridad con ellos y con todos. **14** Además, en las oraciones de ellos por ustedes, expresarán el afecto que les tienen por la sobreabundante gracia que ustedes han recibido de Dios. **15** ¡Gracias a Dios por su don inefable!

Pablo defiende su ministerio

10 Por la ternura y la bondad de Cristo, yo, Pablo, apelo a ustedes personalmente; yo mismo que, según dicen, soy tímido cuando me encuentro cara a cara con ustedes pero atrevido cuando estoy lejos. **2** Les ruego que cuando vaya no tenga que ser tan atrevido como me he propuesto ser con algunos que opinan que vivimos según criterios meramente *humanos, **3** pues aunque vivimos en el mundo, no libramos batallas como lo hace el *mundo. **4** Las armas con que luchamos no son del mundo, sino que tienen el poder divino para derribar fortalezas. **5** Destruimos argumentos y toda altivez que se levanta contra el conocimiento de Dios, y llevamos cautivo todo pensamiento para que se someta a Cristo. **6** Y estamos dispuestos a castigar cualquier acto de desobediencia una vez que yo pueda contar con la completa obediencia de ustedes.

7 Fíjense en lo que está a la vista.[d] Si alguno está convencido de ser de Cristo, considere esto de nuevo: nosotros somos tan de Cristo como él. **8** No me avergonzaré de *jactarme de nuestra autoridad más de la cuenta, autoridad que el Señor nos ha dado para la edificación y no para la destrucción de ustedes. **9** No quiero dar la impresión de que trato de asustarlos con mis cartas, **10** pues algunos dicen: «Sus cartas son duras y fuertes, pero él en persona no impresiona a nadie, y como orador es un fracaso.» **11** Tales personas deben darse cuenta de que lo que somos por escrito estando ausentes, lo seremos con hechos estando presentes.

12 No nos atrevemos a igualarnos ni a compararnos con algunos que tanto se recomiendan a sí mismos. Al medirse con su propia medida y compararse unos con otros, no saben lo que hacen. **13** Nosotros, por nuestra parte, no vamos a jactarnos más de lo debido. Nos limitaremos al campo que Dios nos ha asignado según su medida, en la cual también ustedes están incluidos. **14** Si no hubiéramos estado antes entre ustedes, se podría alegar que estamos rebasando estos límites, cuando lo cierto es que fuimos los primeros en llevarles el *evangelio de Cristo. **15** No nos jactamos desmedidamente a costa del trabajo que otros han hecho. Al

---

a **9:5** *una ofrenda generosa.* Lit. *una bendición.* *b* **9:6** *siembra ... cosechará.* Lit. *siembra en bendición, en bendición cosechará.* *c* **9:9** Sal 112:9 *d* **10:7** *Fíjense ... vista.* Alt. *Ustedes se fijan en las apariencias.*

Pasaje del día: 2 Corintios 10:1-9
Versículo del día: 2 Corintios 10:4

Pelea por tus hijos

Tu familia es tu primer campo de batalla. Satanás sabe que si te roba a tus hijos, la bendición será interrumpida y, además, el impacto de tu vida en el mundo será grandemente afectado.

La tercera de mis cuatro hijas entró en una etapa difícil debido a su relación con cierto joven. No podía comprender por qué su papá y yo no estábamos de acuerdo en que estuviera de novios con él. Y comenzó la guerra. Yo ya no sabía cómo orar, qué decirle a mi hija, qué actitud tomar. Cuando el asunto parecía más negro, Dios envió una pareja de siervos que nos instruyeron en el arte de interceder con autoridad.

Con cuánta ansiedad abrazamos los principios y comenzamos a dirigir nuestros misiles hacia Satanás y no hacia nuestra hija. Ayunábamos e intercediamos –usando como base Jeremías 1:9-10–, arrancando, destruyendo, arruinando y derribando toda artimaña de Satanás contra ella y contra nosotros. Luchamos contra toda fuerza de rebeldía, de altivez y de engaño, y plantamos la perfecta voluntad de Dios en el nombre poderoso de Jesús. Eso nos liberó de tal manera que el amor comenzó a fluir hacia nuestra hija y recibíamos diariamente la porción de paciencia necesaria para no estorbar a Dios.

Pasó un año antes que ella, milagrosamente, de un día para otro, decidiera someterse a nosotros, reconociendo su rebeldía hacia Dios. A los pocos meses, conoció al joven que hoy es su esposo. Ahora testifica de cómo la intercesión y el amor la arrancaron de las garras del enemigo.

Permite a Dios ser Dios. Comienza a interceder con autoridad por tus hijos y no hagas ni digas nada que el Señor no te confirme hacer o decir. Déjale el campo libre. Sólo Él puede cambiar el corazón más rebelde.

Rita Mellado
México

contrario, esperamos que, según vaya creciendo la fe de ustedes, también nuestro campo de acción entre ustedes se amplíe grandemente, **16** para poder predicar el evangelio más allá de sus regiones, sin tener que jactarnos del trabajo ya hecho por otros. **17** Más bien, «el que se quiera *enorgullecer, que se enorgullezca en el Señor».ª **18** Porque no es aprobado el que se recomienda a sí mismo sino aquel a quien recomienda el Señor.

Pablo y los falsos apóstoles

11 ¡Ojalá me aguanten unas cuantas tonterías! ¡Sí, aguántenmelas!ᵇ **2** El celo que siento por ustedes proviene de Dios, pues los tengo prometidos a un solo esposo, que es Cristo, para presentárselos como una virgen pura. **3** Pero me temo que, así como la serpiente con su astucia engañó a Eva, los pensamientos de ustedes sean desviados de un compromiso puro yᶜ sincero con Cristo. **4** Si alguien llega a ustedes predicando a un Jesús diferente del que les hemos predicado nosotros, o si reciben un espíritu o un *evangelio diferentes de los que ya recibieron, a ése lo aguantan con facilidad. **5** Pero considero que en nada soy inferior a esos superapóstoles. **6** Quizás yo sea un mal orador, pero tengo conocimiento. Esto se lo hemos demostrado a ustedes de una y mil maneras.

7 ¿Es que cometí un pecado al humillarme yo para enaltecerlos a ustedes, predicándoles el *evangelio de Dios gratuitamente? **8** De hecho, despojé a otras iglesias al recibir de ellas ayuda para servirles a ustedes. **9** Cuando estuve entre ustedes y necesité algo, no fui una carga para nadie, ya que los hermanos que llegaron de Macedonia suplieron mis necesidades. He evitado serles una carga en cualquier sentido, y seguiré evitándolo. **10** Es tan cierto que la verdad de Cristo está en mí, como lo es que nadie en las regiones de Acaya podrá privarme de este motivo de *orgullo. **11** ¿Por qué? ¿Porque no los amo? ¡Dios sabe que sí! **12** Pero seguiré haciendo lo que hago, a fin de quitar todo pretexto a aquellos que,

buscando una oportunidad para hacerse iguales a nosotros, se *jactan de lo que hacen.

13 Tales individuos son falsos apóstoles, obreros estafadores, que se disfrazan de apóstoles de Cristo. **14** Y no es de extrañar, ya que Satanás mismo se disfraza de ángel de luz. **15** Por eso no es de sorprenderse que sus servidores se disfracen de servidores de la justicia. Su fin corresponderá con lo que merecen sus acciones.

Los sufrimientos de Pablo

16 Lo repito: Que nadie me tenga por insensato. Pero aun cuando así me consideren, de todos modos recíbanme, para poder *jactarme un poco. **17** Al jactarme tan confiadamente, no hablo como quisiera el Señor sino con insensatez. **18** Ya que muchos se ufanan como lo hace el mundo,ᵈ yo también lo haré. **19** Por ser tan sensatos, ustedes de buena gana aguantan a los insensatos. **20** Aguantan incluso a cualquiera que los esclaviza, o los explota, o se aprovecha de ustedes, o se comporta con altanería, o les da de bofetadas. **21** ¡Para vergüenza mía, confieso que hemos sido demasiado débiles!

Si alguien se atreve a dárselas de algo, también yo me atrevo a hacerlo; lo digo como un insensato. **22** ¿Son ellos hebreos? Pues yo también. ¿Son israelitas? También yo lo soy. ¿Son descendientes de Abraham? Yo también. **23** ¿Son servidores de Cristo? ¡Qué locura! Yo lo soy más que ellos. He trabajado más arduamente, he sido encarcelado más veces, he recibido los azotes más severos, he estado en peligro de muerte repetidas veces. **24** Cinco veces recibí de los judíos los treinta y nueve azotes. **25** Tres veces me golpearon con varas, una vez me apedrearon, tres veces naufragué, y pasé un día y una noche como náufrago en alta mar. **26** Mi vida ha sido un continuo ir y venir de un sitio a otro; en peligros de ríos, peligros de bandidos, peligros de parte de mis compatriotas, peligros a manos de los *gentiles, peligros en la ciudad, peligros

---

a **10:17** Jer 9:24   *b* **11:1** *¡Sí, aguántenmelas!* Alt. *En realidad, ya me las están aguantando.*   *c* **11:3** Var. no incluye: *puro y.*
d **11:18** *se ufanan ... mundo.* Lit. *se jactan según la carne.*

en el campo, peligros en el mar y peligros de parte de falsos hermanos. ²⁷ He pasado muchos trabajos y fatigas, y muchas veces me he quedado sin dormir; he sufrido hambre y sed, y muchas veces me he quedado en ayunas; he sufrido frío y desnudez. ²⁸ Y como si fuera poco, cada día pesa sobre mí la preocupación por todas las iglesias. ²⁹ ¿Cuando alguien se siente débil, no comparto yo su debilidad? ¿Y cuando a alguien se le hace *tropezar, no ardo yo de indignación?

³⁰ Si me veo obligado a jactarme, me jactaré de mi debilidad. ³¹ El Dios y Padre del Señor Jesús (¡sea por siempre alabado!) sabe que no miento. ³² En Damasco, el gobernador bajo el rey Aretas mandó que se vigilara la ciudad de los damascenos con el fin de arrestarme; ³³ pero me bajaron en un canasto por una ventana de la muralla, y así escapé de las manos del gobernador.

Visión y debilidad de Pablo

12 Me veo obligado a *jactarme, aunque nada se gane con ello. Paso a referirme a las visiones y revelaciones del Señor. ² Conozco a un seguidor de Cristo que hace catorce años fue llevado al tercer cielo (no sé si en el cuerpo o fuera del cuerpo; Dios lo sabe). ³ Y sé que este hombre (no sé si en el cuerpo o aparte del cuerpo; Dios lo sabe) ⁴ fue llevado al paraíso y escuchó cosas indecibles que a los humanos no se nos permite expresar. ⁵ De tal hombre sí podría hacer alarde; pero de mí no haré alarde sino de mis debilidades. ⁶ Sin embargo, no sería insensato si decidiera jactarme, porque estaría diciendo la verdad. Pero no lo hago, para que nadie suponga que soy más de lo que aparento o de lo que digo.

⁷ Para evitar que me volviera presumido por estas sublimes revelaciones, una espina me fue clavada en el cuerpo, es decir, un mensajero de Satanás, para que me atormentara. ⁸ Tres veces le rogué al Señor que me la quitara; ⁹ pero él me dijo: «Te basta con mi gracia, pues mi poder se perfecciona en la debilidad.» Por lo tanto, gustosamente haré más bien alarde de mis debilidades, para que permanezca sobre mí el poder de Cristo. ¹⁰ Por eso me regocijo en debilidades,

insultos, privaciones, persecuciones y dificultades que sufro por Cristo; porque cuando soy débil, entonces soy fuerte.

Preocupación de Pablo por los corintios

¹¹ Me he portado como un insensato, pero ustedes me han obligado a ello. Ustedes debían haberme elogiado, pues de ningún modo soy inferior a los superapóstoles, aunque yo no soy nada. ¹² Las marcas distintivas de un apóstol, tales como señales, prodigios y milagros, se dieron constantemente entre ustedes. ¹³ ¿En qué fueron ustedes inferiores a las demás iglesias? Pues sólo en que yo mismo nunca les fui una carga. ¡Perdónenme si los ofendo!

¹⁴ Miren que por tercera vez estoy listo para visitarlos, y no les seré una carga, pues no me interesa lo que ustedes tienen sino lo que ustedes son. Después de todo, no son los hijos los que deben ahorrar para los padres, sino los padres para los hijos. ¹⁵ Así que de buena gana gastaré todo lo que tengo, y hasta yo mismo me desgastaré del todo por ustedes. Si los amo hasta el extremo, ¿me amarán menos? ¹⁶ En todo caso, no les he sido una carga. ¿Es que, como soy tan astuto, les tendí una trampa para estafarlos? ¹⁷ ¿Acaso los exploté por medio de alguno de mis enviados? ¹⁸ Le rogué a Tito que fuera a verlos y con él envié al hermano. ¿Acaso se aprovechó Tito de ustedes? ¿No procedimos los dos con el mismo espíritu y seguimos el mismo camino?

¹⁹ ¿Todo este tiempo han venido pensando que nos estábamos justificando ante ustedes? ¡Más bien, hemos estado hablando delante de Dios en Cristo! Todo lo que hacemos, queridos hermanos, es para su edificación. ²⁰ En realidad, me temo que cuando vaya a verlos no los encuentre como quisiera, ni ustedes me encuentren a mí como quisieran. Temo que haya peleas, celos, arrebatos de ira, rivalidades, calumnias, chismes, insultos y alborotos. ²¹ Temo que, al volver a visitarlos, mi Dios me humille delante de ustedes, y que yo tenga que llorar por muchos que han pecado desde hace algún tiempo pero no se han *arrepentido de la impureza, de la inmoralidad sexual y de los vicios a que se han entregado.

Advertencias finales

13 Ésta será la tercera vez que los visito. «Que todo asunto se haga constar por el testimonio de dos o tres testigos.»[a] **2** Cuando estuve con ustedes por segunda vez les advertí, y ahora que estoy ausente se lo repito: Cuando vuelva a verlos, no seré indulgente con los que antes pecaron ni con ningún otro, **3** ya que están exigiendo una prueba de que Cristo habla por medio de mí. Él no se muestra débil en su trato con ustedes, sino que ejerce su poder entre ustedes. **4** Es cierto que fue crucificado en debilidad, pero ahora vive por el poder de Dios. De igual manera, nosotros participamos de su debilidad, pero por el poder de Dios viviremos con Cristo para ustedes.

5 Examínense para ver si están en la fe; pruébense a sí mismos. ¿No se dan cuenta de que Cristo Jesús está en ustedes? ¡A menos que fracasen en la *prueba! **6** Espero que reconozcan que nosotros no hemos fracasado. **7** Pedimos a Dios que no hagan nada malo, no para demostrar mi éxito, sino para que hagan lo bueno, aunque parezca que nosotros hemos fracasado. **8** Pues nada podemos hacer contra la verdad, sino a favor de la verdad. **9** De hecho, nos alegramos cuando nosotros somos débiles y ustedes fuertes; y oramos a Dios para que los restaure plenamente. **10** Por eso les escribo todo esto en mi ausencia, para que cuando vaya no tenga que ser severo en el uso de mi autoridad, la cual el Señor me ha dado para edificación y no para destrucción.

Saludos finales

11 En fin, hermanos, alégrense, busquen[b] su restauración, hagan caso de mi exhortación, sean de un mismo sentir, vivan en paz. Y el Dios de amor y de paz estará con ustedes.

12 Salúdense unos a otros con un beso santo. **13** Todos los *santos les mandan saludos.

14 Que la gracia del Señor Jesucristo, el amor de Dios y la comunión del Espíritu Santo sean con todos ustedes.

---

a **13:1** Dt 19:15 *b* **13:11** *alégrense, busquen.* Alt. *los saludo. Busquen.*

GÁLATAS

- Pablo escribe esta carta a las iglesias que fundó en Galacia (Hechos 13:13—14:28) a fin de advertirles contra ciertos falsos maestros. Les recuerda el sencillo mensaje de salvación por fe sola, que enseñan él y otros líderes de la iglesia, y concluye dando consejos sobre cómo llevar una vida llena del Espíritu. Al leer este libro, asegúrese de que usted es salva por una fe personal en Jesucristo, y pida que el Espíritu de Dios le ayude a andar en amor y paz cristianos.

Gálatas

1 Pablo, apóstol, no por investidura ni mediación *humanas, sino por *Jesucristo y por Dios Padre, que lo *levantó de entre los muertos; 2 y todos los hermanos que están conmigo,

a las iglesias de Galacia:

3 Que Dios nuestro Padre y el Señor Jesucristo les concedan gracia y paz. 4 Jesucristo dio su vida por nuestros pecados para rescatarnos de este mundo malvado, según la voluntad de nuestro Dios y Padre, 5 a quien sea la gloria por los siglos de los siglos. Amén.

No hay otro evangelio

6 Me asombra que tan pronto estén dejando ustedes a quien los llamó por la gracia de Cristo, para pasarse a otro *evangelio. 7 No es que haya otro evangelio, sino que ciertos individuos están sembrando confusión entre ustedes y quieren tergiversar el evangelio de Cristo. 8 Pero aun si alguno de nosotros o un ángel del cielo les predicara un evangelio distinto del que les hemos predicado, ¡que caiga bajo maldición! 9 Como ya lo hemos dicho, ahora lo repito: si alguien les anda predicando un evangelio distinto del que recibieron, ¡que caiga bajo maldición!

10 ¿Qué busco con esto: ganarme la aprobación *humana o la de Dios? ¿Piensan que procuro agradar a los demás? Si yo buscara agradar a otros, no sería *siervo de Cristo.

Pablo, llamado por Dios

11 Quiero que sepan, hermanos, que el *evangelio que yo predico no es invención *humana. 12 No lo recibí ni lo aprendí de ningún ser humano, sino que me llegó por revelación de Jesucristo.

13 Ustedes ya están enterados de mi conducta cuando pertenecía al judaísmo, de la furia con que perseguía a la iglesia de Dios, tratando de destruirla. 14 En la práctica del judaísmo, yo aventajaba a muchos de mis contemporáneos en mi celo exagerado por las tradiciones de mis antepasados. 15 Sin embargo, Dios me había apartado desde el vientre de mi madre y me llamó por su gracia. Cuando él tuvo a bien 16 revelarme a su Hijo para que yo lo predicara entre los *gentiles, no consulté con nadie. 17 Tampoco subí a Jerusalén para ver a los que eran apóstoles antes que yo, sino que fui de inmediato a Arabia, de donde luego regresé a Damasco.

18 Después de tres años, subí a Jerusalén para visitar a Pedro,a y me quedé con él quince días. 19 No vi a ningún otro de los apóstoles; sólo vi a *Jacobo, el hermano del Señor. 20 Dios me es testigo que en esto que les escribo no miento. 21 Más tarde fui a las regiones de Siria y Cilicia. 22 Pero en Judea las iglesias deb Cristo no me conocían personalmente. 23 Sólo habían oído decir: «El que antes nos perseguía ahora predica la fe que procuraba destruir.» 24 Y por causa mía glorificaban a Dios.

Los apóstoles aceptan a Pablo

2 Catorce años después subí de nuevo a Jerusalén, esta vez con Bernabé, llevando también a Tito. 2 Fui en obediencia a una revelación, y me reuní en privado con los que eran reconocidos como dirigentes, y les expliqué el *evangelio que predico entre los *gentiles, para que todo mi esfuerzo no fuera en vano.c 3 Ahora bien, ni siquiera Tito, que me acompañaba, fue obligado a circuncidarse, aunque era *griego. 4 El problema era que algunos falsos hermanos se habían infiltrado

---

a 1:18 Aquí el autor usa *Cefas*, nombre arameo de Pedro; también en 2:9,11,14. b 1:22 *de.* Lit. *en.* c 2:2 *para ... vano.* Lit. *para que yo no estuviera corriendo o hubiera corrido en vano.*

entre nosotros para coartar la libertad que tenemos en Cristo Jesús a fin de esclavizarnos. 5 Ni por un momento accedimos a someternos a ellos, pues queríamos que se preservara entre ustedes la integridad del evangelio.

6 En cuanto a los que eran reconocidos como personas importantes —aunque no me interesa lo que fueran, porque Dios no juzga por las apariencias—, no me impusieron nada nuevo. 7 Al contrario, reconocieron que a mí se me había encomendado predicar el evangelio a los gentiles, de la misma manera que a Pedro predicarlo a los judíos.ª 8 El mismo Dios que facultó a Pedro como apóstol de los judíosᵇ me facultó también a mí como apóstol de los gentiles. 9 En efecto, *Jacobo, Pedro y Juan, que eran considerados columnas, al reconocer la gracia que yo había recibido, nos dieron la mano a Bernabé y a mí en señal de compañerismo, de modo que nosotros fuéramos a los gentiles y ellos a los judíos. 10 Sólo nos pidieron que nos acordáramos de los pobres, y eso es precisamente lo que he venido haciendo con esmero.

Pablo se opone a Pedro

11 Pues bien, cuando Pedro fue a Antioquía, le eché en cara su comportamiento condenable. 12 Antes que llegaran algunos de parte de *Jacobo, Pedro solía comer con los *gentiles. Pero cuando aquéllos llegaron, comenzó a retraerse y a separarse de los gentiles por temor a los partidarios de la *circuncisión.ᶜ 13 Entonces los demás judíos se unieron a Pedro en su *hipocresía, y hasta el mismo Bernabé se dejó arrastrar por esa conducta hipócrita.

14 Cuando vi que no actuaban rectamente, como corresponde a la integridad del *evangelio, le dije a Pedro delante de todos: «Si tú, que eres judío, vives como si no lo fueras, ¿por qué obligas a los gentiles a practicar el judaísmo?

15 »Nosotros somos judíos de nacimiento y no *'pecadores paganos'. 16 Sin embargo, al reconocer que nadie es *justificado por las obras que demanda la ley sino por la *fe en Jesucristo, también nosotros hemos puesto nuestra fe en Cristo Jesús, para ser justificados por la fe en él y no por las obras de la ley; porque por éstas nadie será justificado.

17 »Ahora bien, cuando buscamos ser justificados porᵈ Cristo, se hace evidente que nosotros mismos somos pecadores. ¿Quiere esto decir que Cristo está al servicio del pecado? ¡De ninguna manera! 18 Si uno vuelve a edificar lo que antes había destruido, se haceᵉ transgresor. 19 Yo, por mi parte, mediante la ley he muerto a la ley, a fin de vivir para Dios. 20 He sido crucificado con Cristo, y ya no vivo yo sino que Cristo vive en mí. Lo que ahora vivo en el cuerpo, lo vivo por la fe en el Hijo de Dios, quien me amó y dio su vida por mí. 21 No desecho la gracia de Dios. Si la justicia se obtuviera mediante la ley, Cristo habría muerto en vano.»ᶠ

La fe o la observancia de la ley

3 ¡Gálatas torpes! ¿Quién los ha hechizado a ustedes, ante quienes Jesucristo crucificado ha sido presentado tan claramente? 2 Sólo quiero que me respondan a esto: ¿Recibieron el Espíritu por las obras que demanda la ley, o por la fe con que aceptaron el mensaje? 3 ¿Tan torpes son? Después de haber comenzado con el Espíritu, ¿pretenden ahora perfeccionarse con esfuerzos *humanos?ᵍ 4 ¿Tanto sufrir, para nada? ¡Si es que de veras fue para nada! 5 Al darles Dios su Espíritu y hacer milagros entre ustedes, ¿lo hace por las obras que demanda la ley o por la fe con que han aceptado el mensaje? 6 Así fue con Abraham: «Creyó a Dios, y ello se le tomó en cuenta como justicia.»ª

7 Por lo tanto, sepan que los descendientes de Abraham son aquellos que viven por la fe. 8 En efecto, la Escritura,

---

ª 2:7 *el evangelio ... judíos.* Lit. *el evangelio de la incircuncisión, como a Pedro el de la circuncisión.* ᵇ 2:8 *los judíos.* Lit. *la circuncisión;* también en v. 9. ᶜ 2:12 *los partidarios de la circuncisión.* Alt. *los judíos.* ᵈ 2:17 *por.* Lit. *en.* ᵉ 2:18 *Si uno vuelve ... se hace.* Lit. *Si vuelvo ... me hago.* ᶠ 2:21 Algunos intérpretes consideran que la cita termina al final del v. 14. ᵍ 3:3 *¿pretenden ... humanos?* Lit. *¿se perfeccionan ahora con la carne?* ʰ 3:4 *¿Tanto sufrir, para nada?* Alt. *¿Han tenido tan grandes experiencias en vano?* ª 3:6 Gn 15:6

habiendo previsto que Dios *justificaría por la fe a las *naciones, anunció de antemano el *evangelio a Abraham: «Por medio de ti serán bendecidas todas las naciones.»ᵃ ⁹ Así que los que viven por la fe son bendecidos junto con Abraham, el hombre de fe.

¹⁰ Todos los que viven por las obras que demanda la ley están bajo maldición, porque está escrito: «Maldito el que no practica fielmente todo lo que está escrito en el libro de la ley.»ᵇ ¹¹ Ahora bien, es evidente que por la ley nadie es justificado delante de Dios, porque «el justo por la fe vivirá».ᶜ ¹² La ley no se basa en la fe; por el contrario, «el que practica estas cosas vivirá por ellas».ᵈ ¹³ Cristo nos rescató de la maldición de la ley al hacerse maldición por nosotros, pues está escrito: «Maldito todo el que es colgado de un madero.»ᵉ ¹⁴ Así sucedió, para que, por medio de Cristo Jesús, la bendición prometida a Abraham llegara a las naciones, y para que por la fe recibiéramos el Espíritu según la promesa.

La ley y la promesa

¹⁵ Hermanos, voy a ponerles un ejemplo: aun en el caso de un pactoᶠ *humano, nadie puede anularlo ni añadirle nada una vez que ha sido ratificado. ¹⁶ Ahora bien, las promesas se le hicieron a Abraham y a su descendencia. La Escritura no dice: «y a los descendientes», como refiriéndose a muchos, sino: «y a tu descendencia»,ᵍ dando a entender uno solo, que es Cristo. ¹⁷ Lo que quiero decir es esto: La ley, que vino cuatrocientos treinta años después, no anula el pacto que Dios había ratificado previamente; de haber sido así, quedaría sin efecto la promesa. ¹⁸ Si la herencia se basa en la ley, ya no se basa en la promesa; pero Dios se la concedió gratuitamente a Abraham mediante una promesa.

¹⁹ Entonces, ¿cuál era el propósito de la ley? Fue añadida por causa deʰ las transgresiones hasta que viniera la des-

cendencia a la cual se hizo la promesa. La ley se promulgó por medio de ángeles, por conducto de un mediador. ²⁰ Ahora bien, no hace falta mediador si hay una sola parte, y sin embargo Dios es uno solo.

²¹ Si esto es así, ¿estará la ley en contra de las promesas de Dios? ¡De ninguna manera! Si se hubiera promulgado una ley capaz de dar vida, entonces sí que la justicia se basaría en la ley. ²² Pero la Escritura declara que todo el mundo es prisionero del pecado,ᵃ para que mediante la *fe en Jesucristo lo prometido se conceda a los que creen.

²³ Antes de venir esta fe, la ley nos tenía presos, encerrados hasta que la fe se revelara. ²⁴ Así que la ley vino a ser nuestro guía encargado de conducirnos a Cristo,ᵇ para que fuéramos *justificados por la fe. ²⁵ Pero ahora que ha llegado la fe, ya no estamos sujetos al guía.

Hijos de Dios

²⁶ Todos ustedes son hijos de Dios mediante la *fe en Cristo Jesús, ²⁷ porque todos los que han sido bautizados en Cristo se han revestido de Cristo. ²⁸ Ya no hay judío ni *griego, esclavo ni libre, hombre ni mujer, sino que todos ustedes son uno solo en Cristo Jesús. ²⁹ Y si ustedes pertenecen a Cristo, son la descendencia de Abraham y herederos según la promesa.

4 En otras palabras, mientras el heredero es menor de edad, en nada se diferencia de un *esclavo, a pesar de ser dueño de todo. ² Al contrario, está bajo el cuidado de tutores y administradores hasta la fecha fijada por su padre. ³ Así también nosotros, cuando éramos menores, estábamos esclavizados por los *principiosᶜ de este mundo. ⁴ Pero cuando se cumplió el plazo,ᵈ Dios envió a su Hijo, nacido de una mujer, nacido bajo la ley,

a **3:8** Gn 12:3; 18:18; 22:18   *b* **3:10** Dt 27:26   *c* **3:11** Hab 2:4   *d* **3:12** Lv 18:5   *e* **3:13** Dt 21:23   *f* **3:15** *pacto.* Alt. *testamento.*   *g* **3:16** Gn 12:7; 13:15; 24:7   *h* **3:19** *por causa de.* Alt. *para manifestar,* o *aumentar.*   *a* **3:22** *declara ... pecado.* Lit. *lo ha encerrado todo bajo pecado.*   *b* **3:24** *la ley ... Cristo.* Alt. *la ley fue nuestro guía hasta que vino Cristo.*   *c* **4:3** *los principios.* Alt. *los poderes espirituales,* o *las normas;* también en v. 9.   *d* **4:4** *se cumplió el plazo.* Lit. *vino la plenitud del tiempo.*

5 para rescatar a los que estaban bajo la ley, a fin de que fuéramos adoptados como hijos. 6 Ustedes ya son hijos. Dios ha enviado a nuestros corazones el Espíritu de su Hijo, que clama: «*¡*Abba! ¡Padre!*» 7 Así que ya no eres esclavo sino hijo; y como eres hijo, Dios te ha hecho también heredero.

Preocupación de Pablo por los gálatas

8 Antes, cuando ustedes no conocían a Dios, eran esclavos de los que en realidad no son dioses. 9 Pero ahora que conocen a Dios —o más bien que Dios los conoce a ustedes—, ¿cómo es que quieren regresar a esos *principios ineficaces y sin valor? ¿Quieren volver a ser esclavos de ellos? 10 ¡Ustedes siguen guardando los días de fiesta, meses, estaciones y años! 11 Temo por ustedes, que tal vez me haya estado esforzando en vano.

12 Hermanos, yo me he identificado con ustedes. Les suplico que ahora se identifiquen conmigo. No es que me hayan ofendido en algo. 13 Como bien saben, la primera vez que les prediqué el *evangelio fue debido a una enfermedad, 14 y aunque ésta fue una *prueba para ustedes, no me trataron con desprecio ni desdén. Al contrario, me recibieron como a un ángel de Dios, como si se tratara de Cristo Jesús. 15 Pues bien, ¿qué pasó con todo ese entusiasmo? Me consta que, de haberles sido posible, se habrían sacado los ojos para dármelos. 16 ¡Y ahora resulta que por decirles la verdad me he vuelto su enemigo!

17 Esos que muestran mucho interés por ganárselos a ustedes no abrigan buenas intenciones. Lo que quieren es alejarlos de nosotros para que ustedes se entreguen a ellos. 18 Está bien mostrar interés, con tal de que haya buenas intenciones, y de que sea siempre y no sólo cuando yo estoy con ustedes. 19 Queridos hijos, por quienes vuelvo a sufrir dolores de parto hasta que Cristo sea formado en ustedes, 20 ¡cómo quisiera estar ahora con ustedes y hablarles de otra manera, porque lo que están haciendo me tiene perplejo!

Agar y Sara

21 Díganme ustedes, los que quieren estar bajo la ley: ¿por qué no le prestan atención a lo que la ley misma dice? 22 ¿Acaso no está escrito que Abraham tuvo dos hijos, uno de la esclava y otro de la libre? 23 El de la esclava nació por decisión *humana, pero el de la libre nació en cumplimiento de una promesa. 24 Ese relato puede interpretarse en sentido figurado: estas mujeres representan dos pactos. Uno, que es Agar, procede del monte Sinaí y tiene hijos que nacen para ser esclavos. 25 Agar representa el monte Sinaí en Arabia, y corresponde a la actual ciudad de Jerusalén, porque junto con sus hijos vive en esclavitud. 26 Pero la Jerusalén celestial es libre, y ésa es nuestra madre. 27 Porque está escrito:

«Alégrate, mujer estéril,
  tú que no has dado a luz;
prorrumpe en gritos de alegría,
  tú que no has sufrido dolores de
    parto;
pues la abandonada tiene muchos
    hijos,
  más que la casada.»a

28 Ustedes, hermanos, al igual que Isaac, son hijos por la promesa. 29 Y así como en aquel tiempo el hijo nacido por decisión humana persiguió al hijo nacido por el Espíritu, así también sucede ahora. 30 Pero, ¿qué dice la Escritura? «Echa fuera a la esclava y a su hijo, porque el hijo de la esclava jamás tendrá parte en la herencia con el hijo de la libre.»b 31 Así que, hermanos, no somos hijos de la esclava sino de la libre.

Libertad en Cristo

5 Cristo nos liberó para que vivamos en libertad. Por lo tanto, manténganse firmesc y no se sometan nuevamente al yugo de esclavitud.

2 Escuchen bien: yo, Pablo, les digo que si se hacen circuncidar, Cristo no les servirá de nada. 3 De nuevo declaro que todo

a 4:27 Is 54:1   b 4:30 Gn 21:10   c 5:1 Cristo ... firmes. Var. Por lo tanto, manténganse firmes en la libertad con que Cristo nos liberó.

Pasaje del día: Gálatas 5:16-26
Versículos del día: Gálatas 5:22-23

La semilla del Espíritu Santo

Una mujer soñó que entraba a una tienda recién inaugurada en la plaza del mercado. Para su sorpresa, descubrió que Dios se encontraba tras el mostrador.

—¿Qué vendes aquí? —le preguntó.

—Todo lo que tu corazón desee —le respondió Dios.

Sin atreverse casi a creer lo que estaba oyendo, la mujer se decidió a pedir lo mejor que un ser humano podría desear.

—Deseo paz de espíritu, amor, felicidad, sabiduría y ausencia de todo temor —dijo. Y luego, tras un instante de vacilación, prosiguió—: No sólo para mí, sino para todo el mundo.

—Aquí no vendemos frutos —le dijo Dios—. Únicamente vendemos semillas.

Nunca podremos tener el fruto que tanto deseamos si antes no ha sido sembrada en nosotras la semilla del Espíritu Santo. Sólo Cristo, mediante su amor y perdón, puede sembrar esa semilla.

La lista de los deseos de nuestra naturaleza pecaminosa es larga; pero, mediante su Espíritu, Dios puede cambiar esas cosas en el bello fruto de su amor. Ni siquiera podemos comenzar a imaginarnos lo que Dios tiene a la venta en su "tienda". Es muchísimo más de lo que nuestro corazón puede desear.

Ruega al Señor que siembre la bendita semilla de su Espíritu en tu vida, y tendrás frutos de amor, felicidad y ausencia de temor.

"Sobre todo, ámense los unos a los otros profundamente, porque el amor cubre multitud de pecados" (1 Pedro 4:8).

Meribah García de Cantero
México

el que se hace circuncidar está obligado a practicar toda la ley. ⁴ Aquellos de entre ustedes que tratan de ser *justificados por la ley, han roto con Cristo; han caído de la gracia. ⁵ Nosotros, en cambio, por obra del Espíritu y mediante la fe, aguardamos con ansias la justicia que es nuestra esperanza. ⁶ En Cristo Jesús de nada vale estar o no estar circuncidados; lo que vale es la fe que actúa mediante el amor.

⁷ Ustedes estaban corriendo bien. ¿Quién los estorbó para que dejaran de obedecer a la verdad? ⁸ Tal instigación no puede venir de Dios, que es quien los ha llamado.

⁹ «Un poco de levadura fermenta toda la masa.» ¹⁰ Yo por mi parte confío en el Señor que ustedes no pensarán de otra manera. El que los está perturbando será castigado, sea quien sea. ¹¹ Hermanos, si es verdad que yo todavía predico la circuncisión, ¿por qué se me sigue persiguiendo? Si esa fuera mi predicación, la cruz no *ofendería tanto. ¹² ¡Ojalá que esos instigadores acabaran por mutilarse del todo!

¹³ Les hablo así, hermanos, porque ustedes han sido llamados a ser libres; pero no se valgan de esa libertad para dar rienda suelta a sus *pasiones. Más bien sírvanse unos a otros con amor. ¹⁴ En efecto, toda la ley se resume en un solo mandamiento: «Ama a tu prójimo como a ti mismo.»ᵃ ¹⁵ Pero si siguen mordiéndose y devorándose, tengan cuidado, no sea que acaben por destruirse unos a otros.

La vida por el Espíritu

¹⁶ Así que les digo: Vivan por el Espíritu, y no seguirán los deseos de la *naturaleza pecaminosa. ¹⁷ Porque ésta desea lo que es contrario al Espíritu, y el Espíritu desea lo que es contrario a ella. Los dos se oponen entre sí, de modo que ustedes no pueden hacer lo que quieren. ¹⁸ Pero si los guía el Espíritu, no están bajo la ley.

¹⁹ Las obras de la naturaleza pecaminosa se conocen bien: inmoralidad sexual, impureza y libertinaje; ²⁰ idolatría y brujería; odio, discordia, celos, arrebatos de ira, rivalidades, disensiones, sectarismos ²¹ y envidia; borracheras, orgías, y otras cosas parecidas. Les advierto ahora, como antes lo hice, que los que practican tales cosas no heredarán el reino de Dios.

²² En cambio, el fruto del Espíritu es amor, alegría, paz, paciencia, amabilidad, bondad, *fidelidad, ²³ humildad y dominio propio. No hay ley que condene estas cosas. ²⁴ Los que son de Cristo Jesús han crucificado la naturaleza pecaminosa, con sus pasiones y deseos. ²⁵ Si el Espíritu nos da vida, andemos guiados por el Espíritu. ²⁶ No dejemos que la vanidad nos lleve a irritarnos y a envidiarnos unos a otros.

La ayuda mutua

6 Hermanos, si alguien es sorprendido en pecado, ustedes que son espirituales deben restaurarlo con una actitud humilde. Pero cuídese cada uno, porque también puede ser *tentado. ² Ayúdense unos a otros a llevar sus cargas, y así cumplirán la ley de Cristo. ³ Si alguien cree ser algo, cuando en realidad no es nada, se engaña a sí mismo. ⁴ Cada cual examine su propia conducta; y si tiene algo de qué presumir, que no se compare con nadie. ⁵ Que cada uno cargue con su propia responsabilidad.

⁶ El que recibe instrucción en la palabra de Dios, comparta todo lo bueno con quien le enseña.

⁷ No se engañen: de Dios nadie se burla. Cada uno cosecha lo que siembra. ⁸ El que siembra para agradar a su *naturaleza pecaminosa, de esa misma naturaleza cosechará destrucción; el que siembra para agradar al Espíritu, del Espíritu cosechará vida eterna. ⁹ No nos cansemos de hacer el bien, porque a su debido tiempo cosecharemos si no nos damos por vencidos. ¹⁰ Por lo tanto, siempre que tengamos la oportunidad, hagamos bien a todos, y en especial a los de la familia de la fe.

Pasaje del día: Gálatas 6:1-10
Versículo del día: Gálatas 6:2

La ayuda mutua

*H*ace un tiempo tuve mi brazo derecho inmovilizado por dos meses a causa de una fractura en mi codo. Estaba atravesando por un periodo de mucha actividad en medio de la obra del Señor. Arribó a las costas de mi vida la impotencia y fue entonces cuando entendí que Dios había puesto a mi alrededor personas especiales que estuvieron dispuestas a hacer todo lo que yo no podía hacer con mi mano derecha.

Escribieron en lugar mío, me asistieron en el cuidado y el aseo personal, hicieron muchas de mis obligaciones y funciones que eran, según estimaba yo, mi única responsabilidad.

Comprendí por qué Dios puso en las Escrituras este versículo tan precioso acerca de ayudarnos mutuamente a llevar las cargas. Con eso aprendí que necesitamos de los demás. Dios no nos creó aisladas. En este mundo hay situaciones en las cuales no podemos valernos por nosotras mismas, y es cuando comprendemos que nos necesitamos unas a otras.

Pregúntate: ¿A cuántas personas estoy privando de recibir bendición? Tal vez tu autosuficiencia, que no agrada a Dios ni a los hombres, está impidiendo que ellas reciban ricas y abundantes bendiciones, ya que no les permites bendecirte con sus atenciones y detalles. Pregúntate también: ¿Estoy yo dispuesta a darle una mano de ayuda a quien esté en necesidad?

Sigryd de Acuña
Costa Rica

*No la circuncisión, sino
una nueva creación*

11 Miren que les escribo de mi puño y letra, ¡y con letras bien grandes!

12 Los que tratan de obligarlos a ustedes a circuncidarse lo hacen únicamente para dar una buena impresión y evitar ser perseguidos por causa de la cruz de Cristo. **13** Ni siquiera esos que están circuncidados obedecen la ley; lo que pasa es que quieren obligarlos a circuncidarse para luego *jactarse de la señal que ustedes llevarían en el cuerpo.ᵃ **14** En cuanto a mí, jamás se me ocurra jactarme de otra cosa sino de la cruz de nuestro Señor Jesucristo, por quienᵇ el mundo ha sido crucificado para mí, y yo para el mundo. **15** Para nada cuenta estar o no estar circuncidados; lo que importa es ser parte de una nueva creación. **16** Paz y misericordia desciendan sobre todos los que siguen esta norma, y sobre el Israel de Dios.

17 Por lo demás, que nadie me cause más problemas, porque yo llevo en el cuerpo las cicatrices de Jesús.

18 Hermanos, que la gracia de nuestro Señor Jesucristo sea con el espíritu de cada uno de ustedes. Amén.

---

a **6:13** *jactarse ... cuerpo.* Lit. *jactarse en la carne.*   *b* **6:14** *por quien.* Alt. *por la cual.*

Pasaje del sábado:
Efesios 5:1-20

Pasaje del domingo:
1 Pedro 2:11-17

¿Qué quieres?

Quien quiere cantar, siempre halla un canto.

Quien quiere pelear, siempre halla algo sobre lo cual pelear.

Quien quiere quejarse, siempre halla algo por lo cual quejarse.

Quien quiere estar alegre, halla mucho en la vida por lo cual alegrarse.

Quien es pacífica, halla a muchos que aman la paz.

Quien es agradecida, halla mucho por lo cual agradecer.

Quien quiere servir, siempre halla una oportunidad para hacerlo.

Quien quiere alegrar la vida de los demás, nunca estará ociosa.

¿Qué quieres tú?

–Copiado

EFESIOS - *Pablo escribe esta carta desde la cárcel (Efesios 4:1; probablemente en Roma: véase Hechos 28:30-31) a la iglesia que fundó en Éfeso (Hechos 19). En la primera mitad explica el gran plan de Dios para redimir al mundo por medio de Cristo, y les muestra lo que esto significa para cristianos individuales y para la iglesia entera. En la segunda mitad da consejos prácticos sobre cómo llevar una vida cristiana. Al leer este libro, en primer lugar examínese para estar segura de que es salva. Entonces luche contra Satanás y ame a la familia, la iglesia y la comunidad de usted.*

Efesios

1 Pablo, apóstol de *Cristo Jesús por la voluntad de Dios,

a los *santos y fieles[a] en Cristo Jesús que están en Éfeso:[b]

2 Que Dios nuestro Padre y el Señor Jesucristo les concedan gracia y paz.

Bendiciones espirituales en Cristo

3 Alabado sea Dios, Padre de nuestro Señor Jesucristo, que nos ha bendecido en las regiones celestiales con toda bendición espiritual en Cristo. 4 Dios nos escogió en él antes de la creación del mundo, para que seamos santos y sin mancha delante de él. En amor 5 nos predestinó[c] para ser adoptados como hijos suyos por medio de Jesucristo, según el buen propósito de su voluntad, 6 para alabanza de su gloriosa gracia, que nos concedió en su Amado. 7 En él tenemos la redención mediante su sangre, el perdón de nuestros pecados, conforme a las riquezas de la gracia 8 que Dios nos dio en abundancia con toda sabiduría y entendimiento. 9 Él nos hizo conocer[d] el *misterio de su voluntad conforme al buen propósito que de antemano estableció en Cristo, 10 para llevarlo a cabo cuando se cumpliera el tiempo: reunir en él todas las cosas, tanto las del cielo como las de la tierra.

11 En Cristo también fuimos hechos herederos,[e] pues fuimos predestinados según el plan de aquel que hace todas las cosas conforme al designio de su voluntad, 12 a fin de que nosotros, que ya hemos puesto nuestra esperanza en Cristo, seamos para alabanza de su gloria. 13 En él también ustedes, cuando oyeron el mensaje de la verdad, el *evangelio que les trajo la salvación, y lo creyeron, fueron marcados con el sello que es el Espíritu Santo prometido. 14 Éste garantiza nuestra herencia hasta que llegue la redención final del pueblo adquirido por Dios,[f] para alabanza de su gloria.

Acción de gracias e intercesión

15 Por eso yo, por mi parte, desde que me enteré de la fe que tienen en el Señor Jesús y del amor que demuestran por todos los *santos, 16 no he dejado de dar gracias por ustedes al recordarlos en mis oraciones. 17 Pido que el Dios de nuestro Señor Jesucristo, el Padre glorioso, les dé el Espíritu[g] de sabiduría y de revelación, para que lo conozcan mejor. 18 Pido también que les sean iluminados los ojos del corazón para que sepan a qué esperanza él los ha llamado, cuál es la riqueza de su gloriosa herencia entre los santos, 19 y cuán incomparable es la grandeza de su poder a favor de los que creemos. Ese poder es la fuerza grandiosa y eficaz 20 que Dios ejerció en Cristo cuando lo resucitó de entre los muertos y lo sentó a su *derecha en las regiones celestiales, 21 muy por encima de todo gobierno y autoridad, poder y dominio, y de cualquier otro nombre que se invoque, no sólo en este mundo sino también en el venidero. 22 Dios sometió todas las cosas al dominio de Cristo,[h] y lo dio como cabeza de todo a la iglesia. 23 Ésta, que es su cuerpo, es la plenitud de aquel que lo llena todo por completo.

La vida en Cristo

2 En otro tiempo ustedes estaban muertos en sus transgresiones y pecados, 2 en los cuales andaban conforme a los poderes de este mundo. Se conducían según el que gobierna las tinieblas, según el espíritu que ahora ejerce su poder en los que viven en la desobediencia. 3 En ese tiempo también todos nosotros vivíamos como ellos, impulsados por nuestros deseos pecaminosos, siguiendo nuestra pro-

a 1:1 fieles. Alt. *creyentes.* *b 1:1 los santos ... Éfeso.* Var. *los santos que también son fieles en Cristo Jesús* (es decir, sin indicación de lugar). *c 1:4-5 delante ... predestinó.* Alt. *delante de él en amor.* *5 Nos predestinó.* *d 1:8-9 abundancia ... conocer.* Alt. *abundancia. Con toda sabiduría y entendimiento* *9 nos hizo conocer.* *e 1:11 fuimos hechos herederos.* Alt. *fuimos escogidos.* *f 1:14 hasta ... Dios.* Alt. *hasta que lleguemos a adquirirla.* *g 1:17 les dé el Espíritu.* Alt. *les dé espíritu.* *h 1:22 Dios ... Cristo.* Lit. *Dios sujetó todas las cosas debajo de sus pies.*

Pasaje del día: Efesios 1:3-14
Versículo del día: Efesios 1:5

Hijas adoptivas

*J*uancito escuchaba, una y otra vez, la historia de su vida; le gustaba oír cómo había llegado a ser miembro de la familia. "Nosotros te buscamos y buscamos, y un día te encontramos –le decía su mamá–. ¡Cuánto te amamos desde aquel primer instante que te conocimos! Te anotamos en el registro, te pusimos nombre y pasaste a pertenecer a esta familia. Eres nuestro hijo y deseamos para ti lo más lindo de la vida." ¡Cuánto se puede llegar a amar a un hijo adoptivo!

Nosotras, mujeres cristianas, hemos sido adoptadas por Dios mismo y tenemos muy buenos motivos para estar agradecidas. Él nos ha bendecido con toda clase de bendiciones espirituales; fuimos escogidas para ser suyas. ¡Qué precioso regalo es el espíritu de adopción!

Dios proveyó los medios necesarios para que seamos adoptadas en su familia. Tan abundante fue el amor del Padre que pagó el precio con la sangre de su Hijo. Nos adoptó a costo de su misma vida. Somos hijas de Dios, con todos los privilegios que implica el ser "miembros de la familia de Dios".

La hija no es una esclava; es una heredera. Lleva el nombre de la familia de Dios; es purificada. Él hace intachable su conducta; todo está cubierto con su amor; no por virtud humana, sino únicamente por gracia.

Como hija adoptiva, alaba al Padre por esta extraordinaria gracia. Con toda confianza puedes decirle: "¡Querido papito!" (Romanos 8:15). Hoy y siempre, gozas de todas las bendiciones espirituales en Cristo. Primero te creó, luego te adoptó. ¡No hay mayor privilegio en todo el universo!

Marta S. Quiroga
Argentina

pia voluntad y nuestros propósitos.ᵃ Como los demás, éramos por naturaleza objeto de la ira de Dios. ⁴ Pero Dios, que es rico en misericordia, por su gran amor por nosotros, ⁵ nos dio vida con Cristo, aun cuando estábamos muertos en pecados. ¡Por gracia ustedes han sido salvados! ⁶ Y en unión con Cristo Jesús, Dios nos resucitó y nos hizo sentar con él en las regiones celestiales, ⁷ para mostrar en los tiempos venideros la incomparable riqueza de su gracia, que por su bondad derramó sobre nosotros en Cristo Jesús. ⁸ Porque por gracia ustedes han sido salvados mediante la fe; esto no procede de ustedes, sino que es el regalo de Dios, ⁹ no por obras, para que nadie se *jacte. ¹⁰ Porque somos hechura de Dios, creados en Cristo Jesús para buenas obras, las cuales Dios dispuso de antemano a fin de que las pongamos en práctica.

Unidad en Cristo

¹¹ Por lo tanto, recuerden ustedes los *gentiles de nacimiento —los que son llamados «incircuncisos» por aquellos que se llaman «de la *circuncisión», la cual se hace en el cuerpo por mano humana—, ¹² recuerden que en ese entonces ustedes estaban separados de Cristo, excluidos de la ciudadanía de Israel y ajenos a los pactos de la promesa, sin esperanza y sin Dios en el mundo. ¹³ Pero ahora en Cristo Jesús, a ustedes que antes estaban lejos, Dios los ha acercado mediante la sangre de Cristo.

¹⁴ Porque Cristo es nuestra paz: de los dos pueblos ha hecho uno solo, derribando mediante su sacrificioᵇ el muro de enemistad que nos separaba, ¹⁵ pues anuló la ley con sus mandamientos y requisitos. Esto lo hizo para crear en sí mismo de los dos pueblos una nueva *humanidad al hacer la paz, ¹⁶ para reconciliar con Dios a ambos en un solo cuerpo mediante la cruz, por la que dio muerte a la enemistad. ¹⁷ Él vino y proclamó paz a ustedes que estaban lejos y paz a los que estaban cerca. ¹⁸ Pues por medio de él tenemos acceso al Padre por un mismo Espíritu.

¹⁹ Por lo tanto, ustedes ya no son extraños ni extranjeros, sino conciudadanos de los *santos y miembros de la familia de Dios, ²⁰ edificados sobre el fundamento de los apóstoles y los profetas, siendo Cristo Jesús mismo la piedra angular. ²¹ En él todo el edificio, bien armado, se va levantando para llegar a ser un templo santo en el Señor. ²² En él también ustedes son edificados juntamente para ser morada de Dios por su Espíritu.

Pablo y el misterio de Cristo

3 Por esta razón yo, Pablo, prisionero de Cristo Jesús por el bien de ustedes los *gentiles, me arrodillo en oración.ᶜ ² Sin duda se han enterado del plan de la gracia de Dios que él me encomendó para ustedes, ³ es decir, el *misterio que me dio a conocer por revelación, como ya les escribí brevemente. ⁴ Al leer esto, podrán darse cuenta de que comprendo el misterio de Cristo. ⁵ Ese misterio, que en otras generaciones no se les dio a conocer a los seres *humanos, ahora se les ha revelado por el Espíritu a los santos apóstoles y profetas de Dios; ⁶ es decir, que los gentiles son, junto con Israel, beneficiarios de la misma herencia, miembros de un mismo cuerpo y participantes igualmente de la promesa en Cristo Jesús mediante el *evangelio.

⁷ De este evangelio llegué a ser servidor como regalo que Dios, por su gracia, me dio conforme a su poder eficaz. ⁸ Aunque soy el más insignificante de todos los *santos, recibí esta gracia de predicar a las *naciones las incalculables riquezas de Cristo, ⁹ y de hacer entender a todos la realización del plan de Dios, el misterio que desde los tiempos eternos se mantuvo oculto en Dios, Creador de todas las cosas. ¹⁰ El fin de todo esto es que la sabiduría de Dios, en toda su diversidad, se dé a conocer ahora, por medio de la iglesia, a los poderes y autoridades en las regiones celestiales, ¹¹ conforme a su eterno propósito realizado en Cristo Jesús nuestro Señor. ¹² En él, mediante la fe, disfrutamos de libertad y confianza para acercarnos a Dios. ¹³ Así que les pido

---

ᵃ **2:3** *impulsados ... propósitos.* Lit. *en los deseos de nuestra carne, haciendo la voluntad de la carne y los pensamientos.*
ᵇ **2:14** *mediante su sacrificio.* Lit. *en su carne.*   ᶜ **3:1** En el griego este versículo termina con la palabra *gentiles*, y el tema se reinicia en el v. 14.

Pasaje del día: Efesios 3:1-13
Versículo del día: Efesios 3:8

"Vete a la China"

Ya llevamos ocho años como misioneros en el país de Guatemala, y ahora, mi esposo y yo, junto con nuestras tres hijas, estamos sirviendo al Señor en el país de Nicaragua.

Para una niña que nació en una pequeña ciudad en el Perú y que sólo tuvo a una abuelita y una madre que la instruyeran en la fe, le es casi imposible creer que Dios le daría el gran privilegio de ser misionera. ¿Cómo fue posible? ¿Qué milagro ocurrió?

A mí, la más pequeña de todos los santos de mi ciudad, me fue dada la gracia de anunciar entre otros pueblos el evangelio. Ya una señorita de veinte años, viajando de Hong Kong a Cantón, China, volví a escuchar las palabras que Dios me había dicho antes: "Vete a la China."

Con las maletas llenas de trescientos cincuenta ejemplares del Nuevo Testamento de contrabando, fui atravesando los arrozales, pensando: ¿Cómo ha podido Dios tomarme en cuenta a mí, la más pequeña? ¿Cómo fue posible?

Sí, sí; sí es posible, porque la Biblia lo dice. Dios lo dice y Él lo quiere así. Él quiere usarnos. Lo único que pide es que estemos dispuestas a seguirle a dondequiera que nos dirija, y que lo amemos con todo nuestro corazón, y con todas nuestras fuerzas. Lo que es imposible para nosotras, es posible para Dios.

"Vete a la China" también puede ser una realidad en tu vida. ¡Confía en Dios y en su Palabra, y Él obrará maravillas por medio de ti!

Noemí P. de Caiazzo

Nicaragua

que no se desanimen a causa de lo que sufro por ustedes, ya que estos sufrimientos míos son para ustedes un honor.

Oración por los efesios

14 Por esta razón me arrodillo delante del Padre, 15 de quien recibe nombre toda familiaᵃ en el cielo y en la tierra. 16 Le pido que, por medio del Espíritu y con el poder que procede de sus gloriosas riquezas, los fortalezca a ustedes en lo íntimo de su ser, 17 para que por fe Cristo habite en sus corazones. Y pido que, arraigados y cimentados en amor, 18 puedan comprender, junto con todos los *santos, cuán ancho y largo, alto y profundo es el amor de Cristo; 19 en fin, que conozcan ese amor que sobrepasa nuestro conocimiento, para que sean llenos de la plenitud de Dios.

20 Al que puede hacer muchísimo más que todo lo que podamos imaginarnos o pedir, por el poder que obra eficazmente en nosotros, 21 ¡a él sea la gloria en la iglesia y en Cristo Jesús por todas las generaciones, por los siglos de los siglos! Amén.

Unidad en el cuerpo de Cristo

4 Por eso yo, que estoy preso por la causa del Señor, les ruego que vivan de una manera digna del llamamiento que han recibido, 2 siempre humildes y amables, pacientes, tolerantes unos con otros en amor. 3 Esfuércense por mantener la unidad del Espíritu mediante el vínculo de la paz. 4 Hay un solo cuerpo y un solo Espíritu, así como también fueron llamados a una sola esperanza; 5 un solo Señor, una sola fe, un solo bautismo; 6 un solo Dios y Padre de todos, que está sobre todos y por medio de todos y en todos.

7 Pero a cada uno de nosotros se nos ha dado gracia en la medida en que Cristo ha repartido los dones. 8 Por esto dice:

«Cuando subió a lo alto,
llevó consigo a los cautivos
y dio dones a los hombres.»ᵇ

9 (¿Qué quiere decir eso de que «subió»,

sino que también descendió a las partes bajas, o sea, a la tierra?ᶜ 10 El que descendió es el mismo que subió por encima de todos los cielos, para llenarlo todo.) 11 Él mismo constituyó a unos, apóstoles; a otros, profetas; a otros, evangelistas; y a otros, pastores y maestros, 12 a fin de capacitar al *pueblo de Dios para la obra de servicio, para edificar el cuerpo de Cristo. 13 De este modo, todos llegaremos a la unidad de la fe y del conocimiento del Hijo de Dios, a una *humanidad *perfecta que se conforme a la plena estatura de Cristo.

14 Así ya no seremos niños, zarandeados por las olas y llevados de aquí para allá por todo viento de enseñanza y por la astucia y los artificios de quienes emplean artimañas engañosas. 15 Más bien, al vivir la verdad con amor, creceremos hasta ser en todo como aquel que es la cabeza, es decir, Cristo. 16 Por su acción todo el cuerpo crece y se edifica en amor, sostenido y ajustado por todos los ligamentos, según la actividad propia de cada miembro.

Vivir como hijos de luz

17 Así que les digo esto y les insisto en el Señor: no vivan más con pensamientos frívolos como los *paganos. 18 A causa de la ignorancia que los domina y por la dureza de su corazón, éstos tienen oscurecido el entendimiento y están alejados de la vida que proviene de Dios. 19 Han perdido toda vergüenza, se han entregado a la inmoralidad, y no se sacian de cometer toda clase de actos indecentes.

20 No fue ésta la enseñanza que ustedes recibieron acerca de Cristo, 21 si de veras se les habló y enseñó de Jesús según la verdad que está en él. 22 Con respecto a la vida que antes llevaban, se les enseñó que debían quitarse el ropaje de la vieja naturaleza, la cual está corrompida por los deseos engañosos; 23 ser renovados en la actitud de su mente; 24 y ponerse el ropaje de la nueva naturaleza, creada a imagen de Dios, en verdadera justicia y *santidad.

25 Por lo tanto, dejando la mentira, ha-

---

a 3:15 *familia.* Alt. *paternidad.* *b* 4:8 Sal 68:18 *c* 4:9 *las partes bajas, o sea, a la tierra?* Alt. *las partes bajas de la tierra?*

Pasaje del día: Efesios 3:14-21
Versículo del día: Efesios 3:20

Un regalo diferente

Cuando mi esposo era pastor de una iglesia de San Antonio, Texas, en los Estados Unidos, yo era la directora del coro. Un año, cuando se aproximaban las fiestas navideñas y estábamos preparando el programa musical de nuestra iglesia, se acercó a mí una señora para solicitar admisión.

La señora tenia buena voz para cantar; pero había un inconveniente. No era miembro de la iglesia y yo estaba segura que algunos miembros "ultraconservadores" se opondrían. Sin embargo, era sumamente difícil negarle admisión porque sus tres hijitas le habian pedido que como regalo de Navidad pudieran verla cantando en el coro.

El Espíritu Santo me dirigió y decidí correr el riesgo de admitir a la señora en cuestión. No muchos días después del primer ensayo, ella aceptó a Cristo como su Salvador y comenzó a tomar las clases para los nuevos convertidos.

Los "ultraconservadores" no pudieron objetar nada y las niñas tuvieron el gusto de ver a su mamá cantando en el coro durante las fiestas de Navidad. Dios premió mi fe, pues no sólo se entregó al Señor la señora sino que en pocos días varios familiares también aceptaron a Jesucristo y se hicieron miembros de nuestra iglesia.

Tal vez usted tenga que tomar alguna decisión que no esté a la par de las normas corrientes. Encomiéndese a la dirección del Espíritu de Dios y confie en que Él hará algo mucho más maravilloso de lo que usted jamás pudiera imaginarse.

Aurora Romero
Estados Unidos

ble cada uno a su prójimo con la verdad, porque todos somos miembros de un mismo cuerpo. 26 «Si se enojan, no pequen.»ª No dejen que el sol se ponga estando aún enojados, 27 ni den cabida al diablo. 28 El que robaba, que no robe más, sino que trabaje honradamente con las manos para tener qué compartir con los necesitados. 29 Eviten toda conversación obscena. Por el contrario, que sus palabras contribuyan a la necesaria edificación y sean de bendición para quienes escuchan. 30 No agravien al Espíritu Santo de Dios, con el cual fueron sellados para el día de la redención. 31 Abandonen toda amargura, ira y enojo, gritos y calumnias, y toda forma de malicia. 32 Más bien, sean bondadosos y compasivos unos con otros, y perdónense mutuamente, así como Dios los perdonó a ustedes en Cristo.

5 Por tanto, imiten a Dios, como hijos muy amados, 2 y lleven una vida de amor, así como Cristo nos amó y se entregó por nosotros como ofrenda y sacrificio fragante para Dios. 3 Entre ustedes ni siquiera debe mencionarse la inmoralidad sexual, ni ninguna clase de impureza o de avaricia, porque eso no es propio del *pueblo santo de Dios. 4 Tampoco debe haber palabras indecentes, conversaciones necias ni chistes groseros, todo lo cual está fuera de lugar; haya más bien acción de gracias. 5 Porque pueden estar seguros de que nadie que sea avaro (es decir, idólatra), inmoral o impuro tendrá herencia en el reino de Cristo y de Dios.b 6 Que nadie los engañe con argumentaciones vanas, porque por esto viene el castigo de Dios sobre los que viven en la desobediencia. 7 Así que no se hagan cómplices de ellos.

8 Porque ustedes antes eran oscuridad, pero ahora son luz en el Señor. Vivan como hijos de luz 9 (el fruto de la luz consiste en toda bondad, justicia y verdad) 10 y comprueben lo que agrada al Señor. 11 No tengan nada que ver con las obras infructuosas de la oscuridad, sino más bien denúncienlas, 12 porque da ver-

güenza aun mencionar lo que los desobedientes hacen en secreto. 13 Pero todo lo que la luz pone al descubierto se hace visible, 14 porque la luz es lo que hace que todo sea visible. Por eso se dice:

«Despiértate, tú que duermes,
    *levántate de entre los muertos,
y te alumbrará Cristo.»

15 Así que tengan cuidado de su manera de vivir. No vivan como necios sino como sabios, 16 aprovechando al máximo cada momento oportuno, porque los días son malos. 17 Por tanto, no sean insensatos, sino entiendan cuál es la voluntad del Señor. 18 No se emborrachen con vino, que lleva al desenfreno. Al contrario, sean llenos del Espíritu. 19 Anímense unos a otros con salmos, himnos y canciones espirituales. Canten y alaben al Señor con el corazón, 20 dando siempre gracias a Dios el Padre por todo, en el nombre de nuestro Señor Jesucristo.

Deberes conyugales

21 Sométanse unos a otros, por reverencia a Cristo. 22 Esposas, sométanse a sus propios esposos como al Señor. 23 Porque el esposo es cabeza de su esposa, así como Cristo es cabeza y salvador de la iglesia, la cual es su cuerpo. 24 Así como la iglesia se somete a Cristo, también las esposas deben someterse a sus esposos en todo.

25 Esposos, amen a sus esposas, así como Cristo amó a la iglesia y se entregó por ella 26 para hacerla santa. Él la purificó, lavándola con agua mediante la palabra, 27 para presentársela a sí mismo como una iglesia radiante, sin mancha ni arruga ni ninguna otra imperfección, sino santa e intachable. 28 Así mismo el esposo debe amar a su esposa como a su propio cuerpo. El que ama a su esposa se ama a sí mismo, 29 pues nadie ha odiado jamás a su propio cuerpo; al contrario, lo alimenta y lo cuida, así como Cristo hace con la iglesia, 30 porque somos miembros de su cuerpo. 31 «Por eso dejará el hombre a su padre y a su madre, y se unirá a

---

a 4:26 Sal 4:4 *b 5:5 de Cristo y de Dios.* Alt. *de Cristo, que es Dios.*

su esposa, y los dos llegarán a ser un solo cuerpo.»ᵃ ³² Esto es un *misterio profundo; yo me refiero a Cristo y a la iglesia. ³³ En todo caso, cada uno de ustedes ame también a su esposa como a sí mismo, y que la esposa respete a su esposo.

Deberes filiales

6 Hijos, obedezcan en el Señor a sus padres, porque esto es justo. ² «Honra a tu padre y a tu madre —que es el primer mandamiento con promesa— ³ para que te vaya bien y disfrutes de larga vida en la tierra.»ᵇ

⁴ Y ustedes, padres, no hagan enojar a sus hijos, sino críenlos según la disciplina e instrucción del Señor.

Deberes de los esclavos y de sus amos

⁵ *Esclavos, obedezcan a sus amos terrenales con respeto y temor, y con integridad de corazón, como a Cristo. ⁶ No lo hagan sólo cuando los estén mirando, como los que quieren ganarse el favor *humano, sino como esclavos de Cristo, haciendo de todo corazón la voluntad de Dios. ⁷ Sirvan de buena gana, como quien sirve al Señor y no a los hombres, ⁸ sabiendo que el Señor recompensará a cada uno por el bien que haya hecho, sea esclavo o sea libre.

⁹ Y ustedes, amos, correspondan a esta actitud de sus esclavos, dejando de amenazarlos. Recuerden que tanto ellos como ustedes tienen un mismo Amoᶜ en el cielo, y que con él no hay favoritismos.

La armadura de Dios

¹⁰ Por último, fortalézcanse con el gran poder del Señor. ¹¹ Pónganse toda la armadura de Dios para que puedan hacer frente a las artimañas del diablo. ¹² Porque nuestra lucha no es contra seres *humanos, sino contra poderes, contra autoridades, contra potestades que dominan este mundo de tinieblas, contra fuerzas espirituales malignas en las regiones celestiales. ¹³ Por lo tanto, pónganse toda la armadura de Dios, para que cuando llegue el día malo puedan resistir hasta el fin con firmeza. ¹⁴ Manténganse firmes, ceñidos con el cinturón de la verdad, protegidos por la coraza de justicia, ¹⁵ y calzados con la disposición de proclamar el *evangelio de la paz. ¹⁶ Además de todo esto, tomen el escudo de la fe, con el cual pueden apagar todas las flechas encendidas del maligno. ¹⁷ Tomen el casco de la salvación y la espada del Espíritu, que es la palabra de Dios.

¹⁸ Oren en el Espíritu en todo momento, con peticiones y ruegos. Manténganse alerta y perseveren en oración por todos los *santos.

¹⁹ Oren también por mí para que, cuando hable, Dios me dé las palabras para dar a conocer con valor el *misterio del evangelio, ²⁰ por el cual soy embajador en cadenas. Oren para que lo proclame valerosamente, como debo hacerlo.

Saludos finales

²¹ Nuestro querido hermano Tíquico, fiel servidor en el Señor, les contará todo, para que también ustedes sepan cómo me va y qué estoy haciendo. ²² Lo envío a ustedes precisamente para que sepan cómo estamos y para que cobren ánimo. ²³ Que Dios el Padre y el Señor Jesucristo les concedan paz, amor y fe a los hermanos. ²⁴ La gracia sea con todos los que aman a nuestro Señor Jesucristo con amor imperecedero.

---

a **5:31** Gn 2:24 *b* **6:3** Dt 5:1 *c* **6:9** *Amo.* Lit. *Señor.*

JUEVES

Pasaje del día: Efesios 6:10-18
Versículo del día: Efesios 6:16

Nuestro lugar en la guerra

*H*oy se habla mucho acerca del lugar de la mujer. Algunos dicen que el lugar de la mujer está en la cocina (y sólo en la cocina). Sin embargo, es interesante observar que casi no hay límite a las oportunidades de la mujer de Proverbios 31. Además, existe un campo que es definitivamente el lugar de la mujer: ¡en la guerra espiritual!

Como cualquier soldado, es absolutamente necesario que estemos familiarizadas con las armas que Dios ha provisto. En este pasaje de Efesios, Pablo nos habla de toda la armadura de Dios: el cinturón de la verdad, la coraza de justicia, los pies calzados con la disposición de proclamar el evangelio de la paz, el escudo de la fe, el casco de la salvación, la espada del Espíritu y las oraciones.

En lo personal, mi vida se transformó cuando aprendí a utilizar el escudo de la fe y la espada del Espíritu, armas ofensivas y a la vez defensivas. Al declarar con fe las verdades positivas de la Palabra sobre mí y sobre mi familia, uso armas más poderosas que una bomba atómica.

Al igual que los israelitas tuvieron que pelear físicamente para tomar la tierra prometida, me di cuenta de que yo tenía que pelear con armas espirituales para tomar terreno espiritual.

Indudablemente, Dios puso en el corazón y mente de la mujer una agresividad que se demuestra cuando su familia es amenazada. Se nota aun en el reino animal. Por ejemplo, la leona peleará hasta la muerte para defender a su cría. Así que, ¿quién mejor que una mujer para ser diestra como guerrera, especialmente por los que ama?

¡Tú y yo podemos proteger y bendecir a nuestra familia cuando tomamos nuestro lugar en la guerra!

Gloria Ricardo
México

FILIPENSES - *Pablo escribe esta carta a la iglesia que fundó en Filipos (Hechos 16:11-40). Aunque está en la cárcel, se siente feliz cuando piensa en lo que Cristo significa para él y en lo que los filipenses están haciendo para él. Da consejos muy prácticos sobre cómo llevar una vida cristiana. Al leer este libro, siempre recuerde regocijarse en el Señor y estar contenta, cualesquiera que sean las circunstancias.*

Filipenses

1 Pablo y Timoteo, *siervos de *Cristo Jesús,

a todos los *santos en Cristo Jesús que están en Filipos, junto con los *obispos y diáconos:

2 Que Dios nuestro Padre y el Señor Jesucristo les concedan gracia y paz.

Acción de gracias e intercesión

3 Doy gracias a mi Dios cada vez que me acuerdo de ustedes. **4** En todas mis oraciones por todos ustedes, siempre oro con alegría, **5** porque han participado en el *evangelio desde el primer día hasta ahora. **6** Estoy convencido de esto: el que comenzó tan buena obra en ustedes la irá *perfeccionando hasta el día de Cristo Jesús. **7** Es justo que yo piense así de todos ustedes porque los llevoa en el corazón; pues, ya sea que me encuentre preso o defendiendo y confirmando el evangelio, todos ustedes participan conmigo de la gracia que Dios me ha dado. **8** Dios es testigo de cuánto los quiero a todos con el entrañable amor de Cristo Jesús.

9 Esto es lo que pido en oración: que el amor de ustedes abunde cada vez más en conocimiento y en buen juicio, **10** para que disciernan lo que es mejor, y sean puros e irreprochables para el día de Cristo, **11** llenos del fruto de justicia que se produce por medio de Jesucristo, para gloria y alabanza de Dios.

El vivir es Cristo

12 Hermanos, quiero que sepan que, en realidad, lo que me ha pasado ha contribuido al avance del *evangelio. **13** Es más, se ha hecho evidente a toda la guardia del palaciob y a todos los demás que estoy encadenado por causa de Cristo. **14** Gracias a mis cadenas, ahora más que nunca la mayoría de los hermanos, confiados en el Señor, se han atrevido a anunciar sin temor la palabra de Dios.

15 Es cierto que algunos predican a Cristo por envidia y rivalidad, pero otros lo hacen con buenas intenciones. **16** Estos últimos lo hacen por amor, pues saben que he sido puesto para la defensa del evangelio. **17** Aquéllos predican a Cristo por ambición personal y no por motivos puros, creyendo que así van a aumentar las angustias que sufro en mi prisión.c

18 ¿Qué importa? Al fin y al cabo, y sea como sea, con motivos falsos o con sinceridad, se predica a Cristo. Por eso me alegro; es más, seguiré alegrándome **19** porque sé que, gracias a las oraciones de ustedes y a la ayuda que me da el Espíritu de Jesucristo, todo esto resultará en mi liberación.d **20** Mi ardiente anhelo y esperanza es que en nada seré avergonzado, sino que con toda libertad, ya sea que yo viva o muera, ahora como siempre, Cristo será exaltado en mi cuerpo. **21** Porque para mí el vivir es Cristo y el morir es ganancia. **22** Ahora bien, si seguir viviendo en este mundoe representa para mí un trabajo fructífero, ¿qué escogeré? ¡No lo sé! **23** Me siento presionado por dos posibilidades: deseo partir y estar con Cristo, que es muchísimo mejor, **24** pero por el bien de ustedes es preferible que yo permanezca en este mundo. **25** Convencido de esto, sé que permaneceré y continuaré con todos ustedes para contribuir a su jubiloso avance en la fe. **26** Así, cuando yo vuelva, su *satisfacción en Cristo Jesús abundará por causa mía.

27 Pase lo que pase, compórtense de una manera digna del evangelio de Cristo. De este modo, ya sea que vaya a verlos o que, estando ausente, sólo tenga noticias de ustedes, sabré que siguen firmes en un mismo propósito, luchando unánimes por la fe del evangelio **28** y sin temor alguno a sus adversarios, lo cual es para ellos señal de destrucción. Para ustedes, en cambio, es señal de salvación, y esto

---

a **1:7** *los llevo.* Alt. *me llevan.*   *b* **1:13** *a toda la guardia del palacio.* Alt. *en todo el palacio.*   *c* **1:16-17** Var. invierte el orden de vv. 16 y 17.   *d* **1:19** *liberación.* Alt. *salvación.*   *e* **1:22** *este mundo.* Lit. *la carne;* también en v. 24.

Pasaje del día: Filipenses 1:1-11
Versículos del día: Filipenses 1:3-5

La iglesia y las misiones

*U*na iglesia puede participar en las misiones de distintas maneras. En primer lugar, debe comenzar con el evangelismo local, mirando hacia los barrios y las plazas para alcanzar a las almas. Luego la iglesia puede sostener a un misionero en un lugar lejano o trabajar en obras misioneras o anexos.

Mi esposo es pastor de una iglesia que tiene ocho obras misioneras y varios matrimonios de la iglesia están estudiando y trabajando en el extranjero. A algunos se los sostiene en parte o totalmente.

La iglesia de Filipos evangelizaba en el lugar y hacía obra misionera a distancia, con apoyo monetario y con sus oraciones.

¿Puede haber una iglesia misionera sin que sea evangelística? No, ambas cosas van juntas. No podemos sostener a un misionero si no amamos las misiones y el evangelismo. Hoy día hay la misma exigencia de extender las misiones como en tiempos pasados.

Las misiones modernas han alcanzado lugares lejanos con necesidades peculiares; lugares donde hay persecuciones, guerras y toda clase de presiones, ya sea por los musulmanes u otras religiones paganas, o por la Nueva Era, que está creciendo cada vez más.

Los desafíos misioneros y nuestros hermanos que sufren nos hacen mirar hacia los incontables campos de labor que existen.

Recordemos el mandato del Señor, de que debemos ser sus testigos en el pueblo o la ciudad donde vivimos, en nuestro país, en nuestro continente, y hasta lo último de la tierra.

Los filipenses participaron en la propagación del evangelio desde el primer día que conocieron a Cristo. ¿Está usted, mi hermana, dispuesta a hacer lo mismo?

Azucena Martín de Simari
Paraguay

Pasaje del sábado:
Filipenses 4:1-7
Pasaje del domingo:
Salmo 146:1-10

Gracias en todo

Hace algunos días escuché por radio una frase que me dejó pensando: "Hoy doy gracias por lo que ayer renegaba." Luego meditándola, asentí en mi interior que era verdad.

Analizando esas palabras, retrocedí la película de mi vida y me di cuenta de que muchos momentos vividos trajeron preocupación, dolor y lágrimas. Pero al mirarlos hoy, desde este presente, debo levantar mi mirada al Señor para expresar: "¡Gracias, Dios, por todas las cosas vividas! En aquellos momentos, por no entender tus planes, renegué de ellas y hasta discutí contigo. Pero hoy caigo en cuenta de que no hubiese aprendido a valorar muchas cosas de no haber sufrido la falta de ellas."

Nunca podría valorar el tener una familia, si antes no la hubiera añorado.

Nunca podría haber aprendido a organizar el dinero, si antes no hubiera padecido escasez.

Nunca podría haber aprendido a perdonar, si alguien no me hubiera ofendido.

Nunca podría haber aprendido a consolar, si antes no hubiera necesitado ser consolada.

Nunca podría haber aprendido a confiar en la fidelidad de Dios, de no haber vivido la desesperación de buscar y volcar toda mi confianza en Él.

Querida amiga y hermana: Si hoy reniegas por cosas que pasan en tu vida, levanta tu mirada y tu corazón al Señor y agradécele. Dios te está enseñando lecciones profundas.

Hilda de Laffitte
Argentina

proviene de Dios. ²⁹ Porque a ustedes se les ha concedido no sólo creer en Cristo, sino también sufrir por él, ³⁰ pues sostienen la misma lucha que antes me vieron sostener, y que ahora saben que sigo sosteniendo.

Humillación y exaltación de Cristo

2 Por tanto, si sienten algún estímulo en su unión con Cristo, algún consuelo en su amor, algún compañerismo en el Espíritu, algún afecto entrañable, ² llénenme de alegría teniendo un mismo parecer, un mismo amor, unidos en alma y pensamiento. ³ No hagan nada por egoísmo o vanidad; más bien, con humildad consideren a los demás como superiores a ustedes mismos. ⁴ Cada uno debe velar no sólo por sus propios intereses sino también por los intereses de los demás. ⁵ La actitud de ustedes debe ser como la de Cristo Jesús,

⁶ quien, siendo por naturalezaᵃ Dios,
  no consideró el ser igual a Dios
  como algo a qué aferrarse.
⁷ Por el contrario, se rebajó
  voluntariamente,
  tomando la naturalezaᵇ de *siervo
  y haciéndose semejante a los seres
  *humanos.
⁸ Y al manifestarse como hombre,
  se humilló a sí mismo
y se hizo obediente hasta la muerte,
  ¡y muerte de cruz!
⁹ Por eso Dios lo exaltó hasta lo sumo
  y le otorgó el nombre
  que está sobre todo nombre,
¹⁰ para que ante el nombre de Jesús
  se doble toda rodilla
en el cielo y en la tierra
  y debajo de la tierra,
¹¹ y toda lengua confiese que
  Jesucristo es el Señor,
  para gloria de Dios Padre.

Testimonio de luz

¹² Así que, mis queridos hermanos, como han obedecido siempre —no sólo en mi presencia sino mucho más ahora en mi ausencia— lleven a cabo su salvación con temor y temblor, ¹³ pues Dios es quien produce en ustedes tanto el querer como el hacer para que se cumpla su buena voluntad.

¹⁴ Háganlo todo sin quejas ni contiendas, ¹⁵ para que sean intachables y puros, hijos de Dios sin culpa en medio de una generación torcida y depravada. En ella ustedes brillan como estrellas en el firmamento, ¹⁶ manteniendo en altoᶜ la palabra de vida. Así en el día de Cristo me sentiré *satisfecho de no haber corrido ni trabajado en vano. ¹⁷ Y aunque mi vida fuera derramadaᵈ sobre el sacrificio y servicio que proceden de su fe, me alegro y comparto con todos ustedes mi alegría. ¹⁸ Así también ustedes, alégrense y compartan su alegría conmigo.

Dos colaboradores ejemplares

¹⁹ Espero en el Señor Jesús enviarles pronto a Timoteo, para que también yo cobre ánimo al recibir noticias de ustedes. ²⁰ No tengo a nadie más que, como él, se preocupe de veras por el bienestar de ustedes, ²¹ pues todos los demás buscan sus propios intereses y no los de Jesucristo. ²² Pero ustedes conocen bien la entereza de carácter de Timoteo, que ha servido conmigo en la obra del *evangelio, como un hijo junto a su padre. ²³ Así que espero enviárselo tan pronto como se aclaren mis asuntos. ²⁴ Y confío en el Señor que yo mismo iré pronto.

²⁵ Ahora bien, creo que es necesario enviarles de vuelta a Epafrodito, mi hermano, colaborador y compañero de lucha, a quien ustedes han enviado para atenderme en mis necesidades. ²⁶ Él los extraña mucho a todos y está afligido porque ustedes se enteraron de que estaba enfermo. ²⁷ En efecto, estuvo enfermo y al borde de la muerte; pero Dios se compadeció de él, y no sólo de él sino también de mí, para no añadir tristeza a mi tristeza. ²⁸ Así que lo envío urgentemente para que, al verlo de nuevo, uste-

---

ᵃ **2:6** *por naturaleza.* Lit. *en forma de.*   ᵇ **2:7** *la naturaleza.* Lit. *la forma.*   ᶜ **2:16** *manteniendo en alto.* Alt. *ya que se aferran a.*   ᵈ **2:17** Es decir, derramada como libación.

Pasaje del día: Filipenses 2:1-11
Versículo del día: Filipenses 2:5

Mi identidad en Cristo

Creo que mi servicio al Señor empezó a tener valor cuando comprendí la gran verdad de que mi verdadera identidad radica en el hecho de ser hija de Dios.

Hay muchas cosas que pueden identificarme, como es mi nombre, mi cédula de ciudadanía, mis huellas digitales, el ser esposa y madre, el hecho de ser amada y respetada... Pero sé que en un momento podría perder cualquiera de esas cosas que me identifican, y me quedaría sin "piso".

Pero, ¿qué del hecho de ser hija de Dios? Cualquiera de las otras cosas, son débiles hilos que en un momento se podrían reventar; pero el hecho de ser hija de Dios es un lazo tan fuerte que trascenderá por la eternidad.

El mejor ejemplo de identidad es Cristo mismo, quien como Hijo de Dios se humilló hasta lo sumo por los seres humanos. En Él puedo:

- *Tener un concepto adecuado de mí misma*
- *Servir sin esperar recompensa*
- *Callar cuando no me tienen en cuenta*
- *Asociarme con los humildes*
- *Gozarme cuando otro recibe el honor que yo he ganado*
- *Conocer mis limitaciones, para no intentar hacer más de lo que puedo*
- *Saber decir que no, a pesar del "qué dirán"*
- *Saber decir que sí, sin abusar de mí y de los demás*
- *Ver surgir a otros sin sentir envidia*

Como el apóstol Pablo, si vivo, para Él vivo, y si muero, para Él muero (Romanos 14:8). Nada me podrá dañar; pues mi identidad radica en que soy hija de Dios, certeza que nadie me podrá quitar.

Emma Horta de Nieto
Colombia

des se alegren y yo esté menos preocupado. **29** Recíbanlo en el Señor con toda alegría y honren a los que son como él, **30** porque estuvo a punto de morir por la obra de Cristo, arriesgando la *vida para suplir el servicio que ustedes no podían prestarme.

Plena confianza en Cristo

3 Por lo demás, hermanos míos, alégrense en el Señor. Para mí no es molestia volver a escribirles lo mismo, y a ustedes les da seguridad.

2 Cuídense de esos *perros, cuídense de esos que hacen el mal, cuídense de esos que mutilan el cuerpo. **3** Porque la *circuncisión somos nosotros, los que por medio del Espíritu de Dios adoramos, nos *enorgullecemos en Cristo Jesús y no ponemos nuestra confianza en esfuerzos *humanos. **4** Yo mismo tengo motivos para tal confianza. Si cualquier otro cree tener motivos para confiar en esfuerzos humanos, yo más: **5** circuncidado al octavo día, del pueblo de Israel, de la tribu de Benjamín, hebreo de pura cepa; en cuanto a la interpretación de la ley, *fariseo; **6** en cuanto al celo, perseguidor de la iglesia; en cuanto a la justicia que la ley exige, intachable.

7 Sin embargo, todo aquello que para mí era ganancia, ahora lo considero pérdida por causa de Cristo. **8** Es más, todo lo considero pérdida por razón del incomparable valor de conocer a Cristo Jesús, mi Señor. Por él lo he perdido todo, y lo tengo por estiércol, a fin de ganar a Cristo **9** y encontrarme unido a él. No quiero mi propia justicia que procede de la ley, sino la que se obtiene mediante la *fe en Cristo, la justicia que procede de Dios, basada en la fe. **10** Lo he perdido todo a fin de conocer a Cristo, experimentar el poder que se manifestó en su resurrección, participar en sus sufrimientos y llegar a ser semejante a él en su muerte. **11** Así espero alcanzar la resurrección de entre los muertos.

Ciudadanos del cielo

12 No es que ya lo haya conseguido todo, o que ya sea *perfecto. Sin embargo, sigo adelante esperando alcanzar aquello para lo cual Cristo Jesús me alcanzó a mí. **13** Hermanos, no pienso que yo mismo lo haya logrado ya. Más bien, una cosa hago: olvidando lo que queda atrás y esforzándome por alcanzar lo que está delante, **14** sigo avanzando hacia la meta para ganar el premio que Dios ofrece mediante su llamamiento celestial en Cristo Jesús.

15 Así que, ¡escuchen los perfectos! Todos debemos[a] tener este modo de pensar. Y si en algo piensan de forma diferente, Dios les hará ver esto también. **16** En todo caso, vivamos de acuerdo con lo que ya hemos alcanzado.[b]

17 Hermanos, sigan todos mi ejemplo, y fíjense en los que se comportan conforme al modelo que les hemos dado. **18** Como les he dicho a menudo, y ahora lo repito hasta con lágrimas, muchos se comportan como enemigos de la cruz de Cristo. **19** Su destino es la destrucción, adoran al dios de sus propios deseos[c] y se enorgullecen de lo que es su vergüenza. Sólo piensan en lo terrenal. **20** En cambio, nosotros somos ciudadanos del cielo, de donde anhelamos recibir al Salvador, el Señor Jesucristo. **21** Él transformará nuestro cuerpo miserable para que sea como su cuerpo glorioso, mediante el poder con que somete a sí mismo todas las cosas.

4 Por lo tanto, queridos hermanos míos, a quienes amo y extraño mucho, ustedes que son mi alegría y mi corona, manténganse así firmes en el Señor.

Exhortaciones

2 Ruego a Evodia y también a Síntique que se pongan de acuerdo en el Señor. **3** Y a ti, mi fiel compañero,[d] te pido que ayudes a estas mujeres que han luchado a mi lado en la obra del *evangelio, junto

---

a 3:15 *Así ... debemos.* Alt. *Así que los que somos perfectos debemos, un mismo modo de pensar.* *c* 3:19 *adoran ... deseos.* Lit. *su dios es el estómago.* *b* 3:16 *alcanzado.* Var. *alcanzado, una misma regla,* *d* 4:3 *mi fiel compañero.* Alt. *fiel Sícigo.*

Pasaje del día: Filipenses 3:4-16
Versículo del día: Filipenses 3:8

El verdadero logro

*L*os logros son importantes, y nos brindan mucha satisfacción. Uno de los significados de la palabra "lograr" es "gozar de algo". El motivo de ese gozo puede ser, como en el caso del apóstol Pablo, disfrutar de los privilegios obtenidos por ser judío. Los privilegios que recibió de sus padres le dieron un status dentro de la sociedad judía.

Tú también puedes estar en una situación similar; tus padres te brindaron educación, comodidades, hermosos vestidos, y mucho más. Es decir, gozaste de los logros profesionales y económicos de ellos.

"Lograr" también es "conseguir lo que se desea". Pablo llegó a ser fariseo, perseguidor de la iglesia e intachable en cuanto a la justicia que es de la ley. Obtuvo lo que su alma deseaba, según la medida del mundo.

¿Anhelas éxito y plenitud en la vida? Tal vez mediante una carrera profesional, bienestar material o un hogar construido con dedicación. ¿Te gustaría poder decir: "Mira lo que alcancé con mis propios esfuerzos"? Esos son logros temporales.

El tercer significado de la palabra "lograr" es "llevar algo a su perfección". Esa acepción encaja perfectamente con la experiencia del apóstol Pablo después que tuvo su encuentro con el Señor. Llegó a ser su verdadero logro el conocer a Jesús de manera personal, mediante un proceso de santificación, por obra del Espíritu Santo.

Al obrar Dios en nuestra vida, debemos estar dispuestas a hacer cualquier sacrificio que sea necesario. No debemos enfocarnos solamente en nuestros logros humanos, por muy legítimos que sean. Pablo desechó esos, y hasta los llamó "basura", para ganar a Cristo.

El verdadero logro es conocer a Cristo Jesús y el poder de su resurrección. ¿Es ese tu anhelo más profundo? ¡No hay cosa mejor!

Sara Portocarrero de Cortázar
Perú

Pasaje del día: Filipenses 4:10-20
Versículo del día: Filipenses 4:19

Dios suple lo que falta

Pastoreábamos una pequeña congregación y nuestro sostén dependía en mucho de las ofrendas de los hermanos, generalmente, muy escasas. Ellos ofrendaban con toda fidelidad y amor; pero como eran muy pobres, no podían dar lo que no tenían. Pero fue una época maravillosa, porque pudimos conocer al Señor como aquel que suple toda nuestra necesidad.

En una ocasión, cuando ya no teníamos aceite en casa, ni tampoco dinero para comprarlo, llegó alguien a la puerta de la calle. Al abrirla, allí estaba una joven sonriente, que me dijo:

—Señora, ¿conoce usted "equis" aceite? Soy representante de esa compañía y estoy haciendo una promoción.

Cuando le contesté que sí, y antes de poder decir alguna cosa más, me dijo:

—Sírvase, le regalo un cuarto de litro de aceite.

Le di las gracias y luego ella continuó:

—Señora, ¿usted lo usa?

—Lo usaba —le respondí—, pero ahora no tengo más. Justo esta mañana se me terminó.

Me pidió que le mostrara el envase vacío, lo cual hice. Cuando se lo mostré, me dijo:

—Sírvase otro cuarto de litro.

En ese momento pude ver que Dios tiene caminos para suplir la necesidad de sus hijos y me vino a la mente la historia de la viuda que encontramos en 1 Reyes 17.

Esta es sólo una de las muchas experiencias en las que Dios cumplió sus promesas en nuestra vida, aun utilizando formas distintas. Es verdad que Dios suplirá lo que nos falta conforme a las gloriosas riquezas que tiene en Cristo Jesús.

Cristina G. de Corvino
Uruguay

con Clemente y los demás colaboradores míos, cuyos nombres están en el libro de la vida. 4 Alégrense siempre en el Señor. Insisto: ¡Alégrense! 5 Que su amabilidad sea evidente a todos. El Señor está cerca. 6 No se inquieten por nada; más bien, en toda ocasión, con oración y ruego, presenten sus peticiones a Dios y denle gracias. 7 Y la paz de Dios, que sobrepasa todo entendimiento, cuidará sus corazones y sus pensamientos en Cristo Jesús.

8 Por último, hermanos, consideren bien todo lo verdadero, todo lo respetable, todo lo justo, todo lo puro, todo lo amable, todo lo digno de admiración, en fin, todo lo que sea excelente o merezca elogio. 9 Pongan en práctica lo que de mí han aprendido, recibido y oído, y lo que han visto en mí, y el Dios de paz estará con ustedes.

Gratitud por la ayuda recibida

10 Me alegro muchísimo en el Señor de que al fin hayan vuelto a interesarse en mí. Claro está que tenían interés, sólo que no habían tenido la oportunidad de demostrarlo. 11 No digo esto porque esté necesitado, pues he aprendido a estar satisfecho en cualquier situación en que me encuentre. 12 Sé lo que es vivir en la pobreza, y lo que es vivir en la abundancia. He aprendido a vivir en todas y cada una de las circunstancias, tanto a quedar saciado como a pasar hambre, a tener de sobra como a sufrir escasez. 13 Todo lo puedo en Cristo que me fortalece.

14 Sin embargo, han hecho bien en participar conmigo en mi angustia. 15 Y ustedes mismos, filipenses, saben que en el principio de la obra del *evangelio, cuando salí de Macedonia, ninguna iglesia participó conmigo en mis ingresos y gastos, excepto ustedes. 16 Incluso a Tesalónica me enviaron ayuda una y otra vez para suplir mis necesidades. 17 No digo esto porque esté tratando de conseguir más ofrendas, sino que trato de aumentar el crédito a su cuenta. 18 Ya he recibido todo lo que necesito y aún más; tengo hasta de sobra ahora que he recibido de Epafrodito lo que me enviaron. Es una ofrenda fragante, un sacrificio que Dios acepta con agrado. 19 Así que mi Dios les proveerá de todo lo que necesiten, conforme a las gloriosas riquezas que tiene en Cristo Jesús. 20 A nuestro Dios y Padre sea la gloria por los siglos de los siglos. Amén.

Saludos finales

21 Saluden a todos los *santos en Cristo Jesús. Los hermanos que están conmigo les mandan saludos. 22 Saludos de parte de todos los santos, especialmente los de la casa del *emperador. 23 Que la gracia del Señor Jesucristo sea con su espíritu. Amén.[a]

---

a 4:23 Var. no incluye: *Amén.*

COLOSENSES - *Pablo escribe*

esta carta a la iglesia de Colosas por el mismo tiempo que escribe Efesios. Falsos maestros están engañando a algunas de las personas a quienes escribe (Colosenses 2:4). Por tanto, Pablo pone énfasis en el poder y la gloria de Cristo e instruye a sus lectores sobre cómo vivir como cristianos. Al leer este libro, ponga su fe en este glorioso Salvador que murió por usted, y prométale que usted mostrará amor y compasión cristianos a los demás.

Colosenses

1 Pablo, apóstol de *Cristo Jesús por la voluntad de Dios, y el hermano Timoteo,

2 a los *santos y fieles hermanosª en Cristo que están en Colosas:

Que Dios nuestro Padreᵇ les conceda gracia y paz.

Acción de gracias e intercesión

3 Siempre que oramos por ustedes, damos gracias a Dios, el Padre de nuestro Señor Jesucristo, 4 pues hemos recibido noticias de su fe en Cristo Jesús y del amor que tienen por todos los *santos 5 a causa de la esperanza reservada para ustedes en el cielo. De esta esperanza ya han sabido por la palabra de verdad, que es el *evangelio 6 que ha llegado hasta ustedes. Este evangelio está dando fruto y creciendo en todo el mundo, como también ha sucedido entre ustedes desde el día en que supieron de la gracia de Dios y la comprendieron plenamente. 7 Así lo aprendieron de Epafras, nuestro querido colaboradorᶜ y fiel servidor de Cristo para el bien de ustedes.ᵈ 8 Fue él quien nos contó del amor que tienen en el Espíritu.

9 Por eso, desde el día en que lo supimos no hemos dejado de orar por ustedes. Pedimos que Dios les haga conocer plenamente su voluntad con toda sabiduría y comprensión espiritual, 10 para que vivan de manera digna del Señor, agradándole en todo. Esto implica dar fruto en toda buena obra, crecer en el conocimiento de Dios 11 y ser fortalecidos en todo sentido con su glorioso poder. Así perseverarán con paciencia en toda situación, 12 dando gracias con alegría al Padre. Él losᵉ ha facultado para participar de la herencia de los santos en el reino de la luz. 13 Él nos libró del dominio de la oscuridad y nos trasladó al reino de su amado Hijo, 14 en quien tenemos redención,ᶠ el perdón de pecados.

La supremacía de Cristo

15 Él es la imagen del Dios invisible,
el primogénitoᵍ de toda creación,
16 porque por medio de él fueron
creadas todas las cosas
en el cielo y en la tierra, visibles e
invisibles,
sean tronos, poderes, principados
o autoridades:
todo ha sido creado
por medio de él y para él.
17 Él es anterior a todas las cosas,
que por medio de él forman un
todo coherente.ʰ
18 Él es la cabeza del cuerpo,
que es la iglesia.
Él es el principio,
el primogénito de la resurrección,
para ser en todo el primero.
19 Porque a Dios le agradó habitar en
él con toda su plenitud
20 y, por medio de él, reconciliar
consigo todas las cosas,
tanto las que están en la tierra como
las que están en el cielo,
haciendo la paz mediante la
sangre que derramó en la cruz.

21 En otro tiempo ustedes, por su actitud y sus malas acciones, estaban alejados de Dios y eran sus enemigos. 22 Pero ahora Dios, a fin de presentarlos *santos, intachables e irreprochables delante de él, los ha reconciliado en el cuerpo mortal de Cristo mediante su muerte, 23 con tal de que se mantengan firmes en la fe, bien cimentados y estables, sin abandonar la esperanza que ofrece el *evangelio. Éste es el evangelio que ustedes oyeron y que ha sido proclamado en toda la creación debajo del cielo, y del que yo, Pablo, he llegado a ser servidor.

---

a 1:2 santos y fieles hermanos. Alt. santos hermanos creyentes.   b 1:2 Padre. Var. Padre y el Señor Jesucristo les concedan.
c 1:7 colaborador. Lit. co-esclavo.   d 1:7 de ustedes. Var. de nosotros.   e 1:12 los. Var. nos.   f 1:14 redención. Var.
redención mediante su sangre (véase Ef 1:7).   g 1:15 Es decir, el que tiene anterioridad y preeminencia; también en v. 18.
h 1:17 por medio ... coherente. Alt. por medio de él continúan existiendo.

Pasaje del día: Colosenses 1:3-14
Versículo del día: Colosenses 1:10

Sea una mujer considerada

*L*a consideración es una de las virtudes que hacen que el amor conyugal se mantenga ardiendo. La falta de consideración no está entre los grandes problemas del matrimonio, sino que se muestra en una serie de pequeños incidentes que a lo largo de mucho tiempo van corroyendo el romance, el amor y la cortesía. Los comentarios imprudentes hechos delante de los amigos y otras personas, los cumplidos insinceros, las acciones bien intencionadas que se dejan para el otro día. Todas esas cosas enfrían la relación.

Uno de los grandes atributos de Dios es la consideración. Dios es un Dios considerado. Nos tiene misericordia cuando lo ofendemos, y paciencia cuando no crecemos espiritualmente. Tal vez la más grande de las consideraciones de Dios hacia nosotros fue enviar a su propio Hijo Unigénito para que muriera en nuestro lugar.

Hay mucha consideración en la cruz. Allí hay gracia, perdón, esperanza y también seguridad. Jesucristo puede darle a usted un corazón considerado. Reconózcalo como su Señor y Salvador personal. Hágalo dueño de su matrimonio y de su familia. Él vendrá con gracia, poder y perdón. Entrará en su corazón y le dará el privilegio de crecer y ser transformado en la misma imagen de Él.

Pablo exhortó a los colosenses a agradar al Señor en todo sentido, dando fruto en toda buena obra. Una de esas obras es la consideración.

Piense en algo que puede hacer hoy para ejercitar la consideración. ¿Mostrará más aprecio por su esposo? ¿Tendrá más paciencia con sus hijos? ¿Será más atenta y respetuosa en su centro de trabajo?

Oración: *Amado Señor, ayúdame hoy a ser más considerada en mi trato con los demás.*

Noemí Mottesi
Estados Unidos

Trabajo de Pablo por la iglesia

24 Ahora me alegro en medio de mis sufrimientos por ustedes, y voy completando en mí mismo[a] lo que falta de las aflicciones de Cristo, en favor de su cuerpo, que es la iglesia. **25** De ésta llegué a ser servidor según el plan que Dios me encomendó para ustedes: el dar cumplimiento a la palabra de Dios, **26** anunciando el *misterio que se ha mantenido oculto por siglos y generaciones, pero que ahora se ha manifestado a sus *santos. **27** A éstos Dios se propuso dar a conocer cuál es la gloriosa riqueza de este misterio entre las *naciones, que es Cristo en ustedes, la esperanza de gloria.

28 A este Cristo proclamamos, aconsejando y enseñando con toda sabiduría a todos los seres *humanos, para presentarlos a todos *perfectos en él. **29** Con este fin trabajo y lucho fortalecido por el poder de Cristo que obra en mí.

2 Quiero que sepan qué gran lucha sostengo por el bien de ustedes y de los que están en Laodicea, y de tantos que no me conocen personalmente. **2** Quiero que lo sepan para que cobren ánimo, permanezcan unidos por amor, y tengan toda la riqueza que proviene de la convicción y del entendimiento. Así conocerán el *misterio de Dios, es decir, a Cristo, **3** en quien están escondidos todos los tesoros de la sabiduría y del conocimiento. **4** Les digo esto para que nadie los engañe con argumentos capciosos. **5** Aunque estoy físicamente ausente, los acompaño en espíritu, y me alegro al ver su buen orden y la firmeza de su fe en Cristo.

Libertad en Cristo

6 Por eso, de la manera que recibieron a Cristo Jesús como Señor, vivan ahora en él, **7** arraigados y edificados en él, confirmados en la fe como se les enseñó, y llenos de gratitud.

8 Cuídense de que nadie los cautive con la vana y engañosa filosofía que sigue tradiciones *humanas, la que va de acuerdo con los *principios[b] de este mundo y no conforme a Cristo.

9 Toda la plenitud de la divinidad habita en forma corporal en Cristo; **10** y en él, que es la cabeza de todo poder y autoridad, ustedes han recibido esa plenitud. **11** Además, en él fueron *circuncidados, no por mano humana sino con la circuncisión que consiste en despojarse del cuerpo pecaminoso.[c] Esta circuncisión la efectuó Cristo. **12** Ustedes la recibieron al ser sepultados con él en el bautismo. En él también fueron resucitados mediante la fe en el poder de Dios, quien lo resucitó de entre los muertos.

13 Antes de recibir esa circuncisión, ustedes estaban muertos en sus pecados. Sin embargo, Dios nos[d] dio vida en unión con Cristo, al perdonarnos todos los pecados **14** y anular la deuda[e] que teníamos pendiente por los requisitos de la ley. Él anuló esa deuda que nos era adversa, clavándola en la cruz. **15** Desarmó a los poderes y a las potestades, y por medio de Cristo[f] los humilló en público al exhibirlos en su desfile triunfal.

16 Así que nadie los juzgue a ustedes por lo que comen o beben, o con respecto a días de fiesta religiosa, de luna nueva o de reposo. **17** Todo esto es una sombra de las cosas que están por venir; la realidad se halla en Cristo. **18** No dejen que les prive de esta realidad ninguno de esos que se ufanan en fingir humildad y adoración de ángeles. Los tales hacen alarde de lo que no han visto; y, envanecidos por su razonamiento *humano, **19** no se mantienen firmemente unidos a la Cabeza. Por la acción de ésta, todo el cuerpo, sostenido y ajustado mediante las articulaciones y ligamentos, va creciendo como Dios quiere.

20 Si con Cristo ustedes ya han muerto a los principios de este mundo, ¿por qué, como si todavía pertenecieran al mundo, se someten a preceptos tales como: **21** «No tomes en tus manos, no pruebes, no toques»? **22** Estos preceptos, basados en reglas y enseñanzas humanas, se refieren a cosas que van a desaparecer con el uso.

---

a **1:24** *en mí mismo.* Lit. *en mi carne.*   *b* **2:8** *los principios.* Alt. *los poderes espirituales,* o *las normas;* también en v. 20.   *c* **2:11** *cuerpo pecaminoso.* Lit. *cuerpo de la carne.*   *d* **2:13** *nos.* Var. *les.*   *e* **2:14** *la deuda.* Lit. *el pagaré.*   *f* **2:15** *por medio de Cristo.* Alt. *mediante la cruz.*

Pasaje del día: Colosenses 2:1-10
Versículos del día: Colosenses 2:2-3

Preciosos tesoros

*C*uenta una antigua leyenda que viajaban tres mercaderes por el desierto. Anochecía, y los viajeros se presentaban para cruzar un arroyo seco. Repentinamente, en medio de la oscuridad, escucharon una misteriosa voz que les ordenó recoger pequeñas piedras del lugar que cruzaban en las penumbras.

Sorprendidos y atemorizados, los tres mercaderes descendieron de sus camellos, y recogieron algunas piedritas. Luego la misteriosa voz les dejó un mensaje aún más intrigante: "Váyanse de aquí, y acampen lejos. Cuando amanezca, estarán contentos y tristes."

Al llegar un nuevo amanecer, los tres hombres examinaron sus alforjas, y descubrieron que en ellas resplandecían diamantes, rubíes y otras piedras preciosas. Fue así que sucedió como dijo la voz. Estuvieron felices por haber recogido las piedras preciosas; pero estaban tristes por no haber recogido más.

Esa leyenda nos recuerda la vida cristiana. Así como nos deleitamos con los tesoros que encontramos, así podemos lamentar las riquezas que hemos perdido al no buscar el consejo de Dios.

Si hay una pequeña disciplina que debiéramos tener todos los que anhelamos conocer a Dios, es el diario andar con Él: donde nadie nos ve, donde nadie nos interrumpe... tan simplemente uno y Dios.

En Cristo están escondidos todos los tesoros de la sabiduría y del conocimiento. Mediante su Palabra, Él puede guiarte e inspirarte para que cada día descubras piedras preciosas. ¡Ojalá nunca te arrepientas de no haber recogido más!

Dios anhela tener comunión con sus hijos; pero ¿desean sus hijos tener comunión con el Padre celestial? Hoy puede ser el comienzo de un diario caminar más íntimo con Él. No pierdas la oportunidad de descubrir todos los tesoros que hay en Cristo.

Evelina Saint de Jiménez
Argentina

Pasaje del sábado:
Colosenses 3:16-25

Pasaje del domingo:
1 Pedro 2:11-25

Ayúdame a caminar

¡Mi alma clama a ti, oh Señor!
Extiende tu mano
Y ayúdame a caminar.

Mis dolores y tristezas
Las llevaste un día en el Calvario.
Allí quedó todo.

Ayúdame a caminar.
Dame tu luz,
Para que cada amanecer,
Y al atardecer,
Pueda decir: "Gracias, Señor,
Porque este día caminé contigo."

Amy de Piedrasanta
Guatemala

23 Tienen sin duda apariencia de sabiduría, con su afectada piedad, falsa humildad y severo trato del cuerpo, pero de nada sirven frente a los apetitos de la naturaleza pecaminosa.[a]

Normas para una vida santa

3 Ya que han resucitado con Cristo, busquen las cosas de arriba, donde está Cristo sentado a la *derecha de Dios. **2** Concentren su atención en las cosas de arriba, no en las de la tierra, **3** pues ustedes han muerto y su vida está escondida con Cristo en Dios. **4** Cuando Cristo, que es la vida de ustedes,[b] se manifieste, entonces también ustedes serán manifestados con él en gloria.

5 Por tanto, hagan morir todo lo que es propio de la naturaleza terrenal: inmoralidad sexual, impureza, bajas pasiones, malos deseos y avaricia, la cual es idolatría. **6** Por estas cosas viene el castigo de Dios.[c] **7** Ustedes las practicaron en otro tiempo, cuando vivían en ellas. **8** Pero ahora abandonen también todo esto: enojo, ira, malicia, calumnia y lenguaje obsceno. **9** Dejen de mentirse unos a otros, ahora que se han quitado el ropaje de la vieja naturaleza con sus vicios, **10** y se han puesto el de la nueva naturaleza, que se va renovando en conocimiento a imagen de su Creador. **11** En esta nueva naturaleza no hay *griego ni judío, *circunciso ni incircunciso, culto ni inculto,[d] esclavo ni libre, sino que Cristo es todo y está en todos.

12 Por lo tanto, como escogidos de Dios, *santos y amados, vístanse de afecto entrañable y de bondad, humildad, amabilidad y paciencia, **13** de modo que se toleren unos a otros y se perdonen si alguno tiene queja contra otro. Así como el Señor los perdonó, perdonen también ustedes. **14** Por encima de todo, vístanse de amor, que es el vínculo perfecto.

15 Que gobierne en sus corazones la paz de Cristo, a la cual fueron llamados en un solo cuerpo. Y sean agradecidos.

16 Que habite en ustedes la palabra de Cristo con toda su riqueza: instrúyanse y aconséjense unos a otros con toda sabiduría; canten salmos, himnos y canciones espirituales a Dios, con gratitud de corazón. **17** Y todo lo que hagan, de palabra o de obra, háganlo en el nombre del Señor Jesús, dando gracias a Dios el Padre por medio de él.

Normas para la familia cristiana

18 Esposas, sométanse a sus esposos, como conviene en el Señor.

19 Esposos, amen a sus esposas y no sean duros con ellas.

20 Hijos, obedezcan a sus padres en todo, porque esto agrada al Señor.

21 Padres, no exasperen a sus hijos, no sea que se desanimen.

22 *Esclavos, obedezcan en todo a sus amos terrenales, no sólo cuando los estén mirando, como los que quieren ganarse el favor *humano, sino con integridad de corazón y por respeto al Señor. **23** Hagan lo que hagan, trabajen de buena gana, como para el Señor y no como para nadie en este mundo, **24** conscientes de que el Señor los recompensará con la herencia. Ustedes sirven a Cristo el Señor. **25** El que hace el mal pagará por su propia maldad, y en esto no hay favoritismos.

4 Amos, proporcionen a sus esclavos lo que es justo y equitativo, conscientes de que ustedes también tienen un Amo en el cielo.

Instrucciones adicionales

2 Dedíquense a la oración: perseveren en ella con agradecimiento **3** y, al mismo tiempo, intercedan por nosotros a fin de que Dios nos abra las puertas para proclamar la palabra, el *misterio de Cristo por el cual estoy preso. **4** Oren para que yo lo anuncie con claridad, como debo hacerlo. **5** Compórtense sabiamente con los que no creen en Cristo,[e] aprovechando al máximo cada momento oportuno. **6** Que su conversación sea siempre amena y de buen gusto. Así sabrán cómo responder a cada uno.

---

a 2:23 *los apetitos de la naturaleza pecaminosa.* Lit. *la satisfacción de la carne.* *b* 3:4 *de ustedes.* Var. *de nosotros.* *c* 3:6 *de Dios.* Var. *de Dios sobre los que son desobedientes.* *d* 3:11 *culto ni inculto.* Lit. *bárbaro, escita.* *e* 4:5 *los que no creen en Cristo.* Lit. *los de afuera.*

Pasaje del día: Colosenses 3:1-14
Versículo del día: Colosenses 3:2

Más allá de las estrellas

*D*e niña pensaba: *Cuando sea grande, seré la primera mujer en viajar a la luna.* Es obvio que este sueño quizás nunca llegue a cumplirse; pero he descubierto que con Cristo en mi corazón, puedo andar más allá de las estrellas. He comprendido que Dios me dio la vida para que sea una mujer victoriosa. Su plan para nosotras es que en toda circunstancia tengamos la victoria. Hay un dicho que dice: "El pájaro canta aunque la rama cruja, porque sabe lo que son sus alas."

La fe en Dios y la oración son nuestras alas. ¡Usémoslas! Descubriremos que a medida que nos valemos de la fe y de la oración, nuestro horizonte se ampliará. Pongamos nuestra mirada en las cosas de arriba.

Todo es posible con Dios. Su grandeza es tan inconcebible que sólo podemos comprenderla dando pasos de fe. Aun al experimentarla nos damos cuenta de que Él siempre tiene cosas nuevas para nosotras.

Después de ver el Mar Rojo abrirse milagrosamente, después de ver alimento caer del cielo y experimentar la providencia de Dios, Moisés, estando ya viejo, exclamó: "Señor Jehová, tú has comenzado a mostrar a tu siervo tu grandeza, y tu mano poderosa" (Deuteronomio 3:24).

Tener a Dios con nosotras es tenerlo TODO; es descubrir que los planes que Él tiene son buenos; es poder volar por las nubes; es mirar las cosas desde arriba, como lo hace Dios; es poner la mirada en las cosas de arriba y no en las de la tierra. Tener a Dios con nosotras es poder volar por los cielos como una paloma, sabiendo que Dios es quien provee lo que necesitamos para ser felices. ¡Seamos victoriosas y volemos bien alto!

Ilya Carrera
Panamá

Saludos finales

7 Nuestro querido hermano Tíquico, fiel servidor y colaborador[a] en el Señor, les contará en detalle cómo me va. 8 Lo envío a ustedes precisamente para que tengan noticias de nosotros, y así cobren ánimo.[b] 9 Va con Onésimo, querido y fiel hermano, que es uno de ustedes. Ellos les pondrán al tanto de todo lo que sucede aquí.

10 Aristarco, mi compañero de cárcel, les manda saludos, como también Marcos, el primo de Bernabé. En cuanto a Marcos, ustedes ya han recibido instrucciones; si va a visitarlos, recíbanlo bien. 11 También los saluda Jesús, llamado el Justo. Éstos son los únicos judíos que colaboran conmigo en pro del reino de Dios, y me han sido de mucho consuelo. 12 Les manda saludos Epafras, que es uno de ustedes. Este *siervo de Cristo Jesús está siempre luchando en oración por ustedes, para que, plenamente convencidos,[c] se mantengan firmes, cumpliendo en todo la voluntad de Dios. 13 A mí me consta que él se preocupa mucho por ustedes y por los que están en Laodicea y en Hierápolis. 14 Los saludan Lucas, el querido médico, y Demas. 15 Saluden a los hermanos que están en Laodicea, como también a Ninfas y a la iglesia que se reúne en su casa.

16 Una vez que se les haya leído a ustedes esta carta, que se lea también en la iglesia de Laodicea, y ustedes lean la carta dirigida a esa iglesia.

17 Díganle a Arquipo que se ocupe de la tarea que recibió en el Señor, y que la lleve a cabo.

18 Yo, Pablo, escribo este saludo de mi puño y letra. Recuerden que estoy preso. Que la gracia sea con ustedes.

---

a **4:7** *colaborador.* Lit. *co-esclavo.*   *b* **4:8** *para que ... ánimo.* Var. *para que él tenga noticias de ustedes, y los anime.*
c **4:12** *plenamente convencidos.* Alt. *perfectos y convencidos.*

1 TESALONICENSES

Pablo escribe esta carta a la iglesia que fundó en Tesalónica (Hechos 17:1-9), poco después de dejarlos y encontrar que le era imposible volver (1 Tesalonicenses 2:17-18). Está emocionado por la fe cristiana de ellos, les recuerda su intenso amor por ellos, y responde preguntas sobre lo que la muerte significa para el cristiano. Al leer este libro, sienta usted el consuelo de que, por ser creyente, cuando muera todavía estará bajo el cuidado de Dios y estará "con el Señor para siempre." (1 Tesalonicenses 4:17)

1 Tesalonicenses

1 Pablo, *Silvano y Timoteo,

a la iglesia de los tesalonicenses que está en Dios el Padre y en el Señor *Jesucristo:

Gracia y paz a ustedes.[a]

Acción de gracias por los tesalonicenses

2 Siempre damos gracias a Dios por todos ustedes cuando los mencionamos en nuestras oraciones. 3 Los recordamos constantemente delante de nuestro Dios y Padre a causa de la obra realizada por su fe, el trabajo motivado por su amor, y la constancia sostenida por su esperanza en nuestro Señor Jesucristo.

4 Hermanos amados de Dios, sabemos que él los ha escogido, 5 porque nuestro *evangelio les llegó no sólo con palabras sino también con poder, es decir, con el Espíritu Santo y con profunda convicción. Como bien saben, estuvimos entre ustedes buscando su bien. 6 Ustedes se hicieron imitadores nuestros y del Señor cuando, a pesar de mucho sufrimiento, recibieron el mensaje con la alegría que infunde el Espíritu Santo. 7 De esta manera se constituyeron en ejemplo para todos los creyentes de Macedonia y de Acaya. 8 Partiendo de ustedes, el mensaje del Señor se ha proclamado no sólo en Macedonia y en Acaya sino en todo lugar; a tal punto que se ha divulgado su fe en Dios que ya no es necesario que nosotros digamos nada. 9 Ellos mismos cuentan de lo bien que ustedes nos recibieron, y de cómo se convirtieron a Dios dejando los ídolos para servir al Dios vivo y verdadero, 10 y esperar del cielo a Jesús, su Hijo a quien *resucitó, que nos libra del castigo venidero.

Ministerio de Pablo en Tesalónica

2 Hermanos, bien saben que nuestra visita a ustedes no fue un fracaso. 2 Y saben también que, a pesar de las aflicciones e insultos que antes sufrimos en Filipos, cobramos confianza en nuestro Dios y nos atrevimos a comunicarles el *evangelio en medio de una gran lucha. 3 Nuestra predicación no se origina en el error ni en malas intenciones, ni procura engañar a nadie. 4 Al contrario, hablamos como hombres a quienes Dios aprobó y les confió el evangelio: no tratamos de agradar a la gente sino a Dios, que examina nuestro corazón. 5 Como saben, nunca hemos recurrido a las adulaciones ni a las excusas para obtener dinero; Dios es testigo. 6 Tampoco hemos buscado honores de nadie; ni de ustedes ni de otros. 7 Aunque como apóstoles de Cristo hubiéramos podido ser exigentes con ustedes, los tratamos con delicadeza.[b] Como una madre[c] que amamanta y cuida a sus hijos, 8 así nosotros, por el cariño que les tenemos, nos deleitamos en compartir con ustedes no sólo el evangelio de Dios sino también nuestra *vida. ¡Tanto llegamos a quererlos! 9 Recordarán, hermanos, nuestros esfuerzos y fatigas para proclamarles el evangelio de Dios, y cómo trabajamos día y noche para no serles una carga.

10 Dios y ustedes me son testigos de que nos comportamos con ustedes los creyentes en una forma santa, justa e irreprochable. 11 Saben también que a cada uno de ustedes lo hemos tratado como trata un padre a sus propios hijos. 12 Los hemos animado, consolado y exhortado a llevar una vida digna de Dios, que los llama a su reino y a su gloria.

13 Así que no dejamos de dar gracias a Dios, porque al oír ustedes la palabra de Dios que les predicamos, la aceptaron no como palabra *humana sino como lo que realmente es, palabra de Dios, la cual actúa en ustedes los creyentes. 14 Ustedes, hermanos, siguieron el ejemplo de las iglesias de Dios en Cristo Jesús que están

---

a **1:1** *a ustedes.* Var. *a ustedes de nuestro Padre y del Señor Jesucristo.*   *b* **2:7** *exigentes ... delicadeza.* Var. *exigentes, fuimos niños entre ustedes.*   *c* **2:7** *madre.* Alt. *nodriza.*

Pasaje del día: 1 Tesalonicenses 2:1-12
Versículo del día: 1 Tesalonicenses 2:7

La ternura de corazón

Qué hermosa es la imagen de la gallina que, frente al peligro y aun a riesgo de su propia vida, cubre a sus polluelos bajo sus alas. Tuve en tiempo pasado la oportunidad de criar pollitos y ver cómo la gallina los protegía desde el momento de incubar los huevos; nunca se levantaba del nido, ni para comer, por temor a que les ocurriera algo a los pollitos.

Esta preciosa imagen es la misma que usa el salmista para expresar la protección y ternura de Dios hacia sus hijos: "Pues te cubrirá con sus plumas y bajo sus alas hallarás refugio (Salmo 91:4). No hay quien pueda hacer daño a una hija de Dios sin que Él lo permita; y cuando lo hace, se vuelca en amabilidad haciéndote notar su protección, sus caricias y sus palabras tiernas que producen quietud y serenidad.

¿Necesitamos de esa clase de ternura para poder seguir en este mundo agresivo y cruel? ¡El Señor la tiene para con nosotras! Esforcémonos en conseguirla, y seamos amables para con todos (2 Timoteo 2:24). La amabilidad es aquella serenidad de espíritu, pacífica y humilde en virtud, mediate la cual el ser humano no se deja arrebatar fácilmente de la cólera con motivo de los errores o el enojo de los demás.

Aprende, querida amiga, a cubrir con las alas de ternura y amabilidad a aquellos que, por ser más débiles, necesitan de ti. Sea tu amabilidad esa preciosa gota de aceite que suaviza las fricciones de los que te rodean, como el frasco de perfume quebrado, cuya fragancia impregna todos los huecos de la casa. Pero sobre todo, sé amable porque así te asemejarás más a tu Señor.

Dolores Duque Molina
España

en Judea, ya que sufrieron a manos de sus compatriotas lo mismo que sufrieron aquellas iglesias a manos de los judíos. **15** Éstos mataron al Señor Jesús y a los profetas, y a nosotros nos expulsaron. No agradan a Dios y son hostiles a todos, **16** pues procuran impedir que prediquemos a los *gentiles para que sean salvos. Así en todo lo que hacen llegan al colmo de su pecado. Pero el castigo de Dios vendrá sobre ellos con toda severidad.ᵃ

Pablo anhela ver a los tesalonicenses

17 Nosotros, hermanos, luego de estar separados de ustedes por algún tiempo, en lo físico pero no en lo espiritual, con ferviente anhelo hicimos todo lo humanamente posible por ir a verlos. **18** Sí, deseábamos visitarlos —yo mismo, Pablo, más de una vez intenté ir—, pero Satanás nos lo impidió. **19** En resumidas cuentas, ¿cuál es nuestra esperanza, alegría o motivoᵇ de *orgullo delante de nuestro Señor Jesús para cuando él venga? ¿Quién más sino ustedes? **20** Sí, ustedes son nuestro orgullo y alegría.

3 Por tanto, cuando ya no pudimos soportarlo más, pensamos que era mejor quedarnos solos en Atenas. **2** Así que les enviamos a Timoteo, hermano nuestro y colaborador de Diosᶜ en el *evangelio de Cristo, con el fin de afianzarlos y animarlos en la fe **3** para que nadie fuera perturbado por estos sufrimientos. Ustedes mismos saben que se nos destinó para esto, **4** pues cuando estábamos con ustedes les advertimos que íbamos a padecer sufrimientos. Y así sucedió. **5** Por eso, cuando ya no pude soportarlo más, mandé a Timoteo a indagar acerca de su fe, no fuera que el *tentador los hubiera inducido a hacer lo malo y que nuestro trabajo hubiera sido en vano.

El informe alentador de Timoteo

6 Ahora Timoteo acaba de volver de Tesalónica con buenas noticias de la fe y del amor de ustedes. Nos dice que conservan gratos recuerdos de nosotros y que tienen muchas ganas de vernos, tanto como nosotros a ustedes. **7** Por eso, hermanos, en medio de todas nuestras angustias y sufrimientos ustedes nos han dado ánimo por su fe. **8** ¡Ahora sí que vivimos al saber que están firmes en el Señor! **9** ¿Cómo podemos agradecer bastante a nuestro Dios por ustedes y por toda la alegría que nos han proporcionado delante de él? **10** Día y noche le suplicamos que nos permita verlos de nuevo para suplir lo que le falta a su fe.

11 Que el Dios y Padre nuestro, y nuestro Señor Jesús, nos preparen el camino para ir a verlos. **12** Que el Señor los haga crecer para que se amen más y más unos a otros, y a todos, tal como nosotros los amamos a ustedes. **13** Que los fortalezca interiormente para que, cuando nuestro Señor Jesús venga con todos sus *santos, la santidad de ustedes sea intachable delante de nuestro Dios y Padre.

La vida que agrada a Dios

4 Por lo demás, hermanos, les pedimos encarecidamente en el nombre del Señor Jesús que sigan progresando en el modo de vivir que agrada a Dios, tal como lo aprendieron de nosotros. De hecho, ya lo están practicando. **2** Ustedes saben cuáles son las instrucciones que les dimos de parte del Señor Jesús.

3 La voluntad de Dios es que sean *santificados; que se aparten de la inmoralidad sexual; **4** que cada uno aprenda a controlar su propio cuerpoᵈ de una manera santa y honrosa, **5** sin dejarse llevar por los malos deseos como hacen los *paganos, que no conocen a Dios; **6** y que nadie perjudique a su hermano ni se aproveche de él en este asunto. El Señor castiga todo esto, como ya les hemos dicho y advertido. **7** Dios no nos llamó a la impureza sino a la santidad; **8** por tanto, el que rechaza estas instrucciones no rechaza a un hombre sino a Dios, quien les da a ustedes su Espíritu Santo.

9 En cuanto al amor fraternal, no necesitan que les escribamos, porque Dios mismo les ha enseñado a amarse unos a otros. **10** En efecto, ustedes aman a todos

---

a 2:16 *Pero ... severidad.* Lit. *Pero la ira vino sobre ellos hasta el fin.*   **b 2:19** *motivo.* Lit. *corona.*   **c 3:2** *colaborador de Dios.* Var. *servidor de Dios;* otra var. *servidor de Dios y colaborador nuestro.*   **d 4:4** *aprenda ... cuerpo.* Alt. *trate a su esposa,* o *consiga esposa.*

Pasaje del día: 1 Tesalonicenses 4:1-12
Versículo del día: 1 Tesalonicenses 4:11

Procura tener tranquilidad

*H*ace un tiempo, dos textos de la Palabra de Dios me fueron muy necesarios. Tal vez te llame la atención que use la palabra "necesario", y no la frase clásica "de bendición".

En primer lugar, me di cuenta de que para tener victoria, mucho depende de que llevemos una vida tranquila, así como Pablo les aconseja a los tesalonicenses.

Tal vez te has levantado preocupada por lo que tendrás que hacer hoy: arreglar la casa, lavar, planchar, ir a la oficina, llevar a los niños al colegio o atender al bebé... ¡y tantas otras cosas! Pero detente y mira lo que dice la Palabra de Dios. Procura tener tranquilidad. Eso nos toca a ti y a mí. Procuremos tener tranquilidad para disfrutar cada día de lo que el Señor nos da.

La otra cita que me fue necesaria es aquella donde Pablo dice que había aprendido a contentarse (Filipenses 4:11). ¡Qué sorpresa! ¿Hay que aprender a estar contenta? Sí, hermana. Es un aprendizaje necesario en la escuela de la vida.

Esforcémonos para ver todo de manera positiva. Tengamos buen humor. Seamos optimistas.

Ojalá que a pesar de todo el trabajo que tengas y de los problemas diarios que se te presentan, puedas disfrutar de tranquilidad y contentamiento cada día. Lo puedes hacer con la ayuda del Señor.

Rosa H. T. de Terranova
Puerto Rico

Pasaje del día: 1 Tesalonicenses 5:12-24
Versículo del día: 1 Tesalonicenses 5:18

El secreto de la victoria

El ser humano por naturaleza es mal agradecido. Muchas mujeres con hogares preciosos, buenos esposos e hijos, a quienes no les falta salud, techo o comida, nunca están contentas ni agradecidas. Pero el agradecimiento es el secreto de una vida victoriosa.

Después de leer el libro "De la cárcel a la alabanza", por Merlin R. Carothers, me propuse darle gracias a Dios en todo. ¡Nunca me imaginé cuánto cambiaría mi vida al hacer eso!

En una ocasión, mi único hijo, en ese tiempo un adolescente deseoso de usar el automóvil cada vez que podía, lo tomó prestado con la condición que lo traería de regreso para que yo fuera al trabajo. Por motivos fuera de su voluntad, no lo hizo así, y me quedé sin automóvil, con la perspectiva de llegar tarde, cosa que era muy mal visto en la institución donde trabajaba.

Estando en la carretera esperando el ómnibus, alabando y dando gracias a Dios por lo que me estaba sucediendo, se me acercó un amigo mecánico propietario de una grúa. Después de los saludos, me dijo: "Yo la llevaría a su trabajo; pero ahora me voy en mi grúa y en cinco minutos tengo que estar en..." ¿Adivine en dónde? Justo frente a mi trabajo.

Ese fue el primero de miles de milagros que ha hecho Dios en mi vida desde que empecé a agradecer en todas las circunstancias. Si recibo malas noticias, le doy gracias; si el tráfico está congestionado, igual; si mis amigas me defraudan, también.

Le invito a que empiece a darle a Dios gracias en todo, porque esa es su voluntad. Es también el secreto de la victoria.

**Enriqueta Díaz Lanuza
de Rodas**
Guatemala

los hermanos que viven en Macedonia. No obstante, hermanos, les animamos a amarse aún más, [11] a procurar vivir en paz con todos, a ocuparse de sus propias responsabilidades y a trabajar con sus propias manos. Así les he mandado, [12] para que por su modo de vivir se ganen el respeto de los que no son creyentes, y no tengan que depender de nadie.

La venida del Señor

[13] Hermanos, no queremos que ignoren lo que va a pasar con los que ya han muerto,[a] para que no se entristezcan como esos otros que no tienen esperanza. [14] ¿Acaso no creemos que Jesús murió y resucitó? Así también Dios resucitará con Jesús a los que han muerto en unión con él. [15] Conforme a lo dicho por el Señor, afirmamos que nosotros, los que estemos vivos y hayamos quedado hasta la venida del Señor, de ninguna manera nos adelantaremos a los que hayan muerto. [16] El Señor mismo descenderá del cielo con voz de mando, con voz de arcángel y con trompeta de Dios, y los muertos en Cristo resucitarán primero. [17] Luego los que estemos vivos, los que hayamos quedado, seremos arrebatados junto con ellos en las nubes para encontrarnos con el Señor en el aire. Y así estaremos con el Señor para siempre. [18] Por lo tanto, anímense unos a otros con estas palabras.

5 Ahora bien, hermanos, ustedes no necesitan que se les escriba acerca de tiempos y fechas, [2] porque ya saben que el día del Señor llegará como ladrón en la noche. [3] Cuando estén diciendo: «Paz y seguridad», vendrá de improviso sobre ellos la destrucción, como le llegan a la mujer encinta los dolores de parto. De ninguna manera podrán escapar.

[4] Ustedes, en cambio, hermanos, no están en la oscuridad para que ese día los sorprenda como un ladrón. [5] Todos ustedes son hijos de la luz y del día. No somos de la noche ni de la oscuridad. [6] No debemos, pues, dormirnos como los demás, sino mantenernos alerta y en nuestro sano juicio. [7] Los que duermen, de noche duermen, y los que se emborrachan, de noche se emborrachan. [8] Nosotros que somos del día, por el contrario, estemos siempre en nuestro sano juicio, protegidos por la coraza de la fe y del amor, y por el casco de la esperanza de salvación; [9] pues Dios no nos destinó a sufrir el castigo sino a recibir la salvación por medio de nuestro Señor Jesucristo. [10] Él murió por nosotros para que, en la vida o en la muerte,[b] vivamos junto con él. [11] Por eso, anímense y edifíquense unos a otros, tal como lo vienen haciendo.

Instrucciones finales

[12] Hermanos, les pedimos que sean considerados con los que trabajan arduamente entre ustedes, y los guían y amonestan en el Señor. [13] Ténganlos en alta estima, y ámenlos por el trabajo que hacen. Vivan en paz unos con otros. [14] Hermanos, también les rogamos que amonesten a los holgazanes, estimulen a los desanimados, ayuden a los débiles y sean pacientes con todos. [15] Asegúrense de que nadie pague mal por mal; más bien, esfuércense siempre por hacer el bien, no sólo entre ustedes sino a todos.

[16] Estén siempre alegres, [17] oren sin cesar, [18] den gracias a Dios en toda situación, porque esta es su voluntad para ustedes en Cristo Jesús.

[19] No apaguen el Espíritu, [20] no desprecien las profecías, [21] sométanlo todo a prueba, aférrense a lo bueno, [22] eviten toda clase de mal.

[23] Que Dios mismo, el Dios de paz, los *santifique por completo, y conserve todo su ser —espíritu, alma y cuerpo— irreprochable para la venida de nuestro Señor Jesucristo. [24] El que los llama es fiel, y así lo hará.

[25] Hermanos, oren también por nosotros. [26] Saluden a todos los hermanos con un beso santo. [27] Les encargo delante del Señor que lean esta carta a todos los hermanos.

[28] Que la gracia de nuestro Señor Jesucristo sea con ustedes.

---

a **4:13** *han muerto.* Lit. *duermen*; el mismo verbo en vv. 14 y 15. *b* **5:10** *en la vida o en la muerte.* Lit. *despiertos o dormidos.*

2 TESALONICENSES

*Pablo escribe esta carta poco después de
1 Tesalonicenses para aclarar algunas
cosas que la iglesia dejó de comprender
en su primera carta. Les dice que viene
el anticristo, pero ellos deben continuar
con sus actividades normales hasta que
vuelva Jesucristo. Al leer este libro,
recuerde que Dios quiere que usted
espere con gozo el regreso de Cristo así
como que siga haciendo su trabajo
diario.*

2 Tesalonicenses

1 Pablo, *Silvano y Timoteo,

a la iglesia de los tesalonicenses, unida a Dios nuestro Padre y al Señor *Jesucristo:

² Que Dios el Padre y el Señor Jesucristo les concedan gracia y paz.

Acción de gracias y oración

³ Hermanos, siempre debemos dar gracias a Dios por ustedes, como es justo, porque su fe se acrecienta cada vez más, y en cada uno de ustedes sigue abundando el amor hacia los otros. ⁴ Así que nos sentimos orgullosos de ustedes ante las iglesias de Dios por la perseverancia y la fe que muestran al soportar toda clase de persecuciones y sufrimientos. ⁵ Todo esto prueba que el juicio de Dios es justo, y por tanto él los considera dignos de su reino, por el cual están sufriendo.

⁶ Dios, que es justo, pagará con sufrimiento a quienes los hacen sufrir a ustedes. ⁷ Y a ustedes que sufren, les dará descanso, lo mismo que a nosotros. Esto sucederá cuando el Señor Jesús se manifieste desde el cielo entre llamas de fuego, con sus poderosos ángeles, ⁸ para castigar a los que no conocen a Dios ni obedecen el *evangelio de nuestro Señor Jesús. ⁹ Ellos sufrirán el castigo de la destrucción eterna, lejos de la presencia del Señor y de la majestad de su poder, ¹⁰ el día en que venga para ser glorificado por medio de sus *santos y admirado por todos los que hayan creído, entre los cuales están ustedes porque creyeron el testimonio que les dimos.

¹¹ Por eso oramos constantemente por ustedes, para que nuestro Dios los considere dignos del llamamiento que les ha hecho, y por su poder *perfeccione toda disposición al bien y toda obra que realicen por la fe. ¹² Oramos así, de modo que el nombre de nuestro Señor Jesús sea glorificado por medio de ustedes, y ustedes por él, conforme a la gracia de nuestro Dios y del Señor Jesucristo.ᵃ

Manifestación y juicio del malvado

2 Ahora bien, hermanos, en cuanto a la venida de nuestro Señor Jesucristo y a nuestra reunión con él, les pedimos que ² no pierdan la cabeza ni se alarmen por ciertas profecías,ᵇ ni por mensajes orales o escritos supuestamente nuestros, que digan: «¡Ya llegó el día del Señor!» ³ No se dejen engañar de ninguna manera, porque primero tiene que llegar la rebelión contra Diosᶜ y manifestarse el hombre de maldad,ᵈ el destructor por naturaleza.ᵉ ⁴ Éste se opone y se levanta contra todo lo que lleva el nombre de Dios o es objeto de adoración, hasta el punto de adueñarse del templo de Dios y pretender ser Dios.

⁵ ¿No recuerdan que ya les hablaba de esto cuando estaba con ustedes? ⁶ Bien saben que hay algo que detiene a este hombre, a fin de que él se manifieste a su debido tiempo. ⁷ Es cierto que el *misterio de la maldad ya está ejerciendo su poder; pero falta que sea quitado de en medio el que ahora lo detiene. ⁸ Entonces se manifestará aquel malvado, a quien el Señor Jesús derrocará con el soplo de su boca y destruirá con el esplendor de su venida. ⁹ El malvado vendrá, por obra de Satanás, con toda clase de milagros, señales y prodigios falsos. ¹⁰ Con toda perversidad engañará a los que se pierden por haberse negado a amar la verdad y así ser salvos. ¹¹ Por eso Dios permite que, por el

---

a 1:12 Dios y del Señor Jesucristo. Alt. Dios y Señor, Jesucristo.   *b 2:2* por ciertas profecías. Lit. por espíritu.   *c 2:3* la rebelión contra Dios. Lit. la apostasía.   *d 2:3* maldad. Var. pecado.   *e 2:3* el destructor por naturaleza. Alt. el que está destinado a la destrucción. Lit. el hijo de la destrucción.

Pasaje del día: 2 Tesalonicenses 3:6-18
Versículo del día: 2 Tesalonicenses 3:13

Un trabajador incansable

*M*uy *tempranito salia mi padre, albañil de oficio, rumbo a la obra. En su bolso llevaba el almuerzo y un termo con té. Recuerdo con ternura un juego muy simpático que repetía ritualmente para sus pequeñas hijas, sin perder el encanto.*

Ni bien sentiamos que llegaba por las tardes, corríamos a abrirle la puerta. Entonces él, con cara misteriosa y señalando el bolso, nos decía: "¿Adivinen qué traigo aquí?"

Nosotras nos hacíamos que no sabíamos de qué se trataba. Entonces, con mucha parsimonia, abria el cierre y exclamaba: "Zaichick jleb." (Pan de los conejitos, en idioma ruso.) Sacaba trocitos de pan húmedo con un rico sabor al jugo de los bifes y los repartía. ¡Qué delicia! Con qué gusto comíamos los restos de su almuerzo.

Hoy, cuando estoy deprimida por algún problema difícil, pienso en la actitud de mi padre, en su sacrificio debido al trabajo muy duro que le tocó en la vida. En invierno sus manos sangraban por la cal, en verano su rostro se quemaba por el sol; pero jamás lo oí quejarse. Él debía cuidarnos y alimentarnos; por eso, trabajaba incansablemente.

Seguramente, muchas veces tuvo hambre; tal vez sintió la tentación de comerse todo el pan... pero, ¿cómo iba a defraudar a sus niñas y perderse la alegría de ese inocente juego?

Así como mi padre nunca se cansó de hacer el bien, para beneficio de sus hijas, no nos cansemos nosotras tampoco. "El de manos diligentes gobernará; pero el perezoso será subyugado (Proverbios 12:24).

Lidia L. de Masalyka
Argentina

poder del engaño, crean en la mentira. [12] Así serán condenados todos los que no creyeron en la verdad sino que se deleitaron en el mal.

Exhortación a la perseverancia

[13] Nosotros, en cambio, siempre debemos dar gracias a Dios por ustedes, hermanos amados por el Señor, porque desde el principio Dios los escogió[a] para ser salvos, mediante la obra *santificadora del Espíritu y la fe que tienen en la verdad. [14] Para esto Dios los llamó por nuestro *evangelio, a fin de que tengan parte en la gloria de nuestro Señor Jesucristo. [15] Así que, hermanos, sigan firmes y manténganse fieles a las enseñanzas[b] que, oralmente o por carta, les hemos transmitido.

[16] Que nuestro Señor Jesucristo mismo y Dios nuestro Padre, que nos amó y por su gracia nos dio consuelo eterno y una buena esperanza, [17] los anime y les fortalezca el corazón, para que tanto en palabra como en obra hagan todo lo que sea bueno.

Oración por la difusión del evangelio

3 Por último, hermanos, oren por nosotros para que el mensaje del Señor se difunda rápidamente y se le reciba con honor, tal como sucedió entre ustedes. [2] Oren además para que seamos librados de personas perversas y malvadas, porque no todos tienen fe. [3] Pero el Señor es fiel, y él los fortalecerá y los protegerá del maligno. [4] Confiamos en el Señor de que ustedes cumplen y seguirán cumpliendo lo que les hemos enseñado. [5] Que el Señor los lleve a amar como Dios ama, y a perseverar como Cristo perseveró.

Exhortación al trabajo

[6] Hermanos, en el nombre del Señor Jesucristo les ordenamos que se aparten de todo hermano que esté viviendo como un vago y no según las enseñanzas recibidas[c] de nosotros. [7] Ustedes mismos saben cómo deben seguir nuestro ejemplo. Nosotros no vivimos como ociosos entre ustedes, [8] ni comimos el pan de nadie sin pagarlo. Al contrario, día y noche trabajamos arduamente y sin descanso para no ser una carga a ninguno de ustedes. [9] Y lo hicimos así, no porque no tuviéramos derecho a tal ayuda, sino para darles buen ejemplo. [10] Porque incluso cuando estábamos con ustedes, les ordenamos: «El que no quiera trabajar, que tampoco coma.»

[11] Nos hemos enterado de que entre ustedes hay algunos que andan de vagos, sin trabajar en nada, y que sólo se ocupan de lo que no les importa. [12] A tales personas les ordenamos y exhortamos en el Señor Jesucristo que tranquilamente se pongan a trabajar para ganarse la vida. [13] Ustedes, hermanos, no se cansen de hacer el bien.

[14] Si alguno no obedece las instrucciones que les damos en esta carta, denúncienlo públicamente y no se relacionen con él, para que se avergüence. [15] Sin embargo, no lo tengan por enemigo, sino amonéstenlo como a hermano.

Saludos finales

[16] Que el Señor de paz les conceda su paz siempre y en todas las circunstancias. El Señor sea con todos ustedes.

[17] Yo, Pablo, escribo este saludo de mi puño y letra. Ésta es la señal distintiva de todas mis cartas; así escribo yo. [18] Que la gracia de nuestro Señor Jesucristo sea con todos ustedes.

---

a 2:13 *desde ... escogió.* Var. *Dios los escogió como sus primicias.* *b* 2:15 *enseñanzas.* Alt. *tradiciones.* *c* 3:6 *las enseñanzas recibidas.* Alt. *la tradición recibida.*

Pasaje del sábado:
1 Timoteo 1:12-17
Pasaje del domingo:
2 Timoteo 2:1-13

Úsame, aquí y ahora

Cuántas veces de pequeña
La vida de los santos
Leía con admiración.
Y mientras devoraba las páginas
Con ojos de imaginación,
Hasta el trópico viajaba
Para servir al Señor.

Cuando los años pasaron,
Pasaron también promesas sin cumplir.
Pero los votos que a Dios se hacen
Tarde o temprano Él los reclama,
A una total dedicación.

Ya no quiero ofrecerte mi futuro
Pues serán de mi cuerpo tan sólo despojos.
Ni mis canas, ni temblores de manos gastadas,
Ni cicatrices en el alma...
Pesándome.

Ya no me lleves a lejanas latitudes,
Ya no quiero soñar demasiado.
Úsame aquí y ahora.
Y en este sencillo altar,
Donde muchas veces te llamé,
Te ofrezco todo lo que tengo.
Y lo que soy.

Lidia L. de Masalyka
Argentina

1 TIMOTEO

- Pablo escribe esta carta al joven Timoteo, que es pastor en Éfeso. Le instruye sobre cómo organizar y administrar la iglesia y cómo tratar con falsos maestros y refutar lo que dicen. Al leer este libro, prométale a Dios que usted no se desviará de la fe verdadera.

1 Timoteo

1 Pablo, apóstol de *Cristo Jesús por mandato de Dios nuestro Salvador y de Cristo Jesús nuestra esperanza,

2 a Timoteo, mi verdadero hijo en la fe:

Que Dios el Padre y Cristo Jesús nuestro Señor te concedan gracia, misericordia y paz.

Advertencia contra los falsos maestros de la ley

3 Al partir para Macedonia, te encargué que permanecieras en Éfeso y les ordenaras a algunos supuestos maestros que dejen de enseñar doctrinas falsas 4 y de prestar atención a leyendas y genealogías interminables. Esas cosas provocan controversias en vez de llevar adelante la obra de Dios que es por la fe. 5 Debes hacerlo así para que el amor brote de un corazón limpio, de una buena conciencia y de una fe sincera. 6 Algunos se han desviado de esa línea de conducta y se han enredado en discusiones inútiles. 7 Pretenden ser maestros de la ley, pero en realidad no saben de qué hablan ni entienden lo que con tanta seguridad afirman.

8 Ahora bien, sabemos que la ley es buena, si se aplica como es debido. 9 Tengamos en cuenta que la ley no se ha instituido para los justos sino para los desobedientes y rebeldes, para los impíos y pecadores, para los irreverentes y profanos. La ley es para los que maltratan a sus propios padres,[a] para los asesinos, 10 para los adúlteros y los homosexuales, para los traficantes de esclavos, los embusteros y los que juran en falso. En fin, la ley es para todo lo que está en contra de la sana doctrina 11 enseñada por el glorioso *evangelio que el Dios bendito me ha confiado.

La gracia que el Señor dio a Pablo

12 Doy gracias al que me fortalece, Cristo Jesús nuestro Señor, pues me consideró digno de confianza al ponerme a su servicio. 13 Anteriormente, yo era un *blasfemo, un perseguidor y un insolente; pero Dios tuvo misericordia de mí porque yo era un incrédulo y actuaba con ignorancia. 14 Pero la gracia de nuestro Señor se derramó sobre mí con abundancia, junto con la fe y el amor que hay en Cristo Jesús.

15 Este mensaje es digno de crédito y merece ser aceptado por todos: que Cristo Jesús vino al mundo a salvar a los pecadores, de los cuales yo soy el primero. 16 Pero precisamente por eso Dios fue misericordioso conmigo, a fin de que en mí, el peor de los pecadores, pudiera Cristo Jesús mostrar su infinita bondad. Así vengo a ser ejemplo para los que, creyendo en él, recibirán la vida eterna. 17 Por tanto, al Rey eterno, inmortal, invisible, al único Dios, sea honor y gloria por los siglos de los siglos. Amén.

18 Timoteo, hijo mío, te doy este encargo porque tengo en cuenta las profecías que antes se hicieron acerca de ti. Deseo que, apoyado en ellas, pelees la buena batalla 19 y mantengas la fe y una buena conciencia. Por no hacerle caso a su conciencia, algunos han naufragado en la fe. 20 Entre ellos están Himeneo y Alejandro, a quienes he entregado a Satanás para que aprendan a no blasfemar.

Instrucciones sobre la adoración

2 Así que recomiendo, ante todo, que se hagan plegarias, oraciones, súplicas y acciones de gracias por todos, 2 especialmente por los gobernantes[b] y por todas las autoridades, para que tengamos paz y tranquilidad, y llevemos una vida piadosa y digna. 3 Esto es bueno y agradable a Dios nuestro Salvador, 4 pues él quiere que todos sean salvos y lleguen a conocer la verdad. 5 Porque hay un solo Dios y un solo mediador entre Dios y los hombres, Jesucristo hombre, 6 quien dio su vida como rescate por todos. Este testimonio Dios lo

---

a 1:9 los que maltratan a sus propios padres. Lit. *los parricidas y matricidas.* *b 2:2* gobernantes. Lit. *reyes.*

ha dado a su debido tiempo, 7 y para proclamarlo me nombró heraldo y apóstol. Digo la verdad y no miento: Dios me hizo maestro de los *gentiles para enseñarles la verdadera fe.

8 Quiero, pues, que en todas partes los hombres levanten las manos al cielo con pureza de corazón, sin enojos ni contiendas. 9 En cuanto a las mujeres, quiero que ellas se vistan decorosamente, con modestia y recato, sin peinados ostentosos, ni oro, ni perlas ni vestidos costosos. 10 Que se adornen más bien con buenas obras, como corresponde a mujeres que profesan servir a Dios.

11 La mujer debe aprender con serenidad,[a] con toda sumisión. 12 No permito que la mujer enseñe al hombre y ejerza autoridad sobre él; debe mantenerse ecuánime.[b] 13 Porque primero fue formado Adán, y Eva después. 14 Además, no fue Adán el engañado, sino la mujer; y ella, una vez engañada, incurrió en pecado. 15 Pero la mujer se salvará[c] siendo madre y permaneciendo con sensatez en la fe, el amor y la *santidad.

Obispos y diáconos

3 Se dice, y es verdad, que si alguno desea ser *obispo, a noble función aspira. 2 Así que el obispo debe ser intachable, esposo de una sola mujer, moderado, sensato, respetable, hospitalario, capaz de enseñar; 3 no debe ser borracho ni pendenciero, ni amigo del dinero, sino amable y apacible. 4 Debe gobernar bien su casa y hacer que sus hijos le obedezcan con el debido respeto; 5 porque el que no sabe gobernar su propia familia, ¿cómo podrá cuidar de la iglesia de Dios? 6 No debe ser un recién convertido, no sea que se vuelva presuntuoso y caiga en la misma condenación en que cayó el diablo. 7 Se requiere además que hablen bien de él los que no pertenecen a la iglesia,[d] para que no caiga en descrédito y en la trampa del diablo.

8 Los diáconos, igualmente, deben ser honorables, sinceros, no amigos del mucho vino ni codiciosos de las ganancias mal habidas. 9 Deben guardar, con una conciencia limpia, las grandes verdades[e] de la fe. 10 Que primero sean puestos a prueba, y después, si no hay nada que reprocharles, que sirvan como diáconos.

11 Así mismo, las esposas de los diáconos[f] deben ser honorables, no calumniadoras sino moderadas y dignas de toda confianza.

12 El diácono debe ser esposo de una sola mujer y gobernar bien a sus hijos y su propia casa. 13 Los que ejercen bien el diaconado se ganan un lugar de honor y adquieren mayor confianza para hablar de su fe en Cristo Jesús.

14 Aunque espero ir pronto a verte, escribo estas instrucciones para que, 15 si me retraso, sepas cómo hay que portarse en la casa de Dios, que es la iglesia del Dios viviente, columna y fundamento de la verdad. 16 No hay duda de que es grande el *misterio de nuestra fe:[g]

Él[h] se manifestó como hombre;[a]
    fue vindicado por[b] el Espíritu,
visto por los ángeles,
    proclamado entre las *naciones,
creído en el mundo,
    recibido en la gloria.

Instrucciones a Timoteo

4 El Espíritu dice claramente que, en los últimos tiempos, algunos abandonarán la fe para seguir a inspiraciones engañosas y doctrinas diabólicas. 2 Tales enseñanzas provienen de embusteros hipócritas, que tienen la conciencia encallecida.[c] 3 Prohíben el matrimonio y no permiten comer ciertos alimentos que Dios ha creado para que los creyentes,[d] conocedores de la verdad, los coman con acción de gracias. 4 Todo lo que Dios ha creado es bueno, y nada es despreciable si se recibe con acción de gracias, 5 porque la palabra de Dios y la oración lo *santifican.

a **2:11** *con serenidad.* Alt. *en silencio.* *b* **2:12** *debe mantenerse ecuánime.* Alt. *debe guardar silencio.* *c* **2:15** *se salvará.* Alt. *será restaurada.* *d* **3:7** *hablen ... iglesia.* Lit. *tenga buen testimonio de los de afuera.* *e* **3:9** *las grandes verdades.* Lit. *el misterio.* *f* **3:11** *las esposas de los diáconos.* Alt. *las diaconisas.* *g* **3:16** *de nuestra fe.* Lit. *de la piedad.* *h* **3:16** *Él.* Lit. *Quien.* Var. *Dios.* *a* **3:16** *como hombre.* Lit. *en la carne.* *b* **3:16** *vindicado por.* Lit. *justificado en.* *c* **4:2** *encallecida.* Lit. *cauterizada.* *d* **4:3** *creyentes.* Alt. *fieles.*

⁶ Si enseñas estas cosas a los hermanos, serás un buen servidor de Cristo Jesús, nutrido con las verdades de la fe y de la buena enseñanza que paso a paso has seguido. ⁷ Rechaza las leyendas profanas y otros mitos semejantes.ª Más bien, ejercítate en la piedad, ⁸ pues aunque el ejercicio físico trae algún provecho, la piedad es útil para todo, ya que incluye una promesa no sólo para la vida presente sino también para la venidera. ⁹ Este mensaje es digno de crédito y merece ser aceptado por todos. ¹⁰ En efecto, si trabajamos y nos esforzamos es porque hemos puesto nuestra esperanza en el Dios viviente, que es el Salvador de todos, especialmente de los que creen.

¹¹ Encarga y enseña estas cosas. ¹² Que nadie te menosprecie por ser joven. Al contrario, que los creyentes vean en ti un ejemplo a seguir en la manera de hablar, en la conducta, y en amor, fe y pureza. ¹³ En tanto que llego, dedícate a la lectura pública de las Escrituras, y a enseñar y animar a los hermanos. ¹⁴ Ejercita el don que recibiste mediante profecía, cuando los *ancianos te impusieron las manos.

¹⁵ Sé diligente en estos asuntos; entrégate de lleno a ellos, de modo que todos puedan ver que estás progresando. ¹⁶ Ten cuidado de tu conducta y de tu enseñanza. Persevera en todo ello, porque así te salvarás a ti mismo y a los que te escuchen.

Cómo tratar a viudas, ancianos y esclavos

5 No reprendas con dureza al anciano, sino aconséjalo como si fuera tu padre. Trata a los jóvenes como a hermanos; ² a las ancianas, como a madres; a las jóvenes, como a hermanas, con toda pureza.

³ Reconoce debidamente a las viudas que de veras están desamparadas. ⁴ Pero si una viuda tiene hijos o nietos, que éstos aprendan primero a cumplir sus obligaciones con su propia familia y correspondan así a sus padres y abuelos, porque eso agrada a Dios. ⁵ La viuda desamparada, como ha quedado sola, pone su esperanza en Dios y persevera noche y día en sus oraciones y súplicas. ⁶ En cambio, la viuda que se entrega al placer ya está muerta en vida. ⁷ Encárgales estas cosas para que sean intachables. ⁸ El que no provee para los suyos, y sobre todo para los de su propia casa, ha negado la fe y es peor que un incrédulo.

⁹ En la lista de las viudas debe figurar únicamente la que tenga más de sesenta años, que haya sido fiel a su esposo,ᵇ ¹⁰ y que sea reconocida por sus buenas obras, tales como criar hijos, practicar la hospitalidad, lavar los pies de los *creyentes, ayudar a los que sufren y aprovechar toda oportunidad para hacer el bien.

¹¹ No incluyas en esa lista a las viudas más jóvenes, porque cuando sus pasiones las alejan de Cristo, les da por casarse. ¹² Así resultan culpables de faltar a su primer compromiso. ¹³ Además se acostumbran a estar ociosas y andar de casa en casa. Y no sólo se vuelven holgazanas sino también chismosas y entrometidas, hablando de lo que no deben. ¹⁴ Por eso exhorto a las viudas jóvenes a que se casen y tengan hijos, y a que lleven bien su hogar y no den lugar a las críticas del enemigo. ¹⁵ Y es que algunas ya se han descarriado para seguir a Satanás.

¹⁶ Si alguna creyente tiene viudas en su familia, debe ayudarlas para que no sean una carga a la iglesia; así la iglesia podrá atender a las viudas desamparadas.

¹⁷ Los *ancianos que dirigen bien los asuntos de la iglesia son dignos de doble honor,ᶜ especialmente los que dedican sus esfuerzos a la predicación y a la enseñanza. ¹⁸ Pues la Escritura dice: «No le pongas bozal al buey que trilla»,ᵈ y «El trabajador merece que se le pague su salario».ᵉ ¹⁹ No admitas ninguna acusación contra un anciano, a no ser que esté respaldada por dos o tres testigos. ²⁰ A los que pecan, repréndelos en público para que sirva de escarmiento.

²¹ Te insto delante de Dios, de Cristo Jesús y de los santos ángeles, a que sigas estas instrucciones sin dejarte llevar de prejuicios ni favoritismos.

---

a 4:7 Rechaza ... semejantes. Lit. *Rechaza los mitos profanos y de viejas.* *b 5:9 que haya sido fiel a su esposo.* Alt. *que no haya tenido más de un esposo.* *c 5:17 honor.* Alt. *honorario.* *d 5:18* Dt 25:4 *e 5:18* Lc 10:7

Pasaje del día: 1 Timoteo 5:3-14
Versículo del día: 1 Timoteo 5:14

La influencia de una mujer

La mujer no gobierna a su esposo, pero sí gobierna su casa. Alguien ha llamado a la mujer "jefa del departamento hogareño". Sin embargo, durante los años cuando mis hijos eran chicos, muchas veces sentí que yo era una inútil, y que no tenía "un ministerio".

Aunque durante doce años apoyé a mi esposo, mientras él evangelizaba docenas de pueblos y aldeas en la sierra de Chihuahua, México, sentía que era "solamente un ama de casa". Entonces, un día, leí de una mujer que había sentido lo mismo hasta que comenzó a hacer una lista de responsabilidades. Encontró que realizaba ¡ochenta tareas diferentes!, las cuales eran necesarias para el funcionamiento eficiente del hogar.

Ella decía: "Mi rutina diaria incluía deberes como chofer, secretaria, enfermera, maestra, plomera, contadora, decoradora, costurera, cocinera, lavandera, sirvienta y sicóloga, entre otras cosas. Me di cuenta de que si recibiera un salario, sería equivalente al de un alto funcionario en una empresa... y esto ni siquiera incluía todas las cosas adicionales que una mamá hace por su familia y que no se pueden comprar por ninguna cantidad de dinero, como por ejemplo, dar abrazos, besos, palabras de consuelo en tiempos de crisis, leer historias, y tantas otras cosas."

Ahora sabía que no tenía por qué sentirme una "doña nadie", porque como ama de casa, y una que "gobierna su casa", ¡yo tenía una influencia asombrosa! Me dediqué gozosamente a cumplir con el plan perfecto de Dios para aquella etapa de mi vida.

Así que si tú estás en la época de tu vida cuando tu hogar y tus hijos te absorben mucho... ¡gózate en ese ministerio, que tiene una importancia sin igual!

Gloria Ricardo
México

Pasaje del día: 1 Timoteo 6:3-11
Versículo del día: 1 Timoteo 6:6

La ganancia de la piedad

Sucedió a fines del siglo diecinueve en un pequeño pueblo de los Estados Unidos. Cuando los esclavos fueron libertados, se quedaron desorientados, ya que no tenían trabajo ni preparación. Don Antonio fue uno de ellos; no tenían dónde vivir, ni qué comer o vestir. Decidió construirse un bohío en las afueras del pueblo.

Conocía a una viuda con dos niños pequeños, y para ayudarla recogía y entregaba la ropa que ella lavaba y planchaba. También supo de un señor de edad avanzada que se enfermó de gravedad. Lo cuidó por un mes, hasta que llegó su hija a recogerlo.

Pronto la caridad de don Antonio fue notoria en el pueblo. Todos contaban con él cuando se enfermaban, o necesitaban de un favor. Era caritativo, y amado por todos. El alcalde, cuando supo de sus zapatos rotos, le regaló las mejores botas que pudo comprar.

Cada mañana, dos vecinas tocaban la puerta de su bohío para llevarle una taza de café con leche y una hogaza de pan. Pero un día él no contestó. Cuando entraron, vieron a don Antonio acostado sobre la cama, vestido de ropa limpia, sereno, y con las botas relucientes colocadas en el suelo.

La muerte de don Antonio fue lamentada por todos. Fue el hombre más pobre y también el más rico del pueblo. El más pobre, porque su tesoro consistía de escasa ropa y un par de botas; el más rico porque fue piadoso y se había ganado el amor de la gente.

Todo el pueblo asistió a su entierro. Lloraron al que había sido esclavo a la fuerza, y luego siervo por amor. El día que murió fue declarado por el alcalde "día de don Antonio", y sigue celebrándose hoy.

Silvia Bolet de Fernández
Estados Unidos

22 No te apresures a imponerle las manos a nadie, no sea que te hagas cómplice de pecados ajenos. Consérvate puro.

23 No sigas bebiendo sólo agua; toma también un poco de vino a causa de tu mal de estómago y tus frecuentes enfermedades. **24** Los pecados de algunos son evidentes aun antes de ser investigados, mientras que los pecados de otros se descubren después. **25** De igual manera son evidentes las buenas obras, y aunque estén ocultas, tarde o temprano se manifestarán.[a]

6 Todos los que aún son esclavos deben reconocer que sus amos merecen todo respeto; así evitarán que se hable mal del nombre de Dios y de nuestra enseñanza. **2** Los que tienen amos creyentes no deben faltarles al respeto por ser hermanos. Al contrario, deben servirles todavía mejor, porque los que se benefician de sus servicios son creyentes y hermanos queridos. Esto es lo que debes enseñar y recomendar.

El amor al dinero

3 Si alguien enseña falsas doctrinas, apartándose de la sana enseñanza de nuestro Señor Jesucristo y de la doctrina que se ciñe a la verdadera religión,[b] **4** es un obstinado que nada entiende. Ese tal padece del afán enfermizo de provocar discusiones inútiles que generan envidias, discordias, insultos, suspicacias **5** y altercados entre personas de mente depravada, carentes de la verdad. Éste es de los que piensan que la religión es un medio de obtener ganancias. **6** Es cierto que con la verdadera religión se obtienen grandes ganancias, pero sólo si uno está satisfecho con lo que tiene. **7** Porque nada trajimos a este mundo, y nada podemos llevarnos. **8** Así que, si tenemos ropa y comida, contentémonos con eso. **9** Los que quieren enriquecerse caen en la *tentación y se vuelven esclavos de sus muchos deseos. Estos afanes insensatos y dañinos

hunden a la gente en la ruina y en la destrucción. **10** Porque el amor al dinero es la raíz de toda clase de males. Por codiciarlo, algunos se han desviado de la fe y se han causado muchísimos sinsabores.

Encargo de Pablo a Timoteo

11 Tú, en cambio, hombre de Dios, huye de todo eso, y esmérate en seguir la justicia, la piedad, la fe, el amor, la constancia y la humildad. **12** Pelea la buena batalla de la fe; haz tuya la vida eterna, a la que fuiste llamado y por la cual hiciste aquella admirable declaración de fe delante de muchos testigos. **13** Teniendo a Dios por testigo, el cual da vida a todas las cosas, y a Cristo Jesús, que dio su admirable testimonio delante de Poncio Pilato, te encargo **14** que guardes este mandato sin mancha ni reproche hasta la venida de nuestro Señor Jesucristo, **15** la cual Dios a su debido tiempo hará que se cumpla.

Al único y bendito Soberano,
Rey de reyes y Señor de señores,
16 al único inmortal,
que vive en luz inaccesible,
a quien nadie ha visto ni puede ver,
a él sea el honor y el poder
eternamente. Amén.

17 A los ricos de este mundo, mándales que no sean arrogantes ni pongan su esperanza en las riquezas, que son tan inseguras, sino en Dios, que nos provee de todo en abundancia para que lo disfrutemos. **18** Mándales que hagan el bien, que sean ricos en buenas obras, y generosos, dispuestos a compartir lo que tienen. **19** De este modo atesorarán para sí un seguro caudal para el futuro y obtendrán la vida verdadera.

20 Timoteo, ¡cuida bien lo que se te ha confiado! Evita las discusiones profanas e inútiles, y los argumentos de la falsa ciencia. **21** Algunos, por abrazarla, se han desviado de la fe.

Que la gracia sea con ustedes.

---

a **5:25** *y aunque ... se manifestarán.* Alt. *y si son malas, no podrán quedar ocultas.* *b* **6:3** *la verdadera religión.* Lit. *la piedad*; también en vv. 5 y 6.

2 TIMOTEO

- Esta segunda carta a Timoteo fue escrita por Pablo poco antes que éste muriera (2 Timoteo 4:6-8). Los tiempos son difíciles, tanto en lo moral como en lo espiritual, y Pablo quiere animar a Timoteo a que persevere en su fe y su vida cristiana. Al leer este libro, no deje de encontrar su sustento diario en Jesucristo y en la Palabra inspirada de Dios.

2 Timoteo

1 Pablo, apóstol de *Cristo Jesús por la voluntad de Dios, según la promesa de vida que tenemos en Cristo Jesús,

2 a mi querido hijo Timoteo:

Que Dios el Padre y Cristo Jesús nuestro Señor te concedan gracia, misericordia y paz.

Exhortación a la fidelidad

3 Al recordarte de día y de noche en mis oraciones, siempre doy gracias a Dios, a quien sirvo con una conciencia limpia como lo hicieron mis antepasados. **4** Y al acordarme de tus lágrimas, anhelo verte para llenarme de alegría. **5** Traigo a la memoria tu fe sincera, la cual animó primero a tu abuela Loida y a tu madre Eunice, y ahora te anima a ti. De eso estoy convencido. **6** Por eso te recomiendo que avives la llama del don de Dios que recibiste cuando te impuse las manos. **7** Pues Dios no nos ha dado un espíritu de timidez, sino de poder, de amor y de dominio propio.

8 Así que no te avergüences de dar testimonio de nuestro Señor, ni tampoco de mí, que por su causa soy prisionero. Al contrario, tú también, con el poder de Dios, debes soportar sufrimientos por el *evangelio. **9** Pues Dios nos salvó y nos llamó a una vida *santa, no por nuestras propias obras, sino por su propia determinación y gracia. Nos concedió este favor en Cristo Jesús antes del comienzo del tiempo; **10** y ahora lo ha revelado con la venida de nuestro Salvador Cristo Jesús, quien destruyó la muerte y sacó a la luz la vida incorruptible mediante el evangelio. **11** De este evangelio he sido yo designado heraldo, apóstol y maestro. **12** Por ese motivo padezco estos sufrimientos. Pero no me avergüenzo, porque sé en quién he creído, y estoy seguro de que tiene poder para guardar hasta aquel día lo que he dejado a su cuidado.ª

13 Con fe y amor en Cristo Jesús, sigue el ejemplo de la sana doctrina que de mí aprendiste. **14** Con el poder del Espíritu Santo que vive en nosotros, cuida la preciosa enseñanzaᵇ que se te ha confiado.

15 Ya sabes que todos los de la provincia de *Asia me han abandonado, incluso Figelo y Hermógenes.

16 Que el Señor le conceda misericordia a la familia de Onesíforo, porque muchas veces me dio ánimo y no se avergonzó de mis cadenas. **17** Al contrario, cuando estuvo en Roma me buscó sin descanso hasta encontrarme. **18** Que el Señor le conceda hallar misericordia divina en aquel día. Tú conoces muy bien los muchos servicios que me prestó en Éfeso.

2 Así que tú, hijo mío, fortalécete por la gracia que tenemos en Cristo Jesús. **2** Lo que me has oído decir en presencia de muchos testigos, encomiéndalo a creyentes dignos de confianza, que a su vez estén capacitados para enseñar a otros. **3** Comparte nuestros sufrimientos, como buen soldado de Cristo Jesús. **4** Ningún soldado que quiera agradar a su superior se enreda en cuestiones civiles. **5** Así mismo, el atleta no recibe la corona de vencedor si no compite según el reglamento. **6** El labrador que trabaja duro tiene derecho a recibir primero parte de la cosecha. **7** Reflexiona en lo que te digo, y el Señor te dará una mayor comprensión de todo esto.

8 No dejes de recordar a Jesucristo, descendiente de David, *levantado de entre los muertos. Este es mi *evangelio, **9** por el que sufro al extremo de llevar cadenas como un criminal. Pero la palabra de Dios no está encadenada. **10** Así que todo lo soporto por el bien de los elegidos, para que también ellos alcancen la gloriosa y eterna salvación que tenemos en Cristo Jesús.

---

a 1:12 lo que he dejado a su cuidado. Alt. *lo que me ha confiado.*   *b 1:14* la preciosa enseñanza. Lit. *el buen depósito.*

Pasaje del día: 2 Timoteo 1:3-14
Versículo del día: 2 Timoteo 1:5

El Jesús de su abuelita

El joven fue abandonado por su padre, siendo él pequeño. Creció con su mamá y su abuela. Nadie le hablaba de Dios, excepto su abuelita. Ella se sentaba y le leía de un librito negro historias sobre Jesús. Él la escuchaba porque la amaba y porque le atraía la dulzura de su voz. Para él, Jesús era un héroe, algo así como Superman.

Un día, ese joven y su mejor amigo quedaron a la deriva en alta mar, en una pequeña balsa. El tiempo comenzó a cambiar; vientos fuertes y olas gigantescas los rodeaban. Una de esas olas cayó con tal fuerza sobre la balsa que arrastró a su amigo hacia un mar sin fondo. En ese momento, con terror comenzó a llamar a su amigo, sin recibir respuesta. Entonces se acordó de su abuelita, y del Jesús del cual ella le hablaba.

Levantando su rostro hacia el cielo, gritó con todas sus fuerzas: "¡Jesús de mi abuelita, ayúdame! ¡Saca a mi amigo del mar!" Gritó una y otra vez... De pronto, su amigo cayó sentado sobre la balsa. Llorando y abrazándolo, le contó que algo extraño le había sucedido.

"Cuando fui arrojado al mar, sentí una mano que me tomó por la cintura y me subía con fuerza, en contra de la corriente. Entonces caí sentado en la balsa."

La abuela Loida tuvo una gran influencia sobre Timoteo, y la abuelita de nuestra historia tuvo una gran influencia sobre su nieto. Ambas testificaron acerca de un Dios de milagros. La fe de ambas hizo que sus nietos se acercaran a Dios. De la misma forma, nosotras, sin importar nuestra edad, tenemos a nuestro alcance el afectar a nuestra familia y hacer que se acerque a Jesús.

Silvia Bolet de Fernández
Estados Unidos

11 Este mensaje es digno de crédito:

Si morimos con él,
también viviremos con él;
12 si resistimos,
también reinaremos con él.
Si lo negamos,
también él nos negará;
13 si somos infieles,
él sigue siendo fiel,
ya que no puede negarse a sí
mismo.

Un obrero aprobado por Dios

14 No dejes de recordarles esto. Adviérteles delante de Dios que eviten las discusiones inútiles, pues no sirven nada más que para destruir a los oyentes. **15** Esfuérzate por presentarte a Dios aprobado, como obrero que no tiene de qué avergonzarse y que interpreta rectamente la palabra de verdad. **16** Evita las palabrerías profanas, porque los que se dan a ellas se alejan cada vez más de la vida piadosa,ª **17** y sus enseñanzas se extienden como gangrena. Entre ellos están Himeneo y Fileto, **18** que se han desviado de la verdad. Andan diciendo que la resurrección ya tuvo lugar, y así trastornan la fe de algunos. **19** A pesar de todo, el fundamento de Dios es sólido y se mantiene firme, pues está sellado con esta inscripción: «El Señor conoce a los suyos»,ᵇ y esta otra: «Que se aparte de la maldad todo el que invoca el nombre del Señor».ᶜ

20 En una casa grande no sólo hay vasos de oro y de plata sino también de madera y de barro, unos para los usos más nobles y otros para los usos más bajos. **21** Si alguien se mantiene limpio, llegará a ser un vaso noble, *santificado, útil para el Señor y preparado para toda obra buena.

22 Huye de las malas pasiones de la juventud, y esmérate en seguir la justicia, la fe, el amor y la paz, junto con los que invocan al Señor con un corazón limpio. **23** No tengas nada que ver con discusiones necias y sin sentido, pues ya sabes que terminan en pleitos. **24** Y un *siervo del Señor no debe andar peleando; más bien,

debe ser amable con todos, capaz de enseñar y no propenso a irritarse. **25** Así, humildemente, debe corregir a los adversarios, con la esperanza de que Dios les conceda el *arrepentimiento para conocer la verdad, **26** de modo que se despierten y escapen de la trampa en que el diablo los tiene cautivos, sumisos a su voluntad.

La impiedad en los últimos días

3 Ahora bien, ten en cuenta que en los últimos días vendrán tiempos difíciles. **2** La gente estará llena de egoísmo y avaricia; serán jactanciosos, arrogantes, *blasfemos, desobedientes a los padres, ingratos, impíos, **3** insensibles, implacables, calumniadores, libertinos, despiadados, enemigos de todo lo bueno, **4** traicioneros, impetuosos, vanidosos y más amigos del placer que de Dios. **5** Aparentarán ser piadosos, pero su conducta desmentirá el poder de la piedad. ¡Con esa gente ni te metas!

6 Así son los que van de casa en casa cautivando a mujeres débiles cargadas de pecados, que se dejan llevar de toda clase de pasiones. **7** Ellas siempre están aprendiendo, pero nunca logran conocer la verdad. **8** Del mismo modo que Janes y Jambres se opusieron a Moisés, también esa gente se opone a la verdad. Son personas de mente depravada, reprobadas en la fe. **9** Pero no llegarán muy lejos, porque todo el mundo se dará cuenta de su insensatez, como pasó con aquellos dos.

Encargo de Pablo a Timoteo

10 Tú, en cambio, has seguido paso a paso mis enseñanzas, mi manera de vivir, mi propósito, mi fe, mi paciencia, mi amor, mi constancia, **11** mis persecuciones y mis sufrimientos. Estás enterado de lo que sufrí en Antioquía, Iconio y Listra, y de las persecuciones que soporté. Y de todas ellas me libró el Señor. **12** Así mismo serán perseguidos todos los que quieran llevar una vida piadosa en Cristo Jesús, **13** mientras que esos malvados embaucadores irán de mal en peor, engañando y

---

ª **2:16** *la vida piadosa.* Lit. *la piedad.*   ᵇ **2:19** Nm 16:5, según LXX   ᶜ **2:19** Véanse Nm 16:26 y Jl 3:5

JUEVES

Pasaje del día: 2 Timoteo 3:12-17
Versículo del día: 2 Timoteo 3:15

Enseñemos para salvación

Como madres nos preocupa la educación de nuestros hijos. Se han escrito miles de libros acerca del qué, el cómo y el cuándo de la enseñanza y la disciplina. Podríamos leerlos todos y llegar a tener hijos útiles y bien vistos por la sociedad; pero no podemos tener hijos bien vistos por la sociedad de los cielos y útiles en el reino de Dios si no les enseñamos, desde la niñez, con el Manual para la Vida: la Palabra de Dios, y si no les mostramos en la práctica que, en efecto, lo que allí se enseña es verdad.

Recuerdo muy bien las historias bíblicas que mis padres me enseñaron desde niña. Una de las cosas fundamentales que, pasado el tiempo, cuando caminaba lejos de Dios, me hizo regresar como hija pródiga, fue el hecho de que no podía negar que era posible llevar la vida cristiana. Mis padres me lo habían demostrado diariamente, de palabra y de hecho.

Dios ha bendecido mi hogar con tres hijos. Es el deseo mío y de mi esposo que cada uno de ellos llegue a ser un siervo de Dios, y confiamos que nos proveerá de toda gracia para serles fieles y enseñarles de palabra y de hecho. Usted puede confiar también en ello. Para hacerlo, contamos diariamente, como madres cristianas, con la gracia divina, el "Manual", el tiempo y la oportunidad.

Cada suceso cotidiano puede dar pie para una lección inolvidable: de palabra y de hecho. ¡Aprovechemos cada oportunidad y demos gracias a Dios por permitirnos educar para salvación!

Elizabeth Sol de Esquinca
México

siendo engañados. [14] Pero tú, permanece firme en lo que has aprendido y de lo cual estás convencido, pues sabes de quiénes lo aprendiste. [15] Desde tu niñez conoces las Sagradas Escrituras, que pueden darte la sabiduría necesaria para la salvación mediante la fe en Cristo Jesús. [16] Toda la Escritura es inspirada por Dios y útil para enseñar, para reprender, para corregir y para instruir en la justicia, [17] a fin de que el siervo de Dios esté enteramente capacitado para toda buena obra.

4 En presencia de Dios y de Cristo Jesús, que ha de venir en su reino y que juzgará a los vivos y a los muertos, te doy este solemne encargo: [2] Predica la Palabra; persiste en hacerlo, sea o no sea oportuno; corrige, reprende y anima con mucha paciencia, sin dejar de enseñar. [3] Porque llegará el tiempo en que no van a tolerar la sana doctrina, sino que, llevados de sus propios deseos, se rodearán de maestros que les digan las novelerías que quieren oír. [4] Dejarán de escuchar la verdad y se volverán a los mitos. [5] Tú, por el contrario, sé prudente en todas las circunstancias, soporta los sufrimientos, dedícate a la evangelización; cumple con los deberes de tu ministerio.

[6] Yo, por mi parte, ya estoy a punto de ser ofrecido como un sacrificio, y el tiempo de mi partida ha llegado. [7] He peleado la buena batalla, he terminado la carrera, me he mantenido en la fe. [8] Por lo demás me espera la corona de justicia que el Señor, el juez justo, me otorgará en aquel día; y no sólo a mí, sino también a todos los que con amor hayan esperado su venida.

Instrucciones personales

[9] Haz todo lo posible por venir a verme cuanto antes, [10] pues Demas, por amor a este mundo, me ha abandonado y se ha ido a Tesalónica. Crescente se ha ido a Galacia y Tito a Dalmacia. [11] Sólo Lucas está conmigo. Recoge a Marcos y tráelo contigo, porque me es de ayuda en mi ministerio. [12] A Tíquico lo mandé a Éfeso. [13] Cuando vengas, trae la capa que dejé en Troas, en casa de Carpo; trae también los libros, especialmente los pergaminos. [14] Alejandro el herrero me ha hecho mucho daño. El Señor le dará su merecido. [15] Tú también cuídate de él, porque se opuso tenazmente a nuestro mensaje.

[16] En mi primera defensa, nadie me respaldó, sino que todos me abandonaron. Que no les sea tomado en cuenta. [17] Pero el Señor estuvo a mi lado y me dio fuerzas para que por medio de mí se llevara a cabo la predicación del mensaje y lo oyeran todos los *paganos. Y fui librado de la boca del león. [18] El Señor me librará de todo mal y me preservará para su reino celestial. A él sea la gloria por los siglos de los siglos. Amén.

Saludos finales

[19] Saludos a *Priscila y a Aquila, y a la familia de Onesíforo. [20] Erasto se quedó en Corinto; a Trófimo lo dejé enfermo en Mileto. [21] Haz todo lo posible por venir antes del invierno. Te mandan saludos Eubulo, Pudente, Lino, Claudia y todos los hermanos. [22] El Señor esté con tu espíritu. Que la gracia sea con ustedes.

Pasaje del día: 2 Timoteo 4:9-22
Versículo del día: 2 Timoteo 4:17

Pero el Señor sí

¡Qué triste experiencia para un siervo de Dios que se entregó sin reservas para predicar el evangelio! Habiendo bendecido tantas vidas, fundando iglesias hasta en los lugares más remotos, llegar a la vejez y en lugar de tranquilidad y buenos amigos, encontrarse en total desamparo. San Pablo, guerrero encarcelado, expresa su soledad; pero ésta no lo ha destruido. Su corazón sano puede perdonar a todos los que lo abandonaron. "Que no les sea tomado en cuenta."

Tal vez puedas identificarte con Pablo: "He dado mi juventud, lo mejor de mis fuerzas, mi casa era para todo el mundo, mi alacena siempre tenía provisiones para los hermanos necesitados. Crucifiqué mis sentimientos y mis planes para ser misionera, maestra, obrera del Señor. Pero hoy nadie se acuerda de mí. ¿Dónde están las personas a quienes di mi tiempo, mi afecto, mis bienes?"

Posiblemente la ingratitud llene de amargo sabor tus labios, y te cueste alabar a Dios. Tal vez estés postrada en una cama y estés encarcelada como el santo varón de la celda romana, no en un calabozo, sino por los cables conectados a tu cuerpo en terapia intensiva, siendo tus únicos compañeros profesionales mudos y ruidos extraños de aparatos sofisticados. Y te sientes muy sola... No te desesperes. El Señor está contigo.

Noé edificó su arca y viajó solo. Sus vecinos se rieron, mas perecieron.

Abraham adoraba solo y los sodomitas sonreían, mas fueron consumidos.

Daniel oraba solo y los enemigos se burlaban, mas desaparecieron.

Jeremías lloraba y profetizaba solo; los religiosos no creyeron y fueron desterrados.

Jesús rogó solo, murió solo, para librarte de toda obra mala y preservarte para su reino celestial, si te atreves a seguir sus huellas de soledad, por obediencia.

Lidia L. de Masalyka
Argentina

Pasaje del sábado:
Tito 2:2-10
Pasaje del domingo:
Filipenses 4:8-9

Cómo embellecer el alma

El limpiador de tu alma es el perdón. *Deberás usarlo todo el tiempo; apenas veas una impureza, aplícalo. No te acuestes nunca sin haber pedido perdón y sin haber perdonado. El resultado será que en paz te acostarás y asimismo dormirás, y tu sueño te sustentará.*

La hidratante de tu alma es la oración. *Si no hidratas la piel de tu rostro, se marchita. Así, si no oras, tu alma se reseca. Pero a medida que confías en Dios, el afán y la ansiedad desaparecen, y aprendes a reposar y esperar en el Señor.*

La tonificante de tu alma es la alabanza. *Cuando alabas a Dios y vuelves a Él tus pensamientos, cuando te olvidas de ti misma, sin egoísmo en tu corazón, quedas libre para que Dios ponga en ti su gozo.*

La nutritiva de tu alma es la Palabra. *Así como en lo físico no puedes vivir sin alimentos, tu alma necesita el alimento de la Palabra de Dios. Cuando te alimentas con la Palabra, la debilidad y la confusión desaparecen. Serás como árbol plantado junto a corrientes de aguas.*

El protector de tu alma es la coraza de la fe. *Con la fe te protegerás de las inclemencias de la vida, mirarás por encima de las circunstancias y pasarás victoriosa en medio de las pruebas. A través de ti, Dios moverá montañas y alcanzará naciones.*

Si usas a diario estos productos de belleza, tu alma se mantendrá limpia y tu corazón será puro. Te saciarás de bien, de modo que te rejuvenezcas como el águila.

Olga Martínez Samayoa
Guatemala

TITO - *Pablo le escribe a Tito,*
un pastor que servía en Creta, a fin de
aconsejarlo sobre lo que debía enseñar
a las iglesias y cómo debía organi-
zarlas, especialmente en vista de la
presencia de falsos maestros. Al leer
este libro, tome nota de la
preocupación de Dios por el buen
orden en la iglesia y por la enseñanza
verdadera acerca de Cristo.

1 Pablo, *siervo de Dios y apóstol de Jesucristo, llamado para que, mediante la fe, los elegidos de Dios lleguen a conocer la verdadera religión.ᵃ ² Nuestra esperanza es la vida eterna, la cual Dios, que no miente, ya había prometido antes de la creación. ³ Ahora, a su debido tiempo, él ha cumplido esta promesa mediante la predicación que se me ha confiado por orden de Dios nuestro Salvador.

⁴ A Tito, mi verdadero hijo en esta fe que compartimos:

Que Dios el Padre y Cristo Jesús nuestro Salvador te concedan gracia y paz.

Tarea de Tito en Creta

⁵ Te dejé en Creta para que pusieras en orden lo que quedaba por hacer y en cada pueblo nombrarasᵇ *ancianos de la iglesia, de acuerdo con las instrucciones que te di. ⁶ El anciano debe ser intachable, esposo de una sola mujer; sus hijos deben ser creyentes,ᶜ libres de sospecha de libertinaje o de desobediencia. ⁷ El *obispo tiene a su cargo la obra de Dios, y por lo tanto debe ser intachable: no arrogante, ni iracundo, ni borracho, ni violento, ni codicioso de ganancias mal habidas. ⁸ Al contrario, debe ser hospitalario, amigo del bien, sensato, justo, santo y disciplinado. ⁹ Debe apegarse a la palabra fiel, según la enseñanza que recibió, de modo que también pueda exhortar a otros con la sana doctrina y refutar a los que se opongan.

¹⁰ Y es que hay muchos rebeldes, charlatanes y engañadores, especialmente los partidarios de la *circuncisión. ¹¹ A ésos hay que taparles la boca, ya que están arruinando familias enteras al enseñar lo que no se debe; y lo hacen para obtener ganancias mal habidas. ¹² Fue precisamente uno de sus propios profetas el que

dijo: «Los cretenses son siempre mentirosos, malas bestias, glotones perezosos.»

¹³ ¡Y es la verdad! Por eso, repréndelos con severidad a fin de que sean sanos en la fe ¹⁴ y no hagan caso de leyendas judías ni de lo que exigen esos que rechazan la verdad. ¹⁵ Para los puros todo es puro, pero para los corruptos e incrédulos no hay nada puro. Al contrario, tienen corrompidas la mente y la conciencia. ¹⁶ Profesan conocer a Dios, pero con sus acciones lo niegan; son abominables, desobedientes e incapaces de hacer nada bueno.

Lo que se debe enseñar

2 Tú, en cambio, predica lo que va de acuerdo con la sana doctrina. ² A los *ancianos, enséñales que sean moderados, respetables, sensatos, e íntegros en la fe, en el amor y en la constancia.

³ A las ancianas, enséñales que sean reverentes en su conducta, y no calumniadoras ni adictas al mucho vino. Deben enseñar lo bueno ⁴ y aconsejar a las jóvenes a amar a sus esposos y a sus hijos, ⁵ a ser sensatas y puras, cuidadosas del hogar, bondadosas y sumisas a sus esposos, para que no se hable mal de la palabra de Dios.

⁶ A los jóvenes, exhórtalos a ser sensatos. ⁷ Con tus buenas obras, dales tú mismo el ejemplo en todo. Cuando enseñes, hazlo con integridad y seriedad, ⁸ y con un mensaje sano e intachable. Así se avergonzará cualquiera que se oponga, pues no podrá decir nada malo de nosotros.

⁹ Enseña a los *esclavos a someterse en todo a sus amos, a procurar agradarles y a no ser respondones. ¹⁰ No deben robarles sino demostrar que son dignos de toda confianza, para que en todo hagan honor a la enseñanza de Dios nuestro Salvador.

ᵃ 1:1 *la verdadera religión.* Lit. *la verdad que es según la piedad.* ᵇ 1:5 *nombraras.* Alt. *ordenaras.* ᶜ 1:6 *creyentes.* Alt. *fieles.*

Pasaje del día: Tito 2:11-15
Versículo del día: Tito 2:13

Tenemos un Dios grande

*C*ierto día, una fuerte tormenta nos sorpendió al viajar, mi esposo y yo, de Galicia a Sevilla. Al llegar a las sierras de Extremadura, la lluvia cesó dejando lugar al sol cálido, y entre esas alturas, trazando un semicírculo perfecto, hizo su aparición un arco iris. En ese momento vinieron a mi memoria las palabras de Eliú en su conversación con Job: "Tenemos un Dios grande." Ese Dios nos ha dejado una señal visible para ayudarnos a recordar que Él es eterno e inmutable.

El Dios que adoramos los cristianos es eterno; su existencia no tiene ni principio ni fin, pues la eternidad trasciende los límites finitos del tiempo. Dios siempre fue, es y será. Porque es eterno, es además inmutable, no cambia. Las cualidades de su naturaleza son constantes y perpetuas. Nuestro gran Dios y Salvador Jesucristo es el gran "Yo soy".

Porque Dios es inmutable, su Palabra no cambia, y podemos confiar en ella. El Señor aseguró que el cielo y la tierra pasarán, pero nunca sus palabras. Sus promesas tampoco cambian, pues todas son "sí" en Cristo, y siempre estarán allí para que las reclamemos.

Nuestro gran Dios, además, nos ofrece su amistad eterna, y es para nosotras como ancla firme en medio de las tormentas de la vida. El saber que Dios es inmutable proporciona un precioso estímulo para la oración. Qué terrible sería elevar nuestras plegarias a alguien que las contestara de acuerdo con su carácter variable. Hoy nos concedería una petición y mañana la negaría.

Renunciemos a la impiedad y a las pasiones mundanas, y vivamos de un manera moderada, justa y piadosa, para honra y gloria de nuestro gran Dios y Salvador Jesucristo.

Gloria Q. de Morris
España

[11] En verdad, Dios ha manifestado a toda la *humanidad su gracia, la cual trae salvación [12] y nos enseña a rechazar la impiedad y las pasiones mundanas. Así podremos vivir en este mundo con justicia, piedad y dominio propio, [13] mientras aguardamos la bendita esperanza, es decir, la gloriosa venida de nuestro gran Dios y Salvador Jesucristo. [14] Él se entregó por nosotros para rescatarnos de toda maldad y purificar para sí un pueblo elegido, dedicado a hacer el bien.

[15] Esto es lo que debes enseñar. Exhorta y reprende con toda autoridad. Que nadie te menosprecie.

La conducta del creyente

3 Recuérdales a todos que deben mostrarse obedientes y sumisos ante los gobernantes y las autoridades. Siempre deben estar dispuestos a hacer lo bueno: [2] a no hablar mal de nadie, sino a buscar la paz y ser respetuosos, demostrando plena humildad en su trato con todo el mundo.

[3] En otro tiempo también nosotros éramos necios y desobedientes. Estábamos descarriados y éramos esclavos de todo género de pasiones y placeres. Vivíamos en la malicia y en la envidia. Éramos detestables y nos odiábamos unos a otros. [4] Pero cuando se manifestaron la bondad y el amor de Dios nuestro Salvador, [5] él nos salvó, no por nuestras propias obras de justicia sino por su misericordia. Nos salvó mediante el lavamiento de la regeneración y de la renovación por el Espíritu Santo, [6] el cual fue derramado abundantemente sobre nosotros por medio de Jesucristo nuestro Salvador. [7] Así lo hizo para que, *justificados por su gracia, llegáramos a ser herederos que abrigan la esperanza de recibir la vida eterna. [8] Este mensaje es digno de confianza, y quiero que lo recalques, para que los que han creído en Dios se empeñen en hacer buenas obras. Esto es excelente y provechoso para todos.

[9] Evita las necias controversias y genealogías, las discusiones y peleas sobre la ley, porque carecen de provecho y de sentido. [10] Al que cause divisiones, amonéstalo dos veces, y después evítalo. [11] Puedes estar seguro de que tal individuo se condena a sí mismo por ser un perverso pecador.

Instrucciones personales y saludos finales

[12] Tan pronto como te haya enviado a Artemas o a Tíquico, haz todo lo posible por ir a Nicópolis a verme, pues he decidido pasar allí el invierno. [13] Ayuda en todo lo que puedas al abogado Zenas y a Apolos, de modo que no les falte nada para su viaje. [14] Que aprendan los nuestros a empeñarse en hacer buenas obras, a fin de que atiendan a lo que es realmente necesario y no lleven una vida inútil.

[15] Saludos de parte de todos los que me acompañan. Saludos a los que nos aman en la fe.

Que la gracia sea con todos ustedes.

FILEMÓN - *Pablo escribe esta breve carta a fin de pedirle a Filemón, un hermano cristiano que (probablemente) vivía en Colosas, que perdonara y aceptara de vuelta a Onésimo, un esclavo fugado que se ha convertido en cristiano y está ayudando a Pablo en la cárcel. Al leer este libro, esté dispuesta a perdonar a otros, sin que importe lo que le hagan a usted.*

Filemón

1 Pablo, prisionero de *Cristo Jesús, y el hermano Timoteo,

a ti, querido Filemón, compañero de trabajo, 2 a la hermana Apia, a Arquipo nuestro compañero de lucha, y a la iglesia que se reúne en tu casa:

3 Que Dios nuestro Padre y el Señor Jesucristo les concedan gracia y paz.

Acción de gracias y petición

4 Siempre doy gracias a mi Dios al recordarte en mis oraciones, 5 porque tengo noticias de tu amor y tu *fidelidad hacia el Señor Jesús y hacia todos los creyentes. 6 Pido a Dios que el compañerismo que brota de tu fe sea eficaz para la causa de Cristo mediante el reconocimiento de todo lo bueno que compartimos. 7 Hermano, tu amor me ha alegrado y animado mucho porque has reconfortado el corazón de los *santos.

Intercesión de Pablo por Onésimo

8 Por eso, aunque en Cristo tengo la franqueza suficiente para ordenarte lo que debes hacer, 9 prefiero rogártelo en nombre del amor. Yo, Pablo, ya anciano y ahora, además, prisionero de Cristo Jesús, 10 te suplico por mi hijo Onésimo,[a] quien llegó a ser hijo mío mientras yo estaba preso. 11 En otro tiempo te era inútil, pero ahora nos es útil tanto a ti como a mí.

12 Te lo envío de vuelta, y con él va mi propio corazón. 13 Yo hubiera querido retenerlo para que me sirviera en tu lugar mientras estoy preso por causa del *evangelio. 14 Sin embargo, no he querido hacer nada sin tu consentimiento, para que tu favor no sea por obligación sino espontáneo. 15 Tal vez por eso Onésimo se alejó de ti por algún tiempo, para que ahora lo recibas para siempre, 16 ya no como a esclavo, sino como algo mejor: como a un hermano querido, muy especial para mí, pero mucho más para ti, como persona y como hermano en el Señor.

17 De modo que, si me tienes por compañero, recíbelo como a mí mismo. 18 Si te ha perjudicado o te debe algo, cárgalo a mi cuenta. 19 Yo, Pablo, lo escribo de mi puño y letra: te lo pagaré; por no decirte que tú mismo me debes lo que eres. 20 Sí, hermano, ¡que reciba yo de ti algún beneficio en el Señor! Reconforta mi corazón en Cristo. 21 Te escribo confiado en tu obediencia, seguro de que harás aún más de lo que te pido.

22 Además de eso, prepárame alojamiento, porque espero que Dios les conceda el tenerme otra vez con ustedes en respuesta a sus oraciones.

23 Te mandan saludos Epafras, mi compañero de cárcel en Cristo Jesús, 24 y también Marcos, Aristarco, Demas y Lucas, mis compañeros de trabajo.

25 Que la gracia del Señor Jesucristo sea con su espíritu.

---

a 10 *Onésimo* significa: *útil.*

Pasaje del día: Filemón 1-25
Versículos del día: Filemón 17-18

Perdonar es vivir

No hay nada más difícil que saber perdonar cuando nos han ofendido injustamente. Sólo cuando recibimos de todo corazón a Jesús como nuestro único Salvador las cosas cambian profundamente. Si habían heridas que nos carcomían, odio, amargura, resentimiento, en el momento en que nacemos de nuevo y damos ese paso tan importante en nuestra vida, viene el auténtico perdón y Dios nos libera totalmente. Lo que antes nos parecía imposible, hoy, confiando en el Señor, sintiendo su amor y misericordia, podemos hacerlo. Podemos otorgar el perdón, aún a las personas que más nos han llenado de dolor.

En esta carta a su colaborador Filemón, Pablo le pide que perdone a su esclavo Onésimo, que había huido de su amo. Posiblemente, fue capturado y puesto en prisión; y allí conoció a Pablo. Por el testimonio de ese gran siervo de Dios aceptó el perdón divino. Ahora le tocaba volver a cumplir sus responsabilidades en casa de Filemón.

"Recíbelo como a mí mismo, y si te debe algo, cárgalo a mi cuenta", le pide el apóstol. Filemón tiene que ejercitar el arte del perdón. Ha sido ofendido; pero no debe albergar amargura. Al esclavo fugitivo debe recibirlo como si fuera el apóstol mismo.

El fluir de la Palabra de Dios como ríos de agua viva en nuestro ser, hace que con sinceridad perdonemos como Cristo nos perdonó. Esa experiencia la tuvo también Filemón.

Oración: *Padre celestial, me rindo a tus pies para que liberes mi corazón y mi mente de todo rencor y amargura. Así como he sido perdonada, quiero perdonar.*

Mery Aguilera de Salazar
Ecuador

HEBREOS - *El autor de esta carta anima a los cristianos que están siendo perseguidos por su fe, señalándoles la grandeza del Hijo de Dios que se hizo hombre. Cristo es la expresión plena de la revelación de Dios, mejor que nada en el Antiguo Testamento. El autor exhorta a sus lectores a depender sólo de Cristo. Al leer este libro, entréguese a Jesucristo como su Intercesor, y no deje de perseverar y crecer cada día en su fe y su vida cristiana.*

Hebreos

El Hijo, superior a los ángeles

1 Dios, que muchas veces y de varias maneras habló a nuestros antepasados en otras épocas por medio de los profetas, ² en estos días finales nos ha hablado por medio de su Hijo. A éste lo designó heredero de todo, y por medio de él hizo el universo. ³ El Hijo es el resplandor de la gloria de Dios, la fiel imagen de lo que él es, y el que sostiene todas las cosas con su palabra poderosa. Después de llevar a cabo la purificación de los pecados, se sentó a la *derecha de la Majestad en las alturas. ⁴ Así llegó a ser superior a los ángeles en la misma medida en que el nombre que ha heredado supera en excelencia al de ellos.

⁵ Porque, ¿a cuál de los ángeles dijo Dios jamás:

«Tú eres mi hijo;
    hoy mismo te he engendrado»;ª

y en otro pasaje:

«Yo seré su Padre,
    y él será mi Hijo»?ᵇ

⁶ Además, al introducir a su Primogénito en el mundo, Dios dice:

«Que lo adoren todos los ángeles de Dios.»ᶜ

⁷ En cuanto a los ángeles dice:

«Él hace a sus ángeles vientos,
    y a sus servidores llamas de fuego.»ᵈ

⁸ Pero con respecto al Hijo dice:

«Tu trono, oh Dios, permanece por los siglos de los siglos,
    y la justicia es el bastón de mando de tu gobierno.
⁹ Has amado la justicia y odiado la maldad;
    por eso Dios, tu Dios, te ha ungido con aceite de alegría,
    exaltándote por encima de tus compañeros.»ᵉ

¹⁰ También dice:

«Tú, oh Señor, en el principio pusiste los cimientos de la tierra,
    y el cielo es obra de tus manos.
¹¹ Ellos perecerán, pero tú permaneces para siempre.
    Se desgastarán como un vestido,
¹² los doblarás como un manto,
    y cambiarán como ropa que se muda;
pero tú eres siempre el mismo,
    y tus años nunca se acabarán.»ᶠ

¹³ ¿A cuál de los ángeles dijo Dios jamás:

«Siéntate a mi derecha,
    hasta que ponga a tus enemigos por estrado de tus pies»?ᵍ

¹⁴ ¿No son todos los ángeles espíritus dedicados al servicio divino, enviados para ayudar a los que han de heredar la salvación?

Advertencia a prestar atención

2 Por eso es necesario que prestemos más atención a lo que hemos oído, no sea que perdamos el rumbo. ² Porque si el mensaje anunciado por los ángeles tuvo validez, y toda transgresión y desobediencia recibió su justo castigo, ³ ¿cómo escaparemos nosotros si descuidamos una salvación tan grande? Esta salvación fue anunciada primeramente por el Señor, y los que la oyeron nos la confirmaron. ⁴ A la vez, Dios ratificó su testimonio acerca de ella con señales, prodigios, diversos milagros y dones distribuidos por el Espíritu Santo según su voluntad.

Jesús, hecho igual a sus hermanos

⁵ Dios no puso bajo el dominio de los

a **1:5** Sal 2:7 *b* **1:5** 2 S 7:14; 1 Cr 17:13 *c* **1:6** Dt 32:43 (según Qumran y LXX) *d* **1:7** Sal 104:4 *e* **1:9** Sal 45:6,7 *f* **1:12** Sal 102:25-27 *g* **1:13** Sal 110:1

Pasaje del día: Hebreos 1:1-9
Versículo del día: Hebreos 1:9

El aceite de alegría

La alegría es como la sal, le da sabor a la vida. Lamentablemente, a nuestro alrededor, muy poco se ve o se expresa la alegría. Por lo general, la gente está más propensa a exteriorizar la tristeza, la amargura y el descontento, generando los mismos sentimientos o estados de ánimo en otras personas.

Muchas personas miran con temor hacia el futuro y piensan que les va a suceder una desgracia, o temen que el fracaso las sorprenda. Por eso, hay tanta gente enferma de tensión, depresión y toda clase de desequilibrios mentales. Cada vez hay más víctimas emocionales en nuestro mundo.

¿Qué hacer? ¿Cómo detener esta epidemia que no perdona ni respeta a nadie? Las Sagradas Escrituras reiteradamente nos dicen que la alegría es el remedio, y el gozo es la fortaleza que necesitamos.

Practique la alegría. ¿Cómo? se pregunta, y dice que no tiene tiempo. Pues, así como se da tiempo para enojarse y amargarse, dése tiempo para la alegría.

Nuestro Salvador fue ungido con aceite de alegría, y Él quiere compartir ese gozo con usted. "Convertiste mi lamento en danza; me quitaste la ropa de luto y me vestiste de fiesta, para que te cante y te glorifique," dijo el salmista (Salmo 30:11).

Disfrute de la alegría de ver el amanecer o el crepúsculo; la alegría de visitar a un enfermo; la alegría de dar a alguien necesitado. Goce de la alegría de vencer una tentación; la alegría de orar o de alabar a Dios; y la alegría de obedecer.

Tome hoy unos momentos para poner en su vida o en la de alguna otra persona unas cuantas gotas de alegría. Genere una onda expansiva de gozo y disfrute al ver cómo se propaga.

Marfa Cabrera
Argentina

JUEVES

Pasaje del día: Hebreos 2:1-10
Versículo del día: Hebreos 2:3

Una gran salvación

Helen Keller, una gran mujer ciega y sorda, escribió lo siguiente: "Usa tu vista como si mañana la perdieras." Ella misma dijo que si pudiera ver tan sólo por tres días, haría lo siguiente:

El primer día vería a todos sus amigos y a todos los que la trataron con cariño. Miraría a un bebé, y leería de los libros que a ella le leían. Daría una larga caminata por un bosque.

El segundo día, se levantaría de madrugada para ver el amanecer. Saldría a visitar museos de arte y esculturas para conocer lo que expresa el hombre. Por la noche iría a ver un ballet, para poder admirar la gracia del cuerpo humano.

El tercer día, se pararía en la esquina más transitada de la ciudad para observar a la gente llevando su vida diaria. Observaría sus rostros para comprender lo que vivían. Trataría de mirarlas con compasión. Visitaría un barrio pobre, una fábrica, algunos parques, y vería jugar a los niños. En la noche, visitaría una obra cómica de teatro, para apreciar el humor del ser humano.

Hay mucho que puedo aprender de esa mujer. Que debo tomar tiempo para las cosas preciosas que paso por alto: el amor de mis seres queridos, un atardecer, una carta escrita con agradecimiento, un amigo fiel, una flor perfumada... Pero más que nada, no debo descuidar la salvación tan grande que Dios me ha dado.

Oración: *Señor, no quiero en este día olvidar las cosas importantes de la vida: darte gracias, pedirte perdón, abrazar a mi familia, visitar a un anciano. Ayúdame, Señor, a no descuidar tu gran salvación, y recuérdame la misión importante que tengo en la vida: dar de tu amor a otros.*

Evelina Saint de Jiménez
Argentina

ángeles el mundo venidero del que estamos hablando. **6** Como alguien ha atestiguado en algún lugar:

«¿Qué es el hombre, para que te
  acuerdes de él,
el ser *humano,ª para que lo
  tomes en cuenta?
7 Lo hiciste un pocoᵇ inferior a los
  ángeles;
lo coronaste de gloria y de honra,
8 y todo lo pusiste debajo de sus
  pies.»ᶜ

Si Dios puso bajo él todas las cosas, entonces no hay nada que no le esté sujeto. Ahora bien, es cierto que todavía no vemos que todo le esté sujeto. **9** Sin embargo, vemos a Jesús, que fue hecho un poco inferior a los ángeles, coronado de gloria y honra por haber padecido la muerte. Así, por la gracia de Dios, la muerte que él sufrió resulta en beneficio de todos.

10 En efecto, a fin de llevar a muchos hijos a la gloria, convenía que Dios, para quien y por medio de quien todo existe, *perfeccionara mediante el sufrimiento al autor de la salvación de ellos. **11** Tanto el que *santifica como los que son santificados tienen un mismo origen, por lo cual Jesús no se avergüenza de llamarlos hermanos, **12** cuando dice:

«Proclamaré tu nombre a mis
  hermanos;
en medio de la congregación te
  alabaré.»ᵈ

13 En otra parte dice:

«Yo confiaré en él.»ᵉ

Y añade:

«Aquí estoy yo, con los hermanosᶠ
  que Dios me ha dado.»ᵍ

14 Por tanto, ya que ellos son de carne y hueso,ʰ él también compartió esa naturaleza humana para anular, mediante la muerte, al que tiene el dominio de la muerte —es

decir, al diablo—, **15** y librar a todos los que por temor a la muerte estaban sometidos a esclavitud durante toda la vida. **16** Pues, ciertamente, no vino en auxilio de los ángeles sino de los descendientes de Abraham. **17** Por eso era preciso que en todo se asemejara a sus hermanos, para ser un sumo sacerdote fiel y misericordioso al servicio de Dios, a fin de *expiarª los pecados del pueblo. **18** Por haber sufrido él mismo la *tentación, puede socorrer a los que son tentados.

Jesús, superior a Moisés

3 Por lo tanto, hermanos, ustedes que han sido *santificados y que tienen parte en el mismo llamamiento celestial, consideren a Jesús, apóstol y sumo sacerdote de la fe que profesamos. **2** Él fue fiel al que lo nombró, como lo fue también Moisés en toda la casa de Dios. **3** De hecho, Jesús ha sido estimado digno de mayor honor que Moisés, así como el constructor de una casa recibe mayor honor que la casa misma. **4** Porque toda casa tiene su constructor, pero el constructor de todo es Dios. **5** Moisés fue fiel como siervo en toda la casa de Dios, para dar testimonio de lo que Dios diría en el futuro. **6** *Cristo, en cambio, es fiel como Hijo al frente de la casa de Dios. Y esa casa somos nosotros, con tal que mantengamosᵇ nuestra confianza y la esperanza que nos *enorgullece.

Advertencia contra la incredulidad

7 Por eso, como dice el Espíritu Santo:

«Si ustedes oyen hoy su voz,
  8 no endurezcan el corazón
como sucedió en la rebelión,
  en el día de *prueba en el desierto.
9 Allí sus antepasados me *tentaron y
  me pusieron a prueba,
aunque durante cuarenta años
  vieron mis obras.
10 Por eso me enojé con aquella
  generación,
y dije: 'Siempre se descarría su
  corazón,
y no han reconocido mis caminos.'

---

a **2:6** *el ser humano.* Lit. *o hijo de hombre.* *b* **2:7** *un poco.* Alt. *por un poco de tiempo;* también v. 9. *c* **2:8** Sal 8:4-6
d **2:12** Sal 22:22 *e* **2:13** Is 8:17 *f* **2:13** *hermanos.* Lit. *muchachos,* o *hijos.* *g* **2:13** Is 8:18 *h* **2:14** *carne y hueso.* Lit. *sangre y carne.* *a* **2:17** *expiar.* Lit. *hacer propiciación por.* *b* **3:6** *mantengamos.* Var. *mantengamos firme hasta el fin.*

11 Así que, en mi enojo, juré:

'Jamás entrarán en mi reposo.'»ᵃ
12 Cuídense, hermanos, de que ninguno de ustedes tenga un corazón pecaminoso e incrédulo que los haga apartarse del Dios vivo. **13** Más bien, mientras dure ese «hoy», anímense unos a otros cada día, para que ninguno de ustedes se endurezca por el engaño del pecado. **14** Hemos llegado a tener parte con *Cristo, con tal que retengamos firme hasta el fin la confianza que tuvimos al principio. **15** Como se acaba de decir:

«Si ustedes oyen hoy su voz,
    no endurezcan el corazón
    como sucedió en la rebelión.»ᵇ

16 Ahora bien, ¿quiénes fueron los que oyeron y se rebelaron? ¿No fueron acaso todos los que salieron de Egipto guiados por Moisés? **17** ¿Y con quiénes se enojó Dios durante cuarenta años? ¿No fue acaso con los que pecaron, los cuales cayeron muertos en el desierto? **18** ¿Y a quiénes juró Dios que jamás entrarían en su reposo, sino a los que desobedecieron?ᶜ **19** Como podemos ver, no pudieron entrar por causa de su incredulidad.

Reposo del pueblo de Dios

4 Cuidémonos, por tanto, no sea que, aunque la promesa de entrar en su reposo sigue vigente, alguno de ustedes parezca quedarse atrás. **2** Porque a nosotros, lo mismo que a ellos, se nos ha anunciado la buena *noticia; pero el mensaje que escucharon no les sirvió de nada, porque no se unieron en la fe aᵈ los que habían prestado atención a ese mensaje. **3** En tal reposo entramos los que somos creyentes, conforme Dios ha dicho:

«Así que, en mi enojo, juré:
'Jamás entrarán en mi reposo.'»ᵉ

Es cierto que su trabajo quedó terminado con la creación del mundo, **4** pues en algún lugar se ha dicho así del séptimo día: «Y en el séptimo día reposó Dios de todas sus obras.»ᶠ **5** Y en el pasaje citado también dice: «Jamás entrarán en mi reposo.»

6 Sin embargo, todavía falta que algunos entren en ese reposo, y los primeros a quienes se les anunció la buena noticia no entraron por causa de su desobediencia. **7** Por eso, Dios volvió a fijar un día, que es «hoy», cuando mucho después declaró por medio de David lo que ya se ha mencionado:

«Si ustedes oyen hoy su voz,
    no endurezcan el corazón.»ᵍ

8 Si Josué les hubiera dado el reposo, Dios no habría hablado posteriormente de otro día. **9** Por consiguiente, queda todavía un reposo especialʰ para el pueblo de Dios; **10** porque el que entra en el reposo de Dios descansa también de sus obras, así como Dios descansó de las suyas. **11** Esforcémonos, pues, por entrar en ese reposo, para que nadie caiga al seguir aquel ejemplo de desobediencia.

12 Ciertamente, la palabra de Dios es viva y poderosa, y más cortante que cualquier espada de dos filos. Penetra hasta lo más profundo del alma y del espíritu, hasta la médula de los huesos,ᵃ y juzga los pensamientos y las intenciones del corazón. **13** Ninguna cosa creada escapa a la vista de Dios. Todo está al descubierto, expuesto a los ojos de aquel a quien hemos de rendir cuentas.

Jesús, el gran sumo sacerdote

14 Por lo tanto, ya que en Jesús, el Hijo de Dios, tenemos un gran sumo sacerdote que ha atravesado los cielos, aferrémonos a la fe que profesamos. **15** Porque no tenemos un sumo sacerdote incapaz de compadecerse de nuestras debilidades, sino uno que ha sido *tentado en todo de la misma manera que nosotros, aunque sin pecado. **16** Así que acerquémonos confiadamente al trono de la gracia para recibir misericordia y hallar la gracia que

---

Pasaje del día: Hebreos 4:12-16
Versículo del día: Hebreos 4:16

El porqué de los problemas

*U*na vecina se quejaba porque no llovía y porque, por eso, tenía que regar sus flores. Nos quejamos que hace mucho calor o mucho frío; porque no tenemos hijos, o porque los que tenemos no los soportamos; porque no tenemos empleo, o porque el que tenemos no nos gusta. Nunca estamos conformes.

Muchas veces nos quejamos de los problemas que atravesamos en nuestra vida sin darnos cuenta que son una bendición. Nos olvidamos que siendo hijas del Señor no nos puede pasar nada sin el permiso de Dios. Nos olvidamos que todo lo que nos sucede es para bien a la larga (Romanos 8:28).

Ahora bien, amiga, piensa por un momento en una persona que admiras mucho, una persona exitosa y lograda. Luego pregúntate: ¿Ha sido fácil la vida de esa persona? ¿O ha tenido que enfrentar grandes problemas y dificultades? Es probable que la persona que admiras más haya pasado por pruebas muy duras en la vida; pero ha logrado superarlas.

¿Qué hace la diferencia? Sencillamente que esa persona ha logrado sobrellevar o solucionar sus problemas y salir adelante a pesar de todo.

Muchas personas pasan todo el día quejándose y no aprenden la lección que Dios quiere enseñarles. Alguien ha dicho que el pesimista ve la tormenta y no se anima a salir, mientras que el hombre práctico toma su paraguas y sigue adelante.

Todas las personas maduras que conozco han pasado por pruebas, sufrimientos y situaciones difíciles. Es el camino hacia la madurez.

Agradece a Dios por los problemas y aprende de ellos. En Él puedes hallar gracia que te ayude en la hora de necesidad.

Martha de Berberián
Guatemala

nos ayude en el momento que más la necesitemos.

5 Todo sumo sacerdote es escogido de entre los hombres. Él mismo es nombrado para representar a su pueblo ante Dios, y ofrecer dones y sacrificios por los pecados. ² Puede tratar con paciencia a los ignorantes y extraviados, ya que él mismo está sujeto a las debilidades humanas. ³ Por tal razón se ve obligado a ofrecer sacrificios por sus propios pecados, como también por los del pueblo.

⁴ Nadie ocupa ese cargo por iniciativa propia; más bien, lo ocupa el que es llamado por Dios, como sucedió con Aarón. ⁵ Tampoco *Cristo se glorificó a sí mismo haciéndose sumo sacerdote, sino que Dios le dijo:

«Tú eres mi hijo;
  hoy mismo te he engendrado.»ᵃ

⁶ Y en otro pasaje dice:

«Tú eres sacerdote para siempre,
  según el orden de Melquisedec.»ᵇ

⁷ En los días de su vida *mortal, Jesús ofreció oraciones y súplicas con fuerte clamor y lágrimas al que podía salvarlo de la muerte, y fue escuchado por su reverente sumisión. ⁸ Aunque era Hijo, mediante el sufrimiento aprendió a obedecer; ⁹ y consumada su *perfección, llegó a ser autor de salvación eterna para todos los que le obedecen, ¹⁰ y Dios lo nombró sumo sacerdote según el orden de Melquisedec.

Advertencia contra la apostasía

¹¹ Sobre este tema tenemos mucho que decir aunque es difícil explicarlo, porque a ustedes lo que les entra por un oído les sale por el otro.ᶜ ¹² En realidad, a estas alturas ya deberían ser maestros, y sin embargo necesitan que alguien vuelva a enseñarles las verdades más elementales de la palabra de Dios. Dicho de otro modo, necesitan leche en vez de alimento sólido. ¹³ El que sólo se alimenta de leche es inexperto en el mensaje de justicia; es como un niño de pecho. ¹⁴ En cambio, el alimento sólido es para los adultos, para los que tienen la capacidad de distinguir entre lo bueno y lo malo, pues han ejercitado su facultad de percepción espiritual.

6 Por eso, dejando a un lado las enseñanzas elementales acerca de *Cristo, avancemos hacia la madurez. No volvamos a poner los fundamentos, tales como el *arrepentimiento de las obras que conducen a la muerte, la fe en Dios, ² la instrucción sobre bautismos, la imposición de manos, la resurrección de los muertos y el juicio eterno. ³ Así procederemos, si Dios lo permite.

⁴⁻⁶ Es imposible que renueven su arrepentimiento aquellos que han sido una vez iluminados, que han saboreado el don celestial, que han tenido parte en el Espíritu Santo y que han experimentado la buena palabra de Dios y los poderes del mundo venidero, y después de todo esto se han apartado. Es imposible, porque así vuelven a crucificar, para su propio mal, al Hijo de Dios, y lo exponen a la vergüenza pública.

⁷ Cuando la tierra bebe la lluvia que con frecuencia cae sobre ella, y produce una buena cosecha para los que la cultivan, recibe bendición de Dios. ⁸ En cambio, cuando produce espinos y cardos, no vale nada; está a punto de ser maldecida, y acabará por ser quemada.

⁹ En cuanto a ustedes, queridos hermanos, aunque nos expresamos así, estamos seguros de que les espera lo mejor, es decir, lo que atañe a la salvación. ¹⁰ Porque Dios no es injusto como para olvidarse de las obras y del amor que, para su gloria,ᵈ ustedes han mostrado sirviendo a los *santos, como lo siguen haciendo. ¹¹ Deseamos, sin embargo, que cada uno de ustedes siga mostrando ese mismo empeño hasta la realización final y completa de su esperanza. ¹² No sean perezosos; más bien, imiten a quienes por su fe y paciencia heredan las promesas.

---

a 5:5 Sal 2:7 *b* 5:6 Sal 110:4 *c* 5:11 *a ustedes ... por el otro.* Lit. *se han vuelto torpes en los oídos.* *d* 6:10 *gloria.* Lit. *nombre.*

La certeza de la promesa de Dios

13 Cuando Dios hizo su promesa a Abraham, como no tenía a nadie superior por quien jurar, juró por sí mismo, **14** y dijo: «Te aseguro que te bendeciré y te daré muchos descendientes.»[a] **15** Y así, después de esperar con paciencia, Abraham recibió lo que se le había prometido.

16 Los seres *humanos juran por alguien superior a ellos mismos, y el juramento, al confirmar lo que se ha dicho, pone punto final a toda discusión. **17** Por eso Dios, queriendo demostrar claramente a los herederos de la promesa que su propósito es inmutable, la confirmó con un juramento. **18** Lo hizo así para que, mediante la promesa y el juramento, que son dos realidades inmutables en las cuales es imposible que Dios mienta, tengamos un estímulo poderoso los que, buscando refugio, nos aferramos a la esperanza que está delante de nosotros. **19** Tenemos como firme y segura ancla del alma una esperanza que penetra hasta detrás de la cortina del *santuario, **20** hasta donde Jesús, el precursor, entró por nosotros, llegando a ser sumo sacerdote para siempre, según el orden de Melquisedec.

El sacerdocio de Melquisedec

7 Este Melquisedec, rey de Salem y sacerdote del Dios Altísimo, salió al encuentro de Abraham, que regresaba de derrotar a los reyes, y lo bendijo. **2** Abraham, a su vez, le dio la décima parte de todo. El nombre Melquisedec significa, en primer lugar, «rey de justicia» y, además, «rey de Salem», esto es, «rey de paz». **3** No tiene padre ni madre ni genealogía; no tiene comienzo ni fin, pero a semejanza del Hijo de Dios, permanece como sacerdote para siempre.

4 Consideren la grandeza de ese hombre, a quien nada menos que el patriarca Abraham dio la décima parte del botín. **5** Ahora bien, los descendientes de Leví que reciben el sacerdocio tienen, por ley, el mandato de cobrar los diezmos del pueblo, es decir, de sus hermanos, aunque éstos también son descendientes de Abraham. **6** En cambio, Melquisedec, que no era descendiente de Leví, recibió los diezmos de Abraham y bendijo al que tenía las promesas. **7** Es indiscutible que la persona que bendice es superior a la que recibe la bendición. **8** En el caso de los levitas, los diezmos los reciben hombres mortales; en el otro caso, los recibe Melquisedec, de quien se da testimonio de que vive. **9** Hasta podría decirse que Leví, quien ahora recibe los diezmos, los pagó por medio de Abraham, **10** ya que Leví estaba presente en su antepasado Abraham cuando Melquisedec le salió al encuentro.

Jesús, semejante a Melquisedec

11 Si hubiera sido posible alcanzar la *perfección mediante el sacerdocio levítico (pues bajo éste se le dio la ley al pueblo), ¿qué necesidad había de que más adelante surgiera otro sacerdote, según el orden de Melquisedec y no según el de Aarón? **12** Porque cuando cambia el sacerdocio, también tiene que cambiarse la ley. **13** En efecto, Jesús, de quien se dicen estas cosas, era de otra tribu, de la cual nadie se ha dedicado al servicio del altar. **14** Es evidente que nuestro Señor procedía de la tribu de Judá, respecto a la cual nada dijo Moisés con relación al sacerdocio. **15** Y lo que hemos dicho resulta aún más evidente si, a semejanza de Melquisedec, surge otro sacerdote **16** que ha llegado a serlo, no conforme a un requisito legal respecto a linaje *humano, sino conforme al poder de una vida indestructible. **17** Pues de él se da testimonio:

«Tú eres sacerdote para siempre,
    según el orden de Melquisedec.»[b]

18 Por una parte, la ley anterior queda anulada por ser inútil e ineficaz, **19** ya que no *perfeccionó nada. Y por la otra, se introduce una esperanza mejor, mediante la cual nos acercamos a Dios. **20** ¡Y no fue sin juramento! Los otros sacerdotes llegaron a serlo sin juramento,

Pasaje del sábado:
Hebreos 6:10-20
Pasaje del domingo:
2 Pedro 1:3-11

No me prometiste

No me prometiste éxitos y fama;
Pero me prometiste el perdón
De todos mis pecados.

No me prometiste riquezas;
Pero me prometiste consuelo
Grande y verdadero.

No me prometiste cosas vanas;
Pero me prometiste la eternidad.
Y el estar siempre contigo.

Oh, Dios mío,
Tus promesas valen más
Que todo el oro del mundo.

Te amo, Dios mío.
Tú eres para mí lo más grande,
Lo más maravilloso que tengo.

Adriana E. M. de Pereda
Argentina

²¹ mientras que éste llegó a serlo con el juramento de aquel que le dijo:

«El Señor ha jurado,
y no cambiará de parecer:
'Tú eres sacerdote para siempre.'»

²² Por tanto, Jesús ha llegado a ser el que garantiza un pacto superior.

²³ Ahora bien, como a aquellos sacerdotes la muerte les impedía seguir ejerciendo sus funciones, ha habido muchos de ellos; ²⁴ pero como Jesús permanece para siempre, su sacerdocio es imperecedero. ²⁵ Por eso también puede salvar por completoᵃ a los que por medio de él se acercan a Dios, ya que vive siempre para interceder por ellos.

²⁶ Nos convenía tener un sumo sacerdote así: santo, irreprochable, puro, apartado de los pecadores y exaltado sobre los cielos. ²⁷ A diferencia de los otros sumos sacerdotes, él no tiene que ofrecer sacrificios día tras día, primero por sus propios pecados y luego por los del pueblo; porque él ofreció el sacrificio una sola vez y para siempre cuando se ofreció a sí mismo. ²⁸ De hecho, la ley designa como sumos sacerdotes a hombres débiles; pero el juramento, posterior a la ley, designa al Hijo, quien ha sido hecho *perfecto para siempre.

El sumo sacerdote de un nuevo pacto

8 Ahora bien, el punto principal de lo que venimos diciendo es que tenemos tal sumo sacerdote, aquel que se sentó a la *derecha del trono de la Majestad en el cielo, ² el que sirve en el *santuario, es decir, en el verdadero tabernáculo levantado por el Señor y no por ningún ser *humano.

³ A todo sumo sacerdote se le nombra para presentar ofrendas y sacrificios, por lo cual es necesario que también tenga algo que ofrecer. ⁴ Si Jesús estuviera en la tierra, no sería sacerdote, pues aquí ya hay sacerdotes que presentan las ofrendas en conformidad con la ley. ⁵ Estos sacerdotes sirven en un santuario que es copia y sombra del que está en el cielo, tal como se le advirtió a Moisés cuando

estaba a punto de construir el tabernáculo: «Asegúrate de hacerlo todo según el modelo que se te ha mostrado en la montaña.»ᵇ ⁶ Pero el servicio sacerdotal que Jesús ha recibido es superior al de ellos, así como el pacto del cual es mediador es superior al antiguo, puesto que se basa en mejores promesas.

⁷ Efectivamente, si ese primer pacto hubiera sido *perfecto, no habría lugar para un segundo pacto. ⁸ Pero Dios, reprochándoles sus defectos, dijo:

«Llegará el tiempo, dice el Señor,
en que haré un nuevo pacto
con la casa de Israel
y con la casa de Judá.
⁹ No será como el pacto
que hice con sus antepasados
el día en que los tomé de la mano
para sacarlos de Egipto,
porque ellos no permanecieron fieles
a mi pacto,
y yo los abandoné,
dice el Señor.
¹⁰ Por tanto, este es el pacto que
después de aquellos días
estableceré con la casa de Israel,
dice el Señor:
Pondré mis leyes en su mente
y las escribiré en su corazón.
Yo seré su Dios,
y ellos serán mi pueblo.
¹¹ Ya nadie enseñará a su prójimo,
ni nadie enseñará a su hermano
ni le dirá: 'iConoce al Señor!',
porque todos me conocerán,
desde el más pequeño hasta el más
grande.
¹² Perdonaré sus maldades,
y nunca más me acordaré de sus
pecados.»ᶜ

¹³ Al llamar «nuevo» a ese pacto, ha declarado obsoleto al anterior; y lo que se vuelve obsoleto y envejece ya está por desaparecer.

El culto en el tabernáculo terrenal

9 Ahora bien, el primer pacto tenía sus normas para el culto, y un *santuario terrenal. ² En efecto, se habilitó un tabernáculo de tal modo que en su primera parte, llamada el Lugar Santo, estaban el candelabro, la mesa y los panes consagrados. [3] Tras la segunda cortina estaba la parte llamada el Lugar Santísimo, [4] el cual tenía el altar de oro para el incienso y el arca del pacto, toda recubierta de oro. Dentro del arca había una urna de oro que contenía el maná, la vara de Aarón que había retoñado, y las tablas del pacto. [5] Encima del arca estaban los querubines de la gloria, que cubrían con su sombra el lugar de la *expiación.[a] Pero ahora no se puede hablar de eso en detalle.

[6] Así dispuestas todas estas cosas, los sacerdotes entran continuamente en la primera parte del tabernáculo para celebrar el culto. [7] Pero en la segunda parte entra únicamente el sumo sacerdote, y sólo una vez al año, provisto siempre de sangre que ofrece por sí mismo y por los pecados de ignorancia cometidos por el pueblo. [8] Con esto el Espíritu Santo da a entender que, mientras siga en pie el primer tabernáculo, aún no se habrá revelado el camino que conduce al Lugar Santísimo. [9] Esto nos ilustra hoy día que las ofrendas y los sacrificios que allí se ofrecen no tienen poder alguno para *perfeccionar la conciencia de los que celebran ese culto. [10] No se trata más que de reglas externas relacionadas con alimentos, bebidas y diversas ceremonias de *purificación, válidas sólo hasta el tiempo señalado para reformarlo todo.

La sangre de Cristo

[11] *Cristo, por el contrario, al presentarse como sumo sacerdote de los bienes definitivos[b] en el tabernáculo más excelente y *perfecto, no hecho por manos humanas (es decir, que no es de esta creación), [12] entró una sola vez y para siempre en el Lugar Santísimo. No lo hizo con sangre de machos cabríos y becerros, sino con su propia sangre, logrando así un rescate eterno. [13] La sangre de machos cabríos y de toros, y las cenizas de una novilla rociadas sobre personas *impuras, las *santifican de modo que que-

dan *limpias por fuera. [14] Si esto es así, ¡cuánto más la sangre de Cristo, quien por medio del Espíritu eterno se ofreció sin mancha a Dios, purificará nuestra conciencia de las obras que conducen a la muerte, a fin de que sirvamos al Dios viviente!

[15] Por eso Cristo es mediador de un nuevo pacto, para que los llamados reciban la herencia eterna prometida, ahora que él ha muerto para liberarlos de los pecados cometidos bajo el primer pacto. [16] En el caso de un testamento,[c] es necesario constatar la muerte del testador, [17] pues un testamento sólo adquiere validez cuando el testador muere, y no entra en vigor mientras vive. [18] De ahí que ni siquiera el primer pacto se haya establecido sin sangre. [19] Después de promulgar todos los mandamientos de la ley a todo el pueblo, Moisés tomó la sangre de los becerros junto con agua, lana escarlata y ramas de hisopo, y roció el libro de la ley y a todo el pueblo, [20] diciendo: «Ésta es la sangre del pacto que Dios ha mandado que ustedes cumplan.»[d] [21] De la misma manera roció con la sangre el tabernáculo y todos los objetos que se usaban en el culto. [22] De hecho, la ley exige que casi todo sea purificado con sangre, pues sin derramamiento de sangre no hay perdón.

[23] Así que era necesario que las copias de las realidades celestiales fueran purificadas con esos sacrificios, pero que las realidades mismas lo fueran con sacrificios superiores a aquéllos. [24] En efecto, Cristo no entró en un santuario hecho por manos humanas, simple copia del verdadero santuario, sino en el cielo mismo, para presentarse ahora ante Dios en favor nuestro. [25] Ni entró en el cielo para ofrecerse vez tras vez, como entra el sumo sacerdote en el Lugar Santísimo cada año con sangre ajena. [26] Si así fuera, Cristo habría tenido que sufrir muchas veces desde la creación del mundo. Al contrario, ahora, al final de los tiempos, se ha presentado una sola vez y para siempre a fin de acabar con el pecado mediante el sacrificio de sí mismo. [27] Y así como está

---

a **9:5** *el lugar de la expiación.* Lit. *el propiciatorio.* *b* **9:11** *definitivos.* Var. *venideros.* *c* **9:16** En griego la misma palabra se emplea para *pacto* y para *testamento;* también en v. 17 *d* **9:20** Éx 24:8

establecido que los seres *humanos mueran una sola vez, y después venga el juicio, **28** también Cristo fue ofrecido en sacrificio una sola vez para quitar los pecados de muchos; y aparecerá por segunda vez, ya no para cargar con pecado alguno, sino para traer salvación a quienes lo esperan.

El sacrificio de Cristo, ofrecido una vez y para siempre

10 La ley es sólo una sombra de los bienes venideros, y no la presencia[a] misma de estas realidades. Por eso nunca puede, mediante los mismos sacrificios que se ofrecen sin ccsar año tras año, hacer *perfectos a los que adoran. **2** De otra manera, ¿no habrían dejado ya de hacerse sacrificios? Pues los que rinden culto, *purificados de una vez por todas, ya no se habrían sentido culpables de pecado. **3** Pero esos sacrificios son un recordatorio anual de los pecados, **4** ya que cs imposible que la sangre de los toros y de los machos cabríos quite los pecados.

5 Por eso, al entrar en el mundo, *Cristo dijo:

«A ti no te complacen sacrificios ni ofrendas;
en su lugar, me preparaste un cuerpo;
6 holocaustos y *expiaciones no fueron de tu agrado.

7 Por eso dije: 'Aquí me tienes',
como está escrito de mí en el libro:
'He venido, oh Dios, a hacer tu voluntad.'»[b]

8 Primero dijo: «Sacrificios y ofrendas, holocaustos y expiaciones no te complacen ni fueron de tu agrado» (a pesar de que la ley exigía que se ofrecieran). **9** Luego añadió: «Aquí me tienes: He venido a hacer tu voluntad.» Así quitó lo primero para establecer lo segundo. **10** Y en virtud de esa voluntad somos *santificados mediante el sacrificio del cuerpo de *Jesucristo, ofrecido una vez y para siempre.

11 Todo sacerdote celebra el culto día tras día ofreciendo repetidas veces los mismos sacrificios, que nunca pueden quitar los pecados. **12** Pero este sacerdote, después de ofrecer por los pecados un solo sacrificio para siempre, se sentó a la *derecha de Dios, **13** en espera de que sus enemigos sean puestos por estrado de sus pies. **14** Porque con un solo sacrificio ha hecho perfectos para siempre a los que está santificando.

15 También el Espíritu Santo nos da testimonio de ello. Primero dice:

16 «Éste es el pacto que haré con ellos
después de aquellos días, dice el Señor:
Pondré mis leyes en su corazón,
y las escribiré en su mente.»[c]

17 Después añade:

«Y nunca más me acordaré de sus pecados y maldades.»[d]

18 Y cuando éstos han sido perdonados, ya no hace falta otro sacrificio por el pecado.

Llamada a la perseverancia

19 Así que, hermanos, mediante la sangre de Jesús, tenemos plena libertad para entrar en el Lugar Santísimo, **20** por el camino nuevo y vivo que él nos ha abierto a través de la cortina, es decir, a través de su cuerpo; **21** y tenemos además un gran sacerdote al frente de la familia de Dios. **22** Acerquémonos, pues, a Dios con corazón sincero y con la plena seguridad que da la fe, interiormente purificados de una conciencia culpable y exteriormente lavados con agua pura. **23** Mantengamos firme la esperanza que profesamos, porque fiel es el que hizo la promesa. **24** Preocupémonos los unos por los otros, a fin de estimularnos al amor y a las buenas obras. **25** No dejemos de congregarnos, como acostumbran hacerlo algunos, sino animémonos unos a otros, y con mayor razón ahora que vemos que aquel día se acerca.

26 Si después de recibir el conocimiento de la verdad pecamos obstinadamente, ya no hay sacrificio por los pecados. **27** Sólo queda una terrible expectativa de juicio, el fuego ardiente que ha de devo-

a **10:1** *presencia.* Lit. *imagen.* *b* **10:7** Sal 40:6-8 (véase LXX) *c* **10:16** Jer 31:33 *d* **10:17** Jer 31:34

Pasaje del día: Hebreos 10:26-39
Versículo del día: Hebreos 10:36

La joya de la fe

Las mujeres somos por naturaleza impacientes, y esa impaciencia puede ser nuestro peor enemigo, porque muchas veces nos hace perder aquello que deseamos alcanzar. Zwinglio decía: "La paciencia es la joya de la fe." Somos sabias si buscamos esa joya.

El consejo del escritor a los hebreos es muy importante: necesitamos perseverar. Sin embargo, como afirma un antiguo proverbio: "La paciencia es una flor que no crece en todos los jardines."

La impaciencia es algo innato en nosotras. Por eso la Biblia nos exhorta reiteradamente al respecto. Por ejemplo: "No sean perezosos; más bien, imiten a quienes por su fe y paciencia heredan las promesas" (Hebreos 6:12). Es cierto que una de las razones por las cuales necesitamos la paciencia es porque somos perezosas. Esa pereza nos impide esperar, y nos lleva, ante cualquier situación o problema, a aferrarnos a la primera solución que nos venga a la mano, o a la más fácil.

La mujer creyente que tiene fe y paciencia recibe por medio de las promesas de Dios la mejor solución, la que está dentro de la voluntad del Señor, porque ha sabido esperar en oración el justo tiempo de su Creador.

La paciencia es parte del fruto del Espíritu Santo, según se nos muestra en Gálatas 5:22. Por consiguiente, la impaciencia es obra de nuestra naturaleza pecaminosa. Tenemos que rogar al Señor para que esa virtud del Espíritu, la joya de la fe, se vaya desarrollando en nosotras hasta que sea parte de nuestro carácter.

Gloria Q. de Morris
España

rar a los enemigos de Dios. **28** Cualquiera que rechazaba la ley de Moisés moría irremediablemente por el testimonio de dos o tres testigos. **29** ¿Cuánto mayor castigo piensan ustedes que merece el que ha pisoteado al Hijo de Dios, que ha profanado la sangre del pacto por la cual había sido *santificado, y que ha insultado al Espíritu de la gracia? **30** Pues conocemos al que dijo: «Mía es la venganza; yo pagaré»;ª y también: «El Señor juzgará a su pueblo.»b **31** ¡Terrible cosa es caer en las manos del Dios vivo!

32 Recuerden aquellos días pasados cuando ustedes, después de haber sido iluminados, sostuvieron una dura lucha y soportaron mucho sufrimiento. **33** Unas veces se vieron expuestos públicamente al insulto y a la persecución; otras veces se solidarizaron con los que eran tratados de igual manera. **34** También se compadecieron de los encarcelados, y cuando a ustedes les confiscaron sus bienes, lo aceptaron con alegría, conscientes de que tenían un patrimonio mejor y más permanente.

35 Así que no pierdan la confianza, porque ésta será grandemente recompensada. **36** Ustedes necesitan perseverar para que, después de haber cumplido la voluntad de Dios, reciban lo que él ha prometido. **37** Pues dentro de muy poco tiempo,

«el que ha de venir vendrá, y no
    tardará.
38 Pero mi justoc vivirá por la fe.
Y si se vuelve atrás,
    no será de mi agrado.»d

39 Pero nosotros no somos de los que se vuelven atrás y acaban por perderse, sino de los que tienen fe y preservan su *vida.

Por la fe

11 Ahora bien, la fe es la garantía de lo que se espera, la certeza de lo que no se ve. **2** Gracias a ella fueron aprobados los antiguos.

3 Por la fe entendemos que el universo fue formado por la palabra de Dios, de modo que lo visible no provino de lo que se ve.

4 Por la fe Abel ofreció a Dios un sacrificio más aceptable que el de Caín, por lo cual recibió testimonio de ser justo, pues Dios aceptó su ofrenda. Y por la fe Abel, a pesar de estar muerto, habla todavía.

5 Por la fe Enoc fue sacado de este mundo sin experimentar la muerte; no fue hallado porque Dios se lo llevó, pero antes de ser llevado recibió testimonio de haber agradado a Dios. **6** En realidad, sin fe es imposible agradar a Dios, ya que cualquiera que se acerca a Dios tiene que creer que él existe y que recompensa a quienes lo buscan.

7 Por la fe Noé, advertido sobre cosas que aún no se veían, con temor reverente construyó un arca para salvar a su familia. Por esa fe condenó al mundo y llegó a ser heredero de la justicia que viene por la fe.

8 Por la fe Abraham, cuando fue llamado para ir a un lugar que más tarde recibiría como herencia, obedeció y salió sin saber a dónde iba. **9** Por la fe se radicó como extranjero en la tierra prometida, y habitó en tiendas de campaña con Isaac y Jacob, herederos de la misma promesa, **10** porque esperaba la ciudad de cimientos sólidos, de la cual Dios es arquitecto y constructor.

11 Por la fe Abraham, a pesar de su avanzada edad y de que Sara misma era estéril,e recibió fuerza para tener hijos, porque consideró fiel al que le había hecho la promesa. **12** Así que de este solo hombre, ya en decadencia, nacieron descendientes numerosos como las estrellas del cielo e incontables como la arena a la orilla del mar.

13 Todos ellos vivieron por la fe, y murieron sin haber recibido las cosas prometidas; más bien, las reconocieron a lo lejos, y confesaron que eran extranjeros y peregrinos en la tierra. **14** Al expresarse así, claramente dieron a entender que andaban en busca de una patria. **15** Si hubieran estado pensando en aquella patria de donde habían emigrado, habrían

---

a **10:30** Dt 32:35 *b* **10:30** Dt 32:36; Sal 135:14 *c* **10:38** *mi justo.* Var. *el justo.* *d* **10:38** Hab 2:3,4 *e* **11:11** *Por ... estéril.* Alt. *Por la fe incluso Sara, a pesar de su avanzada edad y de que era estéril.*

Pasaje del día: Hebreos 11:1-6
Versículo del día: Hebreos 11:1

La fe de un niño

*R*ecuerdo esa mañana en que una incansable lluvia no paraba de caer. Negras nubes alteradas cubrían el cielo y el retumbar de los truenos se oía cada momento. Los relámpagos hacían sentir su presencia y el frío penetraba nuestros huesos. Era un típico día en tiempo de lluvias.

Mi esposo, mi sobrino y yo nos dispusimos a desayunar, y fue el pequeño quien hizo la oración. Aparte de bendecir los alimentos, él oró diciendo: "...y te pido Señor que salga el sol y que hoy sea un lindo día para que pueda jugar ese importante partido de fútbol."

Me hicieron sonreír esas palabras. ¿Acaso mi sobrino no se había fijado qué clase de día era ese? Muchas veces ese temporal se mantenía hasta por una semana. ¡Qué ocurrencia pedir que salga el sol!

Luego del desayuno fuimos a dejar a mi sobrino en el Estadio. En el camino sentimos una pequeña brisa que, casi enseguida, despejó los nubarrones. Pasaron la lluvia, los rayos y los truenos, y salió un sol muy radiante. ¡No lo podía creer!

La Biblia nos enseña que Dios pone sus ojos en aquellos que, como ese pequeño, tienen certeza de lo que esperan y están convencidos que obtendrán lo que piden, aunque no vislumbren nada.

Esa fue una lección de fe para mí. Yo la había tenido para otras cosas; pero no para algo de esa naturaleza. La fe funciona cada vez que tengamos la seguridad absoluta de recibir lo que pedimos y cuando estamos plenamente convencidas de que nuestro todopoderoso Dios podrá realizar lo que no vemos.

Ximena Soliz de Piérola
Bolivia

tenido oportunidad de regresar a ella. **16** Antes bien, anhelaban una patria mejor, es decir, la celestial. Por lo tanto, Dios no se avergonzó de ser llamado su Dios, y les preparó una ciudad.

17 Por la fe Abraham, que había recibido las promesas, fue puesto a *prueba y ofreció a Isaac, su hijo único, **18** a pesar de que Dios le había dicho: «Tu *descendencia se establecerá por medio de Isaac.»ᵃ **19** Consideraba Abraham que Dios tiene poder hasta para resucitar a los muertos, y así, en sentido figurado, recobró a Isaac de entre los muertos.

20 Por la fe Isaac bendijo a Jacob y a Esaú, previendo lo que les esperaba en el futuro.

21 Por la fe Jacob, cuando estaba a punto de morir, bendijo a cada uno de los hijos de José, y adoró apoyándose en la punta de su bastón.

22 Por la fe José, al fin de su vida, se refirió a la salida de los israelitas de Egipto y dio instrucciones acerca de sus restos mortales.

23 Por la fe Moisés, recién nacido, fue escondido por sus padres durante tres meses, porque vieron que era un niño precioso, y no tuvieron miedo del edicto del rey.

24 Por la fe Moisés, ya adulto, renunció a ser llamado hijo de la hija del faraón. **25** Prefirió ser maltratado con el pueblo de Dios a disfrutar de los efímeros placeres del pecado. **26** Consideró que el oprobio por causa del *Mesías era una mayor riqueza que los tesoros de Egipto, porque tenía la mirada puesta en la recompensa. **27** Por la fe salió de Egipto sin tenerle miedo a la ira del rey, pues se mantuvo firme como si estuviera viendo al Invisible. **28** Por la fe celebró la Pascua y el rociamiento de la sangre, para que el exterminador de los primogénitos no tocara a los de Israel.

29 Por la fe el pueblo cruzó el Mar Rojo como por tierra seca; pero cuando los egipcios intentaron cruzarlo, se ahogaron.

30 Por la fe cayeron las murallas de Jericó, después de haber marchado el pueblo siete días a su alrededor.

31 Por la fe la prostituta Rahab no murió junto con los desobedientes,ᵇ pues había recibido en paz a los espías.

32 ¿Qué más voy a decir? Me faltaría tiempo para hablar de Gedeón, Barac, Sansón, Jefté, David, Samuel y los profetas, **33** los cuales por la fe conquistaron reinos, hicieron justicia y alcanzaron lo prometido; cerraron bocas de leones, **34** apagaron la furia de las llamas y escaparon del filo de la espada; sacaron fuerzas de flaqueza; se mostraron valientes en la guerra y pusieron en fuga a ejércitos extranjeros. **35** Hubo mujeres que por la resurrección recobraron a sus muertos. Otros, en cambio, fueron muertos a golpes, pues para alcanzar una mejor resurrección no aceptaron que los pusieran en libertad. **36** Otros sufrieron la prueba de burlas y azotes, e incluso de cadenas y cárceles. **37** Fueron apedreados,ᶜ aserrados por la mitad, asesinados a filo de espada. Anduvieron fugitivos de aquí para allá, cubiertos de pieles de oveja y de cabra, pasando necesidades, afligidos y maltratados. **38** ¡El mundo no merecía gente así! Anduvieron sin rumbo por desiertos y montañas, por cuevas y cavernas.

39 Aunque todos obtuvieron un testimonio favorable mediante la fe, ninguno de ellos vio el cumplimiento de la promesa. **40** Esto sucedió para que ellos no llegaran a la metaᵈ sin nosotros, pues Dios nos había preparado algo mejor.

Dios disciplina a sus hijos

12 Por tanto, también nosotros, que estamos rodeados de una multitud tan grande de testigos, despojémonos del lastre que nos estorba, en especial del pecado que nos asedia, y corramos con perseverancia la carrera que tenemos por delante. **2** Fijemos la mirada en Jesús, el iniciador y *perfeccionador de nuestra fe, quien por el gozo que le esperaba, soportó la cruz, menospreciando la vergüenza que ella significaba, y ahora está sentado a la *derecha del trono de Dios. **3** Así, pues, consideren a aquel que perseveró frente a

a **11:18** Gn 21:12 *b* **11:31** *desobedientes.* Alt. *incrédulos.* *c* **11:37** *apedreados.* Var. *apedreados, puestos a prueba.*
d **11:40** *meta.* Alt. *perfección.*

Pasaje del día: Hebreos 12:1-11
Versículo del día: Hebreos 12:11

Para reflejar su gloria

En los últimos días había pasado por muchas dificultades. Todo parecía complicarse y me sentía bastante cansada por tantos obstáculos. Sabía que el Señor estaba trabajando conmigo, probándome para ver si mi fe prevalecería sobre las circunstancias, viendo cuánta paciencia tenía.

Sentada junto a la ventanilla del ómnibus, observaba la estación, desierta a causa de la huelga ferroviaria. Algo me molestaba. Aparte de la quietud, había otra cosa extraña que no lograba detectar. Mi mirada se deslizó sobre las vías... ¡Allí estaba! Los rieles, que siempre refulgían, hoy estaban opacos, totalmente oxidados.

Evidentemente, era el tremendo peso del tren que las recorría una y otra vez lo que las conservaba tan limpias. Supe que Dios me hablaba, y me sentí llena de alegría y gratitud. Así funcionaba la disciplina del Señor en mí. A fin de enseñarme a vivir sus verdades y a obedecerlo, Él solía poner su mano fuerte sobre mí una y otra vez, hasta hacer relucir mi vida para que pudiera reflejar su gloria.

Oración: *Señor mío, te bendigo porque tu disciplina me demuestra tu amor y tu interés por mí, que soy tu hija. Quieres hacerme semejante a Cristo... y falta mucho todavía. Pódame, Labrador, para que mi vida se llene de frutos para vida eterna.*

Beatriz G. de Delupi
Argentina

tanta oposición por parte de los pecadores, para que no se cansen ni pierdan el ánimo.

⁴ En la lucha que ustedes libran contra el pecado, todavía no han tenido que resistir hasta derramar su sangre. ⁵ Y ya han olvidado por completo las palabras de aliento que como a hijos se les dirige:

«Hijo mío, no tomes a la ligera la
    disciplina del Señor
ni te desanimes cuando te
    reprenda,
⁶ porque el Señor disciplina a los que
    ama,
y azota a todo el que recibe como
    hijo.»ᵃ

⁷ Lo que soportan es para su disciplina, pues Dios los está tratando como a hijos. ¿Qué hijo hay a quien el padre no disciplina? ⁸ Si a ustedes se les deja sin la disciplina que todos reciben, entonces son bastardos y no hijos legítimos. ⁹ Después de todo, aunque nuestros padres *humanos nos disciplinaban, los respetábamos. ¿No hemos de someternos, con mayor razón, al Padre de los espíritus, para que vivamos? ¹⁰ En efecto, nuestros padres nos disciplinaban por un breve tiempo, como mejor les parecía; pero Dios lo hace para nuestro bien, a fin de que participemos de su *santidad. ¹¹ Ciertamente, ninguna disciplina, en el momento de recibirla, parece agradable, sino más bien penosa; sin embargo, después produce una cosecha de justicia y paz para quienes han sido entrenados por ella.

¹² Por tanto, renueven las fuerzas de sus manos cansadas y de sus rodillas debilitadas. ¹³ «Hagan sendas derechas para sus pies»,ᵇ para que la pierna coja no se disloque sino que se sane.

Advertencia a los que rechazan a Dios

¹⁴ Busquen la paz con todos, y la *santidad, sin la cual nadie verá al Señor. ¹⁵ Asegúrense de que nadie deje de alcanzar la gracia de Dios; de que ninguna raíz amarga brote y cause dificultades y corrompa a muchos; ¹⁶ y de que nadie sea inmoral ni profano como Esaú, quien por un solo plato de comida vendió sus derechos de hijo mayor.ᶜ ¹⁷ Después, como ya saben, cuando quiso heredar esa bendición, fue rechazado: No se le dio lugar para el *arrepentimiento, aunque con lágrimas buscó la bendición.

¹⁸ Ustedes no se han acercado a una montaña que se pueda tocar o que esté ardiendo en fuego; ni a oscuridad, tinieblas y tormenta; ¹⁹ ni a sonido de trompeta, ni a tal clamor de palabras que quienes lo oyeron suplicaron que no se les hablara más, ²⁰ porque no podían soportar esta orden: «¡Será apedreado todo el que toque la montaña, aunque sea un animal!»ᵈ ²¹ Tan terrible era este espectáculo que Moisés dijo: «Estoy temblando de miedo.»ᵉ

²² Por el contrario, ustedes se han acercado al monte Sión, a la Jerusalén celestial, la ciudad del Dios viviente. Se han acercado a millares y millares de ángeles, a una asamblea gozosa, ²³ a la iglesia de los primogénitos inscritos en el cielo. Se han acercado a Dios, el juez de todos; a los espíritus de los justos que han llegado a la *perfección; ²⁴ a Jesús, el mediador de un nuevo pacto; y a la sangre rociada, que habla con más fuerza que la de Abel.

²⁵ Tengan cuidado de no rechazar al que habla, pues si no escaparon aquellos que rechazaron al que los amonestaba en la tierra, mucho menos escaparemos nosotros si le volvemos la espalda al que nos amonesta desde el cielo. ²⁶ En aquella ocasión, su voz conmovió la tierra, pero ahora ha prometido: «Una vez más haré que se estremezca no sólo la tierra sino también el cielo.»ᶠ ²⁷ La frase «una vez más» indica la transformaciónᵍ de las cosas movibles, es decir, las creadas, para que permanezca lo inconmovible.

²⁸ Así que nosotros, que estamos recibiendo un reino inconmovible, seamos agradecidos. Inspirados por esta gratitud, adoremos a Dios como a él le agrada, con temor reverente, ²⁹ porque nuestro «Dios es un fuego consumidor».ʰ

---

a 12:6 Pr 3:11,12 *b* 12:13 Pr 4:26 *c* 12:16 *sus derechos de hijo mayor.* Lit. *su primogenitura. d* 12:20 Éx 19:12,13
e 12:21 Dt 9:19 *f* 12:26 Hag 2:6 *g* 12:27 *transformación.* Alt. *remoción. h* 12:29 Dt 4:24

JUEVES

Pasaje del día: Hebreos 12:12-29
Versículo del día: Hebreos 12:15

Perdonar o enfermarse

Hace unos días me llamó una amiga y me dijo: "Me he enterado que mi esposo tiene otra mujer, ¿qué hago? Estoy desesperada... quiero morirme."

¿Qué se le puede decir a alguien que se encuentra al borde de la desesperación? Sabemos que Dios es nuestro amparo y nuestra fortaleza, que está pronto a auxiliarnos en las tribulaciones, y que en Él podemos depositar todas nuestras cargas; pero a veces es difícil llegar con ese mensaje a una persona desesperada.

Si está sufriendo, y no ve luz al final del túnel, tenga la seguridad que Dios la está acompañando a cada paso. Él no la deja, ni por un segundo. Si como mi amiga piensa que todo está perdido, esto es lo que puede hacer:

1. Perdone. Parece cínico perdonar a una persona que la ha lastimado y dañado; pero si no perdona, difícilmente podrá superar el problema. Si no perdona, se destruye a sí misma y perjudica a toda la familia. Lo peor es que si no perdona, se llenará de amargura. Es difícil; pero hay que perdonar. Y el perdón debe ser incondicional, como todo buen perdón.

2. Busque a Dios. Es necesario que busque a Dios en una manera más íntima. Ore por sí misma, para que Dios le ayude a perdonar y para que pueda mantener la comunión con el Señor. Ore también por su pareja, porque también está sufriendo.

3. Pida ayuda. Busque consejo y ayuda de personas que sean de confianza. No hable con todo el mundo sobre su problema sino sólo con personas que le puedan ayudar.

Oración: *Amado Señor, te pido que no brote de mi corazón ninguna raíz de amargura, por más dura que sea mi situación.*

Miriam C. de Taylor
Estados Unidos

Exhortaciones finales

13 Sigan amándose unos a otros fraternalmente. ² No se olviden de practicar la hospitalidad, pues gracias a ella algunos, sin saberlo, hospedaron ángeles. ³ Acuérdense de los presos, como si ustedes fueran sus compañeros de cárcel, y también de los que son maltratados, como si fueran ustedes mismos los que sufren.

⁴ Tengan todos en alta estima el matrimonio y la fidelidad conyugal, porque Dios juzgará a los adúlteros y a todos los que cometen inmoralidades sexuales. ⁵ Manténganse libres del amor al dinero, y conténtense con lo que tienen, porque Dios ha dicho:

«Nunca te dejaré;
  jamás te abandonaré.»^a

⁶ Así que podemos decir con toda confianza:

«El Señor es quien me ayuda; no
  temeré.
¿Qué puede hacerme el ser
  *humano?»^b

⁷ Acuérdense de sus dirigentes, que les comunicaron la palabra de Dios. Consideren cuál fue el resultado de su estilo de vida, e imiten su fe. ⁸ *Jesucristo es el mismo ayer y hoy y por los siglos.

⁹ No se dejen llevar por ninguna clase de enseñanzas extrañas. Conviene que el corazón sea fortalecido por la gracia, y no por alimentos rituales que de nada aprovechan a quienes los comen.

¹⁰ Nosotros tenemos un altar del cual no tienen derecho a comer los que ofician en el tabernáculo. ¹¹ Porque el sumo sacerdote introduce la sangre de los animales en el Lugar Santísimo como sacrificio por el pecado, pero los cuerpos de esos animales se queman fuera del campamento. ¹² Por eso también Jesús, para

*santificar al pueblo mediante su propia sangre, sufrió fuera de la puerta de la ciudad. ¹³ Por lo tanto, salgamos a su encuentro fuera del campamento, llevando la deshonra que él llevó, ¹⁴ pues aquí no tenemos una ciudad permanente, sino que buscamos la ciudad venidera.

¹⁵ Así que ofrezcamos continuamente a Dios, por medio de Jesucristo, un sacrificio de alabanza, es decir, el fruto de los labios que confiesan su nombre. ¹⁶ No se olviden de hacer el bien y de compartir con otros lo que tienen, porque ésos son los sacrificios que agradan a Dios.

¹⁷ Obedezcan a sus dirigentes y sométanse a ellos, pues cuidan de ustedes como quienes tienen que rendir cuentas. Obedézcanlos a fin de que ellos cumplan su tarea con alegría y sin quejarse, pues el quejarse no les trae ningún provecho.

¹⁸ Oren por nosotros, porque estamos seguros de tener la conciencia tranquila y queremos portarnos honradamente en todo. ¹⁹ Les ruego encarecidamente que oren para que cuanto antes se me permita estar de nuevo con ustedes.

²⁰ El Dios que da la paz levantó de entre los muertos al gran Pastor de las ovejas, a nuestro Señor Jesús, por la sangre del pacto eterno. ²¹ Que él los capacite en todo lo bueno para hacer su voluntad. Y que, por medio de Jesucristo, Dios cumpla en nosotros lo que le agrada. A él sea la gloria por los siglos de los siglos. Amén.

²² Hermanos, les ruego que reciban bien estas palabras de exhortación, ya que les he escrito brevemente.

²³ Quiero que sepan que nuestro hermano Timoteo ha sido puesto en libertad. Si llega pronto, iré con él a verlos.

²⁴ Saluden a todos sus dirigentes y a todos los *santos. Los de Italia les mandan saludos.

²⁵ Que la gracia sea con todos ustedes.

a 13:5 Dt 31:6 *b* 13:6 Sal 118:6,7

SANTIAGO

- Santiago (un hermano de Jesús) escribe esta carta a fin de exhortar a los cristianos a expresar su fe en el diario vivir. Les recuerda lo que dijo Jesús, especialmente en el Sermón del Monte (Mateo 5—7). Al leer este libro, pregúntese si los demás pueden ver por lo que usted hace y dice que cree en Jesucristo.

1 *Santiago, *siervo de Dios y del Señor *Jesucristo,

a las doce tribus que se hallan dispersas por el mundo:

Saludos.

Pruebas y tentaciones

2 Hermanos míos, considérense muy dichosos cuando tengan que enfrentarse con diversas *pruebas, **3** pues ya saben que la prueba de su fe produce constancia. **4** Y la constancia debe llevar a feliz término la obra, para que sean *perfectos e íntegros, sin que les falte nada. **5** Si a alguno de ustedes le falta sabiduría, pídasela a Dios, y él se la dará, pues Dios da a todos generosamente sin menospreciar a nadie. **6** Pero que pida con fe, sin dudar, porque quien duda es como las olas del mar, agitadas y llevadas de un lado a otro por el viento. **7** Quien es así no piense que va a recibir cosa alguna del Señor; **8** es indeciso e inconstante en todo lo que hace.

9 El hermano de condición humilde debe sentirse *orgulloso de su alta dignidad, **10** y el rico, de su humilde condición. El rico pasará como la flor del campo. **11** El sol, cuando sale, seca la planta con su calor abrasador. A ésta se le cae la flor y pierde su belleza. Así se marchitará también el rico en todas sus empresas.

12 *Dichoso el que resiste la *tentación porque, al salir aprobado, recibirá la corona de la vida que Dios ha prometido a quienes lo aman.

13 Que nadie, al ser tentado, diga: «Es Dios quien me tienta.» Porque Dios no puede ser tentado por el mal, ni tampoco tienta él a nadie. **14** Todo lo contrario, cada uno es tentado cuando sus propios malos deseos lo arrastran y seducen. **15** Luego, cuando el deseo ha concebido, engendra el pecado; y el pecado, una vez que ha sido consumado, da a luz la muerte.

16 Mis queridos hermanos, no se engañen. **17** Toda buena dádiva y todo don perfecto descienden de lo alto, donde está el Padre que creó las lumbreras celestes, y que no cambia como los astros ni se mueve como las sombras. **18** Por su propia voluntad nos hizo nacer mediante la palabra de verdad, para que fuéramos como los primeros y mejores frutos de su creación.

Hay que poner en práctica la palabra

19 Mis queridos hermanos, tengan presente esto: Todos deben estar listos para escuchar, y ser lentos para hablar y para enojarse; **20** pues la ira *humana no produce la vida justa que Dios quiere. **21** Por esto, despójense de toda inmundicia y de la maldad que tanto abunda, para que puedan recibir con humildad la palabra sembrada en ustedes, la cual tiene poder para salvarles la *vida.

22 No se contenten sólo con escuchar la palabra, pues así se engañan ustedes mismos. Llévenla a la práctica. **23** El que escucha la palabra pero no la pone en práctica es como el que se mira el rostro en un espejo **24** y, después de mirarse, se va y se olvida en seguida de cómo es. **25** Pero quien se fija atentamente en la ley perfecta que da libertad, y persevera en ella, no olvidando lo que ha oído sino haciéndolo, recibirá bendición al practicarla.

26 Si alguien se cree religioso pero no le pone freno a su lengua, se engaña a sí mismo, y su religión no sirve para nada. **27** La religión pura y sin mancha delante de Dios nuestro Padre es ésta: atender a los huérfanos y a las viudas en sus aflicciones, y conservarse limpio de la corrupción del mundo.

Prohibición del favoritismo

2 Hermanos míos, la fe que tienen en nuestro glorioso Señor *Jesucristo no debe dar lugar a favoritismos. **2** Supongamos que en el lugar donde se reúnen entra un hombre con anillo de oro y ropa ele-

Pasaje del día: Santiago 1:2-7
Versículo del día: Santiago 1:4

¿Para qué esperar?

Un día Dios me enseñó cuán importante es la paciencia cuando estamos esperando que Él resuelva situaciones específicas de nuestra vida. Llevaba tres años esperando la respuesta de Dios a un problema muy serio que tenía con una de mis hijas. Ese día en especial, la carga era insoportable; le rogaba al Señor que me diera alguna evidencia de su intervención y que me ayudara en mi debilidad.

Mientras oraba, comencé a buscar en una madeja de listón la punta para cortar una muestra que necesitaba. Al no encontrarla, cambié el enfoque de mi oración para que Dios me ayudara en esa tarea: "¡Señor, ayúdame a encontrar la punta!" Los minutos se hacían eternos y me cansé. Por fin, tuve la osadía de decirle al Señor: "Como no me has mostrado la punta, cortaré donde sea. ¡No puedo esperar más!"

Estaba por cortar cuando el Señor me detuvo, diciéndome: "¿No me pediste que te mostrara la punta?" Y en ese momento, mis ojos se posaron en el lugar exacto donde estaba. Avergonzada, corté la muestra, y volví a oír su voz inconfundible: "¡Así te pierdes mis bendiciones! Cuando estoy en el umbral, me cierras la puerta, no esperando mi intervención. ¿No sabes que soy un Dios perfecto y que nunca llego tarde?"

Comprendí que todavía no era tiempo de recibir la respuesta. Dios tenía muchas piezas por mover para que la victoria fuera completa. Ocho meses después, cuando estuvo listo y Dios dio la orden, pude disfrutar de su perfecta voluntad y también supe que había valido la pena esperar en Dios con paciencia.

¿Crees que Dios se ha olvidado de tu necesidad? Te aseguro que no. A su debido tiempo, te dará la respuesta.

Rita Mellado
México

Pasaje del sábado:
Santiago 5:9-12

Pasaje del domingo:
Efesios 4:25-32

La verdad

Nunca digas que no,
Si la verdad es que es sí.
Tampoco digas que es sí,
Cuando lo cierto es que es no.

Que nuestro hablar sea sí, sí;
Si es que realmente es sí.
Y es preferible decir no,
Si sinceramente es no.

No es un juego de palabras
Lo que hoy quiero expresar.
Simplemente es mi deseo
Hablar con sinceridad.

Si estás preso en la mentira,
Necesitas de la verdad.
Y la verdad es que sólo Cristo
Te puede dar libertad.

Ximena Soliz de Piérola
Bolivia

gante, y entra también un pobre desharrapado. ³ Si atienden bien al que lleva ropa elegante y le dicen: «Siéntese usted aquí, en este lugar cómodo», pero al pobre le dicen: «Quédate ahí de pie» o «Siéntate en el suelo, a mis pies», ⁴ ¿acaso no hacen discriminación entre ustedes, juzgando con malas intenciones?

⁵ Escuchen, mis queridos hermanos: ¿No ha escogido Dios a los que son pobres según el mundo para que sean ricos en la fe y hereden el reino que prometió a quienes lo aman? ⁶ ¡Pero ustedes han menospreciado al pobre! ¿No son los ricos quienes los explotan a ustedes y los arrastran ante los tribunales? ⁷ ¿No son ellos los que *blasfeman el buen nombre de aquel a quien ustedes pertenecen?

⁸ Hacen muy bien si de veras cumplen la ley suprema de la Escritura: «Ama a tu prójimo como a ti mismo»;ª ⁹ pero si muestran algún favoritismo, pecan y son culpables, pues la misma ley los acusa de ser transgresores. ¹⁰ Porque el que cumple con toda la ley pero falla en un solo punto ya es culpable de haberla quebrantado toda. ¹¹ Pues el que dijo: «No cometas adulterio»,ᵇ también dijo: «No matas.»ᶜ Si no cometes adulterio, pero matas, ya has violado la ley.

¹² Hablen y pórtense como quienes han de ser juzgados por la ley que nos da libertad, ¹³ porque habrá un juicio sin compasión para el que actúe sin compasión. ¡La compasión triunfa en el juicio!

La fe y las obras

¹⁴ Hermanos míos, ¿de qué le sirve a uno alegar que tiene fe, si no tiene obras? ¿Acaso podrá salvarlo esa fe? ¹⁵ Supongamos que un hermano o una hermana no tienen con qué vestirse y carecen del alimento diario, ¹⁶ y uno de ustedes les dice: «Que les vaya bien; abríguense y coman hasta saciarse», pero no les da lo necesario para el cuerpo. ¿De qué servirá eso? ¹⁷ Así también la fe por sí sola, si no tiene obras, está muerta.

¹⁸ Sin embargo, alguien dirá: «Tú tienes fe, y yo tengo obras.»

Pues bien, muéstrame tu fe sin las obras, y yo te mostraré la fe por mis obras. ¹⁹ ¿Tú crees que hay un solo Dios? ¡Magnífico! También los demonios lo creen, y tiemblan.

²⁰ ¡Qué tonto eres! ¿Quieres convencerte de que la fe sin obras es estéril?ᵈ ²¹ ¿No fue declarado justo nuestro padre Abraham por lo que hizo cuando ofreció sobre el altar a su hijo Isaac? ²² Ya lo ves: Su fe y sus obras actuaban conjuntamente, y su fe llegó a la *perfección por las obras que hizo. ²³ Así se cumplió la Escritura que dice: «Creyó Abraham a Dios, y ello se le tomó en cuenta como justicia»,ᵉ y fue llamado amigo de Dios. ²⁴ Como pueden ver, a una persona se le declara justa por las obras, y no sólo por la fe.

²⁵ De igual manera, ¿no fue declarada justa por las obras aun la prostituta Rahab, cuando hospedó a los espías y les ayudó a huir por otro camino? ²⁶ Así, pues, como el cuerpo sin el espíritu está muerto, así también la fe sin obras está muerta.

Hay que domar la lengua

3 Hermanos míos, no pretendan muchos de ustedes ser maestros, pues, como saben, seremos juzgados con más severidad. ² Todos fallamos mucho. Si alguien nunca falla en lo que dice, es una persona *perfecta, capaz también de controlar todo su cuerpo.

³ Cuando ponemos freno en la boca de los caballos para que nos obedezcan, podemos controlar todo el animal. ⁴ Fíjense también en los barcos. A pesar de ser tan grandes y de ser impulsados por fuertes vientos, se gobiernan por un pequeño timón a voluntad del piloto. ⁵ Así también la lengua es un miembro muy pequeño del cuerpo, pero hace alarde de grandes hazañas. ¡Imagínense qué gran bosque se incendia con tan pequeña chispa! ⁶ También la lengua es un fuego, un mundo de maldad. Siendo uno de nuestros órganos, contamina todo el cuerpo y, encendida por el infierno,ᶠ prende a su vez fuego a todo el curso de la vida.

ª 2:8 Lv 19:18 ᵇ 2:11 Éx 20:14; Dt 5:18 ᶜ 2:11 Éx 20:13; Dt 5:17 ᵈ 2:20 *es estéril.* Var. *está muerta.*
ᵉ 2:23 Gn 15:6 ᶠ 3:6 *el infierno.* Lit. *la Gehenna.*

Pasaje del día: Santiago 3:1-12
Versículo del día: Santiago 3:2

Pon "a dieta" tus palabras

¿*Te* preocupa mantener una silueta esbelta? Pues, quisiera llamarte la atención sobre un sobrepeso que no mencionan las revistas para mujeres y que muchas veces pasamos por alto: el de nuestras palabras. Una palabra puede darnos fuerzas para vivir o hundirnos en la depresión. Sí, las palabras llevan dentro de ellas una carga muy poderosa, para bien o para mal.

Tomando esto en cuenta, la Biblia te propone que aprendas a usar bien tu lengua, y que la pongas al servicio de Dios. Con nuestra lengua bendecimos al Señor, y con ella maldecimos a nuestro prójimo, hecho a imagen de Dios. Santiago nos dice que no debe ser así.

Nuestra forma de hablar tiene una influencia poderosa. Generalmente, llenamos la vida de los que amamos con ideas opuestas a las verdades que Dios nos da en su Palabra. "Nunca vas a cambiar"; "Te gusta hacerme sufrir"; "Hijo, si no te portas bien, no te voy a querer más..." Tales frases son muy destructivas.

¿Qué tal si desde hoy empezamos la dieta? Debemos mostrarle al diablo que todo lo podemos en Cristo y que podemos disciplinar nuestra forma de hablar. Comencemos a decir palabras buenas y oportunas, que ayuden a crecer y traigan bendición a quienes las escuchen.

Oración: *Señor, dame el poder del Espíritu Santo para que mis palabras sean como las de Cristo, palabras de vida para los demás.*

Beatriz G. de Delupi
Argentina

Pasaje del día: Santiago 4:1-10
Versículo del día: Santiago 4:7

Sumisión por dentro y por fuera

La mañana había sido pesada. Muy temprano había despedido a mi esposo, que es pastor, para que fuera a ministrar a una familia en crisis; mi segunda hija tenía fiebre; la mayor había extraviado un zapato y no lo encontraba para ir a tomar el ómnibus que la llevaría al colegio. Para colmo, ese día escogió portarse mal mi travieso hijo de cuatro años.

Por fin, en desesperación, tomé mi Biblia, me encerré en el baño, pensando que sería el único lugar donde me dejarían tranquila un momento. Le pedí al Señor su enseñanza y paz al leer su Palabra. Mis ojos cayeron sobre estas palabras de Cristo: "¿Por qué me llaman 'Señor, Señor', y no hacen lo que les digo?" (Lucas 6:46). Mi mente las captó rápidamente antes de escuchar un grito de mi nena. Corrí y encontré que mi hijo había metido su muñeca favorita en el agua para hacerle "un champú."

Tomé una silla, la puse en la esquina de la cocina, y le reñí:

—Ya van varias veces que te digo que te sientes. Ahora te sentarás a la fuerza y estarás castigado.

Me miró con ojos traviesos de cuatro años y dijo:

—Mamá, me sentaré. Pero sólo estoy sentado por fuera... ¡por dentro estoy parado!

Con rapidez regresó a mi mente lo que acababa de leer en la Palabra de Dios. El Señor no sólo me pide obediencia por fuera, sino sumisión completa, de mente y corazón, a su voluntad.

Me senté, traje paz a mi mente y le dije a mi Señor: "Concédeme que nunca digas que yo no hago lo que tú ordenas. ¡Enséñame a ser sumisa, por dentro y por fuera!"

Beatriz E. de Zapata
Guatemala

⁷ El ser *humano sabe domar y, en efecto, ha domado toda clase de fieras, de aves, de reptiles y de bestias marinas; ⁸ pero nadie puede domar la lengua. Es un mal irrefrenable, lleno de veneno mortal.

⁹ Con la lengua bendecimos a nuestro Señor y Padre, y con ella maldecimos a las personas, creadas a imagen de Dios. ¹⁰ De una misma boca salen bendición y maldición. Hermanos míos, esto no debe ser así. ¹¹ ¿Puede acaso brotar de una misma fuente agua dulce y agua salada?ᵃ ¹² Hermanos míos, ¿acaso puede dar aceitunas una higuera o higos una vid? Pues tampoco una fuente de agua salada puede dar agua dulce.

Dos clases de sabiduría

¹³ ¿Quién es sabio y entendido entre ustedes? Que lo demuestre con su buena conducta, mediante obras hechas con la humildad que le da su sabiduría. ¹⁴ Pero si ustedes tienen envidias amargas y rivalidades en el corazón, dejen de presumir y de faltar a la verdad. ¹⁵ Ésa no es la sabiduría que desciende del cielo, sino que es terrenal, puramente *humana y diabólica. ¹⁶ Porque donde hay envidias y rivalidades, también hay confusión y toda clase de acciones malvadas.

¹⁷ En cambio, la sabiduría que desciende del cielo es ante todo pura, y además pacífica, bondadosa, dócil, llena de compasión y de buenos frutos, imparcial y sincera. ¹⁸ En fin, el fruto de la justicia se siembra en paz paraᵇ los que hacen la paz.

Sométanse a Dios

4 ¿De dónde surgen las guerras y los conflictos entre ustedes? ¿No es precisamente de las pasiones que luchan dentro de ustedes mismos?ᶜ ² Desean algo y no lo consiguen. Matan y sienten envidia, y no pueden obtener lo que quieren. Riñen y se hacen la guerra. No tienen, porque no piden. ³ Y cuando piden, no reci-

ben porque piden con malas intenciones, para satisfacer sus propias pasiones.

⁴ ¡Oh gente adúltera! ¿No saben que la amistad con el mundo es enemistad con Dios? Si alguien quiere ser amigo del mundo se vuelve enemigo de Dios. ⁵ ¿O creen que la Escritura dice en vano que Dios ama celosamente al espíritu que hizo morar en nosotros?ᵈ ⁶ Pero él nos da mayor ayuda con su gracia. Por eso dice la Escritura:

«Dios resiste a los orgullosos,
    pero da gracia a los humildes.»ᵉ

⁷ Así que sométanse a Dios. Resistan al diablo, y él huirá de ustedes. ⁸ Acérquense a Dios, y él se acercará a ustedes. ¡Pecadores, límpiense las manos! ¡Ustedes los inconstantes, purifiquen su corazón! ⁹ Reconozcan sus miserias, lloren y laméntense. Que su risa se convierta en llanto, y su alegría en tristeza. ¹⁰ Humíllense delante del Señor, y él los exaltará.

¹¹ Hermanos, no hablen mal unos de otros. Si alguien habla mal de su hermano, o lo juzga, habla mal de la ley y la juzga. Y si juzgas la ley, ya no eres cumplidor de la ley, sino su juez. ¹² No hay más que un solo legislador y juez, aquel que puede salvar y destruir. Tú, en cambio, ¿quién eres para juzgar a tu prójimo?

Alarde sobre el mañana

¹³ Ahora escuchen esto, ustedes que dicen: «Hoy o mañana iremos a tal o cual ciudad, pasaremos allí un año, haremos negocios y ganaremos dinero.» ¹⁴ ¡Y eso que ni siquiera saben qué sucederá mañana! ¿Qué es su vida? Ustedes son como la niebla, que aparece por un momento y luego se desvanece. ¹⁵ Más bien, debieran decir: «Si el Señor quiere, viviremos y haremos esto o aquello.» ¹⁶ Pero ahora se *jactan en sus fanfarronerías. Toda esta jactancia es mala. ¹⁷ Así que comete pecado todo el que sabe hacer el bien y no lo hace.

---

a **3:11** *salada.* Lit. *amarga* (véase también v. 14). *b* **3:18** *para.* Alt. *por. c* **4:1** *luchan ... mismos.* Lit. *hacen guerra en sus miembros. d* **4:5** *Dios ... nosotros.* Alt. *el espíritu que él hizo morar en nosotros envidia intensamente,* o *el Espíritu que él hizo morar en nosotros ama celosamente. e* **4:6** Pr 3:34

Pasaje del día: Santiago 5:13-18
Versículo del día: Santiago 5:16

Oración con fervor

Amado Señor:

Sé que escuchas nuestras oraciones y siempre respondes en tu tiempo. Sé también que lo más importante no es expresar nuestras necesidades, porque tú las conoces todas, sino que te tomemos en cuenta y que recordemos que eres nuestro mejor amigo, y que deseas que te tratemos como tal.

No quieres estar sentado a nuestro lado sin que te hablemos, ni te agrada llevarnos de la mano sin que siquiera te dirijamos una sonrisa. No esperas acunarnos en tus brazos sin ver en nuestros ojos agradecimiento.

Sin embargo, ¡cuántas veces te ignoramos! Olvidamos lo maravilloso que es sentirte muy cerca y saber que, aunque susurremos, tu oído está muy atento y que no debemos preocuparnos, porque estás en control.

¡Qué maravilloso es saber que atiendes a nuestras necesidades físicas y espirituales! A pesar de nuestra negligencia obras para nuestro bien. Gracias, porque nuestras oraciones son inspiradas por tu Espíritu Santo, quien las convierte en olor fragante para ti.

Señor, mil gracias por tu fidelidad y por perdonar nuestra falta de ella. Gracias también porque nos disciplinas por amor y nos mandas pruebas para refinarnos.

Ayúdanos, Padre, a ser más fieles cada día y a permanecer en comunión contigo por medio de la oración. Ayúdanos también a orar con el fervor de Elías. Queremos que nuestras oraciones, como las de él, sean poderosas y eficaces.

Martha Lucía Torres Rodríguez
Colombia

Advertencia a los ricos opresores

5 Ahora escuchen, ustedes los ricos: lloren a gritos por las calamidades que se les vienen encima! ² Se ha podrido su riqueza, y sus ropas están comidas por la polilla. ³ Se han oxidado su oro y su plata. Ese óxido dará testimonio contra ustedes y consumirá como fuego sus cuerpos. Han amontonado riquezas, ¡y eso que estamos en los últimos tiempos! ⁴ Oigan cómo clama contra ustedes el salario no pagado a los obreros que les trabajaron sus campos. El clamor de esos trabajadores ha llegado a oídos del Señor Todopoderoso. ⁵ Ustedes han llevado en este mundo una vida de lujo y de placer desenfrenado. Lo que han hecho es engordar para el día de la matanza.ᵃ ⁶ Han condenado y matado al justo sin que él les ofreciera resistencia.

Paciencia en los sufrimientos

⁷ Por tanto, hermanos, tengan paciencia hasta la venida del Señor. Miren cómo espera el agricultor a que la tierra dé su precioso fruto y con qué paciencia aguarda las temporadas de lluvia. ⁸ Así también ustedes, manténganse firmes y aguarden con paciencia la venida del Señor, que ya se acerca. ⁹ No se quejen unos de otros, hermanos, para que no sean juzgados. ¡El juez ya está a la puerta!

¹⁰ Hermanos, tomen como ejemplo de sufrimiento y de paciencia a los profetas que hablaron en el nombre del Señor. ¹¹ En verdad, consideramos *dichosos a los que perseveraron. Ustedes han oído hablar de la perseverancia de Job, y han visto lo que al final le dio el Señor. Es que el Señor es muy compasivo y misericordioso.

¹² Sobre todo, hermanos míos, no juren ni por el cielo ni por la tierra ni por ninguna otra cosa. Que su «sí» sea «sí», y su «no», «no», para que no sean condenados.

La oración de fe

¹³ ¿Está afligido alguno entre ustedes? Que ore. ¿Está alguno de buen ánimo? Que cante alabanzas. ¹⁴ ¿Está enfermo alguno de ustedes? Haga llamar a los *ancianos de la iglesia para que oren por él y lo unjan con aceite en el nombre del Señor. ¹⁵ La oración de fe sanará al enfermo y el Señor lo levantará. Y si ha pecado, su pecado se le perdonará. ¹⁶ Por eso, confiésense unos a otros sus pecados, y oren unos por otros, para que sean sanados. La oración del justo es poderosa y eficaz.

¹⁷ Elías era un hombre con debilidades como las nuestras. Con fervor oró que no lloviera, y no llovió sobre la tierra durante tres años y medio. ¹⁸ Volvió a orar, y el cielo dio su lluvia y la tierra produjo sus frutos.

¹⁹ Hermanos míos, si alguno de ustedes se extravía de la verdad, y otro lo hace volver a ella, ²⁰ recuerden que quien hace volver a un pecador de su extravío, lo salvará de la muerte y cubrirá muchísimos pecados.

---

a 5:5 Lo ... matanza. Alt. *Han engordado como en un banquete.*

1 PEDRO

- Pedro escribe esta carta a un grupo de cristianos que están sufriendo por su fe, y les recuerda cuánto sufrió Jesús. Les inspira con esperanza para el futuro y les muestra cómo crecer en su fe. Al leer este libro, decida hacer todo lo posible por llevar una vida santa mientras espera el regreso de Jesucristo y la recompensa que él promete dar a sus seguidores.

1 Pedro

1 Pedro, apóstol de *Jesucristo,

a los elegidos, extranjeros dispersos por el Ponto, Galacia, Capadocia, *Asia y Bitinia, **2** según la previsióna de Dios el Padre, mediante la obra *santificadora del Espíritu, para obedecer a Jesucristo y ser redimidosb por su sangre:

Que abunden en ustedes la gracia y la paz.

Alabanza a Dios por una esperanza viva

3 ¡Alabado sea Dios, Padre de nuestro Señor Jesucristo! Por su gran misericordia, nos ha hecho nacer de nuevo mediante la resurrección de Jesucristo, para que tengamos una esperanza viva **4** y recibamos una herencia indestructible, incontaminada e inmarchitable. Tal herencia está reservada en el cielo para ustedes, **5** a quienes el poder de Dios protege mediante la fe hasta que llegue la salvación que se ha de revelar en los últimos tiempos. **6** Esto es para ustedes motivo de gran alegría, a pesar de que hasta ahora han tenido que sufrir diversas *pruebas por un tiempo. **7** El oro, aunque perecedero, se acrisola al fuego. Así también la fe de ustedes, que vale mucho más que el oro, al ser acrisolada por las pruebas demostrará que es digna de aprobación, gloria y honor cuando Jesucristo se revele. **8** Ustedes lo aman a pesar de no haberlo visto; y aunque no lo ven ahora, creen en él y se alegran con un gozo indescriptible y glorioso, **9** pues están obteniendo la meta de su fe, que es su salvación.

10 Los profetas, que anunciaron la gracia reservada para ustedes, estudiaron y observaron esta salvación. **11** Querían descubrir a qué tiempo y a cuáles circunstancias se refería el Espíritu de *Cristo, que estaba en ellos, cuando testificó de antemano acerca de los sufrimientos de Cristo y de la gloria que vendría después de éstos. **12** A ellos se les reveló que no se estaban sirviendo a sí mismos, sino que les servían a ustedes. Hablaban de las cosas que ahora les han anunciado los que les predicaron el *evangelio por medio del Espíritu Santo enviado del cielo. Aun los mismos ángeles anhelan contemplar esas cosas.

Sean santos

13 Por eso, dispónganse para actuar con inteligencia;c tengan dominio propio; pongan su esperanza completamente en la gracia que se les dará cuando se revele *Jesucristo. **14** Como hijos obedientes, no se amolden a los malos deseos que tenían antes, cuando vivían en la ignorancia. **15** Más bien, sean ustedes *santos en todo lo que hagan, como también es santo quien los llamó; **16** pues está escrito: «Sean santos, porque yo soy santo.»d **17** Ya que invocan como Padre al que juzga con imparcialidad las obras de cada uno, vivan con temor reverente mientras sean peregrinos en este mundo. **18** Como bien saben, ustedes fueron rescatados de la vida absurda que heredaron de sus antepasados. El precio de su rescate no se pagó con cosas perecederas, como el oro o la plata, **19** sino con la preciosa sangre de Cristo, como de un cordero sin mancha y sin defecto. **20** Cristo, a quien Dios escogió antes de la creación del mundo, se ha manifestado en estos últimos tiempos en beneficio de ustedes. **21** Por medio de él ustedes creen en Dios, que lo *resucitó y glorificó, de modo que su fe y su esperanza están puestas en Dios.

22 Ahora que se han purificado obedeciendo a la verdad y tienen un amor sincero por sus hermanos, ámense de todo corazóne los unos a los otros. **23** Pues ustedes han nacido de nuevo, no de si-

---

a 1:2 la previsión. Lit. *el conocimiento previo.* *b 1:2* redimidos. Lit. *rociados.* *c 1:13* dispónganse ... inteligencia. Lit. *ceñidos los lomos de su mente.* *d 1:16* Lv 11:44,45; 19:2; 20:7; Is 40:6-8 *e 1:22* de todo corazón. Var. *con corazón puro.*

JUEVES

Pasaje del día: 1 Pedro 1:1-12
Versículo del día: 1 Pedro 1:7

Perfeccionadas por el fuego

*D*urante nuestro peregrinar por esta vida, casi todas hemos sido sorprendidas por fuertes pruebas: circunstancias difíciles, desánimo, frustraciones, enfermedades, la pérdida de un ser amado, crisis económicas y familiares. Hemos llegado a creer que hasta ahí llegó todo, que no hay salida de ese horno de fuego, y llegamos muchas veces hasta a interrogar a Dios: "¿Por qué a mí, Señor?"

El creyente en Cristo Jesús es comparado con el oro y con el barro, entre otros. Como oro, muchas veces nuestra autenticidad cristiana es probada en el crisol de la aflicción. Si servimos a Dios de corazón nuestra vida saldrá más resplandeciente; el fuego del crisol quemará solamente lo que no sirve.

Como barro, el Divino Alfarero nos pasa por la rueda de las pruebas. Con sus delicadas manos perfecciona los defectos del barro de nuestro ser y nos endurece mediante el horno de fuego, hasta que lleguemos a ser una vasija útil y duradera en sus manos.

¿Te encuentras en medio de un horno de fuego? Dios lo ha permitido con un propósito: para que la belleza del carácter de Cristo pueda llegar a ser permanente en tu vida. Al igual que la vasija acabada, Dios quiere usarte en su obra. A través de los siglos Dios ha elegido a sus mejores obreros en el crisol de la aflicción.

En su experiencia personal, el apóstol Pablo nos expresa que los sufrimientos ligeros y efímeros que ahora padecemos nos producen una gloria eterna y que en todas las dificultades somos más que vencedoras por medio de Jesucristo.

Milagros S. de Bello
República Dominicana

miente perecedera, sino de simiente imperecedera, mediante la palabra de Dios que vive y permanece. ²⁴ Porque

«todo *mortal es como hierba,
y toda su gloria como flor del
campo;
se seca la hierba y se cae la flor,
²⁵ pero la palabra del Señor
permanece para siempre.»ᵃ

Y ésta es la palabra del evangelio que se les ha anunciado a ustedes.

2 Por lo tanto, abandonando toda maldad y todo engaño, hipocresía, envidias y toda calumnia, ² deseen con ansias la leche pura de la palabra,ᵇ como niños recién nacidos. Así, por medio de ella, crecerán en su salvación, ³ ahora que han probado lo bueno que es el Señor.

La piedra viva y su pueblo escogido

⁴ *Cristo es la Piedra viva, rechazada por los seres *humanos pero escogida y preciosa ante Dios. Al acercarse a él, ⁵ también ustedes son como piedras vivas, con las cuales se está edificando una casa espiritual. De este modo llegan a ser un sacerdocio *santo, para ofrecer sacrificios espirituales que Dios acepta por medio de Jesucristo. ⁶ Así dice la Escritura:

«Miren que pongo en Sión
una piedra principal escogida y
preciosa,
y el que confíe en ella
no será jamás defraudado.»ᶜ

⁷ Para ustedes los creyentes, esta piedra es preciosa; pero para los incrédulos,

«la piedra que desecharon los
constructores
ha llegado a ser piedra angular»,ᵈ

⁸ y también:

«una piedra de *tropiezo
y una roca que hace *caer.»ᵉ

Tropiezan al desobedecer la palabra, para lo cual estaban destinados.

⁹ Pero ustedes son linaje escogido, real sacerdocio, nación santa, pueblo que pertenece a Dios, para que proclamen las obras maravillosas de aquel que los llamó de las tinieblas a su luz admirable. ¹⁰ Ustedes antes ni siquiera eran pueblo, pero ahora son pueblo de Dios; antes no habían recibido misericordia, pero ahora ya la han recibido.

¹¹ Queridos hermanos, les ruego como a extranjeros y peregrinos en este mundo, que se aparten de los deseos pecaminososᶠ que combaten contra la *vida. ¹² Mantengan entre los incrédulosᵍ una conducta tan ejemplar que, aunque los acusen de hacer el mal, ellos observen las buenas obras de ustedes y glorifiquen a Dios en el día de la salvación.ʰ

Sumisión a los gobernantes y a los superiores

¹³ Sométanse por causa del Señor a toda autoridad humana, ya sea al rey como suprema autoridad, ¹⁴ o a los gobernadores que él envía para castigar a los que hacen el mal y reconocer a los que hacen el bien. ¹⁵ Porque ésta es la voluntad de Dios: que, practicando el bien, hagan callar la ignorancia de los insensatos. ¹⁶ Eso es actuar como personas libres que no se valen de su libertad para disimular la maldad, sino que viven como *siervos de Dios. ¹⁷ Den a todos el debido respeto: amen a los hermanos, teman a Dios, respeten al rey.

¹⁸ Criados, sométanse con todo respeto a sus amos, no sólo a los buenos y comprensivos sino también a los insoportables. ¹⁹ Porque es digno de elogio que, por sentido de responsabilidad delante de Dios, se soporten las penalidades, aun sufriendo injustamente. ²⁰ Pero ¿cómo pueden ustedes atribuirse mérito alguno si soportan que los maltraten por hacer el mal? En cambio, si sufren por hacer el bien, eso merece elogio delante de Dios. ²¹ Para esto fueron llamados, porque *Cristo sufrió por ustedes, dándoles ejemplo para que sigan sus pasos.

---

a 1:25 Is 40:6-8 *b 2:2 leche pura de la palabra.* Alt. *leche espiritual pura.* *c 2:6* Is 28:16 *d 2:7* Sal 118:22 *e 2:8* Is 8:14
f 2:11 pecaminosos. Lit. *carnales.* *g 2:12 incrédulos.* Lit. *gentiles.* *h 2:12 de la salvación.* Alt. *del juicio.* Lit. *de la visitación.*

Pasaje del día: 1 Pedro 2:1-10
Versículo del día: 1 Pedro 2:9

Rescate de la autoestima

*M*i alma acongojada veia sólo nubes; pero abriste tu cielo y me mostraste tu obra. Salté de alegria, hubo fiesta en mi alma. ¡Oh Dios, hermosa es la obra de tus manos, de la cual yo soy parte!

Lei en tu Palabra que creaste al hombre; pero al verlo muy solo le hiciste compañera. Soy parte de esa creación tuya.

Descubrí y, al fin, comprendí que el mayor regalo tuyo es el libre albedrío; esa capacidad que me diste de ser yo la que tome decisiones responsables sobre mi vida. ¡Qué maravilla saber que me creaste con dignidad! Y aun más, saber que respetas tu obra y que, por eso, no nos manipulas como marionetas. ¡Qué amor grande el tuyo!

Como la rosa que perfuma el ambiente entró tu presencia a calmar mi alma y a endulzar mis dias. Ahora sé lo que valgo. Tú, oh Dios, has rescatado mi autoestima. Has ungido mis sienes y me has dado paz.

He dejado de ser Cenicienta, para ser reina en tu palacio sagrado, lleno de personas humildes a quienes tú has liberado, declarándolas hechura tuya, ovejas de tu prado, pueblo escogido, real sacerdocio, nación santa. ¡Bendito seas, Dios de mi salvación!

Edith LaFontaine
Estados Unidos

Pasaje del sábado:
1 Pedro 2:1-5
Pasaje del domingo:
Efesios 4:11-16

Fórmula para el crecimiento

Así como hay varios factores que influyen en el desarrollo y el crecimiento de un bebé recién nacido, hay una fórmula para el crecimiento de la persona que ha nacido de nuevo. Si aplicas los cuidados reglamentarios, desarrollarás tu vida espiritual y experimentarás el crecimiento. He aquí algunos de ellos:

1. Alimentación: Diariamente debes asimilar la leche no adulterada, a través de la lectura, el estudio y la meditación de la Palabra de Dios.

2. Aire y sol: La oración es el oxígeno del alma. Sin oración fallecerás y no soportarás los problemas.

3. Ejercicio: Camina a través de la fe. Asida de la mano de Jesús pon en acción lo que aprendas en la Palabra.

4. Reposo: Descansa confiadamente en Dios, en cualquier circunstancia. Él cuida de ti.

5. Limpieza: Mantén tu corazón renovado constantemente; sólo puede ser limpio con la poderosa sangre de Cristo.

6. Cuidado: No descuides la comunión con otros; sé fiel a la iglesia de Cristo para edificarte.

7. Control médico: Examina periódicamente tu estado espiritual y gozarás de vigor y salud.

Si descuidas estos cuidados, estancarás tu crecimiento; pero si sigues esta fórmula, desarrollarás cada día más en tu vida cristiana. ¿Estás creciendo hoy?

Alicia de García
El Salvador

²² «El no cometió ningún pecado
ni hubo engaño alguno en sus
labios.»ᵃ

²³ Cuando proferían insultos contra él,
no replicaba con insultos; cuando padecía, no amenazaba, sino que se entregaba
a aquel que juzga con justicia. ²⁴ Él mismo, en su cuerpo, llevó al madero nuestros pecados, para que muramos al
pecado y vivamos para la justicia. Por sus
heridas ustedes han sido sanados. ²⁵ Antes eran ustedes como ovejas descarriadas, pero ahora han vuelto al Pastor que
cuidaᵇ de sus vidas.

Deberes conyugales

3 Así mismo, esposas, sométanse a sus
esposos, de modo que si algunos de
ellos no creen en la palabra, puedan ser
ganados más por el comportamiento de
ustedes que por sus palabras, ² al observar
su conducta íntegra y respetuosa. ³ Que la
belleza de ustedes no sea la externa, que
consiste en adornos tales como peinados
ostentosos, joyas de oro y vestidos lujosos.
⁴ Que su belleza sea más bien la incorruptible, la que procede de lo íntimo del
corazón y consiste en un espíritu suave y
apacible. Ésta sí que tiene mucho valor
delante de Dios. ⁵ Así se adornaban en
tiempos antiguos las *santas mujeres que
esperaban en Dios, cada una sumisa a su
esposo. ⁶ Tal es el caso de Sara, que obe-
decía a Abraham y lo llamaba su señor.
Ustedes son hijas de ella si hacen el bien
y viven sin ningún temor.

⁷ De igual manera, ustedes esposos,
sean comprensivos en su vida conyugal,
tratando cada uno a su esposa con respeto, ya que como mujer es más delicada,ᶜ
y ambos son herederos del grato don de
la vida. Así nada estorbará las oraciones
de ustedes.

Sufriendo por hacer el bien

⁸ En fin, vivan en armonía los unos con
los otros; compartan penas y alegrías,
practiquen el amor fraternal, sean compasivos y humildes. ⁹ No devuelvan mal
por mal ni insulto por insulto; más bien,
bendigan, porque para esto fueron llamados, para heredar una bendición. ¹⁰ En
efecto,

«el que quiera amar la vida
y pasar días felices,
guarde su lengua del mal
y sus labios de proferir engaños.
¹¹ Apártese del mal y haga el bien;
busque la paz y sígala.
¹² Porque el Señor mira con buenos
ojos a los justos
y sus oídos están atentos a sus
oraciones,
pero mira con indignación a los que
hacen el mal.»ᵈ

¹³ Y a ustedes, ¿quién les va a hacer
daño si se esfuerzan por hacer el bien?
¹⁴ ¡*Dichosos si sufren por causa de la
justicia! «No teman lo que ellos temen,ᵉ
ni se asusten.»ᶠ ¹⁵ Más bien, honren en su
corazón a *Cristo como Señor. Estén
siempre preparados para responder a
todo el que les pida razón de la esperanza
que hay en ustedes. ¹⁶ Pero háganlo con
gentileza y respeto, manteniendo la conciencia limpia, para que los que hablan
mal de la buena conducta de ustedes en
Cristo, se avergüencen de sus calumnias.
¹⁷ Si es la voluntad de Dios, es preferible
sufrir por hacer el bien que por hacer el
mal.

¹⁸ Porque Cristo murió por los pecados
una vez por todas, el justo por los injustos, a fin de llevarlos a ustedes a Dios. Él
sufrió la muerte en su *cuerpo, pero el
Espíritu hizo que volviera a la vida.ᵍ
¹⁹ Por medio del Espíritu fue y predicó a
los espíritus encarcelados, ²⁰ que en los
tiempos antiguos, en los días de Noé,
desobedecieron, cuando Dios esperaba
con paciencia mientras se construía el
arca. En ella sólo pocas personas, ocho en
total, se salvaron mediante el agua, ²¹ la
cual simboliza el bautismo que ahora los
salva también a ustedes. El bautismo no
consiste en la limpieza del cuerpo, sino
en el compromiso de tener una buena

---

a 2:22 Is 53:9 *b* 2:25 *Pastor que cuida.* Lit. *Pastor y Obispo.* *c* 3:7 *ya que ... delicada.* Lit. *como a vaso más frágil.*
d 3:12 Sal 34:12-16 *e* 3:14 *lo que ellos temen.* Alt. *sus amenazas.* *f* 3:14 Is 8:12 *g* 3:18 *pero ... vida.* Alt. *pero volvió a la vida en su espíritu.*

Pasaje del día: 1 Pedro 3:1-7
Versículo del día: 1 Pedro 3:4

Joyas que embellecen

En los tiempos bíblicos, así como en la actualidad, las mujeres se preocupaban por la belleza externa. De hecho, usaban prendas en el cabello, aretes, argollas y vestidos lujosos. Sin embargo, ¿qué del atavío interno, en el corazón? No es incorrecto el adornarse externamente, al contrario, es necesario; pero nunca debe ser descuidado el atavío interno.

Somos verdaderamente bellas cuando gozamos de un corazón limpio de pecado, adornado con el fruto que produce el Espíritu Santo: amor, alegría, paz, paciencia, amabilidad, bondad, fidelidad, mansedumbre y dominio propio (Gálatas 5:22-23).

El apóstol Pedro nos invita a embellecernos con "el diamante" de un espíritu suave y apacible, es decir, ser tranquilas, no dadas a la desesperación o a la ira. También nos habla de "la esmeralda" de la sujeción, o la disposición a aceptar el liderazgo del esposo en el hogar. Finalmente, nos habla de "la gema" de la buena conducta, con la cual es posible ganar al esposo que no conoce al Señor.

Si adornamos nuestra vida con estas joyas espirituales, contribuirán para que nuestro matrimonio sea fortalecido y para que nuestros hijos sean conducidos por un buen ejemplo o modelo. También podremos ayudar a otras mujeres que necesitan "aprender a ser bellas".

¿Con qué adornarás hoy tu vida?

Dina de Galán
El Salvador

conciencia delante de Dios. Esta salvación es posible por la resurrección de Jesucristo, 22 quien subió al cielo y tomó su lugar a la *derecha de Dios, y a quien están sometidos los ángeles, las autoridades y los poderes.

Viviendo el ejemplo de Cristo

4 Por tanto, ya que *Cristo sufrió en el cuerpo, asuman también ustedes la misma actitud; porque el que ha sufrido en el *cuerpo ha roto con el pecado, 2 para vivir el resto de su vida terrenal no satisfaciendo sus pasiones *humanas sino cumpliendo la voluntad de Dios. 3 Pues ya basta con el tiempo que han desperdiciado haciendo lo que agrada a los incrédulos,ª entregados al desenfreno, a las pasiones, a las borracheras, a las orgías, a las parrandas y a las idolatrías abominables. 4 A ellos les parece extraño que ustedes ya no corran con ellos en ese mismo desbordamiento de inmoralidad, y por eso los insultan. 5 Pero ellos tendrán que rendirle cuentas a aquel que está preparado para juzgar a los vivos y a los muertos. 6 Por esto también se les predicó el *evangelio aun a los muertos, para que, a pesar de haber sido juzgados según criterios humanos en lo que atañe al cuerpo, vivan conforme a Dios en lo que atañe al espíritu.b

7 Ya se acerca el fin de todas las cosas. Así que, para orar bien, manténganse sobrios y con la mente despejada. 8 Sobre todo, ámense los unos a los otros profundamente, porque el amor cubre multitud de pecados. 9 Practiquen la hospitalidad entre ustedes sin quejarse. 10 Cada uno ponga al servicio de los demás el don que haya recibido, administrando fielmente la gracia de Dios en sus diversas formas. 11 El que habla, hágalo como quien expresa las palabras mismas de Dios; el que presta algún servicio, hágalo como quien tiene el poder de Dios. Así Dios será en todo alabado por medio de Jesucristo, a quien sea la gloria y el poder por los siglos de los siglos. Amén.

Sufriendo por seguir a Cristo

12 Queridos hermanos, no se extrañen del fuego de la *prueba que están soportando, como si fuera algo insólito. 13 Al contrario, alégrense de tener parte en los sufrimientos de *Cristo, para que también sea inmensa su alegría cuando se revele la gloria de Cristo. 14 *Dichosos ustedes si los insultan por causa del nombre de Cristo, porque el glorioso Espíritu de Dios reposa sobre ustedes. 15 Que ninguno tenga que sufrir por asesino, ladrón o delincuente, ni siquiera por entrometido. 16 Pero si alguien sufre por ser cristiano, que no se avergüence, sino que alabe a Dios por llevar el nombre de Cristo. 17 Porque es tiempo de que el juicio comience por la familia de Dios; y si comienza por nosotros, ¡cuál no será el fin de los que se rebelan contra el *evangelio de Dios!

18 «Si el justo a duras penas se salva,
    ¿qué será del impío y del
        pecador?»c

19 Así pues, los que sufren según la voluntad de Dios, entréguense a su fiel Creador y sigan practicando el bien.

Exhortación a los ancianos y a los jóvenes

5 A los *ancianos que están entre ustedes, yo, que soy anciano como ellos, testigo de los sufrimientos de *Cristo y partícipe con ellos de la gloria que se ha de revelar, les ruego esto: 2 cuiden como pastores el rebaño de Dios que está a su cargo, no por obligación ni por ambición de dinero, sino con afán de servir, como Dios quiere. 3 No sean tiranos con los que están a su cuidado, sino sean ejemplos para el rebaño. 4 Así, cuando aparezca el Pastor supremo, ustedes recibirán la inmarcesible corona de gloria.

5 Así mismo, jóvenes, sométanse a los ancianos. Revístanse todos de humildad en su trato mutuo, porque

«Dios se opone a los orgullosos,
    pero da gracia a los humildes».d

6 Humíllense, pues, bajo la poderosa mano de Dios, para que él los exalte a su debido tiempo. 7 Depositen en él toda ansiedad, porque él cuida de ustedes.

---

a 4:3 incrédulos. Lit. gentiles. *b 4:6 en lo que atañe al espíritu.* Alt. *en el Espíritu. c 4:18* Pr 11:31 *d 5:5* Pr 3:3

Pasaje del día: 1 Pedro 5:1-5
Versículo del día: 1 Pedro 5:5

Revestidas de humildad

Durante un año alquilamos una casa rodeada de bosque a orillas de un hermoso río, y puse mi lugar en la mesa donde podía contemplar todo desde la ventana. Olvidé los años de vistas de cemento de nuestro alto edificio en la ciudad. Amaba el verde brillante y el espectáculo de los animales y los pájaros que abundaban por allí.

Con el otoño, llegó el momento culminante de gloria cuando los árboles parecían gigantes flores encendidas en esplendor; pero duró muy poco. Un fin de semana, una tormenta se llevó toda la gloria, toda la majestad, y casi no reconocía mi propia casa. ¡Cómo habían cambiado las cosas! ¡Los árboles estaban desnudos!

Recordé cuando yo también me había sentido espiritualmente desnuda y débil, y el dolor que viví mientras me miraba sinceramente. ¿Qué pasa cuando se nos cae todo lo que nos cubre y nos adorna, y que es muy importante para nosotras? A veces nos alejamos de Dios en nuestra soberbia o nos amargamos culpando a otros o a Dios mismo. Pero ese es el momento para aprender el significado de la humildad y dejar que Dios fortalezca nuestras raíces.

En esos momentos pensé: ¿Debilidad? ¡No tengo ningún poder a menos que mi fuerza venga del Señor! ¿Humildad? ¡Todo es poco al lado de Jesús! ¿Desnudez? ¡No tengo nada si Dios no me lo da! Y vi en el desierto, en la desnudez y en la debilidad, que Dios me ofrecía un regalo de valor, fe y determinación, basado en la confianza de su presencia, de su amor, de sus propósitos eternos inamovibles para todas nosotras, no importa dónde nos haya plantado.

Connie Bentson Byler
España

Pasaje del día: 1 Pedro 5:6-11
Versículo del día: 1 Pedro 5:7

¿Qué hacer con la preocupación?

La oración es la mejor medicina contra los afanes y la preocupación; es el recurso de Dios. Él quiere que aprendamos a llevar nuestros afanes delante de su trono; a echar sobre Él todas aquellas cosas que roban la paz de nuestro corazón y que estorban nuestros pensamientos. ¡Qué intercambio más precioso darle a Él lo que nos preocupa! Él ha prometido que su paz guardará nuestros corazones y pensamientos en Cristo Jesús.

A veces es normal preocuparnos, pero la verdad es que nadie ha logrado resolver ningún problema con pérdida de sueño, nerviosismo o jaquecas. La preocupación toma prestado del futuro; anticipa cosas que tal vez nunca llegarán a suceder. Es una carga mental que produce una terrible inquietud.

Recuerdo las noches en que mis hijas adolescentes salían y no regresaban a la hora prevista. Me imaginaba lo peor: un accidente, un asalto, una falla mecánica del auto... En esos momentos mi único recurso era orar y confiar en el Señor, y eso hice. El tiempo ha pasado y el Señor siempre las guardó y las trajo con bien al hogar, y las cosas que me preocuparon nunca llegaron a suceder.

La preocupación parece ser un mal de nuestros tiempos; pero es inútil, y definitivamente un pecado, insistir en preocuparnos en vez de confiar en Dios. Decide hoy hacer ese intercambio con Jesús. Piensa en este momento en las cosas que están preocupándote; dáselas al Señor en oración y agradécele porque Él ya ha tomado tu petición en sus manos y te responderá según lo que es mejor para ti. Así, tu corazón y tus pensamientos serán guardados en completa paz.

Miriam S. de Motta
Estados Unidos

8 Practiquen el dominio propio y manténganse alerta. Su enemigo el diablo ronda como león rugiente, buscando a quién devorar. **9** Resístanlo, manteniéndose firmes en la fe, sabiendo que sus hermanos en todo el mundo están soportando la misma clase de sufrimientos.

10 Y después de que ustedes hayan sufrido un poco de tiempo, Dios mismo, el Dios de toda gracia que los llamó a su gloria eterna en Cristo, los restaurará y los hará fuertes, firmes y estables. **11** A él sea el poder por los siglos de los siglos. Amén.

Saludos finales

12 Con la ayuda de *Silvano, a quien considero un hermano fiel, les he escrito brevemente, para animarlos y confirmarles que ésta es la verdadera gracia de Dios. Manténganse firmes en ella.

13 Saludos de parte de la que está en Babilonia, escogida como ustedes, y también de mi hijo Marcos. **14** Salúdense los unos a los otros con un beso de amor fraternal.

Paz a todos ustedes que están en *Cristo.

2 PEDRO

- Pedro escribe una segunda carta porque falsos maestros están agitando la iglesia y perturbando la fe de algunos por su herejía, inmoralidad y avaricia. El apóstol quiere que los cristianos crezcan en el conocimiento de la verdad de la Palabra de Dios. Al leer este libro, recuerde que Dios finalmente ganará la batalla contra la enseñanza falsa, y prométale al Señor que usted estudiará a fin de aumentar su conocimiento de la Biblia.

2 Pedro

1 Simón Pedro, *siervo y apóstol de *Jesucristo,

a los que por la justicia de nuestro Dios y Salvador Jesucristo han recibido una fe tan preciosa como la nuestra.

2 Que abunden en ustedes la gracia y la paz por medio del conocimiento que tienen de Dios y de Jesús nuestro Señor.

Firmeza en el llamamiento y en la elección

3 Su divino poder, al darnos el conocimiento de aquel que nos llamó por su propia gloria y potencia, nos ha concedido todas las cosas que necesitamos para vivir como Dios manda.[a] **4** Así Dios nos ha entregado sus preciosas y magníficas promesas para que ustedes, luego de escapar de la corrupción que hay en el mundo debido a los malos deseos, lleguen a tener parte en la naturaleza divina.[b]

5 Precisamente por eso, esfuércense por añadir a su fe, virtud; a su virtud, entendimiento; **6** al entendimiento, dominio propio; al dominio propio, constancia; a la constancia, devoción a Dios; **7** a la devoción a Dios, afecto fraternal; y al afecto fraternal, amor. **8** Porque estas cualidades, si abundan en ustedes, les harán crecer en el conocimiento de nuestro Señor Jesucristo, y evitarán que sean inútiles e improductivos. **9** En cambio, el que no las tiene es tan corto de vista que ya ni ve, y se olvida de que ha sido limpiado de sus antiguos pecados. **10** Por lo tanto, hermanos, esfuércense más todavía por asegurarse del llamado de Dios, que fue quien los eligió. Si hacen estas cosas, no caerán jamás, **11** y se les abrirán de par en par las puertas del reino eterno de nuestro Señor y Salvador Jesucristo.

La veracidad de la Escritura

12 Por eso siempre les recordaré estas cosas, por más que las sepan y estén afianzados en la verdad que ahora tienen. **13** Además, considero que tengo la obligación de refrescarles la memoria mientras viva en esta habitación pasajera que es mi cuerpo; **14** porque sé que dentro de poco tendré que abandonarlo, según me lo ha manifestado nuestro Señor *Jesucristo. **15** También me esforzaré con empeño para que aun después de mi partida[c] ustedes puedan recordar estas cosas en todo tiempo.

16 Cuando les dimos a conocer la venida de nuestro Señor Jesucristo en todo su poder, no estábamos siguiendo sutiles cuentos supersticiosos sino dando testimonio de su grandeza, que vimos con nuestros propios ojos. **17** Él recibió honor y gloria de parte de Dios el Padre, cuando desde la majestuosa gloria se le dirigió aquella voz que dijo: «Éste es mi Hijo amado; estoy muy complacido con él.»[d] **18** Nosotros mismos oímos esa voz que vino del cielo cuando estábamos con él en el monte santo. **19** Esto nos ha confirmado la palabra[e] de los profetas, a la cual ustedes hacen bien en prestar atención, como a una lámpara que brilla en un lugar oscuro, hasta que despunte el día y salga el lucero de la mañana en sus corazones. **20** Ante todo, tengan muy presente que ninguna profecía de la Escritura surge de la interpretación particular de nadie. **21** Porque la profecía no ha tenido su origen en la voluntad *humana, sino que los profetas hablaron de parte de Dios, impulsados por el Espíritu Santo.

Los falsos maestros y su destrucción

2 En el pueblo judío hubo falsos profetas, y también entre ustedes habrá falsos maestros que encubiertamente introducirán herejías destructivas, al extremo de negar al mismo Señor que los rescató. Esto les traerá una pronta des-

---

a 1:3 *para vivir como Dios manda.* Lit. *para la vida y la piedad.* **b 1:4** *lleguen ... divina.* Alt. *lleguen a ser colaboradores con Dios.* **c 1:15** *partida.* Lit. *éxodo.* **d 1:17** Mt 17:5; Mr 9:7; Lc 9:35 **e 1:19** *Esto ... palabra.* Alt. *También tenemos la muy segura palabra.*

trucción. ² Muchos los seguirán en sus prácticas vergonzosas, y por causa de ellos se difamará el camino de la verdad. ³ Llevados por la avaricia, estos maestros los explotarán a ustedes con palabras engañosas. Desde hace mucho tiempo su condenación está preparada y su destrucción los acecha.

⁴ Dios no perdonó a los ángeles cuando pecaron, sino que los arrojó al *abismo,ᵃ metiéndolos en tenebrosas cavernasᵇ y reservándolos para el juicio. ⁵ Tampoco perdonó al mundo antiguo cuando mandó un diluvio sobre los impíos, aunque protegió a ocho personas, incluyendo a Noé, predicador de la justicia. ⁶ Además, condenó a las ciudades de Sodoma y Gomorra, y las redujo a cenizas, poniéndolas como escarmiento para los impíos. ⁷ Por otra parte, libró al justo Lot, que se hallaba abrumado por la vida desenfrenada de esos perversos, ⁸ pues este justo, que convivía con ellos y amaba el bien, día tras día sentía que se le despedazaba el alma por las obras inicuas que veía y oía. ⁹ Todo esto demuestra que el Señor sabe librar de la *prueba a los que viven como Dios quiere, y reservar a los impíos para castigarlos en el día del juicio. ¹⁰ Esto les espera sobre todo a los que siguen los corrompidos deseos de la *naturaleza humana y desprecian la autoridad del Señor.

¡Atrevidos y arrogantes que son! No tienen reparo en insultar a los seres celestiales, ¹¹ mientras que los ángeles, a pesar de superarlos en fuerza y en poder, no pronuncian contra tales seres ninguna acusación insultante en la presencia del Señor. ¹² Pero aquéllos *blasfeman en asuntos que no entienden. Como animales irracionales, se guían únicamente por el instinto, y nacieron para ser atrapados y degollados. Lo mismo que esos animales, perecerán también en su corrupción ¹³ y recibirán el justo pago por sus injusticias. Su concepto de placer es entregarse a las pasiones desenfrenadas en pleno día. Son manchas y suciedad, que gozan de sus placeres mientras los acompañan a ustedes en sus comidas. ¹⁴ Tienen los ojos llenos de adulterio y son insaciables en el pecar; seducen a las personas inconstantes; son expertos en la avaricia, ¡hijos de maldición! ¹⁵ Han abandonado el camino recto, y se han extraviado para seguir la senda de Balaam, hijo de Bosor,ᶜ a quien le encantaba el salario de la injusticia. ¹⁶ Pero fue reprendido por su maldad: su burra —una muda bestia de carga— habló con voz humana y refrenó la locura del profeta.

¹⁷ Estos individuos son fuentes sin agua, niebla empujada por la tormenta, para quienes está reservada la más densa oscuridad. ¹⁸ Pronunciando discursos arrogantes y sin sentido, seducen con los instintos *naturales desenfrenados a quienes apenas comienzan a apartarse de los que viven en el error. ¹⁹ Les prometen libertad, cuando ellos mismos son *esclavos de la corrupción, ya que cada uno es esclavo de aquello que lo ha dominado. ²⁰ Si habiendo escapado de la contaminación del mundo por haber conocido a nuestro Señor y Salvador *Jesucristo, vuelven a enredarse en ella y son vencidos, terminan en peores condiciones que al principio. ²¹ Más les hubiera valido no conocer el camino de la justicia, que abandonarlo después de haber conocido el santo mandamiento que se les dio. ²² En su caso ha sucedido lo que acertadamente afirman estos proverbios: «El *perro vuelve a su vómito»,ᵈ y «la puerca lavada, a revolcarse en el lodo».

El día del Señor

3 Queridos hermanos, ésta es ya la segunda carta que les escribo. En las dos he procurado refrescarles la memoria para que, con una mente íntegra, ² recuerden las palabras que los *santos profetas pronunciaron en el pasado, y el mandamiento que dio nuestro Señor y Salvador por medio de los apóstoles. ³ Ante todo, deben saber que en los últimos días vendrá gente burlona que, siguiendo sus malos deseos, se mofará: ⁴ «¿Qué hubo de esa promesa de su venida? Nuestros padres murieron, y nada ha cambiado desde el principio de la crea-

a 2:4 *arrojó al abismo.* Lit. arrojó al Tártaro. *b* 2:4 *cavernas.* Var. *cadenas.* *c* 2:15 *Bosor.* Var. *Beor.* *d* 2:22 Pr 26:11

JUEVES

Pasaje del día: 2 Pedro 3:8-18
Versículo del día: 2 Pedro 3:18

Tesoros para crecer

*S*e cuenta de una joven y hermosa princesa que recibió un huevo de plata de regalo. Su sorpresa fue grande, y no sabía qué hacer con tal presente ni qué utilidad darle. Se detuvo para examinarlo con más diligencia e interés. Así fue que vio que tenía escondido un pequeño resorte. Al presionarlo, el huevo se abrió y dejó a la vista una yema de oro puro. El interés de la princesa se incentivó con ese hallazgo, y se puso a investigar aquella yema.

Encontró que también allí había un resorte, que, igual como el anterior, cedió ante la presión de sus dedos. Cuál no fue su sorpresa ahora, ya que dentro de la yema había un hermoso pájaro brillante, el cual llevaba sobre su pecho una corona de muchos colores, y en ella el tercer resorte que abría el último sello. ¡Allí había un anillo de diamantes del tamaño exacto para su dedo!

Tenemos el hermoso presente de la Palabra de Dios, donde hay escondidas muchas cosas maravillosas. Hay tesoros valiosos que no hemos descubierto, y que a veces ni los comprendemos. Quizás en nuestra poca visión no alcanzamos a distinguir los resortes que debemos apretar; pero se nos invita a ser perseverantes y diligentes en la búsqueda del mensaje que necesitamos para crecer y desarrollar una vida espiritual sana y robusta.

Así como el anillo era justo de la medida del dedo de la princesa, Dios tiene en su Palabra lo que necesitas hoy. Día tras día, año tras año, la Palabra de Dios te alimenta y te ejercita para que crezcas en la gracia y el conocimiento de nuestro Señor Jesucristo.

Cristina G. de Corvino
Uruguay

ción.» **5** Pero intencionalmente olvidan que desde tiempos antiguos, por la palabra de Dios, existía el cielo y también la tierra, que surgió del agua y mediante el agua. **6** Por la palabra y el agua, el mundo de aquel entonces pereció inundado. **7** Y ahora, por esa misma palabra, el cielo y la tierra están guardados para el fuego, reservados para el día del juicio y de la destrucción de los impíos.

8 Pero no olviden, queridos hermanos, que para el Señor un día es como mil años, y mil años como un día. **9** El Señor no tarda en cumplir su promesa, según entienden algunos la tardanza. Más bien, él tiene paciencia con ustedes, porque no quiere que nadie perezca sino que todos se *arrepientan. **10** Pero el día del Señor vendrá como un ladrón. En aquel día los cielos desaparecerán con un estruendo espantoso, los elementos serán destruidos por el fuego, y la tierra, con todo lo que hay en ella, será quemada.ª **11** Ya que todo será destruido de esa manera, ¿no deberían vivir ustedes como Dios manda, siguiendo una conducta intachable **12** y esperando ansiosamenteᵇ la venida del día de Dios? Ese día los cielos serán destruidos por el fuego, y los elementos se derretirán con el calor de las llamas. **13** Pero, según su promesa, esperamos un cielo nuevo y una tierra nueva, en los que habite la justicia.

14 Por eso, queridos hermanos, mientras esperan estos acontecimientos, esfuércense para que Dios los halle sin mancha y sin defecto, y en paz con él. **15** Tengan presente que la paciencia de nuestro Señor significa salvación, tal como les escribió también nuestro querido hermano Pablo, con la sabiduría que Dios le dio. **16** En todas sus cartas se refiere a estos mismos temas. Hay en ellas algunos puntos difíciles de entender, que los ignorantes e inconstantes tergiversan, como lo hacen también con las demás Escrituras, para su propia perdición.

17 Así que ustedes, queridos hermanos, puesto que ya saben esto de antemano, manténganse alerta, no sea que, arrastrados por el error de esos libertinos, pierdan la estabilidad y caigan. **18** Más bien, crezcan en la gracia y en el conocimiento de nuestro Señor y Salvador *Jesucristo. ¡A él sea la gloria ahora y para siempre! Amén.ᶜ

---

a **3:10** *será quemada.* Var. *quedará al descubierto.* *b* **3:12** *esperando ansiosamente.* Alt. *esperando y apresurando.* *c* **3:18** Var. no incluye: *Amén.*

1 JUAN

- Juan escribe esta primera carta a fin de resaltar algunos de los mismos temas que están en su Evangelio (tales como "caminar en la luz", "conocer la verdad" y "amarnos los unos a los otros"). Hace esto porque los anticristos están fomentando conceptos falsos del Hijo de Dios. Al leer este libro, dése cuenta de cuánto Dios quiere que usted luche contra el pecado, ame a los demás y crea en el verdadero Jesucristo para tener vida eterna.

1 Juan

El Verbo de vida

1 Lo que ha sido desde el principio, lo que hemos oído, lo que hemos visto con nuestros propios ojos, lo que hemos contemplado, lo que hemos tocado con las manos, esto les anunciamos respecto al *Verbo que es vida. 2 Esta vida se manifestó. Nosotros la hemos visto y damos testimonio de ella, y les anunciamos a ustedes la vida eterna que estaba con el Padre y que se nos ha manifestado. 3 Les anunciamos lo que hemos visto y oído, para que también ustedes tengan comunión con nosotros. Y nuestra comunión es con el Padre y con su Hijo *Jesucristo. 4 Les escribimos estas cosas para que nuestra alegríaª sea completa.

Caminemos en la luz

5 Éste es el mensaje que hemos oído de él y que les anunciamos: Dios es luz y en él no hay ninguna oscuridad. 6 Si afirmamos que tenemos comunión con él, pero vivimos en la oscuridad, mentimos y no ponemos en práctica la verdad. 7 Pero si vivimos en la luz, así como él está en la luz, tenemos comunión unos con otros, y la sangre de su Hijo Jesucristo nos limpia de todo pecado.

8 Si afirmamos que no tenemos pecado, nos engañamos a nosotros mismos y no tenemos la verdad. 9 Si confesamos nuestros pecados, Dios, que es fiel y justo, nos los perdonará y nos limpiará de toda maldad. 10 Si afirmamos que no hemos pecado, lo hacemos pasar por mentiroso y su palabra no habita en nosotros.

2 Mis queridos hijos, les escribo estas cosas para que no pequen. Pero si alguno peca, tenemos ante el Padre a un *intercesor, a *Jesucristo, el Justo. 2 Él es el sacrificio por el perdón deᵇ nuestros pecados, y no sólo por los nuestros sino por los de todo el mundo.

3 ¿Cómo sabemos si hemos llegado a conocer a Dios? Si obedecemos sus mandamientos. 4 El que afirma: «Lo conozco», pero no obedece sus mandamientos, es un mentiroso y no tiene la verdad. 5 En cambio, el amor de Dios se manifiesta plenamenteᶜ en la vida del que obedece su palabra. De este modo sabemos que estamos unidos a él: 6 el que afirma que permanece en él, debe vivir como él vivió.

7 Queridos hermanos, lo que les escribo no es un mandamiento nuevo, sino uno antiguo que han tenido desde el principio. Este mandamiento antiguo es el mensaje que ya oyeron. 8 Por otra parte, lo que les escribo es un mandamiento nuevo, cuya verdad se manifiesta tanto en la vida de *Cristo como en la de ustedes, porque la oscuridad se va desvaneciendo y ya brilla la luz verdadera.

9 El que afirma que está en la luz, pero odia a su hermano, todavía está en la oscuridad. 10 El que ama a su hermano permanece en la luz, y no hay nada en su vidaᵈ que lo haga *tropezar. 11 Pero el que odia a su hermano está en la oscuridad y en ella vive, y no sabe a dónde va porque la oscuridad no lo deja ver.

12 Les escribo a ustedes, queridos
hijos,
    porque sus pecados han sido
    perdonados por el nombre de
    Cristo.
13 Les escribo a ustedes, padres,
    porque han conocido al que es
    desde el principio.
Les escribo a ustedes, jóvenes,
    porque han vencido al maligno.
Les he escrito a ustedes, queridos
hijos,
    porque han conocido al Padre.
14 Les he escrito a ustedes, padres,
    porque han conocido al que es
    desde el principio.

---

a **1:4** *nuestra alegría.* Var. *la alegría de ustedes.* *b* **2:2** *el sacrificio por el perdón de.* Lit. *la propiciación por.* *c* **2:5** *se manifiesta plenamente.* Lit. *se ha perfeccionado.* *d* **2:10** *en su vida.* Alt. *en la luz.*

Les he escrito a ustedes, jóvenes,
porque son fuertes,
y la palabra de Dios permanece en
ustedes,
y han vencido al maligno.

No amemos al mundo

15 No amen al mundo ni nada de lo que
hay en él. Si alguien ama al mundo, no
tiene el amor del Padre. 16 Porque nada
de lo que hay en el mundo —los malos
deseos del *cuerpo, la codicia de los ojos
y la arrogancia de la vida— proviene del
Padre sino del mundo. 17 El mundo se
acaba con sus malos deseos, pero el que
hace la voluntad de Dios permanece para
siempre.

Cuidémonos de los anticristos

18 Queridos hijos, ésta es la hora final,
y así como ustedes oyeron que el anticristo vendría, muchos son los anticristos que
han surgido ya. Por eso nos damos cuenta
de que ésta es la hora final. 19 Aunque
salieron de entre nosotros, en realidad no
eran de los nuestros; si lo hubieran sido,
se habrían quedado con nosotros. Su salida sirvió para comprobar que ninguno
de ellos era de los nuestros.

20 Todos ustedes, en cambio, han recibido unción del Santo, de manera que
conocen la verdad.ᵃ 21 No les escribo porque ignoren la verdad, sino porque la
conocen y porque ninguna mentira procede de la verdad. 22 ¿Quién es el mentiroso sino el que niega que Jesús es el
*Cristo? Es el anticristo, el que niega al
Padre y al Hijo. 23 Todo el que niega al
Hijo no tiene al Padre; el que reconoce al
Hijo tiene también al Padre.

24 Permanezca en ustedes lo que han
oído desde el principio, y así ustedesᵇ
permanecerán también en el Hijo y en el
Padre. 25 Ésta es la promesa que él nos
dio: la vida eterna.

26 Estas cosas les escribo acerca de los que
procuran engañarlos. 27 En cuanto a uste-

des, la unción que de él recibieron permanece en ustedes, y no necesitan que nadie
les enseñe. Esa unción es auténtica —no es
falsa— y les enseña todas las cosas. Permanezcan en él, tal y como él les enseñó.

Permanezcamos en Dios

28 Y ahora, queridos hijos, permanez-
camosᶜ en él para que, cuando se manifieste, podamos presentarnos ante él
confiadamente, seguros de no ser aver-
gonzados en su venida. 29 Si reconocen que *Jesucristo es justo,
reconozcan también que todo el que
practica la justicia ha nacido de él.

3 ¡Fíjense qué gran amor nos ha dado
el Padre, que se nos llame hijos de
Dios! ¡Y lo somos! El mundo no nos conoce, precisamente porque no lo conoció a
él. 2 Queridos hermanos, ahora somos hijos de Dios, pero todavía no se ha manifestado lo que habremos de ser. Sabemos,
sin embargo, que cuando Cristo venga
seremos semejantes a él, porque lo veremos tal como él es. 3 Todo el que tiene esta
esperanza en Cristo, se purifica a sí mismo, así como él es puro.
4 Todo el que comete pecado quebranta la ley; de hecho, el pecado es transgresión de la ley. 5 Pero ustedes saben que
Jesucristo se manifestó para quitar nuestros pecados. Y él no tiene pecado. 6 Todo
el que permanece en él, no practica el
pecado.ᵈ Todo el que practica el pecado,
no lo ha visto ni lo ha conocido.
7 Queridos hijos, que nadie los engañe.
El que practica la justicia es justo, así
como él es justo. 8 El que practica el pecado es del diablo, porque el diablo ha
estado pecando desde el principio. El
Hijo de Dios fue enviado precisamente
para destruir las obras del diablo. 9 Ninguno que haya nacido de Dios practica el
pecado, porque la semilla de Dios permanece en él; no puede practicar el pecado,ᵉ
porque ha nacido de Dios. 10 Así distinguimos entre los hijos de Dios y los hijos
del diablo: el que no practica la justicia
no es hijo de Dios; ni tampoco lo es el que
no ama a su hermano.

ᵃ **2:20** *la verdad.* Var. *todas las cosas.* ᵇ **2:24** *principio ... ustedes.* Lit. *principio. Si permanece en ustedes lo que han oído
desde el principio, ustedes* ᶜ **2:28** *permanezcamos.* Lit. *permanezcan.* ᵈ **3:6** *no practica el pecado.* Alt. *no peca.* ᵉ **3:9** *no
puede practicar el pecado.* Alt. *no puede pecar.*

Pasaje del día: 1 Juan 3:13-24
Versículo del día: 1 Juan 3:18

El amor en la práctica

*U*n antiguo relato judío cuenta de dos hermanos que se establecieron en la cima de una montaña y cultivaron en común una parcela de tierra. Uno de ellos era casado y tenía hijos, el otro no. La primera cosecha resultó abundante y se repartió por partes iguales.

Esa noche el hermano soltero pensó: Yo soy soltero; no tengo que mantener a nadie. En cambio mi hermano tiene hijos, algunos pequeños. No es justo que yo tenga tanto trigo como él. Le llevaré la mitad de mi trigo sin que se entere.

También el hermano casado pensó esa noche: Yo tengo familia, hermosos hijos; ellos me cuidarán en mi ancianidad. En cambio él está solo... ¿Quién le mantendrá cuando ya no pueda trabajar? No es justo que yo tenga tanto trigo. Le llevaré la mitad del mío.

Y ambos hermanos unieron la acción a la emoción, tomando rutas distintas. Cada uno llevó la mitad de su grano a la parva del otro. Al día siguiente descubrieron que a pesar del traslado seguían teniendo la misma cantidad de trigo. Esa noche repitieron la operación, para tener el mismo resultado. La tercera noche, al intentar llevar a cabo sus propósitos, se encontraron en el camino, y al ver los carros cargados de grano se dieron cuenta de lo ocurrido. Descendieron emocionados y se abrazaron fuertemente.

Muchos espiritualizan el amor de Dios. Pero su amor es muy práctico. Se ha dicho: "La conciencia nos pide cuentas no sólo del mal que hacemos, sino del bien que dejamos de hacer." Practiquemos hoy el amor con hechos y de verdad.

Lidia L. de Masalyka
Argentina

Amémonos los unos a los otros

11 Este es el mensaje que han oído desde el principio: que nos amemos los unos a los otros. **12** No seamos como Caín que, por ser del maligno, asesinó a su hermano. ¿Y por qué lo hizo? Porque sus propias obras eran malas, y las de su hermano justas. **13** Hermanos, no se extrañen si el mundo los odia. **14** Nosotros sabemos que hemos pasado de la muerte a la vida porque amamos a nuestros hermanos. El que no ama permanece en la muerte. **15** Todo el que odia a su hermano es un asesino, y ustedes saben que en ningún asesino permanece la vida eterna.

16 En esto conocemos lo que es el amor: en que Jesucristo entregó su *vida por nosotros. Así también nosotros debemos entregar la vida por nuestros hermanos. **17** Si alguien que posee bienes materiales ve que su hermano está pasando necesidad, y no tiene compasión de él, ¿cómo se puede decir que el amor de Dios habita en él? **18** Queridos hijos, no amemos de palabra ni de labios para afuera, sino con hechos y de verdad.

19 En esto sabremos que somos de la verdad, y nos sentiremos seguros delante de él: **20** que aunque nuestro corazón nos condene, Dios es más grande que nuestro corazón y lo sabe todo. **21** Queridos hermanos, si el corazón no nos condena, tenemos confianza delante de Dios, **22** y recibimos todo lo que le pedimos porque obedecemos sus mandamientos y hacemos lo que le agrada. **23** Y éste es su mandamiento: que creamos en el nombre de su Hijo Jesucristo, y que nos amemos los unos a los otros, pues así lo ha dispuesto. **24** El que obedece sus mandamientos permanece en Dios, y Dios en él. ¿Cómo sabemos que él permanece en nosotros? Por el Espíritu que nos dio.

Vivamos en el Espíritu

4 Queridos hermanos, no crean a cualquiera que pretenda estar inspirado por el Espíritu,[a] sino sométanlo a prueba para ver si es de Dios, porque han salido por el mundo muchos falsos profetas. **2** En esto pueden discernir quién tiene el Espíritu de Dios: todo profeta[b] que reconoce que *Jesucristo ha venido en cuerpo humano, es de Dios; **3** todo profeta que no reconoce a Jesús, no es de Dios sino del anticristo. Ustedes han oído que éste viene; en efecto, ya está en el mundo.

4 Ustedes, queridos hijos, son de Dios y han vencido a esos falsos profetas, porque el que está en ustedes es más poderoso que el que está en el mundo. **5** Ellos son del mundo; por eso hablan desde el punto de vista del mundo, y el mundo los escucha. **6** Nosotros somos de Dios, y todo el que conoce a Dios nos escucha; pero el que no es de Dios no nos escucha. Así distinguimos entre el Espíritu de la verdad y el espíritu del engaño.

Permanezcamos en el amor

7 Queridos hermanos, amémonos los unos a los otros, porque el amor viene de Dios, y todo el que ama ha nacido de él y lo conoce. **8** El que no ama no conoce a Dios, porque Dios es amor. **9** Así manifestó Dios su amor entre nosotros: en que envió a su Hijo unigénito al mundo para que vivamos por medio de él. **10** En esto consiste el amor: no en que nosotros hayamos amado a Dios, sino en que él nos amó y envió a su Hijo para que fuera ofrecido como sacrificio por el perdón[c] de nuestros pecados. **11** Queridos hermanos, ya que Dios nos ha amado así, también nosotros debemos amarnos los unos a los otros. **12** Nadie ha visto jamás a Dios, pero si nos amamos los unos a los otros, Dios permanece entre nosotros, y entre[d] nosotros su amor se ha manifestado plenamente.[e]

13 ¿Cómo sabemos que permanecemos en él, y que él permanece en nosotros? Porque nos ha dado de su Espíritu. **14** Y nosotros hemos visto y declaramos que el Padre envió a su Hijo para ser el Salvador del mundo. **15** Si alguien reconoce que Jesús es el Hijo de Dios, Dios permanece en él, y él en Dios. **16** Y nosotros hemos llegado a saber y creer que Dios nos ama.

---

a **4:1** *no crean ... por el Espíritu.* Lit. *no crean a todo espíritu.* *b* **4:2** *profeta.* Lit. *espíritu*; también en v. 3. *c* **4:10** *sacrificio por el perdón de.* Lit. *propiciación por.* *d* **4:12** *entre ... entre.* Alt. *en ... en.* *e* **4:12** *se ha manifestado plenamente.* Lit. *se ha perfeccionado.*

Pasaje del sábado:
1 Juan 2:7-17

Pasaje del domingo:
Filipenses 2:19-30

Victoria

Cristo me dio una semilla de victoria. La tierra de la voluntad fue fértil, y las raíces fueron penetrando y rompieron hábitos y formas de mirar la vida.

Mi hermana vio las flores, las deseó, y yo le di un pequeño gajo que prendió en su alma.

Un día encontré que por mi descuido las hojas se habían secado, que los frutos estaban marchitos; un silencio hosco ocupaba el lugar de mi planta.

Fui a mi hermana, y ella me dio un gajito de su triunfo, como el que yo le entregara un día.

Supe entonces, que en Cristo, ninguna victoria es permanente si no la comparto.

Beatriz G. de Delupi
Argentina

Dios es amor. El que permanece en amor, permanece en Dios, y Dios en él. **17** Ese amor se manifiesta plenamente[a] entre nosotros para que en el día del juicio comparezcamos con toda confianza, porque en este mundo hemos vivido como vivió Jesús. En el amor no hay temor, **18** sino que el amor *perfecto echa fuera el temor. El que teme espera el castigo, así que no ha sido perfeccionado en el amor. **19** Nosotros amamos a Dios porque él nos amó primero. **20** Si alguien afirma: «Yo amo a Dios», pero odia a su hermano, es un mentiroso; pues el que no ama a su hermano, a quien ha visto, no puede amar a Dios, a quien no ha visto. **21** Y él nos ha dado este mandamiento: el que ama a Dios, ame también a su hermano.

Vivamos en la fe

5 Todo el que cree que Jesús es el *Cristo, ha nacido de Dios, y todo el que ama al padre, ama también a sus hijos. **2** Así, cuando amamos a Dios y cumplimos sus mandamientos, sabemos que amamos a los hijos de Dios. **3** En esto consiste el amor a Dios: en que obedezcamos sus mandamientos. Y éstos no son difíciles de cumplir, **4** porque todo el que ha nacido de Dios vence al mundo. Ésta es la victoria que vence al mundo: nuestra fe. **5** ¿Quién es el que vence al mundo sino el que cree que Jesús es el Hijo de Dios? **6** Éste es el que vino mediante agua y sangre, Jesucristo; no sólo mediante agua, sino mediante agua y sangre. El Espíritu es quien da testimonio de esto, porque el Espíritu es la verdad. **7** Tres son los que dan testimonio, **8** y los tres están de acuerdo: el Espíritu,[b] el agua y la sangre. **9** Aceptamos el testimonio *humano, pero el testimonio de Dios vale mucho más, precisamente porque es el testimonio de Dios, que él ha dado acerca de su Hijo. **10** El que cree en el Hijo de Dios acepta este testimonio. El que no cree a Dios lo hace pasar por mentiroso, por no haber creído el testimonio que Dios ha dado acerca de su Hijo. **11** Y el testimonio es éste: que Dios nos ha dado vida eterna, y esa vida está en su Hijo. **12** El que tiene al Hijo, tiene la vida; el que no tiene al Hijo de Dios, no tiene la vida.

Observaciones finales

13 Les escribo estas cosas a ustedes que creen en el nombre del Hijo de Dios, para que sepan que tienen vida eterna. **14** Ésta es la confianza que tenemos al acercarnos a Dios: que si pedimos conforme a su voluntad, él nos oye. **15** Y si sabemos que Dios oye todas nuestras oraciones, podemos estar seguros de que ya tenemos lo que le hemos pedido. **16** Si alguno ve a su hermano cometer un pecado que no lleva a la muerte, ore por él y Dios le dará vida. Me refiero a quien comete un pecado que no lleva a la muerte. Hay un pecado que sí lleva a la muerte, y en ese caso no digo que se ore por él. **17** Toda maldad es pecado, pero hay pecado que no lleva a la muerte.

18 Sabemos que el que ha nacido de Dios no está en pecado: *Jesucristo, que nació de Dios, lo protege, y el maligno no llega a tocarlo. **19** Sabemos que somos hijos de Dios, y que el mundo entero está bajo el control del maligno. **20** También sabemos que el Hijo de Dios ha venido y nos ha dado entendimiento para que conozcamos al Dios verdadero. Y estamos con el Verdadero, con[c] su Hijo Jesucristo. Éste es el Dios verdadero y la vida eterna.

21 Queridos hijos, apártense de los ídolos.

---

a **4:17** *se manifiesta plenamente.* Lit. *se ha perfeccionado.* *b* **5:7-8** *testimonio ... Espíritu.* Var. *testimonio en el cielo: el Padre, el Verbo y el Espíritu Santo, y estos tres son uno.* *[8] Y hay tres que dan testimonio en la tierra: el Espíritu* (este pasaje se encuentra en mss. posteriores de la Vulgata, pero no está en ningún ms. griego anterior al siglo XIV). *c* **5:20** *con.* Alt. *por medio de.*

Pasaje del día: 1 Juan 5:13-15
Versículo del día: 1 Juan 5:14

Atención de Dios

¿Cuánta necesidad tienes de que alguien te escuche atentamente? ¡Son pocas las personas que están dispuestas a sentarse a tu lado a oír atentamente lo que tienes que decir!

Una niñita tomada del vestido de su mamá hablaba y hablaba, reclamando su atención, pero la mamá estaba demasiado ocupada en las tareas de la casa, como para atender los ruegos "insignificantes" de su hija; así pues, de una forma inconsciente iba contestando todo lo que su hija decía con un "sí". Al poco tiempo la niñita empezó a llorar con una gran tristeza; ¡su mamá no le prestaba atención!

Por fin la mamá comprendió que estaba haciendo mal al no darle la importancia debida a la necesidad de su hijita. Dejó todo lo que estaba haciendo, se agachó para poder estar a su altura, la tomó por los hombros y con gran ternura le dijo: "¿Qué quieres, mi niña?"

Fue entonces que la mamá entendió que por insignificante que pareciera lo que la niña decía, había de ser oída con suma atención.

Nuestro Dios nunca desecha una hija suya por estar demasiado ocupado o porque la petición carezca de importancia. Él "se agacha" para estar a nuestra altura. Te toma por los hombros y con gran delicadeza pregunta: "¿Qué quieres, hija?" Su oído perfecto recoge todos los sonidos; no sólo los que salen de tu boca, sino también los que quedan en tu corazón.

La gran "computadora" de Dios está preparada para recoger toda la información de sus hijos. "Y antes que clamen, responderé yo; mientras aún hablan, yo habré oído (Isaías 65:24).

Dolores Duque Molina
España

2 JUAN - *Juan escribe esta segunda carta a fin de amonestar a la iglesia a que se mantenga firme contra los falsos maestros y siga amando a otros cristianos. Al leer este libro, aprenda a defender a su Señor cuando usted encuentre falsos maestros.*

2 Juan

1 El *anciano,

a la iglesia elegida y a sus miembros,[a] a quienes amo en la verdad —y no sólo yo sino todos los que han conocido la verdad—, **2** a causa de esa verdad que permanece en nosotros y que estará con nosotros para siempre:

3 La gracia, la misericordia y la paz de Dios el Padre y de *Jesucristo, el Hijo del Padre, estarán con nosotros en verdad y en amor.

4 Me alegré muchísimo al encontrarme con algunos de ustedes[b] que están practicando la verdad, según el mandamiento que nos dio el Padre. **5** Y ahora, hermanos, les ruego que nos amemos los unos a los otros. Y no es que les[c] esté escribiendo un mandamiento nuevo sino el que hemos tenido desde el principio. **6** En esto consiste el amor: en que pongamos en práctica sus mandamientos. Y éste es el mandamiento: que vivan en este amor, tal como ustedes lo han escuchado desde el principio.

7 Es que han salido por el mundo muchos engañadores que no reconocen que Jesucristo ha venido en cuerpo humano. El que así actúa es el engañador y el anticristo. **8** Cuídense de no echar a perder el fruto de nuestro trabajo;[d] procuren más bien recibir la recompensa completa. **9** Todo el que se descarría y no permanece en la enseñanza de Cristo, no tiene a Dios; el que permanece en la enseñanza[e] sí tiene al Padre y al Hijo. **10** Si alguien los visita y no lleva esta enseñanza, no lo reciban en casa ni le den la bienvenida, **11** pues quien le da la bienvenida se hace cómplice de sus malas obras.

12 Aunque tengo muchas cosas que decirles, no he querido hacerlo por escrito, pues espero visitarlos y hablar personalmente con ustedes para que nuestra alegría sea completa.

13 Los miembros de la iglesia hermana, la elegida, les[f] mandan saludos.

---

a **1** *la iglesia ... miembros.* Lit. *la señora elegida y a sus hijos.* *b* **4** *ustedes.* Lit. *tus hijos.* *c* **5** *hermanos, les ruego ... Y no es que les.* Lit. *señora, te ruego ... Y no es que te.* *d* **8** *el fruto de nuestro trabajo.* Lit. *lo que hemos trabajado.* Var. *lo que ustedes han trabajado.* *e* **9** *enseñanza.* Var. *enseñanza de Cristo.* *f* **13** *Los miembros ... les.* Lit. *Los hijos de tu hermana, la elegida, te*

Pasaje de día: 2 Juan
Versículo del día: 2 Juan 4

Expresión de amor

*E*n su carta a la señora elegida y a sus hijos, el anciano apóstol Juan expresó su satisfacción porque había encontrado algunos de sus hijos siguiendo la verdad. Lamentablemente, eso no es lo común en nuestros días. Si somos observadoras, nos daremos cuenta de que los pequeños sufren de desánimo, tristeza, pasividad, rebeldía y aún depresiones. La realidad es que muchos de los niños no son amados como debe ser y son rechazados o lastimados de alguna manera.

Un pequeño fue recogido de la calle por una familia. El niño continuamente palmeaba de forma extraña. Sus protectores no sabían la causa hasta que descubrieron que por mucho tiempo había vivido en un basurero comiendo desperdicios, y que espantaba y mataba las moscas de esa manera. En esas circunstancias viven muchos niños y necesitan una "señora elegida" que los abrace y los guíe por el sendero del bien.

Dios es amor; pero muchos no pueden recibir su amor por tener su corazón herido y quebrantado. Necesitan que se les exprese ese amor a través de caricias, ternura y actitudes positivas.

¿Qué tanto manifiesta o expresa el amor a los demás? ¿Abrazó a algún pequeño últimamente? ¿A sus hijos, aun siendo adolescentes o mayores? Así como la seguridad y la aceptación la recibimos de Dios, nuestros hijos y muchos pequeños desamparados la necesitan de nosotras.

¿Será usted hoy una "señora elegida" que ofrezca sanidad al corazón de algún niño herido? ¿Podría el apóstol Juan escribirle con satisfacción? ¿Se alegraría de ver a sus hijos siguiendo la verdad? Dios quiere usarla, para expresar por medio de usted su gran amor.

Olivia Vega
México

3 JUAN

- Juan escribe esta tercera carta a fin de elogiar a un líder de la iglesia por su hospitalidad y para advertir contra otro líder que es poco amable y hasta cruel. Al leer este libro, piense en cómo usted pueda actuar como amiga para con otros cristianos.

1 El *anciano,

al querido hermano Gayo, a quien amo en la verdad.

2 Querido hermano, oro para que te vaya bien en todos tus asuntos y goces de buena salud, así como prosperas espiritualmente. **3** Me alegré mucho cuando vinieron unos hermanos y dieron testimonio de tu fidelidad,ª y de cómo estás poniendo en práctica la verdad. **4** Nada me produce más alegría que oír que mis hijos practican la verdad.

5 Querido hermano, te comportas fielmente en todo lo que haces por los hermanos, aunque no los conozcas.ᵇ **6** Delante de la iglesia ellos han dado testimonio de tu amor. Harás bien en ayudarlos a seguir su viaje, como es digno de Dios. **7** Ellos salieron por causa del Nombre, sin nunca recibir nada de los *paganos; **8** nosotros, por lo tanto, debemos brindarles hospitalidad, y así colaborar con ellos en la verdad.

9 Le escribí algunas líneas a la iglesia, pero Diótrefes, a quien le encanta ser el primero entre ellos, no nos recibe. **10** Por eso, si voy no dejaré de reprocharle su comportamiento, ya que, con palabras malintencionadas, habla contra nosotros sólo por hablar. Como si fuera poco, ni siquiera recibe a los hermanos, y a quienes quieren hacerlo, no los deja y los expulsa de la iglesia.

11 Querido hermano, no imites lo malo sino lo bueno. El que hace lo bueno es de Dios; el que hace lo malo no ha visto a Dios. **12** En cuanto a Demetrio, todos dan buen testimonio de él, incluso la verdad misma. También nosotros lo recomendamos, y bien sabes que nuestro testimonio es verdadero.

13 Tengo muchas cosas que decirte, pero prefiero no hacerlo por escrito; **14** espero verte muy pronto, y entonces hablaremos personalmente.

15 La paz sea contigo. Tus amigos aquí te mandan saludos. Saluda a los amigos allá, a cada uno en particular.

---

a **3** *fidelidad.* Lit. *verdad.* *b* **5** *aunque no los conozcas.* Alt. *aunque para ti sean extraños.*

Lección de una ostra

En el momento de más oscuridad, de la más grande sensación de soledad en tu vida, recuerda la historia de la ostra. En su interior se forma una perla preciosa. Esa perla se origina de una partícula de arena que se introduce a la ostra.

Dios ha dotado a la ostra de la capacidad de producir un nácar bellísimo, el cual, estrato por estrato, cubre la partícula y la convierte en una bella perla. Esa perla, así como tú y yo, es el resultado de tiempos de adversidad.

Al principio éramos algo insignificante; pero el gran artífice de nuestra vida utiliza aun la adversidad en nosotras para sacar provecho de ello. En la profundidad de las pruebas forma de ti algo tan bello como es la perla.

Dios no necesita luz, ni de nadie, para trabajar en ti. En el vientre de tu madre te formó, sin faltar ninguna de las cosas que estaban escritas en su gran libro. Y su deseo es que prosperes, que disfrutes de buena salud, que te vaya bien, en especial con respecto a tu vida espiritual.

El Señor jamás está quieto. A cada instante está obrando en ti. Ten paciencia, ya que en breve esa tapa superior de la ostra, que representa las pruebas, se abrirá, y muchos quedarán maravillados de la formación de Dios en tu ser.

¿Cuánto tiempo has pasado últimamente a solas con el que moldea tu vida? ¿Confías en Él aun en los momentos de más soledad? Permítele hacer su obra en ti, para que seas una perla útil en sus manos.

Sigryd de Acuña
Costa Rica

JUDAS

- Judas (un hermano de Jesús y Santiago) escribe esta breve carta a fin de advertir a los cristianos contra los falsos maestros en la iglesia y para exhortarlos a fortalecer su fe y su amor. Al leer este libro, comience a crecer en fe y amor dependiendo del Padre, del Hijo y del Espíritu Santo.

Judas

1 Judas, *siervo de *Jesucristo y hermano de *Jacobo,

a los que son amados por Dios el Padre, guardados por[a] Jesucristo y llamados a la salvación:

2 Que reciban misericordia, paz y amor en abundancia.

Pecado y condenación de los impíos

3 Queridos hermanos, he deseado intensamente escribirles acerca de la salvación que tenemos en común, y ahora siento la necesidad de hacerlo para rogarles que sigan luchando vigorosamente por la fe encomendada una vez por todas a los *santos. **4** El problema es que se han infiltrado entre ustedes ciertos individuos que desde hace mucho tiempo han estado señalados[b] para condenación. Son impíos que cambian en libertinaje la gracia de nuestro Dios y niegan a Jesucristo, nuestro único Soberano y Señor.

5 Aunque ustedes ya saben muy bien todo esto, quiero recordarles que el Señor,[c] después de liberar de la tierra de Egipto a su pueblo, destruyó a los que no creían. **6** Y a los ángeles que no mantuvieron su posición de autoridad, sino que abandonaron su propia morada, los tiene perpetuamente encarcelados en oscuridad para el juicio del gran Día. **7** Así también Sodoma y Gomorra y las ciudades vecinas son puestas como escarmiento, al sufrir el castigo de un fuego eterno, por haber practicado, como aquéllos, inmoralidad sexual y vicios contra la naturaleza.

8 De la misma manera estos individuos, llevados por sus delirios, contaminan su cuerpo, *desprecian la autoridad y maldicen a los seres celestiales. **9** Ni siquiera el arcángel Miguel, cuando argumentaba con el diablo disputándole el cuerpo de Moisés, se atrevió a pronunciar contra él un juicio de maldición, sino que dijo: «¡Que el Señor te reprenda!» **10** Éstos, en cambio, maldicen todo lo que no entienden; y como animales irracionales, lo que entienden por instinto es precisamente lo que los corrompe.

11 ¡Ay de los que siguieron el camino de Caín! Por ganar dinero se entregaron al error de Balaam y perecieron en la rebelión de Coré.

12 Estos individuos son un peligro oculto:[d] sin ningún respeto convierten en parrandas las fiestas de amor fraternal que ustedes celebran. Buscan sólo su propio provecho.[e] Son nubes sin agua, llevadas por el viento. Son árboles que no dan fruto cuando debieran darlo; están doblemente muertos, arrancados de raíz. **13** Son violentas olas del mar, que arrojan la espuma de sus actos vergonzosos. Son estrellas fugaces, para quienes está reservada eternamente la más densa oscuridad.

14 También Enoc, el séptimo patriarca a partir de Adán, profetizó acerca de ellos: «Miren, el Señor viene con millares y millares de sus ángeles[f] **15** para someter a juicio a todos y para reprender a todos los pecadores impíos por todas las malas obras que han cometido, y por todas las injurias que han proferido contra él.» **16** Estos individuos son refunfuñadores y criticones; se dejan llevar por sus propias pasiones; hablan con arrogancia y adulan a los demás para sacar ventaja.

Exhortación a la perseverancia

17 Ustedes, queridos hermanos, recuerden el mensaje anunciado anteriormente por los apóstoles de nuestro Señor

---

a 1 *por.* Alt. *para* *b* 4 *señalados.* Lit. *inscritos de antemano.* *c* 5 *el Señor.* Var. *Jesús.* *d* 12 *un peligro oculto.* Lit. *escollos,* o *manchas.* *e* 12 *Buscan ... provecho.* Lit. *Se pastorean a sí mismos.* *f* 14 *ángeles.* Lit. *santos.*

JUEVES

Pasaje del día: Judas 17-25
Versículo del día: Judas 23

Salvada del fuego

Una noche caminaba deprimida una joven señora. Su esposo había muerto y la había dejado sola en el mundo con tres criaturas que cuidar y alimentar. Estaba tan desesperada que en su mente nació la idea de privarse de la existencia. Un puente que se alzaba ante sus ojos la animaba a tirarse de él.

De pronto, se sentó en un banco junto a una anciana, quien la miró con ojos profundos y misericordiosos.

—No tengo a nadie —dijo la mujer, y prorrumpió en llanto—. Con tres hijos pequeños y ni un centavo para alimentarlos, ¿qué puedo hacer?

Entonces la anciana sacó del bolso todo el dinero que llevaba, y tomando la mano de la mujer, se lo entregó, diciéndole:

—Tienes a Cristo; no estás sola. Él está contigo todos los días de tu vida. Cuidará de ti y de tus pequeños hijos, y te proveerá el sustento.

Las sencillas palabras y el dinero fueron suficientes para que naciera la esperanza en la agobiada mujer, y para que desterrara de su mente la loca idea de privarse de la existencia. El gesto misericordioso de la anciana la salvó y la arrebató del fuego eterno.

En este mundo lleno de problemas, desilusiones y frustraciones, una palabra franca y cariñosa se hace cada vez más necesaria. Los cristianos debemos arrebatar del fuego eterno a nuestro prójimo. Una palabra dicha á tiempo, una ayuda oportuna, un gesto de amor, puede salvarle la vida a quien se encuentra sumido en la desesperación.

Pídele al Señor que te use hoy para salvar a alguien del fuego.

Ruth Prem Asturias
Guatemala

Jesucristo. **18** Ellos les decían: «En los últimos tiempos habrá burladores que vivirán según sus propias pasiones impías.» **19** Éstos son los que causan divisiones y se dejan llevar por sus propios instintos, pues no tienen el Espíritu.

20-21 Ustedes, en cambio, queridos hermanos, manténganse en el amor de Dios, edificándose sobre la base de su santísima fe y orando en el Espíritu Santo, mientras esperan que nuestro Señor Jesucristo, en su misericordia, les conceda vida eterna.

22 Tengan compasión de los que dudan; **23** a otros, sálvenlos arrebatándolos del fuego. Compadézcanse de los demás, pero tengan cuidado; aborrezcan hasta la ropa que haya sido contaminada por su *cuerpo.

Doxología

24 ¡Al único Dios, nuestro Salvador, que puede guardarlos para que no *caigan, y establecerlos sin tacha y con gran alegría ante su gloriosa presencia, **25** sea la gloria, la majestad, el dominio y la autoridad, por medio de Jesucristo nuestro Señor, antes de todos los siglos, ahora y para siempre! Amén.

APOCALIPSIS

- Juan, desterrado a la isla de Patmos, escribe lo que Cristo le revela a fin de consolar a los cristianos que están sufriendo por su fe. Mediante visiones de Dios en control tanto del presente como del futuro, les ofrece esperanza y les asegura que finalmente Cristo ganará la victoria sobre Satanás, que está destinado al castigo eterno. Al leer este libro, regocíjese en el poder imponente de Cristo, y recuerde que a pesar de lo que suceda ahora o en el porvenir, nada jamás la puede separar de su amor.

Apocalipsis

Prólogo

1 Ésta es la revelación de *Jesucristo, que Dios le dio para mostrar a sus *siervos lo que sin demora tiene que suceder. Jesucristo envió a su ángel para dar a conocer la revelación a su siervo Juan, ² quien por su parte da fe de la verdad, escribiendo todo lo que vio, a saber, la palabra de Dios y el testimonio de Jesucristo. ³ *Dichoso el que lee y dichosos los que escuchan las palabras de este mensaje profético y hacen caso de lo que aquí está escrito, porque el tiempo de su cumplimiento está cerca.

Saludos y doxología

⁴ Yo, Juan, escribo a las siete iglesias que están en la provincia de *Asia:

Gracia y paz a ustedes de parte de aquel que es y que era y que ha de venir; y de parte de los siete espíritus que están delante de su trono; ⁵ y de parte de *Jesucristo, el testigo fiel, el primogénito de la resurrección, el soberano de los reyes de la tierra.

Al que nos ama
y por cuya sangre
nos ha librado de nuestros pecados,
⁶ al que ha hecho de nosotros un
reino,
sacerdotes al servicio de Dios su
Padre,
¡a él sea la gloria y el poder
por los siglos de los siglos! Amén.

⁷ ¡Miren que viene en las nubes!
Y todos lo verán con sus propios
ojos,
incluso quienes lo traspasaron;
y por él harán lamentación
todos los pueblos de la tierra.
¡Así será! Amén.

⁸ «Yo soy el Alfa y la Omega —dice el Señor Dios—, el que es y que era y que ha de venir, el Todopoderoso.»

Alguien semejante al Hijo del hombre

⁹ Yo, Juan, hermano de ustedes y compañero en el sufrimiento, en el reino y en la perseverancia que tenemos en unión con Jesús, estaba en la isla de Patmos por causa de la palabra de Dios y del testimonio de Jesús. ¹⁰ En el día del Señor vino sobre mí el Espíritu, y oí detrás de mí una voz fuerte, como de trompeta, ¹¹ que decía: «Escribe en un libro lo que veas y envíalo a las siete iglesias: a Éfeso, a Esmirna, a Pérgamo, a Tiatira, a Sardis, a Filadelfia y a Laodicea.»

¹² Me volví para ver de quién era la voz que me hablaba y, al volverme, vi siete candelabros de oro. ¹³ En medio de los candelabros estaba alguien «semejante al Hijo del hombre»,ª vestido con una túnica que le llegaba hasta los pies y ceñido con una banda de oro a la altura del pecho. ¹⁴ Su cabellera lucía blanca como la lana, como la nieve; y sus ojos resplandecían como llama de fuego. ¹⁵ Sus pies parecían bronce al rojo vivo en un horno, y su voz era tan fuerte como el estruendo de una catarata. ¹⁶ En su mano derecha tenía siete estrellas, y de su boca salía una aguda espada de dos filos. Su rostro era como el sol cuando brilla en todo su esplendor.

¹⁷ Al verlo, caí a sus pies como muerto; pero él, poniendo su mano derecha sobre mí, me dijo: «No tengas miedo. Yo soy el Primero y el Último, ¹⁸ y el que vive. Estuve muerto, pero ahora vivo por los siglos de los siglos, y tengo las llaves de la muerte y del infierno.ᵇ

¹⁹ »Escribe, pues, lo que has visto, lo que sucede ahora y lo que sucederá después. ²⁰ Ésta es la explicación del *misterio de las siete estrellas que viste en mi mano derecha, y de los siete candelabros de oro: las siete estrellas son los ángelesᶜ de las siete iglesias, y los siete candelabros son las siete iglesias.

---

a **1:13** Dn 7:13 *b* **1:18** *infierno*. Lit. *Hades*. *c* **1:20** *ángeles*. Alt. *mensajeros*.

VIERNES

Pasaje del día: Apocalipsis 2:1-11
Versículo del día: Apocalipsis 2:10

Día de coronación

En una oportunidad, mi hermana mayor, una joven alta, delgada, rubia, de ojos claros, entró en la competencia para la reina de Olivicultura. Esa reina llevaría su corona por un año. Su capa, cetro y corona deberían ser entregados el próximo año a la nueva reina.

Mi hermana fue elegida; pero pronto todo terminó. Ahora sólo queda el dulce sabor de lo vivido. Pasados algunos años, lo recordarán sólo los más allegados.

Piensa en la corona de Cristo. No era de oro, ni de plata, sino de espinas. Los soldados entretejieron esa corona de espinas en son de burla; pero Dios transformó la burla en bendición.

El apóstol Pedro les hizo recuerdo a los seguidores de Cristo dispersos por Asia y otros lugares, y hoy a tí, que el Jefe de los pastores les daría una corona incorruptible de gloria (1 Pedro 5:4).

Vale la pena mantenerse firme y fiel, trabajando en la obra del Señor, en la tarea que Él puso en nuestras manos. Un día Cristo mismo nos recompensará por nuestro trabajo y esfuerzo. Ceñirá en nuestra cabeza la corona de vida. ¡Qué privilegio! Nada menos que el Rey de gloria nos coronará. ¡Y no será una corona que podremos tener sólo un año!

Sonarán trompetas, resonarán Aleluyas, como el estruendo de muchas aguas, y verán nuestros ojos al Anciano de días. ¡Caeremos postradas ante tanta gloria!

El momento culminante será cuando Jesús, nuestro amado, se acerque con paso firme, acompañado por un séquito de ángeles. Tronará el cielo, relampagueará el firmamento, y nuestro corazón palpitará fuertemente... ¡Cristo, el Cordero inmolado, ceñirá sobre nuestra cabeza la corona de vida!

Oración: *Amado Señor, ayúdame a ser fiel hasta la muerte. No quiero perderme esa coronación.*

Mirtha Bonis de Soto
Argentina

A la iglesia de Éfeso

2 »Escribe al ángel[a] de la iglesia de Éfeso:

Esto dice el que tiene las siete estrellas en su mano derecha y se pasea en medio de los siete candelabros de oro: **2** Conozco tus obras, tu duro trabajo y tu perseverancia. Sé que no puedes soportar a los malvados, y que has puesto a *prueba a los que dicen ser apóstoles pero no lo son; y has descubierto que son falsos. **3** Has perseverado y sufrido por mi nombre, sin desanimarte.

4 Sin embargo, tengo en tu contra que has abandonado tu primer amor. **5** ¡Recuerda de dónde has caído! *Arrepiéntete y vuelve a practicar las obras que hacías al principio. Si no te arrepientes, iré y quitaré de su lugar tu candelabro. **6** Pero tienes a tu favor que aborreces las prácticas de los nicolaítas, las cuales yo también aborrezco.

7 El que tenga oídos, que oiga lo que el Espíritu dice a las iglesias. Al que salga vencedor le daré derecho a comer del árbol de la vida, que está en el paraíso de Dios.

A la iglesia de Esmirna

8 »Escribe al ángel de la iglesia de Esmirna:

Esto dice el Primero y el Último, el que murió y volvió a vivir: **9** Conozco tus sufrimientos y tu pobreza. ¡Sin embargo, eres rico! Sé cómo te calumnian los que dicen ser judíos pero que, en realidad, no son más que una sinagoga de Satanás. **10** No tengas miedo de lo que estás por sufrir. Te advierto que a algunos de ustedes el diablo los meterá en la cárcel para ponerlos a *prueba, y sufrirán persecución durante diez días. Sé fiel hasta la muerte, y yo te daré la corona de la vida.

11 El que tenga oídos, que oiga lo que el Espíritu dice a las iglesias. El que salga vencedor no sufrirá daño alguno de la segunda muerte.

A la iglesia de Pérgamo

12 »Escribe al ángel de la iglesia de Pérgamo:

Esto dice el que tiene la aguda espada de dos filos: **13** Sé dónde vives: allí donde Satanás tiene su trono. Sin embargo, sigues fiel a mi nombre. No renegaste de tu fe en mí, ni siquiera en los días en que Antipas, mi testigo fiel, sufrió la muerte en esa ciudad donde vive Satanás.

14 No obstante, tengo unas cuantas cosas en tu contra: que toleras ahí a los que se aferran a la doctrina de Balaam, el que enseñó a Balac a poner *tropiezos a los israelitas, incitándolos a comer alimentos sacrificados a los ídolos y a cometer inmoralidades sexuales. **15** Toleras así mismo a los que sostienen la doctrina de los nicolaítas. **16** Por lo tanto, *¡arrepiéntete! De otra manera, iré pronto a ti para pelear contra ellos con la espada que sale de mi boca.

17 El que tenga oídos, que oiga lo que el Espíritu dice a las iglesias. Al que salga vencedor le daré del maná escondido, y le daré también una piedrecita blanca en la que está escrito un nombre nuevo que sólo conoce el que lo recibe.

A la iglesia de Tiatira

18 »Escribe al ángel de la iglesia de Tiatira:

Esto dice el Hijo de Dios, el que tiene ojos que resplandecen como llamas de fuego y pies que parecen bronce al rojo vivo: **19** Conozco tus obras, tu amor y tu fe, tu servicio y tu perseverancia, y sé que tus últimas obras son más abundantes que las primeras.

20 Sin embargo, tengo en tu contra que toleras a Jezabel, esa mujer que

---

a 2:1 *ángel.* Alt. *mensajero*; también en vv. 8, 12 y 18.

Pasaje del sábado:
Apocalipsis 1:8-18
Pasaje del domingo:
Salmo 45:1-17

Jesús

La poesía de tu nombre se me escapa
Entre los labios, pronunciando la belleza
Que hay en tu magna creación.
Y pensar que hay quienes niegan tu existencia.

Muchos hay que han escrito exquisitas poesías
Sobre ternuras de niños y bellezas de la flor.
Mi vocabulario es pobre, mis palabras muy gastadas,
Pero te veo a mi lado y ¡mi poesía eres tú!

En la soledad del alba cuando la noche reposa,
Con el corazón insomne, se solaza mi alma
Cuando se esboza el recuerdo del día en que dijiste:
"Ven conmigo a caminar. ¡Ven, pequeña, nada temas;
Pues mi mano traspasada ningún daño puede hacer!"

Los años se están yendo... transitamos muchas sendas.
Ocultas en el recuerdo muchas imágenes
Van desfilando, poco a poco,
Envueltas en un silencio sugestivo de emociones,
Conjugando el verbo amar.

Alice de Morales
Bolivia

dice ser profetisa. Con su enseñanza engaña a mis *siervos, pues los induce a cometer inmoralidades sexuales y a comer alimentos sacrificados a los ídolos. **21** Le he dado tiempo para que se *arrepienta de su inmoralidad, pero no quiere hacerlo. **22** Por eso la voy a postrar en un lecho de dolor, y a los que cometen adulterio con ella los haré sufrir terriblemente, a menos que se arrepientan de lo que aprendieron de ella. **23** A los hijos de esa mujer los heriré de muerte. Así sabrán todas las iglesias que yo soy el que escudriña la mente y el corazón; y a cada uno de ustedes lo trataré de acuerdo con sus obras. **24** Ahora, al resto de los que están en Tiatira, es decir, a ustedes que no siguen esa enseñanza ni han aprendido los mal llamados 'profundos secretos de Satanás', les digo que ya no les impondré ninguna otra carga. **25** Eso sí, retengan con firmeza lo que ya tienen, hasta que yo venga.

26 Al que salga vencedor y cumpla mi voluntad[a] hasta el fin, le daré autoridad sobre las *naciones **27** —así como yo la he recibido de mi Padre— y

'él las gobernará con puño de hierro;[b] las hará pedazos como a vasijas de barro'.[c]

28 También le daré la estrella de la mañana. **29** El que tenga oídos, que oiga lo que el Espíritu dice a las iglesias.

A la iglesia de Sardis

3 »Escribe al ángel[d] de la iglesia de Sardis:

Esto dice el que tiene los siete espíritus de Dios y las siete estrellas: Conozco tus obras; tienes fama de estar vivo, pero en realidad estás muerto. **2** ¡Despierta! Reaviva lo que aún es rescatable,[e] pues no he encontrado que tus obras sean perfectas delante de mi Dios. **3** Así que recuerda lo que has recibido y oído; obedécelo y *arrepiéntete. Si no te mantienes despierto, cuando menos lo esperes caeré sobre ti como un ladrón.

4 Sin embargo, tienes en Sardis a unos cuantos que no se han manchado la ropa. Ellos, por ser dignos, andarán conmigo vestidos de blanco. **5** El que salga vencedor se vestirá de blanco. Jamás borraré su nombre del libro de la vida, sino que reconoceré su nombre delante de mi Padre y delante de sus ángeles. **6** El que tenga oídos, que oiga lo que el Espíritu dice a las iglesias.

A la iglesia de Filadelfia

7 »Escribe al ángel de la iglesia de Filadelfia:

Esto dice el Santo, el Verdadero, el que tiene la llave de David, el que abre y nadie puede cerrar, el que cierra y nadie puede abrir: **8** Conozco tus obras. Mira que delante de ti he dejado abierta una puerta que nadie puede cerrar. Ya sé que tus fuerzas son pocas, pero has obedecido mi palabra y no has renegado de mi nombre. **9** Voy a hacer que los de la sinagoga de Satanás, que dicen ser judíos pero que en realidad mienten, vayan y se postren a tus pies, y reconozcan que yo te he amado. **10** Ya que has guardado mi mandato de ser constante, yo por mi parte te guardaré de la hora de *tentación, que vendrá sobre el mundo entero para poner a prueba a los que viven en la tierra.

11 Vengo pronto. Aférrate a lo que tienes, para que nadie te quite la corona. **12** Al que salga vencedor lo haré columna del templo de mi Dios, y ya no saldrá jamás de allí. Sobre él grabaré el nombre de mi Dios y el nombre de la nueva Jerusalén, ciudad de mi Dios, la que baja del cielo de parte de mi Dios; y tam-

---

a **2:26** *cumpla mi voluntad.* Lit. *guarde mis obras.* *b* **2:27** *gobernará ... hierro.* Lit. *pastoreará con cetro de hierro.* *c* **2:27** Sal 2:9 *d* **3:1** *ángel.* Alt. *mensajero;* también en vv. 7 y 14. *e* **3:2** *Reaviva ... rescatable.* Lit. *Fortalece las otras cosas que están por morir.*

Pasaje del día: Apocalipsis 3:1-13
Versículo del día: Apocalipsis 3:11

La noticia más importante

El 17 de diciembre de 1903, se realizó el primer vuelo en un aeroplano de hechura casera. Orville y Wilbur Wright, comerciantes de bicicletas, lograron que la nave se mantuviera cincuenta y nueve segundos en el aire, en un lugar llamado Kitty Hawk, en los Estados Unidos. Gozosos con su gran hazaña, corrieron a enviar un telegrama a su hermana, que vivía en Dayton, Ohio, contándole de su gran logro.

El telegrama leía así: "Primer vuelo logrado hoy cincuenta y nueve segundos. Esperamos regresar para Navidad." Al recibir las noticias, la hermana se apresuró a mostrarle el telegrama al editor del diario del pueblo, emocionada ante la gran noticia.

Curiosamente, al día siguiente, el diario encabezaba diciendo: "Comerciantes bicicleteros esperan regresar para Navidad." ¡El pobre editor había perdido totalmente la noticia más grande del momento! Teniendo el telegrama en la mano, había malentendido su mensaje, y falló en presentar la información más emocionante!

A veces, como seres humanos nos comportamos así ante las cosas realmente importantes de la vida. Lo que tiene gran valor a los ojos de Dios, descuidamos. Aquello que es precioso para la vida cristiana, desatendemos. Perdemos el tiempo en enredos poco importantes, y podemos llegar a enfriarnos respecto a nuestros principios de vida.

Lo urgente rara vez es importante, y lo importante rara vez es urgente. Corriendo detrás de los "urgentes", descuidamos lo que es importante: la Palabra de Dios, la familia, los amigos, los hijos, la iglesia, las buenas obras. Y lo más vital: estar preparadas para la venida de Cristo.

Oración: *Padre, abre mis ojos a los asuntos de prioridad en mi vida. Ayúdame a serte fiel en todo, para que nadie tome mi corona.*

Evelina Saint de Jiménez
Argentina

bién grabaré sobre él mi nombre nuevo. **13** El que tenga oídos, que oiga lo que el Espíritu dice a las iglesias.

A la iglesia de Laodicea

14 »Escribe al ángel de la iglesia de Laodicea:

Esto dice el Amén, el testigo fiel y veraz, el soberanoª de la creación de Dios: **15** Conozco tus obras; sé que no eres ni frío ni caliente. ¡Ojalá fueras lo uno o lo otro! **16** Por tanto, como no eres ni frío ni caliente, sino tibio, estoy por vomitarte de mi boca. **17** Dices: 'Soy rico; me he enriquecido y no me hace falta nada'; pero no te das cuenta de que el infeliz y miserable, el pobre, ciego y desnudo eres tú. **18** Por eso te aconsejo que de mí compres oro refinado por el fuego, para que te hagas rico; ropas blancas para que te vistas y cubras tu vergonzosa desnudez; y colirio para que te lo pongas en los ojos y recobres la vista. **19** Yo reprendo y disciplino a todos los que amo. Por lo tanto, sé fervoroso y *arrepiéntete. **20** Mira que estoy a la puerta y llamo. Si alguno oye mi voz y abre la puerta, entraré, y cenaré con él, y él conmigo. **21** Al que salga vencedor le daré el derecho de sentarse conmigo en mi trono, como también yo vencí y me senté con mi Padre en su trono. **22** El que tenga oídos, que oiga lo que el Espíritu dice a las iglesias.»

El trono en el cielo

4 Después de esto miré, y allí en el cielo había una puerta abierta. Y la voz que me había hablado antes con sonido como de trompeta me dijo: «Sube acá: voy a mostrarte lo que tiene que suceder después de esto.» **2** Al instante vino sobre mí el Espíritu y vi un trono en el cielo, y a alguien sentado en el trono. **3** El que estaba sentado tenía un aspecto semejante a una piedra de jaspe y de cornalina. Alrededor del trono había un arco iris que se asemejaba a una esmeralda. **4** Rodeaban al trono otros veinticuatro tronos, en los que estaban sentados veinticuatro *ancianos vestidos de blanco y con una corona de oro en la cabeza. **5** Del trono salían relámpagos, estruendosᵇ y truenos. Delante del trono ardían siete antorchas de fuego, que son los siete espíritus de Dios, **6** y había algo parecido a un mar de vidrio, como de cristal transparente.

En el centro, alrededor del trono, había cuatro seres vivientes cubiertos de ojos por delante y por detrás. **7** El primero de los seres vivientes era semejante a un león; el segundo, a un toro; el tercero tenía rostro como de hombre; el cuarto era semejante a un águila en vuelo. **8** Cada uno de ellos tenía seis alas y estaba cubierto de ojos, por arriba y por debajo de las alas. Y día y noche repetían sin cesar:

«Santo, santo, santo
es el Señor Dios Todopoderoso,
el que era y que es y que ha de venir.»

9 Cada vez que estos seres vivientes daban gloria, honra y acción de gracias al que estaba sentado en el trono, al que vive por los siglos de los siglos, **10** los veinticuatro ancianos se postraban ante él y adoraban al que vive por los siglos de los siglos. Y rendían sus coronas delante del trono exclamando:

11 «Digno eres, Señor y Dios nuestro,
de recibir la gloria, la honra y el poder,
porque tú creaste todas las cosas;
por tu voluntad existen
y fueron creadas.»

El rollo escrito y el Cordero

5 En la mano derecha del que estaba sentado en el trono vi un rollo escrito por ambos lados y sellado con siete sellos. **2** También vi a un ángel poderoso que proclamaba a gran voz: «¿Quién es digno de romper los sellos y de abrir el rollo?»

---

a **3:14** *soberano*. Lit. *comienzo* (u *origen*). *b* **4:5** *estruendos*. Lit. *voces*; y así en otros pasajes semejantes.

³ Pero ni en el cielo ni en la tierra, ni debajo de la tierra, hubo nadie capaz de abrirlo ni de examinar su contenido. ⁴ Y lloraba yo mucho porque no se había encontrado a nadie que fuera digno de abrir el rollo ni de examinar su contenido. ⁵ Uno de los *ancianos me dijo: «¡Deja de llorar, que ya el León de la tribu de Judá, la Raíz de David, ha vencido! Él sí puede abrir el rollo y sus siete sellos.»

⁶ Entonces vi, en medio de los cuatro seres vivientes y del trono y los ancianos, a un Cordero que estaba de pie y parecía haber sido sacrificado. Tenía siete cuernos y siete ojos, que son los siete espíritus de Dios enviados por toda la tierra. ⁷ Se acercó y recibió el rollo de la mano derecha del que estaba sentado en el trono. ⁸ Cuando lo tomó, los cuatro seres vivientes y los veinticuatro ancianos se postraron delante del Cordero. Cada uno tenía un arpa y copas de oro llenas de incienso, que son las oraciones del *pueblo de Dios.ᵃ ⁹ Y entonaban este nuevo cántico:

«Digno eres de recibir el rollo escrito
    y de romper sus sellos,
porque fuiste sacrificado,
    y con tu sangre compraste para
        Dios
    gente de toda raza, lengua, pueblo
        y nación.
¹⁰ De ellos hiciste un reino;
    los hiciste sacerdotes al servicio de
        nuestro Dios,
    y reinarán sobre la tierra.»

¹¹ Luego miré, y oí la voz de muchos ángeles que estaban alrededor del trono, de los seres vivientes y de los ancianos. El número de ellos era millares de millares y millones de millones. ¹² Cantaban con todas sus fuerzas:

«¡Digno es el Cordero, que ha sido
        sacrificado,
    de recibir el poder,
    la riqueza y la sabiduría,
    la fortaleza y la honra,
    la gloria y la alabanza!»

¹³ Y oí a cuanta criatura hay en el cielo, y en la tierra, y debajo de la tierra y en el mar, a todos en la creación, que cantaban:

«¡Al que está sentado en el trono y al
        Cordero,
    sean la alabanza y la honra, la gloria
        y el poder,
    por los siglos de los siglos!»

¹⁴ Los cuatro seres vivientes exclamaron: «¡Amén!», y los ancianos se postraron y adoraron.

Los sellos

6 Vi cuando el Cordero rompió el primero de los siete sellos, y oí a uno de los cuatro seres vivientes, que gritaba con voz de trueno: «¡Ven!» ² Miré, ¡y apareció un caballo blanco! El jinete llevaba un arco; se le dio una corona, y salió como vencedor, para seguir venciendo.

³ Cuando el Cordero rompió el segundo sello, oí al segundo ser viviente, que gritaba: «¡Ven!» ⁴ En eso salió otro caballo, de color rojo encendido. Al jinete se le entregó una gran espada; se le permitió quitar la paz de la tierra y hacer que sus habitantes se mataran unos a otros.

⁵ Cuando el Cordero rompió el tercer sello, oí al tercero de los seres vivientes, que gritaba: «¡Ven!» Miré, ¡y apareció un caballo negro! El jinete tenía una balanza en la mano. ⁶ Y oí como una voz en medio de los cuatro seres vivientes, que decía: «Un kilo de trigo, o tres kilos de cebada, por el salario de un día; pero no afectes el precio del aceite y del vino.»ᵇ

⁷ Cuando el Cordero rompió el cuarto sello, oí la voz del cuarto ser viviente, que gritaba: «¡Ven!» ⁸ Miré, ¡y apareció un caballo amarillento! El jinete se llamaba Muerte, y el Infiernoᶜ lo seguía de cerca. Y se les otorgó poder sobre la cuarta parte de la tierra, para matar por medio de la espada, el hambre, las epidemias y las fieras de la tierra.

⁹ Cuando el Cordero rompió el quinto sello, vi debajo del altar las almas de los que habían sufrido el martirio por causa de la palabra de Dios y por mantenerse fieles en su testimonio. ¹⁰ Gritaban a gran voz: «¿Hasta cuándo, Soberano Señor, santo y veraz, seguirás sin juzgar a los

---

a 5:8 del pueblo de Dios. Lit. *de los santos. b 6:6* por el salario ... vino. Lit. *por un denario, y no dañes el aceite ni el vino.*

habitantes de la tierra y sin vengar nuestra muerte?» [11] Entonces cada uno de ellos recibió ropas blancas, y se les dijo que esperaran un poco más, hasta que se completara el número de sus consiervos y hermanos que iban a sufrir el martirio como ellos.

[12] Vi que el Cordero rompió el sexto sello, y se produjo un gran terremoto. El sol se oscureció como si se hubiera vestido de luto,[a] la luna entera se tornó roja como la sangre, [13] y las estrellas del firmamento cayeron sobre la tierra, como caen los higos verdes de la higuera sacudida por el vendaval. [14] El firmamento desapareció como cuando se enrolla un pergamino, y todas las montañas y las islas fueron removidas de su lugar.

[15] Los reyes de la tierra, los magnates, los jefes militares, los ricos, los poderosos, y todos los demás, esclavos y libres, se escondieron en las cuevas y entre las peñas de las montañas. [16] Todos gritaban a las montañas y a las peñas: «¡Caigan sobre nosotros y escóndannos de la mirada del que está sentado en el trono y de la ira del Cordero, [17] porque ha llegado el gran día del castigo! ¿Quién podrá mantenerse en pie?»

Los 144.000 sellados

7 Después de esto vi a cuatro ángeles en los cuatro ángulos de la tierra. Estaban allí de pie, deteniendo los cuatro vientos para que éstos no se desataran sobre la tierra, el mar y los árboles. [2] Vi también a otro ángel que venía del oriente con el sello del Dios vivo. Gritó con voz potente a los cuatro ángeles a quienes se les había permitido hacer daño a la tierra y al mar: [3] «¡No hagan daño ni a la tierra, ni al mar ni a los árboles, hasta que hayamos puesto un sello en la frente de los *siervos de nuestro Dios!» [4] Y oí el número de los que fueron sellados: ciento cuarenta y cuatro mil de todas las tribus de Israel.

[5] De la tribu de Judá fueron sellados doce mil;
de la tribu de Rubén, doce mil;
de la tribu de Gad, doce mil;
[6] de la tribu de Aser, doce mil;

de la tribu de Neftalí, doce mil;
de la tribu de Manasés, doce mil;
[7] de la tribu de Simeón, doce mil;
de la tribu de Leví, doce mil;
de la tribu de Isacar, doce mil;
[8] de la tribu de Zabulón, doce mil;
de la tribu de José, doce mil;
de la tribu de Benjamín, doce mil.

La gran multitud con túnicas blancas

[9] Después de esto miré, y apareció una multitud tomada de todas las naciones, tribus, pueblos y lenguas; era tan grande que nadie podía contarla. Estaban de pie delante del trono y del Cordero, vestidos de túnicas blancas y con ramas de palma en la mano. [10] Gritaban a gran voz:

«¡La salvación viene de nuestro Dios,
que está sentado en el trono,
y del Cordero!»

[11] Todos los ángeles estaban de pie alrededor del trono, de los *ancianos y de los cuatro seres vivientes. Se postraron rostro en tierra delante del trono, y adoraron a Dios [12] diciendo:

«¡Amén!
La alabanza, la gloria,
la sabiduría, la acción de gracias,
la honra, el poder y la fortaleza
son de nuestro Dios por los siglos de
los siglos.
¡Amén!»

[13] Entonces uno de los ancianos me preguntó:

—Esos que están vestidos de blanco, ¿quiénes son, y de dónde vienen?

[14] —Eso usted lo sabe, mi señor —respondí.

Él me dijo:

—Aquéllos son los que están saliendo de la gran tribulación;
han lavado y blanqueado sus
túnicas en la sangre del
Cordero.
[15] Por eso, están delante del trono de
Dios,
y día y noche le sirven en su
templo;

---

f 6:8 *Infierno.* Lit. *Hades.* *a* 6:12 *se oscureció ... luto.* Lit. *se puso negro como un saco hecho de pelo* (es decir, pelo de cabra).

Pasaje del día: Apocalipsis 7:9-17
Versículo del día: Apocalipsis 7:15

Servicio de día y de noche

*S*ervir significa cuidar y prosperar los bienes de otros. Dios ha dejado su Palabra para que la demos a conocer de diferentes maneras. Él busca personas de buena voluntad para que sean sus servidoras. "Pondré mis ojos en los fieles de la tierra, para que habiten conmigo; sólo estarán a mi servicio los de conducta intachable" (Salmo 101:6).

Pablo y los demás apóstoles no se consideraban jefes, sino servidores de alguien superior, es decir, de Cristo. De Él habían recibido el llamamiento y el ministerio. Nosotras también somos siervas de Él. Debe ser nuestro gran anhelo agradarle en todo.

Al igual que Pablo, las mujeres debemos mantener el enfoque de nuestro pensamiento y la prioridad de nuestra vida en el poder de Dios, que nos capacita para que nuestro trabajo no sea en vano. Sólo así podemos hacer un servicio que agrade al Señor.

La fidelidad debe ser la característica de todo buen siervo. La gran multitud con ropas blancas, que el apóstol Juan vio en el cielo, consistía de santos fieles que servían a Dios día y noche en su templo. Era una multitud de todas las naciones, tribus, pueblos y lenguas, tan grande que nadie la podía contar. ¡Imagínese tan gran cantidad de siervos!

Seamos fieles en proclamar el mensaje del amor de Dios, incansablemente, de día y de noche, y pronto estaremos entre esa multitud de pie delante del trono y delante del Cordero. Junto con los ángeles y todos los seres vivientes del cielo proclamaremos las alabanzas de nuestro gran Dios y Salvador.

¿Hay promesa si somos siervas fieles? Cristo nos pastoreará y guiará a fuentes de agua viva, y Dios enjugará toda lágrima de nuestros ojos.

Elba Lilian Castillo de Amaya
El Salvador

y el que está sentado en el trono
les dará refugio en su santuario.ª
16 Ya no sufrirán hambre ni sed.
No los abatirá el sol ni ningún
calor abrasador.
17 Porque el Cordero que está en el
trono los pastoreará
y los guiará a fuentes de agua viva;
y Dios les enjugará toda lágrima de
sus ojos.

El séptimo sello y el incensario de oro

8 Cuando el Cordero rompió el séptimo sello, hubo silencio en el cielo como por media hora.

2 Y vi a los siete ángeles que están de pie delante de Dios, a los cuales se les dieron siete trompetas.

3 Se acercó otro ángel y se puso de pie frente al altar. Tenía un incensario de oro, y se le entregó mucho incienso para ofrecerlo, junto con las oraciones de todo el *pueblo de Dios, sobre el altar de oro que está delante del trono. **4** Y junto con esas oraciones, subió el humo del incienso desde la mano del ángel hasta la presencia de Dios. **5** Luego el ángel tomó el incensario y lo llenó con brasas del altar, las cuales arrojó sobre la tierra; y se produjeron truenos, estruendos,ᵇ relámpagos y un terremoto.

Las trompetas

6 Los siete ángeles que tenían las siete trompetas se dispusieron a tocarlas.

7 Tocó el primero su trompeta, y fueron arrojados sobre la tierra granizo y fuego mezclados con sangre. Y se quemó la tercera parte de la tierra, la tercera parte de los árboles y toda la hierba verde.

8 Tocó el segundo ángel su trompeta, y fue arrojado al mar algo que parecía una enorme montaña envuelta en llamas. La tercera parte del mar se convirtió en sangre, **9** y murió la tercera parte de las criaturas que viven en el mar; también fue destruida la tercera parte de los barcos.

10 Tocó el tercer ángel su trompeta, y una enorme estrella, que ardía como una antorcha, cayó desde el cielo sobre la tercera parte de los ríos y sobre los ma-

nantiales. **11** La estrella se llama Amargura.ᶜ Y la tercera parte de las aguas se volvió amarga, y por causa de esas aguas murió mucha gente.

12 Tocó el cuarto ángel su trompeta, y fue asolada la tercera parte del sol, de la luna y de las estrellas, de modo que se oscureció la tercera parte de ellos. Así quedó sin luz la tercera parte del día y la tercera parte de la noche.

13 Seguí observando, y oí un águila que volaba en medio del cielo y gritaba fuertemente: «¡Ay! ¡Ay! ¡Ay de los habitantes de la tierra cuando suenen las tres trompetas que los últimos tres ángeles están a punto de tocar!»

9 Tocó el quinto ángel su trompeta, y vi que había caído del cielo a la tierra una estrella, a la cual se le entregó la llave del pozo del *abismo. **2** Lo abrió, y del pozo subió una humareda, como la de un horno gigantesco; y la humareda oscureció el sol y el aire. **3** De la humareda descendieron langostas sobre la tierra, y se les dio poder como el que tienen los escorpiones de la tierra. **4** Se les ordenó que no dañaran la hierba de la tierra, ni ninguna planta ni ningún árbol, sino sólo a las personas que no llevaran en la frente el sello de Dios. **5** No se les dio permiso para matarlas sino sólo para torturarlas durante cinco meses. Su tormento es como el producido por la picadura de un escorpión. **6** En aquellos días la gente buscará la muerte, pero no la encontrará; desearán morir, pero la muerte huirá de ellos.

7 El aspecto de las langostas era como de caballos equipados para la guerra. Llevaban en la cabeza algo que parecía una corona de oro, y su cara se asemejaba a un rostro humano. **8** Su crin parecía cabello de mujer, y sus dientes eran como de león. **9** Llevaban coraza como de hierro, y el ruido de sus alas se escuchaba como el estruendo de carros de muchos caballos que se lanzan a la batalla. **10** Tenían cola y aguijón como de escorpión; y en la cola tenían poder para torturar a la gente durante cinco meses. **11** El rey que los dirigía era el ángel del abismo, que en

---

a **7:15** *les dará ... santuario.* Lit. *extenderá su tienda sobre ellos.* *b* **8:5** *estruendos.* Lit. *voces.* *c* **8:11** *Amargura.* Lit. *Ajenjo.*

hebreo se llama Abadón y en griego Apolión.[a]

12 El primer ¡ay! ya pasó, pero vienen todavía otros dos.

13 Tocó el sexto ángel su trompeta, y oí una voz que salía de entre los cuernos del altar de oro que está delante de Dios. **14** A este ángel que tenía la trompeta, la voz le dijo: «Suelta a los cuatro ángeles que están atados a la orilla del gran río Éufrates.» **15** Así que los cuatro ángeles que habían sido preparados precisamente para esa hora, y ese día, mes y año, quedaron sueltos para matar a la tercera parte de la *humanidad. **16** Oí que el número de las tropas de caballería llegaba a doscientos millones.

17 Así vi en la visión a los caballos y a sus jinetes: Tenían coraza de color rojo encendido, azul violeta y amarillo como azufre. La cabeza de los caballos era como de león, y por la boca echaban fuego, humo y azufre. **18** La tercera parte de la humanidad murió a causa de las tres plagas de fuego, humo y azufre que salían de la boca de los caballos. **19** Es que el poder de los caballos radicaba en su boca y en su cola; pues sus colas, semejantes a serpientes, tenían cabezas con las que hacían daño.

20 El resto de la humanidad, los que no murieron a causa de estas plagas, tampoco se *arrepintieron de sus malas acciones ni dejaron de adorar a los demonios y a los ídolos de oro, plata, bronce, piedra y madera, los cuales no pueden ver ni oír ni caminar. **21** Tampoco se arrepintieron de sus asesinatos ni de sus artes mágicas, inmoralidad sexual y robos.

El ángel y el rollo pequeño

10 Después vi a otro ángel poderoso que bajaba del cielo envuelto en una nube. Un arco iris rodeaba su cabeza; su rostro era como el sol, y sus piernas parecían columnas de fuego. **2** Llevaba en la mano un pequeño rollo escrito que estaba abierto. Puso el pie derecho sobre el mar y el izquierdo sobre la tierra, **3** y dio un grito tan fuerte que parecía el rugido de un león. Entonces los siete truenos

levantaron también sus voces. **4** Una vez que hablaron los siete truenos, estaba yo por escribir, pero oí una voz del cielo que me decía: «Guarda en secreto lo que han dicho los siete truenos, y no lo escribas.»

5 El ángel que yo había visto de pie sobre el mar y sobre la tierra levantó al cielo su mano derecha **6** y juró por el que vive por los siglos de los siglos, el que creó el cielo, la tierra, el mar y todo lo que hay en ellos, y dijo: «¡El tiempo ha terminado! **7** En los días en que hable el séptimo ángel, cuando comience a tocar su trompeta, se cumplirá el designio *secreto de Dios, tal y como lo anunció a sus *siervos los profetas.»

8 La voz del cielo que yo había escuchado se dirigió a mí de nuevo: «Acércate al ángel que está de pie sobre el mar y sobre la tierra, y toma el rollo que tiene abierto en la mano.»

9 Me acerqué al ángel y le pedí que me diera el rollo. Él me dijo: «Tómalo y cómetelo. Te amargará las entrañas, pero en la boca te sabrá dulce como la miel.» **10** Lo tomé de la mano del ángel y me lo comí. Me supo dulce como la miel, pero al comérmelo se me amargaron las entrañas. **11** Entonces se me ordenó: «Tienes que volver a profetizar acerca de muchos pueblos, naciones, lenguas y reyes.»

Los dos testigos

11 Se me dio una caña que servía para medir, y se me ordenó: «Levántate y mide el templo de Dios y el altar, y calcula cuántos pueden adorar allí. **2** Pero no incluyas el atrio exterior del templo; no lo midas, porque ha sido entregado a las naciones paganas, las cuales pisotearán la ciudad santa durante cuarenta y dos meses. **3** Por mi parte, yo encargaré a mis dos testigos que, vestidos de luto,[b] profeticen durante mil doscientos sesenta días.» **4** Estos dos testigos son los dos olivos y los dos candelabros que permanecen delante del Señor de la tierra. **5** Si alguien quiere hacerles daño, ellos lanzan fuego por la boca y consumen a sus enemigos. Así habrá de morir cualquiera que intente hacerles daño. **6** Estos testigos tienen po-

---

a **9:11** *Abadón* y *Apolión* significan: *Destructor.* *b* **11:3** *luto.* Lit. *cilicio.*

der para cerrar el cielo a fin de que no llueva mientras estén profetizando; y tienen poder para convertir las aguas en sangre y para azotar la tierra, cuantas veces quieran, con toda clase de plagas.

7 Ahora bien, cuando hayan terminado de dar su testimonio, la bestia que sube del *abismo les hará la guerra, los vencerá y los matará. 8 Sus cadáveres quedarán tendidos en la plaza de la gran ciudad, llamada en sentido figurado[a] Sodoma y Egipto, donde también fue crucificado su Señor. 9 Y gente de todo pueblo, tribu, lengua y nación contemplará sus cadáveres por tres días y medio, y no permitirá que se les dé sepultura. 10 Los habitantes de la tierra se alegrarán de su muerte y harán fiesta e intercambiarán regalos, porque estos dos profetas les estaban haciendo la vida imposible.

11 Pasados los tres días y medio, entró en ellos un aliento de vida enviado por Dios, y se pusieron de pie, y quienes los observaban quedaron sobrecogidos de terror. 12 Entonces los dos testigos oyeron una potente voz del cielo que les decía: «Suban acá.» Y subieron al cielo en una nube, a la vista de sus enemigos.

13 En ese mismo instante se produjo un violento terremoto y se derrumbó la décima parte de la ciudad. Perecieron siete mil personas, pero los sobrevivientes, llenos de temor, dieron gloria al Dios del cielo.

14 El segundo ¡ay! ya pasó, pero se acerca el tercero.

La séptima trompeta

15 Tocó el séptimo ángel su trompeta, y en el cielo resonaron fuertes voces que decían:

«El reino del mundo ha pasado a ser
    de nuestro Señor y de su *Cristo,
y él reinará por los siglos de los
    siglos.»

16 Los veinticuatro *ancianos que estaban sentados en sus tronos delante de Dios se

postraron rostro en tierra y adoraron a Dios 17 diciendo:

«Señor, Dios Todopoderoso,
    que eres y que eras,[b]
te damos gracias porque has asumido
    tu gran poder
y has comenzado a reinar.
18 Las *naciones se han enfurecido;
    pero ha llegado tu castigo,
el momento de juzgar a los muertos,
    y de recompensar a tus *siervos los
        profetas,
a tus *santos y a los que temen tu
        nombre,
    sean grandes o pequeños,[c]
y de destruir a los que destruyen la
        tierra.»

19 Entonces se abrió en el cielo el templo de Dios; allí se vio el arca de su pacto, y hubo relámpagos, estruendos, truenos, un terremoto y una fuerte granizada.

La mujer y el dragón

12 Apareció en el cielo una señal maravillosa: una mujer revestida del sol, con la luna debajo de sus pies y con una corona de doce estrellas en la cabeza. 2 Estaba encinta y gritaba por los dolores y angustias del parto. 3 Y apareció en el cielo otra señal: un enorme dragón de color rojo encendido que tenía siete cabezas y diez cuernos, y una diadema en cada cabeza. 4 Con la cola arrastró la tercera parte de las estrellas del cielo y las arrojó sobre la tierra. Cuando la mujer estaba a punto de dar a luz, el dragón se plantó delante de ella para devorar a su hijo tan pronto como naciera. 5 Ella dio a luz un hijo varón que gobernará a todas las *naciones con puño de hierro.[c] Pero su hijo fue arrebatado y llevado hasta Dios que está en su trono. 6 Y la mujer huyó al desierto, a un lugar que Dios le había preparado para que allí la sustentaran durante mil doscientos sesenta días.

7 Se desató entonces una guerra en el cielo: Miguel y sus ángeles combatieron

---

a 11:8 *en sentido figurado.* Lit. *espiritualmente.* b 11:17 *eras.* Var. *eras y que has de venir.* c 12:5 *gobernará ... con puño de hierro.* Lit. *pastoreará ... con vara de hierro.*

al dragón; éste y sus ángeles, a su vez, les hicieron frente, **8** pero no pudieron vencer, y ya no hubo lugar para ellos en el cielo. **9** Así fue expulsado el gran dragón, aquella serpiente antigua que se llama Diablo y Satanás, y que engaña al mundo entero. Junto con sus ángeles, fue arrojado a la tierra.

10 Luego oí en el cielo un gran clamor:

«Han llegado ya la salvación y el
        poder y el reino de nuestro Dios;
ha llegado ya la autoridad de su
        *Cristo.
Porque ha sido expulsado
    el acusador de nuestros hermanos,
    el que los acusaba día y noche
        delante de nuestro Dios.
11 Ellos lo han vencido
    por medio de la sangre del Cordero
    y por el mensaje del cual dieron
        testimonio;
no valoraron tanto su *vida
    como para evitar la muerte.
12 Por eso, ¡alégrense, cielos,
    y ustedes que los habitan!
Pero ¡ay de la tierra y del mar!
El diablo, lleno de furor, ha
        descendido a ustedes,
    porque sabe que le queda poco
        tiempo.»

13 Cuando el dragón se vio arrojado a la tierra, persiguió a la mujer que había dado a luz al varón. **14** Pero a la mujer se le dieron las dos alas de la gran águila, para que volara al desierto, al lugar donde sería sustentada durante un tiempo y tiempos y medio tiempo, lejos de la vista de la serpiente. **15** La serpiente, persiguiendo a la mujer, arrojó por sus fauces agua como un río, para que la corriente la arrastrara. **16** Pero la tierra ayudó a la mujer: abrió la boca y se tragó el río que el dragón había arrojado por sus fauces. **17** Entonces el dragón se enfureció contra la mujer, y se fue a hacer guerra contra el resto de sus descendientes, los cuales obedecen los mandamientos de Dios y se mantienen fieles al testimonio de Jesús.

13 Y el dragón se plantóª a la orilla del mar.

La bestia que surge del mar

Entonces vi que del mar subía una bestia, la cual tenía diez cuernos y siete cabezas. En cada cuerno tenía una diadema, y en cada cabeza un nombre *blasfemo contra Dios. **2** La bestia parecía un leopardo, pero tenía patas como de oso y fauces como de león. El dragón le confirió a la bestia su poder, su trono y gran autoridad. **3** Una de las cabezas de la bestia parecía haber sufrido una herida mortal, pero esa herida ya había sido sanada. El mundo entero, fascinado, iba tras la bestia **4** y adoraba al dragón porque había dado su autoridad a la bestia. También adoraban a la bestia y decían: «¿Quién como la bestia? ¿Quién puede combatirla?»

5 A la bestia se le permitió hablar con arrogancia y proferir blasfemias contra Dios, y se le confirió autoridad para actuar durante cuarenta y dos meses. **6** Abrió la boca para blasfemar contra Dios, para maldecir su nombre y su morada y a los que viven en el cielo. **7** También se le permitió hacer la guerra a los *santos y vencerlos, y se le dio autoridad sobre toda raza, pueblo, lengua y nación. **8** A la bestia la adorarán todos los habitantes de la tierra, aquellos cuyos nombres no han sido escritos en el libro de la vida, el libro del Cordero que fue sacrificado desde la creación del mundo.ᵇ

9 El que tenga oídos, que oiga.

10 El que deba ser llevado cautivo,
    a la cautividad irá.
El que deba morirᶜ a espada,
    a filo de espada morirá.

¡En esto consistenᵈ la perseverancia y la *fidelidad de los santos!

La bestia que sube de la tierra

11 Después vi que de la tierra subía otra bestia. Tenía dos cuernos como de cordero, pero hablaba como dragón. **12** Ejercía

---

a **13:1** *el dragón se plantó.* Var. *yo estaba de pie.* *b* **13:8** *escritos ... mundo.* Alt. *escritos desde la creación del mundo en el libro de la vida, el libro del Cordero que fue sacrificado.* *c* **13:10** *que deba morir.* Var. *que mata.* *d* **13:10** *En esto consisten.* Alt. *Aquí se verán.*

toda la autoridad de la primera bestia en presencia de ella, y hacía que la tierra y sus habitantes adoraran a la primera bestia, cuya herida mortal había sido sanada. 13 También hacía grandes señales milagrosas, incluso la de hacer caer fuego del cielo a la tierra, a la vista de todos. 14 Con estas señales que se le permitió hacer en presencia de la primera bestia, engañó a los habitantes de la tierra. Les ordenó que hicieran una imagen en honor de la bestia que, después de ser herida a espada, revivió. 15 Se le permitió infundir vida a la imagen de la primera bestia, para que hablara y mandara matar a quienes no adoraran la imagen. 16 Además logró que a todos, grandes y pequeños, ricos y pobres, libres y esclavos, se les pusiera una marca en la mano derecha o en la frente, 17 de modo que nadie pudiera comprar ni vender, a menos que llevara la marca, que es el nombre de la bestia o el número de ese nombre.

18 En esto consiste[a] la sabiduría: el que tenga entendimiento, calcule el número de la bestia, pues es número de un ser *humano: seiscientos sesenta y seis.

El Cordero y los 144.000

14 Luego miré, y apareció el Cordero. Estaba de pie sobre el monte Sión, en compañía de ciento cuarenta y cuatro mil personas que llevaban escrito en la frente el nombre del Cordero y de su Padre. 2 Oí un sonido que venía del cielo, como el estruendo de una catarata y el retumbar de un gran trueno. El sonido se parecía al de músicos que tañen sus arpas. 3 Y cantaban un himno nuevo delante del trono y delante de los cuatro seres vivientes y de los *ancianos. Nadie podía aprender aquel himno, aparte de los ciento cuarenta y cuatro mil que habían sido rescatados de la tierra. 4 Éstos se mantuvieron puros, sin contaminarse con ritos sexuales.[b] Son los que siguen al Cordero por dondequiera que va. Fueron rescatados como los primeros frutos de la *humanidad para Dios y el Cordero. 5 No se encontró mentira alguna en su boca, pues son intachables.

Los tres ángeles

6 Luego vi a otro ángel que volaba en medio del cielo, y que llevaba el *evangelio eterno para anunciarlo a los que viven en la tierra, a toda nación, raza, lengua y pueblo. 7 Gritaba a gran voz: «Teman a Dios y denle gloria, porque ha llegado la hora de su juicio. Adoren al que hizo el cielo, la tierra, el mar y los manantiales.»

8 Lo seguía un segundo ángel que gritaba: «¡Ya cayó! Ya cayó la gran Babilonia, la que hizo que todas las *naciones bebieran el excitante vino[c] de su adulterio.»

9 Los seguía un tercer ángel que clamaba a grandes voces: «Si alguien adora a la bestia y a su imagen, y se deja poner en la frente o en la mano la marca de la bestia, 10 beberá también el vino del furor de Dios, que en la copa de su ira está puro, no diluido. Será atormentado con fuego y azufre, en presencia de los santos ángeles y del Cordero. 11 El humo de ese tormento sube por los siglos de los siglos. No habrá descanso ni de día ni de noche para el que adore a la bestia y su imagen, ni para quien se deje poner la marca de su nombre.» 12 ¡En esto consiste[d] la perseverancia de los *santos, los cuales obedecen los mandamientos de Dios y se mantienen fieles a Jesús!

13 Entonces oí una voz del cielo, que decía: «Escribe: *Dichosos los que de ahora en adelante mueren en el Señor.»

«Sí —dice el Espíritu—, ellos descansarán de sus fatigosas tareas, pues sus obras los acompañan.»

La cosecha de la tierra

14 Miré, y apareció una nube blanca, sobre la cual estaba sentado alguien «semejante al Hijo del hombre».[e] En la cabeza tenía una corona de oro, y en la mano, una hoz afilada. 15 Entonces salió del templo otro ángel y le gritó al que estaba sentado en la nube: «Mete la hoz y recoge la cosecha; ya es tiempo de segar, pues la cosecha de la tierra está madura.» 16 Así que el que estaba sentado sobre la nube pasó la hoz, y la tierra fue segada.

---

a **13:18** *En esto consiste.* Alt. *Aquí se verá.* *b* **14:4** *Éstos ... sexuales.* Lit. *Éstos no se contaminaron con mujeres, pues son vírgenes.* *c* **14:8** *el excitante vino.* Lit. *el vino del furor.* *d* **14:12** *En esto consiste.* Alt. *Aquí se verá.* *e* **14:14** Dn 7:13

17 Del templo que está en el cielo salió otro ángel, que también llevaba una hoz afilada. **18** Del altar salió otro ángel, que tenía autoridad sobre el fuego, y le gritó al que llevaba la hoz afilada: «Mete tu hoz y corta los racimos del viñedo de la tierra, porque sus uvas ya están maduras.» **19** El ángel pasó la hoz sobre la tierra, recogió las uvas y las echó en el gran lagar de la ira de Dios. **20** Las uvas fueron exprimidas fuera de la ciudad, y del lagar salió sangre, la cual llegó hasta los frenos de los caballos en una extensión de trescientos kilómetros.[a]

Siete ángeles con siete plagas

15 Vi en el cielo otra señal grande y maravillosa: siete ángeles con las siete plagas, que son las últimas, pues con ellas se consumará la ira de Dios. **2** Vi también un mar como de vidrio mezclado con fuego. De pie, a la orilla del mar, estaban los que habían vencido a la bestia, a su imagen y al número de su nombre. Tenían las arpas que Dios les había dado, **3** y cantaban el himno de Moisés, *siervo de Dios, y el himno del Cordero:

«Grandes y maravillosas son tus obras,
 Señor, Dios Todopoderoso.
Justos y verdaderos son tus caminos,
 Rey de las *naciones.[b]
4 ¿Quién no te temerá, oh Señor?
 ¿Quién no glorificará tu nombre?
Sólo tú eres santo.
Todas las naciones vendrán
 y te adorarán,
porque han salido a la luz
 las obras de tu justicia.»

5 Después de esto miré, y en el cielo se abrió el templo, el tabernáculo del testimonio. **6** Del templo salieron los siete ángeles que llevaban las siete plagas. Estaban vestidos de lino limpio y resplandeciente, y ceñidos con bandas de oro a la altura del pecho. **7** Uno de los cuatro seres vivientes dio a cada uno de los siete ángeles una copa de oro llena del furor de Dios, quien vive por los siglos de los siglos. **8** El templo se llenó del humo que

procedía de la gloria y del poder de Dios, y nadie podía entrar allí hasta que se terminaran las siete plagas de los siete ángeles.

Las siete copas de la ira de Dios

16 Oí una voz que desde el templo decía a gritos a los siete ángeles: «¡Vayan y derramen sobre la tierra las siete copas del furor de Dios!»
2 El primer ángel fue y derramó su copa sobre la tierra, y a toda la gente que tenía la marca de la bestia y que adoraba su imagen le salió una llaga maligna y repugnante.
3 El segundo ángel derramó su copa sobre el mar, y el mar se convirtió en sangre como de gente masacrada, y murió todo ser viviente que había en el mar.
4 El tercer ángel derramó su copa sobre los ríos y los manantiales, y éstos se convirtieron en sangre. **5** Oí que el ángel de las aguas decía:

«Justo eres tú, el Santo,
 que eres y que eras,
 porque juzgas así:

6 ellos derramaron la sangre de
 *santos y de profetas,
 y tú les has dado a beber sangre,
 como se lo merecen.»

7 Oí también que el altar respondía:

«Así es, Señor, Dios Todopoderoso,
 verdaderos y justos son tus juicios.»

8 El cuarto ángel derramó su copa sobre el sol, al cual se le permitió quemar con fuego a la gente. **9** Todos sufrieron terribles quemaduras, pero ni así se *arrepintieron; en vez de darle gloria a Dios, que tiene poder sobre esas plagas, maldijeron su nombre.
10 El quinto ángel derramó su copa sobre el trono de la bestia, y el reino de la bestia quedó sumido en la oscuridad. La gente se mordía la lengua de dolor **11** y, por causa de sus padecimientos y de sus llagas, maldecían al Dios del cielo, pero no se arrepintieron de sus malas obras.

---

a **14:20** *trescientos kilómetros.* Lit. *mil seiscientos estadios.* *b* **15:3** *de las naciones.* Var. *de los siglos.*

¹² El sexto ángel derramó su copa sobre el gran río Éufrates, y se secaron sus aguas para abrir paso a los reyes del oriente. ¹³ Y vi salir de la boca del dragón, de la boca de la bestia y de la boca del falso profeta tres espíritus malignos que parecían ranas. ¹⁴ Son espíritus de demonios que hacen señales milagrosas y que salen a reunir a los reyes del mundo entero para la batalla del gran día del Dios Todopoderoso.

¹⁵ «¡Cuidado! ¡Vengo como un ladrón! *Dichoso el que se mantenga despierto, con su ropa a la mano, no sea que ande desnudo y sufra vergüenza por su desnudez.»

¹⁶ Entonces los espíritus de los demonios reunieron a los reyes en el lugar que en hebreo se llama Armagedón.

¹⁷ El séptimo ángel derramó su copa en el aire, y desde el trono del templo salió un vozarrón que decía: «¡Se acabó!» ¹⁸ Y hubo relámpagos, estruendos, truenos y un violento terremoto. Nunca, desde que el género *humano existe en la tierra, se había sentido un terremoto tan grande y violento. ¹⁹ La gran ciudad se partió en tres, y las ciudades de las *naciones se desplomaron. Dios se acordó de la gran Babilonia y le dio a beber de la copa llena del vino del furor de su castigo. ²⁰ Entonces huyeron todas las islas y desaparecieron las montañas. ²¹ Del cielo cayeron sobre la gente enormes granizos, de casi cuarenta kilos cada uno.ª Y maldecían a Dios por esa terrible plaga.

La mujer montada en la bestia

17 Uno de los siete ángeles que tenían las siete copas se me acercó y me dijo: «Ven, y te mostraré el castigo de la gran prostituta que está sentada sobre muchas aguas. ² Con ella cometieron adulterio los reyes de la tierra, y los habitantes de la tierra se embriagaron con el vino de su inmoralidad.»

³ Luego el ángel me llevó en el Espíritu a un desierto. Allí vi a una mujer montada en una bestia escarlata. La bestia estaba cubierta de nombres *blasfemos contra Dios, y tenía siete cabezas y diez cuernos.

⁴ La mujer estaba vestida de púrpura y escarlata, y adornada con oro, piedras preciosas y perlas. Tenía en la mano una copa de oro llena de abominaciones y de la inmundicia de sus adulterios. ⁵ En la frente llevaba escrito un nombre misterioso:

LA GRAN BABILONIA

MADRE DE LAS PROSTITUTAS

Y DE LAS ABOMINABLES IDOLATRÍAS

DE LA TIERRA.

⁶ Vi que la mujer se había emborrachado con la sangre de los *santos y de los mártires de Jesús.

Al verla, quedé sumamente asombrado. ⁷ Entonces el ángel me dijo: «¿Por qué te asombras? Yo te explicaré el misterio de esa mujer y de la bestia de siete cabezas y diez cuernos en la que va montada. ⁸ La bestia que has visto es la que antes era pero ya no es, y está a punto de subir del *abismo, pero va rumbo a la destrucción. Los habitantes de la tierra, cuyos nombres, desde la creación del mundo, no han sido escritos en el libro de la vida, se asombrarán al ver a la bestia, porque antes era pero ya no es, y sin embargo reaparecerá.

⁹ »¡En esto consisteⁿ el entendimiento y la sabiduría! Las siete cabezas son siete colinas sobre las que está sentada esa mujer. ¹⁰ También son siete reyes: cinco han caído, uno está gobernando, el otro no ha llegado todavía; pero cuando llegue, es preciso que dure poco tiempo. ¹¹ La bestia, que antes era pero ya no es, es el octavo rey. Está incluido entre los siete, y va rumbo a la destrucción.

¹² »Los diez cuernos que has visto son diez reyes que todavía no han comenzado a reinar, pero que por una hora recibirán autoridad como reyes, junto con la bestia. ¹³ Éstos tienen un mismo propósito, que es poner su poder y autoridad a disposición de la bestia. ¹⁴ Le harán la guerra al Cordero, pero el Cordero los vencerá, porque es Señor de señores y Rey de reyes, y los que están con él son sus llamados, sus escogidos, y sus fieles.»

---

a 16:21 granizos ... cada uno. Lit. *granizos como talentos.* *b 17:9 En esto consisten.* Alt. *Aquí se verán.*

15 Además el ángel me dijo: «Las aguas que has visto, donde está sentada la prostituta, son pueblos, multitudes, naciones y lenguas. 16 Los diez cuernos y la bestia que has visto le cobrarán odio a la prostituta. Causarán su ruina y la dejarán desnuda; devorarán su cuerpo y la destruirán con fuego, 17 porque Dios les ha puesto en el corazón que lleven a cabo su divino propósito. Por eso, y de común acuerdo, ellos le entregarán a la bestia el poder que tienen de gobernar, hasta que se cumplan las palabras de Dios. 18 La mujer que has visto es aquella gran ciudad que tiene poder de gobernar sobre los reyes de la tierra.»

La caída de Babilonia

18 Después de esto vi a otro ángel que bajaba del cielo. Tenía mucho poder, y la tierra se iluminó con su resplandor. 2 Gritó a gran voz:

«¡Ha caído! ¡Ha caído la gran
    Babilonia!
Se ha convertido en morada de
    demonios
y en guarida de todo espíritu
    *maligno,
en nido de toda ave *impura y
    detestable.
3 Porque todas las *naciones han
    bebido
el excitante vino de su adulterio;
los reyes de la tierra cometicron
    adulterio con ella,
y los comerciantes de la tierra se
    enriquecieron
a costa de lo que ella despilfarraba
    en sus lujos.

4 Luego oí otra voz del cielo que decía:

«Salgan de ella, pueblo mío,
    para que no sean cómplices de sus
        pecados,
    ni los alcance ninguna de sus
        plagas;
5 pues sus pecados se han
    amontonado hasta el cielo,
    y de sus injusticias se ha acordado
        Dios.
6 Páguenle con la misma moneda;
    denle el doble de lo que ha
        cometido,

y en la misma copa en que ella
    preparó bebida
    mézclenle una doble porción.
7 En la medida en que ella se entregó
    a la vanagloria y al arrogante lujo
    denle tormento y aflicción;
porque en su corazón se jacta:
    'Estoy sentada como reina; no soy
        viuda
    ni sufriré jamás.'
8 Por eso, en un solo día le
    sobrevendrán sus plagas:
    pestilencia, aflicción y hambre.
Será consumida por el fuego,
    porque poderoso es el Señor Dios
    que la juzga.»

9 Cuando los reyes de la tierra que cometieron adulterio con ella y compartieron su lujo vean el humo del fuego que la consume, llorarán y se lamentarán por ella. 10 Aterrorizados al ver semejante castigo, se mantendrán a distancia y gritarán:

«¡Ay! ¡Ay de ti, la gran ciudad,
    Babilonia, ciudad poderosa,
porque en una sola hora ha llegado
    tu juicio!»

11 Los comerciantes de la tierra llorarán y harán duelo por ella, porque ya no habrá quien les compre sus mercaderías: 12 artículos de oro, plata, piedras preciosas y perlas; lino fino, púrpura, telas de seda y escarlata; toda clase de maderas de cedro; los más variados objetos, hechos de marfil, de madera preciosa, de bronce, de hierro y de mármol; 13 cargamentos de canela y especias aromáticas; de incienso, mirra y perfumes; de vino y aceite; de harina refinada y trigo; de ganado vacuno y de corderos; de caballos y carruajes; y hasta de seres *humanos, vendidos como esclavos. 14 Y dirán: «Se ha apartado de ti el fruto que con toda el alma codiciabas. Has perdido todas tus cosas suntuosas y espléndidas, y nunca las recuperarás.» 15 Los comerciantes que vendían estas mercaderías y se habían enriquecido a costa de ella se mantendrán a distancia, aterrorizados al ver semejante castigo. Llorarán y harán lamentación:

16 «¡Ay! ¡Ay de la gran ciudad,
   vestida de lino fino, de púrpura y
     escarlata,
   y adornada con oro, piedras
     preciosas y perlas,
17 porque en una sola hora ha
   quedado destruida toda tu
   riqueza!»

Todos los capitanes de barco, los pasajeros, los marineros y todos los que viven del mar se detendrán a lo lejos. 18 Al ver el humo del fuego que la consume, exclamarán: «¿Hubo jamás alguna ciudad como esta gran ciudad?» 19 Harán duelo,a llorando y lamentándose a gritos:

«¡Ay! ¡Ay de la gran ciudad,
   con cuya opulencia se
     enriquecieron
   todos los dueños de flotas navieras!
   ¡En una sola hora ha quedado
     destruida!
20 ¡Alégrate, oh cielo, por lo que le
   ha sucedido!
   ¡Alégrense también ustedes,
   *santos, apóstoles y profetas!,
   porque Dios, al juzgarla,
   les ha hecho justicia a ustedes.»

21 Entonces un ángel poderoso levantó una piedra del tamaño de una gran rueda de molino, y la arrojó al mar diciendo:

«Así también tú, Babilonia, gran
     ciudad,
   serás derribada con la misma
     violencia,
   y desaparecerás de la faz de la
     tierra.
22 Jamás volverá a oírse en ti
   la música de los cantantes
   y de arpas, flautas y trompetas.
   Jamás volverá a hallarse en ti
   ningún tipo de artesano.
   Jamás volverá a oírse en ti
   el ruido de la rueda de molino.
23 Jamás volverá a brillar en ti
   la luz de ninguna lámpara.
   Jamás volverá a sentirse en ti

el regocijo de las nupcias.b
   Porque tus comerciantes
   eran los magnates del mundo,
   porque con tus hechicerías
   engañaste a todas las naciones,
24 porque en ti se halló sangre de
   profetas y de santos,
   y de todos los que han sido
   asesinados en la tierra.

¡Aleluya!

19 Después de esto oí en el cielo un tremendo bullicio, como el de una inmensa multitud que exclamaba:

«¡Aleluya!
   La salvación, la gloria y el poder son
   de nuestro Dios,
2 pues sus juicios son verdaderos y
   justos:
   ha condenado a la famosa prostituta
   que con sus adulterios corrompía
   la tierra;
   ha vindicado la sangre de los *siervos
   de Dios derramada por ella.»

3 Y volvieron a exclamar:

«¡Aleluya!
   El humo de ella sube por los siglos
   de los siglos.»

4 Entonces los veinticuatro *ancianos y los cuatro seres vivientes se postraron y adoraron a Dios, que estaba sentado en el trono, y dijeron:

«¡Amén, Aleluya!»

5 Y del trono salió una voz que decía:

«¡Alaben ustedes a nuestro Dios,
   todos sus siervos, grandes y
     pequeños,
   que con reverente temor le sirven!»

6 Después oí voces como el rumor de una inmensa multitud, como el estruendo de una catarata y como el retumbar de potentes truenos, que exclamaban:

---

a **18:19** *Harán duelo.* Lit. *Se echaron polvo en la cabeza.* b **18:23** *el regocijo de las nupcias.* Lit. *la voz del novio y de la novia.*

Pasaje del día: Apocalipsis 19:1-10
Versículo del día: Apocalipsis 19:7

Nuestra unión con Cristo

*L*levo dos años de casada y me sorprende cómo, con el pasar del tiempo, he adquirido tantas características de la forma de ser y pensar de mi esposo: gestos, palabras, comportamientos, y maneras de ver y reaccionar ante las situaciones.

Ni qué decir de aquellas parejas que llevan unidas treinta, cincuenta o más años y llegan al punto de no poder vivir el uno sin el otro cuando alguno muere.

Esto me hace pensar en la relación de Cristo con la iglesia. Me pregunto si a pesar de haber permanecido muchos años en comunión con Él, nos parecemos a esas parejas que sólo comparten el mismo techo. Duermen separados, no hay comunicación ni, mucho menos, gozo y admiración el uno por el otro. Dudo mucho que se conozcan realmente, porque no ha habido intimidad.

¿Qué tanto hemos llegado a parecernos a nuestro esposo Cristo? ¿Qué tanto lo conocemos? ¿Podemos concebir nuestra vida separadas de Él? ¿Nuestra forma de pensar, hablar y actuar es igual a la suya como resultado de nuestra relación permanente con Él?

Si en el matrimonio se alcanza esa gran unidad, nuestra relación con Cristo por medio del Espíritu Santo debería permanecer en tal grado de intimidad e intensidad que ya no fuera yo sino Él en mí (Gálatas 2:20). Mis pasos deben ser sus pasos, mis palabras las suyas y mis pensamientos los de Él, para gloria y honra de su nombre.

¡Glorioso día cuando estemos para siempre con Él en el cielo. ¿Estás preparada para las bodas del Cordero? ¿Te has vestido de lino fino, limpio y resplandeciente?

Adriana Rubio de Ávila
Colombia

«¡Aleluya!
Ya ha comenzado a reinar el Señor,
nuestro Dios Todopoderoso.
⁷ ¡Alegrémonos y regocijémonos
y démosle gloria!
Ya ha llegado el día de las bodas del
Cordero.
Su novia se ha preparado,
⁸ y se le ha concedido vestirse
de lino fino, limpio y
resplandeciente.»
(El lino fino representa las acciones justas
de los *santos.)

⁹ El ángel me dijo: «Escribe: '¡*Dichosos los que han sido convidados a la cena
de las bodas del Cordero!'» Y añadió:
«Estas son las palabras verdaderas de
Dios.»

¹⁰ Me postré a sus pies para adorarlo.
Pero él me dijo: «¡No, cuidado! Soy un
siervo como tú y como tus hermanos que
se mantienen fieles al testimonio de Jesús. ¡Adora sólo a Dios! El testimonio de
Jesús es el espíritu que inspira la profecía.»

El jinete del caballo blanco

¹¹ Luego vi el cielo abierto, y apareció
un caballo blanco. Su jinete se llama Fiel
y Verdadero. Con justicia dicta sentencia
y hace la guerra. ¹² Sus ojos resplandecen
como llamas de fuego, y muchas diade-
mas ciñen su cabeza. Lleva escrito un
nombre que nadie conoce sino sólo él.
¹³ Está vestido de un manto teñido en
sangre, y su nombre es «el *Verbo de
Dios». ¹⁴ Lo siguen los ejércitos del cielo,
montados en caballos blancos y vestidos
de lino fino, blanco y limpio. ¹⁵ De su
boca sale una espada afilada, con la que
herirá a las *naciones. «Las gobernará
con puño de hierro.»ᵃ Él mismo exprime
uvas en el lagar del furor del castigo que
viene de Dios Todopoderoso. ¹⁶ En su
manto y sobre el muslo lleva escrito este
nombre:

REY DE REYES Y SEÑOR DE SEÑORES.

¹⁷ Vi a un ángel que, parado sobre el
sol, gritaba a todas las aves que vuelan en
medio del cielo: «Vengan, reúnanse para
la gran cena de Dios, ¹⁸ para que coman
carne de reyes, de jefes militares y de
magnates; carne de caballos y de sus jinetes; carne de toda clase de gente, libres y
esclavos, grandes y pequeños.»
¹⁹ Entonces vi a la bestia y a los reyes
de la tierra con sus ejércitos, reunidos
para hacer guerra contra el jinete de
aquel caballo y contra su ejército. ²⁰ Pero
la bestia fue capturada junto con el falso
profeta. Éste es el que hacía señales milagrosas en presencia de ella, con las cuales
engañaba a los que habían recibido la
marca de la bestia y adoraban su imagen.
Los dos fueron arrojados vivos al lago de
fuego y azufre. ²¹ Los demás fueron exterminados por la espada que salía de la
boca del que montaba a caballo, y todas
las aves se hartaron de la carne de ellos.

Los mil años

20 Vi además a un ángel que bajaba
del cielo con la llave del *abismo y
una gran cadena en la mano. ² Sujetó al
dragón, a aquella serpiente antigua que
es el diablo y Satanás, y lo encadenó por
mil años. ³ Lo arrojó al abismo, lo encerró
y tapó la salida para que no engañara más
a las *naciones, hasta que se cumplieran
los mil años. Después habrá de ser soltado
por algún tiempo.
⁴ Entonces vi tronos donde se sentaron
los que recibieron autoridad para juzgar.
Vi también las almas de los que habían
sido decapitados por causa del testimonio de Jesús y por la palabra de Dios. No
habían adorado a la bestia ni a su imagen,
ni se habían dejado poner su marca en la
frente ni en la mano. Volvieron a vivir y
reinaron con *Cristo mil años. ⁵ Ésta es la
primera resurrección; los demás muertos
no volvieron a vivir hasta que se cumplieron los mil años. ⁶ *Dichosos y santos los
que tienen parte en la primera resurrección. La segunda muerte no tiene poder
sobre ellos, sino que serán sacerdotes de
Dios y de Cristo, y reinarán con él mil
años.

---

a **19:15** *gobernará ... hierro.* Lit. *pastoreará con cetro de hierro*; Sal 2:9.

Juicio final de Satanás

7 Cuando se cumplan los mil años, Satanás será liberado de su prisión, **8** y saldrá para engañar a las *naciones que están en los cuatro ángulos de la tierra —a Gog y a Magog—, a fin de reunirlas para la batalla. Su número será como el de las arenas del mar. **9** Marcharán a lo largo y a lo ancho de la tierra, y rodearán el campamento del *pueblo de Dios, la ciudad que él ama. Pero caerá fuego del cielo y los consumirá por completo. **10** El diablo, que los había engañado, será arrojado al lago de fuego y azufre, donde también habrán sido arrojados la bestia y el falso profeta. Allí serán atormentados día y noche por los siglos de los siglos.

Juicio de los muertos

11 Luego vi un gran trono blanco y a alguien que estaba sentado en él. De su presencia huyeron la tierra y el cielo, sin dejar rastro alguno. **12** Vi también a los muertos, grandes y pequeños, de pie delante del trono. Se abrieron unos libros, y luego otro, que es el libro de la vida. Los muertos fueron juzgados según lo que habían hecho, conforme a lo que estaba escrito en los libros. **13** El mar devolvió sus muertos; la muerte y el infierno[a] devolvieron los suyos; y cada uno fue juzgado según lo que había hecho. **14** La muerte y el infierno fueron arrojados al lago de fuego. Este lago de fuego es la muerte segunda. **15** Aquel cuyo nombre no estaba escrito en el libro de la vida era arrojado al lago de fuego.

La nueva Jerusalén

21 Después vi un cielo nuevo y una tierra nueva, porque el primer cielo y la primera tierra habían dejado de existir, lo mismo que el mar. **2** Vi además la ciudad santa, la nueva Jerusalén, que bajaba del cielo, procedente de Dios, preparada como una novia hermosamente vestida para su prometido. **3** Oí una potente voz que provenía del trono y decía: «¡Aquí, entre los seres *humanos, está la morada de Dios! Él acampará en medio de ellos, y ellos serán su pueblo; Dios mismo estará con ellos y será su Dios. **4** Él les enjugará toda lágrima de los ojos. Ya no habrá muerte, ni llanto, ni lamento ni dolor, porque las primeras cosas han dejado de existir.»

5 El que estaba sentado en el trono dijo: «¡Yo hago nuevas todas las cosas!» Y añadió: «Escribe, porque estas palabras son verdaderas y dignas de confianza.» **6** También me dijo: «Ya todo está hecho. Yo soy el Alfa y la Omega, el Principio y el Fin. Al que tenga sed le daré a beber gratuitamente de la fuente del agua de la vida. **7** El que salga vencedor heredará todo esto, y yo seré su Dios y él será mi hijo. **8** Pero los cobardes, los incrédulos, los abominables, los asesinos, los que cometen inmoralidades sexuales, los que practican artes mágicas, los idólatras y todos los mentirosos recibirán como herencia el lago de fuego y azufre. Ésta es la segunda muerte.»

9 Se acercó uno de los siete ángeles que tenían las siete copas llenas con las últimas siete plagas. Me habló así: «Ven, que te voy a presentar a la novia, la esposa del Cordero.» **10** Me llevó en el Espíritu a una montaña grande y elevada, y me mostró la ciudad santa, Jerusalén, que bajaba del cielo, procedente de Dios. **11** Resplandecía con la gloria de Dios, y su brillo era como el de una piedra preciosa, semejante a una piedra de jaspe transparente. **12** Tenía una muralla grande y alta, y doce puertas custodiadas por doce ángeles, en las que estaban escritos los nombres de las doce tribus de Israel. **13** Tres puertas daban al este, tres al norte, tres al sur y tres al oeste. **14** La muralla de la ciudad tenía doce cimientos, en los que estaban los nombres de los doce apóstoles del Cordero.

15 El ángel que hablaba conmigo llevaba una caña de oro para medir la ciudad, sus puertas y su muralla. **16** La ciudad era cuadrada; medía lo mismo de largo que de ancho. El ángel midió la ciudad con la caña, y tenía como dos mil doscientos kilómetros:[b] su longitud, su anchura y su altura eran iguales. **17** Midió también la

---

a 20:13 infierno. Lit. *Hades;* también en v. 14. *b 21:16 dos mil doscientos kilómetros.* Lit. *doce mil estadios.*

JUEVES

Pasaje del día: Apocalipsis 22:14-17
Versículo del día: Apocalipsis 22:16

Superior a la astrología

La astrología dice tener una influencia grande sobre la humanidad. Ella declara que cada persona nace bajo un signo, y bajo la influencia de los astros y de los planetas. Pero es un truco de Satanás. Él ejerce una fuerza demoniaca para hacer que el que consulta al astrólogo crea que la astrología sí funciona. Se encarga de que las predicciones se cumplan.

De tal manera usa la seudociencia zodiaca para engañar al incauto y así convencerlo de su veracidad. ¡Quiere que la humanidad busque su destino en la creación en vez de buscarlo en el Creador, pues, su más vil deseo es quitarle autoridad a Dios! Mediante la astrología lo logra; pero, desgraciadamente, el destino final para el que cree en sus artimañas es la condenación eterna.

¡Dios mismo da la clave para ser libres de la astrología! El Creador no desea que vivamos esclavizados ni a los horóscopos, ni a las quiromancias, ni a augurios de ninguna índole. Una maravillosa noche rompió para siempre esa influencia. Sobre un humilde pesebre se vio el astro más resplandeciente de todos. Señalaba el nacimiento del Mesías. Pero la estrella no era algún signo del zodíaco que ejercía influencia sobre el recién nacido. Más bien, indicaba el nacimiento de Aquel que existía desde mucho antes que ella. Él no sólo tenía autoridad sobre ésta, sino que también la creó.

¡Qué interesante notar en Apocalipsis que el Creador, Cristo Jesús, toma para sí el nombre de "Lucero del alba"! Desde un principio, Él sabía que la humanidad buscaría dirección en los astros; por lo cual, nos insta a hallar esa dirección sólo en una estrella, Cristo Jesús. ¡Que sea Él quien decida el destino de usted!

Ana María López R.
Colombia

muralla, y tenía como sesenta y cinco metros,[a] según las medidas humanas que el ángel empleaba. [18] La muralla estaba hecha de jaspe, y la ciudad era de oro puro, semejante a cristal pulido. [19] Los cimientos de la muralla de la ciudad estaban decorados con toda clase de piedras preciosas: el primero con jaspe, el segundo con zafiro, el tercero con ágata, el cuarto con esmeralda, [20] el quinto con ónice, el sexto con cornalina, el séptimo con crisólito, el octavo con berilo, el noveno con topacio, el décimo con crisoprasa, el undécimo con jacinto y el duodécimo con amatista.[b] [21] Las doce puertas eran doce perlas, y cada puerta estaba hecha de una sola perla. La calle[c] principal de la ciudad era de oro puro, como cristal transparente.

[22] No vi ningún templo en la ciudad, porque el Señor Dios Todopoderoso y el Cordero son su templo. [23] La ciudad no necesita ni sol ni luna que la alumbren, porque la gloria de Dios la ilumina, y el Cordero es su lumbrera. [24] Las *naciones caminarán a la luz de la ciudad, y los reyes de la tierra le entregarán sus espléndidas riquezas.[d] [25] Sus puertas estarán abiertas todo el día, pues allí no habrá noche. [26] Y llevarán a ella todas las riquezas[e] y el honor de las *naciones. [27] Nunca entrará en ella nada impuro, ni los idólatras ni los farsantes, sino sólo aquellos que tienen su nombre escrito en el libro de la vida, el libro del Cordero.

El río de vida

22 Luego el ángel me mostró un río de agua de vida, claro como el cristal, que salía del trono de Dios y del Cordero, [2] y corría por el centro de la calle[f] principal de la ciudad. A cada lado del río estaba el árbol de la vida, que produce doce cosechas al año, una por mes; y las hojas del árbol son para la salud de las *naciones. [3] Ya no habrá maldición. El trono de Dios y del Cordero estará en la ciudad. Sus *siervos lo adorarán; [4] lo verán cara a cara, y llevarán su nombre en la frente. [5] Ya no habrá noche; no necesitarán luz de lámpara ni de sol, porque el Señor Dios los alumbrará. Y reinarán por los siglos de los siglos.

[6] El ángel me dijo: «Estas palabras son verdaderas y dignas de confianza. El Señor, el Dios que inspira a los profetas,[g] ha enviado a su ángel para mostrar a sus siervos lo que tiene que suceder sin demora.»

Cristo viene pronto

[7] «¡Miren que vengo pronto! *Dichoso el que cumple las palabras del mensaje profético de este libro.»

[8] Yo, Juan, soy el que vio y oyó esto. Y cuando lo vi y oí, me postré para adorar al ángel que me había estado mostrando todo esto. [9] Pero él me dijo: «¡No, cuidado! Soy un siervo como tú, como tus hermanos los profetas y como todos los que cumplen las palabras de este libro. ¡Adora sólo a Dios!»

[10] También me dijo: «No guardes en secreto las palabras del mensaje profético de este libro, porque el tiempo de su cumplimiento está cerca. [11] Deja que el malo siga haciendo el mal y que el vil siga envileciéndose; deja que el justo siga practicando la justicia y que el *santo siga santificándose.»

[12] «¡Miren que vengo pronto! Traigo conmigo mi recompensa, y le pagaré a cada uno según lo que haya hecho. [13] Yo soy el Alfa y la Omega, el Primero y el Último, el Principio y el Fin.

[14] »Dichosos los que lavan sus ropas para tener derecho al árbol de la vida y para poder entrar por las puertas de la ciudad. [15] Pero afuera se quedarán los *perros, los que practican las artes mágicas, los que cometen inmoralidades sexuales, los asesinos, los idólatras y todos los que aman y practican la mentira.

[16] »Yo, Jesús, he enviado a mi ángel para darles a ustedes testimonio de estas cosas que conciernen a las iglesias. Yo soy la raíz y la descendencia de David, la brillante estrella de la mañana.»

---

a 21:17 *sesenta y cinco metros.* Lit. *ciento cuarenta y cuatro codos.* *b* 21:20 No se sabe con certeza la identificación precisa de algunas de estas piedras. *c* 21:21 *calle.* Alt. *plaza.* *d* 21:24 *entregarán ... riquezas.* Lit. *llevarán su gloria.* *e* 21:26 *todas las riquezas.* Lit. *la gloria.* *f* 22:2 *calle.* Alt. *plaza.* *g* 22:6 *el Dios ... profetas.* Lit. *el Dios de los espíritus de los profetas*

Pasaje del día: Apocalipsis 22:6-13
Versículo del día: Apocalipsis 22:12

Bienvenido, Jesucristo

En los años de mi temprana juventud intercambiaba cartas con una amiga que siempre escribía en la parte superior del papel: "Cristo viene pronto." Cada vez que recibía su correspondencia, mi corazón se regocijaba al pensar en que muy pronto podría verme cara a cara con mi Salvador.

En la primera carta del apóstol Pablo a los tesalonicenses se nos da el orden de los acontecimientos (4:13-18). El Señor mismo bajará del cielo, sonará la trompeta, resucitarán los muertos, y los que estemos vivos seremos arrebatados juntos con ellos en las nubes para encontrarnos con el Señor en el aire. Y así estaremos para siempre con el Señor. ¡Qué gloriosa esperanza! Con razón, el apóstol dijo que debemos animarnos unos a otros con esas palabras.

Si estamos en buena comunión con Cristo, si no tenemos pecado en nuestra vida, la realidad de que el Señor viene pronto es motivo de gran gozo. Pero si vivimos en pecado, tal vez hagamos como mi mamá cuando era joven. Antes de dormirse, le pedía al Señor: "No vengas esta noche, porque no estoy lista para recibirte."

Se cuenta de la reina Victoria de Inglaterra, que habiendo oído un sermón sobre la segunda venida de Cristo, le dijo al predicador: "¡Cuánto me gustaría que Cristo viniera durante mi reinado, pues sería muy grato para mí poder entregarle con mis propias manos la corona del imperio británico!"

¿Esperas con ansias el regreso de tu Señor? ¿Lo recibirías con brazos abiertos o te avergonzarías porque no le sirves como se debe? ¿Puedes exclamar como el apóstol Juan: "Amén. Ven, Señor Jesús"?

Oración: *Señor, pon en mi corazón un ardiente deseo por el día de tu venida. Ayúdame a estar preparada, para que de todo corazón exclame: "¡Bienvenido, Jesucristo!"*

Kerstin A. de Lundquist
Estados Unidos

¹⁷ El Espíritu y la novia dicen: «¡Ven!»; y el que escuche diga: «¡Ven!» El que tenga sed, venga; y el que quiera, tome gratuitamente del agua de la vida.

¹⁸ A todo el que escuche las palabras del mensaje profético de este libro le advierto esto: Si alguno le añade algo, Dios le añadirá a él las plagas descritas en este libro. ¹⁹ Y si alguno quita palabras de este libro de profecía, Dios le quitará su parte del árbol de la vida y de la ciudad santa, descritos en este libro.

²⁰ El que da testimonio de estas cosas, dice: «Sí, vengo pronto.»

Amén. ¡Ven, Señor Jesús!

²¹ Que la gracia del Señor Jesús sea con todos. Amén.

Pasaje del sábado:
Apocalipsis 20:11–21:7
Pasaje del domingo:
1 Corintios 15:51-58

Cuando llames a mi puerta

Muerte, no me asustas.
Me harás un gran favor
Cuando llames a mi puerta.
Entonces... comenzará lo mejor.

Eres llave derrotada
Que abrirá mi eternidad
Cuando llegue al mar de gloria.
Entonces... comenzará lo mejor.

Tu aguijón ya fue quitado,
Absorbido por victoria.
Cuando cruce las murallas de perlas,
Entonces... comenzará lo mejor.

Ahora mi visión es borrosa.
Hay muchas injusticias y me duele el adiós.
Pero cuando venga lo perfecto,
Entonces... comenzará lo mejor.

Como la tierra que sufre, estoy limitada.
Gemimos juntas por la libertad.
Cuando reciba mis alas nuevas,
Entonces... comenzará lo mejor.

Muerte, no me asustas.
Me acercarás muy pronto a Cristo.
Cuando llames a mi puerta,
Entonces... comenzará lo mejor.

Lidia L. de Masalyka
Argentina

Salmos

y

Proverbios

Salmos

SALMOS - David, el pastor de ovejas y más grande rey de Israel, ha escrito la mayoría de los salmos. Estos ciento cincuenta himnos conforman la mayor colección de oraciones jamás escritas. Expresan una gran variedad de sentimientos humanos: gozo, emoción, compasión, amor, ira, pena, depresión.

Al leer este libro, tenga en mente que no importa lo que usted sienta, Dios desea que se lo exprese en oración. Él ha prometido escuchar todas sus preocupaciones e inquietudes y responder a sus peticiones gracias a los méritos de Jesucristo.

Salmos

LIBRO I

Salmos 1-41

Salmo 1

¹ *Dichoso el *hombre
que no sigue el consejo de los
malvados,
ni se detiene en la senda de los
pecadores
ni cultiva la amistad de los
*blasfemos,
² sino que en la *ley del *SEÑOR se deleita,
y día y noche medita en ella.
³ Es como el árbol
plantado a la orilla de un río
que, cuando llega su tiempo, da fruto
y sus hojas jamás se marchitan.
¡Todo cuanto hace prospera!

⁴ En cambio, los malvados
son como paja arrastrada por el
viento.
⁵ Por eso no se sostendrán los malvados
en el juicio,
ni los pecadores en la asamblea de
los justos.

⁶ Porque el SEÑOR cuida el *camino de
los justos,
mas la senda de los malos lleva a la
perdición.

Salmo 2

¹ ¿Por qué se sublevan las naciones,
y en vano conspiran los pueblos?
² Los reyes de la tierra se rebelan;
los gobernantes se confabulan
contra el *SEÑOR
y contra su *ungido.
³ Y dicen: «¡Hagamos pedazos sus
cadenas!
¡Librémonos de su yugo!»

⁴ El rey de los *cielos se ríe;
el SEÑOR se burla de ellos.
⁵ En su enojo los reprende,
en su furor los intimida y dice:
⁶ «He establecido a mi rey
sobre *Sión, mi santo monte.»

⁷ Yo proclamaré el *decreto del SEÑOR:
«Tú eres mi hijo», me ha dicho;
«hoy mismo te he engendrado.
⁸ Pídeme,
y como herencia te entregaré las
naciones;
¡tuyos serán los confines de la tierra!
⁹ Las gobernarás con puño[a] de hierro;
las destrozarás como a vasijas de
barro.»

¹⁰ Ustedes, los reyes, sean prudentes;
déjense enseñar, gobernantes de la
tierra.
¹¹ Sirvan al SEÑOR con temor;
con temblor ríndanle alabanza.
¹² Bésenle los pies,[b] no sea que se enoje
y sean ustedes destruidos en el
camino,
pues su ira se inflama de repente.

¡*Dichosos los que en él buscan refugio!

Salmo 3

*Salmo de David, cuando huía
de su hijo Absalón.*

¹ Muchos son, *SEÑOR, mis enemigos;
muchos son los que se me oponen,
² y muchos los que de mí aseguran:
«Dios no lo salvará.»

Selah

³ Pero tú, SEÑOR, me rodeas cual escudo;
tú eres mi gloria;
¡tú mantienes en alto mi cabeza!
⁴ Clamo al SEÑOR a voz en cuello,
y desde su monte santo él me
responde.

Selah

---

a 2:9 puño. Lit. *cetro.* *b 2:12 Bésenle los pies* (lectura probable); *Besen al Hijo* (TM).

Pasaje del día: Salmo 1:1-6
Versículo del día: Salmo 1:3

La mujer dichosa

*E*l mundo llama dichosa a la persona que según ciertos criterios obtiene éxito en sus empresas. La Biblia tiene otras normas.

En este salmo encontramos la práctica de la mujer dichosa. En los primeros dos versículos la mujer dichosa se describe como una mujer cuya conducta y estilo de vida han sido conformados al de Dios y cuya prioridad está en hacer la lectura y meditación de la Escritura la delicia de su vida. Las mujeres sabemos mucho de delicia. La identificamos con preparar una buena comida, deliciosa al paladar de nuestros amados. Nos esforzamos en ofrecer delicia a los que nos rodean creando un hogar y un entorno positivo y alegre. Pero la mujer verdaderamente cristiana sabe la importancia enorme que tiene para ella el hacer que la Biblia, Palabra de Dios a su corazón, sea prioridad deliciosa de su vida.

El poder de la mujer dichosa se describe en el versículo tres. Un árbol plantado junto a un río tiene sus hojas verdes y frescas. Proporciona alivio y frescura al cansado. Bajo su sombra se puede dormir arrullado por el susurrar del agua cercana. Ese árbol da no solamente buen fruto sino que su fruto es el de la estación, a su tiempo. Y cuando nuestro aspecto espiritual está enfocado como debe estar, todo nos sale bien. ¡Qué maravillosa promesa!

La permanencia de la mujer dichosa es firme. No será como tamo, como pluma, que fácilmente vuela y ya no se ve ni por dónde pasó. La mujer dichosa, apegada a la Escritura, será recordada por muchas generaciones por su participación en la vida de todos aquellos que bendijo con su sabiduría.

Beatriz E. de Zapata
Guatemala

⁵ Yo me acuesto, me duermo y vuelvo a
    despertar,
porque el Señor me sostiene.
⁶ No me asustan los numerosos
    escuadrones
que me acosan por doquier.

⁷ ¡Levántate, Señor!
    ¡Ponme a salvo, Dios mío!
¡Rómpeles la quijada a mis enemigos!
¡Rómpeles los dientes a los
    malvados!

⁸ Tuya es, Señor, la *salvación;
    ¡envía tu bendición sobre tu pueblo!
                    Selah

Salmo 4

Al director musical. Acompáñese con
instrumentos de cuerda. Salmo de David.

¹ Responde a mi clamor,
    Dios mío y defensor mío.
Dame alivio cuando esté angustiado,
    apiádate de mí y escucha mi
    oración.

² Y ustedes, señores,
    ¿hasta cuándo cambiarán mi gloria
    en vergüenza?
¿Hasta cuándo amarán ídolos vanos
    e irán en pos de lo ilusorio?
                    Selah

³ Sepan que el *Señor honra al que le
    es fiel;
el Señor me escucha cuando lo
    llamo.

⁴ Si se enojan, no pequen;
    en la quietud del descanso nocturno
    examínense el *corazón.
                    Selah

⁵ Ofrezcan sacrificios de *justicia
    y confíen en el Señor.

⁶ Muchos son los que dicen:
    «¿Quién puede mostrarnos algún
    bien?»
¡Haz, Señor, que sobre nosotros
    brille la luz de tu rostro!

⁷ Tú has hecho que mi corazón rebose
    de alegría,
alegría mayor que la que tienen los
    que disfrutan de trigo y
    vino en abundancia.

⁸ En *paz me acuesto y me duermo,
porque sólo tú, Señor, me haces
    vivir confiado.

Salmo 5

Al director musical. Acompáñese
con flautas. Salmo de David.

¹ Atiende, *Señor, a mis palabras;
    toma en cuenta mis gemidos.
² Escucha mis súplicas, rey mío y Dios
    mío,
porque a ti elevo mi plegaria.
³ Por la mañana, Señor, escuchas mi
    clamor;
por la mañana te presento mis
    ruegos,
y quedo a la espera de tu respuesta.

⁴ Tú no eres un Dios que se complazca
    en lo malo;
a tu lado no tienen cabida los
    malvados.
⁵ No hay lugar en tu presencia para los
    altivos,
pues aborreces a los malhechores.
⁶ Tú destruyes a los mentirosos
    y aborreces a los tramposos y
    asesinos.

⁷ Pero yo, por tu gran amor
    puedo entrar en tu casa;
puedo postrarme *reverente
    hacia tu santo templo.

⁸ Señor, por causa de mis enemigos,
    dirígeme en tu *justicia;
    empareja delante de mí tu senda.

⁹ En sus palabras no hay sinceridad;
    en su interior sólo hay corrupción.
Su garganta es un sepulcro abierto;
    con su lengua profieren engaños.

¹⁰ ¡Condénalos, oh Dios!
    ¡Que caigan por sus propias
    intrigas!

Pasaje del día: Salmo 5:1-12
Versículo del día: Salmo 5:3

Búsqueda de madrugada

A través de mis años en el Señor, y como mujer que ama y teme a Dios, me he dado cuenta de que no puedo descuidar la oración y el estudio de su Palabra. ¿Qué hacer para sacar este tiempo de mi apretada agenda diaria? Al leer la Biblia encontré que los hombres que fueron usados por Dios, fueron hombres que se levantaban aún de madrugada para buscar el rostro del Señor en oración y dispuse en mi corazón hacer lo mismo.

Es verdad que he tenido que quitar a mis horas de sueño hora y media; pero los resultados han sido maravillosos. Las promesas de Dios se han hecho palpables en mí y en cuanto a mi vida de oración he visto muchos milagros que sólo mi Dios ha podido hacer.

Dios está comprometido con su Palabra y si nosotras la conocemos, la obedecemos y clamamos según sus promesas, veremos en nuestra vida las cosas hermosas que Él puede hacer por nosotros y también en la vida de las personas por las cuales intercedemos.

El Señor dice: "Clama a mí, y yo te responderé, y te enseñaré cosas grandes y ocultas que tú no conoces" (Jeremías 33:3).

Melba de Portes
República Dominicana

¡Recházalos por la multitud de sus
crímenes,
porque se han rebelado contra ti!
11 Pero que se alegren todos los que en
ti buscan refugio;
¡que canten siempre jubilosos!
Extiende tu protección, y que en ti se
regocijen
todos los que aman tu *nombre.
12 Porque tú, Señor, bendices a los
justos;
cual escudo los rodeas con tu buena
voluntad.

Salmo 6

Al director musical. Acompáñese con
instrumentos de cuerda. Sobre la octava.
Salmo de David.

1 No me reprendas, *Señor, en tu ira;
no me castigues en tu furor.
2 Tenme compasión, Señor, porque
desfallezco;
sáname, Señor, que un frío de
muerte recorre mis huesos.
3 Angustiada está mi *alma;
¿hasta cuándo, Señor, hasta cuándo?

4 Vuélvete, Señor, y sálvame la vida;
por tu gran amor, ¡ponme a salvo!
5 En la muerte nadie te recuerda;
en el *sepulcro, ¿quién te alabará?

6 Cansado estoy de sollozar;
toda la noche inundo de lágrimas
mi cama,
¡mi lecho empapo con mi llanto!
7 Desfallecen mis ojos por causa del
dolor;
desfallecen por culpa de mis
enemigos.

8 ¡Apártense de mí, todos los
malhechores,
que el Señor ha escuchado mi
llanto!
9 El Señor ha escuchado mis ruegos;
el Señor ha tomado en cuenta mi
oración.
10 Todos mis enemigos quedarán
avergonzados y confundidos;

¡su repentina vergüenza los hará
retroceder!

Salmo 7

*Sigaión de David, que elevó al Señor
acerca de Cus el benjaminita.

1 ¡Sálvame, *Señor mi Dios, porque en
ti busco refugio!
¡Líbrame de todos mis
perseguidores!
2 De lo contrario, me devorarán como
leones;
me despedazarán, y no habrá quien
me libre.

3 Señor mi Dios, ¿qué es lo que he
hecho?
¿qué mal he cometido?
4 Si le he hecho daño a mi amigo,
si he despojado sin razón al que me
oprime,
5 entonces que mi enemigo me persiga
y me alcance;
que me haga morder el polvo
y arrastre mi honra por los suelos.
*Selah

6 ¡Levántate, Señor, en tu ira;
enfréntate al furor de mis enemigos!
¡Despierta, oh Dios, e imparte *justicia!
7 Que en torno tuyo se reúnan los
pueblos;
reinaª sobre ellos desde lo alto.
8 ¡El Señor juzgará a los pueblos!

Júzgame, Señor, conforme a mi justicia;
págame conforme a mi inocencia.
9 Dios justo, que examinas mente y
corazón,
acaba con la maldad de los
malvados
y mantén firme al que es justo.

10 Mi escudo está en Dios,
que salva a los de *corazón recto.
11 Dios es un juez justo,
un Dios que en todo tiempo
manifiesta su enojo.
12 Si el malvado no se arrepiente,
Dios afilará la espada y tensará el
arco;

a 7:7 *reina* (lectura probable); *vuélvete* (TM).

13 ya ha preparado sus mortíferas
armas;
ya tiene listas sus llameantes saetas.

14 Miren al preñado de maldad:
Concibió iniquidad y parirá
mentira.
15 Cavó una fosa y la ahondó,
y en esa misma fosa caerá.
16 Su iniquidad se volverá contra él;
su violencia recaerá sobre su cabeza.

17 ¡Alabaré al SEÑOR por su justicia!
¡Al *nombre del SEÑOR altísimo
cantaré salmos!

Salmo 8

Al director musical. Sígase la tonada de «La canción del lagar».[a] Salmo de David.

1 Oh *SEÑOR, soberano nuestro,
¡qué imponente es tu *nombre en
toda la tierra!
¡Has puesto tu gloria sobre los
*cielos!

2 Por causa de tus adversarios
has hecho que brote la alabanza[b]
de labios de los pequeñitos y de los
niños de pecho,
para silenciar al enemigo y al
rebelde.

3 Cuando contemplo tus cielos,
obra de tus dedos,
la luna y las estrellas que allí fijaste,
4 me pregunto:
«¿Qué es el *hombre, para que en
él pienses?

¿Qué es el *ser humano, para que
lo tomes en cuenta?»
5 Pues lo hiciste poco menor que un
dios,[c]
y lo coronaste de gloria y de honra;
6 lo entronizaste sobre la obra de tus
manos,
¡todo lo pusiste debajo de sus pies!
7 Todas las ovejas, todos los bueyes,
todos los animales del campo,

8 las aves del cielo, los peces del mar,
y todo lo que surca los senderos del
mar.

9 Oh SEÑOR, soberano nuestro,
¡qué imponente es tu nombre en
toda la tierra!

Salmo 9[d]

Al director musical. Sígase la tonada
de «La muerte del hijo». Salmo de David.

Álef 1 Quiero alabarte, *SEÑOR, con
todo el *corazón,
y contar todas tus maravillas.
2 Quiero alegrarme y regocijarme
en ti,
y cantar salmos a tu *nombre,
oh *Altísimo.

Bet 3 Mis enemigos retroceden;
tropiezan y perecen ante ti.
4 Porque tú me has hecho
*justicia, me has vindicado;
tú, juez justo, ocupas tu trono.

Guímel 5 Reprendiste a los *paganos,
destruiste a los malvados;
¡para siempre borraste su
memoria!
6 Desgracia sin fin cayó sobre el
enemigo;
arrancaste de raíz sus
ciudades,
y hasta su recuerdo se ha
desvanecido.

He 7 Pero el SEÑOR reina por siempre;
para emitir juicio ha
establecido su trono.
8 Juzgará al mundo con justicia;
gobernará a los pueblos con
equidad.

Vav 9 El SEÑOR es refugio de los
oprimidos;
es su baluarte en momentos
de angustia.

---

a 8 Tít. *Sígase ... lagar.* Lit. *Según la gittith.* *b* 8:2 *has hecho que brote la alabanza.* Lit. *fundaste la fortaleza.* *c* 8:5 *un dios.*
Alt. *los ángeles* o *los seres celestiales.* *d* Sal 9 En el texto hebreo los salmos 9 y 10 son un solo poema (véase LXX), que forma
un acróstico siguiendo el orden del alfabeto hebreo.

Pasaje del día: Salmo 8:1-9
Versículo del día: Salmo 8:2

"Él es mi papá"

*Y*a que pasaba por tiempos difíciles, Juan Pérez se vio en la necesidad de buscar trabajo en otro estado. Después de mucho tiempo, encontró trabajo como electricista, y mandó a traer a su familia. Al mes, la compañía en donde trabajaba tuvo que despedir a muchos de sus obreros, y entre ellos a Juan.

Sin tener otra alternativa, el señor Pérez llevó a su familia al autobús y les compró boletos de regreso a su tierra; pero no teniendo suficiente dinero para su boleto, se despidió de ellos y se fue a pie.

Al poco tiempo, el autobús pasó por donde iba Juan cargando su caja de herramientas. El hijo mayor, al verlo por la ventanilla, reconoció a su papá y gritó con orgullo: *"¡Él es mi papá!"*, para que todos se enteraran. La madre, al ver que todos habían visto que su esposo iba a pie, se llenó de vergüenza. Al pequeño le fue motivo de orgullo; pero a su madre le fue motivo de pena.

A veces nos es difícil hablar de nuestro Padre celestial, de alabarlo abiertamente, de orar delante de otras personas. Como la madre del niño, nos preocupa lo que va a pensar la gente. Sin embargo, los niños no piensan en el qué dirán; hablan de sus seres queridos porque los aman.

Debemos estar orgullosas de nuestro Padre celestial y de nuestro Señor Jesucristo, y amarlos tanto que nada ni nadie pueda impedir que hablemos con los demás de lo maravilloso que es nuestro Dios.

Betty Grace Howard
de Santiesteban
México

10 En ti confían los que conocen
   tu nombre,
   porque tú, Señor, jamás
   abandonas a los que te
   buscan.

Zayin 11 Canten salmos al Señor, el rey
   de *Sión;
   proclamen sus proezas entre
   las naciones.
12 El vengador de los inocentes[a]
   se acuerda de ellos;
   no pasa por alto el clamor de
   los afligidos.

Jet 13 Ten compasión de mí, Señor;
   mira cómo me afligen los que
   me odian.
   Sácame de las puertas de la
   muerte,
   14 para que en las *puertas de
   *Jerusalén[b]
   proclame tus alabanzas y me
   regocije en tu *salvación.

Tet 15 Han caído los paganos
   en la fosa que han cavado;
   sus pies quedaron atrapados
   en la red que ellos mismos
   escondieron.
16 Al Señor se le conoce porque
   imparte justicia;
   el malvado cae en la trampa
   que él mismo tendió.
   *Higaión. *Selah

Yod 17 Bajan al *sepulcro los malvados,
   todos los paganos que de Dios
   se olvidan.

Caf 18 Pero no se olvidará para
   siempre al necesitado,
   ni para siempre se perderá la
   esperanza del pobre.

19 ¡Levántate, Señor!
   No dejes que el *hombre
   prevalezca;
   ¡haz que las naciones
   comparezcan ante ti!
20 Infúndeles terror, Señor;

¡que los pueblos sepan que
   son simples *mortales!
                          Selah

Salmo 10

Lámed 1 ¿Por qué, *Señor, te mantienes
   distante?
   ¿Por qué te escondes en
   momentos de angustia?
2 Con arrogancia persigue el
   malvado al indefenso,
   pero se enredará en sus
   propias artimañas.
3 El malvado hace alarde de su
   propia codicia;
   alaba al ambicioso y
   menosprecia al Señor.

4 El malvado levanta insolente la
   nariz,
   y no da lugar a Dios en sus
   pensamientos.
5 Todas sus empresas son
   siempre exitosas;
   tan altos y alejados de él están
   tus *juicios
   que se burla de todos sus
   enemigos.
6 Y se dice a sí mismo: «Nada me
   hará caer.
   Siempre seré feliz. Nunca
   tendré problemas.»

Pe 7 Llena está su boca de
   maldiciones,
   de mentiras y amenazas;
   bajo su lengua esconde
   maldad y violencia.
8 Se pone al acecho en las aldeas,
   se esconde en espera de sus
   víctimas,
   y asesina a mansalva al
   inocente.

Ayin 9 Cual león en su guarida se
   agazapa,
   listo para atrapar al indefenso;
   le cae encima y lo arrastra en
   su red.

a 9:12 vengador de los inocentes. Lit. vengador de sangres. b 9:14 Jerusalén. Lit. la hija de Sión.

¹⁰ Bajo el peso de su poder,
 sus víctimas caen por tierra.
¹¹ Se dice a sí mismo: «Dios se ha
 olvidado.
 Se cubre el rostro. Nunca ve
 nada.»
Qof ¹² ¡Levántate, SEÑOR!
 ¡Levanta, oh Dios, tu brazo!
 ¡No te olvides de los
 indefensos!
¹³ ¿Por qué te ha de
 menospreciar el malvado?
 ¿Por qué ha de pensar que no
 lo llamarás a cuentas?
Resh ¹⁴ Pero tú ves la opresión y la
 violencia,
 las tomas en cuenta y te harás
 cargo de ellas.
 Las víctimas confían en ti;
 tú eres la ayuda de los
 huérfanos.
Shin ¹⁵ ¡Rómpeles el brazo al malvado
 y al impío!
 ¡Pídeles cuentas de su maldad,
 y haz que desaparezcan por
 completo!
¹⁶ El SEÑOR es rey eterno;
 los *paganos serán borrados
 de su tierra.
Tav ¹⁷ Tú, SEÑOR, escuchas la petición
 de los indefensos,
 les infundes aliento y atiendes
 su clamor.
¹⁸ Tú defiendes al huérfano y al
 oprimido,
 para que el *hombre, hecho
 de tierra,
 no siga ya sembrando el terror.

Salmo 11

Al director musical. Salmo de David.

¹ En el *SEÑOR hallo refugio.
 ¿Cómo, pues, se atreven a decirme:
 «Huye al monte, como las aves»?
² Vean cómo tensan sus arcos los
 malvados:
 preparan las flechas sobre la cuerda
 para disparar desde las sombras

contra los rectos de *corazón.
³ Cuando los fundamentos son
 destruidos,
 ¿qué le queda al justo?
⁴ El SEÑOR está en su santo templo,
 en los *cielos tiene el SEÑOR su trono,
 y atentamente observa al *ser humano;
 con sus propios ojos lo examina.

⁵ El SEÑOR examina a justos y a
 malvados,
 y aborrece a los que aman la
 violencia.
⁶ Hará llover sobre los malvados
 ardientes brasas y candente azufre;
 ¡un viento abrasador será su suerte!

⁷ Justo es el SEÑOR, y ama la *justicia;
 por eso los íntegros contemplarán
 su rostro.

Salmo 12

Al director musical. Sobre la octava.
Salmo de David.

¹ Sálvanos, *SEÑOR, que ya no hay
 *gente fiel;
 ya no queda gente sincera en este
 mundo.
² No hacen sino mentirse unos a otros;
 sus labios lisonjeros hablan con
 doblez.

³ El SEÑOR cortará todo labio lisonjero
 y toda lengua jactanciosa
⁴ que dice: «Venceremos con la lengua;
 en nuestros labios confiamos.
 ¿Quién puede dominarnos a
 nosotros?»

⁵ Dice el SEÑOR: «Voy ahora a
 levantarme,
 y pondré a salvo a los oprimidos,
pues al pobre se le oprime,
 y el necesitado se queja.»

⁶ Las *palabras del SEÑOR son puras,
 son como la plata refinada,
 siete veces purificada en el crisol.

⁷ Tú, SEÑOR, nos protegerás;
 tú siempre nos defenderás de esta
 gente,

8 aun cuando los malvados sigan
    merodeando,
  y la maldad sea exaltada en este
    mundo.

Salmo 13

Al director musical. Salmo de David.

1 ¿Hasta cuándo, *Señor, me seguirás
    olvidando?
  ¿Hasta cuándo esconderás de mí tu
    rostro?
2 ¿Hasta cuándo he de estar angustiado
  y he de sufrir cada día en mi
    *corazón?
  ¿Hasta cuándo el enemigo me seguirá
    dominando?

3 Señor y Dios mío,
    mírame y respóndeme;
  ilumina mis ojos.
  Así no caeré en el sueño de la muerte;
4 así no dirá mi enemigo: «Lo he
    vencido»;
  así mi adversario no se alegrará de
    mi caída.

5 Pero yo confío en tu gran amor;
  mi corazón se alegra en tu
    *salvación.
6 Canto salmos al Señor.
  ¡El Señor ha sido bueno conmigo!

Salmo 14

Al director musical. Salmo de David.

1 Dice el *necio en su *corazón:
  «No hay Dios.»
  Están corrompidos, sus obras son
    detestables;
  ¡no hay uno solo que haga lo bueno!

2 Desde el *cielo el *Señor contempla a
    los *hombres,
  para ver si hay alguien
  que sea sensato y busque a Dios.
3 Pero todos se han descarriado,
  a una se han corrompido.
  No hay nadie que haga lo bueno;
  ¡no hay uno solo!

4 ¿Acaso no entienden todos los que
    hacen lo malo,
  los que devoran a mi pueblo como
    si fuera pan?
  ¡Jamás invocan al Señor!
5 Allí los tienen, sobrecogidos de miedo,
  pero Dios está con los que son
    justos.
6 Ustedes frustran los planes de los
    pobres,
  pero el Señor los protege.

7 ¡Quiera Dios que de *Sión
  venga la *salvación de Israel!
  Cuando el Señor restaure a su pueblo,a
  ¡Jacob se regocijará, Israel se
    alegrará!

Salmo 15

Salmo de David.

1 ¿Quién, *Señor, puede habitar en tu
    santuario?
  ¿Quién puede vivir en tu santo
    monte?
2 Sólo el de conducta intachable,
  que practica la *justicia
  y de *corazón dice la verdad;
3 que no calumnia con la lengua,
  que no le hace mal a su prójimo
  ni le acarrea desgracias a su vecino;
4 que desprecia al que Dios reprueba,
  pero honra al que teme al Señor;
  que cumple lo prometido
  aunque salga perjudicado;
5 que presta dinero sin ánimo de lucro,
  y no acepta sobornos que afecten al
    inocente.

El que así actúa no caerá jamás.

Salmo 16

*Mictam de David.

1 Cuídame, oh Dios, porque en ti busco
    refugio.
2 Yo le he dicho al *Señor: «Mi Señor
    eres tú.
  Fuera de ti, no poseo bien alguno.»

---

a 14:7 Cuando ... a su pueblo. Alt. *Cuando el Señor haga que su pueblo vuelva de la cautividad.*

3 Poderosos son los sacerdotes
  *paganos del país,
  según todos sus seguidores.ª
4 Pero aumentarán los dolores
  de los que corren tras ellos.
¡Jamás derramaré sus sangrientas
  libaciones,
  ni con mis labios pronunciaré sus
  nombres!

5 Tú, Señor, eres mi porción y mi copa;
  eres tú quien ha afirmado mi suerte.
6 Bellos lugares me han tocado en
  suerte;
  ¡preciosa herencia me ha
  correspondido!

7 Bendeciré al Señor, que me aconseja;
  aun de noche me reprende mi
  conciencia.
8 Siempre tengo presente al Señor;
  con él a mi derecha, nada me hará
  caer.

9 Por eso mi *corazón se alegra,
  y se regocijan mis entrañas;b
  todo mi ser se llena de confianza.
10 Porque tú no me entregarás al
  *sepulcro;
  no dejarás que sufra la corrupción
  tu siervo fiel.
11 Me has dado a conocer la senda de la
  vida;
  me llenarás de alegría en tu
  presencia,
  y de dicha eterna a tu derecha.

Salmo 17

Oración de David.

1 *Señor, oye mi justo ruego;
  escucha mi clamor;
presta oído a mi oración,
  pues no sale de labios engañosos.
2 Sé tú mi defensor,
  pues tus ojos ven lo que es justo.

3 Tú escudriñas mi *corazón,
  tú me examinas por las noches;
¡ponme, pues, a prueba,

que no hallarás en mí maldad
  alguna!

¡No pasarán por mis labios
  4 palabras como las de otra *gente,
  pues yo cumplo con tu *palabra!
Del *camino de la violencia
  5 he apartado mis pasos;
  mis pies están firmes en tus sendas.

6 A ti clamo, oh Dios, porque tú me
  respondes;
  inclina a mí tu oído, y escucha mi
  oración.
7 Tú, que salvas con tu diestra
  a los que buscan escapar de sus
  adversarios,
  dame una muestra de tu gran amor.

8 Cuídame como a la niña de tus ojos;
  escóndeme, bajo la sombra de tus
  alas,
9 de los malvados que me atacan,
  de los enemigos que me han
  cercado.
10 Han cerrado su insensible corazón,
  y profieren insolencias con su boca.

11 Vigilan de cerca mis pasos,
  prestos a derribarme.
12 Parecen leones ávidos de presa,
  leones que yacen al acecho.

13 ¡Vamos, Señor, enfréntate a ellos!
  ¡Derrótalos!
  ¡Con tu espada rescátame de los
  malvados!
14 ¡Con tu mano, Señor, sálvame de
  estos *mortales
  que no tienen más herencia que
  esta vida!

Con tus tesoros les has llenado el
  vientre,
  sus hijos han tenido abundancia,
  y hasta ha sobrado para sus
  descendientes.
15 Pero yo en *justicia contemplaré tu
  rostro;
  me bastará con verte cuando
  despierte.

---

a 16:3 Poderosos ... sus seguidores. Alt. En cuanto a los santos que están en la tierra, son los gloriosos en quienes está toda
mi delicia. b 16:9 mis entrañas. Lit. mi gloria.

Salmo 18

Al director musical. De David, siervo del Señor. David dedicó al Señor la letra de esta canción cuando el Señor lo libró de Saúl y de todos sus enemigos. Dijo así:

1 ¡Cuánto te amo, *Señor, fuerza mía!

2 El Señor es mi *roca, mi amparo, mi libertador;
   es mi Dios, el peñasco en que me refugio.
Es mi escudo, el poder que me salva,ᵃ
   ¡mi más alto escondite!
3 Invoco al Señor, que es digno de alabanza,
   y quedo a salvo de mis enemigos.

4 Los lazos de la muerte me envolvieron;
   los torrentes destructores me abrumaron.
5 Me enredaron los lazos del *sepulcro,
   y me encontré ante las trampas de la muerte.
6 En mi angustia invoqué al Señor;
   clamé a mi Dios,
y él me escuchó desde su templo;
   ¡mi clamor llegó a sus oídos!

7 La tierra tembló, se estremeció;
   se sacudieron los cimientos de los montes;
   ¡retemblaron a causa de su enojo!
8 Por la nariz echaba humo,
   por la boca, fuego consumidor;
   ¡lanzaba carbones encendidos!

9 Rasgando el *cielo, descendió,
   pisando sobre oscuros nubarrones.
10 Montando sobre un querubín, surcó los cielos
   y se remontó sobre las alas del viento.
11 Hizo de las tinieblas su escondite,
   de los oscuros y cargados nubarrones
   un pabellón que lo rodeaba.
12 De su radiante presencia brotaron nubes,
   granizos y carbones encendidos.

13 En el cielo, entre granizos y carbones encendidos,
   se oyó el trueno del Señor,
   resonó la voz del *Altísimo.
14 Lanzó sus flechas, sus grandes centellas;
   dispersó a mis enemigos y los puso en fuga.
15 A causa de tu reprensión, oh Señor,
   y por el resoplido de tu enojo,ᵇ
las cuencas del mar quedaron a la vista;
   ¡al descubierto quedaron los cimientos de la tierra!
16 Extendiendo su mano desde lo alto,
   tomó la mía y me sacó del mar profundo.
17 Me libró de mi enemigo poderoso,
   de aquellos que me odiaban
   y eran más fuertes que yo.
18 En el día de mi desgracia me salieron al encuentro,
   pero mi apoyo fue el Señor.
19 Me sacó a un amplio espacio;
   me libró porque se agradó de mí.

20 El Señor me ha pagado conforme a mi *justicia;
   me ha premiado conforme a la limpieza de mis manos,
21 pues he andado en los *caminos del Señor;
   no he cometido mal alguno
   ni me he apartado de mi Dios.
22 Presentes tengo todas sus *sentencias;
   no me he alejado de sus *decretos.
23 He sido íntegro con él
   y me he abstenido de pecar.
24 El Señor me ha recompensado conforme a mi justicia,
   conforme a la limpieza de mis manos.

25 Tú eres fiel con quien es fiel,
   e irreprochable con quien es irreprochable;
26 sincero eres con quien es sincero,
   pero sagaz con el que es tramposo.
27 Tú das la *victoria a los humildes,
   pero humillas a los altaneros.
28 Tú, Señor, mantienes mi lámpara encendida;
   tú, Dios mío, iluminas mis tinieblas.

---

a 18:2 *el poder que me salva.* Lit. *el cuerno de mi salvación.* *b* 18:15 *por ... tu enojo.* Lit. *por el soplo del aliento de tu nariz.*

JUEVES

Pasaje del día: Salmo 18:1-24
Versículos del día: Salmo 18:1-2

Dios es nuestra fortaleza

El Señor dice en su Palabra que quien lo escoge a Él como fundamento de su vida, no se derrumbará aunque vengan vientos y tempestades. Cuántas veces en los treinta y ocho años que tengo de peregrinar por este camino del Señor he tenido que acudir a esta declaración de confianza. Debido a las demandas de mis responsabilidades como sierva de Dios, como hija, como madre, como esposa de pastor, he pasado por tiempos de aflicción, tristeza, desafío e incomprensión; pero las promesas del Señor han fortalecido mi alma y mi espíritu. El Señor me ha dado nuevas fuerzas para continuar. Constantemente me remonto a las alturas y es como si entrara en el mismo trono de Dios pidiéndole que restaure mis fuerzas. Entonces siento todo mi ser revitalizado como las fuerzas del águila y del búfalo.

Cuando nuestra última hija tenía siete meses de edad se enfermó de salmonellosis y tuvimos que internarla. No puedo olvidar esa noche, pues a las tres de la madrugada mi esposo y yo entrábamos con ella a la clínica. La fiebre y desesperación típicos de esa enfermedad tenían a nuestra hija en un estado de constante agonía y gritos de dolor.

Mientras le aplicaban suero y medicinas, recordé este pasaje: "¡Cuánto te amo, SEÑOR, fuerza mía!" Entonces vino una canción a mi mente y comencé a cantarla. No podía parar, pues cada vez que lo hacía, la niña me exigía que siguiera cantando, y así pasamos el resto de la noche.

De nuevo, las promesas de Dios se hicieron vida en mi vida. La niña se sanó y hoy es una hermosa vida que ama y teme a Dios.

Melba de Portes
República Dominicana

29 Con tu apoyo me lanzaré contra un
    ejército;
contigo, Dios mío, podré asaltar
    murallas.

30 El camino de Dios es perfecto;
    la *palabra del Señor es intachable.
Escudo es Dios a los que en él se
    refugian.
31 ¿Quién es Dios, si no el Señor?
    ¿Quién es la roca, si no nuestro
    Dios?
32 Es él quien me arma de valor
    y endereza mi camino;
33 da a mis pies la ligereza del venado,
    y me mantiene firme en las alturas;
34 adiestra mis manos para la batalla,
    y mis brazos para tensar arcos de
    bronce.
35 Tú me cubres con el escudo de tu
    *salvación,
y con tu diestra me sostienes;
tu bondad me ha hecho prosperar.
36 Me has despejado el camino,
    así que mis tobillos no flaquean.

37 Perseguí a mis enemigos, les di
    alcance,
y no retrocedí hasta verlos
    aniquilados.
38 Los aplasté. Ya no pudieron
    levantarse.
¡Cayeron debajo de mis pies!
39 Tú me armaste de valor para el
    combate;
bajo mi planta sometiste a los
    rebeldes.
40 Hiciste retroceder a mis enemigos,
    y así exterminé a los que me
    odiaban.
41 Pedían ayuda; no hubo quien los
    salvara.
Al Señor clamaron,ᵃ pero no les
    respondió.
42 Los desmenucé. Parecían polvo
    disperso por el viento.
¡Los pisoteéᵇ como al lodo de las
    calles!

43 Me has librado de una turba
    amotinada;

me has puesto por encima de los
    *paganos;
me sirve *gente que yo no conocía.
44 Apenas me oyen, me obedecen;
son extranjeros, y me rinden
    homenaje.
45 ¡Esos extraños se descorazonan,
y temblando salen de sus refugios!
46 ¡El Señor vive! ¡Alabada sea mi roca!
¡Exaltado sea Dios mi Salvador!
47 Él es el Dios que me vindica,
el que pone los pueblos a mis pies.

48 Tú me libras del furor de mis
    enemigos,
me exaltas por encima de mis
    adversarios,
me salvas de los hombres violentos.
49 Por eso, Señor, te alabo entre las
    naciones
y canto salmos a tu *nombre.

50 El Señor da grandes victorias a su rey;
a su *ungido David y a sus
    descendientes
les muestra por siempre su gran
    amor.

Salmo 19

Al director musical. Salmo de David.

1 Los *cielos cuentan la gloria de Dios,
el firmamento proclama la obra de
    sus manos.
2 Un día comparte al otro la noticia,
una noche a la otra se lo hace saber.
3 Sin palabras, sin lenguaje,
sin una voz perceptible,
4 por toda la tierra resuena su eco,
¡sus palabras llegan hasta el fin del
    mundo!

Dios ha plantado en los cielos
    un pabellón para el sol.
5 Y éste, como novio que sale de la
    cámara nupcial,
se apresta, cual atleta, a recorrer el
    camino.
6 Sale de un extremo de los cielos

---

*ᵃ **18:41** Al Señor clamaron* (versiones antiguas); TM no incluye *clamaron*. *ᵇ **18:42** Los pisoteé* (LXX, Siríaca, Targum, mss. y 2S 22:43); *Los vacié* (TM).

y, en su recorrido, llega al otro
extremo,
sin que nada se libre de su calor.

7 La *ley del *Señor es perfecta:
infunde nuevo *aliento.
El *mandato del Señor es digno de
confianza:
da *sabiduría al *sencillo.
8 Los *preceptos del Señor son rectos:
traen alegría al *corazón.
El *mandamiento del Señor es claro:
da luz a los ojos.
9 El temor del Señor es puro:
permanece para siempre.
Las *sentencias del Señor son
verdaderas:
todas ellas son justas.
10 Son más deseables que el oro,
más que mucho oro refinado;
son más dulces que la miel,
la miel que destila del panal.
11 Por ellas queda advertido tu siervo;
quien las obedece recibe una gran
recompensa.

12 ¿Quién está consciente de sus
propios errores?
¡Perdóname aquellos de los que no
estoy consciente!
13 Libra, además, a tu siervo de pecar a
sabiendas;
no permitas que tales pecados me
dominen.
Así estaré libre de culpa
y de multiplicar mis pecados.

14 Sean, pues, aceptables ante ti
mis palabras y mis pensamientos,
oh Señor, *roca mía y redentor mío.

Salmo 20

Al director musical. Salmo de David.

1 Que el *Señor te responda cuando
estés angustiado;
que el *nombre del Dios de Jacob
te proteja.
2 Que te envíe ayuda desde el santuario;
que desde *Sión te dé su apoyo.
3 Que se acuerde de todas tus ofrendas;
que acepte tus *holocaustos.
*Selah

4 Que te conceda lo que tu *corazón
desea;
que haga que se cumplan todos tus
planes.
5 Nosotros celebraremos tu *victoria,
y en el nombre de nuestro Dios
desplegaremos las banderas.

¡Que el Señor cumpla todas tus
peticiones!

6 Ahora sé que el Señor salvará a su
*ungido,
que le responderá desde su santo
*cielo
y con su poder le dará grandes
victorias.

7 Éstos confían en sus carros de
guerra,
aquéllos confían en sus corceles,
pero nosotros confiamos en el
nombre
del Señor nuestro Dios.
8 Ellos son vencidos y caen,
pero nosotros nos erguimos y de
pie permanecemos.

9 ¡Concede, Señor, la victoria al rey!
¡Respóndenos cuando te llamemos!

Salmo 21

Al director musical. Salmo de David.

1 En tu fuerza, *Señor,
se regocija el rey;
¡cuánto se alegra en tus *victorias!
2 Le has concedido lo que su *corazón
desea;
no le has negado lo que sus labios
piden.
*Selah

3 Has salido a su encuentro con ricas
bendiciones;
lo has coronado con diadema de
oro fino.
4 Te pidió vida, se la concediste:
una vida larga y duradera.
5 Por tus victorias se acrecentó su gloria;
lo revestiste de honor y majestad.

6 Has hecho de él manantial de
  bendiciones;
  tu presencia lo ha llenado de
  alegría.

7 El rey confía en el SEÑOR,
  en el gran amor del *Altísimo;
  por eso jamás caerá.

8 Tu mano alcanzará a todos tus
  enemigos;
  tu diestra alcanzará a los que te
  aborrecen.
9 Cuando tú, SEÑOR, te manifiestes,
  los convertirás en un horno
  encendido.

En su ira los devorará el SEÑOR;
  ¡un fuego los consumirá!
10 Borrarás de la tierra a su simiente;
  de entre los *mortales, a su
  posteridad.
11 Aunque tramen hacerte daño
  y maquinen perversidades,
  ¡no se saldrán con la suya!
12 Porque tú los harás retroceder
  cuando tenses tu arco contra ellos.

13 Enaltécete, SEÑOR, con tu poder,
  y con salmos celebraremos tus
  proezas.

Salmo 22

Al director musical. Sígase la tonada de «La cierva de la aurora». Salmo de David.

1 Dios mío, Dios mío,
  ¿por qué me has abandonado?
  Lejos estás para salvarme,
  lejos de mis palabras de lamento.
2 Dios mío, clamo de día y no me
  respondes;
  clamo de noche y no hallo reposo.

3 Pero tú eres santo, tú eres rey,
  ¡tú eres la alabanza de Israel!
4 En ti confiaron nuestros padres;
  confiaron, y tú los libraste;
5 a ti clamaron, y tú los salvaste;

se apoyaron en ti, y no los
  defraudaste.

6 Pero yo, gusano soy y no *hombre;
  la *gente se burla de mí,
  el pueblo me desprecia.
7 Cuantos me ven, se ríen de mí;
  lanzan insultos, meneando la
  cabeza:
8 «Éste confía en el SEÑOR,
  ¡pues que el SEÑOR lo ponga a salvo!
  Ya que en él se deleita,
  ¡que sea él quien lo libre!»

9 Pero tú me sacaste del vientre
  materno;
  me hiciste reposar confiado
  en el regazo de mi madre.
10 Fui puesto a tu cuidado
  desde antes de nacer;
  desde el vientre de mi madre
  mi Dios eres tú.
11 No te alejes de mí,
  porque la angustia está cerca
  y no hay nadie que me ayude.

12 Muchos toros me rodean;
  fuertes toros de Basán me cercan.
13 Contra mí abren sus fauces
  leones que rugen y desgarran a su
  presa.

14 Como agua he sido derramado;
  dislocados están todos mis huesos.
  Mi corazón se ha vuelto como *cera,
  y se derrite en mis entrañas.
15 Se ha secado mi vigor como una teja;
  la lengua se me pega al paladar.
  ¡Me has hundido en el polvo de la
  muerte!

16 Como perros de presa, me han
  rodeado;
  me ha cercado una banda de
  malvados;
  me han traspasadoª las manos y los
  pies.
17 Puedo contar todos mis huesos;
  con satisfacción perversa
  la gente se detiene a mirarme.
18 Se reparten entre ellos mis vestidos
  y sobre mi ropa echan suertes.

a 22:16 me han traspasado (LXX, Siríaca y algunos mss. hebreos); como el león (TM).

19 Pero tú, Señor, no te alejes;
  fuerza mía, ven pronto en mi
    auxilio.
20 Libra mi vida de la espada,
  mi preciosa vida del poder de esos
    perros.
21 Rescátame de la boca de los leones;
  sálvame dea los cuernos de los toros.

22 Proclamaré tu *nombre a mis
    hermanos;
  en medio de la congregación te
    alabaré.
23 ¡Alaben al Señor los que le temen!
  ¡Hónrenlo, descendientes de Jacob!
  ¡Venérenlo, descendientes de Israel!

24 Porque él no desprecia ni tiene en
    poco
  el sufrimiento del pobre;
no esconde de él su rostro,
  sino que lo escucha cuando a él
    clama.

25 Tú inspiras mi alabanza en la gran
    asamblea;
  ante los que te temen cumpliré mis
    promesas.
26 Comerán los pobres y se saciarán;
  alabarán al Señor quienes lo buscan;
  ¡que su corazón viva para siempre!
27 Se acordarán del Señor y se volverán
    a él
  todos los confines de la tierra;
  delante de él se postrarán
  todas las familias de las naciones,
28 porque del Señor es el reino;
  él gobierna sobre las naciones.

29 Festejarán y adorarán todos los ricos
    de la tierra;
  ante él se postrarán todos los que
    bajan al polvo,
  los que no pueden conservar su
    vida.
30 La posteridad le servirá;
  del Señor se hablará a las
    generaciones futuras.
31 A un pueblo que aún no ha nacido
  se le dirá que Dios hizo *justicia.

Salmo 23

Salmo de David.

1 El *Señor es mi *pastor, nada me falta;
2 en verdes pastos me hace
    descansar.
Junto a tranquilas aguas me conduce;
   3 me infunde nuevas *fuerzas.
Me guía por sendas de *justicia
  por amor a su *nombre.
4 Aun si voy por valles tenebrosos,
  no temo peligro alguno
  porque tú estás a mi lado;
tu vara de pastor me reconforta.

5 Dispones ante mí un banquete
  en presencia de mis enemigos.
Has ungido con perfume mi cabeza;
  has llenado mi copa a rebosar.

6 La bondad y el amor me seguirán
  todos los días de mi vida;
y en la casa del Señor habitaré para
    siempre.

Salmo 24

Salmo de David.

1 Del *Señor es la tierra y cuanto hay
    en ella,
  el mundo y cuantos lo habitan;
2 porque él la afirmó sobre los mares,
  la estableció sobre los ríos.

3 ¿Quién puede subir al monte del
    Señor?
  ¿Quién puede estar en su lugar
    santo?
4 Sólo el de manos limpias y *corazón
    puro,
  el que no adora ídolos vanos
  ni jura por dioses falsos.b

5 Quien es así, recibe bendiciones del
    Señor;
  Dios su Salvador le hará *justicia.
6 Tal es la generación de los que a ti
    acuden,

---

a **22:21** *sálvame de ... los toros* (lectura probable); *me respondiste desde* (TM). *b* **24:4** *por dioses falsos.* Alt. *con falsedad.*

de los que buscan tu rostro, oh Dios
de Jacob.ª

Selah

7 Eleven, *puertas, sus dinteles;
levántense, puertas antiguas,
que va a entrar el Rey de la gloria.

8 ¿Quién es este Rey de la gloria?
El Señor, el fuerte y valiente,
el Señor, el valiente guerrero.

9 Eleven, puertas, sus dinteles;
levántense, puertas antiguas,
que va a entrar el Rey de la gloria.

10 ¿Quién es este Rey de la gloria?
Es el Señor *Todopoderoso;
¡él es el Rey de la gloria!

Selah

Salmo 25ᵇ

Salmo de David.

Álef   **1** A ti, *Señor, elevo mi *alma;

Bet   **2** mi Dios, en ti confío;
no permitas que sea yo
humillado,
no dejes que mis enemigos se
burlen de mí.

Guímel **3** Quien en ti pone su esperanza
jamás será avergonzado;
pero quedarán en vergüenza
los que traicionan sin razón.

Dálet   **4** Señor, hazme conocer tus
*caminos;
muéstrame tus sendas.

He   **5** Encamíname en tu verdad,
¡enséñame!
Tú eres mi Dios y Salvador;

Vav   ¡en ti pongo mi esperanza todo
el día!

Zayin   **6** Acuérdate, Señor, de tu ternura
y gran amor,
que siempre me has mostrado;

Jet   **7** olvida los pecados y
transgresiones
que cometí en mi juventud.
Acuérdate de mí según tu gran
amor,
porque tú, Señor, eres bueno.

Tet   **8** Bueno y justo es el Señor;
por eso les muestra a los
pecadores el camino.

Yod   **9** Él dirige en la *justicia a los
humildes,
y les enseña su camino.

Caf   **10** Todas las sendas del Señor son
amor y verdad
para quienes cumplen los
*preceptos de su *pacto.

Lámed **11** Por amor a tu *nombre, Señor,
perdona mi gran iniquidad.

Mem   **12** ¿Quién es el *hombre que
teme al Señor?
Será instruido en el mejor de
los caminos.

Nun   **13** Tendrá una vida placentera,
y sus descendientes heredarán
la tierra.

Sámej **14** El Señor brinda su amistad a
quienes le honran,
y les da a conocer su pacto.

Ayin   **15** Mis ojos están puestos siempre
en el Señor,
pues sólo él puede sacarme de
la trampa.

Pe   **16** Vuelve a mí tu rostro y tenme
compasión,
pues me encuentro solo y
afligido.

Tsade **17** Crecen las angustias de mi
*corazón;
líbrame de mis tribulaciones.
18 Fíjate en mi aflicción y en mis
penurias,
y borra todos mis pecados.

---

a **24:6** *Dios de Jacob* (LXX, Siríaca, Targum y dos mss. hebreos; TM no incluye *Dios de*. *b* **Sal** 25 Este salmo es un poema acróstico, que sigue el orden del alfabeto hebreo.

Pasaje del día: Salmo 25:1-10
Versículo del día: Salmo 25:4

"Enséñame el camino"

Hace algunos años vivimos en la ciudad de México. Siendo una ciudad grande, no era fácil movilizarse, así que muchas veces tuvimos que usar un mapa para localizar el lugar hacia donde nos dirigíamos. Eso no era fácil para mí. Primero, porque no soy aficionada a los mapas y, luego, porque encontrar un nombre en un mapa tan grande era muy difícil. Lo peor era que generalmente consultábamos el mapa cuando ya nos encontrábamos perdidos y el vehículo estaba en marcha.

El Salmo 25:4 nos exhorta a preguntarle al Señor cuál es el camino. Nuestra vida está rodeada de circunstancias que requieren que tomemos decisiones importantes y Dios ha prometido enseñarnos el camino. No necesitamos tomar decisiones equivocadas que después lamentaremos. Si tan solo nos detenemos a preguntar cuál es el camino a seguir, el Señor ha prometido mostrárnoslo. La experiencia nos ha enseñado lo triste de tomar decisiones a la ligera; pero también hemos experimentado el gozo de caminar por la senda correcta, la que Él nos ha mostrado, y tener su bendición.

Para nosotras las mujeres no es ningún problema preguntar; nuestro error es olvidar hacerlo. Cuando tomamos decisiones a la ligera lamentamos no haber preguntado y buscado dirección en nuestra vida. No olvidemos preguntar; el Señor bondadosamente quiere dirigirnos. Animémonos a buscarlo.

Si en este momento hay decisiones importantes que debes tomar o necesitas dirección para el futuro, toma el tiempo que sea necesario para detenerte y preguntar: ¿Cuál es el camino? ¿Cuál es la senda? ¡El Señor te la mostrará!

Miriam S. de Motta
Estados Unidos

Pasaje del sábado:
Salmo 42:1-11
Pasaje del domingo:
Salmo 40:1-17

Confesión

¿Cómo puedes decir que te intereso
Si en mí no queda ya esa alma pura
De cuando contemplaba el cielo inmenso
De espalda en mi primera cuna?

¿Cómo puedes amar la criatura
De lo que fue perfecto en el comienzo,
(¡La copia de tu imagen!) ahora oscura
Sombra, garabato en estropeado
lienzo?

¿Cómo puedes insistir que aún me quieres
Si llené mi historia de amargura,
De delirio y rebeldía, y ahora tienes
Tu retrato bajo estratos de basura?

Si puedes cerrar tus doloridos ojos,
Me atreveré a aceptar esta locura:
Aun siendo yo así, quiéreme un poco,
Porque el hambre de tu amor en mí
perdura.

Cristina K. de Sokoluk
Argentina

Resh **19** ¡Mira cómo se han
multiplicado mis enemigos,
y cuán violento es el odio que
me tienen!

Shin **20** Protege mi vida, rescátame;
no permitas que sea
avergonzado,
porque en ti busco refugio.

Tav **21** Sean mi protección la
integridad y la rectitud,
porque en ti he puesto mi
esperanza.
22 ¡Libra, oh Dios, a Israel
de todas sus angustias!

Salmo 26

Salmo de David.

1 Hazme *justicia, *Señor,
pues he llevado una vida intachable;
¡en el Señor confío sin titubear!
2 Examíname, Señor; ¡ponme a prueba!
purifica mis entrañas y mi *corazón.

3 Tu gran amor lo tengo presente,
y siempre ando en tu verdad.
4 Yo no convivo con los mentirosos,
ni me junto con los hipócritas;
5 aborrezco la compañía de los
malvados;
no cultivo la amistad de los
perversos.

6 Con manos limpias e inocentes
camino, Señor, en torno a tu altar,
7 proclamando en voz alta tu alabanza
y contando todas tus maravillas.
8 Señor, yo amo la casa donde vives,
el lugar donde reside tu gloria.

9 En la muerte, no me incluyas
entre pecadores y asesinos,
10 entre *gente que tiene las manos
llenas de artimañas y sobornos.
11 Yo, en cambio, llevo una vida
intachable;
líbrame y compadécete de mí.

12 Tengo los pies en terreno firme,
y en la gran asamblea bendeciré al
Señor.

Salmo 27

Salmo de David.

1 El *Señor es mi luz y mi *salvación;
¿a quién temeré?
El Señor es el baluarte de mi vida;
¿quién podrá amedrentarme?
2 Cuando los malvados avanzan contra
mí
para devorar mis carnes,
cuando mis enemigos y adversarios me
atacan,
son ellos los que tropiezan y caen.

3 Aun cuando un ejército me asedie,
no temerá mi *corazón;
aun cuando una guerra estalle contra
mí,
yo mantendré la confianza.

4 Una sola cosa le pido al Señor,
y es lo único que persigo:
habitar en la casa del Señor
todos los días de mi vida,
para contemplar la hermosura del
Señor
y recrearme en su templo.

5 Porque en el día de la aflicción
él me resguardará en su morada;
al amparo de su tabernáculo me
protegerá,
y me pondrá en alto, sobre una
roca.
6 Me hará prevalecer
frente a los enemigos que me
rodean;
en su templo ofreceré sacrificios de
alabanza
y cantaré salmos al Señor.

7 Oye, Señor, mi voz cuando a ti clamo;
compadécete de mí y respóndeme.
8 El corazón me dice: «¡Busca su
rostro!»ª
Y yo, Señor, tu rostro busco.

a 27:8 El corazón ... su rostro!» (lectura probable); A ti dice mi corazón: «Busquen mi rostro» (TM).

Pasaje del día: Salmo 27:1-14
Versículo del día: Salmo 27:14

Superando estados de crisis

Era una hermosa mañana soleada cuando desperté con la enfermera a mi lado. La operación en sí había sido todo un éxito. Sólo había que esperar diez días para el resultado de la biopsia. Tanto el médico como sus asistentes no le daban mucha importancia a ese proceso.

El sol brillante, la luminosidad en la habitación y el verde intenso de las plantas en el jardín me inundaron de una serenidad, una tranquilidad mental y una paz interior tales que, aunque estaba sola, sentí el deseo de cantar, entre otras palabras: "Si Dios cuida de las aves, cuidará también de mí." La canción renovó mi esperanza; además, llamó la atención de un médico que pasaba y, como resultado, pude hablarle de mi Señor.

Pasaron las horas y los días. Una noche, estando todavía en la clínica, hice un pacto con Dios: "Señor, quiero vivir. No sé el resultado de la biopsia; tú sí lo sabes. Quiero vivir para ti, Señor. Me has regalado muchas cosas a través de los años: un buen marido, cuatro hijos magníficos, dos yernos fieles a ti, dos nueras excelentes, nietos, amigos, hermanos... ¡Cuánto me has dado, Señor! Quiero vivir para servirte cómo quieras, dónde quieras, a quiénes quieras, Señor. Pero quiero servirte estando sana. Me entrego a ti."

Pasaron varias semanas. Una tarde, sentí que el Espíritu Santo de Dios me inundó con su gracia. Me sentí llena de luz, alegría y seguridad. No tengo palabras para expresar lo que me sucedió; pero de una cosa estoy segura: el Señor sanó mi alma y mi cuerpo, fortaleció mi fe y me llenó de su gracia.

Amiga y hermana: No te desanimes. Confía en el poder del Señor, cualquiera que sea tu circunstancia.

Nélida Estala Sabanes
Argentina

⁹ No te escondas de mí;
  no rechaces, en tu enojo, a este
    siervo tuyo,
  porque tú has sido mi ayuda.
  No me desampares ni me abandones,
  Dios de mi salvación.

¹⁰ Aunque mi padre y mi madre me
    abandonen,
  el Señor me recibirá en sus brazos.

¹¹ Guíame, Señor, por tu *camino;
  dirígeme por la senda de rectitud,
  por causa de los que me acechan.
¹² No me entregues al capricho de mis
    adversarios,
  pues contra mí se levantan falsos
    testigos
  que respiran violencia.

¹³ Pero de una cosa estoy seguro:
  he de ver la bondad del Señor
  en esta tierra de los vivientes.

¹⁴ Pon tu esperanza en el Señor;
  ten valor, cobra ánimo;
  ¡pon tu esperanza en el Señor!

Salmo 28

Salmo de David.

¹ A ti clamo, *Señor, *roca mía;
  no te desentiendas de mí,
  porque si guardas silencio
    ya puedo contarme entre los
      muertos.
² Oye mi voz suplicante,
  cuando a ti acudo en busca de
    ayuda,
  cuando tiendo los brazos hacia tu
    lugar santísimo.
³ No me arrastres con los malvados,
  con los que hacen iniquidad,
  con los que hablan de *paz con su
    prójimo
  pero en su *corazón albergan
    maldad.
⁴ Págales conforme a sus obras,
  conforme a sus malas acciones.

Págales conforme a las obras de sus
  manos;
  ¡dales su merecido!
⁵ Ya que no toman en cuenta las obras
  del Señor
  y lo que él ha hecho con sus manos,
  él los derribará
  y nunca más volverá a levantarlos.

⁶ Bendito sea el Señor,
  que ha oído mi voz suplicante.
⁷ El Señor es mi fuerza y mi escudo;
  mi corazón en él confía;
  de él recibo ayuda.
  Mi corazón salta de alegría,
  y con cánticos le daré gracias.

⁸ El Señor es la fortaleza de su pueblo,
  y un baluarte de *salvación para su
    *ungido.
⁹ Salva a tu pueblo, bendice a tu
    heredad,
  y cual *pastor guíalos por siempre.

Salmo 29

Salmo de David.

¹ Tributen al *Señor, seres celestiales,ᵃ
  tributen al Señor la gloria y el
    poder.
² Tributen al Señor la gloria que merece
  su *nombre;
  póstrense ante el Señor en su
    santuario majestuoso.

³ La voz del Señor está sobre las aguas;
  resuena el trueno del Dios de la
    gloria;
  el Señor está sobre las aguas
    impetuosas.
⁴ La voz del Señor resuena potente;
  la voz del Señor resuena majestuosa.
⁵ La voz del Señor desgaja los cedros,
  desgaja el Señor los cedros del
    Líbano;
⁶ hace que el Líbano salte como
    becerro,
  y que el Hermónᵇ salte cual toro
    salvaje.

---

a **29:1** *seres celestiales.* Lit. *hijos de los dioses.* *b* **29:6** *Hermón* (lectura probable); *Sirión* (TM).

⁷ La voz del Señor lanza ráfagas de
    fuego;
⁸ la voz del Señor sacude al desierto;
el Señor sacude al desierto de
    Cades.
⁹ La voz del Señor retuerce los robles^a
y deja desnudos los bosques;
en su templo todos gritan:
    «¡Gloria!»

¹⁰ El Señor tiene su trono sobre las
    lluvias;
el Señor reina por siempre.
¹¹ El Señor fortalece a su pueblo;
el Señor bendice a su pueblo con la
    *paz.

Salmo 30

Cántico para la dedicación de la casa.^b
Salmo de David.

¹ Te exaltaré, *Señor, porque me
    levantaste,
porque no dejaste que mis
    enemigos se burlaran de mí.
² Señor, mi Dios, te pedí ayuda
y me sanaste.
³ Tú, Señor, me sacaste del *sepulcro;
me hiciste revivir de entre los
    muertos.
⁴ Canten al Señor, ustedes sus fieles;
alaben su santo *nombre.
⁵ Porque sólo un instante dura su enojo,
pero toda una vida su bondad.
Si por la noche hay llanto,
por la mañana habrá gritos de
    alegría.

⁶ Cuando me sentí seguro, exclamé:
    «Jamás seré conmovido.»
⁷ Tú, Señor, en tu buena voluntad,
me afirmaste en elevado baluarte;
pero escondiste tu rostro,
y yo quedé confundido.

⁸ A ti clamo, Señor soberano;
a ti me vuelvo suplicante.
⁹ ¿Qué ganas tú con que yo muera,^c
con que descienda yo al sepulcro?
¿Acaso el polvo te alabará
o proclamará tu verdad?

¹⁰ Oye, Señor; compadécete de mí.
¡Sé tú, Señor, mi ayuda!

¹¹ Convertiste mi lamento en danza;
me quitaste la ropa de luto
y me vestiste de fiesta,
¹² para que te cante y te glorifique,
y no me quede callado.

¡Señor, mi Dios, siempre te daré
    gracias!

Salmo 31

Al director musical. Salmo de David.

¹ En ti, *Señor, busco refugio;
jamás permitas que me
    avergüencen;
en tu *justicia, líbrame.
² Inclina a mí tu oído,
y acude pronto a socorrerme.
Sé tú mi *roca protectora,
la fortaleza de mi *salvación.
³ Guíame, pues eres mi roca y mi
    fortaleza,
dirígeme por amor a tu *nombre.
⁴ Líbrame de la trampa que me han
    tendido,
porque tú eres mi refugio.
⁵ En tus manos encomiendo mi espíritu;
líbrame, Señor, Dios de la verdad.

⁶ Odio a los que veneran ídolos vanos;
yo, por mi parte, confío en ti, Señor.
⁷ Me alegro y me regocijo en tu amor,
porque tú has visto mi aflicción
y conoces las angustias de mi *alma.
⁸ No me entregaste al enemigo,
sino que me pusiste en lugar
    espacioso.

⁹ Tenme compasión, Señor, que estoy
    angustiado;
el dolor está acabando con mis ojos,
con mi alma, ¡con mi cuerpo!
¹⁰ La vida se me va en angustias,
y los años en lamentos;
la tristeza está acabando con mis
    fuerzas,
y mis huesos se van debilitando.

---

a 29:9 retuerce los robles. Alt. *hace parir a la cierva. b 30* Tít. casa. Alt. *palacio,* o *templo. c 30:9 con que yo muera.* Lit.
con mi sangre.

Pasaje del día: Salmo 30:1-12
Versículo del día: Salmo 30:3

Como hilos anudados

¿*Puede* imaginarse a sus intestinos en posición inversa a la normal? Si toma una ilustración del aparato digestivo podrá observar cuál es la posición correcta de los mismos.

En noviembre de 1989, Ruth López fue a consultar al ginecólogo por problemas en sus órganos femeninos. Se le diagnosticó un tumor, quistes, y otras complicaciones que ameritaban ser removidos por una intervención quirúrgica. Ruth, una persona evangélica, soltera y sin hijos, después de conocer tal diagnóstico, clamó al Señor Jesús para que la sanara.

Muchas veces cuando tenemos problemas de cualquier índole, le pedimos al Señor que nos haga un milagro, porque esa es nuestra voluntad. Pero Él, que todo lo sabe, a veces tiene otros propósitos para que su nombre sea exaltado y, por consiguiente, su voluntad no siempre está de acuerdo con la nuestra.

Al iniciar la cirugía, inmediatamente los médicos observaron la complicación que tenían al encontrarse con esos intestinos en posición diferente a la normal y completamente amarrados como si fueran hilos anudados.

Ruth tuvo una experiencia grandiosa. El Señor, siendo su oportuno socorro, guió las manos de esos profesionales médicos para que trabajaran con destreza desenredando y colocando en su correcta posición y sin dificultad esos intestinos. El Señor la sanó, la sacó del sepulcro y la hizo revivir de entre los muertos. Dios respondió y, según sus propósitos divinos, le concedió el milagro que había pedido.

Debemos en nuestras peticiones decir como Jesús: "Hágase tu voluntad", y podremos exclamar como el salmista: "Convertiste mi lamento en danza; me quitaste la ropa de luto y me vestiste de fiesta, para que te cante y te glorifique, y no me quede callado."

María Medrano Baez
Panamá

11 Por causa de todos mis enemigos,
    soy el hazmerreír de mis vecinos;
soy un espanto para mis amigos;
    de mí huyen los que me encuentran
      en la calle.

12 Me han olvidado, como si hubiera
      muerto;
    soy como una vasija hecha pedazos.
13 Son muchos a los que oigo
      cuchichear:
    «Hay terror por todas partes.»
Se han confabulado contra mí,
    y traman quitarme la vida.

14 Pero yo, Señor, en ti confío,
    y digo: «Tú eres mi Dios.»
15 Mi vida entera está en tus manos;
    líbrame de mis enemigos y
      perseguidores.
16 Que irradie tu faz sobre tu siervo;
    por tu gran amor, sálvame.

17 Señor, no permitas que me
      avergüencen,
    porque a ti he clamado.
Que sean avergonzados los malvados,
    y acallados en el *sepulcro.
18 Que sean silenciados sus labios
      mentirosos,
    porque hablan contra los justos
    con orgullo, desdén e insolencia.

19 Cuán grande es tu bondad,
    que atesoras para los que te temen,
y que a la vista de la *gente derramas
    sobre los que en ti se refugian.
20 Al amparo de tu presencia los
      proteges
    de las intrigas *humanas;
en tu morada los resguardas
    de las lenguas contenciosas.

21 Bendito sea el Señor,
    pues mostró su gran amor por mí
    cuando me hallaba en una ciudad
      sitiada.
22 En mi confusión llegué a decir:
    «¡He sido arrojado de tu presencia!»
Pero tú oíste mi voz suplicante
    cuando te pedí que me ayudaras.

23 Amen al Señor, todos sus fieles;
    él protege a los dignos de confianza,
    pero a los orgullosos les da su
      merecido.
24 Cobren ánimo y ármense de valor,
    todos los que en el Señor esperan.

Salmo 32

Salmo de David. *Masquil.*

1 *Dichoso aquél
    a quien se le perdonan sus
      transgresiones,
    a quien se le borran sus pecados.
2 Dichoso aquél
    a quien el *Señor no toma en
      cuenta su maldad
    y en cuyo espíritu no hay engaño.
3 Mientras guardé silencio,
    mis huesos se fueron consumiendo
    por mi gemir de todo el día.
4 Mi fuerza se fue debilitando
    como al calor del verano,
porque día y noche
    tu mano pesaba sobre mí.
                        Selah
5 Pero te confesé mi pecado,
    y no te oculté mi maldad.
Me dije: «Voy a confesar mis
      transgresiones al Señor»,
    y tú perdonaste mi maldad y mi
      pecado.
                        Selah

6 Por eso los fieles te invocan
    en momentos de angustia;[a]
caudalosas aguas podrán desbordarse,
    pero a ellos no los alcanzarán.
7 Tú eres mi refugio;
    tú me protegerás del peligro
    y me rodearás con cánticos de
      liberación.
                        Selah

8 El Señor dice:
    «Yo te instruiré,
    yo te mostraré el *camino que
      debes seguir;
    yo te daré consejos y velaré por ti.

---

a 32:6 de angustia (LXX y Siríaca); *de encontrar solamente* (TM).

⁹ No seas como el mulo o el caballo,
   que no tienen discernimiento,
y cuyo brío hay que domar con brida y
   freno,
   para acercarlos a ti.»
¹⁰ Muchas son las calamidades de los
   malvados,
   pero el gran amor del Señor
   envuelve a los que en él confían.
¹¹ ¡Alégrense, ustedes los justos;
   regocíjense en el Señor!
¡canten todos ustedes,
   los rectos de *corazón!

Salmo 33

¹ Canten al *Señor con alegría, ustedes
   los justos;
   es propio de los íntegros alabar al
   Señor.
² Alaben al Señor al son del arpa;
   entonen alabanzas con el
   decacordio.
Cántenle una canción nueva;
   toquen con destreza,
   y den voces de alegría.
⁴ La *palabra del Señor es justa;
   fieles son todas sus obras.
⁵ El Señor ama la *justicia y el derecho;
   llena está la tierra de su amor.
⁶ Por la *palabra del Señor fueron
   creados los *cielos,
   y por el soplo de su boca, las
   estrellas.
⁷ Él recoge en un cántaro el agua de los
   mares,
   y junta en vasijas los océanos.
⁸ Tema toda la tierra al Señor;
   hónrenlo todos los pueblos del
   mundo;
⁹ porque él habló, y todo fue creado;
   dio una orden, y todo quedó firme.
¹⁰ El Señor frustra los planes de las
   naciones;
   desbarata los designios de los
   pueblos.
¹¹ Pero los planes del Señor quedan
   firmes para siempre;

los designios de su *mente son
   eternos.
¹² Dichosa la nación cuyo Dios es el
   Señor,
   el pueblo que escogió por su
   heredad.
¹³ El Señor observa desde el cielo
   y ve a toda la *humanidad;
¹⁴ él contempla desde su trono
   a todos los habitantes de la tierra.
¹⁵ Él es quien formó el *corazón de
   todos,
   y quien conoce a fondo todas sus
   acciones.
¹⁶ No se salva el rey por sus muchos
   soldados,
   ni por su mucha fuerza se libra el
   valiente.
¹⁷ Vana esperanza de *victoria es el
   caballo;
   a pesar de su mucha fuerza no
   puede salvar.
¹⁸ Pero el Señor cuida de los que le
   temen,
   de los que esperan en su gran amor;
¹⁹ él los libra de la muerte,
   y en épocas de hambre los
   mantiene con vida.
²⁰ Esperamos confiados en el Señor;
   él es nuestro socorro y nuestro
   escudo.
²¹ En él se regocija nuestro corazón,
   porque confiamos en su santo
   *nombre.
²² Que tu gran amor, Señor, nos
   acompañe,
   tal como lo esperamos de ti.

Salmo 34ª

Salmo de David, cuando fingió estar
demente delante de Abimelec, por lo
cual éste lo arrojó de su presencia.

Álef   ¹ Bendeciré al *Señor en todo
         tiempo;
         mis labios siempre lo alabarán.

ª **Sal** 34 Este salmo es un poema acróstico, que sigue el orden del alfabeto hebreo.

Bet   2 Mi *alma se gloría en el Señor;
           lo oirán los humildes y se
           alegrarán.

Guímel 3 Engrandezcan al Señor
           conmigo;
           exaltemos a una su *nombre.

Dálet 4 Busqué al Señor, y él me
           respondió;
           me libró de todos mis temores.

He   5 Radiantes están los que a él
           acuden;
           jamás su rostro se cubre de
           vergüenza.

Zayin 6 Este pobre clamó, y el Señor le
           oyó
           y lo libró de todas sus
           angustias.

Jet   7 El ángel del Señor acampa en
           torno a los que le temen;
           a su lado está para librarlos.

Tet   8 Prueben y vean que el Señor es
           bueno;
           *dichosos los que en él se
           refugian.

Yod   9 Teman al Señor, ustedes sus
           santos,
           pues nada les falta a los que le
           temen.

Caf   10 Los leoncillos se debilitan y
           tienen hambre,
           pero a los que buscan al Señor
           nada les falta.

Lámed 11 Vengan, hijos míos, y
           escúchenme,
           que voy a enseñarles el temor
           del Señor.

Mem   12 El que quiera amar la vida
           y gozar de días felices,

Nun   13 que refrene su lengua de
           hablar el mal
           y sus labios de proferir
           engaños;

Sámej 14 que se aparte del mal y haga el
           bien;
           que busque la *paz y la siga.

Ayin   15 Los ojos del Señor están sobre
           los justos,
           y sus oídos atentos a sus
           oraciones;

Pe   16 el rostro del Señor está contra
           los que hacen el mal,
           para borrar de la tierra su
           memoria.

Tsade 17 Los justos claman, y el Señor
           los oye;
           los libra de todas sus angustias.

Qof   18 El Señor está cerca de los
           quebrantados de corazón,
           y salva a los de espíritu
           abatido.

Resh   19 Muchas son las angustias del
           justo,
           pero el Señor lo librará de
           todas ellas;

Shin   20 le protegerá todos los huesos,
           y ni uno solo le quebrarán.

Tav   21 La maldad destruye a los
           malvados;
           serán condenados los
           enemigos de los justos.

       22 El Señor libra a sus siervos;
           no serán condenados los que
           en él confían.

Salmo 35

Salmo de David.

1 Defiéndeme, *Señor, de los que me
    atacan;
    combate a los que me combaten.
2 Toma tu adarga, tu escudo,
    y acude en mi ayuda.
3 Empuña la lanza y el hacha,
    y haz frente aª los que me
    persiguen.
Quiero oírte decir:
    «Yo soy tu *salvación.»

4 Queden confundidos y avergonzados
    los que procuran matarme;
retrocedan humillados
    los que traman mi ruina.

---

a 35:3 *el hacha, y haz frente a* (lectura probable); *cierra contra* (TM).

Pasaje del día: Salmo 34:1-22
Versículo del día: Salmo 34:1

La alabanza: arma poderosa

El pueblo de Israel al ir a la batalla se colocaba en orden según las doce tribus. Dios mandó que la tribu de Judá saliera al frente de todos. Judá quiere decir "alabanza". Dios pretendía que su pueblo al ir a la guerra antepusiera la alabanza, obteniendo así la victoria. Nosotros también, ante las batallas que libramos diariamente con el enemigo de nuestra alma, que nos atribula con problemas serios como enfermedad, bancarrota, destrucción del hogar, drogadicción, prostitución, y muchas otras cosas, debemos anteponer la alabanza.

Cuando aumenta la tensión producida por la inseguridad y el temor de ser víctimas de algún psicópata, degenerado o criminal; cuando el mundo que nos rodea parece asfixiarnos, debemos esgrimir nuestra arma espiritual: la alabanza.

La mujer sin Cristo tiene una tónica: que avanza. Se lamenta de todo lo que sucede. Al relacionarse con los demás, su conducta es negativa, lo cual la hace indeseable y aburrida. ¿A quién le agrada estar con una mujer así? Pero nosotras, las que hemos creído a Jesús, debemos impactar al mundo con nuestra conducta positiva y nuestra alabanza, y que ésta de veras glorifique al Creador.

Enseñemos a los niños y a nuestros jóvenes a alabar al Rey de reyes, no al dios mundano con esa música estridente que excita los sentidos y trastorna la personalidad. Alabar es: adorar, engrandecer, exaltar, glorificar, magnificar, dar gracias. Ojalá puedas ser conocida como una mujer que ante las dificultades y contrariedades de la vida no se lamenta, ni se autodestruye, sino que se levanta en victoria, porque ha aprendido el significado y el poder de la alabanza.

Olympia Leyton de Solórzano
Guatemala

⁵ Sean como la paja en el viento,
   acosados por el ángel del Señor;
⁶ sea su senda oscura y resbalosa,
   perseguidos por el ángel del Señor.
⁷ Ya que sin motivo me tendieron una
   trampa,
   y sin motivo cavaron una fosa para
   mí,
⁸ que la ruina los tome por sorpresa;
   que caigan en su propia trampa,
   en la fosa que ellos mismos cavaron.

⁹ Así mi *alma se alegrará en el Señor
   y se deleitará en su salvación;
¹⁰ así todo mi ser exclamará:
   «¿Quién como tú, Señor?
Tú libras de los poderosos a los pobres;
   a los pobres y necesitados libras
   de aquellos que los explotan.»

¹¹ Se presentan testigos despiadados
   y me preguntan cosas que yo
   ignoro.
¹² Me devuelven mal por bien,
   y eso me hiere en el alma;
¹³ pues cuando ellos enfermaban
   yo me vestía de cilicio,
   me afligía y ayunaba.
¡Ay, si pudiera retractarme de mis
   oraciones!

¹⁴ Me vestía yo de luto,
   como por un amigo o un hermano.
Afligido, inclinaba la cabeza,
   como si llorara por mi madre.
¹⁵ Pero yo tropecé, y ellos se alegraron,
   y a una se juntaron contra mí.
Gente extraña,ᵃ que yo no conocía,
   me calumniaba sin cesar.
¹⁶ Me atormentaban, se burlaban de
   mí,ᵇ
   y contra mí rechinaban los dientes.

¹⁷ ¿Hasta cuándo, Señor, vas a tolerar
   esto?
Libra mi vida, mi única vida,
   de los ataques de esos leones.
¹⁸ Yo te daré gracias en la gran
   asamblea;
   ante una multitud te alabaré.

¹⁹ No dejes que de mí se burlen
   mis enemigos traicioneros;
no dejes que se guiñen el ojo
   los que me odian sin motivo.
²⁰ Porque no vienen en son de *paz,
   sino que urden mentiras
   contra la gente apacible del país.
²¹ De mí se ríen a carcajadas, y
   exclaman:
   «¡Miren en lo que vino a parar!»

²² Señor, tú has visto todo esto;
   no te quedes callado.
   ¡Señor, no te alejes de mí!
²³ ¡Despierta, Dios mío, levántate!
   ¡Hazme *justicia, Señor, defiéndeme!

²⁴ Júzgame según tu justicia, Señor mi
   Dios;
   no dejes que se burlen de mí.
²⁵ No permitas que piensen:
   «¡Así queríamos verlo!»
No permitas que digan:
   «Nos lo hemos tragado vivo.»

²⁶ Queden avergonzados y confundidos
   todos los que se alegran de mi
   desgracia;
sean cubiertos de oprobio y vergüenza
   todos los que se creen más que yo.
²⁷ Pero lancen voces de alegría y
   regocijo
   los que apoyan mi causa,
y digan siempre: «Exaltado sea el Señor,
   quien se deleita en el bienestar de
   su siervo.»

²⁸ Con mi lengua proclamaré tu justicia,
   y todo el día te alabaré.

Salmo 36

Al director musical. De David,
el siervo del Señor.

¹ Dice el pecador:
   «Ser impío lo llevo en el *corazón.»ᶜ
No hay temor de Dios
   delante de sus ojos.
² Cree que merece alabanzas
   y no halla aborrecible su pecado.

ᵃ **35:15** *gente extraña* (lectura probable); *gente golpeada* (TM). ᵇ **35:16** *Me atormentaban, se burlaban de mí* (LXX); Var.
Con inicuos burlones de una torta (TM). ᶜ **36:1** *Dice el … corazón»* (lectura probable); *Oráculo del pecado al malvado en
medio de mi corazón* (TM).

3 Sus palabras son inicuas y engañosas;
ha perdido el buen juicio
y la capacidad de hacer el bien.
4 Aun en su lecho trama hacer el mal;
se aferra a su mal *camino
y persiste en la maldad.

5 Tu amor, *Señor, llega hasta los *cielos;
tu fidelidad alcanza las nubes.
6 Tu *justicia es como las altas
montañas;ª
tus *juicios, como el gran océano.

Tú, Señor, cuidas de *hombres y
animales;
7 ¡cuán precioso, oh Dios, es tu gran
amor!
Todo *ser humano halla refugio
a la sombra de tus alas.

8 Se sacian de la abundancia de tu casa;
les das a beber de tu río de deleites.
9 Porque en ti está la fuente de la vida,
y en tu luz podemos ver la luz.

10 Extiende tu amor a los que te
conocen,
y tu justicia a los rectos de corazón.

11 Que no me aplaste el pie del
orgulloso,
ni me desarraigue la mano del
impío.
12 Vean cómo fracasan los malvados:
¡caen a tierra, y ya no pueden
levantarse!

Salmo 37ᵇ

Salmo de David.

Álef **1** No te irrites a causa de los
impíos
ni envidies a los que cometen
injusticias;
2 porque pronto se marchitan,
como la hierba;
pronto se secan, como el
verdor del pasto.

Bet **3** Confía en el *Señor y haz el bien;
establécete en la tierra y
manténte fiel.
4 Deléitate en el Señor,
y él te concederá los deseos de
tu *corazón.

Guímel **5** Encomienda al Señor tu *camino;
confía en él, y él actuará.
6 Hará que tu *justicia
resplandezca como el alba;
tu justa causa, como el sol de
mediodía.

Dálet **7** Guarda silencio ante el Señor,
y espera en él con paciencia;
no te irrites ante el éxito de otros,
de los que maquinan planes
malvados.

He **8** Refrena tu enojo, abandona la
ira;
no te irrites, pues esto
conduce al mal.
9 Porque los impíos serán
exterminados,
pero los que esperan en el
Señor heredarán la
tierra.

Vav **10** Dentro de poco los malvados
dejarán de existir;
por más que los busques, no
los encontrarás.
11 Pero los desposeídos
heredarán la tierra
y disfrutarán de gran
*bienestar.

Zayin **12** Los malvados conspiran contra
los justos
y crujen los dientes contra
ellos;
13 pero el Señor se ríe de los
malvados,
pues sabe que les llegará su
hora.

Jet **14** Los malvados sacan la espada y
tensan el arco
para abatir al pobre y al
necesitado,
para matar a los que viven con
rectitud.

---

a 36:6 *las altas montañas.* Alt. *las montañas de Dios. b* Sal 37 Este salmo es un poema acróstico, que sigue el orden del alfabeto hebreo.

JUEVES

Pasaje del día: Salmo 37:1-40
Versículo del día: Salmo 37:23

Los propósitos de Dios

*D*ios tiene muchas maneras de utilizarnos para bien de nuestra vida y su obra; muchas veces no entendemos su propósito, y aunque las circunstancias sean adversas, en cada prueba y tribulación hay oculta una bendición.

Tanto David como Ester fueron llevados a la casa real, siendo a la vista de los demás insignificantes. David, joven pastorcito de ovejas, fue a tocar el arpa al rey Saúl (1 Samuel 18:7-11). Ester, huérfana adoptada por su tío Mardoqueo, llegó al palacio para ser la esposa del rey.

Dios siempre obra en favor de los suyos, llevándonos por senderos misteriosos y abriendo puertas que para nosotras sería imposible abrir.

David tenía como enemigo al rey Saúl; Ester al malvado Amán, el principal del rey Asuero. Estos eran enemigos poderosos; pero no más poderosos que el Dios que velaba por sus siervos. David recomienda en este salmo (vv. 7-8): "Guarda silencio ante el SEÑOR, y espera en él con paciencia; no te irrites ante el éxito de otros, de los que maquinan planes malvados. Refrena tu enojo, abandona la ira; no te irrites, pues esto conduce al mal."

En muchas ocasiones los creyentes nos hallamos en circunstancias críticas en la vida, así como se hallaron David y Ester. Recordemos que tanto Ester como David dependieron siempre de Dios.

Por Dios fueron ordenados sus pasos y Él los ensalzó a lo sumo. ¡Que Dios nos ayude a entender los propósitos de Él en nuestra vida!

Pensamiento: La seguridad del creyente no reside en la ausencia de peligros, sino en la presencia de Dios.

Ma. Elisa Rodríguez Orozco
México

15 Pero su propia espada les
atravesará el corazón,
y su arco quedará hecho
pedazos.

Tet 16 Más vale lo poco de un justo
que lo mucho de
innumerables malvados;
17 porque el brazo de los impíos
será quebrado,
pero el Señor sostendrá a los
justos.

Yod 18 El Señor protege la vida de los
íntegros,
y su herencia perdura por
siempre.
19 En tiempos difíciles serán
prosperados;
en épocas de hambre tendrán
abundancia.

Caf 20 Los malvados, los enemigos
del Señor,
acabarán por ser destruidos;
desaparecerán como las flores
silvestres,
se desvanecerán como el
humo.

Lámed 21 Los malvados piden prestado y
no pagan,
pero los justos dan con
generosidad.
22 Los benditos del Señor
heredarán la tierra,
pero los que él maldice serán
destruidos.

Mem 23 El Señor afirma los pasos del
*hombre
cuando le agrada su modo de
vivir;
24 podrá tropezar, pero no caerá,
porque el Señor lo sostiene de
la mano.

Nun 25 He sido joven y ahora soy viejo,
pero nunca he visto justos en
la miseria,
ni que sus hijos mendiguen
pan.
26 Prestan siempre con
generosidad;
sus hijos son una bendición.

Sámej 27 Apártate del mal y haz el bien,
y siempre tendrás dónde vivir.
28 Porque el Señor ama la justicia
y no abandona a quienes le
son fieles.

El Señor los protegerá para
siempre,
pero acabará con la
descendencia de los
malvados.

Ayin 29 Los justos heredarán la tierra,
y por siempre vivirán en ella.

Pe 30 La boca del justo imparte
*sabiduría,
y su lengua emite justicia.
31 La *ley de Dios está en su
corazón,
y sus pies jamás resbalan.

Tsade 32 Los malvados acechan a los
justos
con la intención de matarlos,
33 pero el Señor no los dejará
caer en sus manos
ni permitirá que los condenen
en el juicio.

Qof 34 Pero tú, espera en el Señor,
y vive según su voluntad,
que él te exaltará para que
heredes la tierra.
Cuando los malvados sean
destruidos,
tú lo verás con tus propios
ojos.

Resh 35 He visto al déspota y malvado
extenderse como cedro
frondoso.
36 Pero pasó al olvido y dejó de
existir;
lo busqué, y ya no pude
encontrarlo.

Shin 37 Observa a los que son íntegros
y rectos:
hay porvenir para quien busca
la *paz.
38 Pero todos los pecadores serán
destruidos;
el porvenir de los malvados
será el exterminio.

Tav **39** La *salvación de los justos
viene del Señor;
él es su fortaleza en tiempos
de angustia.
40 El Señor los ayuda y los libra;
los libra de los malvados y los
salva,
porque en él ponen su
confianza.

Salmo 38

*Salmo de David, para las
ofrendas memoriales.*

1 *Señor, no me reprendas en tu enojo
ni me castigues en tu ira.
2 Porque tus flechas me han atravesado,
y sobre mí ha caído tu mano.
3 Por causa de tu indignación
no hay nada sano en mi cuerpo;
por causa de mi pecado
mis huesos no hallan descanso.
4 Mis maldades me abruman,
son una carga demasiado pesada.

5 Por causa de mi insensatez
mis llagas hieden y supuran.
6 Estoy agobiado, del todo abatido;
todo el día ando acongojado.
7 Estoy ardiendo de fiebre;
no hay nada sano en mi cuerpo.
8 Me siento débil, completamente
deshecho;
mi *corazón gime angustiado.

9 Ante ti, Señor, están todos mis deseos;
no te son un secreto mis anhelos.
10 Late mi corazón con violencia,
las fuerzas me abandonan,
hasta la luz de mis ojos se apaga.
11 Mis amigos y vecinos se apartan de
mis llagas;
mis parientes se mantienen a
distancia.
12 Tienden sus trampas los que quieren
matarme;
maquinan mi ruina los que buscan
mi mal
y todo el día urden engaños.
13 Pero yo me hago el sordo, y no los
escucho;

me hago el mudo, y no les
respondo.
14 Soy como los que no oyen
ni pueden defenderse.
15 Yo, Señor, espero en ti;
tú, Señor y Dios mío, serás quien
responda.
16 Tan sólo pido que no se burlen de mí,
que no se crean superiores si
resbalo.

17 Estoy por desfallecer;
el dolor no me deja un solo
instante.
18 Voy a confesar mi iniquidad,
pues mi pecado me angustia.
19 Muchos son mis enemigos gratuitos;[a]
abundan los que me odian sin
motivo.
20 Por hacer el bien, me pagan con el
mal;
por procurar lo bueno, se ponen en
mi contra.

21 Señor, no me abandones;
Dios mío, no te alejes de mí.
22 Señor de mi *salvación,
¡ven pronto en mi ayuda!

Salmo 39

*Al director musical. Para Jedutún.
Salmo de David.*

1 Me dije a mí mismo:
«Mientras esté ante gente malvada
vigilaré mi conducta,
me abstendré de pecar con la
lengua,
me pondré una mordaza en la
boca.»
2 Así que guardé silencio, me mantuve
callado.
¡Ni aun lo bueno salía de mi boca!

Pero mi angustia iba en aumento;
3 ¡el corazón me ardía en el pecho!
Al meditar en esto, el fuego se inflamó
y tuve que decir:
4 «Hazme saber, *Señor, el límite de
mis días,
y el tiempo que me queda por vivir;
hazme saber lo efímero que soy.

a **38:19** *gratuitos* (lectura probable); *vivientes* (TM).

5 Muy breve es la vida que me has dado;
   ante ti, mis años no son nada.
Un soplo nada más es el *mortal,
                                    *Selah
   6 un suspiro que se pierde entre las
      sombras.
Ilusorias son las riquezas que
      amontona,ᵃ
   pues no sabe quién se quedará con
      ellas.

7 »Y ahora, Señor, ¿qué esperanza me
      queda?
   ¡Mi esperanza he puesto en ti!
8 Líbrame de todas mis transgresiones.
   Que los *necios no se burlen de mí.

9 He guardado silencio; no he abierto
      la boca,
   pues tú eres quien actúa.
10 Ya no me castigues,
   que los golpes de tu mano me
      aniquilan.
11 Tú reprendes a los mortales,
   los castigas por su iniquidad;
como polilla, acabas con sus placeres.
   ¡Un soplo nada más es el mortal!
                                    Selah

12 »Señor, escucha mi oración,
   atiende a mi clamor;
   no cierres tus oídos a mi llanto.
Ante ti soy un extraño,
   un peregrino, como todos mis
      antepasados.
13 No me mires con enojo, y volveré a
      alegrarme
   antes que me muera y deje de
      existir.»

Salmo 40

Al director musical. Salmo de David.

1 Puse en el *Señor toda mi esperanza;
   él se inclinó hacia mí y escuchó mi
      clamor.
2 Me sacó de la fosa de la muerte,
   del lodo y del pantano;
puso mis pies sobre una roca,
   y me plantó en terreno firme.

3 Puso en mis labios un cántico nuevo,
   un himno de alabanza a nuestro
      Dios.
Al ver esto, muchos tuvieron miedo
   y pusieron su confianza en el Señor.

4 *Dichoso el que pone su confianza en
      el Señor
   y no recurre a los idólatras
   ni a los que adoran dioses falsos.
5 Muchas son, Señor mi Dios,
   las maravillas que tú has hecho.

No es posible enumerar
   tus bondades en favor nuestro.
Si quisiera anunciarlas y proclamarlas,
   serían más de lo que puedo contar.
6 A ti no te complacen sacrificios ni
      ofrendas,
   pero me has hecho obediente;ᵇ
tú no has pedido *holocaustos
   ni sacrificios por el pecado.
7 Por eso dije: «Aquí me tienes
   —como el libro dice de mí—.
8 Me agrada, Dios mío, hacer tu
      voluntad;
   tu *ley la llevo dentro de mí.»

9 En medio de la gran asamblea
   he dado a conocer tu *justicia.
Tú bien sabes, Señor,
   que no he sellado mis labios.
10 No escondo tu justicia en mi *corazón,
   sino que proclamo tu fidelidad y tu
      *salvación.
No oculto en la gran asamblea
   tu gran amor y tu verdad.

11 No me niegues, Señor, tu
      misericordia;
   que siempre me protejan tu amor y
      tu verdad.
12 Muchos males me han rodeado;
   tantos son que no puedo contarlos.
Me han alcanzado mis iniquidades,
   y ya ni puedo ver.

Son más que los cabellos de mi cabeza,
   y mi corazón desfallece.
13 Por favor, Señor, ¡ven a librarme!
   ¡Ven pronto, Señor, en mi auxilio!

---

a 39:6 *Ilusorias ... que amontona* (lectura probable); *en vano hace ruido y amontona* (TM). *b* 40:6 *me has hecho obediente.*
Lit. *me has perforado los oídos.*

¹⁴ Sean confundidos y avergonzados
    todos los que tratan de matarme;
huyan derrotados
    todos los que procuran mi mal;
¹⁵ que la vergüenza de su derrota
    humille a los que se burlan de mí.
¹⁶ Pero que todos los que te buscan
    se alegren en ti y se regocijen;
que los que aman tu salvación digan
    siempre:
    «¡Cuán grande es el Señor!»

¹⁷ Y a mí, pobre y necesitado,
    quiera el Señor tomarme en cuenta.

Tú eres mi socorro y mi libertador;
    ¡no te tardes, Dios mío!

Salmo 41

Al director musical. Salmo de David.

¹ *Dichoso el que piensa en el débil;
    el *Señor lo librará en el día de la
    desgracia.
² El Señor lo protegerá y lo mantendrá
    con vida;
    lo hará dichoso en la tierra
    y no lo entregará al capricho de sus
    adversarios.
³ El Señor lo confortará cuando esté
    enfermo;
    lo alentará en el lecho del dolor.

⁴ Yo he dicho:
    «Señor, compadécete de mí;
    sáname, pues contra ti he pecado.»
⁵ Con saña dicen de mí mis enemigos:
    «¿Cuándo se morirá?

    ¿Cuándo pasará al olvido?»
⁶ Si vienen a verme, no son sinceros;
    recogen calumnias y salen a
    contarlas.

⁷ Mis enemigos se juntan y cuchichean
    contra mí;
    me hacen responsable de mi mal.
    Dicen:
⁸ «Lo que le ha sobrevenido es cosa del
    demonio;
    de esa cama no volverá a
    levantarse.»

⁹ Hasta mi mejor amigo, en quien yo
    confiaba
    y con quien compartía mi pan,
    me ha traicionado abiertamente.ᵃ
¹⁰ Pero tú, Señor, compadécete de mí;
    haz que vuelva a levantarme
    para darles su merecido.
¹¹ En esto sabré que te he agradado:
    en que mi enemigo no triunfe sobre
    mí.

¹² Por mi integridad habrás de
    sostenerme,
    y en tu presencia me mantendrás
    para siempre.

¹³ Bendito sea el Señor, el Dios de
    Israel,
    por los siglos de los siglos.
               Amén y amén.

LIBRO II

Salmos 42-72

Salmo 42ᵇ

Al director musical. *Masquil*
de los hijos de Coré.

¹ Cual ciervo jadeante en busca del
    agua,
    así te busca, oh Dios, todo mi ser.
² Tengo sed de Dios, del Dios de la vida.
    ¿Cuándo podré presentarme ante
    Dios?
³ Mis lágrimas son mi pan de día y de
    noche,
    mientras me echan en cara a todas
    horas:
    «¿Dónde está tu Dios?»

⁴ Recuerdo esto y me deshago en llanto:
    yo solía ir con la multitud,
    y la conducía a la casa de Dios.
Entre voces de alegría y acciones de
    gracias
    hacíamos gran celebración.

⁵ ¿Por qué voy a inquietarme?

---

a **41:9** *me ha traicionado abiertamente.* Lit. *engrandeció contra mí su talón.* *b* **Sal** 42 Por su contenido, los salmos 42 y 43
forman una sola unidad literaria.

Pasaje del día: Salmo 41:1-13
Versículo del día: Salmo 41:3

El lecho del dolor

*N*uestro hijo pequeño nació con una enfermedad que hace que se le fracturen los huesos espontáneamente. Es una personita experimentada en el dolor. Con mucha frecuencia ha tenido grandes fracturas muy dolorosas. Para recuperarse tiene que pasar varios meses acostado y dependiendo de nosotros en todo, aun para comer.

Cuando veo su dolor e inmovilidad y cómo sus ojos siguen a otros niños que tienen la libertad de jugar, saltar, correr y disfrutar, mi corazón se llena de tristeza. A veces quisiera tomar su lugar para que su vida sea diferente. Pero hay algo que me sustenta y conforta. Es que en sus ojos y en su rostro siempre hay una expresión alegre. Si alguien le pregunta cómo se siente, simplemente dice: "Muy bien." Aun en medio del dolor, siempre nos da la mejor de sus sonrisas y el gozo no se aparta de su lado.

Algo fuera de lo común que tiene este niño es su plena confianza en que un día ya no habrá más dolor, ni roturas. Ya no mirará a otros niños jugar a distancia. Siempre está esperando ese día en que vamos a ser levantados de este mundo y nuestro cuerpo va a ser glorificado. Entonces correteará libremente en el cielo.

No entiendo cómo pasando tanto dolor, siempre en su rostro hay una sonrisa. Eso sólo se explica reconociendo que el Señor lo conforta cuando está enfermo y lo alienta en el lecho del dolor.

Lo mismo puede hacer contigo el Señor. Confía y mira hacia Él aunque tu lecho sea de enfermedad.

Luisa de González
República Dominicana

¿Por qué me voy a angustiar?
En Dios pondré mi esperanza
  y todavía lo alabaré.
  ¡Él es mi Salvador y mi Dios!

6 Me siento sumamente angustiado;
  por eso, mi Dios, pienso en ti
desde la tierra del Jordán,
  desde las alturas del Hermón,
  desde el monte Mizar.
7 Un abismo llama a otro abismo
  en el rugir de tus cascadas;
todas tus ondas y tus olas
  se han precipitado sobre mí.

8 Esta es la oración al Dios de mi vida:
  que de día el *Señor mande su amor,
  y de noche su canto me acompañe.
9 Y le digo a Dios, a mi *Roca:
  «¿Por qué me has olvidado?
¿Por qué debo andar de luto
  y oprimido por el enemigo?»

10 Mortal agonía me penetra hasta los
      huesos
  ante la burla de mis adversarios,
mientras me echan en cara a todas
      horas:
  «¿Dónde está tu Dios?»
11 ¿Por qué voy a inquietarme?
  ¿Por qué me voy a angustiar?
En Dios pondré mi esperanza,
  y todavía lo alabaré.
  ¡Él es mi Salvador y mi Dios!

Salmo 43

1 ¡Hazme *justicia, oh Dios!
  Defiende mi causa frente a esta
      nación impía;
  líbrame de *gente mentirosa y
      perversa.
2 Tú eres mi Dios y mi fortaleza:
  ¿Por qué me has rechazado?
¿Por qué debo andar de luto
  y oprimido por el enemigo?

3 Envía tu luz y tu verdad;
  que ellas me guíen a tu monte
      santo,
  que me lleven al lugar donde tú
      habitas.

4 Llegaré entonces al altar de Dios,
  del Dios de mi alegría y mi deleite,
y allí, oh Dios, mi Dios,
  te alabaré al son del arpa.

5 ¿Por qué voy a inquietarme?
  ¿Por qué me voy a angustiar?
En Dios pondré mi esperanza,
  y todavía lo alabaré.
  ¡Él es mi Salvador y mi Dios!

Salmo 44

Al director musical. *Masquil
  de los hijos de Coré.

1 Oh Dios, nuestros oídos han oído
  y nuestros padres nos han contado
las proezas que realizaste en sus días,
  en aquellos tiempos pasados:
2 Con tu mano echaste fuera a las
      naciones
  y en su lugar estableciste a nuestros
      padres;
aplastaste a aquellos pueblos,
  y a nuestros padres los hiciste
      prosperar.[a]
3 Porque no fue su espada la que
      conquistó la tierra,
  ni fue su brazo el que les dio la
      victoria:
fue tu brazo, tu mano derecha;
  fue la luz de tu rostro, porque tú los
      amabas.

4 Sólo tú eres mi Rey y mi Dios.
  ¡Decreta las *victorias de Jacob!
5 Por ti derrotamos a nuestros
      enemigos;
  en tu *nombre aplastamos a
      nuestros agresores.

6 Yo no confío en mi arco,
  ni puede mi espada darme la
      victoria;
7 tú nos das la victoria sobre nuestros
      enemigos,
  y dejas en vergüenza a nuestros
      adversarios.
8 ¡Por siempre nos gloriaremos en Dios!
  ¡Por siempre alabaremos tu nombre!
      *Selah

---

a **44:2** *los hiciste prosperar.* Lit. *los arrojaste.*

Pasaje del sábado:
Salmo 51:1-17

Pasaje del domingo:
Salmo 32:1-11

Arrepentida

Cuando las penas me abruman
El miedo se hace presente.
Cuando el enemigo da
Algún zarpaso de muerte,
Desfallecida clamo a ti.

"¡Ten piedad de mí!
Cambia mi suerte...
Estoy arrepentida.
¡Oh, Dios, demente!
Examíname y verás
Que soy diferente."

Tu gracia salvadora
Fue mi suerte.
Pecadora arrepentida
Y limpiada...
¡Ya no hay muerte!
Sólo hay esperanza
Y vida diferente.

Dolores Duque Molina
España

⁹ Pero ahora nos has rechazado y
 humillado;
 ya no sales con nuestros ejércitos.
¹⁰ Nos hiciste retroceder ante el
 enemigo;
 nos han saqueado nuestros
 adversarios.
¹¹ Cual si fuéramos ovejas
 nos has entregado para que nos
 devoren,
 nos has dispersado entre las
 naciones.
¹² Has vendido a tu pueblo muy barato,
 y nada has ganado con su venta.

¹³ Nos has puesto en ridículo ante
 nuestros vecinos;
 somos la burla y el escarnio de los
 que nos rodean.
¹⁴ Nos has hecho el hazmerreír de las
 naciones;
 todos los pueblos se burlan de
 nosotros.
¹⁵ La ignominia no me deja un solo
 instante;
 se me cae la cara de vergüenza
¹⁶ por las burlas de los que me injurian
 y me ultrajan,
 por culpa del enemigo que está
 presto a la venganza.

¹⁷ Todo esto nos ha sucedido,
 a pesar de que nunca te olvidamos
 ni faltamos jamás a tu *pacto.
¹⁸ No te hemos sido infieles,
 ni nos hemos apartado de tu senda.

¹⁹ Pero tú nos arrojaste a una cueva de
 chacales;
 ¡nos envolviste en la más densa
 oscuridad!
²⁰ Si hubiéramos olvidado el nombre de
 nuestro Dios,
 o tendido nuestras manos a un dios
 extraño,
²¹ ¿acaso Dios no lo habría descubierto,
 ya que él conoce los más íntimos
 secretos?
²² Por tu causa, siempre nos llevan a la
 muerte;
 ¡nos tratan como a ovejas para el
 matadero!

²³ ¡Despierta, Señor! ¿Por qué duermes?
 ¡Levántate! No nos rechaces para
 siempre.
²⁴ ¿Por qué escondes tu rostro
 y te olvidas de nuestro sufrimiento
 y opresión?
²⁵ Estamos abatidos hasta el polvo;
 nuestro cuerpo se arrastra por el
 suelo.
²⁶ Levántate, ven a ayudarnos,
 y por tu gran amor, ¡rescátanos!

Salmo 45

Al director musical. Sígase la tonada de
«Los lirios». *Masquil de los hijos de Coré.
Canto nupcial.

¹ En mi *corazón se agita un bello tema
 mientras recito mis versos ante el
 rey;
 mi lengua es como pluma de hábil
 escritor.

² Tú eres el más apuesto de los
 hombres;
 tus labios son fuente de elocuencia,
 ya que Dios te ha bendecido para
 siempre.

³ ¡Con esplendor y majestad,
 cíñete la espada, oh valiente!
⁴ Con majestad, cabalga victorioso
 en nombre de la verdad, la
 humildad y la justicia;
 que tu diestra realice gloriosas
 hazañas.

⁵ Que tus agudas flechas atraviesen
 el corazón de los enemigos del rey,
 y que caigan las naciones a tus pies.
⁶ Tu trono, oh Dios, permanece para
 siempre;
 el cetro de tu reino es un cetro de
 justicia.

⁷ Tú amas la justicia y odias la maldad;
 por eso Dios te escogió a ti y no a
 tus compañeros,
 ¡tu Dios te ungió con perfume de
 alegría!

8 Aroma de mirra, áloe y canela
exhalan todas tus vestiduras;
desde los palacios adornados con marfil
te alegra la música de cuerdas.

9 Entre tus damas de honor se cuentan
princesas;
a tu derecha se halla la novia real
luciendo el oro más fino.ᵃ

10 Escucha, hija, fíjate bien y presta
atención:
Olvídate de tu pueblo y de tu
familia.

11 El rey está cautivado por tu
hermosura;
él es tu señor: inclínate ante él.

12 La gente de Tiro vendrá con
presentes;
los ricos del pueblo buscarán tu
favor.

13 La princesa es todo esplendor,
luciendo en su alcoba brocados de
oro.

14 Vestida de finos bordados
es conducida ante el rey,
seguida por sus damas de
compañía.

15 Con alegría y regocijo son conducidas
al interior del palacio real.

16 Tus hijos ocuparán el trono de tus
ancestros;
los pondrás por príncipes en toda
la tierra.

17 Haré que tu *nombre se recuerde
por todas las generaciones;
por eso las naciones te alabarán
eternamente y para siempre.

Salmo 46

Al director musical. De los hijos
de Coré. Canción según *alamot.

1 Dios es nuestro amparo y nuestra
fortaleza,
nuestra ayuda segura en momentos
de angustia.

2 Por eso, no temeremos
aunque se desmorone la tierra

y las montañas se hundan en el
fondo del mar;

3 aunque rujan y se encrespen sus
aguas,
y ante su furia retiemblen los
montes.
*Selah

4 Hay un río cuyas corrientes alegran la
ciudad de Dios,
la santa habitación del *Altísimo.

5 Dios está en ella, la ciudad no caerá;
al rayar el alba Dios le brindará su
ayuda.

6 Se agitan las naciones, se tambalean
los reinos;
Dios deja oír su voz, y la tierra se
derrumba.

7 El *Señor *Todopoderoso está con
nosotros;
nuestro refugio es el Dios de Jacob.
Selah

8 Vengan y vean los portentos del Señor;
él ha traído desolación sobre la
tierra.

9 Ha puesto fin a las guerras
en todos los confines de la tierra;
ha quebrado los arcos, ha destrozado
las lanzas,
ha arrojado los carros al fuego.

10 «Quédense quietos, reconozcan que
yo soy Dios.
¡Yo seré exaltado entre las naciones!
¡Yo seré enaltecido en la tierra!»

11 El Señor Todopoderoso está con
nosotros;
nuestro refugio es el Dios de Jacob.
Selah

Salmo 47

Al director musical. Salmo de
los hijos de Coré.

1 Aplaudan, pueblos todos;
aclamen a Dios con gritos de
alegría.

2 ¡Cuán imponente es el *Señor *Altísimo,
el gran rey de toda la tierra!

a 45:9 oro más fino. Lit. oro de Ofir.

Pasaje del día: Salmo 46:1-11
Versículo del día: Salmo 46:10

¿Le gusta a Dios la soledad?

"Os lo diré, señor, en secreto, si me prestáis vuestros oídos", le dice la princesa Innogen al rey Cymbeline en la obra del mismo nombre escrita por William Shakespeare. Por supuesto, la princesa tiene que hacer una confesión muy importante y de ahí que pida privacía. No es momento de profundizar en la obra del dramaturgo inglés; esto es sólo un ejemplo de una realidad tanto cotidiana como espiritual: las cosas importantes casi siempre se comunican a solas, frente a frente. En otras palabras, lejos del bullicio de las reuniones sociales y la presencia de muchas personas.

Hoy existe un activismo frenético en el mundo cristiano. Reuniones, congresos, campañas y demás actividades compiten por nuestro tiempo. A veces pensamos que si no asistimos a todo lo que se nos ofrece somos "poco espirituales". Pero, ¿qué opina Dios del silencio? ¿Será que, como la princesa, busca la intimidad para comunicarnos revelaciones valiosas? La Biblia nos habla de que María, Juan el Bautista y el propio Jesús tuvieron encuentros significativos con Dios mientras estaban a solas con Él. El Señor mismo se encargó de dejarnos una consigna inquietante en estos tiempos de excesiva actividad: *"Quédense quietos, reconozcan que yo soy Dios."*

En efecto, es cómodo sentarnos a recibir lo que otros y otras han escuchado del Señor; no implica ningún esfuerzo absorber una enseñanza ya procesada. Pero además de incluir la adoración en comunidad, el plan divino completa también una buena dosis de relación íntima con Dios, a solas, lejos del ruido y las distracciones. Sí, necesitamos estar quietas y ahí reconocer que Él es Dios o, en palabras de Shakespeare, *"prestarle nuestros oídos en secreto"*.

Julia Santíbáñez Escobar
México

³ Sometió a nuestro dominio las
  naciones;
puso a los pueblos bajo nuestros
  pies;
⁴ escogió para nosotros una heredad
  que es el orgullo de Jacob, a quien
  amó.
  Selah

⁵ Dios el Señor ha ascendido
  entre gritos de alegría y toques de
  trompeta.
⁶ Canten salmos a Dios, cántenle
  salmos;
canten, cántenle salmos a nuestro
  rey.

⁷ Dios es el rey de toda la tierra;
  por eso, cántenle un salmo
  solemne.ª
⁸ Dios reina sobre las naciones;
  Dios está sentado en su santo trono.
⁹ Los nobles de los pueblos se reúnen
  con el pueblo del Dios de Abraham,
¹⁰ pues de Dios son los imperios de la
  tierra.
  ¡Él es grandemente enaltecido!

Salmo 48

Canción. Salmo de los hijos de Coré.

¹ Grande es el *Señor, y digno de
  suprema alabanza
en la ciudad de nuestro Dios.
Su monte santo, ² bella colina,
  es la alegría de toda la tierra.
El monte *Sión, en la parte norte,
  es la ciudad del gran Rey.
³ En las fortificaciones de Sión
  Dios se ha dado a conocer como
  refugio seguro.

⁴ Hubo reyes que unieron sus fuerzas
  y que juntos avanzaron contra la
  ciudad;
⁵ pero al verla quedaron pasmados,
  y asustados emprendieron la
  retirada.
⁶ Allí el miedo se apoderó de ellos,
  y un dolor de parturienta les
  sobrevino.

⁷ ¡Con un viento huracanado
  destruiste las naves de Tarsis!

⁸ Tal como lo habíamos oído,
  ahora lo hemos visto
en la ciudad del Señor *Todopoderoso,
  en la ciudad de nuestro Dios:
  ¡Él la hará permanecer para
  siempre!
  Selah

⁹ Dentro de tu templo, oh Dios,
  meditamos en tu gran amor.
¹⁰ Tu alabanza, oh Dios, como tu
  *nombre,
llega a los confines de la tierra;
  tu derecha está llena de *justicia.
¹¹ Por causa de tus justas decisiones
  el monte Sión se alegra
  y las aldeas de Judá se regocijan.

¹² Caminen alrededor de Sión,
  caminen en torno suyo
  y cuenten sus torres.
¹³ Observen bien sus murallas
  y examinen sus fortificaciones,
  para que se lo cuenten a las
  generaciones futuras.
¹⁴ ¡Este Dios es nuestro Dios eterno!
  ¡Él nos guiará para siempre!ᵇ

Salmo 49

Al director musical.
Salmo de los hijos de Coré.

¹ Oigan esto, pueblos todos;
  escuchen, habitantes todos del
  mundo,
² tanto débiles como poderosos,
  lo mismo los ricos que los pobres.
³ Mi boca hablará con *sabiduría;
  mi *corazón se expresará con
  *inteligencia.
⁴ Inclinaré mi oído a los *proverbios;
  propondré mi enigma al son del
  arpa.

⁵ ¿Por qué he de temer en tiempos de
  desgracia,

---

a **47:7** *un salmo solemne.* Lit. *un masquil.* *b* **48:14** *para siempre* (LXX); *sobre muerte* (TM).

cuando me rodeen inicuos
    detractores?
6 ¿Temeré a los que confían en sus
    riquezas
    y se jactan de sus muchas
    posesiones?
7 Nadie puede salvar a nadie,
    ni pagarle a Dios rescate por la vida.
8 Tal rescate es muy costoso;
    ningún pago es suficiente.
9 Nadie vive para siempre
    sin llegar a ver la fosa.
10 Nadie puede negar que todos
    mueren,
    que sabios e insensatos perecen por
        igual,
    y que sus riquezas se quedan para
        otros.

11 Aunque tuvieron tierras a su nombre,
    sus tumbas seránª su hogar eterno,
    su morada por todas las
        generaciones.

12 A pesar de sus riquezas, no perduran
    los *mortales;
    al igual que las bestias, perecen.

13 Tal es el destino de los que confían
    en sí mismos;
    el final deᵇ los que se envanecen.
                                    *Selah

14 Como ovejas, están destinados al
    *sepulcro;
    hacia allá los conduce la muerte.
    Sus cuerpos se pudrirán en el *sepulcro,
    lejos de sus mansiones suntuosas.

    Por la mañana los gobernarán los
        justos.
15 Pero Dios me rescatará de las garras
    del sepulcro
    y con él me llevará.
                                    Selah

16 No te asombre ver que alguien se
    enriquezca
    y aumente el esplendor de su casa,
17 porque al morir no se llevará nada,
    ni con él descenderá su esplendor.

18 Aunque en vida se considere dichoso,
    y la gente lo elogie por sus logros,
19 irá a reunirse con sus ancestros,
    sin que vuelva jamás a ver la luz.

20 A pesar de sus riquezas, no
    perduranᶜ los mortales;
    al igual que las bestias, perecen.

Salmo 50

Salmo de Asaf.

1 Habla el *Señor, el Dios de dioses:
    convoca a la tierra de oriente a
        occidente.
2 Dios resplandece desde *Sión,
    la ciudad bella y perfecta.
3 Nuestro Dios viene, pero no en
        silencio;
    lo precede un fuego que todo lo
        destruye,
    y en torno suyo ruge la tormenta.
4 El Señor convoca a los *cielos y a la
        tierra,
    para que presencien el juicio de su
        pueblo:
5 «Reúnanme a los consagrados,
    a los que pactaron conmigo
        mediante un sacrificio.»
6 El cielo proclama la *justicia divina:
    ¡Dios mismo es el juez!
                                    *Selah

7 «Escucha, pueblo mío, que voy a
        hablar;
    Israel, voy a testificar contra ti:
    ¡Yo soy tu Dios, el único Dios!
8 No te reprendo por tus sacrificios
    ni por tus *holocaustos, que
        siempre me ofreces.
9 No necesito becerros de tu establo
    ni machos cabríos de tus apriscos,
10 pues míos son los animales del
        bosque,
    y mío también el ganado de los
        cerros.
11 Conozco a las aves de las alturas;
    todas las bestias del campo son
        mías.

---

a **49:11** *sus tumbas serán* (LXX y Siríaca); *su interior será* (TM). *b* **49:13** *el final de* (Targum); *tras ellos* (TM). *c* **49:20** *no perduran* (algunos mss.; véase v. 12); *no entienden* (TM).

¹² Si yo tuviera hambre, no te lo diría,
   pues mío es el mundo, y todo lo
      que contiene.
¹³ ¿Acaso me alimento con carne de
      toros,
   o con sangre de machos cabríos?
¹⁴ ¡Ofrece a Dios tu gratitud,
   cumple tus promesas al *Altísimo!
¹⁵ Invócame en el día de la angustia;
   yo te libraré y tú me honrarás.»

¹⁶ Pero Dios le dice al malvado:
«¿Qué derecho tienes tú de recitar mis
      *leyes
   o de mencionar mi *pacto con tus
      labios?
¹⁷ Mi *instrucción, la aborreces;
   mis *palabras, las desechas.
¹⁸ Ves a un ladrón, y lo acompañas;
   con los adúlteros te identificas.

¹⁹ Para lo malo, das rienda suelta a tu
      boca;
   tu lengua está siempre dispuesta al
      engaño.
²⁰ Tienes por costumbre hablar contra
      tu prójimo,
   y aun calumnias a tu propio
      hermano.
²¹ Has hecho todo esto, y he guardado
      silencio;
   ¿acaso piensas que soy como tú?
Pero ahora voy a reprenderte;
   cara a cara voy a denunciarte.

²² «Ustedes que se olvidan de Dios,
      consideren lo que he dicho;
de lo contrario, los haré pedazos,
   y no habrá nadie que los salve.
²³ Quien me ofrece su gratitud, me
      honra;
   al que enmiende su conducta le
      mostraré mi *salvación.»

Salmo 51

Al director musical. Salmo de David, cuando
el profeta Natán fue a verlo por haber
cometido David adulterio con Betsabé.

¹ Ten compasión de mí, oh Dios,
   conforme a tu gran amor;
conforme a tu inmensa bondad,
   borra mis transgresiones.

² Lávame de toda mi maldad
   y límpiame de mi pecado.
³ Yo reconozco mis transgresiones;
   siempre tengo presente mi pecado.
⁴ Contra ti he pecado, sólo contra ti,
   y he hecho lo que es malo ante tus
      ojos;
por eso, tu *sentencia es justa,
   y tu *juicio, irreprochable.
⁵ Yo sé que soy malo de nacimiento;
   pecador me concibió mi madre.
⁶ Yo sé que tú amas la verdad en lo
      íntimo;
   en lo secreto me has enseñado
      *sabiduría.

⁷ Purifícame con *hisopo, y quedaré
      limpio;
   lávame, y quedaré más blanco que
      la nieve.
⁸ Anúnciame gozo y alegría;
   infunde gozo en estos huesos que
      has quebrantado.
⁹ Aparta tu rostro de mis pecados
   y borra toda mi maldad.

¹⁰ Crea en mí, oh Dios, un *corazón
      limpio,
   y renueva la firmeza de mi espíritu.
¹¹ No me alejes de tu presencia
   ni me quites tu santo Espíritu.

¹² Devuélveme la alegría de tu
      *salvación;
   que un espíritu obediente me
      sostenga.
¹³ Así enseñaré a los transgresores tus
      *caminos,
   y los pecadores se volverán a ti.

¹⁴ Dios mío, Dios de mi salvación,
   líbrame de derramar sangre,
   y mi lengua alabará tu *justicia.
¹⁵ Abre, *Señor, mis labios,
   y mi boca proclamará tu alabanza.
¹⁶ Tú no te deleitas en los sacrificios
   ni te complacen los *holocaustos;
   de lo contrario, te los ofrecería.

¹⁷ El sacrificio que te agrada
   es un espíritu quebrantado;
tú, oh Dios, no desprecias
   al corazón quebrantado y
      arrepentido.

18 En tu buena voluntad, haz que
prospere *Sión;
levanta los muros de *Jerusalén.
19 Entonces te agradarán los sacrificios
de justicia,
los holocaustos del todo quemados,
y sobre tu altar se ofrecerán
becerros.

Salmo 52

Al director musical. *Masquil de David, cuando
Doeg el edomita fue a informarle a Saúl:
«David ha ido a la casa de Ahimelec.»

1 ¿Por qué te jactas de tu maldad, varón
prepotente?
¡El amor de Dios es constante!
2 Tu lengua, como navaja afilada,
trama destrucción y practica el
engaño.
3 Más que el bien, amas la maldad;
más que la verdad, amas la mentira.
*Selah

4 Lengua embustera,
te encanta ofender con tus palabras.
5 Pero Dios te arruinará para siempre;
te tomará y te arrojará de tu hogar;
¡te arrancará del mundo de los
vivientes!

6 Los justos verán esto, y temerán;
entre burlas dirán de él:
7 «¡Aquí tienen al hombre
que no buscó refugio en Dios,
sino que confió en su gran riqueza
y se afirmó en su maldad!»

8 Pero yo soy como un olivo verde
que florece en la casa de Dios;
yo confío en el gran amor de Dios
eternamente y para siempre.

9 En todo tiempo te alabaré por tus
obras;
en ti pondré mi esperanza en
presencia de tus fieles,
porque tu *nombre es bueno.

Salmo 53

Al director musical. Según *mahalat.
*Masquil de David.

1 Dice el *necio en su *corazón:
«No hay Dios.»
Están corrompidos, sus obras son
detestables;
¡no hay uno solo que haga lo bueno!

2 Desde el *cielo Dios contempla a los
*mortales,
para ver si hay alguien
que sea sensato y busque a Dios.

3 Pero todos se han descarriado,
a una se han corrompido.
No hay nadie que haga lo bueno;
¡no hay uno solo!

4 ¿Acaso no entienden todos los que
hacen lo malo,
los que devoran a mi pueblo como
si fuera pan?
¡Jamás invocan a Dios!

5 Allí los tienen, sobrecogidos de miedo,
cuando no hay nada que temer.
Dios dispersó los huesos de quienes te
atacaban;
tú los avergonzaste, porque Dios los
rechazó.

6 ¡Quiera Dios que de *Sión
venga la *salvación para Israel!
Cuando Dios restaure a su pueblo,a
se regocijará Jacob; se alegrará
todo Israel.

Salmo 54

Al director musical. Acompáñese con
instrumentos de cuerda. *Masquil de David,
cuando gente de Zif fue a decirle a Saúl:
«¿No estará David escondido entre nosotros?»

1 Sálvame, oh Dios, por tu *nombre;
defiéndeme con tu poder.
2 Escucha, oh Dios, mi oración;

---

a 53:6 restaure a su pueblo. Alt. haga que su pueblo vuelva de la cautividad (véase también 14:7).

presta oído a las palabras de mi
boca.
3 Pues *gente extraña me ataca;
tratan de matarme los violentos,
gente que no toma en cuenta a Dios.
*Selah
4 Pero Dios es mi socorro;
el Señor es quien me sostiene,
5 y hará recaer el mal sobre mis
adversarios.

Por tu fidelidad, *Señor, ¡destrúyelos!
6 Te presentaré una ofrenda voluntaria
y alabaré, Señor, tu buen nombre;
7 pues me has librado de todas mis
angustias,
y mis ojos han visto la derrota de
mis enemigos.

Salmo 55

Al director musical. Acompáñese con
instrumentos de cuerda. *Masquil de David.

1 Escucha, oh Dios, mi oración;
no pases por alto mi súplica.
2 ¡Óyeme y respóndeme,
porque mis angustias me perturban!
Me aterran 3 las amenazas del enemigo
y la opresión de los impíos,
pues me causan sufrimiento
y en su enojo me insultan.

4 Se me estremece el *corazón dentro
del pecho,
y me invade un pánico mortal.
5 Temblando estoy de miedo,
sobrecogido estoy de terror.
6 ¡Cómo quisiera tener las alas de una
paloma
y volar hasta encontrar reposo!
7 Me iría muy lejos de aquí;
me quedaría a vivir en el desierto.
*Selah
8 Presuroso volaría a mi refugio,
para librarme del viento borrascoso
y de la tempestad.

9 ¡Destrúyelos, Señor! ¡Confunde su
lenguaje!
En la ciudad sólo veo contiendas y
violencia;

10 día y noche rondan por sus muros,
y dentro de ella hay intrigas y
maldad.
11 En su seno hay fuerzas destructivas;
de sus calles no se apartan la
opresión y el engaño.

12 Si un enemigo me insultara,
yo lo podría soportar;
si un adversario me humillara,
de él me podría yo esconder.
13 Pero lo has hecho tú, un *hombre
como yo,
mi compañero, mi mejor amigo,
14 a quien me unía una bella amistad,
con quien convivía en la casa de
Dios.

15 ¡Que sorprenda la muerte a mis
enemigos!
¡Que caigan vivos al *sepulcro,
pues en ellos habita la maldad!
16 Pero yo clamaré a Dios,
y el *Señor me salvará.
17 Mañana, tarde y noche
clamo angustiado, y él me escucha.
18 Aunque son muchos los que me
combaten,
él me rescata, me salva la vida
en la batalla que se libra contra mí.
19 ¡Dios, que reina para siempre,
habrá de oírme y los afligirá!
Selah

Esa *gente no cambia de conducta,
no tiene temor de Dios.
20 Levantan la mano contra sus amigos
y no cumplen sus compromisos.
21 Su boca es blanda como la manteca,
pero sus pensamientos son
belicosos.
Sus palabras son más suaves que el
aceite,
pero no son sino espadas
desenvainadas.

22 Encomienda al Señor tus afanes,
y él te sostendrá;
no permitirá que el justo caiga
y quede abatido para siempre.
23 Tú, oh Dios, abatirás a los impíos
y los arrojarás en la fosa de la
muerte;
la gente sanguinaria y mentirosa
no llegará ni a la mitad de su vida.
Yo, por mi parte, en ti confío.

Salmo 56

Al director musical. Sígase la tonada de «La tórtola en los robles lejanos». *Mictam de David, cuando los filisteos lo apresaron en Gat.

1 Ten compasión de mí, oh Dios,
    pues hay *gente que me persigue.
Todo el día me atacan mis opresores,
    2 todo el día me persiguen mis
        adversarios;
    son muchos los arrogantes que me
        atacan.
3 Cuando siento miedo,
    pongo en ti mi confianza.
4 Confío en Dios y alabo su *palabra;
    confío en Dios y no siento miedo.
    ¿Qué puede hacerme un simple
        *mortal?

5 Todo el día tuercen mis palabras;
    siempre están pensando hacerme
        mal.
6 Conspiran, se mantienen al acecho;
    ansiosos por quitarme la vida,
    vigilan todo lo que hago.
7 ¡En tu enojo, Dios mío, humilla a esos
        pueblos!
    ¡De ningún modo los dejes escapar!

8 Toma en cuenta mis lamentos;
    registra mi llanto en tu libro.a
    ¿Acaso no lo tienes anotado?
9 Cuando yo te pida ayuda,
    huirán mis enemigos.
Una cosa sé: ¡Dios está de mi parte!
10 Confío en Dios y alabo su palabra;
    confío en el *Señor y alabo su
        palabra;
11 confío en Dios y no siento miedo.
    ¿Qué puede hacerme un simple
        mortal?

12 He hecho votos delante de ti, oh
        Dios,
    y te presentaré mis ofrendas de
        gratitud.
13 Tú, oh Dios, me has librado de
        tropiezos,
    me has librado de la muerte,
    para que siempre, en tu presencia,
    camine en la luz de la vida.

Salmo 57

Al director musical. Sígase la tonada de «No destruyas». *Mictam de David, cuando David había huido de Saúl y estaba en una cueva.

1 Ten compasión de mí, oh Dios;
    ten compasión de mí, que en ti
        confío.
A la sombra de tus alas me refugiaré,
    hasta que haya pasado el peligro.

2 Clamo al Dios *Altísimo,
    al Dios que me brinda su apoyo.
3 Desde el *cielo me tiende la mano y
        me salva;
    reprende a mis perseguidores.
                                    *Selah

¡Dios me envía su amor y su verdad!

4 Me encuentro en medio de leones,
    rodeado de *gente rapaz.
Sus dientes son lanzas y flechas;
    su lengua, una espada afilada.

5 Pero tú, oh Dios, estás sobre los cielos,
    ¡tu gloria cubre toda la tierra!

6 Tendieron una red en mi camino,
    y mi ánimo quedó por los suelos.
En mi senda cavaron una fosa,
    pero ellos mismos cayeron en ella.
                                    Selah

7 Firme está, oh Dios, mi *corazón;
    firme está mi corazón.
Voy a cantarte salmos.
8 ¡Despierta, *alma mía!
    ¡Despierten, arpa y lira!
    ¡Haré despertar al nuevo día!

9 Te alabaré, Señor, entre los pueblos,
    te cantaré salmos entre las naciones.
10 Pues tu amor es tan grande que llega
        a los cielos;
    ¡tu verdad llega hasta el
        firmamento!

11 ¡Tú, oh Dios, estás sobre los cielos;
    tu gloria cubre toda la tierra!

---

a 56:8 registra mi llanto en tu libro. Lit. pon mis lágrimas en tu frasco.

Salmo 58

Al director musical. Sígase la tonada de
«No destruyas». *Mictam de David.

1 ¿Acaso ustedes, gobernantes, actúan
con *justicia,
y juzgan con rectitud a los *seres
humanos?
2 Al contrario, con la *mente traman
injusticia,
y la violencia de sus manos se
desata en el país.

3 Los malvados se pervierten desde que
nacen;
desde el vientre materno se desvían
los mentirosos.
4 Su veneno es como el de las
serpientes,
como el de una cobra que se hace la
sorda
5 para no escuchar la música del mago,
del diestro en encantamientos.

6 Rómpeles, oh Dios, los dientes;
¡arráncales, *Señor, los colmillos a
esos leones!
7 Que se escurran, como el agua entre
los dedos;
que se rompan sus flechas al tensar
el arco.

8 Que se disuelvan, como babosa
rastrera;
que no vean la luz, cual si fueran
abortivos.
9 Que sin darse cuenta, ardan como
espinos;
que el viento los arrastre, estén
verdes o secos.

10 Se alegrará el justo al ver la
venganza,
al empapar sus pies en la sangre
del impío.

11 Dirá entonces la *gente:
«Ciertamente los justos son
recompensados;
ciertamente hay un Dios que juzga
en la tierra.»

Salmo 59

Al director musical. Sígase la tonada de
«No destruyas». *Mictam de David, cuando
Saúl había ordenado que vigilaran la casa
de David con el propósito de matarlo.

1 Líbrame de mis enemigos, oh Dios;
protégeme de los que me atacan.
2 Líbrame de los malhechores;
sálvame de los asesinos.

3 ¡Mira cómo me acechan!
*Hombres crueles conspiran contra
mí
sin que yo, *Señor, haya delinquido
ni pecado.
4 Presurosos se disponen a atacarme
sin que yo haya cometido mal
alguno.

¡Levántate y ven en mi ayuda!
¡Mira mi condición!
5 Tú, Señor, eres el Dios
*Todopoderoso,
¡eres el Dios de Israel!
¡Despiértate y castiga a todas las
naciones;
no tengas compasión de esos viles
traidores!
*Selah

6 Ellos vuelven por la noche,
gruñendo como perros
y acechando alrededor de la ciudad.
7 Echan espuma por la boca,
lanzan espadas por sus fauces,
y dicen: «¿Quién va a oírnos?»
8 Pero tú, Señor, te burlas de ellos;
te ríes de todas las naciones.

9 A ti, fortaleza mía, vuelvo los ojos,
pues tú, oh Dios, eres mi protector.
10 Tú eres el Dios que me ama,
e irás delante de mí
para hacerme ver la derrota de mis
enemigos.
11 Pero no los mates,
para que mi pueblo no lo olvide.
Zarandéalos con tu poder; ¡humíllalos!
¡Tú, Señor, eres nuestro escudo!
12 Por los pecados de su boca,
por las palabras de sus labios,
que caigan en la trampa de su
orgullo.

Por las maldiciones y mentiras que
    profieren,
13 consúmelos en tu enojo;
¡consúmelos hasta que dejen de
    existir!
Así todos sabrán que Dios gobierna en
    Jacob,
y hasta los confines de la tierra.
                                    Selah

14 Porque ellos vuelven por la noche,
    gruñendo como perros
y acechando alrededor de la ciudad.
15 Van de un lado a otro buscando
    comida,
y aúllan si no quedan satisfechos.
16 Pero yo le cantaré a tu poder,
    y por la mañana alabaré tu amor;
porque tú eres mi protector,
    mi refugio en momentos de
    angustia.

17 A ti, fortaleza mía, te cantaré salmos,
    pues tú, oh Dios, eres mi protector.
¡Tú eres el Dios que me ama!

Salmo 60

Al director musical. Sígase la tonada de
«El lirio del pacto.» *Mictam* didáctico
de David, cuando luchó contra los arameos
del noroeste de Mesopotamia y de Siria
central, y cuando Joab volvió y abatió
a doce mil edomitas en el valle de la Sal.

1 Oh Dios, tú nos has rechazado
    y has abierto brecha en nuestras
    filas;
te has enojado con nosotros:
    ¡restáuranos ahora!
2 Has sacudido la tierra,
    la has resquebrajado;
repara sus grietas,
    porque se desmorona.
3 Has sometido a tu pueblo a duras
    pruebas;
nos diste a beber un vino
    embriagador.

4 Daᵃ a tus fieles la señal de retirada,
    para que puedan escapar de los
    arqueros.
                                    Selah

5 Líbranos con tu diestra, respóndenos
    para que tu pueblo amado quede a
    salvo.

6 Dios ha dicho en su santuario:
    «Triunfante repartiré a Siquem,
    y dividiré el valle de Sucot.
7 Mío es Galaad, mío es Manasés;
    Efraín es mi yelmo y Judá mi cetro.
8 En Moab me lavo las manos,
    sobre Edom arrojo mi sandalia;
    sobre Filistea lanzo gritos de
    triunfo.»

9 ¿Quién me llevará a la ciudad
    fortificada?
    ¿Quién me mostrará el camino a
    Edom?
10 ¿No eres tú, oh Dios, quien nos ha
    rechazado?
    ¡Ya no sales, oh Dios, con nuestros
    ejércitos!
11 Bríndanos tu ayuda contra el
    enemigo,
    pues de nada sirve la ayuda
    *humana.
12 Con Dios obtendremos la victoria;
    ¡él pisoteará a nuestros enemigos!

Salmo 61

Al director musical. Acompáñese
con instrumentos de cuerda. De David.

1 Oh Dios, escucha mi clamor
    y atiende a mi oración.

2 Desde los confines de la tierra te
    invoco,
    pues mi *corazón desfallece;
    llévame a una roca donde esté yo a
    salvo.
3 Porque tú eres mi refugio,
    mi baluarte contra el enemigo.

4 Anhelo habitar en tu casa para
    siempre
    y refugiarme debajo de tus alas.
                                    Selah
5 Tú, oh Dios, has aceptado mis votos
    y me has dado la heredad de
    quienes te honran.

---

a **60:4** *Da* (lectura probable); *Diste* (TM).

6 Concédele al rey más años de vida;
   que sean sus días una eternidad.
7 Que reine siempre en tu presencia,
   y que tu amor y tu verdad lo
      protejan.
8 Así cantaré siempre salmos a tu
      *nombre
   y cumpliré mis votos día tras día.

Salmo 62

*Al director musical. Para Jedutún.
Salmo de David.*

1 Sólo en Dios halla descanso mi *alma;
   de él viene mi *salvación.
2 Sólo él es mi *roca y mi salvación;
   él es mi protector.
   ¡Jamás habré de caer!

3 ¿Hasta cuándo atacarán todos ustedes
      a un *hombre para derribarlo?
Es como un muro inclinado,
   ¡como una cerca a punto de
      derrumbarse!
4 Sólo quieren derribarlo
   de su lugar de preeminencia.
Se complacen en la mentira:
   bendicen con la boca,
   pero maldicen con el *corazón.
                              Selah

5 Sólo en Dios halla descanso mi alma;
   de él viene mi esperanza.
6 Sólo él es mi roca y mi salvación;
   él es mi protector
   y no habré de caer.
7 Dios es mi salvación y mi gloria;
   es la roca que me fortalece;
   ¡mi refugio está en Dios!
8 Confía siempre en él, pueblo mío;
   ábrele tu corazón cuando estés ante
      él.
   ¡Dios es nuestro refugio!
                              Selah

9 Una quimera es la *gente de humilde
      cuna,
   y una mentira la gente de alta
      alcurnia;
si se les pone juntos en la balanza,
   todos ellos no pesan nada.

10 No confíen en la extorsión
   ni se hagan ilusiones con sus
      rapiñas;
y aunque se multipliquen sus riquezas,
   no pongan el corazón en ellas.

11 Una cosa ha dicho Dios,
   y dos veces lo he escuchado:
Que tú, oh Dios, eres poderoso;
      12 que tú, Señor, eres todo amor;
que tú pagarás a cada uno
   según lo que merezcan sus obras.

Salmo 63

*Salmo de David, cuando estaba
en el desierto de Judá.*

1 Oh Dios, tú eres mi Dios;
   yo te busco intensamente.
Mi *alma tiene sed de ti;
   todo mi ser te anhela,
   cual tierra seca, extenuada y
      sedienta.

2 Te he visto en el santuario
   y he contemplado tu poder y tu
      gloria.
3 Tu amor es mejor que la vida;
   por eso mis labios te alabarán.
4 Te bendeciré mientras viva,
   y alzando mis manos te invocaré.

5 Mi alma quedará satisfecha
   como de un suculento banquete,
y con labios jubilosos
   te alabará mi boca.

6 En mi lecho me acuerdo de ti;
   pienso en ti toda la noche.
7 A la sombra de tus alas cantaré,
   porque tú eres mi ayuda.
8 Mi alma se aferra a ti;
   tu mano derecha me sostiene.

9 Los que buscan mi muerte serán
      destruidos;
   bajarán a las profundidades de la
      tierra.
10 Serán entregados a la espada
   y acabarán devorados por los
      chacales.

Pasaje del día: Salmo 62:1-12
Versículo del día: Salmo 62:8

Esperar en Dios es caminar, no correr

Mi hijo mayor estaba enfermo de gravedad. Tenía una fuerte crisis de asma, y su cuerpo estaba debilitado y cansado. Yo estaba muy preocupada por él, y sufría mucho, pues quería verlo sano y no postrado en una cama. Empecé a orar, a clamar a Aquel que todo lo puede, y en medio de mi sufrimiento y dolor, el Espíritu Santo me dijo: "Hija mía, camina, no corras." Tuve una visión de unos pies bruñidos como el oro, que primero corrían, y luego caminaban muy despacio.

Muchas veces las circunstancias y las situaciones de la vida nos llevan por caminos desconocidos y muy dolorosos. Entonces el Espíritu Santo nos dice: "Conozco todos tus caminos. Muchas veces he estado junto a ti cuando lloras, cuando sufres, cuando desfalleces en tu diario vivir. No estás sola; he recogido tus lágrimas y las he puesto en mi redoma."

Amiga, Dios quiere sanarte, borrar los recuerdos del pasado y ungir con aceite tus heridas. La vida en el mundo es difícil; pero tomada de la mano de Jesús, todo se transforma. Ábrele tu corazón cuando estés ante Él, porque Dios es tu refugio.

Pensamiento: *No te adelantes al Señor, sino espera con paciencia la maravillosa obra que Dios hará en tu vida.*

Leslie Zúñiga
Nicaragua

¹¹ El rey se regocijará en Dios;
   todos los que invocan a Dios lo
      alabarán,
   pero los mentirosos serán
      silenciados.

Salmo 64

Al director musical. Salmo de David.

¹ Escucha, oh Dios, la voz de mi queja;
   protégeme del temor al enemigo.
² Escóndeme de esa pandilla de impíos,
   de esa caterva de malhechores.
³ Afilan su lengua como espada
   y lanzan como flechas palabras
      ponzoñosas.
⁴ Emboscados, disparan contra el
      inocente;
   le tiran sin temor y sin aviso.

⁵ Unos a otros se animan en sus planes
      impíos,
   calculan cómo tender sus trampas;
   y hasta dicen: «¿Quién las verá?»
⁶ Maquinan injusticias, y dicen:
   «¡Hemos tramado un plan
      perfecto!»
¡Cuán incomprensibles son
   la *mente y los pensamientos
      *humanos!

⁷ Pero Dios les disparará sus flechas,
   y sin aviso caerán heridos.
⁸ Su propia lengua será su ruina,
   y quien los vea se burlará de ellos.

⁹ La *humanidad entera sentirá temor:
   proclamará las proezas de Dios
   y meditará en sus obras.
¹⁰ Que se regocijen en el *Señor los
      justos;
   que busquen refugio en él;
   ¡que lo alaben todos los de recto
      *corazón!

Salmo 65

Al director musical. Salmo
de David. Cántico.

¹ A ti, oh Dios de *Sión,
   te pertenece la alabanza.

A ti se te deben cumplir los votos,
² porque escuchas la oración.
A ti acude todo *mortal,
³ a causa de sus perversidades.
Nuestros delitos nos abruman,
   pero tú los perdonaste.
⁴ ¡*Dichoso aquel a quien tú escoges,
   al que atraes a ti para que viva en
      tus atrios!
Saciémonos de los bienes de tu casa,
   de los dones de tu santo templo.

⁵ Tú, oh Dios y Salvador nuestro,
   nos respondes con imponentes
      obras de *justicia;
tú eres la esperanza de los confines de
      la tierra
   y de los más lejanos mares.
⁶ Tú, con tu poder, formaste las
      montañas,
   desplegando tu potencia.
⁷ Tú calmaste el rugido de los mares,
   el estruendo de sus olas,
   y el tumulto de los pueblos.
⁸ Los que viven en remotos lugares
   se asombran ante tus prodigios;
del oriente al occidente
   tú inspiras canciones de alegría.

⁹ Con tus cuidados fecundas la tierra,
   y la colmas de abundancia.
Los arroyos de Dios se llenan de agua,
   para asegurarle trigo al pueblo.
¡Así preparas el campo!
¹⁰ Empapas los surcos, nivelas sus
      terrones,
   reblandeces la tierra con las lluvias
   y bendices sus renuevos.
¹¹ Tú coronas el año con tus bondades,
   y tus carretas se desbordan de
      abundancia.
¹² Rebosan los prados del desierto;
   las colinas se visten de alegría.
¹³ Pobladas de rebaños las praderas,
   y cubiertos los valles de trigales,
   cantan y lanzan voces de alegría.

Salmo 66

Al director musical. Cántico. Salmo.

¹ ¡Aclamen alegres a Dios,
   habitantes de toda la tierra!
² Canten salmos a su glorioso *nombre;
   ¡ríndanle gloriosas alabanzas!

³ Díganle a Dios:
«¡Cuán imponentes son tus obras!
Es tan grande tu poder
  que tus enemigos mismos se rinden
    ante ti.
⁴ Toda la tierra se postra en tu
    presencia,
  y te cantan salmos;
  cantan salmos a tu nombre.»
                              *Selah

⁵ ¡Vengan y vean las proezas de Dios,
  sus obras portentosas en nuestro
    favor!
⁶ Convirtió el mar en tierra seca,
  y el pueblo cruzó el río a pie.
  ¡Regocijémonos en él!
⁷ Con su poder gobierna eternamente;
  sus ojos vigilan a las naciones.
  ¡Que no se levanten contra él los
    rebeldes!
                              Selah

⁸ Pueblos todos, bendigan a nuestro
    Dios,
  hagan oír la voz de su alabanza.
⁹ Él ha protegido nuestra vida,
  ha evitado que resbalen nuestros
    pies.
¹⁰ Tú, oh Dios, nos has puesto a prueba;
  nos has purificado como a la plata.
¹¹ Nos has hecho caer en una red;
  ¡pesada carga nos has echado a
    cuestas!
¹² Las caballerías nos han aplastado la
    cabeza;
  hemos pasado por el fuego y por el
    agua,
  pero al fin nos has dado un respiro.
¹³ Me presentaré en tu templo con
    *holocaustos
  y cumpliré los votos que te hice,
¹⁴ los votos de mis labios y mi boca
  que pronuncié en medio de mi
    angustia.
¹⁵ Te ofreceré holocaustos de animales
    engordados,
  junto con el humo de ofrendas de
    carneros;
  te ofreceré toros y machos cabríos.
                              Selah

¹⁶ Vengan ustedes, temerosos de Dios,
  escuchen, que voy a contarles
  todo lo que él ha hecho por mí.

¹⁷ Clamé a él con mi boca;
  lo alabé con mi lengua.
¹⁸ Si en mi *corazón hubiera yo
    abrigado maldad,
  el *Señor no me habría escuchado;
¹⁹ pero Dios sí me ha escuchado,
  ha atendido a la voz de mi plegaria.
²⁰ ¡Bendito sea Dios,
  que no rechazó mi plegaria
  ni me negó su amor!

Salmo 67

Al director musical. Acompáñese con
instrumentos de cuerda. Salmo. Cántico.

¹ Dios nos tenga compasión y nos
    bendiga;
  Dios haga resplandecer su rostro
    sobre nosotros,
                              *Selah

² para que se conozcan en la tierra sus
    *caminos,
  y entre todas las naciones su
    *salvación.

³ Que te alaben, oh Dios, los pueblos;
  que todos los pueblos te alaben.

⁴ Alégrense y canten con júbilo las
    naciones,
  porque tú las gobiernas con
    rectitud;
  ¡tú guías a las naciones de la tierra!
⁵ Que te alaben, oh Dios, los pueblos;
  que todos los pueblos te alaben.

⁶ La tierra dará entonces su fruto,
  y Dios, nuestro Dios, nos bendecirá.
⁷ Dios nos bendecirá,
  y le temerán todos los confines de
    la tierra.

Salmo 68

Al director musical. Salmo de David. Cántico.

¹ Que se levante Dios,
  que sean dispersados sus enemigos,
  que huyan de su presencia los que
    le odian.

² Que desaparezcan del todo,
  como humo que se disipa con el
    viento;
que perezcan ante Dios los impíos,
  como cera que se derrite en el
    fuego.
³ Pero que los justos se alegren y se
    regocijen;
  que estén felices y alegres delante
    de Dios.

⁴ Canten a Dios, canten salmos a su
    *nombre;
  aclamen a quien cabalga por las
    estepas,
y regocíjense en su presencia.
  ¡Su nombre es el *Señor!
⁵ Padre de los huérfanos y defensor de
    las viudas
  es Dios en su morada santa.
⁶ Dios da un hogar a los desamparados
  y libertad a los cautivos;
  los rebeldes habitarán en el
    desierto.
⁷ Cuando saliste, oh Dios, al frente de
    tu pueblo,
  cuando a través de los páramos
    marchaste,
                              *Selah
⁸ la tierra se estremeció,
  los *cielos se vaciaron,
delante de Dios, el Dios de Sinaí,
  delante de Dios, el Dios de Israel.
⁹ Tú, oh Dios, diste abundantes lluvias;
  reanimaste a tu extenuada herencia.
¹⁰ Tu familia se estableció en la tierra
  que en tu bondad, oh Dios,
    preparaste para el pobre.

¹¹ El Señor ha emitido la palabra,
  y millares de mensajeras la
    proclaman:
¹² «Van huyendo los reyes y sus tropas;
  en las casas, las mujeres se reparten
    el botín:
¹³ alas de paloma cubiertas de plata,
  con plumas de oro resplandeciente.
  Tú te quedaste a dormir entre los
    rebaños.»
¹⁴ Cuando el *Todopoderoso puso en
    fuga
  a los reyes de la tierra,
parecían copos de nieve
  cayendo sobre la cumbre del
    Salmón.

¹⁵ Montañas de Basán, montañas
    imponentes;
  montañas de Basán, montañas
    escarpadas:
¹⁶ ¿Por qué, montañas escarpadas,
    miran con envidia
  al monte donde a Dios le place
    residir,
  donde el Señor habitará por
    siempre?
¹⁷ Los carros de guerra de Dios
  se cuentan por millares;
del Sinaí vino en ellos el Señor
  para entrar en su santuario.
¹⁸ Cuando tú, Dios y Señor,
  ascendiste a las alturas,
  te llevaste contigo a los cautivos;
tomaste tributo de los *hombres,
  aun de los rebeldes,
  para establecer tu morada.

¹⁹ Bendito sea el Señor, nuestro Dios y
    Salvador,
  que día tras día sobrelleva nuestras
    cargas.
                              *Selah

²⁰ Nuestro Dios es un Dios que salva;
  el Señor Soberano nos libra de la
    muerte.
²¹ Dios aplastará la cabeza de sus
    enemigos,
  la testa enmarañada de los que
    viven pecando.
²² El Señor nos dice: «De Basán los
    regresaré;
  de las profundidades del mar los
    haré volver,
²³ para que se empapen los pies
  en la sangre de sus enemigos;
para que, al lamerla, los perros
  tengan también su parte.»

²⁴ En el santuario pueden verse
  las procesiones de mi Dios,
  las procesiones de mi Dios y rey.
²⁵ Los cantores van al frente,
  seguidos de los músicos de cuerda,
  entre doncellas que tocan
    panderetas.
²⁶ Bendigan a Dios en la gran
    congregación;
  alaben al Señor, descendientes de
    Israel.

²⁷ Los guía la joven tribu de Benjamín,
   seguida de los múltiples príncipes
      de Judá
   y de los príncipes de Zabulón y
      Neftalí.

²⁸ Despliega tu poder, oh Dios;
   haz gala, oh Dios, de tu poder,
   que has manifestado en favor
      nuestro.
²⁹ Por causa de tu templo en *Jerusalén
   los reyes te ofrecerán presentes.
³⁰ Reprende a esa bestia de los juncos,
   a esa manada de toros bravos
   entre naciones que parecen
      becerros.
Haz que, humillada, te lleve barras de
      plata;
   dispersa a las naciones belicosas.
³¹ Egipto enviará embajadores,
   y Cusᵃ se someterá a Dios.

³² Cántenle a Dios, oh reinos de la
      tierra,
   cántenle salmos al Señor,   *Selah*
³³ al que cabalga por los cielos,
   los cielos antiguos,
al que hace oír su voz,
   su voz de trueno.
³⁴ Reconozcan el poder de Dios;
   su majestad está sobre Israel,
   su poder está en las alturas.
³⁵ En tu santuario, oh Dios, eres
      imponente;
   ¡el Dios de Israel da poder y fuerza
      a su pueblo!

¡Bendito sea Dios!

Salmo 69

Al director musical. Sígase la tonada
de «Los Lirios». De David.

¹ Sálvame, Dios mío,
   que las aguas ya me llegan al *cuello.
² Me estoy hundiendo en una ciénaga
      profunda,
   y no tengo dónde apoyar el pie.
Estoy en medio de profundas aguas,
   y me arrastra la corriente.

³ Cansado estoy de pedir ayuda;
   tengo reseca la garganta.
Mis ojos languidecen,
   esperando la ayuda de mi Dios.

⁴ Más que los cabellos de mi cabeza
   son los que me odian sin motivo;
muchos son los enemigos gratuitos
   que se han propuesto destruirme.
¿Cómo voy a devolver lo que no he
      robado?

⁵ Oh Dios, tú sabes lo insensato que he
      sido;
   no te puedo esconder mis
      transgresiones.
⁶ *Señor Soberano, *Todopoderoso,
   que no sean avergonzados por mi
      culpa
   los que en ti esperan;
oh Dios de Israel,
   que no sean humillados por mi
      culpa
   los que te buscan.

⁷ Por ti yo he sufrido insultos;
   mi rostro se ha cubierto de
      ignominia.
⁸ Soy como un extraño para mis
      hermanos;
   soy un extranjero para los hijos de
      mi madre.

⁹ El celo por tu casa me consume;
   sobre mí han recaído
   los insultos de tus detractores.
¹⁰ Cuando lloro y ayuno,
   tengo que soportar sus ofensas;
¹¹ cuando me visto de cilicio,
   soy objeto de burlas.
¹² Los que se sientan a la *puerta
      murmuran contra mí;
   los borrachos me dedican parodias.

¹³ Pero yo, Señor, te imploro
   en el tiempo de tu buena voluntad.
Por tu gran amor, oh Dios, respóndeme;
   por tu fidelidad, sálvame.

¹⁴ Sácame del fango;
   no permitas que me hunda.
Líbrame de los que me odian,
   y de las aguas profundas.

a 68:31 Cus. Es decir, la región del Nilo superior.

15 No dejes que me arrastre la corriente;
   no permitas que me trague el
      abismo,
   ni que el foso cierre sus fauces
      sobre mí.
16 Respóndeme, Señor, por tu bondad y
      tu amor;
   por tu gran compasión, vuélvete a
      mí.
17 No escondas tu rostro de este siervo
      tuyo;
   respóndeme pronto, que estoy
      angustiado.
18 Ven a mi lado, y rescátame;
   redímeme, por causa de mis
      enemigos.

19 Tú bien sabes cómo me insultan,
   me avergüenzan y denigran;
   sabes quiénes son mis adversarios.
20 Los insultos me han destrozado el
      corazón;
   para mí ya no hay remedio.

Busqué compasión, y no la hubo;
   busqué consuelo, y no lo hallé.
21 En mi comida pusieron hiel;
   para calmar mi sed me dieron
      vinagre.

22 Que se conviertan en trampa sus
      banquetes,
   y su prosperidad en lazo.
23 Que se les nublen los ojos, para que
      no vean;
   y que sus fuerzas flaqueen para
      siempre.
24 Descarga tu furia sobre ellos;
   que tu ardiente ira los alcance.

25 Quédense desiertos sus
      campamentos,
   y deshabitadas sus tiendas.
26 Pues al que has afligido lo persiguen,
   y se burlan del dolor del que has
      herido.
27 Añade a sus pecados más pecados;
   no los hagas partícipes de tu
      *salvación.
28 Que sean borrados del libro de la
      vida;
   que no queden inscritos con los
      justos.

29 Y a mí, que estoy pobre y adolorido,
   que me proteja, oh Dios, tu
      *salvación.
30 Con cánticos alabaré el *nombre de
      Dios;
   con acción de gracias lo exaltaré.
31 Esa ofrenda agradará más al Señor
   que la de un toro o un novillo
   con sus cuernos y pezuñas.

32 Los pobres verán esto y se alegrarán;
   ¡reanímense ustedes, los que buscan
      a Dios!
33 Porque el Señor oye a los necesitados,
   y no desdeña a su pueblo cautivo.

34 Que lo alaben los *cielos y la tierra,
   los mares y todo lo que se mueve en
      ellos,
35 porque Dios salvará a *Sión
   y reconstruirá las ciudades de Judá.

Allí se establecerá el pueblo
   y tomará posesión de la tierra.
36 La heredarán los hijos de sus siervos;
   la habitarán los que aman al Señor.

Salmo 70

Al director musical. Petición de David.

1 Apresúrate, oh Dios, a rescatarme;
   ¡apresúrate, *Señor, a socorrerme!
2 Que sean avergonzados y confundidos
   los que procuran matarme.
Que retrocedan humillados
   todos los que desean mi ruina.

3 Que vuelvan sobre sus pasos,
      avergonzados,
   todos los que se burlan de mí.
4 Pero que todos los que te buscan
   se alegren en ti y se regocijen;
que los que aman tu *salvación digan
      siempre:
   «¡Sea Dios exaltado!»

5 Yo soy pobre y estoy necesitado;
   ¡ven pronto a mí, oh Dios!
Tú eres mi socorro y mi libertador;
   ¡no te demores, Señor!

Salmo 71

1 En ti, *Señor, me he refugiado;
jamás me dejes quedar en
vergüenza.
2 Por tu justicia, rescátame y líbrame;
dígnate escucharme, y sálvame.
3 Sé tú mi *roca de refugio
a donde pueda yo siempre acudir;
Da la orden de salvarme,
porque tú eres mi roca, mi fortaleza.
4 Líbrame, Dios mío, de manos de los
impíos,
del poder de los malvados y
violentos.

5 Tú, Soberano Señor, has sido mi
esperanza;
en ti he confiado desde mi
juventud.
6 De ti he dependido desde que nací;
del vientre materno me hiciste
nacer.
¡Por siempre te alabaré!
7 Para muchos, soy motivo de asombro,
pero tú eres mi refugio
inconmovible.
8 Mi boca rebosa de alabanzas a tu
*nombre,
y todo el día proclama tu grandeza.

9 No me rechaces cuando llegue a viejo;
no me abandones cuando me falten
las fuerzas.
10 Porque mis enemigos murmuran
contra mí;
los que me acechan se confabulan.
11 Y dicen: «¡Dios lo ha abandonado!
¡Persíganlo y agárrenlo, que nadie
lo rescatará!»
12 Dios mío, no te alejes de mí;
Dios mío, ven pronto a ayudarme.
13 Que perezcan humillados mis
acusadores;
que se cubran de oprobio y de
ignominia
los que buscan mi ruina.

14 Pero yo siempre tendré esperanza,
y más y más te alabaré.
15 Todo el día proclamará mi boca
tu justicia y tu *salvación,
aunque es algo que no alcanzo a
descifrar.

16 Soberano Señor, relataré tus obras
poderosas,
y haré memoria de tu justicia,
de tu justicia solamente.
17 Tú, oh Dios, me enseñaste desde mi
juventud,
y aún hoy anuncio todos tus
prodigios.
18 Aun cuando sea yo anciano y peine
canas,
no me abandones, oh Dios,
hasta que anuncie tu poder
a la generación venidera,
y dé a conocer tus proezas
a los que aún no han nacido.

19 Oh Dios, tú has hecho grandes cosas;
tu justicia llega a las alturas.
¿Quién como tú, oh Dios?
20 Me has hecho pasar por muchos
infortunios,
pero volverás a darme vida;
de las profundidades de la tierra
volverás a levantarme.
21 Acrecentarás mi honor
y volverás a consolarme.

22 Por tu fidelidad, Dios mío,
te alabaré con instrumentos de
cuerda;
te cantaré, oh Santo de Israel,
salmos con la lira.
23 Gritarán de júbilo mis labios
cuando yo te cante salmos,
pues me has salvado la vida.

24 Todo el día repetirá mi lengua
la historia de tus justas acciones,
pues quienes buscaban mi mal
han quedado confundidos y
avergonzados.

Salmo 72

De Salomón.

1 Oh Dios, otorga tu justicia al rey,
tu rectitud al príncipe heredero.
2 Así juzgará con rectitud a tu pueblo
y hará justicia a tus pobres.
3 Brindarán los montes *bienestar al
pueblo,
y fruto de justicia las colinas.

4 El rey hará justicia a los pobres del
    pueblo
  y salvará a los necesitados;
  ¡él aplastará a los opresores!

5 Que viva el reya por mil generaciones,
    lo mismo que el sol y que la luna.
6 Que sea como la lluvia sobre un
    campo sembrado,
  como las lluvias que empapan la
    tierra.
7 Que en sus días florezca la justicia,
  y que haya gran prosperidad,
  hasta que la luna deje de existir.

8 Que domine el rey de mar a mar,
  desde el río Éufrates hasta los
    confines de la tierra.
9 Que se postren ante él las tribus del
    desierto;
  ¡que muerdan el polvo sus
    enemigos!

10 Que le paguen tributo los reyes de
    Tarsis
  y de las costas remotas;
  que los reyes de Sabá y de Sebá
    le traigan presentes;
11 Que ante él se inclinen todos los
    reyes;
  ¡que le sirvan todas las naciones!

12 Él librará al indigente que pide
    auxilio,
  y al pobre que no tiene quien lo
    ayude.
13 Se compadecerá del desvalido y del
    necesitado,
  y a los menesterosos les salvará la
    vida.
14 Los librará de la opresión y la
    violencia,
  porque considera valiosa su vida.

15 ¡Que viva el rey!
  ¡Que se le entregue el oro de Sabá!
  Que se ore por él sin cesar;
  que todos los días se le bendiga.

16 Que abunde el trigo en toda la tierra;
  que ondeen los trigales en la
    cumbre de los montes.

Que el grano se dé como en el Líbano;
  que abunden las gavillasb como la
    hierba del campo.

17 Que su *nombre perdure para
    siempre;
  que su fama permanezca como el
    sol.
  Que en su nombre las naciones
    se bendigan unas a otras;
  que todas ellas lo proclamen
    *dichoso.

18 Bendito sea Dios el *Señor,
  el Dios de Israel,
  el único que hace obras portentosas.
19 Bendito sea por siempre su glorioso
    nombre;
  ¡que toda la tierra se llene de su
    gloria!

            Amén y Amén.

20 Aquí terminan las oraciones de
    David hijo de Isaí.

LIBRO III

Salmos 73-89

Salmo 73

Salmo de Asaf.

1 En verdad, ¡cuán bueno es Dios con
    Israel,
  con los puros de corazón!
2 Yo estuve a punto de caer,
  y poco me faltó para que resbalara.
3 Sentí envidia de los arrogantes,
  al ver la prosperidad de esos
    malvados.

4 Ellos no tienen ningún problema;
  su cuerpo está fuerte y saludable.c
5 Libres están de los afanes de todos;
  no les afectan los infortunios
    humanos.
6 Por eso lucen su orgullo como un
    collar,
  y hacen gala de su violencia.

a 72:5 Que viva el rey (véase LXX); *Te temerán* (TM). *b 72:16 que abunden las gavillas.* Alt. *que de la ciudad nazca gente.*
c 73:4 no tienen ningún problema; / su cuerpo está fuerte y saludable. Alt. *no tienen lucha alguna ante su muerte; / su cuerpo está saludable.*

7 ¡Están que revientan de malicia,
   y hasta se les ven sus malas
      intenciones!
8 Son burlones, hablan con doblez,
   y arrogantes oprimen y amenazan.
9 Con la boca increpan al *cielo,
   con la lengua dominan la tierra.
10 Por eso la gente acude a ellos
   y cree todo lo que afirman.
11 Hasta dicen: «¿Cómo puede Dios
      saberlo?
   ¿Acaso el *Altísimo tiene
      entendimiento?»
12 Así son los impíos;
   sin afanarse, aumentan sus riquezas.

13 En verdad, ¿de qué me sirve
      mantener mi corazón limpio
   y mis manos lavadas en la inocencia,
14 si todo el día me golpean
   y de mañana me castigan?

15 Si hubiera dicho: «Voy a hablar como
      ellos»,
   habría traicionado a tu linaje.
16 Cuando traté de comprender todo
      esto,
   me resultó una carga insoportable,
17 hasta que entré en el santuario de
      Dios;
   allí comprendí cuál será el destino
      de los malvados:
18 En verdad, los has puesto en terreno
      resbaladizo,
   y los empujas a su propia
      destrucción.
19 ¡En un instante serán destruidos,
   totalmente consumidos por el
      terror!
20 Como quien despierta de un sueño,
   así, *Señor, cuando tú te levantes,
   desecharás su falsa apariencia.

21 Se me afligía el corazón
   y se me amargaba el ánimo
22 por mi *necedad e ignorancia.
   ¡Me porté contigo como una bestia!
23 Pero yo siempre estoy contigo,
   pues tú me sostienes de la mano
      derecha.
24 Me guías con tu consejo,
   y más tarde me acogerás en gloria.

25 ¿A quién tengo en el cielo sino a ti?
   Si estoy contigo, ya nada quiero en
      la tierra.
26 Podrán desfallecer mi cuerpo y mi
      espíritu,[a]
   pero Dios fortalece[b] mi corazón;
   él es mi herencia eterna.

27 Perecerán los que se alejen de ti;
   tú destruyes a los que te son infieles.
28 Para mí el bien es estar cerca de Dios.
   He hecho del Señor Soberano mi
      refugio
   para contar todas sus obras.

Salmo 74

*Masquil de Asaf.

1 ¿Por qué, oh Dios,
   nos has rechazado para siempre?
¿Por qué se ha encendido tu ira
   contra las ovejas de tu prado?
2 Acuérdate del pueblo que adquiriste
   desde tiempos antiguos,
de la tribu que redimiste
   para que fuera tu posesión.

Acuérdate de este monte *Sión,
   que es donde tú habitas.
3 Dirige tus pasos hacia estas ruinas
      eternas;
   ¡todo en el santuario lo ha
      destruido el enemigo!
4 Tus adversarios rugen en el lugar de
      tus asambleas
   y plantan sus banderas en señal de
      victoria.
5 Parecen leñadores en el bosque,
   talando árboles con sus hachas.
6 Con sus hachas y martillos
   destrozaron todos los adornos de
      madera.
7 Prendieron fuego a tu santuario;
   profanaron la residencia de tu
      *nombre.
8 En su corazón dijeron: «¡Los haremos
      polvo!»,
   y quemaron en el país todos tus
      santuarios.

a 73:26 *espíritu*. Lit. *corazón*. b 73:26 *fortalece*. Lit. *es la roca de*.

⁹ Ya no vemos ondear nuestras
    banderas;
ya no hay ningún profeta,
y ni siquiera sabemos
    hasta cuándo durará todo esto.

¹⁰ ¿Hasta cuándo, oh Dios, se burlará el
    adversario?
¿Por siempre insultará tu nombre el
    enemigo?
¹¹ ¿Por qué retraes tu mano, tu mano
    derecha?
¿Por qué te quedas cruzado de
    brazos?

¹² Tú, oh Dios, eres mi rey desde
    tiempos antiguos;
tú traes *salvación sobre la tierra.
¹³ Tú dividiste el mar con tu poder;
les rompiste la cabeza a los
    monstruos marinos.
¹⁴ Tú aplastaste las cabezas de *Leviatán
y lo diste por comida a las jaurías
    del desierto.
¹⁵ Tú hiciste que brotaran fuentes y
    arroyos;
secaste ríos de inagotables
    corrientes.
¹⁶ Tuyo es el día, tuya también la noche;
tú estableciste la luna y el sol;
¹⁷ trazaste los límites de la tierra,
y creaste el verano y el invierno.

¹⁸ Recuerda, *Señor, que tu enemigo se
    burla,
y que un pueblo insensato ofende
    tu nombre.
¹⁹ No entregues a las fieras
    la vida de tu tórtola;
no te olvides, ni ahora ni nunca,
    de la vida de tus pobres.
²⁰ Toma en cuenta tu *pacto,
pues en todos los rincones del país
    abunda la violencia.
²¹ Que no vuelva humillado el
    oprimido;
que alaben tu nombre el pobre y el
    necesitado.

²² Levántate, oh Dios, y defiende tu
    causa;
recuerda que a todas horas te
    ofenden los necios.

²³ No pases por alto el griterío de tus
    adversarios,
el creciente tumulto de tus
    enemigos.

Salmo 75

Al director musical. Sígase la tonada de
«No destruyas». Salmo de Asaf. Cántico.

¹ Te damos gracias, oh Dios,
te damos gracias e invocamosª tu
    *nombre;
¡todos hablan de tus obras
    portentosas!

² Tú dices: «Cuando yo lo decida,
    juzgaré con justicia.
³ Cuando se estremece la tierra
con todos sus habitantes,
soy yo quien afirma sus columnas.»
                                    *Selah

⁴ «No sean altaneros», digo a los altivos;
«No sean soberbios», ordeno a los
    impíos;
⁵ «No hagan gala de soberbia contra el
    *cielo,
ni hablen con aires de suficiencia.»

⁶ La exaltación no viene del oriente,
ni del occidente ni del sur,
⁷ sino que es Dios el que juzga:
a unos humilla y a otros exalta.

⁸ En la mano del *Señor hay una copa
de espumante vino mezclado con
    especias;
cuando él lo derrame, todos los impíos
    de la tierra
habrán de beberlo hasta las heces.

⁹ Yo hablaré de esto siempre;
cantaré salmos al Dios de Jacob.
¹⁰ Aniquilaré la altivez de todos los
    impíos,
y exaltaré el poder de los justos.

ª 75:1 e invocamos (LXX y Siríaca); y cercano está (TM).

Salmo 76

Al director musical. Acompáñese con instrumentos de cuerda. Salmo de Asaf. Cántico.

1 Dios es conocido en Judá;
  su *nombre es exaltado en Israel.
2 En *Salem se halla su tienda;
  en *Sión está su morada.
3 Allí hizo pedazos las centelleantes
    saetas,
  los escudos, las espadas, las armas
    de guerra.
                        *Selah

4 Estás rodeado de esplendor;
  eres más imponente que las
    montañas eternas.ª
5 Los valientes yacen ahora despojados;
  han caído en el sopor de la muerte.
Ninguno de esos hombres aguerridos
  volverá a levantar sus manos.

6 Cuando tú, Dios de Jacob, los
    reprendiste,
  quedaron pasmados jinetes y
    corceles.
7 Tú, y sólo tú, eres de temer.
  ¿Quién puede hacerte frente
  cuando se enciende tu enojo?
8 Desde el *cielo diste a conocer tu
    veredicto;
  la tierra, temerosa, guardó silencio
9 cuando tú, oh Dios, te levantaste para
    juzgar,
  para salvar a los pobres de la tierra.
                        Selah

10 La furia de Edom se vuelve tu
    alabanza;
  lo que aún queda de Hamat se
    vuelve tu corona.b
11 Hagan votos al *Señor su Dios, y
    cúmplanlos;
  que todos los países vecinos
  paguen tributo al Dios temible,
12 al que acaba con el valor de los
    gobernantes,
  ¡al que es temido por los reyes de la
    tierra!

Salmo 77

Al director musical. Para Jedutún.
Salmo de Asaf.

1 A Dios elevo mi voz suplicante;
  a Dios elevo mi voz para que me
    escuche.
2 Cuando estoy angustiado, recurro al
    *Señor;
  sin cesar elevo mis manos por las
    noches,
  pero me niego a recibir consuelo.
3 Me acuerdo de Dios, y me lamento;
  medito en él, y desfallezco.
                        *Selah

4 No me dejas conciliar el sueño;
  tan turbado estoy que ni hablar
    puedo.
5 Me pongo a pensar en los tiempos de
    antaño;
  de los años ya idos 6 me acuerdo.
Mi corazón reflexiona por las noches;c
  mi espíritu medita e inquiere:
7 «¿Nos rechazará el Señor para
    siempre?

  ¿No volverá a mostrarnos su buena
    voluntad?
8 ¿Se habrá agotado su gran amor
    eterno,
  y sus promesas por todas las
    generaciones?
9 ¿Se habrá olvidado Dios de sus
    bondades,
  y en su enojo ya no quiere tenernos
    compasión?»
                        Selah

10 Y me pongo a pensar: «Esto es lo que
    me duele:
  que haya cambiado la diestra del
    *Altísimo.»
11 Prefiero recordar las hazañas del
    Señor,
  traer a la memoria sus milagros de
    antaño.
12 Meditaré en todas tus proezas;
  evocaré tus obras poderosas.

---

a **76:4** *montañas eternas* (LXX); *montañas donde hay presa* (TM). *b* **76:10** *La furia ... tu corona* (lectura probable); *La furia del hombre te alabará, porque los sobrevivientes al castigo te harán fiesta* (TM). *c* **77:6** *me acuerdo. / Mi ... las noches* (LXX); *Me acuerdo de mi cántico por las noches con mi corazón* (TM).

¹³ Santos, oh Dios, son tus *caminos;
¿qué dios hay tan excelso como
nuestro Dios?
¹⁴ Tú eres el Dios que realiza maravillas;
el que despliega su poder entre los
pueblos.
¹⁵ Con tu brazo poderoso redimiste a tu
pueblo,
a los descendientes de Jacob y de
José.

Selah

¹⁶ Las aguas te vieron, oh Dios,
las aguas te vieron y se agitaron;
el propio abismo se estremeció con
violencia.
¹⁷ Derramaron su lluvia las nubes;
retumbaron con estruendo los
*cielos;
rasgaron el espacio tus centellas.

¹⁸ Tu estruendo retumbó en el
torbellino
y tus relámpagos iluminaron el
mundo;
la tierra se estremeció con
temblores.
¹⁹ Te abriste camino en el mar;
te hiciste paso entre las muchas
aguas,
y no se hallaron tus huellas.
²⁰ Por medio de Moisés y de Aarón
guiaste como un rebaño a tu pueblo.

Salmo 78

Masquil de Asaf.

¹ Pueblo mío, atiende a mi *enseñanza;
presta oído a las *palabras de mi
boca.
² Mis labios pronunciarán *parábolas
y evocarán misterios de antaño,
³ cosas que hemos oído y conocido,
y que nuestros padres nos han
contado.
⁴ No las esconderemos de sus
descendientes;
hablaremos a la generación
venidera
del poder del *Señor, de sus proezas,
y de las maravillas que ha realizado.
⁵ Él promulgó un *decreto para Jacob,
dictó una *ley para Israel;

ordenó a nuestros antepasados
enseñarlos a sus descendientes,
⁶ para que los conocieran las
generaciones venideras
y los hijos que habrían de nacer,
que a su vez los enseñarían a sus
hijos.

⁷ Así ellos pondrían su confianza en
Dios
y no se olvidarían de sus proezas,
sino que cumplirían sus
*mandamientos.

⁸ Así no serían como sus antepasados:
generación obstinada y rebelde,
gente de corazón fluctuante,
cuyo espíritu no se mantuvo fiel a
Dios.
⁹ La tribu de Efraín, con sus diestros
arqueros,
se puso en fuga el día de la batalla.

¹⁰ No cumplieron con el *pacto de Dios,
sino que se negaron a seguir sus
enseñanzas.
¹¹ Echaron al olvido sus proezas,
las maravillas que les había
mostrado,
¹² los milagros que hizo a la vista de sus
padres
en la tierra de Egipto, en la región
de Zoán.
¹³ Partió el mar en dos para que ellos lo
cruzaran,
mientras mantenía las aguas firmes
como un muro.

¹⁴ De día los guió con una nube,
y toda la noche con luz de fuego.
¹⁵ En el desierto partió en dos las rocas,
y les dio a beber torrentes de aguas;
¹⁶ hizo que brotaran arroyos de la peña
y que las aguas fluyeran como ríos.

¹⁷ Pero ellos volvieron a pecar contra él;
en el desierto se rebelaron contra el
*Altísimo.
¹⁸ Con toda intención pusieron a Dios a
prueba,
y le exigieron comida a su antojo.
¹⁹ Murmuraron contra Dios, y aun
dijeron:
«¿Podrá Dios tendernos una mesa
en el desierto?

20 Cuando golpeó la roca,
el agua brotó en torrentes;
pero ¿podrá también darnos de comer?,
¿podrá proveerle carne a su
pueblo?»
21 Cuando el Señor oyó esto, se puso
muy furioso;
su enojo se encendió contra Jacob,
su ira ardió contra Israel.
22 Porque no confiaron en Dios,
ni creyeron que él los salvaría.
23 Desde lo alto dio una orden a las
nubes,
y se abrieron las puertas de los
*cielos.
24 Hizo que les lloviera maná, para que
comieran;
trigo de los cielos les dio a comer.
25 Todos ellos comieron pan de ángeles;
Dios les envió comida hasta
saciarlos.
26 Desató desde el cielo el viento solano,
y con su poder levantó el viento del
sur.
27 Cual lluvia de polvo, hizo que les
lloviera carne;
¡nubes de pájaros, como la arena
del mar!
28 Los hizo caer en medio de su
campamento
y en los alrededores de sus tiendas.
29 Comieron y se hartaron,
pues Dios les cumplió su capricho.
30 Pero el capricho no les duró mucho:
aún tenían la comida en la boca
31 cuando el enojo de Dios vino sobre
ellos:
dio muerte a sus hombres más
robustos;
abatió a la flor y nata de Israel.

32 A pesar de todo, siguieron pecando
y no creyeron en sus maravillas.
33 Por tanto, Dios hizo que sus días
se esfumaran como un suspiro,
que sus años acabaran en medio del
terror.
34 Si Dios los castigaba, entonces lo
buscaban,
y con ansias se volvían de nuevo a
él.
35 Se acordaban de que Dios era su *roca,
de que el Dios Altísimo era su
redentor.

36 Pero entonces lo halagaban con la
boca,
y le mentían con la lengua.
37 No fue su corazón sincero para con
Dios;
no fueron fieles a su pacto.
38 Sin embargo, él les tuvo compasión;
les perdonó su maldad y no los
destruyó.

Una y otra vez contuvo su enojo,
y no se dejó llevar del todo por la
ira.
39 Se acordó de que eran simples
*mortales,
un efímero suspiro que jamás
regresa.

40 ¡Cuántas veces se rebelaron contra él
en el desierto,
y lo entristecieron en los páramos!
41 Una y otra vez ponían a Dios a
prueba;
provocaban al Santo de Israel.
42 Jamás se acordaron de su poder,
de cuando los rescató del opresor,
43 ni de sus señales milagrosas en
Egipto,
ni de sus portentos en la región de
Zoán,
44 cuando convirtió en sangre los ríos
egipcios
y no pudieron ellos beber de sus
arroyos;
45 cuando les envió tábanos que se los
devoraban,
y ranas que los destruían;
46 cuando entregó sus cosechas a los
saltamontes,
y sus sembrados a la langosta;
47 cuando con granizo destruyó sus
viñas,
y con escarcha sus higueras;
48 cuando entregó su ganado al granizo,
y sus rebaños a las centellas;
49 cuando lanzó contra ellos el ardor de
su ira,
de su furor, indignación y
hostilidad:
¡todo un ejército de ángeles
destructores!
50 Dio rienda suelta a su enojo
y no los libró de la muerte,
sino que los entregó a la plaga.

⁵¹ Dio muerte a todos los primogénitos
de Egipto,
a las primicias de su raza en las
tiendas de Cam.
⁵² A su pueblo lo guió como a un
rebaño;
los llevó por el desierto, como a
ovejas,
⁵³ infundiéndoles confianza para que
no temieran.
Pero a sus enemigos se los tragó el
mar.

⁵⁴ Trajo a su pueblo a esta su tierra
santa,
a estas montañas que su diestra
conquistó.
⁵⁵ Al paso de los israelitas expulsó
naciones,
cuyas tierras dio a su pueblo en
heredad;
¡así estableció en sus tiendas a las
tribus de Israel!

⁵⁶ Pero ellos pusieron a prueba a Dios:
se rebelaron contra el *Altísimo
y desobedecieron sus *estatutos.
⁵⁷ Fueron desleales y traidores, como
sus padres;
¡tan falsos como un arco defectuoso!
⁵⁸ Lo irritaron con sus santuarios
paganos;
con sus ídolos despertaron sus celos.

⁵⁹ Dios lo supo y se puso muy furioso,
por lo que rechazó completamente
a Israel.
⁶⁰ Abandonó el tabernáculo de Silo,
que era su santuario aquí en la
tierra,
⁶¹ y dejó que el símbolo de su poder y
gloria
cayera cautivo en manos enemigas.
⁶² Tan furioso estaba contra su pueblo
que dejó que los mataran a filo de
espada.
⁶³ A sus jóvenes los consumió el fuego,
y no hubo cantos nupciales para sus
doncellas;
⁶⁴ a filo de espada cayeron sus
sacerdotes,
y sus viudas no pudieron hacerles
duelo.

⁶⁵ Despertó entonces el Señor,
como quien despierta de un sueño,
como un guerrero que, por causa del
vino,
lanza gritos desaforados.
⁶⁶ Hizo retroceder a sus enemigos,
y los puso en vergüenza para
siempre.
⁶⁷ Rechazó a los descendientesª de José,
y no escogió a la tribu de Efraín;
⁶⁸ más bien, escogió a la tribu de Judá
y al monte *Sión, al cual ama.

⁶⁹ Construyó su santuario, alto como
los cielos,ᵇ
como la tierra, que él afirmó para
siempre.
⁷⁰ Escogió a su siervo David,
al que sacó de los apriscos de las
ovejas,
⁷¹ y lo quitó de andar arreando los
rebaños
para que fuera el *pastor de Jacob,
su pueblo;
el pastor de Israel, su herencia.
⁷² Y David los pastoreó con corazón
sincero;
con mano experta los dirigió.

Salmo 79

Salmo de Asaf.

¹ Oh Dios, los pueblos paganos han
invadido tu herencia;
han profanado tu santo templo,
han dejado en ruinas a *Jerusalén.
² Han entregado los cadáveres de tus
siervos
como alimento de las aves del *cielo;
han destinado los cuerpos de tus fieles
para comida de los animales
salvajes.
³ Por toda Jerusalén han derramado su
sangre,
como si derramaran agua,
y no hay quien entierre a los
muertos.
⁴ Nuestros vecinos hacen mofa de
nosotros;

---

a **78:67** *los descendientes.* Lit. *las tiendas (de campaña).* *b* **78:69** *santuario, alto como los cielos.* Lit. *santuario como las alturas.*

somos blanco de las burlas de
quienes nos rodean.
⁵ ¿Hasta cuándo, *Señor?
¿Vas a estar enojado para siempre?
¿Arderá tu celo como el fuego?
⁶ ¡Enójate con las naciones que no te
reconocen,
con los reinos que no invocan tu
*nombre!
⁷ Porque a Jacob se lo han devorado,
y al país lo han dejado en ruinas.
⁸ No nos tomes en cuenta los pecados
de ayer;
¡venga pronto tu misericordia a
nuestro encuentro,
porque estamos totalmente
abatidos!

⁹ Oh Dios y salvador nuestro,
por la gloria de tu nombre,
ayúdanos;
por tu nombre, líbranos y perdona
nuestros pecados.

¹⁰ ¿Por qué van a decir las naciones:
«¿Dónde está su Dios?»
Permítenos ver, y muéstrales a los
pueblos paganos
cómo tomas venganza de la sangre
de tus siervos.
¹¹ Que lleguen a tu presencia
los gemidos de los cautivos,
y por la fuerza de tu brazo
salva a los condenados a muerte.

¹² Señor, haz que sientan nuestros
vecinos,
siete veces y en carne propia,
el oprobio que han lanzado contra
ti.
¹³ Y nosotros, tu pueblo y ovejas de tu
prado,
te alabaremos por siempre;
de generación en generación
cantaremos tus alabanzas.

Salmo 80

Al director musical. Sígase la tonada de «Los
lirios del *pacto». Salmo de Asaf.

¹ *Pastor de Israel,
tú que guías a José como a un
rebaño,

tú que reinas entre los querubines,
¡escúchanos!
¡Resplandece ² delante de Efraín,
Benjamín y Manasés!
¡Muestra tu poder, y ven a
salvarnos!

³ Restáuranos, oh Dios;
haz resplandecer tu rostro sobre
nosotros,
y sálvanos.

⁴ ¿Hasta cuándo, *Señor, Dios
*Todopoderoso,
arderá tu ira contra las oraciones
de tu pueblo?
⁵ Por comida, le has dado pan de
lágrimas;
por bebida, lágrimas en
abundancia.
⁶ Nos has hecho motivo de contienda
para nuestros vecinos;
nuestros enemigos se burlan de
nosotros.

⁷ Restáuranos, oh Dios Todopoderoso;
haz resplandecer tu rostro sobre
nosotros,
y sálvanos.

⁸ De Egipto trajiste una vid;
expulsaste a los pueblos paganos, y
la plantaste.
⁹ Le limpiaste el terreno,
y ella echó raíces y llenó la tierra.
¹⁰ Su sombra se extendía hasta las
montañas,
su follaje cubría los más altos
cedros.
¹¹ Sus ramas se extendieron hasta el
Mediterráneo
y sus renuevos hasta el Éufrates.

¹² ¿Por qué has derribado sus muros?
¡Todos los que pasan le arrancan
uvas!
¹³ Los jabalíes del bosque la destruyen,
los animales salvajes la devoran.
¹⁴ ¡Vuélvete a nosotros, oh Dios
Todopoderoso!
¡Asómate a vernos desde el *cielo
y brinda tus cuidados a esta vid!
¹⁵ ¡Es la raíz que plantaste con tu
diestra!
¡Es el vástago que has criado para ti!

¹⁶ Tu vid está derribada, quemada por
el fuego;
a tu reprensión perece tu pueblo.ᵃ
¹⁷ Bríndale tu apoyo al *hombre de tu
diestra,
al hijo de hombre que para ti has
criado.
¹⁸ Nosotros no nos apartaremos de ti;
reavívanos, e invocaremos tu
*nombre.

¹⁹ Restáuranos, SEÑOR, Dios
Todopoderoso;
haz resplandecer tu rostro sobre
nosotros,
y sálvanos.

Salmo 81

Al director musical. Sígase la tonada de «La canción del lagar». Salmo de Asaf.

¹ Canten alegres a Dios, nuestra
fortaleza;
¡aclamen con regocijo al Dios de
Jacob!
² ¡Entonen salmos!
¡Toquen ya la pandereta,
la lira y el arpa melodiosa!

³ Toquen el cuerno de carnero en la
luna nueva,
y en la luna llena, día de nuestra
fiesta.
⁴ Éste es un *decreto para Israel,
una *ordenanza del Dios de Jacob.
⁵ Lo estableció como un *pacto con José
cuando salió de la tierra de Egipto.

Escucho un idioma que no entiendo:
⁶ «Te he quitado la carga de los
hombros;
tus manos se han librado del
pesado cesto.
⁷ En tu angustia me llamaste, y te libré;
oculto en el nubarrón te respondí;
en las aguas de Meriba te puse a
prueba.
*Selah

⁸ »Escucha, pueblo mío, mis
advertencias;
¡ay Israel, si tan sólo me escucharas!

⁹ No tendrás ningún dios extranjero,
ni te inclinarás ante ningún dios
extraño.
¹⁰ Yo soy el *SEÑOR tu Dios,
que te sacó de la tierra de Egipto.
Abre bien la boca, y te la llenaré.

¹¹ »Pero mi pueblo no me escuchó;
Israel no quiso hacerme caso.
¹² Por eso los abandoné a su obstinada
voluntad,
para que actuaran como mejor les
pareciera.

¹³ »Si mi pueblo tan sólo me escuchara,
si Israel quisiera andar por mis
*caminos,
¹⁴ ¡cuán pronto sometería yo a sus
enemigos,
y volvería mi mano contra sus
adversarios!
¹⁵ Los que aborrecen al SEÑOR se
rendirían ante él,
pero serían eternamente castigados.
¹⁶ Y a ti te alimentaría con lo mejor del
trigo;
con miel de la peña te saciaría.»

Salmo 82

Salmo de Asaf.

¹ Dios preside el consejo celestial;
entre los dioses dicta sentencia:

² «¿Hasta cuándo defenderán la
injusticia
y favorecerán a los impíos?
*Selah
³ Defiendan la causa del huérfano y del
desvalido;
al pobre y al oprimido háganles
justicia.
⁴ Salven al menesteroso y al necesitado;
líbrenlos de la mano de los impíos.

⁵ »Ellos no saben nada, no entienden
nada.
Deambulan en la oscuridad;
se estremecen todos los cimientos
de la tierra.

ᵃ 80:16 Tu vid ... tu pueblo (lectura probable); Haz que perezcan, a tu reprensión, / los que la queman y destruyen (TM).

Pasaje del día: Salmo 81:1-16
Versículo del día: Salmo 81:13

La importancia de escuchar a Dios

*R*ebeca estaba sentada en el parque. En las manos tenía un Nuevo Testamento y sus ojos controlaban los movimientos de sus dos niños que jugaban. Su vecina, Amanda, estaba cerca de ella oyéndola atentamente, mientras Rebeca le hablaba de las nuevas de gran gozo del evangelio.

Aprovechando una pausa, Amanda dijo:

—Mi problema es que no entiendo cómo Dios puede amarme y conocerme. Tú dices que escuchas la voz de Dios y que yo también la puedo escuchar. ¿Cómo puede ser eso? Yo no oigo nada. No creo que podría distinguir si Él me hablara.

—Bien —dijo Rebeca—, vamos a hacer una prueba. Quiero que llames a mi hijo Rodrigo. Está allá en los columpios.

Dudando un poco, Amanda llamó a Rodrigo. El niño no se movió. Volvió a llamarlo; pero Rodrigo no dio señales de haber escuchado.

—Observa esto —le dijo Rebeca, y con voz fuerte llamó a su hijo.

De inmediato Rodrigo corrió a su lado.

—¿Cómo supiste que tu mamá te llamaba? —le preguntó Amanda.

—Es que es mi mamá —le respondió en niño—. Conozco muy bien su voz. La oigo todos los días.

—Así es para ti, Amanda. Cuando llegues a conocer a Dios a través de Jesucristo, escucharás y conocerás su voz, porque todos los días la oirás.

Rebeca miró a Amanda. Las lágrimas rodaban por sus mejillas. Era obvio que ella también quería aprender a escuchar a Dios.

Pensamiento: *No seamos duras de corazón como el pueblo de Israel, que siguieron sus propios caminos por no escuchar a Dios.*

Beatriz E. de Zapata
Guatemala

⁶ »Yo les he dicho: 'Ustedes son dioses;
todos ustedes son hijos del
*Altísimo.'
⁷ Pero morirán como cualquier *mortal;
caerán como cualquier otro
gobernante.»
⁸ Levántate, oh Dios, y juzga a la tierra,
pues tuyas son todas las naciones.

Salmo 83

Cántico. Salmo de Asaf.

¹ Oh Dios, no guardes silencio;
no te quedes, oh Dios, callado e
impasible.
² Mira cómo se alborotan tus enemigos,
cómo te desafían los que te odian.
³ Con astucia conspiran contra tu
pueblo;
conspiran contra aquellos a quienes
tú estimas.
⁴ Y dicen: «¡Vengan, destruyamos su
nación!
¡Que el *nombre de Israel no
vuelva a recordarse!»
⁵ Como un solo hombre se confabulan;
han hecho un *pacto contra ti:
⁶ los campamentos de Edom y de
Ismael,
los de Moab y de Agar,
⁷ Gebal,ᵃ Amón y Amalec,
los de Filistea y los habitantes de
Tiro.
⁸ ¡Hasta Asiria se les ha unido;
ha apoyado a los descendientes de
Lot!
*Selah

⁹ Haz con ellos como hiciste con
Madián,
como hiciste con Sísara y Jabín en
el río Cisón,
¹⁰ los cuales perecieron en Endor
y quedaron en la tierra, como
estiércol.
¹¹ Haz con sus nobles
como hiciste con Oreb y con Zeeb;
haz con todos sus príncipes
como hiciste con Zeba y con
Zalmuna,

¹² que decían: «Vamos a adueñarnos
de los pastizales de Dios.»
¹³ Hazlos rodar como zarzas, Dios mío;
¡como paja que se lleva el viento!
¹⁴ Y así como el fuego consume los
bosques
y las llamas incendian las montañas,
¹⁵ así persíguelos con tus tormentas
y aterrorízalos con tus tempestades.
¹⁶ *SEÑOR, cúbreles el rostro de
ignominia,
para que busquen tu nombre.

¹⁷ Que sean siempre puestos en
vergüenza;
que perezcan humillados.
¹⁸ Que sepan que tú eres el SEÑOR,
que ése es tu nombre;
que sepan que sólo tú eres el *Altísimo
sobre toda la tierra.

Salmo 84

Al director musical. Sígase la tonada
de "La canción del Lagar".
Salmo de los hijos de Coré.

¹ ¡Cuán hermosas son tus moradas,
*SEÑOR *Todopoderoso!
² Anhelo con el *alma los atrios del
SEÑOR;
casi agonizo por estar en ellos.
Con el corazón, con todo el cuerpo,
canto alegre al Dios de la vida.

³ SEÑOR Todopoderoso, rey mío y Dios
mío,
aun el gorrión halla casa cerca de
tus altares;
también la golondrina hace allí su nido,
para poner sus polluelos.

⁴ *Dichoso el que habita en tu templo,
pues siempre te está alabando.
*Selah

⁵ Dichoso el que tiene en ti su fortaleza,
que sólo piensa en recorrer tus
sendas.
⁶ Cuando pasa por el valle de las
Lágrimas

a 83:7 Es decir, Biblos.

Pasaje del día: Salmo 84:1-12
Versículo del día: Salmo 84:3

Aun el gorrión halla casa

*N*i el gorrión ni la golondrina son aves que impactan por su belleza. Pequeño y descolorido el gorrión, ni siquiera se luce por su canto. Oscura y lejana la golondrina, pronto olvidamos su paso por el cielo. Aun ellas, dice el salmo, hallarán casa en los altares de Dios, y hasta podrán hacer nido para sus polluelos.

¡Cuántas mujeres anónimas pasan desapercibidas y olvidadas en medio de la población! Frágiles y desconocidas, abandonadas por sus esposos y olvidadas por sus hijos; pero muchas de ellas viven llenas de fortaleza y perseverancia, y enfrentan la vida sin el apoyo de nadie. Algunas son viudas, y otras se ven atadas a un destino no elegido.

En medio de su soledad, esos "gorriones" anónimos descubrieron a Dios. Él les dio un lugar bien alto, bajo el arco de piedra de los altares de su templo, y pudieron fabricar su nido junto a él. Hallaron refugio durante las tormentas de la vida, y aprendieron a enfrentar sin temor su soledad.

Tenemos un Dios que quiere que sepamos que hasta la mujer más insignificante y olvidada tiene el privilegio de habitar junto a Él, y gozar de su ternura.

Elsie R. Romanenghi
de Powell
Argentina

lo convierte en región de
    manantiales;
también las lluvias tempranas
    cubren de bendiciones el valle.
7 Según avanzan los peregrinos, cobran
    más fuerzas,
    y en *Sión se presentan ante el Dios
    de dioses.

8 Oye mi oración, Señor, Dios
    Todopoderoso;
    escúchame, Dios de Jacob.
                        Selah
9 Oh Dios, escudo nuestro,
    pon sobre tu ungido tus ojos
    bondadosos.

10 Vale más pasar un día en tus atrios
    que mil fuera de ellos;
prefiero cuidar la entrada de la casa de
    mi Dios
    que habitar entre los impíos.

11 El Señor es sol y escudo;
    Dios nos concede honor y gloria.
El Señor brinda generosamente su
    bondad
    a los que se conducen sin tacha.

12 Señor Todopoderoso,
    ¡dichosos los que en ti confían!

Salmo 85

Al director musical. Salmo
de los hijos de Coré.

1 *Señor, tú has sido bondadoso con
    esta tierra tuya
    al restaurar[a] a Jacob;
2 perdonaste la iniquidad de tu pueblo
    y cubriste todos sus pecados;
                      Selah
3 depusiste por completo tu enojo,
    y contuviste el ardor de tu ira.

4 Restáuranos una vez más, Dios y
    salvador nuestro;
    pon fin a tu disgusto con nosotros.

5 ¿Vas a estar enojado con nosotros
    para siempre?
    ¿Vas a seguir eternamente airado?
6 ¿No volverás a darnos nueva vida,
    para que tu pueblo se alegre en ti?
7 Muéstranos, Señor, tu amor
    inagotable,
    y concédenos tu *salvación.

8 Voy a escuchar lo que Dios el Señor
    dice:
    él promete *paz a su pueblo y a sus
    fieles,
    siempre y cuando no se vuelvan a la
    *necedad.[b]
9 Muy cercano está para salvar a los que
    le temen,
    para establecer su gloria en nuestra
    tierra.

10 El amor y la verdad se encontrarán;
    se besarán la paz y la justicia.
11 De la tierra brotará la verdad,
    y desde el *cielo se asomará la
    justicia.
12 El Señor mismo nos dará bienestar,
    y nuestra tierra rendirá su fruto.
13 La justicia será su heraldo
    y le preparará el camino.

Salmo 86

Oración de David.

1 Atiéndeme, *Señor; respóndeme,
    pues pobre soy y estoy necesitado.
2 Presérvame la vida, pues te soy fiel.
    Tú eres mi Dios, y en ti confío;
    ¡salva a tu siervo!
3 Compadécete, Señor, de mí,
    porque a ti clamo todo el día.
4 Reconforta el espíritu de tu siervo,
    porque a ti, Señor, elevo mi *alma.

5 Tú, Señor, eres bueno y perdonador;
    grande es tu amor por todos los
    que te invocan.
6 Presta oído, Señor, a mi oración;
    atiende a la voz de mi clamor.
7 En el día de mi angustia te invoco,
    porque tú me respondes.

---

a **85:1** *al restaurar.* Alt. *al hacer volver de la cautividad.* *b* **85:8** *siempre y cuando ... necedad.* Lit. *y a los que se vuelven de su necedad.*

8 No hay, Señor, entre los dioses otro
   como tú,
   ni hay obras semejantes a las tuyas.
9 Todas las naciones que has creado
   vendrán, Señor, y ante ti se
      postrarán
   y glorificarán tu *nombre.
10 Porque tú eres grande y haces
      maravillas;
   ¡sólo tú eres Dios!

11 Instrúyeme, Señor, en tu *camino
   para conducirme con fidelidad.
Dame integridad de corazón
   para temer tu nombre.
12 Señor mi Dios, con todo el corazón
   te alabaré,
   y por siempre glorificaré tu nombre.
13 Porque grande es tu amor por mí:
   me has librado de caer en el
      *sepulcro.

14 Gente altanera me ataca, oh Dios;
   una banda de asesinos procura
      matarme.
   ¡Son gente que no te toma en
      cuenta!
15 Pero tú, Señor, eres Dios clemente y
      compasivo,
   lento para la ira, y grande en amor
      y verdad.
16 Vuélvete hacia mí, y tenme
      compasión;
   concédele tu fuerza a este siervo
      tuyo.
   ¡Salva a tu hijo fiel!a
17 Dame una muestra de tu amor,
   para que mis enemigos la vean y se
      avergüencen,
   porque tú, Señor, me has brindado
      ayuda y consuelo.

Salmo 87

Salmo de los hijos de Coré. Cántico.

1 Los cimientos de la ciudad de Diosb
   están en el santo monte.
2 El *Señor ama las *entradas de *Sión
   más que a todas las moradas de
      Jacob.

3 De ti, ciudad de Dios,
   se dicen cosas gloriosas:
                              *Selah
4 «Entre los que me reconocen
   puedo contar a *Rahab y a Babilonia,
a Filistea y a Tiro, lo mismo que a Cus.c
   Se dice: 'Éste nació en Sión.'»

5 De Sión se dirá, en efecto:
   «Éste y aquél nacieron en ella.
   El *Altísimo mismo la ha
      establecido.»
6 El Señor anotará en el registro de los
      pueblos:
   «Éste nació en Sión.»
                              Selah
7 Y mientras cantan y bailan, dicen:
   «En ti se hallan todos mis
      orígenes.»d

Salmo 88

Cántico. Salmo de los hijos de Coré.
Al director musical. Según *mahalat leannot.
*Masquil de Hemán el ezraíta.

1 *Señor, Dios de mi *salvación,
   día y noche clamo en presencia
      tuya.
2 Que llegue ante ti mi oración;
   dígnate escuchar mi súplica.

3 Tan colmado estoy de calamidades
   que mi vida está al borde del
      *sepulcro.
4 Ya me cuentan entre los que bajan a la
      fosa;
   parezco un guerrero desvalido.
5 Me han puesto aparte, entre los
      muertos;
   parezco un cadáver que yace en el
      sepulcro,
de esos que tú ya no recuerdas,
   porque fueron arrebatados de tu
      mano.

6 Me has echado en el foso más
      profundo,
   en el más tenebroso de los abismos.

a 86:16 a tu hijo fiel. Lit. al hijo de tu sierva. b 87:1 Los cimientos de la ciudad de Dios. Lit. Los cimientos de él. c 87:4 Es decir, la región del Nilo superior. d 87:7 todos mis orígenes. Lit. todas mis fuentes.

⁷ El peso de tu enojo ha recaído sobre
    mí;
me has abrumado con tus olas.
                          *Selah
⁸ Me has quitado a todos mis amigos
    y ante ellos me has hecho
    aborrecible.
Estoy aprisionado y no puedo librarme;
    ⁹ los ojos se me nublan de tristeza.

Yo, Señor, te invoco cada día,
    y hacia ti extiendo las manos.
¹⁰ ¿Acaso entre los muertos realizas
    maravillas?
    ¿Pueden los muertos levantarse a
    darte gracias?
                          Selah
¹¹ ¿Acaso en el sepulcro se habla de tu
    amor,
    y de tu fidelidad en el abismo
    destructor?ᵃ
¹² ¿Acaso en las tinieblas se conocen tus
    maravillas,
    o tu justicia en la tierra del olvido?

¹³ Yo, Señor, te ruego que me ayudes;
    por la mañana busco tu presencia
    en oración.
¹⁴ ¿Por qué me rechazas, Señor?
    ¿Por qué escondes de mí tu rostro?

¹⁵ Yo he sufrido desde mi juventud;
    muy cerca he estado de la muerte.
Me has enviado terribles sufrimientos
    y ya no puedo más.
¹⁶ Tu ira se ha descargado sobre mí;
    tus violentos ataques han acabado
    conmigo.
¹⁷ Todo el día me rodean como un
    océano;
    me han cercado por completo.
¹⁸ Me has quitado amigos y seres
    queridos;
    ahora sólo tengo amistad con las
    tinieblas.

Salmo 89

*Masquil de Etán el ezraíta.

¹ Oh *Señor, por siempre cantaré
    la grandeza de tu amor;

a **88:11** *abismo destructor.* Lit. *abadón.*

por todas las generaciones
    proclamará mi boca tu fidelidad.
² Declararé que tu amor permanece
    firme para siempre,
    que has afirmado en el *cielo tu
    fidelidad.

³ Dijiste: «He hecho un *pacto con mi
    escogido;
    le he jurado a David mi siervo:
⁴ 'Estableceré tu dinastía para siempre,
    y afirmaré tu trono por todas las
    generaciones.'»
                          *Selah

⁵ Los cielos, Señor, celebran tus
    maravillas,
    y tu fidelidad la asamblea de los
    santos.
⁶ ¿Quién en los cielos es comparable al
    Señor?
    ¿Quién como él entre los seres
    celestiales?
⁷ Dios es muy temido en la asamblea de
    los santos;
    grande y portentoso sobre cuantos
    lo rodean.
⁸ ¿Quién como tú, Señor, Dios
    *Todopoderoso,
    rodeado de poder y de fidelidad?

⁹ Tú gobiernas sobre el mar
    embravecido;
    tú apaciguas sus encrespadas olas.
¹⁰ Aplastaste a *Rahab como a un
    cadáver;
    con tu brazo poderoso dispersaste a
    tus enemigos.
¹¹ Tuyo es el cielo, y tuya la tierra;
    tú fundaste el mundo y todo lo que
    contiene.

¹² Por ti fueron creados el norte y el sur;
    el Tabor y el Hermón cantan
    alegres a tu *nombre.
¹³ Tu brazo es capaz de grandes
    proezas;
    fuerte es tu mano, exaltada tu
    diestra.

¹⁴ La justicia y el derecho son el
    fundamento de tu trono,
    y tus heraldos, el amor y la verdad.

15 *Dichosos los que saben aclamarte,
SEÑOR,
y caminan a la luz de tu presencia;
16 los que todo el día se alegran en tu
nombre
y se regocijan en tu justicia.
17 Porque tú eres su gloria y su poder;
por tu buena voluntad aumentas
nuestra fuerza.ᵃ
18 Tú, SEÑOR, eres nuestro escudo;
tú, Santo de Israel, eres nuestro rey.

19 Una vez hablaste en una visión,
y le dijiste a tu pueblo fiel:
«Le he brindado mi ayuda a un
valiente;
al mejor hombre del pueblo lo he
exaltado.
20 He encontrado a David, mi siervo,
y lo he ungido con mi aceite santo.
21 Mi mano siempre lo sostendrá;
mi brazo lo fortalecerá.
22 Ningún enemigo lo someterá a
tributo;
ningún inicuo lo oprimirá.
23 Aplastaré a quienes se le enfrenten
y derribaré a quienes lo aborrezcan.
24 La fidelidad de mi amor lo
acompañará,
y por mi nombre será exaltada su
fuerza.ᵇ

25 Le daré poder sobre el marᶜ
y dominio sobre los ríos.ᵈ
26 Él me dirá: 'Tú eres mi Padre,
mi Dios, la *roca de mi *salvación.'
27 Yo le daré los derechos de
primogenitura,
la primacía sobre los reyes de la
tierra.
28 Mi amor por él será siempre
constante,
y mi pacto con él se mantendrá fiel.
29 Afirmaré su dinastía y su trono
para siempre, mientras el cielo
exista.

30 »Pero si sus hijos se apartan de mi *ley
y no viven según mis *decretos,
31 si violan mis *estatutos
y no observan mis *mandamientos,

32 con vara castigaré sus transgresiones
y con azotes su iniquidad.
33 Con todo, jamás le negaré mi amor,
ni mi fidelidad le faltará.
34 No violaré mi pacto
ni me retractaré de mis *palabras.
35 Una sola vez he jurado por mi
santidad,
y no voy a mentirle a David:
36 Su descendencia vivirá por siempre;
su trono durará como el sol en mi
presencia.
37 Como la luna, fiel testigo en el cielo,
será establecido para siempre.»
Selah

38 Pero tú has desechado, has rechazado
a tu ungido;
te has enfurecido contra él en gran
manera.
39 Has revocado el pacto con tu siervo;
has arrastrado por los suelos su
corona.
40 Has derribado todas sus murallas
y dejado en ruinas sus fortalezas.
41 Todos los que pasan lo saquean;
¡es motivo de burla para sus vecinos!
42 Has exaltado el poder de sus
adversarios
y llenado de gozo a sus enemigos.
43 Le has quitado el filo a su espada,
y no lo has apoyado en la batalla.
44 Has puesto fin a su esplendor
al derribar por tierra su trono.
45 Has acortado los días de su juventud;
lo has cubierto con un manto de
vergüenza.
Selah

46 ¿Hasta cuándo, SEÑOR, te seguirás
escondiendo?
¿Va a arder tu ira para siempre,
como el fuego?
47 ¡Recuerda cuán efímera es mi vida!ᵉ
Al fin y al cabo, ¿para qué creaste a
los *mortales?
48 ¿Quién hay que viva y no muera
jamás,
o que pueda escapar del poder del
*sepulcro?
Selah

ᵃ **89:17** *aumentas nuestra fuerza.* Lit. *levantas nuestro cuerno.* ᵇ **89:24** *su fuerza.* Lit. *su cuerno.* ᶜ **89:25** Probable referencia
al mar Mediterráneo. ᵈ **89:25** Probable referencia a Mesopotamia. ᵉ **89:47** Véase Sal 39:4.

Pasaje del día: Salmo 90:1-17
Versículo del día: Salmo 90:12

Aprende a contar tus días

Decimos "juventud, divino tesoro"; pero, ¿qué hacemos para conservar ese tesoro? Los años se nos escapan como la arena seca y fina entre los dedos. ¿Qué nos queda? Llevamos nuestra vida llena de actividades. ¿Cómo aceptar el retiro de ellas?

Moisés le pide a Dios sabiduría para poder vivir día por día victoriosamente, para vivir de tal manera que la tarde sea tan hermosa como lo fue la mañana y que los colores del ocaso sean tan brillantes como los del amanecer. Ojalá que la senda que transitemos sea como los primeros albores de la aurora, cuyo "esplendor va en aumento hasta que el día alcanza su plenitud" (Proverbios 4:18).

Se cuenta de un viejo manzano que tenía sus ramas arrugadas y en apariencia secas. Cada día se descascaraba, y se veía más seco y muerto. Pero, ¡qué sorpresa! Llegó la primavera y aquellas ramas se volvieron a cubrir de hermosas y sencillas flores blancas, en las que miles de abejas encontraban un dulce néctar; y al final del ciclo, una hermosa fruta. A pesar de su apariencia exterior seca y poco atractiva, por aquellas ramas corría una savia que mostraba su verdadera vida interior, renovada cada año.

Busquemos hoy en la Palabra de Dios la enseñanza y la sabiduría que nos hará vivir victoriosamente en la mañana de la juventud, en el mediodía de la madurez de la vida y aun en el ocaso de la ancianidad.

Cristina G. de Corvino
Uruguay

49 ¿Dónde está, Señor, tu amor de
antaño,
que en tu fidelidad juraste a David?
50 Recuerda, Señor, que se burlan de
tus siervos;
que llevo en mi pecho los insultos
de muchos pueblos.
51 Tus enemigos, SEÑOR, nos ultrajan;
a cada paso ofenden a tu ungido.

52 ¡Bendito sea el SEÑOR por siempre!
Amén y Amén.

LIBRO IV

Salmos 90-106

Salmo 90

Oración de Moisés, hombre de Dios.

1 *Señor, tú has sido nuestro refugio
generación tras generación.
2 Desde antes que nacieran los montes
y que crearas la tierra y el mundo,
desde los tiempos antiguos
y hasta los tiempos postreros,
tú eres Dios.

3 Tú haces que los *hombres vuelvan al
polvo,
cuando dices: «¡Vuélvanse al polvo,
*mortales!»
4 Mil años, para ti, son como el día de
ayer, que ya pasó;
son como unas cuantas horas de la
noche.
5 Arrasas a los mortales. Son como un
sueño.
Nacen por la mañana, como la
hierba
6 que al amanecer brota lozana
y por la noche ya está marchita y
seca.

7 Tu ira en verdad nos consume,
tu indignación nos aterra.
8 Ante ti has puesto nuestras
iniquidades;
a la luz de tu presencia, nuestros
pecados secretos.

9 Por causa de tu ira se nos va la vida
entera;
se esfuman nuestros años como un
suspiro.
10 Algunos llegamos hasta los setenta
años,
quizás alcancemos hasta los ochenta,
si las fuerzas nos acompañan.
Tantos años de vida,ª sin embargo,
sólo traen pesadas cargas y
calamidades:
pronto pasan, y con ellos pasamos
nosotros.

11 ¿Quién puede comprender el furor
de tu enojo?
¡Tu ira es tan grande como el temor
que se te debe!
12 Enséñanos a contar bien nuestros
días,
para que nuestro corazón adquiera
*sabiduría.

13 ¿Cuándo, SEÑOR, te volverás hacia
nosotros?
¡Compadécete ya de tus siervos!
14 Sácianos de tu amor por la mañana,
y toda nuestra vida cantaremos de
alegría.
15 Días y años nos has afligido, nos has
hecho sufrir;
¡devuélvenos ahora ese tiempo en
alegría!

16 ¡Sean manifiestas tus obras a tus
siervos,
y tu esplendor a sus descendientes!

17 Que el favorᵇ del Señor nuestro Dios
esté sobre nosotros.
Confirma en nosotros la obra de
nuestras manos;
sí, confirma la obra de nuestras
manos.

Salmo 91

1 El que habita al abrigo del *Altísimo
se acoge a la sombra del
*Todopoderoso.

---

a **90:10** *Tantos años de vida.* Lit. *Su orgullo.* *b* **90:17** *Que el favor.* Alt. *Que la belleza.*

Pasaje del sábado:
Salmo 100:1-5
Pasaje del domingo:
Salmo 86:1-17

Vuélvete a Dios

Vuélvete a Dios
Si pierdes la esperanza
Y las puertas se cierran a tu paso.
Cuando no hay más luz en tu sendero.
Avanza, presurosa, a su regazo.

Vuélvete a Dios
Cuando otros te abandonen
Y la amargura reine en tu alma herida.
Él es aquel Jordán que nos bautiza.
Es río de aguas claras que nos limpia.

Vuélvete a Dios
Cuando el triunfo se apague
Y en arenas se haya anclado tu barca.
Él tomará el timón de esa nave,
Y aquietando tu mar, gritará: "¡Zarpa!"

Vuélvete a Dios
Cuando la duda asome
Y tu fe, tambaleándose, agonice.
Él te rescatará de la tormenta
Para que encuentres nuevas directrices.

Vuélvete a Dios
También en la alegría.
Cuando todo en la vida te sonría.
Celebra su presencia en todo tiempo.
Permítele al Maestro ser tu guía.

Edith LaFontaine
Estados Unidos

Pasaje del día: Salmo 91:1-16
Versículo del día: Salmo 91:11

Ángeles puestos por Dios

La noche era oscura y tormentosa. Al volver a mi casa, después de una conferencia que había terminado cerca de la medianoche, las calles estaban inundadas de agua por mucha lluvia caída; y no cesaba. No fue fácil llegar a la ladera de la zona montañosa donde vivo. De día, el lugar es bellísimo, pero en ese momento el último tramo de setecientos metros era un torbellino de agua con piedras que furiosamente bajaba llenando todo el ancho del camino.

Vi que no podría entrar con mi autito, así que opté por estacionarlo a un costado, sin darme cuenta, debido al agua que cubría todo, de que estaba al borde de un enorme zanjón que lo hubiera tragado. Antes de bajar del auto, noté que alguien golpeaba la ventanilla. Era una mujer con un bebé en brazos que volvía del hospital.

—Señora, si usted va a subir esta cuesta en la tormenta, le sugiero que lo hagamos juntas —me dijo—, porque ni usted ni yo podremos resistir el torrente que viene, sin caer.

Le agradecí afirmativamente y comenzamos a caminar bien sostenidas la una a la otra. Pronto se acercó corriendo un hombre encapotado.

—Señora, ¿es suyo ese autito que está a la orilla del camino? —me preguntó.

Cuando le respondí afirmativamente, me dijo:

—¿No sabe que el agua se lo puede llevar si está al borde del canal? Si desea, antes que siga más lejos, llévelo al patio de mi casa hasta mañana, cuando se pueda transitar.

Para mí, esa mujer y ese hombre, desconocidos ambos, eran ángeles, puestos por Dios cronométricamente en lugar y tiempo exacto, en medio de esa oscura soledad.

No tema, amiga y hermana, para usted también hay ángeles.

Sara Anderson de González
Argentina

2 Yo le digo al *Señor: «Tú eres mi
    refugio,
    mi fortaleza, el Dios en quien
    confío.»

3 Sólo él puede librarte de las trampas
    del cazador
    y de mortíferas plagas,
4 pues te cubrirá con sus plumas
    y bajo sus alas hallarás refugio.
    ¡Su verdad será tu escudo y tu
    baluarte!

5 No temerás el terror de la noche,
    ni la flecha que vuela de día,
6 ni la peste que acecha en las sombras
    ni la plaga que destruye a mediodía.

7 Podrán caer mil a tu izquierda,
    y diez mil a tu derecha,
    pero a ti no te afectará.
8 No tendrás más que abrir bien los
    ojos,
    para ver a los impíos recibir su
    merecido.

9 Ya que has puesto al Señor por tuᵃ
    refugio,
    al Altísimo por tu protección,
10 ningún mal habrá de sobrevenirte,
    ninguna calamidad llegará a tu
    hogar.
11 Porque él ordenará que sus ángeles
    te cuiden en todos tus *caminos.

12 Con sus propias manos te levantarán
    para que no tropieces con piedra
    alguna.
13 Aplastarás al león y a la víbora;
    ¡hollarás fieras y serpientes!

14 «Yo lo libraré, porque él se acoge a
    mí;
    lo protegeré, porque reconoce mi
    *nombre.

15 Él me invocará, y yo le responderé;
    estaré con él en momentos de
    angustia;
    lo libraré y lo llenaré de honores.
16 Lo colmaré con muchos años de vida
    y le haré gozar de mi *salvación.»

a **91:9** *tu.* Lit. *mi.*

Salmo 92

Salmo para cantarse en sábado.

1 ¡Cuán bueno, *Señor, es darte gracias
    y entonar, oh *Altísimo, salmos a tu
        nombre;
2 proclamar tu gran amor por la
        mañana,
    y tu fidelidad por la noche,
3 al son del decacordio y de la lira;
    al son del arpa y del salterio.

4 Tú, Señor, me llenas de alegría con
        tus maravillas;
    por eso alabaré jubiloso las obras
        de tus manos.
5 Oh Señor, ¡cuán imponentes son tus
        obras,
    y cuán profundos tus pensamientos!
6 Los insensatos no lo saben,
    los *necios no lo entienden:
7 aunque broten como hierba los
        impíos,
    y florezcan todos los malhechores,
para siempre serán destruidos.
8 Sólo tú, Señor, serás exaltado para
        siempre.

9 Ciertamente tus enemigos, Señor,
    ciertamente tus enemigos
        perecerán;
¡dispersados por todas partes
    serán todos los malhechores!

10 Me has dado las fuerzas de un toro;
    me has ungido con el mejor
        perfume.
11 Me has hecho ver la caída de mis
        adversarios
    y oír la derrota de mis malvados
        enemigos.

12 Como palmeras florecen los justos;
    como cedros del Líbano crecen.
13 Plantados en la casa del Señor,
    florecen en los atrios de nuestro
        Dios.
14 Aun en su vejez, darán fruto;
    siempre estarán vigorosos y lozanos,
15 para proclamar: «El Señor es justo;
    él es mi *Roca, y en él no hay
        injusticia.»

Pasaje del día: Salmo 92:1-15
Versículo del día: Salmo 92:14

Bendita vejez

*L*a señora Antonia vivía en un hogar de ancianos. Podría haber pensado: "Yo, ¿para qué sirvo? Soy vieja e inútil. ¿Qué puedo hacer?" Pero, no esa gran mujer. Ha llevado años preocupándose por los demás de la iglesia, orando por ellos, y ahora que es mayor, la costumbre está demasiado arraigada como para que deje de hacerlo.

Una hermana de la iglesia fue a verla y encontró que se había caído. Llevaba un ojo casi tapado con un vendaje y un amoratado que cubría la mayor parte de su brazo. Pero estaba tan animosa y cariñosa como siempre, preguntando por todos los hermanos de la iglesia. Pidió que se le leyese su porción favorita de las Escrituras, Josué 1:5-9, donde habla de esforzarse y ser valiente.

La hermana que la visitó transmitió sus saludos en la reunión de señoras y contó de su ánimo y el gozo en el Señor, y su solicitud al preguntar por ellas. El saludo de aquella anciana conmovió a todas y estableció el ambiente para la reunión.

La promesa que hallamos en la Palabra es que "aun en su vejez, darán fruto; siempre estarán vigorosos y lozanos". ¿Con qué fin? Para proclamar que el Señor es justo y que en Él no hay injusticia.

La señora Antonia es prueba fiel del cumplimiento de esa promesa. Siempre aporta ánimo y cariño a los demás y es un gran ejemplo para las mujeres más jóvenes.

"Como palmeras florecen los justos..." Sirvamos fieles al Señor y seamos una "señora Antonia" en el lugar donde Dios nos ha plantado; vigorosas y lozanas, dando fruto aun en la vejez.

Margarita Burt
España

Salmo 93

1 El *Señor reina, revestido de esplendor;
   el Señor se ha revestido de grandeza
   y ha desplegado su poder.
Ha establecido el mundo con firmeza;
   jamás será removido.
2 Desde el principio se estableció tu
      trono,
   y tú desde siempre has existido.

3 Se levantan las aguas, Señor;
   se levantan las aguas con estruendo;
   se levantan las aguas y sus batientes
      olas.
4 Pero el Señor, en las alturas, se
      muestra poderoso:
   más poderoso que el estruendo de
      las muchas aguas,
   más poderoso que los embates del
      mar.

5 Dignos de confianza son, Señor, tus
      *estatutos;
   ¡la santidad es para siempre el
      adorno de tu casa!

Salmo 94

1 *Señor, Dios de las venganzas;
   Dios de las venganzas,
      ¡manifiéstate!a
2 Levántate, Juez de la tierra,
   y dales su merecido a los soberbios.
3 ¿Hasta cuándo, Señor, hasta cuándo
   habrán de ufanarse los impíos?

4 Todos esos malhechores son unos
      fanfarrones;
   a borbotones escupen su arrogancia.
5 A tu pueblo, Señor, lo pisotean;
   ¡oprimen a tu herencia!
6 Matan a las viudas y a los extranjeros;
   a los huérfanos los asesinan.
7 Y hasta dicen: «El Señor no ve;
   el Dios de Jacob no se da cuenta.»

8 Entiendan esto, gente necia;
   ¿cuándo, insensatos, lo van a
      comprender?

9 ¿Acaso no oirá el que nos puso las
      orejas,
   ni podrá ver el que nos formó los
      ojos?
10 ¿Y no habrá de castigar el que
      corrige a las naciones
   e instruye en el saber a todo el
      mundo?
11 El Señor conoce los pensamientos
      *humanos,
   y sabe que son absurdos.

12 *Dichoso aquel a quien tú, Señor,
      corriges;
   aquel a quien instruyes en tu *ley,
13 para que enfrente tranquilo los días
      de aflicción
   mientras al impío se le cava una
      fosa.
14 El Señor no rechazará a su pueblo;
   no dejará a su herencia en el
      abandono.
15 El juicio volverá a basarse en la
      justicia,
   y todos los rectos de corazón lo
      seguirán.

16 ¿Quién se levantó a defenderme de
      los impíos?
   ¿Quién se puso de mi parte contra
      los malhechores?
17 Si el Señor no me hubiera brindado
      su ayuda,
   muy pronto me habría quedado en
      mortal silencio.
18 No bien decía: «Mis pies resbalan»,
   cuando ya tu amor, Señor, venía en
      mi ayuda.
19 Cuando en mí la angustia iba en
      aumento,
   tu consuelo llenaba mi *alma de
      alegría.

20 ¿Podrías ser amigo de reyes
      corruptosb
   que por decreto fraguan la maldad,
21 que conspiran contra la gente
      honrada
   y condenan a muerte al inocente?
22 Pero el Señor es mi protector,
   es mi Dios y la *roca en que me
      refugio.

---

a **94:1** *¡manifiéstate!* Lit. *resplandece.* *b* **94:20** *de reyes corruptos.* Lit. *del trono corrupto.*

23 Él les hará pagar por sus pecados
y los destruirá por su maldad;
¡el Señor nuestro Dios los destruirá!

Salmo 95

1 Vengan, cantemos con júbilo al *Señor;
aclamemos a la *roca de nuestra
*salvación.
2 Lleguemos ante él con acción de
gracias,
aclamémoslo con cánticos.

3 Porque el Señor es el gran Dios,
el gran Rey sobre todos los dioses.
4 En sus manos están los abismos de la
tierra;
suyas son las cumbres de los montes.
5 Suyo es el mar, porque él lo hizo;
con sus manos formó la tierra firme.

6 Vengan, postrémonos reverentes,
doblemos la rodilla
ante el Señor nuestro Hacedor.
7 Porque él es nuestro Dios
y nosotros somos el pueblo de su
prado;
¡somos un rebaño bajo su cuidado!

Si ustedes escuchan hoy su voz,
8 no endurezcan el corazón, como
en Meriba,ª
como aquel día en Masá,ᵇ en el
desierto,
9 cuando sus antepasados me tentaron,
cuando me pusieron a prueba,
a pesar de haber visto mis obras.
10 Cuarenta años descargué mi enojo
sobre esa generación;
y dije: «Son un pueblo mal encaminado
que no reconoce mis senderos.»
11 Por eso, en mi enojo hice este
juramento:
«Jamás entrarán en mi reposo.»

Salmo 96

1 Canten al *Señor un cántico nuevo;
canten al Señor, habitantes de toda
la tierra.

2 Canten al Señor, alaben su *nombre;
anuncien día tras día su *victoria.
3 Proclamen su gloria entre las naciones,
sus maravillas entre todos los
pueblos.

4 ¡Grande es el Señor y digno de
alabanza,
más temible que todos los dioses!
5 Todos los dioses de las naciones no
son nada,
pero el Señor ha creado los *cielos.
6 El esplendor y la majestad son sus
heraldos;
hay poder y belleza en su santuario.

7 Tributen al Señor, pueblos todos,
tributen al Señor la gloria y el
poder.
8 Tributen al Señor la gloria que merece
su nombre;
traigan sus ofrendas y entren en sus
atrios.
9 Póstrense ante el Señor en la majestad
de su santuario;
¡tiemble delante de él toda la tierra!

10 Que se diga entre las naciones:
«¡El Señor es rey!»
Ha establecido el mundo con firmeza;
jamás será removido.
Él juzga a los pueblos con equidad.
11 ¡Alégrense los cielos, regocíjese la
tierra!
¡Brame el mar y todo lo que él
contiene!
12 ¡Canten alegres los campos y todo lo
que hay en ellos!
¡Canten jubilosos todos los árboles
del bosque!
13 ¡Canten delante del Señor, que ya
viene!
¡Viene ya para juzgar la tierra!
Y juzgará al mundo con justicia,
y a los pueblos con fidelidad.

Salmo 97

1 ¡El *Señor es rey!
¡Regocíjese la tierra!
¡Alégrense las costas más remotas!

---

a **95:8** *Meriba* significa *queja.* *b* **95:8** *Masá* significa *prueba.*

² Oscuros nubarrones lo rodean;
la rectitud y la justicia son la base
de su trono.
³ El fuego va delante de él
y consume a los adversarios que lo
rodean.
⁴ Sus relámpagos iluminan el mundo;
al verlos, la tierra se estremece.
⁵ Ante el Señor, dueño de toda la tierra,
las montañas se derriten como cera.
⁶ Los *cielos proclaman su justicia,
y todos los pueblos contemplan su
gloria.

⁷ Sean avergonzados todos los idólatras,
los que se jactan de sus ídolos
inútiles.
¡Póstrense ante él todos los dioses!
⁸ Señor, por causa de tus *juicios
*Sión escucha esto y se alegra,
y las ciudades de Judá se regocijan.
⁹ Porque tú eres el Señor *Altísimo,
por encima de toda la tierra.
¡Tú estás muy por encima de todos
los dioses!

¹⁰ El Señor amaᵃ a los que odianᵇ el mal;
él protege la vida de sus fieles,
y los libra de manos de los impíos.
¹¹ La luz se esparce sobre los justos,
y la alegría sobre los rectos de
corazón.
¹² Alégrense en el Señor, ustedes los
justos,
y alaben su santo *nombre.

Salmo 98

Salmo.

¹ Canten al *Señor un cántico nuevo,
porque ha hecho maravillas.
Su diestra, su santo brazo,
ha alcanzado la *victoria.
² El Señor ha hecho gala de su *triunfo;
ha mostrado su justicia a las
naciones.
³ Se ha acordado de su amor y de su
fidelidad
por la casa de Israel;

¡todos los confines de la tierra son
testigos
de la *salvación de nuestro Dios!

⁴ ¡Aclamen alegres al Señor, habitantes
de toda la tierra!
¡Prorrumpan en alegres cánticos y
salmos!
⁵ ¡Canten salmos al Señor al son del
arpa,
al son del arpa y de coros
melodiosos!
⁶ ¡Aclamen alegres al Señor, el Rey,
al son de clarines y trompetas!

⁷ ¡Brame el mar y todo lo que él
contiene;
el mundo y todos sus habitantes!
⁸ ¡Batan palmas los ríos,
y canten jubilosos todos los montes!
⁹ Canten delante del Señor,
que ya viene a juzgar la tierra.
Y juzgará al mundo con justicia,
a los pueblos con equidad.

Salmo 99

¹ El *Señor es rey:
que tiemblen las naciones.
Él tiene su trono entre querubines:
que se estremezca la tierra.
² Grande es el Señor en *Sión,
¡excelso sobre todos los pueblos!
³ Sea alabado su *nombre grandioso e
imponente:
¡él es santo!

⁴ Rey poderoso, que amas la justicia:
tú has establecido la equidad
y has actuado en Jacob con justicia
y rectitud.

⁵ Exalten al Señor nuestro Dios;
adórenlo ante el estrado de sus pies:
¡él es santo!

⁶ Moisés y Aarón se contaban entre sus
sacerdotes,
y Samuel, entre los que invocaron
su nombre.

ᵃ **97:10** *El Señor ama* (lectura probable); *Los que aman al Señor* (TM). ᵇ **97:10** *a los que odian* (Siríaca y algunos mss. hebreos); *ustedes odian* (TM).

Pasaje del día: Salmo 98:1-9
Versículo del día: Salmo 98:4

Disfruta de la creación de Dios

En el jardín de nuestra casa tenemos buganvillas adornando una barda. Cada mañana, los rayos del sol hacen resplandecer los colores vivos de cada pétalo de una manera esplendorosa. Las abejas y los colibríes se alegran volando de flor en flor, chupando con su largo pico el deleite dulce de las buganvillas. Más tarde, cuando calienta el sol, las mariposas encuentran su oportunidad para disfrutar del alimento que dan esas bellas flores, mientras que los pajarillos descansan alegres en las sombras de sus ramas.

Yo disfruto de la belleza de esas hermosas plantas que atraen un sinnúmero de criaturas lindas a mi hogar, y no sólo me deleito en la belleza, sino en la frescura de su vegetación y en el aire purificado que producen.

Lo que para unos es alimento del cuerpo, para otros es alimento del alma. Si tomamos tiempo cada día para ver las maravillas de nuestro Rey, podremos disfrutar todos los días de la creación perfecta de nuestro Dios.

Dios nos brinda oportunidades para gozar de su creación a cada instante. Si te sientes cansada, y no quieres caminar ni cantar, si te falta valor, no te dejes vencer.

Aprende a cantar, a esforzarte. La vitalidad se encuentra en la fuerza interior del espíritu. No desmayes; aunque tu cuerpo se va desgastando, tu alma puede renovarse de día en día. Aprende a gozarte por las "buganvillas" que Dios pone en tu camino.

Betty Grace Howard
de Santiesteban
México

Invocaron al Señor, y él les respondió;
⁷ les habló desde la columna de
nube.
Cumplieron con sus *estatutos,
con los *decretos que él les entregó.

⁸ Señor y Dios nuestro, tú les
respondiste;
fuiste para ellos un Dios
perdonador,
aun cuando castigaste sus
rebeliones.
⁹ Exalten al Señor nuestro Dios;
adórenlo en su santo monte:
¡Santo es el Señor nuestro Dios!

Salmo 100

Salmo de acción de gracias.

¹ Aclamen alegres al *Señor, habitantes
de toda la tierra;
² adoren al Señor con regocijo.
Preséntense ante él
con cánticos de júbilo.
³ Reconozcan que el Señor es Dios;
él nos hizo, y somos suyos.ᵃ
Somos su pueblo, ovejas de su
prado.

⁴ Entren por sus *puertas con acción de
gracias;
vengan a sus atrios con himnos de
alabanza;
denle gracias, alaben su *nombre.
⁵ Porque el Señor es bueno y su gran
amor es eterno;
su fidelidad permanece para
siempre.

Salmo 101

Salmo de David.

¹ Quiero cantar al amor y a la justicia:
quiero, *Señor, cantarte salmos.
² Quiero triunfar en el *camino de
perfección:
¿Cuándo me visitarás?
Quiero conducirme en mi propia casa
con integridad de corazón.

³ No me pondré como meta
nada en que haya perversidad.
Las acciones de gente desleal las
aborrezco;
no tendrán nada que ver conmigo.
⁴ Alejaré de mí toda intención perversa;
no tendrá cabida en mí la maldad.

⁵ Al que en secreto calumnie a su
prójimo,
lo haré callar para siempre;
al de ojos altivos y corazón soberbio
no lo soportaré.

⁶ Pondré mis ojos en los fieles de la
tierra,
para que habiten conmigo;
sólo estarán a mi servicio
los de conducta intachable.

⁷ Jamás habitará bajo mi techo
nadie que practique el engaño;
jamás prevalecerá en mi presencia
nadie que hable con falsedad.

⁸ Cada mañana reduciré al silencio
a todos los impíos que hay en la
tierra;
extirparé de la ciudad del Señor
a todos los malhechores.

Salmo 102

*Oración de un afligido que, a punto de desfalle-
cer, da rienda suelta a su lamento ante el Señor.*

¹ Escucha, *Señor, mi oración;
llegue a ti mi clamor.
² No escondas de mí tu rostro
cuando me encuentro angustiado.
Inclina a mí tu oído;
respóndeme pronto cuando te
llame.

³ Pues mis días se desvanecen como el
humo,
los huesos me arden como brasas.
⁴ Mi corazón decae y se marchita como
la hierba;
¡hasta he perdido el apetito!

---

a **100:3** *y somos suyos* (Targum, Qumram y mss); *y no nosotros* (TM).

5 Por causa de mis fuertes gemidos
    se me pueden contar los huesos.ᵃ
6 Parezco una lechuza del desierto;
    soy como un búho entre las ruinas.
7 No logro conciliar el sueño;
    parezco ave solitaria sobre el tejado.

8 A todas horas me ofenden mis
    enemigos,
    y hasta usan mi *nombre para
    maldecir.
9 Las cenizas son todo mi alimento;
    mis lágrimas se mezclan con mi
    bebida.
10 ¡Por tu enojo, por tu indignación,
    me levantaste para luego arrojarme!
11 Mis días son como sombras
    nocturnas;
    me voy marchitando como la hierba.

12 Pero tú, Señor, reinas eternamente;
    tu nombre perdura por todas las
    generaciones.
13 Te levantarás y tendrás piedad de
    *Sión,
    pues ya es tiempo de que la
    compadezcas.
    ¡Ha llegado el momento señalado!
14 Tus siervos sienten cariño por sus
    ruinas;
    los mueven a compasión sus
    escombros.

15 Las naciones temerán el nombre del
    Señor;
    todos los reyes de la tierra
    reconocerán su majestad.
16 Porque el Señor reconstruirá a Sión,
    y se manifestará en su esplendor.
17 Atenderá la oración de los
    desamparados,
    y no desdeñará sus ruegos.

18 Que se escriba esto para las
    generaciones futuras,
    y que el pueblo que será creado
    alabe al Señor.
19 Miró el Señor desde su altísimo
    santuario;
    contempló la tierra desde el *cielo,
20 para oír los lamentos de los cautivos
    y liberar a los condenados a muerte;

21 para proclamar en Sión el nombre
    del Señor
    y anunciar en *Jerusalén su alabanza,
22 cuando todos los pueblos y los reinos
    se reúnan para adorar al Señor.

23 En el curso de mi vida acabó Dios
    con mis fuerzas;ᵇ
    me redujo los días. 24 Por eso dije:
«No me lleves, Dios mío, a la mitad de
    mi vida;
    tú permaneces por todas las
    generaciones.
25 En el principio tú afirmaste la tierra,
    y los cielos son la obra de tus
    manos.

26 Ellos perecerán, pero tú permaneces.
    Todos ellos se gastarán como la
    ropa.
Y como ropa los cambiarás,
    y los dejarás de lado.
27 Pero tú eres siempre el mismo,
    y tus años no tienen fin.
28 Los hijos de tus siervos se
    establecerán,
    y sus descendientes habitarán en tu
    presencia.»

Salmo 103

Salmo de David.

1 Alaba, *alma mía, al *Señor;
    alabe todo mi ser su santo *nombre.
2 Alaba, alma mía, al Señor,
    y no olvides ninguno de sus
    beneficios.

3 Él perdona todos tus pecados
    y sana todas tus dolencias;
4 él rescata tu vida del *sepulcro
    y te cubre de amor y compasión;
5 él colma de bienes tu vidaᶜ
    y te rejuvenece como a las águilas.

6 El Señor hace *justicia
    y defiende a todos los oprimidos.
7 Dio a conocer sus *caminos a Moisés;
    reveló sus obras al pueblo de Israel.

ᵃ **102:5** *se me pueden contar los huesos.* Lit. *se me pegan los huesos a la carne.* ᵇ **102:23** *mis fuerzas.* Lit. *su fuerza.*
ᶜ **103:5** Palabra de difícil traducción.

JUEVES

Pasaje del día: Salmo 103:1-18
Versículo del día: Salmo 103:2

Un corazón agradecido

*L*as mujeres tenemos diferentes formas de recordar las cosas que han sucedido en nuestra vida. Algunas lo hacen escribiendo un diario, otras escribiendo un diario de oración. Hace algunos años decidí tener un símbolo visible que me recordara los beneficios de Dios en mi vida y en mi familia. Así que me propuse escribir un diario de alabanza.

Es un cuaderno en el que escribo con fecha y lugar las cosas grandes y pequeñas que Dios hace por nosotros. Muchas veces vuelvo sobre las páginas de ese diario y me gozo al recordar la fidelidad de Dios en nuestra vida. Especialmente cuando las circunstancias son adversas, me permite recordar el amoroso cuidado de Dios a través de los años y la manera en que Él ha obrado y respondido en favor nuestro.

El Salmo 103:2 es una exhortación a recordar con gratitud lo que Dios ha hecho a nuestro favor. ¡Hay muchísimos motivos por los cuales estar agradecidas! Comenzando por nuestra salvación y todo lo que eso significa. Luego, por cada detalle en el cual hemos experimentado el amoroso cuidado de nuestro Padre celestial.

Dios le pidió al pueblo de Israel, cuando entró en la Tierra Prometida, que construyera altares como recordatorios de lo que Dios había hecho por cada uno de ellos. Era una forma visible de recordarles que la mano de Dios estaba con su pueblo y que Él era el Poderoso que peleaba por sus escogidos.

Ser agradecida es una de las virtudes que he tratado de cultivar en mi vida cristiana. Sin embargo, he descubierto que fácilmente uno olvida lo que Dios ha hecho.

Pídale al Señor que le conceda una forma de recordar sus "beneficios" en su vida. Eso la mantendrá con un corazón agradecido.

Miriam S. de Motta
Estados Unidos

8 El Señor es clemente y compasivo,
  lento para la ira y grande en amor.
9 No sostiene para siempre su querella
  ni guarda rencor eternamente.

10 No nos trata conforme a nuestros
   pecados
   ni nos paga según nuestras
   maldades.
11 Tan grande es su amor por los que le
   temen
   como alto es el *cielo sobre la tierra.

12 Tan lejos de nosotros echó nuestras
   transgresiones
   como lejos del oriente está el
   occidente.
13 Tan compasivo es el Señor con los
   que le temen
   como lo es un padre con sus hijos.

14 Él conoce nuestra condición;
   sabe que somos de barro.
15 El *hombre es como la hierba,
   sus días florecen como la flor del
   campo:
16 sacudida por el viento,
   desaparece sin dejar rastro alguno.

17 Pero el amor del Señor es eterno
   y siempre está con los que le temen;
su justicia está con los hijos de sus hijos,
   18 con los que cumplen su *pacto
y se acuerdan de sus *preceptos
   para ponerlos por obra.

19 El Señor ha establecido su trono en
   el cielo;
   su reinado domina sobre todos.
20 Alaben al Señor, ustedes sus ángeles,
   paladines de su *palabra,
   ejecutores de su *mandato.

21 Alaben al Señor, todos sus ejércitos,
   siervos suyos que cumplen su
   voluntad.
22 Alaben al Señor, todas sus obras
   en todos los ámbitos de su dominio.

¡Alaba, alma mía, al Señor!

Salmo 104

1 ¡Alaba, *alma mía, al *Señor!

Señor mi Dios, tú eres grandioso;
   te has revestido de gloria y
   majestad.
2 Te cubresª de luz como con un manto;
   extiendes los *cielos como un velo.

3 Afirmas sobre las aguas tus altos
   aposentos
   y haces de las nubes tus carros de
   guerra.
   ¡Tú cabalgas en las alas del viento!
4 Haces de los vientos tus mensajeros,ᵇ
   y de las llamas de fuego tus
   servidores.

5 Tú pusiste la tierra sobre sus
   cimientos,
   y de allí jamás se moverá;
6 la revestiste con el mar,
   y las aguas se detuvieron sobre los
   montes.
7 Pero a tu reprensión huyeron las
   aguas;
   ante el estruendo de tu voz se
   dieron a la fuga.
8 Ascendieron a los montes,
   descendieron a los valles,
   al lugar que tú les asignaste.

9 Pusiste una frontera que ellas no
   pueden cruzar;
   ¡jamás volverán a cubrir la tierra!
10 Tú haces que los manantiales
   viertan sus aguas en las cañadas,
   y que fluyan entre las montañas.
11 De ellas beben todas las bestias del
   campo;
   allí los asnos monteses calman su
   sed.
12 Las aves del *cielo anidan junto a las
   aguas
   y cantan entre el follaje.
13 Desde tus altos aposentos riegas las
   montañas;
   la tierra se sacia con el fruto de tu
   trabajo.

---

a 104:2 *Te cubres.* Lit. *Él se cubre.* *b* 104:4 *mensajeros.* Alt. *ángeles.*

14 Haces que crezca la hierba para el
  ganado,
  y las plantas que la *gente cultiva
  para sacar de la tierra su alimento:
15 el vino que alegra el corazón,
  el aceite que hace brillar el rostro,
  y el pan que sustenta la vida.
16 Los árboles del Señor están bien
  regados,
  los cedros del Líbano que él plantó.
17 Allí las aves hacen sus nidos;
  en los cipreses tienen su hogar las
  cigüeñas.
18 En las altas montañas están las
  cabras monteses,
  y en los escarpados peñascos tienen
  su madriguera los tejones.

19 Tú hiciste[a] la luna, que marca las
  estaciones,
  y el sol, que sabe cuándo ocultarse.
20 Tú traes la oscuridad, y cae la noche,
  y en sus sombras se arrastran los
  animales del bosque.
21 Los leones rugen, reclamando su
  presa,
  exigiendo que Dios les dé su
  alimento.
22 Pero al salir el sol se escabullen,
  y vuelven a echarse en sus guaridas.
23 Sale entonces la *gente a cumplir sus
  tareas,
  a hacer su trabajo hasta el
  anochecer.

24 ¡Oh Señor, cuán numerosas son tus
  obras!
  ¡Todas ellas las hiciste con *sabiduría!
  ¡Rebosa la tierra con todas tus
  criaturas!
25 Allí está el mar, ancho e infinito,[b]
  que abunda en animales, grandes y
  pequeños,
  cuyo número es imposible conocer.
26 Allí navegan los barcos y se mece
  *Leviatán,
  que tú creaste para jugar con él.

27 Todos ellos esperan de ti
  que a su tiempo les des su alimento.
28 Tú les das, y ellos recogen;

  abres la mano, y se colman de
  bienes.
29 Si escondes tu rostro, se aterran;
  si les quitas el aliento, mueren y
  vuelven al polvo.
30 Pero si envías tu Espíritu, son creados,
  y así renuevas la faz de la tierra.

31 Que la gloria del Señor perdure
  eternamente;
  que el Señor se regocije en sus
  obras.
32 Él mira la tierra y la hace temblar;
  toca los montes y los hace echar
  humo.

33 Cantaré al Señor toda mi vida;
  cantaré salmos a mi Dios mientras
  tenga aliento.
34 Quiera él agradarse de mi
  meditación;
  yo, por mi parte, me alegro en el
  Señor.
35 Que desaparezcan de la tierra los
  pecadores;
  ¡que no existan más los malvados!

¡Alaba, *alma mía, al Señor!

*¡Aleluya! ¡Alabado sea el Señor![c]

Salmo 105

1 Den gracias al *Señor, invoquen su
  *nombre;
  den a conocer sus obras entre las
  naciones.
2 Cántenle, entónenle salmos;
  hablen de todas sus maravillas.
3 Siéntanse orgullosos de su santo
  nombre;
  alégrese el corazón de los que
  buscan al Señor.
4 Recurran al Señor y a su fuerza;
  busquen siempre su rostro.

5 Recuerden las maravillas que ha
  realizado,
  sus señales, y los *decretos que ha
  emitido.

a **104:19** *Tú hiciste.* Lit. *Él hace.* *b* **104:25** *infinito.* Lit. *amplio de manos.* *c* **104:35** En LXX este verso aparece al principio
del Salmo 105.

6 ¡Ustedes, descendientes de Abraham
    su siervo!
  ¡Ustedes, hijos de Jacob, elegidos
    suyos!
7 Él es el Señor, nuestro Dios;
  en toda la tierra están sus decretos.

8 Él siempre tiene presente su *pacto,
  la *palabra que ordenó para mil
    generaciones.
9 Es el pacto que hizo con Abraham,
  el juramento que le hizo a Isaac.
10 Se lo confirmó a Jacob como un
    decreto,
  a Israel como un pacto eterno,
11 cuando dijo: «Te daré la tierra de
    Canaán
  · como la herencia que te toca.»

12 Aun cuando eran pocos en número,
  unos cuantos extranjeros en la tierra
13 que andaban siempre de nación en
    nación
  y de reino en reino,
14 a nadie permitió que los oprimiera,
  sino que por ellos reprendió a los
    reyes:
15 «No toquen a mis ungidos;
  no hagan daño a mis profetas.»

16 Dios provocó hambre en la tierra
  y destruyó todos sus trigales.ᵃ
17 Pero envió delante de ellos a un
    hombre:
  a José, vendido como esclavo.
18 Le sujetaron los pies con grilletes,
  entre hierros le aprisionaron el
    *cuello,
19 hasta que se cumplió lo que él predijo
  y la palabra del Señor probó que él
    era veraz.

20 El rey ordenó ponerlo en libertad,
  el gobernante de los pueblos lo
    dejó libre.
21 Le dio autoridad sobre toda su casa
  y lo puso a cargo de cuanto poseía,
22 con pleno poder para instruirᵇ a sus
    príncipes
  e impartir *sabiduría a sus ancianos.

23 Entonces Israel vino a Egipto;

Jacob fue extranjero en el país de
    Cam.
24 El Señor hizo que su pueblo se
    multiplicara;
  lo hizo más numeroso que sus
    adversarios,
25 a quienes trastornó para que odiaran
    a su pueblo
  y se confabularan contra sus siervos.
26 Envió a su siervo Moisés,
  y a Aarón, a quien había escogido,
27 y éstos hicieron señales milagrosas
    entre ellos,
  ¡maravillas en el país de Cam!
28 Envió tinieblas, y la tierra se
    oscureció,
  pero ellos no atendieronᶜ a sus
    palabras.

29 Convirtió en sangre sus aguas
  y causó la muerte de sus peces.
30 Todo Egiptoᵈ se infestó de ranas,
  ¡hasta las habitaciones de sus reyes!
31 Habló Dios, e invadieron todo el país
  enjambres de moscas y mosquitos.
32 Convirtió la lluvia en granizo,
  y lanzó relámpagos sobre su tierra;
33 derribó sus vides y sus higueras,
  y en todo el país hizo astillas los
    árboles.

34 Dio una orden, y llegaron las
    langostas,
  ¡infinidad de saltamontes!
35 Arrasaron con toda la vegetación del
    país,
  devoraron los frutos de sus campos.
36 Hirió de muerte a todos los
    primogénitos del país,
  a las primicias de sus descendientes.
37 Sacó a los israelitas cargados de oro y
    plata,
  y no hubo entre sus tribus nadie
    que tropezara.
38 Los egipcios se alegraron de su
    partida,
  pues el miedo a los israelitas los
    dominaba.
39 El Señor les dio sombra con una
    nube,
  y con fuego los alumbró de noche.

---

a **105:16** *todos sus trigales.* Lit. *todo bastón de pan.* *b* **105:22** *instruir* (LXX, Siríaca y Vulgata); *atar* (TM). *c* **105:28** *no atendieron* (véase LXX y Siríaca); *no se opusieron* (TM). *d* **105:30** *Todo Egipto.* Lit. *La tierra de ellos.*

⁴⁰ Pidió el pueblo comida, y les envió
    codornices;
  los sació con pan del *cielo.
⁴¹ Abrió la roca, y brotó agua
    que corrió por el desierto como un
    río.

⁴² Ciertamente Dios se acordó de su
    santa promesa,
  la que hizo a su siervo Abraham.
⁴³ Sacó a su pueblo, a sus escogidos,
    en medio de gran alegría y de
    gritos jubilosos.

⁴⁴ Les entregó las tierras que poseían
    las naciones;
  heredaron el fruto del trabajo de
    otros pueblos
⁴⁵ para que ellos observaran sus
    *preceptos
  y pusieran en práctica sus *leyes.

*¡Aleluya! ¡Alabado sea el Señor!

Salmo 106

¹ *¡Aleluya! ¡Alabado sea el *Señor!

Den gracias al Señor, porque él es
    bueno;
  su gran amor perdura para siempre.
² ¿Quién puede proclamar las proezas
    del Señor,
  o expresar toda su alabanza?

³ *Dichosos los que practican la justicia
  y hacen siempre lo que es justo.
⁴ Recuérdame, Señor, cuando te
    compadezcas de tu pueblo;
  ven en mi ayuda el día de tu
    *salvación.

⁵ Hazme disfrutar del bienestar de tus
    escogidos,
  participar de la alegría de tu pueblo
  y expresar mis alabanzas con tu
    heredad.

⁶ Hemos pecado, lo mismo que
    nuestros padres;

hemos hecho lo malo y actuado con
    iniquidad.
⁷ Cuando nuestros padres estaban en
    Egipto,
  no tomaron en cuenta tus
    maravillas;
  no tuvieron presente tu bondad infinita
  y se rebelaron junto al mar, el Mar
    Rojo.ª
⁸ Pero Dios los salvó, haciendo honor a
    su *nombre,
  para mostrar su gran poder.

⁹ Reprendió al Mar Rojo, y éste quedó
    seco;
  los condujo por las profundidades
    del mar
  como si cruzaran el desierto.
¹⁰ Los salvó del poder de sus enemigos,
  del poder de quienes los odiaban.

¹¹ Las aguas envolvieron a sus
    adversarios,
  y ninguno de éstos quedó con vida.
¹² Entonces ellos creyeron en sus
    promesas
  y le entonaron alabanzas.

¹³ Pero muy pronto olvidaron sus
    acciones
  y no esperaron a conocer sus planes.
¹⁴ En el desierto cedieron a sus propios
    deseos;
  en los páramos pusieron a prueba a
    Dios.

¹⁵ Y él les dio lo que pidieron,
  pero les envió una enfermedad
    devastadora.
¹⁶ En el campamento tuvieron envidia
    de Moisés
  y de Aarón, el que estaba
    consagrado al Señor.

¹⁷ Se abrió la tierra y se tragó a Datán;
  sepultó a los seguidores de Abiram.
¹⁸ Un fuego devoró a esa pandilla;
  las llamas consumieron a los impíos.

¹⁹ En Horeb hicieron un becerro;
  se postraron ante un ídolo de
    fundición.

---

a 106:7 *Mar Rojo.* Lit. *Mar de las Cañas* (heb. *Yam Suf*); también en vv. 9 y 22.

²⁰ Cambiaron al que era su motivo de
orgullo[a]
por la imagen de un toro que come
hierba.
²¹ Se olvidaron del Dios que los salvó
y que había hecho grandes cosas en
Egipto:
²² milagros en la tierra de Cam
y portentos junto al Mar Rojo.
²³ Dios amenazó con destruirlos,
pero no lo hizo por Moisés, su
escogido,
que se puso ante él en la brecha
e impidió que su ira los destruyera.

²⁴ Menospreciaron esa bella tierra;
no creyeron en la promesa de Dios.
²⁵ Refunfuñaron en sus tiendas de
campaña
y no obedecieron al Señor.
²⁶ Por tanto, él levantó su mano contra
ellos
para hacerlos caer en el desierto,
²⁷ para hacer caer a sus descendientes
entre las naciones
y dispersarlos por todos los países.

²⁸ Se sometieron al yugo de Baal-Peor
y comieron de las ofrendas a ídolos
sin vida.[b]
²⁹ Provocaron al Señor con sus
malvadas acciones,
y les sobrevino una plaga.

³⁰ Pero Finees se levantó e hizo justicia,
y la plaga se detuvo.
³¹ Esto se le acreditó como un acto de
justicia
para siempre, por todas las
generaciones.

³² Junto a las aguas de Meriba hicieron
enojar al Señor,
y a Moisés le fue mal por culpa de
ellos,
³³ pues lo sacaron de quicio
y él habló sin pensar lo que decía.

³⁴ No destruyeron a los pueblos
que el Señor les había señalado,
³⁵ sino que se mezclaron con los
paganos

y adoptaron sus costumbres.
³⁶ Rindieron culto a sus ídolos,
y se les volvieron una trampa.
³⁷ Ofrecieron a sus hijos y a sus hijas
como sacrificio a esos demonios.

³⁸ Derramaron sangre inocente,
la sangre de sus hijos y sus hijas.
Al ofrecerlos en sacrificio a los ídolos
de Canaán,
su sangre derramada profanó la
tierra.

³⁹ Tales hechos los contaminaron;
tales acciones los corrompieron.
⁴⁰ La ira del Señor se encendió contra
su pueblo;
su heredad le resultó aborrecible.

⁴¹ Por eso los entregó a los paganos,
y fueron dominados por quienes los
odiaban.
⁴² Sus enemigos los oprimieron,
los sometieron a su poder.

⁴³ Muchas veces Dios los libró;
pero ellos, empeñados en su
rebeldía,
se hundieron en la maldad.

⁴⁴ Al verlos Dios angustiados,
y al escuchar su clamor,
⁴⁵ se acordó del pacto que había hecho
con ellos
y por su gran amor les tuvo
compasión.
⁴⁶ Hizo que todos sus opresores
también se apiadaran de ellos.

⁴⁷ Sálvanos, Señor, Dios nuestro;
vuelve a reunirnos de entre las
naciones,
para que demos gracias a tu santo
nombre
y orgullosos te alabemos.

⁴⁸ ¡Bendito sea el Señor, el Dios de
Israel,
eternamente y para siempre!
¡Que todo el pueblo diga: «Amén»!

*¡Aleluya! ¡Alabado sea el Señor!

---

a 106:20 Cambiaron ... de orgullo. Lit. *Cambiaron la gloria de ellos. b 106:28 ofrendas a ídolos sin vida.* Lit. *ofrendas a los muertos.*

LIBRO V

Salmos 107-150

Salmo 107

¹ Den gracias al *Señor, porque él es
bueno;
su gran amor perdura para siempre.
² Que lo digan los redimidos del Señor,
a quienes redimió del poder del
adversario,
³ a quienes reunió de todos los países,
de oriente y de occidente, del norte
y del sur.ᵃ

⁴ Vagaban perdidos por parajes
desiertos,
sin dar con el camino a una ciudad
habitable.
⁵ Hambrientos y sedientos,
la vida se les iba consumiendo.
⁶ En su angustia clamaron al Señor,
y él los libró de su aflicción.
⁷ Los llevó por el camino recto
hasta llegar a una ciudad habitable.

⁸ ¡Que den gracias al Señor por su gran
amor,
por sus maravillas en favor nuestro!
⁹ ¡Él apaga la sed del sediento,
y sacia con lo mejor al hambriento!

¹⁰ Afligidos y encadenados,
habitaban en las más densas
tinieblas
¹¹ por haberse rebelado contra las
*palabras de Dios,
por menospreciar los designios del
*Altísimo.
¹² Los sometióᵇ a trabajos forzados;
tropezaban, y no había quien los
ayudara.
¹³ En su angustia clamaron al Señor,
y él los salvó de su aflicción.
¹⁴ Los sacó de las sombras tenebrosas
y rompió en pedazos sus cadenas.

¹⁵ ¡Que den gracias al Señor por su
gran amor,

por sus maravillas en favor de los
hombres!
¹⁶ ¡Él hace añicos las puertas de bronce
y rompe en mil pedazos las barras
de hierro!

¹⁷ Trastornados por su rebeldía,
afligidos por su iniquidad,
¹⁸ todo alimento les causaba asco.
¡Llegaron a las puertas mismas de
la muerte!
¹⁹ En su angustia clamaron al Señor,
y él los salvó de su aflicción.
²⁰ Envió su palabra para sanarlos,
y así los rescató del sepulcro.

²¹ ¡Que den gracias al Señor por su
gran amor,
por sus maravillas en favor de los
hombres!
²² ¡Que ofrezcan sacrificios de gratitud,
y jubilosos proclamen sus obras!

²³ Se hicieron a la mar en sus barcos;
para comerciar surcaron las muchas
aguas.
²⁴ Allí, en las aguas profundas,
vieron las obras del Señor y sus
maravillas.
²⁵ Habló Dios, y se desató un fuerte
viento
que tanto encrespó las olas
²⁶ que subían a los *cielos y bajaban al
abismo.
Ante el peligro, ellos perdieron el
coraje.
²⁷ Como ebrios tropezaban, se
tambaleaban;
de nada les valía toda su pericia.
²⁸ En su angustia clamaron al Señor,
y él los sacó de su aflicción.
²⁹ Cambió la tempestad en suave brisa:
se sosegaron las olas del mar.
³⁰ Ante esa calma se alegraron,
y Dios los llevó al puerto anhelado.

³¹ ¡Que den gracias al Señor por su
gran amor,
por sus maravillas en favor de los
hombres!
³² ¡Que lo exalten en la asamblea del
pueblo!

---

a 107:3 *del sur.* Lit. *del mar.* *b* 107:12 *Los sometió.* Lit. *Sometió sus corazones.*

Pasaje del día: Salmo 107:1-22
Versículos del día: Salmo 107:13-14

Respuesta en la aflicción

La primera vez que escuché la voz de Dios fue cuando me dispuse a escucharlo. Recuerdo ese día como si fuera ayer. Mi madre había muerto diez meses antes, y todos los días me llenaba de angustia pensando en el destino de ella.

A pesar de que yo era muy pequeña, padecía de insomnio y tenía pesadillas de mi mamá en la tumba en estado de putrefacción. Un día me fui al campo desesperada, y le rogué al Señor que me dijera dónde se encontraba mi mamá. Era tal mi necesidad y mi angustia, que con llanto y gritos de aflicción clamé a Él. Después, mientras secaba mis lágrimas, Él me habló de una manera muy quieta y dulce; pero no hasta que yo guardara silencio delante de Él.

Hablando nunca podremos escuchar. A medida que vamos conociendo al Señor a través de su Palabra y de nuestra relación con Él, iremos aprendiendo a escucharlo. Aquel día no sólo me habló al corazón, sino que también me sanó del insomnio, y me libró del temor de la muerte.

¿Sabes por qué Dios hizo todo eso por mí? Porque la Biblia dice que cuando clamamos a Dios en nuestra angustia, Él nos libra de nuestras aflicciones; nos saca de las tinieblas y de la sombra de muerte, y rompe toda atadura que haya en nuestra vida.

Betty Grace Howard
de Santiesteban
México

¡Que lo alaben en el consejo de los
ancianos!

33 Dios convirtió los ríos en desiertos,
los manantiales en tierra seca,
34 los fértiles terrenos en tierra salitrosa,
por la maldad de sus habitantes.
35 Convirtió el desierto en fuentes de
agua,
la tierra seca en manantiales;
36 hizo habitar allí a los hambrientos,
y ellos fundaron una ciudad
habitable.
37 Sembraron campos, plantaron
viñedos,
obtuvieron abundantes cosechas.
38 Dios los bendijo y se multiplicaron,
y no dejó que menguaran sus
rebaños.

39 Pero si merman y son humillados,
es por la opresión, la maldad y la
aflicción.
40 Dios desdeña a los nobles
y los hace vagar por desiertos sin
senderos.
41 Pero a los necesitados los saca de su
miseria,
y hace que sus familias crezcan
como rebaños.
42 Los rectos lo verán y se alegrarán,
pero todos los impíos serán
acallados.

43 Quien sea sabio, que considere estas
cosas
y entienda bien el gran amor del
Señor.

Salmo 108

Cántico. Salmo de David.

1 Firme está, oh Dios, mi corazón;
¡voy a cantarte salmos, gloria mía!
2 ¡Despierten, arpa y lira!
¡Haré despertar al nuevo día!
3 Te alabaré, *Señor, entre los pueblos;
te cantaré salmos entre las naciones.
4 Pues tu amor es tan grande que
rebasa los *cielos;
¡tu verdad llega hasta el
firmamento!

5 Tú, oh Dios, estás sobre los cielos,
y tu gloria cubre toda la tierra.
6 Líbranos con tu diestra, respóndeme
para que tu pueblo amado quede a
salvo.

7 Dios ha dicho en su santuario:
«Triunfante repartiré a Siquem,
y dividiré el valle de Sucot.
8 Mío es Galaad, mío es Manasés;
Efraín es mi yelmo y Judá mi cetro.
9 En Moab me lavo las manos,
sobre Edom arrojo mi sandalia;
sobre Filistea lanzo gritos de
triunfo.»

10 ¿Quién me llevará a la ciudad
fortificada?
¿Quién me mostrará el camino a
Edom?
11 ¿No es Dios quien nos ha rechazado?
¡Ya no sales, oh Dios, con nuestros
ejércitos!
12 Bríndanos tu ayuda contra el
enemigo,
pues de nada sirve la ayuda
humana.
13 Con Dios obtendremos la victoria;
¡él pisoteará a nuestros enemigos!

Salmo 109

Al director musical. Salmo de David.

1 Oh Dios, alabanza mía,
no guardes silencio.
2 Pues gente impía y mentirosa
ha declarado en mi contra,
y con lengua engañosa me difaman;
3 con expresiones de odio me acosan,
y sin razón alguna me atacan.
4 Mi amor me lo pagan con calumnias,
mientras yo me encomiendo a Dios.
5 Mi bondad la pagan con maldad;
en vez de amarme, me aborrecen.

6 Pon en su contra a un malvado;
que a su derecha esté su acusador.[a]
7 Que resulte culpable al ser juzgado,
y que sus propias oraciones lo
condenen.

---

a 109:6 esté su acusador. Lit. esté Satán.

Pasaje del sábado:
Salmo 119:1-18

Pasaje del domingo:
Salmo 63:1-8

Mira a Dios

Abre tus ojos cada día
Para mirar a Dios.
Tu alma se llena de alegría
Al caminar de Él en pos.

Eleva tu espíritu al poderoso
En ferviente oración,
Para alcanzar el verdadero gozo
Que pedirás de todo corazón.

Abre el Libro de los libros,
La santa Palabra de amor,
Que guarda en lo más hondo
El gran mensaje de tu Creador.

Cuando realices tu jornada diaria
Míralo con la fe a cada instante
Y platícale tus penas todas.
Te ayudará y llevará adelante.

Cuando llegue la noche y el descanso
En medio de la gran oscuridad,
Piensa que Dios velará tu sueño.
Duerme con paz y seguridad.

Concluye el día en oración y ruego
Esperando en su bondad.
vuelve a poner tu vida entre sus brazos
Y te dará perdón y santidad.

Emma Osorio de González
México

⁸ Que se acorten sus días,
  y que otro se haga cargo de su
    oficio.
⁹ Que se queden huérfanos sus hijos;
  que se quede viuda su esposa.
¹⁰ Que anden sus hijos vagando y
    mendigando;
  que anden rebuscando entre las
    ruinas.
¹¹ Que sus acreedores se apoderen de
    sus bienes;
  que gente extraña saquee sus
    posesiones.
¹² Que nadie le extienda su bondad;
  que nadie se compadezca de sus
    huérfanos.
¹³ Que sea exterminada su
    descendencia;
  que desaparezca su *nombre en la
    próxima generación.
¹⁴ Que recuerde el *Señor la iniquidad
    de su padre,
  y no se olvide del pecado de su
    madre.
¹⁵ Que no les quite el Señor la vista de
    encima,
  y que borre de la tierra su memoria.

¹⁶ Por cuanto se olvidó de hacer el bien,
  y persiguió hasta la muerte
  a pobres, afligidos y menesterosos,
¹⁷ y porque le encantaba maldecir,
  ¡que caiga sobre él la maldición!
Por cuanto no se complacía en bendecir,
  ¡que se aleje de él la bendición!
¹⁸ Por cuanto se cubrió de maldición
  como quien se pone un vestido,
¡que ésta se filtre en su cuerpo como el
    agua!,
¡que penetre en sus huesos como el
    aceite!
¹⁹ ¡Que lo envuelva como un manto!
  ¡Que lo apriete en todo tiempo
    como un cinto!
²⁰ ¡Que así les pague el Señor a mis
    acusadores,
  a los que me calumnian!

²¹ Pero tú, Señor Soberano,
  trátame bien por causa de tu
    nombre;
  líbrame por tu bondad y gran amor.

²² Ciertamente soy pobre y estoy
    necesitado;
  profundamente herido está mi
    corazón.
²³ Me voy desvaneciendo como sombra
    vespertina;
  se desprenden de mí como de una
    langosta.
²⁴ De tanto ayunar me tiemblan las
    rodillas;
  la piel se me pega a los huesos.
²⁵ Soy para ellos motivo de burla;
  me ven, y menean la cabeza.

²⁶ Señor, mi Dios, ¡ayúdame!;
  por tu gran amor, ¡sálvame!
²⁷ Que sepan que ésta es tu mano;
  que tú mismo, Señor, lo has hecho.
²⁸ ¿Qué importa que ellos me
    maldigan?
  ¡Bendíceme tú!
Pueden atacarme, pero quedarán
    avergonzados;
  en cambio, este siervo tuyo se
    alegrará.
²⁹ ¡Queden mis acusadores cubiertos de
    deshonra,
  envueltos en un manto de
    vergüenza!

³⁰ Por mi parte, daré muchas gracias al
    Señor;
  lo alabaré entre una gran
    muchedumbre.
³¹ Porque él defiende alᵃ necesitado,
  para salvarlo de quienes lo
    condenan.

Salmo 110

Salmo de David.

¹ Así dijo el *Señor a mi Señor:
  «Siéntate a mi derecha
hasta que ponga a tus enemigos
  por estrado de tus pies.»

² ¡Que el Señor extienda desde *Sión
  el poder de tu cetro!
  ¡Domina tú en medio de tus
    enemigos!

---

a **109:31** *defiende al.* Lit. *está de pie a la diestra del.*

³ Tus tropas estarán dispuestas
el día de la batalla,
ordenadas en santa majestad.
De las entrañas de la aurora
recibirás el rocío de tu juventud.

⁴ El Señor ha jurado
y no cambiará de parecer:
«Tú eres sacerdote para siempre,
según el orden de Melquisedec.»

⁵ El Señor está a tu mano derecha;
aplastará a los reyes en el día de su
ira.
⁶ Juzgará a las naciones y amontonará
cadáveres;
aplastará cabezas en toda la tierra.

⁷ Beberá de un arroyo junto al camino,
y por lo tanto cobrará nuevas
fuerzas.ᵃ

Salmo 111ᵇ

¹ *¡Aleluya! ¡Alabado sea el *Señor!

Álef   Alabaré al Señor con todo el
corazón

Bet   en la asamblea, en compañía de
los rectos.

Guímel ² Grandes son las obras del Señor;

Dálet   estudiadas por los que en ellas se
deleitan.

He   ³ Gloriosas y majestuosas son sus
obras;

Vav   su justicia permanece para
siempre.

Zayin ⁴ Ha hecho memorables sus
maravillas.

Jet   ¡El Señor es clemente y
compasivo!

Tet   ⁵ Da de comer a quienes le temen;

Yod   siempre recuerda su pacto.

Caf   ⁶ Ha mostrado a su pueblo el
poder de sus obras

Lámed al darle la heredad de otras
naciones.

Mem   ⁷ Las obras de sus manos son
fieles y justas;

Nun   todos sus *preceptos son dignos
de confianza,

Sámej ⁸ inmutables por los siglos de los
siglos,

Ayin   establecidos con fidelidad y
rectitud.

Pe   ⁹ Pagó el precio del rescate de su
pueblo

Tsade y estableció su pacto para
siempre.

Qof   ¡Su *nombre es santo e imponente!

Resh   ¹⁰ El principio de la *sabiduría es
el temor del Señor;

Shin   buen juicio demuestran quienes
cumplen sus preceptos.ᶜ

Tav   ¡Su alabanza permanece para
siempre!

Salmo 112ᵈ

¹ *¡Aleluya! ¡Alabado sea el *Señor!

Álef   *Dichoso el que teme al Señor,

Bet   el que halla gran deleite en sus
*mandamientos.

Guímel ² Sus hijos dominarán el país;

Dálet   la descendencia de los justos será
bendecida.

He   ³ En su casa habrá abundantes
riquezas,

Vav   y para siempre permanecerá su
justicia.

Zayin ⁴ Para los justos la luz brilla en
las tinieblas.

---

a 110:7 *cobrará nuevas fuerzas.* Lit. *levantará la cabeza.* *b* Sal 111 Este salmo es un poema acróstico, que sigue el orden del
alfabeto hebreo. *c* 111:10 *quienes cumplen sus preceptos.* Lit. *quienes hacen estas cosas.* *d* Sal 112 Este salmo es un poema
acróstico, que sigue el orden del alfabeto hebreo.

Pasaje del día: Salmo 111:1-10
Versículo clave: Salmo 111:2

La pequeña bendición

*U*na tendencia muy femenina es valorar las cosas según nuestro propio orden de prioridades. Generalmente, lo que otras hacen siempre resulta más importante que nuestras actividades. Así nos sucede con las bendiciones; magnificamos lo ajeno y minimizamos lo propio. Escuchamos frases como: "Sólo me quito un pequeño dolor de cabeza;" o: "No era tan grande mi necesidad."

¡No hay bendición pequeña! ¡Toda obra del Señor es grande y maravillosa! Su bendición viene para suplir una necesidad real nuestra. Demos lugar a Dios y démosle gloria. Se interesa por nosotras. Le importamos. Vive bajo nuestro techo, comparte nuestra mesa, viene a enjugar nuestras lágrimas y ríe con nuestras alegrías. Una mujer dijo: "Él viene cada día a ver qué tengo en la olla."

Nunca tengamos en poco lo que Él hace por nosotras. Sus obras son grandes y maravillosas. No callemos hoy sus bendiciones, contemos a otras de su amor. ¿Te sanó de cáncer o desaparecieron tus callos? Todo es importante porque Él lo hizo. Sus bendiciones forman una cadena que glorifica a Dios.

Un nublado Día Internacional de la Mujer estaba lavando un montón de ropa sucia. Nadie me saludó; ni mis hijos, ni mi esposo, ni siquiera una persona de la numerosa congregación. Estaba triste. Al oír un ruido extraño alcé mis ojos y sobre la reja del jardín me encontré con un hermoso y grande pájaro negro de pecho blanco y un inmenso pico de colores vivos. Era un tucán que me observaba curiosamente, como diciéndome: "¡Hola! ¡Papá me mandó para saludarte!" ¡Fue una experiencia maravillosa! ¡Única! Mi día se iluminó con una luz especial. El ave permaneció varios meses en casa.

"Grandes son las obras del SEÑOR; estudiadas por los que en ellas se deleitan." ¿Cuáles serán hoy tus "pequeñas" bendiciones?

Alice de Morales
Bolivia

Jet   ¡Dios es clemente, compasivo y justo!

Tet   5 Bien le va al que presta con generosidad,

Yod   y maneja sus negocios con justicia.

Lámed   6 El justo será siempre recordado;

Caf   ciertamente nunca fracasará.

Mem   7 No temerá recibir malas noticias;

Nun   su corazón estará firme, confiado en el Señor.

Sámej   8 Su corazón estará seguro, no tendrá temor,

Ayin   y al final verá derrotados a sus adversarios.

Pe   9 Reparte sus bienes entre los pobres;

Tsade   su justicia permanece para siempre;

Qof   su poder^a será gloriosamente exaltado.

Resh   10 El malvado verá esto, y se irritará;

Shin   rechinando los dientes se irá desvaneciendo.

Tav   ¡La ambición de los impíos será destruida!

Salmo 113

1 *¡Aleluya! ¡Alabado sea el *Señor!

Alaben, siervos del Señor,
    alaben el *nombre del Señor.
2 Bendito sea el nombre del Señor,
    desde ahora y para siempre.
3 Desde la salida del sol hasta su ocaso,
    sea alabado el nombre del Señor.

4 El Señor domina sobre todas las naciones;
    su gloria está sobre los *cielos.

5 ¿Quién como el Señor nuestro Dios,
    que tiene su trono en las alturas
6 y se digna contemplar los cielos y la tierra?

7 Él levanta del polvo al pobre
    y saca del muladar al necesitado;
8 los hace sentarse con príncipes,
    con los príncipes de su pueblo.
9 A la mujer estéril le da un hogar
    y le concede la dicha de ser madre.

*¡Aleluya! ¡Alabado sea el Señor!

Salmo 114

1 Cuando Israel, la casa de Jacob,
    salió de Egipto, de un pueblo extraño,
2 Judá se convirtió en el santuario de Dios;
    Israel llegó a ser su dominio.

3 Al ver esto, el mar huyó;
    el Jordán se volvió atrás.
4 Las montañas saltaron como carneros,
    los cerros saltaron como ovejas.
5 ¿Qué te pasó, mar, que huiste,
    y a ti, Jordán, que te volviste atrás?
6 ¿Y a ustedes montañas, que saltaron como carneros?
    ¿Y a ustedes cerros, que saltaron como ovejas?

7 ¡Tiembla, oh tierra, ante el *Señor,
    tiembla ante el Dios de Jacob!
8 ¡Él convirtió la roca en un estanque,
    el pedernal en manantiales de agua!

Salmo 115

1 La gloria, *Señor, no es para nosotros;
    no es para nosotros sino para tu *nombre,
    por causa de tu amor y tu verdad.

2 ¿Por qué tienen que decirnos las naciones:
    «¿Dónde está su Dios?»

---

a 112:9 *poder.* Lit. *cuerno.*

³ Nuestro Dios está en los *cielos
  y puede hacer lo que le parezca.

⁴ Pero sus ídolos son de oro y plata,
  producto de manos humanas.

⁵ Tienen boca, pero no pueden hablar;
  ojos, pero no pueden ver;
⁶ tienen oídos, pero no pueden oír;
  nariz, pero no pueden oler;

⁷ tienen manos, pero no pueden palpar;
  pies, pero no pueden andar;
  ¡ni un solo sonido emite su
      garganta!

⁸ Semejantes a ellos son sus hacedores,
  y todos los que confían en ellos.

⁹ Casa de Israel, confía en el Señor;
  él es tu ayuda y tu escudo.

¹⁰ Casa de Aarón, confía en el Señor;
   él es tu ayuda y tu escudo.

¹¹ Los que temen al Señor, confíen en
       él;
   él es su ayuda y su escudo.

¹² El Señor nos recuerda y nos bendice:
   bendice a la casa de Israel,
   bendice a la casa de Aarón,
   ¹³ bendice a los que temen al Señor,
   bendice a grandes y pequeños.

¹⁴ Que el Señor multiplique la
       descendencia
   de ustedes y de sus hijos.
¹⁵ Que reciban bendiciones del Señor,
   creador del cielo y de la tierra.

¹⁶ Los cielos le pertenecen al Señor,
   pero a la *humanidad le ha dado la
       tierra.
¹⁷ Los muertos no alaban al Señor,
   ninguno de los que bajan al silencio.

¹⁸ Somos nosotros los que alabamos al
       Señor
   desde ahora y para siempre.

*¡Aleluya! ¡Alabado sea el Señor!

Salmo 116

¹ Yo amo al *Señor
  porque él escucha[a] mi voz
      suplicante.
² Por cuanto él inclina a mí su oído,
  lo invocaré toda mi vida.

³ Los lazos de la muerte me enredaron;
  me sorprendió la angustia del
      *sepulcro,
  y caí en la ansiedad y la aflicción.
⁴ Entonces clamé al Señor:
  «¡Te ruego, Señor, que me salves la
      vida!»

⁵ El Señor es compasivo y justo;
  nuestro Dios es todo ternura.
⁶ El Señor protege a la gente sencilla;
  estaba yo muy débil, y él me salvó.

⁷ ¡Ya puedes, *alma mía, estar tranquila,
  que el Señor ha sido bueno contigo!

⁸ Tú me has librado de la muerte,
  has enjugado mis lágrimas,
  no me has dejado tropezar.
⁹ Por eso andaré siempre delante del
      Señor
  en esta tierra de los vivientes.
¹⁰ Aunque digo: «Me encuentro muy
       afligido»,
   sigo creyendo en Dios.
¹¹ En mi desesperación he exclamado:
   «Todos son unos mentirosos.»

¹² ¿Cómo puedo pagarle al Señor
   por tanta bondad que me ha
       mostrado?
¹³ ¡Tan sólo brindando con la copa de
       salvación
   e invocando el *nombre del Señor!
¹⁴ ¡Tan sólo cumpliendo mis promesas
   al Señor
   en presencia de todo su pueblo!

¹⁵ Mucho valor tiene a los ojos del Señor
   la muerte de sus fieles.
¹⁶ Yo, Señor, soy tu siervo;
   soy siervo tuyo, tu hijo fiel;[b]
   ¡tú has roto mis cadenas!

---

a **116:1** *Yo amo ... él escucha.* Lit. *Yo amo porque el Señor escucha.* *b* **116:16** *tu hijo fiel.* Lit. *hijo de tu sierva.*

17 Te ofreceré un sacrificio de gratitud
  e invocaré, Señor, tu nombre.
18 Cumpliré mis votos al Señor
  en presencia de todo su pueblo,
19 en los atrios de la casa del Señor,
  en medio de ti, oh *Jerusalén.

*¡Aleluya! ¡Alabado sea el Señor!

Salmo 117

1 ¡Alaben al *Señor todas las naciones!
  ¡Exáltenlo todos los pueblos!
2 ¡Grande es su amor por nosotros!
  ¡La fidelidad del Señor es eterna!

*¡Aleluya! ¡Alabado sea el Señor!

Salmo 118

1 Den gracias al *Señor, porque él es
  bueno;
  su gran amor perdura para siempre.

2 Que proclame la casa de Israel:
  «Su gran amor perdura para
  siempre.»
3 Que proclame la casa de Aarón:
  «Su gran amor perdura para
  siempre.»
4 Que proclamen los que temen al
  Señor:
  «Su gran amor perdura para
  siempre.»

5 Desde mi angustia clamé al Señor,
  y él respondió dándome libertad.
6 El Señor está conmigo, y no tengo
  miedo;
  ¿qué me puede hacer un simple
  *mortal?
7 El Señor está conmigo, él es mi ayuda;
  ¡ya veré por los suelos a los que me
  odian!

8 Es mejor refugiarse en el Señor
  que confiar en el *hombre.
9 Es mejor refugiarse en el Señor
  que fiarse de los poderosos.

10 Todas las naciones me rodearon,
  pero en el *nombre del Señor las
  aniquilé.
11 Me rodearon por completo,
  pero en el nombre del Señor las
  aniquilé.
12 Me rodearon como avispas,
  pero se consumieron como zarzas
  en el fuego.
  ¡En el nombre del Señor las
  aniquilé!

13 Me empujaronª con violencia para
  que cayera,
  pero el Señor me ayudó.
14 El Señor es mi fuerza y mi canto;
  ¡él es mi *salvación!

15 Gritos de júbilo y *victoria
  resuenan en las casas de los justos:
  «¡La diestra del Señor realiza proezas!
16 ¡La diestra del Señor es exaltada!
  ¡La diestra del Señor realiza
  proezas!»

17 No he de morir; he de vivir
  para proclamar las maravillas del
  Señor.
18 El Señor me ha castigado con dureza,
  pero no me ha entregado a la
  muerte.

19 Ábranme las *puertas de la justicia
  para que entre yo a dar gracias al
  Señor.
20 Son las puertas del Señor,
  por las que entran los justos.
21 ¡Te daré gracias porque me
  respondiste,
  porque eres mi *salvación!

22 La piedra que desecharon los
  constructores
  ha llegado a ser la piedra angular.
23 Esto ha sido obra del Señor,
  y nos deja maravillados.
24 Éste es el día en que el Señor actuó;
  regocijémonos y alegrémonos en él.

25 Señor, ¡danos la *salvación!
  Señor, ¡concédenos la *victoria!

a 118:13 Me empujaron (LXX, Vulgata y Siríaca); Tú me empujaste (TM).

26 Bendito el que viene en el nombre
del Señor.
Desde la casa del Señor los
bendecimos.
27 El Señor es Dios y nos ilumina.
Únanse a la procesión portando
ramas en la mano
hasta los cuernos del altar.ᵃ

28 Tú eres mi Dios, por eso te doy
gracias;
tú eres mi Dios, por eso te exalto.

29 Den gracias al Señor, porque él es
bueno;
su gran amor perdura para siempre.

Salmo 119ᵇ

Álef

1 *Dichosos los que van por *caminos
perfectos,
los que andan conforme a la *ley
del *Señor.
2 Dichosos los que guardan sus *estatutos
y de todo corazón lo buscan.
3 Jamás hacen nada malo,
sino que siguen los *caminos de Dios.
4 Tú has establecido tus *preceptos,
para que se cumplan fielmente.
5 ¡Cuánto deseo afirmar mis caminos
para cumplir tus *decretos!
6 No tendré que pasar vergüenzas
cuando considere todos tus
*mandamientos.
7 Te alabaré con integridad de corazón,
cuando aprenda tus justos *juicios.
8 Tus decretos cumpliré;
no me abandones del todo.

Bet

9 ¿Cómo puede el joven llevar una vida
íntegra?
Viviendo conforme a tu *palabra.
10 Yo te busco con todo el corazón;
no dejes que me desvíe de tus
mandamientos.
11 En mi corazón atesoro tus dichos
para no pecar contra ti.

12 ¡Bendito seas, Señor!
¡Enséñame tus decretos!
13 Con mis labios he proclamado
todos los juicios que has emitido.
14 Me regocijo en el *camino de tus
estatutos
más que enᶜ todas las riquezas.
15 En tus preceptos medito,
y pongo mis ojos en tus sendas.
16 En tus decretos hallo mi deleite,
y jamás olvidaré tu palabra.

Guímel

17 Trata con bondad a este siervo tuyo;
así viviré y obedeceré tu palabra.
18 Ábreme los ojos, para que contemple
las maravillas de tu ley.
19 En esta tierra soy un extranjero;
no escondas de mí tus
mandamientos.
20 A toda hora siento un nudo en la
garganta
por el deseo de conocer tus juicios.
21 Tú reprendes a los insolentes;
¡malditos los que se apartan de tus
mandamientos!
22 Aleja de mí el menosprecio y el
desdén,
pues yo cumplo tus estatutos.
23 Aun los poderosos se confabulan
contra mí,
pero este siervo tuyo medita en tus
decretos.
24 Tus estatutos son mi deleite;
son también mis consejeros.

Dálet

25 Postrado estoy en el polvo;
dame vida conforme a tu palabra.
26 Tú me respondiste cuando te hablé
de mis caminos.
¡Enséñame tus decretos!
27 Hazme entender el *camino de tus
preceptos,
y meditaré en tus maravillas.
28 De angustia se me derrite el *alma:
sústentame conforme a tu palabra.
29 Manténme alejado de caminos
torcidos;
concédeme las bondades de tu ley.

a **118:27** *Únanse ... del altar.* Alt. *Aten el sacrificio festivo con sogas / y llévenlo hasta los cuernos del altar.* *b* **Sal** 119 Éste
es un salmo acróstico, dividido en 22 estrofas, conforme al número de las letras del alfabeto hebreo. En el texto hebreo cada
una de las ocho líneas principales de cada estrofa comienza con la letra que da nombre a la misma. *c* **119:14** *más que en*
(Siríaca); *como sobre* (TM).

30 He optado por el camino de la
fidelidad,
he escogido tus juicios.
31 Yo, Señor, me apego a tus estatutos;
no me hagas pasar vergüenza.
32 Corro por el camino de tus
mandamientos,
porque has ampliado mi modo de
pensar.

He

33 Enséñame, Señor, a seguir tus
decretos,
y los cumpliré hasta el fin.
34 Dame entendimiento para seguir tu
ley,
y la cumpliré de todo corazón.
35 Dirígeme por la senda de tus
mandamientos,
porque en ella encuentro mi solaz.
36 Inclina mi corazón hacia tus estatutos
y no hacia las ganancias
desmedidas.
37 Aparta mi vista de cosas vanas,
dame vida conforme a tu palabra.ª
38 Confirma tu promesa a este siervo,
como lo has hecho con los que te
temen.
39 Líbrame del oprobio que me aterra,
porque tus juicios son buenos.
40 ¡Yo amo tus preceptos!
¡Dame vida conforme a tu justicia!

Vav

41 Envíame, Señor, tu gran amor
y tu *salvación, conforme a tu
promesa.
42 Así responderé a quien me desprecie,
porque yo confío en tu palabra.
43 No me quites de la boca la palabra
de verdad,
pues en tus juicios he puesto mi
esperanza.
44 Por toda la eternidad
obedeceré fielmente tu ley.
45 Viviré con toda libertad,
porque he buscado tus preceptos.
46 Hablaré de tus estatutos a los reyes
y no seré avergonzado,
47 pues amo tus mandamientos,
y en ellos me regocijo.

48 Yo amo tus mandamientos,
y hacia ellos elevo mis manos;
¡quiero meditar en tus decretos!

Zayin

49 Acuérdate de la palabra que diste a
este siervo tuyo,
palabra con la que me infundiste
esperanza.
50 Éste es mi consuelo en medio del
dolor:
que tu promesa me da vida.
51 Los insolentes me ofenden hasta el
colmo,
pero yo no me aparto de tu ley.
52 Me acuerdo, Señor, de tus juicios de
antaño,
y encuentro consuelo en ellos.
53 Me llenan de indignación los impíos,
que han abandonado tu ley.
54 Tus decretos han sido mis cánticos
en el lugar de mi destierro.
55 Señor, por la noche evoco tu *nombre;
¡quiero cumplir tu ley!
56 Lo que a mí me corresponde
es obedecer tus preceptos.ᵇ

Jet

57 ¡Mi herencia eres tú, Señor!
Prometo obedecer tus palabras.
58 De todo corazón busco tu rostro;
compadécete de mí conforme a tu
promesa.
59 Me he puesto a pensar en mis
caminos,
y he orientado mis pasos hacia tus
estatutos.
60 Me doy prisa, no tardo nada
para cumplir tus mandamientos.
61 Aunque los lazos de los impíos me
aprisionan,
yo no me olvido de tu ley.
62 A medianoche me levanto a darte
gracias
por tus rectos juicios.
63 Soy amigo de todos los que te
honran,
de todos los que observan tus
preceptos.
64 Enséñame, Señor, tus decretos;
¡la tierra está llena de tu gran amor!

---

a **119:37** *conforme a tu palabra* (Targum y dos mss. hebreos); *en tu camino* (TM). *b* **119:56** *Lo que a mí ... tus preceptos.* Alt.
Esto es lo que me corresponde, porque obedezco tus preceptos.

Tet

⁶⁵ Tú, Señor, tratas bien a tu siervo,
conforme a tu palabra.
⁶⁶ Impárteme *conocimiento y buen
juicio,
pues yo creo en tus mandamientos.
⁶⁷ Antes de sufrir anduve descarriado,
pero ahora obedezco tu palabra.
⁶⁸ Tú eres bueno, y haces el bien;
enséñame tus decretos.

⁶⁹ Aunque los insolentes me difaman,
yo cumplo tus preceptos con todo
el corazón.
⁷⁰ El corazón de ellos es torpe e
insensible,
pero yo me regocijo en tu ley.
⁷¹ Me hizo bien haber sido afligido,
porque así llegué a conocer tus
decretos.
⁷² Para mí es más valiosa tu *enseñanza
que millares de monedas de oro y
plata.

Yod

⁷³ Con tus manos me creaste, me diste
forma.
Dame entendimiento para
aprender tus mandamientos.
⁷⁴ Los que te honran se regocijan al
verme,
porque he puesto mi esperanza en
tu palabra.
⁷⁵ Señor, yo sé que tus juicios son justos,
y que con justa razón me afliges.

⁷⁶ Que sea tu gran amor mi consuelo,
conforme a la promesa que hiciste a
tu siervo.
⁷⁷ Que venga tu compasión a darme
vida,
porque en tu ley me regocijo.
⁷⁸ Sean avergonzados los insolentes que
sin motivo me maltratan;
yo, por mi parte, meditaré en tus
preceptos.

⁷⁹ Que se reconcilien conmigo los que
te temen,
los que conocen tus estatutos.
⁸⁰ Sea mi corazón íntegro hacia tus
decretos,
para que yo no sea avergonzado.

Caf

⁸¹ Esperando tu salvación se me va la
vida.
En tu palabra he puesto mi
esperanza.
⁸² Mis ojos se consumen esperando tu
promesa,
y digo: «¿Cuándo vendrás a
consolarme?»

⁸³ Parezco un odre ennegrecido por el
humo,
pero no me olvido de tus decretos.
⁸⁴ ¿Cuánto más vivirá este siervo tuyo?
¿Cuándo juzgarás a mis
perseguidores?
⁸⁵ Me han cavado trampas los
insolentes,
los que no viven conforme a tu ley.
⁸⁶ Todos tus mandamientos son
fidedignos;
¡ayúdame!, pues falsos son mis
perseguidores.
⁸⁷ Por poco me borran de la tierra,
pero yo no abandono tus preceptos.
⁸⁸ Por tu gran amor, dame vida
y cumpliré tus estatutos.

Lámed

⁸⁹ Tu palabra, Señor, es eterna,
y está firme en los *cielos.
⁹⁰ Tu fidelidad permanece para
siempre;
estableciste la tierra, y quedó firme.
⁹¹ Todo subsiste hoy, conforme a tus
decretos,
porque todo está a tu servicio.
⁹² Si tu ley no fuera mi regocijo,
la aflicción habría acabado conmigo.

⁹³ Jamás me olvidaré de tus preceptos,
pues con ellos me has dado vida.
⁹⁴ ¡Sálvame, pues te pertenezco
y escudriño tus preceptos!
⁹⁵ Los impíos me acechan para
destruirme,
pero yo me esfuerzo por entender
tus estatutos.
⁹⁶ He visto que aun la perfección tiene
sus límites;
¡sólo tus mandamientos son
infinitos!

Mem

97 ¡Cuánto amo yo tu ley!
Todo el día medito en ella.
98 Tus mandamientos me hacen más
sabio que mis enemigos
porque me pertenecen para
siempre.
99 Tengo más discernimiento que todos
mis maestros
porque medito en tus estatutos.
100 Tengo más entendimiento que los
ancianos
porque obedezco tus preceptos.

101 Aparto mis pies de toda mala senda
para cumplir con tu palabra.
102 No me desvío de tus juicios
porque tú mismo me instruyes.
103 ¡Cuán dulces son a mi paladar tus
palabras!
¡Son más dulces que la miel a mi
boca!
104 De tus preceptos adquiero
entendimiento;
por eso aborrezco toda senda de
mentira.

Nun

105 Tu palabra es una lámpara a mis
pies;
es una luz en mi sendero.
106 Hice un juramento, y lo he
confirmado:
que acataré tus rectos juicios.
107 Señor, es mucho lo que he sufrido;
dame vida conforme a tu palabra.
108 Señor, acepta la ofrenda que brota
de mis labios,
enséñame tus juicios.
109 Mi vida pende de un hilo,ª
pero no me olvido de tu ley.
110 Los impíos me han tendido una
trampa,
pero no me aparto de tus preceptos.
111 Tus estatutos son mi herencia
permanente;
son el regocijo de mi corazón.
112 Inclino mi corazón a cumplir tus
decretos
para siempre y hasta el fin.

Sámej

113 Aborrezco a los hipócritas,
pero amo tu ley.
114 Tú eres mi escondite y mi escudo;
en tu palabra he puesto mi
esperanza.
115 ¡Malhechores, apártense de mí,
que quiero cumplir los
mandamientos de mi Dios!
116 Sosténme conforme a tu promesa, y
viviré;
no defraudes mis esperanzas.
117 Defiéndeme, y estaré a salvo;
siempre optaré por tus decretos.

118 Tú rechazas a los que se desvían de
tus decretos,
porque sólo maquinan falsedades.
119 Tú desechas como escoria a los
impíos de la tierra;
por eso amo tus estatutos.
120 Mi cuerpo se estremece por el
temor que me inspiras;
siento reverencia por tus leyes.

Ayin

121 Yo practico la justicia y el derecho;
no me dejes en manos de mis
opresores.
122 Garantiza el bienestar de tu siervo;
que no me opriman los arrogantes.
123 Mis ojos se consumen esperando tu
salvación,
esperando que se cumpla tu justicia.
124 Trata a tu siervo conforme a tu gran
amor;
enséñame tus decretos.

125 Tu siervo soy: dame entendimiento
y llegaré a conocer tus estatutos.
126 Señor, ya es tiempo de que actúes,
pues tu ley está siendo quebrantada.
127 Sobre todas las cosas amo tus
mandamientos,
más que el oro, más que el oro
refinado.
128 Por eso tomo en cuenta todos tus
preceptosᵇ
y aborrezco toda senda falsa.

---

a **119:109** *pende de un hilo.* Lit. *está siempre en mi puño.* *b* **119:128** *Por eso ... tus preceptos* (véase LXX y Vulgata); *Por eso todos los estatutos de todo lo que hago recto* (TM).

Pasaje del día: Salmo 119:97-104
Versículo del día: Salmo 119:103

Lo dulce de la vida

¿*Por* qué será que tantos médicos recomiendan eliminar el azúcar de la dieta? Es una de las grandes delicias de la vida, pero parece que más y más libros de la buena nutrición advierten de sus peligros. Y sabemos, desde luego, que añade kilos a nuestro sufrido cuerpo.

Afortunadamente, existe un buen sustituto aprobado por los nutricionistas: la miel. Recuerdo haber visto con asombro en el maravilloso museo de El Cairo, Egipto, que la miel pura nunca pierde sus propiedades, aun después de milenios. Siempre se puede calentar y restaurar a su estado original, rico a los ojos y al paladar.

Es interesante encontrar que la Biblia nos recomienda la miel. En la tierra prometida al pueblo de Israel, fluía leche y miel. El proverbista sugiere que comamos de la miel, porque es buena (Proverbios 24:13).

Juan el Bautista limitaba su dieta a langostas silvestres y miel. Un incidente en la vida de Jonatán, hijo del rey Saúl, revela que la miel le dio fuerzas cuando casi desfallecía de hambre (1 Samuel 14:27-29).

Además, el deseo por lo dulce de la miel es comparado en la Biblia con el anhelo de leer la Palabra de Dios y alimentarnos de sus páginas. En el Salmo 119, el escritor sagrado exclama: "¡Cuán dulces son a mi paladar tus palabras! ¡Son más dulces que la miel a mi boca!" Otros pasajes hablan de ese gran deseo de "comer" las Escrituras.

En mi experiencia, cada vez que abro mi Biblia me emociono con alguna enseñanza o promesa que sirve de reto o de bendición. ¡Pruébelo usted también, y verá que es cierto!

Elisabeth F. de Isáis
México

Pe

129 Tus estatutos son maravillosos;
por eso los obedezco.
130 La exposición de tus palabras nos
da luz,
y da entendimiento al *sencillo.

131 Jadeante abro la boca
porque ansío tus mandamientos.
132 Vuélvete a mí, y tenme compasión
como haces siempre con los que
aman tu nombre.

133 Guía mis pasos conforme a tu
promesa;
no dejes que me domine la
iniquidad.
134 Líbrame de la opresión humana,
pues quiero obedecer tus preceptos.

135 Haz brillar tu rostro sobre tu siervo;
enséñame tus decretos.
136 Ríos de lágrimas brotan de mis ojos,
porque tu ley no se obedece.

Tsade

137 Señor, tú eres justo,
y tus juicios son rectos.
138 Justos son los estatutos que has
ordenado,
y muy dignos de confianza.
139 Mi celo me consume,
porque mis adversarios pasan por
alto tus palabras.
140 Tus promesas han superado muchas
pruebas,
por eso tu siervo las ama.

141 Insignificante y menospreciable
como soy,
no me olvido de tus preceptos.
142 Tu justicia es siempre justa;
tu ley es la verdad.

143 He caído en la angustia y la aflicción,
pero tus mandamientos son mi
regocijo.
144 Tus estatutos son siempre justos;
dame entendimiento para poder
vivir.

Qof

145 Con todo el corazón clamo a ti,
Señor;
respóndeme, y obedeceré tus
decretos.
146 A ti clamo: «¡Sálvame!»
Quiero cumplir tus estatutos.
147 Muy de mañana me levanto a pedir
ayuda;
en tus palabras he puesto mi
esperanza.
148 En toda la noche no pego los ojos,ᵃ
para meditar en tu promesa.
149 Conforme a tu gran amor, escucha
mi voz;
conforme a tus juicios, Señor, dame
vida.
150 Ya se acercan mis crueles
perseguidores,
pero andan muy lejos de tu ley.
151 Tú, Señor, también estás cerca,
y todos tus mandamientos son
verdad.
152 Desde hace mucho conozco tus
estatutos,
los cuales estableciste para siempre.

Resh

153 Considera mi aflicción, y líbrame,
pues no me he olvidado de tu ley.
154 Defiende mi causa, rescátame;
dame vida conforme a tu promesa.
155 La salvación está lejos de los impíos,
porque ellos no buscan tus decretos.
156 Grande es, Señor, tu compasión;
dame vida conforme a tus juicios.
157 Muchos son mis adversarios y mis
perseguidores,
pero yo no me aparto de tus
estatutos.
158 Miro a esos renegados y me dan
náuseas,
porque no cumplen tus palabras.
159 Mira, Señor, cuánto amo tus
preceptos;
conforme a tu gran amor, dame
vida.
160 La suma de tus palabras es la
verdad;
tus rectos juicios permanecen para
siempre.

---

a **119:148** *En toda ... los ojos.* Lit. *Se anticipan mis ojos a las vigilias.*

Shin

161 Gente poderosaª me persigue sin
    motivo,
    pero mi corazón se asombra ante tu
    palabra.
162 Yo me regocijo en tu promesa
    como quien halla un gran botín.
163 Aborrezco y repudio la falsedad,
    pero amo tu ley.

164 Siete veces al día te alabo
    por tus rectos juicios.
165 Los que aman tu ley disfrutan de
    gran *bienestar,
    y nada los hace tropezar.
166 Yo, Señor, espero tu salvación
    y practico tus mandamientos.

167 Con todo mi ser cumplo tus
    estatutos.
    ¡Cuánto los amo!
168 Obedezco tus preceptos y tus
    estatutos,
    porque conoces todos mis caminos.

Tav

169 Que llegue mi clamor a tu presencia;
    dame entendimiento, Señor,
    conforme a tu palabra.
170 Que llegue a tu presencia mi súplica;
    líbrame, conforme a tu promesa.

171 Que rebosen mis labios de alabanza,
    porque tú me enseñas tus decretos.
172 Que entone mi lengua un cántico a
    tu palabra,
    pues todos tus mandamientos son
    justos.
173 Que acuda tu mano en mi ayuda,
    porque he escogido tus preceptos.

174 Yo, Señor, ansío tu salvación.
    Tu ley es mi regocijo.
175 Déjame vivir para alabarte;
    que vengan tus juicios a ayudarme.
176 Cual oveja perdida me he
    extraviado;
    ven en busca de tu siervo,
    porque no he olvidado tus
    mandamientos.

Salmo 120

Cántico de los *peregrinos.

1 En mi angustia invoqué al *Señor,
    y él me respondió.
2 Señor, líbrame de los labios
    mentirosos
    y de las lenguas embusteras.

3 ¡Ah, lengua embustera!
    ¿Qué se te habrá de dar?
    ¿Qué se te habrá de añadir?
4 ¡Puntiagudas flechas de guerrero,
    con ardientes brasas de *retama!

5 ¡Ay de mí, que soy extranjero en
    Mesec,
    que he acampado entre las tiendas
    de Cedar!
6 ¡Ya es mucho el tiempo que he
    acampado
    entre los que aborrecen la *paz!

7 Yo amo la paz,
    pero si hablo de paz,
    ellos hablan de guerra.

Salmo 121

Cántico de los *peregrinos.

1 A las montañas levanto mis ojos;
    ¿de dónde ha de venir mi ayuda?
2 Mi ayuda proviene del *Señor,
    creador del *cielo y de la tierra.
3 No permitirá que tu pie resbale;
    jamás duerme el que te cuida.
4 Jamás duerme ni se adormece
    el que cuida de Israel.

5 El Señor es quien te cuida,
    el Señor es tu sombra protectora.ᵇ
6 De día el sol no te hará daño,
    ni la luna de noche.

7 El Señor te protegerá;
    de todo mal protegerá tu vida.
8 El Señor te cuidará en el hogar y en el
    camino,ᶜ
    desde ahora y para siempre.

---

a **119:161** *Gente poderosa.* Lit. *Príncipes.* *b* **121:5** *tu sombra protectora.* Lit. *tu sombra a tu mano derecha.* *c* **121:8** *te cuidará en el hogar y en el camino.* Lit. *cuidará tu salida y tu entrada.*

Pasaje del día: Salmo 121:1-8
Versículo del día: Salmo 121:7

La protección de Dios

Tuve una experiencia estando en la cocina de mi casa. Ingresó por una de las puertas un lindo pajarito, con plumaje de bellos colores. En su desesperación por buscar la salida comenzó a chocar su cuerpecito contra uno de los cristales de la ventana. Insistía en que por ese lugar podría salir. Se golpeó varias veces. Intenté sujetarlo, pero no se quedaba quieto. Tuve que cubrirlo con una toalla para lograr que no se moviera más.

Con toda suavidad lo tomé envuelto en la toalla y me dirigí a la salida de mi cocina donde lo dejé en libertad. A mi regreso escuché al Señor decirme: "Hija, así les sucede a mis hijos. Creen encontrar salidas donde no es correcto. Son salidas falsas, espejismos del enemigo. Es así como se dan golpes por no estarse quietos, como le sucedió al pajarito."

Con este ejemplo de la naturaleza aprendemos que aunque nos parezca que la salida está en un lugar determinado, debemos estar quietas y esperar en el Señor. Así como el salmista, podemos estar seguras que sólo en Dios está nuestro socorro y nuestra ayuda. Cuando la vida nos golpea, Él amortigua los golpes, la confusión y el dolor. Él nos sacará en paz, en sus fuerzas y no en las nuestras; pues nos guardará de todo mal.

Sigryd de Acuña
Costa Rica

Salmo 122

Cántico de los *peregrinos. De David.

1 Yo me alegro cuando me dicen:
«Vamos a la casa del *Señor.»
2 *¡Jerusalén, ya nuestros pies
se han plantado ante tus *portones!

3 ¡Jerusalén, ciudad edificada
para que en ella todos se
congreguen!a
4 A ella suben las tribus,
las tribus del Señor,
para alabar su *nombre
conforme a la *ordenanza que
recibió Israel.

5 Allí están los tribunales de justicia,
los tribunales de la casa de David.
6 Pidamos por la *paz de Jerusalén:
«Que vivan en paz los que te aman.
7 Que haya paz dentro de tus murallas,
seguridad en tus fortalezas.»
8 Y ahora, por mis hermanos y amigos
te digo:
«¡Deseo que tengas paz!»
9 Por la casa del Señor nuestro Dios
procuraré tu bienestar.

Salmo 123

Cántico de los *peregrinos.

1 Hacia ti dirijo la mirada,
hacia ti, cuyo trono está en el *cielo.
2 Como dirigen los esclavos la mirada
hacia la mano de su amo,
como dirige la esclava la mirada
hacia la mano de su ama,
así dirigimos la mirada al *Señor
nuestro Dios,
hasta que nos muestre compasión.
3 Compadécenos, Señor, compadécenos,
¡ya estamos hartos de que nos
desprecien!
4 Ya son muchas las burlas que hemos
sufrido;
muchos son los insultos de los
altivos,
y mucho el menosprecio de los
orgullosos.

Salmo 124

Cántico de los *peregrinos. De David.

1 Si el *Señor no hubiera estado de
nuestra parte
—que lo repita ahora Israel—,
2 si el Señor no hubiera estado de
nuestra parte
cuando todo el mundo se levantó
contra nosotros,
3 nos habrían tragado vivos
al encenderse su furor contra
nosotros;

4 nos habrían inundado las aguas,
el torrente nos habría arrastrado,
5 ¡nos habrían arrastrado las aguas
turbulentas!

6 Bendito sea el Señor, que no dejó
que nos despedazaran con sus
dientes.

7 Como las aves, hemos escapado
de la trampa del cazador;
¡la trampa se rompió,
y nosotros escapamos!
8 Nuestra ayuda está en el *nombre del
Señor,
creador del *cielo y de la tierra.

Salmo 125

Cántico de los *peregrinos.

1 Los que confían en el *Señor
son como el monte de *Sión,
que jamás será conmovido,
que permanecerá para siempre.

2 Como rodean las colinas a *Jerusalén,
así rodea el Señor a su pueblo,
desde ahora y para siempre.

3 No prevalecerá el cetro de los impíos
sobre la heredad asignada a los
justos,
para que nunca los justos extiendan
sus manos hacia la maldad.

---

a 122:3 *¡Jerusalén, ... se congreguen!* Alt. *Jerusalén, edificada como ciudad, en la que todo se mantiene bien unido.*

Pasaje del día: Salmo 126:1-6
Versículo del día: Salmo 126:6

Una siembra con lágrimas

Como al pueblo judío, a las mujeres muchas veces nos toca "sembrar con lágrimas". A algunas, Dios nos manda sembrar en nuestro propio hogar. A otras, nos manda sembrar en tierras lejanas, como en el caso de Rut. En mi caso, Dios me mandó a sembrar las buenas nuevas de la salvación en el pueblo de mi esposo.

Él y yo trabajamos en la obra de Dios en el Perú confiando en la promesa del Salmo 126:6. Pasamos quince años sembrando entre el pueblo quechua. Fueron tiempos preciosos de "cosechar con regocijo", reclamando las promesas preciosas del Señor. Tuvimos el gozo de ver completada la traducción de la Biblia al dialecto de mi esposo, y ver almas rescatadas. También sembramos con lágrimas, porque vinieron años difíciles en un país azotado por la violencia causada por el grupo guerrillero "Sendero Luminoso".

En 1991 tuvimos la oportunidad de apoyar una conferencia llamada "Perú, te amamos". Al final de la conferencia, una mujer se me acercó y, llorando, me contó su triste experiencia a manos de hombres violentos en la zona de emergencia. Al escuchar su historia, dije en mi interior: "Dios, nunca he sufrido así. El sufrimiento y la muerte han sido compañeros muy lejanos a pesar de que soy hija de misioneros. No sé cómo llevar las dolencias de otra persona."

Cuando mi esposo fue asesinado por los guerrilleros un año después, en 1992, comencé a entender las palabras del profeta Isaías, cuando dijo: "Ciertamente llevó él nuestras enfermedades, y sufrió nuestros dolores" (53:4). Ahora sé por experiencia que las promesas de Dios son seguras. Él me ha confortado por la pérdida del compañero de mi vida.

Es un tiempo de cosecha entre el pueblo quechua. Los que llorando llevaron la preciosa semilla, cantando recogen sus gavillas.

Donna Louise Jackson
de Sauñe
Perú

Pasaje del día: Salmo 128:1-6
Versículo del día: Salmo 128:1

Un hogar hermoso

Enoc era un joven huérfano de padres. Escribió una lista de las cualidades que debería tener la compañera de su vida y se la presentó en oración a Dios, diciendo: "Tú eres mi Padre y tú también me indicarás a la joven que tienes preparada para mí."

Pasó el tiempo y encontró a Efthalia. Al conocerla, supo que era la mujer escogida para él. Se concretó el matrimonio; pero después tuvieron dificultades debido a varios familiares y amistades que no aceptaban esa unión, simplemente porque eran de diferentes nacionalidades. Pero ellos siguieron adelante, puesta su confianza en el Señor.

Era una pareja ejemplar; él demostrando su amor en todo y ella se sujetaba a él con respeto. Dios les concedió dos hijos preciosos y sanos. Como familia pasaron por muchas pruebas y dificultades en la época de la guerra. Emigraron a la Argentina donde sus hijos crecieron en paz y seguridad llegando a realizarse como personas de bien. Los dos hijos han formado también sus hogares y están sirviendo en la obra del Señor en diferentes países.

Para mí es un privilegio haber sido parte de ese hogar y agradezco a Dios por el ejemplo de vida que recibí de mis padres.

¡Cuán importante es sentir a Dios en la vida cotidiana! Se pone de manifiesto en la medida que la fe, el amor y la paz salen a relucir en cada vida.

Vi una vez un cuadro con la siguiente inscripción: "Donde hay fe hay amor. Donde hay amor hay paz. Donde hay paz está Dios. Donde está Dios no falta nada." Así es el hogar donde todos temen al Señor y van por sus caminos. ¡Ese es un hogar hermoso!

Lydia B. de Berberián
Argentina

⁴ Haz bien, Señor, a los que son buenos,
   a los de recto corazón.
⁵ Pero a los que van por caminos
   torcidos
   deséchalos, Señor, junto con los
   malhechores.

¡Que haya paz en Israel!

Salmo 126

Cántico de los *peregrinos.

¹ Cuando el *Señor hizo volver a *Sión
   a los cautivos,
   nos parecía estar soñando.
² Nuestra boca se llenó de risas;
   nuestra lengua, de canciones
   jubilosas.
Hasta los otros pueblos decían:
   «El Señor ha hecho grandes cosas
   por ellos.»
³ Sí, el Señor ha hecho grandes cosas
   por nosotros,
   y eso nos llena de alegría.

⁴ Ahora, Señor, haz volver a nuestros
   cautivos
   como haces volver los arroyos del
   desierto.
⁵ El que con lágrimas siembra,
   con regocijo cosecha.
⁶ El que llorando esparce la semilla,
   cantando recoge sus gavillas.

Salmo 127

Cántico de los *peregrinos. De Salomón.

¹ Si el *Señor no edifica la casa,
   en vano se esfuerzan los albañiles.
Si el Señor no cuida la ciudad,
   en vano hacen guardia los
   vigilantes.
² En vano madrugan ustedes,
   y se acuestan muy tarde,
para comer un pan de fatigas,
   porque Dios concede el sueño a sus
   amados.

³ Los hijos son una herencia del Señor,
   los frutos del vientre son una
   recompensa.
⁴ Como flechas en las manos del
   guerrero
   son los hijos de la juventud.
⁵ *Dichosos los que llenan su aljaba
   con esta clase de flechas.ª
No serán avergonzados por sus
   enemigos
   cuando litiguen con ellos en los
   tribunales.

Salmo 128

Cántico de los *peregrinos.

¹ *Dichosos todos los que temen al *Señor,
   los que van por sus *caminos.
² Lo que ganes con tus manos, eso
   comerás;
   gozarás de dicha y prosperidad.
³ En el seno de tu hogar,
   tu esposa será como vid llena de
   uvas;
alrededor de tu mesa,
   tus hijos serán como vástagos de
   olivo.
⁴ Tales son las bendiciones
   de los que temen al Señor.

⁵ Que el Señor te bendiga desde *Sión,
   y veas la prosperidad de *Jerusalén
   todos los días de tu vida.
⁶ Que vivas para ver a los hijos de tus
   hijos.

¡Que haya *paz en Israel!

Salmo 129

Cántico de los *peregrinos.

¹ Mucho me han angustiado desde mi
   juventud
   —que lo repita ahora Israel—,
² mucho me han angustiado desde mi
   juventud,
   pero no han logrado vencerme.

---

a **127:5** *con esta clase de flechas.* Lit. *con ellos.*

Pasaje del sábado:
Salmo 139:13-24

Pasaje del domingo:
Salmo 145:1-13

Aun lo mínimo

Se abrió una flor en la intimidad del bosque; titiló sobre ella el rocío sólo por un instante. Fue durante ese instante un poema mínimo. Gozó del calor del sol; dio su perfume al aire. Al anochecer murió, y ningún hombre disfrutó de su existencia. Pero ¿quién se atreve a decir que su ritmo quedó fuera del eterno poema de Dios?

Cayó una guijarra al agua. Rodó desde la cumbre y produjo sólo un par de círculos que no lograron siquiera alterar los juncos de la orilla. Sin embargo, su sonido dio la rima exacta del verso que anidaba en la mente de Dios.

También mi vida mínima se sumirá en su final. La historia no sospecha mi nombre. El olvido muy pronto disipará mi anécdota de todas las memorias. Pero ¿quién podrá afirmar que mi existencia no haya sido ese imprescindible adjetivo que la mente de Dios buscaba para alcanzar la perfecta calidad de su poema?

Beatriz G. de Delupí
Argentina

3 Sobre la espalda me pasaron el arado,
abriéndome en ella profundos[a]
surcos.
4 Pero el *Señor, que es justo,
me libró de las ataduras de los
impíos.

5 Que retrocedan avergonzados
todos los que odian a *Sión.
6 Que sean como la hierba en el techo,
que antes de crecer se marchita;
7 que no llena las manos del segador
ni el regazo del que cosecha.
8 Que al pasar nadie les diga:
«La bendición del Señor sea con
ustedes;
los bendecimos en el nombre del
Señor.»

Salmo 130

Cántico de los *peregrinos.

1 A ti, *Señor, elevo mi clamor
desde las profundidades del abismo.
2 Escucha, Señor, mi voz.
Estén atentos tus oídos a mi voz
suplicante.

3 Si tú, Señor, tomaras en cuenta los
pecados,
¿quién, Señor, sería declarado
inocente?[b]
4 Pero en ti se halla perdón,
y por eso debes ser temido.

5 Espero al Señor, lo espero con toda el
*alma;
en su *palabra he puesto mi
esperanza.
6 Espero al Señor con toda el alma,
más que los centinelas la mañana.

Como esperan los centinelas la mañana,
7 así tú, Israel, espera al Señor.
Porque en él hay amor inagotable;
en él hay plena redención.
8 Él mismo redimirá a Israel
de todos sus pecados.

Salmo 131

Cántico de los *peregrinos. De David.

1 *Señor, mi corazón no es orgulloso,
ni son altivos mis ojos;
no busco grandezas desmedidas,
ni proezas que excedan a mis
fuerzas.

2 Todo lo contrario:
he calmado y aquietado mis ansias.
Soy como un niño recién amamantado
en el regazo de su madre.
¡Mi *alma es como un niño recién
amamantado!

3 Israel, pon tu esperanza en el Señor
desde ahora y para siempre.

Salmo 132

Cántico de los *peregrinos.

1 *Señor, acuérdate de David
y de todas sus penurias.
2 Acuérdate de sus juramentos al Señor,
de sus votos al Poderoso de Jacob:
3 «No gozaré del calor del hogar,
ni me daré un momento de
descanso;[c]
4 no me permitiré cerrar los ojos,
y ni siquiera el menor pestañeo,
5 antes de hallar un lugar para el Señor,
una morada para el Poderoso de
Jacob.»

6 En Efrata oímos hablar del arca;[d]
dimos con ella en los campos de
Jaar:[e]
7 «Vayamos hasta su morada;
postrémonos ante el estrado de sus
pies.»

8 Levántate, Señor; ven a tu lugar de
reposo,
tú y tu arca poderosa.
9 Que se revistan de justicia tus
sacerdotes;
que tus fieles canten jubilosos.

---

a **129:3** *profundos.* Lit. *largos.* *b* **130:3** *¿ ... sería declarado inocente?* Lit. *¿ ... se mantendría en pie?* *c* **132:3** *No gozaré ...
de descanso.* Lit. *Si entrara yo en la tienda de mi casa, / si subiera yo al lecho de mi cama.* *d* **132:6** *del arca.* Lit. *de ella*; véase
1S 7:1. *e* **132:6** Es decir, Quiriat-jearim.

Pasaje del día: Salmo 130:1-8
Versículo del día: Salmo 130:5

El tiempo de espera

*V*ivimos en una época en la que todo es veloz. Las comidas rápidas, los cajeros automáticos, el correo acelerado, la vía satélite... Después de todo, ¿a quién le gusta esperar cuando hay tanto que hacer y tan poco tiempo para hacerlo? Y el mismo sistema de vida influye fuertemente en nosotras.

Aun así, hay momentos en la vida en los que el Señor nos dice: "Aprende a esperar en mi."

Cuando todo nos va bien, eso no es muy difícil. Pero cuando hay enfermedad, crisis en la familia, problemas económicos y duras pruebas, quisiéramos que Dios hiciera algo, y ¡pronto!

Cuando parece que Él no estuviera haciendo nada, cuando la situación se hace más difícil y queremos arreglar las cosas inmediatamente y como sea, ¡cuidado! Es en esos momentos en los que Dios está trabajando realmente en nuestra vida. Él no se mueve en base a nuestro tiempo, sino al suyo.

Cuando aprendemos a esperar en el Señor y en sus promesas, podemos confiar en que Él nunca llegará ni demasiado pronto, ni demasiado tarde, sino en el tiempo perfecto.

Así se hace real la Palabra de Dios a través de nuestro hermano Santiago, que dice que la prueba de nuestra fe produce paciencia. Cuando esa paciencia obra en su totalidad en nuestra vida, podemos ver con mayor claridad cómo la poderosa mano del Señor ha actuado durante el precioso tiempo de espera en Él.

Espera hoy en el Señor con la certeza de que a los que aman a Dios todas las cosas les ayuda a bien.

Esther Kooyip Gómez
Perú

10 Por amor a David, tu siervo,
   no le des la espalda a^a tu *ungido.

11 El Señor le ha hecho a David
   un firme juramento que no
      revocará:
   «A uno de tus propios descendientes
      lo pondré sobre tu trono.
12 Si tus hijos cumplen con mi pacto
   y con los *estatutos que les enseñaré,
   también sus descendientes
      te sucederán en el trono para
         siempre.»

13 El Señor ha escogido a *Sión;
   su deseo es hacer de este monte su
      morada:
14 «Éste será para siempre mi lugar de
      reposo;
   aquí pondré mi trono, porque así lo
      deseo.
15 Bendeciré con creces sus provisiones,
   y saciaré de pan a sus pobres.
16 Revestiré de *salvación a sus
      sacerdotes,
   y jubilosos cantarán sus fieles.

17 «Aquí haré renacer el poder^b de
      David,
   y encenderé la lámpara de mi
      ungido.
18 A sus enemigos los cubriré de
      vergüenza,
   pero él lucirá su corona
      esplendorosa.»

Salmo 133

Cántico de los *peregrinos. De David.

1 ¡Cuán bueno y cuán agradable es
   que los hermanos convivan en
      armonía!
2 Es como el buen aceite que, desde la
      cabeza,
   va descendiendo por la barba,
   por la barba de Aarón,
   hasta el borde de sus vestiduras.
3 Es como el rocío de Hermón
   que va descendiendo sobre los
      montes de *Sión.

Donde se da esta armonía,^c
   el *Señor concede bendición y vida
      eterna.

Salmo 134

Cántico de los *peregrinos.

1 Bendigan al *Señor todos ustedes sus
      siervos,
   que de noche permanecen en la
      casa del Señor.
2 Eleven sus manos hacia el santuario
   y bendigan al Señor.
3 Que desde *Sión los bendiga el Señor,
   creador del *cielo y de la tierra.

Salmo 135

1 *¡Aleluya! ¡Alabado sea el *Señor!

¡Alaben el *nombre del Señor!
   ¡Siervos del Señor, alábenlo!
2 Ustedes, que permanecen en la casa
      del Señor,
   en los atrios de la casa del Dios
      nuestro.

3 Alaben al Señor, porque el Señor es
      bueno;
   canten salmos a su nombre, porque
      eso es agradable.
4 El Señor escogió a Jacob como su
      propiedad,
   a Israel como su posesión.

5 Yo sé que el Señor, nuestro Soberano,
   es más grande que todos los dioses.
6 El Señor hace todo lo que quiere
   en los *cielos y en la tierra,
   en los mares y en todos sus abismos.
7 Levanta las nubes desde los confines
      de la tierra;
   envía relámpagos con la lluvia
   y saca de sus depósitos a los vientos.

8 A los primogénitos de Egipto hirió de
      muerte,
   tanto a *hombres como a animales.

---

^a 132:10 *no le des la espalda a.* Lit. *no vuelvas el rostro de.* ^b 132:17 *poder.* Lit. *cuerno.* ^c 133:3 *Donde se da esta armonía.*
Lit. *Ciertamente allí.*

9 En tu corazón mismo, oh Egipto,
   Dios envió señales y maravillas
   contra el faraón y todos sus siervos.
10 A muchas naciones las hirió de
   muerte;
   a reyes poderosos les quitó la vida:
11 a Sehón, el rey amorreo;
   a Og, el rey de Basán,
   y a todos los reyes de Canaán.
12 Entregó sus tierras como herencia,
   ¡como herencia para su pueblo
   Israel!

13 Tu nombre, SEÑOR, es eterno;
   tu renombre, por todas las
   generaciones.
14 Ciertamente el SEÑOR juzgará a su
   pueblo,
   y de sus siervos tendrá compasión.

15 Los ídolos de los paganos son de oro
   y plata,
   producto de manos humanas.
16 Tienen boca, pero no pueden hablar;
   ojos, pero no pueden ver;
17 tienen oídos, pero no pueden oír;
   ¡ni siquiera hay aliento en su boca!
18 Semejantes a ellos son sus hacedores
   y todos los que confían en ellos.

19 Casa de Israel, bendice al SEÑOR;
   casa de Aarón, bendice al SEÑOR;
20 casa de Leví, bendice al SEÑOR;
   los que temen al SEÑOR, bendíganlo.
21 Desde *Sión sea bendito el SEÑOR,
   el que habita en *Jerusalén.

*¡Aleluya! ¡Alabado sea el SEÑOR!

Salmo 136

1 Den gracias al *SEÑOR, porque él es
   bueno;
   su gran amor perdura para siempre.
2 Den gracias al Dios de dioses;
   su gran amor perdura para siempre.
3 Den gracias al SEÑOR de señores;
   su gran amor perdura para siempre.
4 Al único que hace grandes maravillas;
   su gran amor perdura para siempre.

5 Al que con *inteligencia hizo los *cielos;
   su gran amor perdura para siempre.
6 Al que expandió la tierra sobre las
   aguas;
   su gran amor perdura para siempre.
7 Al que hizo las grandes luminarias;
   su gran amor perdura para siempre.
8 El sol, para iluminara el día;
   su gran amor perdura para siempre.
9 La luna y las estrellas, para iluminar
   la noche;
   su gran amor perdura para siempre.
10 Al que hirió a los primogénitos de
   Egipto;
   su gran amor perdura para siempre.
11 Al que sacó de Egiptob a Israel;
   su gran amor perdura para siempre.
12 Con mano poderosa y con brazo
   extendido;
   su gran amor perdura para siempre.
13 Al que partió en dos el Mar Rojo;c
   su gran amor perdura para siempre.

14 Y por en medio hizo cruzar a Israel;
   su gran amor perdura para siempre.
15 Pero hundió en el Mar Rojo al faraón
   y a su ejército;
   su gran amor perdura para siempre.
16 Al que guió a su pueblo por el
   desierto;
   su gran amor perdura para siempre.
17 Al que hirió de muerte a grandes
   reyes;
   su gran amor perdura para siempre.
18 Al que a reyes poderosos les quitó la
   vida;
   su gran amor perdura para siempre.
19 A Sehón, el rey amorreo;
   su gran amor perdura para siempre.
20 A Og, el rey de Basán;
   su gran amor perdura para siempre.
21 Cuyas tierras entregó como herencia;
   su gran amor perdura para siempre.
22 Como herencia para su siervo Israel;
   su gran amor perdura para siempre.
23 Al que nunca nos olvida, aunque
   estemos humillados;
   su gran amor perdura para siempre.
24 Al que nos libra de nuestros
   adversarios;
   su gran amor perdura para siempre.

---

a **136:8** *iluminar.* Lit. *dominar.* *b* **136:11** *de Egipto.* Lit. *de entre ellos.* *c* **136:13** *Mar Rojo.* Lit. *Mar de las Cañas* (heb. *Yam Suf*); también en v. 15.

25 Al que alimenta a todo ser viviente;
   su gran amor perdura para siempre.
26 ¡Den gracias al Dios de los cielos!
   ¡Su gran amor perdura para siempre!

Salmo 137

1 Junto a los ríos de Babilonia nos
   sentábamos,
   y llorábamos al acordarnos de *Sión.
2 En los álamos que había en la ciudad
   colgábamos nuestras arpas.
3 Allí, los que nos tenían cautivos
   nos pedían que entonáramos
   canciones;
nuestros opresores nos pedían estar
   alegres;
   nos decían: «¡Cántennos un cántico
   de Sión!»

4 ¿Cómo cantar las canciones del *Señor
   en una tierra extraña?
5 Ah, *Jerusalén, Jerusalén,
   si llegara yo a olvidarte,
   ¡que la mano derecha se me seque!
6 Si de ti no me acordara,
   ni te pusiera por encima de mi
   propia alegría,
   ¡que la lengua se me pegue al
   paladar!

7 Señor, acuérdate de los edomitas
   el día en que cayó Jerusalén.
   «¡Arrásenla —gritaban—,
   arrásenla hasta sus cimientos!»

8 Hija de Babilonia, que has de ser
   destruida,
   *¡dichoso el que te haga pagar
   por todo lo que nos has hecho!
9 ¡Dichoso el que agarre a tus pequeños
   y los estrelle contra las rocas!

Salmo 138

Salmo de David.

1 *Señor, quiero alabarte de todo
   corazón,
   y cantarte salmos delante de los
   dioses.

2 Quiero inclinarme hacia tu santo
   templo
   y alabar tu *nombre por tu gran
   amor y fidelidad.
Porque has exaltado tu nombre y tu
   *palabra
   por sobre todas las cosas.
3 Cuando te llamé, me respondiste;
   me infundiste ánimo y renovaste
   mis *fuerzas.

4 Oh Señor, todos los reyes de la tierra
   te alabarán al escuchar tus palabras.
5 Celebrarán con cánticos tus *caminos,
   porque tu gloria, Señor, es grande.

6 El Señor es excelso,
   pero toma en cuenta a los humildes
   y mira^a de lejos a los orgullosos.
7 Aunque pase yo por grandes
   angustias,
   tú me darás vida;
contra el furor de mis enemigos
   extenderás la mano:
   ¡tu mano derecha me pondrá a
   salvo!
8 El Señor cumplirá en mí su propósito.^b
Tu gran amor, Señor, perdura para
   siempre;
   ¡no abandones la obra de tus
   manos!

Salmo 139

Al director musical. Salmo de David.

1 *Señor, tú me examinas,
   tú me conoces.
2 Sabes cuándo me siento y cuándo me
   levanto;
   aun a la distancia me lees el
   pensamiento.
3 Mis trajines y descansos los conoces;
   todos mis caminos te son familiares.
4 No me llega aún la palabra a la lengua
   cuando tú, Señor, ya la sabes toda.

5 Tu protección me envuelve por
   completo;
   me cubres con la palma de tu mano.
6 Conocimiento tan maravilloso rebasa
   mi comprensión;

---

a 138:6 mira. Lit. *conoce. b 138:8 El SEÑOR ... su propósito.* Lit. *El SEÑOR completará en mí.*

Pasaje del día: Salmo 139:1-12
Versículo del día: Salmo 139:5

La presencia abrazadora de Dios

¿Cómo me afecta el pasado? Los sentimientos de culpa, los traumas traídos de la infancia, las heridas por el camino...

Recuerdo las veces que me equivoqué, que me porté mal, que hice llorar a otros. Allí está ese disco rayado del remordimiento que repite y repite: "Eres un caso imposible... Nunca va a pasar algo bueno contigo. ¿Cómo pudiste hacer eso?" Pero allí estás, Jesús, detrás mío. Y levantas un paredón en forma de cruz.

Allí puedo dejar mis harapos, mis malos momentos. Jesús, te llevas ese disco rayado que me tortura y lo haces pedazos en la Roca del Gólgota. Ya no escucho las voces de mi sentido de culpa. Sólo oigo las palabras de San Pablo: "No hay ninguna condenación para los que están en Cristo Jesús" (Romanos 8:1).

A veces tengo miedo del mañana. Nuestro futuro está lleno de oscuros nubarrones. ¿Qué será de nuestro país? ¿Qué pasará conmigo, mi matrimonio, mi casa? Pero, ¡tengo una luz! Cuando hoy puedo vivir bajo tu cuidado, bendito Cristo, con tu poder me animo a enfrentar el mañana. Si algo va a pasar, tú estás delante y recibes el golpe más fuerte, y me dices: "No temas, hija. Yo soy tu escudo y tu protector."

¿Qué hago con el miedo que tengo a mí misma? ¿Qué hago con mis falencias, mi temperamento y mis sentimientos de odio que errupcionan como volcán del centro de mi yo? Allí también está tu voz: "Aquí estoy a la puerta de tu corazón y llamo. Quiero entrar y hacer fiesta en ti."

¡Oh, felicidad indescriptible! Señor, tú estás ya en medio de mí. Eres mi fuerza y mi canción, mi Señor y mi Rey! Tu presencia abrazadora me quita el temor.

Sara Anderson de González
Argentina

tan sublime es que no puedo
entenderlo.

7 ¿A dónde podría alejarme de tu
espíritu?
¿A dónde podría huir de tu
presencia?
8 Si subiera al *cielo,
allí estás tú;
si tendiera mi lecho en el fondo del
*abismo,
también estás allí.
9 Si me elevara sobre las alas del alba,
o me estableciera en los extremos
del mar,
10 aun allí tu mano me guiaría,
¡me sostendría tu mano derecha!

11 Y si dijera: «Que me oculten las
tinieblas;
que la luz se haga noche en torno
mío»,
12 ni las tinieblas serían oscuras para ti,
y aun la noche sería clara como el
día.
¡Lo mismo son para ti las tinieblas
que la luz!

13 Tú creaste mis entrañas;
me formaste en el vientre de mi
madre.
14 ¡Te alabo porque soy una creación
admirable!
¡Tus obras son maravillosas,
y esto lo sé muy bien!
15 Mis huesos no te fueron desconocidos
cuando en lo más recóndito era yo
formado,
cuando en lo más profundo de la tierra
era yo entretejido.

16 Tus ojos vieron mi cuerpo en
gestación:
todo estaba ya escrito en tu libro;
todos mis días se estaban diseñando,
aunque no existía uno solo de ellos.

17 ¡Cuán preciosos, oh Dios, me son tus
pensamientos!
¡Cuán inmensa es la suma de ellos!
18 Si me propusiera contarlos,
sumarían más que los granos de
arena.

Y si terminara de hacerlo,[a]
aún estaría a tu lado.

19 Oh Dios, ¡si les quitaras la vida a los
impíos!
¡Si de mí se apartara la gente
sanguinaria,
20 esos que con malicia te difaman
y que en vano se rebelan contra ti![b]
21 ¿Acaso no aborrezco, Señor, a los que
te odian,
y abomino a los que te rechazan?
22 El odio que les tengo es un odio
implacable;
¡los cuento entre mis enemigos!

23 Examíname, oh Dios, y sondea mi
corazón;
ponme a prueba y sondea mis
pensamientos.
24 Fíjate si voy por mal camino,
y guíame por el *camino eterno.

Salmo 140

Al director musical. Salmo de David.

1 Oh *Señor, líbrame de los impíos;
protégeme de los violentos,
2 de los que urden en su corazón planes
malvados
y todos los días fomentan la guerra.
3 Afilan su lengua cual lengua de
serpiente;
¡veneno de víbora hay en sus labios!
*Selah

4 Señor, protégeme del poder de los
impíos;
protégeme de los violentos,
de los que piensan hacerme caer.
5 Esos engreídos me han tendido una
trampa;
han puesto los lazos de su red,
han tendido trampas a mi paso.
Selah

6 Yo le digo al Señor: «Tú eres mi Dios.
Atiende, Señor, a mi voz
suplicante.»

---

a 139:18 Y si terminara de hacerlo (algunos mss. hebreos); Despierto y (TM). b 139:20 y que en vano ... contra ti (tres
versiones griegas y algunos mss. hebreos); levantan en vano tus ciudades (TM).

7 Señor Soberano, mi salvador poderoso
que me protege en el día de la
batalla:
8 No satisfagas, Señor, los caprichos de
los impíos;
no permitas que sus planes
prosperen,
para que no se enorgullezcan.
Selah

9 Que sobre la cabeza de mis
perseguidores
recaiga el mal que sus labios
proclaman.
10 Que lluevan brasas sobre ellos;
que sean echados en el fuego,
en ciénagas profundas, de donde
no vuelvan a salir.
11 Que no eche raíces en la tierra
la *gente de lengua viperina;
que la calamidad persiga y destruya
a la gente que practica la violencia.

12 Yo sé que el Señor hace justicia a los
pobres
y defiende el derecho de los
necesitados.
13 Ciertamente los justos alabarán tu
*nombre
y los íntegros vivirán en tu
presencia.

Salmo 141

Salmo de David.

1 A ti clamo, *Señor; ven pronto a mí.
¡Atiende a mi voz cuando a ti clamo!
2 Que suba a tu presencia mi plegaria
como una ofrenda de incienso;
que hacia ti se eleven mis manos
como un sacrificio vespertino.

3 Señor, ponme en la boca un centinela;
un guardia a la puerta de mis labios.
4 No permitas que mi corazón se
incline a la maldad,
ni que sea yo cómplice de
iniquidades;
no me dejes participar de banquetes
en compañía de malhechores.

5 Que la justicia me golpee,
que el amor me reprenda;
pero que el ungüento de los malvados
no perfume mi cabeza,
pues mi oración está siempre
en contra de sus malas obras.
6 Cuando sus gobernantes sean
lanzados desde los
despeñaderos,
sabrán que mis palabras eran bien
intencionadas.
7 Y dirán: «Así como se dispersa la
tierra
cuando en ella se abren surcos con
el arado,
así se han dispersado nuestros huesos
a la orilla del *sepulcro.»

8 En ti, Señor Soberano, tengo puestos
los ojos;
en ti busco refugio; no dejes que
me maten.
9 Protégeme de las trampas que me
tienden,
de las trampas que me tienden los
malhechores.
10 Que caigan los impíos en sus propias
redes,
mientras yo salgo bien librado.

Salmo 142

Masquil de David. Cuando estaba en la cueva. Oración.

1 A voz en cuello, al *Señor le pido
ayuda;
a voz en cuello, al Señor le pido
compasión.
2 Ante él expongo mis quejas;
ante él expreso mis angustias.

3 Cuando ya no me queda aliento,
tú me muestras el camino.a
Por la senda que transito
algunos me han tendido una
trampa.
4 Mira a mi derecha, y ve:
nadie me tiende la mano.
No tengo dónde refugiarme;
por mí nadie se preocupa.

---

a 142:3 tú me muestras el camino. Lit. tú conoces mi encrucijada.

5 A ti, Señor, te pido ayuda;
a ti te digo: «Tú eres mi refugio,
mi porción en la tierra de los
vivientes.»
6 Atiende a mi clamor,
porque me siento muy débil;
líbrame de mis perseguidores,
porque son más fuertes que yo.

7 Sácame de la prisión,
para que alabe yo tu *nombre.
Los justos se reunirán en torno mío
por la bondad que me has
mostrado.

Salmo 143

Salmo de David.

1 Escucha, *Señor, mi oración;
atiende a mi súplica.
Por tu fidelidad y tu justicia,
respóndeme.
2 No lleves a juicio a tu siervo,
pues ante ti nadie puede alegar
inocencia.

3 El enemigo atenta contra mi vida:
quiere hacerme morder el polvo.
Me obliga a vivir en las tinieblas,
como los que murieron hace
tiempo.
4 Ya no me queda aliento;
dentro de mí siento paralizado el
corazón.

5 Traigo a la memoria los tiempos de
antaño:
medito en todas tus proezas,
considero las obras de tus manos.
6 Hacia ti extiendo las manos;
me haces falta, como el agua a la
tierra seca.
*Selah

7 Respóndeme pronto, Señor,
que el aliento se me escapa.
No escondas de mí tu rostro,
o seré como los que bajan a la fosa.
8 Por la mañana hazme saber de tu
gran amor,

porque en ti he puesto mi
confianza.
Señálame el *camino que debo seguir,
porque a ti elevo mi *alma.
9 Señor, líbrame de mis enemigos,
porque en ti busco refugio.
10 Enséñame a hacer tu voluntad,
porque tú eres mi Dios.
Que tu buen espíritu me guíe
por un terreno sin obstáculos.

11 Por tu *nombre, Señor, dame vida;
por tu justicia, sácame de este
aprieto.
12 Por tu gran amor, destruye a mis
enemigos;
acaba con todos mis adversarios.
¡Yo soy tu siervo!

Salmo 144

Salmo de David.

1 Bendito sea el *Señor, mi *Roca,
que adiestra mis manos para la
guerra,
mis dedos para la batalla.
2 Él es mi Dios amoroso, mi amparo,
mi más alto escondite, mi libertador,
mi escudo, en quien me refugio.
Él es quien pone los pueblosª a mis
pies.

3 Señor, ¿qué es el *mortal para que lo
cuides?
¿Qué es el *ser humano para que
en él pienses?
4 Todo mortal es como un suspiro;
sus días son fugaces como una
sombra.

5 Abre tus *cielos, Señor, y desciende;
toca los montes y haz que echen
humo.
6 Lanza relámpagos y dispersa al
enemigo;
dispara tus flechas y ponlo en
retirada.
7 Extiende tu mano desde las alturas
y sálvame de las aguas tumultuosas;
líbrame del poder de gente extraña.

---

a **144:2** *los pueblos* (Targum, Vulgata, Siríaca, Aquila y varios mss. hebreos); *mi pueblo* (TM).

8 Cuando abren la boca, dicen mentiras;
cuando levantan su diestra, juran
en falso.ᵃ
9 Te cantaré, oh Dios, un cántico nuevo;
con el arpa de diez cuerdas te
cantaré salmos.
10 Tú das la *victoria a los reyes;
a tu siervo David lo libras de la
cruenta espada.
11 Ponme a salvo,
líbrame del poder de gente extraña.
Cuando abren la boca, dicen mentiras;
cuando levantan su diestra, juran
en falso.

12 Que nuestros hijos, en su juventud,
crezcan como plantas frondosas;
que sean nuestras hijas como columnas
esculpidas para adornar un palacio.

13 Que nuestros graneros se llenen
con provisiones de toda especie.

Que nuestros rebaños aumenten por
millares,
por decenas de millares en nuestros
campos.

14 Que nuestros bueyes arrastren cargas
pesadas;ᵇ
que no haya brechas ni salidas,
ni gritos de angustia en nuestras
calles.

15 *¡Dichoso el pueblo que recibe todo
esto!
¡Dichoso el pueblo cuyo Dios es el
Señor!

Salmo 145ᶜ

Un salmo de alabanza. De David.

Álef   1 Te exaltaré, mi Dios y rey;
por siempre bendeciré tu
*nombre.

Bet   2 Todos los días te bendeciré;
por siempre alabaré tu
nombre.

Guímel 3 Grande es el *Señor, y digno de
toda alabanza;
su grandeza es insondable.

Dálet 4 Cada generación celebrará tus
obras
y proclamará tus proezas.

He   5 Se hablará del esplendor de tu
gloria y majestad,
y yo meditaré en tus obras
maravillosas.ᵈ

Vav   6 Se hablará del poder de tus
portentos,
y yo anunciaré la grandeza de
tus obras.

Zayin 7 Se proclamará la memoria de tu
inmensa bondad,
y se cantará con júbilo tu
*victoria.

Jet   8 El Señor es clemente y
compasivo,
lento para la ira y grande en
amor.

Tet   9 El Señor es bueno con todos;
él se compadece de toda su
creación.

Yod   10 Que te alaben, Señor, todas tus
obras;
que te bendigan tus fieles.

Caf   11 Que hablen de la gloria de tu
reino;
que proclamen tus proezas,

Lámed 12 para que todo el mundo
conozca tus proezas
y la gloria y esplendor de tu
reino.

Mem   13 Tu reino es un reino eterno;
tu dominio permanece por
todas las edades.

Nun   Fiel es el Señor a su *palabra
y bondadoso en todas sus
obras.ᵉ

ᵃ **144:8** *cuando ... en falso.* Lit. *su diestra es diestra de engaño*; también en v. 11. ᵇ **144:14** *Que nuestros ... cargas pesadas.*
Alt. *Que nuestros capitanes sean establecidos firmemente.* ᶜ **Sal** 145 Este salmo es un poema acróstico, que sigue el orden del
alfabeto hebreo. ᵈ **145:5** *Se hablará ... obras maravillosas.* (Qumrán y Siríaca; véase también LXX); *Meditaré en el esplendor
glorioso de tu majestad / y en tus obras maravillosas* (TM). ᵉ **145:13** *Fiel es el Señor a su palabra / y bondadoso en todas sus
obras* (LXX, Siríaca, Vulgata y un ms. hebreo); TM no incluye estas dos líneas.

Pasaje del día: Salmo 145:1-21
Versículo del día: Salmo 145:20

La mano del Padre

Cuando era niña, mi papá ponía su mano grandota y calentita en mi cuello pequeño y me guiaba firme y segura mientras conversábamos por el camino. Yo me sentía protegida y segura. Mi papá podía ser un profesional, o un estudioso, pero a mí no me importaba. Sólo me importaba que él me amaba y me cuidaba.

A veces cuando camino por la vida, mi Padre celestial también pone su mano en mi hombro y marchamos por trechos juntos. Él siempre va conmigo; a veces estoy más consciente de su presencia y su dulce compañía. Él tiene todo el conocimiento y la sabiduría; pero no carga en mí más de lo que yo debo saber.

Corrie Ten Boom cuenta que en una oportunidad su padre la dejó levantar una valija; pero era tan pesada que no pudo llevarla. Entonces su padre la ayudó, y le dijo: "Así es Dios, Corrie. No nos deja llevar más peso del que podemos soportar."

Dios te ama. Se ha revelado como un Padre y, por lo tanto, te protege. Te ha dado lo máximo, la salvación, al hacerse hombre y morir en la cruz. Dios es una persona, no una institución, ni un discurso, y como tal puede acercarse a ti y buscar tu compañía. Es más, quiere que nos hagamos como niños para entrar en el reino de los cielos; porque los niños no elaboran muchos postulados. Simplemente confían.

Yo siento todavía el calor de la mano de mi padre terrenal cuando me conducía. Deja que nuestro Padre celestial te lleve por la vida, y mientras marchas, canta esa canción de confianza y seguridad plena que seguramente está en tu boca y en tu corazón.

Eda G. de von Leers
Argentina

Sámej **14** El SEÑOR levanta a los caídos
y sostiene a los agobiados.

Ayin **15** Los ojos de todos se posan en
ti,
y a su tiempo les das su
alimento.

Pe **16** Abres la mano y sacias con tus
favores
a todo ser viviente.

Tsade **17** El SEÑOR es justo en todos sus
*caminos
y bondadoso en todas sus
obras.

Qof **18** El SEÑOR está cerca de quienes
lo invocan,
de quienes lo invocan en
verdad.

Resh **19** Cumple los deseos de quienes
le temen;
atiende a su clamor y los salva.

Shin **20** El SEÑOR cuida a todos los que
lo aman,
pero aniquilará a todos los
impíos.

Tav **21** ¡Prorrumpa mi boca en
alabanzas al SEÑOR!
¡Alabe todo el mundo su santo
nombre,
por siempre y para siempre!

Salmo 146

1 *¡Aleluya! ¡Alabado sea el *SEÑOR!
Alaba, *alma mía, al SEÑOR.
2 Alabaré al SEÑOR toda mi vida;
mientras haya aliento en mí,
cantaré salmos a mi Dios.

3 No pongan su confianza en gente
poderosa,
en simples *mortales, que no
pueden salvar.
4 Exhalan el espíritu y vuelven al polvo,
y ese mismo día se desbaratan sus
planes.

5 *Dichoso aquel cuya ayuda es el Dios
de Jacob,
cuya esperanza está en el SEÑOR su
Dios,
6 creador del *cielo y de la tierra,
del mar y de todo cuanto hay en
ellos,
y que siempre mantiene la verdad.
7 El SEÑOR hace justicia a los oprimidos,
da de comer a los hambrientos
y pone en libertad a los cautivos.

8 El SEÑOR da vista a los ciegos,
el SEÑOR sostiene a los agobiados,
el SEÑOR ama a los justos.

9 El SEÑOR protege al extranjero
y sostiene al huérfano y a la viuda,
pero frustra los planes de los
impíos.

10 ¡Oh *Sión, que el SEÑOR reine para
siempre!
¡Que tu Dios reine por todas las
generaciones!

*¡Aleluya! ¡Alabado sea el SEÑOR!

Salmo 147

1 *¡Aleluya! ¡Alabado sea el *SEÑOR!

¡Cuán bueno es cantar salmos a nuestro
Dios,
cuán agradable y justo es alabarlo!

2 El SEÑOR reconstruye a *Jerusalén
y reúne a los exiliados de Israel;
3 restaura a los abatidos[a]
y cubre con vendas sus heridas.

4 Él determina el número de las
estrellas
y a todas ellas les pone *nombre.
5 Excelso es nuestro Señor, y grande su
poder;
su entendimiento es infinito;
6 El SEÑOR sostiene a los pobres,
pero hace morder el polvo a los
impíos.

a 147:3 *a los abatidos.* Lit. *a los de corazón quebrantado.*

7 Canten al Señor con gratitud;
   canten salmos a nuestro Dios al son
   del arpa.

8 Él cubre de nubes el *cielo,
   envía la lluvia sobre la tierra
   y hace crecer la hierba en los
      montes.
9 Él alimenta a los ganados
   y a las crías de los cuervos cuando
      graznan.

10 El Señor no se deleita en los bríos del
      caballo,
   ni se complace en la agilidadª del
      *hombre,
11 sino que se complace en los que le
      temen,
   en los que confían en su gran amor.

12 Alaba al Señor, Jerusalén;
   alaba a tu Dios, oh *Sión.

13 Él refuerza los cerrojos de tus *puertas
   y bendice a los que en ti habitan.

14 Él trae la *paz a tus fronteras
   y te sacia con lo mejor del trigo.

15 Envía su *palabra a la tierra;
   su palabra corre a toda prisa.

16 Extiende la nieve cual blanco manto,ᵇ
   esparce la escarcha cual ceniza.

17 Deja caer el granizo como grava;
   ¿quién puede resistir sus ventiscas?

18 Pero envía su palabra y lo derrite;
   hace que el viento sople, y las aguas
      fluyen.

19 A Jacob le ha revelado su palabra;
   sus *leyes y *decretos a Israel.
20 Esto no lo ha hecho con ninguna
      otra nación;
   jamás han conocido ellas sus
      decretos.

*¡Aleluya! ¡Alabado sea el Señor!

Salmo 148

1 *¡Aleluya! ¡Alabado sea el *Señor!

Alaben al Señor desde los *cielos,
   alábenlo desde las alturas.
2 Alábenlo, todos sus ángeles,
   alábenlo, todos sus ejércitos.
3 Alábenlo, sol y luna,
   alábenlo, estrellas luminosas.
4 Alábenlo ustedes, altísimos cielos,
   y ustedes, las aguas que están sobre
      los cielos.
5 Sea alabado el *nombre del Señor,
   porque él dio una orden y todo fue
      creado.
6 Todo quedó afirmado para siempre;
   emitió un *decreto que no será
      abolido.

7 Alaben al Señor desde la tierra
   los monstruos marinos y las
      profundidades del mar,
8 el relámpago y el granizo, la nieve y
      la neblina,
   el viento tempestuoso que cumple
      su *mandato,
9 los montes y las colinas,
   los árboles frutales y todos los
      cedros,
10 los animales salvajes y los domésticos,
   los reptiles y las aves,
11 los reyes de la tierra y todas las
      naciones,
   los príncipes y los gobernantes de
      la tierra,
12 los jóvenes y las jóvenes,
   los ancianos y los niños.

13 Alaben el nombre del Señor,
   porque sólo su nombre es excelso;
su esplendor está por encima de la
      tierra y de los cielos.
14 ¡Él ha dado poder a su pueblo!ᶜ

¡A él sea la alabanza de todos sus fieles,
   de los hijos de Israel, su pueblo
      cercano!

*¡Aleluya! ¡Alabado sea el Señor!

---

a 147:10 *en la agilidad.* Lit. *en las piernas.* *b* 147:16 *cual blanco manto.* Lit. *como lana.* *c* 148:14 *Él ha dado ... su pueblo!*
Lit. *Él levantó un cuerno para su pueblo.*

Salmo 149

1 *¡Aleluya! ¡Alabado sea el *Señor!

Canten al Señor un cántico nuevo,
   alábenlo en la comunidad de los
   fieles.
2 Que se alegre Israel por su creador;
   que se regocijen los hijos de *Sión
      por su rey.
3 Que alaben su *nombre con danzas;
   que le canten salmos al son de la
      lira y el pandero.

4 Porque el Señor se complace en su
      pueblo;
   a los humildes concede el honor de
      la *victoria.
5 Que se alegren los fieles por su
      triunfo;ᵃ
   que aun en sus camas griten de
      júbilo.

6 Que broten de su garganta alabanzas
      a Dios,
   y haya en sus manos una espada de
      dos filos
7 para que tomen venganza de las
      naciones
   y castiguen a los pueblos;
8 para que sujeten a sus reyes con
      cadenas,
   a sus nobles con grilletes de hierro;

9 para que se cumpla en ellos la
      sentencia escrita.
   ¡Ésta será la gloria de todos sus
      fieles!

*¡Aleluya! ¡Alabado sea el Señor!

Salmo 150

1 *¡Aleluya! ¡Alabado sea el *Señor!

Alaben a Dios en su santuario,
   alábenlo en su poderoso
      firmamento.

2 Alábenlo por sus proezas,
   alábenlo por su inmensa grandeza.

3 Alábenlo con sonido de trompeta,
   alábenlo con el arpa y la lira.

4 Alábenlo con panderos y danzas,
   alábenlo con cuerdas y flautas.

5 Alábenlo con címbalos sonoros,
   alábenlo con címbalos resonantes.

6 ¡Que todo lo que respira alabe al
      Señor!

*¡Aleluya! ¡Alabado sea el Señor!

a 149:5 por su triunfo. Lit. en gloria.

PROVERBIOS

PROVERBIOS - *Salomón compuso tres mil proverbios (1 Reyes 4:32), muchos de los cuales están recopilados en este libro. Estos dichos de sabiduría describen diferentes aspectos de la vida cotidiana, y nos ofrecen consejos sobre cómo comportarnos en diferentes circunstancias. La instrucción fundamental de Salomón es que debemos temer al Señor y confiar en Él.*

Al leer este libro, recuerde que Dios tiene algo que decir sobre cada aspecto de su vida. Por lo tanto, busque la sabiduría divina en las decisiones que tiene que tomar cada día.

Proverbios

Prólogo: Propósito y tema

1 *Proverbios de Salomón, hijo de
David, rey de Israel:

2 para adquirir *sabiduría y *disciplina;
para discernir palabras de
*inteligencia;
3 para recibir la *corrección que dan la
prudencia,
la rectitud, la *justicia y la equidad;
4 para infundir sagacidad en los
*inexpertos,
*conocimiento y *discreción en los
jóvenes.
5 Escuche esto el sabio, y aumente su
saber;
reciba dirección el entendido,
6 para discernir entre el proverbio y la
*parábola,
entre los dichos de los sabios y sus
enigmas.

7 El temor del *Señor es el principio
del conocimiento;
los *necios desprecian la sabiduría
y la disciplina.

Exhortaciones a buscar la sabiduría

Advertencia contra el engaño

8 Hijo mío, escucha las correcciones de
tu padre
y no abandones las *enseñanzas de
tu madre.
9 Adornarán tu cabeza como una
diadema;
adornarán tu cuello como un collar.

10 Hijo mío, si los pecadores quieren
engañarte,
no vayas con ellos.
11 Éstos te dirán:
«¡Ven con nosotros!

Acechemos a algún inocente
y démonos el gusto de matar a
algún incauto;
12 traguémonos a alguien vivo,
como se traga el *sepulcro a la *gente;
devorémoslo entero,
como devora la fosa a los muertos.
13 Obtendremos toda clase de riquezas;
con el botín llenaremos nuestras
casas.
14 Comparte tu suerte con nosotros,
y compartiremos contigo lo que
obtengamos.»
15 ¡Pero no te dejes llevar por ellos,[a]
hijo mío!
¡Apártate de sus senderos!
16 Pues corren presurosos a hacer lo
malo;
¡tienen prisa por derramar sangre!

17 De nada sirve tender la red
a la vista de todos los pájaros,
18 pero aquéllos acechan su propia vida[b]
y acabarán por destruirse a sí
mismos.
19 Así terminan los que van tras
ganancias mal habidas;
por éstas perderán la vida.

Advertencia contra el rechazo a la sabiduría

20 Clama la sabiduría en las calles;
en los lugares públicos levanta su
voz.
21 Clama en las esquinas de calles
transitadas;
a la *entrada de la ciudad razona:

22 «¿Hasta cuándo, muchachos
*inexpertos,
seguirán aferrados a su
inexperiencia?
¿Hasta cuándo, ustedes los *insolentes,
se complacerán en su insolencia?
¿Hasta cuándo, ustedes los necios,
aborrecerán el conocimiento?

---

a **1:15** *no ... por ellos*. Lit. *no vayas por sus caminos*. *b* **1:18** *vida*. Lit. *sangre*.

²³ Respondan a mis reprensiones,
   y yo les abriré mi corazón;ᵃ
   les daré a conocer mis
      pensamientos.
²⁴ Como ustedes no me atendieron
      cuando los llamé,
   ni me hicieron caso cuando les
      tendí la mano,
²⁵ sino que rechazaron todos mis
      consejos
   y no acataron mis reprensiones,
²⁶ ahora yo me burlaré de ustedes
   cuando caigan en desgracia.
   Yo seré el que se ría de ustedes
      cuando les sobrevenga el miedo,
²⁷ cuando el miedo les sobrevenga
      como una tormenta
   y la desgracia los arrastre como un
      torbellino.

²⁸ »Entonces me llamarán, pero no les
      responderé;
   me buscarán, pero no me
      encontrarán.
²⁹ Por cuanto aborrecieron el
      conocimiento
   y no quisieron temer al SEÑOR;
³⁰ por cuanto no siguieron mis consejos,
   sino que rechazaron mis
      reprensiones,
³¹ cosecharán el fruto de su conducta,
   se hartarán con sus propias intrigas;
³² ¡su descarrío e inexperiencia los
      destruirán,
   su complacencia y *necedad los
      aniquilarán!
³³ Pero el que me obedezca vivirá
      tranquilo,
   sosegado y sin temor del mal.

Ventajas de la sabiduría

2 Hijo mío, si haces tuyas mis
      palabras
   y atesoras mis mandamientos;
² si tu oído inclinas hacia la sabiduría
   y de corazón te entregas a la
      inteligencia;
³ si llamas a la inteligencia
   y pides discernimiento;
⁴ si la buscas como a la plata,
   como a un tesoro escondido,

⁵ entonces comprenderás el temor del
      SEÑOR
   y hallarás el conocimiento de Dios.
⁶ Porque el SEÑOR da la sabiduría;
   conocimiento y ciencia brotan de
      sus labios.
⁷ Él reserva su ayuda para la gente
      íntegra
   y protege a los de conducta
      intachable.
⁸ Él cuida el sendero de los justos
   y protege el camino de sus fieles.
⁹ Entonces comprenderás la justicia y el
      derecho,
   la equidad y todo buen camino;
¹⁰ la sabiduría vendrá a tu corazón,
   y el conocimiento te endulzará la
      vida.
¹¹ La discreción te cuidará,
   la inteligencia te protegerá.

¹² La sabiduría te librará del camino de
      los malvados,
   de los que profieren palabras
      perversas,
¹³ de los que se apartan del camino
      recto
   para andar por sendas tenebrosas,
¹⁴ de los que se complacen en hacer lo
      malo
   y festejan la perversidad,
¹⁵ de los que andan por caminos
      torcidos
   y por sendas extraviadas;
¹⁶ te librará de la mujer ajena,
   de la extraña de palabras seductoras
¹⁷ que, olvidándose de su pacto con
      Dios,
   abandona al compañero de su
      juventud.

¹⁸ Ciertamente su casa conduce a la
      muerte;
   sus sendas llevan al reino de las
      sombras.
¹⁹ El que se enreda con ella no vuelve
      jamás,
   ni alcanza los senderos de la vida.

²⁰ Así andarás por el camino de los
      buenos
   y seguirás la senda de los justos.

---

a **1:23** *les abriré mi corazón.* Lit. *derramaré mi espíritu.*

JUEVES

Pasaje del día: Proverbios 3:1-12
Versículos del día: Proverbios 3:3-4

La amabilidad

El autor de los proverbios, el rey Salomón, nos hace ver que no sólo debemos vivir para agradar a Dios, sino también a los hombres. Dios honra a los que le honran, y así hacen también a los hombres.

Agradamos a Dios cuando buscamos su consejo, su guianza y su dirección, y cuando antes de tomar cualquier decisión, le consultamos a Él. Le agradamos cuando escuchamos su voz y cumplimos con sus mandamientos y Él por su parte va purificando nuestro espíritu y afinándonos para que podamos dar frutos de benignidad y de bondad. De esta manera, Él pule nuestro carácter para que podamos llegar a ser semejantes a Él, lo cual nos hace aceptos delante de los hombres.

Cuando el Espíritu Santo toca nuestra vida, nos llena de dones espirituales, los cuales nos capacitan para formar relaciones con los demás, ya que hablamos a sus corazones en vez de sus mentes. Debemos llegar a ellos con palabras grandes, llenas de gracia, de bondad, de sabiduría y amor.

Ser amable no es difícil cuando se cultivan el afecto y el cariño por la gente, expresándose estos en el trato, mediante palabras apacibles y dulces. Debemos orar para que el Espíritu Santo toque nuestra vida, para que con nuestra conducta y actitudes podamos agradar a Dios.

Consuelo Carrillo Meza
Guatemala

²¹ Pues los íntegros, los perfectos,
  habitarán la tierra y permanecerán
  en ella.
²² Pero los malvados, los impíos,
  serán desarraigados y expulsados
  de la tierra.

Otras ventajas de la sabiduría

3 Hijo mío, no te olvides de mis
  *enseñanzas;
  más bien, guarda en tu *corazón
  mis *mandamientos.
² Porque prolongarán tu vida muchos
  años
  y te traerán prosperidad.
³ Que nunca te abandonen el amor y la
  verdad:
  llévalos siempre alrededor de tu
  cuello
  y escríbelos en el libro de tu
  corazón.
⁴ Contarás con el favor de Dios
  y tendrás buena famaª entre la
  *gente.
⁵ Confía en el *Señor de todo corazón,
  y no en tu propia *inteligencia.
⁶ Reconócelo en todos tus *caminos,
  y él allanará tus sendas.

⁷ No seas sabio en tu propia opinión;
  más bien, teme al Señor y huye del
  mal.
⁸ Esto infundirá salud a tu cuerpo
  y fortalecerá tu ser.ᵇ
⁹ Honra al Señor con tus riquezas
  y con los primeros frutos de tus
  cosechas.
¹⁰ Así tus graneros se llenarán a
  reventar
  y tus bodegas rebosarán de vino
  nuevo.
¹¹ Hijo mío, no desprecies la
  *disciplina del Señor,
  ni te ofendas por sus represiones.
¹² Porque el Señor disciplina a los que
  ama,
  como corrige un padre a su hijo
  querido.

¹³ *Dichoso el que halla *sabiduría,
  el que adquiere inteligencia.

¹⁴ Porque ella es de más provecho que
  la plata
  y rinde más ganancias que el oro.
¹⁵ Es más valiosa que las piedras
  preciosas:
  ¡ni lo más deseable se le puede
  comparar!
¹⁶ Con la mano derecha ofrece larga
  vida;
  con la izquierda, honor y riquezas.
¹⁷ Sus caminos son placenteros
  y en sus senderos hay *paz.
¹⁸ Ella es árbol de vida para quienes la
  abrazan;
  ¡dichosos los que la retienen!
¹⁹ Con sabiduría afirmó el Señor la
  tierra,
  con inteligencia estableció los *cielos.
²⁰ Por su *conocimiento se separaron
  las aguas,
  y las nubes dejaron caer su rocío.

²¹ Hijo mío, conserva el buen juicio;
  no pierdas de vista la *discreción.
²² Te serán fuente de vida,
  te adornarán como un collar.
²³ Podrás recorrer tranquilo tu camino,
  y tus pies no tropezarán.
²⁴ Al acostarte, no tendrás temor
  alguno;
  te acostarás y dormirás tranquilo.
²⁵ No temerás ningún desastre
  repentino,
  ni la desgracia que sobreviene a los
  impíos.
²⁶ Porque el Señor estará siempre a tu
  lado
  y te librará de caer en la trampa.

²⁷ No niegues un favor a quien te lo
  pida,
  si en tu mano está el otorgarlo.
²⁸ Nunca digas a tu prójimo:
  «Vuelve más tarde; te ayudaré
  mañana»,
  si hoy tienes con qué ayudarlo.
²⁹ No urdas el mal contra tu prójimo,
  contra el que ha puesto en ti su
  confianza.
³⁰ No entres en pleito con nadie
  que no te haya hecho ningún daño.

---

a 3:4 buena fama. Lit. *prudencia. b 3:8 tu ser.* Lit. *tus huesos.*

Pasaje del día: Proverbios 3:19-35
Versículo del día: Proverbios 3:26

Reposando en Dios

¡Qué reconfortante es cuando uno abre la Biblia y encuentra una promesa como esta de Proverbios 3:26 o la de Isaías 32:18! Por lo general las mujeres tomamos las cosas "muy a pecho". Quisiéramos resolver aun los problemas ajenos y llega un momento en nuestra vida en que estamos en todo, menos en el "reposo de Dios". Debemos aprender que nuestro Dios tiene todas las cosas bajo control, y que sus ojos están atentos a las necesidades de sus hijos. No seamos incrédulas y desobedientes; aprendamos a someternos a su Palabra.

El descanso de Dios es un descanso espiritual y no un descanso natural. Significa el fin de todas las luchas carnales y el comienzo de una vida de plenitud en el Espíritu Santo, confiando y esperando en Él.

Dios sacó al pueblo de Israel de Egipto, de la esclavitud, y lo ayudó a cruzar el Mar Rojo, alimentándolo día tras día con maná y dándole agua de la roca.

Hizo para ellos muchísimos milagros, pero al igual que muchas de nosotras hoy, cuando llegaron a la tierra de Canaán se atemorizaron al ver a los gigantes y los consideraron demasiado grandes como para enfrentarse a ellos.

Quizá tengas tú la misma actitud que tuvo el pueblo de Israel. Su fe y confianza en Dios no había crecido a pesar de haber visto muchos milagros. Escuchemos atentamente la voz de Dios en nuestros días y empecemos a confiar plenamente en Él. De esa manera estaremos en su reposo y no tendremos de qué preocuparnos.

Adelma de García
México

Pasaje del sábado:
Proverbios 10:11-24

Pasaje del domingo:
2 Corintios 3:1-6

Influencia

La influencia
Es darse calladamente,
Sin gritos.
Como el cartel solitario
Al costado del camino.
No vocifera,
No habla,
Ni siquiera susurra.
Pero indica el camino.

Hazme, Señor,
Hablar menos
E influenciar más.
Con mi vida.
Con mi amor.
Con mi entrega.

Eda Garnier de von Leers
Argentina

³¹ No envidies a los violentos,
 ni optes por andar en sus caminos.
³² Porque el Señor aborrece al perverso,
 pero al íntegro le brinda su amistad.
³³ La maldición del Señor cae sobre la
 casa del malvado;
 su bendición, sobre el hogar de los
 justos.
³⁴ El Señor se burla de los *burlones,
 pero muestra su favor a los
 humildes.
³⁵ Los sabios son dignos de honra,
 pero los *necios sólo merecen
 deshonra.

La sabiduría es lo máximo

4 Escuchen, hijos, la corrección de un
 padre;
 dispónganse a adquirir inteligencia.
² Yo les brindo buenas enseñanzas,
 así que no abandonen mi
 instrucción.
³ Cuando yo era pequeño y vivía con mi
 padre,
 cuando era el niño consentido de
 mi madre,
⁴ mi padre me instruyó de esta manera:
 «Aférrate de corazón a mis palabras;
 obedece mis mandamientos, y
 vivirás.
⁵ Adquiere sabiduría, adquiere
 inteligencia;
 no olvides mis palabras ni te
 apartes de ellas.
⁶ No abandones nunca a la sabiduría,
 y ella te protegerá;
 ámala, y ella te cuidará.
⁷ La sabiduría es lo primero. ¡Adquiere
 sabiduría!
 Por sobre todas las cosas, adquiere
 discernimiento.
⁸ Estima a la sabiduría, y ella te
 exaltará;
 abrázala, y ella te honrará;
⁹ te pondrá en la cabeza una hermosa
 diadema;
 te obsequiará una bella corona.»

¹⁰ Escucha, hijo mío; acoge mis
 palabras,
 y los años de tu vida aumentarán.

¹¹ Yo te guío por el camino de la
 sabiduría,
 te dirijo por sendas de rectitud.
¹² Cuando camines, no encontrarás
 obstáculos;
 cuando corras, no tropezarás.
¹³ Aférrate a la instrucción, no la dejes
 escapar;
 cuídala bien, que ella es tu vida.

¹⁴ No sigas la senda de los perversos
 ni vayas por el camino de los
 malvados.
¹⁵ ¡Evita ese camino! ¡No pases por él!
 ¡Aléjate de allí, y sigue de largo!
¹⁶ Los malvados no duermen si no
 hacen lo malo;
 pierden el sueño si no hacen que
 alguien caiga.
¹⁷ Su pan es la maldad;
 su vino, la violencia.

¹⁸ La senda de los justos se asemeja
 a los primeros albores de la aurora:
 su esplendor va en aumento
 hasta que el día alcanza su plenitud.
¹⁹ Pero el camino de los malvados
 es como la más densa oscuridad;
 ¡ni siquiera saben con qué
 tropiezan!

²⁰ Hijo mío, atiende a mis consejos;
 escucha atentamente lo que digo.
²¹ No pierdas de vista mis palabras;
 guárdalas muy dentro de tu
 corazón.
²² Ellas dan vida a quienes las hallan;
 son la salud del cuerpo.
²³ Por sobre todas las cosas cuida tu
 corazón,
 porque de él mana la vida.
²⁴ Aleja de tu boca la perversidad;
 aparta de tus labios las palabras
 corruptas.
²⁵ Pon la mirada en lo que tienes
 delante;
 fija la vista en lo que está frente a ti.
²⁶ Endereza las sendas por donde
 andas;
 allana todos tus caminos.
²⁷ No te desvíes ni a diestra ni a
 siniestra;
 apártate de la maldad.

Pasaje del día: Proverbios 4:10-25
Versículo del día: Proverbios 4:25

Verás lo que decidas ver

*H*ace poco estuve en un centro de convenciones con quince mil personas. Mi asiento estaba en las gradas de arriba, y veía todos los presentes. Noté que cuando me fijaba en algún color específico entre la multitud, como el rojo, sobresalía toda la gente vestida de rojo. Luego me fijaba en el verde y me saltaban a la vista todos los que vestían de color verde. Los demás se perdían en un sinfín de colores entremezclados, como si fueran confeti, sin sobresalir un color en especial.

Al observar esto, me di cuenta de que lo que decidamos ver, ya sea de las personas o de las situaciones, es lo que va a estar delante de nuestros ojos. Si hemos decidido ver lo malo en los políticos, eso va a sobresalir. Si hemos decidido ver los problemas que atraviesa nuestro matrimonio como algo irreparable, así va a ser.

La mayoría de las personas a nuestro alrededor viven oprimidas por el temor, la incertidumbre y la desconfianza. ¿Sabes por qué? Porque fijan sus ojos y creen más en las noticias diarias que en la Palabra eterna de Dios. Hay que recordar que los periódicos y los noticieros de la televisión son tan pasajeros que cada día tiene que haber algo nuevo.

Decidamos, pues, fijar nuestros ojos en la inmutabilidad de nuestro Padre celestial y su Palabra, para que podamos siempre andar en libertad.

*Betty Grace Howard
de Santiesteban*
México

Advertencias contra el adulterio

5 Hijo mío, pon atención a mi sabiduría
  y presta oído a mi buen juicio,
2 para que al hablar mantengas la
    discreción
  y retengas el conocimiento.
3 De los labios de la adúltera fluye miel;
  su lengua es más suave que el aceite.
4 Pero al fin resulta más amarga que la
    hiel
  y más cortante que una espada de
    dos filos.
5 Sus pies descienden hasta la muerte;
  sus pasos van derecho al *sepulcro.
6 No toma ella en cuenta el camino de
    la vida;ª
  sus sendas son torcidas, y ella no lo
    reconoce.b

7 Pues bien, hijo mío, préstame atención
  y no te apartes de mis palabras.
8 Aléjate de la adúltera;
  no te acerques a la puerta de su
    casa,
9 para que no entregues a otros tu vigor,
  ni tus años a gente cruel;
10 para que no sacies con tu fuerza a
    gente extraña,
  ni vayan a dar en casa ajena tus
    esfuerzos.
11 Porque al final acabarás por llorar,
  cuando todo tu serc se haya
    consumido.
12 Y dirás: «¡Cómo pude aborrecer la
    corrección!
  ¡Cómo pudo mi corazón despreciar
    la disciplina!
13 No atendí a la voz de mis maestros,
  ni presté oído a mis instructores.
14 Ahora estoy al borde de la ruina,
  en medio de toda la comunidad.»

15 Bebe el agua de tu propio pozo,
  el agua que fluye de tu propio
    manantial.
16 ¿Habrán de derramarse tus fuentes
    por las calles
  y tus corrientes de aguas por las
    plazas públicas?

17 Son tuyas, solamente tuyas,
  y no para que las compartas con
    extraños.
18 ¡Bendita sea tu fuente!
  ¡Goza con la esposa de tu juventud!
19 Es una gacela amorosa,
  es una cervatilla encantadora.
  ¡Que sus pechos te satisfagan siempre!
  ¡Que su amor te cautive todo el
    tiempo!
20 ¿Por qué, hijo mío, dejarte cautivar
    por una adúltera?
  ¿Por qué abrazarte al pecho de la
    mujer ajena?
21 Nuestros caminos están a la vista del
    SEÑOR;
  él examina todas nuestras sendas.
22 Al malvado lo atrapan sus malas
    obras;
  las cuerdas de su pecado lo
    aprisionan.
23 Morirá por su falta de disciplina;
  perecerá por su gran insensatez.

Advertencias contra la insensatez

6 Hijo mío, si has salido fiador de tu
    vecino,
  si has hecho tratos para responder
    por otro,
2 si verbalmente te has comprometido,
  enredándote con tus propias
    palabras,
3 entonces has caído en manos de
    tu prójimo.
  Si quieres librarte, hijo mío, éste es el
    camino:
  Ve corriendo y humíllate ante él;
  procura deshacer tu compromiso.
4 No permitas que se duerman tus ojos;
  no dejes que tus párpados se
    cierren.
5 Líbrate, como se libra del cazadord la
    gacela,
  como se libra de la trampae el ave.

6 ¡Anda, perezoso, fíjate en la hormiga!
  ¡Fíjate en lo que hace, y adquiere
    sabiduría!

---

a 5:6 No toma ... vida. Lit. *El camino de la vida para que no lo prepare.* *b 5:6 y ella no lo reconoce.* Alt. *y tú no lo sabes.*
c 5:11 todo tu ser. Lit. *tu carne y tu cuerpo.* *d 6:5 del cazador* (LXX y otras versiones antiguas). Var. *de la mano* (TM).
e 6:5 de la trampa (LXX y otras versiones antiguas). Var. *de la mano del trampero* (TM).

Pasaje del día: Proverbios 5:1-23
Versículos del día: Proverbios 5:18-19

Cómo gozarse en el amor

*A*unque este pasaje bíblico está, en principio, dirigido a los esposos, creo que las mujeres tenemos mucho que aprender de él. De hecho, podemos leerlo de dos maneras: por una parte, está el consejo que para nosotras se traduciría: "¡Goza con el esposo de tu juventud!... ¡Que su amor te cautive todo el tiempo!"

Estoy convencida de que el deseo de Dios es que la relación con nuestro esposo nos llene por completo, nos satisfaga y deleite. Después de todo, ¡fue suya la idea de que el sexo produjera placer! Por otra parte, debemos aprender a alegrar a nuestra pareja, a darle total satisfacción y goce. En este pasaje y en otros de las Escrituras, vemos que el ideal bíblico de la relación matrimonial es el de un intercambio hermoso, lleno de satisfacción para ambas partes.

Uno de los pasajes más fascinantes con respecto a esto lo encontramos en 1 Corintios 7:4, donde dice que ni la esposa es dueña de su cuerpo, sino el marido, ni el marido tiene potestad sobre su cuerpo, sino la esposa. Es decir, ¡él es todo tuyo! ¡Y tú eres completamente de él! ¡Qué maravilla!

Recientemente tuve la alegría de recibir un auto nuevo. Ya que era "mío", tomé un tiempo para explorarlo y aprender a disfrutarlo al máximo: vi cómo funcionaban las velocidades, el limpiaparabrisas, las luces... incluso hasta el radio. ¿Por qué le di tanta importancia? ¡Porque era mi auto!

Si la Biblia dice que el cuerpo de mi esposo es mío, creo que vale la pena tomarme el tiempo de conocerlo, aprender a deleitarme en él y descubrir cómo puedo, a mi vez, darle gusto.

Amiga: ¡Gózate con el esposo de tu juventud!

Julia Santibáñez Escobar
México

Pasaje del día: Proverbios 6:1-5
Versículo del día: Proverbios 6:2

El poder de las palabras

¿*Te* has fijado cuántas veces la Biblia usa las palabras "boca", "labios", "decir" y "lengua"? Por muchos años era ignorante de que mis palabras estaban forjando mi futuro.

Sí, conforme a Proverbios 18:21, la muerte y la vida están en poder de la lengua. Demasiadas veces, de mi boca salieron palabras negativas, de fracaso, de temor y de duda, las cuales estaban produciendo muerte. Pero dichoso el día cuando aprendí que no tenía que seguir viviendo en derrota porque en mi boca tenía el poder de hablar vida a mí misma.

Ahora, en vez de decir que soy víctima de mis circunstancias o que no puedo, declaro la Palabra de Dios sobre mi vida. Confieso que soy una mujer fuerte en el Señor y en el poder de su fuerza, según Efesios 6:10. Jamás digo que soy incapaz o inútil, porque tengo la mente de Cristo.

No espero tragedia ni malas noticias, sino declaro que el Señor es mi pastor. Con Él a mi lado, no temeré mal alguno y, ciertamente, el bien y la misericordia me seguirán todos los días de mi vida (Salmo 23). También confieso que Él siempre me lleva en triunfo en Cristo Jesús.

Al levantarme en la mañana, en vez de esperar algo deprimente, digo: "Este es el día que hizo el Señor; me gozaré y me alegraré en él."

Si no estás acostumbrada a declarar las promesas bíblicas sobre ti misma diariamente, pruébalo. Verás milagros en tu vida, como los he visto en la mía. "Cada uno se llena con lo que dice y se sacia con lo que habla" (Proverbios 18:20).

Gloria Ricardo
México

7 No tiene quien la mande,
   ni quien la vigile ni gobierne;
8 con todo, en el verano almacena
   provisiones
   y durante la cosecha recoge
      alimentos.

9 Perezoso, ¿cuánto tiempo más
   seguirás acostado?
   ¿Cuándo despertarás de tu sueño?
10 Un corto sueño, una breve siesta,
   un pequeño descanso, cruzado de
      brazos...
11 ¡y te asaltará la pobreza como un
      bandido,
   y la escasez como un hombre
      armado!ª

12 El bribón y sinvergüenza,
   el vagabundo de boca corrupta,
13 hace guiños con los ojos,
   y señas con los pies y con los dedos.
14 El malvado trama el mal en su mente,
   y siempre anda provocando
      disensiones.
15 Por eso le sobrevendrá la ruina;
   ¡de repente será destruido, y no
      podrá evitarlo!

16 Hay seis cosas que el Señor aborrece,
   y siete que le son detestables:
17 Los ojos que se enaltecen,
   la lengua que miente,
   las manos que derraman sangre
      inocente,
18 el corazón que hace planes perversos,
   los pies que corren a hacer lo malo,
19 el falso testigo que esparce mentiras,
   y el que siembra discordia entre
      hermanos.

Advertencia contra el adulterio

20 Hijo mío, obedece el mandamiento
   de tu padre
   y no abandones la enseñanza de tu
      madre.
21 Grábatelos en el corazón;
   cuélgatelos al cuello.
22 Cuando camines, te servirán de guía;
   cuando duermas, vigilarán tu sueño;

   cuando despiertes, hablarán
      contigo.
23 El mandamiento es una lámpara,
   la enseñanza es una luz
   y la disciplina es el camino a la vida.
24 Te protegerán de la mujer malvada,
   de la mujer ajena y de su lengua
      seductora.
25 No abrigues en tu corazón deseos
   por su belleza,
   ni te dejes cautivar por sus ojos,
26 pues la ramera va tras un pedazo de
      pan,
   pero la adúltera va tras el hombre
      que vale.ᵇ
27 ¿Puede alguien echarse brasas en el
      pecho
   sin quemarse la ropa?
28 ¿Puede alguien caminar sobre las
      brasas
   sin quemarse los pies?
29 Pues tampoco quien se acuesta con la
      mujer ajena
   puede tocarla y quedar impune.

30 No se desprecia al ladrón
   que roba para mitigar su hambre;
31 pero si lo atrapan, deberá devolver
   siete tantos lo robado,
   aun cuando eso le cueste todas sus
      posesiones.
32 Pero al que comete adulterio le faltan
      sesos;
   el que así actúa se destruye a sí
      mismo.
33 No sacará más que golpes y
      vergüenzas,
   y no podrá borrar su oprobio.
34 Porque los celos desatan la furia del
      esposo,
   y éste no perdonará en el día de la
      venganza.
35 No aceptará nada en desagravio,
   ni se contentará con muchos
      regalos.

Advertencia contra la mujer adúltera

7 Hijo mío, pon en prácticaᶜ mis
   palabras
   y atesora mis mandamientos.

ª 6:11 *como hombre armado.* Alt. *como un limosnero.* ᵇ 6:26 *el hombre que vale.* Lit. *un alma valiosa.* ᶜ 7:1 *pon en práctica.*
Lit. *guarda.*

JUEVES

Salga del carril de la pereza

Una frase antigua dice: "No dejes para mañana lo que puedes hacer hoy." ¿Por qué a las mujeres nos gusta dejar algo importante para mañana, como si fuera un gran mimo que nos hacemos? Cuántas ideas, metas o sueños pasan por nuestra mente que dejamos ir, sabiendo que hay un gran potencial en ellos.

Aprendamos de la hormiga y del ejemplo del patriarca Noé. Sigamos estos cinco pasos:

1. Idea: *Noé tenía seiscientos años de edad cuando Dios le dijo que construyera el arca. Para hacerlo, tuvo que salir del carril de la pereza y poner por obra la idea.*

2. Análisis: *La idea comienza a tomar forma. ¿Por qué no mudarme, estudiar, cambiar de trabajo? Noé no rechazó la idea de hacer el arca. Cuando una idea comienza a tomar forma algo se pone en marcha, algo se acciona.*

3. Compromiso: *Ocupa mucho tiempo. Es arriesgarse para ir ganando terreno. Se "saborea" de antemano algo que se va a recibir. Noé comenzó a construir el arca junto a su familia y a la vista de todos sus vecinos.*

4. Ataques: *Nos preguntamos: ¿Por qué me metí en esto? ¿Quién me habrá mandado? Para colmo, ya hablé. Noé soportó la burla de la gente que dudaba de todo lo que hizo. Cuántas veces las miradas y las burlas de los cercanos nos detienen. Es allí donde tiramos por la borda los sueños, las metas y las ideas que Dios puso en nuestro corazón, y empezamos a sentir que como cristianos fracasamos en algunos aspectos.*

5. Triunfo: *Este llega de la noche a la mañana. No sé cómo. Lo que sé es que Dios nunca falla. El diluvio vino y terminó. Noé pudo disfrutar el habernos arriesgado a confiar en una promesa del Señor.*

Graciela D'Amico
Argentina

2 Cumple con mis mandatos, y vivirás;
cuida mis enseñanzas como a la
niña de tus ojos.
3 Llévalos atados en los dedos;
anótalos en la tablilla de tu corazón.
4 Di a la sabiduría: «Tú eres mi
hermana»,
y a la inteligencia: «Eres de mi
sangre.»
5 Ellas te librarán de la mujer ajena,
de la adúltera y de sus palabras
seductoras.

6 Desde la ventana de mi casa
miré a través de la celosía.
7 Me puse a ver a los inexpertos,
y entre los jóvenes observé
a uno de ellos falto de juicio.ᵃ
8 Cruzó la calle, llegó a la esquina,
y se encaminó hacia la casa de esa
mujer.
9 Caía la tarde. Llegaba el día a su fin.
Avanzaban las sombras de la noche.

10 De pronto la mujer salió a su
encuentro,
con toda la apariencia de una
prostituta
y con solapadas intenciones.
11 (Como es escandalosa y descarada,
nunca hallan sus pies reposo en su
casa.
12 Unas veces por las calles, otras veces
por las plazas,
siempre está al acecho en cada
esquina.)
13 Se prendió de su cuello, lo besó,
y con todo descaro le dijo:

14 «En mi casa tengo sacrificios de paz,
pues hoy he cumplido mis votos.
15 Por eso he venido a tu encuentro;
te buscaba, ¡y ya te he encontrado!
16 Sobre la cama he tendido
multicolores linos egipcios.
17 He perfumado mi lecho
con aroma de mirra, áloe y canela.
18 Ven, bebamos hasta el fondo la copa
del amor;
¡disfrutemos del amor hasta el
amanecer!

19 Mi esposo no está en casa,
pues ha emprendido un largo viaje.
20 Se ha llevado consigo la bolsa del
dinero,
y no regresará hasta el día de luna
llena.»

21 Con palabras persuasivas lo
convenció;
con lisonjas de sus labios lo sedujo.
22 Y él, en seguida fue tras ella,
como el buey que va camino al
matadero;
como el ciervoᵇ que cae en la trampa,ᶜ
23 hasta que una flecha le abre las
entrañas;
como el ave que se lanza contra la red,
sin saber que en ello le va la vida.

24 Así que, hijo mío, escúchame;
prestaᵈ atención a mis palabras.
25 No desvíes tu corazón hacia sus
sendas,
ni te extravíes por sus caminos,
26 pues muchos han muerto por su
causa,
sus víctimas han sido innumerables.
27 Su casa lleva derecho al *sepulcro;
¡conduce al reino de la muerte!

Llamado de la sabiduría

8 ¿Acaso no está llamando la *sabiduría?
¿No está elevando su voz la
*inteligencia?
2 Toma su puesto en las alturas,
a la vera del camino y en las
encrucijadas.

3 Junto a las *puertas que dan a la
ciudad,
a la *entrada misma, grita a voz en
cuello:
4 «A ustedes los *hombres, los estoy
llamando;
dirijo mi voz a toda la *humanidad.
5 Ustedes los *inexpertos, ¡adquieran
prudencia!
Ustedes los *necios, ¡obtengan
discernimiento!

ᵃ **7:7** *falto de juicio.* Lit. *falto de corazón.* ᵇ **7:22** *ciervo* (Siríaca; véase también LXX); *necio* (TM). ᶜ **7:22** Texto de difícil traducción. ᵈ **7:24** *hijo mío, escúchame, presta.* Lit. *hijos míos, escúchenme, presten.*

⁶ Escúchenme, que diré cosas
  importantes;
  mis labios hablarán con *justicia.
⁷ Mi boca expresará la verdad,
  pues mis labios detestan la mentira.
⁸ Las palabras de mi boca son todas
  justas;
  no hay en ellas maldad ni doblez.
⁹ Son claras para los entendidos,
  e irreprochables para los sabios.
¹⁰ Opten por mi *instrucción, no por la
  plata;
  por el *conocimiento, no por el oro
  refinado.
¹¹ Vale más la sabiduría que las piedras
  preciosas,
  y ni lo más deseable se le compara.

¹² »Yo, la sabiduría, convivo con la
  prudencia
  y poseo conocimiento y *discreción.
¹³ Quien teme al *Señor aborrece lo
  malo;
  yo aborrezco el orgullo y la
  arrogancia,
  la mala conducta y el lenguaje
  perverso.
¹⁴ Míos son el consejo y el buen juicio;
  míos son el entendimiento y el
  poder.
¹⁵ Por mí reinan los reyes
  y promulgan leyes justas los
  gobernantes.
¹⁶ Por mí gobiernan los príncipes
  y todos los nobles que rigen la
  tierra.ᵃ

¹⁷ A los que me aman, les correspondo;
  a los que me buscan, me doy a
  conocer.
¹⁸ Conmigo están las riquezas y la
  honra,
  la prosperidadᵇ y los bienes
  duraderos.
¹⁹ Mi fruto es mejor que el oro fino;
  mi cosecha sobrepasa a la plata
  refinada.
²⁰ Voy por el *camino de la rectitud,
  por los senderos de la justicia,
²¹ enriqueciendo a los que me aman
  y acrecentando sus tesoros.

²² »El Señor me dio la vidaᶜ como
  primicia de sus obras,ᵈ
  mucho antes de sus obras de
  antaño.
²³ Fui establecida desde la eternidad,
  desde antes que existiera el mundo.
²⁴ No existían los grandes mares
  cuando yo nací;
  no había entonces manantiales de
  abundantes aguas.
²⁵ Nací antes que fueran formadas las
  colinas,
  antes que se cimentaran las
  montañas,
²⁶ antes que él creara la tierra y sus
  paisajes
  y el polvo primordial con que hizo
  el mundo.

²⁷ Cuando Dios cimentó la bóveda
  celeste
  y trazó el horizonte sobre las aguas,
  allí estaba yo presente.
²⁸ Cuando estableció las nubes en los
  *cielos
  y reforzó las fuentes del mar
  profundo;
²⁹ cuando señaló los límites del mar,
  para que las aguas obedecieran su
  *mandato;
  cuando plantó los fundamentos de la
  tierra,
³⁰ allí estaba yo, afirmando su obra.

Día tras día me llenaba yo de alegría,
  siempre disfrutaba de estar en su
  presencia;
³¹ me regocijaba en el mundo que él
  creó;
  ¡en el *género humano me deleitaba!

³² »Y ahora, hijos míos, escúchenme:
  *dichosos los que van porᵉ mis
  caminos.
³³ Atiendan a mi instrucción, y sean
  sabios;
  no la descuiden.
³⁴ Dichosos los que me escuchan
  y a mis puertas están atentos cada
  día,
  esperando a la entrada de mi casa.

---

a 8:16 *y todos los nobles que rigen la tierra* (varios mss. hebreos y LXX); *y nobles, todos jueces justos* (TM). *b 8:18*
prosperidad. Lit. *justicia.* *c 8:22* *me dio la vida.* Alt. *era mi dueño.* *d 8:22* *obras.* Lit. *caminos.* *e 8:32* *van por.* Lit. *guardan.*

35 En verdad, quien me encuentra,
  halla la vida
y recibe el favor del Señor.
36 Quien me rechaza, se perjudica a sí
  mismo;
quien me aborrece, ama la muerte.»

Invitación de la sabiduría y de la necedad

9 La sabiduría construyó su casa
  y labró sus siete pilares.
2 Preparó un banquete, mezcló su vino
  y tendió la mesa.
3 Envió a sus doncellas, y ahora clama
  desde lo más alto de la ciudad.
4 «¡Vengan conmigo los inexpertos!
  —dice a los faltos de juicio—.
5 Vengan, disfruten de mi pan
  y beban del vino que he mezclado.
6 Dejen su insensatez, y vivirán;
  andarán por el camino del
  discernimiento.

7 »El que corrige al burlón se gana que
  lo insulten;
el que reprende al malvado se gana
  su desprecio.
8 No reprendas al insolente, no sea que
  acabe por odiarte;
reprende al sabio, y te amará.
9 Instruye al sabio, y se hará más sabio;
  enseña al justo, y aumentará su
  saber.

10 »El comienzo de la sabiduría es el
  temor del Señor;
conocer al Santo[a] es tener
  discernimiento.
11 Por mí aumentarán tus días;
  muchos años de vida te serán
  añadidos.
12 Si eres sabio, tu premio será tu
  sabiduría;
si eres insolente, sólo tú lo sufrirás.»

13 La mujer necia es escandalosa,
  frívola y desvergonzada.
14 Se sienta a las puertas de su casa,
  sienta sus reales en lo más alto de la
  ciudad,
15 y llama a los que van por el camino,
  a los que no se apartan de su senda.

16 «¡Vengan conmigo, inexpertos!
  —dice a los faltos de juicio—.
17 ¡Las aguas robadas saben a gloria!
  ¡El pan sabe a miel si se come a
  escondidas!»
18 Pero éstos ignoran que allí está la
  muerte,
que sus invitados caen al fondo de
  la *fosa.

Proverbios de Salomón

10 Proverbios de Salomón:

El hijo sabio es la alegría de su padre;
  el hijo necio es el pesar de su
  madre.

2 Las riquezas mal habidas no sirven de
  nada,
pero la justicia libra de la muerte.

3 El Señor no deja sin comer al justo,
  pero frustra la avidez de los
  malvados.

4 Las manos ociosas conducen a la
  pobreza;
las manos hábiles atraen riquezas.

5 El hijo prevenido se abastece en el
  verano,
pero el sinvergüenza duerme en
  tiempo de cosecha.

6 El justo se ve coronado de
  bendiciones,
pero la boca del malvado encubre
  violencia.

7 La memoria de los justos es una
  bendición,
pero la fama de los malvados será
  pasto de los gusanos.

8 El de sabio corazón acata las órdenes,
  pero el necio y rezongón va camino
  al desastre.

9 Quien se conduce con integridad,
  anda seguro;

a **9:10** *al Santo.* Alt. *las cosas santas.*

quien anda en malos pasos será
descubierto.

10 Quien guiña el ojo con malicia
provoca pesar;
el necio y rezongón va camino al
desastre.

11 Fuente de vida es la boca del justo,
pero la boca del malvado encubre
violencia.

12 El odio es motivo de disensiones,
pero el amor cubre todas las faltas.

13 En los labios del prudente hay
sabiduría;
en la espalda del falto de juicio,
sólo garrotazos.

14 El que es sabio atesora el
conocimiento,
pero la boca del necio es un peligro
inminente.

15 La riqueza del rico es su baluarte;
la pobreza del pobre es su ruina.

16 El salario del justo es la vida;
la ganancia del malvado es el
pecado.

17 El que atiende a la corrección va
camino a la vida;
el que la rechaza se pierde.

18 El de labios mentirosos disimula su
odio,
y el que propaga calumnias es un
necio.

19 El que mucho habla, mucho yerra;
el que es sabio refrena su lengua.

20 Plata refinada es la lengua del justo;
el corazón del malvado no vale
nada.

21 Los labios del justo orientan a
muchos;
los necios mueren por falta de
juicio.

22 La bendición del Señor trae riquezas,
y nada se gana con preocuparse.

23 El necio se divierte con su mala
conducta,
pero el sabio se recrea con la
sabiduría.

24 Lo que el malvado teme, eso le
ocurre;
lo que el justo desea, eso recibe.

25 Pasa la tormenta y desaparece el
malvado,
pero el justo permanece firme para
siempre.

26 Como vinagre a los dientes y humo a
los ojos
es el perezoso para quienes lo
emplean.

27 El temor del Señor prolonga la vida,
pero los años del malvado se
acortan.

28 El futuro de los justos es halagüeño;
la esperanza de los malvados se
desvanece.

29 El camino del Señor es refugio de los
justos
y ruina de los malhechores.

30 Los justos no tropezarán jamás;
los malvados no habitarán la tierra.

31 La boca del justo profiere sabiduría,
pero la lengua perversa será
cercenada.

32 Los labios del justo destilan bondad;[a]
de la boca del malvado brota
perversidad.

11 El Señor aborrece las balanzas
adulteradas,
pero aprueba las pesas exactas.

2 Con el orgullo viene el oprobio;
con la humildad, la sabiduría.

---

a **10:32** *destilan* (LXX); *saben* (TM).

3 A los justos los guía su integridad;
   a los falsos los destruye su
   hipocresía.

4 En el día de la ira de nada sirve ser
   rico,
   pero la justicia libra de la muerte.

5 La justicia endereza el camino de los
   íntegros,
   pero la maldad hace caer a los
   impíos.

6 La justicia libra a los justos,
   pero la codicia atrapa a los falsos.

7 Muere el malvado, y con él su
   esperanza;
   muere también su ilusión de poder.

8 El justo se salva de la calamidad,
   pero la desgracia le sobreviene al
   malvado.

9 Con la boca el impío destruye a su
   prójimo,
   pero los justos se libran por el
   conocimiento.

10 Cuando el justo prospera, la ciudad
   se alegra;
   cuando el malvado perece, hay
   gran regocijo.

11 La bendición de los justos enaltece a
   la ciudad,
   pero la boca de los malvados la
   destruye.

12 El falto de juicio desprecia a su
   prójimo,
   pero el entendido refrena su lengua.

13 La gente chismosa revela los secretos;
   la gente confiable es discreta.

14 Sin dirección, la nación fracasa;
   el éxito depende de los muchos
   consejeros.

15 El fiador de un extraño saldrá
   perjudicado;
   negarse a dar fianza^a es vivir en paz.

16 La mujer bondadosa se gana el
   respeto;
   los hombres violentos sólo ganan
   riquezas.

17 El que es bondadoso se beneficia a sí
   mismo;
   el que es cruel, a sí mismo se
   perjudica.

18 El malvado obtiene ganancias
   ilusorias;
   el que siembra justicia asegura su
   ganancia.

19 El que es justo obtiene la vida;
   el que persigue el mal se encamina
   a la muerte.

20 El SEÑOR aborrece a los de corazón
   perverso,
   pero se complace en los que viven
   con rectitud.

21 Una cosa es segura:^b Los malvados
   no quedarán impunes,
   pero los justos saldrán bien librados.

22 Como argolla de oro en hocico de
   cerdo
   es la mujer bella pero indiscreta.

23 Los deseos de los justos terminan
   bien;
   la esperanza de los malvados
   termina mal.^c

24 Unos dan a manos llenas, y reciben
   más de lo que dan;
   otros ni sus deudas pagan, y acaban
   en la miseria.

25 El que es generoso prospera;
   el que reanima será reanimado.

26 La gente maldice al que acapara el
   trigo,
   pero colma de bendiciones al que
   gustoso lo vende.

27 El que madruga para el bien, halla
   buena voluntad;
   el que anda tras el mal, por el mal
   será alcanzado.

---

a **11:15** *a dar fianza.* Lit. *a estrechar la mano.* *b* **11:21** *Una cosa es segura.* Lit. *Mano a mano.* *c* **11:23** *termina mal* (LXX);
es ira (TM).

28 El que confía en sus riquezas se
    marchita,
  pero el justo se renueva como el
    follaje.

29 El que perturba su casa no hereda
    más que el viento,
  y el necio termina sirviendo al sabio.

30 El fruto de la justicia^a es árbol de
    vida,
  pero el que arrebata vidas es
    violento.^b

31 Si los justos reciben su pago aquí en
    la tierra,
  ¡cuánto más los impíos y los
    pecadores!

12 El que ama la disciplina ama el
    conocimiento,
  pero el que la aborrece es un necio.

2 El hombre bueno recibe el favor del
    SEÑOR,
  pero el intrigante recibe su
    condena.

3 Nadie puede afirmarse por medio de
    la maldad;
  sólo queda firme la raíz de los
    justos.

4 La mujer ejemplar^c es corona de su
    esposo;
  la desvergonzada es carcoma en los
    huesos.

5 En los planes del justo hay justicia,
  pero en los consejos del malvado
    hay engaño.

6 Las palabras del malvado son insidias
    de muerte,
  pero la boca de los justos los pone a
    salvo.

7 Los malvados se derrumban y dejan
    de existir,
  pero la casa de los justos
    permanece.

8 Al hombre se le alaba según su
    sabiduría,

  pero al de mal corazón se le
    desprecia.

9 Vale más un Don Nadie con criado
  que un Don Alguien sin pan.

10 El justo atiende a las necesidades de
    su bestia,
  pero el malvado es de mala entraña.

11 El que labra su tierra tendrá
    abundante comida,
  pero el que sueña despierto^d es un
    imprudente.

12 Los malos deseos son la trampa^e de
    los malvados,
  pero la raíz de los justos prospera.

13 En el pecado de sus labios se enreda
    el malvado,
  pero el justo sale del aprieto.

14 Cada uno se sacia^f del fruto de sus
    labios,
  y de la obra de sus manos recibe su
    recompensa.

15 Al necio le parece bien lo que
    emprende,
  pero el sabio atiende al consejo.

16 El necio muestra en seguida su enojo,
  pero el prudente pasa por alto el
    insulto.

17 El testigo verdadero declara lo que es
    justo,
  pero el testigo falso declara
    falsedades.

18 El charlatán hiere con la lengua
    como con una espada,
  pero la lengua del sabio brinda
    alivio.

19 Los labios sinceros permanecen para
    siempre,
  pero la lengua mentirosa dura sólo
    un instante.

20 En los que fraguan el mal habita el
    engaño,

---

a **11:30** *de la justicia* (LXX); *del justo* (TM). *b* **11:30** *violento* (LXX); *sabio* (TM). *c* **12:4** *ejemplar*. Alt. *fuerte*; véase
31:10-31. *d* **12:11** *el que sueña despierto*. Lit. *el que persigue lo vacío*; también en 28:19. *e* **12:12** *la trampa* (texto probable);
el botín (TM). *f* **12:14** *se sacia*. Lit. *se sacia de lo bueno.*

pero hay gozo para los que
   promueven la paz.
21 Al justo no le sobrevendrá ningún
   daño,
   pero al malvado lo cubrirá la
     desgracia.

22 El SEÑOR aborrece a los de labios
   mentirosos,
   pero se complace en los que actúan
     con lealtad.

23 El hombre prudente no muestra lo
   que sabe,
   pero el corazón de los necios
     proclama su necedad.

24 El de manos diligentes gobernará;
   pero el perezoso será subyugado.

25 La angustia abate el corazón del
   hombre,
   pero una palabra amable lo alegra.

26 El justo es guía de su prójimo,ª
   pero el camino del malvado lleva a
     la perdición.

27 El perezoso no atrapa presa,b
   pero el diligente ya posee una gran
     riqueza.

28 En el camino de la justicia se halla la
   vida;
   por ese camino se evita la muerte.

13 El hijo sabio atiende ac la
   *corrección de su padre,
   pero el *insolente no hace caso a la
     represión.

2 Quien habla el bien, del bien se nutre,
   pero el infiel padece hambre de
     violencia.

3 El que refrena su lengua protege su
   vida,
   pero el ligero de labios provoca su
     ruina.
4 El perezoso ambiciona, y nada
   consigue;
   el diligente ve cumplidos sus deseos.

5 El justo aborrece la mentira;
   el malvado acarrea vergüenza y
     deshonra.

6 La *justicia protege al que anda en
   integridad,
   pero la maldad arruina al pecador.

7 Hay quien pretende ser rico, y no
   tiene nada;
   hay quien parece ser pobre, y todo
     lo tiene.

8 Con su riqueza el rico pone a salvo su
   vida,
   pero al pobre no hay ni quien lo
     amenace.

9 La luz de los justos brilla radiante,d
   pero los malvados son como
     lámpara apagada.

10 El orgullo sólo genera contiendas,
   pero la *sabiduría está con quienes
     oyen consejos.

11 El dinero mal habido pronto se
   acaba;
   quien ahorra, poco a poco se
     enriquece.

12 La esperanza frustrada aflige al
   *corazón;
   el deseo cumplido es un árbol de
     vida.

13 Quien se burla de la *instrucción
   tendrá su merecido;
   quien respeta el *mandamiento
     tendrá su recompensa.

14 La *enseñanza de los sabios es fuente
   de vida,
   y libera de los lazos de la muerte.

15 El buen juicio redunda en aprecio,
   pero el *camino del infiel no cambia.

16 El prudente actúa con cordura,
   pero el *necio se jacta de su *necedad.

17 El mensajero malvado se mete en
   problemas;
   el enviado confiable aporta la
     solución.

---

a 12:26 Texto de difícil traducción. b 12:27 no atrapa presa. Alt. no pone a asar lo que ha cazado. Texto de difícil traducción.
c 13:1 atiende a (LXX y Siríaca). TM no incluye verbo. d 13:9 brilla radiante. Lit. se alegra.

Pasaje del día: Proverbios 14:1-21
Versículo del día: Proverbios 14:1

Construyendo con amor

La mujer es la influencia directa para bendecir o derribar el hogar. Edificar nuestra casa, y en particular nuestro matrimonio, no es solamente atender a los hijos y las tareas del hogar. Implica ser la ayuda idónea, "la varona" de nuestro esposo (Génesis 2:23); incluye el compañerismo y la amistad que necesita el varón en todas las facetas de su vida. La mujer debe ser el apoyo, la columna y el respaldo cuando su fuerza decae.

Deseo darte algunas claves que me sirvieron para ganar la confianza, la amistad y el cariño de mi esposo. En primer lugar, hago la siguiente oración diariamente: "Padre, mantenme unida espiritualmente a mi esposo. Deseo tener su misma visión, interceder por sus cargas, compartir sus sueños..." No limitemos nuestra participación a la esfera doméstica.

Otra clave importante es aprender a escucharlo, a comprenderlo aun con nuestro silencio. La mujer necia puede destruir su matrimonio con reproches, quejas y reclamos.

Al comienzo de mi matrimonio, por la inexperiencia, incurrí en estas faltas que únicamente me condujeron a sentimientos de tristeza, dolor e incomprensión. Cuando estuve dispuesta a cambiar, a dar amor, aceptando a mi esposo tal como es, y simplemente sembrar... comprobé que él, sin presiones de mi parte, comenzó a darme su amor y una participación en su vida que nunca imaginé.

Te animo a tomar decisiones diarias para edificar tu hogar, perfeccionar la unidad en tu matrimonio y renovar la frescura en la intimidad del amor.

Betty de Freidzon
Argentina

18 El que desprecia la *disciplina sufre
pobreza y deshonra;
el que atiende a la corrección recibe
grandes honores.

19 El deseo cumplido endulza el *alma,
pero el necio detesta alejarse del
mal.

20 El que con sabios anda, sabio se
vuelve;
el que con necios se junta, saldrá
mal parado.

21 Al pecador lo persigue el mal,
y al justo lo recompensa el bien.

22 El *hombre de bien deja herencia a
sus nietos;
las riquezas del pecador se quedan
para los justos.

23 En el campo del pobre hay
abundante comida,
pero ésta se pierde donde hay
injusticia.

24 No corregir al hijo es no quererlo;
amarlo es disciplinarlo.

25 El justo come hasta quedar saciado,
pero el malvado se queda con
hambre.

14 La mujer sabia edifica su casa;
la necia, con sus manos la
destruye.

2 El que va por buen camino teme al
SEÑOR;
el que va por mal camino lo
desprecia.

3 De la boca del necio brota arrogancia;
los labios del sabio son su propia
protección.

4 Donde no hay bueyes el granero está
vacío;
con la fuerza del buey aumenta la
cosecha.

5 El testigo verdadero jamás engaña;
el testigo falso propaga mentiras.

6 El insolente busca sabiduría y no la
halla;
para el entendido, el conocimiento
es cosa fácil.

7 Manténte a distancia del necio,
pues en sus labios no hallarás
conocimiento.

8 La sabiduría del prudente es discernir
sus caminos,
pero al necio lo engaña su propia
necedad.

9 Los necios hacen mofa de sus propias
faltas,
pero los íntegros cuentan con el
favor de Dios.

10 Cada corazón conoce sus propias
amarguras,
y ningún extraño comparte su
alegría.

11 La casa del malvado será destruida,
pero la morada del justo
prosperará.

12 Hay caminos que al hombre le
parecen rectos,
pero que acaban por ser caminos
de muerte.

13 También de reírse duele el corazón,
y hay alegrías que acaban en
tristeza.

14 El inconstante recibirá todo el pago
de su inconstancia;
el hombre bueno, el premio de sus
acciones.

15 El ingenuo cree todo lo que le dicen;
el prudente se fija por dónde va.

16 El sabio teme al SEÑOR y se aparta del
mal,
pero el necio es arrogante y se pasa
de confiado.

17 El iracundo comete locuras,
pero el prudente sabe aguantar.[a]

a 14:17 sabe aguantar (LXX); es odiado (TM).

Pasaje del sábado:
Proverbios 17:17; 18:24; 27:10
Pasaje del domingo: 1 Pedro 3:8-13

Los amigos no se gastan

Vi un cuadro con la siguiente inscripción: "Los amigos no se gastan a menos que se los use." ¡Cuánta verdad!

Distintas circunstancias me han obligado a vivir lejos de mis familiares; por eso, los amigos tienen un lugar especial en mi corazón. Muchas veces le he agradecido al Señor por haber inventado la amistad.

Al practicar la amistad he aprendido algunos principios, como los que señalo a continuación:

1. Memoria: *Aunque hoy nos separe la distancia, debemos recordar siempre al amigo o a la amiga que en algún momento nos consoló, nos hospedó, nos animó, nos amó.*

2. Prudencia: *Debemos respetar el horario de nuestros amigos. No invadamos su privacidad, creyendo que el ser amigos nos da derechos absolutos sobre su vida.*

3. Sinceridad: *No hay verdadera amistad sin una confianza plena. Todo tiene que estar sobre la mesa. Yo creo en la amistad "a corazón abierto".*

4. Humildad: *Necesitamos la humildad para pedir perdón cada vez que nos equivoquemos (generalmente, muchas veces). Necesitamos también amplitud de corazón para saber perdonar.*

5. Generosidad: *En la verdadera amistad no se busca recibir sino dar. Entre amigos entregamos nuestro tiempo, nuestro afecto, nuestras oraciones, nuestro dinero.*

"Colmado de felicidad o de sufrimiento, el corazón tiene necesidad de compartir. Porque alegría compartida es doble alegría, y dolor compartido es la mitad del dolor."

Cuidemos de nuestras amistades; no las usemos. Los amigos que se usan, se gastan; pero amigos bien cuidados, duran muchísimos años. ¡Que Dios nos ayude a cuidar la amistad y no abusar de ella!

Hilda de Laffitte
Argentina

18 Herencia de los inexpertos es la
   necedad;
   corona de los prudentes, el
   conocimiento.

19 Los malvados se postrarán ante los
   buenos;
   los impíos, ante el tribunal[a] de los
   justos.

20 Al pobre hasta sus amigos lo
   aborrecen,
   pero son muchos los que aman al
   rico.

21 Es un pecado despreciar al prójimo;
   ¡dichoso el que se compadece de
   los pobres!

22 Pierden el camino los que maquinan
   el mal,
   pero hallan amor y verdad los que
   hacen el bien.

23 Todo esfuerzo tiene su recompensa,
   pero quedarse sólo en palabras
   lleva a la pobreza.

24 La corona del sabio es su sabiduría;[b]
   la de los necios, su necedad.

25 El testigo veraz libra de la muerte,
   pero el testigo falso miente.

26 El temor del Señor es un baluarte
   seguro
   que sirve de refugio a los hijos.

27 El temor del Señor es fuente de vida,
   y aleja al hombre de las redes de la
   muerte.

28 Gloria del rey es gobernar a muchos;
   un príncipe sin súbditos está
   arruinado.

29 El que es paciente muestra gran
   discernimiento;
   el que es agresivo muestra mucha
   insensatez.

30 El corazón tranquilo da vida al
   cuerpo,
   pero la envidia corroe los huesos.

31 El que oprime al pobre ofende a su
   Creador,

pero honra a Dios quien se apiada
   del necesitado.

32 El malvado cae por su propia
   maldad;
   el justo halla refugio en su
   integridad.[c]

33 En el corazón de los sabios mora la
   sabiduría,
   pero los necios ni siquiera la
   conocen.[d]

34 La justicia enaltece a una nación,
   pero el pecado deshonra a todos los
   pueblos.

35 El rey favorece al siervo inteligente,
   pero descarga su ira sobre el
   sinvergüenza.

15 La respuesta amable calma el
   enojo,
   pero la agresiva echa leña al fuego.

2 La lengua de los sabios destila
   conocimiento;[e]
   la boca de los necios escupe
   necedades.

3 Los ojos del Señor están en todo lugar,
   vigilando a los buenos y a los malos.

4 La lengua que brinda consuelo[f] es
   árbol de vida;
   la lengua insidiosa deprime el
   espíritu.

5 El necio desdeña la corrección de su
   padre;
   el que la acepta demuestra
   prudencia.

6 En la casa del justo hay gran
   abundancia;
   en las ganancias del malvado,
   grandes problemas.

7 Los labios de los sabios esparcen
   conocimiento;
   el corazón de los necios ni piensa
   en ello.

---

a **14:19** *ante el tribunal.* Lit. *ante la puerta.* *b* **14:24** *su sabiduría* (LXX); *su riqueza* (TM). *c* **14:32** *en su integridad* (LXX y Siríaca); *en su muerte* (TM). *d* **14:33** *los necios ni siquiera la conocen* (LXX y Siríaca); *los necios la conocen* (TM).
e **15:2** *destila conocimiento* (LXX); *hace bien al conocimiento* (TM). *f* **15:4** *que brinda consuelo.* Lit. *que sana.*

Pasaje del día: Proverbios 15:1-15
Versículo del día: Proverbios 15:13

La mejor receta de belleza

Sólo en Dios puede descansar el alma y ser feliz, y esta es una de las características de la vida cristiana, porque "el gozo del Señor es nuestra fortaleza". No es que ya no tengamos problemas, sino que con su ayuda podremos hacerles frente a todas las contrariedades de nuestro diario quehacer, y descansando en Él y sus promesas, tener un corazón alegre.

Es evidente que el tener sentimientos negativos o ideas perturbadoras, descomponen el rostro de una persona y no le permiten desarrollar una personalidad atractiva. Igual sucede con los pensamientos positivos: van dejando una huella maravillosa en el rostro de quienes los poseen. Una persona espiritualmente sana, posee un caudal de alegría que irradia espontáneamente, y que la hace atractiva.

Dios quiere que seamos felices, que tengamos vida y vida en abundancia, que disfrutemos de una existencia llena de significado, no como resultado de un escapismo para evadir las responsabilidades, sino mediante la fe en nuestro Padre celestial que tiene cuidado de nosotros.

La alegría genuina, el verdadero gozo, que embellece el rostro, no es fruto de circunstancias, ni depende de cosas materiales, sino de nuestra relación con Dios. La felicidad viene al sentir que estamos haciendo su voluntad. Si somos hijos de Dios, si su Espíritu mora en nosotros, tendremos un rostro apacible y atractivo, porque el fruto del Espíritu es amor, gozo, paz, paciencia, amabilidad, bondad, mansedumbre y templanza.

Ethel C. de Soto
Guatemala

8 El Señor aborrece las ofrendas de los
    malvados,
  pero se complace en la oración de
    los justos.

9 El Señor aborrece el camino de los
    malvados,
  pero ama a quienes siguen la
    justicia.

10 Para el descarriado, disciplina severa;
   para el que aborrece la corrección,
     la muerte.

11 Si ante el Señor están el *sepulcro y
     la *muerte,
   ¡cuánto más el corazón humano!

12 Al insolente no le gusta que lo
     corrijan,
   ni busca la compañía de los sabios.

13 El corazón alegre se refleja en el
     rostro,
   el corazón dolido deprime el
     espíritu.

14 El corazón entendido va tras el
     conocimiento;
   la boca de los necios se nutre de
     tonterías.

15 Para el afligido todos los días son
     malos;
   para el que es feliz siempre es día
     de fiesta.

16 Más vale tener poco, con temor del
     Señor,
   que muchas riquezas con grandes
     angustias.

17 Más vale comer verduras sazonadas
     con amor
   que un festín de carnea sazonada
     con odio.

18 El que es iracundo provoca
     contiendas;
   el que es paciente las apacigua.

19 El camino del perezoso está plagado
     de espinas,
   pero la senda del justo es como una
     calzada.

20 El hijo sabio alegra a su padre;
   el hijo necio menosprecia a su
     madre.

21 Al necio le divierte su falta de juicio;
   el entendido endereza sus propios
     pasos.

22 Cuando falta el consejo, fracasan los
     planes;
   cuando abunda el consejo,
     prosperan.

23 Es muy grato dar la respuesta
     adecuada,
   y más grato aún cuando es
     oportuna.

24 El sabio sube por el sendero de vida,
   para librarse de caer en el *sepulcro.

25 El Señor derriba la casa de los
     soberbios,
   pero mantiene intactos los linderos
     de las viudas.

26 El Señor aborrece los planes de los
     malvados,
   pero le agradan las palabras puras.

27 El ambicioso acarrea mal sobre su
     familia;
   el que aborrece el soborno vivirá.

28 El corazón del justo medita sus
     respuestas,
   pero la boca del malvado rebosa de
     maldad.

29 El Señor se mantiene lejos de los
     impíos,
   pero escucha las oraciones de los
     justos.

30 Una mirada radiante alegra el
     corazón,
   y las buenas noticias renuevan las
     fuerzas.b

31 El que atiende a la crítica edificante
   habitará entre los sabios.
32 Rechazar la corrección es
     despreciarse a sí mismo;
   atender a la reprensión es ganar
     entendimiento.

---

a **15:17** *que un festín de carne.* Lit. *que toro engordado.* b **15:30** *las fuerzas.* Lit. *los huesos.*

³³ El temor del Señor es corrección y
sabiduría;ᵃ
la humildad precede a la honra.

16 El hombre propone
y Diosᵇ dispone.

² A cada uno le parece correcto su
proceder;ᶜ
pero el Señor juzga los motivos.

³ Pon en manos del Señor todas tus
obras,
y tus proyectos se cumplirán.

⁴ Toda obra del Señor tiene un
propósito;
¡hasta el malvado fue hecho para el
día del desastre!

⁵ El Señor aborrece a los arrogantes.
Una cosa es segura: no quedarán
impunes.

⁶ Con amor y verdad se perdona el
pecado,
y con temor del Señor se evita el
mal.

⁷ Cuando el Señor aprueba la conducta
de un hombre,
hasta con sus enemigos lo
reconcilia.

⁸ Más vale tener poco con justicia
que ganar mucho con injusticia.

⁹ El corazón del hombre traza su
rumbo,
pero sus pasos los dirige el Señor.

¹⁰ La sentenciaᵈ está en labios del rey;
en el veredicto que emite no hay
error.

¹¹ Las pesas y las balanzas justas son del
Señor;
todas las medidas son hechura suya.

¹² El rey detesta las malas acciones,
porque el trono se afirma en la
justicia.

¹³ El rey se complace en los labios
honestos;
aprecia a quien habla con la verdad.

¹⁴ La ira del rey es presagio de muerte,
pero el sabio sabe apaciguarla.

¹⁵ El rostro radiante del rey es signo de
vida;
su favor es como lluvia en
primavera.

¹⁶ Más vale adquirir sabiduría que oro;
más vale adquirir inteligencia que
plata.

¹⁷ El camino del hombre recto evita el
mal;
el que quiere salvar su vida, se fija
por dónde va.

¹⁸ Al orgullo le sigue la destrucción;
a la altanería, el fracaso.

¹⁹ Vale más humillarse con los
oprimidos
que compartir el botín con los
orgullosos.

²⁰ El que atiende a la palabra, prospera.
¡Dichoso el que confía en el Señor!

²¹ Al sabio de corazón se le llama
inteligente;
los labios convincentes promueven
el saber.

²² Fuente de vida es la prudencia para
quien la posee;
el castigo de los necios es su propia
necedad.

²³ El sabio de corazón controla su boca;
con sus labios promueve el saber.

²⁴ Panal de miel son las palabras
amables:
endulzan la vida y dan salud al
cuerpo.ᵉ

²⁵ Hay caminos que al hombre le
parecen rectos,
pero que acaban por ser caminos
de muerte.

---

a **15:33** *es corrección y sabiduría* (LXX); *es corrección de sabiduría* (TM). *b* **16:1** *Dios.* Lit. *el* SEÑOR. *c* **16:2** *A cada uno
... proceder.* Lit. *Todos los caminos del hombre son limpios a sus ojos. d* **16:10** *La sentencia.* Alt. *El oráculo. e* **16:24** *al
cuerpo.* Lit. *a los huesos.*

26 Al que trabaja, el hambre lo obliga a
    trabajar,
    pues su propio apetito lo estimula.

27 El perverso hace[a] planes malvados;
    en sus labios hay un fuego
    devorador.

28 El perverso provoca contiendas,
    y el chismoso divide a los buenos
    amigos.

29 El violento engaña a su prójimo
    y lo lleva por mal camino.

30 El que guiña el ojo trama algo
    perverso;
    el que aprieta los labios ya lo ha
    cometido.

31 Las canas son una honrosa corona
    que se obtiene en el camino de la
    justicia.

32 Más vale ser paciente que valiente;
    más vale dominarse a sí mismo que
    conquistar ciudades.

33 Las suertes se echan sobre la mesa,[b]
    pero el veredicto proviene del
    SEÑOR.

17 Más vale comer pan duro donde
      hay concordia
  que hacer banquete[c] donde hay
    discordia.

2 El siervo sabio gobernará al hijo
    sinvergüenza,
    y compartirá la herencia con los
    otros hermanos.

3 En el crisol se prueba la plata
    y en el horno se prueba el oro,
    pero al corazón lo prueba el SEÑOR.

4 El malvado hace caso a los labios
    impíos,
    y el mentiroso presta oído a la
    lengua maliciosa.

5 El que se burla del pobre ofende a su
    Creador;
    el que se alegra de verlo en la ruina
    no quedará sin castigo.

6 La corona del anciano son sus nietos;
    el orgullo de los hijos son sus
    padres.

7 No va bien con los necios el lenguaje
    refinado,
    ni con los gobernantes, la mentira.

8 Vara[d] mágica es el soborno para quien
    lo ofrece,
    pues todo lo que emprende lo
    consigue.

9 El que perdona la ofensa cultiva el
    amor;
    el que insiste en la ofensa divide a
    los amigos.

10 Cala más un regaño en el hombre
    prudente
    que cien latigazos en el obstinado.

11 El revoltoso siempre anda buscando
    camorra,
    pero se las verá con un mensajero
    cruel.

12 Más vale toparse con un oso
    enfurecido[e]
    que con un necio empecinado en su
    necedad.

13 Al que devuelve mal por bien,
    nunca el mal se apartará de su
    familia.

14 Iniciar una pelea es romper una
    represa;
    vale más retirarse que comenzarla.

15 Absolver al culpable y condenar al
    inocente
    son dos cosas que el SEÑOR aborrece.

16 ¿De qué le sirve al necio poseer
    dinero?
    ¿Podrá adquirir sabiduría si le
    faltan sesos?[f]

17 En todo tiempo ama el amigo;
    para ayudar en la adversidad nació
    el hermano.

18 El que es imprudente se compromete
    por otros,
    y sale fiador de su prójimo.

---

a **16:27** *hace.* Lit. *cava.* *b* **16:33** *sobre la mesa.* Lit. *en el regazo.* *c* **17:1** *banquete.* Lit. *sacrificios.* *d* **17:8** *vara.* Lit. *piedra*
. *e* **17:12** *oso enfurecido.* Lit. *oso al que le robaron sus cachorros.* *f* **17:16** *sesos.* Lit. *corazón.*

Pasaje del día: Proverbios 17:18-28
Versículo del día: Proverbios 17:22

El contentamiento

Con cuánta frecuencia nos enfrentamos a situaciones adversas que hieren y lastiman nuestras emociones como humanos, y nos pueden hundir en profundos sentimientos de tristeza, angustia, temor y depresión. Pero el Señor, anticipando todo eso, nos ha dado un antídoto. Se trata del gozo del Señor.

En Filipenses 4:4 se nos ordena a alegrarnos. El gozo, la felicidad y el placer se parecen, pero la felicidad y el placer son emociones que resultan de las circunstancias que nos rodean; en cambio, la alegría no depende de eso, sino más bien de lo que somos y no de lo que tenemos o logramos obtener.

Nuestro cuerpo fue creado para funcionar en un ambiente de pensamientos positivos. Hicieron una prueba de fuerza física a un grupo de personas diciéndoles que trataran de levantar el brazo derecho sin bajarlo mientras pensaban cosas agradables y bonitas. Las personas pudieron mantener el brazo en alto mientras ocupaban su mente en esas cosas. En seguida les pidieron que trataran de mantener su brazo en alto mientras pensaban en cosas desagradables y negativas. El resultado fue que perdieron fuerza y empezaron a bajar el brazo.

Los pensamientos afectan nuestras emociones; por eso, es importantísimo el contentamiento. El apóstol Pablo dijo que había aprendido a estar contento. El contentamiento es el resultado del agradecimiento. Al estar agradecidas, estaremos alegres.

Lo contrario al contentamiento trae sentimientos de enojo, envidia, celos, ira, vergüenza y descontento. El resultado físico bien podrá ser enfermedades y problemas. Pero viviendo en una continua actitud de contentamiento, nuestra vida espiritual, emocional y física será una experiencia de victoria y fortaleza diaria.

Ruth M. Cano de De la O
México

19 Al que le gusta pecar, le gusta pelear;
el que abre mucho la boca, busca
que se la rompan.ª

20 El de corazón perverso jamás
prospera;
el de lengua engañosa caerá en
desgracia.

21 Engendrar a un hijo necio es causa
de pesar;
ser padre de un necio no es
ninguna alegría.

22 Gran remedio es el corazón alegre,
pero el ánimo decaído seca los
huesos.

23 El malvado acepta soborno en
secreto,
con lo que tuerce el curso de la
justicia.

24 La meta del prudente es la sabiduría;
el necio divaga contemplando
vanos horizontes.b

25 El hijo necio irrita a su padre,
y causa amargura a su madre.

26 No está bien castigar al inocente,
ni azotar por su rectitud a gente
honorable.

27 El que es entendido refrena sus
palabras;
el que es prudente controla sus
impulsos.

28 Hasta un necio pasa por sabio si
guarda silencio;
se le considera prudente si cierra la
boca.

18 El egoísta busca su propio bien;
contra todo sano juicio se
rebela.

2 Al necio no le complace el
discernimiento;
tan sólo hace alarde de su propia
opinión.

3 Con la maldad, viene el desprecio,
y con la vergüenza llega el oprobio.

4 Las palabras del hombre son aguas
profundas,
arroyo de aguas vivas, fuente de
sabiduría.

5 No está bien declarar inocente alc
malvado
y dejar de lado los derechos del
justo.

6 Los labios del necio son causa de
contienda;
su boca incita a la riña.

7 La boca del necio es su perdición;
sus labios son para él una trampa
mortal.

8 Los chismes son deliciosos manjares;
penetran hasta lo más íntimo del
ser.

9 El que es negligente en su trabajo
confraterniza con el que es
destructivo.

10 Torre inexpugnable es el nombre del
SEÑOR;
a ella corren los justos y se ponen a
salvo.

11 Ciudad amurallada es la riqueza
para el rico,
y éste cree que sus muros son
inexpugnables.

12 Al fracaso lo precede la soberbia
humana;
a los honores los precede la
humildad.

13 Es necio y vergonzoso
responder antes de escuchar.

14 En la enfermedad, el ánimo levanta
al enfermo;
¿pero quién podrá levantar al
abatido?

15 El corazón prudente adquiere
conocimiento;
los oídos de los sabios procuran
hallarlo.

---

a 17:19 el que abre ... se la rompan. Lit. *el que abre su puerta, busca destrucción. b 17:24 el necio ... horizontes.* Lit. *y los ojos del necio en los confines de la tierra. c 18:5 declarar inocente al.* Lit. *levantar el rostro del.*

16 Con regalos se abren todas las
  puertas
  y se llega a la presencia de gente
    importante.

17 El primero en presentar su caso
  parece inocente,
  hasta que llega la otra parte y lo
    refuta.

18 El echar suertes pone fin a los litigios
  y decide entre las partes en pugna.

19 Más resiste el hermano ofendido que
  una ciudad amurallada;
  los litigios son como cerrojos de
    ciudadela.

20 Cada uno se llena con lo que dice
  y se sacia con lo que habla.

21 En la lengua hay poder de vida y
    muerte;
  quienes la aman comerán de su
    fruto.

22 Quien halla esposa halla la felicidad:
  muestras de su favor le ha dado el
    Señor.

23 El pobre habla en tono suplicante;
  el rico responde con aspereza.

24 Hay amigosa que llevan a la ruina,
  y hay amigos más fieles que un
    hermano.

19 Más vale pobre e intachable
  que necio y embustero.

El afán sin conocimiento no vale nada;
  mucho yerra quien mucho corre.

3 La necedad del hombre le hace
  perder el rumbo,
  y para colmo se irrita contra el
    Señor.

4 Con las riquezas aumentan los amigos,
  pero al pobre hasta su amigo lo
    abandona.

5 El testigo falso no quedará sin castigo;
  el que esparce mentiras no saldrá
    bien librado.

6 Muchos buscan congraciarse con los
    poderosos;
  todos son amigos de quienes
    reparten regalos.

7 Si al pobre lo aborrecen sus parientes,
  con más razón lo evitan sus amigos.
  Aunque los busca suplicante,
  por ninguna parte los encuentra.b

8 El que adquiere cordurac a sí mismo
    se ama,
  y el que retiene el discernimiento
    prospera.

9 El testigo falso no quedará sin castigo;
  el que difunde mentiras perecerá.

10 No va bien con el necio vivir entre
    lujos,
  y menos con el esclavo gobernar a
    los príncipes.

11 El buen juicio hace al hombre
    paciente;
  su gloria es pasar por alto la ofensa.

12 Rugido de león es la ira del rey;
  su favor es como rocío sobre el
    pasto.

13 El hijo necio es la ruina del padre;
  la mujer pendenciera es gotera
    constante.

14 La casa y el dinero se heredan de los
    padres,
  pero la esposa inteligente es un
    don del Señor.

15 La pereza conduce al sueño
    profundo;
  el holgazán pasará hambre.

16 El que cumple el mandamiento
    cumple consigo mismo;
  el que descuida su conducta morirá.

17 Servir al pobre es hacerle un
    préstamo al Señor;
  Dios pagará esas buenas acciones.

---

a 18:24 *Hay amigos* (LXX, Siríaca y Targum); *Hombre de amigos* (TM). b 19:7 Texto de difícil traducción. c 19:8 *cordura*.
Lit. *corazón*.

Pasaje del día: Proverbios 18:10-24
Versículo del día: Proverbios 18:24

¿Busca mi esposo una amiga?

"*Mi esposa tiene todo lo que hace falta para inspirar amor, pero le falta todo lo necesario para conservarlo.*" Estas palabras se le atribuyen a Piotr I. Tchaikowski, genio musical del siglo pasado, pero, ¿tienen algo que enseñarme a mí?

Cuando hace casi ocho años dije: "Sí, acepto a Juan Carlos por esposo", no me detuve a pensar en un hecho que hoy considero muy real: tal vez lo más importante de un matrimonio es que siga siendo una amistad verdadera después de los años. En aquel día, vestida de blanco, simplemente creí que me estaba casando con el novio más guapo y con quien compartía planes para el futuro. Pero en realidad también contraía el compromiso de ser una verdadera amiga para él cuando nuestras circunstancias cambiaran.

Hay amistades que se rompen fácilmente, mientras que otros amigos se conservan siempre fieles uno al otro. He aprendido que aquí radica la importancia de lo expresado por Tchaikowski: no sólo es necesario sentir un amor apasionado por el cónyuge, sino también aprender a seguir juntos cuando el sentimiento no es tan fuerte.

En esos momentos en que mi esposo no se ve tan guapo y ni siquiera siento ganas de hacerle una caricia, aún conservo la conciencia de que es mi amigo. Y eso cambia todo. Creo que no es el atractivo físico, ni los momentos emocionantes que pasamos juntos lo que conserva el amor, sino simple y llanamente una amistad fiel, y el estar siempre dispuestos a aceptarnos mutuamente. Lo mejor es que si ambos le damos prioridad a no defraudar a nuestro amigo(a), después de la sequía el amor vuelve a aparecer, aun más vivo que antes.

Julia Santibáñez Escobar
México

18 Corrige a tu hijo mientras aún hay
esperanza;
no te hagas cómplice de su muerte.ᵃ

19 El iracundo tendrá que afrontar el
castigo;
el que intente disuadirlo aumentará
su enojo.ᵇ

20 Atiende al consejo y acepta la
corrección,
y llegarás a ser sabio.

21 El corazón humano genera muchos
proyectos,
pero al final prevalecen los
designios del Señor.

22 De todo hombre se espera lealtad.ᶜ
Más vale ser pobre que mentiroso.

23 El temor del Señor conduce a la vida;
da un sueño tranquilo y evita los
problemas.

24 El perezoso mete la mano en el plato,
pero es incapaz de llevarse el
bocado a la boca.

25 Golpea al insolente, y se hará
prudente el inexperto;
reprende al entendido, y ganará en
conocimiento.

26 El que roba a su padre y echa a la
calle a su madre
es un hijo infame y sinvergüenza.
27 Hijo mío, si dejas de atender a la
corrección,
te apartarás de las palabras del
saber.

28 El testigo corrupto se burla de la
justicia,
y la boca del malvado engulle
maldad.

29 El castigo se dispuso para los
insolentes,
y los azotes para la espalda de los
necios.

20 El vino lleva a la insolencia,
y la bebida embriagante al
escándalo;
¡nadie bajo sus efectos se comporta
sabiamente!

2 Rugido de león es la furia del rey;
quien provoca su enojo se juega la
vida.

3 Honroso es al hombre evitar la
contienda,
pero no hay necio que no inicie un
pleito.

4 El perezoso no labra la tierra en
otoño;
en tiempo de cosecha buscará y no
hallará.

5 Los pensamientos humanos son aguas
profundas;
el que es inteligente los capta
fácilmente.

6 Son muchos los que proclaman su
lealtad,
¿pero quién puede hallar a alguien
digno de confianza?

7 Justo es quien lleva una vida sin tacha;
¡dichosos los hijos que sigan su
ejemplo!ᵈ

8 Cuando el rey se sienta en el tribunal,
con su sola mirada barre toda
maldad.

9 ¿Quién puede afirmar: «Tengo puro
el corazón;
estoy limpio de pecado»?

10 Pesas falsas y medidas engañosas:
¡vaya pareja que el Señor detesta!

11 Por sus hechos el niño deja entrever
si su conducta será pura y recta.

12 Los oídos para oír y los ojos para ver:
¡hermosa pareja que el Señor ha
creado!

---

a **19:18** *no te hagas ... muerte.* Alt. *pero no te excedas hasta matarlo.* *b* **19:19** Texto de difícil traducción. *c* **19:22** *De todo ... lealtad.* Alt. *El anhelo de todo hombre es su amor.* *d* **20:7** *los hijos ... su ejemplo.* Lit. *sus hijos después de él.*

13 No te des al sueño, o te quedarás
pobre;
manténte despierto y tendrás pan
de sobra.

14 «¡No sirve, no sirve!», dice el
comprador,
pero luego va y se jacta de su
compra.

15 Oro hay, y abundan las piedras
preciosas,
pero aún más valiosos son los labios
del saber.

16 Toma la prenda del que salga fiador
de un extraño;
reténla en garantía si la da en favor
de desconocidos.

17 Tal vez sea agradable ganarse el pan
con engaños,
pero uno acaba con la boca llena de
arena.

18 Afirma tus planes con buenos
consejos;
entabla el combate con buena
estrategia.

19 El chismoso traiciona la confianza;
no te juntes con la gente que habla
de más.

20 Al que maldiga a su padre y a su
madre,
su lámpara se le apagará en la más
densa oscuridad.

21 La herencia de fácil comienzo
no tendrá un final feliz.

22 Nunca digas: «¡Me vengaré de ese
daño!»
Confía en el SEÑOR, y él actuará por
ti.

23 El SEÑOR aborrece las pesas falsas
y reprueba el uso de medidas
engañosas.

24 Los pasos del hombre los dirige el
SEÑOR.
¿Cómo puede el hombre entender
su propio camino?

25 Trampa es consagrar algo sin
pensarlo
y más tarde reconsiderar lo
prometido.

26 El rey sabio avienta como trigo a los
malvados,
y los desmenuza con rueda de
molino.

27 El espíritu humano es la lámpara del
SEÑOR,
pues escudriña lo más recóndito del
ser.

28 La misericordia y la verdad sostienen
al rey;
su trono se afirma en la
misericordia.

29 La gloria de los jóvenes radica en su
fuerza;
la honra de los ancianos, en sus
canas.

30 Los golpes y las heridas curan la
maldad;
los azotes purgan lo más íntimo del
ser.

21 En las manos del SEÑOR el
corazón del rey es como un
río:
sigue el curso que el SEÑOR le ha
trazado.

2 A cada uno le parece correcto su
proceder,[a]
pero el SEÑOR juzga los corazones.

3 Practicar la justicia y el derecho
lo prefiere el SEÑOR a los sacrificios.

4 Los ojos altivos, el corazón orgulloso
y la lámpara de los malvados son
pecado.

5 Los planes bien pensados: ¡pura
ganancia!
Los planes apresurados: ¡puro
fracaso!

---

a 21:2 A cada uno ... su proceder. Lit. Todo camino del hombre recto a sus ojos.

⁶ La fortuna amasada por la lengua
   embustera
se esfuma como la niebla y es
   mortal como una trampa.ᵃ

⁷ La violencia de los malvados los
   destruirá,
porque se niegan a practicar la
   justicia.

⁸ Torcido es el camino del culpable,
   pero recta la conducta del hombre
   honrado.

⁹ Más vale habitar en un rincón de la
   azotea
que compartir el techo con mujer
   pendenciera.

¹⁰ El malvado sólo piensa en el mal;
   jamás se compadece de su prójimo.

¹¹ Cuando se castiga al insolente,
   aprendeᵇ el inexperto;
cuando se instruye al sabio,
   el inexperto adquiere conocimiento.

¹² El justo se fija en la casa del malvado,
   y ve cuando éste acaba en la ruina.

¹³ Quien cierra sus oídos al clamor del
   pobre,
llorará también sin que nadie le
   responda.

¹⁴ El regalo secreto apacigua el enojo;
   el obsequio discreto calma la ira
   violenta.

¹⁵ Cuando se hace justicia,
   se alegra el justo y tiembla el
   malhechor.

¹⁶ Quien se aparta de la senda del
   discernimiento
irá a parar entre los muertos.

¹⁷ El que ama el placer se quedará en la
   pobreza;
el que ama el vino y los perfumes
   jamás será rico.

¹⁸ El malvado pagará por el justo,
   y el traidor por el hombre
   intachable.

¹⁹ Más vale habitar en el desierto
   que con mujer pendenciera y de
   mal genio.

²⁰ En casa del sabio abundan las
   riquezas y el perfume,
pero el necio todo lo despilfarra.

²¹ El que va tras la justicia y el amor
   halla vida, prosperidadᶜ y honra.

²² El sabio conquista la ciudad de los
   valientes
y derriba el baluarte en que ellos
   confiaban.

²³ El que refrena su boca y su lengua
   se libra de muchas angustias.

²⁴ Orgulloso y arrogante, y famoso por
   insolente,
es quien se comporta con
   desmedida soberbia.

²⁵ La codicia del perezoso lo lleva a la
   muerte,
porque sus manos se niegan a
   trabajar;
²⁶ todo el día se lo pasa codiciando,
   pero el justo da con generosidad.

²⁷ El sacrificio de los malvados es
   detestable,
y más aún cuando se ofrece con
   mala intención.

²⁸ El testigo falso perecerá,
   y quien le haga caso será destruidoᵈ
   para siempre.

²⁹ El malvado es inflexible en sus
   decisiones;
el justo examinaᵉ su propia
   conducta.

³⁰ De nada sirven ante el Señor
   la sabiduría, la inteligencia y el
   consejo.

---

a 21:6 *se esfuma ... una trampa* (LXX, Vulgata y algunos mss. hebreos); *es niebla llevada de los que buscan la muerte* (TM).
b 21:11 *aprende.* Lit. *se hace sabio.* *c* 21:21 *prosperidad.* Alt. *justicia.* *d* 21:28 *será destruido.* Alt. *hablará.*
e 21:29 *examina* (LXX, Qumran y varios mss. hebreos); *ordena* (TM).

31 Se alista al caballo para el día de la
batalla,
pero la victoria depende del Señor.

22 Vale más la buena fama que las
muchas riquezas,
y más que oro y plata, la buena
reputación.

2 El rico y el pobre tienen esto en
común:
a ambos los ha creado el Señor.

3 El prudente ve el peligro y lo evita;
el inexperto sigue adelante y sufre
las consecuencias.

4 Recompensa de la humildad y del
temor del Señor
son las riquezas, la honra y la vida.

5 Espinas y trampas hay en la senda de
los impíos,
pero el que cuida su vida se aleja de
ellas.

6 Instruye al niño en el camino correcto,
y aun en su vejez no lo abandonará.

7 Los ricos son los amos de los pobres;
los deudores son esclavos de sus
acreedores.

8 El que siembra maldad cosecha
desgracias;
el Señor lo destruirá con el cetro de
su ira.ᵃ
9 El que es generosoᵇ será bendecido,
pues comparte su comida con los
pobres.

10 Despide al insolente, y se irá la
discordia
y cesarán los pleitos y los insultos.

11 El que ama la pureza de corazón y
tiene gracia al hablar
tendrá por amigo al rey.

12 Los ojos del Señor protegen el saber,
pero desbaratan las palabras del
traidor.

13 «¡Hay un león allá afuera! —dice el
holgazán—.
¡En plena calle me va a hacer
pedazos!»

14 La boca de la adúltera es una fosa
profunda;
en ella caerá quien esté bajo la ira
del Señor.

15 La necedad es parte del corazón
juvenil,
pero la vara de la disciplina la
corrige.

16 Oprimir al pobre para enriquecerse,
y hacerle regalos al rico,
¡buena manera de empobrecerse!

Los treinta dichos de los sabios
(22:17—24:22)

17 Presta atención, escucha mis
palabras;ᶜ
aplica tu corazón a mi
conocimiento.
18 Grato es retenerlas dentro de ti,
y tenerlas todas a flor de labio.
19 A ti te las enseño en este día,
para que pongas tu confianza en el
Señor.
20 ¿Acaso no te he escrito treintaᵈ dichos
que contienen sabios consejos?
21 Son para enseñarte palabras ciertas y
confiables,
para que sepas responder bien a
quien te pregunte.ᵉ

ǀ

22 No explotes al pobre porque es
pobre,
ni oprimas en los tribunalesᶠ a los
necesitados;
23 porque el Señor defenderá su causa,
y despojará a quienes los despojen.

---

a **22:8** *el Señor ... su ira.* Lit. *el cetro de su ira perecerá.* *b* **22:9** *El que es generoso.* Lit. *El buen ojo.* *c* **22:17** *palabras*
(LXX); *las palabras de los sabios* (TM). *d* **22:20** *escrito treinta.* Alt. *escrito antes* o *escrito excelentes.* *e* **22:21** *a quien te*
pregunte (LXX); *al que te envíe* (TM). *f* **22:22** *en los tribunales.* Lit. *en la puerta.*

2

²⁴ No te hagas amigo de gente violenta,
    ni te juntes con los iracundos,
²⁵ no sea que aprendas sus malas
        costumbres
    y tú mismo caigas en la trampa.

3

²⁶ No te comprometas por otros
    ni salgas fiador de deudas ajenas;
²⁷ porque si no tienes con qué pagar,
    te quitarán hasta la cama en que
        duermes.

4

²⁸ No cambies de lugar los linderos
        antiguos
    que establecieron tus antepasados.

5

²⁹ ¿Has visto a alguien diligente en su
        trabajo?
    se codeará con reyes, y nunca será
        un Don Nadie.

6

23 Cuando te sientes a comer con un
        gobernante,
    fíjate bien en lo queᵃ tienes ante ti.
² Si eres dado a la glotonería,
    domina tu apetito.ᵇ
³ No codicies sus manjares,
    pues tal comida no es más que un
        engaño.

7

⁴ No te afanes acumulando riquezas;
    no te obsesiones con ellas.
⁵ ¿Acaso has podido verlas? ¡No existen!
    Es como si les salieran alas,
    pues se van volando como las
        águilas.

8

⁶ No te sientes a la mesa de un tacaño,ᶜ
    ni codicies sus manjares,
    ⁷ que son como un pelo en la
        garganta.ᵈ

«Come y bebe», te dirá,
    pero no te lo dirá de corazón.
⁸ Acabarás vomitando lo que hayas
        comido,
    y tus cumplidos no habrán servido
        de nada.

9

⁹ A oídos del necio jamás dirijas
        palabra,
    pues se burlará de tus sabios
        consejos.

10

¹⁰ No cambies de lugar los linderos
        antiguos,
    ni invadas la propiedad de los
        huérfanos,
¹¹ porque su Defensor es muy poderoso
    y contra ti defenderá su causa.

11

¹² Aplica tu corazón a la disciplina
    y tus oídos al conocimiento.

12

¹³ No dejes de disciplinar al joven,
    que de unos cuantos azotes no se
        morirá.
¹⁴ Dale unos buenos azotes,
    y así lo librarás del *sepulcro.

13

¹⁵ Hijo mío, si tu corazón es sabio,
    también mi corazón se regocijará;
¹⁶ en lo íntimo de mi ser me alegraré
    cuando tus labios hablen con
        rectitud.

14

¹⁷ No envidies en tu corazón a los
        pecadores;
    más bien, muéstrate siempre celoso
        en el temor del Señor.
¹⁸ Cuentas con una esperanza futura,
    la cual no será destruida.

15

¹⁹ Hijo mío, presta atención y sé sabio;
    mantén tu corazón en el camino
        recto.

---

a **23:1** *en lo que.* Alt. *en quién.* *b* **23:2** *domina tu apetito.* Lit. *ponle un cuchillo a tu garganta.* *c* **23:6** *un tacaño.* Alt. *un hombre mal intencionado.* *d* **23:7** *que son ... garganta* (LXX); *pues como él piensa en su interior, así es él* (TM).

20 No te juntes con los que beben
    mucho vino,
    ni con los que se hartan de carne,
21 pues borrachos y glotones, por su
    indolencia,
    acaban harapientos y en la pobreza.

16

22 Escucha a tu padre, que te
    engrendró,
    y no desprecies a tu madre cuando
    sea anciana.
23 Adquiere la verdad y la sabiduría,
    la disciplina y el discernimiento,
    ¡y no los vendas!
24 El padre del justo experimenta gran
    regocijo;
    quien tiene un hijo sabio se solaza
    en él.
25 ¡Que se alegren tu padre y tu madre!
    ¡Que se regocije la que te dio la
    vida!

17

26 Dame, hijo mío, tu corazón
    y no pierdas de vista mis caminos.
27 Porque fosa profunda es la prostituta,
    y estrecho pozo, la mujer ajena.
28 Se pone al acecho, como un bandido,
    y multiplica la infidelidad de los
    hombres.

18

29 ¿De quién son los lamentos? ¿De
    quién los pesares?
    ¿De quién son los pleitos? ¿De
    quién las quejas?
    ¿De quién son las heridas gratuitas?
    ¿De quién los ojos morados?
30 ¡Del que no suelta la botella de vino
    ni deja de probar licores!
31 No te fijes en lo rojo que es el vino,
    ni en cómo brilla en la copa,
    ni en la suavidad con que se desliza;
32 porque acaba mordiendo como
    serpiente
    y envenenando como víbora.
33 Tus ojos verán alucinaciones,
    y tu mente imaginará estupideces.
34 Te parecerá estar durmiendo en alta
    mar,
    acostado sobre el mástil mayor.

35 Y dirás: «Me han herido, pero no me
    duele.
    Me han golpeado, pero no lo siento.
    ¿Cuándo despertaré de este sueño
    para ir a buscar otro trago?»

19

24 No envidies a los malvados,
    ni procures su compañía;
2 porque en su corazón traman
    violencia,
    y no hablan más que de cometer
    fechorías.

20

3 Con sabiduría se construye la casa;
    con inteligencia se echan los
    cimientos.
4 Con buen juicio se llenan sus cuartos
    de bellos y extraordinarios tesoros.

21

5 El que es sabio tiene gran poder,
    y el que es entendido aumenta su
    fuerza.
6 La guerra se hace con buena
    estrategia;
    la victoria se alcanza con muchos
    consejeros.

22

7 La sabiduría no está al alcance del
    necio,
    que en la asamblea del pueblo[a]
    nada tiene que decir.

23

8 Al que hace planes malvados
    lo llamarán intrigante.
9 Las intrigas del necio son pecado,
    y todos aborrecen a los insolentes.

24

10 Si en el día de la aflicción te
    desanimas,
    muy limitada es tu fortaleza.

25

11 Rescata a los que van rumbo a la
    muerte;

a **24:7** *en la asamblea del pueblo.* Lit. *en la puerta.*

detén a los que a tumbos avanzan al
　　suplicio.
¹² Pues aunque digas, «Yo no lo sabía»,
　　¿no habrá de darse cuenta el que
　　pesa los corazones?
¿No habrá de saberlo el que vigila tu
　　vida?
¡Él le paga a cada uno según sus
　　acciones!

26

¹³ Come la miel, hijo mío, que es
　　deliciosa;
dulce al paladar es la miel del
　　panal.
¹⁴ Así de dulce sea la sabiduría a tu
　　alma;
si das con ella, tendrás buen futuro;
tendrás una esperanza que no será
　　destruida.

27

¹⁵ No aceches cual malvado la casa del
　　justo,
ni arrases el lugar donde habita;
¹⁶ porque siete veces podrá caer el justo,
pero otras tantas se levantará;
los malvados, en cambio,
se hundirán en la desgracia.

28

¹⁷ No te alegres cuando caiga tu
　　enemigo,
ni se regocije tu corazón ante su
　　desgracia,
¹⁸ no sea que el Señor lo vea y no lo
　　apruebe,
y aparte de él su enojo.

29

¹⁹ No te alteres por causa de los
　　malvados,
ni sientas envidia de los impíos,
²⁰ porque el malvado no tiene porvenir;
¡la lámpara del impío se apagará!

30

²¹ Hijo mío, teme al Señor y honra al
　　rey,
y no te juntes con los rebeldes,
²² porque de los dos recibirás un castigo
　　repentino
¡y quién sabe qué calamidades
　　puedan venir!

Otros dichos de los sabios

²³ También éstos son dichos de los sabios:

No es correcto ser parcial en el juicio.
²⁴ Maldecirán los pueblos, y
　　despreciarán las naciones,
a quien declare inocente al culpable.
²⁵ Pero bien vistos serán, y bendecidos,
los que condenen al culpable.

²⁶ Una respuesta sincera
es como un beso en los labios.
²⁷ Prepara primero tus faenas de cultivo
y ten listos tus campos para la
　　siembra;
después de eso, construye tu casa.

²⁸ No testifiques sin razón contra tu
　　prójimo,
ni mientas con tus labios.
²⁹ No digas: «Le haré lo mismo que me
　　hizo;
le pagaré con la misma moneda.»

³⁰ Pasé por el campo del perezoso,
por la viña del falto de juicio.
³¹ Había espinas por todas partes;
la hierba cubría el terreno,
y el lindero de piedras estaba en
　　ruinas.

³² Guardé en mi corazón lo observado,
y de lo visto saqué una lección:
³³ Un corto sueño, una breve siesta,
un pequeño descanso, cruzado de
　　brazos...
³⁴ ¡y te asaltará la pobreza como un
　　bandido,
y la escasez, como un hombre
　　armado!

Más proverbios de Salomón

25 Éstos son otros proverbios de
　　Salomón, copiados por los
　　escribas de Ezequías, rey
　　de Judá.
² Gloria de Dios es ocultar un asunto,
y gloria de los reyes el investigarlo.

3 Tan impenetrable es el corazón de los
reyes
como alto es el cielo y profunda la
tierra.

4 Quita la escoria de la plata,
y de allí saldrá material para[a] el
orfebre;

5 quita de la presencia del rey al
malvado,
y el rey afirmará su trono en la
justicia.

6 No te des importancia en presencia
del rey,
ni reclames un lugar entre los
magnates;

7 vale más que el rey te diga: «Sube
acá»,
y no que te humille ante gente
importante.

Lo que atestigües con tus ojos
8 no lo lleves[b] de inmediato al
tribunal,
pues ¿qué harás si a fin de cuentas
tu prójimo te pone en vergüenza?

9 Defiende tu causa contra tu prójimo,
pero no traiciones la confianza de
nadie,

10 no sea que te avergüence el que te
oiga
y ya no puedas quitarte la infamia.

11 Como naranjas de oro con
incrustaciones de plata
son las palabras dichas a tiempo.

12 Como anillo o collar de oro fino
son los regaños del sabio en oídos
atentos.

13 Como frescura de nieve en día de
verano
es el mensajero confiable para
quien lo envía,
pues infunde nuevo ánimo en sus
amos.

14 Nubes y viento, y nada de lluvia,
es quien presume de dar y nunca
da nada.

15 Con paciencia se convence al
gobernante.

¡La lengua amable quebranta hasta
los huesos!

16 Si encuentras miel, no te empalagues;
la mucha miel provoca náuseas.

17 No frecuentes la casa de tu amigo;
no sea que lo fastidies y llegue a
aborrecerte.

18 Un mazo, una espada, una aguda
saeta,
¡eso es el falso testigo contra su
amigo!

19 Confiar en gente desleal en
momentos de angustia
es como tener un diente careado o
una pierna quebrada.

20 Dedicarle canciones al corazón
afligido
es como echarle vinagre[c] a una
herida
o como andar desabrigado en un
día de frío.

21 Si tu enemigo tiene hambre, dale de
comer;
si tiene sed, dale de beber.

22 Actuando así, harás que se
avergüence de su conducta,
y el Señor te lo recompensará.

23 Con el viento del norte vienen las
lluvias;
con la lengua viperina, las malas
caras.

24 Más vale habitar en un rincón de la
azotea
que compartir el techo con mujer
pendenciera.

25 Como el agua fresca a la garganta
reseca
son las buenas noticias desde
lejanas tierras.

26 Manantial turbio, contaminado pozo,
es el justo que flaquea ante el impío.

27 No hace bien comer mucha miel,
ni es honroso buscar la propia
gloria.

28 Como ciudad sin defensa y sin
murallas
es quien no sabe dominarse.

---

a 25:4 *saldrá material para.* Alt. *sacará una copa.* *b* 25:7,8 *gente importante. Lo que ... no lo lleves.* Alt. *gente importante /
sobre la que hayas posado tus ojos. /* 8 *No vayas* *c* 25:20 *vinagre* (LXX); *salitre* (TM).

26 Ni la nieve es para el verano,
      ni la lluvia para la cosecha,
ni los honores para el necio.

2 Como el gorrión sin rumbo o la
      golondrina sin nido,
   la maldición sin motivo jamás llega
      a su destino.

3 El látigo es para los caballos,
   el freno para los asnos,
   y el garrote para la espalda del
      necio.

4 No respondas al necio según su
      necedad,
   o tú mismo pasarás por necio.

5 Respóndele al necio como se merece,
   para que no se tenga por sabio.

6 Enviar un mensaje por medio de un
      necio
   es como cortarse los pies o sufrir[a]
      violencia.

7 Inútil es el proverbio en la boca del
      necio
   como inútiles son las piernas de un
      tullido.

8 Rendirle honores al necio es tan
      absurdo
   como atar una piedra a la honda.

9 El proverbio en la boca del necio
   es como espina en la mano del
      borracho.

10 Como arquero que hiere a todo el
      que pasa
   es quien contrata al necio en su
      casa.[b]

11 Como vuelve el perro a su vómito,
   así el necio insiste en su necedad.

12 ¿Te has fijado en quien se cree muy
      sabio?
   Más se puede esperar de un necio
      que de gente así.

13 Dice el perezoso: «Hay una fiera en
      el camino.
   ¡Por las calles un león anda suelto!»

14 Sobre sus goznes gira la puerta;
   sobre la cama, el perezoso.

15 El perezoso mete la mano en el plato,
   pero le pesa llevarse el bocado a la
      boca.

16 El perezoso se cree más sabio
   que siete sabios que saben
      responder.

17 Meterse en pleitos ajenos
   es como agarrar a un perro por las
      orejas.

18 Como loco que dispara
      mortíferas flechas encendidas,

19 es quien engaña a su amigo y explica:
   «¡Tan sólo estaba bromeando!»

20 Sin leña se apaga el fuego;
   sin chismes se acaba el pleito.

21 Con el carbón se hacen brasas, con la
      leña se prende fuego,
   y con un pendenciero se inician los
      pleitos.

22 Los chismes son como ricos bocados:
   se deslizan hasta las entrañas.

23 Como baño de plata[c] sobre vasija de
      barro
   son los labios zalameros de un
      corazón malvado.

24 El que odia se esconde tras sus
      palabras,
   pero en lo íntimo alberga perfidia.

25 No le creas, aunque te hable con
      dulzura,
   porque su corazón rebosa de
      abominaciones.[d]

26 Tal vez disimule con engaños su odio,
   pero en la asamblea se descubrirá
      su maldad.

27 Cava una fosa, y en ella caerás;
   echa a rodar piedras, y te
      aplastarán.

28 La lengua mentirosa odia a sus
      víctimas;
   la boca lisonjera lleva a la ruina.

---

a **26:6** *sufrir.* Lit. *beber.* *b* **26:10** Texto de difícil traducción. *c* **26:23** *como baño de plata.* Lit. *como plata de escoria.*
d **26:25** *porque su corazón ... abominaciones.* Lit. *porque siete abominaciones hay en su corazón.*

27 No te jactes del día de mañana,
porque no sabes lo que el día
traerá.

2 No te jactes de ti mismo;
que sean otros los que te alaben.

3 Pesada es la piedra, pesada es la arena,
pero más pesada es la ira del necio.

4 Cruel es la furia, y arrolladora la ira,
pero ¿quién puede enfrentarse a la
envidia?

5 Más vale ser reprendido con franqueza
que ser amado en secreto.

6 Más confiable es el amigo que hiere
que el enemigo que besa.

7 Al que no tiene hambre, hasta la miel
lo empalaga;
al hambriento, hasta lo amargo le
es dulce.

8 Como ave que vaga lejos del nido
es el hombre que vaga lejos del
hogar.

9 El perfume y el incienso alegran el
corazón;
la dulzura de la amistad fortalece el
ánimo.ª

10 No abandones a tu amigo ni al
amigo de tu padre.

No vayas a la casa de tu hermano
cuando tengas un problema.
Más vale vecino cercano que hermano
distante.

11 Hijo mío, sé sabio y alegra mi
corazón;
así podré responder a los que me
desprecian.

12 El prudente ve el peligro y lo evita;
el inexperto sigue adelante y sufre
las consecuencias.

13 Toma la prenda del que salga fiador
por un extraño;
reténla en garantía si la entrega por
la mujer ajena.

14 El mejor saludo se juzga una
impertinencia
cuando se da a gritos y de
madrugada.

15 Gotera constante en un día lluvioso
es la mujer que siempre pelea.
16 Quien la domine, podrá dominar el
viento
y retenerᵇ aceite en la mano.

17 El hierro se afila con el hierro,
y el hombre en el trato con el
hombre.

18 El que cuida de la higuera comerá de
sus higos,
y el que vela por su amo recibirá
honores.

19 En el agua se refleja el rostro,
y en el corazón se refleja la persona.

20 El *sepulcro, la *muerte y los ojos
del hombre
jamás se dan por satisfechos.

21 En el crisol se prueba la plata;
en el horno se prueba el oro;
ante las alabanzas, el hombre.
22 Aunque al necio lo muelas y lo
remuelas,
y lo machaques como al grano,
no le quitarás la necedad.

23 Asegúrate de saber cómo están tus
rebaños;
cuida mucho de tus ovejas;
24 pues las riquezas no son eternas
ni la fortuna está siempre segura.

25 Cuando se limpien los campos y
brote el verdor,
y en los montes se recoja la hierba,
26 las ovejas te darán para el vestido,
y las cabras para comprar un
campo;

27 tendrás leche de cabra en abundancia
para que se alimenten tú y tu
familia,
y toda tu servidumbre.

---

a 27:9 Texto de difícil traducción. *b* 27:16 *y retener.* Lit. *y llamará.*

28

El malvado huye aunque nadie lo persiga;
pero el justo vive confiado como un león.

2 Cuando hay rebelión en el país,
los caudillos se multiplican;
cuando el gobernante es entendido,
se mantiene el orden.

3 El gobernante^a que oprime a los pobres
es como violenta lluvia que arrasa la cosecha.

4 Los que abandonan la ley alaban a los malvados;
los que la obedecen luchan contra ellos.

5 Los malvados nada entienden de la justicia;
los que buscan al Señor lo entienden todo.

6 Más vale pobre pero honrado,
que rico pero perverso.

7 El hijo entendido se sujeta a la ley;
el derrochador deshonra a su padre.

8 El que amasa riquezas mediante la usura
las acumula para el que se compadece de los pobres.

9 Dios aborrece hasta la oración
del que se niega a obedecer la ley.

10 El que lleva a los justos por el mal camino,
caerá en su propia trampa;
pero los íntegros heredarán el bien.

11 El rico se las da de sabio;
el pobre pero inteligente lo desenmascara.

12 Cuando los justos triunfan, se hace gran fiesta;
cuando los impíos se imponen,
todo el mundo se esconde.

13 Quien encubre su pecado jamás prospera,
quien lo confiesa y lo deja, halla perdón.

14 ¡Dichoso el que siempre teme al Señor!^b
Pero el obstinado caerá en la desgracia.

15 Un león rugiente, un oso hambriento,
es el gobernante malvado que
oprime a los pobres.

16 El gobernante falto de juicio es terrible opresor;
el que odia las riquezas prolonga su vida.

17 El que es perseguido por^c homicidio
será un fugitivo hasta la muerte.
¡Que nadie le brinde su apoyo!

18 El que es honrado se mantendrá a salvo;
el de caminos perversos caerá en la fosa.^d

19 El que trabaja la tierra tendrá abundante comida;
el que sueña despierto^e sólo abundará en pobreza.

20 El hombre fiel recibirá muchas bendiciones;
el que tiene prisa por enriquecerse
no quedará impune.

21 No es correcto mostrarse parcial con nadie.
Hay quienes pecan hasta por un mendrugo de pan.

22 El tacaño ansía enriquecerse,
sin saber que la pobreza lo aguarda.

23 A fin de cuentas, más se aprecia
al que reprende que al que adula.

24 El que roba a su padre o a su madre,
e insiste en que no ha pecado,
amigo es de gente perversa.^f

25 El que es ambicioso provoca peleas,
pero el que confía en el Señor prospera.

---

a **28:3** *El gobernante* (texto probable); *El pobre* (TM). *b* **28:14** *teme al Señor.* Lit. *teme.* *c* **28:17** *El que es perseguido por.* Alt. *El que carga con la culpa de.* *d* **28:18** *caerá en la fosa* (Siríaca); *en uno* (TM). *e* **28:19** *el que sueña despierto.* Lit. *el que persigue lo vacío*; también en 12:11. *f* **28:24** *de gente perversa.* Lit. *del destructor.*

26 Necio es el que confía en sí mismo;
el que actúa con sabiduría se pone
a salvo.
27 El que ayuda al pobre no conocerá la
pobreza;
el que le niega su ayuda será
maldecido.
28 Cuando triunfan los impíos, la gente
se esconde;
cuando perecen, los justos
prosperan.

29 El que es reacio a las reprensiones
será destruido de repente y
sin remedio.
2 Cuando los justos prosperan, el
pueblo se alegra;
cuando los impíos gobiernan, el
pueblo gime.
3 El que ama la sabiduría alegra a su
padre;
el que frecuenta rameras derrocha
su fortuna.
4 Con justicia el rey da estabilidad al
país;
cuando lo abruma con tributos, lo
destruye.
5 El que adula a su prójimo
le tiende una trampa.
6 Al malvado lo atrapa su propia
maldad,
pero el justo puede cantar de
alegría.
7 El justo se ocupa de la causa del
desvalido;
el malvado ni sabe de qué se trata.

8 Los insolentes conmocionan a la
ciudad,
pero los sabios apaciguan los
ánimos.
9 Cuando el sabio entabla pleito contra
un necio,
aunque se enoje o se ría, nada
arreglará.
10 Los asesinos aborrecen a los íntegros,
y tratan de matar a los justos.

11 El necio da rienda suelta a su ira,
pero el sabio sabe dominarla.
12 Cuando un gobernante se deja llevar
por mentiras,
todos sus oficiales se corrompen.
13 Algo en común tienen el pobre y el
opresor:
a los dos el Señor les ha dado la
vista.
14 El rey que juzga al pobre según la
verdad
afirma su trono para siempre.
15 La vara de la disciplina imparte
sabiduría,
pero el hijo malcriado avergüenza a
su madre.
16 Cuando prospera el impío, prospera
el pecado,
pero los justos presenciarán su
caída.
17 Disciplina a tu hijo, y te traerá
tranquilidad;
te dará muchas satisfacciones.
18 Donde no hay visión, el pueblo se
extravía;
¡dichosos los que son obedientes a
la ley!
19 No sólo con palabras se corrige al
siervo;
aunque entienda, no obedecerá.
20 ¿Te has fijado en los que hablan sin
pensar?
¡Más se puede esperar de un necio
que de gente así!
21 Quien consiente a su criado cuando
éste es niño,
al final habrá de lamentarlo.ᵃ
22 El hombre iracundo provoca peleas;
el hombre violento multiplica sus
crímenes.
23 El altivo será humillado,
pero el humilde será enaltecido.
24 El cómplice del ladrón atenta contra
sí mismo;
aunque esté bajo juramento,ᵇ no
testificará.

a 28:21 Texto de difícil traducción. b 29:24 bajo juramento. Alt. bajo maldición.

25 Temer a los hombres resulta una
trampa,
pero el que confía en el Señor sale
bien librado.
26 Muchos buscan el favor del
gobernante,
pero la sentencia del hombre la
dicta el Señor.
27 Los justos aborrecen a los malvados,
y los malvados aborrecen a los
justos.

Dichos de Agur

30 Dichos de Agur, hijo de Jaqué.
Oráculo.ᵃ Palabras de este varón:

«Cansado estoy, oh Dios;
cansado estoy, oh Dios, y débil.ᵇ
2 »Soy el más ignorante de todos los
hombres;
no hay en mí discernimiento
humano.

3 No he adquirido sabiduría,
ni tengo conocimiento del Dios
santo.
4 »¿Quién ha subido a los cielos
y descendido de ellos?
¿Quién puede atrapar el viento en su
puño
o envolver el mar en su manto?
¿Quién ha establecido los límites de la
tierra?
¿Quién conoce su nombre o el de
su hijo?

5 »Toda palabra de Dios es digna de
crédito;
Dios protege a los que en él buscan
refugio.
6 No añadas nada a sus palabras,
no sea que te reprenda
y te exponga como a un mentiroso.

7 »Sólo dos cosas te pido, Señor;
no me las niegues antes de que
muera:
8 Aleja de mí la falsedad y la mentira;
no me des pobreza ni riquezas
sino sólo el pan de cada día.

9 Porque teniendo mucho, podría
desconocerte
y decir: '¿Y quién es el Señor?'
Y teniendo poco, podría llegar a robar
y deshonrar así el nombre de mi
Dios.
10 »No ofendas al esclavo delante de su
amo,
pues podría maldecirte y sufrirías
las consecuencias.

11 »Hay quienes maldicen a su padre
y no bendicen a su madre.
12 Hay quienes se creen muy puros,
pero no se han purificado de su
impureza.

13 Hay quienes se creen muy
importantes,
y a todos miran con desdén.
14 Hay quienes tienen espadas por
dientes
y cuchillos por mandíbulas;
para devorar a los pobres de la tierra
y a los menesterosos de este mundo.

15 »La sanguijuela tiene dos hijas
que sólo dicen: 'Dame, dame.'
»Tres cosas hay que nunca se sacian,
y una cuarta que nunca dice
'¡Basta!':
16 el *sepulcro, el vientre estéril,
la tierra, que nunca se sacia de
agua,
y el fuego, que no se cansa de
consumir.

17 »Al que mira con desdén a su padre,
y rehúsa obedecer a su madre,
que los cuervos del valle le saquen los
ojos
y que se lo coman vivo los buitres.

18 »Tres cosas hay que me causan
asombro,
y una cuarta que no alcanzo a
comprender:
19 el rastro del águila en el cielo,
el rastro de la serpiente en la roca,
el rastro del barco en alta mar,
y el rastro del hombre en la mujer.

---

a **30:1** *hijo de Jaqué. Oráculo.* Alt. *hijo de Jaqué de Masa.* *b* **30:1** *Cansado ... y débil.* Alt. *A Itiel, a Itiel y a Ucal.*

JUEVES

Pasaje del día: Proverbios 31:10-12
Versículo del día: Proverbios 31:11

Sueñe grandes sueños

Los matrimonios deben tener sueños. Los sueños son ilusiones, deseos, esperanzas, proyecciones y visiones. Son el mirar ferviente y lleno de fe de un futuro mejor. Nos elevan más allá de lo mundano y del diario vivir rutinario. Y enriquecen de posibilidades nuestro porvenir. El que no sabe para adónde va, tampoco sabe cuándo llega. Los sueños son algo muy íntimo y personal, y compartirlos con el ser amado nos permite darnos a conocer, y nos desafía a formar un equipo de lucha en conjunto.

Podemos y debemos soñar grandes sueños. Debemos aventurarnos por fe a ver un adelanto de nuestro futuro y el futuro de nuestra familia. Tenemos que vernos a nosotras mismas en la vejez como triunfadoras, como habiendo realizado nuestros sueños.

Amiga, los sueños que no se forman ni se realizan a la luz de la voluntad, la sabiduría, la dirección y el poder de Dios, no pasan de ser meras especulaciones egoístas del corazón humano.

Ningún ser humano nació para vivir aislado de Dios. Sólo Dios llena el profundo vacío que toda mujer lleva por dentro. Él hace realidad nuestros sueños cuando esos sueños son también los de Él. Para soñar sueños que provienen de Dios, hay que conocer a Dios.

Jesús dijo: "El que me ha visto a mí, ha visto al Padre... porque el Padre y yo uno somos." Por la fe y el arrepentimiento, usted y su familia pueden conocer a Jesús. Clame a Él y hágalo el Señor de su vida. Entréguele sus sueños, su futuro, su pasado y su presente. Él vendrá a usted y a los suyos y hará de sus sueños y peticiones una realidad.

Noemí Mottesi
Estados Unidos

20 »Así procede la adúltera:
come, se limpia la boca,
y afirma: 'Nada malo he cometido.'

21 »Tres cosas hacen temblar la tierra,
y una cuarta la hace estremecer:
22 el siervo que llega a ser rey,
el necio al que le sobra comida,
23 la mujer rechazada que llega a
casarse,
y la criada que suplanta a su señora.

24 »Cuatro cosas hay pequeñas en el
mundo,
pero que son más sabias que los
sabios:
25 las hormigas, animalitos de escasas
fuerzas,
pero que almacenan su comida en
el verano;
26 los tejones, animalitos de poca
monta,
pero que construyen su casa entre
las rocas;
27 las langostas, que no tienen rey,
pero que avanzan en formación
perfecta;
28 las lagartijas, que se atrapan con la
mano,
pero que habitan hasta en los
palacios.

29 »Tres cosas hay que caminan con
garbo,
y una cuarta de paso imponente:
30 el león, poderoso entre las bestias,
que no retrocede ante nada;
31 el gallo engreído,ᵃ el macho cabrío,
y el rey al frente de su ejército.ᵇ

32 »Si como un necio te has engreído,
o si algo maquinas, ponte a pensarᶜ
33 que batiendo la leche se obtiene
mantequilla,
que sonándose fuerte sangra la
nariz,
y que provocando la ira se acaba
peleando.»

Dichos del rey Lemuel

31 Los dichos del rey Lemuel. Oráculo mediante el cualᵈ su madre lo
instruyó:

2 «¿Qué pasa, hijo mío?
¿Qué pasa, hijo de mis entrañas?
¿Qué pasa, fruto de mis votosᵉ al
*Señor?
3 No gastes tu vigor en las mujeres,
ni tu fuerzaᶠ en las que arruinan a
los reyes.

4 »No conviene que los reyes, oh
Lemuel,
no conviene que los reyes se den al
vino,
ni que los gobernantes se
entreguen al licor,
5 no sea que al beber se olviden de lo
que la *ley ordena
y priven de sus derechos a todos los
oprimidos.

6 Dales licor a los que están por morir,
y vino a los amargados;
7 ¡que beban y se olviden de su pobreza!
¡que no vuelvan a acordarse de sus
penas!

8 »¡Levanta la voz por los que no tienen
voz!
¡Defiende los derechos de los
desposeídos!
9 ¡Levanta la voz, y hazles *justicia!
¡Defiende a los pobres y
necesitados!»

Epílogo: Acróstico a la mujer ejemplarᵍ

Álef   **10** Mujer ejemplar, ¿dónde se
hallará?
¡Es más valiosa que las piedras
preciosas!

---

a **30:31** *el gallo engreído.* Lit. *el apretado de hombros.* *b* **30:31** *el rey ... ejército.* Alt. *el rey contra quien su pueblo no se subleva.* *c* **30:32** *ponte a pensar.* Lit. *mano a la boca.* *d* **31:1** *Lemuel. Oráculo mediante el cual.* Alt. *Lemuel de Masá, mediante los cuales.* *e* **31:2** *fruto de mis votos.* Alt. *respuesta a mis oraciones.* *f* **31:3** *tu fuerza.* Lit. *tus caminos.* *g* **31:10** Los vv. 10-31 son un acróstico, en que cada verso comienza con una de las letras del alfabeto hebreo.

Pasaje del día: Proverbios 31:10-31
Versículo del día: Proverbios 31:30

Si te toca lavar pañales... ¡regocíjate!

*L*legar a ser como la mujer de Proverbios 31, ¡qué hermoso! Pero, qué difícil, ¿no? Nunca lo voy a lograr.

Claro, si miro todas mis limitaciones es verdad que nunca lo lograré, pero si fijo mis ojos en mi papá, el Padre Celestial, que está empeñado siempre en ayudarme, ¡claro que es posible!

El trabajo de la mujer común y corriente –del ama de casa– es, sin duda, monótono, agotador y aburrido. Ella es la primera en levantarse y la última en acostarse. La que pareciera que tiene que aguantarlo todo. La que no descansa ni el domingo ni el día feriado (porque comida hay que hacer todos los días). La que a veces no ha probado su plato de comida (ya frío, por atender a otros) cuando la familia le está pidiendo el postre.

Pero hoy me hago una pregunta: ¿Quién ha hecho de la mujer una "lavandera"? ¿Dios? ?La sociedad? ¿O ella misma? Ansiosa por encontrar una respuesta, busqué en la Enciclopedia del Cielo, el Manual de Instrucciones Divino: la Biblia. Proverbios 31:10 dice que la mujer es más preciosa que un diamante.

Sigo leyendo... El esposo confía en ella, es muy trabajadora, se esfuerza. ¡Pero aquí hay algo que me llama la atención! Atiende bien sus negocios. ¿Quiere decir que esta mujer tenía tiempo también para otras cosas que no eran precisamente limpiar, cocinar y lavar pañales? ¡Veo que hasta tenía tiempo para hacer obras de beneficencia! ¡Y que le gustaba estar bien presentable con vestidos de lino fino!

Y cuando mis ojos llegan al versículo 30, allí comprendo por qué esta mujer lograba hacer tantas cosas y hacerlas todas bien. "La mujer que teme al SEÑOR es digna de alabanza."

Hilda de Laffitte
Argentina

Bet **11** Su esposo confía plenamente
en ella
y no necesita de ganancias
mal habidas.

Guímel **12** Ella le es fuente de bien, no de
mal,
todos los días de su vida.

Dálet **13** Anda en busca de lana y de
lino,
y gustosa trabaja con sus
manos.

He **14** Es como los barcos mercantes,
que traen de muy lejos su
alimento.

Vav **15** Se levanta de madrugada,
da de comer^a a su familia
y asigna tareas a sus criadas.

Zayin **16** Calcula el valor de un campo y
lo compra;
con sus ganancias^b planta un
viñedo.

Jet **17** Decidida se ciñe la cintura^c
y se apresta para el trabajo.

Tet **18** Se complace en la prosperidad
de sus negocios,
y no se apaga su lámpara en la
noche.

Yod **19** Con una mano sostiene el huso
y con la otra tuerce el hilo.

Caf **20** Tiende los brazos hacia el
pobre,
y con sus manos sostiene al
necesitado.

Lámed **21** Si nieva, no tiene que
preocuparse de su familia,
pues todos están bien
abrigados.

Mem **22** Las colchas las cose ella misma,
y se viste de púrpura y lino
fino.

Nun **23** Su esposo es respetado en la
comunidad;^d
ocupa un puesto entre las
autoridades del lugar.

Sámej **24** Confecciona ropa de lino y la
vende;
provee cinturones a los
comerciantes.

Ayin **25** Se reviste de fuerza y dignidad,
y afronta segura el porvenir.

Pe **26** Cuando habla, lo hace con
*sabiduría;
cuando instruye, lo hace con
amor.

Tsade **27** Está atenta a la marcha de su
hogar,
y el pan que come no es fruto
del ocio.

Qof **28** Sus hijos se levantan y la
felicitan;
también su esposo la alaba:

Resh **29** «Muchas mujeres han
realizado proezas,
pero tú las superas a todas.»

Shin **30** Engañoso es el encanto y
pasajera la belleza;
la mujer que teme al *Señor
es digna de alabanza.

Tav **31** ¡Sean reconocidos^e sus logros,
y públicamente^f alabadas sus
obras!

---

a **31:15** *da de comer.* Lit. *da presa.* *b* **31:16** *sus ganancias.* Lit. *el fruto de sus manos.* *c* **31:17** *se ciñe la cintura.* Lit. *se ciñe con fuerza sus lomos.* *d* **31:23** *en la comunidad.* Lit. *en las puertas.* *e* **31:31** *Sean reconocidos.* Alt. *Denle.* *f* **31:31** *públicamente.* Lit. *en las puertas.*

Pasaje del sábado:
Proverbios 22:1-6

Pasaje del domingo:
Salmo 127:1-5

Manéjese con cuidado

"Instruye al niño en el camino correcto, y aun en su vejez no lo abandonará", escribió el sabio rey Salomón. ¡Qué tremenda responsabilidad pone eso sobre nosotras las mujeres y sobre los padres en general!

Dios ha depositado en los padres el privilegio de edificar la vida de sus hijos, y gran parte de esa influencia la ha puesto en la mujer. Una vez el Señor me mostró una ilustración de eso. Me hizo ver que cuando enviamos algo por correo, que es muy valioso y delicado, lo envolvemos lo mejor posible y escribimos con letras grandes en el paquete: "Frágil, manéjese con cuidado."

Un letrero así debemos ponerles a nuestros hijos. Son material frágil que debe ser manejado con cuidado. Como madres, tenemos el privilegio de instruir a diario a nuestros hijos en el camino correcto. La promesa bíblica es que en su vejez no lo abandonarán.

¿Cuidas a tus hijos como material precioso? ¿Los instruyes en el camino correcto? ¿Los tratas como un paquete de contenido frágil?

"La mujer sabia edifica su casa; la necia, con sus manos la destruye" (Proverbios 14:1). Dios te dará la sabiduría que necesitas para manejar con cuidado el material frágil que ha depositado en tus manos. La recompensa será hijos e hijas que siguen la senda del bien y la verdad.

Rosa Cadena de Pardillo
México

TABLA DE PESOS Y MEDIDAS

EN EL ANTIGUO TESTAMENTO

La siguiente tabla incluye solamente los términos más comunes mencionados en la Biblia. Los equivalentes son aproximaciones generales, ya que los patrones no fueron siempre los mismos en todas partes, ni durante largos períodos de tiempo.

Pesos y monedas

gera	1/20 del siclo	0,57	gramos de plata
siclo	la unidad básica	11,4	gramos de plata
libra de plata	50 siclos	570	gramos de plata
talento		como 34	kilogramos

Medidas lineales

palmo menor	ancho de la mano	7,5	centímetros
palmo*	del pulgar al meñique	22,5	centímetros
codo*	del codo a la punta de los dedos	45	centímetros
caña		cerca de 3	metros

* En el libro de Ezequiel, el palmo es de 26 centímetros y el codo es de 52 centímetros

Medidas de capacidad

a. para áridos

gomer	1/10 de un efa	3,7	litros
seah	1/3 de un efa	12,3	litros
efa	la unidad básica	37	litros
homer	10 efas	370	litros

b. para líquidos

log	1/12 de un hin	0,5	litro
hin	1/6 de un bato	6,2	litros
bato	igual al efa	37	litros
coro	10 batos	370	litros

Tiempo

vigilia . . . Los hebreos tenían tres vigilias nocturnas de aproximadamente igual duración.

TABLA DE PESOS Y MEDIDAS

EN EL NUEVO TESTAMENTO

Pesos y monedas

blanca (gr. *lepton*) . . . . 1/8 *asarion*
cuadrante (gr. *kodrantes*) . . . . 1/4 *asarion*
cuarto (gr. *asarion*) . . . . 1/16 denario
denario . . . . representaba por lo general
el salario diario de un jornalero . . . casi 4 gramos de plata
dracma . . . . aproximadamente igual al denario . . . . 3,6 gramos de plata
siclo . . . . 4 dracmas . . . . 14,4 gramos de plata
libra de plata . . . . 100 dracmas . . . . 360 gramos de plata
talento . . . . 6.000 dracmas . . . . 12.600 gramos de plata
libra (Jn 12:3) . . . . 327,5 gramos

Medidas lineales

codo . . . . 45 centímetros
braza . . . . 4 codos . . . . 1,80 metros
estadio . . . . 400 codos . . . . 180 metros
milla . . . . 1.480 metros
camino de un día de reposo . . . . como 1.080 metros

Medidas de capacidad

almud (gr. *modio*)
 (Mt 5:15; Mr 4:21; Lc 11:33) . . . . 8,75 litros
medida (gr. *sato*)
 (Mt 13:33; Lc 13:21) . . . . 13 litros
barril (gr. *bato*)
 (Lc 16:6) . . . . 37 litros
medida (gr. *koro*)
 (Lc 16:7) . . . . 370 litros
cántaro (gr. *metretes*)
 (Jn 2:6) . . . . 40 litros

Tiempo

hora . . . . . El día se contaba desde la salida hasta la puesta del sol, y se dividía en doce horas (Jn 11:9). De igual manera, la noche se dividía en doce horas, que se contaban desde la puesta del sol hasta su salida (Hch 23:23). La duración de las horas variaba de acuerdo con las estaciones del año.

vigilia . . . Cada una de las cuatro partes en que se dividía la noche. Su duración variaba con las estaciones del año.

Glosario

Este glosario no pretende ser un diccionario bíblico en miniatura, sino sólo una ayuda relacionada con los principios y métodos de la traducción. Muchos términos culturales y teológicos no están incluidos, pero la lista abarca todas las palabras marcadas con un asterisco en el texto bíblico. (Nótese que si la palabra se usa más de una vez en el mismo pasaje bíblico, el asterisco no se repite.) Se trata principalmente de palabras difíciles de traducir, debido a las diferencias entre el hebreo, el griego y el castellano.

Abba. Palabra aramea que significa «padre» o «papá». Como fue usada por Jesús de modo característico para referirse a Dios, su Padre celestial (véase Mr 14:36), la iglesia cristiana también la adoptó, aun cuando el idioma de los creyentes era el griego (Ro 8:15; Gá 4:6).

abadón. Lit. «destructor». En el Antiguo Testamento término hebreo para referirse al reino de la muerte. Aparece como sinónimo de «muerte» y «sepulcro». En el Nuevo Testamento aparece como personificación del ángel de la muerte (Ap 9:11).

abismo. Ya en la tradición judía se usaba este término en oposición a «cielo» (véase Ro 10:6-8); más específicamente, puede designar la morada de los demonios (p.ej. Lc 8:31; Ap 9:1). En un pasaje (Mt 11:23 = Lc 10:15) se ha usado para traducir **Hades.** En otro pasaje la expresión «arrojar al abismo» (2P 2:4) traduce el verbo *tartaróô*, lit. «meter en el Tártaro», nombre que entre los griegos se refería a un lugar subterráneo (más profundo que el Hades), donde se imponía el castigo divino.

alamot. Probable anotación musical en cuanto al instrumento que debía tocarse o el tono en que debía cantarse un salmo. Por su etimología, posible indicación de que la melodía era para voces femeninas.

aleluya. (heb. *hallelu Yah*) Exclamación de alabanza a Dios que significa ¡Alaben al Señor! En esta versión aparece la expresión junto con su traducción literal.

aliento. Véase **vida.**

alma. Véase **vida.**

Altísimo. (heb. `elyón*) Uno de los nombres de Dios, que también puede entenderse como «el Excelso».

anciano. Además de su significado literal (p.ej. Hch 2:17), esta palabra (griego *presbúteros*) se usa con sentido especializado para designar a los dirigentes del pueblo judío. Como esta costumbre partía del Antiguo Testamento (p.ej. Éx 3:16), la palabra también se usa en el Nuevo Testamento para designar a los encargados de gobernar las iglesias (p.ej. Hch 14:23; 1Ti 5:17). En Apocalipsis, se usa en un sentido más exaltado con referencia a veinticuatro seres en el cielo (p.ej. Ap 4:4). Véase también **obispo.**

arrepentimiento/arrepentirse. Significa no solamente el sentimiento de tristeza o remordimiento por haber pecado, sino la acción de cambiar el modo de pensar y de actuar; implica un profundo cambio espiritual.

Asia. En el Nuevo Testamento, este nombre no se refiere al Lejano Oriente sino a una provincia romana al suroeste de Asia Menor (lo que hoy es Turquía), cuya capital era Éfeso.

Beelzebú. Nombre que se usa en los evangelios con referencia a Satanás.

bienestar. Véase **paz.**

blasfemar. Acción de proferir blasfemias, o sea, pronunciar maldiciones o palabras injuriosas contra Dios o contra alguien que lo representa. La «blasfemia contra el Espíritu» (Mt 12:31 y paralelos) consiste en atribuir a Satanás las obras de Jesús, lo cual parece indicar un rechazo total del mensaje de Dios. El término griego también se puede usar en el sentido menos fuerte de «calumniar» o «insultar» (p.ej. Mr 7:22; Ef 4:31).

blasfemo. (heb. *letz*) Término tradicionalmente traducido «escarnecedor». (Sal 1:1), que alude a quienes no tienen respeto por nada ni nadie, ni siquiera por Dios.

burlón. Véase **blasfemo.**

caer, hacer caer. Véase **tropiezo.**

camino. Además de su sentido primario, en el lenguaje bíblico este término alude simbólicamente a la conducta y voluntad divinas y humanas, así como a sus métodos, hábitos, actitudes y propósitos.

camisa. Se ha usado esta palabra unas cuantas veces (Mt 5:40 = Lc 6:29; Lc 3:11) para representar el vocablo griego *jitôn*, que también puede traducirse con un término general, «ropa» (p.ej. Mt 10:10; Mr 14:63; Jud 23). Con más precisión, se trata de la túnica (y así se tradujo en Jn 19:23; Hch 9:39), que en castellano puede implicar una vestidura formal o religiosa, y daría un sentido incorrecto a los pasajes anteriores.

carne/carnal. El término griego *sarx* tiene un uso muy variado, y frecuentemente contrasta con **Espíritu** (o **espíritu**). En su sentido literal y físico, puede traducirse «carne» o «cuerpo». En un sentido más amplio, se usa para designar lo que es meramente humano y por lo tanto débil. (Nótese también la frase «carne y sangre», que se ha traducido con varias expresiones: p.ej. Mt 16:17; 1Co 15:50; Ef 6:12.) En un sentido moral, indica lo que caracteriza a este mundo pecaminoso (véanse 2Co 10:3-4; Fil 1:22,24). Es difícil representar el concepto en castellano, por lo que también se han usado frases tales como «naturaleza humana», «naturaleza pecaminosa», «esfuerzos (o criterios o razonamiento) humanos», «pasiones», y otras (p.ej. Ro 8:3-9; 1Co 1:26; Gá 3:3; 4:23,29; 5:13-19; Fil 3:3-4; Col 2:18). La dificultad de distinguir entre el sentido literal y el figurado se nota especialmente en Ro 7:18,25; 1Pe 3:18; 4:1,2 («terrenal»),6.

Cefas. Nombre arameo que significa «roca» y que

corresponde al nombre griego Pedro (véase Jn 1:42).

César/césar. Nombre que los emperadores romanos usaban como título (véanse Lc 2:1; 3:1) y que llegó a usarse en el sentido general de «emperador» (así se ha traducido en la mayoría de los pasajes, p.ej. Jn 19:12; Hch 17:7).

cielo(s). En la cosmogonía bíblica, bóveda sólida y firme (de allí que también se le llame «firmamento») que separa las aguas de arriba de las aguas de abajo (Gn 1), en la que Dios tiene su habitación. También se le concibe como una tienda de campaña, como una cortina y como un manto.

circuncisión. Como esta operación era la señal física de que un hombre pertenecía al pueblo de Dios, la palabra se podía usar para designar a los judíos (p.ej. Ro 15:8; Gá 2:8-9; en Fil 3:3 con referencia a los cristianos). En consecuencia, los términos «incircunciso» e «incircuncisión» (Ro 2:20) se refieren a los no judíos. Véase también **gentiles**.

codo. Medida antigua, basada en el largo del brazo desde el codo hasta la punta de los dedos, equivalente a 45-50 centímetros.

conocimiento. Término sinónimo de **sabiduría**, que implica una relación estrecha e íntima entre dos personas, más que una mera acumulación de información y datos.

Consejo. Se ha usado este término como traducción del griego *sunédrion* (tradicionalmente «sanedrín»; en Hch 22:5 el griego es *presbutérion*). Se trata del más importante consejo de gobierno entre los judíos. Incluía a los **ancianos**, los **maestros de la ley** y los jefes de los sacerdotes.

Consolador. Traducción tradicional del término griego *paráklêtos* en Jn 14:16,26; 15:26; 16:7. La palabra puede significar «abogado», pero más probable es el sentido general de «mediador» o «ayudador». En 1Jn 2:1 se tradujo «intercesor».

contaminar. Véase **puro**.

corazón. Además de su sentido primario, el lenguaje bíblico alude con este término al órgano cardíaco como la sede principal de las emociones y los sentimientos humanos, así como de sus esperanzas y temores. El corazón es también la sede de la actividad intelectual; de allí que en algunos casos se traduzca como «mente».

corrección. Véase **disciplina**.

creyentes. Véase **santos**.

Cristo. Vocablo griego que significa «ungido» (véase Hch 4:26). Es primeramente un título descriptivo, pero también se usa como nombre propio de Jesús. En ciertos pasajes se ha traducido «Mesías» (término hebreo que corresponde a Cristo) para aclarar el uso titular, pero hay muchos otros pasajes en que puede entenderse como nombre o como título. La combinación «Jesús Cristo» (traducido como nombre, «Jesucristo») o «Cristo Jesús» también puede tener un sentido titular, es decir, «Jesús el Mesías». Nótese que en las cartas de Pablo, el uso de este vocablo es muy frecuente y se ha marcado con asterisco sólo la primera vez que aparece en cada carta.

cuello. Véase **vida**.

cuerpo. Véase **carne**.

Decápolis. Significa «las diez ciudades». Era una región de la Palestina habitada por gentiles.

decreto. Véase **ley (del Señor)**.

denario. Moneda romana de plata, cuyo valor correspondía al salario diario de un obrero.

derecha. Se usa en sentido figurado para señalar la posición de honor. También es un símbolo del poder (véanse Hch 2:33; 5:31).

dichoso. En el Antiguo Testamento representa la palabra hebrea *'ashrey*, término tradicionalmente traducido «bienaventurado». En el Nuevo Testamento, con frecuencia representa la palabra griega *makários*, que significa «feliz» y que tradicionalmente se ha traducido «bienaventurado». En ambos casos, se refiere a la persona que recibe la bendición de Dios y así experimenta la verdadera felicidad.

disciplina. (heb. *musar*) Término típico de la literatura sapiencial que implica la **enseñanza** o **instrucción** correctiva de la **ley**, más la educación de los padres, incluido el castigo físico.

discreción. Véase **sabiduría**.

dracma. Moneda griega de plata equivalente al **denario**.

emperador. Véase **César**.

enorgullecerse. Véase **jactancia**.

enseñanza. Véase **ley (del Señor)**.

entrada(s). Véase **puerta(s)**.

escándalo/escandalizar. Véase **tropiezo**.

esclavo. Véase **siervo**.

Espíritu/espíritu. En ciertos pasajes donde la palabra griega *pneuma* aparece sin el calificativo «Santo», no es seguro si la referencia es al Espíritu Santo o al espíritu humano (p.ej. Jn 4:23-24; Ro 1:4; 8:10). Véase también **síquico**.

espíritu maligno. Una traducción más literal es «espíritu impuro». Se refiere a los demonios que se posesionan de algunas personas.

estadio. Medida de distancia, equivalente a 180 metros.

estatuto. Véase **ley (del Señor)**.

eunuco. Hombre castrado que servía en la corte como guardián de las mujeres. A veces los eunucos llegaban a ser funcionarios de alto rango (véase Hch 8:27). En sentido figurado, se aplica a los que se mantienen solteros (Mt 19:11-12).

evangelio. Término de origen griego que significa «buena noticia». Principalmente en las cartas, el término se usa con sentido especializado, es decir, el mensaje acerca de Jesucristo. En otros pasajes se ha traducido como «buenas nuevas» o «buenas noticias» (p.ej. Lc 1:19; Hch 5:42). Más tarde, el término llegó a usarse para referirse a los libros que relatan la historia de Jesús.

experto en la ley. Véase **maestro de la ley**.

expiar/expiación. Se refiere a la acción divina de cubrir o quitar el pecado por medio del sacrificio. El término **propiciación** describe la misma acción desde otro punto de vista: el sacrificio aplaca la ira de Dios (véanse Ro 3:25; Heb 2:17; 1Jn 2:2; 4:10).

fariseo. Hoy día este término se usa con despectivo y equivale a «hipócrita» (porque así calificó Jesús a los fariseos; p.ej. Mt 23:13-29), pero es necesario recordar que los fariseos constituían un grupo religioso que la mayoría de los judíos admiraba. Estudiaban la ley minuciosamente (muchos **maestros de la ley** estaban relacionados con este grupo) y deseaban obedecerla, aunque su modo de interpretación a veces los llevaba a ignorar los mandatos de Dios (véase especialmente Mr 7:1-13).

fidelidad. El término griego *pístis* generalmente tiene el sentido activo de «fe», indicando la acción de «confiar en alguien», pero en algunas ocasiones puede tener sentido pasivo, «ser confiable». En este segundo caso, se puede traducir «fidelidad» (p.ej. Ro 3:3; Gá 5:22). Algunos eruditos piensan que la frase «la fe en Jesucristo» (p.ej. Gá 2:16; 3:22) debe traducirse «la fidelidad de Cristo». Nótese también que el adjetivo *pistós* puede significar «creyente» o «fiel».

fosa. Véase **sepulcro**.

fuerza(s). Véase **vida**.

Gehenna. Nombre de un barranco en Jerusalén donde se quemaban los desperdicios. Entre los judíos llegó a ser un símbolo del fuego eterno, por lo cual se puede traducir «infierno».

género humano. Véase **hombre**.

gente. Véase **hombre**.

gentiles. Designa a los que no son judíos. Por lo general traduce el término que significa literalmente «naciones»; en otros pasajes traduce el término que significa «griegos» (en Ro 2:26 y 4:9 corresponde a «incircuncisión»; véase **circuncisión**). Cuando hay énfasis en el sentido religioso o moral, se traduce «paganos».

gittith. Término hebreo que aparece como título de algunos salmos (8, 81, 84), probablemente en relación con una melodía popular que se cantaba en los lagares.

griegos. Se usa no solamente en un sentido étnico estricto sino también para designar a cualquier persona que haya adoptado la cultura griega. Véase también **gentiles**.

Hades. En la mitología griega era el nombre del dios del inframundo, y también se usaba para designar el lugar de los muertos. En el Nuevo Testamento equivale a «infierno»; también se ha traducido como «abismo» (Mt 11:23 = Lc 10:15), «muerte» (Mt 16:18), y «sepulcro» (Hch 2:27).

higaión. Término hebreo que aparece en algunos salmos (19 tít., 9, 92) y en otros libros del Antiguo Testamento (Is y Lm), probablemente para indicar un murmullo (Sal 19:14; Lm 3:62) o una queja (Is 16:7), o bien la vibración de algún instrumento de cuerdas (Sal 92:3).

hijo de hombre. Véase **hombre**.

hipócrita/hipocresía. El término griego *hupokritês* se refería a los actores de teatro. Posteriormente, incluso en el Nuevo Testamento, se usaba en sentido más general de cualquier persona que fingía ser lo que no era (p.ej. Mt 6:2), o que actuaba de manera incongruente con sus convicciones (Gá 2:13, donde se usan el verbo y el sustantivo). El término no implica necesariamente que la persona fuera mal intencionada.

hisopo. Planta pequeña y frondosa, no del todo identificada, que se usaba en ritos de purificación (Lv 14; Nm 19), y para aplicar la sangre a los dinteles de las puertas (Éx 12).

holocausto. Uno de los sacrificios en que el animal ofrecido se quemaba del todo.

hombre. En el Antiguo Testamento, ésta es la traducción de una de las palabras hebreas *'ish, 'anosh,* o *'adam*. Además de indicar a los miembros del género masculino, en algunos casos este término hace referencia al género humano en toda su fragilidad y debilidad con respecto a Dios. De allí que en algunos casos se traduzca con los términos genéricos «humanidad», «ser humano», «género humano», «mortal», y «gente». En el Nuevo Testamento, el término castellano **hombre** puede usarse en sentido genérico (como el griego *ánzrôpos*), que contrasta al ser humano con Dios y abarca a toda la humanidad, o en sentido más restrictivo (como el griego *anêr*), que contrasta *hombre* con *mujer*. En la actualidad, el segundo sentido ha adquirido más prominencia, lo cual crea nuevos problemas de traducción. Cuando el texto griego y el estilo castellano lo permiten, se han usado expresiones tales como «ser humano», «persona», «gente» y «los mortales».

humanidad/humano. Véanse **carne**, **hombre** y **síquico**.

impuro. Véase **puro**.

incircunciso. Véase **circuncisión**.

inexperto. (heb. *pety*) En la literatura sapiencial, referencia al joven simple e ingenuo, ignorante de la **ley** e incapaz de discernir por sí mismo entre el bien y el mal.

insolente. Véase **blasfemo**.

instrucción. Véase **ley (del Señor)** y **disciplina**.

inteligencia. Véase **sabiduría**.

intercesor. Véase **Consolador**.

Jacobo. En la evolución de la lengua castellana, el nombre «San Jacobo» llegó a pronunciarse «Santiago». Tradicionalmente, se ha usado «Santiago» en la carta que se conoce por ese nombre, pero se ha mantenido «Jacobo» en los demás pasajes. En esta versión se sigue la misma costumbre.

jactancia/jactarse. Uno de los términos más característicos de las cartas de Pablo es el verbo griego *kaujáomai* (sustantivo *kaújêma*), que puede usarse tanto en sentido positivo como negativo. En castellano, el vocablo «jactarse» siempre tiene una acepción peyorativa («alabarse presuntuosamente»), de manera que se han usado varios términos para traducir el griego según el contexto (p.ej. «presumir», «orgulloónorgullecerse», «satisfacciónéstar satisfecho», «regocijarse»).

Jerusalén. Ciudad importante de Palestina. Conocida como Ciudad de David, fue la capital del reino davídico y, más tarde, del reino de Judá. Reconstruida después del exilio babilónico, era para los judíos la ciudad escogida por Dios para habitar entre su pueblo. Fue destruida nuevamente en el año 70 d.C.

Jesucristo. Véase **Cristo**.

juicio. (heb. *mishpat*) Véase **ley (del Señor)**.

justicia. (heb. *tsedeq, tsedeqah*) Véase **salvación**.

justificar/justificación. El sustantivo generalmente traduce la palabra griega *dikaiosúnê*, que también significa «justicia». El verbo lo usa especialmente Pablo para designar la acción de Dios de «declarar justos» a los que ponen su fe en Jesucristo.

lenguas. En el libro de los Hechos y en 1 Corintios, la expresión «hablar en lenguas» es traducción literal del griego; otra posible traducción es «hablar en otros idiomas».

lepra. Varios tipos de enfermedades de la piel se agrupaban bajo esta categoría en la época del Nuevo Testamento. En los evangelios no se trata necesariamente de la aflicción que la medicina moderna llama «lepra».

levantar de entre los muertos. Esta expresión se ha

648 GLOSARIO

traducido literalmente en algunos casos, según el contexto, pero por lo general se ha usado sencillamente el verbo «resucitar» o el sustantivo «resurrección».

Leviatán. Nombre del monstruo marino vencido por Dios al principio de la creación (Sal 74:14; Is 27:1), y que por lo general aparece como sinónimo de «mar». En Job este nombre alude a algún animal acuático de enormes proporciones, probablemente el hipopótamo.

ley (del Señor). (heb. *torah*) Término que significa **enseñanza** o **instrucción**, más que un código legislativo. Bajo este término genérico se incluían «mandamientos», «mandatos», «decretos», «sentencias», «preceptos», «ordenanzas» y «juicios», que debían ser enseñados de padres a hijos (Dt 6:1-9).

limpio. Véase **puro.**

maestro de la ley. Esta frase representa un vocablo griego (*grammateús*) que tradicionalmente se ha traducido «escriba». Entre el pueblo judío, los escribas estaban encargados no solamente de copiar y preservar los libros del Antiguo Testamento, sino principalmente de interpretar y enseñar su contenido. La expresión **experto en la ley** corresponde a otro vocablo griego (*nomikós*) pero se refiere a la misma profesión.

mahalat (leannot). Término hebreo que aparece en el título de algunos salmos (53, 88), y que posiblemente se refiera a la manera triste y melancólica en que estos salmos debían cantarse.

mandamiento. Véase **ley (del Señor).**

mandato. Véase **ley (del Señor).**

masquil. Término hebreo que aparece en el título de varios salmos (32, 42, 44, 45, 47:7, 52, 53, 54, 55, 74, 78, 88, 89, 142), y que parece referirse al carácter didáctico del salmo, o bien a su alta calidad literaria (Sal 45, p.ej.).

mente. Véase **corazón.**

Mesías. Véase **Cristo.**

mictam. Término hebreo que aparece en el título de algunos salmos (16, 56, 57, 58, 59, 60), y que posiblemente aluda a su carácter enigmático o esotérico.

misterio. Este término (griego *mustêrion*) lo usa principalmente Pablo con referencia a los planes eternos de Dios para las naciones, planes que sólo fueron revelados con la venida de Cristo (p.ej. Ro 16:25-26; Ef 3:2-6). Se ha traducido literalmente cuando el contexto evita que haya confusión. Como el vocablo en castellano puede implicar un sentido esotérico, en varios pasajes se ha empleado la palabra «secreto».

mortal. Véase **hombre.**

muerte. Véase **abadón.**

mundo. Véase **carne.**

naciones. Véase **gentiles.**

naturaleza humana/pecaminosa. Véase **carne.**

necedad. En la literatura sapiencial, actitud contraria a la **sabiduría**, característica de los jóvenes **inexpertos.** La necedad llega a ser personificada, y su discurso es del todo contrario al de la **sabiduría** (Pr 9:1-12; 13-18).

necio. Se dice de todo el que se resiste a cumplir los mandamientos de Dios y a seguir los sabios consejos de sus padres y maestros. Por extensión, el necio es también **insolente** y **blasfemo.**

nombre. En el lenguaje bíblico, el nombre está íntimamente ligado al ser mismo de la persona. El nombre *es* la persona. Sin nombre nada puede existir (Gn 2:18-23; Ec 6:10). La conducta de la persona está condicionada por su nombre (1S 25:25) Un cambio de nombre implica un cambio total de la persona, que deja de ser la misma (Gn 32:28; Mt 16:18). Hablar en nombre de alguien es actuar con la misma personalidad y autoridad de la persona nombrada. Conocer el nombre de alguien equivale a tener poder sobre esa persona.

nuevas/noticias, buenas. Véase **evangelio.**

obispo. Traducción tradicional del término griego *epískopos*, que significa «supervisor, superintendente». Parece ser equivalente a **anciano** (véase Hch 20:17,28; nótese también 1Pe 2:25). Más tarde comenzó a usarse el término para designar a los que supervisaban varias congregaciones en un mismo distrito.

ofensa/ofender. Véase **tropiezo.**

ordenanza. Véase **ley (del Señor).**

orgullo. Véase **jactancia.**

pacto. Promesa o acuerdo contraído entre dos partes, generalmente una superior y otra inferior, mediante una fórmula verbal o ritual, que compromete a ambas partes. En el lenguaje bíblico el pacto representa la promesa de Dios al hombre de siempre darle **vida** y **paz** y constante cuidado, y el compromiso del hombre de vivir conforme a las estipulaciones del pacto. Otros términos vinculados con el pacto son **ley** y **testimonio.**

paganos. (heb. *goyyim*) Término hebreo que aparece en el Antiguo Testamento para referirse a los pueblos que no conocen al Dios de Israel ni pertenecen a este pueblo. Por extensión, el mismo término designa a los pueblos y naciones en general. Para el uso de este término en el Nuevo Testamento, véase **gentiles.**

palabra. En el pensamiento bíblico, este término es más que el sonido emitido oralmente. Una vez pronunciada la palabra, tiene poder y autonomía propios, y actúa por sí misma (Gn 1; Jn 1). La palabra dicha no puede ser revocada (Gn 27:30-38; Is 55:10-11). En toda la Biblia, y especialmente en los Salmos, **palabra** aparece como sinónimo de **ley.**

parábola. Narración con fines didácticos, que comunica su enseñanza de manera indirecta. Aunque se caracteriza por su brevedad, puede ser también un tanto extensa. En sus enseñanzas Jesús la usó con singular maestría y pertinencia.

pasiones. Véase **carne.**

pastor. Además de su sentido primario, en la literatura bíblica este término destaca la relación simbólica entre Dios y su pueblo (Sal 23), entre el rey y sus súbditos (Sal 78:70-72), entre los líderes eclesiales y la comunidad creyente (Heb 13:7), y entre Jesús y la iglesia (Jn 10:1-16).

paz. (heb. *shalom*) En el lenguaje bíblico, este término apunta hacia el estado ideal de tranquilidad y plenitud física y psíquica, tanto a nivel individual como comunitario. La paz proviene de Dios y es la presencia misma de Dios entre su pueblo (Nm 6:24-26); es resultado de la **justicia** (Is 32:17) y del cumplimiento del **pacto,** y del establecimiento del reinado de Dios (Is 2:1-4; Mi 4:1-5).

pecadores. La Biblia enseña claramente que todos los seres humanos son culpables de pecado (p.ej.

Ro 3:10-20). Sin embargo, en el habla de los judíos el término «pecador» se usaba también en un sentido especializado para designar a los que estaban fuera del pacto divino. Se aplicaba especialmente a los **gentiles** (p.ej. Gá 2:15), pero también a judíos cuya conducta inmoral los alejaba espiritualmente del pueblo de Dios (p.ej. Mt 11:19; Lc 15:1-2).

pecar, hacer pecar. Véase **tropiezo**.

peregrinos, cántico de los. (heb. *shir hama`aloth*) En los Salmos, título que designa a los salmos probablemente vinculados con las peregrinaciones que se hacían al templo de Jerusalén. Su etimología permite traducirlos como «cánticos de las subidas» o «cánticos graduales».

perfecto/perfección/perfeccionar. Aunque en esta vida nadie llega a estar totalmente libre de pecado, el adjetivo «perfecto» (griego *téleios*) se usa en varios pasajes con referencia a los creyentes. Es posible que se trate del concepto de madurez espiritual (véanse 1Co 2:6-7; Heb 6:1), pero el sentido es más profundo: implica un compromiso definitivo que se refleja en la conducta. En la carta a los Hebreos, el énfasis está en la idea del cumplimiento de las promesas (nótese que el verbo se aplica también a la exaltación de Jesús en 2:10; 5:9; 7:28). La ley del pacto antiguo no podía perfeccionar (7:19; 9:9; 10:1), pero los que creen en Jesús pertenecen al nuevo y perfecto pacto, de manera que ya han recibido lo que el Antiguo Testamento había prometido (10:14; 11:40).

perro. Por ser un animal común al que se consideraba ritualmente impuro (véase **puro**) el perro llegó a ser un símbolo de los que están fuera del pueblo de Dios (Ap 22:15). Se usa con referencia a los **gentiles** (Mt 15:26-27 = Mr 7:27-28) y a los adversarios del evangelio (Mt 7:6; Fil 3:2; 2P 2:22), no como insulto vulgar, sino como un comentario de índole teológica.

portón/portones. Véase **puerta(s)**.

precepto. Véase **ley (del Señor)**.

primicias. Los primeros y más importantes frutos de la cosecha, los cuales debían ofrecerse a Dios. En el Nuevo Testamento el término se usa en varios sentidos figurados; por ejemplo, Cristo fue el primero en ser resucitado y es quien hace posible la resurrección de los demás (1Co 15:20); el Espíritu Santo es el primer fruto que reciben los creyentes, y les garantiza que recibirán toda la herencia espiritual (Ro 8:23). Nótese también el uso de «primogénito» en Col 1:15,18.

principios. Así se traduce la palabra griega *stoijéia*, que puede referirse a conceptos básicos (Heb 5:12, «verdades más elementales»), pero también a los elementos fundamentales del universo (2P 3:10). Algunos eruditos piensan que Gá 4:3,9 y Col 2:8,20 hablan de seres espirituales.

Priscila. Así se ha representado el nombre «Prisca» (en Ro 16:3; 1Co 16:19; 2Ti 4:19), que es la forma diminutiva de «Priscila» (Hch 18:2,18,26).

proverbio. Sentencia o dicho breve e ingenioso en torno a algún hecho que encierra una enseñanza, o condensa la sabiduría popular. Aunque de origen muy antiguo, el proverbio siempre estuvo presente en la literatura sapiencial y hasta los días del Nuevo Testamento. Característico de la literatura bíblica

es el proverbio antitético, en el que la segunda parte contrasta o contradice lo dicho en la primera.

prueba, poner a. Véase **tentar**.

propiciación. Véase **expiación**.

pueblo de Dios. Véase **santos**.

puerta(s). (heb. *sha`ar*) Las antiguas ciudades eran amuralladas, y tenían puertas que se abrían al amanecer y se cerraban al caer la noche. Las puertas de la ciudad eran el centro cívico de aquellas ciudades. Allí se difundían las últimas noticias (2S 18:4), se realizaban negocios de compra-venta (Rt 4:1-12), y se impartía justicia (Is 29:21; Am 5:12).

puro/impuro. En muchos pasajes (marcados con asterisco) estos términos no tienen que ver con la limpieza física o moral, sino con cuestiones de contaminación ritual, según las leyes del Antiguo Testamento.

Rahab. Nombre del monstruo vencido por Dios al principio de la creación. Su nombre tal vez aluda a su arrogancia. En los salmos (87:4) y en Isaías (30:9) este nombre aparece como sinónimo de Egipto.

recaudador de impuestos. Así se representa la palabra *telônês*, que en otras versiones se ha traducido como «publicano». Se refiere a judíos que se ofrecían a cobrar los impuestos exigidos por el Imperio Romano. Como los recaudadores abusaban de sus compatriotas y colaboraban con los soldados romanos, se les consideraba traidores que no pertenecían al pueblo de Dios.

resucitar/resurrección. Véase **levantar de entre los muertos**.

retama. Arbusto típico del sur de Palestina y del desierto de Sinaí, de escasa altura pero lo bastante grande para proporcionar sombra (1R 19:4-5). Sus ramas suelen también usarse como escobas (Is 14:23) y como combustible (Job 30:4; Sal 120:4; Is 47:14).

roca. Además de su sentido primario, en el contexto desértico de Palestina este término designa de manera simbólica a Dios como fuente de protección y abrigo para su pueblo.

sábado. Día séptimo de la semana en el que, según la ley del Antiguo Testamento, los judíos debían reposar de sus trabajos. El mismo término se usa para referirse a otros días festivos.

sabiduría. Cualidad de la persona dispuesta a recibir consejo para poder discernir entre el bien y el mal, aprender a vivir, y conducirse de acuerdo con la voluntad de Dios. En la literatura sapiencial la sabiduría llega a ser personificada (Pr 8), y considerada colaboradora de Dios en su creación.

Salem. Forma abreviada de «Jerusalén» (véase Sal 76:2), ciudad conocida también como «la ciudad de David».

salvación. (heb. *yeshu`ah*) Acción de Dios en favor del hombre, que redunda en la victoria o triunfo de éste, incluyendo el poner a salvo su vida. En algunos contextos «salvación» aparece como sinónimo de «justicia». En el Nuevo Testamento la salvación divina está íntimamente relacionada con el perdón de los pecados.

sanar. En varios pasajes en los evangelios (Mt 9:21-22; Mr 5:23,28,34; 6:56; 10:52; Lc 8:36,48,50; 17:19; 18:42) este verbo es traducción de un término griego que también significa «salvar».

Santiago. Véase **Jacobo**.

santificar. Este concepto en el Antiguo Testamento indica la acción de separar algo o a alguien para un propósito sagrado. El verbo griego (*hagiádsô*) puede por lo tanto traducirse «consagrar», pero además indica una obra divina de limpieza espiritual en los creyentes. Véase también **santo**.

santo/santidad. Es principalmente un atributo de Dios, y consecuentemente de lo que está relacionado a él, por ejemplo, los profetas, los ángeles, el templo (Lc 1:70; 9:26; Hch 6:13). El Nuevo Testamento usa el término «los santos» para designar a los que forman parte de la iglesia de Cristo. Implica que los creyentes han sido santificados (véase **santificar**) y que Dios los ha constituido como su propio pueblo. En algunos pasajes donde el término castellano puede ser ambiguo, se han usado otros vocablos, por ejemplo, «creyentes» o «pueblo de Dios».

santuario. Véase **templo**.

satisfacción. Véase **jactancia**.

secreto. Véase **misterio**.

Selah. En los Salmos, anotación musical cuyo posible significado sea el de *pausa*. Tal sentido no ha sido aún determinado.

sencillo. Véase **inexperto**.

sentarse. Cuando los evangelios se refieren a personas sentadas a la mesa (p.ej. Mt 26:7,20; Mr 2:15; Lc 14:8), se usan varios verbos griegos que significan literalmente «recostarse», pues era costumbre en los banquetes reclinarse en divanes. También se puede traducir como «estar a la mesa» (p.ej. Lc 24:30; Jn 12:3) o aun «comer» (Mt 9:10; Mr 16:14; Lc 5:29; 1Co 8:10).

sentencia. Véase **ley (del Señor)**.

Señor. (heb. *YHVH*) Forma del nombre de Dios que representa las cuatro consonantes hebreas que constituyen su nombre (Éx 6). La combinación de estas cuatro consonantes con la forma reverencial *Adonay* («Señor» sin versalitas) dieron como resultado el nombre «Jehová», que aparece en las versiones tradicionales.

sepulcro. (heb. *she'ol*) En el pensamiento hebreo, lugar a donde iban los muertos luego de ser enterrados. Este lugar se hallaba bajo la tierra, pero sobre las aguas de abajo. Otros términos sinónimos son «fosa» y «tumba».

ser humano. Véase **hombre**.

siervo. Representa en muchos pasajes el vocablo griego *doúlos*, que también puede traducirse «esclavo». Este último término en castellano puede tener connotaciones que confundan al lector moderno. El vocablo griego no implica necesariamente que la persona fuera maltratada, ya que en la antigüedad algunos esclavos llegaban a asumir posiciones muy importantes. La idea principal es que la persona estaba bajo el dominio de otra, de manera que se caracterizaba por su humildad y obediencia.

sigaión. Término hebreo que aparece en el título del Salmo 7. Su posible significado de «conmoción» tal vez aluda al estado de ánimo en que debía cantarse este salmo.

Silvano. En las cartas (2Co 1:19; 1Ts 1:1; 2Ts 1:1; 1P 5:12) se usa este nombre con referencia a «Silas» (véase Hch 15:22).

Sión. Nombre de la colina fortificada de la antigua Jebús, hoy Jerusalén. Durante el reinado de David este nombre se extendió para referirse al área general del templo. Sión es considerada la morada de Dios, y en los libros poéticos aparece como sinónimo de Jerusalén.

síquico. Representa el adjetivo griego *psujikós* (sustantivo *psujê*; véase **vida**), que se ha traducido «natural» en 1Co 15:45-46 y «puramente humana» en Stg 3:15. Como contrasta con lo que es espiritual, se ha usado la frase «no tiene el Espíritu» en 1Co 2:14 y Jud 19.

talento. Moneda, generalmente de oro, cuyo valor (que era muy alto) variaba mucho, según el lugar y la época (Mt 18:24; 25:15-28).

templo. Este término puede referirse justamente al «santuario» (Lc 1:9), es decir, el edificio donde se encontraban el Lugar Santo y el Lugar Santísimo, o bien al área total que incluía no sólo ese edificio sino también la plaza que lo rodeaba (el atrio de las mujeres y el atrio de los gentiles).

tentar/tentación. El verbo griego (*peirádsô*, sustantivo *peirasmós*) puede usarse en el sentido más o menos neutral de «poner a prueba», pero también en el sentido negativo de «incitar al pecado, tender una trampa». En Stg 1:2,12-14 parece haber un juego de palabras basado en este doble sentido.

Todopoderoso. Título de Dios, que junto con **Señor** representa al título hebreo *YHVH tseba'oth*, tradicionalmente traducido como «Jehová de los ejércitos».

trampa. Véanse **tentar** y **tropiezo**.

triunfo. Véase **salvación**.

tropezar/tropiezo. Es generalmente traducción del vocablo griego *skándalon* (verbo *skandalídsô*) y se refiere especialmente a lo que causa ofensa, oposición (Gá 5:11), o aun a la caída moral de alguien (Mt 5:29-30; 1Co 8:13). En el uso corriente del castellano, el término *escándalo* (*escandalizar*) no corresponde justamente a este significado. En Ro 11:9 se ha traducido como «trampa». También se ha traducido el verbo con términos tales como «ofender», «hacer pecar», «hacer caer», «apartarse», «abandonar». En Jn 16:1 se ha empleado la frase «flaquear la fe».

ungido. (heb. *mashiaj*). Término hebreo para referirse al rey escogido por Dios. Después del exilio babilónico este mismo término se usó para referirse al sumo sacerdote. Traducido al griego como *kristós*, en el Nuevo Testamento significa «el rey que había de venir en los últimos tiempos».

Unigénito. Traducción tradicional del término griego *monogenês* («único») cuando se refiere a Jesucristo. Véase Jn 1:14,18; 3:16,18.

Verbo. Traducción tradicional del término griego *lógos* («palabra») cuando se refiere a Jesucristo. Véanse Jn 1:1,14; 1Jn 1:1; Ap 19:13.

victoria. Véase **salvación**.

vida. Tradicionalmente traducido **alma**, en el Antiguo Testamento el vocablo hebreo *nefesh* representa el **aliento** vital y, por lo tanto, en esta versión se traduce como **aliento**, **alma**, **fuerza(s)**. En ciertos pasajes del Nuevo Testamento (marcados con asterisco), se usa este término para representar el griego *psujê*, un vocablo de amplio significado que también se puede traducir «alma».

Datos biográficos de las autoras

Este índice le da información sobre cada autora que participó para hacer realidad esta obra. En paréntesis al final de cada reseña biográfica están los números de las páginas en que se encuentran las meditaciones escritas por esa autora.

Sigryd Umana Álvarez de Acuña: Es pastora, consejera y maestra de la Palabra. Es productora y anfitriona del programa de televisión "Mujeres de la Palabra" y coordinadora de seminarios internacionales que llevan el mismo nombre. (301, 428, 572)

Elba Lilian Castillo de Amaya: Ha sido esposa de pastor durante cuarenta y tres años. Cursó estudios en el Instituto Bíblico de Santa Ana en El Salvador. Es Consejera Nacional del Concilio Misionero Femenil. (443)

Adriana Rubio de Ávila: Es psicóloga con estudios en el Instituto Bíblico Proyecto Pablo en Colombia. También se ha preparado en discipulado individual y para líderes de damas. Ha sido jefe de selección de personal y desarrollo, y asesora en recursos humanos. Actualmente es asesora y consejera. (453)

Milagros Saturria de Bello: Es licenciada en educación, en filosofía y letras, y en teología. Tiene veinticinco años de experiencia en el ministerio como maestra y conferencista. Colabora con su esposo en el pastorado y en la dirección del Instituto Bíblico Central de la República Dominicana. (162, 400)

Lydia Berberián de Berberián: Es profesora de piano y de inglés, y bachiller en teología. Ha sido Presidenta de la Liga Argentina de Mujeres Evangélicas y Vicedirectora de la revista *Guía del hogar*. Es Coordinadora del Área de Voluntariado y Medios de Comunicación de la Sociedad Bíblica Argentina. (80, 575)

Martha Saint de Berberián: Es profesora y escritora, graduada del Instituto Bíblico Buenos Aires. Obtuvo su licenciatura en teología de la Universidad Mariano Gálvez de Guatemala, donde ha trabajado como profesora. Actualmente es profesora del Instituto Federico Crowe y propietaria de Ediciones Sa-Ber. (99, 110, 122, 214, 373)

Dora Ruth Loza de Bojórquez: Tiene título de contadora y es graduada del Instituto Bíblico Betel de El Salvador. Ha ocupado varios cargos en su iglesia, entre ellos, Sub-Directora de Campos Blancos y consejera de Misioneritas. Es Directora y maestra del Instituto Bíblico Betel Anexo Josué. (159)

Margarita Burt: Es profesora, licenciada en magisterio de Michigan State University; tiene una maestría de Columbia Bible College. Es esposa de pastor en Barcelona, España, y colabora como profesora de la Escuela Dominical. (542)

Connie Bentson Byler: Es misionera y esposa de pastor en Burgos, España. Cursó estudios de enfermería en Buenos Aires, Argentina, y estudios de seminario en Elkhart, Indiana, Estados Unidos. Ha trabajado con niños, jóvenes y mujeres. Uno de sus ministerios en la actualidad es la acogida de enfermos del SIDA. (407)

Cecilia de Caballeros: Es ama de casa. Junto con su esposo Harold, conferencista internacional, dirige una iglesia grande en Guatemala, llamada El Shaddai. (266)

Martha Ruth Solano de Cabrera: Es psicóloga y maestra, con licenciatura en psicología. Ha sido Rectora de la Universidad Cristiana de las Asambleas de Dios y misionera en Paraguay y Uruguay. Es ahora profesora en el Liceo Cristiano de El Salvador. (28)

Marfa Cabrera: Es pastora y escritora, con estudios teológicos. Ha sido Vicepresidenta de la Fundación "Visión de Futuro". Es Directora de *Aglow* para Sudamérica, Coordinadora Nacional de "Marcha para Jesús" en Argentina y representante de "Red Femenina AD 2000 América Latina". (112, 369)

Noemí Pais de Caiazzo: Nacida en Perú, trabaja como misionera en Nicaragua. Ha cursado estudios en la Escuela de Discipulado y la Escuela de Evangelismo de Juventud con una Misión. Es maestra de la Palabra y predicadora. (15, 204, 308)

Noemí Cristiansson de Canclini: Es periodista con estudios en psicología social. Ha sido Presidenta de la Convención de Mujeres Bautistas de Argentina. Actualmente es Directora del suplemento "Mujer" del periódico *El Puente*. (5, 66)

Meribah García de Cantero: Es profesora con licenciatura en teología. Es Secretaria Tesorera y maestra del Instituto Bíblico "Magdiel" y Representante Nacional en México de la Facultad de Teología. (299)

Ilya Carrera Rivera: Es arquitecta y ha cursado estudios de instituto bíblico. Ha sido profesora de instituto bíblico y arquitecta en la Base Naval Rodman de los Estados Unidos en Panamá. En la actualidad está dedicada al pastorado de una iglesia y es Vicepresidenta Nacional de la Iglesia Cuadrangular en Panamá y Directora de Evangelismo y Misiones. (331)

Consuelo Carrillo Meza: Es trabajadora social con licenciatura en servicio social. Ha trabajado en el Ministerio de Salud Pública y Asistencia Social como supervisora y trabajadora social. Ha sido representante diplomática de Guatemala en varios países de América del Sur. (145, 595)

Alicia E. Cea: Es profesora de educación media y ha sido maestra de Escuela Dominical. Actualmente es maestra de instituto bíblico, de grupos de estudios bíblicos y líder de grupo de oración en su iglesia en El Salvador. (143, 169)

Silvia Chaves: Profesora de psicología docente. Se ha preparado en el Centro de Estudios Teológicos Interdisciplinarios de la fundación Kairós. Es Secretaria General de la Asociación Bíblica Universitaria Argentina. (199)

Sara Portocarrero de Cortázar: Es bachiller en teología, graduada del Instituto Bíblico Alianza del Perú. Es Presidenta del Departamento de Damas de su iglesia y coordina retiros de esposas de pastores. Es también Directora de Escuela Dominical. (321)

Cristina Guillij de Corvino: Es maestra de Biblia, consejera y esposa de pastor. Es muy activa en los distintos ministerios de su iglesia en el Uruguay. (150, 322, 413, 537)

Graciela D'Amico: Es profesora de música, con preparación en el Seminario Peniel y el Instituto Bíblico de Buenos Aires. Ha sido maestra de Escuela Dominical y encargada de la alabanza en reuniones y campamentos. Es Presidenta Nacional de *Aglow* en Argentina y predicadora en la iglesia "Visión de Futuro". (605)

Hilda Rojas de De la Cruz: Es profesora con estudios bíblicos y teológicos. Ha sido maestra de institutos bíblicos y de educación pública. Es pastora y Coordinadora Nacional de Ministerios Femeniles en el Perú. También es Coordinadora Nacional de Misioneritas. (183)

Ruth Miriam Cano de De La O: Es maestra y esposa de pastor, con preparación en Escuela Bíblica y Colegio Logos en México. Ha ocupado cargos de decana académica, pastor, líder de mujeres, cantante y maestra de música y de la Palabra. (621)

Beatriz González de Delupí: Es profesora de castellano a nivel secundario y superior, con licenciatura en teología. Es esposa de pastor, maestra de Escuela Dominical y Directora de Conservación de Frutos de la iglesia. Ha sido miembro de la Comisión de Publicaciones de la revista *Quehacer Femenino*. (194, 384, 393, 420, 577)

Dolores Duque Molina: Es ama de casa, con ministerio entre las hermanas, los jóvenes y los niños en Toledo, España. Es muy activa en la evangelización. (335, 422, 501)

Elizabeth Sol de Esquinca: Es maestra de educación preescolar y licenciada en pedagogía. En su iglesia en Chiapas, México, es colaboradora en la Diaconía de Educación, programadora y redactora de cursos de educación bíblica infantil, colaboradora en la Diaconía de Administración y representante del área de preescolares entre semana. (249, 356)

Nélida Estala Sabanes: Es pastora y presbítera con bachillerato en teología de la Facultad Evangélica de Teología en Buenos Aires. Ha sido Presidenta de la Federación Nacional de Mujeres Metodistas de Argentina, capellana en el Colegio Dr. Albert Schweitzer y docente en el Centro Educativo Latinoamericano. (63, 484)

Silvia Bolet de Fernández: Es ministro e intérprete, con licenciatura en estudios bíblicos y administración de recursos humanos. Es pastor asociado, administradora y anfitriona de programas de radio y televisión en Florida, Estados Unidos. (350, 354)

Nuria Argentina Pradas González de Ferradura: Ha cursado estudios para profesora de música y seminarios de periodismo. Ha sido directora de un programa de radio. Es componente del grupo musical cristiano "Stauros" de Barcelona, España, y fundadora de "Voz del silencio", un ministerio en pro de los sordos. (105, 286)

Beatriz Sabatelli de Freidzon: Ha cursado estudios teológicos en el Instituto Bíblico Río de la Plata de la Argentina. Ha sido Presidenta del Concilio Misionero Femenino y profesora de institutos bíblicos. Actualmente viaja con su esposo en su giras internacionales dictando conferencias. (24, 613)

Dámaris Fuertes Díaz: Ha sido ministro de las Asambleas de Dios por muchos años. Durante siete años dirigió el Club 700 en la República Dominicana. (155, 191)

Dina Elizabeth Ramírez de Galán: Es ama de casa y maestra, graduada del Instituto Bíblico Betel de El Salvador. Ha sido Directora del Liceo Cristiano Reverendo Juan Bueno el Matazano. Es esposa de pastor, maestra de Escuela Dominical y coordinadora de grupos de estudio para mujeres. (127, 405)

Adelma Martín de García: Es maestra y esposa de pastor, con estudios de contabilidad. Ha sido misionera y maestra de estudios bíblicos. En la actualidad es Directora del Programa de Avance para mujeres y maestra de la Escuela Bíblica de su iglesia en Tijuana, México. (119, 597)

Alicia de los Ángeles Flores de García: Es Directora Nacional de Misioneritas en El Salvador. (403)

Xiomara Martínez de Gómez: Es ama de casa. Ha sido superintendente de Escuela Dominical y Vicepresidenta del Concilio Misionero Femenil. Colabora en el departamento de la familia de la iglesia Casa de Oración Cristiana en Panamá. (34)

Sara Elisabet Anderson de González: Es misionera, con licenciatura de la Facultad Latinoamericana de Estudios Teológicos. Es fundadora y coordinadora de comedores para niños carenciados, Directora del Seminario Bíblico Elim y coordinadora y asesora de Escuela Dominical en su iglesia en Salta, Argentina. (540, 583)

Emma Osorio de González: Es maestra de educación primaria, con estudios superiores en historia y cursos en periodismo cristiano. Ha sido Directora de la revista *Antorcha misionera* y es asesora de la literatura cristiana de la Unión Nacional de las SS.FF.CC. en México. (558)

Luisa de González: Es administradora y pastora. Ha cursado estudios en diseño y decoración, y ha sido gerente de una fábrica de muebles. En la actualidad administra la Distribuidora Vida en la República Dominicana. (116, 499)

Francia Cedeño de Hernández: Es licenciada en educación y esposa de pastor. Ha sido Presidenta Nacional del Concilio Misionero Femenil de la República Dominicana, Tesorera Nacional de Escuela Dominical y pastora. Actualmente es Directora Nacional de "Piedad". (179)

Elisabeth F. de Isáis: Es periodista y misionera, con maestría en periodismo. Es maestra de Biblia y periodismo, y coordinadora de la revista *Prisma* en México. (569)

Evelina Saint de Jiménez: Es ama de casa y esposa de pastor. Ha cursado estudios especiales de traducción del inglés y dibujo publicitario. Ha sido maestra de niños y adultos, locutora de radio y maestra en seminarios. Es líder de adolescentes y Presidenta del Grupo de Damas de su iglesia en Córdoba, Argentina. (69, 77, 222, 328, 370, 439)

Esther Kooyip Gómez: Es estudiante de periodismo. También es maestra de Escuela Dominical, evangelista e integrante del equipo central "Castillo del Rey" en el Perú. (579)

Hilda de Laffitte: Es ama de casa. Ha cursado estudios teológicos en el Seminario Bíblico de Fe en Argentina donde también es profesora. Es columnista del periódico *El Puente*. (317, 615, 640)

Edith Delgado LaFontaine: Es periodista y consejera, que cursó estudios superiores en Puerto Rico y los Estados Unidos. Es Directora de la revista *El Intérprete* en Tennessee, Estados Unidos. (402, 539)

Ana María López R. (seudónimo de Judy Bartel de Graner): Es profesora, redactora, antropóloga y misionera en Colombia. Tiene una maestría en antropología cultural y es candidata para el doctorado en comunicaciones interculturales. (456)

Kerstin Anderas de Lundquist: Hija de misioneros, criada en Chile y Perú, ha sido ella misma misionera. Durante los últimos siete años ha trabajado con Editorial Vida en la producción del material didáctico "Vida Nueva". Anteriormente fue directora de Editorial "El Evangelista" en Cochabamba, Bolivia. (458)

Luisa Mallén Wilhelmi: Es maestra, misionera, educadora, pintora y dibujante. Se ha preparado en artes plásticas y francés. Tiene diploma de desarrollo humano así como de facilitadora en trabajo comunitario con familias. Es educadora de calle y coordinadora del proyecto "Voces del Asfalto" en México. (165)

Olga Martínez Samayoa: Es psicóloga con doctorado en psicología y estudios teológicos. Realiza capacitación docente en la Universidad de San Carlos de Guatemala, es Vicepresidenta de la Junta Nacional C.A. Norte *Aglow* y conferencista en Centro y Norte América. (359)

María Eugenia Cisterna de Martínez: Es pastora graduada del Instituto Bíblico Río de la Plata y estudiante de la Facultad de Teología para América Latina. Es esposa del actual superintendente general de la Unión de las Asambleas de Dios de Argentina, y Directora Administrativo-Pedagógica del Instituto de Educación Teológica por Extensión. (9)

Lidia Lewczuk de Masalyka: Hija de inmigrantes ucranianos, nació en Córdoba, Argentina. Es esposa de pastor y maestra de institutos bíblicos. Ha hecho dos años de profesorado en idiomas, con perfeccionamiento en talleres literarios. Ha participado en varios congresos internacionales y es Coordinadora de "Movimiento de Mujeres de AD 2000". (342, 344, 358, 418, 460)

María Concepción Medrano Baez: Es educadora con estudios universitarios y del Instituto Bíblico ISUM. Ha sido diaconisa, directora de Escuela Dominical y consejera. Actualmente, es Sub-Directora de Conservación de Almas y profesora de instituto bíblico en Panamá. (487)

Rita Contreras de Mellado: Es maestra licenciada en pedagogía, con certificación como consejera familiar. Ha participado en diversos cursos de administración y educación en general. Es Coordinadora de Educación Cristiana y consejera de mujeres en su iglesia en Tijuana, México. (290, 390)

Teresita Ruiz Díaz de Mendieta: Es docente con estudio en letras en la Universidad del Nordeste del Chaco, Argentina. Es directora y maestra jubilada de escuela primaria. (137)

Alice Rodríguez de Morales: Es maestra de la Biblia y conferencista. Junto con su esposo David Morales, pastorea la Iglesia Central, una de las iglesias más grandes de las Asambleas de Dios en Santa Cruz, Bolivia. (437, 561)

Carmen Bustos de Morales: Es ama de casa en la Ciudad de México. Ha dirigido estudios bíblicos en hogares y el programa de discipulado "Plan maestro". (283)

Gloria Q. de Morris: Es misionera que ha trabajado en Argentina y en España. Cursó estudios teológicos en el Instituto Bíblico "Jorge Müller" de Buenos Aires. Es fundadora y coordinadora de la Comité Evangélico Femenino de Andalucía, editora de la revista femenina *Caminemos Juntas* y conferencista en retiros femeninos. (91, 362, 380)

Miriam Stella de Motta: Es maestra que junto con su esposo dirige el "Ministerio a la Familia" en América Latina. Ha cursado un programa en la Escuela Internacional de Teología de la Cruzada Estudiantil y Profesional para Cristo en California, Estados Unidos. Ha sido Coordinadora de Actividades Femeniles de la Cruzada Estudiantil en América Latina. (408, 481, 549)

Noemí Mottesi: Es profesora que se ha preparado en el Seminario Internacional Teológico Bautista de Buenos Aires. Ha sido Secretaria Ejecutiva y Directora del Departamento de Radio de la Asociación Evangelística de su esposo Alberto Mottesi. En la actualidad es Directora del Departamento "Salvemos la Familia" de dicha asociación. (94, 146, 250, 272, 326, 638)

Silvia Beatriz Burger de Muñóz: Es docente en educación cristiana y esposa de pastor, con bachillerato en música eclesiástica. Es profesora de institutos bíblicos y ministro de adoración de su iglesia en Lomas de Zamora, Argentina. (103)

Emma Horta de Nieto: Es correctora de estilo, con bachillerato pedagógico y de secretariado. Ha sido secretaria y profesora de básica primaria. Actualmente es directora de un departamento editorial en Bogotá, Colombia. (120, 319)

Nohemí Colón-Pagán: Es enfermera graduada de la Universidad de Puerto Rico, Mayagüez, y ha sido educadora de salud. También ha recibido la Maestría en Teología en los Estados Unidos. En la actualidad es editora ejecutiva de la revista *El Discípulo* y miembro del Comité de Revisión de la Biblia en Lenguaje Sencillo de las Sociedades Bíblicas Unidas. (220)

Axa Irma Marussich Peralta de Palacios: Es química farmacéutica. Ha participado en varios seminarios extracurriculares y en el Instituto Haggai. Ha sido Directora Nacional de Escuela Dominical en el Ecuador y consejera del Club 700. Es profesora de Escuela Dominical, consejera del Grupo Ágape de damas y colaboradora de Operación Movilización. (149)

Rosa María Cadena de Pardillo: Es cirujano dentista y esposa del director de Amistad Cristiana, A.C. de la Ciudad de México. Ha sido maestra de capacitación bíblica, conferencista y consejera. (642)

Adriana Estela Márquez de Pereda: Es docente, maestra de grado y preceptora. Es muy apreciada en la Iglesia de los Hermanos en Buenos Aires, Argentina, por su trabajo con los niños y en las reuniones femeninas. (138, 376)

Amy de Piedrasanta: Es ama de casa, preparada como maestra de educación para el hogar. Ha sido Presidenta y Secretaria de la Sociedad Femenil de su iglesia y del Comité de Damas de la Cruzada Estudiantil y Profesional para Cristo en Guatemala. (65, 329)

Ximena Victoria Soliz de Piérola: Es comunicadora social con estudios en ciencias de la comunicación. Ha sido correctora, reportera y maestra de Escuela Dominical. Actualmente es jefa de producción de "Audiovisuales Educativos Comunicación" y colabora en la producción de materiales didácticos con la Sociedad Bíblica Boliviana. (6, 31, 71, 288, 382, 391)

Melba Mercedes Reynosa de Portes: Ha sido consejera, maestra, y presentadora de programas de televisión y radio en la República Dominicana. Junto a esposo sigue participando en los ministerios de consejería, radio y televisión. (466, 475)

Elsie Ruth Romanenghi de Powell: Es docente, con profesorado en inglés de la Universidad de Córdoba y licenciatura en filosofía de la Universidad de Tucumán. Actualmente es profesora de filosofía de la historia en esta institución. También es miembro del Consejo Académico del Centro de Estudios Teológicos Interdisciplinarios en Argentina. (532)

Ruth Prem Asturias: Es periodista y clasificadora de algodón. Tiene estudios universitarios en teología, ciencias de la comunicación, derecho y clasificación de algodón. Ha sido columnista en varios diarios y gerente de la empresa Industrias y Exportación, S.A. en Guatemala. (79, 431)

Marta Sabina Quiroga: Cursó estudios en la Escuela Normal de Argentina y en el Colegio Bíblico. Ha ocupado cargos relacionados con la educación cristiana y cumplió funciones como esposa de pastor. En la actualidad ocupa cargos en una comisión de publicaciones y la educación bíblica. (306)

Gloria Ricardo: Es escritora y conferencista. Junto con su esposo dirige el Centro Cristiano Vino Nuevo en Ciudad Juárez, México, y supervisa la publicación bimestral del boletín "Intercesores por México". (72, 313, 349, 603)

Enriqueta Díaz Lanuza de Rodas: Es licenciada en letras, con una maestría en la enseñanza del inglés como lengua extranjera. Ha sido jefa de la sección de idiomas en la Universidad de San Carlos de Guatemala. Fue diputada al Congreso de la República de Guatemala por un año y después fue electa para servir en el Parlamento Centroamericano. (338)

Ma. Elisa Rodríguez Orozco: Estudió en la Escuela Bíblica "Alba" en Monterrey, México. Ha sido Secretaria Nacional de las Damas del Concilio Misionero Femenil y ha tenido un excelente ministerio como pastora en varias iglesias. Es Sub-Directora de la Escuela Bíblica "Vida Nueva". (494)

Aurora Romero: Es misionera y esposa del conocido predicador Juan Romero. Graduada del Instituto Bíblica "Alba" en Monterrey, México, cursó también estudios universitarios de música. Ha sido Presidenta y Secretaria General de los Embajadores de Cristo de México. Ha sido también directora de coro y maestra de música en el Instituto Bíblico "Alba". (310)

Mery Carmela Aguilera Sánchez de Salazar: Ha realizado estudios en teología y varios otros campos. Ha sido Jefa de Ventas, Directora Nacional, y Miembro del Directorio de Asoma, Confraternidad Evangélica. Es la actual Directora Ejecutiva de la Sociedad Bíblica Ecuatoriana. (366)

Silvia Camacho de Salcedo: Es pastora y anciana de la congregación Ekklesia de La Paz, Bolivia. (244, 260)

Julia Santibáñez Escobar: Es maestra de literatura y escritora. Tiene licenciatura en letras hispánicas y estudios superiores en inglés y francés. Ha sido co-editora de la revista *Prisma* y miembro de la mesa directiva de la Asociación Cristiana de Periodismo en México. También es predicadora y conferencista. (504, 602, 624)

Betty Grace Howard de Santiesteban: Es ama de casa con estudios a nivel preparatorio y un curso de periodismo. Ha sido maestra de inglés en el Colegio Americano de Durango y en el Instituto de Inglés

BHS. Actualmente es maestra particular de inglés en Durango, México. (281, 469, 546, 556, 600)

Donna Louise Jackson viuda de Sauñe: Es hija de misioneros, criada en Perú. Tiene estudios en Biblia y lingüística. Se casó con Rómulo Sauñe, traductor de la Biblia al quechua, que fue asesinado por el Sendero Luminoso. (574)

Azucena Martín de Simari: Es ama de casa, con estudios en el Instituto Bíblico Bautista de Rosario, Argentina. Ha ocupado diferentes cargos en la iglesia. En la actualidad participa en la Sociedad Femenil, con ayuda comunitaria y ministerio en la Cárcel de Mujeres de Asunción, Paraguay. (316)

Amanda López de Sinisterra: Es ama de casa y esposa de pastor. Ha estudiado en el instituto bíblico y en tres seminarios de ISUM. Ha sido profesora del Instituto Bíblico Central de Colombia y es Directora Distrital de Misioneritas. (54)

Ma. Cristina Kunsch de Sokoluk: Es maestra y profesora con estudios superiores en idiomas. Ha sido profesora de expresión en el Instituto Bíblico Río de la Plata de Argentina, superintendente de Escuela Dominical y redactora. Es traductora inglés-español, escritora, Presidenta del Concilio Misionero Femenil y esposa de pastor. (161, 240, 482)

Olympia Leyton de Solórzano: Es foniatra con estudios superiores en ciencias jurídicas y sociales. Ha ejercido un ministerio de alabanza y drama, ha sido líder de células de estudios bíblicos y reportera del diario *La Palabra*. Es presidenta de *Aglow* de las Américas en Guatemala y directora de un programa de televisión. (17, 44, 491)

Rina Azucena Yanes de Soriano: Es médico. Ha sido coordinadora de diaconisas, miembro de la junta directiva de su iglesia y supervisora de grupos familiares. Actualmente es miembro del presbiterio y coordinadora del culto de mujeres en su iglesia en San Martín, El Salvador. (259)

Mirtha Magdalena Bonis de Soto: Es maestra con estudios teológicos. Ha sido Directora Nacional de Escuela Dominical y Coordinadora Distrital de Misioneritas. Es pastora, profesora de instituto bíblico y Presidenta Nacional de Ministerios Femeninos. (172, 435)

Ethel Cordón de Soto: Es escritora y productora de radio y de televisión. Ha sido directora de dos revistas y ha colaborado en varias otras. Forma parte de la directiva de "Unidos para orar" en Guatemala. (617)

Sofía Ana Zukowski de Surenian: Es esposa de pastor. Ha estudiado en el Instituto Bíblico de Buenos Aires, Argentina. También tiene estudios de música, inglés y periodismo. Tiene ministerio entre las mujeres, de adoración, de sanidad interior y de intercesión. (257)

Miriam Curling de Taylor: Es enfermera y ha cursado estudios bíblicos. Ha sido maestra de Escuela Dominical, Presidenta de la Sociedad de Damas y Directora de la Clínica Bíblica. En la actualidad es diaconisa y coordinadora de un retiro de mujeres hispanas en los Estados Unidos. (386)

Rosa H. Tesone de Terranova: Es maestra de Biblia en su iglesia en San Juan, Puerto Rico. Tiene un gran testimonio y amor por los hermanos de la iglesia de Jesucristo. (337)

Martha Lucía Torres Rodríguez: Es licenciada en idiomas, traductora, redactora y correctora de estilo. Ha traducido varios libros cristianos al castellano. Actualmente trabaja como traductora y revisora de traducciones para Centros de Literatura Cristiana de Colombia. (12, 262, 396)

Olivia Almaraz de Vega: Es esposa de pastor muy respetada en la comunidad. Además de enseñar al Grupo de Damas de su iglesia en Ciudad Satélite, México, discipula a treinta y una esposas de pastores. También es autora de varios cursos de un plan de capacitación bíblica. (425)

Carmen Julia Villafranca Flores: Es ministro del evangelio con licenciatura en teología. Ha sido maestra de instituto bíblico y coordinadora distrital de estudios de la iglesia local. Es Coordinadora de la Editorial ECCAD en México. (61)

Eda Garnier de von Leers: Es ama de casa con estudios a nivel terciario. Ha sido maestra de Escuela Dominical y ha enseñado castellano y literatura a nivel de colegio secundario en Argentina. (588, 598)

Mariel Deluca de Voth: Es bibliotecaria y profesora, con una maestría de Bethel College de Mineápolis, Estados Unidos. Es Coordinadora del Cono Sur de la Asociación de Seminarios e Institutos Teológicos. Es líder en su iglesia local de la Alianza Cristiana y Misionera de Argentina. (18)

Ana María Luisoni de Zani: Es misionera en Guatemala, con bachillerato en teología del Seminario Nazareno de Buenos Aires. Tiene licenciatura en religión de la Universidad Nazarena de Kansas, Estados Unidos. Es editora del boletín regional "Noticias", profesora, maestra, conferencista, esposa y madre. (107, 175)

Beatriz Espinoza de Zapata: Es consejera pastoral y fundadora del Instituto Evangélico "América Latina", un colegio grande. Tiene estudios en educación cristiana y consejería pastoral. Es Secretaria de la Directiva de la Asociación Cultural y Educacional Guatemalteca y miembro de la Asociación Latinoamericana de Consejos Cristianos. (22, 238, 394, 464, 530)

Leslie Rocha de Zúñiga: Es pastora con estudios en el Instituto Bíblico El Calvario de Guatemala. Es directora del Consejo Nacional Cristocentro, administradora de escuela y maestra de instituto bíblico en Nicaragua. (514)

PLAN DE LECTURA

PLAN DE LECTURA

JULIO		AGOSTO		SEPTIEMBRE	
Día	*Noche*	*Día*	*Noche*	*Día*	*Noche*
1 1 Co 1:1–2:5	Sal 32	1 Gá 1	Sal 56	1 1 Ts 1	Sal 78:40-55
2 1 Co 2:6-16	Sal 33:1-11	2 Gá 2	Sal 57	2 1 Ts 2:1-16	Sal 78:56-72
3 1 Co 3	Sal 33:12-22	3 Gá 3:1-14	Sal 58	3 1 Ts 2:17–3:13	Sal 79
4 1 Co 4	Sal 34:1-10	4 Gá 3:15-25	Sal 59:1-9	4 1 Ts 4:1-12	Sal 80
5 1 Co 5	Sal 34:11-22	5 Gá 3:26–4:20	Sal 59:10-17	5 1 Ts 4:13-18	Sal 81
6 1 Co 6	Sal 35:1-18	6 Gá 4:21–5:15	Sal 60	6 1 Ts 5:1-11	Sal 82
7 1 Co 7	Sal 35:19-28	7 Gá 5:16-26	Sal 61	7 1 Ts 5:12-28	Sal 83
8 1 Co 8	Sal 36	8 Gá 6	Sal 62	8 2 Ts 1	Sal 84
9 1 Co 9	Sal 37:1-22	9 Ef 1:1-14	Sal 63	9 2 Ts 2:1-12	Sal 85
10 1 Co 10:1–11:1	Sal 37:23-40	10 Ef 1:15-23	Sal 64	10 2 Ts 2:13–3:5	Sal 86
11 1 Co 11:2-34	Sal 38	11 Ef 2:1-10	Sal 65	11 2 Ts 3:6-18	Sal 87
12 1 Co 12:1-31a	Sal 39	12 Ef 2:11-22	Sal 66:1-7	12 1 Ti 1:1-11	Sal 88
13 1 Co 12:31b–13:13	Sal 40:1-10	13 Ef 3	Sal 66:8-20	13 1 Ti 1:12-20	Sal 89:1-13
14 1 Co 14:1-25	Sal 40:11-17	14 Ef 4:1-16	Sal 67	14 1 Ti 2	Sal 89:14-29
15 1 Co 14:26-40	Sal 41	15 Ef 4:17–5:2	Sal 68:1-18	15 1 Ti 3	Sal 89:30-45
16 1 Co 15:1-34	Sal 42	16 Ef 5:3-20	Sal 68:19-35	16 1 Ti 4:1-10	Sal 89:46-52
17 1 Co 15:35-58	Sal 43	17 Ef 5:21-33	Sal 69:1-18	17 1 Ti 4:11–5:8	Sal 90
18 1 Co 16	Sal 44:1-8	18 Ef 6:1-9	Sal 69:19-36	18 1 Ti 5:9–6:2	Sal 91
19 2 Co 1:1–2:11	Sal 44:9-26	19 Ef 6:10-24	Sal 70	19 1 Ti 6:3-10	Sal 92
20 2 Co 2:12–3:18	Sal 45	20 Fil 1	Sal 71:1-18	20 1 Ti 6:11-21	Sal 93
21 2 Co 4	Sal 46	21 Fil 2:1-11	Sal 71:19-24	21 2 Ti 1:1-14	Sal 94:1-15
22 2 Co 5:1-10	Sal 47	22 Fil 2:12-18	Sal 72	22 2 Ti 1:15–2:13	Sal 94:16-23
23 2 Co 5:11–6:2	Sal 48	23 Fil 2:19-30	Sal 73:1-20	23 2 Ti 2:14-26	Sal 95
24 2 Co 6:3–7:1	Sal 49:1-15	24 Fil 3:1-14	Sal 73:21-28	24 2 Ti 3:1-9	Sal 96
25 2 Co 7:2-16	Sal 49:16-20	25 Fil 3:15–4:9	Sal 74:1-11	25 2 Ti 3:10–4:8	Sal 97
26 2 Co 8:1-15	Sal 50	26 Fil 4:10-23	Sal 74:12-23	26 2 Ti 4:9-22	Sal 98
27 2 Co 8:16–9:15	Sal 51	27 Col 1:1-14	Sal 75	27 Tit 1	Sal 99
28 2 Co 10	Sal 52	28 Col 1:15–2:5	Sal 76	28 Tit 2	Sal 100
29 2 Co 11:1-15	Sal 53	29 Col 2:6-23	Sal 77	29 Tit 3	Sal 101
30 2 Co 11:16–12:10	Sal 54	30 Col 3:1–4:1	Sal 78:1-8	30 Filemón	Sal 102:1-17
31 2 Co 12:11–13:14	Sal 55	31 Col 4:2-18	Sal 78:9-39		

OCTUBRE		NOVIEMBRE		DICIEMBRE	
Día	*Noche*	*Día*	*Noche*	*Día*	*Noche*
1 Heb 1	Sal 102:18-28	1 1 P 1:1-12	Sal 118:15-21	1 Ap 1:1-8	Sal 126
2 Heb 2:1-4	Sal 103:1-18	2 1 P 1:13–2:3	Sal 118:22-29	2 Ap 1:9-20	Sal 127
3 Heb 2:5-18	Sal 103:19-22	3 1 P 2:4-12	Sal 119:1-8	3 Ap 2:1-11	Sal 128
4 Heb 3:1-6	Sal 104:1-23	4 1 P 2:13-25	Sal 119:9-16	4 Ap 2:12-29	Sal 129
5 Heb 3:7-19	Sal 104:24-35	5 1 P 3:1-7	Sal 119:17-24	5 Ap 3:1-6	Sal 130
6 Heb 4:1-13	Sal 105:1-22	6 1 P 3:8-22	Sal 119:25-32	6 Ap 3:7-13	Sal 131
7 Heb 4:14–5:10	Sal 105:23-45	7 1 P 4:1-11	Sal 119:33-40	7 Ap 3:14-22	Sal 132
8 Heb 5:11–6:12	Sal 106:1-5	8 1 P 4:12-19	Sal 119:41-48	8 Ap 4	Sal 133
9 Heb 6:13-20	Sal 106:6-31	9 1 P 5	Sal 119:49-56	9 Ap 5	Sal 134
10 Heb 7:1-10	Sal 106:32-48	10 2 P 1:1-11	Sal 119:57-64	10 Ap 6	Sal 135:1-12
11 Heb 7:11-28	Sal 107:1-3	11 2 P 1:12-21	Sal 119:65-72	11 Ap 7	Sal 135:13-21
12 Heb 8	Sal 107:4-9	12 2 P 2:1-9	Sal 119:73-80	12 Ap 8	Sal 136
13 Heb 9:1-10	Sal 107:10-16	13 2 P 2:10-22	Sal 119:81-88	13 Ap 9	Sal 137
14 Heb 9:11-28	Sal 107:17-22	14 2 P 3:1-9	Sal 119:89-96	14 Ap 10	Sal 138
15 Heb 10:1-18	Sal 107:23-32	15 2 P 3:10-18	Sal 119:97-104	15 Ap 11:1-14	Sal 139:1-16
16 Heb 10:19-39	Sal 107:33-43	16 1 Jn 1:1-4	Sal 119:105-112	16 Ap 11:15-19	Sal 139:17-24
17 Heb 11:1-16	Sal 108	17 1 Jn 1:5–2:2	Sal 119:113-120	17 Ap 12:1–13:1a	Sal 140
18 Heb 11:17-40	Sal 109:1-20	18 1 Jn 2:3-11	Sal 119:121-128	18 Ap 13:1b-10	Sal 141
19 Heb 12:1-13	Sal 109:21-31	19 1 Jn 2:12-17	Sal 119:129-136	19 Ap 13:11-18	Sal 142
20 Heb 12:14-29	Sal 110	20 1 Jn 2:18-27	Sal 119:137-144	20 Ap 14	Sal 143
21 Heb 13	Sal 111	21 1 Jn 2:28–3:10	Sal 119:145-152	21 Ap 15	Sal 144
22 Stg 1:1-18	Sal 112	22 1 Jn 3:11-24	Sal 119:153-160	22 Ap 16	Sal 145:1-7
23 Stg 1:19-27	Sal 113	23 1 Jn 4:1-6	Sal 119:161-168	23 Ap 17	Sal 145:8-13a
24 Stg 2:1-13	Sal 114	24 1 Jn 4:7-21	Sal 119:169-176	24 Ap 18	Sal 145:13b-21
25 Stg 2:14-26	Sal 115	25 1 Jn 5:1-12	Sal 120	25 Ap 19:1-10	Sal 146
26 Stg 3:1-12	Sal 116:1-6	26 1 Jn 5:13-21	Sal 121	26 Ap 19:11-21	Sal 147:1-6
27 Stg 3:13–4:3	Sal 116:7-14	27 2 Juan	Sal 122	27 Ap 20:1-6	Sal 147:7-11
28 Stg 4:4-12	Sal 116:15-19	28 3 Juan	Sal 123	28 Ap 20:7-15	Sal 147:12-20
29 Stg 4:13–5:6	Sal 117	29 Jud 1-16	Sal 124	29 Ap 21:1-8	Sal 148
30 Stg 5:7-12	Sal 118:1-7	30 Jud 17-25	Sal 125	30 Ap 21:9-27	Sal 149
31 Stg 5:13-20	Sal 118:8-14			31 Ap 22	Sal 150

Índice de temas de las meditaciones devocionales

Las meditaciones devocionales abarcan un gran número de temas. Este índice de temas le ayudará a encontrar material sobre muchos asuntos de interés y problemas que usted pudiera enfrentar.